Fundamentos de Sistemas Operacionais
— Princípios Básicos

O **GEN** | Grupo Editorial Nacional, a maior plataforma editorial no segmento CTP (científico, técnico e profissional), publica nas áreas de saúde, ciências exatas, jurídicas, sociais aplicadas, humanas e de concursos, além de prover serviços direcionados a educação, capacitação médica continuada e preparação para concursos. Conheça nosso catálogo, composto por mais de cinco mil obras e três mil e-books, em www.grupogen.com.br.

As editoras que integram o GEN, respeitadas no mercado editorial, construíram catálogos inigualáveis, com obras decisivas na formação acadêmica e no aperfeiçoamento de várias gerações de profissionais e de estudantes de Administração, Direito, Engenharia, Enfermagem, Fisioterapia, Medicina, Odontologia, Educação Física e muitas outras ciências, tendo se tornado sinônimo de seriedade e respeito.

Nossa missão é prover o melhor conteúdo científico e distribuí-lo de maneira flexível e conveniente, a preços justos, gerando benefícios e servindo a autores, docentes, livreiros, funcionários, colaboradores e acionistas.

Nosso comportamento ético incondicional e nossa responsabilidade social e ambiental são reforçados pela natureza educacional de nossa atividade, sem comprometer o crescimento contínuo e a rentabilidade do grupo.

Fundamentos de Sistemas Operacionais – Princípios Básicos

ABRAHAM SILBERSCHATZ
Yale University

PETER BAER GALVIN
Corporate Technologies, Inc.

GREG GAGNE
Westminster College

Tradução
Aldir José Coelho Corrêa da Silva

Revisão Técnica
Elisabete do Rego Lins
MSc em Informática – PUC-RJ
Fundação Educacional Serra dos Órgãos
Teresópolis – Rio de Janeiro

Os autores e a editora empenharam-se para citar adequadamente e dar o devido crédito a todos os detentores dos direitos autorais de qualquer material utilizado neste livro, dispondo-se a possíveis acertos caso, inadvertidamente, a identificação de algum deles tenha sido omitida.

Não é responsabilidade da editora nem dos autores a ocorrência de eventuais perdas ou danos a pessoas ou bens que tenham origem no uso desta publicação.

Apesar dos melhores esforços dos autores, do tradutor, do editor e dos revisores, é inevitável que surjam erros no texto. Assim, são bem-vindas as comunicações de usuários sobre correções ou sugestões referentes ao conteúdo ou ao nível pedagógico que auxiliem o aprimoramento de edições futuras. Os comentários dos leitores podem ser encaminhados à **LTC — Livros Técnicos e Científicos Editora** pelo e-mail ltc@grupogen.com.br.

OPERATING SYSTEM CONCEPTS ESSENTIALS, FIRST EDITION
Copyright © 2011 by John Wiley & Sons, Inc.
All Rights Reserved. This translation published under license with the original publisher John Wiley & Sons Inc.
ISBN: 978-0-470-88920-6

Direitos exclusivos para a língua portuguesa
Copyright © 2013 by
LTC — Livros Técnicos e Científicos Editora Ltda.
Uma editora integrante do GEN | Grupo Editorial Nacional

Reservados todos os direitos. É proibida a duplicação ou reprodução deste volume, no todo ou em parte, sob quaisquer formas ou por quaisquer meios (eletrônico, mecânico, gravação, fotocópia, distribuição na internet ou outros), sem permissão expressa da editora.

Travessa do Ouvidor, 11
Rio de Janeiro, RJ — CEP 20040-040
Tels.: 21-3543-0770 / 11-5080-0770
Fax: 21-3543-0896
ltc@grupogen.com.br
www.ltceditora.com.br

Projeto de Capa: Howard Grossman
Imagem de Capa: Susan Cyr
Editoração Eletrônica: K2 Design

CIP-BRASIL. CATALOGAÇÃO-NA-FONTE
SINDICATO NACIONAL DOS EDITORES DE LIVROS, RJ

S576f

Silberschatz, Abraham
Fundamentos de sistemas operacionais : princípios básicos / Abraham Silberschatz, Peter Baer Galvin, Greg Gagne ; tradução Aldir José Coelho Corrêa da Silva ; revisão técnica Elisabete do Rego Lins. - [Reimpr.] - Rio de Janeiro : LTC, 2017.
il. ; 28 cm

Tradução de: Operating system concepts essentials
Apêndice
Inclui bibliografia e índice
ISBN 978-85-216-2205-5

1. Linux (Sistema operacional de computador). 2. UNIX (Sistema operacional de computador). 3. Windows (Programas de computador). 4. Sistemas operacionais (Computadores). I. Galvin, Peter B. II. Gagne, Greg. III. Título.

13-0007.	CDD: 005.43
	CDU: 004.451

A meus filhos, Lemor, Sivan e Aaron, e à minha Nicolette

Avi Silberschatz

À minha esposa, Carla, e a meus filhos, Gwen, Owen e Maddie

Peter Baer Galvin

À minha esposa, Pat, e a nossos filhos, Tom e Jay

Greg Gagne

Material Suplementar

Este livro conta com os seguintes materiais suplementares:

- Apêndices arquivos em formato (.pdf), com material extra. Apêndices A (O Sistema FreeBSB), B (O Sistema Mach) e C (Windows 2000) (acesso livre);
- Arquivos com códigos-fontes (C – Java) (acesso livre);
- Bibliography arquivo em formato (.pdf) contendo bibliografia de referência do livro-texto, em inglês (acesso livre);
- Ilustrações da obra em formato de apresentação (acesso restrito a docentes);
- Lecture PowerPoint Slides arquivos em formato de apresentação com conteúdo programático para uso em sala de aula, em inglês (acesso restrito a docentes);
- Respostas dos Exercícios arquivos em formato (.pdf) contendo soluções (acesso restrito a docentes);
- Respostas dos Exercícios Práticos arquivos em formato (.pdf) contendo soluções (acesso restrito a docentes);
- Text Bank arquivos em formato (.doc) contendo questões para teste, em inglês (acesso restrito a docentes).

O acesso ao material suplementar é gratuito. Basta que o leitor se cadastre em nosso *site* (www.grupogen.com.br), faça seu *login* e clique em Ambiente de Aprendizagem, no menu superior do lado direito.

É rápido e fácil. Caso haja alguma mudança no sistema ou dificuldade de acesso, entre em contato conosco (sac@grupogen.com.br).

Prefácio

Os sistemas operacionais são uma parte essencial de qualquer sistema de computação. Da mesma forma, um curso sobre sistemas operacionais é parte essencial de qualquer processo educacional em ciência da computação. Este campo tem mudado rapidamente, já que atualmente os computadores predominam em quase todos os tipos de aplicações, de jogos para crianças até as mais sofisticadas ferramentas de planejamento para governos e empresas multinacionais. Todavia, os conceitos fundamentais permanecem razoavelmente intocados, e é neles que baseamos este livro.

Escrevemos este livro como texto para um curso introdutório sobre sistemas operacionais destinado aos ciclos básico ou avançado de cursos de graduação. Esperamos que os profissionais atuantes também o achem útil. Ele oferece uma descrição clara dos *conceitos* que embasam os sistemas operacionais. Como pré-requisito, consideramos que o leitor tenha familiaridade com as estruturas de dados básicas, com a organização de computadores e com uma linguagem de alto nível, como C ou Java. Os tópicos de hardware necessários para a compreensão dos sistemas operacionais foram incluídos no Capítulo 1. Para os exemplos de códigos, utilizamos fundamentalmente C, assim como alguma coisa de Java, mas o leitor poderá entender os algoritmos sem possuir um conhecimento profundo dessas linguagens.

Os conceitos são apresentados a partir de descrições intuitivas. São abordados resultados teóricos importantes, mas omitidas as provas formais. As notas bibliográficas no fim de cada capítulo contêm indicações sobre artigos de pesquisa nos quais os resultados foram apresentados e demonstrados pela primeira vez, bem como referências a material para leitura adicional. Em lugar das demonstrações, são utilizados figuras e exemplos que sugerem por que podemos esperar que o resultado em questão seja verdadeiro.

Os conceitos fundamentais e algoritmos abordados no livro são com frequência baseados naqueles utilizados em sistemas operacionais comerciais. Nosso objetivo é apresentar esses conceitos e algoritmos de modo geral sem vinculá-los a um sistema operacional em particular. Apresentamos um grande número de exemplos referentes aos sistemas operacionais mais conhecidos e inovadores, que incluem o Solaris da Sun Microsystems, o Linux, o Microsoft Windows 7, o Windows 2000, o Windows XP e o Mac OS X da Apple. Ao usarmos o Windows XP como exemplo de sistema operacional, estamos nos referindo ao Windows XP e Windows 2000. Quando um recurso existe em uma versão específica, informamos isso explicitamente.

Organização Deste Livro

A organização deste livro reflete os vários anos em que ministramos cursos sobre sistemas operacionais. Também consideramos o feedback fornecido pelos revisores do texto, assim como os comentários enviados pelos leitores de edições anteriores. Além disso, o conteúdo do texto corresponde às sugestões do *Computing Curricula 2005* para o ensino de sistemas operacionais, publicado pela Joint Task Force da IEEE Computing Society e pela Association for Computing Machinery (ACM).

No site da LTC Editora, há material suplementar para este livro, no qual fornecemos vários exemplos de ementas que sugerem diversas abordagens para o uso do texto em cursos introdutórios e avançados. Como regra geral, encorajamos o leitor a avançar no texto na sequência dos capítulos, já que essa estratégia proporciona o estudo mais completo dos sistemas operacionais. No entanto, usando os exemplos de ementas, o leitor pode escolher uma ordem diferente para os capítulos (ou subseções dos capítulos).

Conteúdo Deste Livro

O texto foi organizado em oito partes principais:

- **Visão geral.** Os Capítulos 1 e 2 explicam o que *são* sistemas operacionais, o que eles *fazem* e como *são projetados* e *construídos*. Esses capítulos discutem quais são as características comuns de um sistema operacional, o que esse sistema faz para o usuário e o que faz para o operador do sistema de computação. A apresentação é, em essência, motivacional e explicativa. Nesses capítulos, evitamos uma discussão de como as coisas são realizadas internamente. Portanto, eles são adequados para leitores independentes ou para estudantes de cursos de nível básico que queiram aprender o que é um sistema operacional sem entrar nos detalhes dos algoritmos internos.

- **Gerenciamento de processos.** Os Capítulos 3 a 6 descrevem o conceito de processo e de concorrência como o coração dos modernos sistemas operacionais. Um *processo* é a unidade de trabalho de um sistema. Esse sistema é composto por um conjunto de processos em execução *concorrente*, alguns dos quais são processos do sistema operacional (aqueles que executam códigos do sistema) e o restante deles são processos de usuário (os que executam códigos de usuário). Esses capítulos abordam métodos para scheduling de processos, comunicação entre processos, sincronização de processos e manipulação de deadlocks. Também incluem uma discussão sobre threads, assim como a verificação de questões relacionadas a sistemas multicore.

- **Gerenciamento da memória.** Os Capítulos 7 e 8 lidam com o gerenciamento da memória principal durante a execução de um processo. Para melhorar tanto a utilização da CPU quanto a velocidade de sua resposta aos usuários, o computador deve manter vários processos na memória. Há muitos esquemas diferentes de gerenciamento da memória, refletindo várias abordagens desse tipo de gerenciamento, e a eficácia de um algoritmo específico depende da situação.

- **Gerenciamento do armazenamento.** Os Capítulos 9 a 12 descrevem como o sistema de arquivos, o armazenamento de massa e a I/O são controlados em um sistema de computação moderno. O sistema de arquivos fornece o mecanismo para armazenamento online de dados e programas e o acesso a eles. Descrevemos as estruturas e algoritmos internos clássicos do gerenciamento do armazenamento e fornecemos um conhecimento prático sólido dos algoritmos usados – suas propriedades, vantagens e desvantagens. Nossa discussão sobre armazenamento também inclui questões relacionadas aos armazenamentos secundário e terciário. Já que os dispositivos de I/O conectados a um computador são muito variados, o sistema operacional tem de fornecer um amplo conjunto de funcionalidades para as aplicações, de modo a permitir que elas controlem todos os aspectos desses dispositivos. Discutimos a I/O do sistema com detalhes, inclusive projeto do sistema de I/O, interfaces, estruturas e funções internas do sistema. Em muitos aspectos, os dispositivos de I/O são os componentes principais mais lentos do computador. Uma vez que representam um gargalo no desempenho, também examinamos os problemas de desempenho associados aos dispositivos de I/O.

- **Proteção e segurança.** Os Capítulos 13 e 14 discutem os mecanismos necessários à proteção e segurança de sistemas de computação. Os processos de um sistema operacional devem ser protegidos das atividades uns dos outros, e para fornecer essa proteção, temos de assegurar que só processos que tiverem recebido autorização apropriada do sistema operacional possam operar nos arquivos, na memória, na CPU e em outros recursos do sistema. A proteção é um mecanismo para controlar o acesso de programas, processos ou usuários aos recursos definidos por um sistema de computação. Esse mecanismo deve fornecer um meio para a especificação dos controles a serem impostos, assim como uma forma de cobrança disso. A segurança protege a integridade das informações armazenadas no sistema (tanto dados quanto códigos), assim como os recursos físicos do sistema de acessos não autorizados, destruição ou alteração maliciosa e introdução acidental de inconsistências.

- **Estudos de caso.** Os Capítulos 15 e 16 do livro-texto e os Apêndices A a C, que estão disponíveis no site da LTC Editora, completam os conceitos descritos nos capítulos anteriores por meio da descrição de sistemas operacionais reais. Os Capítulos 15 e 16 abordam os sistemas operacionais Linux e Windows 7. Os Apêndices online incluem o FreeBSD, o Mach e o Windows 2000. Escolhemos o Linux e o FreeBSD porque o UNIX – outrora – era suficientemente pequeno para ser entendido, embora não fosse um sistema operacional de "brinquedo". A maioria dos seus algoritmos internos foi selecionada por sua *simplicidade*, não por sua velocidade ou sofisticação. Tanto o Linux como o FreeBSD estão disponíveis com facilidade nos departamentos de ciência da computação, portanto, muitos estudantes podem ter acesso a eles. Escolhemos o Windows 7 e o Windows 2000 porque eles oferecem uma oportunidade de estudo de um sistema operacional moderno cujo projeto e implementação são drasticamente diferentes do UNIX.

Ambientes dos Sistemas Operacionais

Este livro usa exemplos de muitos sistemas operacionais existentes para ilustrar os conceitos básicos deles. No entanto, é dada atenção especial à família Microsoft de sistemas operacionais (incluindo o Windows 7, o Windows 2000 e o Windows XP) e a várias versões do UNIX (entre as quais Solaris, BSD e Mac OS X). Também fornecemos uma abordagem significativa do sistema operacional Linux refletindo a versão mais recente do kernel – Versão 2.6 – no momento em que o livro foi escrito.

O texto também fornece vários exemplos de programas escritos em C e em Java. Esses programas devem ser executados nos seguintes ambientes de programação:

- **Sistemas Windows.** O ambiente de programação principal para sistemas Windows é a API (**a**pplication **p**rogramming **i**nterface) Win32, que fornece um conjunto abrangente de funções para o gerenciamento de processos, threads, memória e dispositivos periféricos. Fornecemos vários programas C ilustrando o uso da API Win32. Os exemplos de programas foram testados em sistemas executando o Windows XP e Windows 7.

- **POSIX.** O POSIX (que significa *Portable Operating System Interface*) representa um conjunto de padrões implementados principalmente para sistemas operacionais baseados no UNIX. Embora os sistemas Windows 7, Windows XP e Windows 2000 também possam executar certos programas POSIX, nossa abordagem do POSIX direciona-se basicamente para os sistemas UNIX e Linux. Os sistemas compatíveis com o POSIX devem implementar o padrão POSIX básico (POSIX.1): Linux, Solaris e Mac OS X são exemplos de sistemas compatíveis com o POSIX. O POSIX também define várias extensões dos padrões, inclusive extensões de tempo real (POSIX1.b) e uma extensão para uma biblioteca de threads (POSIX.c, mais conhecida como Pthreads). Fornecemos vários exemplos de programação escritos em C que ilustram a API base do POSIX, assim como o Pthreads e as extensões para programação em tempo real. Esses exemplos de programa foram testados em sistemas Debian Linux 2.4 e 2.6, Mac OS X 10.6 e Solaris 10 com o uso dos compiladores `gcc` 3.3 e 4.0.

- **Java.** Java é uma linguagem de programação amplamente usada que tem uma API de muitos recursos e suporte embutido para a criação e gerenciamento de threads. Os programas Java são executados em qualquer sistema operacional que dê suporte a uma máquina virtual Java (ou JVM, do inglês). Ilustramos muitos dos conceitos de sistemas operacionais com vários programas Java testados com o uso da JVM Java 1.5.

Selecionamos esses três ambientes de programação porque achamos que representam melhor os dois modelos mais populares de sistemas operacionais: Windows e UNIX/Linux, além do amplamente usado ambiente Java. A maioria dos exemplos de programação é escrita em C, assim, esperamos que os leitores estejam familiarizados com essa linguagem; os leitores familiarizados com as linguagens C e Java devem entender facilmente grande parte dos programas fornecida neste texto.

Em alguns casos – como na criação de threads – ilustramos um conceito específico usando todos os três ambientes de programação, permitindo que o leitor compare as três bibliotecas diferentes ao abordar a mesma tarefa. Em outros casos, podemos ter usado apenas uma das APIs para demonstrar um conceito. Por exemplo, ilustramos a memória compartilhada usando apenas a API do POSIX.

Princípios Básicos de Sistemas Operacionais

Baseamos *Fundamentos de Sistemas Operacionais – Princípios Básicos* na oitava edição de *Fundamentos de Sistemas Operacionais* publicada pela LTC Editora em 2010. Nossa intenção ao desenvolver esta edição de *Princípios Básicos* é oferecer aos leitores um livro que se concentre nos conceitos essenciais dos sistemas operacionais contemporâneos. Acreditamos que, devido a esse enfoque, os estudantes poderão dominar os recursos básicos de um sistema operacional moderno mais fácil e rapidamente.

Com esse objetivo, *Fundamentos de Sistemas Operacionais – Princípios Básicos* omite o escopo a seguir existente na oitava edição de *Fundamentos de Sistemas Operacionais*.

- Removemos a abordagem dos pipes como forma de comunicação entre processos no Capítulo 3.
- Removemos a abordagem das transações atômicas no Capítulo 6.
- Removemos o Capítulo 7 – Deadlocks – e o substituímos por uma visão geral dos deadlocks no Capítulo 6.
- Removemos os Capítulos 16 a 18, que abordam sistemas distribuídos.
- O Capítulo 19 (Sistemas de Tempo Real) e o Capítulo 20 (Sistemas Multimídia) foram removidos.
- O Capítulo 16, que aborda o Windows 7 e é um novo capítulo, substitui o capítulo sobre Windows XP da oitava edição.

Esta edição de *Princípios Básicos* inclui uma abordagem atualizada de muitos tópicos relevantes ao estudo de sistemas operacionais. E o mais importante é que ela inclui uma abordagem atualizada das CPUs multicore, das máquinas virtuais e dos sistemas operacionais de fonte aberta assim como conteúdo atualizado sobre sistemas de I/O e arquivos.

Problemas e Projetos de Programação

Para enfatizar os conceitos apresentados no texto, apresentamos vários problemas e projetos de programação que usam as APIs POSIX e Win32, assim como a da linguagem Java. Os problemas de programação enfatizam processos, threads, memória compartilhada e sincronização de processos. Além disso, incluímos vários projetos de programação que são mais complicados do que os exercícios de programação-padrão. Esses projetos envolvem a inclusão de uma chamada de sistema ao kernel do Linux, o uso de filas de mensagens UNIX, a criação de aplicações com vários threads e a solução do problema produtor-consumidor com o uso de memória compartilhada.

Entre em Contato

Tentamos excluir todos os erros desta edição, mas – como costuma ocorrer com sistemas operacionais – podem ter permanecido alguns bugs obscuros. Gostaríamos de ser informados sobre qualquer erro ou omissão identificado no texto.

Ficaríamos satisfeitos em receber sugestões para melhoria do livro. Também agradecemos qualquer contribuição dada que possa ser usada por outros leitores, como exercícios de programação, sugestões de projetos, laboratórios e tutoriais online e dicas de ensino.

Os e-mails devem ser endereçados a ltc@grupogen.com.br. Qualquer outro tipo de correspondência deve ser enviado para Avi Silberschatz, Department of Computer Science, Yale University, 51 Prospect Street, P.O. Box 208285, New Haven, CT 06520-8285 USA.

Agradecimentos

Este livro é derivado das edições anteriores, as três primeiras delas com a coautoria de James Peterson. Outras pessoas que nos auxiliaram nas edições anteriores foram: Hamid Arabnia, Rida Bazzi, Randy Bentson, David Black, Joseph Boykin, Jeff Brumfield, Gael Buckley, Roy Campbell, P. C. Capon, John Carpenter, Gil Carrick, Thomas Casavant, Bart Childs, Ajoy

Kumar Datta, Joe Deck, Sudarshan K. Dhall, Thomas Doeppner, Caleb Drake, M. Racsit Eskicioğlu, Hans Flack, Robert Fowler, G. Scott Graham, Richard Guy, Max Hailperin, Rebecca Hartman, Wayne Hathaway, Christopher Haynes, Don Heller, Bruce Hillyer, Mark Holliday, Dean Hougen, Michael Huangs, Ahmed Kamel, Morty Kewstel, Richard Kieburtz, Carol Kroll, Morty Kwestel, Thomas LeBlanc, John Leggett, Jerrold Leichter, Ted Leung, Gary Lippman, Carolyn Miller, Michael Molloy, Euripides Montagne, Yoichi Muraoka, Jim M. Ng, Banu Özden, Ed Posnak, Boris Putanec, Charles Qualline, John Quarterman, Mike Reiter, Gustavo Rodriguez-Rivera, Carolyn J. C. Schauble, Thomas P. Skinner, Yannis Smaragdakis, Jesse St. Laurent, John Stankovic, Adam Stauffer, Steven Stepanek, John Sterling, Hal Stern, Louis Stevens, Pete Thomas, David Umbaugh, Steve Vinoski, Tommy Wagner, Larry L. Wear, John Werth, James M.Westall, J. S.Weston e Yang Xiang

O Capítulo 16 foi escrito por Dave Probert e teve origem no Capítulo 22 da oitava edição de *Fundamentos de Sistemas Operacionais*. Partes do Capítulo 11 foram tiradas de um artigo de Hillyer e Silberschatz [1996]. O Capítulo 15 foi tirado de um original não publicado de Stephen Tweedie. Cliff Martin ajudou na atualização do apêndice sobre UNIX para abordar o FreeBSD. Alguns dos exercícios e as soluções que os acompanham foram fornecidos por Arvind Krishnamurthy.

Mike Shapiro, Bryan Cantrill e Jim Mauro responderam várias perguntas relacionadas ao Solaris e Bryan Cantrill ajudou na abordagem do ZFS. Josh Dees e Rob Reynolds contribuíram na abordagem da plataforma .NET da Microsoft. O projeto de filas de mensagens POSIX foi contribuição de John Trono do Saint Michael's College, em Colchester, Vermont. Judi Paige e Marilyn Turnamian ajudaram a gerar figuras e slides de apresentação. Mark Wogahn assegurou que o software que produziu o livro (por exemplo, as macros e fontes do Latex) funcionasse apropriadamente.

Nossa editora executiva, Beth Golub, atuou como orientadora técnica enquanto preparávamos esta edição. Ela contou com a ajuda de Mike Berlin, que gerenciou habilmente os diversos detalhes deste projeto. O editor de produção sênior, Ken Santor, contribuiu no tratamento de todos os detalhes da produção.

A ilustração de capa foi criação de Susan Cyr e o projeto de capa foi elaborado por Howard Grossman. Beverly Peavler fez a padronização do texto. A revisão de texto coube a Katrina Avery; a indexação foi gerada pela WordCo, Inc.

Abraham Silberschatz, New Haven, CT, 2010
Peter Baer Galvin, Burlington, MA, 2010
Greg Gagne, Salt Lake City, UT, 2010

Abraham Silberschatz ocupa o posto de professor "Sidney J. Weinberg" e catedrático de Ciência da Computação na Yale University. Antes de entrar em Yale, foi vice-presidente do Centro de Pesquisas em Ciência da Informação da Bell Laboratories. E, antes disso, mantinha uma cátedra no Departamento de Ciência da Computação na University of Texas, em Austin.

O professor Silberschatz é membro da ACM e do IEEE e participa da Connecticut Academy of Science and Engineering. Recebeu os prêmios Taylor L. Booth Education do IEEE, em 2002, o Karl V. Karlstrom Outstanding Educator da ACM, em 1998, e o SIGMOD Contribution da ACM, em 1997. Em reconhecimento ao seu destacado nível de inovação e excelência técnica, foi agraciado com o Bell Laboratories President's Award por três projetos distintos – o Projeto QTM (1998), o Projeto DataBlitz (1999) e o Projeto NetInventory (2004).

Os escritos do professor Silberschatz apareceram em numerosas publicações da ACM, do IEEE e em outras conferências e periódicos. Ele é coautor do livro *Database System Concepts*. Também escreveu artigos para a página Web Op-Ed dos jornais *New York Times*, *Boston Globe* e *Hartford Courant*, entre outros.

Peter Baer Galvin é diretor de tecnologia da Corporate Technologies (www.cptech.com), revendedora e integradora de recursos de computação. Antes disso, Galvin foi gerente de sistemas do Departamento de Ciência da Computação da Brown University. É colunista da empresa Sun na revista *;login:*. Escreveu artigos para a revista *Byte* entre outras e colaborou em colunas das revistas *SunWorld* e *SysAdmin*. Como consultor e instrutor, tem ministrado palestras e realizado treinamentos sobre segurança e administração de sistemas em todo o mundo.

Greg Gagne é catedrático do Departamento de Ciência da Computação no Westminster College, em Salt Lake City, onde leciona desde 1990. Ministra cursos de sistemas operacionais bem como cursos relacionados a redes de computador, sistemas distribuídos e engenharia de software. Gagne organiza seminários para professores de ciência da computação e profissionais da indústria.

Sumário

PARTE UM ■ VISÃO GERAL

Capítulo 1   Introdução

1.1   O que Fazem os Sistemas Operacionais, 3
1.2   Organização do Sistema de Computação, 5
1.3   Arquitetura do Sistema de Computação, 9
1.4   Estrutura do Sistema Operacional, 13
1.5   Operações do Sistema Operacional, 14
1.6   Gerenciamento de Processos, 16
1.7   Gerenciamento da Memória, 16
1.8   Gerenciamento do Armazenamento, 17
1.9   Proteção e Segurança, 19
1.10 Sistemas Distribuídos, 20
1.11 Sistemas de Uso Específico, 21
1.12 Ambientes de Computação, 22
1.13 Sistemas Operacionais de Fonte Aberta, 24
1.14 Resumo, 26
        Exercícios Práticos, 27
        Exercícios, 28
        Notas Bibliográficas, 29

Capítulo 2   Estruturas do Sistema Operacional

2.1   Serviços do Sistema Operacional, 30
2.2   Interface entre o Usuário e o Sistema Operacional, 31
2.3   Chamadas de Sistema, 33
2.4   Tipos de Chamadas de Sistema, 36
2.5   Programas de Sistema, 41
2.6   Projeto e Implementação do Sistema Operacional, 42
2.7   Estrutura do Sistema Operacional, 43
2.8   Máquinas Virtuais, 46
2.9   Depuração do Sistema Operacional, 52
2.10 Geração do Sistema Operacional, 54
2.11 Inicialização do Sistema, 55
2.12 Resumo, 56
        Exercícios Práticos, 56
        Exercícios, 57
        Problemas de Programação, 57
        Projetos de Programação, 57
        Notas Bibliográficas, 60

PARTE DOIS ■ GERENCIAMENTO DE PROCESSOS

Capítulo 3   Processos

3.1   Conceito de Processo, 63
3.2   Scheduling de Processos, 65
3.3   Operações sobre Processos, 69
3.4   Comunicação Interprocessos, 72
3.5   Exemplos de Sistemas IPC, 76
3.6   Comunicação em Sistemas Cliente-Servidor, 79
3.7   Resumo, 83
        Exercícios Práticos, 83
        Exercícios, 84
        Problemas de Programação, 84
        Projetos de Programação, 87
        Notas Bibliográficas, 89

Capítulo 4   Threads

4.1   Visão Geral, 90
4.2   Modelos para a Geração de Vários Threads, 92
4.3   Bibliotecas de Threads, 93
4.4   Questões Relacionadas à Criação de Threads, 98
4.5   Exemplos de Sistemas Operacionais, 101
4.6   Resumo, 102
        Exercícios Práticos, 103
        Exercícios, 103
        Projetos de Programação, 104
        Notas Bibliográficas, 107

Capítulo 5 Scheduling da CPU

5.1 Conceitos Básicos, 108
5.2 Critérios de Scheduling, 110
5.3 Algoritmos de Scheduling, 111
5.4 Scheduling de Threads, 117
5.5 Scheduling com Processadores Múltiplos, 118
5.6 Exemplos de Sistemas Operacionais, 122
5.7 Avaliação de Algoritmos, 126
5.8 Resumo, 129
Exercícios Práticos, 129
Exercícios, 130
Notas Bibliográficas, 131

Capítulo 6 Sincronização de Processos

6.1 Antecedentes, 132
6.2 O Problema da Seção Crítica, 133
6.3 Solução de Peterson, 134
6.4 Hardware de Sincronização, 135
6.5 Semáforos, 137
6.6 Problemas Clássicos de Sincronização, 140
6.7 Monitores, 142
6.8 Exemplos de Sincronização, 147
6.9 Deadlocks, 150
6.10 Resumo, 154
Exercícios Práticos, 154
Exercícios, 155
Problemas de Programação, 158
Projetos de Programação, 158
Notas Bibliográficas, 162

PARTE TRÊS ■ GERENCIAMENTO DA MEMÓRIA

Capítulo 7 Memória Principal

7.1 Antecedentes, 165
7.2 Permuta entre Processos (swapping), 169
7.3 Alocação de Memória Contígua, 170
7.4 Paginação, 172
7.5 Estrutura da Tabela de Páginas, 179
7.6 Segmentação, 182
7.7 Exemplo: O Pentium da Intel, 184
7.8 Resumo, 186
Exercícios Práticos, 187
Exercícios, 188
Problemas de Programação, 189
Notas Bibliográficas, 189

Capítulo 8 Memória Virtual

8.1 Antecedentes, 190
8.2 Paginação por Demanda, 192
8.3 Cópia-após-Gravação, 196
8.4 Substituição de Páginas, 197
8.5 Alocação de Quadros, 205
8.6 Atividade Improdutiva (Thrashing), 207
8.7 Arquivos Mapeados para a Memória, 211
8.8 Alocando Memória do Kernel, 215
8.9 Outras Considerações, 217
8.10 Exemplos de Sistemas Operacionais, 220
8.11 Resumo, 222
Exercícios Práticos, 223
Exercícios, 224
Problemas de Programação, 226
Notas Bibliográficas, 227

PARTE QUATRO ■ GERENCIAMENTO DO ARMAZENAMENTO

Capítulo 9 Interface do Sistema de Arquivos

9.1 Conceito de Arquivo, 231
9.2 Métodos de Acesso, 237
9.3 Estrutura de Diretórios e Discos, 239
9.4 Montagem do Sistema de Arquivos, 245
9.5 Compartilhamento de Arquivos, 247
9.6 Proteção, 250
9.7 Resumo, 253
Exercícios Práticos, 253
Exercícios, 254
Notas Bibliográficas, 254

Capítulo 10 Implementação do Sistema de Arquivos

10.1 Estrutura do Sistema de Arquivos, 256
10.2 Implementação do Sistema de Arquivos, 257
10.3 Implementação do Diretório, 261
10.4 Métodos de Alocação, 262
10.5 Gerenciamento do Espaço Livre, 267
10.6 Eficiência e Desempenho, 269
10.7 Recuperação, 271
10.8 Resumo, 273
   Exercícios Práticos, 274
   Exercícios, 274
   Notas Bibliográficas, 275

Capítulo 11 Estrutura de Armazenamento de Massa

11.1 Visão Geral da Estrutura de Armazenamento de Massa, 276
11.2 Estrutura do Disco, 278
11.3 Conexão do Disco, 278
11.4 Scheduling de Disco, 280
11.5 Gerenciamento de Disco, 283
11.6 Gerenciamento do Espaço de Permuta, 285
11.7 Estrutura RAID, 286
11.8 Resumo, 291
   Exercícios Práticos, 292
   Exercícios, 294
   Notas Bibliográficas, 296

Capítulo 12 Sistemas de I/O

12.1 Visão Geral, 297
12.2 Hardware de I/O, 297
12.3 Interface de I/O da Aplicação, 303
12.4 Subsistema de I/O do Kernel, 307
12.5 Transformando Solicitações de I/O em Operações de Hardware, 311
12.6 STREAMS, 313
12.7 Desempenho, 314
12.8 Resumo, 316
   Exercícios Práticos, 316
   Exercícios, 317
   Notas Bibliográficas, 317

PARTE CINCO ■ PROTEÇÃO E SEGURANÇA

Capítulo 13 Proteção

13.1 Objetivos de Proteção, 321
13.2 Princípios de Proteção, 322
13.3 Domínio de Proteção, 322
13.4 Matriz de Acesso, 325
13.5 Implementação da Matriz de Acesso, 327
13.6 Controle de Acesso, 329
13.7 Revogação de Direitos de Acesso, 330
13.8 Sistemas Baseados em Competências, 330
13.9 Resumo, 332
   Exercícios Práticos, 332
   Exercícios, 333
   Notas Bibliográficas, 333

Capítulo 14 Segurança

14.1 O Problema da Segurança, 334
14.2 Ameaças de Programas, 336
14.3 Ameaças de Sistema e Rede, 341
14.4 Criptografia como uma Ferramenta de Segurança, 344
14.5 Autenticação do Usuário, 351
14.6 Um Exemplo: Windows, 353
14.7 Resumo, 354
   Exercícios, 355
   Notas Bibliográficas, 355

PARTE SEIS ■ ESTUDOS DE CASO

Capítulo 15 O Sistema Linux

15.1 História do Linux, 359
15.2 Princípios de Projeto, 362
15.3 Módulos do Kernel, 363
15.4 Gerenciamento de Processos, 365
15.5 Scheduling, 367
15.6 Gerenciamento de Memória, 371

- 15.7 Sistemas de Arquivos, 376
- 15.8 Entrada e Saída, 380
- 15.9 Comunicação entre Processos, 381
- 15.10 Estrutura de Rede, 382
- 15.11 Segurança, 384
- 15.12 Resumo, 385
  - Exercícios Práticos, 385
  - Exercícios, 386
  - Notas Bibliográficas, 386

Capítulo 16 Windows 7

- 16.1 História, 388
- 16.2 Princípios de Projeto, 389
- 16.3 Componentes do Sistema, 393
- 16.4 Serviços de Terminal e Troca Rápida de Usuário, 409
- 16.5 Sistema de Arquivos, 409
- 16.6 Conexão em Rede, 413
- 16.7 Interface do Programador, 416
- 16.8 Resumo, 422
  - Exercícios Práticos, 422
  - Exercícios, 423
  - Notas Bibliográficas, 423

Índice, 424

PARTE SETE ■ MATERIAL SUPLEMENTAR

Apêndice A – O Sistema FreeBSD, 1

- A.1 História do UNIX, 1
- A.2 Princípios de Projeto, 4
- A.3 Interface do Programador, 5
- A.4 Interface de Usuário, 10
- A.5 Gerenciamento de Processos, 12
- A.6 Gerenciamento de Memória, 15
- A.7 Sistema de Arquivos, 16
- A.8 Sistema de I/O, 21
- A.9 Comunicação entre Processos, 23
- A.10 Resumo, 26
  - Exercícios Práticos, 26
  - Notas Bibliográficas, 27

Apêndice B – O Sistema Mach, 28

- B.1 História do Sistema Mach, 28
- B.2 Princípios de Projeto, 29
- B.3 Componentes do Sistema, 29
- B.4 Gerenciamento de Processos, 31
- B.5 Comunicação entre Processos, 35
- B.6 Gerenciamento de Memória, 38
- B.7 Interface do Programador, 41
- B.8 Resumo, 42
  - Exercícios Práticos, 42
  - Notas Bibliográficas, 43
  - Créditos, 43

Apêndice C – Windows 2000, 44

- C.1 História, 44
- C.2 Princípios de Projeto, 44
- C.3 Componentes do Sistema, 45
- C.4 Subsistemas Ambientais, 55
- C.5 Sistema de Arquivos, 57
- C.6 Conexão de rede, 61
- C.7 Interface do Programador, 64
- C.8 Resumo, 69
  - Exercícios, 69
  - Notas Bibliográficas, 69

Bibliografia, 70

PARTE UM

Visão Geral

Um *sistema operacional* atua como intermediário entre o usuário de um computador e o hardware. A finalidade do sistema operacional é fornecer um ambiente em que o usuário possa executar programas de maneira *conveniente* e *eficiente*.

O sistema operacional é um software que gerencia o hardware do computador. O hardware deve fornecer mecanismos apropriados para assegurar a operação correta do sistema de computação e impedir que programas de usuários interfiram na operação apropriada do sistema.

Internamente, os sistemas operacionais variam muito em sua composição, já que estão organizados em muitas linhas diferentes. O projeto de um novo sistema operacional é uma tarefa de peso. É importante que os objetivos do sistema sejam bem definidos antes de o projeto começar. Esses objetivos formam a base das escolhas feitas entre vários algoritmos e estratégias.

Já que um sistema operacional é grande e complexo, deve ser criado por partes. Cada uma dessas partes deve ser uma porção bem delineada do sistema, com entradas, saídas e funções definidas cuidadosamente.

Introdução

CAPÍTULO 1

Sistema operacional é o programa que gerencia o hardware do computador. Ele também fornece a base para os programas aplicativos e atua como intermediário entre o usuário e o hardware do computador. Um aspecto interessante dos sistemas operacionais é o quanto eles assumem diferentes abordagens ao cumprir essas tarefas. Sistemas operacionais de mainframe são projetados basicamente para otimizar a utilização do hardware. Sistemas operacionais de computadores pessoais (PCs) suportam jogos complexos, aplicações comerciais e tudo o mais entre esses dois universos. Sistemas operacionais de computadores de mão são projetados para fornecer um ambiente no qual o usuário possa interagir facilmente com o computador para executar programas. Assim, alguns sistemas operacionais são projetados para ser *convenientes*, outros para ser *eficientes* e outros ainda para fornecer alguma combinação desses dois aspectos.

Antes de poder examinar os detalhes da operação do sistema de computação, temos que saber algo sobre a estrutura do sistema. Começaremos discutindo as funções básicas de inicialização, I/O e armazenamento do sistema. Também descreveremos a arquitetura básica do computador que torna possível criar um sistema operacional funcional.

Já que um sistema operacional é grande e complexo, deve ser criado por partes. Cada uma dessas partes deve ser uma porção bem delineada do sistema, com entradas, saídas e funções bem definidas. Neste capítulo, fornecemos uma visão geral dos principais componentes de um sistema operacional.

OBJETIVOS DO CAPÍTULO
- Fornecer uma visão completa dos principais componentes dos sistemas operacionais.
- Descrever a organização básica dos sistemas de computação.

1.1 O que Fazem os Sistemas Operacionais

Começamos nossa discussão examinando o papel do sistema operacional no sistema de computação como um todo. De modo geral, um sistema de computação pode ser dividido em quatro componentes: o *hardware*, o *sistema operacional*, os *programas aplicativos* e os *usuários* (Figura 1.1).

O **hardware** é composto pela **unidade central de processamento (CPU – central processing unit)**, a **memória** e os **dispositivos de entrada/saída (I/O – input/output)**. Sua função é fornecer os recursos básicos de computação do sistema. Os **programas aplicativos** – como processadores de texto, plani-

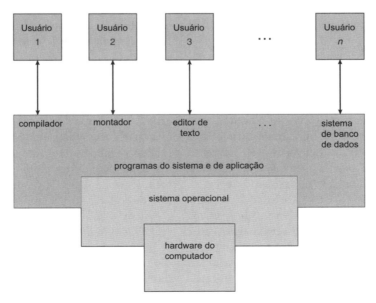

Figura 1.1 Visão abstrata dos componentes de um sistema computacional.

lhas, compiladores e navegadores da Web – definem as formas pelas quais esses recursos são utilizados para resolver os problemas computacionais dos usuários. O sistema operacional controla o hardware e coordena seu uso pelos diversos programas aplicativos de vários usuários.

Também podemos considerar um sistema de computação como composto de hardware, software e dados. O sistema operacional fornece os meios para a utilização apropriada desses recursos durante a operação do sistema de computação. Um sistema operacional é semelhante a um *governo*. Tal como o governo, ele não desempenha funções úteis sozinho. Apenas proporciona um *ambiente* no qual outros programas podem desempenhar tarefas úteis.

Para entender melhor o papel do sistema operacional, examinaremos a seguir os sistemas operacionais a partir de dois pontos de vista: o do usuário e o do sistema.

1.1.1 O Ponto de Vista do Usuário

A perspectiva do usuário em relação ao computador varia dependendo da interface que estiver sendo utilizada. A maioria dos usuários de computador senta-se diante de um PC, constituído de um monitor, um teclado, um mouse e a unidade do sistema. Tal sistema é projetado para que um único usuário monopolize seus recursos. O objetivo é maximizar o trabalho (ou jogo) que o usuário estiver executando. Nesse caso, o sistema operacional é projetado principalmente para **facilidade de uso**, com alguma atenção dada ao desempenho e nenhuma à **utilização dos recursos** – como vários recursos de hardware e software são compartilhados. É claro que o desempenho é importante para o usuário, mas esses sistemas são otimizados para a experiência de um único usuário e não para os requisitos de vários usuários.

Em outros casos, o usuário senta-se diante de um terminal conectado a um **mainframe** ou a um **minicomputador**. Outros usuários acessam o mesmo computador por intermédio de outros terminais. Esses usuários compartilham recursos e podem trocar informações. Nesses casos, o sistema operacional é projetado para maximizar a utilização dos recursos – assegurando que todo o tempo de CPU, a memória e I/O disponíveis sejam utilizados eficientemente e que nenhum usuário individual ocupe mais do que sua cota.

Há ainda outros casos em que os usuários ocupam **estações de trabalho** conectadas a redes de outras estações de trabalho e **servidores**. Esses usuários possuem recursos dedicados à sua disposição, mas também compartilham recursos tais como a rede e os servidores – servidores de arquivo, de processamento e de impressão. Portanto, seu sistema operacional é projetado para equilibrar usabilidade individual e utilização dos recursos.

Ultimamente, estão na moda muitas variedades de computadores de mão (*handhelds*). A maioria desses dispositivos é de unidades autônomas para usuários individuais. Alguns são conectados a redes tanto diretamente por fio como (mais frequentemente) através de modems e conexão à rede sem fio. Devido a limitações de energia, velocidade e interface, eles executam relativamente poucas operações remotas. Seus sistemas operacionais são projetados objetivando principalmente usabilidade individual, embora o desempenho em relação ao tempo de vida da bateria também seja importante.

Alguns computadores são pouco ou nada visíveis ao usuário. Por exemplo, computadores embutidos em dispositivos domésticos e em automóveis podem ter um teclado numérico e podem acender ou apagar luzes indicativas para mostrar o status, mas eles e seus sistemas operacionais são projetados para operar basicamente sem intervenção do usuário.

1.1.2 O Ponto de Vista do Sistema

Do ponto de vista do computador, o sistema operacional é o programa mais intimamente envolvido com o hardware. Nesse contexto, podemos considerar um sistema operacional como um **alocador de recursos**. Um sistema de computação tem muitos recursos que podem ser necessários à resolução de um problema: tempo de CPU, espaço de memória, espaço de armazenamento de arquivo, dispositivos de I/O e assim por diante. O sistema operacional atua como o gerenciador desses recursos. Ao lidar com solicitações por recursos numerosas e possivelmente concorrentes, o sistema operacional precisa decidir como alocá-los para programas e usuários específicos para poder operar o sistema de computação de maneira eficiente e justa. Como vimos, a alocação de recursos é particularmente importante onde muitos usuários acessam o mesmo mainframe ou minicomputador.

Um enfoque ligeiramente diferente relacionado ao sistema operacional enfatiza a necessidade de controle dos diversos dispositivos de I/O e programas de usuário. O sistema operacional é um programa de controle. Um **programa de controle** gerencia a execução dos programas de usuário para evitar erros e o uso impróprio do computador. Ele se preocupa principalmente com a operação e o controle de dispositivos de I/O.

1.1.3 Definindo Sistemas Operacionais

Examinamos o papel do sistema operacional dos pontos de vista do usuário e do sistema. Como, no entanto, podemos definir o que é um sistema operacional? Em geral, não possuímos uma definição totalmente adequada. Sistemas operacionais existem porque representam uma maneira razoável para resolver o problema de criar um sistema de computação utilizável. O objetivo fundamental dos sistemas de computação é executar os programas dos usuários e facilitar a resolução dos seus problemas. É com esse objetivo que o hardware do computador é construído. Os programas aplicativos são desenvolvidos porque o hardware puro não é particularmente fácil de ser utilizado. Esses programas requerem determinadas operações comuns, como as que controlam os dispositivos de I/O. As funções comuns de controle e alocação de recursos são então reunidas em um tipo de software: o sistema operacional.

Além disso, não temos uma definição universalmente aceita sobre o que compõe o sistema operacional. Um ponto de vista simplista é o de que ele inclui tudo que um vendedor monta quando você encomenda "o sistema operacional". Entretanto, os recursos incluídos variam muito entre os sistemas. Alguns sistemas ocupam menos do que 1 megabyte de espaço e não têm nem mesmo um editor de tela inteira,

DEFINIÇÕES E NOTAÇÃO DE ARMAZENAMENTO

Um *bit* é a unidade básica de armazenamento nos computadores. Ele pode conter um entre dois valores: zero e um. Todos os outros tipos de armazenamento em um computador são baseados em conjuntos de bits. Quando há bits suficientes, é espantoso quantas coisas um computador pode representar: números, letras, imagens, filmes, sons, documentos e programas, para citar apenas algumas. Um *byte* contém 8 bits e na maioria dos computadores é o menor bloco de armazenamento conveniente. Por exemplo, a maioria dos computadores não tem uma instrução para mover um bit e sim para mover um byte.

Um termo menos comum é **palavra**, que é a unidade de armazenamento nativa de uma determinada arquitetura de computador. Geralmente, uma palavra é composta por um ou mais bytes. Por exemplo, um computador pode ter instruções para mover palavras de 64 bits (8 bytes).

Um kilobyte ou KB é igual a 1024 bytes; um megabyte ou MB equivale a 1024^2 bytes e um gigabyte ou GB é o mesmo que 1024^3 bytes. Os fabricantes de computadores costumam arredondar esses números e dizem que um megabyte corresponde a 1 milhão de bytes e um gigabyte a 1 bilhão de bytes.

---

enquanto outros requerem gigabytes de espaço e são inteiramente baseados em sistemas com janelas gráficas. Uma definição mais comum, que é a que costumamos seguir, é que o sistema operacional é o programa que permanece em execução no computador durante todo o tempo – geralmente chamado de **kernel**. (Além do kernel, há dois outros tipos de programas: **programas do sistema**, que estão associados ao sistema operacional mas não fazem parte do kernel, e **programas aplicativos**, que incluem todos os programas não associados à operação do sistema.)

O problema do que constitui um sistema operacional foi se tornando cada vez mais importante. Em 1998, o Departamento de Justiça dos Estados Unidos fez uma representação contra a Microsoft, em essência alegando que ela incluiu funcionalidades demais em seus sistemas operacionais impedindo a competição por parte dos vendedores de aplicativos. Por exemplo, um navegador da Web era parte integrante dos sistemas operacionais. Como resultado, a Microsoft foi declarada culpada de usar seu monopólio na área de sistemas operacionais para limitar a competição.

1.2 Organização do Sistema de Computação

Antes de examinar os detalhes de como os sistemas de computação funcionam, precisamos de um conhecimento geral de sua estrutura. Nesta seção, examinamos várias partes dessa estrutura. A seção se preocupa mais com a organização do sistema de computação, portanto, você pode olhá-la superficialmente ou ir se já conhece os conceitos.

O ESTUDO DOS SISTEMAS OPERACIONAIS

Nunca houve uma época tão interessante para estudar os sistemas operacionais e nunca foi tão fácil. O movimento de fonte aberta tomou conta dos sistemas operacionais, fazendo com que muitos deles fossem disponibilizados tanto no formato de código-fonte quanto no formato binário (executável), incluindo o Linux, o BSD UNIX, o Solaris e parte do Mac OS X. A disponibilidade do código-fonte nos permite estudar os sistemas operacionais de dentro para fora. Perguntas que antes só podiam ser respondidas pela verificação da documentação ou do comportamento de um sistema operacional já podem ser solucionadas por meio do exame do próprio código.

Além disso, o surgimento da virtualização como uma função de computação popular (e frequentemente gratuita) torna possível a execução de vários sistemas operacionais acima de um sistema principal. Por exemplo, a VMware (http://www.vmware.com) fornece um "player" gratuito em que centenas de "aplicações virtuais" podem ser executadas. Usando esse método, os alunos podem testar centenas de sistemas operacionais dentro de seus próprios sistemas, sem custo.

Sistemas operacionais que não são mais comercialmente viáveis também passaram a ter a fonte aberta, nos permitindo estudar como os sistemas operavam em uma época de menos recursos de CPU, memória e armazenamento. Uma extensa porém incompleta lista de projetos de sistemas operacionais de fonte aberta está disponível em http://dmoz.org/Computers/Software/Operating-Systems/Open-Source/. Simuladores de um hardware específico também estão disponíveis em alguns casos, permitindo que o sistema operacional seja executado em hardware "nativo", tudo dentro de um computador e de um sistema operacional modernos. Por exemplo, um simulador DECSYSTEM-20 sendo executado no Mac OS X pode inicializar o TOPS-20, carregar as fitas de código-fonte e modificar e compilar um novo kernel TOPS-20. Um aluno interessado pode procurar na Internet os artigos originais que descrevem o sistema operacional e os manuais originais.

O advento dos sistemas operacionais de fonte aberta também torna fácil fazer a transição de aluno para desenvolvedor de sistemas operacionais. Com algum conhecimento, algum esforço e uma conexão com a Internet, um aluno pode até mesmo criar uma nova distribuição de sistema operacional! Apenas alguns anos atrás, era difícil ou impossível obter acesso ao código-fonte. Agora esse acesso só é limitado ao tempo e ao espaço em disco do aluno.

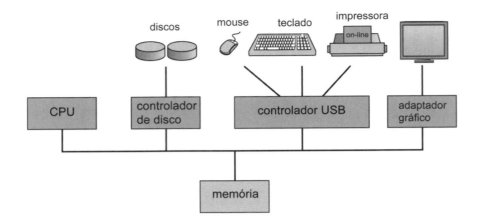

Figura 1.2 Um moderno sistema de computação.

1.2.1 Operação do Sistema de Computação

Um moderno sistema de computação de uso geral é composto por uma ou mais CPUs e vários controladores de dispositivos conectados por intermédio de um bus comum que dá acesso à memória compartilhada (Figura 1.2). Cada controlador de dispositivo é responsável por um tipo específico de dispositivo (por exemplo, drives de disco, dispositivos de áudio e exibidores de vídeo). A CPU e os controladores de dispositivos podem operar concorrentemente, competindo por ciclos de memória. Para assegurar acesso ordenado à memória compartilhada, é fornecido um controlador de memória cuja função é sincronizar o acesso à memória.

Para que um computador comece a operar – por exemplo, quando é ligado ou reiniciado – precisa ter um programa inicial para executar. Esse programa inicial, ou *programa bootstrap*, tende a ser simples. Normalmente, ele é armazenado em memória somente de leitura (*ROM*) ou em memória somente de leitura eletricamente apagável e programável (*EEPROM*), conhecida pelo termo geral *firmware*, dentro do hardware do computador. Ele inicializa todos os aspectos do sistema, desde os registradores da CPU aos controladores de dispositivos e conteúdos da memória. O programa bootstrap precisa saber como carregar o sistema operacional e como iniciar sua execução. Para alcançar esse objetivo, o programa bootstrap tem de alocar e carregar na memória o kernel do sistema operacional. O sistema operacional, então, começa a executar o primeiro processo – por exemplo, "init" – e aguarda que algum evento ocorra.

Geralmente, a ocorrência de um evento é indicada por uma *interrupção* proveniente do hardware ou do software. O hardware pode provocar uma interrupção a qualquer momento enviando um sinal à CPU, normalmente através do bus do sistema. O software pode provocar uma interrupção executando uma operação especial denominada *chamada de sistema* (também conhecida por *chamada de monitor*).

Quando a CPU é interrompida, ela para o que está fazendo e transfere imediatamente a execução para uma localização fixa. Normalmente, essa localização fixa contém o endereço inicial onde se encontra a rotina de serviço da interrupção. A rotina de serviço de interrupção entra em execução; ao completar a execução, a CPU retoma o processamento interrompido. Uma linha de tempo dessa operação é mostrada na Figura 1.3.

As interrupções são uma parte importante da arquitetura de um computador. Cada projeto de computador tem seu próprio mecanismo de interrupção, mas diversas funções são

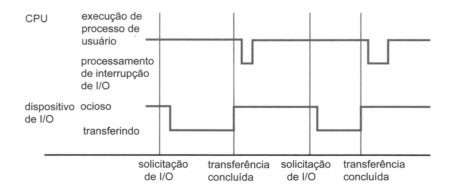

Figura 1.3 Linha de tempo de interrupções de um processo isolado gerando saídas.

comuns a todos. A interrupção deve transferir o controle para a rotina de serviço de interrupção apropriada. O método mais simples para a manipulação dessa transferência seria invocar uma rotina genérica que examine a informação de interrupção; a rotina, por sua vez, chamaria o manipulador de interrupções específico. Entretanto, as interrupções precisam ser manipuladas rapidamente. Já que só é permitida uma quantidade predeterminada de interrupções, uma tabela de ponteiros para rotinas de interrupção pode ser usada como alternativa para fornecer a velocidade necessária. A rotina de interrupção é chamada indiretamente através da tabela, sem necessidade de rotina intermediária. Geralmente, a tabela de ponteiros é armazenada na memória baixa (mais ou menos as 100 primeiras localizações). Essas localizações mantêm os endereços das rotinas de serviço de interrupção dos diversos dispositivos. Esse array de endereços, ou *vetor de interrupções*, é então indexado por um único número de dispositivo, fornecido com a solicitação de interrupção, de modo a fornecer o endereço da rotina de serviço de interrupção do dispositivo que a está causando. Sistemas operacionais tão diferentes como Windows e UNIX despacham as interrupções dessa maneira.

A arquitetura de interrupções também deve salvar o endereço da instrução interrompida. Muitos projetos antigos simplesmente armazenavam o endereço interrompido em uma localização fixa ou em uma localização indexada pelo número do dispositivo. Arquiteturas mais recentes armazenam o endereço de retorno na pilha do sistema. Se a rotina de interrupção precisar modificar o estado do processador – modificando, por exemplo, os valores dos registradores – ela deve salvar explicitamente o estado corrente e então restaurar esse estado antes de retornar. Após a interrupção ser atendida, o endereço de retorno salvo é carregado no contador do programa e o processamento interrompido é retomado como se a interrupção não tivesse ocorrido.

1.2.2 Estrutura de Armazenamento

A CPU só pode carregar instruções a partir da memória, portanto, para serem executados os programas devem ser armazenados na memória. Computadores de uso geral executam a maioria de seus programas a partir de memória regravável, a memória principal (também chamada de **memória de acesso randômico** ou **RAM**). Normalmente, a memória principal é implementada em uma tecnologia de semicondutor denominada **memória de acesso randômico dinâmica (DRAM – *dynamic random-access memory*)**. Os computadores também usam outros tipos de memória. Já que a memória somente de leitura (ROM) não pode ser alterada, apenas programas estáticos são armazenados nela. A imutabilidade da ROM é útil em cartuchos de jogos. A EEPROM não pode ser alterada com frequência e, portanto, contém em sua maioria programas estáticos. Por exemplo, os smartphones têm EEPROM para armazenar seus programas instalados de fábrica.

Todos os tipos de memória fornecem um array de palavras. Cada palavra tem seu próprio endereço. A interação é alcançada por intermédio de uma sequência de instruções `load` ou `store` para endereços de memória específicos. A instrução `load` move uma palavra da memória principal para um registrador interno da CPU, enquanto a instrução `store` move o conteúdo de um registrador para a memória principal. Além das cargas e armazenamentos explícitos, a CPU carrega automaticamente instruções a partir da memória principal para execução.

Um ciclo instrução-execução típico, conforme realizado em um sistema com arquitetura **von Neumann**, traz primeiro uma instrução da memória e a armazena no **registrador de instruções**. A instrução é então decodificada e pode provocar a busca de operandos na memória e o seu armazenamento em algum registrador interno. Após a execução da instrução sobre os operandos, o resultado pode ser armazenado novamente na memória. É bom ressaltar que a unidade de memória enxerga apenas um fluxo de endereços de memória; ela não sabe como são gerados (pelo contador de instruções, por indexação, indiretamente, como endereços literais ou por algum outro meio) ou para que servem (instruções ou dados). Da mesma forma, podemos ignorar *como* um endereço de memória é gerado por um programa. Só estamos interessados na sequência de endereços de memória gerados pelo programa que está sendo executado.

Para nós, o ideal seria que os programas e dados pudessem residir na memória principal de modo permanente. Geralmente, esse esquema não é possível pelas duas razões a seguir:

1. A memória principal costuma ser muito pequena para armazenar permanentemente todos os programas e dados necessários.
2. A memória principal é um dispositivo de armazenamento *volátil* que perde seus conteúdos quando a energia é desligada ou falta por outro motivo.

Portanto, a maioria dos sistemas de computação fornece a **memória secundária** como uma extensão da memória principal. O principal requisito da memória secundária é que ela seja capaz de armazenar grandes quantidades de dados permanentemente.

O dispositivo de memória secundária mais comum é o **disco magnético**, que fornece armazenamento tanto para programas quanto para dados. A maioria dos programas (do sistema e aplicativos) é armazenada em um disco até que seja carregada na memória. Por isso, muitos programas utilizam o disco tanto como fonte quanto como destino de seu processamento. Logo, o gerenciamento apropriado do armazenamento em disco é de importância capital para um sistema de computação, como discutimos no Capítulo 11.

De modo geral, no entanto, a estrutura de armazenamento que descrevemos – constituída de registradores, memória principal e discos magnéticos – é apenas um dos muitos sistemas de armazenamento possíveis. Há ainda a memória cache, o CD-ROM, as fitas magnéticas etc. Cada sistema de armazenamento fornece as funções básicas de armazenar dados e de conservá-los até que sejam recuperados mais tarde. As principais diferenças entre os vários sistemas de armazenamento residem na velocidade, no custo, no tamanho e na volatilidade.

A ampla variedade de sistemas de armazenamento de um sistema de computação pode ser organizada em uma hierarquia (Figura 1.4) de acordo com a velocidade e o custo. Os níveis mais altos são caros, porém velozes. À medida que descemos na hierarquia, o custo por bit geralmente decresce, enquanto o tempo de acesso em geral aumenta. Essa permuta é razoável; se um determinado sistema de armazenamento fosse ao mesmo tempo mais rápido e menos caro que outro – com as demais propriedades idênticas – então não haveria razão para utilizar a memória mais lenta e mais dispendiosa. Na verdade, muitos dispositivos de armazenamento antigos, inclusive a fita de papel e memórias de núcleo, foram relegados aos museus depois que a fita magnética e a *memória semicondutora* tornaram-se mais rápidas e mais baratas. Os quatro níveis mais altos de memória da Figura 1.4 podem ser construídos com o uso de memória semicondutora.

Além de diferir na velocidade e no custo, os diversos sistemas de armazenamento podem ser voláteis ou não voláteis. Como mencionado anteriormente, a *memória volátil* perde seus conteúdos quando a energia é removida do dispositivo. Na ausência de sistemas de backup dispendiosos por bateria ou gerador, os dados devem ser gravados em *memória não volátil* por segurança. Na hierarquia mostrada na Figura 1.4, os sistemas de armazenamento situados acima do disco eletrônico são voláteis, enquanto os que estão abaixo dele, são não voláteis. Um *disco eletrônico* pode ser projetado para ser tanto volátil como não volátil. Durante a operação normal, o disco eletrônico armazena os dados em um extenso array DRAM, que é volátil. Mas muitos dispositivos de disco eletrônico contêm um disco rígido magnético oculto e uma bateria como energia de backup. Se a energia externa for interrompida, o controlador do disco eletrônico copiará os dados da RAM no disco magnético. Quando a energia externa for restaurada, o controlador copiará os dados novamente na RAM. Outro tipo de disco eletrônico é a memória flash, que é popular em câmeras e *assistentes digitais pessoais (PDAs – personal digital assistants)*, em robôs e cada vez mais como armazenamento removível em computadores de uso geral. A memória flash é mais lenta que a DRAM, mas não precisa de energia para reter seus conteúdos. Outro tipo de armazenamento não volátil é a *NVRAM*, que é a DRAM com energia de bateria de backup. Essa memória pode ser tão rápida quanto a DRAM e (enquanto a bateria durar) não é volátil.

O projeto de um sistema de memória completo deve balancear todos os fatores que acabamos de discutir: só deve usar memória cara quando necessário e fornecer o máximo possível de memória barata e não volátil. Quando existir grande disparidade no tempo de acesso e na taxa de transferência entre dois componentes, caches podem ser instalados para melhorar o desempenho.

1.2.3 Estrutura de I/O

O armazenamento é apenas um dos muitos tipos de dispositivos de I/O de um computador. Grande parte do código do sistema operacional é dedicada ao gerenciamento de I/O, tanto por causa de sua importância para a confiabilidade e o desempenho de um sistema quanto devido à natureza variada dos dispositivos. A seguir, fornecemos uma visão geral do I/O.

Um sistema de computação de uso geral é composto por CPUs e vários controladores de dispositivos conectados por um bus comum. Cada controlador de dispositivo é responsável por um tipo específico de dispositivo. Dependendo do controlador, pode haver mais de um dispositivo conectado. Por exemplo, o controlador da *interface de pequenos sistemas de computação (SCSI – small computer-systems interface)* pode ter sete ou mais dispositivos conectados. O controlador de dispositivo mantém um buffer de armazenamento local e um conjunto de registradores de uso específico. O controlador de dispositivo é responsável por movimentar os dados entre os dispositivos periféricos que ele controla e seu buffer de armazenamento local. Normalmente, os sistemas operacionais têm um *driver de dispositivo* para cada controlador. Esse driver entende o controlador de dispositivo e apresenta uma interface uniforme entre o dispositivo e o resto do sistema operacional.

Para iniciar uma operação de I/O, o driver de dispositivo carrega os registradores apropriados dentro do controlador de dispositivo. Esse, por sua vez, examina o conteúdo dos registradores para determinar que ação tomar (como "ler um caractere a partir do teclado"). O controlador inicia a transferência dos dados do dispositivo para o seu buffer local. Quando a transferência é concluída, o controlador do dispositivo informa ao driver do dispositivo, através de uma interrupção que terminou sua operação. O driver de dispositivo retorna então o controle para o sistema operacional, possivelmente retornando os dados ou um ponteiro para os dados se a operação for uma leitura. Para outras operações, o driver de dispositivo retorna informações de status.

Esse tipo de I/O dirigido por interrupção é adequado para a movimentação de pequenas quantidades de dados, mas pode produzir um overhead alto quando usado na movimentação de dados em massa como no I/O de disco. Para resolver esse problema, é usado o *acesso direto à memória (DMA)*. Após o posicionamento de buffers, ponteiros e contadores para o dispositivo de I/O, o controlador do dispositivo transfere um bloco inteiro de dados diretamente da memória para o seu próprio buffer ou a partir dele para a memória, sem intervenção da CPU. Somente uma interrupção é gerada por bloco, para informar ao driver de dispositivo que a operação foi concluída, em vez de uma interrupção por byte gerada para dispositivos de

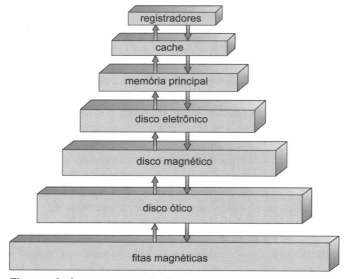

Figura 1.4 Hierarquia de dispositivos de armazenamento.

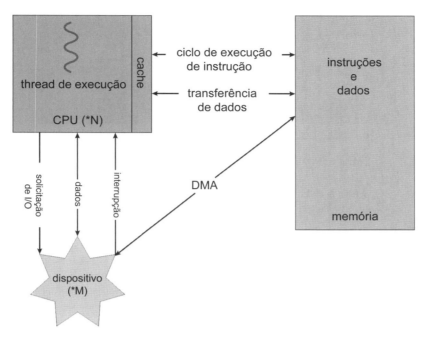

Figura 1.5 Como um sistema de computação moderno funciona.

baixa velocidade. Enquanto o controlador de dispositivo está executando essas operações, a CPU está disponível para processar outras tarefas.

Alguns sistemas de topo de linha usam arquitetura baseada em switch e não em bus. Nesses sistemas, vários componentes podem conversar com outros componentes concorrentemente, em vez de competir por ciclos em um bus compartilhado. Nesse caso, o DMA é ainda mais eficaz. A Figura 1.5 mostra a interação de todos os componentes de um sistema de computação.

1.3 Arquitetura do Sistema de Computação

Na Seção 1.2, introduzimos a estrutura geral de um sistema de computação típico. Um sistema de computação pode ser organizado de várias maneiras diferentes que, *grosso modo*, podemos categorizar de acordo com o número de processadores de uso geral utilizados.

1.3.1 Sistemas com um Único Processador

A maioria dos sistemas usa um único processador. A variedade de sistemas de processador único pode ser surpreendente, já que esses sistemas vão dos PDAs aos mainframes. Em um sistema com um único processador, há uma CPU principal capaz de executar um conjunto de instruções de uso geral, inclusive instruções provenientes de processos de usuário. Quase todos os sistemas também têm processadores de uso específico. Podem vir na forma de processadores específicos de dispositivos, como controladores de disco, teclado e monitor ou, nos mainframes, na forma de processadores de uso mais genérico, como os processadores de I/O que movem dados rapidamente entre os componentes do sistema.

Todos esses processadores de uso específico executam um conjunto limitado de instruções e não executam processos de usuário. Às vezes são gerenciados pelo sistema operacional, caso em que esse lhes envia informações sobre sua próxima tarefa e monitora seu status. Por exemplo, o microprocessador de um controlador de disco recebe uma sequência de solicitações da CPU principal e implementa seu próprio algoritmo de fila e scheduling de disco. Esse esquema libera a CPU principal do overhead do scheduling de disco. Os PCs contêm um microprocessador no teclado para converter os pressionamentos de teclas em códigos a serem enviados para a CPU. Em outros sistemas ou circunstâncias, os processadores de uso específico são componentes de baixo nível embutidos no hardware. O sistema operacional não pode se comunicar com esses processadores; eles executam suas tarefas autonomamente. O uso de microprocessadores de uso específico é comum e não transforma um sistema de processador único em multiprocessador. Quando só há uma CPU de uso geral, o sistema é de processador único.

1.3.2 Sistemas Multiprocessadores

Embora os sistemas com um único processador sejam mais comuns, a importância dos ***sistemas multiprocessadores*** (também conhecidos como ***sistemas paralelos*** ou ***sistemas fortemente acoplados***) está aumentando. Tais sistemas possuem dois ou mais processadores em íntima comunicação, compartilhando o bus do computador e algumas vezes o relógio, a memória e os dispositivos periféricos.

Os sistemas multiprocessadores têm três vantagens principais:
1. **Aumento do throughput.** Com o aumento do número de processadores, espera-se que mais trabalho seja executado em menos tempo. No entanto, a taxa de aumento de velocidade com N processadores não é N; é menor do que N.

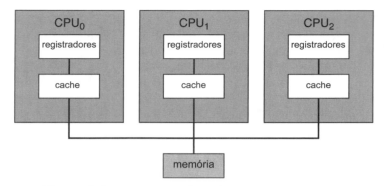

Figura 1.6 Arquitetura de multiprocessamento simétrico.

Quando vários processadores cooperam em uma tarefa, há uma certa quantidade de overhead para que todas as partes continuem trabalhando corretamente. Esse overhead, mais a concorrência por recursos compartilhados, diminui o ganho esperado dos processadores adicionais. Do mesmo modo, N programadores trabalhando em cooperação não produzem N vezes o montante de trabalho que um único programador produziria.

2. **Economia de escala.** Sistemas multiprocessadores podem custar menos do que vários sistemas com um único processador, já que podem compartilhar periféricos, memória de massa e suprimentos de energia. Quando vários programas trabalham com o mesmo conjunto de dados, é mais barato armazenar esses dados em um disco com todos os processadores compartilhando-os do que usar muitos computadores com discos locais e várias cópias dos dados.

3. **Aumento da confiabilidade.** Se as funções puderem ser distribuídas apropriadamente entre vários processadores, a falha de um processador não interromperá o sistema, tornando-o apenas mais lento. Se tivermos dez processadores e um falhar, cada um dos nove processadores remanescentes poderá ficar com uma parcela do trabalho do processador que falhou. Assim, o sistema inteiro operará somente 10% mais devagar, em vez de falhar completamente.

O aumento da confiabilidade de um sistema de computação é crucial em muitas aplicações. A capacidade de continuar fornecendo um serviço proporcional no nível do hardware remanescente é chamada **degradação limpa**. Alguns sistemas vão além da degradação limpa e são chamados de **tolerantes a falhas**, porque podem sofrer falha em qualquer um dos componentes e ainda continuar a operar. É bom ressaltar que a tolerância a falhas requer um mecanismo para permitir que a falha seja detectada, diagnosticada e, se possível, corrigida. O sistema HP NonStop (anteriormente chamado de Tandem) usa a duplicação tanto do hardware como do software para assegurar a operação continuada apesar das falhas. O sistema consiste em múltiplos pares de CPUs, funcionando em lockstep. Os dois processadores do par executam cada instrução e comparam os resultados. Quando os resultados diferem é porque uma CPU do par está falhando e as duas são interrompidas. O processo que estava sendo executado é transferido para outro par de CPUs e a instrução que falhou é reiniciada. Essa solução é cara, já que envolve hardware especial e considerável duplicação de hardware.

Os sistemas multiprocessadores em uso hoje em dia são de dois tipos. Alguns usam **multiprocessamento assimétrico**, no qual a cada processador é designada uma tarefa específica. Um processador mestre controla o sistema; os demais processadores procuram instruções com o mestre ou possuem tarefas predefinidas. Esse esquema define um relacionamento mestre-escravo. O processador mestre agenda e aloca trabalho para os processadores escravos.

Os sistemas mais comuns usam **multiprocessamento simétrico (SMP)**, no qual cada processador executa todas as tarefas do sistema operacional. No SMP, todos os processadores são iguais; não existe um relacionamento mestre-escravo entre eles. A Figura 1.6 ilustra uma arquitetura SMP típica. Observe que cada processador tem seu próprio conjunto de registradores, assim como um cache privado – ou local; no entanto, todos os processadores compartilham memória física. Um exemplo de sistema SMP é o Solaris, uma versão comercial do UNIX projetada pela Sun Microsystems. Um sistema Solaris pode ser configurado para usar vários processadores, todos executando o Solaris. O benefício desse modelo é que muitos processos podem ser executados simultaneamente – N processos podem ser executados se houver N CPUs – sem causar uma deterioração significativa no desempenho. Entretanto, deve-se controlar cuidadosamente o I/O para assegurar que os dados alcancem o processador apropriado. Além disso, como as CPUs são separadas, uma pode ficar ociosa enquanto outra está sobrecarregada, resultando em ineficiências. Essas ineficiências podem ser evitadas se os processadores compartilharem determinadas estruturas de dados. Um sistema multiprocessador desse tipo permitirá que processos e recursos – como a memória – sejam compartilhados dinamicamente entre os vários processadores e pode diminuir a diferença entre eles. Tal sistema deve ser escrito cuidadosamente, como veremos no Capítulo 6. Praticamente, todos os sistemas operacionais modernos – inclusive o Windows, o Mac OS X e o Linux – já dão suporte ao SMP.

A diferença entre o multiprocessamento simétrico e assimétrico pode resultar tanto do hardware quanto do software. Um hardware especial pode diferenciar os múltiplos processadores ou o software pode ser escrito para permitir somente um mestre e múltiplos escravos. Por exemplo, o sistema operacional SunOS Versão 4 da Sun fornece multiprocessamento assimétrico, enquanto a Versão 5 (Solaris) é simétrica sobre o mesmo hardware.

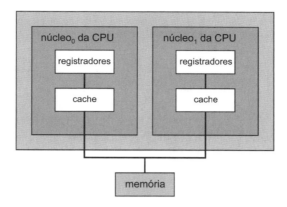

Figura 1.7 Um projeto dual-core com dois núcleos inseridos no mesmo chip.

O multiprocessamento adiciona CPUs para aumentar o poder de processamento. Se a CPU tiver um controlador de memória integrado, o acréscimo de CPUs também pode aumentar a quantidade de memória endereçável no sistema. De qualquer forma, o multiprocessamento pode fazer com que um sistema altere seu modelo de acesso à memória, do acesso uniforme (*UMA*, *uniforme memory access*) ao acesso não uniforme (*NUMA – non-uniform memory access*). O UMA é definido como a situação em que o acesso a qualquer RAM a partir de qualquer CPU leva o mesmo tempo. No NUMA, algumas partes da memória podem demorar mais para serem acessadas do que outras, gerando perda no desempenho. Os sistemas operacionais podem minimizar a perda gerada pelo NUMA por meio do gerenciamento de recursos, como discutido na Seção 8.5.4.

Uma tendência recente no projeto de CPUs é a inclusão de vários **núcleos** de computação no mesmo chip. Na verdade, esses chips são multiprocessadores. Eles podem ser mais eficientes do que vários chips de núcleo único porque a comunicação dentro do chip é mais veloz do que a comunicação entre chips. Além disso, um chip com vários núcleos usa bem menos energia do que vários chips de núcleo único. Como resultado, os sistemas de vários núcleos (multicore) são especialmente adequados para sistemas servidores como os servidores de banco de dados e Web.

Na Figura 1.7, mostramos um projeto dual-core com dois núcleos no mesmo chip. Nesse projeto, cada núcleo tem seu próprio conjunto de registradores assim como seu próprio cache local; outros projetos podem usar um cache compartilhado ou uma combinação de caches local e compartilhado. Além das considerações relacionadas à arquitetura, como a disputa por cache, memória e bus, as CPUs multicore aparecem para o sistema operacional como N processadores-padrão. É uma tendência que pressiona os projetistas de sistemas operacionais – e programadores de aplicações – a fazer uso dessas CPUs.

Para concluir, os **servidores blade** são um desenvolvimento recente em que várias placas de processador, placas de I/O e placas de rede são inseridas no mesmo chassi. A diferença entre esses sistemas e os sistemas multiprocessadores tradicionais é que cada placa de processador blade é inicializada independentemente e executa seu próprio sistema operacional. Algumas placas de servidor blade também são multiprocessadoras, o que torna difícil diferenciar os tipos de computador. Na verdade, esses servidores são compostos por vários sistemas multiprocessadores independentes.

1.3.3 Sistemas Agrupados (Clusters)

Outro tipo de sistema com várias CPUs é o *sistema agrupado*. Como os sistemas multiprocessadores, os sistemas agrupados contêm várias CPUs para executar trabalho computacional. Entretanto, esses sistemas diferem dos sistemas multiprocessadores por serem compostos de dois ou mais sistemas – ou nós – individuais acoplados. A definição do termo *agrupado* não é definitiva; muitos pacotes comerciais divergem com relação ao que é um sistema agrupado e porque uma forma é melhor do que a outra. A definição geralmente aceita é a de que computadores agrupados compartilham espaço de armazenamento e são conectados proximamente através de uma **rede local (LAN)** (como descrito na Seção 1.10) ou de uma interconexão mais veloz, como a InfiniBand.

O agrupamento costuma ser usado para fornecer serviço de **alta disponibilidade**, isto é, o serviço continuará mesmo se um ou mais sistemas do agrupamento falhar. Geralmente, a alta disponibilidade é obtida com a inclusão de um nível de redundância no sistema. Uma camada de software de agrupamento opera sobre os nós. Cada nó pode monitorar um ou mais dos outros nós (através da LAN). Se a máquina monitorada falhar, a máquina monitora poderá se apropriar da sua memória de armazenamento e reiniciar as aplicações que estavam sendo executadas na máquina que falhou. Os usuários e clientes das aplicações percebem somente uma breve interrupção do serviço.

O agrupamento pode ser estruturado assimétrica ou simetricamente. No **agrupamento assimétrico**, uma máquina permanece em **modo de alerta máximo** enquanto a outra executa as aplicações. A máquina host em alerta máximo nada faz além de monitorar o servidor ativo. Se esse servidor falhar, o host em alerta torna-se o servidor ativo. No **modo simétrico**, dois ou mais hosts executam aplicações e monitoram-se reciprocamente. É claro que esse modo é mais eficiente, já que usa todo o hardware disponível. Isso requer que mais de uma aplicação esteja disponível para entrar em execução.

Já que um agrupamento é composto por vários sistemas de computação conectados em rede, os agrupamentos também

CLUSTERS BEOWULF

Os clusters Beowulf são projetados para resolver tarefas de computação de alto desempenho. Esses clusters são construídos com o uso de hardware disponível no comércio – como os computadores pessoais – que são conectados através de uma simples rede local. O interessante é que o cluster Beowulf não usa um pacote de software específico, em vez disso, é composto por um conjunto de bibliotecas de softwares de fonte aberta que permitem que os nós de computação do agrupamento se comuniquem entre si. Portanto, há várias abordagens para a construção de um cluster Beowulf, embora, normalmente, os nós de computação Beowulf executem o sistema operacional Linux. Já que os clusters Beowulf não requerem hardware especial e funcionam usando software de fonte aberta disponível gratuitamente, eles oferecem uma estratégia de baixo custo para a construção de um agrupamento de computação de alto desempenho. Na verdade, alguns clusters Beowulf construídos a partir de conjuntos de computadores pessoais descartados, usam centenas de nós de computação para resolver problemas computacionalmente dispendiosos, na computação científica.

---

podem ser usados para fornecer ambientes de **computação de alto desempenho**. Esses sistemas podem fornecer um poder computacional significativamente maior do que sistemas de um único processador ou até mesmo sistemas SMP porque são capazes de executar uma aplicação concorrentemente em todos os computadores do agrupamento. No entanto, as aplicações devem ser escritas especificamente para se beneficiar do agrupamento com o uso de uma técnica conhecida como **paralelização**, que consiste na divisão de um programa em componentes separados que são executados em paralelo em computadores individuais do agrupamento. Normalmente, essas aplicações são projetadas para que quando cada nó de computação do agrupamento tiver resolvido sua parte do problema, os resultados de todos os nós sejam combinados em uma solução final.

Outras formas de agrupamento são os agrupamentos paralelos e o agrupamento de uma rede de longa distância (WAN) (como descrito na Seção 1.10). Os agrupamentos paralelos permitem que vários hosts tenham acesso aos mesmos dados na memória de armazenamento compartilhada. Tendo em vista que a maioria dos sistemas operacionais não permite que múltiplos hosts acessem simultaneamente os dados, geralmente os agrupamentos paralelos são obtidos com o uso de versões especiais de software e distribuições especiais de aplicações. Por exemplo, o Oracle Real Application Cluster é uma versão do banco de dados Oracle projetada para operar em um agrupamento paralelo. Todas as máquinas executam o Oracle e uma camada de software controla o acesso ao disco compartilhado. Cada máquina tem acesso total a todos os dados do banco de dados. Para fornecer esse acesso compartilhado aos dados, o sistema também deve oferecer controle e trancamento (*locking*) de acesso para assegurar que não ocorram operações conflitantes. Essa função, normalmente chamada de **gerenciador de lock distribuído (DLM – distributed lock manager)**, é incluída em algumas tecnologias de agrupamento.

A tecnologia de agrupamento está mudando rapidamente. Alguns produtos de agrupamento dão suporte a vários sistemas em um agrupamento, assim como a nós agrupados separados por quilômetros. Muitas dessas melhorias se tornaram possíveis graças às **redes de armazenamento (SANs – storage-area networks)**, como descrito na Seção 11.3.3, que permitem que vários sistemas sejam conectados a um pool de armazenamento. Se as aplicações e seus dados forem armazenados na SAN, o software de agrupamento poderá designar a aplicação a ser executada em qualquer host que estiver conectado à SAN. Se o host falhar, outro host poderá assumir a tarefa. Em um agrupamento de banco de dados, vários hosts podem compartilhar o mesmo banco de dados, melhorando muito o desempenho e a confiabilidade. A Figura 1.8 mostra a estrutura geral de um sistema agrupado.

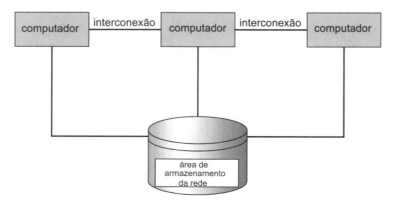

Figura 1.8 Estrutura geral de um sistema agrupado.

1.4 Estrutura do Sistema Operacional

Agora que já discutimos as informações básicas sobre a organização e a arquitetura do sistema de computação, estamos prontos para falar sobre sistemas operacionais. Um sistema operacional fornece o ambiente dentro do qual programas são executados. Internamente, os sistemas operacionais variam bastante em sua composição, já que estão organizados em muitas linhas diferentes. No entanto, há muitas semelhanças, que consideramos nesta seção.

Um dos aspectos mais importantes dos sistemas operacionais é permitir a multiprogramação. Geralmente, um único programa não pode manter a CPU ou os dispositivos de I/O ocupados o tempo todo. Usuários individuais costumam ter vários programas sendo executados. A *multiprogramação* aumenta a utilização da CPU organizando os jobs (código e dados) de modo que a CPU tenha sempre um job para executar.

A ideia é a seguinte: o sistema operacional mantém vários jobs na memória simultaneamente (Figura 1.9). Já que a memória principal costuma ser muito pequena para acomodar todos os jobs, inicialmente eles são mantidos em disco no *pool de jobs*. Esse pool é composto de todos os processos residentes em disco aguardando alocação da memória principal.

O conjunto de jobs na memória pode ser um subconjunto dos jobs mantidos no pool. O sistema operacional seleciona e começa a executar um dos jobs na memória. Em dado momento, o job pode ter que aguardar que alguma tarefa, como uma operação de I/O, seja concluída. Em um sistema sem multiprogramação, a CPU permaneceria ociosa. Em um sistema com multiprogramação, o sistema operacional simplesmente passa para um novo job e o executa. Quando *esse* job tem que aguardar, a CPU é redirecionada para *outro* job e assim por diante. Por fim, o primeiro job sai da espera e volta à CPU. Contanto que, pelo menos, um job tenha que ser executado, a CPU nunca fica ociosa.

Esse princípio é comum em outras situações da vida. Um advogado não trabalha para apenas um cliente de cada vez, por exemplo. Enquanto um caso está aguardando julgamento ou esperando a preparação de documentos, ele pode trabalhar em outro caso. Se tiver clientes suficientes, nunca ficará ocioso por falta de trabalho. (Advogados ociosos tendem a se tornar políticos, portanto, existe um certo valor social em manter os advogados ocupados.)

Sistemas com multiprogramação fornecem um ambiente em que os diversos recursos do sistema (por exemplo, CPU, memória e dispositivos periféricos) são utilizados eficientemente, mas não possibilitam a interação do usuário com o sistema computacional. O *compartilhamento de tempo* (ou *multitarefa*) é uma extensão lógica da multiprogramação. Em sistemas de compartilhamento de tempo, a CPU executa vários jobs alternando entre eles, mas as mudanças de job ocorrem com tanta frequência que os usuários podem interagir com cada programa enquanto ele está sendo executado.

O compartilhamento de tempo requer um *sistema de computação interativo* (ou *hands-on*), que forneça comunicação direta entre o usuário e o sistema. O usuário fornece instruções para o sistema operacional ou para um programa diretamente, usando um dispositivo de entrada como um teclado ou um mouse, e espera resultados imediatos em um dispositivo de saída. Portanto, o *tempo de resposta* deve ser curto – normalmente menos de um segundo.

Um sistema operacional de tempo compartilhado permite que muitos usuários compartilhem o computador simultaneamente. Como cada ação ou comando em um sistema de tempo compartilhado tende a ser breve, apenas um pequeno tempo de CPU é necessário para cada usuário. Já que o sistema muda rapidamente de um usuário para o outro, cada usuário tem a impressão de que o sistema de computação inteiro está sendo dedicado ao seu uso, mesmo que esteja sendo compartilhado entre muitos usuários.

Um sistema de tempo compartilhado usa a multiprogramação e o scheduling da CPU para fornecer a cada usuário uma pequena porção de um computador de compartilhamento de tempo. Cada usuário tem pelo menos um programa separado na memória. Um programa carregado na memória e em execução é chamado de *processo*. Quando um processo entra em execução, normalmente, executa apenas por um breve período antes que termine ou tenha que executar I/O. O I/O pode ser interativo, isto é, a saída é exibida para o usuário e a entrada vem do teclado, do mouse ou de outro dispositivo. Considerando que o

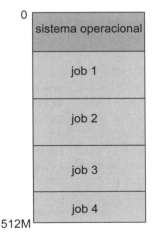

Figura 1.9 Layout da memória de um sistema de multiprogramação.

I/O interativo costuma ser executado na "velocidade do usuário", pode levar um longo tempo para ser concluído. A entrada, por exemplo, pode ser limitada pela velocidade de digitação do usuário; sete caracteres por segundo é rápido para as pessoas, mas incrivelmente lento para os computadores. Em vez de deixar a CPU ociosa enquanto essa entrada interativa acontece, o sistema operacional direcionará rapidamente a CPU para o programa de algum outro usuário.

O compartilhamento de tempo e a multiprogramação requerem que vários jobs sejam mantidos simultaneamente na memória. Se vários jobs estiverem prontos para serem trazidos para a memória e se não houver espaço suficiente para todos, o sistema deve selecionar entre eles. Essa tomada de decisão é o *scheduling de jobs*, discutido no Capítulo 5. Quando o sistema operacional seleciona um job no pool, carrega esse job na memória para execução. A existência de vários programas na memória ao mesmo tempo requer algum tipo de gerenciamento da memória, o que é abordado nos Capítulos 7 e 8. Além disso, se vários jobs estiverem prontos para serem executados ao mesmo tempo, o sistema deve selecionar entre eles. Essa tomada de decisão é o *scheduling da CPU*, discutido no Capítulo 5. Para concluir, a execução de múltiplos jobs concorrentemente requer que suas capacidades de afetar uns aos outros sejam limitadas em todas as fases do sistema operacional, inclusive o scheduling de processos, o armazenamento em disco e o gerenciamento da memória. Essas considerações são discutidas ao longo do texto.

Em um sistema de compartilhamento de tempo, o sistema operacional deve assegurar um tempo de resposta razoável, que pode ser obtido através do *swapping*, em que os processos são alternados entre a memória principal e o disco. Um método mais comum para se atingir esse objetivo é a *memória virtual*, uma técnica que permite a execução de um processo que não se encontra totalmente na memória (Capítulo 8). A principal vantagem do método de memória virtual é que ele permite que os usuários executem programas maiores do que a *memória física* real. Além disso, a memória principal fica resumida a um grande e uniforme array de armazenamento, separando a memória física da *memória lógica* visualizada pelo usuário. Esse método livra os programadores da preocupação com limitações de armazenamento na memória.

Os sistemas de compartilhamento de tempo também devem fornecer um sistema de arquivos (Capítulos 9 e 10). O sistema de arquivos reside em um conjunto de discos, portanto, o gerenciamento de discos deve ser fornecido (Capítulo 11). Além disso, os sistemas de compartilhamento de tempo fornecem um mecanismo para a proteção de recursos contra uso inapropriado (Capítulo 13). Para garantir execução ordenada, o sistema deve fornecer mecanismos de sincronização e comunicação entre jobs (Capítulo 6) e assegurar que os jobs não fiquem presos em um deadlock, esperando eternamente um pelo outro (Seção 6.9).

1.5 Operações do Sistema Operacional

Como mencionado anteriormente, os sistemas operacionais modernos são *dirigidos por interrupções*. Se não existirem processos para executar, dispositivos de I/O para servir e usuários a quem responder, o sistema operacional permanecerá inativo esperando que algo aconteça. Os eventos são quase sempre indicados pela ocorrência de uma interrupção ou de uma exceção. *Exceção* é uma interrupção gerada por software causada por um erro (por exemplo, divisão por zero ou acesso inválido à memória) ou por uma solicitação específica proveniente de um programa de usuário para que um serviço do sistema operacional seja executado. A natureza de um sistema operacional dirigido por interrupções define a estrutura geral desse sistema. Para cada tipo de interrupção, segmentos separados de código do sistema operacional determinam que ação deve ser tomada. É fornecida uma rotina de serviço de interrupções responsável por lidar com a interrupção.

Já que o sistema operacional e os usuários compartilham os recursos de hardware e software do sistema de computação, temos que assegurar que um erro em um programa de usuário só cause problemas para o programa em execução. Com o compartilhamento, muitos processos poderiam ser afetados adversamente por um bug em um programa. Por exemplo, se um processo ficasse preso em um loop infinito, esse loop poderia impedir a operação correta de muitos outros processos. Erros mais sutis podem ocorrer em um sistema com multiprogramação, em que um programa defeituoso pode modificar outro programa, os dados de outro programa ou até mesmo o próprio sistema operacional.

Sem proteção contra esses tipos de erros, o computador deve executar apenas um processo de cada vez ou qualquer saída será suspeita. Um sistema operacional projetado adequadamente deve assegurar que um programa incorreto (ou malicioso) não consiga fazer outros programas serem executados incorretamente.

1.5.1 Operação em Modalidade Dual

Para garantir a execução apropriada do sistema operacional, temos de poder distinguir entre a execução do código do sistema operacional e do código definido pelo usuário. A abordagem adotada pela maioria dos sistemas de computação é o fornecimento de suporte de hardware que nos permite diferenciar os diversos modos de execução.

Precisamos de, pelo menos, duas *modalidades* de operação separadas: a *modalidade de usuário* e a *modalidade de kernel* (também chamada de *modalidade de supervisor*, *modalidade de sistema* ou *modalidade privilegiada*). Um bit, chamado *bit de modalidade*, é adicionado ao hardware do computador para indicar a modalidade corrente: kernel (0) ou usuário (1). Com o bit de modalidade, somos capazes de distinguir entre uma tarefa que é executada em nome do sistema operacional e a que é executada em nome do usuário. Quando o sistema de computação está operando em nome de uma aplicação de usuário, ele está na modalidade de usuário. Mas quando a aplicação de usuário solicita um serviço do sistema operacional (fazendo uma chamada de sistema), ele deve passar da modalidade de usuário para a modalidade de kernel para atender à solicitação. Isso

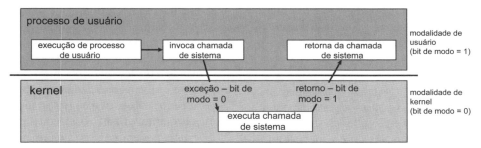

Figura 1.10 Transição do modo de usuário para o de kernel.

é mostrado na Figura 1.10. Como veremos, essa melhoria na arquitetura também é útil em muitos outros aspectos de operação do sistema.

Em tempo de inicialização do sistema, o hardware começa a operar em modalidade de kernel. O sistema operacional é então carregado e inicia aplicações de usuário em modalidade de usuário. Sempre que uma exceção ou interrupção ocorre, o hardware passa da modalidade de usuário para a modalidade de kernel (isto é, muda para 0 o estado do bit de modalidade). Portanto, sempre que o sistema operacional ganha o controle do computador, ele está na modalidade de kernel. O sistema sempre passa para a modalidade de usuário (posiciona o bit de modalidade como 1) antes de passar o controle para um programa de usuário.

O modo dual de operação fornece os meios para a proteção do sistema operacional contra usuários errantes – e a proteção desses contra eles mesmos. Obtemos essa proteção designando como **instruções privilegiadas** algumas das instruções de máquina que podem causar erro. O hardware permite que as instruções privilegiadas sejam executadas apenas em modalidade de kernel. Se for feita alguma tentativa de executar uma instrução privilegiada em modalidade de usuário, o hardware não executará a instrução, tratando-a como ilegal e interceptando-a para o sistema operacional.

A instrução de passagem para a modalidade de kernel é um exemplo de instrução privilegiada. Alguns outros exemplos incluem o controle de I/O, o gerenciamento do timer e o gerenciamento de interrupções. Como veremos no decorrer do texto, há muitas outras instruções privilegiadas.

Agora, podemos ver o ciclo de vida da execução de instruções em um sistema de computação. O controle inicial reside no sistema operacional, em que instruções são executadas em modalidade de kernel. Quando o controle é passado para uma aplicação de usuário, a modalidade é posicionada como modalidade de usuário. O controle acaba sendo devolvido ao sistema operacional através de uma interrupção, uma exceção ou uma chamada de sistema.

As chamadas de sistema fornecem o meio para um programa de usuário solicitar ao sistema operacional que execute tarefas reservadas ao sistema operacional em nome do programa de usuário. Uma chamada de sistema pode ser invocada de várias maneiras, dependendo da funcionalidade fornecida pelo processador subjacente. De qualquer forma, é o método usado por um processo para solicitar uma ação ao sistema operacional. Geralmente, uma chamada de sistema assume a forma de uma exceção para um local específico do vetor de interrupções. Essa exceção pode ser executada por uma instrução `trap` genérica, embora alguns sistemas (como a família MIPS R2000) tenham uma instrução `syscall` específica.

Quando uma chamada de sistema é executada, ela é tratada pelo hardware como uma interrupção de software. O controle passa, por intermédio do vetor de interrupções, para uma rotina de serviço no sistema operacional e o bit de modalidade é posicionado como modalidade de kernel. A rotina de serviço da chamada de sistema faz parte do sistema operacional. O kernel examina a instrução de interrupção para determinar qual chamada de sistema ocorreu; um parâmetro indica que tipo de serviço o programa do usuário está solicitando. Informações adicionais exigidas pela solicitação podem ser passadas em registradores, na pilha ou na memória (com os ponteiros das locações da memória passados em registradores). O kernel verifica se os parâmetros estão corretos e se são válidos, executa a solicitação e retorna o controle para a instrução seguinte à chamada de sistema. Descrevemos as chamadas de sistema com mais detalhes na Seção 2.3.

A ausência de um modo dual suportado por hardware pode causar falhas graves em um sistema operacional. Por exemplo, o MS-DOS foi escrito para a arquitetura Intel 8088, que não possui bit de modalidade e, portanto, não tem modo dual. Um programa de usuário operando incorretamente pode invalidar o sistema operacional gravando dados sobre ele; além disso, vários programas poderiam gravar ao mesmo tempo em um dispositivo, com resultados possivelmente desastrosos. Versões recentes da CPU Intel fornecem operação em modo dual. Como resultado, a maioria dos sistemas operacionais contemporâneos – como Windows e também Unix, Linux e Solaris – beneficia-se desse recurso e fornece maior proteção ao sistema.

Uma vez que a proteção de hardware esteja definida, ela detectará erros que violem as modalidades. Normalmente, esses erros são manipulados pelo sistema operacional. Se um programa de usuário falhar de alguma forma – como em uma tentativa de executar uma instrução ilegal ou de acessar memória que não faça parte do espaço de endereçamento do usuário – o hardware executará uma exceção para o sistema operacional. A exceção transfere o controle, através do vetor de interrupções, para o sistema operacional, da mesma forma que a interrupção. Se ocorrer um erro no programa, o sistema operacional deve encerrá-lo anormalmente. Essa situação é manipulada pelo mesmo código de um encerramento anormal solicitado pelo usuário. Uma mensagem de erro apropriada é fornecida e é possível que a memória do programa seja despejada. Geralmente, o despejo de memória é gravado em um arquivo para que o usuário ou programador possa examiná-lo e talvez corrigi-lo e reiniciar o programa.

1.5.2 Timer

Devemos certificar-nos de que o sistema operacional mantenha controle sobre a CPU. Não podemos permitir que um programa de usuário fique preso em um loop infinito ou não chame os serviços do sistema e nunca retorne o controle ao sistema operacional. Para alcançar esse objetivo, podemos usar um *timer*. Um timer pode ser configurado para interromper o computador após um período especificado. O período pode ser fixo (por exemplo, 1/60 segundos) ou variável (por exemplo, de 1 milissegundo a 1 segundo). Geralmente, um *timer variável* é implementado por um relógio de marcação fixa e um contador. O sistema operacional posiciona o contador. Cada vez que o relógio marca, o contador é decrementado. Quando o contador atinge 0, ocorre uma interrupção. Por exemplo, um contador de 10 bits com um relógio de 1 milissegundo permite interrupções a intervalos de 1 a 1.024 milissegundos em passos de 1 milissegundo.

Antes de retornar o controle ao usuário, o sistema operacional assegura que o timer seja posicionado para causar uma interrupção. Quando o timer a causa, o controle é transferido automaticamente para o sistema operacional, que pode tratar a interrupção como um erro fatal ou dar mais tempo ao programa. É claro que as instruções que modificam o conteúdo do timer são privilegiadas.

Portanto, podemos usar o timer para impedir que um programa de usuário seja executado por muito tempo. Uma técnica simples é a inicialização de um contador com o período de tempo em que um programa pode ser executado. Um programa com um limite de tempo de 7 minutos, por exemplo, teria seu contador inicializado em 420. A cada segundo, o timer causaria uma interrupção e o contador seria decrementado de uma unidade. Enquanto o contador for positivo, o controle será retornado ao programa do usuário. Quando o contador se tornar negativo, o sistema operacional encerrará o programa por exceder o limite de tempo designado.

1.6 Gerenciamento de Processos

Um programa não faz nada a menos que suas instruções sejam executadas por uma CPU. Um programa em execução, como mencionado, é um processo. Um programa de usuário de tempo compartilhado, como um compilador, é um processo. Um programa de processamento de texto sendo executado por um usuário individual em um PC é um processo. Uma tarefa do sistema, como o envio de saída para uma impressora, também pode ser um processo (ou pelo menos parte de um). Por enquanto, você pode considerar um processo como um job ou um programa de tempo compartilhado, mas posteriormente aprenderá que o conceito é mais genérico. Como veremos no Capítulo 3, é possível fornecer chamadas de sistema que permitam que os processos criem subprocessos a serem executados concorrentemente.

Um processo precisa de certos recursos – inclusive tempo de CPU, memória, arquivos e dispositivos de I/O – para cumprir sua tarefa. Esses recursos são fornecidos ao processo quando ele é criado ou são alocados a ele durante sua execução. Além dos diversos recursos físicos e lógicos que um processo obtém quando é criado, vários dados (entradas) de inicialização também podem ser passados. Por exemplo, considere um processo cuja função seja exibir o status de um arquivo na tela de um terminal. O processo receberá como entrada o nome do arquivo e executará as instruções e chamadas de sistema apropriadas para obter e exibir no terminal as informações desejadas. Quando o processo terminar, o sistema operacional reclamará os recursos reutilizáveis.

Enfatizamos que um programa por si só não é um processo; um programa é uma entidade *passiva*, como os conteúdos de um arquivo armazenado em disco, enquanto um processo é uma entidade *ativa*. Um processo de um único thread tem um **contador de programa** especificando a próxima instrução a ser executada. (Os threads são abordados no Capítulo 4.) A execução de um processo assim deve ser sequencial. A CPU executa uma instrução do processo após a outra, até o processo ser concluído. Além disso, a qualquer momento, no máximo uma instrução é executada em nome do processo. Portanto, embora dois processos possam estar associados ao mesmo programa, eles são considerados como duas sequências de execução separadas. Um processo com vários threads tem múltiplos contadores de programa, cada um apontando para a próxima instrução a ser executada para um determinado thread.

Um processo é a unidade de trabalho de um sistema. Tal sistema é composto por um conjunto de processos, alguns dos quais são processos do sistema operacional (os que executam código do sistema) e o resto são processos de usuário (aqueles que executam código de usuário). Todos esses processos podem ser executados concorrentemente – pela multiplexação em uma única CPU, por exemplo.

O sistema operacional é responsável pelas seguintes atividades relacionadas ao gerenciamento de processos:

- Scheduling de processos e threads nas CPUs
- Criação e exclusão de processos de usuário e do sistema
- Suspensão e retomada de processos
- Fornecimento de mecanismos de sincronização de processos
- Fornecimento de mecanismos de comunicação entre processos

Discutimos as técnicas de gerenciamento de processos nos Capítulos 3 a 6.

1.7 Gerenciamento da Memória

Como discutimos na Seção 1.2.2, a memória principal é essencial para a operação de um sistema de computação moderno. A memória principal é um grande array de palavras ou bytes que variam em tamanho de centenas de milhares a bilhões. Cada palavra ou byte tem seu próprio endereço. A memória principal é um repositório de dados de acesso rápido compartilhado pela CPU e dispositivos de I/O. O processador central lê instruções e lê e grava dados a partir da memória principal durante o ciclo de busca de instruções (em uma arquitetura von Neumann). Como mencionado anteriormente, a memória principal costuma ser o único dispositivo de armazenamento amplo que a CPU consegue endereçar e acessar diretamente. Por exemplo, para a CPU processar dados do disco, primeiro esses dados devem ser transferidos para a memória principal por chamadas de I/O geradas pela CPU. Da mesma forma, as instruções devem estar na memória para a CPU executá-las.

Para um programa ser executado, ele deve ser mapeado para endereços absolutos e carregado na memória. Quando o programa é executado, ele acessa instruções e dados de programa na memória gerando esses endereços absolutos. Eventualmente, o programa é encerrado, seu espaço na memória é declarado disponível e o próximo programa pode ser carregado e executado.

Para melhorar tanto a utilização da CPU quanto a velocidade de resposta do computador para seus usuários, computadores de uso geral devem manter vários programas na memória, o que cria a necessidade de gerenciamento da memória. Muitos esquemas diferentes de gerenciamento de memória são usados. Esses esquemas refletem diversas abordagens e a eficácia de um determinado algoritmo depende da situação. Ao selecionar um esquema de gerenciamento da memória para um sistema específico, devemos levar em consideração muitos fatores – principalmente, o projeto de *hardware* do sistema. Cada algoritmo requer seu próprio suporte de hardware.

O sistema operacional é responsável pelas seguintes atividades relacionadas ao gerenciamento da memória:

- Controlar que partes da memória estão sendo correntemente usadas e por quem
- Decidir que processos (ou partes deles) e dados devem ser transferidos para dentro e fora da memória
- Alocar e desalocar espaço na memória conforme necessário

As técnicas de gerenciamento da memória são discutidas nos Capítulos 7 e 8.

1.8 Gerenciamento do Armazenamento

Para tornar o sistema de computação conveniente para os usuários, o sistema operacional fornece uma visão uniforme e lógica do armazenamento de informações. Ele abstrai das propriedades físicas dos seus dispositivos de armazenamento a definição de uma unidade lógica de armazenamento, o ***arquivo***. O sistema operacional mapeia arquivos para mídia física e acessa esses arquivos através dos dispositivos de armazenamento.

1.8.1 Gerenciamento do Sistema de Arquivos

O gerenciamento de arquivos é um dos componentes mais visíveis de um sistema operacional. Os computadores podem armazenar informações em vários tipos diferentes de mídia física. Disco magnético, disco ótico e fita magnética são os mais comuns. Todas essas mídias têm suas próprias características e organização física. Cada mídia é controlada por um dispositivo, como um drive de disco ou de fita, que também tem suas características próprias. Essas propriedades incluem velocidade de acesso, capacidade, taxa de transferência de dados e método de acesso (sequencial ou randômico).

Um arquivo é um conjunto de informações relacionadas definido por seu criador. Normalmente, os arquivos representam programas (em ambas as formas, fonte e objeto) e dados. Arquivos de dados podem ser numéricos, alfabéticos, alfanuméricos ou binários. Os arquivos podem ter formato livre (por exemplo, arquivos de texto) ou serem formatados rigidamente (no caso de campos fixos). É claro que o conceito de arquivo é extremamente amplo.

O sistema operacional implementa o conceito abstrato de arquivo gerenciando mídias de armazenamento de massa, como fitas e discos, e os dispositivos que as controlam. Além disso, normalmente, os arquivos são organizados em diretórios para serem mais fáceis de usar. Para concluir, quando vários usuários têm acesso aos arquivos, pode ser desejável controlar por quem e de que maneiras (por exemplo, para ler, gravar, anexar) eles podem ser acessados.

O sistema operacional é responsável pelas seguintes atividades relacionadas ao gerenciamento de arquivos:

- Criar e apagar arquivos
- Criar e apagar diretórios para organizar arquivos
- Suportar primitivas para a manipulação de arquivos e diretórios
- Mapear arquivos para a memória secundária
- Fazer backup de arquivos em mídias de armazenamento estáveis (não voláteis)

As técnicas de gerenciamento de arquivos são discutidas nos Capítulos 9 e 10.

1.8.2 Gerenciamento de Armazenamento de Massa

Como vimos, já que a memória principal é pequena demais para acomodar todos os dados e programas e já que os dados que ela armazena são perdidos quando não há energia, o sistema de computação deve fornecer memória secundária como backup da memória principal. A maioria dos sistemas de computação modernos usa discos como o principal meio de armazenamento on-line tanto para programas quanto para dados. Grande parte dos programas – inclusive compiladores, montadores, processadores de texto, editores e formatadores – é armazenada em um disco até ser carregada na memória e, então, usa o disco como fonte e destino de seu processamento. Portanto, o gerenciamento apropriado do armazenamento em disco é de importância primordial para um sistema de computação. O sistema operacional é responsável pelas seguintes atividades relacionadas ao gerenciamento de disco:

- Gerenciamento de espaço livre
- Alocação de espaço de armazenamento
- Scheduling de disco

Já que a memória secundária é utilizada com frequência, ela deve ser usada eficientemente. A velocidade total de operação de um computador pode depender das velocidades do subsistema de disco e dos algoritmos que manipulam esse subsistema.

No entanto, há muitas utilidades para um espaço de armazenamento mais lento e barato (e às vezes de maior capacidade) do que a memória secundária. Backups de dados de disco, dados pouco usados e espaço de armazenamento de longo prazo para arquivamento são alguns exemplos. Os drivers de fita magnética e suas fitas e os drivers de CD e DVD e discos são típicos dispositivos de **memória terciária**. A mídia (fitas e discos óticos) varia entre os formatos **WORM** (gravar uma vez, ler várias vezes) e **RW** (ler-gravar).

A memória terciária não é crucial para o desempenho do sistema, mas mesmo assim deve ser gerenciada. Alguns sistemas operacionais assumem essa tarefa, enquanto outros deixam o gerenciamento da memória terciária para programas aplicativos. Algumas das funções que os sistemas operacionais podem fornecer incluem a montagem e desmontagem de mídia em dispositivos, a alocação e liberação dos dispositivos para uso exclusivo por processos e a migração de dados da memória secundária para a terciária.

As técnicas de gerenciamento da memória secundária e terciária são discutidas no Capítulo 11.

1.8.3 Armazenamento em Cache (Caching)

O *caching* é um princípio importante dos sistemas de computação. Normalmente, as informações são mantidas em algum sistema de armazenamento (como a memória principal). À medida que são utilizadas, as informações são copiadas temporariamente em um sistema de armazenamento mais veloz – o cache. Quando precisamos de uma informação específica, primeiro verificamos se ela está no cache. Se estiver, usamos a informação diretamente a partir do cache. Se não estiver, usamos a informação a partir da fonte, inserindo uma cópia no cache supondo que em breve ela possa ser necessária novamente.

Além disso, registradores programáveis internos, como os registradores índice, fornecem um cache de alta velocidade para a memória principal. O programador (ou compilador) implementa os algoritmos de alocação e substituição de registradores para decidir quais informações devem ser mantidas em registradores e quais devem ficar na memória principal. Também há caches que são implementados totalmente em hardware. Por exemplo, a maioria dos sistemas tem um cache de instruções para armazenar as instruções cuja execução é esperada em seguida. Sem esse cache, a CPU teria de esperar vários ciclos enquanto uma instrução é buscada na memória principal. Por motivos semelhantes, grande parte dos sistemas tem um ou mais caches de dados de alta velocidade na hierarquia da memória. Não estamos interessados nesses caches de hardware neste texto, já que eles estão fora do controle do sistema operacional.

Já que os caches têm tamanho limitado, o **gerenciamento do cache** é um importante problema de projeto. A seleção cuidadosa do tamanho do cache e de uma política de realocação pode resultar em um desempenho muito melhor. A Figura 1.11 compara o desempenho do armazenamento em grandes estações de trabalho e pequenos servidores. Vários algoritmos de realocação para caches controlados por software são discutidos no Capítulo 8.

A memória principal pode ser vista como um cache veloz para a memória secundária, já que os dados da memória secundária devem ser copiados na memória principal para uso e devem estar na memória principal antes de serem movidos para a memória secundária por segurança. Os dados do sistema de arquivos, que residem permanentemente na memória secundária, podem aparecer em vários níveis na hierarquia de armazenamento. No nível mais alto, o sistema operacional pode manter um cache de dados do sistema de arquivos na memória principal. Além disso, discos RAM eletrônicos (também conhecidos como **discos de estado sólido**) podem ser usados como espaço de armazenamento de alta velocidade acessado através da interface do sistema de arquivos. Grande parte da memória secundária fica em discos magnéticos. O conteúdo armazenado em disco magnético, por sua vez, é fre-

Nível	1	2	3	4
Nome	registradores	cache	memória principal	armazenamento em disco
Tamanho típico	< 1 KB	< 16 MB	< 64 GB	> 100 GB
Tecnologia de implementação	memória personalizada com várias portas, CMOS	SRAM de CMOS em chip ou fora do chip	DRAM de CMOS	disco magnético
Tempo de acesso (ns)	0,25 – 0,5	0,5 – 25	80 – 250	5.000.000
Largura de banda (MB/s)	20.000 – 100.000	5.000 – 10.000	1000 – 5000	20 – 150
Gerenciado por	compilador	hardware	sistema operacional	sistema operacional
Copiado em	cache	memória principal	disco	CD ou fita

Figura 1.11 Desempenho de vários níveis de armazenamento.

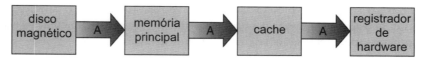

Figura 1.12 Migração do inteiro A do disco para o registrador.

quentemente duplicado em fitas magnéticas ou discos removíveis para proteção contra a perda de dados no caso de uma falha no disco rígido. Alguns sistemas transferem automaticamente dados de arquivos antigos da memória secundária para a memória terciária, como os jukeboxes de fita, para reduzir o custo de armazenamento (consulte o Capítulo 11).

A movimentação de informações entre os níveis de uma hierarquia de armazenamento pode ser explícita ou implícita, dependendo do projeto de hardware e do software de controle do sistema operacional. Por exemplo, a transferência de dados do cache para a CPU e os registradores, geralmente, é uma função do hardware, sem intervenção do sistema operacional. Por outro lado, a transferência de dados do disco para a memória costuma ser controlada pelo sistema operacional.

Em uma estrutura de armazenamento hierárquica, os mesmos dados podem aparecer em diferentes níveis do sistema de armazenamento. Por exemplo, suponha que um inteiro A a ser incrementado em 1 unidade esteja localizado no arquivo B e o arquivo B resida em disco magnético. A operação de incremento é efetuada, primeiro, com a emissão de uma operação de I/O destinada a copiar na memória principal o bloco de disco em que A reside. Essa operação é seguida pela cópia de A no cache e em um registrador interno. Portanto, a cópia de A aparece em vários locais: no disco magnético, na memória principal, no cache e em um registrador interno (consulte a Figura 1.12). Uma vez que o incremento ocorra no registrador interno, o valor de A será diferente nos diversos sistemas de armazenamento. O valor de A só será igual após o novo valor de A ser copiado do registrador interno para o disco magnético.

Em um ambiente de computação em que um só processo é executado de cada vez, esse esquema não cria dificuldades, já que um acesso ao inteiro A sempre será efetuado em sua cópia no nível mais alto da hierarquia. No entanto, em um ambiente multitarefa, em que a CPU se reveza entre vários processos, deve-se ter extremo cuidado para garantir que, se muitos processos quiserem acessar A, todos eles obtenham o valor mais recente de A.

A situação se torna mais complicada em um ambiente multiprocessador em que, além de manter registradores internos, cada uma das CPUs também contém um cache local (Figura 1.6). Em um ambiente assim, uma cópia de A pode existir simultaneamente em vários caches. Já que todas as CPUs podem executar concorrentemente, temos que nos certificar de que a atualização do valor de A em um cache seja imediatamente refletida em todos os outros caches em que A reside. Essa situação é chamada de **coerência do cache** e, geralmente, é um problema de hardware (manipulado abaixo do nível do sistema operacional).

1.8.4 Sistemas de I/O

Um dos objetivos de um sistema operacional é ocultar dos usuários as peculiaridades dos dispositivos de hardware específicos. Por exemplo, no UNIX, as peculiaridades dos dispositivos de I/O são ocultas de grande parte do sistema operacional pelo **subsistema de I/O**. O subsistema de I/O é composto por vários componentes:

- Um componente de gerenciamento de memória que inclui buffer, cache e spooling
- Uma interface genérica para drivers de dispositivos
- Drivers para dispositivos de hardware específicos

Só o driver de dispositivo conhece as peculiaridades do dispositivo específico ao qual é atribuído.

Discutimos na Seção 1.2.3 como os manipuladores de interrupções e drivers de dispositivos são usados na construção de subsistemas de I/O eficientes. No Capítulo 12, discutimos como o subsistema de I/O interage com outros componentes do sistema, gerencia dispositivos, transfere dados e detecta o término de I/O.

1.9 Proteção e Segurança

Se um sistema de computação tem vários usuários e permite a execução concorrente de múltiplos processos, o acesso aos dados deve ser regulado. Com esse objetivo, mecanismos garantem que arquivos, segmentos de memória, CPU e outros recursos possam ser operados apenas pelos processos que recebam autorização apropriada do sistema operacional. Por exemplo, o hardware de endereçamento da memória assegura que um processo só possa ser executado dentro de seu próprio espaço de endereçamento. O timer assegura que nenhum processo possa obter o controle da CPU sem, ao seu tempo, abandonar o controle. Registradores de controle de dispositivos não podem ser acessados por usuários, para que a integridade dos diversos dispositivos periféricos seja protegida.

Portanto, **proteção** é qualquer mecanismo de controle do acesso de processos ou usuários aos recursos definidos por um sistema de computação. Esse mecanismo deve fornecer os meios para a especificação dos controles a serem impostos e os meios para sua imposição.

A proteção pode aumentar a confiabilidade detectando erros latentes nas interfaces entre subsistemas de componentes. Geralmente, a detecção antecipada de erros de interface pode impedir a contaminação de um subsistema saudável por outro com defeito. Além disso, um recurso desprotegido não pode se defender do uso (ou mau uso) por um usuário não autorizado ou incompetente. Um sistema orientado para a proteção fornece um meio para a distinção entre o uso autorizado e não autorizado, como discutimos no Capítulo 13.

Um sistema pode ter proteção adequada e mesmo assim estar propenso a falhas, permitindo acesso inapropriado. Considere um usuário cujas informações de autenticação (seu meio de se identificar para o sistema) foram roubadas. Seus dados poderiam ser copiados ou excluídos, mesmo com a proteção de arquivos e da memória funcionando. É responsabilidade da *segurança* defender um sistema de ataques externos e internos. Há um vasto grupo desses tipos de ataques e incluem vírus e vermes, ataques de recusa de serviço (que usam todos os recursos de um sistema e mantêm os usuários legítimos fora dele), roubo de identidade e roubo de serviço (uso não autorizado de um sistema). A prevenção contra alguns desses ataques é considerada uma função do sistema operacional em determinados sistemas, enquanto outros deixam a prevenção para a política adotada ou para um software adicional. Devido ao aumento alarmante dos incidentes de segurança, os recursos de segurança do sistema operacional representam uma área de pesquisa e implementação em rápido crescimento. A segurança é discutida no Capítulo 14.

A proteção e a segurança demandam que o sistema seja capaz de identificar todos os seus usuários. A maioria dos sistemas operacionais mantém uma lista de nomes de usuário associados com os *identificadores de usuário (IDs de usuário)*. No linguajar do Windows Vista, esse é o *ID de segurança (SID – security ID)*. Os IDs numéricos são exclusivos, um por usuário. Quando um usuário conecta-se ao sistema, o estágio de autenticação determina o ID de usuário apropriado para ele. Esse ID de usuário é associado a todos os processos e threads do usuário. Quando um ID tem que estar legível para o usuário, ele é convertido novamente para o nome de usuário por meio da lista de nomes de usuário.

Em algumas circunstâncias, podemos querer identificar conjuntos de usuários em vez de usuários individuais. Por exemplo, o proprietário de um arquivo em um sistema UNIX pode ter permissão para executar todas as operações nesse arquivo, enquanto um conjunto selecionado de usuários pode ter permissão apenas para ler o arquivo. Para usar esse recurso, precisamos definir um nome de grupo e o conjunto de usuários pertencente a esse grupo. A funcionalidade de grupo pode ser implementada como uma lista de nomes de grupo e *identificadores de grupo* com abrangência em todo o sistema. Um usuário pode estar em um ou mais grupos, dependendo das decisões de projeto do sistema operacional. Os IDs de grupo do usuário também são incluídos em todos os processos e threads associados.

No decorrer do uso normal de um sistema, os IDs de usuário e de grupo de um usuário são suficientes. No entanto, às vezes um usuário precisa *escalar privilégios* para obter permissões adicionais para uma atividade. O usuário pode precisar de acesso a um dispositivo que é restrito, por exemplo. Os sistemas operacionais fornecem vários métodos para permitir a escalação de privilégios. No UNIX, por exemplo, o atributo `setuid` em um programa faz com que esse programa seja executado com o ID de usuário do proprietário do arquivo, em vez do ID do usuário corrente. O processo é executado com esse *UID efetivo* até ele desativar os privilégios adicionais ou ser concluído.

1.10 Sistemas Distribuídos

Sistema distribuído é um conjunto de sistemas de computação fisicamente separados e possivelmente heterogêneos que são conectados em rede para conceder aos usuários acesso aos vários recursos que o sistema mantém. O acesso a um recurso compartilhado aumenta a velocidade do processamento, a funcionalidade, a disponibilidade dos dados e a confiabilidade. Alguns sistemas operacionais generalizam o acesso à rede como um tipo de acesso a arquivo, com os detalhes da conexão de rede contidos no driver de dispositivo da interface de rede. Outros fazem os usuários chamarem especificamente funções da rede. Geralmente, os sistemas contêm uma combinação dos dois modos – por exemplo, o FTP e o NFS. Os protocolos que criam um sistema distribuído podem afetar bastante a utilidade e popularidade desse sistema.

Uma *rede*, em uma descrição simples, é uma via de comunicação entre dois ou mais sistemas. Os sistemas distribuídos dependem da conexão em rede para oferecer sua funcionalidade. As redes variam nos protocolos usados, nas distâncias entre os nós e na mídia de transporte. O TCP/IP é o protocolo de rede mais comum, embora o ATM e outros protocolos estejam sendo amplamente usados. Da mesma forma, o suporte dos sistemas operacionais aos protocolos varia. A maioria dos sistemas operacionais dá suporte ao TCP/IP, inclusive os sistemas operacionais Windows e UNIX. Alguns sistemas dão suporte a protocolos proprietários para satisfazer suas necessidades. Para um sistema operacional, um protocolo de rede só precisa de um dispositivo de interface – um adaptador de rede, por exemplo – com um driver de dispositivo para gerenciá-lo, assim como um software para manipular os dados. Esses conceitos são discutidos no decorrer deste livro.

As redes são caracterizadas de acordo com as distâncias entre seus nós. Uma *rede local (LAN)* conecta computadores dentro de uma sala, um andar ou um prédio. Uma *rede de longa distância (WAN)*, geralmente, conecta prédios, cidades ou países. Uma empresa global pode ter uma WAN para conectar seus escritórios mundialmente. Essas redes podem executar um protocolo ou vários. O contínuo surgimento de novas tecnologias traz novos tipos de rede. Por exemplo, uma *rede metropolitana (MAN)* pode conectar prédios dentro de uma cidade. Dispositivos BlueTooth e 802.11 usam tecnologia sem fio para se comunicar por uma distância de vários quilômetros, criando na verdade uma *rede de pequena área* como as que podemos encontrar em residências.

As mídias que transportam a comunicação de rede são igualmente variadas. Incluem fios de cobre, fibras trançadas, transmissões sem fio entre satélites, antenas de micro-ondas e rádios. Quando dispositivos de computação são conectados a telefones celulares, eles criam uma rede. Até mesmo a comunicação em infravermelho de muito pouco alcance pode ser usada na conexão de rede. Em um nível rudimentar, sempre que os computadores se comunicam, eles usam ou criam uma rede. Essas redes também variam em seu desempenho e confiabilidade.

Alguns sistemas operacionais levam o conceito de redes e sistemas distribuídos para além do simples fornecimento de conectividade de rede. Um *sistema operacional de rede* fornece recursos como o compartilhamento de arquivos através da rede e inclui um esquema de comunicação que permite que diferentes processos em computadores distintos troquem mensagens. Um computador executando o sistema operacional da rede atua independentemente de todos os outros computadores da rede, embora tenha conhecimento dela e possa se comunicar com outros computadores conectados. Um sistema operacional distribuído fornece um ambiente menos autônomo: os diferentes sistemas operacionais se comunicam com proximidade suficiente para dar a impressão de que apenas um único sistema operacional controla a rede.

Não abordamos mais redes de computadores e sistemas distribuídos neste texto. Recomendamos que o leitor interessado consulte as notas bibliográficas no fim deste capítulo para ver fontes de informação adicionais.

1.11 Sistemas de Uso Específico

Até agora concentramos a discussão nos sistemas de computação de uso geral com os quais estamos familiarizados. No entanto, há outros tipos de sistemas de computação cujas funções são mais limitadas e cujo objetivo é lidar com domínios de computação limitados.

1.11.1 Sistemas Embutidos de Tempo Real

O computador embutido é o tipo de computador mais disseminado que existe. Esses dispositivos são encontrados em todos os lugares, dos motores de carros e robôs industriais aos DVDs e fornos de micro-ondas. Eles tendem a ter tarefas muito específicas. Os sistemas em que operam costumam ser primitivos e, portanto, seus sistemas operacionais fornecem recursos limitados. Geralmente, têm pouca ou nenhuma interface com o usuário e ocupam seu tempo monitorando e gerenciando dispositivos de hardware, como motores de carro e braços robóticos.

Esses sistemas embutidos variam consideravelmente. Alguns são computadores de uso geral, executando sistemas operacionais padrão – como o UNIX – com aplicações de uso específico para implementar a funcionalidade. Outros são dispositivos de hardware com um sistema operacional de uso específico embutido fornecendo apenas a funcionalidade desejada. Há ainda outros que são dispositivos de hardware com circuitos integrados de aplicação específica (***ASICs – application-specific integrated circuit***) que executam suas tarefas sem um sistema operacional.

O uso de sistemas embutidos continua a se expandir. O poder desses dispositivos, tanto como unidades autônomas quanto como elementos de redes e da Web, também deve aumentar. Mesmo hoje em dia, residências inteiras podem ser computadorizadas, para que um computador central – um computador de uso geral ou um sistema embutido – possa controlar o aquecimento e a iluminação, sistemas de alarme e até cafeteiras. O acesso à Web pode permitir que a proprietária de uma casa peça a ela para se aquecer antes de sua chegada. Algum dia, o refrigerador entrará em contato com o armazém quando notar que o leite acabou.

Os sistemas embutidos quase sempre executam *sistemas operacionais de tempo real*. Um sistema de tempo real é usado quando requisitos de tempo rígidos são exigidos na operação de um processador ou do fluxo de dados; portanto, geralmente é usado como um dispositivo de controle em uma aplicação dedicada. Sensores trazem dados para o computador. O computador deve analisar os dados e possivelmente ajustar controles para modificar as entradas do sensor. Sistemas que controlam experimentos científicos, sistemas médicos baseados em imagens, sistemas de controle industrial e certos sistemas de exibição são sistemas de tempo real. Alguns sistemas de injeção de combustível em motores de automóveis, controladores de utensílios domésticos e sistemas bélicos também são sistemas de tempo real.

Um sistema de tempo real tem restrições de tempo fixas bem definidas. O processamento *deve* ser executado respeitando as restrições definidas ou o sistema falhará. Por exemplo, não adiantaria um braço robótico ser instruído para parar *após* ter golpeado o carro que estava construindo. Um sistema de tempo real só funciona corretamente se retorna o resultado certo dentro de suas restrições de tempo. Compare esse sistema com um sistema de compartilhamento de tempo, em que é desejável (mas não obrigatória) uma resposta rápida, ou um sistema batch, que pode não ter quaisquer restrições de tempo.

Não abordamos mais sistemas de tempo real neste texto. Recomendamos que o leitor interessado consulte as notas bibliográficas no fim deste capítulo para ver fontes de informação adicionais.

1.11.2 Sistemas Multimídia

A maioria dos sistemas operacionais é projetada para manipular dados convencionais como arquivos de texto, programas, documentos de editor de texto e planilhas. No entanto, uma tendência recente na tecnologia é a incorporação de **dados multimídia** em sistemas de computação. Os dados multimídia são compostos por arquivos de áudio e vídeo assim como por arquivos convencionais. Esses dados diferem dos dados convencionais porque os dados multimídia – como os quadros de vídeo – devem ser distribuídos (transmitidos em fluxo) de acordo com certas restrições de tempo (por exemplo, 30 quadros por segundo).

O termo multimídia descreve um vasto conjunto de aplicações de uso disseminado atualmente. Incluem arquivos de áudio como o MP3, filmes em DVD, videoconferência e clipes de vídeo curtos de propagandas de filmes ou manchetes jornalísticas baixados da Internet. As aplicações multimídia também podem incluir webcasts ao vivo (transmissão através da World Wide Web) de palestras ou eventos esportivos e até mesmo webcams ao vivo que permitem que um usuário em Manhattan veja clientes em um café em Paris. Uma aplicação multimídia não é necessariamente áudio ou vídeo; em vez disso, geralmente, é uma combinação dos dois. Por exemplo, um filme pode ser composto por trilhas de áudio e vídeo separadas. As aplicações multimídia também não são distribuídas apenas para computadores pessoais de mesa. Cada vez mais, estão sendo direcionadas para dispositivos menores, inclusive PDAs e telefones celulares. Por exemplo, um negociante de ações pode ter as cotações distribuídas sem fio e em tempo real para seu PDA.

Não abordamos mais sistemas multimídia neste texto. Recomendamos que o leitor interessado consulte as notas bibliográficas no fim deste capítulo para ver fontes de informação adicionais.

1.11.3 Sistemas de Mão

Sistemas de mão incluem os assistentes digitais pessoais (PDAs), como os PCs de mão ou de bolso, e os telefones celulares, muitos empregando sistemas operacionais embutidos de uso específico. Desenvolvedores de sistemas e aplicações de mão enfrentam muitos desafios, a maioria deles devido ao tamanho limitado desses dispositivos. Por exemplo, normalmente, um PDA tem cerca de 12,5 centímetros de altura e 7,5 centímetros de largura e pesa menos de 250 gramas. Por causa de seu tamanho, grande parte dos dispositivos de mão tem pouca quantidade de memória, processadores lentos e telas pequenas. Agora examinemos cada uma dessas limitações.

A quantidade de memória física em um dispositivo de mão depende do dispositivo, mas, normalmente, está entre 1 MB e 1 GB. (Compare com um PC ou estação de trabalho comum, que pode ter vários gigabytes de memória.) Como resultado, o sistema operacional e as aplicações devem gerenciar a memória eficientemente. Isso inclui o retorno de toda a memória alocada para o gerenciador de memória quando ela não está sendo usada. No Capítulo 8, examinamos a memória virtual, que permite que os desenvolvedores escrevam programas que se comportam como se o sistema tivesse mais memória do que a disponível fisicamente. Atualmente, poucos dispositivos de mão usam técnicas de memória virtual, portanto, os desenvolvedores de programas devem trabalhar de acordo com as restrições de memória física limitada.

Um segundo motivo de preocupação para os desenvolvedores de dispositivos de mão é a velocidade do processador usado nos dispositivos. Os processadores da maioria dos dispositivos de mão executam em apenas uma fração da velocidade do processador de um PC. Processadores mais rápidos requerem mais energia. A inclusão de um processador mais rápido em um dispositivo de mão demandaria uma bateria maior, que ocuparia mais espaço e teria que ser substituída (ou recarregada) com mais frequência. Grande parte dos dispositivos de mão usa processadores menores e mais lentos que consomem menos energia. Portanto, o sistema operacional e as aplicações devem ser projetados de modo a não sobrecarregar o processador.

O último desafio que os projetistas de programas para dispositivos de mão enfrentam é o I/O. A falta de espaço físico limita os métodos de entrada a pequenos teclados, reconhecimento da escrita ou teclados baseados em pequenas telas. As pequenas telas limitam as opções de saída. Enquanto um monitor de um computador doméstico pode medir até 75 centímetros, geralmente, a tela de um dispositivo de mão não tem mais do que 7,5 centímetros quadrados. Tarefas familiares como ler e-mails e navegar na Internet devem ser condensadas em telas menores. Uma abordagem para a exibição do conteúdo de páginas da Internet é o ***recorte Web***, em que só um pequeno subconjunto de uma página da Web é distribuído e exibido no dispositivo de mão.

Alguns dispositivos de mão usam tecnologia sem fio, como o Bluetooth ou o padrão 802.11, permitindo o acesso remoto a e-mails e navegação na Web. Telefones celulares com conectividade com a Internet se enquadram nessa categoria. No entanto, para PDAs que não fornecem acesso sem fio, normalmente, o download de dados requer que primeiro o usuário faça o download dos dados em um PC ou estação de trabalho e, em seguida, baixe os dados no PDA. Alguns PDAs permitem que os dados sejam copiados diretamente de um dispositivo para outro com o uso de uma conexão infravermelha.

Geralmente, as limitações na funcionalidade dos PDAs são compensadas por sua conveniência e portabilidade. Seu uso continua a se expandir à medida que as conexões de rede se tornam mais disponíveis e outras opções, como as câmeras digitais e MP3 players, ampliam sua utilidade.

1.12 Ambientes de Computação

Até agora, fornecemos uma visão geral da organização do sistema de computação e dos principais componentes do sistema operacional. Terminamos com um breve resumo de como esses sistemas são usados em vários ambientes de computação.

1.12.1 Computação Tradicional

Conforme a computação amadurece, as fronteiras que separam muitos dos ambientes de computação tradicionais estão ficando menos claras. Considere o "típico ambiente de escritório". Há apenas alguns anos, esse ambiente era composto por PCs conectados a uma rede, com servidores fornecendo serviços de arquivo e impressão. O acesso remoto era difícil e a portabilidade era conseguida com o uso de computadores laptop. Terminais conectados a mainframes também predominavam em muitas empresas, com opções ainda menores de acesso remoto e portabilidade.

A tendência atual vai em direção ao fornecimento de mais maneiras de acesso a esses ambientes de computação. As tecnologias Web estão estendendo as fronteiras da computação tradicional. Empresas estabelecem ***portais***, que fornecem acessibilidade Web a seus servidores internos. ***Computadores em rede*** são essencialmente terminais que reconhecem a computação baseada na

Web. Computadores de mão podem ser sincronizados com PCs para permitir o uso de informações da empresa com maior portabilidade. PDAs portáteis também podem se conectar com **redes sem fio** para usar o portal da empresa na Web (assim como os diversos outros recursos da Web).

Em casa, a maioria dos usuários tinha um único computador com uma conexão de modem lenta com o escritório, a Internet ou ambos. Atualmente, as velocidades de conexão de rede que só eram disponibilizadas a custo alto, são relativamente baratas, concedendo aos usuários domésticos mais acesso a mais dados. Essas conexões de dados velozes estão permitindo que computadores domésticos sirvam páginas da Web e executem redes que incluem impressoras, PCs clientes e servidores. Algumas residências têm até mesmo *firewalls* para proteger suas redes de falhas na segurança. Esses firewalls custavam milhares de dólares há alguns anos e nem mesmo existiam há uma década.

Na última metade do século anterior, os recursos de computação eram escassos. (Antes disso, nem existiam!) Durante algum tempo, os sistemas operavam no modo batch ou eram interativos. Os sistemas batch processavam jobs em lotes, com entrada predeterminada (proveniente de arquivos ou outras fontes de dados). Os sistemas interativos esperavam a entrada dos usuários. Para otimizar o uso dos recursos de computação, vários usuários compartilhavam o tempo desses sistemas. Sistemas de compartilhamento de tempo usavam um timer e algoritmos de scheduling para alternar processos rapidamente na CPU, dando a cada usuário uma parcela dos recursos.

Atualmente, os sistemas tradicionais de compartilhamento de tempo são raros. A mesma técnica de scheduling ainda é usada em estações de trabalho e servidores, mas, geralmente, os processos são todos de propriedade do mesmo usuário (ou de um único usuário e do sistema operacional). Os processos de usuário, e processos do sistema que fornecem serviços para o usuário, são gerenciados para que cada um receba regularmente uma parcela de tempo do computador. Considere as janelas criadas enquanto um usuário está trabalhando em um PC, por exemplo, e o fato de que elas podem estar executando diferentes tarefas ao mesmo tempo.

1.12.2 Computação Cliente-Servidor

Conforme os PCs ficavam mais velozes, poderosos e baratos, os projetistas iam abandonando a arquitetura de sistema centralizado. Atualmente, os terminais conectados a sistemas centralizados estão sendo substituídos por PCs. Da mesma forma, a funcionalidade de interface com o usuário, antes manipulada diretamente por sistemas centralizados, está cada vez mais sendo manipulada por PCs. Como resultado, muitos dos sistemas atuais agem como *sistemas servidores* para atender solicitações geradas por *sistemas clientes*. Esse tipo de sistema distribuído especializado, chamado de *sistema cliente-servidor*, tem a estrutura geral mostrada na Figura 1.13.

Os sistemas servidores podem ser amplamente categorizados como servidores de processamento e servidores de arquivo:

- O *sistema servidor de processamento* fornece uma interface para a qual um cliente pode enviar uma solicitação para executar uma ação (por exemplo, ler dados); em resposta, o servidor executa a ação e retorna resultados para o cliente. Um servidor executando um banco de dados que responde a solicitações de dados enviadas por clientes é um exemplo desse tipo de sistema.

- O *sistema servidor de arquivos* fornece uma interface de sistema de arquivos em que os clientes podem criar, atualizar, ler e excluir arquivos. Um exemplo desse tipo de sistema seria um servidor Web que distribuísse arquivos para clientes que estivessem executando navegadores da Internet.

1.12.3 Computação entre Pares

Outra estrutura de um sistema distribuído é o modelo de sistema entre pares (P2P). Nesse modelo, clientes e servidores não são diferentes; em vez disso, todos os nós do sistema são considerados iguais e podem atuar como cliente ou servidor, dependendo de estarem solicitando ou fornecendo um serviço. Os sistemas entre pares oferecem uma vantagem sobre os sistemas cliente-servidor tradicionais. Em um sistema cliente-servidor, o servidor é um gargalo, mas em um sistema entre pares, os serviços podem ser fornecidos por vários nós distribuídos ao longo da rede.

Para participar de um sistema entre pares, um nó deve primeiro ingressar na rede de pares. Uma vez que o nó tenha ingressado na rede, poderá começar a fornecer serviços para – e solicitar serviços de – outros nós da rede. A determinação dos serviços que estarão disponíveis, geralmente, é feita de uma entre duas maneiras:

- Quando um nó ingressa em uma rede, ele registra seu serviço em um serviço de pesquisa centralizado da rede. Qualquer nó que desejar um serviço específico primeiro fará contato com esse serviço de pesquisa centralizado para determinar que nó fornece o serviço. O resto da comunicação ocorre entre o cliente e o fornecedor do serviço.

- O par que está atuando como cliente deve primeiro descobrir que nó fornece o serviço desejado transmitindo uma solicitação do serviço para todos os outros nós da rede. O nó (ou

Figura 1.13 Estrutura geral de um sistema cliente-servidor.

nós) que fornece esse serviço responde ao par que fez a solicitação. Para essa abordagem ter suporte, um *protocolo de descoberta* deve ser fornecido para permitir que os pares descubram os serviços disponibilizados por outros pares da rede.

As redes entre pares ganharam popularidade no fim dos anos 1990 com vários serviços de compartilhamento de arquivos, como o Napster e o Gnutella, que permitem que os pares troquem arquivos uns com os outros. O sistema Napster usa uma abordagem semelhante ao primeiro tipo descrito aqui: um servidor centralizado mantém um índice de todos os arquivos armazenados nos nós pares da rede Napster e a troca real de arquivos ocorre entre os nós pares. O sistema Gnutella usa uma técnica semelhante ao segundo tipo: um cliente transmite solicitações de arquivo para outros nós do sistema e os nós que podem atender a solicitação respondem diretamente ao cliente. O futuro da troca de arquivos permanece incerto porque muitos dos arquivos são protegidos por direitos autorais (música, por exemplo) e há leis que controlam a distribuição de material com direitos autorais. De qualquer forma, no entanto, a tecnologia entre pares fará, sem dúvida, parte do futuro de muitos serviços como a pesquisa, a troca de arquivos e o correio eletrônico.

1.12.4 Computação Baseada na Web

A Web se tornou onipresente, o que gerou mais acessos de uma maior variedade de dispositivos do que se imaginava há alguns anos. Os PCs ainda são os dispositivos de acesso predominantes, com estações de trabalho, PDAs portáteis e até telefones celulares também fornecendo acesso.

A computação na Web aumentou a ênfase na conexão de rede. Dispositivos que anteriormente não funcionavam em rede agora incluem o acesso com ou sem fio. Dispositivos que funcionavam em rede agora têm uma conectividade mais veloz, fornecida pelo aperfeiçoamento da tecnologia de rede, pela otimização do código de implementação da rede ou ambos.

A implementação da computação baseada na Web fez surgir novas categorias de dispositivos, como os **balanceadores de carga**, que distribuem conexões de rede entre um pool de servidores semelhantes. Sistemas operacionais como o Windows 95, que atuavam como clientes Web, evoluíram para o Linux, o Windows XP e sistemas mais recentes, que podem atuar como servidores e clientes Web. De modo geral, a Web aumentou a complexidade dos dispositivos porque seus usuários precisam que eles sejam habilitados para a Web.

1.13 Sistemas Operacionais de Fonte Aberta

O estudo dos sistemas operacionais, como mencionado anteriormente, foi facilitado pela disponibilidade de uma vasta quantidade de distribuições de fonte aberta. Os *sistemas operacionais de fonte aberta* são aqueles disponibilizados em formato de código-fonte e não como código binário compilado. O Linux é o mais famoso sistema operacional de fonte aberta, enquanto o Microsoft Windows é um exemplo bem conhecido da abordagem oposta de *fonte fechada*. Partir do código-fonte permite que o programador produza um código binário que possa ser executado em um sistema. Fazer o oposto – partir dos binários para o código-fonte através de *engenharia reversa* – é bem mais trabalhoso, e itens úteis como os comentários nunca são recuperados. O aprendizado dos sistemas operacionais por meio da investigação do código-fonte real, em vez da leitura de explicações sobre esse código, pode ser extremamente útil. Com o código-fonte em mãos, um aluno pode modificar o sistema operacional e, em seguida, compilar e executar o código para testar essas alterações, o que é outra excelente ferramenta de aprendizado. Este texto inclui projetos que envolvem a modificação do código-fonte do sistema operacional, ao mesmo tempo em que descreve algoritmos em alto nível para assegurar que todos os tópicos importantes sobre sistemas operacionais tenham sido abordados. No decorrer do texto, fornecemos indicações para exemplos de código de fonte aberta para um estudo mais aprofundado.

Há muitos benefícios nos sistemas operacionais de fonte aberta, inclusive uma comunidade de programadores interessados (e geralmente trabalhando gratuitamente) que contribuem para o desenvolvimento do código ajudando a depurá-lo, analisá-lo, fornecendo suporte e sugerindo alterações. Provavelmente, o código de fonte aberta é mais seguro do que o de fonte fechada porque uma quantidade muito maior de pessoas o visualiza. É claro que o código de fonte aberta tem bugs, mas os defensores da fonte aberta argumentam que os bugs tendem a ser encontrados e corrigidos mais rapidamente devido ao número de pessoas que usa e visualiza o código. Empresas que faturam com a venda de seus programas tendem a hesitar em abrir seu código-fonte, mas a Red Hat, SUSE, Sun e várias outras empresas estão fazendo exatamente isso e mostrando que empresas comerciais são beneficiadas, em vez de prejudicadas, quando abrem seu código-fonte. A receita pode ser gerada através de contratos de suporte e da venda do hardware em que o software é executado, por exemplo.

1.13.1 História

Nos primórdios da computação moderna (isto é, nos anos 1950), havia muitos softwares disponíveis no formato de fonte aberta. Os hackers originais (entusiastas da computação) do Tech Model Railroad Club do MIT deixavam seus programas em gavetas para outras pessoas darem continuidade. Grupos de usuários "da casa" trocavam códigos durante suas reuniões. Posteriormente, grupos de usuários específicos de empresas, como o grupo DEC da Digital Equipment Corporation, passaram a aceitar contribuições de programas de fonte aberta, a reuni-las em fitas e distribuir as fitas para membros interessados.

Fabricantes de computadores e softwares eventualmente tentavam limitar o uso de seu software a computadores autorizados e clientes pagantes. Liberar apenas os arquivos binários compilados a partir do código-fonte, em vez do próprio código-fonte, os ajudava a atingir esse objetivo, assim como a proteger seu código e suas ideias contra os rivais. Outro problema envolvia materiais protegidos por direitos autorais. Sistemas operacionais e outros programas podem limitar a capacidade de reprodução de filmes e música ou a exibição de livros eletrônicos a computadores autorizados. Essa *proteção contra cópia* ou *gerenciamento de direitos digitais (DRM – Digital Rights Management)* não seria eficaz se o código-fonte que implementava esses limites fosse publicado. Leis de muitos países, inclusive o U.S. Digital Millenium Copyright Act (DMCA), tornam ilegal usar engenharia reversa em código protegido pelo DRM ou tentar burlar a proteção contra cópia.

Para contra-atacar a tentativa de limitar o uso e a redistribuição de software, em 1983, Richard Stallman iniciou o projeto GNU para criar um sistema operacional compatível com o UNIX, livre e de fonte aberta. Em 1985, ele publicou o Manifesto GNU, que argumenta que qualquer software deve ser livre e de fonte aberta. Também formou a *Fundação de Software Livre (FSF – Free Software Foundation)* com o objetivo de encorajar a livre troca de códigos-fonte de softwares e o livre uso desses softwares. Em vez de registrar seu software, a FSF faz o "copyleft" do software para encorajar o compartilhamento e aperfeiçoamento. A *Licença Pública Geral do GNU (GPL – GNU General Public License)* sistematiza o copyleft e é uma licença comum sob a qual softwares livres são distribuídos. Basicamente, a GPL requer que o código-fonte seja distribuído com todos os binários e que qualquer alteração feita nele seja lançada sob a mesma licença GPL.

1.13.2 Linux

Como exemplo de sistema operacional de fonte aberta, considere o *GNU/Linux*. O projeto GNU produziu muitas ferramentas compatíveis com UNIX, inclusive compiladores, editores e utilitários, mas nunca lançou um kernel. Em 1991, um aluno da Finlândia, Linus Torvald, lançou um kernel rudimentar baseado em UNIX usando os compiladores e ferramentas do GNU e solicitou contribuições no mundo todo. O advento da Internet possibilitou que qualquer pessoa interessada baixasse o código-fonte, modificasse-o e enviasse alterações para Torvalds. O lançamento de atualizações uma vez por semana permitiu que o assim chamado sistema operacional Linux crescesse rapidamente, aperfeiçoado por milhares de programadores.

O sistema operacional GNU/Linux resultante gerou centenas de *distribuições* exclusivas, ou construções personalizadas, do sistema. As principais distribuições incluem Red Hat, SUSE, Fedora, Debian, Slackware e Ubuntu. As distribuições variam em função, utilidade, aplicações instaladas, suporte de hardware, interface de usuário e finalidade. Por exemplo, o RedHat Enterprise Linux foi preparado para amplo uso comercial. O PCLinuxOS é um *LiveCD* – um sistema operacional que pode ser inicializado e executar a partir de um CD-ROM sem ser instalado no disco rígido de um sistema. Uma variação do PCLinuxOS, o "PCLinuxOS Supergamer DVD", é um *LiveDVD* que inclui drivers e jogos gráficos. Um jogador pode executá-lo em qualquer sistema compatível simplesmente inicializando-o a partir do DVD. Quando o jogador terminar, uma reinicialização do sistema o reposiciona com o sistema operacional que estava instalado.

O acesso ao código-fonte do Linux varia por distribuição. Aqui, consideramos o Ubuntu Linux. O Ubuntu é uma distribuição popular do Linux que existe em vários tipos, inclusive os adaptados para desktops, servidores e alunos. Seu criador grava e envia gratuitamente os DVDs contendo o código binário e o código-fonte (o que ajuda a torná-lo popular). As etapas a seguir descrevem uma maneira de examinar o código-fonte do kernel do Ubuntu em sistemas que dão suporte à ferramenta gratuita "VMware Player":

- Baixe o player a partir de `http://www.vmware.com/download/player/` e instale-o em seu sistema.
- Baixe uma máquina virtual contendo o Ubuntu. Centenas de "mecanismos", ou imagens de máquina virtual, pré-instalados com sistemas operacionais e aplicações, estão disponíveis na VMware em `http://www.vmware.com/appliances/`.
- Inicialize a máquina virtual dentro do VMware Player.
- Obtenha o código-fonte da distribuição do kernel de interesse, como a 2.6, executando `wget http://www.kernel.org/pub/linux/kernel/v2.6/linux-2.6.18.1.tar.bz2` dentro da máquina virtual do Ubuntu.
- Descomprima e descompacte o arquivo tar baixado usando `tar xjf linux-2.6.18.1.tar.bz2`.
- Examine o código-fonte do kernel do Ubuntu, que agora está em `./linux-2.6.18.1`.

Para obter mais informações sobre o Linux, consulte o Capítulo 15. Para saber mais sobre máquinas virtuais, consulte a Seção 2.8.

1.13.3 BSD UNIX

O *BSD UNIX* tem uma história mais longa e complicada do que o Linux. Ele surgiu em 1978 como um derivado do UNIX da AT&T. Versões da Universidade da Califórnia em Berkeley vinham na forma de código binário e código-fonte, mas não eram de fonte aberta porque era necessário uma licença da AT&T. O desenvolvimento do BSD UNIX foi retardado por uma ação judicial da AT&T, mas uma versão de fonte aberta totalmente funcional, a 4.4BSD-lite, acabou sendo lançada em 1994.

Como ocorre com o Linux, há muitas distribuições do BSD UNIX, que incluem FreeBSD, NetBSD, OpenBSD e o DragonflyBSD. Para examinar o código-fonte do FreeBSD, baixe a imagem da máquina virtual da versão de interesse e inicialize-a dentro do VMware, como descrito anteriormente para o Ubuntu Linux. O código-fonte vem com a distribuição e é armazenado em `/usr/src/`. O código-fonte do kernel fica em `/usr/src/sys`. Por exemplo, para examinar o código de implementação da memória virtual do kernel do FreeBSD, consulte os arquivos existentes em `/usr/src/sys/vm`.

O Darwin, o principal componente do kernel do MAC OS X, foi baseado no BSD UNIX e também é de fonte aberta. O código-fonte está disponível em `http://www.opensource.apple.com/darwinsource/`. Toda versão do MAC OS X tem seus componentes de fonte aberta postados nesse site. O nome do pacote que contém o kernel é "xnu". O código-fonte do kernel do MAC OS X revisão 1228 (o código-

26 Capítulo 1

fonte do MAC OS X Leopard) pode ser encontrado em `www.opensource.apple.com/darwinsource/tarballs/apsl/xnu-1228.tar.gz`. A Apple também fornece várias ferramentas de desenvolvedor, documentação e suporte em `http://connect.apple.com`. Para obter mais informações, consulte o Apêndice A.

1.13.4 Solaris

O *Solaris* é o sistema operacional comercial baseado em UNIX da Sun Microsystems. Originalmente, o sistema operacional *SunOS* da Sun era baseado no BSD UNIX. A Sun migrou para o System V UNIX da AT&T, como sua base, em 1991. Em 2005, a Sun abriu a fonte de parte do código do Solaris e, com o tempo, foi aumentando cada vez mais essa base de código de fonte aberta. Infelizmente, o Solaris não é todo de fonte aberta, porque parte do código ainda é de propriedade da AT&T e outras empresas. No entanto, pode ser compilado a partir da fonte aberta e vinculado a binários dos componentes de fonte fechada, logo, ainda pode ser examinado, modificado, compilado e testado.

O código-fonte está disponível em `http://opensolaris.org/os/downloads/`. Também estão disponíveis distribuições pré-compiladas com base no código-fonte, documentação e grupos de discussão. Não é necessário baixar todo o código-fonte, porque a Sun permite que os visitantes o examinem on-line através de um navegador de código-fonte.

1.13.5 Utilidade

O movimento do software livre está levando legiões de programadores a criar milhares de projetos de fonte aberta, inclusive sistemas operacionais. Sites como `http://freshmeat.net/` e `http://distrowatch.com/` fornecem portais para muitos desses projetos. Os projetos de fonte aberta permitem que os alunos usem o código-fonte como ferramenta de aprendizado. Eles podem modificar programas e testá-los, ajudar a encontrar e corrigir bugs ou, então, examinar sistemas operacionais totalmente desenvolvidos e completos, compiladores, ferramentas, interfaces de usuário e outros tipos de programa. A disponibilidade do código-fonte de projetos históricos, como o Multics, pode ajudar os alunos a entenderem esses projetos e adquirirem conhecimento que os auxiliará na implementação de novos projetos.

O GNU/Linux, o BSD UNIX e o Solaris são todos sistemas operacionais de fonte aberta, mas cada um tem seus próprios objetivos, utilidade, licenciamento e finalidade. Às vezes as licenças não são mutuamente exclusivas e ocorre uma pulverização, permitindo melhorias rápidas nos projetos dos sistemas operacionais. Por exemplo, vários dos componentes principais do Solaris foram transferidos para o BSD UNIX. As vantagens do software livre e da fonte aberta devem aumentar a quantidade e a qualidade de projetos de fonte aberta, levando a um acréscimo no número de pessoas e empresas que usam esses projetos.

1.14 Resumo

Sistema operacional é um software que gerencia o hardware do computador, assim como fornece um ambiente para programas aplicativos serem executados. Talvez o aspecto mais visível de um sistema operacional seja a interface com o sistema de computação que ele fornece para o usuário humano.

Para um computador realizar seu trabalho de execução de programas, os programas devem estar na memória principal. A memória principal é a única área de armazenamento ampla que o processador pode acessar diretamente. Trata-se de um array de palavras ou bytes, variando em tamanho de milhões a bilhões. Cada palavra na memória tem seu próprio endereço. Geralmente, a memória principal é um dispositivo de armazenamento volátil que perde seu conteúdo quando a energia é desligada ou acaba. A maioria dos sistemas de computação fornece a memória secundária como uma extensão da memória principal. A memória secundária fornece um tipo de armazenamento não volátil que pode conter grandes quantidades de dados permanentemente. O dispositivo de memória secundária mais comum é o disco magnético, que fornece armazenamento tanto de programas quanto de dados.

A grande variedade de sistemas de armazenamento em um sistema de computação pode ser organizada em uma hierarquia de acordo com a velocidade e o custo. Os níveis mais altos são caros, mas são velozes. Conforme descemos a hierarquia, geralmente, o custo por bit diminui, enquanto o tempo de acesso aumenta.

Há várias estratégias diferentes para o projeto de um sistema de computação. Sistemas uniprocessadores têm um único processador, enquanto sistemas multiprocessadores contêm dois ou mais processadores que compartilham memória física e dispositivos periféricos. O projeto multiprocessador mais comum é o multiprocessamento simétrico (ou SMP), em que todos os processadores são considerados pares e operam independentemente uns dos outros. Sistemas agrupados são um tipo especializado de sistemas multiprocessadores e são compostos por vários sistemas de computação conectados por uma rede local.

Para utilizar melhor a CPU, os sistemas operacionais modernos empregam a multiprogramação, que permite que vários jobs residam na memória ao mesmo tempo, assegurando assim que a CPU sempre tenha um job para executar. Os sistemas de compartilhamento de tempo são uma extensão da multiprogramação em que algoritmos de scheduling da CPU se alternam rapidamente entre os jobs, dando a impressão de que todos os jobs estão sendo executados concorrentemente.

O sistema operacional deve assegurar a operação correta do sistema de computação. Para impedir que programas de usuário interfiram na operação apropriada do sistema, o hardware tem duas modalidades: modalidade de usuário e modalidade de kernel. Várias instruções (como as instruções de I/O e de interrupção) são privilegiadas e só podem ser executadas em modalidade de kernel. A memória em que o sistema operacional reside também deve ser protegida de modificações feitas pelo usuário. Um timer impede loops infinitos. Esses recursos (modalidade dual, instruções privilegiadas, proteção da memória e interrupção por timer) são blocos de construção básicos usados pelos sistemas operacionais para alcançarem a operação correta.

Um processo (ou job) é a unidade básica de trabalho em um sistema operacional. O gerenciamento de processos inclui a criação e exclusão de processos e o fornecimento de mecanismos para a comunicação e sincronização entre os processos. O sistema operacional gerencia a memória controlando que partes dela estão sendo usadas e por quem. Além disso, o sistema operacional é responsável pela alocação e liberação dinâmica de espaço na memória. O espaço de armazenamento também é gerenciado pelo sistema operacional; isso inclui o fornecimento de sistemas de arquivos para a representação de arquivos e diretórios e o gerenciamento de espaço em dispositivos de armazenamento de massa.

Os sistemas operacionais também devem se preocupar com a proteção e segurança dos usuários e do próprio sistema. As medidas de proteção são mecanismos que controlam o acesso de processos ou usuários aos recursos disponibilizados pelo sistema de computação. As medidas de segurança são responsáveis pela defesa de um sistema de computação contra ataques externos ou internos.

Sistemas distribuídos permitem que os usuários compartilhem recursos em hosts geograficamente dispersos conectados em uma rede de computadores. Serviços podem ser fornecidos através do modelo cliente-servidor ou do modelo entre pares. Em um sistema agrupado, várias máquinas podem executar operações com os dados que residem na memória compartilhada e o processamento pode continuar até mesmo quando algum subconjunto de membros do agrupamento falha.

As LANs e WANs são os dois tipos básicos de redes. As LANs permitem que processadores distribuídos em uma pequena área geográfica se comuniquem, enquanto as WANs permitem que processadores distribuídos em uma área maior se comuniquem. Normalmente, as LANs são mais velozes do que as WANs.

Há vários sistemas de computação que servem a finalidades específicas. Entre eles estão os sistemas operacionais de tempo real projetados para ambientes embutidos como os de aparelhos domésticos, automóveis e robôs. Os sistemas operacionais de tempo real têm restrições de tempo fixo bem definidas. O processamento *deve* ser executado dentro das restrições definidas ou o sistema falhará. Os sistemas multimídia envolvem a distribuição de dados multimídia e geralmente têm requisitos especiais de exibição ou reprodução de áudio, vídeo ou fluxos sincronizados de áudio e vídeo.

Recentemente, a influência da Internet e da World Wide Web encorajou o desenvolvimento de sistemas operacionais que incluem navegadores da Web e softwares de conexão de rede e de comunicação como recursos integrantes.

O movimento do software livre criou milhares de projetos de fonte aberta, inclusive sistemas operacionais. Graças a esses projetos, os alunos podem usar o código-fonte como ferramenta de aprendizado. Podem modificar programas e testá-los, ajudar a encontrar e corrigir bugs ou, então, examinar sistemas operacionais totalmente desenvolvidos e completos, compiladores, ferramentas, interfaces de usuário e outros tipos de programas.

O GNU/Linux, o BSD UNIX e o Solaris são sistemas operacionais de fonte aberta. As vantagens do software livre e da fonte aberta devem aumentar a quantidade e a qualidade de projetos de fonte aberta, levando a um acréscimo no número de pessoas e empresas que usam esses projetos.

Exercícios Práticos

1.1 Quais são as três finalidades principais de um sistema operacional?

1.2 Quais são as principais diferenças entre os sistemas operacionais de computadores mainframe e de computadores pessoais?

1.3 Liste as quatro etapas necessárias para a execução de um programa em uma máquina totalmente dedicada – um computador que estiver executando apenas esse programa.

1.4 Enfatizamos a necessidade de um sistema operacional usar eficientemente o hardware do computador. Quando é apropriado que o sistema operacional ignore esse princípio e "desperdice" recursos? Por que um sistema assim não está na verdade sendo ineficiente?

1.5 Qual é a principal dificuldade que um programador deve superar ao criar um sistema operacional para um ambiente de tempo real?

1.6 Considere as diversas definições de *sistema operacional*. Considere se o sistema operacional deve incluir aplicações como navegadores da Web e programas de e-mail. Defenda tanto que ele deve quanto que ele não deve fazer isso e fundamente suas respostas.

1.7 Como a diferença entre a modalidade de kernel e a modalidade de usuário funciona como um tipo rudimentar de sistema de proteção (segurança)?

1.8 Quais das instruções a seguir devem ser privilegiadas?

  a. Posicionar o valor do timer.

  b. Ler o relógio.

  c. Limpar a memória.

  d. Emitir uma instrução de exceção.

  e. Desativar interrupções.

  f. Modificar entradas na tabela de status de dispositivos.

  g. Passar do modo de usuário para o de kernel.

  h. Acessar dispositivo de I/O.

1.9 Alguns computadores antigos protegiam o sistema operacional inserindo-o em uma partição da memória que não podia ser modificada pelo job do usuário ou pelo próprio sistema operacional. Descreva duas dificuldades que você acha que poderiam surgir nesse esquema.

1.10 Algumas CPUs fornecem mais de duas modalidades de operação. Cite dois usos possíveis para essas múltiplas modalidades.

1.11 Os timers podem ser usados para computar a hora corrente. Forneça uma breve descrição de como isso pode ser feito.

1.12 A Internet é uma LAN ou WAN?

Exercícios

1.13 Em um ambiente de multiprogramação e compartilhamento de tempo, vários usuários compartilham o sistema simultaneamente. Essa situação pode resultar em diversos problemas de segurança.
   a. Cite dois desses problemas.
   b. Podemos assegurar o mesmo nível de segurança de uma máquina dedicada em uma máquina de compartilhamento de tempo? Explique sua resposta.

1.14 A questão da utilização de recursos assume formas distintas em diferentes tipos de sistemas operacionais. Liste os recursos que devem ser gerenciados cuidadosamente nas configurações a seguir:
   a. Sistemas mainframe ou de minicomputador
   b. Estações de trabalho conectadas a servidores
   c. Computadores de mão

1.15 Em que circunstâncias seria melhor para o usuário usar um sistema de compartilhamento de tempo em vez de um PC ou uma estação de trabalho monousuário?

1.16 Identifique qual das funcionalidades listadas a seguir tem de ter suporte no sistema operacional de (a) dispositivos de mão e (b) sistemas de tempo real.
   a. Programação batch
   b. Memória virtual
   c. Compartilhamento de tempo

1.17 Descreva as diferenças entre multiprocessamento simétrico e assimétrico. Cite três vantagens e uma desvantagem de sistemas multiprocessadores.

1.18 Em que os sistemas agrupados diferem de sistemas multiprocessadores? O que é necessário para duas máquinas pertencentes a um agrupamento cooperarem para fornecer um serviço de alta disponibilidade?

1.19 Qual a diferença entre os modelos de sistemas distribuídos cliente-servidor e entre pares?

1.20 Considere um agrupamento de computadores composto por dois nós executando um banco de dados. Descreva duas maneiras pelas quais o software de agrupamento possa gerenciar o acesso aos dados no disco. Discuta as vantagens e desvantagens de cada uma.

1.21 Em que os computadores em rede são diferentes dos computadores pessoais tradicionais? Descreva alguns cenários de uso em que é vantajoso usar computadores em rede.

1.22 Qual é a finalidade das interrupções? Quais são as diferenças entre uma exceção e uma interrupção? As exceções podem ser geradas intencionalmente por um programa de usuário? Caso possam, com que finalidade?

1.23 O acesso direto à memória é usado por dispositivos de I/O de alta velocidade para impedir o aumento da carga de execução da CPU.
   a. Como a CPU interage com o dispositivo para coordenar a transferência?
   b. Como a CPU sabe quando as operações da memória estão concluídas?
   c. A CPU pode executar outros programas enquanto o controlador de DMA está transferindo dados. Esse processo interfere na execução dos programas de usuário? Caso interfira, quais são os tipos de interferência gerados?

1.24 Alguns sistemas de computação não fornecem um modo privilegiado de operação em hardware. É possível construir um sistema operacional seguro para esses sistemas de computação? Dê argumentos para defender e para refutar essa possibilidade.

1.25 Cite duas razões que ilustrem porque os caches são úteis. Que problemas eles resolvem? Que problemas eles causam? Se um cache puder ser tão amplo quanto o dispositivo para o qual está armazenando (por exemplo, um cache com o mesmo espaço de um disco), por que não dar a ele esse espaço e eliminar o dispositivo?

1.26 Considere um sistema SMP semelhante ao que é mostrado na Figura 1.6. Ilustre com um exemplo como os dados que residem na memória poderiam ter dois valores diferentes em cada um dos caches locais.

1.27 Discuta, com exemplos, como o problema de manter a coerência dos dados armazenados em cache se manifesta nos ambientes de processamento a seguir:
   a. Sistemas com um único processador
   b. Sistemas multiprocessadores
   c. Sistemas distribuídos

1.28 Descreva um mecanismo que garanta a proteção da memória impedindo que um programa modifique a memória associada a outros programas.

1.29 Que configuração de rede atenderia melhor os ambientes a seguir:
   a. Um albergue
   b. Um campus universitário
   c. Um estado
   d. Uma nação

1.30 Defina as propriedades essenciais dos tipos de sistemas operacionais a seguir:
   a. Batch
   b. Interativo

c. De compartilhamento de tempo
d. De tempo real
e. De rede
f. Paralelo
g. Distribuído
h. Agrupado
i. De mão

1.31 Quais são as desvantagens próprias dos computadores de mão?

1.32 Identifique várias vantagens e desvantagens dos sistemas operacionais de fonte aberta. Inclua os tipos de usuários que considerariam cada aspecto uma vantagem ou desvantagem.

Notas Bibliográficas

Brookshear [2003] fornece uma visão geral da ciência da computação.

Uma visão geral do sistema operacional Linux é apresentada em Bovet e Cesati [2006]. Solomon e Russinovich [2000] fornecem uma visão geral do Microsoft Windows e detalhes técnicos consideráveis sobre os mecanismos internos e componentes do sistema. Russinovich e Solomon [2009] atualizam essas informações para o WinSEVEN. McDougall e Mauro [2007] abordam os mecanismos internos do sistema operacional Solaris. O Mac OS X é apresentado em http://www.apple.com/macosx. Os mecanismos internos do Mac OS X são discutidos em Singh [2007].

A abordagem dos sistemas entre pares é encontrada em Parameswaran et al. [2001], Gong [2002], Ripeanu et al. [2002], Agre [2003], Balakrishnan et al. [2003] e Loo [2003]. Uma discussão dos sistemas de compartilhamento de arquivos entre pares pode ser encontrada em Lee [2003]. Uma boa abordagem da computação agrupada é fornecida por Buyya [1999]. Avanços recentes na computação agrupada são descritos por Ahmed [2000]. Uma pesquisa sobre questões relacionadas ao suporte dado pelos sistemas operacionais a sistemas distribuídos pode ser encontrada em Tanenbaum e Van Renesse [1985].

Muitos livros de conteúdo geral abordam sistemas operacionais, inclusive os de Stallings [2000b], Nutt [2004] e Tanenbaum [2001].

Hamacher et al. [2002] descrevem a organização dos computadores e McDougall e Laudon [2006] discutem os processadores multicore. Hennessy e Patterson [2007] fornecem uma abordagem dos sistemas e buses de I/O e da arquitetura dos sistemas em geral. Blaauw e Brooks [1997] descrevem detalhes da arquitetura de muitos sistemas de computação, inclusive vários da IBM. Stokes [2007] fornece uma introdução ilustrada dos microprocessadores e da arquitetura dos computadores.

Memórias cache, inclusive a memória associativa, são descritas e analisadas por Smith [1982]. Esse artigo também inclui uma extensa bibliografia sobre o assunto.

Discussões relacionadas à tecnologia de discos magnéticos são apresentadas por Freedman [1983] e por Harker et al. [1981]. Os discos óticos são abordados por Kenville [1982], Fujitani [1984], O'Leary e Kitts [1985], Gait [1988] e Olsen e Kenley [1989]. Discussões sobre disquetes são oferecidas por Pechura e Schoeffler [1983] e por Sarisky [1983]. Discussões gerais relacionadas à tecnologia de armazenamento de massa são oferecidas por Chi [1982] e por Hoagland [1985].

Kurose e Ross [2005] e Tanenbaum [2003] fornecem visões gerais de redes de computadores. Fortier [1989] apresenta uma discussão detalhada sobre hardware e software de rede. Kozierok [2005] discute o TCP detalhadamente. Mullender [1993] fornece uma visão geral de sistemas distribuídos. Wolf [2003] discute avanços recentes no desenvolvimento de sistemas embutidos. Questões relacionadas a dispositivos de mão podem ser encontradas em Myers e Beigl [2003] e Di Pietro e Mancini [2003].

Uma discussão completa da história da fonte aberta e seus benefícios e desafios é encontrada em Raymond [1999]. A história da atividade de hacking é discutida em Levy [1994]. A Fundação de Software Livre publicou sua filosofia em seu site da Web: http://www.gnu.org/philosophy/free-software-for-freedom.html. Instruções detalhadas sobre como construir o kernel do Ubuntu Linux se encontram em http://www.howtoforge.com/kernel_compilation_ubuntu. Os componentes de fonte aberta do MAC OS X estão disponíveis em http://developer.apple.com/open-source/index.html.

A Wikipedia (http://en.wikipedia.org/wiki/Richard_Stallman) tem uma entrada informativa sobre Richard Stallman.

O código-fonte do Multics está disponível em http://web.mit.edu/multics-history/source/Multics_Internet_Server/Multics_sources.html.

Estruturas do Sistema Operacional

CAPÍTULO 2

O sistema operacional fornece o ambiente dentro do qual programas são executados. Internamente, os sistemas operacionais variam muito em sua composição, já que estão organizados em muitas linhas diferentes. O projeto de um novo sistema operacional é uma tarefa de peso. É importante que os objetivos do sistema sejam bem definidos antes de o projeto começar. Esses objetivos formam a base das escolhas feitas entre vários algoritmos e estratégias.

Podemos considerar um sistema operacional a partir de vários pontos de vista. Um deles enfoca os serviços que o sistema fornece; outro, a interface que ele torna disponível para usuários e programadores; e um terceiro enfoca seus componentes e suas interconexões. Neste capítulo, examinamos todos os três aspectos dos sistemas operacionais, mostrando os pontos de vista de usuários, programadores e projetistas dos sistemas. Consideramos os serviços que um sistema operacional fornece, como eles são fornecidos, como são depurados e que metodologias existem para o projeto desses sistemas. Para concluir, descrevemos como os sistemas operacionais são criados e como um computador inicia seu sistema operacional.

OBJETIVOS DO CAPÍTULO

- Descrever os serviços que um sistema operacional fornece para usuários, processos e outros sistemas.
- Discutir as diversas maneiras de estruturar um sistema operacional.
- Explicar como os sistemas operacionais são instalados e personalizados e como são inicializados.

2.1 Serviços do Sistema Operacional

Um sistema operacional fornece um ambiente para a execução de programas. Ele fornece certos serviços para programas e para os usuários desses programas. É claro que os serviços específicos fornecidos diferem de um sistema operacional para outro, mas podemos identificar classes comuns. Esses serviços do sistema operacional são fornecidos visando a conveniência do programador, para tornar mais fácil a tarefa de programar. A Figura 2.1 mostra uma representação dos diversos serviços do sistema operacional e como estão relacionados.

Um conjunto de serviços do sistema operacional fornece funções que são úteis para o usuário:

- **Interface de usuário.** Quase todos os sistemas operacionais têm uma *interface de usuário* (*UI – user interface*). Essa interface pode assumir várias formas, como a *interface de linha de comando* (*CLI – command-line interface*), que usa comandos de texto e um método para sua inserção (por exemplo, um programa para permitir a inserção e edição de comandos). Ou a *interface batch*, em que os comandos e suas diretivas de controle são inseridos em arquivos e esses arquivos são executados. O mais comum é o uso de uma *interface gráfica de usuário* (*GUI – graphical user interface*). Nesse caso, a interface é um sistema de

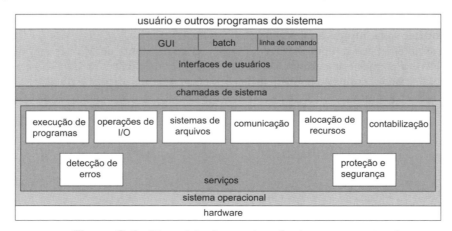

Figura 2.1 Uma visão dos serviços do sistema operacional.

janelas com um dispositivo que aponta para o direcionamento de I/O, a seleção de menus com escolha de opções, e um teclado para inserção de texto. Alguns sistemas fornecem duas dessas variações ou todas as três.

- **Execução de programas.** O sistema deve ser capaz de carregar um programa na memória e executá-lo. O programa tem que poder encerrar sua execução, normal ou anormalmente (indicando erro).
- **Operações de I/O.** Um programa em execução pode precisar de operações de I/O e isso pode envolver um arquivo ou um dispositivo de I/O. Para dispositivos específicos, funções especiais podem ser desejáveis (como a gravação em um drive de CD ou DVD ou a limpeza de uma tela). Por eficiência e proteção, geralmente os usuários não podem controlar os dispositivos de I/O diretamente. Portanto, o sistema operacional deve fornecer um meio de execução de operações de I/O.
- **Manipulação do sistema de arquivos.** O sistema de arquivos é de especial interesse. É claro que os programas têm que ler e gravar arquivos e diretórios. Eles também têm que criá-los e excluí-los pelo nome, procurar um arquivo específico e listar informações de arquivos. Além disso, alguns programas incluem o gerenciamento de permissões para permitir ou negar acesso a arquivos ou diretórios com base na propriedade dos arquivos. Muitos sistemas operacionais fornecem vários sistemas de arquivos, em algumas situações para permitir a escolha pessoal e, em outras, para fornecer recursos específicos ou características de desempenho.
- **Comunicações.** Há muitas situações em que um processo tem que trocar informações com outro processo. Essa comunicação pode ocorrer entre processos que estão sendo executados no mesmo computador ou entre processos sendo executados em sistemas de computação diferentes conectados por uma rede de computadores. As comunicações podem ser implementadas através de *memória compartilhada* ou da *troca de mensagens*, em que pacotes de informações são transmitidos entre processos pelo sistema operacional.
- **Detecção de erros.** O sistema operacional tem que estar sempre atento a possíveis erros. Os erros podem ocorrer no hardware da CPU e da memória (como um erro de memória ou falta de energia), em dispositivos de I/O (como um erro de paridade em fita, uma falha na conexão de rede ou a falta de papel na impressora) e no programa do usuário (como um overflow aritmético, uma tentativa de acessar uma locação inválida na memória ou o uso excessivo de tempo da CPU). Para cada tipo de erro, o sistema operacional deve tomar a medida apropriada que assegure o processamento correto e consistente. É claro que há variações em como os sistemas operacionais rea-

gem a erros e os corrigem. Recursos de depuração podem melhorar muito as possibilidades de o usuário e o programador usarem o sistema eficientemente.

Existe outro conjunto de funções do sistema operacional cujo objetivo não é ajudar o usuário e, sim, assegurar a operação eficiente do próprio sistema. Sistemas com vários usuários podem ganhar eficiência compartilhando os recursos do computador entre eles.

- **Alocação de recursos.** Quando há vários usuários ou vários jobs ativos ao mesmo tempo, é necessário alocar recursos para cada um deles. Muitos tipos diferentes de recursos são gerenciados pelo sistema operacional. Alguns (como os ciclos da CPU, a memória principal e o armazenamento em arquivos) podem ter um código de alocação especial, enquanto outros (como os dispositivos de I/O) podem ter um código muito mais genérico de solicitação e liberação. Por exemplo, na determinação da melhor maneira de usar a CPU, os sistemas operacionais têm rotinas de scheduling que levam em consideração a velocidade da CPU, os jobs que devem ser executados, a quantidade de registradores disponíveis e outros fatores. Também podem existir rotinas de alocação de impressoras, modems, drives de armazenamento USB e outros dispositivos periféricos.
- **Contabilização.** Queremos controlar quais usuários utilizam que quantidade e que tipos de recursos do computador. Essa monitoração pode ser usada a título de responsabilização (para que os usuários possam ser cobrados) ou simplesmente para acumulação de estatísticas de uso. As estatísticas de uso podem ser uma ferramenta valiosa para pesquisadores que queiram reconfigurar o sistema para melhorar os serviços de computação.
- **Proteção e segurança.** Os proprietários de informações armazenadas em um sistema de computação multiusuário ou em rede podem querer controlar o uso dessas informações. Quando vários processos separados são executados concorrentemente, um processo não pode interferir na operação dos outros ou do próprio sistema operacional. Proteção significa garantir que qualquer acesso a recursos do sistema seja controlado. A segurança do sistema contra invasores também é importante; começa com a exigência de que cada usuário se autentique junto ao sistema, geralmente por meio de uma senha, para ganhar acesso aos recursos do sistema. Ela se estende à defesa de dispositivos externos de I/O, incluindo modems e adaptadores de rede, contra tentativas de acesso ilegal e à gravação de todas essas conexões para a detecção de invasões. Para um sistema estar protegido e seguro, precauções devem ser tomadas em toda a sua extensão. A força de uma corrente se mede pelo elo mais fraco.

2.2 Interface entre o Usuário e o Sistema Operacional

Mencionamos anteriormente que há várias maneiras para os usuários se comunicarem com o sistema operacional. Aqui, discutimos duas abordagens básicas. Uma delas fornece uma interface de linha de comando, ou *interpretador de comandos*, que permite que os usuários insiram diretamente os comandos a serem executados pelo sistema ope-

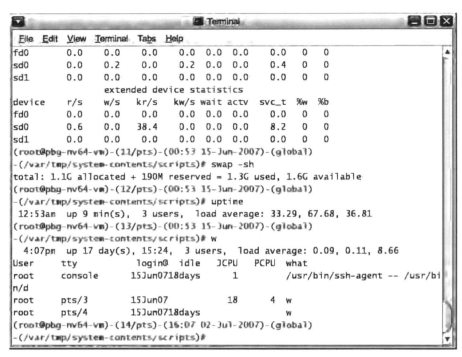

Figura 2.2 O interpretador de comandos do shell Bourne no Solaris 10.

racional. A outra permite que os usuários se comuniquem com o sistema operacional por meio de uma interface gráfica de usuário, ou GUI.

2.2.1 Interpretador de Comandos

Alguns sistemas operacionais incluem o interpretador de comandos no kernel. Outros, como o Windows e o UNIX, tratam o interpretador de comandos como um programa especial que é executado quando um job é iniciado ou quando um usuário faz logon pela primeira vez (em sistemas interativos). Em sistemas em que é possível escolher entre vários interpretadores de comandos, os interpretadores são conhecidos como **shells**. Por exemplo, em sistemas UNIX e Linux, um usuário pode escolher entre vários shells diferentes, inclusive o *shell Bourne, shell C, shell Bourne-Again, shell Korn* e outros. Shells de terceiros e shells gratuitos criados por usuários também estão disponíveis. A maioria dos shells fornece funcionalidade semelhante e, geralmente, a escolha que o usuário faz do shell a ser usado se baseia na preferência pessoal. A Figura 2.2 mostra o interpretador de comandos do shell Bourne sendo usado no Solaris 10.

A principal função do interpretador de comandos é capturar e executar o próximo comando especificado pelo usuário. Muitos dos comandos fornecidos nesse nível manipulam arquivos: *criar, excluir, listar, imprimir, copiar, executar* e assim por diante. Os shells do MS-DOS e do UNIX operam dessa forma. Esses comandos podem ser implementados de duas maneiras básicas.

Em uma abordagem, o próprio interpretador de comandos contém o código que executa o comando. Por exemplo, um comando que exclui um arquivo pode fazer o interpretador de comandos saltar para uma seção de seu código que configura os parâmetros e faz a chamada de sistema apropriada. Nesse caso, a quantidade de comandos que pode ser fornecida determina o tamanho do interpretador de comandos, já que cada comando requer seu próprio código de implementação.

Uma abordagem alternativa – usada pelo UNIX, entre outros sistemas operacionais – implementa a maioria dos comandos através de programas do sistema. Nesse caso, o interpretador de comandos definitivamente não entende o comando; ele simplesmente usa o comando para identificar um arquivo a ser carregado na memória e executado. Portanto, o comando UNIX de exclusão de um arquivo

```
rm file.txt
```

procuraria um arquivo chamado `rm`, carregaria o arquivo na memória e o executaria com o parâmetro `file.txt`. A função associada ao comando `rm` seria totalmente definida pelo código existente no arquivo `rm`. Dessa forma, os programadores podem adicionar facilmente novos comandos ao sistema, criando novos arquivos com os nomes apropriados. O programa interpretador de comandos, que pode ser pequeno, não tem que ser alterado para novos comandos serem adicionados.

2.2.2 Interfaces Gráficas de Usuário

Uma segunda estratégia de comunicação com o sistema operacional é através de uma interface gráfica de usuário amigável, ou GUI. Aqui, em vez de inserir comandos diretamente em uma interface de linha de comando, os usuários empregam um sistema de janelas e menus com base no uso do mouse e caracterizado por uma simulação de **área de trabalho**. O usuário move o mouse para posicionar o ponteiro em imagens, ou **ícones**, na tela (a área de trabalho) que representam programas, arquivos, diretórios e funções do sistema. Dependendo do local em que estiver o ponteiro do mouse, um clique em um de seus

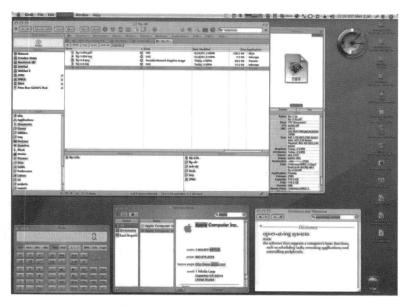

Figura 2.3 A GUI do Mac OS X.

botões pode chamar um programa, selecionar um arquivo ou diretório – conhecido como **pasta** – ou abrir um menu contendo comandos.

As interfaces gráficas de usuário surgiram em parte devido a pesquisas que ocorreram no início dos anos 1970 no centro de pesquisas Xerox PARC. A primeira GUI surgiu no computador Xerox Alto em 1973. No entanto, as interfaces gráficas se tornaram mais populares com o advento dos computadores Apple Macintosh nos anos 1980. A interface de usuário do sistema operacional Macintosh (Mac OS) sofreu várias alterações com o passar dos anos, sendo a mais significativa a adoção da interface *Aqua* que surgiu com o Mac OS X. A primeira versão da Microsoft para o Windows – Versão 1.0 – baseava-se na adição de uma interface GUI ao sistema operacional MS-DOS. Versões posteriores do Windows forneceram alterações superficiais na aparência da GUI além de várias melhorias em sua funcionalidade que incluem o Windows Explorer.

Tradicionalmente, os sistemas UNIX têm sido controlados por interfaces de linha de comando. Várias interfaces GUIs estão disponíveis, inclusive os sistemas Common Desktop Environment (CDE) e X-Windows, que são comuns em versões comerciais do UNIX, como o Solaris e o sistema AIX da IBM. Além disso, houve desenvolvimentos significativos na aparência das GUIs de vários projetos de **fonte aberta**, como o *K Desktop Environment* (ou *KDE*) e a área de trabalho do *GNOME* do projeto GNU. As áreas de trabalho do KDE e do GNOME são executadas no Linux e em vários sistemas UNIX

e estão disponíveis sob licenças de fonte aberta, o que significa que seu código-fonte pode ser lido e modificado conforme os termos específicos da licença.

A escolha entre usar uma interface de linha de comando ou uma GUI depende em grande parte de preferências pessoais. Como regra geral, muitos usuários do UNIX preferem interfaces de linha de comando, já que, com frequência, elas fornecem poderosas interfaces de shell. Por outro lado, a maioria dos usuários do Windows gosta de usar o ambiente de GUI do sistema e quase nunca usa a interface de shell do MS-DOS. As diversas alterações pelas quais passaram os sistemas operacionais Macintosh também fornecem um estudo interessante. Historicamente, o Mac OS não fornecia uma interface de linha de comando, sempre demandando que seus usuários se comunicassem com o sistema operacional usando sua GUI. No entanto, com o lançamento do Mac OS X (que é em parte implementado com o uso de um kernel UNIX), agora o sistema operacional fornece tanto a nova interface Aqua quanto uma interface de linha de comando. A Figura 2.3 mostra uma tela da GUI do Mac OS X.

A interface de usuário pode variar de um sistema para outro e até mesmo de usuário para usuário em um sistema. Ela costuma ser removida substancialmente da estrutura do sistema. Portanto, o projeto de uma interface de usuário útil e amigável não depende diretamente do sistema operacional. Neste livro, estamos nos concentrando nos problemas básicos do fornecimento de serviço adequado para programas de usuário. Do ponto de vista do sistema operacional, não fazemos a distinção entre programas de usuário e programas do sistema.

2.3 Chamadas de Sistema

As chamadas de sistema fornecem uma interface com os serviços disponibilizados por um sistema operacional. Geralmente, essas chamadas estão disponíveis como rotinas escritas em C e C++, embora certas tarefas de baixo nível (por exemplo, tarefas em que o hardware deve ser acessado diretamente) podem ter que ser escritas com o uso de instruções em linguagem de montagem (assembly).

Antes de discutirmos como um sistema operacional torna as chamadas de sistema disponíveis, veja um exemplo para ilustrar como elas são usadas: a criação de um programa simples para a leitura de dados em um arquivo e sua cópia em outro arquivo. A primeira entrada de que o programa precisará são os nomes dos dois arquivos: o arquivo de entrada e o arquivo de saída. Esses nomes podem ser especificados de muitas formas, dependendo do projeto do sistema operacional. Uma abordagem é aquela em que o programa solicita ao usuário os nomes dos dois arquivos. Em um sistema interativo, essa abordagem demandará uma sequência de chamadas de sistema, primeiro para exibir uma mensagem de solicitação na tela e, em seguida, para ler a partir do teclado os caracteres que definem os dois arquivos. Em sistemas baseados em ícones e no mouse, geralmente é exibido um menu de nomes de arquivos em uma janela. O usuário pode então usar o mouse para selecionar o nome do arquivo de origem e uma janela pode ser aberta para o nome do arquivo de destino ser especificado. Essa sequência requer muitas chamadas de sistema para operações de I/O.

Uma vez que os dois nomes de arquivo sejam obtidos, o programa deve abrir o arquivo de entrada e criar o arquivo de saída. Cada uma dessas operações requer outra chamada de sistema. Também há condições de erro que podem ocorrer para cada operação. Quando o programa tentar abrir o arquivo de entrada, pode descobrir que não há arquivo com esse nome ou que o arquivo está protegido contra acesso. Nesses casos, o programa deve exibir uma mensagem no console (outra sequência de chamadas de sistema) e então terminar anormalmente (outra chamada de sistema). Se o arquivo de entrada existir, devemos criar um novo arquivo de saída. Podemos descobrir que já existe um arquivo de saída com o mesmo nome. Essa situação pode fazer o programa abortar (uma chamada de sistema) ou podemos excluir o arquivo existente (outra chamada de sistema) e criar um novo (mais uma chamada de sistema). Outra opção, em um sistema interativo, é perguntar ao usuário (através de uma sequência de chamadas de sistema de exibição da mensagem de solicitação e de leitura da resposta no terminal) se deseja substituir o arquivo existente ou abortar o programa.

Agora que os dois arquivos foram definidos, entramos em um loop que lê o arquivo de entrada (uma chamada de sistema) e grava no arquivo de saída (outra chamada de sistema). Cada operação de leitura e gravação deve retornar informações de status referentes a várias condições de erro possíveis. Na entrada, o programa pode entender que o fim do arquivo foi alcançado ou que houve uma falha de hardware na leitura (como um erro de paridade). A operação de gravação pode encontrar vários erros, dependendo do dispositivo de saída (não há mais espaço em disco, a impressora está sem papel e assim por diante).

Para concluir, após o arquivo inteiro ser copiado, o programa pode fechar os dois arquivos (outra chamada de sistema), exibir uma mensagem no console ou janela (mais chamadas de sistema) e, por fim, terminar normalmente (a última chamada de sistema). Como podemos ver, até mesmo programas simples podem usar bastante o sistema operacional. Geralmente, os sistemas executam milhares de chamadas de sistema por segundo. Essa sequência de chamadas de sistema é mostrada na Figura 2.4.

No entanto, a maioria dos programadores nunca vê esse nível de detalhe. Normalmente, os desenvolvedores de aplicações projetam programas de acordo com uma **interface de programação de aplicações** (**API** – *application programming interface*). A API especifica um conjunto de funções que estão disponíveis para o programador de aplicações, inclusive os parâmetros que são passados para cada função e os valores de retorno que o programador pode esperar. As três APIs mais comuns disponíveis para programadores de aplicações são a API Win32 para sistemas Windows, a API POSIX para sistemas baseados em POSIX (que incluem praticamente todas as versões do UNIX, Linux e Mac OS X) e a API Java para o projeto de programas que são executados na máquina virtual Java. Lembre-se de que – exceto se especificado – os nomes das chamadas de sistema usados em todo este texto são exemplos genéricos. Cada sistema operacional tem seu próprio nome para cada chamada de sistema.

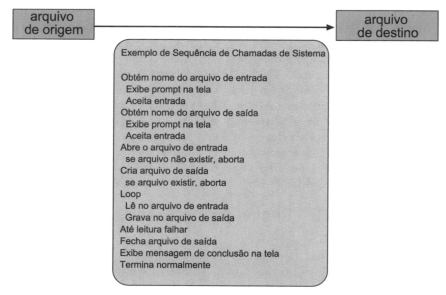

Figura 2.4 Exemplo de como as chamadas de sistema são usadas.

EXEMPLO DE API PADRÃO

Como exemplo de uma API padrão, considere a função `ReadFile()` da API Win32 – uma função para a leitura de um arquivo. A API dessa função aparece na Figura 2.5.

A seguir temos uma descrição dos parâmetros passados para `ReadFile()`:

- HANDLE file – o arquivo a ser lido
- LPVOID buffer – buffer onde os dados serão lidos e de onde serão gravados
- DWORD bytesToRead – a quantidade de bytes a ser lida no buffer
- LPDWORD bytesRead – a quantidade de bytes lida durante a última leitura
- LPOVERLAPPED ovl – indica se o I/O sobreposto está sendo usado

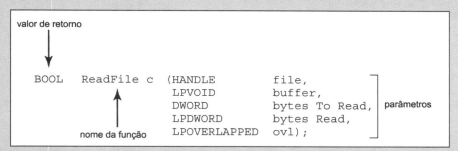

Figura 2.5 A API da função `ReadFile()`.

Em segundo plano, normalmente as funções que compõem uma API invocam as chamadas de sistema reais em nome do programador da aplicação. Por exemplo, a função `CreateProcess()` do Win32 (que, por acaso, é usada na criação de um novo processo) na verdade invoca a chamada de sistema `NTCreateProcess()` no kernel do Windows. Por que um programador de aplicações iria preferir programar de acordo com uma API em vez de invocar as chamadas de sistema reais? Há várias razões para se fazer isso. Um benefício de programar de acordo com uma API está relacionado à portabilidade do programa: quando um programador de aplicações projeta um programa usando uma API, ele pode esperar que seu programa seja compilado e executado em qualquer sistema que dê suporte à mesma API (embora, na verdade, diferenças na arquitetura geralmente tornem isso mais difícil do que parece). Além do mais, as chamadas de sistema reais costumam ser mais detalhadas e difíceis de manipular do que a API disponível para um programador de aplicações. De qualquer forma, sempre há uma forte relação entre uma função da API e a chamada de sistema associada a ela dentro do kernel. Na verdade, muitas das APIs POSIX e Win32 são semelhantes às chamadas de sistema nativas fornecidas pelos sistemas operacionais UNIX, Linux e Windows.

O sistema de suporte de tempo de execução (um conjunto de funções que faz parte das bibliotecas incluídas com o compilador) da maioria das linguagens de programação fornece uma **interface de chamadas de sistema** que serve como uma ponte para as chamadas de sistema disponibilizadas pelo sistema operacional. A interface de chamadas de sistema intercepta as chamadas de função da API e invoca as chamadas de sistema necessárias dentro do sistema operacional. Normalmente, um número é associado a cada chamada de sistema e a interface de chamadas de sistema mantém uma tabela indexada de acordo com esses números. A interface de chamadas de sistema invoca então a chamada de sistema desejada no kernel do sistema operacional e retorna o status da chamada e quaisquer valores de retorno associados.

O chamador não precisa saber coisa alguma sobre como a chamada de sistema é implementada ou o que ela faz durante a execução. Em vez disso, ele só tem que seguir a API e saber o que o sistema operacional fará como resultado da execução dessa chamada de sistema. Portanto, a maioria dos detalhes da interface do sistema operacional é oculta do programador pela API e gerenciada pela biblioteca de suporte de tempo de execução. O relacionamento entre uma API, a interface de chamadas de sistema e o sistema operacional é mostrado na Figura 2.6, que ilustra como o sistema operacional manipula uma aplicação de usuário invocando a chamada de sistema `open()`.

As chamadas de sistema ocorrem de diferentes maneiras, dependendo do computador que estiver sendo usado. Geralmente, são necessárias mais informações do que simplesmente a identidade da chamada de sistema desejada. A quantidade e o tipo exatos das informações variam de acordo com a chamada e o sistema operacional específicos. Por exemplo, para obter entradas, podemos ter que especificar o arquivo ou dispositivo a ser usado como origem, assim como o endereço e o tamanho do buffer de memória em que a entrada deve ser lida. É claro que o dispositivo ou arquivo e o tamanho podem estar implícitos na chamada.

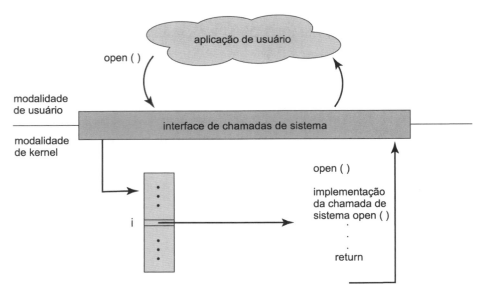

Figura 2.6 A manipulação de uma aplicação de usuário que invoca a chamada de sistema `open()`.

Três métodos gerais são usados na passagem de parâmetros para o sistema operacional. A abordagem mais simples é a passagem dos parâmetros em *registradores*. Em alguns casos, no entanto, pode haver mais parâmetros do que registradores. Nesses casos, geralmente os parâmetros são armazenados em um *bloco*, ou tabela, na memória, e o endereço do bloco é passado como parâmetro em um registrador (Figura 2.7). Essa é a abordagem adotada pelo Linux e pelo Solaris. Os parâmetros também podem ser colocados, ou *incluídos*, na *pilha* pelo programa e *extraídos* da pilha pelo sistema operacional. Alguns sistemas operacionais preferem o método do bloco ou da pilha porque essas abordagens não limitam a quantidade ou a extensão dos parâmetros que estão sendo passados.

2.4 Tipos de Chamadas de Sistema

Basicamente, as chamadas de sistema podem ser agrupadas em seis categorias principais: **controle de processos, manipulação de arquivos, manipulação de dispositivos, manutenção de informações, comunicações e proteção**. Nas Seções 2.4.1 a 2.4.6, discutimos brevemente os tipos de chamadas de sistema que podem ser fornecidas por um sistema operacional. A maioria dessas chamadas de sistema dá suporte a, ou é suportada por, conceitos e funções que são discutidos em capítulos posteriores. A Figura 2.8 resume os tipos de chamadas de sistema normalmente fornecidas por um sistema operacional.

2.4.1 Controle de Processos

Um programa em execução tem que poder interromper seu processamento normal (`end`) ou anormalmente (`abort`). Se uma chamada de sistema for feita para encerrar de modo anormal o programa que está sendo executado correntemente ou se o programa encontrar um problema e causar uma exceção por erro, pode ocorrer um despejo de memória e a geração de uma mensagem de erro. O despejo é gravado em disco podendo ser examinado por um *depurador* – um programa do sistema pro-

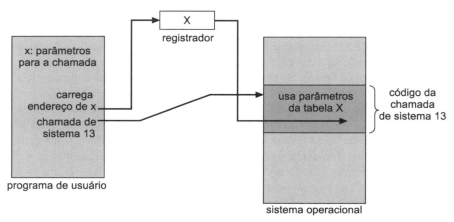

Figura 2.7 Passagem de parâmetros como uma tabela.

jetado com o objetivo de ajudar o programador a encontrar e corrigir bugs – para determinar a causa do problema. Sob circunstâncias normais ou anormais, o sistema operacional deve transferir o controle para o interpretador de comandos. O interpretador de comandos lê então o próximo comando. Em um sistema interativo, o interpretador de comandos simplesmente passa para o próximo comando; assume-se que o usuário emitirá um comando apropriado para responder a qualquer erro. Em um sistema de GUI, uma janela pop-up pode alertar o usuário sobre o erro e solicitar orientações. Em um sistema batch, geralmente o interpretador de comandos encerra o job inteiro e continua no próximo job. Alguns sistemas admitem cartões de controle para indicar ações especiais de recuperação no caso de um erro. Um *cartão de controle* é um conceito do sistema batch. É um comando para o gerenciamento da execução de um processo. Se o programa descobrir um erro em sua entrada e quiser encerrar anormalmente, também pode querer definir um nível de erro. Erros mais graves podem ser indicados por um parâmetro de erro de alto nível. Assim, é possível combinar o encerramento normal e o anormal definindo um encerramento normal como um erro de nível 0. O interpretador de comandos ou o programa seguinte pode usar esse nível de erro para determinar a próxima ação automaticamente.

Um processo ou job que estiver executando um programa pode querer carregar (`load`) e executar (`execute`) outro programa. Esse recurso permite que o interpretador de comandos execute um programa a partir de um comando de usuário, um clique no mouse ou um comando batch, por exemplo. Uma questão interessante é para onde retornar o controle quando o programa carregado terminar. Essa questão está relacionada com o problema de saber se o programa existente foi perdido, salvo ou se pode continuar a execução concorrentemente com o novo programa.

- Controle de processo
  - encerrar, abortar
  - carregar, executar
  - criar processo, encerrar processo
  - capturar atributos do processo, definir atributos do processo
  - esperar hora
  - esperar evento, sinalizar evento
  - alocar e liberar memória
- Gerenciamento de arquivo
  - criar arquivo, excluir arquivo
  - abrir, fechar
  - ler, gravar, reposicionar
  - capturar atributos do arquivo, definir atributos do arquivo
- Gerenciamento de dispositivo
  - solicitar dispositivo, liberar dispositivo
  - ler, gravar, reposicionar
  - capturar atributos do dispositivo, definir atributos do dispositivo
  - conectar ou desconectar os dispositivos logicamente
- Manutenção de informações
  - obter a hora ou a data, definir a hora ou a data
  - obter dados do sistema, configurar dados do sistema
  - capturar atributos do processo, arquivo ou dispositivo
  - definir atributos do processo, arquivo ou dispositivo
- Comunicações
  - criar, excluir conexão de comunicações
  - enviar, receber mensagens
  - transferir informações de status
  - conectar ou desconectar dispositivos remotos

Figura 2.8 Tipos de chamadas de sistema.

EXEMPLOS DE CHAMADAS DE SISTEMA DO WINDOWS E DO UNIX

	Windows	Unix
Controle de processos	CreateProcess()	fork()
	ExitProcess()	exit()
	WaitForSingleObject()	wait()
Manipulação de arquivos	CreateFile()	open()
	ReadFile()	read()
	WriteFile()	write()
	CloseHandle()	close()
Manipulação de dispositivos	SetConsoleMode()	ioctl()
	ReadConsole()	read()
	WriteConsole()	write()
Manutenção de informações	GetCurrentProcessId()	getpid()
	SetTimer()	alarm()
	Sleep()	sleep()
Comunicação	CreatePipe()	pipe()
	CreateFileMapping()	shmget()
	MapViewOfFile()	mmap()
Proteção	SetFileSecurity()	chmod()
	InitializeSecurityDescriptor()	umask()
	SetSecurityDescriptorGroup()	chown()

EXEMPLO DA BIBLIOTECA C PADRÃO

A biblioteca C padrão fornece parte da interface de chamadas de sistema de muitas versões do UNIX e do Linux. Como exemplo, suponhamos que um programa C chame a instrução `printf()`. A biblioteca C intercepta essa chamada e invoca a(s) chamada(s) de sistema necessária(s) no sistema operacional – nesse exemplo, a chamada de sistema `write()`. A biblioteca C toma o valor retornado por `write()` e o passa para o programa do usuário. Veja isso na Figura 2.9.

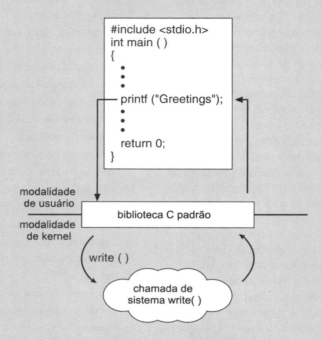

Figura 2.9 Manipulação de `write()` pela biblioteca C padrão.

Se o controle retornar para o programa existente quando o novo programa for encerrado, devemos salvar a imagem de memória do programa existente; assim, teremos criado efetivamente um mecanismo para um programa chamar o outro. Se os dois programas continuarem concorrentemente, teremos criado um novo job ou processo para ser multiprogramado. Geralmente, há uma chamada de sistema especificamente para essa finalidade (`create process` ou `submit job`).

Se criarmos um novo job ou processo, ou talvez até mesmo um conjunto de jobs ou processos, temos que poder controlar sua execução. Esse controle requer a habilidade de determinar e redefinir os atributos de um job ou processo, inclusive a prioridade do job, o tempo de execução máximo permitido e assim por diante (`get process attributes` e `set process attributes`). Também podemos querer encerrar um job ou processo que criamos (`terminate process`) se acharmos que ele está incorreto ou não é mais necessário.

Tendo criado novos jobs ou processos, podemos ter que esperar o término de sua execução. Podemos querer esperar por um certo período de tempo (`wait time`); porém, o mais provável é que esperemos que um evento específico ocorra (`wait event`). Os jobs ou processos devem então sinalizar quando esse evento ocorrer (`signal event`). Com bastante frequência, dois ou mais processos compartilham dados. Para assegurar a integridade dos dados que estão sendo compartilhados, os sistemas operacionais costumam fornecer chamadas de sistema que permitem que um processo imponha um lock aos dados compartilhados, impedindo, dessa forma, que outro processo acesse os dados enquanto estão trancados. Normalmente, essas chamadas de sistema incluem `acquire_lock` e `release_lock`. Esses tipos de chamadas de sistema, que lidam com a coordenação de processos concorrentes, são discutidos com mais detalhes no Capítulo 6.

Há tantas nuances e variações no controle de processos e jobs que, a seguir, usaremos dois exemplos para esclarecer esses conceitos – um deles envolvendo um sistema monotarefa e o outro um sistema multitarefa. O sistema operacional MS-DOS é um exemplo de sistema monotarefa. Ele tem um interpretador de comandos que é chamado quando o computador é iniciado (Figura 2.10(a)). Já que o MS-DOS é monotarefa, usa um método simples para executar um programa e não cria um novo processo. Ele carrega o programa na memória, fazendo a gravação sobre grande parte dele próprio para dar ao programa o máximo de memória possível (Figura 2.10(b)). Em seguida, direciona o ponteiro de instruções para a primeira instrução do programa. O programa é então executado, e um erro causa

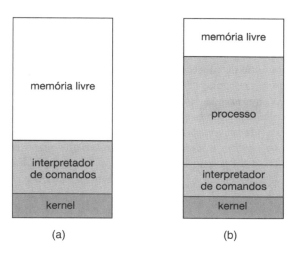

Figura 2.10 Execução do MS-DOS. (a) Na inicialização do sistema. (b) Executando um programa.

uma exceção ou o programa executa uma chamada de sistema para ser encerrado. De uma forma ou de outra, o código de erro é salvo na memória do sistema para uso posterior. Após essa ação, a pequena porção do interpretador de comandos que não foi sobreposta retoma a execução. Sua primeira tarefa é recarregar o resto do interpretador de comandos a partir do disco. Em seguida, o interpretador de comandos torna o código de erro anterior disponível para o usuário ou para o próximo programa.

O FreeBSD (derivado do Berkeley UNIX) é um exemplo de sistema multitarefa. Quando um usuário faz logon no sistema, o shell que ele escolheu é executado. Esse shell é semelhante ao shell do MS-DOS já que aceita os comandos e executa os programas que o usuário solicita. No entanto, como o FreeBSD é um sistema multitarefa, o interpretador de comandos pode continuar em execução enquanto outro programa é executado (Figura 2.11). Para iniciar um novo processo, o shell executa uma chamada de sistema `fork()`. Em seguida, o programa selecionado é carregado na memória através de uma chamada de sistema `exec()` e é executado. Dependendo da maneira como o comando foi emitido, o shell espera o processo terminar ou o executará "em background". No último caso, o shell solicita imediatamente outro comando. Quando um processo está sendo executado em background, ele não pode receber entradas diretamente do teclado, porque o shell está usando esse recurso. Portanto, a operação de I/O é executada através de arquivos ou de uma interface GUI. Enquanto isso, o usuário pode solicitar ao shell que execute outros programas, monitore o progresso do processo que está sendo executado, altere a prioridade desse programa e assim por diante. Quando o processo é concluído, ele executa uma chamada de sistema `exit()` para ser encerrado, retornando para o processo que o chamou, um código de status 0 ou um código de erro diferente de zero. Esse código de status ou erro fica então disponível para o shell ou outros programas. Os processos são discutidos no Capítulo 3, com um exemplo de programa que usa as chamadas de sistema `fork()` e `exec()`.

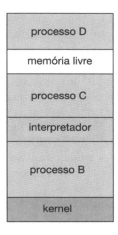

Figura 2.11 FreeBSD executando vários programas.

2.4.2 Gerenciamento de Arquivos

O sistema de arquivos é discutido com mais detalhes nos Capítulos 9 e 10. Podemos, no entanto, identificar várias chamadas de sistema comuns que lidam com arquivos.

Primeiro, temos que poder criar (`create`) e excluir (`delete`) arquivos. As duas chamadas de sistema precisam do nome do arquivo e, talvez, de alguns de seus atributos. Uma vez que o arquivo seja criado, ele tem que ser aberto (`open`) e usado. Também podemos ler (`read`), gravar (`write`) ou reposicionar (`reposition`) o arquivo (retornar ao início ou saltar para o fim do arquivo, por exemplo). Para concluir, temos que fechar (`close`) o arquivo, indicando que ele não está mais sendo usado.

Podemos precisar desses mesmos conjuntos de operações para diretórios se tivermos uma estrutura de diretórios para a organização de arquivos no sistema de arquivos. Além disso, no caso de arquivos ou diretórios, temos que poder determinar os valores de vários atributos e, talvez, redefini-los se necessário. Os atributos de arquivos incluem nome, tipo, códigos de proteção, informações de contabilização e assim por diante. Pelo menos duas chamadas de sistema, `get file attribute` e `set file attribute`, são necessárias para essa função. Alguns sistemas operacionais fornecem muitas outras chamadas, como as chamadas de movimentação (`move`) e cópia (`copy`) do arquivo. Outros podem fornecer uma API que execute essas operações usando código e chamadas de sistema diferentes e outros ainda podem fornecer apenas programas de sistema para executar essas tarefas. Se os programas de sistema puderem ser chamados por outros programas, cada um deles poderá ser considerado uma API por outros programas de sistema.

2.4.3 Gerenciamento de Dispositivos

Um processo pode precisar de vários recursos para ser executado – memória principal, drives de disco, acesso a arquivos e assim por diante. Quando os recursos estão disponíveis, eles podem ser cedidos e o controle é passado para o processo do usuário. Caso contrário, o processo terá que esperar até que recursos suficientes estejam disponíveis.

Os diversos recursos controlados pelo sistema operacional podem ser considerados como dispositivos. Alguns desses dispositivos são físicos (por exemplo, drives de disco), enquanto outros podem ser considerados como dispositivos abstratos ou virtuais (por exemplo, arquivos). Um sistema com vários usuários pode demandar que primeiro façamos a solicitação (`request`) do dispositivo, para assegurar seu uso exclusivo. Quando o dispositivo não é mais necessário, podemos liberá-lo (`release`). Essas funções são semelhantes às chamadas de sistema `open` e `close` para os arquivos. Outros sistemas operacionais permitem o acesso não gerenciado a dispositivos. Nesse caso, o perigo é o potencial para a disputa por dispositivos e, talvez, o deadlock.

Uma vez que o dispositivo tenha sido solicitado e alocado para nosso uso, podemos ler (`read`), gravar (`write`) e (possivelmente) reposicionar (`reposition`) o dispositivo, da mesma forma que fazemos com os arquivos. Na verdade, a semelhança entre arquivos e dispositivos de I/O é tão grande que muitos sistemas operacionais, inclusive o UNIX, fundem os dois em uma estrutura arquivo-dispositivo combinada. Nesse caso, um conjunto de chamadas de sistema é usado tanto para arquivos quanto para dispositivos. Em algumas situações, os dispositivos de I/O são identificados por nomes de arquivo especiais, localização do diretório ou atributos de arquivo.

A interface de usuário também pode fazer arquivos e dispositivos parecerem semelhantes, ainda que as chamadas de sistema subjacentes sejam diferentes. Esse é outro exemplo das muitas decisões de projeto que fazem parte da construção de um sistema operacional e da interface de usuário.

2.4.4 Manutenção de Informações

Muitas chamadas de sistema só existem para fins de transferência de informações entre o programa do usuário e o sistema operacional. Por exemplo, a maioria dos sistemas tem uma chamada de sistema que retorna a hora (`time`) e a data (`date`) correntes. Outras chamadas podem retornar informações sobre o sistema, como a quantidade de usuários correntes, o número de versão do sistema operacional, a quantidade de espaço livre na memória ou em disco e assim por diante.

Outro conjunto de chamadas de sistema é útil na depuração de um programa. Muitos sistemas fornecem chamadas para o despejo (`dump`) da memória. Esse recurso é útil na depuração. Um rastreamento (`trace`) de programa lista cada chamada de sistema quando ela é executada. Até mesmo microprocessadores fornecem uma modalidade de CPU conhecida como *passo único*, em que uma exceção é executada pela CPU após cada instrução. Geralmente, a exceção é capturada por um depurador.

Muitos sistemas operacionais fornecem um perfil de tempo de um programa que indica por quanto tempo ele é executado em uma localização ou conjunto de localizações específicas. Um perfil de tempo requer um recurso de rastreamento ou interrupções periódicas por timer. A cada ocorrência de interrupção por timer, o valor do contador do programa é registrado. Com interrupções por timer suficientemente frequentes, pode ser obtido um cenário estatístico do tempo gasto em várias partes do programa.

Além disso, o sistema operacional mantém informações sobre todos os seus processos, e chamadas de sistema são usadas no acesso a essas informações. Geralmente, chamadas também são usadas na redefinição das informações do processo (`get process attributes` e `set process attributes`). Na Seção 3.1.3, discutimos que informações costumam ser mantidas.

2.4.5 Comunicação

Há dois modelos comuns de comunicação entre processos: o modelo de transmissão de mensagens e o modelo de memória compartilhada. No modelo de **transmissão de mensagens**, os processos que estão se comunicando trocam mensagens uns com os outros para transferir informações. As mensagens podem ser trocadas entre os processos direta ou indiretamente por meio de uma caixa de correio comum. Antes que a comunicação possa ocorrer, uma conexão deve ser aberta. O nome do outro interlocutor deve ser conhecido, seja ele outro processo do mesmo sistema ou um processo em outro computador conectado por uma rede de comunicação. Cada computador de uma rede tem um *nome de host* pelo qual, normalmente, é conhecido. O host também tem um identificador de rede que pode ser o endereço IP. Da mesma forma, cada processo tem um *nome de processo* e esse nome é convertido em um identificador pelo qual o sistema operacional pode referenciar o processo. As chamadas de sistema `get hostid` e `get processid` fazem essa conversão. Os identificadores são então passados para as chamadas de uso geral `open` e `close` fornecidas pelo sistema de arquivos ou para chamadas de sistema `open connection` e `close connection` específicas, dependendo do modelo de comunicação do sistema. Geralmente, o processo receptor deve dar sua permissão com uma chamada `accept connection` para que a comunicação possa ocorrer. A maioria dos processos que recebe conexões é de *daemons* de uso específico, que são programas de sistema fornecidos para esse fim. Eles executam uma chamada `wait for connection` e são ativados quando uma conexão é estabelecida. Em seguida, a fonte da comunicação, conhecida como *cliente*, e o daemon receptor, conhecido como *servidor*, trocam mensagens usando chamadas de sistema `read message` e `write message`. A chamada `close connection` encerra a comunicação.

No **modelo de memória compartilhada**, os processos usam chamadas de sistema `shared memory create` e `shared memory attach` para criar e acessar regiões da memória ocupadas por outros processos. Lembre-se de que, normalmente, o sistema operacional tenta impedir que um processo acesse a memória usada por outro processo. Na memória compartilhada dois ou mais processos têm que concordar com a remoção dessa restrição. Assim, eles podem trocar informações lendo e gravando dados nas áreas compartilhadas. O formato dos dados é determinado pelos processos e não fica sob o controle do sistema operacional. Os processos também são responsáveis por garantir que não farão gravações na mesma locação simultaneamente. Esses mecanismos são discutidos no Capítulo 6. No Capítulo 4, examinamos uma variação do esquema de processo – os threads – em que a memória é compartilhada por default.

Os dois modelos que acabamos de discutir são comuns nos sistemas operacionais e a maioria dos sistemas implementa ambos. A troca de mensagens é útil na transmissão de quantidades menores de dados, porque não é necessário evitar conflitos. Também é mais fácil de implementar do que a memória compartilhada para a comunicação entre computadores. A memória compartilhada proporciona velocidade máxima e eficiência na comunicação, já que pode ocorrer nas velocidades de transferência da memória quando tem lugar dentro de um computador. No entanto, existem problemas nas áreas de proteção e sincronização entre os processos que compartilham memória.

2.4.6 Proteção

A proteção proporciona um mecanismo para o controle de acesso aos recursos fornecidos por um sistema de computação. Historicamente, a proteção era um fator de preocupação somente em sistemas de computação multiprogramados com vários usuários. No entanto, com o advento do uso de redes e da Internet, todos os sistemas de computação, de servidores a PDAs, devem se preocupar com a proteção.

Normalmente, as chamadas de sistema que fornecem proteção são `set permission` e `get permission`, que manipulam os estabelecimentos de permissões de recursos como arquivos e discos. As chamadas de sistema `allow user` e `deny user` determinam se usuários específicos podem – ou não – acessar certos recursos.

Abordamos a proteção no Capítulo 13 e o tópico muito mais abrangente da segurança no Capítulo 14.

2.5 Programas de Sistema

Outra característica de um sistema moderno é a presença de um conjunto de programas de sistema. Volte à Figura 1.1, que demonstra a hierarquia lógica do computador. No nível mais baixo está o hardware. Em seguida, está o sistema operacional, depois os programas de sistema e, finalmente, os programas aplicativos. Os **programas de sistema**, também conhecidos como **utilitários de sistema**, fornecem um ambiente conveniente para o desenvolvimento e a execução de programas. Alguns deles são simplesmente interfaces de usuário para chamadas de sistema; outros são consideravelmente mais complexos. Eles podem ser divididos nas categorias a seguir:

- **Gerenciamento de arquivos.** Esses programas criam, excluem, copiam, renomeiam, imprimem, descarregam, listam e manipulam, de forma geral, arquivos e diretórios.

- **Informações de status.** Alguns programas simplesmente solicitam ao sistema a data, a hora, o espaço disponível na memória ou em disco, a quantidade de usuários ou informações de status semelhantes. Outros são mais complexos, fornecendo informações detalhadas sobre desempenho, registro em log e depuração. Normalmente, esses programas formatam e exibem a saída no terminal ou em outros dispositivos ou arquivos de saída, ou a exibem em uma janela da GUI. Alguns sistemas também dão suporte a um **registro**, que é usado no armazenamento e recuperação de informações de configuração.

- **Modificação de arquivos.** Vários editores de texto podem estar disponíveis para a criação e modificação do conteúdo de arquivos armazenados em disco ou em outros dispositivos de armazenamento. Também pode haver comandos especiais para a procura de conteúdos de arquivos ou a execução de alterações no texto.

- **Suporte a linguagens de programação.** Geralmente, compiladores, montadores, depuradores e interpretadores de linguagens de programação comuns (como C, C++, Java, Visual Basic e PERL) são fornecidos para o usuário com o sistema operacional.

- **Carga e execução de programas.** Uma vez que um programa seja montado ou compilado, ele deve ser carregado na memória para ser executado. O sistema pode fornecer carregadores absolutos, carregadores relocáveis, linkage editors e carregadores de overlay. Sistemas de depuração tanto para linguagens de alto nível quanto para linguagem de máquina também são necessários.

- **Comunicações.** Esses programas fornecem o mecanismo para a criação de conexões virtuais entre processos, usuários e sistemas de computação. Eles permitem que os usuários enviem mensagens para as telas uns dos outros, naveguem em páginas da Web, enviem mensagens de correio eletrônico, conectem-se remotamente e transfiram arquivos de uma máquina para outra.

Além dos programas de sistema, a maioria dos sistemas operacionais vem com programas que são úteis na resolução de problemas comuns ou na execução de operações corriqueiras. Esses **programas aplicativos** incluem os navegadores da Web, processadores e formatadores de texto, planilhas, sistemas de bancos de dados, compiladores, pacotes de plotagem e de análise estatística, e jogos.

A visão que a maioria dos usuários tem do sistema operacional é definida pelos programas aplicativos e de sistema e não pelas chamadas de sistema. Considere o PC de um usuário. Quando o computador de um usuário está executando o sistema operacional Mac OS X, o usuário pode ver a GUI fornecendo uma interface baseada no mouse e em janelas. Alternativamente, ou até mesmo em uma das janelas, o usuário pode ter um shell UNIX de linha de comando. Os dois usam o mesmo conjunto de chamadas de sistema, mas elas têm aparências diferentes e agem de maneira distinta. Para confundir mais a visão do usuário, imaginemos que ele execute a inicialização dupla do Windows Vista a partir do Mac OS X. Agora, o mesmo usuário no mesmo hardware tem duas interfaces totalmente diferentes e dois conjuntos de aplicações usando os mesmos recursos físicos. Portanto, no mesmo hardware um usuário pode ser exposto a várias interfaces de usuário de maneira sequencial ou concorrente.

2.6 Projeto e Implementação do Sistema Operacional

Nesta seção, discutimos os problemas que surgem no projeto e implementação de um sistema operacional. É claro que não há soluções definitivas para esses problemas, mas há abordagens que se mostraram bem-sucedidas.

2.6.1 Objetivos de Projeto

O primeiro problema que surge no projeto de um sistema é a definição de objetivos e especificações. Em um nível mais alto, o projeto do sistema será afetado pela escolha do hardware e do tipo de sistema: batch, de tempo compartilhado, monousuário, multiusuário, distribuído, de tempo real ou de uso geral.

Além desse nível mais alto do projeto, os requisitos podem ser muito mais difíceis de especificar. No entanto, eles podem ser divididos em dois grupos básicos: objetivos do *usuário* e objetivos do *sistema*.

Os usuários desejam certas propriedades óbvias em um sistema. O sistema deve ser de uso conveniente, fácil de aprender e usar, confiável, seguro e veloz. É claro que essas especificações não são particularmente úteis no projeto do sistema, já que não há um consenso geral sobre como atendê-las.

Um conjunto semelhante de requisitos pode ser definido pelas pessoas responsáveis por projetar, criar, manter e operar o sistema. O sistema deve ser fácil de projetar, implementar e manter; e deve ser flexível, confiável, sem erros e eficiente. Novamente, esses requisitos são vagos e podem ser interpretados de várias maneiras.

Resumindo, não há uma solução única para o problema de definição dos requisitos de um sistema operacional. A grande quantidade de sistemas existentes mostra que diferentes requisitos podem resultar em várias soluções para ambientes distintos. Por exemplo, os requisitos do VxWorks, um sistema operacional de tempo real para sistemas embutidos, devem ter sido substancialmente diferentes dos definidos para o VMS, um amplo sistema operacional multiusuário e multiacesso para mainframes IBM.

A especificação e o projeto de um sistema operacional é uma tarefa altamente criativa. Embora nenhum livro possa lhe dizer como fazê-lo, princípios gerais foram desenvolvidos no campo da **engenharia de software** e agora passaremos à discussão de alguns desses princípios.

2.6.2 Mecanismos e Políticas

Um princípio importante é a separação entre **política** e **mecanismo**. Os mecanismos determinam *como* fazer algo; as políticas determinam *o que* será feito. Por exemplo, o timer (consulte a Seção 1.5.2) é um mecanismo que assegura a proteção da CPU, mas a definição de por quanto tempo ele deve ser posicionado para um usuário específico é uma decisão de política.

A separação entre política e mecanismo é importante para a flexibilidade. As políticas podem ser diferentes em locais distintos e com o passar do tempo. Na pior das hipóteses, cada mudança na política demandaria uma mudança no mecanismo subjacente. Um mecanismo genérico não afetado pelas mudanças na política seria mais desejável. Mudanças na política demandariam então a redefinição de somente certos parâmetros do sistema. Por exemplo, considere um mecanismo que defina a prioridade de determinados tipos de programas sobre outros. Se o mecanismo for apropriadamente separado da política, ele poderá apoiar a decisão política de que programas com muitas operações de I/O (I/O-intensivos) devem ter prioridade sobre os que fazem uso pesado da CPU (CPU-intensivos) ou dar suporte à política oposta.

Sistemas operacionais baseados em microkernel (Seção 2.7.3) conduzem a separação entre mecanismo e política ao extremo, implementando um conjunto básico de blocos de construção primitivos. Esses blocos são quase independentes da política, permitindo que mecanismos e políticas mais avançados sejam adicionados por meio de módulos de kernel criados pelo usuário ou pelos próprios programas dos usuários. Como exemplo, considere a história do UNIX. Inicialmente, havia um scheduler de compartilhamento de tempo. Na última versão do Solaris, o scheduling é controlado por tabelas carregáveis. Dependendo da tabela carregada correntemente, o sistema pode ser de tempo compartilhado, processamento batch, tempo real, compartilhamento justo ou usar qualquer combinação. Fazer com que o mecanismo de scheduling passe a ser de uso geral permite que amplas alterações sejam feitas na política com um único comando `load-new-table`. No outro extremo, está um sistema como o Windows, em que tanto o mecanismo quanto a política são codificados no sistema para impor uma aparência global. Todas as aplicações têm interfaces semelhantes, porque a própria interface é construída nas bibliotecas do kernel e do sistema. O sistema operacional Mac OS X tem funcionalidade semelhante.

As decisões de políticas são importantes em qualquer alocação de recursos. Sempre que for necessário decidir se um recurso deve ou não ser alocado, uma decisão de política deve ser tomada. Sempre que o problema for *como* em vez de *o quê*, um mecanismo é que deve ser determinado.

2.6.3 Implementação

Uma vez que o sistema operacional tenha sido projetado, ele deve ser implementado. Tradicionalmente, os sistemas operacionais eram escritos em linguagem de montagem. Atualmente, no entanto, eles costumam ser escritos em linguagens de alto nível como C ou C++.

Provavelmente o primeiro sistema não escrito em linguagem de montagem foi o Master Control Program (MCP) para computadores Burroughs. O MCP foi escrito em uma variante de ALGOL. O MULTICS, desenvolvido no MIT, foi escrito principalmente em PL/1. Os sistemas operacionais Linux e Windows foram em grande parte escritos em C, embora haja algumas pequenas seções de código de montagem para drivers de dispositivo e para salvar e restaurar o estado de registradores.

As vantagens do uso de uma linguagem de alto nível ou, pelo menos, uma linguagem de implementação de sistemas, para implementar sistemas operacionais são as mesmas obtidas quando a linguagem é usada para programas aplicativos: o código pode ser escrito mais rapidamente, é mais compacto e mais fácil de entender e depurar. Além disso, avanços na tecnologia de compiladores melhoram o código gerado para o sistema operacional inteiro por meio de uma simples recompilação. Para concluir, um sistema operacional é muito mais fácil de *portar* – mover para outro hardware – quando é escrito em uma linguagem de alto nível. Por exemplo, o MS-DOS foi escrito em linguagem de montagem Intel 8088. Como resultado, ele só é executado nativamente na família de CPUs Intel X86. (Embora o MS-DOS só seja executado nativamente no Intel X86, emuladores do conjunto de instruções do X86 permitem que execute de modo não nativo – mais lentamente, com mais uso de recursos – em outras CPUs. **Emuladores** são programas que replicam a funcionalidade de um sistema em outro sistema.) O sistema operacional Linux, por outro lado, é escrito quase todo em C e está disponível nativamente em várias CPUs diferentes, inclusive Intel X86, Sun SPARC e IBMPowerPC.

Talvez as únicas desvantagens da implementação de um sistema operacional em uma linguagem de alto nível sejam a diminuição da velocidade e o aumento dos requisitos de armazenamento. No entanto, isso não é mais um grande problema nos sistemas atuais. Embora um programador especialista em linguagem de montagem possa produzir rotinas pequenas e eficientes, para programas grandes um compilador moderno pode executar análises complexas e aplicar otimizações sofisticadas que produzam excelente código. Os processadores modernos têm fortes interligações e várias unidades funcionais que podem manipular os detalhes de dependências complexas muito mais facilmente do que a mente humana.

Como ocorre em outros sistemas, provavelmente os principais avanços no desempenho dos sistemas operacionais sejam resultado de melhores estruturas de dados e algoritmos e não de um ótimo código em linguagem de montagem. Além disso, embora os sistemas operacionais sejam grandes, apenas uma pequena parte do código é crítica para o alto desempenho; é provável que o gerenciador de memória e o scheduler da CPU sejam as rotinas mais críticas. Depois que o sistema é escrito e está funcionando corretamente, rotinas que gerem gargalos podem ser identificadas e substituídas por equivalentes em linguagem de montagem.

2.7 Estrutura do Sistema Operacional

Um sistema tão grande e complexo como um sistema operacional moderno deve ser construído cuidadosamente para funcionar de maneira apropriada e ser de fácil modificação. Uma abordagem comum é a divisão da tarefa em componentes pequenos em vez de criar um sistema monolítico. Cada um desses módulos deve ser uma parte bem definida do sistema, com entradas, saídas e funções especificadas com cuidado. Já discutimos brevemente no Capítulo 1 os componentes comuns dos sistemas operacionais. Nesta seção, discutimos como esses componentes são interconectados e moldados em um kernel.

2.7.1 Estrutura Simples

Muitos sistemas operacionais comerciais não têm estruturas bem definidas. Geralmente, eles começam como sistemas pequenos, simples e limitados e, então, crescem para além de seu escopo original. O MS-DOS é um exemplo desse tipo de sistema. Foi originalmente projetado e implementado por algumas pessoas que não tinham ideia de que se tornaria tão popular. Ele foi escrito para fornecer o máximo de funcionalidade no menor espaço, portanto, não foi dividido em módulos cuidadosamente. A Figura 2.12 mostra sua estrutura.

No MS-DOS, as interfaces e níveis de funcionalidade não estão bem separadas. Por exemplo, programas aplicativos podem acessar as rotinas básicas de I/O para exibir a saída diretamente na tela e gravá-las em drives de disco. Essa liberdade deixa o MS-DOS vulnerável a programas oportunistas (ou maliciosos), fazendo com que o sistema inteiro caia quando programas de usuário falham. É claro que o MS-DOS também tinha limitações devido ao hardware de sua época. Já que o Intel 8088 para o qual ele foi escrito não fornecia modalidade dual e proteção de hardware, os projetistas do MS-DOS não tinham outra opção a não ser deixar o hardware básico acessível.

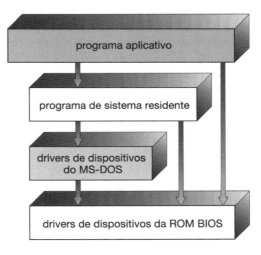

Figura 2.12 Estrutura de camadas de MS-DOS.

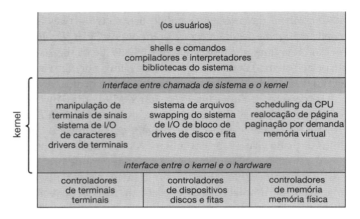

Figura 2.13 Estrutura tradicional de sistemas UNIX.

Outro exemplo de estruturação limitada é o sistema operacional UNIX original. Como o MS-DOS, inicialmente o UNIX era limitado pela funcionalidadew do hardware. Ele é composto por duas partes separadas: o kernel e os programas de sistema. Por sua vez, o kernel é separado em uma série de interfaces e drivers de dispositivos que foram adicionados e expandidos com o passar dos anos, conforme o UNIX evoluía. Podemos considerar o sistema operacional UNIX tradicional como uma estrutura em camadas, como mostrado na Figura 2.13. Tudo que está abaixo da interface de chamadas de sistema e acima do hardware físico é o kernel. O kernel fornece o sistema de arquivos, o scheduling da CPU, o gerenciamento de memória e outras funções do sistema operacional por meio de chamadas de sistema. Tudo somado, temos uma enorme quantidade de funcionalidades combinadas no mesmo nível. Essa estrutura monolítica era difícil de implementar e manter.

2.7.2 A Abordagem em Camadas

Com suporte de hardware apropriado, os sistemas operacionais podem ser divididos em partes menores e mais adequadas do que as permitidas pelos sistemas MS-DOS e UNIX originais. Assim, o sistema operacional pode deter um controle muito maior sobre o computador e sobre as aplicações que fazem uso desse computador. Os implementadores têm mais liberdade para alterar os mecanismos internos do sistema e para criar sistemas operacionais modulares. Em uma abordagem top-down, a funcionalidade e os recursos gerais são determinados e separados em componentes. Ocultar informações também é importante, porque deixa os programadores livres para implementar as rotinas de baixo nível como acharem melhor, contanto que a interface externa da rotina permaneça inalterada e que a rotina propriamente dita execute a tarefa anunciada.

Um sistema pode ser modularizado de várias maneiras. Um dos métodos é a **abordagem em camadas**, em que o sistema operacional é dividido em várias camadas (níveis). A camada inferior (camada 0) é o hardware; a camada mais alta (camada N) é a interface de usuário. Essa estrutura em camadas é mostrada na Figura 2.14.

A camada de um sistema operacional é a implementação de um objeto abstrato composto por dados e as operações que podem manipular esses dados. Uma camada de sistema operacional típica – digamos, a camada M – é composta por estruturas de dados e um conjunto de rotinas que podem ser chamadas por camadas de alto nível. A camada M, por sua vez, pode chamar operações em camadas de nível inferior.

A principal vantagem da abordagem em camadas é a facilidade de construção e depuração. As camadas são selecionadas de modo que cada uma use funções (operações) e serviços somente de camadas de nível inferior. Essa abordagem simplifica a depuração e a verificação do sistema. A primeira camada pode ser depurada sem qualquer envolvimento com o resto do sistema, porque, por definição, ela só usa o hardware básico (que supõe-se esteja correto) para implementar suas funções. Uma vez que a primeira camada seja depurada, seu funcionamento correto pode ser presumido enquanto a segunda camada é depurada e assim por diante. Se um erro for encontrado durante a depuração de uma camada específica, ele deve estar nessa camada, porque as de baixo já foram depuradas. Portanto, o projeto e a implementação do sistema são simplificados.

Cada camada é implementada somente com as operações fornecidas por camadas de nível inferior. Uma camada não precisa saber como essas operações são implementadas; só precisa saber o que elas fazem. Portanto, cada camada oculta das camadas de nível superior a existência de certas estruturas de dados, operações e hardware.

A principal dificuldade da abordagem em camadas envolve a definição apropriada das diversas camadas. Já que uma camada só pode usar camadas de nível inferior, é necessário um planejamento cuidadoso. Por exemplo, o driver de dispositivo do backing store (espaço em disco usado por algoritmos de memória virtual) deve estar em um nível mais baixo do que as rotinas de gerenciamento da memória, porque o gerenciamento da memória demanda o uso do backing store.

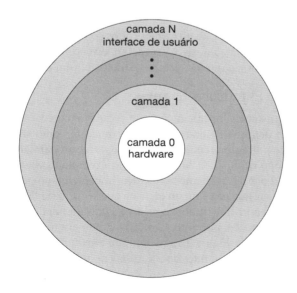

Figura 2.14 Um sistema operacional em camadas.

Outros requisitos podem não ser tão óbvios. Normalmente, o driver do backing store fica acima do scheduler da CPU porque o driver pode ter que esperar por I/O e a CPU pode sofrer reschedule durante esse intervalo. No entanto, em um sistema grande, o scheduler da CPU pode ter mais informações sobre todos os processos ativos do que a memória pode armazenar. Logo, essas informações podem ter que ser inseridas e extraídas da memória, o que demandaria que a rotina do driver de backing store ficasse abaixo do scheduler da CPU.

Um problema final das implementações em camadas é que elas tendem a ser menos eficientes do que outras abordagens. Por exemplo, quando um programa de usuário executa uma operação de I/O, ele executa uma chamada de sistema que é interceptada para a camada de I/O, que chama a camada de gerenciamento da memória que, por sua vez, chama a camada de scheduling da CPU que é, então, passada para o hardware. Em cada camada, os parâmetros podem ser modificados, dados podem ter que ser passados e assim por diante. Cada camada adiciona overhead à chamada de sistema; o resultado final é uma chamada de sistema que demora mais do que em um sistema não estruturado em camadas.

Ultimamente, essas limitações têm causado alguma reação contra a estruturação em camadas. Menos camadas com mais funcionalidade estão sendo projetadas, fornecendo a maioria das vantagens do código modularizado e evitando, ao mesmo tempo, os difíceis problemas de definição e interação das camadas.

2.7.3 Microkernels

Já vimos que conforme o UNIX se expandiu, o kernel se tornou maior e mais difícil de gerenciar. Na metade dos anos 1980, pesquisadores da Universidade Carnegie Mellon desenvolveram um sistema operacional chamado **Mach** que modularizou o kernel usando a abordagem de **microkernel**. Esse método estrutura o sistema operacional removendo todos os componentes não essenciais do kernel e implementando-os como programas de sistema e de nível de usuário. O resultado é um kernel menor. Há pouco consenso sobre que serviços devem permanecer no kernel e quais devem ser implementados no espaço do usuário. Normalmente, no entanto, os microkernels fornecem um gerenciamento mínimo dos processos e da memória, além de um recurso de comunicação.

A principal função dos microkernels é fornecer um recurso de comunicação entre o programa cliente e os diversos serviços que também estão sendo executados no espaço do usuário. A comunicação é fornecida por *transmissão de mensagens*, descrita na Seção 2.4.5. Por exemplo, se o programa cliente quiser acessar um arquivo, ele deve interagir com o servidor de arquivos. O programa cliente e o serviço nunca interagem diretamente. Em vez disso, eles se comunicam indiretamente trocando mensagens com o microkernel.

Um dos benefícios da abordagem de microkernel é a facilidade de extensão do sistema operacional. Todos os serviços novos são adicionados no espaço do usuário e, consequentemente, não requerem a modificação do kernel. Quando o kernel precisa ser modificado, as alterações tendem a ser poucas, porque o microkernel é um kernel menor. O sistema operacional resultante é mais fácil de ser portado de uma plataforma de hardware para outra. O microkernel também fornece mais segurança e confiabilidade, já que a maioria dos serviços está sendo executada como processos de usuário – e não do kernel. Se um serviço falha, o resto do sistema operacional permanece inalterado.

Vários sistemas operacionais contemporâneos têm usado a abordagem de microkernel. O Tru64 UNIX (antes conhecido como Digital UNIX) fornece uma interface UNIX para o usuário, mas é implementado com um kernel Mach. O kernel Mach converte chamadas de sistema UNIX em mensagens enviadas aos serviços de nível de usuário apropriados. O kernel do Mac OS X (também conhecido como *Darwin*) também se baseia no microkernel Mach.

Outro exemplo é o QNX, um sistema operacional de tempo real. O microkernel do QNX fornece serviços de transmissão de mensagens e scheduling de processos. Ele também manipula comunicação de rede de baixo nível e interrupções de hardware. Todos os outros serviços do QNX são fornecidos por processos padrão que são executados fora do kernel em modalidade de usuário.

Infelizmente, os microkernels podem sofrer redução no desempenho devido ao aumento do overhead de funções do sistema. Considere a história do Windows NT. A primeira versão tinha uma organização de microkernel em camadas. No entanto, essa versão fornecia baixo desempenho se comparada com o Windows 95. O Windows NT 4.0 resolveu parcialmente o problema de desempenho movendo camadas do espaço do usuário para o espaço do kernel e integrando-as mais proximamente. Quando o Windows XP foi projetado, sua arquitetura era mais monolítica do que a de microkernel.

2.7.4 Módulos

Talvez a melhor metodologia corrente para o projeto de sistemas operacionais envolva o uso de técnicas de programação orientada a objetos na criação de um kernel modular. Nesse caso, o kernel tem um conjunto de componentes básicos e vincula serviços adicionais durante o tempo de inicialização ou de execução. Essa estratégia usa módulos dinamicamente carregáveis e é comum em implementações modernas do UNIX, como o Solaris, o Linux e o Mac OS X. Por exemplo, a estrutura do sistema operacional Solaris, mostrada na Figura 2.15, é organizada ao redor de um kernel básico com sete tipos de módulos de kernel carregáveis:

1. Classes de scheduling
2. Sistemas de arquivos
3. Chamadas de sistema carregáveis
4. Formatos executáveis
5. Módulos STREAMS
6. Miscelâneas
7. Drivers de dispositivo e de bus

Esse tipo de projeto permite que o kernel forneça serviços básicos e também que certos recursos sejam implementados dinamicamente. Por exemplo, drivers de dispositivo e de bus

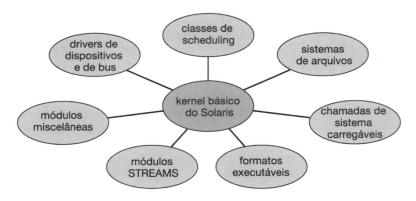

Figura 2.15 Módulos carregáveis do Solaris.

de um hardware específico podem ser adicionados ao kernel, e o suporte a diferentes sistemas de arquivos pode ser adicionado na forma de módulos carregáveis. O resultado final lembra um sistema em camadas em que cada seção do kernel tem interfaces definidas e protegidas; porém é mais flexível do que um sistema em camadas porque qualquer módulo pode chamar qualquer outro módulo. Além disso, a abordagem é como a de microkernel, já que o módulo principal só tem funções básicas e o conhecimento de como carregar e se comunicar com outros módulos; no entanto, é mais eficiente, porque os módulos não têm que chamar a transmissão de mensagens para se comunicar.

O sistema operacional Mac OS X da Apple usa uma estrutura híbrida. Ele é um sistema em camadas em que uma camada é composta pelo microkernel Mach. A estrutura do Mac OS X aparece na Figura 2.16. As camadas superiores incluem ambientes de aplicações e um conjunto de serviços fornecendo uma interface gráfica para as aplicações. Abaixo dessas camadas está o ambiente de kernel, que é composto, principalmente, pelo microkernel Mach e o kernel BSD. O Mach fornece gerenciamento da memória; suporte a chamadas de procedimento remotas (RPCs) e recursos de comunicação entre processos (IPC), inclusive a transmissão de mensagens; e o scheduling de threads. O componente BSD fornece uma interface de linha de comando BSD, suporte à conexão de rede e sistemas de arquivos e uma implementação de APIs POSIX, inclusive o Pthreads. Além do MAC e do BSD, o ambiente de kernel fornece um kit de I/O para o desenvolvimento de drivers de dispositivo e módulos dinamicamente carregáveis (que o Mac OS X chama de **extensões do kernel**). Como mostrado na figura, aplicações e serviços comuns podem fazer uso dos recursos do Mach ou do BSD diretamente.

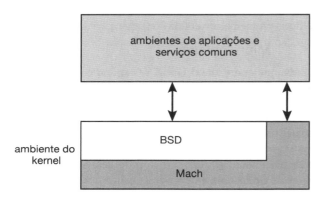

Figura 2.16 A estrutura do Mac OS X.

2.8 Máquinas Virtuais

A abordagem em camadas descrita na Seção 2.7.2 atinge sua conclusão lógica no conceito de uma *máquina virtual*. A ideia básica existente por trás de uma máquina virtual é a abstração do hardware de um único computador (CPU, memória, drives de disco, placas de interface de rede e assim por diante) em vários ambientes de execução diferentes, o que dá a impressão de que cada ambiente de execução está operando em seu próprio computador privado.

Usando o scheduling da CPU (Capítulo 5) e técnicas de memória virtual (Capítulo 8), o **host** de um sistema operacional pode dar a impressão de que um processo tem seu próprio processador com sua própria memória (virtual). A máquina virtual fornece uma interface que é *idêntica* ao hardware puro subjacente. Cada processo **convidado** recebe uma cópia (virtual) do computador subjacente (Figura 2.17). Geralmente, o processo convidado é, na verdade, um sistema operacional e é assim que uma única máquina física pode executar vários sistemas operacionais concorrentemente, cada um em sua própria máquina virtual.

2.8.1 História

As máquinas virtuais surgiram, pela primeira vez comercialmente, em mainframes IBM através do sistema operacional VM, em 1972. O VM evoluiu e ainda está disponível, e muitos dos conceitos originais são encontrados em outros sistemas, o que torna válido o estudo desse recurso.

O VM370 da IBM dividia um mainframe em várias máquinas virtuais, cada uma executando seu próprio sistema operacional. Um grande problema da abordagem de máquina virtual VM envolvia os sistemas de disco. Suponha que a máquina

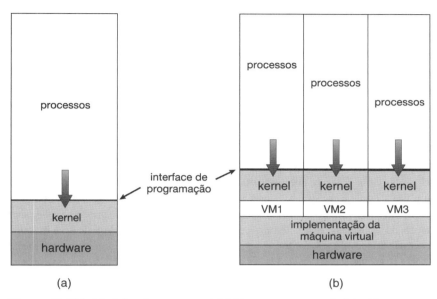

Figura 2.17 Modelos de sistemas. (a) Máquina não virtual. (b) Máquina virtual.

física tivesse três drives de disco, mas quisesse dar suporte a sete máquinas virtuais. É claro que ela não poderia alocar um drive de disco para cada máquina virtual, porque o software da máquina virtual também precisava de espaço substancial em disco para fornecer spooling e memória virtual. A solução era fornecer discos virtuais – chamados de *minidiscos* – idênticos em todos os aspectos, exceto no tamanho. O sistema implementava cada minidisco alocando nos discos físicos quantas trilhas o minidisco precisasse.

Uma vez que essas máquinas virtuais eram criadas, os usuários podiam executar qualquer um dos sistemas operacionais ou pacotes de software que estavam disponíveis na máquina subjacente. Para o sistema VM da IBM, normalmente, o usuário executava o CMS – um sistema operacional interativo monousuário.

2.8.2 Benefícios

Há várias razões para a criação de uma máquina virtual. Basicamente, a maioria delas está relacionada com a capacidade de compartilhar o mesmo hardware e, ainda assim, operar vários ambientes de execução diferentes (isto é, diferentes sistemas operacionais) concorrentemente.

Uma vantagem importante é que o sistema host é protegido das máquinas virtuais, da mesma forma que as máquinas virtuais são protegidas umas das outras. Um vírus dentro de um sistema operacional convidado poderia danificar esse sistema operacional, mas provavelmente, não afetaria o host ou os outros convidados. Já que cada máquina virtual fica totalmente isolada de todas as outras máquinas virtuais, não há problemas de proteção. Ao mesmo tempo, no entanto, não há compartilhamento direto de recursos. Duas abordagens para o fornecimento de compartilhamento têm sido implementadas. Na primeira, é possível compartilhar um volume do sistema de arquivos e, portanto, compartilhar arquivos. Na segunda, é possível definir uma rede de máquinas virtuais, cada uma podendo enviar informações por meio da rede de comunicações virtual. A rede é modelada de acordo com as redes de comunicação físicas, mas é implementada em software.

Um sistema de máquina virtual é um veículo perfeito para a pesquisa e desenvolvimento de sistemas operacionais. Normalmente, alterar um sistema operacional é uma tarefa difícil. Os sistemas operacionais são programas grandes e complexos e é difícil garantir que uma alteração em uma parte não fará com que bugs obscuros apareçam em alguma outra parte. O poder do sistema operacional torna sua alteração particularmente perigosa. Já que o sistema operacional é executado em modalidade de kernel, uma alteração errada em um ponteiro poderia causar um erro que destruiria o sistema de arquivos inteiro. Portanto, é necessário testar todas as alterações feitas no sistema operacional cuidadosamente.

No entanto, o sistema operacional executa na máquina inteira e a controla. Logo, o sistema corrente deve ser interrompido e deixar de ser usado enquanto alterações estiverem sendo feitas e testadas. Normalmente, esse período é chamado de *tempo de desenvolvimento do sistema*. Já que torna o sistema indisponível para os usuários, o tempo de desenvolvimento do sistema costuma ser agendado para tarde da noite ou nos fins de semana, quando a carga do sistema é baixa.

Um sistema de máquina virtual pode eliminar grande parte desse problema. Os programadores de sistema recebem sua própria máquina virtual e o desenvolvimento do sistema é feito na máquina virtual em vez de em uma máquina física. Raramente a operação normal do sistema tem de ser interrompida pela atividade de desenvolvimento.

Outra vantagem das máquinas virtuais para os desenvolvedores é que vários sistemas operacionais podem executar na estação de trabalho do desenvolvedor concorrentemente. Essa estação de trabalho virtualizada permite a transferência e o teste rápido dos programas em vários ambientes. Da mesma forma, engenheiros de garantia da qualidade podem testar suas aplicações em vários ambientes sem comprar, ligar e manter um computador para cada ambiente.

Uma grande vantagem das máquinas virtuais em centros de dados de produção é a **consolidação** do sistema, que envolve tomar dois ou mais sistemas separados e executá-los em máquinas virtuais em um único sistema. Essas conversões de físico para virtual resultam na otimização de recursos, já que muitos sistemas pouco usados podem ser combinados para criar um único sistema muito usado.

Se o uso de máquinas virtuais continuar aumentando, a implantação de aplicações também evoluirá. Se um sistema puder adicionar, remover e mover facilmente uma máquina virtual, por que instalar aplicações nesse sistema diretamente? Em vez disso, os desenvolvedores de aplicações poderiam instalar previamente a aplicação em um sistema operacional, ajustado e personalizado, em uma máquina virtual. O ambiente virtual seria o mecanismo de lançamento da aplicação. Esse método seria uma melhoria para os desenvolvedores de aplicações; o gerenciamento de aplicações ficaria mais fácil, menos ajustes seriam necessários e o suporte técnico da aplicação seria mais simples. Os administradores de sistemas também achariam o ambiente mais fácil de gerenciar. A instalação seria simples e uma nova implantação da aplicação em outro sistema seria muito mais fácil do que as etapas normais de desinstalação e reinstalação. No entanto, para a ampla adoção dessa metodologia ocorrer, o formato das máquinas virtuais deve ser padronizado para que qualquer máquina virtual seja executada em qualquer plataforma de virtualização. O "Formato de Máquina Virtual Aberto" é uma tentativa de fazer exatamente isso e poderia conseguir unificar os formatos das máquinas virtuais.

2.8.3 Simulação

A virtualização de sistemas como discutimos até agora é apenas uma das muitas metodologias de emulação de sistemas. A virtualização é a mais comum porque faz aplicações e sistemas operacionais convidados "acreditarem" que estão sendo executados em hardware nativo. Já que só os recursos do sistema precisam ser virtualizados, esses convidados são executados quase à velocidade máxima.

Outra metodologia é a **simulação**, em que o sistema host tem uma arquitetura e o sistema convidado foi compilado para uma arquitetura diferente. Por exemplo, suponha que uma empresa tenha substituído seu sistema de computação desatualizado por um novo sistema, mas queira continuar a executar certos programas importantes que foram compilados para o sistema antigo. Os programas poderiam ser executados em um emulador que traduza cada uma das instruções do sistema desatualizado para o conjunto de instruções nativas do novo sistema. A emulação pode aumentar a vida dos programas e permitir o uso de arquiteturas antigas sem o emprego de uma máquina velha real, mas seu principal desafio é o desempenho. A emulação do conjunto de instruções pode ser executada em uma ordem de grandeza mais lenta do que as instruções nativas. Portanto, a menos que a nova máquina seja dez vezes mais rápida do que a antiga, o programa que estiver sendo executado nela será executado mais lentamente do que seria em seu hardware nativo. Outro desafio é o fato de ser difícil criar um emulador correto porque, na verdade, isso envolve a criação de uma CPU inteira em software.

2.8.4 Paravirtualização

A **paravirtualização** é outra variação desse tema. Em vez de tentar fazer com que um sistema operacional convidado acredite que tem um sistema próprio, a paravirtualização apresenta o convidado a um sistema que é semelhante, mas não idêntico ao que ele prefere. O convidado deve ser modificado para executar no hardware paravirtualizado. A vantagem desse trabalho adicional é o uso mais eficiente dos recursos e uma camada de virtualização menor.

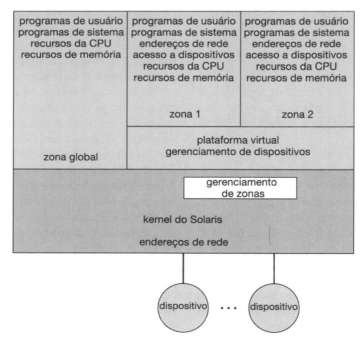

Figura 2.18 Solaris 10 com dois contêineres.

O Solaris 10 inclui **contêineres**, ou **zonas**, que criam uma camada virtual entre o sistema operacional e as aplicações. Nesse sistema, só um kernel é instalado e o hardware não é virtualizado. Em vez disso, o sistema operacional e seus dispositivos são virtualizados, fornecendo processos dentro de um contêiner e dando a impressão de que eles são os únicos processos no sistema. Um ou mais contêineres podem ser criados e cada um pode ter suas próprias aplicações, pilhas de rede, endereço e portas de rede, contas de usuário e assim por diante. Os recursos da CPU podem ser divididos entre os contêineres e os processos de todo o sistema. A Figura 2.18 mostra um sistema Solaris 10 com dois contêineres e o espaço de usuário "global" padrão.

2.8.5 Implementação

Embora o conceito de máquina virtual seja útil, é difícil de implementar. Muito trabalho é necessário para o fornecimento de uma duplicata *exata* da máquina subjacente. Lembre-se de que, normalmente, a máquina subjacente tem duas modalidades: modalidade de usuário e modalidade de kernel. O software da máquina virtual pode ser executado em modalidade de kernel, já que é o sistema operacional. A própria máquina virtual só pode executar em modalidade de usuário. Da mesma forma que a máquina física tem duas modalidades, no entanto, a máquina virtual também deve ter. Consequentemente, devemos ter uma modalidade de usuário virtual e uma modalidade de kernel virtual, ambas executando em modalidade de usuário física. As ações que causam uma transferência da modalidade de usuário para a modalidade de kernel em uma máquina real (como uma chamada de sistema ou uma tentativa de executar uma instrução privilegiada) também devem causar uma transferência da modalidade de usuário virtual para a modalidade de kernel virtual em uma máquina virtual.

Essa transferência pode ser feita da forma descrita a seguir. Quando uma chamada de sistema, por exemplo, é feita por um programa sendo executado em uma máquina virtual na modalidade de usuário virtual, ela causa uma transferência para o monitor da máquina virtual na máquina real. Quando o monitor da máquina virtual assume o controle, ele pode alterar os conteúdos dos registradores e o contador do programa da máquina virtual para simular o efeito da chamada de sistema. Então, ele pode reiniciar a máquina virtual, observando que, agora, ela está em modalidade de kernel virtual.

É claro que a principal diferença é o tempo. Enquanto o I/O real pode levar 100 milissegundos, o I/O virtual pode levar menos tempo (porque é feito em spool) ou mais tempo (porque é interpretado). Além disso, a CPU está sendo multiprogramada entre muitas máquinas virtuais, retardando ainda mais as máquinas virtuais de maneiras imprevisíveis. Em um caso extremo, pode ser necessária a simulação de todas as instruções para o fornecimento de uma máquina virtual real. O VM, discutido anteriormente, funciona para máquinas IBM porque instruções comuns das máquinas virtuais podem ser executadas diretamente no hardware. Só as instruções privilegiadas (necessárias principalmente para I/O) devem ser simuladas e, portanto, são executadas mais lentamente.

Sem algum nível de suporte de hardware, a virtualização seria impossível. Quanto maior o suporte de hardware disponível em um sistema, mais recursos, estabilidade e execução satisfatória as máquinas virtuais apresentam. Todas as principais CPUs de uso geral fornecem algum nível de suporte de hardware para a virtualização. Por exemplo, a tecnologia de virtualização AMD é encontrada em vários processadores AMD. Ela define dois novos modos de operação – host e convidado. O software da máquina virtual pode ativar o modo de host, definir as características de cada máquina virtual convidada e, então, passar o sistema para a modalidade de convidado, passando o controle para o sistema operacional convidado que está executando na máquina virtual. Na modalidade de convidado, o sistema operacional virtualizado tem a impressão de estar executando em hardware nativo e vê certos dispositivos (aqueles incluídos na definição do host para o convidado). Se o convidado tentar acessar um recurso virtualizado, o controle será passado para o host para o gerenciamento dessa interação.

2.8.6 Exemplos

Apesar das vantagens das máquinas virtuais, elas receberam pouca atenção durante vários anos após terem sido desenvolvidas. Atualmente, no entanto, as máquinas virtuais estão se tornando populares como um meio de resolver problemas de compatibilidade de sistemas. Nesta seção, examinamos duas máquinas virtuais contemporâneas populares: o VMware Workstation e a máquina virtual Java. Como você verá, normalmente, essas máquinas virtuais podem executar acima dos sistemas operacionais de qualquer um dos tipos de projeto discutidos anteriormente. Portanto, os métodos de projeto do sistema operacional – camadas simples, microkernels, módulos e máquinas virtuais – não são mutuamente exclusivos.

2.8.6.1 VMware

A maioria das técnicas de virtualização discutidas nesta seção requer que a virtualização tenha suporte no kernel. Outro método envolve a criação da ferramenta de virtualização para ser executada em modalidade de usuário como uma aplicação acima do sistema operacional. As máquinas virtuais que operam dentro dessa ferramenta têm a impressão de que estão executando em hardware puro, mas, na verdade, estão executando dentro de uma aplicação de nível de usuário.

O **VMware Workstation** é uma aplicação comercial popular que abstrai o Intel X86 e hardware compatível em máquinas virtuais isoladas. Ele é executado como uma aplicação em um sistema operacional host como o Windows ou o Linux e permite que esse sistema host execute concorrentemente vários sistemas operacionais convidados diferentes como máquinas virtuais independentes.

A arquitetura de um sistema assim é mostrada na Figura 2.19. Nesse cenário, o Linux está operando como o sistema operacional host e o FreeBSD, o Windows NT e o Windows XP estão executando como sistemas operacionais convidados. A camada de virtualização é a parte principal do VMware, já que ela abstrai o hardware físico em máquinas virtuais isoladas executando como sistemas operacionais convidados. Cada máquina virtual tem sua própria CPU virtual, memória, drives de disco, interfaces de rede e assim por diante.

O disco físico que o convidado possui e gerencia é, na verdade, apenas um arquivo dentro do sistema de arquivos do sistema operacional host. Para criar uma instância convidada idêntica, só temos que copiar o arquivo. A cópia do arquivo em outra locação protege a instância convidada contra uma falha na locação original. A transferência do arquivo para outra locação transfere o sistema convidado. Esses cenários mostram como a virtualização pode melhorar a eficiência da administração e o uso de recursos do sistema.

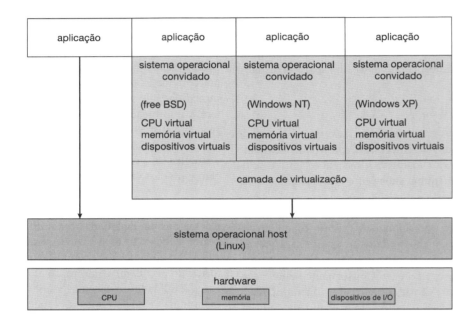

Figura 2.19 Arquitetura do VMware.

2.8.6.2 A Máquina Virtual Java

Java é uma linguagem de programação orientada a objetos popular introduzida pela Sun Microsystems em 1995. Além de uma especificação da linguagem e uma extensa biblioteca de APIs, o ambiente Java também fornece uma especificação para a máquina virtual Java – ou JVM.

Os objetos Java são especificados com a estrutura `class`; um programa Java é composto por uma ou mais classes. Para cada classe Java, o compilador produz um arquivo (`.class`) de saída com **bytecode** independente da arquitetura, que será executado em qualquer implementação da JVM.

A JVM é uma especificação de um computador abstrato. Ela é composta por um **carregador de classes** e um interpretador Java que executa os bytecodes independentes de arquitetura, como diagramado na Figura 2.20. O carregador de classes carrega os arquivos `.class` compilados, a partir tanto do programa Java quanto da API Java para execução pelo interpretador Java. Após uma classe ser carregada, o verificador verifica se o arquivo `.class` tem bytecodes

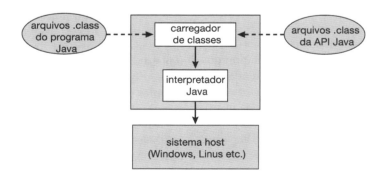

Figura 2.20 A máquina virtual Java.

A PLATAFORMA .NET

A Plataforma .NET é um conjunto de tecnologias que inclui um grupo de bibliotecas de classes e um ambiente de execução disponibilizados conjuntamente para fornecer uma plataforma de desenvolvimento de softwares. Essa plataforma permite que sejam escritos programas direcionados à Plataforma .NET em vez de a uma arquitetura específica. Um programa escrito para a Plataforma .NET não precisa se preocupar com as especificações do hardware ou do sistema operacional em que será executado. Portanto, qualquer arquitetura que implemente a Plataforma .NET poderá executar com sucesso o programa. Isso ocorre porque o ambiente de execução abstrai esses detalhes e fornece uma máquina virtual como intermediária entre o programa a ser executado e a arquitetura subjacente.

A base da Plataforma .NET é o Common Language Runtime (CLR). O CLR é a implementação da máquina virtual .NET. Ele fornece um ambiente para a execução de programas escritos em qualquer uma das linguagens destinadas à Plataforma .NET. Programas escritos em linguagens como C# (pronuncia-se C-*sharp*) e VB.NET são compilados em uma linguagem intermediária independente de arquitetura chamada Microsoft Intermediate Language (MS-IL). Esses arquivos compilados, chamados de montagens, incluem metadados e instruções MS-IL. Eles têm extensões de arquivo .EXE ou .DLL. Na execução de um programa, o CLR carrega as montagens no que é conhecido como o **Domínio da Aplicação**. Quando instruções são solicitadas pelo programa que está em execução, o CLR converte as instruções MS-IL das montagens em código nativo que é específico da arquitetura subjacente, usando a compilação just-in-time. Uma vez que as instruções tenham sido convertidas para código nativo, serão armazenadas e continuarão a ser executadas como código nativo da CPU. A arquitetura do CLR para a Plataforma .NET é mostrada na Figura 2.21.

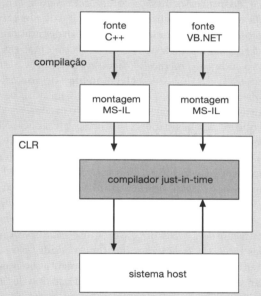

Figura 2.21 Arquitetura do CLR para a Plataforma .NET.

Java válidos e não estoura a pilha positiva ou negativamente. Ele também assegura que o bytecode não execute a aritmética de ponteiros, que poderia fornecer acesso ilegal à memória. Se a classe passar na verificação, ela será executada pelo interpretador Java. A JVM também gerencia a memória automaticamente executando a **coleta de lixo** – a prática de reclamar a memória de objetos que não estão mais sendo usados e devolvê-la para o sistema. Muitas pesquisas estudam algoritmos de coleta de lixo para melhoria do desempenho de programas Java na máquina virtual.

A JVM pode ser implementada em software acima de um sistema operacional host, como o Windows, o Linux ou o Mac OS X, ou como parte de um navegador da Web. Alternativamente, a JVM pode ser implementada em hardware em um chip especificamente projetado para executar programas Java. Se a JVM for implementada em software, o interpretador Java analisa as operações de bytecodes uma de cada vez. Uma técnica mais rápida em software é o uso de um compilador **just-in-time (JIT)**. Nesse caso, na primeira vez em que um método Java é chamado, os bytecodes do método são convertidos em linguagem de máquina nativa do sistema host. Essas operações são então armazenadas em cache para que chamadas subsequentes de um método sejam executadas com o uso das instruções de máquina nativa e as operações de bytecodes não precisem ser interpretadas novamente. Uma técnica que é potencialmente ainda mais rápida, é a execução da JVM em hardware em um chip Java especial que execute as operações de bytecodes Java como código nativo, eliminando, assim, a necessidade de um interpretador de software ou de um compilador just-in-time.

2.9 Depuração do Sistema Operacional

Em sentido amplo, *depuração* é a atividade de encontrar e corrigir erros, ou *bugs*, em um sistema. A depuração tenta encontrar e corrigir erros tanto em hardware quanto em software. Problemas de desempenho são considerados bugs, portanto, a depuração também pode incluir o ***ajuste no desempenho***, para melhorar o desempenho removendo ***gargalos*** no processamento que estiver ocorrendo em um sistema. Uma discussão sobre a depuração de hardware não faz parte do escopo deste texto. Nesta seção, examinamos a depuração de erros no kernel e em processos e problemas de desempenho.

2.9.1 Análise de Falhas

Quando um processo falha, a maioria dos sistemas operacionais grava as informações de erro em um ***arquivo de log*** para alertar os operadores ou usuários do sistema sobre a ocorrência do problema. O sistema operacional também pode receber um ***despejo de núcleo*** – uma captura da memória (conhecida como "núcleo" nos primórdios da computação) do processo. Essa imagem de núcleo é armazenada em um arquivo para análise posterior. Programas em execução e despejos de núcleo podem ser examinados por um ***depurador***, uma ferramenta projetada para permitir que o programador examine o código e a memória de um processo.

A depuração do código de processos de nível de usuário é um desafio. A depuração do kernel do sistema operacional é ainda mais complexa por causa do tamanho e complexidade do kernel, seu controle sobre o hardware e a falta de ferramentas de depuração de nível de usuário. Uma falha no kernel é chamada de ***queda***. Como na falha em um processo, as informações de erro são salvas em um arquivo de log e o estado da memória é salvo em um ***despejo de queda***.

Geralmente, a depuração de sistemas operacionais usa ferramentas e técnicas diferentes da depuração de processos devido à natureza tão distinta dessas duas tarefas. Considere que uma falha de kernel no código do sistema de arquivos tornaria arriscado para o kernel tentar salvar seu estado em um arquivo do sistema de arquivos antes da reinicialização. Uma técnica comum é salvar o estado da memória do kernel em uma seção de disco sem sistema de arquivos e configurada isoladamente para essa finalidade. Se o kernel detectar um erro irrecuperável, gravará todo o conteúdo da memória ou, pelo menos, as partes da memória do sistema que lhe pertencerem, nessa área do disco. Quando o sistema for reinicializado, um processo será executado para coletar os dados dessa área e gravá-los em um arquivo de despejo de queda dentro de um sistema de arquivos para análise.

2.9.2 Ajuste no Desempenho

Para identificar gargalos, temos de poder monitorar o desempenho do sistema. Um código deve ser adicionado para o cálculo e a exibição de medidas de comportamento do sistema. Em vários sistemas, o sistema operacional executa essa tarefa produzindo listagens de rastreamento do comportamento do sistema. Todos os eventos interessantes são registrados em log com sua duração e parâmetros importantes e gravados em um arquivo. Posteriormente, um programa de análise pode processar o arquivo de log para determinar o desempenho do sistema e identificar gargalos e ineficiências. Esses mesmos rastreamentos podem ser executados como entradas para a simulação de uma proposta de otimização do sistema. Os rastreamentos também podem ajudar as pessoas a encontrar erros no comportamento do sistema operacional.

> **Lei de Kernighan**
> "Depurar é duas vezes mais difícil do que criar o código. Portanto, mesmo tendo escrito o código da maneira mais inteligente possível, por definição, você não tem habilidade suficiente para depurá-lo."

Outra abordagem para o ajuste do desempenho é a inclusão de ferramentas interativas no sistema que permitam que os usuários e administradores examinem o estado dos vários componentes do sistema para procurar gargalos. O comando UNIX `top` exibe os recursos usados no sistema, assim como uma lista ordenada dos processos que mais usam recursos. Outras ferramentas exibem o estado do I/O de disco, da alocação de memória e do tráfego de rede. Os autores dessas ferramentas de uso exclusivo tentam adivinhar o que um usuário gostaria de ver ao analisar um sistema e fornecem essas informações.

Tornar a execução de sistemas operacionais mais fácil de entender, depurar e ajustar é uma área ativa da pesquisa e implementação de sistemas operacionais. O ciclo de ativação do rastreamento quando problemas ocorrem no sistema e da análise posterior dos rastreamentos está sendo rompido por uma nova geração de ferramentas de análise de desempenho habilitadas para o kernel. Além disso, essas ferramentas não são de uso exclusivo ou simplesmente para seções de código que foram criadas para emitir dados de depuração. O recurso de rastreamento dinâmico DTrace do Solaris 10 é um exemplo pioneiro desse tipo de ferramenta.

2.9.3 DTrace

O ***DTrace*** é um recurso que adiciona dinamicamente sondagens a um sistema em execução, tanto em processos de usuário quanto no kernel. Essas sondagens podem ser consultadas por meio da linguagem de programação D para a visualização de uma quantidade enorme de informações sobre o kernel, o estado do sistema e atividades de processos. Por exemplo, a Figura 2.22 acompanha uma aplicação enquanto ela executa uma chamada de sistema (`ioctl`) e também mostra as chamadas funcionais dentro do kernel quando elas são executadas para executar a chamada. As linhas que terminam com "U" são executadas em modalidade de usuário e as que terminam com "K" em modalidade de kernel.

A depuração das interações entre código de kernel e de nível de usuário é quase impossível sem um grupo de ferramentas que entenda os dois conjuntos de código e possa instrumentar as operações. Para esse conjunto de ferramentas ser realmente útil, ele tem que poder depurar qualquer área de um

```
# ./all.d 'pgrep xclock' XEventsQueued
dtrace: script './all.d' matched 52377 probes
CPU FUNCTION
  0  -> XEventsQueued                          U
  0    -> _XEventsQueued                       U
  0      -> _X11TransBytesReadable             U
  0      <- _X11TransBytesReadable             U
  0      -> _X11TransSocketBytesReadable       U
  0      <- _X11TransSocketBytesreadable       U
  0      -> ioctl                              U
  0        -> ioctl                            K
  0          -> getf                           K
  0            -> set_active_fd                K
  0            <- set_active_fd                K
  0          <- getf                           K
  0          -> get_udatamodel                 K
  0          <- get_udatamodel                 K
...
  0          -> releasef                       K
  0            -> clear_active_fd              K
  0            <- clear_active_fd              K
  0            -> cv_broadcast                 K
  0            <- cv_broadcast                 K
  0          <- releasef                       K
  0        <- ioctl                            K
  0      <- ioctl                              U
  0    <- _XEventsQueued                       U
  0  <- XEventsQueued                          U
```

Figura 2.22 O comando dtrace do Solaris 10 acompanha uma chamada de sistema dentro do kernel.

sistema, inclusive áreas que não foram criadas visando a depuração, e fazer isso sem afetar a confiabilidade do sistema. Essa ferramenta também deve ter um impacto mínimo no desempenho – o ideal é que ela não cause impacto quando não estiver sendo usada e só cause um impacto proporcional durante o uso. A ferramenta DTrace atende a esses requisitos e fornece um ambiente de depuração dinâmico, seguro e de baixo impacto.

Antes da estrutura e das ferramentas do DTrace ficarem disponíveis no Solaris 10, geralmente, a depuração do kernel era uma tarefa enigmática executada por meio de códigos e ferramentas casuais e arcaicos. Por exemplo, as CPUs têm um recurso de ponto de interrupção (breakpoint) que interrompe a execução e permite que o depurador examine o estado do sistema. Em seguida, a execução pode continuar até o próximo ponto de interrupção ou o encerramento. Esse método não pode ser usado em um kernel de sistema operacional multiusuário sem afetar negativamente todos os usuários do sistema. A **geração de perfis**, que, periodicamente, coleta amostras do ponteiro de instruções para determinar que código está sendo executado, pode mostrar tendências estatísticas, mas não atividades individuais. Um código poderia ser incluído no kernel para a emissão de dados específicos sob determinadas circunstâncias, mas esse código tornaria o kernel lento e poderia não existir na parte do kernel em que o problema específico que está sendo depurado está ocorrendo.

Por outro lado, o DTrace é executado em sistemas de produção – sistemas que estão executando aplicações importantes ou críticas – e não causa danos ao sistema. Ele retarda as atividades enquanto está ativo, mas após a execução, posiciona o sistema para seu estado de pré-depuração. Além disso, é uma ferramenta abrangente e profunda. Pode depurar amplamente tudo o que está acontecendo no sistema (tanto nos níveis quanto entre as camadas do usuário e do kernel). O DTrace também pode examinar profundamente o código, exibindo instruções individuais da CPU ou atividades de sub-rotinas do kernel.

O **DTrace** é composto por um compilador, uma estrutura, **provedores** de **sondagens** criados dentro dessa estrutura e **consumidores** dessas sondagens. Os provedores do DTrace criam sondagens. Existem estruturas no kernel que controlam todas as sondagens que os provedores criaram. As sondagens são armazenadas em uma estrutura de dados de tabela hash que é codificada por nome e indexada de acordo com identificadores de sondagem exclusivos. Quando uma sondagem é ativada, um bloco de código da área a ser sondada é reescrito para chamar `dtrace_probe(probe identifier)` e, então, continuar com a operação original do código. Diferentes provedores criam diferentes tipos de sondagens. Por exemplo, uma sondagem de chamadas de sistema do kernel funciona diferentemente de uma sondagem de processos do usuário, que é diferente de uma sondagem de I/O.

O DTrace vem com um compilador que gera um bytecode executado no kernel. O compilador garante a "confiabilidade" desse código. Por exemplo, loops não são permitidos e certas modificações no estado do kernel apenas são autorizadas quando solicitadas especificamente. Só usuários com os "privilégios" do DTrace (ou usuários "root") podem usá-lo, já que ele pode recuperar dados privados do kernel (e modificar dados, se solicitado). O código gerado é executado no kernel e habilita sondagens. Ele também habilita consumidores em modalidade de usuário e permite comunicações entre os dois.

Um consumidor do DTrace é um código interessado em uma sondagem e em seus resultados. O consumidor solicita que o provedor crie uma ou mais sondagens. Quando uma sondagem é acionada, ela emite dados que são gerenciados pelo kernel. Dentro do kernel, ações chamadas **blocos de controle de ativação**, ou **ECBs (enabling control blocks)**, são executadas quando sondagens são acionadas. Uma sondagem pode fazer com que vários ECBs sejam executados se mais de um consumidor estiver interessado nela. Cada ECB contém um predicado ("comando if") que pode filtrá-lo. Caso contrário, a lista de ações do ECB será executada. A ação mais comum é a captura de algum fragmento de dados, como o valor de uma variável no ponto de execução da sondagem. Através da coleta desses dados, um cenário completo de uma ação do usuário ou do kernel pode ser construído. Além disso, sondagens acionadas tanto do espaço do usuário quanto do kernel podem mostrar como uma ação de nível de usuário causou reações no nível do kernel. Esses dados são inestimáveis para a monitoração do desempenho e otimização de código.

Uma vez que o consumidor da sondagem terminar, seus ECBs serão removidos. Se não houver ECBs consumindo uma sondagem, ela será removida. Isso envolve a recriação do código para remover a chamada dtrace_probe e reinserir o código original. Portanto, antes de uma sondagem ser criada e após ela ser destruída, o sistema fica exatamente igual, como se nenhuma sondagem tivesse ocorrido.

O DTrace se encarrega de assegurar que as sondagens não usem capacidade de CPU ou memória demais, o que poderia prejudicar o sistema que está em execução. Os buffers usados no armazenamento dos resultados da sondagem são monitorados em relação a não ultrapassagem dos limites default e máximo. O tempo de CPU para a execução de sondagens também é monitorado. Se limites forem excedidos, o consumidor será encerrado, junto com as sondagens ofensivas. Buffers são alocados por CPU para evitar a disputa e a perda de dados.

Um exemplo de código D e sua saída mostra parte de sua utilidade. O programa a seguir mostra o código DTrace que ativa sondagens no scheduler e registra o tempo de CPU de cada processo que está sendo executado com ID de usuário 101 enquanto essas sondagens estão ativas (isto é, enquanto o programa é executado):

```
sched:::on-cpu
uid == 101
{
   self->ts = timestamp;
}

sched:::off-cpu
self->ts
{
   @time[execname] = sum(timestamp - self->ts);
   self->ts = 0;
}
```

A Figura 2.23 mostra a saída do programa, exibindo os processos e quanto tempo (em nanossegundos) eles levam sendo executados nas CPUs.

Já que o DTrace faz parte do sistema operacional de fonte aberta Solaris 10, ele está sendo adicionado a outros sistemas operacionais quando esses sistemas não têm contratos de licença conflitantes. Por exemplo, o DTrace foi adicionado ao Mac OS X 10.5 e ao FreeBSD e, provavelmente, terá uma disseminação ainda maior devido a seus recursos exclusivos. Outros sistemas operacionais, principalmente os derivados do Linux, também estão adicionando a funcionalidade de rastreamento do kernel. E há sistemas operacionais que estão começando a incluir ferramentas de desempenho e rastreamento fomentadas por pesquisas em várias instituições, o que inclui o projeto Paradyn.

```
# dtrace -s sched.d
dtrace: script 'sched.d' matched 6 probes
^C
      gnome-settings-d         142354
      gnome-vfs-daemon         158243
      dsdm                     189804
      wnck-applet              200030
      gnome-panel              277864
      clock-applet             374916
      mapping-daemon           385475
      xscreensaver             514177
      metacity                 539281
      Xorg                    2579646
      gnome-terminal          5007269
      mixer_applet2           7388447
      java                   10769137
```

Figura 2.23 Saída do código D.

2.10 Geração do Sistema Operacional

É possível projetar, codificar e implementar um sistema operacional especificamente para uma máquina de um determinado local. Geralmente, no entanto, os sistemas operacionais são projetados para execução em qualquer uma de uma classe de máquinas em diversos locais, com inúmeras configurações periféricas. O sistema deve então ser configurado ou gerado para o local específico de cada computador, um processo também conhecido como **geração do sistema (SYSGEN)**.

Normalmente, o sistema operacional é distribuído em disco, em CD-ROM ou DVD-ROM, ou como uma imagem "ISO", que é um arquivo no formato de um CD-ROM ou DVD-ROM. Para gerar um sistema, usamos um programa especial. O programa SYSGEN faz leituras em um arquivo fornecido ou solicita ao operador do sistema informações relacionadas à configuração específica do sistema de hardware, ou sonda o hardware diretamente para determinar que componentes estão disponíveis. Os tipos de informações a seguir devem ser determinados:

- Que CPU será usada? Que opções (conjuntos de instruções estendidas, aritmética de ponto flutuante e assim por diante) estão instaladas? Para sistemas com várias CPUs, cada CPU deve ser descrita.
- Como o disco de inicialização será formatado? Em quantas seções, ou "partições", ele será dividido e o que haverá em cada partição?
- Qual a quantidade de memória disponível? Alguns sistemas determinarão esse valor eles próprios referenciando locação da memória a locação da memória até que uma falha de "endereço ilegal" seja gerada. Esse procedimento define o endereço final válido e, portanto, a quantidade de memória disponível.
- Que dispositivos estão disponíveis? O sistema terá que saber como referenciar cada dispositivo (o número do dispositivo), seu número de interrupção, tipo e modelo, e qualquer característica especial do dispositivo.
- Que opções do sistema operacional são desejadas ou que valores de parâmetros devem ser usados? Essas opções ou valores podem incluir a quantidade e o tamanho dos buffers a serem usados, que tipo de algoritmo de scheduling da CPU é desejado, a quantidade máxima de processos a ser suportada e assim por diante.

Uma vez que essas informações sejam determinadas, elas poderão ser usadas de várias maneiras. Em um extremo, um administrador de sistemas pode usá-las para modificar uma cópia do código-fonte do sistema operacional. O sistema operacional será, então, totalmente compilado. Declarações de dados, inicializações e constantes, junto com uma compilação adicional, produzirão uma versão-objeto do sistema operacional personalizada para o sistema descrito.

Em um nível de personalização um pouco menor, a descrição do sistema pode levar à criação de tabelas e à seleção de módulos em uma biblioteca pré-compilada. Esses módulos são vinculados para formar o sistema operacional gerado. A seleção permite que a biblioteca contenha os drivers de todos os dispositivos de I/O suportadas, mas só os necessários são vinculados ao sistema operacional. Já que o sistema não é recompilado, sua geração é mais rápida, mas o sistema resultante pode ser excessivamente genérico.

No outro extremo, é possível construir um sistema totalmente dirigido por tabelas. O código inteiro é sempre parte do sistema e a seleção ocorre em tempo de execução, em vez de em tempo de compilação ou vinculação. A geração do sistema envolve simplesmente a criação das tabelas apropriadas à descrição do sistema.

As principais diferenças entre essas abordagens são o tamanho e generalidade do sistema gerado e a facilidade de modificá-lo quando a configuração do hardware muda. Considere o custo de modificação do sistema para dar suporte a um terminal gráfico recém-adquirido ou a outro drive de disco. É claro que, como contraponto a esse custo, temos a frequência (ou infrequência) dessas alterações.

2.11 Inicialização do Sistema

Após um sistema operacional ser gerado, ele deve ser disponibilizado para uso pelo hardware. Mas como o hardware sabe onde está o kernel ou como carregar esse kernel? O procedimento de iniciar um computador carregando o kernel é conhecido como *inicialização* (*booting*) do sistema. Na maioria dos sistemas de computação, um pequeno bloco de código conhecido como **programa bootstrap** ou **carregador bootstrap** localiza o kernel, carrega-o na memória principal e inicia sua execução. Alguns sistemas de computação, como os PCs, usam um processo de duas etapas em que um carregador bootstrap simples acessa um programa de inicialização mais complexo em disco que, por sua vez, carrega o kernel.

Quando uma CPU recebe um evento de reinicialização – por exemplo, quando é ligada ou reinicializada – o registrador de instruções é carregado com uma locação de memória pré-definida e a execução começa aí. Nessa locação está o programa bootstrap inicial. Esse programa se encontra na forma de **memória somente de leitura (ROM)**, porque a RAM está em um estado desconhecido na inicialização do sistema. A ROM é conveniente porque não precisa de inicialização e não pode ser infectada facilmente por um vírus de computador.

O programa bootstrap pode executar várias tarefas. Geralmente, uma das tarefas é a execução de diagnósticos para a determinação do estado da máquina. Se os diagnósticos forem bem-sucedidos, o programa poderá continuar com as etapas de inicialização. Ele também pode inicializar todos os aspectos do sistema, dos registradores da CPU aos controladores de dispositivos e o conteúdo da memória principal. Assim que possível, ele inicia o sistema operacional.

Alguns sistemas – como os telefones celulares, PDAs e consoles de jogos – armazenam o sistema operacional inteiro em ROM. O armazenamento do sistema operacional em ROM é adequado para sistemas operacionais pequenos, hardware de suporte simples e operações irregulares. Um problema dessa abordagem é que a alteração do código bootstrap requer a mudança dos chips de hardware da ROM. Alguns sistemas resolvem esse problema usando **memória somente de leitura apagável e programável (EPROM)**, que é somente de leitura, exceto quando recebe explicitamente um comando para se tornar gravável. Todos os tipos de ROM também são conhecidos como **firmware**, já que suas características se encaixam em algum ponto entre hardware e software. Um problema comum no firmware é que a execução do código é mais lenta do que em RAM. Alguns sistemas armazenam o sistema operacional em firmware e o copiam em RAM para a execução ser rápida. Um último problema do firmware é o fato dele ser relativamente caro, portanto, geralmente apenas pequenas quantidades ficam disponíveis.

Em sistemas operacionais grandes (inclusive a maioria dos sistemas operacionais de uso geral como o Windows, o Mac OS X e o UNIX) ou sistemas que mudam com frequência, o carregador de bootstrap é armazenado em firmware e o sistema operacional em disco. Nesse caso, o programa bootstrap executa diagnósticos e contém um trecho de código que pode ler um único bloco em uma locação fixa (por exemplo, o bloco zero) do disco, enviar para a memória e executar o código desse *bloco de inicialização*. O programa armazenado no bloco de inicialização pode ser suficientemente sofisticado para carregar o sistema operacional inteiro na memória e começar sua execução, mas, normalmente, é um código simples (já que cabe em um único bloco do disco) e só conhece o endereço em disco e o tamanho do resto do programa bootstrap. O *GRUB* é um exemplo de programa bootstrap de fonte aberta para sistemas Linux. Toda a inicialização baseada em disco e o próprio sistema operacional podem ser facilmente alterados com a criação de novas versões para disco. Um disco que contém uma partição de inicialização (veja mais sobre isso na Seção 11.5.1) é chamado de **disco de inicialização** ou **disco do sistema**.

Agora que o programa bootstrap inteiro foi carregado, ele pode percorrer o sistema de arquivos para encontrar o kernel do sistema operacional, carregá-lo na memória e iniciar sua execução. Só nesse momento é que consideramos que o sistema está em execução.

2.12 Resumo

Os sistemas operacionais fornecem vários serviços. No nível inferior, chamadas de sistema permitem que um programa em execução faça solicitações diretamente ao sistema operacional. Em um nível superior, o interpretador de comandos ou Shell fornece um mecanismo para o usuário emitir uma solicitação sem escrever um programa. Os comandos podem ser originados em arquivos durante a execução em modalidade batch ou diretamente em um terminal quando é usada uma modalidade interativa ou de tempo compartilhado. Programas de sistema são fornecidos para atender muitas das solicitações comuns feitas pelos usuários.

Os tipos de solicitação variam de acordo com o nível. O nível de chamada de sistema deve fornecer as funções básicas, como o controle de processos e a manipulação de arquivos e dispositivos. Solicitações de nível superior, atendidas pelo interpretador de comandos ou por programas de sistema, são convertidas em uma sequência de chamadas de sistema. Os serviços do sistema podem ser classificados em várias categorias: controle de programas, solicitações de status e solicitações de I/O. Os erros de programa podem ser considerados pedidos implícitos de serviço.

Uma vez que os serviços do sistema sejam definidos, a estrutura do sistema operacional pode ser desenvolvida. Várias tabelas são necessárias para o registro das informações que definem o estado do sistema de computação e o status dos jobs do sistema.

O projeto de um novo sistema operacional é uma tarefa de peso. É importante que os objetivos do sistema sejam bem definidos antes de o projeto começar. O tipo de sistema desejado é a base das escolhas feitas entre os vários algoritmos e estratégias que serão necessárias.

Já que um sistema operacional é extenso, a modularidade é importante. Projetar um sistema como uma sequência de camadas ou usar um microkernel são consideradas boas técnicas. O conceito de máquina virtual adota a abordagem em camadas e trata tanto o kernel do sistema operacional quanto o hardware como se fossem hardware. Outros sistemas operacionais também podem ser carregados acima dessa máquina virtual.

Durante todo o ciclo de projeto do sistema operacional, devemos ter o cuidado de separar decisões de política dos detalhes (mecanismos) de implementação. Essa separação permite flexibilidade máxima se as decisões de política tiverem que ser alteradas posteriormente.

Atualmente, os sistemas operacionais são quase sempre escritos em uma linguagem de implementação de sistemas ou em uma linguagem de nível superior. Essa característica melhora sua implementação, manutenção e portabilidade. Para criar um sistema operacional para uma configuração de máquina específica, devemos executar a geração do sistema.

A depuração de falhas em processos e no kernel pode ser feita com o uso de depuradores e outras ferramentas que analisem despejos do núcleo. Ferramentas como o DTrace analisam sistemas de produção para encontrar gargalos e entender outros comportamentos do sistema.

Para um sistema de computação começar a operar, a CPU deve ser inicializada e começar a executar o programa bootstrap em firmware. O programa bootstrap pode executar o sistema operacional diretamente se esse também estiver no firmware ou pode concluir uma sequência em que carregue progressivamente programas mais inteligentes a partir do firmware e de disco até o próprio sistema operacional ser carregado na memória e executado.

Exercícios Práticos

2.1 Qual é a finalidade das chamadas de sistema?

2.2 Quais são as cinco principais atividades de um sistema operacional relacionadas ao gerenciamento de processos?

2.3 Quais são as três principais atividades de um sistema operacional relacionadas ao gerenciamento de memória?

2.4 Quais são as três principais atividades de um sistema operacional relacionadas ao gerenciamento de memória secundária?

2.5 Qual é a finalidade do interpretador de comandos? Por que, geralmente, ele é separado do kernel?

2.6 Que chamadas de sistema têm que ser executadas por um interpretador de comandos ou shell para iniciar um novo processo?

2.7 Qual é a finalidade dos programas de sistema?

2.8 Qual é a principal vantagem da abordagem em camadas para o projeto de sistemas? Quais as desvantagens do uso dessa abordagem?

2.9 Liste cinco serviços fornecidos por um sistema operacional e explique por que cada um deles é conveniente para os usuários. Em que casos seria impossível que programas de nível de usuário forneçam esses serviços? Explique sua resposta.

2.10 Por que alguns sistemas armazenam o sistema operacional em firmware, enquanto outros o armazenam em disco?

2.11 Como seria o projeto de um sistema que permitisse a escolha de sistemas operacionais a partir dos quais se desse a inicialização? O que o programa bootstrap teria que fazer?

Exercícios

2.12 Os serviços e funções fornecidos por um sistema operacional podem ser divididos em duas categorias principais. Descreva resumidamente as duas categorias e discuta em que elas diferem.

2.13 Descreva três métodos gerais de passagem de parâmetros para o sistema operacional.

2.14 Descreva como você poderia obter um perfil estatístico do tempo gasto por um programa executando diferentes seções de seu código. Discuta a importância da obtenção desse perfil estatístico.

2.15 Quais são as cinco atividades principais de um sistema operacional relacionadas ao gerenciamento de arquivos?

2.16 Quais são as vantagens e desvantagens do uso da mesma interface de chamadas de sistema na manipulação tanto de arquivos quanto de dispositivos?

2.17 Seria possível para o usuário desenvolver um novo interpretador de comandos usando a interface de chamadas de sistema fornecida pelo sistema operacional?

2.18 Quais são os dois modelos de comunicação entre processos? Cite as vantagens e desvantagens das duas abordagens.

2.19 Por que a separação entre mecanismo e política é desejável?

2.20 Às vezes, é difícil adotar uma abordagem em camadas quando dois componentes do sistema operacional dependem um do outro. Identifique um cenário em que não está claro como dois componentes do sistema que requerem integração total de suas funcionalidades, devem ser dispostos em camadas.

2.21 Qual é a principal vantagem da abordagem de microkernel para o projeto de sistemas? Como os programas de usuário e serviços do sistema interagem em uma arquitetura de microkernel? Quais são as desvantagens da abordagem de microkernel?

2.22 De que maneiras a abordagem de kernel modular é semelhante à abordagem em camadas? De que maneiras ela difere da abordagem em camadas?

2.23 Qual é a principal vantagem para um projetista de sistema operacional do uso de uma arquitetura de máquina virtual? Qual é a principal vantagem para o usuário?

2.24 Por que um compilador just-in-time é útil na execução de programas Java?

2.25 Qual é o relacionamento entre um sistema operacional convidado e um sistema operacional host em um sistema como o VMware? Que fatores têm que ser considerados na seleção do sistema operacional host?

2.26 O sistema operacional experimental Synthesis tem um montador incorporado ao kernel. Para otimizar o desempenho das chamadas de sistema, o kernel monta rotinas dentro de seu próprio espaço para minimizar o caminho que a chamada deve percorrer dentro dele. Essa abordagem é a antítese da abordagem em camadas, em que o caminho percorrido no kernel é estendido para tornar a construção do sistema operacional mais fácil. Discuta as vantagens e desvantagens da abordagem do Synthesis para o projeto do kernel e a otimização do desempenho do sistema.

Problemas de Programação

2.27 Na Seção 2.3, descrevemos um programa que copia o conteúdo de um arquivo em um arquivo de destino. Ao ser executado, primeiro esse programa solicita ao usuário o nome dos arquivos de origem e destino. Escreva o programa usando a API Win32 ou a API POSIX. Certifique-se de inserir toda a verificação de erros necessária, verificando inclusive se o arquivo de origem existe.

Uma vez que você tinha projetado e testado corretamente o programa, se usou um sistema que dê suporte a isso, execute o programa usando um utilitário que rastreie chamadas de sistema. Sistemas Linux fornecem o utilitário `ptrace` e sistemas Solaris usam o comando `truss` ou `dtrace`. No Mac OS X, o recurso `ktrace` fornece funcionalidade semelhante. Já que os sistemas Windows não fornecem esses recursos, você terá que rastrear a versão Win32 desse programa usando um depurador.

Projetos de Programação

Adicionando uma chamada de sistema ao kernel do Linux

Nesse projeto, você estudará a interface de chamadas de sistema fornecida pelo sistema operacional Linux e aprenderá como os programas de usuário se comunicam com o kernel do sistema operacional através dessa interface. Sua tarefa é incorporar uma nova chamada de sistema ao kernel, expandindo assim a funcionalidade do sistema operacional.

Parte 1: Iniciando

Uma chamada de procedimento em modalidade de usuário é executada pela passagem de argumentos para o procedimento na pilha ou através de registradores, salvando o estado corrente e o valor do contador do programa e saltando até o início do código correspondente ao procedimento chamado. O processo continua tendo os mesmos privilégios de antes.

As chamadas de sistema aparecem como chamadas de procedimento para os programas de usuário, mas resultam em uma alteração no contexto e nos privilégios de execução. No Linux sendo executado na arquitetura Intel 386, uma chamada de sistema é feita por meio do armazenamento do número da chamada de sistema no registrador EAX, do armazenamento de argumentos para a chamada de sistema em outros registradores de hardware e da execução de uma instrução de exceção (que é a instrução de montagem INT 0x80). Após a exceção ser executada, o número da chamada de sistema é usado na indexação em uma tabela de ponteiros de código para a obtenção do endereço inicial do código manipulador que implementa a chamada de sistema. O processo então salta para esse endereço e seus privilégios são alterados da modalidade de usuário para a de kernel. Com os privilégios expandidos, agora o processo pode executar código de kernel, o que pode incluir instruções privilegiadas que não podem ser executadas em modalidade de usuário. O código de kernel pode então executar os serviços solicitados, como a interação com dispositivos de I/O, e pode executar o gerenciamento de processos e outras atividades que não podem ser executadas em modalidade de usuário.

Os números de chamada de sistema de versões recentes do kernel do Linux são listados em /usr/src/linux-2.x/include/asm-i386/unistd.h. (Por exemplo, _ _ NR_close corresponde à chamada de sistema close(), que é invocada para o fechamento de um descritor de arquivo e é definida com o valor 6.) Normalmente, a lista de ponteiros para manipuladores de chamadas de sistema é armazenada no arquivo /usr/src/linux-2.x/arch/i386/kernel/entry.S sob o cabeçalho ENTRY (sys_call_table). É bom ressaltar que sys_close está armazenado na entrada número 6 da tabela para manter a consistência com o número de chamada de sistema definido no arquivo unistd.h. (A palavra-chave .long significa que a entrada ocupará a mesma quantidade de bytes de um valor de dados de tipo long.)

Parte 2: Construindo um Novo Kernel

Antes de adicionar uma chamada de sistema ao kernel, você deve se familiarizar com a tarefa de construir o binário de um kernel a partir de seu código-fonte e inicializar a máquina com o kernel recém-construído. Essa atividade é composta pelas tarefas a seguir, algumas das quais dependem da instalação específica do sistema operacional Linux em uso.

- Obtenha o código-fonte do kernel da distribuição do Linux. Se o pacote do código-fonte já tiver sido instalado em sua máquina, os arquivos correspondentes podem estar disponíveis em /usr/src/linux ou /usr/src/linux-2.x (o sufixo corresponde ao número de versão do kernel). Se o pacote ainda não tiver sido instalado, pode ser baixado do fornecedor de sua distribuição do Linux ou de http://www.kernel.org.

- Aprenda como configurar, compilar e instalar o binário do kernel. Isso variará entre as diferentes distribuições do kernel, mas alguns comandos típicos para sua construção (após o acesso ao diretório em que o código-fonte do kernel está armazenado) incluem:
  o make xconfig
  o make dep
  o make bzImage

- Adicione uma nova entrada ao conjunto de kernels inicializáveis suportados pelo sistema. Normalmente, o sistema operacional Linux usa utilitários como lilo e grub para manter uma lista dos kernels inicializáveis que os usuários podem escolher durante a inicialização da máquina. Se seu sistema der suporte ao lilo, adicione uma entrada como essa a lilo.conf:

    image=/boot/bzImage.mykernel
    label=mykernel
    root=/dev/hda5
    read-only

em que /boot/bzImage.mykernel é a imagem do kernel e mykernel é o rótulo associado ao novo kernel. Essa etapa permitirá que você selecione o novo kernel durante o processo de inicialização. Você terá então a opção de inicializar o novo kernel ou inicializar o kernel inalterado se o kernel recém-construído não funcionar apropriadamente.

Parte 3: Estendendo a Fonte do Kernel

Agora você pode tentar adicionar um novo arquivo ao conjunto de arquivos-fonte usados na compilação do kernel. Normalmente, o código-fonte é armazenado no diretório /usr/src/linux-2.x/kernel, embora essa locação possa ser diferente em sua distribuição do Linux. Há duas opções para a inclusão da chamada de sistema. A primeira é adicionar a chamada de sistema a um arquivo-fonte existente nesse diretório. A segunda é criar um novo arquivo no diretório-fonte e modificar /usr/src/linux-2.x/kernel/Makefile para incluir o arquivo recém-criado no processo de compilação. A vantagem da primeira abordagem é que quando modificamos um arquivo existente que já faz parte do processo de compilação, o arquivo Makefile não precisa ser modificado.

Parte 4: Adicionando uma Chamada de Sistema ao Kernel

Agora que você está familiarizado com as diversas tarefas de background correspondentes à construção e inicialização de kernels Linux, pode começar o processo de inclusão de uma nova chamada de sistema no kernel. Nesse projeto, a chamada de sistema terá funcionalidade limitada; ela simplesmente passará da modalidade de usuário para a modalidade de kernel, exibirá uma mensagem que será registrada em log com as mensagens do kernel e passará novamente para a modalidade de usuário. Chamaremos essa chamada de sistema de *helloworld*. Mesmo tendo funcionalidade limitada, ela ilustra o mecanismo das chamadas de sistema e demonstra a interação entre programas de usuário e o kernel.

- Crie um novo arquivo chamado `helloworld.c` para definir sua chamada de sistema. Inclua os arquivos de cabeçalho `linux/linkage.h` e `linux/kernel.h`. Adicione o código a seguir a esse arquivo:

```
#include <linux/linkage.h>
#include <linux/kernel.h>
asmlinkage int sys_helloworld() {
   printk(KERN_EMERG "hello world!");

   return 1;
}
```

Isso criará uma chamada de sistema com o nome `sys_helloworld()`. Se você decidir adicionar essa chamada de sistema a um arquivo existente no diretório-fonte, só terá que adicionar a função `sys_helloworld()` ao arquivo que escolher. No código, `asmlinkage` é um remanescente dos dias em que o Linux usava tanto código C++ quanto C e é usado para indicar que o código foi escrito em C. A função `printk()` é usada para gravar mensagens em um arquivo de log do kernel e, portanto, só pode ser chamada a partir do kernel. As mensagens do kernel especificadas no parâmetro de `printk()` são registradas no arquivo `/var/log/kernel/warnings`. O protótipo de função da chamada de `printk()` está definido em `/usr/include/linux/kernel.h`.

- Defina um novo número de chamada de sistema para `__NR_helloworld` em `/usr/src/linux-2.x/include/asm-i386/unistd.h`. Um programa de usuário pode usar esse número para identificar a chamada de sistema recém-adicionada. Certifique-se também de incrementar o valor de `__NR_syscalls`, que é armazenado no mesmo arquivo. Essa constante registra a quantidade de chamadas de sistema definidas correntemente no kernel.

- Adicione uma entrada `.long sys.helloworld` à tabela `sys_call_table` definida no arquivo `/usr/src/linux-2.x/arch/i386/kernel/entry.S`. Como discutido anteriormente, o número da chamada de sistema é usado como índice nessa tabela para encontrar a localização da posição do código manipulador da chamada de sistema invocada.

- Adicione seu arquivo `helloworld.c` ao arquivo Makefile (se você criou um novo arquivo para sua chamada de sistema). Salve uma cópia da imagem binária de seu antigo kernel (para o caso de haver problemas com o kernel recém-criado). Agora você pode construir o novo kernel, renomeá-lo para distingui-lo do kernel inalterado e adicionar uma entrada aos arquivos de configuração do carregador (como `lilo.conf`). Após concluir essas etapas, você poderá inicializar o kernel antigo ou o novo kernel que contém sua chamada de sistema.

Parte 5: Usando a Chamada de Sistema a partir de um Programa de Usuário

Quando você executar a inicialização com o novo kernel, ele dará suporte à chamada de sistema recém-definida; agora, você só tem que invocar essa chamada de sistema a partir de um programa de usuário. Normalmente, a biblioteca C padrão dá suporte a uma interface de chamadas de sistema definidas para o sistema operacional Linux. Mas, já que sua nova chamada de sistema não está vinculada à biblioteca C padrão, sua invocação demandará intervenção manual.

Como mencionado anteriormente, uma chamada de sistema é invocada pelo armazenamento do valor apropriado em um registrador de hardware e pela execução de uma instrução de exceção. Infelizmente, essas operações de baixo nível não podem ser executadas com o uso de comandos da linguagem C, em vez disso, requerem comandos de montagem. Por sorte, o Linux fornece macros para a instanciação de funções encapsuladoras contendo as instruções de montagem apropriadas. Por exemplo, o programa C a seguir usa a macro `_syscall0()` para invocar a chamada de sistema recém-definida:

```
#include <linux/errno.h>
#include <sys/syscall.h>
#include <linux/unistd.h>

_syscall0(int, helloworld);

main()
{
   helloworld();
}
```

- A macro `_syscall0` usa dois argumentos. O primeiro especifica o tipo do valor retornado pela chamada de sistema; o segundo é o nome da chamada de sistema. O nome é usado para identificar o número da chamada de sistema armazenado no registrador de hardware antes da instrução de exceção ser executada. Se sua chamada de sistema demandar argumentos, uma macro diferente (como `_syscall0`, cujo sufixo indica a quantidade de argumentos) pode ser usada para instanciar o código de montagem necessário à execução da chamada de sistema.

- Compile e execute o programa com o kernel recém-construído. Deve haver uma mensagem "hello world!" no arquivo de log `/var/log/kernel/warnings` do kernel para indicar que a chamada de sistema foi executada.

Como próxima etapa, considere a expansão da funcionalidade de sua chamada de sistema. Como você pode passar um valor inteiro ou uma sequência de caracteres para a chamada de sistema para que seja gravado no arquivo de log do kernel? Quais são as implicações de passar ponteiros para dados armazenados no espaço de endereçamento do programa de usuário em vez de simplesmente passar um valor inteiro do programa do usuário para o kernel usando registradores de hardware?

Notas Bibliográficas

Dijbstra [1968] defendeu a abordagem em camadas para o projeto de sistemas operacionais. Brinch-Hansen [1970] foi um proponente pioneiro da construção de um sistema operacional como um kernel (ou núcleo) em que sistemas mais completos pudessem ser construídos.

A instrumentação do sistema e o rastreamento dinâmico são descritos em Tamches e Miller [1999]. O DTrace é discutido em Cantrilll et al. [2004]. O código-fonte do DTrace está disponível em `http://src.opensolaris.org/source/`. Cheung e Loong [1995] examinam questões relacionadas à estrutura do sistema operacional abordando desde sistemas de microkernel a sistemas extensíveis.

O MS-DOS, versão 3.1, é descrito pela Microsoft [1986]. O Windows NT e o Windows 2000 são descritos por Solomon [1998] e Solomon e Russinovich [2000]. Os mecanismos internos do WinSEVEN são descritos em Russinovich e Solomon [2009]. Hart [2005] aborda a programação de sistemas Windows em detalhes. O BSD UNIX é descrito em McKusick et al. [1996]. Bovet e Cesati [2006] discutem detalhadamente o kernel do Linux. Vários sistemas UNIX – inclusive o Mach – são tratados com detalhes em Vahalia [1996]. O Mac OS X é apresentado em `http://www.apple.com/macosx` e em Singh [2007]. O Solaris é descrito detalhadamente em McDougall e Mauro [2007].

O primeiro sistema operacional a fornecer uma máquina virtual foi o CP/67 em um IBM 360/67. O sistema operacional comercialmente disponível VM/370 da IBM foi derivado do CP/67. Detalhes relacionados ao Mach, um sistema operacional baseado em microkernel, podem ser encontrados em Young et al. [1987]. Kaashoek et al. [1997] apresentam detalhes relacionados a sistemas operacionais de exokernel, em que a arquitetura separa questões de gerenciamento das de proteção, dando assim a oportunidade a softwares não confiáveis de exercerem controle sobre recursos de hardware e software.

As especificações da linguagem Java e da máquina virtual Java são apresentadas por Gosling et al. [1996] e por Lindholm e Yellin [1999], respectivamente. Os mecanismos internos da máquina virtual Java são descritos detalhadamente por Venners [1998]. Golm et al. [2002] destacam o sistema operacional JX; Back et al. [2000] abordam várias questões relacionadas ao projeto de sistemas operacionais Java. Mais informações sobre Java estão disponíveis na Web em `http://www.javasoft.com`. Detalhes sobre a implementação do VMware podem ser encontrados em Sugerman et al. [2001]. Informações sobre o Formato de Máquina Virtual Aberta podem ser encontradas em `http://www.vmware.com/appliances/learn/ovf.html`.

PARTE DOIS
Gerenciamento de Processos

Um *processo* pode ser considerado um programa em execução e que precisa de certos recursos – como tempo de CPU, memória, arquivos e dispositivos de I/O – para executar sua tarefa. Esses recursos são alocados ao processo quando ele é criado ou enquanto está sendo executado.

O processo é a unidade de trabalho da maioria dos sistemas. Os sistemas são compostos por um conjunto de processos: processos do sistema operacional executam código do sistema e processos de usuário executam código do usuário. Todos esses processos podem ser executados concorrentemente.

Embora, tradicionalmente, um processo tivesse apenas um *thread* de controle ao ser executado, atualmente, a maioria dos sistemas operacionais modernos dá suporte a processos com vários threads.

O sistema operacional é responsável pelas seguintes atividades relacionadas ao gerenciamento de processos e threads: criação e exclusão de processos de usuário e processos do sistema, o scheduling de processos e o fornecimento de mecanismos para sincronização, comunicação e manipulação de deadlocks entre processos.

Processos

CAPÍTULO 3

Os primeiros sistemas de computação permitiam que apenas um programa fosse executado de cada vez. Esse programa tinha controle total do sistema e acesso a todos os seus recursos. Por outro lado, os sistemas de computação atuais permitem que vários programas sejam carregados na memória e executados concorrentemente. Essa evolução demandou um controle mais firme e maior compartimentalização dos diversos programas, e essas necessidades resultaram na noção de **processo**, que é um programa em execução. Um processo é a unidade de trabalho de um sistema moderno de compartilhamento de tempo.

Quanto mais complexo é o sistema operacional, mais se espera que ele faça em benefício de seus usuários. Embora sua principal preocupação seja a execução de programas de usuário, ele também tem que se encarregar de várias tarefas do sistema que ficam melhor fora do kernel. Portanto, um sistema é composto por um conjunto de processos: processos do sistema operacional executando código do sistema e processos de usuário executando código do usuário. Potencialmente, todos esses processos podem ser executados concorrentemente, com a CPU (ou CPUs) multiplexada entre eles. Alternando a CPU entre os processos, o sistema operacional pode tornar o computador mais produtivo. Neste capítulo, você lerá sobre o que são processos e como eles funcionam.

OBJETIVOS DO CAPÍTULO

- Introduzir a noção de processo – um programa em execução que forma a base de toda a computação.
- Descrever as diversas características dos processos, inclusive scheduling, criação e encerramento e comunicação.
- Descrever a comunicação em sistemas cliente-servidor.

3.1 Conceito de Processo

Uma questão que surge na discussão sobre os sistemas operacionais inclui como chamar todas as atividades da CPU. Um sistema batch executa *jobs*, enquanto um sistema de tempo compartilhado tem *programas de usuário*, ou *tarefas*. Até mesmo em um sistema monousuário, como o Microsoft Windows, o usuário pode executar vários programas ao mesmo tempo: um processador de texto, um navegador Web e um pacote de email. E mesmo se o usuário só puder executar um programa de cada vez, o sistema operacional deve dar suporte às suas próprias atividades internas, como o gerenciamento da memória. Essas atividades são semelhantes em muitos aspectos, portanto, chamamos todas de *processos*.

Os termos *job* e *processo* são usados de maneira quase intercambiável neste texto. Embora o termo *processo* seja de nossa preferência, grande parte da teoria e terminologia dos sistemas operacionais foi desenvolvida durante uma época em que a principal atividade desses sistemas era o processamento de jobs. Seria enganoso evitar o uso de termos comumente aceitos que incluem a palavra *job* (como *scheduling de jobs*) só porque *processo* substituiu *job*.

3.1.1 O Processo

Informalmente, como já mencionado, um processo é um programa em execução. O processo é mais do que o código do programa que, também, é conhecido como **seção de texto**. Ele também inclui a atividade corrente, como representado pelo valor do **contador de programa** e o conteúdo dos registradores do processador. Geralmente, um processo também inclui a **pilha** do processo que contém dados temporários (como parâmetros de função, endereços de retorno e variáveis locais), e uma **seção de dados** que contém variáveis globais. Um processo pode incluir ainda um **heap**, que é a memória dinamicamente alocada durante o tempo de execução do processo. A estrutura de um processo na memória é mostrada na Figura 3.1.

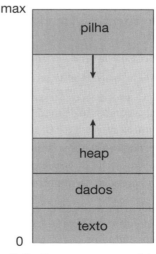

Figura 3.1 Processo na memória.

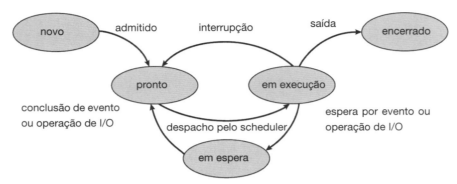

Figura 3.2 Diagrama de estado do processo.

Enfatizamos que um programa por si só não é um processo; um programa é uma entidade *passiva*, como um arquivo contendo uma lista de instruções, armazenado em disco (geralmente, chamado de **arquivo executável**), enquanto um processo é uma entidade *ativa*, com um contador de programa especificando a próxima instrução a ser executada e um conjunto de recursos associados. Um programa se torna um processo quando um arquivo executável é carregado na memória. Duas técnicas comuns para a carga de arquivos executáveis são clicar duas vezes em um ícone que representa o arquivo executável ou digitar o nome do arquivo executável na linha de comando (como em `prog.exe` ou `a.out`).

Embora dois processos possam estar associados ao mesmo programa, mesmo assim eles são considerados duas sequências de execução separadas. Por exemplo, vários usuários podem estar executando diferentes cópias do programa de email ou o mesmo usuário pode chamar muitas cópias do programa de navegação na Web. Cada uma delas é um processo separado e, embora as seções de texto sejam equivalentes, os dados, o heap e as seções da pilha variam. Também é comum um processo gerar muitos processos ao ser executado. Discutimos essas questões na Seção 3.4.

3.1.2 Estado do Processo

Quando um processo é executado, ele muda de **estado**. O estado de um processo é definido, em parte, pela atividade corrente desse processo. Cada processo pode estar em um dos estados a seguir:

- **Novo.** O processo está sendo criado.
- **Em execução.** Instruções estão sendo executadas.
- **Em espera.** O processo está esperando que algum evento ocorra (como a conclusão de uma operação de I/O ou o recebimento de um sinal).
- **Pronto.** O processo está esperando ser atribuído a um processador.
- **Concluído.** O processo terminou sua execução.

Esses nomes são arbitrários e variam entre os sistemas operacionais. No entanto, os estados que eles representam são encontrados em todos os sistemas. Certos sistemas operacionais descrevem mais apuradamente os estados do processo. É importante saber que só um processo pode estar *em execução* em algum processador a qualquer momento. Mas muitos processos podem estar *prontos* e *em espera*. O diagrama de estado correspondente a esses estados é apresentado na Figura 3.2.

3.1.3 Bloco de Controle de Processo

Cada processo é representado no sistema operacional por um **bloco de controle de processo** (PCB – *process control block*) – também chamado de *bloco de controle de tarefa*. Um PCB é mostrado na Figura 3.3. Ele contém muitas informações associadas a um processo específico, inclusive as seguintes:

- **Estado do processo.** O estado pode ser novo, pronto, em execução, em espera, parado e assim por diante.
- **Contador de programa.** O contador indica o endereço da próxima instrução a ser executada para esse processo.
- **Registradores da CPU.** Os registradores variam em número e tipo, dependendo da arquitetura do computador. Incluem acumuladores, registradores índice, ponteiros de pilha e registradores de uso geral, além de qualquer informação de código de condição. Junto com o contador de programa, essas informações de estado devem ser salvas quando da ocorrência de uma interrupção, para permitir que o processo seja retomado corretamente mais tarde (Figura 3.4).
- **Informações de scheduling da CPU.** Essas informações incluem a prioridade de um processo, ponteiros de filas de

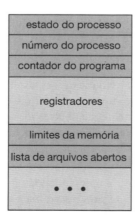

Figura 3.3 Bloco de controle de processo (PCB).

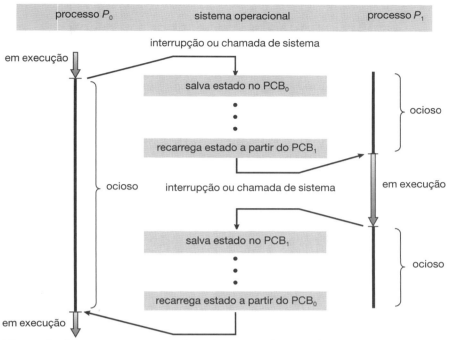

Figura 3.4 Diagrama mostrando a alternância de CPU de um processo para outro.

scheduling e quaisquer outros parâmetros de scheduling. (O Capítulo 5 descreve o scheduling de processos.)

- **Informações de gerenciamento da memória.** Essas informações podem incluir o valor dos registradores base e limite, as tabelas de páginas ou as tabelas de segmentos, dependendo do sistema de memória usado pelo sistema operacional (Capítulo 7).
- **Informações de contabilização.** Essas informações incluem o período de tempo real e de CPU usados, limites de tempo, números de conta, números de jobs ou processos e assim por diante.
- **Informações de status de I/O.** Incluem a lista de dispositivos de I/O alocados para o processo, uma lista de arquivos abertos e assim por diante.

Resumindo, o PCB serve simplesmente como repositório de qualquer informação que possa variar de um processo para outro.

3.1.4 Threads

O modelo de processo discutido até agora sugere que um processo é um programa que executa um único **thread**. Por exemplo, quando um processo está executando um programa de processamento de texto, um único thread está sendo executado. Esse thread único de controle permite que o processo execute apenas uma tarefa de cada vez. O usuário não pode digitar caracteres e executar o corretor ortográfico simultaneamente, dentro do mesmo processo, por exemplo. Muitos sistemas operacionais modernos estenderam o conceito de processo para permitir que um processo tenha vários threads de execução e, então, execute mais de uma tarefa de cada vez. Em um sistema que dê suporte a threads, o PCB é expandido para incluir informações de cada thread. Também são necessárias outras alterações no sistema como um todo para que ele dê suporte a threads. O Capítulo 4 examina os processos com vários threads detalhadamente.

3.2 Scheduling de Processos

O objetivo da multiprogramação é sempre termos algum processo em execução para a otimização do uso da CPU. O objetivo do compartilhamento de tempo é a alternância da CPU entre os processos com tanta frequência que os usuários possam interagir com cada programa enquanto ele está sendo executado. Para atender a esses objetivos, o **scheduler de processos** seleciona um processo disponível (possivelmente em um conjunto de vários processos disponíveis) para a execução do programa na CPU. Em um sistema de processador único, nunca haverá mais de um processo em execução. Se houver mais processos, os outros terão que esperar até a CPU estar livre e poder passar por um rescheduler.

3.2.1 Filas de Scheduling

Quando os processos entram em um sistema, eles são inseridos em uma **fila de jobs** que é composta por todos os processos no sistema. Os processos que estão residindo na memória principal e estão prontos e esperando execução são mantidos em uma lista chamada **fila de prontos**. Geralmente, essa fila é armazenada como uma lista encadeada. O cabeçalho de uma fila de prontos contém ponteiros para o primeiro e o último PCBs da lista. Cada PCB inclui um campo de ponteiro que aponta para o próximo PCB da fila de prontos.

REPRESENTAÇÃO DE PROCESSOS NO LINUX

O bloco de controle de processo é representado, no sistema operacional Linux, pela estrutura `task_struct` de C. Essa estrutura contém todas as informações necessárias para a representação de um processo, inclusive o estado do processo, informações de scheduling e de gerenciamento da memória, a lista de arquivos abertos e ponteiros para o pai do processo e para seus filhos. (O *pai* de um processo é o processo que o criou; seus *filhos* são quaisquer processos que ele tenha criado). Alguns desses campos são:

```
pid_t pid; /* identificador do processo */
long state; /* estado do processo */
unsigned int time_slice /* informações de scheduling */
struct task_struct *parent; /* o pai desse processo */
struct list_head children; /* os filhos desse processo */
struct files_struct *files; /* lista de arquivos abertos */
struct mm_struct *mm; /* espaço de endereçamento desse processo */
```

Por exemplo, o estado de um processo é representado pelo campo `long state` nessa estrutura. Dentro do kernel do Linux, todos os processos ativos são representados com o uso de uma lista duplamente encadeada de `task_struct` e o kernel mantém um ponteiro – `current` – para o processo em execução corrente no sistema. Isso é mostrado na Figura 3.5.

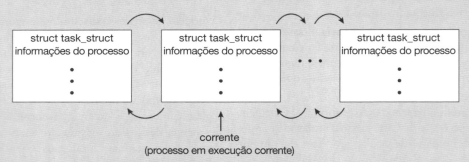

Figura 3.5 Processos ativos no Linux.

Para ilustrarmos como o kernel pode manipular um dos campos de `task_struct` de um processo especificado, suponha que o sistema queira alterar o estado do processo em execução corrente para o valor `new_state`. Se `current` for o ponteiro para o processo em execução corrente, seu estado será alterado da forma a seguir:

`current->state = new_state;`

O sistema também inclui outras filas. Quando a CPU é alocada a um processo, o processo é executado por algum tempo e, eventualmente, para, é interrompido ou espera a ocorrência de um evento específico, como a conclusão de uma solicitação de I/O. Suponha que o processo faça uma solicitação de I/O para um dispositivo compartilhado, como um disco. Já que há muitos processos no sistema, o disco pode estar ocupado com a solicitação de I/O de algum outro processo. Portanto, o processo pode ter que esperar pelo disco. A lista de processos em espera por um dispositivo de I/O específico é chamada de **fila de dispositivo**. Cada dispositivo tem sua própria fila de dispositivo (Figura 3.6).

Um meio comum de representação do scheduling de processos é o **diagrama de enfileiramento**, como o da Figura 3.7. Cada caixa retangular representa uma fila. Dois tipos de filas estão presentes: a fila de prontos e um conjunto de filas de dispositivos. Os círculos representam os recursos que servem as filas e as setas indicam o fluxo de processos no sistema.

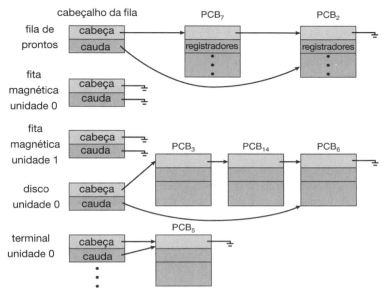

Figura 3.6 A fila de prontos e várias filas de dispositivos de I/O.

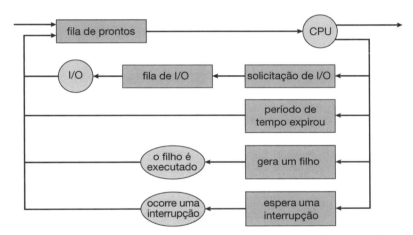

Figura 3.7 Representação do processo do scheduling de processos em diagrama de enfileiramento.

Inicialmente, um novo processo é inserido na fila de prontos. Ele aguarda até ser selecionado para execução, ou ser **despachado**. Uma vez que a CPU é alocada ao processo e esse entra em execução, um entre vários eventos pode ocorrer:

- O processo pode emitir uma solicitação de I/O e, então, ser inserido em uma fila de I/O.
- O processo pode criar um novo subprocesso e esperá-lo terminar.
- O processo pode ser removido à força da CPU, como resultado de uma interrupção, e ser devolvido à fila de prontos.

Nos dois primeiros casos, o processo acaba sendo passado do estado de espera para o estado de pronto e, então, é devolvido à fila de prontos. Um processo continua esse ciclo até terminar, momento em que é removido de todas as filas e tem seu PCB e recursos desalocados.

3.2.2 Schedulers

Um processo passa por várias filas de scheduling durante o seu tempo de vida. Para fins de scheduling, o sistema operacional deve selecionar processos nessas filas de alguma forma. O processo de seleção é executado pelo **scheduler** apropriado.

Geralmente, em um sistema batch, mais processos são submetidos do que é possível executá-los imediatamente. Esses processos entram como spool em um dispositivo de armazenamento de massa (normalmente, um disco), onde são mantidos para execução posterior. O **scheduler de longo prazo**, ou **scheduler de jobs**, seleciona processos nesse spool e os carrega na memória para execução. O **scheduler de curto prazo**, ou **scheduler da CPU**, seleciona um processo entre os processos que estão prontos para execução e aloca a CPU a ele.

A principal diferença entre esses dois schedulers está na frequência de execução. O scheduler de curto prazo deve selecionar um novo processo para a CPU com mais frequência. O processo pode ser executado por apenas alguns milissegundos antes de ter que esperar por uma solicitação de I/O. Geralmente, o scheduler de curto prazo é executado, pelo menos, uma vez a cada 100 milissegundos. Devido ao curto tempo entre as execuções, o scheduler de curto prazo deve ser rápido. Se ele levar 10 milissegundos para decidir executar um processo por 100 milissegundos, então, 10/(100 + 10) = 9 por cento da CPU estarão sendo usados (desperdiçados), simplesmente, para o scheduling do trabalho.

O scheduler de longo prazo é executado com muito menos frequência; minutos podem separar a criação de um novo processo e o processo seguinte. O scheduler de longo prazo controla o **grau de multiprogramação** (a quantidade de processos na memória). Se o grau de multiprogramação for estável, a taxa média de criação de processos deve ser igual à taxa média de processos que estão deixando o sistema. Portanto, o scheduler de longo prazo talvez só precise ser chamado quando um processo deixar o sistema. Devido ao intervalo mais longo entre as execuções, o scheduler de longo prazo pode dispor de mais tempo para decidir que processo deve ser selecionado para execução.

É importante que o scheduler de longo prazo faça uma seleção cuidadosa. Em geral, a maioria dos processos pode ser descrita como limitada por I/O ou limitada por CPU. Um **processo limitado por I/O** é aquele que gasta mais tempo executando operações de I/O do que executando computações. Um **processo limitado por CPU**, por outro lado, gera solicitações de I/O com pouca frequência, usando a maior parte de seu tempo executando computações. É importante que o scheduler de longo prazo selecione um bom **mix de processos** composto por processos limitados por I/O e processos limitados por CPU. Quando todos os processos são limitados por I/O, quase sempre a fila de prontos fica vazia e o scheduler de curto prazo tem pouco a fazer. Quando todos os processos são limitados pela CPU, a fila de espera por I/O fica quase sempre vazia, os dispositivos não são usados e, novamente, o sistema fica desbalanceado. Portanto, o sistema de melhor desempenho terá uma combinação de processos limitados por CPU e processos limitados por I/O.

Em alguns sistemas, o scheduler de longo prazo pode estar ausente ou ter pouca presença. Por exemplo, geralmente, sistemas de compartilhamento de tempo, como os sistemas UNIX e Microsoft Windows, não têm scheduler de longo prazo e simplesmente introduzem cada novo processo na memória para o scheduler de curto prazo. A estabilidade desses sistemas depende de uma limitação física (como a quantidade de terminais disponíveis) ou da natureza autocorretiva dos usuários humanos. Se o desempenho descer a níveis inaceitáveis em um sistema multiusuário, alguns usuários simplesmente desistirão.

Alguns sistemas operacionais, como os sistemas de compartilhamento de tempo, podem introduzir um nível de scheduling intermediário adicional. Esse **scheduler de médio prazo** é mostrado na Figura 3.8. A ideia-chave por trás de um scheduler de médio prazo é que, às vezes, pode ser vantajoso remover processos da memória (e da disputa ativa pela CPU) e, assim, reduzir o grau de multiprogramação. Posteriormente, o processo pode ser reintroduzido na memória e sua execução pode ser retomada de onde parou. Esse esquema é chamado de **swapping**. O processo é removido e depois reintroduzido pelo scheduler de médio prazo. O swapping pode ser necessário para melhorar a combinação de processos ou porque uma alteração nos requisitos da memória sobrecarregou a memória disponível, demandando sua liberação. O swapping é discutido no Capítulo 7.

3.2.3 Mudança de Contexto

Como mencionado na Seção 1.2.1, as interrupções fazem com que o sistema operacional tire a CPU de sua tarefa corrente para a execução de uma rotina do kernel. Essas operações ocorrem com frequência em sistemas de uso geral. Quando uma interrupção ocorre, o sistema tem que salvar o *contexto* corrente do processo em execução na CPU para que ele possa restaurar esse contexto quando seu processamento for concluído o que, essencialmente, suspende o processo para depois retomá-lo. O contexto é representado no PCB do processo; ele inclui o valor dos registradores da CPU, o estado do processo (consulte a Figura 3.2) e informações de gerenciamento da memória. De modo geral, executamos um *salvamento do estado* corrente da CPU, seja em modalidade de kernel ou de usuário, e, então, uma *restauração do estado* para a retomada das operações.

A alocação da CPU para outro processo requer a execução do salvamento do estado do processo corrente e a restauração

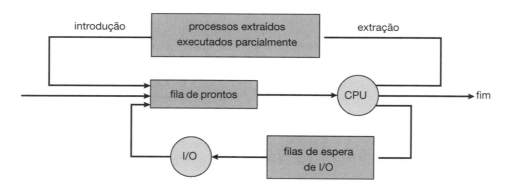

Figura 3.8 Inclusão de scheduling de médio prazo no diagrama de enfileiramento.

do estado de um processo diferente. Essa tarefa é conhecida como *mudança de contexto*. Quando ocorre uma mudança de contexto, o kernel salva o contexto do processo anterior em seu PCB e carrega o contexto salvo do novo processo para execução, de acordo com o schedule. O tempo que leva a mudança de contexto é puro overhead, porque o sistema não executa trabalho útil nesse intervalo. Sua velocidade varia de uma máquina para outra, dependendo da velocidade da memória, da quantidade de registradores a ser copiada e da existência de instruções especiais (como uma única instrução para carga ou armazenamento de todos os registradores). Normalmente, as velocidades são de alguns milissegundos.

Os intervalos de mudança de contexto são altamente dependentes do suporte de hardware. Por exemplo, alguns processadores (como o UltraSPARC da Sun) fornecem vários conjuntos de registradores. Aqui, uma mudança de contexto requer simplesmente a alteração do ponteiro para o conjunto de registradores corrente. É claro que, se houver mais processos ativos do que conjuntos de registradores, o sistema recorrerá à cópia dos dados dos registradores para dentro e para fora da memória, como antes. Além disso, quanto mais complexo o sistema operacional, mais tarefas devem ser executadas durante uma mudança de contexto. Como veremos no Capítulo 7, técnicas avançadas de gerenciamento da memória podem requerer que dados adicionais sejam comutados com cada contexto. Por exemplo, o espaço de endereço do processo corrente deve ser preservado enquanto o espaço da próxima tarefa é preparado para uso. De que maneira o espaço de endereçamento é preservado e qual volume de trabalho é necessário para preservá-lo, vai depender do método de gerenciamento da memória usado pelo sistema operacional.

3.3 Operações sobre Processos

Os processos, na maioria dos sistemas, podem ser executados concorrentemente e podem ser criados e excluídos dinamicamente. Portanto, esses sistemas devem fornecer um mecanismo para a criação e encerramento de processos. Nesta seção, examinamos os mecanismos envolvidos na criação de processos e ilustramos a criação de processos em sistemas UNIX e Windows.

3.3.1 Criação de Processos

Um processo pode criar vários outros processos por meio de uma chamada de sistema de criação de processos, durante o curso de execução. O processo criador é chamado de processo **pai** e os novos processos são chamados de **filhos** desse processo. Por sua vez, cada um desses novos processos pode criar outros processos, formando uma **árvore** de processos.

A maioria dos sistemas operacionais (inclusive o UNIX e a família Windows de sistemas operacionais) identifica os processos de acordo com um **identificador de processo** (ou **pid**) exclusivo que, normalmente, é um número inteiro. A Figura 3.9 ilustra uma árvore de processos típica do sistema operacional Solaris, exibindo o nome de cada processo e seu pid. No Solaris, o processo do topo da árvore é o processo `sched`, com pid 0. O processo `sched` cria vários processos filhos – inclusive `pageout` e `fsflush`. Esses processos são responsáveis pelo gerenciamento da memória e dos sistemas de arquivos. O processo `sched` também cria o processo `init` que serve como o processo raiz para todos os processos de usuário. Na Figura 3.9, vemos dois filhos de `init` – `inetd` e `dtlogin`. `inetd` é responsável por serviços de rede, como `telnet` e `ftp`; `dtlogin` é o processo que representa uma tela de login de usuário. Quando um usuário faz login, `dtlogin` cria uma sessão X-windows (`Xsession`) que, por sua vez, cria o processo `sdt_shel`. Abaixo de `std_shel`, um shell de linha de comando do usuário – o C-shell ou `csh` – é criado. Nessa interface de linha de comando, o usuário pode chamar vários processos filhos, como os comandos `ls` e `cat`. Também vemos um processo `csh` com pid 7778 representando um usuário que se conectou com o sistema usando `telnet`. Esse usuário iniciou o navegador Netscape (com pid 7785) e o editor emacs (com pid 8105).

No UNIX, podemos obter uma listagem de processos usando o comando `ps`. Por exemplo, o comando `ps -el` listará informações completas sobre todos os processos correntemente ativos no sistema. É fácil construir uma árvore de processos semelhante a que é mostrada na Figura 3.9 rastreando recursivamente os processos pais até o processo `init`.

Geralmente, um processo precisa de certos recursos (tempo de CPU, memória, arquivos, dispositivos de I/O) para executar sua tarefa. Quando um processo cria um subprocesso, esse subprocesso pode obter seus recursos diretamente com o sistema operacional ou pode ficar restrito a um subconjunto dos recursos do processo pai. O pai pode ter que dividir seus recursos

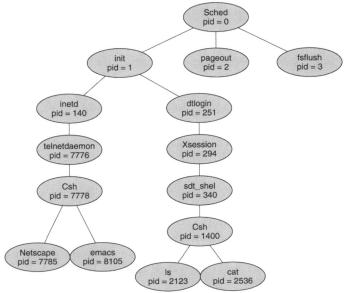

Figura 3.9 Uma árvore de processos em um sistema Solaris típico.

entre seus filhos ou, talvez, consiga compartilhar alguns recursos (como memória e arquivos) entre vários de seus filhos. Restringir um processo filho a um subconjunto dos recursos do pai impede que um processo sobrecarregue o sistema criando subprocessos demais.

Além dos diversos recursos físicos e lógicos que um processo obtém quando é criado, dados (entradas) de inicialização podem ser passados pelo processo pai para o processo filho. Por exemplo, considere um processo cuja função seja exibir o conteúdo de um arquivo – digamos, *img.jpg* – na tela de um terminal. Quando ele for criado, receberá o nome de arquivo *img.jpg* como entrada do seu processo pai, usará esse nome para abrir o arquivo e exibirá o conteúdo. Ele também poderia obter o nome do dispositivo de saída. Alguns sistemas operacionais passam recursos para processos filhos. Em um sistema assim, o novo processo poderia receber dois arquivos abertos, *img.jpg* e o dispositivo do terminal, e, simplesmente, transferir os dados entre os dois.

Quando um processo cria um novo processo, existem duas possibilidades em termos de execução:

1. O pai continua a ser executado concorrentemente com seus filhos.
2. O pai espera até que alguns de seus filhos ou todos eles sejam encerrados.

Também há duas possibilidades quanto ao espaço de endereçamento do novo processo:

1. O processo filho é uma duplicata do processo pai (ele tem o mesmo programa e dados do pai).
2. O processo filho tem um novo programa carregado nele.

Para ilustrar essas diferenças, vamos considerar primeiro o sistema operacional UNIX. No UNIX, como vimos, cada processo é identificado por seu identificador de processo que é um inteiro exclusivo. Um novo processo é criado pela chamada de sistema `fork()`. O novo processo é composto por uma cópia do espaço de endereçamento do processo original. Esse mecanismo permite que o processo pai se comunique facilmente com seu processo filho. Os dois processos (o pai e o filho) continuam a execução na instrução posterior a `fork()`, com uma diferença: o código de retorno de `fork()` é zero para o novo processo (filho), enquanto o identificador de processo (diferente de zero) do filho é retornado para o pai.

Normalmente, a chamada de sistema `exec()` é usada após uma chamada de sistema `fork()` por um dos dois processos para realocar o espaço de memória do processo para um novo programa. A chamada de sistema `exec()` carrega um arquivo binário na memória (destruindo a imagem de memória do programa que contém a chamada de sistema `exec()`) e inicia sua execução. Dessa forma, os dois processos podem se comunicar e, então, seguir caminhos separados. O pai pode criar mais filhos ou, se não tiver mais nada a fazer enquanto o filho é executado, pode emitir uma chamada de sistema `wait()` para remover a si próprio da fila de prontos até o encerramento do filho.

```c
#include <sys/types.h>
#include <stdio.h>
#include <unistd.h>

int main()
{
pid_t pid;

    /* gera um processo filho */
    pid = fork();

    if (pid < 0) {/* um erro ocorreu */
        fprintf(stderr, "Fork Failed");
        return 1;
    }
    else if (pid == 0) {/* processo filho */
        execlp("/bin/ls","ls",NULL);
    }
    else { /* processo pai */
        /* o pai esperará o filho ser concluído */
        wait(NULL);
        printf("Child Complete");
    }
}
```

Figura 3.10 Criando um processo separado usando a chamada de sistema `fork()` do UNIX.

O programa C mostrado na Figura 3.10 ilustra as chamadas de sistema de UNIX descritas anteriormente. Agora, temos dois processos diferentes executando cópias do mesmo programa. A única diferença é que o valor do `pid` (identificador do processo) do processo filho é zero, enquanto o do pai é um valor inteiro maior do que zero (na verdade, trata-se do pid real do processo filho). O processo filho herda privilégios e atributos de scheduling do pai, assim como certos recursos, como arquivos abertos. Ele sobrepõe, então, seu espaço de endereçamento com o comando UNIX `/bin/ls` (usado na obtenção de uma listagem de diretório), por intermédio da chamada de sistema `execlp()` (`execlp()` é uma versão da chamada de sistema `exec()`). O pai espera o processo filho ser concluído, com a chamada de sistema `wait()`. Quando o processo filho é concluído (chamando implícita ou explicitamente `exit()`), o processo pai reassume saindo da `wait()` e é concluído usando a chamada de sistema `exit()`. Isso também é ilustrado na Figura 3.11.

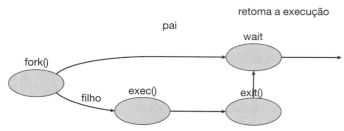

Figura 3.11 Criação de processo com o uso da chamada de sistema `fork()`.

Como exemplo alternativo, consideramos a seguir a criação de processos no Windows. Os processos são criados na API Win32 com o uso da função CreateProcess(), que é semelhante a fork() no caso de um pai criar um novo processo filho. Porém, enquanto em fork() o processo filho herda o espaço de endereçamento de seu pai, CreateProcess() requer a carga de um programa especificado no espaço de endereçamento do processo filho no momento da criação do processo. Além disso, enquanto fork() não recebe parâmetros, CreateProcess() não espera menos de dez parâmetros.

O programa em C mostrado na Figura 3.12 ilustra a função CreateProcess() que cria um processo filho que carrega a aplicação mspaint.exe. Optamos pelo uso de muitos dos valores default dos dez parâmetros passados para CreateProcess(). Leitores interessados em conhecer os detalhes de criação e gerenciamento de processos na API Win32 devem consultar as notas bibliográficas no fim deste capítulo.

Dois parâmetros passados para CreateProcess() são instâncias das estruturas STARTUPINFO e PROCESS_INFORMATION. STARTUPINFO especifica muitas propriedades do novo processo, como o tamanho e a aparência da janela e manipuladores de arquivos-padrão de entrada e saída. A estrutura PROCESS_INFORMATION contém um manipulador e os identificadores do processo recém-criado e de seu thread. Chamamos a função ZeroMemory() para alocar memória para cada uma dessas estruturas antes de prosseguir com CreateProcess().

Os dois primeiros parâmetros passados para CreateProcess() são o nome da aplicação e parâmetros de linha de comando. Se o nome da aplicação for NULL (como ocorre nesse caso), o parâmetro de linha de comando especificará a aplicação a ser carregada. Nesse exemplo, estamos carregando a aplicação *mspaint.exe* do Microsoft Windows. Além desses dois parâmetros iniciais, usamos os parâmetros default para herança dos manipuladores do processo e do thread assim como de não especificação de flags de criação. Também usamos o bloco de ambiente e o diretório inicial existentes do pai. Para concluir, fornecemos dois ponteiros para as estruturas STARTUPINFO e PROCESS_INFORMATION criadas no começo do programa. Na Figura 3.10, o processo pai espera o filho ser concluído invocando a chamada de sistema wait(). O equivalente a ela no Win 32 é WaitForSingleObject(), que recebe o manipulador do processo filho – pi.hProcess – e espera esse processo ser concluído. Uma

```c
#include <stdio.h>
#include <windows.h>

int main(VOID)
{
STARTUPINFO si;
PROCESS_INFORMATION pi;

    // aloca memória
    ZeroMemory(&si, sizeof(si));
    si.cb = sizeof(si);
    ZeroMemory(&pi, sizeof(pi));

    // cria processo filho
    if (!CreateProcess(NULL, // usa linha de comando
     "C:\\WINDOWS\\system32\\mspaint.exe", //linha de comando
     NULL, // não herda manipulador do processo
     NULL, // não herda manipulador do thread
     FALSE, // disativa a herança de manipuladores
     0, // sem flags de criação
     NULL, // usa o bloco de ambiente do pai
     NULL, // usa o diretório existente do pai
     &si,
     &pi))
    {
       fprintf(stderr, "Create Process Failed");
       return -1;
    }
    // o pai esperará o filho ser concluído
    WaitForSingleObject(pi.hProcess, INFINITE);
    printf("Child Complete");

    // fecha manipuladores
    CloseHandle(pi.hProcess);
    CloseHandle(pi.hThread);
}
```

Figura 3.12 Criando um processo separado usando a API Win32.

vez que o processo filho saia, o controle retorna a partir da função `WaitForSingleObject()` para o processo pai.

3.3.2 Encerramento de Processos

Um processo é encerrado quando termina a execução de seu último comando e solicita ao sistema operacional que o exclua usando a chamada de sistema `exit()`. Nesse momento, o processo pode retornar um valor de status (normalmente, um inteiro) para seu processo pai (através da chamada de sistema `wait()`). Todos os recursos do processo – inclusive memória física e virtual, arquivos abertos e buffers de I/O – são desalocados pelo sistema operacional.

O encerramento também pode ocorrer em outras circunstâncias. Um processo pode causar o encerramento de outro processo através de uma chamada de sistema apropriada (por exemplo, `TerminateProcess()` no Win32). Geralmente, esse tipo de chamada de sistema só pode ser invocado pelo pai do processo que deve ser encerrado. Caso contrário, os usuários poderiam encerrar arbitrariamente os jobs uns dos outros. É bom ressaltar que o pai tem que saber as identidades de seus filhos. Portanto, quando um processo cria um novo processo, a identidade do processo recém-criado é passada para o pai.

Um pai pode encerrar a execução de um de seus filhos por várias razões, como as descritas a seguir:

- O filho excedeu o uso de alguns dos recursos que recebeu. (Para determinar se isso ocorreu, o pai deve ter um mecanismo para examinar o estado de seus filhos.)
- A tarefa atribuída ao filho não é mais necessária.
- O pai está sendo encerrado, e o sistema operacional não permite que um filho continue se seu pai for encerrado.

Alguns sistemas, inclusive o VMS, não permitem que um filho exista se seu pai tiver sido encerrado. Nesses sistemas, se um processo for encerrado (normal ou anormalmente), todos os seus filhos também devem ser encerrados. Esse fenômeno, chamado de **encerramento em cascata**, é normalmente iniciado pelo sistema operacional.

Como demonstração da execução e do encerramento de processos, considere que no UNIX podemos encerrar um processo usando a chamada de sistema `exit()` e o processo pai pode esperar o encerramento de um processo filho usando a chamada de sistema `wait()`. A chamada `wait()` retorna o identificador de processo de um filho encerrado para que o pai possa saber qual de seus filhos foi encerrado. Se o pai for encerrado, no entanto, todos os seus filhos receberão como novo pai o processo `init`. Logo, os filhos ainda terão um pai para coletar seus status e estatísticas de execução.

3.4 Comunicação Interprocessos

Os processos que são executados concorrentemente no sistema operacional podem ser independentes ou cooperativos. Um processo é **independente** quando não pode afetar outros processos que estão sendo executados no sistema nem é afetado por eles. Qualquer processo que não compartilhe dados com nenhum outro processo é independente. Um processo é **cooperativo** quando pode afetar outros processos sendo executados no sistema ou é afetado por eles. É claro que qualquer processo que compartilhe dados com outros processos é um processo cooperativo.

Há várias razões para o fornecimento de um ambiente que permita a cooperação entre processos:

- **Compartilhamento de informações.** Já que vários usuários podem estar interessados no mesmo bloco de informações (por exemplo, um arquivo compartilhado), devemos fornecer um ambiente que permita o acesso concorrente a essas informações.
- **Velocidade do processamento.** Se quisermos que uma tarefa específica seja executada mais rapidamente, devemos dividi-la em subtarefas a serem executadas em paralelo. É bom ressaltar que esse tipo de aceleração só pode ser obtido se o computador tiver vários elementos de processamento (como CPUs ou canais de I/O).
- **Modularidade.** Podemos querer construir o sistema de forma modular, dividindo suas funções em processos ou threads separados, como discutimos no Capítulo 2.
- **Conveniência.** Até mesmo um usuário individual pode trabalhar em muitas tarefas ao mesmo tempo. Por exemplo, um usuário pode editar, imprimir e compilar em paralelo.

Processos cooperativos demandam um mecanismo de **comunicação entre processos (IPC)** que lhes permita trocar dados e informações. Há dois modelos básicos de comunicação entre processos: (1) **memória compartilhada** e (2) **transmissão de mensagens**. No modelo de memória compartilhada, é estabelecida uma região da memória que é compartilhada por processos cooperativos. Os processos podem, então, trocar informações lendo e gravando dados na região compartilhada. No modelo de transmissão de mensagens, a comunicação ocorre por meio de mensagens trocadas entre os processos cooperativos. Os dois modelos de comunicação são comparados na Figura 3.13.

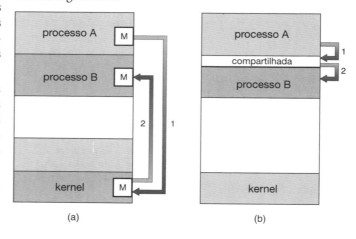

Figura 3.13 Modelos de comunicação. (a) Transmissão de mensagem. (b) Memória compartilhada.

Os dois modelos que acabamos de discutir são comuns nos sistemas operacionais e muitos sistemas implementam ambos. A transmissão de mensagens é útil para a troca de pequenas quantidades de dados porque não é necessário evitar conflitos. Ela também é mais fácil de implementar do que a memória compartilhada na comunicação entre computadores. A memória compartilhada proporciona velocidade máxima e comodidade na comunicação. Ela é mais rápida do que a transmissão de mensagens já que, normalmente, os sistemas de transmissão de mensagens são implementados com o uso de chamadas de sistema e, portanto, requerem a tarefa mais demorada de intervenção do kernel. Por outro lado, em sistemas de memória compartilhada, as chamadas de sistema só são necessárias no estabelecimento de regiões compartilhadas de memória. Uma vez que a memória compartilhada é estabelecida, todos os acessos são tratados como acessos rotineiros à memória e nenhuma assistência do kernel é necessária. No resto desta seção, examinamos cada um desses modelos de IPC com mais detalhes.

3.4.1 Sistemas de Memória Compartilhada

A comunicação entre processos que usa memória compartilhada requer que os processos em comunicação estabeleçam uma região de memória compartilhada. Normalmente, a região de memória compartilhada reside no espaço de endereçamento do processo que cria o segmento de memória compartilhada. Outros processos que queiram se comunicar usando esse segmento de memória compartilhada devem anexá-lo a seu espaço de endereçamento. Lembre-se de que, geralmente, o sistema operacional tenta impedir que um processo acesse a memória de outro processo. A memória compartilhada requer que dois ou mais processos concordem em eliminar essa restrição. Assim, eles podem trocar informações lendo e gravando dados nas áreas compartilhadas. A forma dos dados e a locação são determinadas por esses processos e não ficam sob o controle do sistema operacional. Os processos também são responsáveis por assegurar que não possa haver gravações na mesma locação simultaneamente.

Para ilustrar o conceito de processos cooperativos, consideremos o problema produtor-consumidor que é um paradigma comum para os processos cooperativos. Um processo **produtor** produz informações que são consumidas por um processo **consumidor**. Por exemplo, um compilador pode produzir código de montagem que é consumido por um montador. O montador, por sua vez, pode produzir módulos-objeto que são consumidos pelo carregador. O problema produtor-consumidor também fornece uma metáfora útil para o paradigma cliente-servidor. Geralmente, consideramos o servidor como um produtor e o cliente como consumidor. Por exemplo, um servidor Web produz (isto é, fornece) imagens e arquivos HTML que são consumidos (isto é, lidos) pelo navegador Web cliente que solicitou o recurso.

Uma solução para o problema produtor-consumidor usa memória compartilhada. Para permitir que processos produtores e consumidores sejam executados concorrentemente, devemos ter disponível um buffer de itens que possa ser preenchido pelo produtor e esvaziado pelo consumidor. Esse buffer residirá em uma região de memória compartilhada por processos produtores e consumidores. Um produtor pode produzir um item enquanto o consumidor está consumindo outro item. O produtor e o consumidor devem estar sincronizados para que o consumidor não tente consumir um item que ainda não foi produzido.

Dois tipos de buffers podem ser usados. O **buffer ilimitado** não impõe um limite prático para o seu tamanho. O consumidor pode ter que esperar novos itens, mas o produtor sempre pode produzi-los. O **buffer limitado** assume um tamanho de buffer fixo. Nesse caso, o consumidor deve esperar se o buffer estiver vazio e o produtor deve esperar se o buffer estiver cheio.

Examinemos mais detalhadamente como o buffer limitado pode ser usado para permitir que os processos compartilhem memória. As variáveis a seguir residem em uma região de memória compartilhada por processos produtores e consumidores.

```
#define BUFFER_SIZE 10

typedef struct {
    ...
}item;

item buffer[BUFFER_SIZE];
int in = 0;
int out = 0;
```

O buffer compartilhado é implementado como um array circular com dois ponteiros lógicos: `in` e `out`. A variável `in` aponta para a próxima posição livre do buffer; `out` aponta para a primeira posição preenchida do buffer. O buffer está vazio quando `in == out`; o buffer está cheio quando `((in + 1) % BUFFER_SIZE) == out`.

Os códigos dos processos produtor e consumidor são mostrados nas Figuras 3.14 e 3.15, respectivamente. O processo produtor tem uma variável local `nextProduced` em que o novo item a ser produzido é armazenado. O processo consumidor tem uma variável local `nextConsumed` em que o item a ser consumido é armazenado.

```
while (true) {
    /* produz um item em nextProduced */
    while (((in + 1) % BUFFER_SIZE) == out)
        ; /* não faz coisa alguma */
    buffer[in] = nextProduced;
    in = (in + 1) % BUFFER_SIZE;
}
```

Figura 3.14 O processo produtos.

```
item nextConsumed;

while (true) {
    while (in == out)
        ; // não faz coisa alguma

    nextConsumed = buffer[out];
    out = (out + 1) % BUFFER_SIZE;
    /* consome o item em nextConsumed */
}
```

Figura 3.15 O processo consumidor.

Esse esquema permite que o buffer contenha, no máximo, BUFFER_SIZE−1 itens em um determinado momento. Deixaremos como exercício que você forneça uma solução em que o BUFFER_SIZE itens possam estar no buffer no mesmo instante. Na Seção 3.5.1, ilustramos a API POSIX para memória compartilhada.

Uma questão que esse exemplo não aborda diz respeito à situação em que tanto o processo produtor quanto o processo consumidor tentam acessar o buffer compartilhado concorrentemente. No Capítulo 6, discutimos como a sincronização entre processos cooperativos pode ser implementada de maneira eficaz em um ambiente de memória compartilhada.

3.4.2 Sistemas de Transmissão de Mensagens

Na Seção 3.4.1, mostramos como os processos cooperativos podem se comunicar em um ambiente de memória compartilhada. O esquema requer que esses processos compartilhem uma região da memória e que o código para acesso e manipulação da memória compartilhada seja escrito explicitamente pelo programador da aplicação. Outra maneira de obter o mesmo efeito é o sistema operacional fornecer meios para os processos cooperativos se comunicarem uns com os outros através de um recurso de transmissão de mensagens.

A transmissão de mensagens fornece um mecanismo que permite que os processos se comuniquem e sincronizem suas ações sem compartilhar o mesmo espaço de endereçamento e é particularmente útil em um ambiente distribuído em que os processos em comunicação podem residir em diferentes computadores conectados por uma rede. Por exemplo, um programa de **bate-papo (chat)** usado na World Wide Web pode ser projetado de modo que os participantes se comuniquem uns com os outros trocando mensagens.

Um recurso de transmissão de mensagens fornece pelo menos duas operações: send(mensagem) e receive(mensagem). As mensagens enviadas por um processo podem ser de tamanho fixo ou variável. Quando apenas mensagens de tamanho fixo podem ser enviadas, a implementação é simples no nível do sistema. Essa restrição, no entanto, torna a tarefa de programar mais difícil. Inversamente, mensagens de tamanho variável requerem uma implementação mais complexa no nível do sistema, mas a tarefa de programar torna-se mais simples. Esse é um tipo comum de decisão inerente a todo o projeto do sistema operacional.

Se os processos P e Q querem se comunicar, devem enviar e receber mensagens entre si; um **link de comunicação** deve existir entre eles. Esse link pode ser implementado de várias maneiras. Não estamos interessados na implementação física do link (como a memória compartilhada, o bus de hardware ou a rede) e, sim, em sua implementação lógica. São vários os métodos de implementação lógica de um link e das operações send()/receive():

- Comunicação direta ou indireta
- Comunicação síncrona ou assíncrona
- Armazenamento em buffer automático ou explícito

Examinamos a seguir as questões relacionadas a cada um desses recursos.

3.4.2.1 Nomeação

Processos que querem se comunicar precisam de uma maneira de referenciar um ao outro. Eles podem usar a comunicação direta ou indireta.

Na **comunicação direta**, cada processo que queira se comunicar deve nomear explicitamente o receptor ou o emissor da comunicação. Nesse esquema, as primitivas send() e receive() são definidas assim:

- send(P, message) – Envia uma mensagem para o processo P.
- receive(Q, message) – Recebe uma mensagem do processo Q.

O link de comunicação nesse esquema tem as propriedades a seguir:

- Um link é estabelecido automaticamente entre cada par de processos que querem se comunicar. Os processos só precisam saber a identidade um do outro para se comunicarem.
- Um link é associado a exatamente dois processos.
- Entre cada par de processos, existe exatamente um link.

Esse esquema exibe *simetria* no endereçamento; isto é, tanto o processo emissor quanto o processo receptor devem nomear um ao outro para se comunicarem. Uma variante desse esquema emprega a *assimetria* no endereçamento. Aqui, só o emissor nomeia o receptor; o receptor não precisa nomear o emissor. Nessa abordagem, as primitivas send() e receive() são definidas como descrito a seguir:

- send(P, message) – Envia uma mensagem para o processo P.
- receive(id, message) – Recebe uma mensagem de qualquer processo; a variável *id* é posicionada com o nome do processo com o qual a comunicação ocorreu.

A desvantagem desses dois esquemas (simétrico e assimétrico) é a modularidade limitada das definições de processos resultantes. A alteração do identificador de um processo pode demandar a verificação de todas as outras definições de processos. Todas as referências ao identificador anterior devem ser encontradas para que elas possam ser modificadas para o novo identificador. Em geral, todas as técnicas de **hard-coding** desse tipo em que identificadores devem ser declarados explicitamente, são menos desejáveis do que técnicas que envolvem um tratamento indireto, como descrito a seguir.

Na **comunicação indireta**, as mensagens são enviadas e recebidas com o uso de **caixas postais,** ou **portas**. Uma caixa postal pode ser considerada abstratamente como um objeto em que mensagens podem ser inseridas por processos e das quais mensagens podem ser removidas. Cada caixa postal tem uma identificação exclusiva. Por exemplo, filas de mensagens POSIX usam um valor inteiro para identificar uma caixa postal. Nesse esquema, um processo pode se comunicar com algum outro processo através de várias caixas postais diferentes. No entanto, dois processos só podem se comunicar se tiverem uma caixa postal compartilhada. As primitivas send() e receive() são definidas como descrito a seguir:

- `send(A, message)` – Envia uma mensagem para a caixa postal A.
- `receive(A, message)` – Recebe uma mensagem da caixa postal A.

Nessa abordagem, o link de comunicação tem as seguintes propriedades:

- Um link só é estabelecido entre um par de processos se os dois membros do par tiverem uma caixa postal compartilhada.
- Um link pode estar associado a mais de dois processos.
- Entre cada par de processos em comunicação, pode haver vários links diferentes, com cada link correspondendo a uma caixa postal.

Agora, suponha que os processos P_1, P_2 e P_3 compartilhem a caixa postal A. O processo P_1 envia uma mensagem para A, enquanto tanto P_2 quanto P_3 executam uma operação receive() a partir de A. Que processo receberá a mensagem enviada por P_1? A resposta depende de qual dos métodos a seguir for usado:

- Permitir que um link seja associado a, no máximo, dois processos.
- Permitir que, no máximo, um processo de cada vez execute uma operação `receive()`.
- Permitir que o sistema selecione arbitrariamente que processo receberá a mensagem (isto é, P_2 ou P_3 receberá a mensagem, mas não ambos). O sistema também poderia definir um algoritmo para a seleção do processo que receberá a mensagem (digamos, um *round robin* em que os processos se revezam no recebimento de mensagens). O sistema poderia identificar o receptor para o emissor.

Uma caixa postal pode ser de propriedade de um processo ou do sistema operacional. Se a caixa postal for de propriedade de um processo (isto é, a caixa postal faz parte do espaço de endereçamento do processo), então, teremos a separação entre o proprietário (que só pode receber mensagens através dessa caixa postal) e o usuário (que só pode enviar mensagens para a caixa postal). Já que cada caixa postal tem um proprietário exclusivo, não pode haver confusão sobre que processo deve receber uma mensagem enviada para essa caixa. Quando um processo que possui uma caixa postal é encerrado, a caixa desaparece. Qualquer processo que enviar subsequentemente uma mensagem para essa caixa postal, deve ser notificado de que ela não existe mais.

Por outro lado, uma caixa postal que é de propriedade do sistema operacional tem existência própria. Ela é independente e não está associada a nenhum processo específico. Logo, o sistema operacional deve fornecer um mecanismo que permita que um processo faça o seguinte:

- Crie uma nova caixa postal.
- Envie e receba mensagens através da caixa postal.
- Exclua uma caixa postal.

O processo que cria uma nova caixa postal é seu proprietário por padrão (default). Inicialmente, o proprietário é o único processo que pode receber mensagens através dessa caixa postal. No entanto, o privilégio de propriedade e recebimento pode ser passado para outros processos através de chamadas de sistema apropriadas. É claro que essa transferência poderia resultar em vários receptores para cada caixa postal.

3.4.2.2 Sincronização

A comunicação entre processos ocorre através de chamadas às primitivas send() e receive(). Há diferentes opções de projeto para a implementação de cada primitiva. A transmissão de mensagens pode ser **com bloqueio** ou **sem bloqueio** – também conhecidas como **síncrona** e **assíncrona**.

- **Envio com bloqueio.** O processo emissor é bloqueado até a mensagem ser recebida pelo processo receptor ou pela caixa postal.
- **Envio sem bloqueio.** O processo emissor envia a mensagem e retoma a operação.
- **Recebimento com bloqueio.** O receptor é bloqueado até a mensagem ficar disponível.
- **Recebimento sem bloqueio.** O receptor recupera uma mensagem válida ou uma mensagem nula.

Diferentes combinações de send() e receive() são possíveis. Quando tanto send() quanto receive() são com bloqueio, temos um **ponto de encontro** entre o emissor e o receptor. A solução para o problema produtor-consumidor se torna trivial quando usamos comandos send() e receive() com bloqueio. O produtor simplesmente invoca a chamada a send() com bloqueio e espera até a mensagem ser distribuída para o receptor ou a caixa postal. Da mesma forma, quando o consumidor chama receive(), ele é bloqueado até uma mensagem estar disponível.

É bom ressaltar que os conceitos de síncrono e assíncrono ocorrem frequentemente em algoritmos de I/O do sistema operacional, como você verá no decorrer deste texto.

3.4.2.3 Armazenamento em buffer

Independente da comunicação ser direta ou indireta, as mensagens trocadas por processos em comunicação residem em uma fila temporária. Basicamente, essas filas podem ser implementadas de três maneiras:

- **Capacidade zero.** A fila tem tamanho máximo igual a zero; logo, o link não pode ter qualquer mensagem em espera. Nesse caso, o emissor deve ser bloqueado até o receptor receber a mensagem.
- **Capacidade limitada.** A fila tem tamanho finito n; logo, no máximo n mensagens podem residir nela. Se a fila não estiver cheia quando uma nova mensagem for enviada, a mensagem será inserida na fila (a mensagem é copiada ou é mantido um ponteiro para a mensagem) e o emissor poderá continuar a execução sem esperar. No entanto, a capacidade do link é

finita. Se o link estiver cheio, o emissor deverá ser bloqueado até haver espaço disponível na fila.
- **Capacidade ilimitada.** O tamanho da fila é potencialmente infinito; logo, pode conter qualquer número de mensagens em espera. O emissor nunca é bloqueado.

A opção de capacidade zero também é chamada de sistema de mensagens sem armazenamento em buffer; as outras opções são conhecidas como sistemas com armazenamento em buffer automático.

3.5 Exemplos de Sistemas IPC

Nesta seção, examinamos três sistemas IPC diferentes. Primeiro, abordamos a API POSIX para memória compartilhada e, em seguida, discutimos a transmissão de mensagens no sistema operacional Mach. Concluímos com o Windows que, surpreendentemente, usa a memória compartilhada como um mecanismo de fornecimento de certos tipos de transmissão de mensagens.

3.5.1 Um Exemplo: Memória Compartilhada POSIX

Vários mecanismos de IPC estão disponíveis para sistemas POSIX, inclusive a memória compartilhada e a transmissão de mensagens. Examinaremos a API POSIX para memória compartilhada.

Inicialmente, um processo deve criar um segmento de memória compartilhada usando a chamada de sistema (shmget() (shmget() provém de SHared Memory GET). O exemplo a seguir ilustra o uso de shmget():

`segment_id = shmget(IPC_PRIVATE, size, S_IRUSR | S_IWUSR);`

O primeiro parâmetro especifica a chave (ou identificador) do segmento de memória compartilhada. Se for posicionado como IPC_PRIVATE, um novo segmento de memória compartilhada será criado. O segundo parâmetro especifica o tamanho (em bytes) do segmento de memória compartilhada. Para concluir, o terceiro parâmetro identifica o modo que indica como o segmento de memória compartilhada deve ser usado – isto é, para leitura, gravação ou ambas. Ao posicionar o modo com S_IRUSR | S_IWUSR, estamos indicando que o proprietário pode ler do ou gravar no segmento de memória compartilhada. Uma chamada bem-sucedida a shmget() retorna um identificador inteiro para o segmento de memória compartilhada. Outros processos que queiram usar essa região de memória compartilhada devem especificar esse identificador.

Processos que desejem acessar um segmento de memória compartilhada devem anexá-lo a seu espaço de endereçamento usando a chamada de sistema shmat() (SHared Memory ATtach). A chamada a shmat() também usa três parâmetros. O primeiro é o identificador inteiro do segmento de memória compartilhada que está sendo anexado e o segundo é o ponteiro para uma locação na memória indicando onde a memória compartilhada será anexada. Se passarmos um valor NULL, o sistema operacional selecionará a locação em nome do usuário. O terceiro parâmetro identifica um flag que permite que a região de memória compartilhada seja anexada em modo de apenas leitura ou de leitura-gravação; se passarmos um parâmetro igual a 0, permitiremos tanto leituras quanto gravações na região compartilhada.

Podemos anexar uma região de memória compartilhada usando shmat() da forma a seguir:

`shared_memory = (char *) shmat(id, NULL, 0);`

Quando bem-sucedida, shmat() retorna um ponteiro para a locação inicial na memória em que a região de memória compartilhada foi anexada.

Uma vez que a região de memória compartilhada seja anexada ao espaço de endereçamento de um processo, esse processo pode acessar a memória compartilhada como um acesso rotineiro à memória usando o ponteiro retornado por shmat(). Nesse exemplo, shmat() retorna o ponteiro de uma cadeia de caracteres. Portanto, podemos gravar na região de memória compartilhada como descrito a seguir:

`sprintf(shared_memory, "Writing to shared memory");`

Outros processos que compartilhem esse segmento veriam as atualizações feitas no segmento de memória compartilhada.

Normalmente, um processo que está usando um segmento de memória compartilhada existente, primeiro anexa a região de memória compartilhada a seu espaço de endereçamento e, então, acessa (e possivelmente atualiza) a região. Quando um processo não precisa mais acessar o segmento de memória compartilhada, ele desanexa o segmento de seu espaço de endereçamento. Para desanexar uma região de memória compartilhada, o processo pode passar o ponteiro da região para a chamada de sistema shmdt(), como descrito a seguir:

`shmdt(shared_memory);`

Para concluir, um segmento de memória compartilhada pode ser removido do sistema com a chamada de sistema schmctl() que recebe o identificador do segmento compartilhado junto com o flag IPC_RMID.

O programa mostrado na Figura 3.16 ilustra a API POSIX para memória compartilhada que acabamos de discutir. Esse programa cria um segmento de memória compartilhada de 4.096 bytes. Uma vez que a região de memória compartilhada seja anexada, o processo grava nela a mensagem Hi There!. Após exibir o conteúdo da memória atualizada, ele desanexa e remove a região para memória compartilhada. Fornecemos exercícios adicionais que usam a API POSIX de memória compartilhada nos exercícios de programação do fim deste capítulo.

3.5.2 Um Exemplo: Mach

Como exemplo de um sistema operacional baseado em mensagens, a seguir consideramos o sistema operacional Mach, desenvolvido na Carnegie Mellon University. Introduzimos o Mach no Capítulo 2 como parte do sistema operacional Mac

```c
#include <stdio.h>
#include <sys/shm.h>
#include <sys/stat.h>

int main()
{
/* o identificador do segmento de memória compartilhada */
int segment_id;
/* um ponteiro para o segmento de memória compartilhada */
char *shared_memory;
/* o tamanho (em bytes) do segmento de memória compartilhada */
const int size = 4096;

    /* aloca um segmento de memória compartilhada */
    segment_id = shmget(IPC_PRIVATE, size, S_IRUSR | S_IWUSR);

    /* anexa o segmento de memória compartilhada */
    shared_memory = (char *) shmat(segment_id, NULL, 0);

    /* grava uma mensagem no segmento de memória compartilhada */
    sprintf(shared_memory, "Hi there!");

    /* agora, exibe a cadeia de caracteres a partir da memória compartilhada */
    printf("*%s\n", shared_memory);

    /* desanexa o segmento de memória compartilhada */
    shmdt(shared_memory);

    /* remove o segmento de memória compartilhada */
    shmctl(segment_id, IPC_RMID, NULL);

    return 0;
}
```

Figura 3.16 Programa em C ilustrando a API POSIX de memória compartilhada.

OS X. O kernel do Mach dá suporte à criação e destruição de várias tarefas que são semelhantes a processos, mas têm múltiplos threads de controle. Grande parte da comunicação no Mach – inclusive a maioria das chamadas de sistema e todas as informações entre tarefas – é executada por *mensagens*. As mensagens são enviadas e recebidas em caixas postais, chamadas *portas* no Mach.

Até mesmo chamadas de sistema são feitas através de mensagens. Quando uma tarefa é criada, duas caixas postais especiais – as caixas postais Kernel e Notify – também são criadas. O kernel usa a caixa postal Kernel para se comunicar com a tarefa. Ele envia notificações de ocorrências de eventos para a porta Notify. Só três chamadas de sistema são necessárias para a transferência de mensagens. A chamada msg_send() envia uma mensagem para uma caixa postal. A mensagem é recebida através de msg_receive(). São executadas chamadas de procedimento remotas (RPCs) através de msg_rpc() que envia uma mensagem e espera por apenas uma mensagem de retorno do emissor. Dessa forma, a RPC modela uma típica chamada de procedimento em sub-rotina, mas pode operar entre sistemas – daí o termo *remota*.

A chamada de sistema port_allocate() cria uma nova caixa postal e aloca espaço para sua fila de mensagens. O tamanho máximo da fila corresponde, por default, a oito mensagens. A tarefa que cria a caixa postal é a proprietária dessa caixa. O proprietário também pode receber mensagens da caixa postal. Só uma tarefa de cada vez pode ser proprietária ou receber mensagens de uma caixa postal, mas esses direitos podem ser enviados para outras tarefas se desejado.

Inicialmente, a fila de mensagens da caixa postal fica vazia. Conforme mensagens são enviadas para a caixa postal, elas são copiadas na caixa. Todas as mensagens têm a mesma prioridade. O Mach garante que várias mensagens do mesmo emissor sejam enfileiradas na ordem "primeiro a entrar, primeiro a sair" (FIFO – *first in, first out*), mas não garante um ordenamento absoluto. Por exemplo, mensagens de dois emissores podem ser enfileiradas em qualquer ordem.

As mensagens propriamente ditas são compostas por um cabeçalho de tamanho fixo seguido por uma porção de dados de tamanho variável. O cabeçalho indica o tamanho da mensagem e inclui dois nomes de caixa postal. Um dos nomes é o da caixa postal para a qual a mensagem está sendo enviada. Normalmente, o thread emissor espera uma resposta; logo, o nome da caixa postal do emissor é passado para a tarefa receptora que pode usá-lo como "endereço de retorno".

A parte variável da mensagem é uma lista de itens de dados tipificados. Cada entrada da lista tem um tipo, tamanho e valor. O tipo dos objetos especificados na mensagem é importante já que objetos definidos pelo sistema operacional – como direitos de propriedade ou de acesso para recebimento, estados de tarefas e segmentos de memória – podem ser enviados em mensagens.

As operações de envio e recebimento são flexíveis. Por exemplo, quando uma mensagem é enviada para uma caixa postal, ela pode estar cheia. Se a caixa postal não estiver cheia, a mensagem será copiada nela e o thread emissor prosseguirá. Quando a caixa postal está cheia, o thread emissor tem quatro opções:

1. Esperar indefinidamente até haver espaço na caixa postal.
2. Esperar no máximo *n* milissegundos.
3. Não esperar e retornar imediatamente.
4. Armazenar uma mensagem em cache temporariamente. Uma mensagem pode ser confiada ao sistema operacional para que ele a armazene, mesmo quando a caixa postal para a qual ela estiver sendo enviada, estiver cheia. Quando a mensagem puder ser inserida na caixa postal, outra mensagem será retornada para o emissor; não mais do que uma mensagem enviada para uma caixa postal cheia pode ficar pendente, em um determinado momento, para um thread emissor específico.

A última opção é específica para tarefas de servidor, como um driver de impressora de linha. Após concluir uma solicitação, essas tarefas podem ter que enviar uma resposta para a tarefa que solicitou o serviço, mas devem continuar atendendo outras solicitações, mesmo se a caixa postal de resposta de um cliente estiver cheia.

A operação de recebimento deve especificar a caixa postal ou o conjunto de caixas postais a partir das quais uma mensagem deve ser recebida. Um **conjunto de caixas postais** agrega várias caixas postais declaradas pela tarefa que podem ser reunidas e tratadas como uma única caixa postal para os fins dessa tarefa. Os threads de uma tarefa só podem receber mensagens de uma caixa postal ou de um conjunto de caixas postais para as quais a tarefa tiver acesso de recebimento. Uma chamada de sistema `port_status()` retorna a quantidade de mensagens em uma determinada caixa postal. A operação de recebimento tenta receber (1) de qualquer caixa postal pertencente a um conjunto de caixas ou (2) de uma caixa postal específica (nomeada). Se nenhuma mensagem estiver esperando para ser recebida, o thread receptor pode esperar no máximo *n* milissegundos ou não esperar.

O sistema Mach foi projetado especialmente para sistemas distribuídos, mas também é adequado para sistemas com um único processador, como evidenciado por sua inclusão no sistema Mac OS X. O principal problema dos sistemas de mensagens tem sido o fraco desempenho causado pela cópia dupla de mensagens: primeiro a mensagem é copiada do emissor para a caixa postal e, então, da caixa postal para o receptor. O sistema de mensagens do Mach tenta evitar operações de cópia dupla usando técnicas de gerenciamento de memória virtual (Capítulo 8). Essencialmente, o Mach mapeia o espaço de endereçamento que contém a mensagem do emissor no espaço de endereçamento do receptor. A mensagem nunca é realmente copiada. Essa técnica de gerenciamento de mensagens proporciona uma grande melhoria no desempenho, mas só funciona para a transmissão de mensagens dentro do sistema. O sistema operacional Mach é discutido em um capítulo adicional postado no site da LTC Editora para este livro.

3.5.3 Um Exemplo: Windows

O sistema operacional Windows é um exemplo de projeto moderno que emprega a modularidade para aumentar a funcionalidade e reduzir o tempo necessário à implementação de novos recursos. O Windows dá suporte a vários ambientes operacionais, ou *subsistemas*, com os quais programas aplicativos se comunicam através de um mecanismo de transmissão de mensagens. Os programas aplicativos podem ser considerados clientes do servidor de subsistemas do Windows XP.

O recurso de transmissão de mensagens do Windows é denominado **chamada de procedimento local (LPC – *local procedure-call*)**. A LPC do Windows estabelece comunicação entre dois processos na mesma máquina. É semelhante ao mecanismo RPC padrão amplamente usado, mas é otimizado e específico para o Windows. Como o Mach, o Windows usa um objeto porta para estabelecer e manter uma conexão entre dois processos. Todo cliente que chama um subsistema precisa de um canal de comunicação que é fornecido por um objeto porta e nunca é herdado. O Windows usa dois tipos de portas: portas de conexão e portas de comunicação. Na verdade, elas são iguais, mas recebem nomes diferentes de acordo com a maneira como são usadas.

As portas de conexão são *objetos* nomeados que são vistos por todos os processos; elas fornecem às aplicações uma maneira de estabelecer canais de comunicação. A comunicação funciona da seguinte forma:

- O cliente abre um manipulador para o objeto porta de conexão do subsistema.
- O cliente envia uma solicitação de conexão.
- O servidor cria duas portas de comunicação privadas e retorna o manipulador de uma delas para o cliente.
- O cliente e o servidor usam o manipulador de porta correspondente para enviar mensagens ou retornos de chamada e ouvir respostas.

O Windows usa dois tipos de técnicas de transmissão de mensagens através de uma porta que o cliente especifica quando estabelece o canal. O mais simples que é usado para mensagens pequenas, usa a fila de mensagens da porta como memória intermediária e copia a mensagem de um processo para o outro. Nesse método, mensagens com até 4 KB podem ser enviadas.

Se um cliente tiver que enviar uma mensagem maior, ele a transmitirá através de um **objeto de seção** que estabelece uma região de memória compartilhada. Ao estabelecer o canal, o cliente tem de decidir se terá ou não que enviar uma mensagem extensa. Se o cliente determinar que, realmente, deseja enviar mensagens extensas, ele solicitará que um objeto de seção seja criado. Da mesma forma, se o servidor decidir que as respostas serão extensas, ele criará um objeto de seção. Para que o objeto de seção possa ser usado, uma mensagem pequena é enviada contendo um ponteiro e informações de tamanho relativas ao objeto de seção. Esse método é mais complicado do que o primeiro, mas evita a cópia de dados. Nos dois casos, um mecanismo de retorno de chamada pode ser usado quando o cliente ou o servidor não podem responder imediatamente a uma solicitação. O mecanismo de retorno de chamada permite que eles executem a manipulação assíncrona de mensagens. A estrutura das chamadas de procedimento locais do Windows é mostrada na Figura 3.17.

É importante observar que o recurso LPC do Windows não faz parte da API Win32 e, portanto, não fica visível para o programador de aplicação. Em vez disso, aplicações que usam a API Win32 invocam chamadas de procedimento remotas padrão. Quando a RPC é chamada em um processo no mesmo sistema, ela é manipulada indiretamente através de uma chamada de procedimento local. As LPCs também são usadas em algumas outras funções que fazem parte da API Win32.

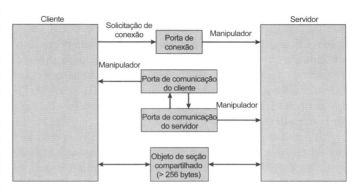

Figura 3.17 Chamadas de procedimento locais no Windows.

3.6 Comunicação em Sistemas Cliente-Servidor

Na Seção 3.4, descrevemos como os processos podem se comunicar usando a memória compartilhada e a transmissão de mensagens. Essas técnicas também podem ser usadas na comunicação em sistemas cliente-servidor (Seção 1.12.2). Nesta seção, examinamos mais duas estratégias de comunicação usadas em sistemas cliente-servidor: sockets e chamadas de procedimento remotas.

3.6.1 Sockets

Um *socket* é definido como uma extremidade de comunicação. Um par de processos se comunicando por meio de uma rede emprega um par de sockets – um para cada processo. O socket é identificado por um endereço IP concatenado com um número de porta. Geralmente, os sockets usam uma arquitetura cliente-servidor. O servidor espera solicitações recebidas de clientes ouvindo em uma porta especificada. Uma vez que uma solicitação é recebida, o servidor aceita uma conexão proveniente do socket do cliente para completar a conexão. Servidores que implementam serviços específicos (como telnet, FTP e HTTP) ouvem em portas bem conhecidas (um servidor telnet ouve na porta 23, um servidor FTP ouve na porta 21 e um servidor Web, ou HTTP, ouve na porta 80). Todas as portas abaixo de 1024 são consideradas *bem conhecidas*; podemos usá-las para implementar serviços-padrão.

Quando um processo cliente inicia uma solicitação de conexão, uma porta é atribuída a ele pelo seu computador host. Essa porta é identificada por algum número arbitrário maior do que 1024. Por exemplo, se um cliente no host X com endereço IP 146.86.5.20 quer estabelecer uma conexão com um servidor Web (escutando na porta 80) residente no endereço 161.25.19.8, o host X pode ser designado para a porta 1625. A conexão será composta por um par de sockets: (146.86.5.20:1625) no host X e (161.25.19.8:80) no servidor Web. Essa situação é ilustrada na Figura 3.18. Os pacotes que viajem entre os hosts serão distribuídos para o processo apropriado com base no número da porta de destino.

Todas as conexões devem ser exclusivas. Portanto, se outro processo também do host X quisesse estabelecer outra conexão com o mesmo servidor Web, seria designado para um número de porta maior do que 1024 e diferente de 1625. Isso garante que todas as conexões sejam compostas por um único par de sockets.

Embora a maioria dos exemplos de programa deste texto use C, ilustraremos os sockets usando Java, já que essa linguagem fornece uma interface de sockets muito mais fácil e tem uma rica biblioteca de utilitários de rede. As pessoas interessadas na programação de sockets em C ou C++ devem consultar as notas bibliográficas do fim do capítulo.

A linguagem Java fornece três tipos diferentes de sockets. Os **sockets orientados à conexão (TCP)** são implementados com a classe `Socket`. Os **sockets sem conexão (UDP)** usam a classe DatagramSocket. Para concluir, a classe `MulticastSocket` é uma subclasse da classe `DatagramSocket`. Um socket multicast permite que os dados sejam enviados para vários receptores.

Nosso exemplo descreve um servidor de data que usa sockets TCP orientados à conexão. A operação permite que os clientes solicitem a data e a hora correntes ao servidor. O servidor escuta na porta 6013, embora ela pudesse ter qualquer número arbitrário maior do que 1024. Quando uma conexão é recebida, o servidor retorna a data e a hora para o cliente.

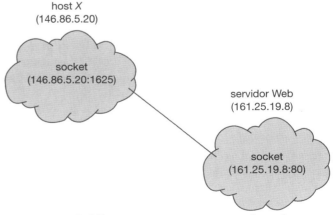

Figura 3.18 Comunicação com o uso de sockets.

O servidor de data é mostrado na Figura 3.19. Ele cria um objeto `ServerSocket` que especifica que a porta 6013 será usada. Em seguida, o servidor começa a escutar na porta com o método `accept()`. O servidor fica bloqueado no método `accept()` esperando um cliente solicitar uma conexão. Quando uma solicitação de conexão é recebida, `accept()` retorna um socket que o servidor pode usar para se comunicar com o cliente.

Os detalhes de como o servidor se comunica com o socket são descritos a seguir. Primeiro, o servidor estabelece um objeto `PrintWriter` que usará para se comunicar com o cliente. O objeto `PrintWriter` permite que o servidor grave no socket usando os métodos rotineiros de saída `print()` e `println()`. O processo do servidor envia a data para o cliente, chamando o método `println()`. Uma vez que tiver gravado a data no socket, o servidor fechará a comunicação via socket com o cliente e voltará a escutar solicitações.

Um cliente se comunica com o servidor criando um socket e conectando-se com a porta em que o servidor está escutando. Implementamos um cliente assim no programa Java mostrado na Figura 3.20. O cliente cria um `Socket` e solicita uma conexão com o servidor no endereço IP 127.0.0.1 na porta 6013.

Uma vez que a conexão é estabelecida, o cliente pode ler no socket usando comandos normais de fluxo de I/O. Após ter recebido a data enviada pelo servidor, o cliente fecha o socket e sai. O endereço 127.0.0.1 é um endereço IP especial conhecido como **autorretorno**. Quando um computador referencia o endereço IP 127.0.0.1, está referenciando a si próprio. Esse mecanismo permite que um cliente e um servidor se comuniquem no mesmo host usando o protocolo TCP/IP. O endereço IP 127.0.0.1 poderia ser substituído pelo endereço IP de outro host que estivesse executando o servidor de data. Além de um endereço IP, um nome de host real, como *www.westminstercollege.edu*, também pode ser usado.

A comunicação com o uso de sockets – embora comum e eficiente – é considerada uma forma de comunicação de baixo nível entre processos distribuídos. Um dos motivos é que os sockets só permitem que um fluxo não estruturado de bytes seja trocado entre os threads que estão se comunicando. É responsabilidade da aplicação no cliente ou no servidor impor uma estrutura para os dados. Na próxima subseção, examinamos as chamadas de procedimento remotas (RPCs) que fornecem um método de comunicação de alto nível.

```java
import java.net.*;
import java.io.*;

public class DateServer
{
   public static void main(String[] args) {
     try {
       ServerSocket sock = new ServerSocket(6013);

       // agora, espera conexões
       while (true) {
         Socket client = sock.accept();

         PrintWriter pout = new
           PrintWriter(client.getOutputStream(), true);

         // grava a data no socket
         pout.println(new java.util.Date().toString());

         // fecha o socket e volta
         // a escutar conexões
         client.close();
       }
     }
     catch (IOException ioe) {
       System.err.println(ioe);
     }
   }
}
```

Figura 3.19 Servidor de data.

```java
import java.net.*;
import java.io.*;

public class DateClient
{
   public static void main(String[] args) {
     try {
        //estabelece conexão com o socket do servidor
        Socket sock = new Socket("127.0.0.1",6013);

        InputStream in = sock.getInputStream();
        BufferedReader bin = new
          BufferedReader(new InputStreamReader(in));

        // lê a data no socket
        String line;
        while ( (line = bin.readLine()) != null)
          System.out.println(line);

        // fecha a conexão com o socket
        sock.close();
     }
     catch (IOException ioe) {
        System.err.println(ioe);
     }
   }
}
```

Figura 3.20 Cliente do servidor de data.

3.6.2 Chamadas de Procedimento Remotas

Uma das formas mais comuns de serviço remoto é o paradigma RPC que discutimos brevemente na Seção 3.5.2. A RPC foi projetada como uma maneira de abstrair o mecanismo de chamada de procedimento para uso entre sistemas com conexões de rede. Ela é em muitos aspectos semelhante ao mecanismo IPC descrito na Seção 3.4 e, geralmente, é construída acima de um sistema desse tipo. Aqui, no entanto, já que estamos lidando com um ambiente em que os processos estão sendo executados em sistemas separados, devemos usar um esquema de comunicação baseado em mensagens para fornecer serviço remoto. Ao contrário do recurso IPC, as mensagens trocadas na comunicação RPC são bem estruturadas e, portanto, não são mais apenas pacotes de dados. Cada mensagem é endereçada a um daemon RPC escutando em uma porta no sistema remoto e contém um identificador da função a ser executada e os parâmetros que devem ser passados para essa função. A função é, então, executada como solicitado e qualquer saída é retornada ao solicitante em uma mensagem separada.

Uma *porta* é simplesmente um número incluído no início de um pacote de mensagem. Enquanto, normalmente, um sistema tem um endereço de rede, ele pode ter muitas portas dentro desse endereço para diferenciar os diversos serviços de rede a que dá suporte. Se um processo remoto precisar de um serviço, ele envia uma mensagem para a porta apropriada. Por exemplo, se um sistema quisesse permitir que outros sistemas pudessem listar seus usuários correntes, teria um daemon dando suporte a essa RPC anexado a uma porta – digamos, a porta 3027. Qualquer sistema remoto poderia obter as informações necessárias (isto é, a lista de usuários correntes) enviando uma mensagem RPC para a porta 3027 do servidor; os dados seriam recebidos em uma mensagem de resposta.

A semântica das RPCs permite que um cliente chame um procedimento em um host remoto como chamaria um procedimento localmente. O sistema RPC oculta os detalhes que permitem que a comunicação ocorra fornecendo um **stub** no lado do cliente. Normalmente, existe um stub separado para cada procedimento remoto. Quando o cliente invoca um procedimento remoto, o sistema RPC chama o stub apropriado, passando para ele os parâmetros fornecidos para o procedimento remoto. Esse stub localiza a porta no servidor e *ordena* os parâmetros. A ordenação envolve o empacotamento dos parâmetros em uma forma que possa ser transmitida através de uma rede. O stub envia, então, uma mensagem para o servidor usando a transmissão de mensagens. Um stub semelhante no lado do servidor recebe essa mensagem e chama o procedimento no servidor. Se necessário, valores de retorno são devolvidos para o cliente com o uso da mesma técnica.

Uma questão que deve ser tratada é a referente às diferenças na representação de dados nas máquinas do cliente e do servidor. Considere a representação de inteiros de 32 bits. Alguns sistemas (conhecidos como *big-endian*) armazenam o byte mais significativo primeiro, enquanto outros (conhecidos como *little-endian*) armazenam primeiro o byte menos significativo. Nenhuma das duas ordens é "melhor"; em vez disso, a escolha é arbitrária dentro de uma arquitetura de computador. Para resolver esse tipo de diferença, muitos sistemas RPC definem uma representação de dados independente da máquina. Uma representação assim é conhecida como **representação de dados externa** (*XDR – external data representation*). No lado do cliente, a ordenação de parâmetros envolve a conversão dos dados dependentes da máquina em XDR, antes de serem enviados ao servidor. No lado do servidor, os dados XDR são desconvertidos e convertidos na representação dependente de máquina do servidor.

Outra questão importante envolve a semântica de uma chamada. Enquanto chamadas de procedimento locais só falham em circunstâncias extremas, as RPCs podem falhar, ou ser duplicadas e executadas mais de uma vez, como resultado de erros comuns de rede. Uma maneira de resolver esse problema é o sistema operacional assegurar que as mensagens sejam manipuladas *exatamente uma vez*, em vez de *no máximo uma vez*. A maioria das chamadas de procedimento locais tem a funcionalidade "exatamente uma vez", mas ela é mais difícil de implementar.

Primeiro, considere a abordagem "no máximo uma vez". Essa semântica pode ser implementada pela anexação de um marcador de tempo a cada mensagem. O servidor deve manter um histórico de todos os marcadores de tempo de mensagens que ele já processou ou um histórico suficientemente extenso para assegurar que mensagens repetidas sejam detectadas. Mensagens recebidas com um marcador de tempo já existente no histórico são ignoradas. O cliente pode então enviar uma mensagem uma ou mais vezes e ter certeza de que ela só será executada uma vez.

Para usar a abordagem "exatamente uma vez", temos que eliminar o risco de o servidor nunca receber a solicitação. Para que isso ocorra, o servidor deve implementar o protocolo "no máximo uma vez" descrito anteriormente, mas também deve confirmar para o cliente que a chamada RPC foi recebida e executada. Essas mensagens ACK são comuns em todos os serviços de rede. O cliente deve reenviar cada chamada RPC periodicamente até receber a mensagem de confirmação (ACK) para essa chamada.

Outra questão importante está relacionada à comunicação entre um servidor e um cliente. Nas chamadas de procedimento padrão, algum tipo de vinculação ocorre durante o tempo de conexão, carga ou execução (Capítulo 7) para que o nome da chamada de procedimento seja substituído por seu endereço na memória. O esquema RPC requer uma vinculação semelhante entre a porta do cliente e do servidor, mas como um cliente sabe os números de porta do servidor? Nenhum dos dois sistemas tem informações completas sobre o outro porque eles não compartilham memória.

Duas abordagens são comuns. Na primeira, as informações de vinculação podem ser predeterminadas, na forma de endereços de porta fixos. Em tempo de compilação, uma chamada RPC tem um número de porta fixo associado a ela. Uma vez que um programa é compilado, o servidor não pode alterar o número de porta do serviço solicitado. Na segunda abordagem, a vinculação pode ser feita dinamicamente por um mecanismo de ponto de encontro. Normalmente, o sistema operacional fornece um daemon de ponto de encontro (também chamado **matchmaker**) em uma porta RPC fixa. O cliente envia então uma mensagem contendo o nome da RPC para o daemon de ponto de encontro solicitando o endereço de porta da RPC que ele tem que executar. O número da porta é retornado e as chamadas RPC podem ser enviadas para essa porta até o processo terminar (ou o servidor cair). Esse método impõe o overhead adicional da solicitação inicial, porém é mais flexível do que a primeira abordagem. A Figura 3.21 mostra um exemplo de interação.

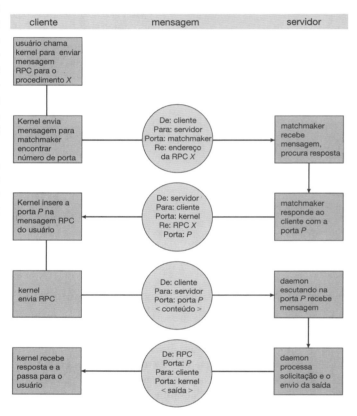

Figura 3.21 Execução de uma chamada de procedimento remota (RPC).

O esquema RPC é útil na implementação de um sistema de arquivos distribuídos. Um sistema assim pode ser implementado como um conjunto de daemons e clientes RPC. As mensagens são endereçadas para a porta do sistema de arquivos distribuídos em um servidor em que uma operação de arquivo está para ocorrer. A mensagem contém a operação de disco a ser executada. A operação de disco pode ser `read`, `write`, `rename`, `delete` ou `status` correspondentes às chamadas de sistema comuns relacionadas a arquivos. A mensagem de retorno contém quaisquer dados resultantes dessa chamada que é executada pelo daemon DFS em nome do cliente. Por exemplo, uma mensagem pode conter uma solicitação de transferência de um arquivo inteiro para um cliente ou ser apenas uma solicitação de bloco. No último caso, várias solicitações podem ser necessárias se um arquivo inteiro deve ser transferido.

3.7 Resumo

Um processo é um programa em execução. Quando um processo é executado, ele muda de estado. O estado de um processo é definido por sua atividade corrente. Cada processo pode estar em um dos seguintes estados: novo, pronto, em execução, em espera ou encerrado. Cada processo é representado no sistema operacional por seu próprio bloco de controle de processo (PCB).

Quando não está sendo executado, o processo é inserido em alguma fila de espera. Há duas classes principais de filas em um sistema operacional: filas de solicitação de I/O e a fila de prontos. A fila de prontos contém todos os processos que estão prontos para execução e estão esperando pela CPU. Cada processo é representado por um PCB e os PCBs podem ser encadeados para formar uma fila de prontos. O scheduling de longo prazo (ou de jobs) é a seleção dos processos que poderão disputar a CPU. Normalmente, o scheduling de longo prazo sofre muita influência de considerações de alocação de recursos, principalmente do gerenciamento da memória. O scheduling de curto prazo (ou da CPU) é a seleção de um processo na fila de prontos.

O sistema operacional deve fornecer um mecanismo para os processos pais criarem novos processos filhos. O pai pode esperar seus filhos serem encerrados antes de prosseguir ou tanto o pai quanto os filhos podem ser executados concorrentemente. Há várias razões para a execução concorrente: compartilhamento de informações, velocidade de processamento, modularidade e conveniência.

Os processos em execução no sistema operacional podem ser independentes ou cooperativos. Os processos cooperativos requerem um mecanismo de comunicação entre processos para se comunicarem uns com os outros. Basicamente, a comunicação é obtida por meio de dois esquemas: memória compartilhada e transmissão de mensagens. O método de memória compartilhada requer que os processos em comunicação compartilhem algumas variáveis. Espera-se que os processos troquem informações através do uso dessas variáveis compartilhadas. Em um sistema de memória compartilhada, a responsabilidade pelo fornecimento da comunicação é dos programadores de aplicações; o sistema operacional tem que fornecer apenas a memória compartilhada. O método de transmissão de mensagens permite que os processos troquem mensagens. A responsabilidade pelo fornecimento da comunicação pode ser do próprio sistema operacional. Esses dois esquemas não são mutuamente exclusivos e podem ser usados simultaneamente dentro do mesmo sistema operacional.

A comunicação em sistemas cliente-servidor pode usar sockets ou chamadas de procedimento remotas (RPCs). Um socket é definido como uma extremidade da comunicação. Uma conexão entre um par de aplicações é composta por um par de sockets, um em cada extremidade do canal de comunicação. As RPCs são outro tipo de comunicação distribuída. Uma RPC ocorre quando um processo (ou thread) chama um procedimento em uma aplicação remota.

Exercícios Práticos

3.1 O Palm OS não fornece um meio de processamento concorrente. Discuta três grandes complicações que o processamento concorrente adiciona a um sistema operacional.

3.2 O processador UltraSPARC da Sun tem vários conjuntos de registradores. Descreva o que acontece quando ocorre uma mudança de contexto e o novo contexto já está carregado em um dos conjuntos de registradores. O que acontece quando o novo contexto está na memória em vez de em um conjunto de registradores e todos os conjuntos de registradores estão sendo usados?

3.3 Quando um processo cria um novo processo usando a operação `fork()`, qual dos estados a seguir é compartilhado entre o processo pai e o processo filho?

a. Pilha

b. Heap

c. Segmentos de memória compartilhada

3.4 No que diz respeito ao mecanismo RPC, considere a semântica "exatamente uma vez". O algoritmo de implementação dessa semântica é executado corretamente mesmo quando a mensagem ACK retornada ao cliente é perdida devido a um problema na rede. Descreva a sequência de mensagens e discuta se a semântica "exatamente uma vez" continua sendo preservada.

```
#include <stdio.h>
#include <unistd.h>

int main()
{
    /* gera um processo filho */
    fork();

    /* gera outro processo filho */
    fork();

    /* e gera ainda mais um */
    fork();

    return 0;
}
```

Figura 3.22 Quantos processos são criados?

3.5 Suponha que um sistema distribuído seja suscetível a falhas no servidor. Que mecanismos seriam necessários para garantir a semântica "exatamente uma vez" na execução de RPCs?

```c
#include <sys/types.h>
#include <stdio.h>
#include <unistd.h>

int main()
{
pid_t pid, pid1;

    /* gera um processo filho */
    pid = fork();

    if (pid < 0) {/* um erro ocorreu */
       fprintf(stderr, "Fork Failed");
       return 1;
    }
    else if (pid == 0) {/* processo filho */
       pid1 = getpid();
       printf("child: pid = %d",pid); /* A */
       printf("child: pid1 = %d",pid1); /* B */
    }
    else { /* processo pai */
       pid1 = getpid();
       printf("parent: pid = %d",pid); /* C */
       printf("parent: pid1 = %d",pid1); /* D */
       wait(NULL);
    }

    return 0;
}
```

Figura 3.23 Quais são os valores de pid?

Exercícios

3.6 Descreva as diferenças entre o scheduling de curto prazo, de médio prazo e de longo prazo.

3.7 Descreva as ações executadas por um kernel na mudança de contexto entre processos.

3.8 Construa uma árvore de processos semelhante à da Figura 3.9. Para obter informações sobre processos no sistema UNIX ou Linux, use o comando `ps -ael`. Use o comando `man ps` para obter mais informações sobre o comando `ps`. Em sistemas Windows, você terá que usar o gerenciador de tarefas.

3.9 Incluindo o processo pai inicial, quantos processos são criados pelo programa mostrado na Figura 3.22?

3.10 Usando o programa da Figura 3.23, identifique os valores de pid nas linhas A, B, C e D. (Suponha que os pids reais do pai e do filho sejam 2600 e 2603, respectivamente.)

3.11 Considere o mecanismo RPC. Descreva as consequências indesejáveis que poderiam surgir da não imposição da semântica "no máximo uma vez" ou "exatamente uma vez". Descreva possíveis usos para um mecanismo que não tenha qualquer dessas garantias.

3.12 Usando o programa mostrado na Figura 3.24, explique qual será a saída na Linha A.

3.13 Quais são os benefícios e as desvantagens de cada uma das situações a seguir? Considere tanto o nível do sistema quanto o nível do programador.

a. Comunicação síncrona e assíncrona

b. Armazenamento de buffer automático e explícito

c. Envio por cópia e envio por referência

d. Mensagens de tamanho fixo e de tamanho variável

Problemas de Programação

3.14 A sequência de Fibonacci é a série de números 0, 1, 1, 2, 3, 5, 8, ... Formalmente, ela pode ser expressa como:

$$fib_0 = 0$$
$$fib_1 = 1$$
$$fib_n = fib_{n-1} + fib_{n-2}$$

Usando a chamada de sistema `fork()`, escreva um programa em C que gere a sequência de Fibonacci no processo filho. A extensão da sequência será fornecida na linha de comando. Por exemplo, se 5 for fornecido, os cinco primeiros números da sequência de Fibonacci serão exibidos pelo processo filho. Já que os processos pai e filho terão suas próprias cópias dos dados, será necessário que o filho exiba a sequência. Faça o pai invocar a chamada `wait()` para esperar o processo filho ser concluído antes de encerrar o programa. Execute a verificação de erros necessária para assegurar que um número positivo seja passado na linha de comando.

```c
#include <sys/types.h>
#include <stdio.h>
#include <unistd.h>

int value = 5;

int main()
{
pid_t pid;

    pid = fork();

    if (pid == 0) {/* processo filho */
       value += 15;
       return 0;
    }
    else if (pid > 0) {/* processo pai */
       wait(NULL);
       printf("PARENT: value = %d",value);/* LINHA A */
       return 0;
    }
}
```

Figura 3.24 Que saída teremos na linha A?

3.15 Repita o exercício anterior, dessa vez usando a função `CreateProcess()` da API Win32. Nesse caso, você terá que especificar um programa separado para ser chamado a partir de `CreateProcess()`. É esse programa separado que será executado como um processo filho exibindo a sequência de Fibonacci. Execute a verificação de erros necessária para assegurar que um número positivo seja passado na linha de comando.

3.16 Modifique o servidor de data mostrado na Figura 3.19 para que ele distribua piadas aleatórias em vez da data corrente. Permita que as piadas contenham várias linhas. O cliente do servidor de data mostrado na Figura 3.20 pode ser usado na leitura das piadas de várias linhas retornadas pelo servidor de piadas.

3.17 Um servidor de eco retorna qualquer coisa que receba de um cliente. Por exemplo, se um cliente enviar para o servidor a string *Hello there!* o servidor responderá com os dados exatos que recebeu do cliente – isto é, *Hello there!*

Crie um servidor de eco usando a API de rede da linguagem Java descrita na Seção 3.6.1. Esse servidor esperará uma conexão de cliente usando o método `accept()`. Quando uma conexão de cliente for recebida, o servidor entrará em loop, executando os passos a seguir:

- Transferirá dados do socket para um buffer.
- Retornará o conteúdo do buffer para o cliente.

O servidor só sairá do loop quando tiver determinado que o cliente fechou a conexão.

O servidor mostrado na Figura 3.19 usa a classe `java.io.BufferedReader`. `BufferedReader` estende a classe `java.io.Reader` que é usada na leitura de fluxos de caracteres. No entanto, o servidor de eco não pode garantir que lerá caracteres vindos dos clientes; ele também pode receber dados binários. A classe `java.io.InputStream` lida com dados no nível de bytes em vez de no nível de caracteres. Logo, esse servidor de eco deve usar um objeto que estenda `java.io.InputStream`. O método `read()` da classe `java.io.InputStream` retorna −1 quando o cliente tiver fechado sua extremidade da conexão de socket.

3.18 No Exercício 3.14, o processo filho deve exibir a sequência de Fibonacci, já que o pai e o filho têm suas próprias cópias dos dados. Outra abordagem para o projeto desse programa é o estabelecimento de um segmento de memória compartilhada entre os processos pai e filho. Essa técnica permite que o filho grave o conteúdo da sequência de Fibonacci no segmento de memória compartilhada e faz o pai exibir a sequência quando o filho é concluído. Já que a memória é compartilhada, qualquer alteração que o filho faça também será refletida no processo pai.

Esse programa será estruturado usando a memória compartilhada POSIX como descrito na Seção 3.5.1. Primeiro, o programa requer a criação da estrutura de dados para o segmento de memória compartilhada. Isso é feito mais facilmente com o uso de `struct`. Essa estrutura de dados conterá dois itens: (1) um array de tamanho fixo MAX_SEQUENCE que conterá os valores de Fibonacci e (2) o tamanho da sequência que o processo filho deve gerar – `sequence_size`, sendo `sequence_size` ≤ MAX_SEQUENCE. Esses itens podem ser representados em um `struct` como descrito a seguir:

```c
#define MAX_SEQUENCE 10

typedef struct {
   long fib_sequence[MAX_SEQUENCE];
   int sequence_size;
} shared_data;
```

O processo pai percorrerá os passos a seguir:

a. Aceitar o parâmetro passado na linha de comando e executar a verificação de erros para garantir que o parâmetro é ≤ `MAX_SEQUENCE`.
b. Criar um segmento de memória compartilhada de tamanho `shared_data`.
c. Anexar o segmento de memória compartilhada a seu espaço de endereçamento.
d. Posicionar o valor de `sequence_size` com o parâmetro da linha de comando.
e. Gerar o processo filho e invocar a chamada de sistema `wait()` para esperar o filho terminar.
f. Gravar o valor da sequência de Fibonacci no segmento de memória compartilhada.
g. Desanexar e remover o segmento de memória compartilhada.

Já que o processo filho é uma cópia do pai, a região de memória compartilhada será anexada ao espaço de endereçamento do filho e do pai. O processo filho gravará, então, a sequência de Fibonacci na memória compartilhada e, para concluir, desanexará o segmento.

Uma questão relacionada aos processos cooperativos envolve problemas de sincronização. Nesse exercício, os processos pai e filho devem ser sincronizados para que o pai não exiba a sequência de Fibonacci antes que o filho termine de gerar a sequência. Esses dois processos serão sincronizados com o uso da chamada de sistema `wait()`; o processo pai chamará `wait()` o que fará com que ele seja suspenso até o processo filho saia.

3.19 A maioria dos sistemas UNIX e Linux fornece o comando `ipcs`. Esse comando lista o status de vários mecanismos POSIX de comunicação entre processos, inclusive segmentos de memória compartilhada. Grande parte das informações do comando vem da estrutura de dados `struct shmid_ds` que está disponível no arquivo `/usr/include/sys/shm.h`. Alguns dos campos dessa estrutura incluem:

- `int shm_segsz` – tamanho do segmento de memória compartilhada
- `short shm_nattch` – quantidade de anexos ao segmento de memória compartilhada
- `struct ipc_perm shm_perm` – estrutura de permissão do segmento de memória compartilhada

A estrutura de dados `struct ipc_perm` (que está disponível no arquivo `/usr/include/sys/ipc.h`) contém os campos:

- `unsigned short uid` – identificador do usuário do segmento de memória compartilhada
- `unsigned short mode` – modalidades de permissão
- `key_t key` (em sistemas Linux, `__key`) – identificador de chave especificado pelo usuário

As modalidades de permissão são posicionadas de acordo com a maneira como o segmento de memória compartilhada é estabelecido com a chamada de sistema `shmget()`. As permissões são identificadas conforme descrito na tabela:

modalidade	significado
0400	Permissão de leitura do proprietário
0200	Permissão de gravação do proprietário
0040	Permissão de leitura do grupo
0020	Permissão de gravação do grupo
0004	Permissão de leitura de todos
0002	Permissão de gravação de todos

As permissões podem ser acessadas com o uso do operador &, correspondente ao bit AND. Por exemplo, se o comando `mode & 0400` é avaliado como "verdadeiro", a modalidade de permissão dá permissão de leitura para o proprietário do segmento de memória compartilhada.

Um segmento de memória compartilhada pode ser identificado de acordo com uma chave especificada pelo usuário ou de acordo com o valor inteiro retornado pela chamada de sistema `shmget()` que representa o identificador inteiro do segmento de memória compartilhada criado. A estrutura `shm_ds` do identificador inteiro de um segmento específico pode ser obtida com a chamada de sistema `shmctl()` a seguir:

```
/* identificador de memória compartilhada */
int segment_id;
shm_ds shmbuffer;

shmctl(segment_id, IPC_STAT, &shmbuffer);
```

Quando bem-sucedida, `shmctl()` retorna 0; caso contrário, retorna -1 indicando uma condição de erro (a variável global errno pode ser acessada para determinar a condição de erro).

Escreva um programa em C ao qual seja passado um identificador de um segmento de memória compartilhada. Esse programa chamará a função `shmctl()` para obter sua estrutura `shm_ds`. Em seguida, exibirá os valores seguintes, referentes ao segmento de memória compartilhada:

- ID do segmento
- Chave
- Modalidade
- UID do proprietário
- Tamanho
- Quantidade de anexos

Projetos de Programação

Transmissão de Mensagens POSIX

Esse projeto consiste no uso de filas de mensagens POSIX para a comunicação de informações de temperatura entre quatro processos externos e um processo central. O projeto pode ser executado em sistemas que deem suporte à transmissão de mensagens POSIX, como o UNIX, o Linux e o Mac OS X.

Parte 1: Visão Geral

Quatro processos externos transmitirão informações de temperatura para um processo central que, por sua vez, responderá com sua própria informação de temperatura e indicará se o sistema inteiro se estabilizou. Cada processo receberá sua temperatura inicial ao ser criado e recalculará uma nova temperatura de acordo com duas fórmulas:

nova temp externa =
  (minhaTemp*3 + 2* tempCentral)/5;
nova temp central =
  (2*tempCentral + quatro temperaturas recebidas dos processos externos)/6;

Inicialmente, cada processo externo enviará sua temperatura para a caixa postal do processo central. Se todas as quatro temperaturas forem exatamente iguais às enviadas pelos quatro processos durante a última iteração, o sistema se estabilizou. Nesse caso, o processo central notificará cada processo externo sobre sua conclusão (junto com a do próprio processo central) e cada processo exibirá a temperatura final estabilizada. Se o sistema ainda não tiver se tornado estável, o processo central enviará sua nova temperatura para a caixa postal de cada um dos processos externos e esperará suas respostas. Os processos continuarão a ser executados até a temperatura ter estabilizado.

Parte 2: O Sistema de Transmissão de Mensagens

Os processos podem trocar mensagens usando quatro chamadas de sistema: `msgget()`, `msgsnd()`, `msgrcv()` e `msgctl()`. A função `msgget()` converte um nome de caixa postal em uma identificação de fila de mensagens, `msqid`. (Um nome de caixa postal é um nome de fila de mensagens conhecido externamente que é compartilhado entre os processos cooperativos.) `msqid`, o identificador interno retornado por `msgget()`, deve ser passado para todas as chamadas de sistema subsequentes que estiverem usando essa fila de mensagens para facilitar a comunicação entre processos. Veja uma chamada típica de `msgget()`:

```
msqid = msgget(1234, 0600 | IPC_CREAT);
```

O primeiro parâmetro é o nome da caixa postal e o segundo instrui o sistema operacional a criar a fila de mensagens, se ela ainda não existir, com privilégios de leitura e gravação somente para processos com a mesma identificação de usuário do processo. Se já existir uma fila de mensagens para esse nome de caixa postal, `msgget()` retornará a `msqid` da caixa postal existente. Para evitar a anexação a uma fila de mensagens existente, primeiro o processo pode tentar se anexar à caixa postal omitindo `IPC_CREAT` e verificando, então, o valor de retorno de `msgget()`. Se a `msqud` for negativa, um erro terá ocorrido durante a chamada de sistema e a variável de acesso global `errno` pode ser consultada para que seja determinado se o erro ocorreu porque a fila de mensagens já existe ou por alguma outra razão. Se o processo determinar que a caixa postal não existe correntemente, poderá então criá-la incluindo `IPC_CREAT`. (Para o projeto corrente, essa estratégia não deve ser necessária se os alunos estiverem usando PCs individuais ou receberem do instrutor intervalos de nomes de caixas postais exclusivos.)

Uma vez que uma `msqid` válida tinha sido estabelecida, o processo pode começar a usar `msgsnd()` para enviar mensagens e `msgrcv()` para recebê-las. As mensagens enviadas e recebidas têm formato semelhante às descritas na Seção 3.5.2, já que incluem uma parte de tamanho fixo no começo seguida por uma parte de tamanho variável. É claro que os emissores e receptores devem estar de acordo quanto ao formato das mensagens que estão sendo trocadas.

Já que o sistema operacional especifica um campo na parte de tamanho fixo de qualquer formato de mensagem e, pelo menos, um trecho da informação será enviado para o processo receptor, é lógica a criação de um agregado de dados para cada tipo de mensagem com o uso de um `struct`. O primeiro campo de qualquer `struct` deve ser de tipo `long` e conterá a prioridade da mensagem. (Esse projeto não usa essa funcionalidade; recomendamos que você crie o primeiro campo de cada mensagem usando o mesmo valor integral, como 2.) Os outros campos das mensagens contêm as informações a serem compartilhadas entre os processos em comunicação. Três campos adicionais são recomendados: (1) a temperatura que está sendo enviada, (2) o número do processo externo que está enviando a mensagem (0 para o processo central) e (3) um flag posicionado com 0, mas que o processo central posicionará com 1 quando detectar estabilidade. Um `struct` recomendado tem a aparência a seguir:

```
struct {
    long priority;
    int temp;
    int pid;
    int stable;
} msgp;
```

Supondo que a `msqid` tenha sido estabelecida, exemplos de `msgsnd()` e `msgrcv()` poderiam ser:

```
int stat, msqid;

stat = msgsnd(msqid, &msgp,
            sizeof(msgp)-sizeof(long), 0);

stat = msgrcv(msqid, &msgp,
            sizeof(msgp)-sizeof(long), 2, 0);
```

O primeiro parâmetro nas duas chamadas de sistema deve ser uma `msqid` válida; caso contrário, um valor negativo é retornado. (As duas funções retornam a quantidade de bytes enviada ou recebida após a conclusão bem-sucedida da operação.) O segundo parâmetro é o endereço onde pode ser encontrada ou armazenada a mensagem a ser enviada ou recebida, seguido pela quantidade de bytes de informação a ser enviada ou recebida. O parâmetro final, igual a 0, indica que as operações serão síncronas e que o emissor será bloqueado se a fila de mensagens estiver cheia. (`IPC_NOWAIT` seria usado se operações assíncronas, ou sem bloqueio, fossem desejadas. Cada fila de mensagens pode conter uma quantidade máxima de mensagens – ou bytes – portanto, é possível que a fila fique cheia e essa é uma das razões para o emissor ser bloqueado ao tentar transmitir uma mensagem.) O 2 que aparece antes desse parâmetro final em `msgrcv()` indica o nível de prioridade mínimo das mensagens que o processo deseja receber; o receptor esperará até uma mensagem com essa prioridade (ou maior) ser enviada para a `msqid` se essa for uma operação síncrona.

Uma vez que um processo não estiver mais usando uma fila de mensagens, a fila deve ser removida para que a caixa postal possa voltar a ser usada por outros processos. A menos que seja removida, a fila de mensagens – e qualquer mensagem que ainda não tiver sido recebida – permanecerá no espaço de armazenamento que foi fornecido para essa caixa postal pelo kernel. Para remover a fila de mensagens e excluir qualquer mensagem não lida que ela estiver armazenando, é necessário chamar `msgclt()`, como descrito a seguir:

```
struct msgid_ds dummyParam;
status = msgctl(msqid, IPC_RMID, &dummyParam);
```

O terceiro parâmetro é necessário porque essa função o exige, mas ele só é usado quando o programador deseja coletar alguma estatística sobre o uso da fila de mensagens. Isso é feito pela substituição do segundo parâmetro por `IPC_STAT`.

Todos os programas devem incluir os três arquivos de cabeçalho a seguir que são encontrados em `/usr/include/sys`: `ipc.h`, `types.h` e `msg.h`. Uma ocorrência possivelmente confusa da implementação da fila de mensagens é digna de nota nesse momento. Após uma caixa postal ser removida com `msgclt()`, qualquer tentativa subsequente de criação de outra caixa postal com o mesmo nome usando `msgget()`, gerará uma `msqid` diferente.

Parte 3: Criando os Processos

Cada processo externo, assim como o servidor central, criará sua própria caixa postal com o nome $X + i$, na qual i é um identificador numérico para os processos externos 1 a 4, ou zero para o processo central. Portanto, se X fosse 70, o processo central receberia mensagens na caixa postal chamada 70 e enviaria suas respostas para as caixas postais 71 a 74. O processo externo 2 receberia na caixa postal 72 e enviaria para a caixa postal 70 e assim por diante. Logo, cada processo externo será anexado a duas caixas postais e o processo central será anexado a cinco. Se cada processo especificar `IPC_CREAT` ao chamar `msgget()`, o primeiro processo que chamar `msgget()` é que criará a caixa postal; chamadas subsequentes a `msgget()` causarão anexações à caixa postal existente. O protocolo de remoção deve definir que a caixa postal/fila de mensagens em que cada processo estiver escutando, será a única que ele removerá – através de `msgclt()`.

Cada processo externo será identificado de maneira exclusiva por um parâmetro de linha de comando. O primeiro parâmetro de cada processo externo será sua temperatura inicial e o segundo será seu número exclusivo: 1, 2, 3 ou 4. O servidor central receberá apenas um parâmetro – sua temperatura inicial. Supondo que o nome executável do processo externo seja `external` e o do servidor central seja `central`, poderíamos chamar todos os cinco processos como descrito a seguir:

```
./external 100 1 &
./external 22 2 &
./external 50 3 &
./external 40 4 &
./central 60 &
```

Parte 4: Dicas de Implementação

Pode ser melhor começar enviando com sucesso uma mensagem do processo central para um processo externo individual, e vice-versa, antes de tentar escrever todo o código para resolver esse problema. Também é aconselhável verificar todos os valores de retorno das quatro chamadas de sistema de filas de mensagens e exibir uma mensagem na tela após cada chamada ser concluída com sucesso para descobrir possíveis solicitações malsucedidas. A mensagem deve indicar o que foi feito e por quem – por exemplo, "a caixa postal 71 foi criada pelo processo externo 1", "mensagem recebida pelo processo central proveniente do processo externo 2" e assim por diante. Essas mensagens podem ser removidas ou convertidas em comentário após o problema ser resolvido. Os processos também devem verificar se receberam a quantidade correta de parâmetros de linha de comando (através do parâmetro `argc` em `main()`). Para concluir, mensagens incorretas residindo em uma fila podem fazer um conjunto de processos cooperativos que estão funcionando corretamente parecerem incorretos. Logo, é aconselhável remover todas as caixas postais relevantes para esse projeto para assegurar que as caixas postais estejam vazias antes de os processos começarem. A maneira mais fácil de fazer isso é usar o comando `ipcs` para listar todas as filas de mensagens e o comando `ipcrm` para remover filas de mensagens existentes. O comando `ipcs` lista a msqid de todas as filas de mensagens do sistema. Use `ipcrm` para remover filas de mensagens de acordo com sua `msqid`. Por exemplo, se a `msqid` 163845 aparecer na saída de `ipcs`, ela poderá ser excluída com o comando a seguir:

```
ipcrm -q 163845
```

Notas Bibliográficas

A comunicação entre processos no sistema RC 4000 é discutida por Brinch-Hansen [1970]. Schlichting e Schneider [1982] discutem as primitivas de transmissão assíncrona de mensagens. O recurso IPC implementado no nível do usuário é descrito por Bershad et al. [1990].

Detalhes da comunicação entre processos em sistemas UNIX são apresentados por Gray [1997]. Barrera [1991] e Vahalia [1996] descrevem a comunicação entre processos no sistema Mach. Russinovich e Solomon [2009], Solomon e Russinovich [2000] e Stevens [1999] descrevem a comunicação entre processos no WinSEVEN, no Windows 2000 e no UNIX, respectivamente. Hart [2005] aborda com detalhes a programação em sistemas Windows.

A implementação de RPCs é discutida por Birrell e Nelson [1984]. Shrivastava e Panzieri [1982] descrevem o projeto de um mecanismo RPC confiável e Tay e Ananda [1990] apresentam uma pesquisa sobre RPCs. Stankovic [1982] e Staunstrup [1982] discutem a comunicação por chamadas de procedimento *versus* a comunicação por transmissão de mensagens. Harold [2005] fornece uma abordagem sobre a programação de sockets em Java.

Threads

CAPÍTULO 4

O modelo de processo introduzido no Capítulo 3 define processo como um programa em execução com um único thread de controle. A maioria dos sistemas operacionais modernos já fornece recursos que permitem que um processo contenha vários threads de controle. Este capítulo introduz diversos conceitos associados aos sistemas de computação com vários threads, inclusive uma discussão sobre as APIs das bibliotecas de threads Pthreads, Win32 e Java. Examinamos muitas questões relacionadas à programação com múltiplos threads e seu efeito sobre o projeto de sistemas operacionais. Para concluir, vemos como os sistemas operacionais Windows e Linux dão suporte a threads no nível do kernel.

OBJETIVOS DO CAPÍTULO

- Introduzir o conceito de thread – uma unidade básica de utilização da CPU que forma a base dos sistemas de computação com vários threads.
- Discutir as APIs das bibliotecas de threads Pthreads, Win32 e Java.
- Examinar questões relacionadas à programação com múltiplos threads.

4.1 Visão Geral

Um thread é uma unidade básica de utilização da CPU; é composto pela identificação do thread, um contador de programa, um conjunto de registradores e uma pilha. Ele compartilha com outros threads pertencentes ao mesmo processo sua seção de código, a seção de dados e outros recursos do sistema operacional, como arquivos abertos e sinais. Um processo tradicional (ou ***processo pesado***) tem um único thread de controle. Se um processo tiver vários threads de controle, pode executar mais de uma tarefa ao mesmo tempo. A Figura 4.1 ilustra a diferença entre um processo tradicional ***com um único thread*** e um processo ***com vários threads***.

4.1.1 Motivação

Muitos pacotes de software que são executados em PCs de mesa modernos, têm vários threads. Normalmente, uma aplicação é implementada como um processo separado com vários threads de controle. Um navegador Web pode ter um thread para exibir imagens ou texto enquanto outro thread recupera dados da rede, por exemplo. Um processador de texto pode ter um thread para exibir elementos gráficos, outro para responder ao uso do teclado pelo usuário e um terceiro para executar a verificação ortográfica e gramatical em segundo plano.

Figura 4.1 Processos com um único thread e com vários threads.

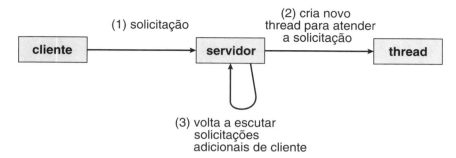

Figura 4.2 Arquitetura de servidor com vários threads.

Em certas situações, a mesma aplicação pode ter que executar várias tarefas semelhantes. Por exemplo, um servidor Web aceita solicitações que os clientes fazem de páginas da Web, imagens, som e assim por diante. Um servidor Web ocupado pode ter vários (talvez milhares de) clientes acessando-o concorrentemente. Se o servidor Web fosse executado como um processo tradicional com um único thread, só poderia atender um cliente de cada vez, e um cliente poderia ter que esperar muito tempo para sua solicitação ser atendida.

Uma solução é ter o servidor executando como um processo único que aceita solicitações. Quando o servidor recebe uma solicitação, ele cria um processo separado para atendê-la. Na verdade, esse método de criação de processos era de uso comum antes de os threads se popularizarem. No entanto, a criação de processos é demorada e usa muitos recursos. Se o novo processo tem que executar as mesmas tarefas do processo existente, por que incorrer em todo esse overhead? Geralmente, é mais eficiente usar um processo contendo vários threads. Se o processo do servidor Web tiver vários threads, o servidor criará um thread separado para escutar solicitações de clientes. Quando uma solicitação é feita, em vez de criar outro processo, o servidor cria um novo thread para atender a solicitação e volta a esperar solicitações adicionais. Isso é ilustrado na Figura 4.2.

Os threads também desempenham um papel vital em sistemas com chamadas de procedimento remotas (RPCs). Você deve lembrar que, no Capítulo 3, dissemos que as RPCs possibilitam a comunicação entre processos fornecendo um mecanismo de comunicação semelhante às chamadas comuns de procedimento ou função. Normalmente, os servidores de RPCs têm vários threads. Quando um servidor recebe uma mensagem, ele a atende usando um thread separado. Isso permite que o servidor manipule várias solicitações concorrentes.

Para concluir, a maioria dos kernels dos sistemas operacionais já tem múltiplos threads; vários threads operam no kernel e cada thread executa uma tarefa específica, como o gerenciamento de dispositivos ou a manipulação de interrupções. Por exemplo, o Solaris cria um conjunto de threads no kernel especificamente para a manipulação de interrupções; o Linux usa um thread do kernel para gerenciar a quantidade de memória livre no sistema.

4.1.2 Benefícios

Os benefícios da programação com vários threads podem ser divididos em quatro categorias principais:

1. **Capacidade de resposta.** O uso de vários threads em uma aplicação interativa pode permitir que um programa continue a ser executado mesmo se parte dele estiver bloqueada ou estiver executando uma operação demorada, o que aumenta a capacidade de resposta para o usuário. Por exemplo, um navegador Web com vários threads poderia permitir a interação do usuário em um thread enquanto uma imagem é carregada em outro thread.

2. **Compartilhamento de recursos.** Os processos só podem compartilhar recursos por meio de técnicas como a memória compartilhada ou a transmissão de mensagens. Essas técnicas devem ser organizadas explicitamente pelo programador. No entanto, por default, os threads compartilham a memória e os recursos do processo ao qual pertencem. O benefício de compartilhar código e dados é que possibilita que uma aplicação tenha vários threads de atividade diferentes dentro do mesmo espaço de endereçamento.

3. **Economia.** A alocação de memória e recursos para a criação de processos é dispendiosa. Já que os threads compartilham os recursos do processo ao qual pertencem, é mais econômico criar threads e alternar seus contextos. Pode ser difícil avaliar empiricamente a diferença de overhead, mas, geralmente, demora muito mais criar e gerenciar processos do que criar e gerenciar threads. No Solaris, por exemplo, a criação de um processo é cerca de trinta vezes mais lenta do que a criação de um thread e a mudança de contexto é cerca de cinco vezes mais lenta.

4. **Escalabilidade.** Os benefícios do uso de vários threads podem ser muito maiores em uma arquitetura com muitos processadores em que os threads possam ser executados em paralelo em diferentes processadores. Um processo com um único thread só pode ser executado em um processador, independente de quantos estão disponíveis. O uso de vários threads em uma máquina com muitas CPUs aumenta o paralelismo. Examinamos essa questão com mais detalhes na próxima seção.

4.1.3 Programação Multicore

Uma tendência recente no projeto de sistemas tem sido a inserção de vários núcleos de computação no mesmo chip, em que cada núcleo aparece como um processador separado para o sistema operacional (Seção 1.3.2). A programação com vários threads fornece um mecanismo para o uso mais eficiente de muitos núcleos e o aumento da concorrência. Considere uma aplicação com quatro threads. Em um sistema com um único núcleo de

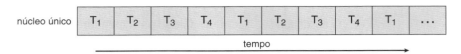

Figura 4.3 Execução concorrente em um sistema com um único núcleo.

computação, concorrência significa simplesmente que a execução dos threads será intercalada com o passar do tempo (Figura 4.3), já que o núcleo de processamento só pode executar um thread de cada vez. Em um sistema com vários núcleos, no entanto, concorrência significa que os threads podem ser executados em paralelo, já que o sistema pode atribuir um thread separado a cada núcleo (Figura 4.4).

A tendência ao uso de sistemas multicore tem pressionado os projetistas de sistemas e os programadores de aplicações a fazer melhor uso dos diversos núcleos de computação. Os projetistas de sistemas operacionais devem escrever algoritmos de scheduling que usem vários núcleos de processamento para permitir a execução paralela mostrada na Figura 4.4. Para os programadores de aplicações, o desafio é a modificação dos programas existentes e o projeto de novos programas com vários threads para que se beneficiem dos sistemas multicore. Em geral, cinco áreas apresentam desafios na programação para sistemas multicore:

1. **Divisão de atividades.** Envolve a análise das aplicações em busca de áreas que possam ser divididas em tarefas separadas e concorrentes e que, portanto, possam ser executadas em paralelo em núcleos individuais.
2. **Equilíbrio.** Além de identificar tarefas que possam ser executadas em paralelo, os programadores também devem assegurar que elas desenvolvam esforço de mesmo valor. Em alguns casos, uma determinada tarefa pode não contribuir tanto para o processo em geral quanto outras; o uso de um núcleo de execução separado para operar essa tarefa pode não valer a pena.
3. **Divisão de dados.** Da mesma forma que as aplicações devem ser divididas em tarefas separadas, os dados acessados e manipulados por elas devem ser divididos para execução em núcleos separados.
4. **Dependência de dados.** Os dados acessados pelas tarefas devem ser examinados para que sejam determinadas dependências entre duas ou mais tarefas. Nos casos em que uma tarefa dependa dos dados de outra, os programadores devem assegurar que a execução das tarefas seja sincronizada para acomodar a dependência de dados. Examinaremos essas estratégias no Capítulo 6.
5. **Teste e depuração.** Quando um programa está sendo executado em paralelo em vários núcleos, há muitos caminhos de execução diferentes. O teste e a depuração desses programas concorrentes são inerentemente mais difíceis do que o teste e a depuração de aplicações com um único thread.

Devido a esses desafios, muitos desenvolvedores de software argumentam que o advento dos sistemas multicore demandará uma abordagem totalmente nova para o projeto de sistemas de software no futuro.

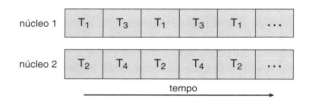

Figura 4.4 Execução concorrente em um único sistema multicore.

4.2 Modelos para a Geração de Vários Threads

Até agora, nossa discussão expôs uma visão geral dos threads. No entanto, o suporte aos threads pode ser fornecido no nível do usuário, para **threads de usuário**, ou pelo kernel, para **threads de kernel**. Os threads de usuário são suportados acima do kernel e gerenciados sem o suporte do kernel, enquanto os threads de kernel são suportados e gerenciados diretamente pelo sistema operacional. Praticamente, todos os sistemas operacionais contemporâneos – inclusive o Windows, o Linux, o Mac OS X, o Solaris e o Tru64 UNIX (antigo Digital UNIX) – dão suporte aos threads de kernel.

É preciso que haja um relacionamento entre threads de usuário e threads de kernel. Nesta seção, examinamos três maneiras comuns de estabelecer esse relacionamento.

4.2.1 Modelo Muitos-para-Um

O modelo muitos-para-um (Figura 4.5) mapeia muitos threads de nível de usuário em um thread de kernel. O gerenciamento dos

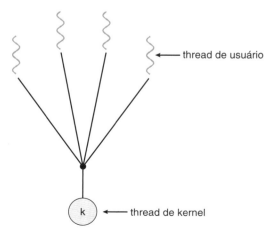

Figura 4.5 Modelo muitos-para-um.

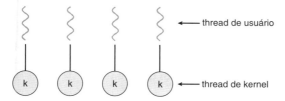

Figura 4.6 Modelo um-para-um.

threads é feito pela biblioteca de threads no espaço do usuário, portanto, é eficiente; mas o processo inteiro será bloqueado se um thread fizer uma chamada de sistema bloqueadora. Além disso, já que só um thread por vez pode acessar o kernel, muitos threads ficarão sem ser executados em paralelo nos vários processadores. A *green threads* – uma biblioteca de threads disponível para o Solaris – usa esse modelo, assim como a **GNU Portable Threads**.

4.2.2 Modelo Um-para-Um

O modelo um-para-um (Figura 4.6) mapeia cada thread de usuário em um thread de kernel. Ele fornece mais concorrência do que o modelo muitos-para-um ao permitir que outro thread seja executado quando um thread faz uma chamada de sistema bloqueadora; além disso, permite que vários threads sejam executados em paralelo em vários processadores. A única desvantagem desse modelo é que a criação de um thread de usuário requer a criação do thread de kernel correspondente. Já que o overhead de criação de threads de kernel pode sobrecarregar o desempenho de uma aplicação, a maioria das implementações desse modelo restringe a quantidade de threads suportados pelo sistema. O Linux, junto com a família de sistemas operacionais Windows, implementa o modelo um-para-um.

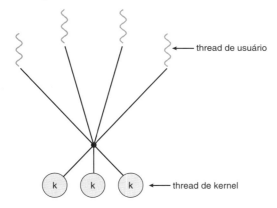

Figura 4.7 Modelo muitos-para-muitos.

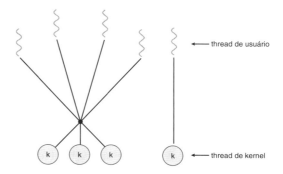

Figura 4.8 Modelo de dois níveis.

4.2.3 Modelo Muitos-para-Muitos

O modelo muitos-para-muitos (Figura 4.7) multiplexa muitos threads de nível de usuário a uma quantidade menor ou igual de threads de kernel. A quantidade de threads de kernel pode ser específica de uma determinada aplicação ou máquina (uma aplicação em um ambiente multiprocessador pode ter mais threads de kernel alocados para ela do que em um ambiente com um único processador). Embora o modelo muitos-para-um permita que o desenvolvedor crie quantos threads de usuário quiser, a concorrência real não é alcançada porque o kernel só pode incluir no schedule um thread de cada vez. O modelo um-para-um permite maior concorrência, mas o desenvolvedor tem que tomar cuidado para não criar threads demais dentro de uma aplicação (e em alguns casos pode ter restrições à quantidade de threads que pode criar). O modelo muitos-para-muitos não sofre de quaisquer dessas deficiências: os desenvolvedores podem criar quantos threads de usuário forem necessários e os threads de kernel correspondentes podem ser executados em paralelo em um ambiente multiprocessador. Além disso, quando um thread executa uma chamada de sistema bloqueadora, o kernel pode incluir no schedule outro thread para execução.

Uma variação popular do modelo muitos-para-muitos multiplexa muitos threads de nível de usuário a uma quantidade menor ou igual de threads de kernel, mas também permite que um thread de nível de usuário seja limitado a um thread de kernel. Essa variação, também chamada de *modelo de dois níveis* (Figura 4.8), tem suporte em sistemas operacionais como o IRIX, HP-UX e Tru64 UNIX. O sistema operacional Solaris dava suporte ao modelo de dois níveis em versões anteriores ao Solaris 9. No entanto, a partir do Solaris 9, esse sistema usa o modelo um-para-um.

4.3 Bibliotecas de Threads

Uma **biblioteca de threads** fornece ao programador uma API para a criação e o gerenciamento de threads. Há duas maneiras principais de implementar uma biblioteca de threads. A primeira abordagem é fornecer uma biblioteca inteiramente no espaço do usuário sem suporte do kernel. Todo o código e as estruturas de dados da biblioteca existem no espaço do usuário. Isso significa que chamar uma função da biblioteca resulta em uma chamada de função local no espaço do usuário e não em uma chamada de sistema.

A segunda abordagem é a implementação de uma biblioteca no nível do kernel com suporte direto do sistema operacional. Nesse caso, o código e as estruturas de dados da biblioteca existem no espaço do kernel. Normalmente, a chamada de uma função da API da biblioteca resulta em uma chamada de sistema para o kernel.

Três bibliotecas de threads são mais usadas atualmente: (1) Pthreads do POSIX, (2) Win32 e (3) Java. A biblioteca Pthreads, a extensão de threads do padrão POSIX, pode ser fornecida como uma biblioteca de nível de usuário ou de kernel. A biblioteca de threads Win32 é uma biblioteca de nível de kernel disponível em sistemas Windows. A API de threads Java permite que threads sejam criados e gerenciados diretamente em programas Java. No entanto, já que na maioria dos casos a JVM é executada acima de um sistema operacional host, geralmente a API de threads Java é implementada com o uso de uma biblioteca de threads disponível no sistema host. Isso significa que, em sistemas Windows, normalmente os threads Java são implementados com o uso da API Win32; sistemas UNIX e Linux costumam usar a biblioteca Pthreads.

No resto desta seção, descrevemos a criação básica de threads com o uso dessas três bibliotecas. Como exemplo ilustrativo, projetamos um programa com vários threads que executa a soma de inteiros não negativos em um thread separado usando a conhecida função de soma:

$$sum = \sum_{i=0}^{N} i$$

Por exemplo, se N fosse igual a 5, essa função representaria a soma de inteiros de 0 a 5, que é 15. Todos esses três programas serão executados com os limites superiores da soma inseridos na linha de comando; portanto, se o usuário inserir 8, a soma dos valores inteiros de 0 a 8 será exibida.

```c
#include <pthread.h>
#include <stdio.h>

int sum; /* esses dados são compartilhados pelo(s) thread(s) */
void *runner(void *param); /* o thread */

int main(int argc, char *argv[])
{
  pthread_t tid; /* o identificador do thread */
  pthread_attr_t attr; /* conjunto de atributos do thread */

  if (argc != 2) {
    fprintf(stderr,"usage: a.out <integer value>\n");
    return -1;
  }
  if (atoi(argv[1]) < 0) {
    fprintf(stderr,"%d must be >= 0\n",atoi(argv[1]));
    return -1;
  }

  /* obtém os atributos default*/
  pthread_attr_init(&attr);
  /* cria o thread */
  pthread_create(&tid,&attr,runner,argv[1]);
  /* espera o thread sair */
  pthread_join(tid,NULL);

  printf("sum = %d\n",sum);
}

/* O thread assumirá o controle nessa função */
void *runner(void *param)
{
  int i, upper = atoi(param);
  sum = 0;

  for (i = 1; i <= upper; i++)
    sum += i;

  pthread_exit(0);
}
```

Figura 4.9 Programa em C com vários threads usando API Pthreads.

4.3.1 Pthreads

O **Pthreads** é o padrão POSIX (IEEE 1003.1c) que define uma API para a criação e sincronização de threads. É uma *especificação* para o comportamento dos threads e não uma *implementação*. Os projetistas de sistemas operacionais podem implementar a especificação da maneira que quiserem. Vários sistemas implementam a especificação Pthreads, inclusive o Solaris, o Linux, o Mac OS X e o Tru64 UNIX. Implementações *shareware* também estão disponíveis no domínio público para os diversos sistemas operacionais Windows.

O programa em C mostrado na Figura 4.9 demonstra a API Pthreads básica para a construção de um programa com vários threads que calcula a soma de inteiros não negativos em um thread

```c
#include <windows.h>
#include <stdio.h>
DWORD Sum; /* os dados são compartilhados pelo(s) thread(s) */

/* o thread é executado nessa função separada */
DWORD WINAPI Summation(LPVOID Param)
{
  DWORD Upper = *(DWORD*)Param;
  for (DWORD i = 0; i <= Upper; i++)
    Sum += i;
  return 0;
}

int main(int argc, char *argv[])
{
  DWORD ThreadId;
  HANDLE ThreadHandle;
  int Param;
  /* executa uma verificação de erro básica */
  if (argc != 2){
    fprintf(stderr,"An integer parameter is required\n");
    return -1;
  }
  Param = atoi(argv[1]);
  if (Param < 0) {
    fprintf(stderr,"An integer >= 0 is required\n");
    return -1;
  }

  // cria o thread
  ThreadHandle = CreateThread(
    NULL, // atributos default de segurança
    0, // tamanho default da pilha padrão
    Summation, // função do thread
    &Param, // parâmetro para a função do thread
    0, // flags default de criação
    &ThreadId); // retorna o identificador do thread

  if (ThreadHandle != NULL) {
    // agora espera o thread ser encerrado
    WaitForSingleObject(ThreadHandle,INFINITE);

    // fecha a manipulação do thread
    CloseHandle(ThreadHandle);

    printf("sum = %d\n",Sum);
  }
}
```

Figura 4.10 Programa em C com vários threads usando a API Win32.

separado. Em um programa Pthreads, threads separados começam a execução em uma função especificada. Na Figura 4.9, usamos a função `runner()`. Quando esse programa começa, um único thread de controle é iniciado em `main()`. Após algumas operações de inicialização, `main()` cria um segundo thread que assume o controle na função `runner()`. Os dois threads compartilham a soma de dados global `sum`.

Examinemos mais detalhadamente esse programa. Todos os programas Pthreads devem incluir o arquivo de cabeçalho `pthread.h`. O comando `pthread_t tid` declara o identificador do thread que criaremos. Cada thread tem um conjunto de atributos, inclusive informações de scheduling e tamanho da pilha. A declaração `pthread_attr_t attr` representa os atributos do thread. Configuramos os atributos na chamada de função `pthread_attr_init(&attr)`. Já que não configuramos explicitamente quaisquer atributos, usamos os atributos default fornecidos. (No Capítulo 5, discutimos alguns dos atributos de scheduling fornecidos pela API PThreads.) Um thread separado é criado com a chamada de função `pthread_create()`. Além de passar o identificador e os atributos para o thread, também passamos o nome da função em que o novo thread começará a execução – nesse caso, a função `runner()`. Para concluir, passamos o parâmetro inteiro que foi fornecido na linha de comando, `argv[1]`.

Nesse momento, o programa tem dois threads: o thread inicial (ou pai) em `main()` e o thread de soma (ou filho) efetuando a operação de soma na função `runner()`. Após a criação do thread de soma, o thread pai esperará que ele seja concluído chamando a função `pthread_join()`. O thread de soma será concluído quando chamar a função `pthread_exit()`. Uma vez que o thread de soma tenha retornado, o thread pai exibirá o valor dos dados compartilhados `sum`.

4.3.2 Threads Win32

A técnica para criação de threads com o uso da biblioteca de threads Win32 é semelhante à técnica do Pthreads em vários aspectos. Ilustramos a API de threads Win32 no programa em C mostrado na Figura 4.10. Observe que devemos incluir o arquivo de cabeçalho `windows.h` ao usar a API Win32.

Como na versão do Pthreads mostrada na Figura 4.9, os dados compartilhados pelos threads separados – nesse caso, `Sum` – são declarados globalmente (o tipo de dado `DWORD` é um inteiro de 32 bits sem sinal). Também definimos a função `Summation()` que deve ser executada em um thread separado. Essa função recebe um ponteiro para um `void` que o Win32 define como LPVOID. O thread que executa essa função posiciona os dados globais `sum` com o resultado da soma de 0 até o parâmetro passado para `Summation()`.

Os threads são criados na API Win32 com o uso da função `CreateThread()` e – como no Pthreads – um conjunto de atributos para o thread é passado para essa função. Esses atributos incluem informações de segurança, o tamanho da pilha e um flag que pode ser posicionado para indicar se o thread deve ser iniciado em um estado de suspensão. Nesse programa, usamos os valores default desses atributos (que, inicialmente, não posicionam o thread como em estado de suspensão e, em vez disso, o tornam

elegível para ser executado pelo scheduler da CPU). Uma vez que o thread de soma é criado, o pai deve esperar ele ser concluído antes de exibir o valor de `Sum`, já que o valor é definido pelo thread de soma. Como você deve lembrar, o programa Pthread (Figura 4.9) fazia o thread pai esperar o thread de soma usando o comando `pthread_join()`. Fizemos algo equivalente na API Win32 usando a função `WaitForSingleObject()`, que faz o thread criador ficar bloqueado até o thread de soma sair. (Abordamos os objetos de sincronização com mais detalhes no Capítulo 6.)

4.3.3 Threads Java

Os threads são o modelo básico de execução em programas Java e a linguagem Java e sua API fornecem um rico conjunto de recursos para a criação e o gerenciamento de threads. Todos os programas Java são compostos por, pelo menos, um thread de controle – até mesmo um programa Java simples composto apenas por um método `main()` é executado como um único thread na JVM.

Há duas técnicas para a criação de threads em um programa Java. Uma abordagem é a criação de uma nova classe derivada da classe `Thread` e a sobreposição de seu método `run()`. Uma técnica alternativa – e mais usada – é a definição de uma classe que implemente a interface `Runnable`. A interface `Runnable` é definida como descrito a seguir:

```
public interface Runnable
{
    public abstract void run();
}
```

Quando uma classe implementa `Runnable`, ela deve definir um método `run()`. O código que implementa o método `run()` é que é executado como um thread separado.

A Figura 4.11 mostra a versão Java de um programa com vários threads que determina a soma de inteiros não negativos. A classe `Summation` implementa a interface `Runnable`. A criação de threads é executada com a criação de uma instância do objeto da classe `Thread` e a passagem de um objeto `Runnable` para o construtor.

A criação de um objeto `Thread` não cria especificamente o novo thread; em vez disso, é o método `start()` que cria o novo thread. A chamada do método `start()` para o novo objeto faz duas coisas:

1. Aloca memória e inicializa um novo thread na JVM.
2. Chama o método `run()`, tornando o thread elegível para ser executado pela JVM. (Observe que nunca chamamos o método `run()` diretamente. Em vez disso, chamamos o método `start()`, que, por sua vez, chama o método `run()`.)

Quando o programa de soma é executado, dois threads são criados pela JVM. O primeiro é o thread pai que começa a ser executado no método `main()`. O segundo thread é criado quando o método `start()` é chamado no objeto `Thread`. Esse thread filho começa a ser executado no método `run()` da classe `Summation`. Após exibir o valor da soma, ele é encerrado quando sai do método `run()`.

```java
class Sum
{
  private int sum;

  public int getSum() {
    return sum;
  }

  public void setSum(int sum) {
    this.sum = sum;
  }
}

class Summation implements Runnable
{
  private int upper;
  private Sum sumValue;

  public Summation(int upper, Sum sumValue) {
    this.upper = upper;
    this.sumValue = sumValue;
  }

  public void run() {
    int sum = 0;
    for (int i = 0; i <= upper; i++)
      sum += i;
    sumValue.setSum(sum);
  }
}

public class Driver
{
  public static void main(String[] args) {
    if (args.length > 0) {
      if (Integer.parseInt(args[0]) < 0)
        System.err.println(args[0] + " must be >= 0.");
      else {
        // cria o objeto a ser compartilhado
        Sum sumObject = new Sum();
        int upper = Integer.parseInt(args[0]);
        Thread thrd = new Thread(new Summation(upper, sumObject));
        thrd.start();
        try {
          thrd.join();
          System.out.println
              ("The sum of "+upper+" is "+sumObject.getSum());
        } catch (InterruptedException ie) { }
      }
    }
    else
      System.err.println("Usage: Summation <integer value>"); }
}
```

Figura 4.11 Programa em Java para a soma de um inteiro não negativo.

O compartilhamento de dados entre threads ocorre facilmente no Win32 e no Pthreads porque os dados compartilhados são declarados globalmente. Já que é uma linguagem orientada a objetos pura, a linguagem Java não tem o conceito de dados globais; se dois ou mais threads tiverem que compartilhar dados em um programa Java, o compartilhamento ocorrerá pela passagem de referências ao objeto compartilhado para os threads apropriados. No programa Java mostrado na Figura 4.11, o thread principal e o thread de soma compartilham a instância do objeto da classe Sum. Esse objeto compartilhado é referenciado através dos métodos getSum() e setSum() apropriados. (Você deve estar se perguntando por que não usamos um objeto Integer em vez de projetar uma nova classe Sum. Agimos assim porque a classe Integer é **imutável** – isto é, uma vez que seu valor é estabelecido, não pode ser modificado.)

Você deve lembrar que os threads pais das bibliotecas Pthreads e Win32 usam pthread_join() e WaitForSingleObject() (respectivamente) para esperar os threads de soma terminarem antes de prosseguir. O método join() em Java fornece funcionalidade semelhante. (É bom ressaltar que join() pode lançar uma InterruptedException que preferimos ignorar.)

4.4 Questões Relacionadas à Criação de Threads

Nesta seção, discutimos algumas das questões que devem ser consideradas em programas com vários threads.

4.4.1 As Chamadas de Sistema fork() e exec()

No Capítulo 3, descrevemos como a chamada de sistema fork() é usada na criação de um processo duplicado separado. A semântica das chamadas de sistema fork() e exec() muda em um programa com vários threads.

Se um thread de um programa chamar fork(), o novo processo duplicará todos os threads ou terá um único thread? Alguns sistemas UNIX optaram por ter duas versões de fork(), uma que duplica todos os threads e outra que só duplica o thread que invocou a chamada de sistema fork().

Normalmente, a chamada de sistema exec() funciona como descrito no Capítulo 3. Isto é, se um thread invocar a chamada de sistema exec(), o programa especificado como parâmetro para exec() substituirá o processo inteiro – inclusive todos os threads.

Qual das duas versões de fork() deve ser usada vai depender da aplicação. Se exec() for chamada imediatamente após a ramificação, a duplicação de todos os threads será desnecessária, já que o programa especificado nos parâmetros de exec() substituirá o processo. Nesse caso, duplicar apenas o thread chamador é apropriado. Se, no entanto, o processo separado não chamar exec() após a bifurcação, ele deve duplicar todos os threads.

4.4.2 Cancelamento

O *cancelamento de threads* é a tarefa de encerrar um thread antes que ele seja concluído. Por exemplo, se vários threads estiverem pesquisando concorrentemente em um banco de dados e um deles retornar o resultado, os threads restantes podem ser cancelados. Outra situação pode ocorrer quando um usuário pressiona um botão em um navegador Web que impede que uma página Web seja totalmente carregada. Geralmente, uma página Web é carregada com o uso de vários threads – cada imagem é carregada em um thread separado. Quando um usuário pressiona o botão de *interrupção* no navegador, todos os threads que estão carregando a página são cancelados.

Um thread que está para ser cancelado costuma ser chamado de **thread-alvo**. O cancelamento de um thread-alvo pode ocorrer em dois cenários diferentes:

1. **Cancelamento assíncrono.** Um thread encerra imediatamente o thread-alvo.
2. **Cancelamento adiado.** O thread-alvo verifica periodicamente se deve ser encerrado, o que permite que ele tenha a oportunidade de encerrar a si próprio de uma maneira ordenada.

O problema do cancelamento ocorre em situações nas quais recursos foram alocados para um thread cancelado ou em que um thread é cancelado no meio da atualização dos dados que ele está compartilhando com outros threads. Isso se torna especialmente problemático no cancelamento assíncrono. Geralmente, o sistema operacional reclama os recursos do sistema alocados para um thread cancelado, mas não reclama todos os recursos.

A JVM E O SISTEMA OPERACIONAL HOST

A JVM costuma ser implementada acima de um sistema operacional host (consulte a Figura 2.20). Essa configuração permite que ela oculte os detalhes de implementação do sistema operacional subjacente e forneça um ambiente abstrato e consistente para os programas Java funcionarem em qualquer plataforma que dê suporte a uma JVM. A especificação da JVM não indica como os threads Java devem ser mapeados para o sistema operacional subjacente, deixando essa decisão a cargo da implementação específica da JVM. Por exemplo, o sistema operacional Windows usa o modelo um-para-um; logo, cada thread Java de uma JVM sendo executada nesse sistema é mapeado para um thread do kernel. Em sistemas operacionais que usam o modelo muitos-para-muitos (como o Tru64 UNIX), um thread Java é mapeado de acordo com o modelo muitos-para-muitos. Inicialmente, o Solaris implementava a JVM usando o modelo muitos-para-um (a biblioteca green threads, mencionada anteriormente). Versões posteriores da JVM foram implementadas usando o modelo muitos-para-muitos. A partir do Solaris 9, os threads Java começaram a ser mapeados com o uso do modelo um-para-um. Além disso, pode haver um relacionamento entre a biblioteca de threads Java e a biblioteca de threads do sistema operacional host. Por exemplo, implementações de uma JVM para Windows podem usar a API Win32 ao criar threads Java; sistemas Linux, Solaris e Mac OS X podem usar a API Pthreads.

Portanto, o cancelamento de um thread assincronamente pode não liberar um recurso necessário a todo o sistema.

No cancelamento adiado, por outro lado, um thread indica que um thread-alvo deve ser cancelado, mas o cancelamento só ocorre após o thread-alvo ter verificado um flag para determinar se deve ou não ser cancelado. O thread pode executar essa verificação em um ponto em que ele possa ser cancelado seguramente. O Pthreads chama esses pontos de **pontos de cancelamento**.

4.4.3 Manipulação de Sinais

Um *sinal* é usado em sistemas UNIX para notificar a um processo que um evento específico ocorreu. O sinal pode ser recebido síncrona ou assincronamente, dependendo da origem e da causa do evento que o gerou. Todos os sinais, síncronos ou assíncronos, seguem o mesmo padrão:

1. Um sinal é gerado pela ocorrência de um evento específico.
2. O sinal gerado é distribuído para um processo.
3. Uma vez distribuído, o sinal deve ser manipulado.

Alguns exemplos de sinais síncronos são o de acesso ilegal à memória e o de divisão por zero. Se um programa em execução efetuar uma dessas ações, um sinal será gerado. Os sinais síncronos são liberados para o mesmo processo que executou a operação que o causou (é por isso que são considerados síncronos).

Quando um sinal é gerado por um evento externo a um processo em execução, esse processo o recebe assincronamente. Exemplos desse tipo de sinal incluem o de encerramento de um processo com pressionamentos de tecla específicos (como <control><C>) e o de expiração de um timer. Normalmente, um sinal assíncrono é enviado para outro processo.

Um sinal pode ser *manipulado* por um entre dois manipuladores possíveis:

1. Um manipulador de sinais default
2. Um manipulador de sinais definido pelo usuário

Todo sinal tem um **manipulador de sinais default** que é executado pelo kernel no momento da manipulação do sinal. Essa ação padrão pode ser sobreposta por um **manipulador de sinais definido pelo usuário** que é chamado para manipular o sinal. Os sinais são manipulados de diferentes maneiras. Alguns sinais (como o de alteração do tamanho de uma janela) são simplesmente ignorados; outros (como o de acesso ilegal à memória) são manipulados com o encerramento do programa.

A manipulação de sinais em programas com um único thread é simples: os sinais são sempre liberados para um processo. No entanto, a liberação de sinais é mais complicada em programas multithread, em que um processo pode ter vários threads. Para onde, então, um sinal deve ser liberado?

Geralmente, existem as opções a seguir:

1. Libere o sinal para o thread ao qual o sinal é aplicável.
2. Libere o sinal para cada thread do processo.
3. Libere o sinal para certos threads do processo.
4. Atribua um thread específico para receber todos os sinais para o processo.

O método de liberação de um sinal depende do tipo de sinal gerado. Por exemplo, sinais síncronos têm que ser liberados para o thread que causou o sinal e não para outros threads do processo. No entanto, a situação dos sinais assíncronos não é tão clara. Alguns sinais assíncronos – como um sinal que encerra um processo (<control><C>, por exemplo) – devem ser enviados para todos os threads.

A maioria das versões multithread do UNIX permite que um thread especifique que sinais ele aceitará e quais bloqueará. Portanto, em alguns casos, um sinal assíncrono pode ser liberado apenas para os threads que não o estiverem bloqueando. Porém, já que os sinais só precisam ser manipulados uma vez, normalmente um sinal é liberado somente para o primeiro thread encontrado que não o estiver bloqueando. A função UNIX padrão para a liberação de um sinal é `kill(pid_t pid, int signal)` que especifica o processo (`pid`) para o qual um sinal específico deve ser liberado. O Pthreads POSIX fornece a função `pthread_kill(pthread_t tid, int signal)` que permite que um sinal seja liberado para um thread específico (`tid`).

Embora o Windows não dê suporte explícito aos sinais, eles podem ser emulados com o uso de **chamadas de procedimento assíncronas (APCs – *asynchronous procedure calls*)**. O recurso APC permite que um thread de usuário especifique a função que deve ser chamada quando esse thread receber a notificação de um evento específico. Como sugerido por seu nome, uma APC é quase equivalente a um sinal assíncrono do UNIX. No entanto, enquanto o UNIX deve resolver como lidar com os sinais em um ambiente com vários threads, o recurso APC é mais simples, já que uma APC é liberada para um thread específico em vez de para um processo.

4.4.4 Pools de Threads

Na Seção 4.1, mencionamos a criação de vários threads em um servidor Web. Nessa situação, sempre que o servidor recebe uma solicitação, ele cria um thread separado para atendê-la. Embora a criação de um thread separado seja, sem dúvida, melhor do que a criação de um processo separado, um servidor com vários threads pode apresentar problemas. O primeiro problema está relacionado ao tempo necessário à criação do thread antes do atendimento da solicitação, além do fato de que esse thread será descartado uma vez que tiver concluído seu trabalho. O segundo problema é mais complicado: se permitirmos que todas as solicitações concorrentes sejam atendidas em um novo thread, não teremos um limite para a quantidade de threads concorrentemente ativos no sistema. Uma quantidade ilimitada de threads poderia exaurir os recursos do sistema, como o tempo da CPU ou a memória. Uma solução para esse problema é usar um **pool de threads**.

A ideia geral por trás do pool de threads é a criação de vários threads na inicialização do processo e sua inserção em um *pool*, onde eles ficam esperando para entrar em ação. Quando um servidor recebe uma solicitação, ativa um thread nesse pool – se houver um disponível – e passa para ele a solicitação de serviço. Uma vez que o thread conclui seu serviço, retorna para o pool e espera mais trabalho. Se o pool não tiver um thread disponível, o servidor esperará até que um seja liberado.

Os pools de threads oferecem os seguintes benefícios:

1. Geralmente, o atendimento de uma solicitação com um thread existente é mais rápido do que esperar a criação de um thread.
2. Um pool de threads limita a quantidade de threads existentes em um determinado momento. Isso é particularmente importante em sistemas que não podem dar suporte a uma grande quantidade de threads concorrentes.

A quantidade de threads no pool pode ser estabelecida heuristicamente com base em fatores como a quantidade de CPUs do sistema, a quantidade de memória física e a quantidade esperada de solicitações de cliente concorrentes. Arquiteturas de pool de threads mais sofisticadas podem ajustar dinamicamente a quantidade de threads do pool de acordo com padrões de uso. Essas arquiteturas fornecem o benefício adicional de ter um pool menor – consumindo menos memória – quando a carga no sistema é baixa.

A API Win32 fornece várias funções relacionadas a pools de threads. O uso da API de pools de threads é semelhante à criação de um thread com a função CreateThread(), como descrito na Seção 4.3.2. Aqui, é definida uma função que deve ser executada como um thread separado. Essa função pode ter a forma a seguir:

```
DWORD WINAPI PoolFunction(AVOIDParam) {
    /**
    *essa função é executada como um thread separado.
    **/
}
```

Um ponteiro para PoolFunction() é passado para uma das funções da API de pool de threads e um thread do pool executa a função. Um membro desse tipo pertencente à API de pool de threads é a função QueueUserWorkItem() que recebe três parâmetros:

- LPTHREAD_START_ROUTINE Function – um ponteiro para a função que deve ser executada como um thread separado
- PVOID Param – o parâmetro passado para Function
- ULONG Flags – flags indicando como o pool de threads deve criar e gerenciar a execução do thread

Um exemplo de chamada de função seria:

QueueUserWorkItem(&PoolFunction, Null, 0);

Ela faz com que um thread do pool de threads chame PoolFunction() em nome do programador. Nesse caso, não passamos parâmetros para PoolFunction(). Já que especificamos 0 como flag, não fornecemos instruções especiais para o pool de threads criar threads.

Outros membros da API Win32 de pool de threads incluem utilitários que chamam funções em intervalos periódicos ou quando uma solicitação de I/O assíncrona é concluída. O pacote java.util.concurrent em Java 1.5 também fornece um utilitário de pool de threads.

4.4.5 Dados Específicos do Thread

Os threads pertencentes a um processo compartilham os dados do processo. Na verdade, esse compartilhamento de dados fornece um dos benefícios da programação com vários threads. No entanto, em algumas circunstâncias, cada thread pode ter sua própria cópia de certos dados. Chamaremos esses dados de **dados específicos do thread**. Por exemplo, em um sistema de processamento de transações, podemos atender cada transação em um thread separado. Além disso, cada transação pode receber um identificador exclusivo. Para associar cada thread a seu identificador exclusivo, poderíamos usar dados específicos do thread. A maioria das bibliotecas de threads – inclusive Win32 e Pthreads – dá algum tipo de suporte aos dados específicos do thread. Java também fornece esse suporte.

4.4.6 Ativações de Scheduler

Uma última questão a ser considerada em relação aos programas com vários threads se refere à comunicação entre o kernel e a biblioteca de threads, que pode ser requerida nos modelos muitos-para-muitos e de dois níveis discutidos na Seção 4.2.3. Essa coordenação permite que a quantidade de threads do kernel seja ajustada dinamicamente para ajudar a assegurar um melhor desempenho.

Muitos sistemas que implementam o modelo muitos-para-muitos ou de dois níveis inserem uma estrutura de dados intermediária entre os threads do usuário e do kernel. Essa estrutura de dados – normalmente conhecida como processo leve ou LWP (*lightweight process*) – é mostrada na Figura 4.12. Para a biblioteca de threads de usuário, o LWP aparece como um *processador virtual* em que a aplicação pode incluir no schedule um thread de usuário para ser executado. Cada LWP é anexado a um thread do kernel, e são threads do kernel que o sistema operacional agenda para serem executados em processadores físicos. Se um thread do kernel for bloqueado (por exemplo, ao esperar uma operação de I/O ser concluída), o LWP também será. Mais acima na cadeia, o thread de nível de usuário anexado ao LWP também é bloqueado.

Uma aplicação pode requerer qualquer quantidade de LWPs para ser executada eficientemente. Considere uma aplicação limitada por CPU sendo executada em um único processador. Nesse cenário, só um thread pode ser executado de cada vez, portanto, um LWP é suficiente. Entretanto, uma aplicação que seja I/O intensiva pode requerer vários LWPs para ser executada. Normalmente, um LWP é necessário para cada chamada de sistema bloqueadora concorrente. Suponha, por exemplo, que cinco solicitações de leitura de arquivo diferentes ocorram simultaneamente. Cinco LWPs são necessários porque todas podem estar esperando a conclusão de operações de I/O no kernel. Se um processo só tiver quatro LWPs, a quinta solicitação deve esperar um dos LWPs retornar do kernel.

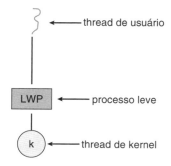

Figura 4.12 Processo leve (LWP).

Um esquema para a comunicação entre a biblioteca de threads de usuário e o kernel é conhecido como **ativação de scheduler**. Funciona da seguinte forma: o kernel fornece a uma aplicação um conjunto de processadores virtuais (LWPs) e a aplicação pode incluir no schedule threads de usuário em um processador virtual disponível. Além disso, o kernel deve informar à aplicação sobre certos eventos. Esse procedimento é conhecido como **upcall**. As upcalls são manipuladas pela biblioteca de threads com um **manipulador de upcalls** que deve ser executado em um processador virtual. Um evento que dispara uma upcall ocorre quando um thread da aplicação está para ser bloqueado. Nesse cenário, o kernel faz uma upcall para a aplicação informando-a de que um thread está para ser bloqueado e identificando o thread específico. Em seguida, o kernel aloca um novo processador virtual para a aplicação. A aplicação executa um manipulador de upcall nesse novo processador virtual que salva o estado do thread a ser bloqueado e sai do processador virtual em que o thread está sendo executado. O manipulador de upcalls inclui, então, no schedule outro thread que seja elegível para execução no novo processador virtual. Quando o evento que o thread bloqueado estava esperando ocorre, o kernel faz outra upcall para a biblioteca de threads informando-a de que o thread que estava bloqueado se tornou novamente elegível para execução. O manipulador de upcalls para esse evento também requer um processador virtual e o kernel pode alocar um novo processador virtual ou capturar um dos threads de usuário e executar o manipulador de upcalls em seu processador virtual. Após marcar o thread desbloqueado como elegível para execução, a aplicação inclui no schedule um thread elegível para ser executado em um processador virtual disponível.

4.5 Exemplos de Sistemas Operacionais

Nesta seção, examinamos como os threads são implementados em sistemas Windows XP e Linux.

4.5.1 Threads no Windows

O Windows implementa a API Win32 como sua principal API. Uma aplicação no Windows é executada como um processo separado e cada processo pode conter um ou mais threads. A API Win32 para criação de threads é abordada na Seção 4.3.2. O Windows usa o mapeamento um-para-um descrito na Seção 4.2.2 em que cada thread de nível de usuário é mapeado para um thread de kernel associado. No entanto, o Windows também dá suporte a uma biblioteca de *fibras* que fornece a funcionalidade do modelo muitos-para-muitos (Seção 4.2.3). Com o uso da biblioteca de threads, qualquer thread pertencente a um processo pode acessar o espaço de endereçamento do processo.

Os componentes gerais de um thread incluem:

- Um ID que identifica o thread de maneira exclusiva
- Um conjunto de registradores representando o status do processador
- Uma pilha de usuário, empregada quando o thread está sendo executado em modalidade de usuário, e uma pilha de kernel, empregada quando o thread está sendo executado em modalidade de kernel
- Uma área de armazenamento privada usada por várias bibliotecas de tempo de execução e bibliotecas de links dinâmicos (DLLs)

O conjunto de registradores, as pilhas e a área de armazenamento privada são conhecidos como **contexto** do thread. As principais estruturas de dados de um thread incluem:

- ETHREAD – bloco de thread executivo
- KTHREAD – bloco de thread do kernel
- TEB – bloco de ambiente do thread

Os componentes-chave de ETHREAD são um ponteiro para o processo ao qual o thread pertence e o endereço da rotina em que o thread assume o controle. ETHREAD também contém um ponteiro para a estrutura KTHREAD correspondente.

A estrutura KTHREAD inclui informações de scheduling e sincronização do thread. Além disso, inclui a pilha do kernel (usada quando o thread está sendo executado em modalidade de kernel) e um ponteiro para a estrutura TEB.

ETHREAD e KTHREAD existem inteiramente no espaço do kernel; isso significa que só o kernel pode acessá-las. TEB é uma estrutura de dados do espaço do usuário que é acessada quando o thread está sendo executado em modalidade de usuário. Entre outros campos, TEB contém o identificador do thread, uma pilha de modalidade de usuário e um array de dados específicos do thread (que o Windows chama de **memória local do thread**). A estrutura de um thread do Windows é ilustrada na Figura 4.13.

4.5.2 Threads do Linux

O Linux fornece a chamada de sistema `fork()` com a funcionalidade tradicional de duplicar um processo, como descrito no Capítulo 3. Ele também fornece o recurso de criação de threads com o uso da chamada de sistema `clone()`. No entanto, o Linux não diferencia processos e threads. Na verdade, geralmente o Linux usa o termo *tarefa* – em vez de *processo* ou *thread* – para se referir a um fluxo de controle dentro de um programa.

Quando `clone()` é chamada, recebe um conjunto de flags que determinam o nível de compartilhamento que deve ocorrer entre as tarefas pai e filha. Alguns desses flags estão listados a seguir:

flag	significado
CLONE_FS	As informações do sistema de arquivos são compartilhadas.
CLONE_VM	O mesmo espaço da memória é compartilhado.
CLONE_SIGHAND	Os manipuladores de sinais são compartilhados.
CLONE_FILES	O conjunto de arquivos abertos é compartilhado.

Por exemplo, se `clone()` receber os flags CLONE_FS, CLONE_VM, CLONE_SIGHAND e CLONE_FILES, as tare-

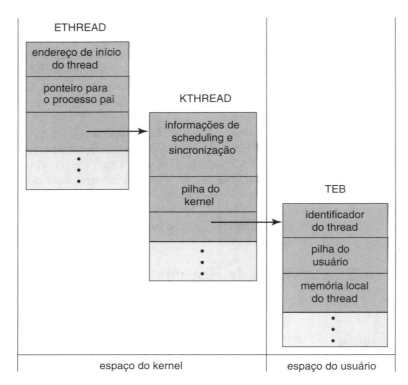

Figura 4.13 Estruturas de dados de um thread do Windows.

fas pai e filha compartilharão as mesmas informações do sistema de arquivos (como o diretório de trabalho corrente), o mesmo espaço da memória, os mesmos manipuladores de sinais e o mesmo conjunto de arquivos abertos. O uso de `clone()` dessa forma é equivalente à criação de um thread como descrito neste capítulo, já que a tarefa pai compartilha a maioria de seus recursos com a tarefa filha. No entanto, se nenhum desses flags estiver estabelecido quando `clone()` for chamada, não ocorrerá compartilhamento, o que resultará em uma funcionalidade semelhante à fornecida pela chamada de sistema `fork()`.

O nível variado de compartilhamento é possível por causa da maneira como uma tarefa é representada no kernel do Linux. Há uma estrutura de dados do kernel (especificamente, `struct task_struct`) exclusiva para cada tarefa do sistema. Em vez de armazenar os dados da tarefa, essa estrutura contém ponteiros para outras estruturas de dados onde esses dados estão armazenados – por exemplo, estruturas de dados que representam a lista de arquivos abertos, informações de manipulação de sinais, e memória virtual. Quando `fork()` é chamada, uma nova tarefa é criada, junto com uma *cópia* de todas as estruturas de dados associadas do processo pai. Uma nova tarefa também é criada quando a chamada de sistema `clone()` é feita. No entanto, em vez de copiar todas as estruturas de dados, a nova tarefa *aponta* para as estruturas de dados da tarefa pai, dependendo do conjunto de flags passados para `clone()`.

Várias distribuições do kernel do Linux já incluem a biblioteca de threads NPTL. A biblioteca NPTL (que é a abreviatura de Native POSIX Thread Library) fornece um modelo de threads para sistemas Linux compatível com o POSIX e vários outros recursos, como um suporte melhor para sistemas SMP e o fato de se beneficiar do suporte ao NUMA. Além disso, o custo inicial da criação de um thread é menor com o NPTL do que com threads tradicionais do Linux. Para concluir, com o NPTL o sistema pode dar suporte a centenas de milhares de threads. Esse suporte se torna mais importante com o crescimento dos sistemas multicore e outros sistemas SMP.

4.6 Resumo

Um thread é um fluxo de controle dentro de um processo. Um processo multithread contém vários fluxos de controle diferentes dentro do mesmo espaço de endereçamento. Os benefícios da criação de vários threads incluem o aumento da capacidade de resposta para o usuário, o compartilhamento de recursos dentro do processo, economia e questões relacionadas à escalabilidade como o uso mais eficiente de vários núcleos.

Threads de nível de usuário são aqueles que podem ser vistos pelo programador e não são conhecidos pelo kernel. O kernel do sistema operacional suporta e gerencia threads de nível de kernel. Geralmente, os threads de nível de usuário são mais rápidos de criar e gerenciar do que os threads de nível de kernel, já que nenhuma intervenção do kernel é necessária. Três tipos diferentes de modelos criam relacionamentos entre threads de usuário e de kernel: o modelo muitos-para-um mapeia muitos threads de usuário para um único thread do kernel. O modelo um-para-um mapeia cada thread de usuário para um thread correspondente no kernel. O modelo muitos-para-muitos multiplexa muitos threads de usuário para uma quantidade menor ou igual de threads do kernel.

Na maioria dos sistemas operacionais modernos o kernel dá suporte aos threads; entre eles estão o Windows 98, o NT, o 2000 e o XP, assim como o Solaris e o Linux.

As bibliotecas de threads fornecem ao programador de aplicações uma API para a criação e gerenciamento de threads. As três bibliotecas de threads mais usadas são: PThreads do POSIX, threads Win32 para sistemas Windows e threads Java.

Os programas com vários threads introduzem muitos desafios para o programador, inclusive a semântica das chamadas de sistema `fork()` e `exec()`. Outras questões são o cancelamento de threads, a manipulação de sinais e os dados específicos do thread.

Exercícios Práticos

4.1 Forneça dois exemplos de programação em que a criação de vários threads proporciona melhor desempenho do que uma solução com um único thread.

4.2 Cite duas diferenças entre os threads de nível de usuário e os de nível de kernel. Sob que circunstâncias um tipo é melhor do que o outro?

4.3 Descreva as ações executadas por um kernel para mudar o contexto entre threads de nível de kernel.

4.4 Que recursos são usados quando um thread é criado? Em que eles diferem dos recursos usados quando um processo é criado?

4.5 Suponha que um sistema operacional mapeie threads de nível de usuário para o kernel usando o modelo muitos-para-muitos e que o mapeamento seja feito através de LWPs. Além disso, o sistema permite que os desenvolvedores criem threads de tempo real para uso em sistemas de tempo real. É necessário vincular um thread de tempo real a um LWP? Explique.

4.6 Um programa Pthread que executa a função de soma foi fornecido na Seção 4.3.1. Reescreva esse programa em Java.

Exercícios

4.7 Forneça dois exemplos de programação em que a criação de vários threads *não* proporciona melhor desempenho do que uma solução com um único thread.

4.8 Descreva as ações executadas por uma biblioteca de threads para mudar o contexto entre threads de nível de usuário.

4.9 Sob que circunstâncias uma solução multithread usando múltiplos threads de kernel fornece melhor desempenho do que uma solução com um único thread em um sistema com apenas um processador?

4.10 Qual dos componentes de estado de programa a seguir são compartilhados pelos threads em um processo com vários threads?

a. Valores do registrador
b. Memória do heap
c. Variáveis globais
d. Memória da pilha

4.11 Uma solução multithread usando vários threads de nível de usuário pode obter melhor desempenho em um sistema multiprocessador do que em um sistema com um único processador? Explique.

4.12 Como descrito na Seção 4.5.2, o Linux não diferencia processos e threads. Em vez disso, ele trata os dois da mesma forma, permitindo que uma tarefa seja mais semelhante a um processo ou a um thread, dependendo do conjunto de flags passado para a chamada de sistema `clone()`. No entanto, muitos sistemas operacionais – como o Windows e o Solaris – tratam os processos e os threads diferentemente. Normalmente, esses sistemas usam uma notação em que a estrutura de dados de um processo contém ponteiros para os threads separados pertencentes ao processo. Compare essas duas abordagens para modelar processos e threads dentro do kernel.

4.13 O programa mostrado na Figura 4.14 usa a API Pthreads. Qual seria a saída do programa na `linha C e na linha P`?

4.14 Considere um sistema multiprocessador e um programa com vários threads escrito com o uso do modelo de criação de threads muitos-para-muitos. Permita que a quantidade de threads de nível de usuário do programa seja maior do que a quantidade de processadores do sistema. Discuta as implicações dos cenários a seguir sobre o desempenho.

a. A quantidade de threads do kernel alocada para o programa é menor do que a quantidade de processadores.
b. A quantidade de threads do kernel alocada para o programa é igual ao número de processadores.
c. A quantidade de threads do kernel alocada para o programa é maior do que a quantidade de processadores, mas menor do que a quantidade de threads de nível de usuário.

4.15 Escreva um programa em Java, em Pthreads ou em Win32 com vários threads que exiba números primos. Esse programa deve funcionar da forma a seguir: o usuário executará o programa e inserirá um número na linha de comando. Em seguida, o programa criará um thread separado que exibirá todos os números primos menores ou iguais ao número inserido pelo usuário.

4.16 Modifique o servidor de data baseado em socket (Figura 3.19) do Capítulo 3 para que o servidor atenda cada solicitação de cliente em um thread separado.

4.17 A sequência de Fibonacci é a série de números 0, 1, 1, 2, 3, 5, 8, ... Formalmente, ela pode ser expressa como:

```c
#include <pthread.h>
#include <stdio.h>

int value = 0;
void *runner(void *param); /* o thread */

int main(int argc, char *argv[])
{
int pid;
pthread_t tid;
pthread_attr_t attr;

    pid = fork();

    if (pid == 0){ /* processo filho */
      pthread_attr_init(&attr);
      pthread_create(&tid,&attr,runner,NULL);
      pthread_join(tid,NULL);
      printf("CHILD: value = %d",value); /* LINHA C */
    }
    else if (pid > 0) { /* processo pai */
      wait(NULL);
      printf("PARENT: value = %d",value); /* LINHA P */
    }
}

void *runner(void *param) {
  value = 5;
  pthread_exit(0);
}
```

Figura 4.14 Programa em C do Exercício 4.13.

$fib_0 = 0$
$fib_1 = 1$
$fib_n = fib_{n-1} + fib_{n-2}$

Escreva um programa com vários threads que gere a sequência de Fibonacci usando a biblioteca de threads Java, Pthreads ou Win32. Esse programa deve funcionar da seguinte forma: o usuário inserirá na linha de comando quantos números de Fibonacci o programa deve gerar. O programa criará, então, um thread separado que gerará os números de Fibonacci, inserindo a sequência em dados que possam ser compartilhados pelos threads (provavelmente um array seja a estrutura de dados mais conveniente). Quando o thread encerrar a execução, o thread pai exibirá a sequência gerada pelo thread filho. Já que o thread pai não pode começar a exibir a sequência de Fibonacci antes do thread filho ser concluído, isso demandará que o thread pai espere o thread filho terminar, com o uso das técnicas descritas na Seção 4.3.

4.18 O Exercício 3.17 do Capítulo 3 envolve o projeto de um servidor de eco com o uso da API Java de criação de threads. No entanto, esse servidor só tem um thread, o que significa que ele não pode responder a clientes de eco concorrentes antes de o cliente corrente ser encerrado. Modifique a solução do Exercício 3.17 para que o servidor de eco atenda cada cliente em uma solicitação separada.

Projetos de Programação

O conjunto de projetos descritos a seguir lida com dois tópicos distintos – o serviço de nomeação e a multiplicação de matrizes.

Projeto 1: Projeto de Serviço de Nomeação

Um serviço de nomeação como o DNS (*Domain Name System*, sistema de nomes de domínio) pode ser usado para converter nomes IP em endereços IP. Por exemplo, quando alguém acessa o host www.westminstercollege.edu, um serviço de nomeação é usado para determinar o endereço IP que é mapeado para o nome IP www.westminstercollege.edu. Esse exercício consiste na criação de um serviço de nomeação com vários threads em Java com o uso de sockets (consulte a Seção 3.6.1).

A API `java.net` fornece o mecanismo a seguir para a resolução de nomes IP:

```
InetAddress hostAddress =
    InetAddress.getByName("www.westminstercollege.edu");
String IPaddress = hostAddress.getHostAddress();
```

em que `getByName()` lança uma `UnknownHostException` quando não consegue resolver o nome do host.

O Servidor

O servidor escutará na porta 6052 esperando conexões de clientes. Quando uma conexão de cliente é estabelecida, o servidor a atende em um thread separado e volta a esperar conexões de cliente adicionais. Uma vez que um cliente estabelece uma conexão com o servidor, ele grava no socket o nome IP que deseja que o servidor resolva – como www.westminstercollege.edu. O thread do servidor lê esse nome IP no socket e resolve seu endereço IP ou, se não conseguir localizar o endereço do host, capturará uma `UnknownHostException`. O servidor retornará o endereço IP para o cliente ou, no caso de uma `UnknownHostException`, exibirá a mensagem "Impossível resolver o host <nome do host>". Uma vez que o servidor estabelece um retorno para o cliente, ele fecha sua conexão de socket.

O Cliente

Inicialmente, escreva apenas a aplicação do servidor e conecte-se com ela através do telnet. Por exemplo, supondo que o servidor esteja sendo executado no host local, uma sessão telnet teria a aparência a seguir. (As respostas do cliente aparecem em bold.)

```
telnet localhost 6052
Connected to localhost.
Escape character is '^]'.
www.westminstercollege.edu
146.86.1.17
Connection closed by foreign host.
```

Fazendo o telnet atuar inicialmente como um cliente, você poderá depurar mais facilmente qualquer problema que tiver com seu servidor. Uma vez que esteja convencido de que seu servidor está funcionando apropriadamente, poderá escrever uma aplicação cliente. O cliente receberá como parâmetro o nome IP que deve ser resolvido. O cliente abrirá uma conexão de socket para o servidor e, em seguida, gravará o nome IP a ser resolvido. Depois, lerá a resposta retornada pelo servidor. Como exemplo, se o cliente tem o nome NSCLIENT, ele é chamado da forma a seguir:

```
java NSClient www.westminstercollege.edu
```

e o servidor responderá com o endereço IP correspondente ou com a mensagem "host desconhecido". Uma vez que o cliente tenha lido o endereço IP, ele fechará sua conexão de socket.

Projeto 2: Projeto de Multiplicação de Matrizes

Dadas duas matrizes A e B, em que a matriz A contém M linhas e K colunas e a matriz B contém K linhas e N colunas, o **produto das matrizes** A e B é a matriz C, em que C contém M linhas e N colunas. A entrada da matriz C para a linha i, coluna J ($C_{i,j}$) é a soma dos produtos dos elementos da linha i da matriz A e da coluna j da matriz B. Isto é,

$$C_{i,j} = \sum_{n=1}^{K} A_{i,n} \times B_{n,j}$$

Por exemplo, se A é uma matriz 3 por 2 e B é uma matriz 2 por 3, o elemento $C_{3,1}$ é a soma de $A_{3,1} \times B_{1,1}$ e $A_{3,2} \times B_{2,1}$.

Nesse projeto, calcule cada elemento $C_{i,j}$ em um thread *de trabalho* separado. Isso envolverá a criação de $M \times N$ threads de trabalho. O thread principal – ou pai – inicializará as matrizes A e B e alocará memória suficiente para a matriz C que conterá o produto das matrizes A e B. Essas matrizes serão declaradas como dados globais para que cada thread de trabalho tenha acesso a A, B e C.

As matrizes A e B podem ser inicializadas estaticamente, como mostrado abaixo:

```
#define M 3
#define K 2
#define N 3

int A [M][K] = { {1,4}, {2,5}, {3,6} };
int B [K][N] = { {8,7,6}, {5,4,3} };
int C [M][N];
```

Alternativamente, elas podem ser populadas pela leitura dos valores em um arquivo.

Passando Parâmetros para cada Thread

O thread pai criará $M \times N$ threads de trabalho, passando para cada um os valores da linha i e da coluna j a serem usados no cálculo do produto das matrizes. Isso requer a passagem de dois parâmetros para cada thread. A abordagem mais fácil com o Pthreads e o Win32 é a criação de uma estrutura de dados com o uso de `struct`. Os membros dessa estrutura serão i e j e a estrutura terá a aparência a seguir:

```
/* estrutura para a passagem de dados para os threads */
struct v
{
  int i; /* linha*/
  int j; /* coluna */
};
```

Tanto o programa Pthreads quanto o programa Win32 criarão os threads de trabalho usando uma estratégia semelhante à seguinte:

```
/* Temos que criar M * N threads de trabalho */
for (i = 0; i < M, i++)
  for (j = 0; j < N; j++ ) {
    struct v *data = (struct v *) malloc(sizeof(struct v));
    data->i = i;
    data->j = j;
    /* Agora criamos o thread passando para ele dados como parâmetro */
  }
}
```

O ponteiro data será passado para a função `pthread_create()` (Pthreads) ou para a função `CreateThread()` (Win32) que, por sua vez, o passará como parâmetro para a função a ser executada como um thread separado.

O compartilhamento de dados entre threads Java é diferente do compartilhamento entre threads no Pthreads ou no Win32. Uma abordagem é aquela em que o thread principal cria e inicializa as matrizes *A*, *B* e *C*. Em seguida, ele cria os threads de trabalho, passando as três matrizes – junto com a linha *i* e a coluna *j* – para o construtor de cada thread de trabalho. O esboço de um thread de trabalho pode ser visto na Figura 4.15.

Esperando os Threads Serem Concluídos

Uma vez que todos os threads de trabalho tenham sido concluídos, o thread principal exibirá o produto contido na matriz *C*.

```java
public class WorkerThread implements Runnable
{
  private int row;
  private int col;
  private int[][] A;
  private int[][] B;
  private int[][] C;

  public WorkerThread(int row, int col, int[][] A,
    int[][] B, int[][] C) {
    this.row = row;
    this.col = col;
    this.A = A;
    this.B = B;
    this.C = C;
  }
  public void run() {
    /* calcula o produto de matrizes em C[row][col] */
  }
}
```

Figura 4.15 Thread de trabalho em Java.

```c
#define NUM_THREADS 10

/* um array de threads que devem ser vinculados */
pthread_t workers[NUM_THREADS];

for (int i = 0; i < NUM_THREADS; i++)
  pthread_join(workers[i], NULL);
```

Figura 4.16 Código Pthread para vinculação de 10 threads.

```java
final static int NUM_THREADS = 10;

/* um array de threads que devem ser vinculados */
Thread[] workers = new Thread[NUM_THREADS];

for (int i = 0; i < NUM_THREADS; i++){
  try {
    workers[i].join();
  } catch (InterruptedException ie) { }
}
```

Figura 4.17 Código em Java para vinculação de 10 threads.

Isso requer que o thread principal espere todos os threads de trabalho serem encerrados para poder exibir o valor do produto das matrizes. Várias estratégias diferentes podem ser usadas para permitir que um thread espere outros threads serem concluídos. A Seção 4.3 descreve como esperar um thread filho ser concluído usando as bibliotecas de threads Win32, Pthreads e Java. O Win32 fornece a função `WaitForSingleObject()` enquanto Pthreads e Java usam `pthread_join()` e `join()`, respectivamente. No entanto, nesses exemplos de programação, o thread pai espera um único thread filho ser encerrado; a conclusão deste exercício demandará a espera de vários threads.

Na Seção 4.3.2, descrevemos a função `WaitForSingleObject()` que é usada na espera da conclusão de um único thread. No entanto, a API Win32 também fornece a função `WaitForMultipleObjects()` que é usada na espera da conclusão de vários threads. WaitForMultipleObjects() usa quatro parâmetros:

1. A quantidade de objetos cuja conclusão é necessário esperar
2. O ponteiro para o array de objetos
3. Um flag indicando se todos os objetos foram sinalizados
4. Um tempo-limite (ou INFINITE)

Por exemplo, se `THandles` é um array de objetos thread de tipo `HANDLE` e tamanho `N`, o thread pai pode esperar a conclusão de todos os threads filhos com o comando:

```
WaitForMultipleObjects
    (N, THandles, TRUE, INFINITE)
```

Uma estratégia simples para a espera da conclusão de vários threads com o uso da função `pthread.join()` do Pthreads ou da função `join()` de Java é inserir a operação de vinculação dentro de um loop `for` simples. Por exemplo, você poderia vincular dez threads usando o código Pthreads mostrado na Figura 4.16. O código equivalente que usa threads Java é mostrado na Figura 4.17.

Notas Bibliográficas

Os threads tiveram uma longa evolução, começando como uma "concorrência pouco dispendiosa" nas linguagens de programação e migrando para os "processos leves", cujos exemplos iniciais incluíam o sistema Thoth (Cheriton et al. [1979]) e o sistema Pilot (Redell et al. [1980]). Binding [1985] descreveu a migração dos threads para o kernel do UNIX. Os sistemas Mach (Accetta et al. [1986], Tevanian et al. [1987]) e V (Cheriton [1988]) usavam muito os threads e quase todos os principais sistemas operacionais acabaram implementando-os de alguma forma.

Questões relacionadas ao desempenho dos threads foram discutidas por Anderson et al. [1989] que continuaram seu trabalho em Anderson et al. [1991] avaliando o desempenho de threads de nível de usuário com o suporte do kernel. Bershad et al. [1990] descrevem a combinação de threads com a RPC. Engelschall [2000] discute uma técnica para o suporte a threads de nível de usuário. A análise de um tamanho ótimo para o pool de threads pode ser encontrada em Ling e colaboradores [2000]. As ativações de scheduler foram apresentadas pela primeira vez em Anderson et al. [1991] e Williams [2002] as discute no sistema NetBSD. Outros mecanismos que possibilitam a cooperação entre a biblioteca de threads de nível de usuário e o kernel são discutidos em Marsh et al. [1991], Govindan e Anderson [1991], Draves et al. [1991] e Black [1990]. Zabatta e Young [1998] comparam threads do Windows NT e do Solaris em um multiprocessador simétrico. Pinilla e Gill [2003] comparam o desempenho de threads Java no Linux, no Windows e no Solaris.

Vahalia [1996] aborda a criação de threads em várias versões do UNIX. McDougall e Mauro [2007] descrevem desenvolvimentos recentes na criação de threads no kernel do Solaris. Russinovich e Solomon [2009] discutem a criação de threads na família de sistemas operacionais Windows. Bovet e Cesati [2006] e Love [2004] explicam como o Linux manipula a criação de threads e Singh [2007] aborda os threads no Mac OS X.

Informações sobre a programação com o Pthreads é fornecida em Lewis e Berg [1998] e Butenhof [1997]. Oaks e Wong [1999], Lewis e Berg [2000] e Holub [2000] discutem a criação de múltiplos threads em Java. Goetz et al. [2006] apresentam uma discussão detalhada sobre a programação concorrente em Java. Beveridge e Wiener [1997] e Cohen e Woodring [1997] descrevem a criação de múltiplos threads com o uso do Win32.

Scheduling da CPU

O scheduling da CPU é a base dos sistemas operacionais multiprogramados. Alternando a CPU entre os processos, o sistema operacional pode tornar o computador mais produtivo. Neste capítulo, introduzimos os conceitos básicos e vários algoritmos de scheduling da CPU. Também consideramos o problema da seleção de um algoritmo para um sistema específico.

No Capítulo 4, adicionamos os threads ao modelo de processo. Em sistemas operacionais que os suportam, os threads de nível de kernel – e não os processos – é que são realmente incluídos no schedule pelo sistema operacional. No entanto, os termos **scheduling de processos** e **scheduling de threads** são usados com frequência com o mesmo sentido. Neste capítulo, usamos *scheduling de processos* quando discutimos conceitos gerais de scheduling e *scheduling de threads* para nos referir a ideias relacionadas especificamente a threads.

OBJETIVOS DO CAPÍTULO

- Introduzir o scheduling da CPU, que é a base dos sistemas operacionais multiprogramados.
- Descrever vários algoritmos de scheduling da CPU.
- Discutir critérios de avaliação para a seleção de um algoritmo de scheduling da CPU para um sistema específico.

5.1 Conceitos Básicos

Em um sistema com um único processador, apenas um processo pode ser executado de cada vez; qualquer outro processo deve esperar até a CPU estar livre e poder ser realocada. O objetivo da multiprogramação é haver sempre algum processo em execução para que a utilização da CPU seja otimizada. A ideia é relativamente simples. Um processo é executado até ter que esperar, normalmente pela conclusão de alguma solicitação de I/O. Em um sistema de computação simples, a CPU simplesmente permanece ociosa. Todo esse tempo de espera é desperdiçado; nenhum trabalho útil é realizado. Com a multiprogramação, tentamos usar esse tempo produtivamente. Vários processos são mantidos na memória ao mesmo tempo. Quando um processo tem que esperar, o sistema operacional desvincula a CPU desse processo e a designa para outro processo. Esse padrão continua. Sempre que um processo tem que esperar, outro processo pode assumir o uso da CPU.

Esse tipo de scheduling é uma função básica do sistema operacional. Quase todos os recursos do computador são incluídos no scheduling antes de serem usados. É claro que a CPU é um dos principais recursos do computador. Portanto, seu scheduling é essencial no projeto do sistema operacional.

5.1.1 Ciclo de Picos de CPU-I/O

O sucesso do scheduling da CPU depende de uma propriedade observada nos processos: a execução de processos é composta por um **ciclo** de execução da CPU e espera por I/O. Os processos se alternam entre esses dois estados. A execução do processo começa com um **pico de CPU**, que é seguido por um **pico de I/O** que é seguido por outro pico de CPU e, então, outro pico de I/O, e assim por diante. Para concluir, o último pico de CPU termina com o sistema solicitando o encerramento da execução (Figura 5.1).

As durações dos picos de CPU têm sido medidas extensivamente. Embora elas variem muito de um processo para outro e de um computador para outro, tendem a ter uma curva de fre-

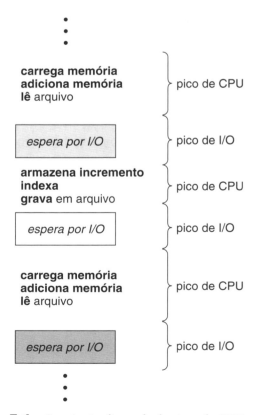

Figura 5.1 Sequência alternada de picos de CPU e de I/O.

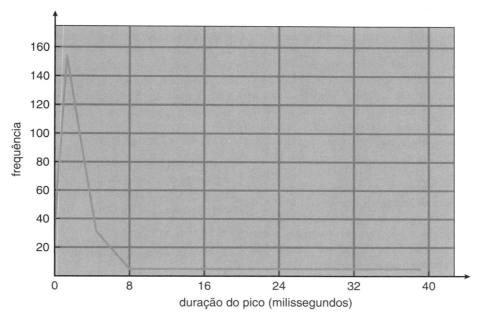

Figura 5.2 Histograma de durações de picos de CPU.

quência semelhante à mostrada na Figura 5.2. Geralmente, a curva é caracterizada como exponencial ou hiperexponencial, com uma grande quantidade de picos curtos de CPU e uma pequena quantidade de picos longos de CPU. Normalmente, um programa limitado por I/O tem muitos picos curtos de CPU. Um programa limitado por CPU pode ter alguns picos longos de CPU. Essa distribuição pode ser importante na seleção de um algoritmo apropriado de scheduling da CPU.

5.1.2 Scheduler da CPU

Sempre que a CPU fica ociosa, o sistema operacional tem que selecionar um dos processos na fila de prontos para ser executado. O processo de seleção é executado pelo **scheduler de curto prazo** (ou scheduler da CPU). O scheduler seleciona um processo entre os processos da memória que estão prontos para execução e aloca a CPU para esse processo.

É bom ressaltar que a fila de prontos não é, necessariamente, uma fila "primeiro a entrar, primeiro a sair" (FIFO). Como veremos quando considerarmos os diversos algoritmos de scheduling, uma fila de prontos pode ser implementada como uma fila FIFO, uma fila de prioridades, uma árvore ou, simplesmente, uma lista encadeada não ordenada. Conceitualmente, no entanto, todos os processos da fila de prontos ficam enfileirados esperando uma chance de serem executados na CPU. Geralmente, os registros nas filas são blocos de controle de processos (PCBs).

5.1.3 Scheduling com Preempção

Decisões de scheduling da CPU podem ser tomadas nas quatro situações a seguir:

1. Quando um processo passa do estado de execução para o estado de espera (por exemplo, como resultado de uma solicitação de I/O ou de uma chamada a `wait` para esperar o encerramento de um dos processos filhos)

2. Quando um processo passa do estado de execução para o estado de pronto (por exemplo, quando ocorre uma interrupção)

3. Quando um processo passa do estado de espera para o estado de pronto (por exemplo, na conclusão de I/O)

4. Quando um processo termina

Nas situações 1 e 4, não há alternativa no que diz respeito ao scheduling. Um novo processo (se existir um na fila de prontos) deve ser selecionado para execução. Há uma alternativa, no entanto, nas situações 2 e 3.

Quando o scheduling ocorre apenas nas situações 1 e 4, dizemos que o esquema de scheduling é **sem preempção** ou **cooperativo**; caso contrário, ele **tem preempção**. No scheduling sem preempção, quando a CPU é alocada para um processo, ela é usada até o processo liberá-la no encerramento ou ao passar para o estado de espera. Esse método de scheduling era usado pelo Microsoft Windows 3.x; o Windows 95 introduziu o scheduling com preempção e todas as versões subsequentes dos sistemas operacionais Windows têm usado o scheduling com preempção. O sistema operacional Mac OS X do Macintosh também usa o scheduling com preempção; versões anteriores do sistema operacional Macintosh se baseavam no scheduling cooperativo. O scheduling cooperativo é o único método que pode ser usado em certas plataformas de hardware porque ele não requer o hardware especial (por exemplo, um timer) demandado pelo scheduling com preempção.

Infelizmente, o scheduling com preempção gera um custo associado ao acesso a dados compartilhados. Considere o caso de dois processos que compartilham dados. Enquanto um está atualizando os dados, ele sofre preempção para que o outro possa ser executado. Esse outro processo tenta então ler os dados, mas eles estão em estado inconsistente. Nessas situações, precisamos de novos mecanismos para coordenar o acesso a dados compartilhados; discutimos esse tópico no Capítulo 6.

A preempção também afeta o projeto do kernel do sistema operacional. Durante o processamento de uma chamada de sistema, o kernel pode estar ocupado com uma atividade pertencente a um processo. Essas atividades podem envolver a alteração de importantes dados do kernel (por exemplo, filas de I/O). O que acontece se o processo for objeto de preempção no meio dessas alterações e o kernel (ou o driver do dispositivo) tiver que ler ou modificar a mesma estrutura? Isso resultaria em caos. Certos sistemas operacionais, inclusive a maioria das versões do UNIX, lidam com esse problema esperando uma chamada de sistema ser concluída ou um bloco de I/O ocorrer antes de fazer uma mudança de contexto. Trata-se de um esquema que assegura simplicidade à estrutura do kernel, já que o kernel não sujeita um processo à preempção enquanto as estruturas de dados do kernel estão em estado inconsistente. Infelizmente, esse modelo de execução do kernel é insatisfatório para o suporte à computação de tempo real e ao multiprocessamento. Esses problemas, e suas soluções, não fazem parte do escopo deste texto.

Já que as interrupções podem, por definição, ocorrer a qualquer momento e como nem sempre elas podem ser ignoradas pelo kernel, as seções de código afetadas por interrupção devem ser protegidas do uso simultâneo. O sistema operacional tem que aceitar interrupções a quase todo momento; caso contrário, a entrada pode ser perdida ou a saída sobreposta. Para que essas seções de código não sejam acessadas concorrentemente por vários processos, elas desativam as interrupções na entrada e as reativam na saída. É importante observar que as seções de código que desativam interrupções não ocorrem com muita frequência e, normalmente, contêm poucas instruções.

5.1.4 Despachante

Outro componente envolvido na função de scheduling da CPU é o **despachante**. O despachante é o módulo que passa o controle da CPU para o processo selecionado pelo scheduler de curto prazo. Essa função envolve o seguinte:

- Mudança de contexto
- Mudança para a modalidade de usuário
- Salto para a locação apropriada do programa do usuário para que ele seja reiniciado.

O despachante deve ser o mais rápido possível, já que é chamado durante cada mudança de processo. O tempo que o despachante precisa para interromper um processo e iniciar a execução de outro é conhecido como **latência do despacho**.

5.2 Critérios de Scheduling

Diferentes algoritmos de scheduling da CPU têm propriedades distintas e a escolha de um algoritmo específico pode favorecer a classe de processo em vez de outra. Na escolha do algoritmo a ser usado em uma situação específica, devemos considerar as propriedades dos diversos algoritmos.

Muitos critérios têm sido sugeridos para a comparação de algoritmos de scheduling da CPU. As características usadas na comparação podem fazer uma grande diferença no algoritmo avaliado como melhor. Os critérios incluem os descritos a seguir:

- **Utilização da CPU.** Queremos manter a CPU tão ocupada quanto possível. Conceitualmente, a utilização da CPU pode variar de 0 a 100%. Em um sistema real, ela deve variar de 40% (para um sistema pouco carregado) a 90% (para um sistema muito usado).
- **Throughput.** Quando a CPU está ocupada executando processos, trabalho está sendo realizado. Uma medida desse trabalho é a quantidade de processos que são concluídos por unidade de tempo, chamada de *throughput*. Para processos longos, essa taxa pode ser de um processo por hora; para transações curtas, ela pode ser de dez processos por segundo.
- **Tempo de turnaround.** Do ponto de vista de um processo específico, o critério importante é quanto tempo ele leva para ser executado. O intervalo entre a hora em que o processo é submetido e a hora de conclusão é o *tempo de turnaround*. O tempo de turnaround é a soma dos períodos gastos esperando pela inserção na memória, esperando na fila de prontos, executando na CPU e fazendo I/O.
- **Tempo de espera.** O algoritmo de scheduling da CPU não afeta o período de tempo durante o qual um processo é executado ou realiza operações de I/O; ele só afeta o período de tempo que um processo gasta esperando na fila de prontos. O *tempo de espera* é a soma dos períodos gastos esperando na fila de prontos.
- **Tempo de resposta.** Em um sistema interativo, o tempo de turnaround pode não ser o melhor critério. Com frequência, um processo consegue produzir alguma saída bem mais cedo e continua processando novos resultados enquanto resultados anteriores estão sendo exibidos para o usuário. Portanto, outra medida é o tempo que vai do envio de uma solicitação até a primeira resposta ser produzida. Essa medida, chamada de *tempo de resposta*, é o tempo necessário para que o envio de respostas se inicie, e não o tempo necessário à exibição da resposta. Geralmente, o tempo de turnaround é limitado pela velocidade do dispositivo de saída.

É desejável maximizar o throughput e a utilização da CPU e minimizar o tempo de turnaround, o tempo de espera e o tempo de resposta. Na maioria dos casos, otimizamos a média. No entanto, em algumas circunstâncias, é desejável otimizar os valores mínimos ou máximos em vez de a média. Por exemplo, para garantir que todos os usuários obtenham um serviço satisfatório, podemos querer minimizar o tempo de resposta máximo.

Pesquisadores têm sugerido que, para sistemas interativos (como os sistemas de compartilhamento de tempo), é mais importante minimizar a *variação* no tempo de resposta do que minimizar o tempo médio de resposta. Um sistema com tempo de resposta razoável e *previsível* pode ser considerado mais desejável do que um sistema mais rápido na média, porém altamente variável. No entanto, pouco esforço tem sido feito para a criação de algoritmos de scheduling da CPU que minimizam a variação.

Ao discutir vários algoritmos de scheduling da CPU na próxima seção, ilustramos sua operação. Uma ilustração deve envolver muitos processos, sendo cada um deles uma sequência de várias centenas de picos de CPU e picos de I/O. A título de simplificação, no entanto, consideramos apenas um pico de CPU (em milissegundos) por processo em nossos exemplos. Nossa medida de comparação é o tempo médio de espera. Mecanismos de avaliação mais elaborados são discutidos na Seção 5.7.

5.3 Algoritmos de Scheduling

O scheduling da CPU lida com o problema de decidir para qual dos processos da fila de prontos a CPU deve ser alocada. Há muitos algoritmos de scheduling da CPU diferentes. Nesta seção, descrevemos vários deles.

5.3.1 Scheduling "Primeiro a Chegar, Primeiro a Ser Atendido"

Sem dúvida, o algoritmo mais simples de scheduling da CPU é o **algoritmo "primeiro a chegar, primeiro a ser atendido" (FCFS** – *first-come, first-served*). Nesse esquema, o processo que solicita a CPU primeiro é o primeiro a usá-la. A implementação da política FCFS é facilmente gerenciada com uma fila FIFO. Quando um processo entra na fila de prontos, seu PCB é inserido no final da fila. Quando a CPU está livre, ela é alocada para o processo no topo da fila. O processo em execução é então removido da fila. O código do scheduling FCFS é simples de escrever e entender.

O lado negativo é que o tempo médio de espera na política FCFS, geralmente é bem longo. Considere o conjunto de processos a seguir que chegam no momento 0, com o intervalo do pico de CPU dado em milissegundos:

Processo	Duração do pico
P_1	24
P_2	3
P_3	3

Se os processos chegam na ordem P_1, P_2, P_3 e são atendidos na ordem FCFS, obteremos o resultado mostrado no **gráfico de Gantt** a seguir, um gráfico de barras que ilustra um schedule específico, inclusive os momentos de início e fim de cada um dos processos participantes:

O tempo de espera é de 0 milissegundos para o processo P_1, 24 milissegundos para o processo P_2 e 27 milissegundos para o processo P_3. Logo, o tempo médio de espera é de (0 + 24 + 27)/3 = 17 milissegundos. Se os processos chegam na ordem P_2, P_3, P_1, no entanto, os resultados serão os mostrados no seguinte gráfico de Gantt:

O tempo médio de espera agora é de (6 + 0 + 3)/3 = 3 milissegundos. Essa redução é substancial. Portanto, geralmente o tempo médio de espera na política FCFS não é mínimo e pode variar significativamente se os intervalos de pico de CPU dos processos variarem muito.

Além disso, considere o desempenho do scheduling FCFS em uma situação dinâmica. Suponha que tenhamos um processo limitado por CPU e muitos processos limitados por I/O. Enquanto os processos fluem pelo sistema, podemos ter como resultado o cenário a seguir: o processo limitado por CPU ocupará e se apropriará da CPU. Durante esse período, todos os outros processos terminarão suas operações de I/O e entrarão na fila de prontos, esperando a CPU. Enquanto os processos esperam na fila de prontos, os dispositivos de I/O ficam ociosos. O processo limitado por CPU acaba terminando seu pico de CPU e passa para um dispositivo de I/O. Todos os processos limitados por I/O que têm picos de CPU curtos, são executados rapidamente e voltam para as filas de I/O. Nesse momento, a CPU permanece ociosa. O processo limitado por CPU volta então para a fila de prontos e a CPU é alocada para ele. Novamente, todos os processos limitados por I/O têm que esperar na fila de prontos até o processo limitado por CPU terminar. Há um **efeito comboio**, já que todos os outros processos esperam por um processo maior sair da CPU. Esse efeito resulta em uma utilização da CPU e dos dispositivos menor do que seria possível se os processos mais curtos pudessem ser atendidos antes.

Observe também que o algoritmo de scheduling FCFS não usa preempção. Uma vez que a CPU é alocada para um processo, esse processo a ocupa até liberá-la, pelo encerramento ou ao solicitar I/O. O algoritmo FCFS é, portanto, particularmente problemático para sistemas de compartilhamento de tempo, nos quais é importante que cada usuário tenha sua vez na CPU a intervalos regulares. Seria desastroso permitir que um processo se apropriasse da CPU por um período extenso.

5.3.2 Scheduling Menor-Job-Primeiro

Uma abordagem diferente para o scheduling da CPU é o **algoritmo de scheduling menor-job-primeiro (SJF** – *shortest-job-first*). Esse algoritmo associa a cada processo o intervalo do próximo pico de CPU do processo. Quando a CPU está disponível, ela é atribuída ao processo que tem o próximo pico de CPU mais curto. Se os próximos picos de CPU de dois processos forem iguais, o scheduling FCFS será usado para resolver o impasse. Observe que um termo mais apropriado para esse método de scheduling seria *algoritmo do próximo pico de CPU mais curto* porque o scheduling depende da duração do próximo pico de CPU de um processo e não de sua duração total. Usamos o termo SJF porque a maioria das pessoas e livros usa esse termo para se referir a esse tipo de scheduling.

Como exemplo do scheduling SJF, considere o conjunto de processos a seguir, com a duração do pico de CPU dada em milissegundos:

Processo	Duração do pico
P_1	6
P_2	8
P_3	7
P_4	3

Usando o sheduling SJF, incluiríamos esses processos no schedule de acordo com o gráfico de Gantt abaixo:

P_4	P_1	P_3	P_2
0	3	9	16	24

O tempo de espera é de 3 milissegundos para o processo P_1, 16 milissegundos para o processo P_2, 9 milissegundos para o processo P_3 e 0 milissegundos para o processo P_4. Portanto, o tempo médio de espera é de (3 + 16 + 9 + 0)/4 = 7 milissegundos. Por comparação, se estivéssemos usando o esquema de scheduling FCFS, o tempo médio de espera seria de 10,25 milissegundos.

O algoritmo de scheduling SJF é comprovadamente *ótimo* pelo fato de fornecer o tempo médio de espera mínimo para um determinado conjunto de processos. Executar um processo curto antes de um longo reduz mais o tempo de espera do processo curto do que aumenta o tempo de espera do processo longo. Consequentemente, o tempo *médio* de espera diminui.

A grande dificuldade do algoritmo SJF é como sabermos a duração da próxima solicitação de CPU. No scheduling de longo prazo (scheduling de jobs) em um sistema batch, podemos usar como duração o limite de tempo do processo que um usuário especifica quando submete o job. Assim, os usuários são motivados a estimar o limite de tempo do processo de maneira precisa, porque um valor mais baixo pode significar uma resposta mais rápida. (Um valor baixo demais causará um erro de limite de tempo excedido e demandará uma ressubmissão.) O scheduling SJF costuma ser usado no scheduling de longo prazo.

Embora o algoritmo SJF seja ótimo, ele não pode ser implementado no nível do scheduling de CPU de curto prazo. No scheduling de curto prazo, não há uma maneira de sabermos a duração do próximo pico de CPU. Uma abordagem é tentar criar uma aproximação do scheduling SJF. Podemos não *saber* a duração do próximo pico de CPU, mas talvez possamos *prever* seu valor. Esperamos que o próximo pico de CPU tenha duração semelhante aos anteriores. Calculando um valor aproximado para a duração do próximo pico de CPU, podemos selecionar o processo com o menor pico de CPU previsto.

Geralmente, o próximo pico de CPU é previsto como uma **média exponencial** dos intervalos medidos dos picos de CPU anteriores. Podemos definir a média exponencial com a fórmula a seguir. Nela, t_n é a duração do enésimo pico de CPU e τ_{n+1} é o valor previsto para o próximo pico de CPU. Portanto, para α, $0 \le \alpha \le 1$ temos

$$\tau_{n+1} = \alpha\, t_n + (1 - \alpha)\tau_n.$$

O valor de t_n contém nossa informação mais recente; τ_n armazena a história passada. O parâmetro α controla o peso relativo da história recente e passada em nossa previsão. Se $\alpha = 0$, então, $\tau_{n+1} = \tau_n$ e a história recente não tem efeito (as condições atuais são consideradas transientes). Se $\alpha = 1$, então, $\tau_{n+1} = t_n$ e só o pico de CPU mais recente importa (a história é considerada passada e irrelevante). O mais comum é que $\alpha = \frac{1}{2}$ e, assim, a história recente e passada têm peso igual. O τ_0 inicial pode ser definido como uma constante ou como uma média geral do sistema. A Figura 5.3 mostra uma média exponencial com $\alpha = \frac{1}{2}$ e $\tau_0 = 10$.

Para entender o comportamento da média exponencial, podemos expandir a fórmula para τ_{n+1}, substituindo τ_n, para encontrar

$$\tau_{n+1} = \alpha t_n + (1 - \alpha)\alpha t_{n-1} + \cdots + \\ + (1 - \alpha)^j \alpha t_{n-j} + \cdots + (1 - \alpha)^{n+1} \tau_0.$$

Já que tanto α quanto $(1 - \alpha)$ são menores ou iguais a 1, cada termo sucessivo tem menos peso do que seu predecessor.

O algoritmo SJF pode ter ou não ter preempção. A escolha é feita quando um novo processo chega na fila de prontos enquanto um processo anterior ainda está sendo executado. O próximo pico de CPU do processo recém-chegado pode ser mais curto do que o restante do processo em execução corrente. Um algoritmo SJF com preempção interceptará o processo que está sendo executado, enquanto um algoritmo SJF sem preempção permitirá que o processo em execução corrente termine seu pico de CPU. O scheduling SJF com preempção também é chamado de **scheduling de tempo-restante-mais-curto-primeiro**.

Como exemplo, considere os quatro processos a seguir, com a duração do pico de CPU dada em milissegundos:

Processo	Tempo de chegada	Duração do pico
P_1	0	8
P_2	1	4
P_3	2	9
P_4	3	5

Se os processos chegarem na fila de prontos nos momentos mostrados e precisarem dos intervalos de pico indicados, o scheduling SJF com preempção resultante será como o descrito no seguinte gráfico de Gantt:

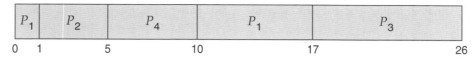

O processo P_1 é iniciado no momento 0, porque é o único processo da fila. O processo P_2 chega no momento 1. O tempo restante do processo P_1 (7 milissegundos) é maior do que o tempo requerido pelo processo P_2 (4 milissegundos), portanto, o processo P_1 é interceptado e o processo P_2 é incluído no schedule. O tempo médio de espera nesse exemplo é de $[(10 - 1) + (1 - 1) + (17 - 2) + (5 - 3)]/4 = 26/4 = 6,5$ milissegundos. O scheduling SJF sem preempção resultaria em um tempo médio de espera de 7,75 milissegundos.

5.3.3 Scheduling por Prioridades

O algoritmo SJF é um caso especial do **algoritmo de scheduling por prioridade geral**. Uma prioridade é associada a cada processo e a CPU é alocada ao processo de prioridade mais alta. Processos com prioridades iguais são incluídos no schedule na ordem FCFS. O algoritmo SJF é simplesmente um algoritmo de prioridades em que a prioridade (p) é o inverso do próximo pico de CPU (previsto). Quanto maior o pico de CPU, menor a prioridade, e vice-versa.

Observe que discutimos o scheduling em termos de *alta* e *baixa* prioridade. Geralmente, as prioridades são indicadas por algum intervalo de números fixo, como 0 a 7 ou 0 a 4.095. No entanto, não há um consenso geral que defina se 0 é a prioridade mais alta ou mais baixa. Alguns sistemas usam números baixos para representar baixa prioridade; outros usam números baixos para prioridades altas. Essa diferença pode levar à confusão. Neste texto, usamos números baixos para representar alta prioridade.

Como exemplo, considere o conjunto de processos a seguir que supomos tenham chegado no momento 0, na ordem $P_1, P_2, \ldots, P_5$, com a duração do pico de CPU dada em milissegundos:

Processo	Duração do pico	Prioridade
P_1	10	3
P_2	1	1
P_3	2	4
P_4	1	5
P_5	5	2

Usando o scheduling por prioridades, incluiríamos esses processos no schedule de acordo com o seguinte gráfico de Gantt:

O tempo médio de espera é de 8,2 milissegundos.

As prioridades podem ser definidas interna ou externamente. Prioridades definidas internamente usam um ou mais parâmetros mensuráveis para calcular a prioridade de um processo. Por exemplo, limites de tempo, requisitos de memória, a quantidade de arquivos abertos e a razão entre o pico médio de I/O e o pico médio de CPU têm sido usados no cálculo das prioridades. Prioridades externas são definidas por critérios externos ao sistema operacional, como a importância do processo, o tipo e o montante dos fundos pagos pelo uso do computador, o

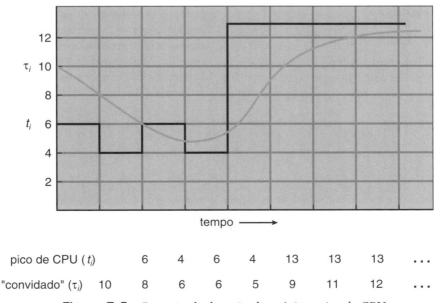

Figura 5.3 Previsão da duração do próximo pico de CPU.

departamento que patrocina o trabalho e outros fatores, geralmente políticos.

O scheduling por prioridades pode ter ou não preempção. Quando um processo chega na fila de prontos, sua prioridade é comparada com a prioridade do processo em execução corrente. Um algoritmo de scheduling por prioridades com preempção se apropriará da CPU se a prioridade do processo recém-chegado for mais alta do que a prioridade do processo em execução corrente. Um algoritmo de scheduling por prioridades sem preempção simplesmente inserirá o novo processo na cabeça da fila de prontos.

Um grande problema dos algoritmos de scheduling por prioridades é o **bloqueio infinito** ou **inanição**. Um processo pronto para ser executado, mas que está esperando a CPU, pode ser considerado bloqueado. Um algoritmo de scheduling por prioridades pode deixar alguns processos de baixa prioridade esperando indefinidamente. Em um sistema de computação muito carregado, um fluxo constante de processos de prioridade mais alta pode impedir que um processo de prioridade baixa consiga usar a CPU. Geralmente, acontece uma entre duas coisas. O processo acaba sendo executado (às 2 da madrugada de domingo, quando finalmente o sistema está pouco carregado) ou o sistema de computação cai e perde todos os processos de baixa prioridade não concluídos. (Existe um boato de que quando o IBM 7094 foi desligado no MIT em 1973, acharam um processo de baixa prioridade submetido em 1967 que ainda não tinha sido executado.)

Uma solução para o problema do bloqueio infinito de processos de baixa prioridade é o **envelhecimento**. O envelhecimento é uma técnica que aumenta gradualmente a prioridade dos processos que esperam no sistema por muito tempo. Por exemplo, se as prioridades variam de 127 (baixa) a 0 (alta), podemos aumentar a prioridade de um processo em espera em 1 unidade a cada 15 minutos. Eventualmente, até mesmo um processo com prioridade inicial de 127 teria a prioridade mais alta do sistema e seria executado. Na verdade, não demoraria mais do que 32 horas para um processo de prioridade 127 envelhecer até se tornar um processo de prioridade 0.

5.3.4 Scheduling Round-Robin

O **algoritmo de scheduling round-robin (RR)** foi projetado especialmente para sistemas de compartilhamento de tempo. Ele é semelhante ao scheduling FCFS, mas a preempção é adicionada para permitir que o sistema se alterne entre os processos. É definida uma pequena unidade de tempo, chamada **quantum de tempo** ou porção de tempo. Geralmente, um quantum de tempo tem duração de 10 a 100 milissegundos. A fila de prontos é tratada como uma fila circular. O scheduler da CPU percorre a fila de prontos, alocando a CPU para cada processo por um intervalo de até 1 quantum de tempo.

Para implementar o scheduling RR, devemos manter a fila de prontos como uma fila FIFO de processos. Novos processos são adicionados ao final da fila de prontos. O scheduler da CPU seleciona o primeiro processo da fila de prontos, define um timer que cause interrupções após 1 quantum de tempo e despacha o processo.

Portanto, uma entre duas coisas ocorrerá. O processo pode ter um pico de CPU menor do que 1 quantum de tempo. Nesse caso, o próprio processo liberará a CPU voluntariamente. O scheduler passará então para o próximo processo da fila de prontos. Caso contrário, se o pico de CPU do processo em execução corrente for maior do que 1 quantum de tempo, o timer desligará e causará uma interrupção para o sistema operacional. Uma mudança de contexto será executada e o processo será inserido na **cauda** da fila de prontos. O scheduler da CPU selecionará, então, o próximo processo da fila de prontos.

Geralmente, o tempo médio de espera na política RR é longo. Considere o conjunto de processos a seguir que chegam no momento 0, com a duração do pico de CPU dada em milissegundos:

Processo	Duração do pico
P_1	24
P_2	3
P_3	3

Se usarmos um quantum de tempo de 4 milissegundos, o processo P_1 ficará com os 4 primeiros milissegundos. Como ele precisa de mais 20 milissegundos, é interceptado após o primeiro quantum de tempo e a CPU é passada para o próximo processo da fila, o processo P_2. O processo P_2 não precisa de 4 milissegundos, portanto, é encerrado antes de seu quantum de tempo expirar. A CPU é, então, passada para o próximo processo, o processo P_3. Uma vez que cada processo tenha recebido 1 quantum de tempo, a CPU é retornada para o processo P_1 por um quantum de tempo adicional. O schedule RR resultante é o seguinte:

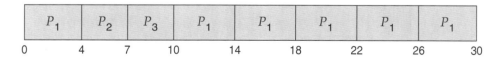

Calculemos o tempo médio de espera desse schedule. P_1 espera durante 6 milissegundos (10 − 4), P_2 espera durante 4 milissegundos e P_3 espera durante 7 milissegundos. Logo, o tempo médio de espera é de 17/3 = 5,66 milissegundos.

No algoritmo de scheduling RR, nenhum processo ocupa a CPU por mais do que 1 quantum de tempo sucessivamente (a menos que seja o único processo executável). Se o pico de CPU de um processo exceder 1 quantum de tempo, esse processo será interceptado e devolvido à fila de prontos. Portanto, o algoritmo de scheduling RR tem preempção.

Se houver n processos na fila de prontos e o quantum de tempo for igual a q, cada processo receberá $1/n$ do tempo da CPU em blocos de, no máximo, q unidades de tempo. Cada processo não deve esperar por mais de $(n-1) \times q$ unidades de tempo até seu próximo quantum de tempo. Por exemplo, no caso de cinco processos e um quantum de tempo de 20 milis-

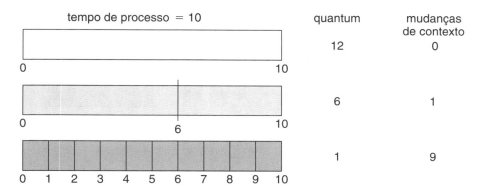

Figura 5.4 Como um quantum de tempo menor aumenta as mudanças de contexto.

segundos, cada processo receberá até 20 milissegundos a cada 100 milissegundos.

O desempenho do algoritmo RR depende muito do tamanho do quantum de tempo. Por um lado, se o quantum de tempo for extremamente longo, a política RR será igual à política FCFS. Caso contrário, quando o quantum de tempo é extremamente curto (digamos, 1 milissegundo), a abordagem RR é chamada de **compartilhamento de processador** e (em teoria) dá a impressão de que cada um dos n processos tem seu próprio processador operando à $1/n$ da velocidade do processador real. Essa abordagem foi usada no hardware da Control Data Corporation (CDC) para implementar dez processadores periféricos com apenas um conjunto de hardware e dez conjuntos de registradores. O hardware executa uma instrução para um conjunto de registradores e, em seguida, passa para o próximo. Esse ciclo continua, resultando em dez processadores lentos em vez de um rápido. (Na verdade, já que o processador era muito mais rápido do que a memória e todas as instruções a referenciavam, os processadores não eram tão mais lentos do que dez processadores reais teriam sido.)

Em software, também temos de considerar o efeito da mudança de contexto sobre o desempenho do scheduling RR. Suponha, por exemplo, que tenhamos apenas um processo de 10 unidades de tempo. Se o quantum for de 12 unidades de tempo, o processo terminará em menos de 1 quantum de tempo, sem overhead. Se o quantum for de 6 unidades de tempo, no entanto, o processo precisará de 2 quanta, resultando em uma mudança de contexto. Se o quantum de tempo for de 1 unidade de tempo, nove mudanças de contexto ocorrerão, tornando proporcionalmente mais lenta a execução do processo (Figura 5.4).

Logo, queremos que o quantum de tempo seja longo em relação ao tempo de mudança de contexto. Se o tempo de mudança de contexto for de, aproximadamente, 10% do quantum de tempo, então, cerca de 10% do tempo da CPU serão gastos na mudança de contexto. Na prática, na maioria dos sistemas modernos o quanta de tempo varia de 10 a 100 milissegundos. Normalmente o tempo necessário a uma mudança de contexto é menor do que 10 microssegundos; portanto, o tempo de mudança de contexto é uma pequena fração do quantum de tempo.

O tempo de turnaround também depende do tamanho do quantum de tempo. Como podemos ver na Figura 5.5, o tempo médio de turnaround de um conjunto de processos não é necessariamente melhor quando o tamanho do quantum de tempo aumenta. Geralmente, o tempo médio de turnaround pode ser melhorado quando a maioria dos processos termina seu próximo pico de CPU em um único quantum de tempo. Por exemplo, dados três processos de 10 unidades de tempo cada e um quantum de 1 unidade de tempo, o tempo médio de turnaround é igual a 29. Se o quantum de tempo for igual a 10, no entanto, o tempo médio de turnaround cairá para 20. Se o tempo de mudança de contexto for incluído, o tempo médio de turnaround aumentará ainda mais para um quantum de tempo menor, visto que mais mudanças de contexto serão necessárias.

Embora o quantum de tempo deva ser longo comparado ao tempo de mudança de contexto, ele não deve ser longo demais. Se o quantum de tempo for longo demais, o scheduling RR degenerará para uma política FCFS. Uma regra prática é que 80% dos picos de CPU devem ser menores do que o quantum de tempo.

5.3.5 Scheduling de Filas Multiníveis

Outra classe de algoritmos de scheduling foi criada para situações em que os processos são facilmente classificados em diferentes grupos. Por exemplo, uma divisão comum é feita entre processos de **foreground** (interativos) e processos de **background** (batch). Esses dois tipos de processos têm requisitos de tempo de resposta diferentes e, portanto, podem ter diferentes necessidades de scheduling. Além disso, os processos de foreground podem ter prioridade (definida externamente) sobre os processos de background.

Um **algoritmo de scheduling de filas multiníveis** divide a fila de prontos em várias filas separadas (Figura 5.6). Os processos são atribuídos permanentemente a uma fila, geralmente com base em alguma propriedade do processo, como o tamanho da memória, a prioridade do processo ou o tipo do processo. Cada fila tem seu próprio algoritmo de scheduling. Por exemplo, filas separadas podem ser usadas para processos de foreground e background. A fila de foreground pode ser agendada por um algoritmo RR, enquanto a fila de background entra no schedule por um algoritmo FCFS.

Além disso, deve haver um scheduling entre as filas que, normalmente, é implementado como um scheduling de prioridade fixa com preempção. Por exemplo, a fila de foreground pode ter prioridade absoluta sobre a fila de background.

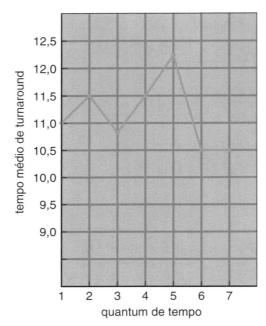

Figura 5.5 Como o tempo de turnaround varia com o quantum de tempo.

Examinemos um exemplo de um algoritmo de scheduling de filas multiníveis com cinco filas, listadas em ordem de prioridade:

1. Processos do sistema
2. Processos interativos
3. Processos de edição interativos
4. Processos batch
5. Processos de alunos

Cada fila tem prioridade absoluta sobre as filas de menor prioridade. Nenhum processo da fila batch, por exemplo, pode ser executado a não ser que as filas de processos do sistema, processos interativos e processos de edição interativos estejam todas vazias. Se um processo de edição interativo entrar na fila de prontos enquanto um processo batch estiver sendo executado, o processo batch sofrerá preempção.

Outra possibilidade é a divisão do tempo entre as filas. Neste caso, cada fila recebe uma determinada parcela do tempo de CPU que ela pode, então, distribuir entre seus diversos processos. Por exemplo, no caso das filas de foreground e background, a fila de foreground pode receber 80% do tempo da CPU para usar o scheduling RR entre seus processos, enquanto a fila de background recebe 20% da CPU para distribuir entre seus processos usando o scheduling FCFS.

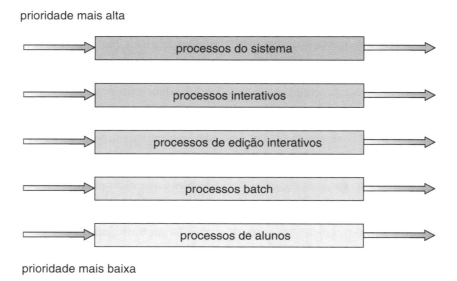

Figura 5.6 Scheduling de filas multiníveis.

5.3.6 Scheduling de Filas Multiníveis com Retroalimentação

Normalmente, quando o algoritmo de scheduling de filas multiníveis é usado, os processos são atribuídos permanentemente a uma fila quando entram no sistema. Se houver filas separadas para processos de foreground e background, por exemplo, os processos não passarão de uma fila para a outra, já que não mudarão sua natureza de foreground ou background. Essa configuração tem a vantagem de gerar baixo overhead de scheduling, mas é inflexível.

Por outro lado, um **algoritmo de scheduling de filas multiníveis com retroalimentação** permite a alternância de um processo entre as filas. A ideia é separar os processos de acordo com as características de seus picos de CPU. Se um processo usa muito tempo de CPU, ele é passado para uma fila de prioridade mais baixa. Esse esquema deixa os processos interativos e limitados por I/O nas filas de prioridade mais alta. Além disso, um processo que espere demais em uma fila de prioridade mais baixa, pode ser movido para uma fila de maior prioridade. Esse tipo de envelhecimento evita a inanição.

Por exemplo, considere um scheduler de filas multiníveis com retroalimentação manipulando três filas, numeradas de 0 a 2 (Figura 5.7). Primeiro, o scheduler executa todos os processos da fila 0. Só quando a fila 0 estiver vazia é que ele executará os processos da fila 1. Da mesma forma, os processos da fila 2 só serão executados se as filas 0 e 1 estiverem vazias. Um processo que chegue na fila 1 intercepta um processo da fila 2. Por sua vez, um processo da fila 1 é interceptado por um processo que chegue à fila 0.

Um processo que entra na fila de prontos é inserido na fila 0. Um processo da fila 0 recebe um quantum de tempo de 8 milissegundos. Se ele não terminar dentro desse período, será passado para o fim da fila 1. Se a fila 0 estiver vazia, o primeiro processo da fila 1 receberá um quantum de tempo de 16 milissegundos. Se ele não se completar, sofrerá preempção e será inserido na fila 2. Os processos da fila 2 são executados segundo o scheduling FCFS, mas só entram em execução quando as filas 0 e 1 estão vazias.

Esse algoritmo de scheduling dá prioridade mais alta a qualquer processo com pico de CPU de 8 milissegundos ou menos. Tal processo se apropriará rapidamente da CPU, terminará seu pico de CPU e passará para seu próximo pico de I/O. Processos que precisam de mais de 8 e menos de 24 milissegundos também são atendidos rapidamente, porém com prioridade mais baixa do que processos mais curtos. Processos longos são relegados automaticamente para a fila 2 sendo atendidos na ordem FCFS com os ciclos de CPU não utilizadas pelas filas 0 e 1.

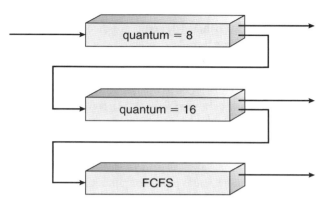

Figura 5.7 Filas multiníveis com retroalimentação.

Em geral, um scheduler de filas multiníveis com retroalimentação é definido pelos parâmetros a seguir:

- O número de filas
- O algoritmo de scheduling de cada fila
- O método usado na determinação de quando um processo deve ser elevado a uma fila de prioridade mais alta
- O método usado na determinação de quando um processo deve ser rebaixado a uma fila de prioridade mais baixa
- O método usado na determinação da fila em que um processo entrará quando precisar de serviço

A definição de um scheduler de filas multiníveis com retroalimentação o torna o algoritmo de scheduling de CPU mais genérico. Ele pode ser configurado para se ajustar a qualquer sistema específico que estiver sendo projetado. Infelizmente, também é o algoritmo mais complexo, porque a definição do melhor scheduler requer alguma maneira de seleção de valores para todos os parâmetros.

5.4 Scheduling de Threads

No Capítulo 4, adicionamos os threads ao modelo de processo, fazendo a distinção entre threads de *nível de usuário* e de *nível de kernel*. Em sistemas operacionais que os suportam, são os threads de nível de kernel – e não os processos – que são incluídos no schedule pelo sistema operacional. Os threads de nível de usuário são gerenciados por uma biblioteca de threads e o kernel não tem conhecimento deles. Para serem executados em uma CPU, os threads de nível de usuário devem ser mapeados para um thread de nível de kernel associado, embora esse mapeamento possa ser indireto e usar um processo leve (LWP). Nesta seção, examinamos questões de scheduling envolvendo threads de nível de usuário e de nível de kernel e fornecemos exemplos específicos de scheduling para o Pthreads.

5.4.1 Escopo de Disputa

Uma diferença entre os threads de nível de usuário e de nível de kernel pode ser vista na forma como eles são incluídos no schedule. Em sistemas que implementam os modelos muitos-para-um (Seção 4.2.1) e muitos-para-muitos (Seção 4.2.3), a biblioteca de threads agenda os threads de nível de usuário no schedule para serem executados em um LWP disponível, um esquema conhecido como **escopo de disputa de processos (PCS** – *Process-Contention Scope*) já que a disputa pela CPU ocorre entre threads pertencentes ao mesmo processo. Quando dizemos que a biblioteca de threads *organiza threads de usuário no schedule* para execução em LWPs disponíveis, não estamos querendo dizer que o thread está sendo realmente executado em uma CPU; isso demandaria que o sistema operacional incluísse o thread de kernel no schedule para uma CPU física. Para decidir que thread de kernel deve ser incluído no schedule para uma CPU, o kernel usa o **escopo de disputa de sistema** (**SCS** – *System-Contention Scope*). A disputa pela CPU no scheduling SCS ocorre entre todos os threads no sistema. Sistemas que usam o modelo um-para-um (Seção 4.2.2), como Windows, Solaris e Linux, organizam threads no schedule usando somente o SCS.

Normalmente, o PCS é estabelecido de acordo com prioridades – o scheduler seleciona para execução o thread executável com a prioridade mais alta. As prioridades dos threads de nível de usuário são estabelecidas pelo programador e não são ajustadas pela biblioteca de threads, embora algumas bibliotecas permitam que o programador altere a prioridade de um thread. É importante observar que, geralmente, o PCS intercepta o thread em execução corrente em favor de um thread de prioridade mais alta; no entanto, não há garantia de divisão de tempo (Seção 5.3.4) entre threads de prioridade igual.

5.4.2 Scheduling no Pthread

Fornecemos um exemplo de programa POSIX Pthreads na Seção 4.3.1, junto com uma introdução à criação de threads com o Pthreads. Agora, destacamos a API POSIX Pthreads que permite a especificação do PCS ou do SCS durante a criação de threads. O Pthreads identifica os seguintes valores de escopo de disputa:

- PTHREAD_SCOPE_PROCESS organiza threads usando o scheduling PCS.
- PTHREAD_SCOPE_SYSTEM organiza threads usando o scheduling SCS.

Em sistemas que implementam o modelo muitos-para-muitos, a política PTHREAD_SCOPE_PROCESS organiza threads de nível de usuário no schedule para LWPs disponíveis. A quantidade de LWPs é mantida pela biblioteca de threads, podendo ser usadas ativações de scheduler (Seção 4.4.6). A política de scheduling PTHREAD_SCOPE_SYSTEM criará e vinculará um LWP para cada thread de nível de usuário em sistemas muitos-para-muitos, na verdade mapeando os threads com o uso da política um-para-um.

A IPC do Pthreads fornece duas funções para a obtenção – e a configuração – da política de escopo de disputa:

- `pthread_attr_setscope(pthread_attr_t *attr, int scope)`
- `pthread_attr_getscope(pthread_attr_t *attr, int *scope)`

O primeiro parâmetro das duas funções contém um ponteiro para o conjunto de atributos do thread. O segundo parâmetro da função `pthread_attr_setscope()` recebe o valor PTHREAD_SCOPE_SYSTEM ou PTHREAD_SCOPE_PROCESS, indicando como o escopo de disputa deve ser posicionado. No caso de `pthread_attr_getscope()`, esse segundo parâmetro contém um ponteiro para um valor `int` posicionado com o valor corrente do escopo de disputa. Se ocorrer um erro, as duas funções retornam um valor diferente de zero.

Na Figura 5.8, ilustramos uma API de scheduling do Pthreads. Primeiro, o programa determina o escopo de disputa existente e o posiciona como PTHREADS_SCOPE_PROCESS. Em seguida, cria cinco threads separados que serão executados com o uso da política de scheduling SCS. É bom ressaltar que, em alguns sistemas, apenas certos valores de escopo de disputa são permitidos. Por exemplo, sistemas Linux e Mac OS X só permitem PTHREAD_SCOPE_SYSTEM.

5.5 Scheduling com Processadores Múltiplos

Até agora nossa discussão enfocou os problemas de scheduling da CPU em um sistema com um único processador. Se várias CPUs estão disponíveis, o **compartilhamento de carga** torna-se possível; no entanto, o problema do scheduling passa a ser igualmente mais complexo. Muitas possibilidades têm sido tentadas e, como vimos no scheduling de CPU com um único processador, não há uma solução ótima. Discutimos nesta seção, várias questões referentes ao scheduling com múltiplos processadores. Enfocamos sistemas em que os processadores são idênticos – **homogêneos** – quanto à sua funcionalidade; assim, podemos usar qualquer processador disponível para executar qualquer processo da fila. (Lembre-se, no entanto, de que mesmo com vários processadores homogêneos, podemos ter limitações no scheduling. Considere um sistema com um dispositivo de I/O conectado a um bico privado de um processador. Processos que queiram usar esse dispositivo devem ser organizados no schedule para execução nesse processador.)

5.5.1 Abordagens para o Scheduling com Processadores Múltiplos

Em uma das abordagens para o scheduling de CPU em um sistema multiprocessador, todas as decisões de scheduling, o processamento de I/O e outras atividades do sistema são manipulados por um único processador – o servidor mestre. Os outros processadores executam apenas código de usuário. Esse **multiprocessamento assimétrico** é simples porque apenas um processador acessa as estruturas de dados do sistema, reduzindo a necessidade de compartilhamento de dados.

Uma segunda abordagem usa o **multiprocessamento simétrico** (**SMP** – *Symmetric Multiprocessing*), em que cada processador inclui a si próprio no schedule. Todos os processos ficam na mesma fila de prontos ou cada processador pode ter sua própria fila de processos prontos. De uma forma ou de outra, o scheduling é executado com o scheduler de cada processador examinando a fila de prontos e selecionando um processo para execução. Como veremos no Capítulo 6, se tivermos vários processadores tentando acessar e atualizar a mesma estrutura de dados, o scheduler deve ser programado cuidadosamente. Devemos assegurar que dois processadores não selecionem o mesmo processo e que processos não sejam perdidos da fila. Praticamente, todos os sistemas operacionais modernos dão suporte ao SMP, inclusive o Windows, o Solaris, o Linux e o Mac OS X. Ao longo desta seção, discutimos questões relacionadas aos sistemas SMP.

```c
#include <pthread.h>
#include <stdio.h>
#define NUM_THREADS 5

int main(int argc, char *argv[])
{
  int i, scope;
  pthread_t tid[NUM_THREADS];
  pthread_attr_t attr;

  /* captura os atributos default */
  pthread_attr_init(&attr);

  /* primeira pergunta sobre o escopo corrente */
  if (pthread_attr_getscope(&attr, &scope) != 0)
    fprintf(stderr, "Unable to get scheduling scope\n");
  else {
    if (scope == PTHREAD_SCOPE_PROCESS)
      printf("PTHREAD_SCOPE_PROCESS");
    else if (scope == PTHREAD_SCOPE-SYSTEM)
      printf("PTHREAD-SCOPE-SYSTEM");
    else
      fprintf(stderr, "Illegal scope value. \n");
  }

  /* estabelece o algoritmo de scheduling como PCS ou SCS */
  pthread_attr_setscope(&attr, PTHREAD_SCOPE_SYSTEM);

  /* cria os threads */
  for (i = 0; i < NUM_THREADS; i++)
    pthread_create(&tid[i],&attr,runner,NULL);

  /* agora vincula cada thread */
  for (i = 0; i < NUM_THREADS; i++)
    pthread_join(tid[i], NULL);
}
/* Cada thread assumirá o controle nessa função */
void *runner(void *param)
{
  /* faz alguma coisa ... */

  pthread_exit(0);
}
```

Figura 5.8 API de scheduling do Pthreads.

5.5.2 Afinidade com o Processador

Considere o que ocorre na memória cache quando um processo é executado em um processador específico. Os dados acessados mais recentemente pelo processo provam o cache do processador; como resultado, acessos sucessivos à memória executados pelo processo são, com frequência, atendidos na memória cache. Agora, considere o que acontece quando o processo migra para outro processador. O conteúdo da memória cache deve ser invalidado para o primeiro processador e o cache do segundo processador deve ser repovoado.

Devido ao alto custo da invalidação e do repovoamento dos caches, a maioria dos sistemas SMP tenta evitar a migração de processos de um processador para outro e, em vez disso, tenta manter um processo em execução no mesmo processador. Isso é conhecido como **afinidade com o processador** – isto é, um processo tem afinidade com o processador em que está em execução corrente.

Existem vários tipos de afinidade com o processador. Quando um sistema operacional tem uma política de tentar manter um processo em execução no mesmo processador – mas sem garan-

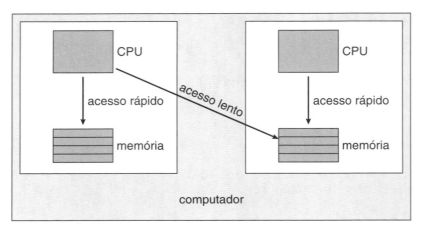

Figura 5.9 O NUMA e o Scheduling da CPU.

tir que ele fará isso – temos uma situação conhecida como **afinidade leve**. Neste caso, é possível um processo migrar entre processadores. Alguns sistemas – como o Linux – também fornecem chamadas de sistema que dão suporte à **afinidade forte**, permitindo que um processo especifique que não deve migrar para outros processadores. O Solaris permite que os processos sejam atribuídos a *conjuntos de processadores*, limitando quais processos podem ser executados em quais CPUs. Ele também implementa a afinidade leve.

A arquitetura da memória principal de um sistema pode afetar questões relacionadas à afinidade com o processador. A Figura 5.9 ilustra uma arquitetura representando o acesso não uniforme à memória (NUMA) em que uma CPU acessa algumas partes da memória principal mais rápido do que outras. Normalmente, isso ocorre em sistemas que contêm placas de CPU e memória combinadas. As CPUs de uma placa podem acessar a memória dessa placa com menos demora do que conseguem acessar a memória em outras placas do sistema. Se os algoritmos de scheduler da CPU e de alocação da memória do sistema operacional funcionam em conjunto, um processo ao qual é atribuída afinidade com uma CPU específica pode ter memória alocada na placa onde essa CPU reside. Esse exemplo também mostra que, geralmente, os sistemas operacionais não são definidos e implementados de maneira tão limpa como descrito nos livros de sistemas operacionais. Em vez disso, as "linhas sólidas" entre as seções de um sistema operacional são, com frequência, apenas "linhas pontilhadas" com algoritmos criando conexões de maneiras destinadas a otimizar o desempenho e a confiabilidade.

5.5.3 Balanceamento de Carga

Em sistemas SMP, é importante que a carga de trabalho se mantenha balanceada entre todos os processadores para utilizarmos plenamente os benefícios do uso de mais de um processador. Caso contrário, um ou mais processadores podem ficar ociosos enquanto outros têm cargas de trabalho altas, junto com listas de processos esperando a CPU. O **balanceamento de carga** tenta manter a carga de trabalho uniformemente distribuída entre todos os processadores em um sistema SMP. É importante observar que, normalmente, o balanceamento de carga só é necessário em sistemas em que cada processador tem sua própria fila de processos elegíveis para execução. Em sistemas com uma fila de execução comum, o balanceamento de carga não costuma ser necessário porque uma vez que um processador fica ocioso, ele extrai imediatamente um processo executável da fila comum. Entretanto, é importante observar que, na maioria dos sistemas operacionais contemporâneos que dá suporte ao SMP, cada processador tem uma fila privada de processos elegíveis.

Há duas abordagens gerais para o balanceamento de carga: **migração de impulsão** e **migração de extração**. Na migração de impulsão, uma tarefa específica verifica periodicamente a carga de cada processador e – quando encontra um desequilíbrio – distribui uniformemente a carga movendo (ou impulsionando) processos de processadores sobrecarregados para processadores ociosos ou menos ocupados. A migração de extração ocorre quando um processador ocioso puxa uma tarefa que está esperando de um processador ocupado. As migrações de impulsão e extração não precisam ser mutuamente exclusivas e, na verdade, são implementadas com frequência, em paralelo em sistemas de balanceamento de carga. Por exemplo, o scheduler do Linux (descrito na Seção 5.6.3) e o scheduler ULE disponível para sistemas FreeBSD implementam as duas técnicas. O Linux executa seu algoritmo de balanceamento de carga a cada 200 milissegundos (migração de impulsão) ou sempre que a fila de execução de um processador está vazia (migração de extração).

O interessante é que, geralmente, o balanceamento de carga contraria os benefícios da afinidade com o processador, discutida na Seção 5.5.2. Isto é, a vantagem de mantermos um processo em execução no mesmo processador é que o processo pode se beneficiar de seus dados estarem na memória cache desse processador. Remover ou transferir um processo de um processador para outro invalida esse benefício. Como costuma ocorrer na engenharia de sistemas, não há uma regra absoluta com relação a que política é melhor. Portanto, em alguns sistemas, um processador ocioso sempre extrai um processo de um processador não ocioso; em outros, os processos só são movidos quando o desequilíbrio excede um determinado limite.

5.5.4 Processadores Multicore

Tradicionalmente, os sistemas SMP têm permitido que vários threads sejam executados concorrentemente fornecendo múl-

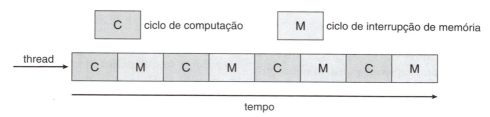

Figura 5.10 Interrupção de memória.

tiplos processadores físicos. No entanto, uma tendência recente no hardware dos computadores tem sido a inserção de vários núcleos processadores no mesmo chip físico, resultando em um **processador multicore**. Cada núcleo tem um conjunto de registradores para manter o estado de sua arquitetura e, portanto, parece ser um processador físico separado para o sistema operacional. Sistemas SMP que usam processadores multicore são mais rápidos e consomem menos energia do que sistemas em que cada processador tem seu próprio chip físico.

Os processadores multicore podem complicar questões relacionadas ao scheduling. Vejamos como isso pode ocorrer. Pesquisadores descobriram que quando um processador acessa a memória, ele gasta um tempo significativo esperando que os dados fiquem disponíveis. Essa situação, conhecida como **obstrução de memória**, pode ocorrer por várias razões, como um erro de cache (acesso a dados que não estão na memória cache). A Figura 5.10 ilustra uma obstrução de memória. Nesse cenário, o processador pode gastar até 50% de seu tempo esperando a memória disponibilizar dados. Para remediar essa situação, muitos projetos de hardware recentes têm implementado núcleos processadores com vários threads em que dois (ou mais) threads de hardware são atribuídos a cada núcleo. Dessa forma, se um thread é obstruído enquanto espera a memória, o núcleo pode passar para o outro thread. A Figura 5.11 ilustra um núcleo processador com thread dual em que a execução do thread 0 e a execução do thread 1 são intercaladas. Para o sistema operacional, cada thread de hardware aparece como um processador lógico que está disponível para executar um thread de software. Portanto, em um sistema dualcore de thread dual, quatro processadores lógicos são apresentados para o sistema operacional. A CPU UltraSPARC T1 tem oito núcleos por chip e quatro threads de hardware por núcleo; para o sistema operacional, parece haver 32 processadores lógicos.

Em geral, há duas maneiras de criar vários threads para um processador: criação de threads com **baixa granularidade** e com **alta granularidade**. No ambiente multithread com baixa granularidade, um thread é executado em um processador até

ocorrer um evento de latência longa como uma interrupção de memória. Devido ao atraso causado pelo evento de latência longa, o processador deve passar para outro thread e começar sua execução. No entanto, o custo da alternância entre threads é alto, visto que o pipeline de instruções deve ser esvaziado antes que o outro thread possa começar a ser executado no núcleo processador. Uma vez que esse novo thread começa a ser executado, ele inicia preenchendo o pipeline com suas instruções. O ambiente multithread com alta granularidade (ou intercalado) se alterna entre os threads com um nível de granularidade muito mais fina – normalmente, no limite de um ciclo de instrução. No entanto, o projeto da arquitetura de sistemas de alta granularidade inclui a lógica para a alternância entre threads. Como resultado, o custo da alternância entre threads é baixo.

Observe que, na verdade, um processador multicore com vários threads requer dois níveis diferentes de scheduling. Em um nível estão as decisões de scheduling que devem ser tomadas pelo sistema operacional quando ele seleciona que thread de software deve ser executado em cada thread de hardware (processador lógico). Para esse nível de scheduling, o sistema operacional pode selecionar qualquer algoritmo de scheduling, como os descritos na Seção 5.3. Um segundo nível de scheduling especifica como cada núcleo decide que thread de hardware executar. Há várias estratégias que podem ser adotadas nessa situação. O UltraSPARC T1, mencionado anteriormente, usa um algoritmo round-robin simples para incluir no schedule os quatro threads de hardware para cada núcleo. Outro exemplo, o Intel Itanium, é um processador dualcore com dois threads gerenciados por hardware por núcleo. A cada thread de hardware é atribuído um valor de *urgência* dinâmico que varia de 0 a 7, com 0 representando a urgência mais baixa e 7 a mais alta. O Itanium identifica cinco eventos diferentes que podem acionar uma alternância entre threads. Quando um desses eventos ocorre, a lógica de alternância de threads compara a urgência dos dois threads e seleciona o thread com valor de urgência mais alto para executar no núcleo processador.

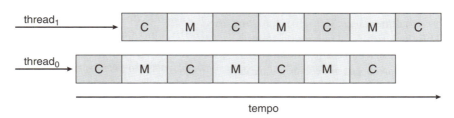

Figura 5.11 Sistema multicore com vários threads.

5.5.5 Virtualização e Scheduling

Um sistema com virtualização, até mesmo um sistema com uma única CPU, frequentemente atua como um sistema multiprocessador. O software de virtualização apresenta uma ou mais CPUs virtuais para cada uma das máquinas virtuais operando no sistema e, então, organiza o schedule de uso das CPUs físicas entre as máquinas virtuais. As variações significativas entre as tecnologias de virtualização tornam difícil resumir o efeito da virtualização sobre o scheduling (consulte a Seção 2.8). Em geral, no entanto, a maioria dos ambientes virtualizados tem um sistema operacional host e muitos sistemas operacionais convidados. O sistema operacional host cria e gerencia as máquinas virtuais e cada máquina virtual tem um sistema operacional convidado instalado e aplicações sendo executadas dentro desse convidado. Cada sistema operacional convidado pode ser adaptado para casos de uso, aplicações e usuários específicos, inclusive para a operação de compartilhamento de tempo ou até mesmo de tempo real.

Qualquer algoritmo de scheduling de sistema operacional convidado que presuma um determinado nível de progresso em um dado período de tempo, será impactado negativamente pela virtualização. Considere um sistema operacional de compartilhamento de tempo que tente alocar 100 milissegundos a cada parcela de tempo para dar aos usuários um tempo de resposta razoável. Dentro de uma máquina virtual, esse sistema operacional ficaria à mercê do sistema de virtualização no que diz respeito a que recursos da CPU ele receberá. Uma parcela de tempo específica de 100 milissegundos pode levar muito mais do que 100 milissegundos de tempo de CPU virtual. Dependendo do nível de ocupação do sistema, a parcela de tempo pode levar um segundo ou mais, resultando em tempos de resposta muito insatisfatórios para os usuários conectados a essa máquina virtual. O efeito em um sistema operacional de tempo real seria ainda mais catastrófico.

O resultado final desses níveis de scheduling é que sistemas operacionais individuais virtualizados só recebem uma parte dos ciclos de CPU disponíveis ainda que pensem estar recebendo todos os ciclos e estarem realmente realizando o scheduling de todos esses ciclos. Normalmente, os relógios que marcam as horas do dia nas máquinas virtuais estão incorretos porque os timers demoram mais para disparar do que o fariam em CPUs dedicadas. Portanto, a virtualização pode invalidar os bons esforços do algoritmo de scheduling dos sistemas operacionais dentro de máquinas virtuais.

5.6 Exemplos de Sistemas Operacionais

A seguir, passamos a uma descrição das políticas de scheduling dos sistemas operacionais Solaris, Windows e Linux. É importante lembrar que estamos descrevendo o scheduling de threads do kernel no Solaris e no Windows. Lembre-se de que o Linux não distingue processos e threads; logo, usamos o termo *tarefa* ao discutir o scheduler do Linux.

5.6.1 Exemplo: Scheduling no Solaris

O Solaris usa o scheduling de threads com base em prioridades, e cada thread pertence a uma das seis classes seguintes:

1. Compartilhamento de tempo (TS - *time sharing*)
2. Interativo (IA)
3. Tempo real (RT – *real time*)
4. Sistema (SYS)
5. Compartilhamento justo (FSS – fair share)
6. Prioridade fixa (FP – *fixed priority*)

Dentro de cada classe há diferentes prioridades e diferentes algoritmos de scheduling.

A classe de scheduling padrão(default) para um processo é a classe compartilhamento de tempo. A política de scheduling da classe compartilhamento de tempo altera dinamicamente as prioridades e atribui parcelas de tempo de durações diferentes usando uma fila multiníveis com retroalimentação. Por default, há um relacionamento inverso entre prioridades e parcelas de tempo. Quanto mais alta a prioridade, menor a parcela de tempo; quanto menor a prioridade, mais longa a parcela de tempo. Normalmente, os processos interativos têm prioridade mais alta e processos limitados por CPU têm prioridade mais baixa. Essa política de scheduling fornece bom tempo de resposta para processos interativos e bom throughput para processos limitados por CPU. A classe interativo usa a mesma política de scheduling da classe compartilhamento de tempo, mas dá às aplicações de janelas – como as criadas pelos gerenciadores de janelas KDE ou GNOME – uma prioridade mais alta para melhorar o desempenho.

A Figura 5.12 mostra a tabela de despacho para o scheduling de threads de compartilhamento de tempo e interativos. Essas duas classes de scheduling incluem 60 níveis de prioridade, mas para simplificar, abordamos apenas alguns. A tabela de despacho mostrada na Figura 5.12 contém os campos a seguir:

- **Prioridade.** A prioridade dependente da classe usada pelas classes de compartilhamento de tempo e interativa. Um número mais alto indica prioridade mais alta.

- **Quantum de tempo.** O quantum de tempo da prioridade associada. Ilustra o relacionamento inverso entre prioridades e quanta de tempo: a prioridade mais baixa (prioridade 0) tem o quantum de tempo mais alto (200 milissegundos) e a prioridade mais alta (prioridade 59) tem o quanto de tempo mais baixo (20 milissegundos).

- **Quantum de tempo expirado.** A nova prioridade de um thread que usou seu quantum de tempo inteiro sem bloqueio. Esses threads são considerados CPU intensivos. Como mostrado na tabela, eles têm suas prioridades diminuídas.

- **Retorno de suspensão.** A prioridade de um thread que está retornando de uma suspensão (por exemplo, na espera por I/O). Como a tabela ilustra, quando operações de I/O estão disponíveis para um thread que está esperando, sua prioridade é elevada para entre 50 e 59, o que dá suporte à política de scheduling de fornecimento de um bom tempo de resposta para processos interativos.

Threads da classe tempo real recebem a prioridade mais alta. Essa atribuição permite que um processo de tempo real tenha

prioridade	quantum de tempo	quantum de tempo expirado	retorno da suspensão
0	200	0	50
5	200	0	50
10	160	0	51
15	160	5	51
20	120	10	52
25	120	15	52
30	80	20	53
35	80	25	54
40	40	30	55
45	40	35	56
50	40	40	58
55	40	45	58
59	20	49	59

Figura 5.12 Tabela de despacho do Solaris para threads interativos e de compartilhamento de tempo.

uma resposta garantida do sistema dentro de um determinado período de tempo. Um processo de tempo real será executado antes de um processo de qualquer outra classe. Em geral, no entanto, poucos processos pertencem à classe tempo real.

O Solaris usa a classe sistema para executar threads do kernel, como o scheduler e o daemon de paginação. Uma vez estabelecida, a prioridade de um thread do sistema não muda. A classe sistema é reservada para uso do kernel (processos de usuário sendo executados em modalidade de kernel não são da classe sistema).

As classes prioridade fixa e compartilhamento justo foram introduzidas no Solaris 9. Threads da classe prioridade fixa têm o mesmo intervalo de prioridades dos da classe compartilhamento de tempo; no entanto, suas prioridades não são ajustadas dinamicamente. A classe de scheduling compartilhamento justo usa *parcelas* da CPU em vez de prioridades para tomar decisões de scheduling. As parcelas da CPU indicam designação de recursos de CPU disponíveis e são alocadas a um conjunto de processos (conhecido como **projeto**).

Cada classe de scheduling inclui um conjunto de prioridades. No entanto, o scheduler converte as prioridades específicas da classe em prioridades globais e seleciona o thread com a prioridade global mais alta para executar. O thread selecionado é executado na CPU até (1) ser bloqueado, (2) usar sua parcela de tempo ou (3) ser interceptado por um thread de prioridade mais alta. Se houver vários threads com a mesma prioridade, o scheduler usará uma fila round-robin. A Figura 5.13 ilustra a relação entre as seis classes de scheduling e o mapeamento entre elas e as prioridades globais. Observe que o kernel mantém 10 threads para servir interrupções. Esses threads não pertencem a nenhuma classe de scheduling e são executados com a prioridade mais alta (160-169). Como mencionado, tradicionalmente o Solaris usava o modelo muitos-para-muitos (Seção 4.2.3), mas passou para o modelo um-para-um (Seção 4.2.2) a partir do Solaris 9.

5.6.2 Exemplo: Scheduling no Windows

O Windows organiza o schedule de threads usando um algoritmo de scheduling com preempção baseado em prioridades. O scheduler do Windows assegura que o thread de prioridade mais alta seja sempre executado. A parte do kernel do Windows que manipula o scheduling é chamada de *despachante*. Um thread selecionado para execução pelo despachante será executado até ser interceptado por um thread de prioridade mais alta, até terminar, até seu quantum de tempo expirar ou até invocar uma chamada de sistema bloqueadora, como as de I/O. Se um thread de tempo real com prioridade mais alta ficar pronto enquanto um thread de prioridade mais baixa estiver sendo executado, o thread de prioridade mais baixa será interceptado. Essa preempção dá ao thread de tempo real acesso preferencial à CPU quando ele precisar desse acesso.

O despachante usa um esquema de prioridades de 32 níveis para determinar a ordem de execução de threads. As prioridades são divididas em duas classes. A *classe variável* contém threads que têm prioridades de 1 a 15 e a *classe tempo real* contém threads com prioridades que vão de 16 a 31. (Também há um thread em execução com prioridade 0 que é usado no gerenciamento da memória.) O despachante usa uma fila para cada prioridade do scheduling e percorre o conjunto de filas da mais alta a mais baixa até encontrar um thread que esteja pronto para execução. Se nenhum thread pronto for encontrado, o despachante executará um thread especial chamado **thread ocioso**.

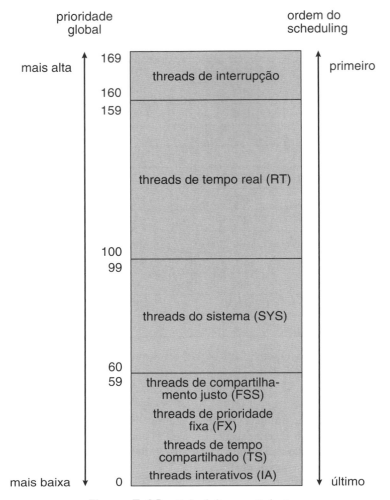

Figura 5.13 Scheduling no Solaris.

Há um relacionamento entre as prioridades numéricas do kernel do Windows e a API Win32. A API Win32 identifica várias classes de prioridade às quais um processo pode pertencer. Incluem as seguintes classes:

- REALTIME_PRIORITY_CLASS
- HIGH_PRIORITY_CLASS
- ABOVE_NORMAL_PRIORITY_CLASS
- NORMAL_PRIORITY_CLASS
- BELOW_NORMAL_PRIORITY_CLASS
- IDLE_PRIORITY_CLASS

As prioridades de todas as classes, exceto as de REALTIME_PRIORITY_CLASS, são variáveis, o que significa que a prioridade de um thread pertencente a uma dessas classes pode mudar.

Um thread pertencente a uma determinada classe de prioridades também tem uma prioridade relativa. Os valores das prioridades relativas incluem:

- TIME_CRITICAL
- HIGHEST
- ABOVE_NORMAL
- NORMAL
- BELOW_NORMAL
- LOWEST
- IDLE

A prioridade de cada thread é fundamentada tanto na classe de prioridades a que ele pertence quanto em sua prioridade relativa dentro dessa classe. Esse relacionamento é mostrado na Figura 5.14. Os valores das classes de prioridades aparecem na linha superior. A coluna esquerda contém os valores das prioridades relativas. Por exemplo, se a prioridade relativa de um thread da classe ABOVE_NORMAL_PRIORITY_CLASS é NORMAL, a prioridade numérica desse thread é igual a 10.

Além disso, cada thread tem uma prioridade base representando um valor do intervalo de prioridades da classe a que ele pertence. Por default, a prioridade base é o valor da prioridade relativa NORMAL para essa classe. As prioridades base de cada classe de prioridades são:

- REALTIME_PRIORITY_CLASS – 24
- HIGH_PRIORITY_CLASS – 13
- ABOVE_NORMAL_PRIORITY_CLASS – 10
- NORMAL_PRIORITY_CLASS – 8
- BELOW_NORMAL_PRIORITY_CLASS – 6

	tempo real	alta	acima do normal	normal	abaixo do normal	prioridade ociosa
tempo crítico	31	15	15	15	15	15
mais alta	26	15	12	10	8	6
acima do normal	25	14	11	9	7	5
normal	24	13	10	8	6	4
abaixo do normal	23	12	9	7	5	3
mais baixa	22	11	8	6	4	2
ociosa	16	1	1	1	1	1

Figura 5.14   Prioridades no Windows XP.

- IDLE_PRIORITY_CLASS – 4

Normalmente, os processos são membros da classe NORMAL_PRIORITY_CLASS. Um processo pertence a essa classe a menos que seu pai seja da classe de prioridade ociosa ou que outra classe tenha sido especificada quando o processo foi criado. A prioridade inicial de um thread costuma ser a prioridade base do processo a que ele pertence.

Quando o quantum de tempo de um thread expira, o thread é interrompido; se o thread é da classe de prioridade variável, sua prioridade é diminuída. No entanto, a prioridade nunca é diminuída abaixo da prioridade base. A diminuição da prioridade tende a restringir o uso da CPU por threads limitados por computação. Quando um thread de prioridade variável é liberado de uma operação de espera, o despachante aumenta a prioridade. O nível do aumento depende do que o thread estava esperando; por exemplo, um thread que estivesse esperando I/O do teclado teria um aumento maior, enquanto um thread esperando uma operação de disco teria um aumento moderado. Essa estratégia tende a fornecer bons tempos de resposta para threads interativos que estão usando o mouse e janelas. Também permite que threads limitados por I/O mantenham os dispositivos de I/O ocupados e que threads limitados por computação usem ciclos esparsos de CPU em background. Trata-se de uma estratégia usada por vários sistemas operacionais de compartilhamento de tempo, inclusive o UNIX. Além disso, a janela com a qual o usuário está interagindo correntemente recebe um aumento na prioridade para melhorar seu tempo de resposta.

Quando um usuário está executando um programa interativo, o sistema tem que proporcionar um desempenho especialmente bom. Portanto, o Windows tem uma regra especial de scheduling para processos da classe NORMAL_PRIORITY_CLASS. Ele faz a distinção entre o *processo de foreground* selecionado na tela atualmente e os *processos de background* que não estão selecionados. Quando um processo passa para o foreground, o Windows aumenta o quantum do scheduling de acordo com algum fator – normalmente 3. Esse aumento dá ao processo de foreground três vezes mais tempo para ser executado antes de ocorrer uma preempção de compartilhamento de tempo.

5.6.3   Exemplo: Scheduling no Linux

Antes da versão 2.5, o kernel do Linux executava uma variação do algoritmo de scheduling tradicional do UNIX. Dois problemas com o scheduler tradicional do UNIX são que ele não fornece suporte adequado para sistemas SMP e não se adapta bem conforme a quantidade de tarefas cresce no sistema. Na versão 2.5, o scheduler foi revisto e, agora, o kernel fornece um algoritmo de scheduling que é executado em tempo constante – conhecido como O(1) – independente da quantidade de tarefas no sistema. O novo scheduler também dá maior suporte ao SMP, inclusive afinidade com o processador e balanceamento de carga, e fornece equidade e suporte a tarefas interativas.

O scheduler do Linux é um algoritmo com preempção fundamentado em prioridades com dois intervalos de prioridades separados: um intervalo de **tempo real** de 0 a 99 e um valor **de ajuste** variando de 100 a 140. Esses dois intervalos são mapeados para um esquema de prioridades globais em que valores numericamente menores indicam prioridades mais altas.

Diferente dos schedulers de vários outros sistemas, inclusive o Solaris (Seção 5.6.1) e o Windows (Seção 5.6.2), o scheduler do Linux atribui a tarefas de prioridade mais alta um quantum de tempo maior e a tarefas de prioridade mais baixa um quantum de tempo menor. O relacionamento entre as prioridades e a duração da parcela de tempo é mostrado na Figura 5.15.

Uma tarefa executável é considerada elegível para execução na CPU se tiver tempo restante em sua parcela de tempo. Quando uma tarefa exaure sua parcela de tempo, ela é considerada expirada e não é elegível para execução novamente até todas as outras tarefas também exaurirem seus quanta de tempo. O kernel mantém uma lista de todas as tarefas executáveis em

prioridade numérica	prioridade relativa		quantum de tempo
0	mais alta	tarefas de tempo real	200 ms
•			
•			
•			
99			
100		outras tarefas	
•			
•			
•			
139	mais baixa		10 ms

Figura 5.15   O relacionamento entre prioridades e duração da parcela de tempo.

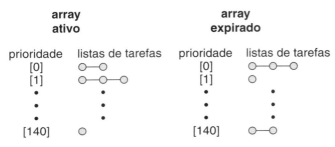

Figura 5.16 Lista de tarefas indexadas de acordo com as prioridades.

uma estrutura de dados de *fila de execução*. Devido ao seu porte ao SMP, cada processador mantém sua própria fila de execução e agenda a si próprio no schedule independentemente. Cada fila de execução contém dois arrays de prioridades: ***ativo*** e ***expirado***. O array ativo contém todas as tarefas com tempo restante em suas parcelas de tempo e o array expirado contém todas as tarefas expiradas. Cada um desses arrays de prioridades contém uma lista de tarefas indexada de acordo com a prioridade (Figura 5.16). O scheduler seleciona a tarefa com a prioridade mais alta no array ativo para execução na CPU. Em máquinas multiprocessadoras, isso significa que cada processador está incluindo no schedule a tarefa de prioridade mais alta em sua própria estrutura de fila de execução. Quando todas as tarefas exaurem suas parcelas de tempo (isto é, o array ativo está vazio), os dois arrays de prioridades são trocados; o array expirado se torna o conjunto ativo e vice-versa.

O Linux implementa o scheduling de tempo real como definido pelo POSIX.1b que é descrito na Seção 5.4.2. Tarefas de tempo real recebem prioridades estáticas. Todas as outras tarefas têm prioridades dinâmicas que têm por base seus valores de *ajuste*, mais ou menos o valor 5. A interatividade de uma tarefa determina se o valor 5 será adicionado ou subtraído do valor de *ajuste*. A interatividade da tarefa é determinada de acordo com o tempo durante o qual ela esteve em suspensão à espera de I/O. Normalmente, tarefas que são mais interativas, têm tempos de suspensão mais longos e, portanto, apresentam mais probabilidades de ter ajustes mais próximos de −5 já que o scheduler favorece tarefas interativas. O resultado desses ajustes será prioridades mais altas para essas tarefas. Inversamente, tarefas com tempos de suspensão mais curtos, com frequência, são mais limitadas por CPU e, portanto, têm suas prioridades diminuídas.

A prioridade dinâmica de uma tarefa é recalculada quando a tarefa exaure seu quantum de tempo e tem que ser movida para o array expirado. Portanto, quando os dois arrays são trocados, todas as tarefas do novo array ativo recebem novas prioridades e parcelas de tempo correspondentes.

5.7 Avaliação de Algoritmos

Como selecionar um algoritmo de scheduling da CPU para um sistema específico? Como vimos na Seção 5.3, há muitos algoritmos de scheduling, cada um com seus próprios parâmetros. Logo, a seleção de um algoritmo pode ser difícil.

O primeiro problema é definir os critérios a serem usados na seleção de um algoritmo. Como vimos na Seção 5.2, com frequência os critérios são definidos em termos de utilização da CPU, tempo de resposta ou throughput. Para selecionar um algoritmo, primeiro devemos definir a importância relativa desses elementos. Nossos critérios podem incluir várias medidas, como:

- Maximização de utilização da CPU com a condição de que o tempo máximo de resposta seja de 1 segundo
- Maximização do throughput para que o tempo de turnaround seja (em média) linearmente proporcional ao tempo total de execução

Uma vez que os critérios de seleção tiverem sido definidos, vamos querer avaliar os algoritmos que estão sendo considerados. A seguir, descrevemos os diversos métodos de avaliação que podemos usar.

5.7.1 Modelagem Determinística

Uma classe importante de métodos de avaliação é a **avaliação analítica**. A avaliação analítica usa o algoritmo dado e a carga de trabalho do sistema para produzir uma fórmula ou número que avalie o desempenho do algoritmo para essa carga de trabalho.

A **modelagem determinística** é um tipo de avaliação analítica. Esse método toma uma carga de trabalho predeterminada específica e define o desempenho de cada algoritmo para essa carga de trabalho. Por exemplo, suponha que tenhamos a carga de trabalho mostrada a seguir. Todos os cinco processos chegam no momento 0, na ordem dada, com a duração do pico de CPU fornecida em milissegundos:

Processo	Duração do pico
P_1	10
P_2	29
P_3	3
P_4	7
P_5	12

Considere os algoritmos de scheduling FCFS, SJF e RR (quantum = 10 milissegundos) para esse conjunto de processos. Que algoritmo forneceria o menor tempo médio de espera?

Com o algoritmo FCFS, executamos os processos como descrito a seguir:

O tempo de espera é de 0 milissegundo para o processo P_1, 10 milissegundos para o processo P_2, 39 milissegundos para o processo P_3, 42 milissegundos para o processo P_4 e 49 milissegundos para o processo P_5. Portanto, o tempo médio de espera é de $(0 + 10 + 39 + 42 + 49)/5 = 28$ milissegundos.

Com o algoritmo de scheduling SJF sem preempção, executamos os processos como descrito abaixo:

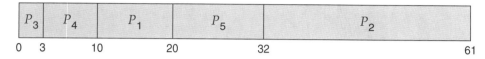

O tempo de espera é de 10 milissegundos para o processo P_1, 32 milissegundos para o processo P_2, 0 milissegundo para o processo P_3, 3 milissegundos para o processo P_4 e 20 milissegundos para o processo P_5. Logo, o tempo médio de espera é de $(10 + 32 + 0 + 3 + 20)/5 = 13$ milissegundos.

Com o algoritmo RR, executamos os processos como descrito a seguir:

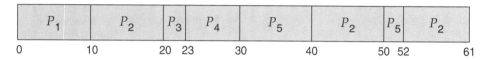

O tempo de espera é de 0 milissegundo para o processo P_1, 32 milissegundos para o processo P_2, 20 milissegundos para o processo P_3, 23 milissegundos para o processo P_4 e 40 milissegundos para o processo P_5. Logo, o tempo médio de espera é de $(0 + 32 + 20 + 23 + 40)/5 = 23$ milissegundos.

Podemos ver que, *nesse caso*, o tempo médio de espera obtido com a política SJF é menor do que a metade do obtido com o scheduling FCFS; o algoritmo RR nos dá um valor intermediário.

A modelagem determinística é simples e rápida. Ela fornece números exatos e nos permite comparar os algoritmos. No entanto, requer números exatos como entrada e suas respostas só são aplicáveis a esses casos. Os principais usos da modelagem determinística são na descrição de algoritmos de scheduling e no fornecimento de exemplos. Em casos nos quais estamos executando o mesmo programa repetidamente e podemos medir exatamente os requisitos de processamento do programa, a modelagem determinística pode nos ajudar a selecionar um algoritmo de scheduling. Além disso, a partir de um conjunto de exemplos, a modelagem determinística pode indicar tendências que poderão então ser analisadas e comprovadas separadamente. Por exemplo, pode ser demonstrado que, para o ambiente descrito (todos os processos e seus tempos disponíveis no momento 0), a política SJF sempre resultará no tempo de espera mínimo.

5.7.2 Modelos de Enfileiramento

Em muitos sistemas, os processos que são executados variam a cada dia, portanto, não há um conjunto estático de processos (ou tempos) para serem usados na modelagem determinística. Porém, o que pode ser determinado é a distribuição de picos de CPU e de I/O. Essas distribuições podem ser medidas e, então, aproximadas ou simplesmente estimadas. O resultado é uma fórmula matemática que descreve a probabilidade de ocorrência de um pico de CPU específico. Normalmente, essa distribuição é exponencial e é descrita por sua média. Da mesma forma, podemos descrever a distribuição dos momentos em que os processos chegam no sistema (a distribuição de tempos de chegada). A partir dessas duas distribuições, podemos calcular o throughput médio, a utilização, o tempo de espera médio e outras propriedades para a maioria dos algoritmos.

O sistema de computação é descrito como uma rede de servidores. Cada servidor tem uma fila de processos em espera. A CPU é um servidor com sua fila de prontos, da mesma forma que o sistema de I/O com suas filas de dispositivos. Conhecendo as taxas de chegada e as taxas de serviço, podemos calcular a utilização, o tamanho médio da fila, o tempo médio de espera e assim por diante. Essa área de estudo é chamada de **análise de redes de enfileiramento**.

Como exemplo, digamos que n seja o tamanho médio da fila (excluindo o processo que está sendo executado), W seja o tempo médio de espera na fila e λ seja a taxa média de chegada de novos processos na fila (por exemplo, três processos por segundo). Esperamos que, durante o tempo W de espera de um processo, $\lambda \times W$ novos processos cheguem na fila. Se o sistema estiver em um estado estável, a quantidade de processos que estão deixando a fila deve ser igual à quantidade de processos que chegam. Logo,

$$n = \lambda \times W.$$

Essa equação, conhecida como **fórmula de Little**, é particularmente útil porque é válida para qualquer algoritmo de scheduling e distribuição de chegada.

Podemos usar a fórmula de Little para calcular uma de três variáveis se conhecermos as outras duas. Por exemplo, se soubermos que 7 processos chegam a cada segundo (em média) e que, normalmente, há 14 processos na fila, podemos calcular o tempo médio de espera por processo como sendo de 2 segundos.

A análise de enfileiramento pode ser útil na comparação de algoritmos de scheduling, mas também tem limitações. No momento, as classes de algoritmos e distribuições que podem ser manipulados são muito poucas. A matemática de algoritmos e distribuições complicados pode ser difícil de tratar. Portanto, distribuições de chegada e de serviço são definidas com frequência de maneiras tratáveis matematicamente – mas pouco realistas. Geralmente, também temos que fazer várias suposições independentes, que podem não ser precisas. Como resultado dessas dificuldades, os modelos de enfileiramento costumam ser apenas aproximações de sistemas reais e a precisão dos resultados calculados pode ser questionável.

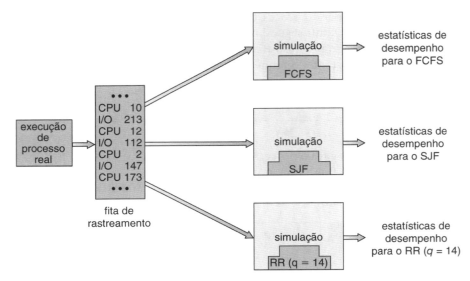

Figura 5.17 Avaliação de schedulers da CPU por simulação.

5.7.3 Simulações

Para obter uma avaliação mais precisa dos algoritmos de scheduling, podemos usar **simulações**. A execução de simulações envolve a programação de um modelo do sistema de computação. Estruturas de dados de software representam os principais componentes do sistema. O simulador tem uma variável que representa um relógio; quando o valor dessa variável é aumentado, o simulador modifica o estado do sistema para refletir as atividades dos dispositivos, os processos e o scheduler. Quando a simulação é executada, estatísticas que indicam o desempenho dos algoritmos são coletadas e exibidas.

Os dados que dirigem a simulação podem ser gerados de várias maneiras. O método mais comum usa um gerador de números aleatórios que é programado para gerar processos, durações de picos de CPU, chegadas, saídas e assim por diante, de acordo com distribuições probabilísticas. As distribuições podem ser definidas matematicamente (uniforme, exponencial, de Poisson) ou empiricamente. Quando uma distribuição tem de ser definida empiricamente, são coletadas medidas do sistema real em estudo. Os resultados definem a distribuição de eventos no sistema real; essa distribuição pode então ser usada para dirigir a simulação.

No entanto, uma simulação dirigida por distribuição pode ser imprecisa por causa dos relacionamentos entre sucessivos eventos no sistema real. A distribuição de frequência indica apenas quantas instâncias de cada evento ocorrem; ela não indica qualquer coisa sobre a ordem de sua ocorrência. Para corrigir esse problema, podemos usar **fitas de rastreamento**. Podemos criar uma fita de rastreamento monitorando o sistema real e registrando a sequência de eventos reais (Figura 5.17). Em seguida, essa sequência é usada para dirigir a simulação. As fitas de rastreamento fornecem um ótimo método de comparação de dois algoritmos com exatamente o mesmo conjunto de entradas reais. Esse método pode produzir resultados precisos para suas entradas.

As simulações podem ser dispendiosas, com frequência demandando horas de tempo de computação. Uma simulação mais detalhada fornece resultados mais precisos, porém também consome mais tempo de computação. Além disso, as fitas de rastreamento podem requerer grandes quantidades de espaço de armazenamento. Para concluir, pode ser uma tarefa árdua projetar, codificar e depurar o simulador.

5.7.4 Implementação

Até mesmo uma simulação tem precisão limitada. A única maneira totalmente precisa de avaliação de um algoritmo de scheduling é codificá-lo, inseri-lo no sistema operacional e ver como ele funciona. Essa abordagem insere o algoritmo real no sistema real para avaliação sob condições operacionais reais.

A principal dificuldade dessa abordagem é o alto custo. O custo está relacionado não só à codificação do algoritmo e modificação do sistema operacional para que lhe dê suporte (e às estruturas de dados requeridas), mas também à reação dos usuários a um sistema operacional em constante mudança. A maioria dos usuários não está interessada na construção de um sistema operacional melhor; eles só querem executar seus processos e usar seus resultados. Um sistema operacional em constante mudança não ajuda os usuários a fazerem seus trabalhos.

Outra dificuldade é que o ambiente em que o algoritmo é usado, mudará. O ambiente mudará não só como costuma ocorrer, conforme novos programas são escritos e os tipos de problemas mudam, mas também como resultado do desempenho do scheduler. Se processos curtos recebem prioridade, os usuários podem acabar dividindo processos mais longos em conjuntos de processos menores. Se processos interativos recebem prioridade sobre processos não interativos, os usuários podem passar para o uso interativo.

Por exemplo, pesquisadores projetaram um sistema que classificava processos interativos e não interativos automaticamente, examinando a quantidade de operações de I/O nos terminais. Quando um processo não gerava entradas ou saídas no terminal em um intervalo de 1 segundo, era classificado como não interativo e passado para uma fila de prioridade mais baixa. Em resposta a essa política, um programador modificou seus programas para exibirem um caractere arbitrário no terminal em intervalos regulares de menos de 1 segundo. O sistema deu a esses programas uma prioridade alta, ainda que a saída no terminal não tivesse significado algum.

Os algoritmos de scheduling mais flexíveis são aqueles que podem ser alterados pelos administradores do sistema ou pelos usuários para que possam ser ajustados para uma aplicação ou um conjunto de aplicações específico. Uma estação de trabalho que execute aplicações gráficas de ponta, por exemplo, pode ter necessidades de scheduling diferentes das de um servidor Web ou de um servidor de arquivos. Alguns sistemas operacionais – principalmente várias versões do UNIX – permitem que o administrador do sistema ajuste os parâmetros de scheduling para uma configuração de sistema específica. Por exemplo, o Solaris fornece o comando dispadmin para permitir que o administrador do sistema modifique os parâmetros das classes de scheduling descritas na Seção 5.6.1.

Outra abordagem é o uso de APIs que modifiquem a prioridade de um processo ou thread. Java, /POSIX e /WinAPI/ fornecem essas funções. A desvantagem dessa abordagem é que o ajuste do desempenho de um sistema ou aplicação quase nunca resulta em melhoria no desempenho em situações mais genéricas.

5.8 Resumo

O scheduling da CPU é a tarefa de selecionar um processo em espera na fila de prontos e alocar a CPU para ele. A CPU é alocada ao processo selecionado pelo despachante.

O scheduling primeiro a chegar, primeiro a ser atendido (FCFS) é o algoritmo de scheduling mais simples, mas pode fazer com que processos curtos tenham que esperar por processos muito longos. O scheduling menor-job-primeiro (SJF) é provavelmente ótimo, fornecendo o tempo médio de espera mais curto. A implementação do scheduling SJF é difícil, no entanto, porque é complicado prever a duração do próximo pico de CPU. O algoritmo SJF é um caso especial do algoritmo geral de scheduling por prioridades que, simplesmente, aloca a CPU para o processo de prioridade mais alta. Tanto o scheduling por prioridades quanto o scheduling SJF podem sofrer de inanição. O envelhecimento é uma técnica que impede a inanição.

O scheduling round-robin (RR) é mais apropriado para um sistema de tempo compartilhado (interativo). O scheduling RR aloca a CPU para o primeiro processo da fila de prontos durante q unidades de tempo, onde q é o quantum de tempo. Após q unidades de tempo, se o processo não tiver abandonado a CPU, ele será interceptado e inserido no fim da fila de prontos. O principal problema é a seleção do quantum de tempo. Se o quantum é longo demais, o scheduling RR degenera para o scheduling FCFS; se o quantum é muito curto, o overhead do scheduling na forma de tempo de mudança de contexto, se torna excessivo.

O algoritmo FCFS não tem preempção; o algoritmo RR tem preempção. Os algoritmos SJF e por prioridades podem ou não ter preempção.

Os algoritmos de filas em multiníveis permitem que diferentes algoritmos sejam usados para diferentes classes de processos. O modelo mais comum inclui uma fila interativa de primeiro plano que usa o scheduling RR e uma fila batch de background que usa o scheduling FCFS. As filas multiníveis com retroalimentação em vários níveis permitem que os processos passem de uma fila para outra.

Muitos sistemas de computação contemporâneos dão suporte a vários processadores e permitem que cada processador inclua a si próprio no schedule independentemente. Normalmente, cada processador mantém sua própria fila privada de processos (ou threads), todos disponíveis para execução. Questões adicionais relacionadas ao scheduling com vários processadores incluem a afinidade com o processador, o balanceamento de carga e o processamento multicore, assim como o scheduling em sistemas de virtualização.

Os sistemas operacionais que dão suporte a threads no nível do kernel devem organizar threads – e não processos – no schedule para execução. É isso que ocorre com o Solaris e o Windows. Esses dois sistemas organizam no schedule threads usando algoritmos de scheduling com preempção baseados em prioridades e incluem o suporte a threads de tempo real. O scheduler de processos do Linux usa um algoritmo baseado em prioridades também com suporte de tempo real. Normalmente, os algoritmos de scheduling desses três sistemas operacionais favorecem processos interativos em detrimento de processos batch e limitados por CPU.

Devido à grande variedade de algoritmos de scheduling, precisamos de métodos para selecionar um deles. Os métodos analíticos usam a análise matemática para determinar o desempenho de um algoritmo. Os métodos de simulação determinam o desempenho emulando o algoritmo de scheduling em uma amostra "representativa" de processos e calculando o desempenho resultante. No entanto, a simulação pode fornecer no máximo uma aproximação do desempenho do sistema real; a única técnica confiável para a avaliação de um algoritmo de scheduling é a implementação do algoritmo em um sistema real e a monitoração de seu desempenho em um ambiente do "mundo real".

Exercícios Práticos

5.1 Um algoritmo de scheduling da CPU determina uma ordem para a execução dos processos incluídos no schedule. Dados n processos a serem organizados no schedule em um processador, quantos schedules diferentes são possíveis? Forneça uma fórmula em função de n.

5.2 Explique a diferença entre scheduling com e sem preempção.

5.3 Suponha que os processos a seguir cheguem para execução nos momentos indicados. Cada processo será executado durante o período de tempo listado. Ao responder as perguntas, use o scheduling sem preempção e baseie todas as decisões nas informações disponíveis no momento em que a decisão tiver que ser tomada.

Processo	Tempo de chegada	Duração do pico
P_1	0,0	8
P_2	0,4	4
P_3	1,0	1

a. Qual é o tempo médio de turnaround desses processos com o algoritmo de scheduling FCFS?

b. Qual é o tempo médio de turnaround desses processos com o algoritmo de scheduling SJF?

c. O algoritmo SJF deveria melhorar o desempenho, mas observe que optamos por executar o processo P_1 no momento 0 porque não sabíamos que dois processos mais curtos estavam para chegar. Calcule qual será o tempo médio de turnaround se a CPU for deixada ociosa na unidade de tempo 1 para então o scheduling SJF ser usado. Lembre-se de que os processos P_1 e P_2 estão esperando durante esse tempo ocioso, portanto, seu tempo de espera pode aumentar. Esse algoritmo poderia ser chamado de scheduling do conhecimento futuro.

5.4 Qual a vantagem de termos tamanhos diferentes do quantum de tempo em níveis distintos de um sistema de enfileiramento multinível?

5.5 Muitos algoritmos de scheduling da CPU são parametrizados. Por exemplo, o algoritmo RR requer um parâmetro que indique a parcela de tempo. Filas multiníveis com retroalimentação requerem parâmetros que definam a quantidade de filas, o algoritmo de scheduling de cada fila, os critérios usados para mover processos entre as filas e assim por diante.

Portanto, na verdade, esses algoritmos são conjuntos de algoritmos (por exemplo, o conjunto de algoritmos RR para todas as parcelas de tempo, etc.). Um conjunto de algoritmos pode incluir outro (o algoritmo FCFS, por exemplo, é o algoritmo RR com um quantum de tempo infinito). Que relação existe (se existir alguma) entre os pares de conjuntos de algoritmos a seguir?

a. Por prioridades e SJF
b. Filas multiníveis com retroalimentação e FCFS
c. Por prioridades e FCFS
d. RR e SJF

5.6 Suponha que um algoritmo de scheduling (no nível do scheduling da CPU de curto prazo) favoreça os processos que usaram a menor tempo do processador no passado recente. Por que esse algoritmo, ao favorecer programas limitados por I/O, não deixa, ao mesmo tempo, os programas limitados por CPU em estado permanente de inanição?

5.7 Explique a diferença entre o scheduling PCS e o SCS.

5.8 Suponha que um sistema operacional mapeie threads de nível de usuário para o kernel usando o modelo muitos-para-muitos e que o mapeamento seja feito por meio do uso de LWPs. Além disso, o sistema permite que os desenvolvedores de programas criem threads de tempo real. É necessário vincular um thread de tempo real a um LWP?

Exercícios

5.9 Por que é importante para o scheduler distinguir programas limitados por I/O de programas limitados por CPU?

5.10 Explique como os pares de critérios de scheduling a seguir entram em conflito em certas instalações.

a. Utilização da CPU e tempo de resposta
b. Tempo médio de turnaround e tempo máximo de espera
c. Utilização de dispositivos de I/O e utilização da CPU

5.11 Considere a fórmula de média exponencial usada na previsão de duração do próximo pico de CPU. Quais são as implicações da atribuição dos valores a seguir aos parâmetros usados pelo algoritmo?

a. $\alpha = 0$ e $\tau_0 = 100$ milissegundos
b. $\alpha = 0,99$ e $\tau_0 = 10$ milissegundos

5.12 Considere o conjunto de processos a seguir, com a duração do pico de CPU dada em milissegundos:

Processo	Duração do pico	Prioridade
P_1	10	3
P_2	1	1
P_3	2	3
P_4	1	4
P_5	5	2

Presume-se que os processos tenham chegado na ordem P_1, P_2, P_3, P_4, P_5, todos no momento 0.

a. Desenhe quatro gráficos de Gantt que ilustrem a execução desses processos usando os algoritmos de scheduling a seguir: FCFS, SJF, por prioridades sem preempção (um número de prioridade menor implica prioridade mais alta) e RR (quantum = 1).

b. Qual é o tempo de turnaround de cada processo para cada um dos algoritmos de scheduling da parte a?

c. Qual é o tempo de espera de cada processo para cada um desses algoritmos de scheduling?

d. Qual dos algoritmos resulta no tempo médio de espera mínimo (para todos os processos)?

5.13 Qual dos algoritmos de scheduling a seguir poderia resultar em inanição?

a. Primeiro a chegar, primeiro a ser atendido
b. Menor job primeiro
c. Round robin
d. Por prioridades

5.14 Considere uma variante do algoritmo de scheduling RR em que as entradas da fila de prontos são ponteiros para os PCBs.

a. Qual seria o efeito da inserção de dois ponteiros que conduzissem ao mesmo processo na fila de prontos?

b. Cite duas grandes vantagens e duas desvantagens desse esquema.

c. Como você modificaria o algoritmo RR básico para obter o mesmo efeito sem os ponteiros duplicados?

5.15 Considere um sistema executando dez tarefas limitadas por I/O e uma tarefa limitada por CPU. Suponha que as tarefas limitadas por I/O emitam uma operação de I/O a cada milissegundo de computação da CPU e que cada operação de I/O leve 10 milissegundos para ser concluída. Suponha também que o overhead da mudança de contexto seja de 0,1 milissegundo e que todos os processos sejam tarefas de execução longa. Descreva a utilização da CPU para um scheduler round-robin quando:

a. O quantum de tempo é de 1 milissegundo
b. O quantum de tempo é de 10 milissegundos

5.16 Considere um sistema que implemente o scheduling de fila multiníveis. Que estratégia um usuário do computador pode empregar para maximizar o período de tempo de CPU alocado para seu processo?

5.17 Considere um algoritmo de scheduling por prioridades com preempção baseado na alteração dinâmica de prioridades. Números de prioridade mais altos implicam prioridade mais alta. Quando um processo está esperando a CPU (na fila de prontos, sem ser executado), sua prioridade muda a uma taxa igual a α; quando ele está sendo executado, sua prioridade muda a uma taxa igual a β. Todos os processos recebem uma prioridade igual a 0 quando entram na fila de prontos. Os parâmetros α e β podem ser posicionados de modo a fornecer vários algoritmos de scheduling diferentes.

a. Qual é o algoritmo que resulta de β > α > 0?
b. Qual é o algoritmo que resulta de α < β < 0?

5.18 Explique as diferenças no grau de atuação dos algoritmos de scheduling a seguir em favor de processos curtos:

a. FCFS
b. RR
c. Filas multiníveis com retroalimentação

5.19 Usando o algoritmo de scheduling do Windows, determine a prioridade numérica de cada um dos threads seguintes.

a. Um thread da classe de REALTIME_PRIORITY_CLASS com uma prioridade relativa HIGHEST
b. Um thread da classe de NORMAL_PRIORITY_CLASS com uma prioridade relativa NORMAL
c. Um thread da classe de HIGH_PRIORITY_CLASS com uma prioridade relativa ABOVE_NORMAL

5.20 Considere o algoritmo de scheduling do sistema operacional Solaris para threads de compartilhamento de tempo.

a. Qual é o quantum de tempo (em milissegundos) de um thread com prioridade 10? E com prioridade 55?
b. Suponha que um thread com prioridade 35 tenha usado todo o seu quantum de tempo sem bloqueio. Que nova prioridade o scheduler atribuirá a esse thread?
c. Suponha que um thread com prioridade 35 seja bloqueado à espera de I/O antes de seu quantum de tempo expirar. Que nova prioridade o scheduler atribuirá a esse thread?

5.21 O scheduler tradicional do UNIX impõe um relacionamento inverso entre números de prioridade e prioridades: quanto mais alto o número, menor a prioridade. O scheduler recalcula as prioridades dos processos uma vez por segundo usando a seguinte função:

Prioridade = (uso recente da CPU / 2) + base

em que base = 60 e *uso recente da CPU* se refere a um valor indicando a frequência com que um processo usou a CPU desde que as prioridades foram recalculadas pela última vez.

Suponha que o uso recente da CPU pelo processo P_1 seja igual a 40, pelo processo P_2 seja igual a 18 e pelo processo P_3 seja igual a 10. Quais serão as novas prioridades desses três processos quando as prioridades forem recalculadas? Com base nessas informações, o scheduler tradicional do UNIX elevará ou rebaixará a prioridade relativa de um processo limitado por CPU?

Notas Bibliográficas

As filas com retroalimentação foram implementadas originalmente no sistema CTSS descrito em Corbato et al. [1962]. Esse sistema de scheduling de filas com retroalimentação foi analisado por Schrage [1967]. O algoritmo de scheduling por prioridades com preempção do Exercício 5.17 foi sugerido por Kleinrock [1975].

Anderson et al. [1989], Lewis e Berg [1998] e Philbin et al. [1996] discutiram o scheduling de threads. O scheduling multicore é examinado em McNairy e Bhatia [2005] e Kongetira et al. [2005].

Técnicas de scheduling que levam em consideração informações relacionadas aos tempos de execução dos processos obtidas em execuções anteriores, são descritas em Fisher [1981], Hall et al. [1996] e Lowney et al. [1993].

Schedulers de compartilhamento justo são abordados por Henry [1984], Woodside [1986] e Kay e Lauder [1988].

Políticas de scheduling usadas no sistema operacional UNIX V são descritas por Bach [1987]; as do UNIX FreeBSD 5.2 são apresentadas por McKusick e Neville-Neil [2005]; e as do sistema operacional Mach são discutidas por Black [1990]. Love [2005] aborda o scheduling no Linux. Detalhes do scheduler ULE podem ser encontrados em Roberson [2003]. O scheduling do Solaris é descrito por Mauro e McDougall [2007]. Solomon [1998], Solomon e Russinovich [2000] e Russinovich e Solomon [2009] discutem o scheduling dentro do Windows. Butenhof [1997] e Lewis e Berg [1998] descrevem o scheduling em sistemas Pthreads. Siddha et al. [2007] discutem os desafios do scheduling em sistemas multicore.

Sincronização de Processos

CAPÍTULO 6

Processo cooperativo é aquele que pode afetar outros processos em execução em um sistema ou ser por eles afetado. Os processos cooperativos podem compartilhar diretamente um espaço de endereçamento lógico (código e dados) ou ter permissão para compartilhar apenas dados através de arquivos ou mensagens. O primeiro caso é alcançado com o uso dos threads, discutidos no Capítulo 4. O acesso concorrente a dados compartilhados pode resultar em inconsistência de dados, no entanto. Neste capítulo, discutimos vários mecanismos que asseguram a execução ordenada de processos cooperativos que compartilham um espaço de endereçamento lógico para que a consistência dos dados seja mantida.

OBJETIVOS DO CAPÍTULO
- Introduzir o problema da seção crítica, cujas soluções podem ser usadas para garantir a consistência de dados compartilhados.
- Apresentar soluções para o problema da seção crítica tanto em software quanto em hardware.
- Examinar problemas clássicos da sincronização de processos.

6.1 Antecedentes

No Capítulo 3, desenvolvemos um modelo de sistema composto por processos ou threads sequenciais cooperativos, todos sendo executados assincronamente e possivelmente compartilhando dados. Ilustramos esse modelo com o problema produtor-consumidor que é representativo dos sistemas operacionais. Especificamente, na Seção 3.4.1, descrevemos como um buffer limitado pode ser usado para permitir que os processos compartilhem memória.

Voltemos à nossa consideração sobre o buffer limitado. Como ressaltamos, nossa solução original permitia no máximo BUFFER_SIZE – 1 itens no buffer ao mesmo tempo. Suponha que queiramos modificar o algoritmo para remediar essa deficiência. Uma possibilidade é adicionar uma variável inteira `counter`, inicializada com 0. A variável `counter` é incrementada sempre que adicionamos um novo item ao buffer e é decrementada sempre que removemos um item do buffer. O código do processo produtor pode ser modificado como descrito a seguir:

```
while (true) {
    /* produz um item em nextProduced */
    while (counter == BUFFER_SIZE)
        ; /*não faz coisa alguma*/
    buffer[in] = nextProduced;
    in = (in + 1) % BUFFER_SIZE;
    counter++;
}
```

O código do processo consumidor pode ser modificado da seguinte forma:

```
while (true) {
    while (counter == 0)
        ; /* não faz coisa alguma */
    nextConsumed = buffer[out];
    out = (out + 1) % BUFFER_SIZE;
    counter--;
    /* consome o item em nextConsumed */
}
```

Embora tanto a rotina do produtor quanto a do consumidor mostradas aqui estejam corretas separadamente, elas podem não funcionar corretamente quando executadas concorrentemente. Como ilustração, suponha que o valor corrente da variável `counter` seja 5 e que os processos produtor e consumidor executem os comandos "counter++" e "counter--" concorrentemente. Após a execução desses dois comandos, o valor da variável `counter` pode ser 4, 5 ou 6! O único resultado correto, no entanto, é counter == 5 que é gerado corretamente se o produtor e o consumidor forem executados separadamente.

Podemos mostrar que o valor de `counter` pode ser incorreto fazendo o seguinte. Observe que o comando "counter++" pode ser implementado em linguagem de máquina (em uma máquina comum) como

registrador$_1$ = counter
registrador$_1$ = *registrador*$_1$ + 1
counter = *registrador*$_1$

em que *registrador*$_1$ é um dos registradores locais da CPU. Da mesma forma, o comando "counter--" do *registrador*$_2$ é implementado como mostrado a seguir:

$registrador_2$ = counter
$registrador_2$ = $registrador_2$ – 1
counter = $registrador_2$

em que, novamente, $registrador_2$ é um dos registradores locais da CPU local. Ainda que $registrador_1$ e $registrador_2$ possam ser o mesmo registrador físico (um acumulador, digamos), lembre-se de que os conteúdos desse registrador serão salvos e restaurados pelo manipulador de interrupções (Seção 1.2.3).

A execução concorrente de "counter++" e "counter--" é equivalente a uma execução sequencial em que os comandos de baixo nível apresentados anteriormente são intercalados em alguma ordem arbitrária (mas a ordem dentro de cada comando de alto nível é preservada). Uma intercalação desse tipo seria

T_0:	produtor	executa	$registrador_1$ = counter	{$registrador_1$ = 5}
T_1:	produtor	executa	$registrador_1$ = $registrador_1$ + 1	{$registrador_1$ = 6}
T_2:	consumidor	executa	$registrador_2$ = counter	{$registrador_2$ = 5}
T_3:	consumidor	executa	$registrador_2$ = $registrador_2$ – 1	{$registrador_2$ = 4}
T_4:	produtor	executa	counter = $registrador_1$	{contador = 6}
T_5:	consumidor	executa	counter = $registrador_2$	{contador = 4}

Observe que chegamos ao estado incorreto "counter == 4", indicando que quatro buffers estão cheios quando, na verdade, cinco buffers estão cheios. Se invertermos a ordem dos comandos em T_4 e T_5, chegaremos ao estado incorreto "counter == 6".

Chegaríamos a esse estado incorreto porque permitimos que os dois processos manipulassem a variável counter concorrentemente. Uma situação como essa em que vários processos acessam e manipulam os mesmos dados concorrentemente e o resultado da execução depende da ordem específica em que o acesso ocorre, é chamada de **condição de corrida**. Para nos proteger desta condição de corrida, temos que assegurar que apenas um processo de cada vez possa manipular a variável counter. Para garantirmos isso, é necessário que os processos sejam sincronizados de alguma forma.

Situações como a que acabamos de descrever ocorrem com frequência nos sistemas operacionais quando diferentes partes do sistema manipulam recursos. Além disso, com o crescimento dos sistemas multicore, há uma ênfase crescente no desenvolvimento de aplicações multithread em que vários threads – que possivelmente compartilham dados – são executados em paralelo em diferentes núcleos de processamento. É claro que não queremos que as alterações resultantes dessas atividades afetem umas às outras. Devido à importância dessa questão, uma parte maior deste capítulo é dedicada à **sincronização** e **coordenação** entre processos cooperativos.

6.2 O Problema da Seção Crítica

Considere um sistema composto por n processos ($P_0, P_1, ..., P_{n-1}$). Cada processo tem um segmento de código, chamado **seção crítica**, em que pode estar alterando variáveis comuns, atualizando uma tabela, gravando um arquivo e assim por diante. A característica importante do sistema é que, quando um processo está sendo executado em sua seção crítica, nenhum outro processo deve ter autorização para fazer o mesmo. Isto é, dois processos não podem ser executados em suas seções críticas ao mesmo tempo. O *problema da seção crítica* é a criação de um protocolo que os processos possam usar para cooperar. Cada processo deve solicitar permissão para entrar em sua seção crítica. A seção de código que implementa essa solicitação é a **seção de entrada**. A seção crítica pode ser seguida por uma **seção de saída**. O código restante é a **seção remanescente**. A estrutura geral de um processo P_i típico é mostrada na Figura 6.1. A seção de entrada e a seção de saída estão inseridas em caixas para realçar esses importantes segmentos de código.

Uma solução para o problema da seção crítica deve atender os três requisitos a seguir:

1. **Exclusão mútua.** Enquanto o processo P_i está sendo executado em sua seção crítica, nenhum outro processo pode ser executado em sua seção crítica.

2. **Progresso.** Se nenhum processo está sendo executado na sua seção crítica e alguns processos quiserem entrar em suas seções críticas, apenas os processos que não estiverem sendo executados em suas seções remanescentes poderão participar da decisão de qual entrará a seguir em sua seção crítica e essa seleção não pode ser adiada indefinidamente.

3. **Espera limitada.** Há um limite, ou fronteira, para quantas vezes outros processos podem entrar em suas seções críticas após um processo ter feito uma solicitação para entrar em sua seção crítica e antes dessa solicitação ser atendida.

Presumimos que cada processo seja executado a uma velocidade diferente de zero. No entanto, não podemos fazer suposições com relação à **velocidade relativa** dos n processos.

Figura 6.1 Estrutura geral de um processo P_i típico.

Em determinado momento, muitos processos em modalidade de kernel podem estar ativos no sistema operacional. Como resultado, o código que implementa um sistema operacional (*código de kernel*) está sujeito a várias condições de corrida possíveis. Considere como exemplo uma estrutura de dados do kernel que mantenha uma lista de todos os arquivos abertos no sistema. Essa lista deve ser modificada quando um novo arquivo é aberto ou fechado (com o arquivo sendo adicionado à lista ou removido dela). Se dois processos tivessem que abrir arquivos simultaneamente, as atualizações separadas feitas nessa lista poderiam resultar em uma condição de corrida. Outras estruturas de dados do kernel que estão propensas a possíveis condições de corrida incluem estruturas que mantêm alocação de memória, que mantêm listas de processos e que manipulam interrupções. É responsabilidade dos desenvolvedores do kernel assegurar que o sistema operacional esteja livre dessas condições de corrida.

Duas abordagens gerais são usadas na manipulação de seções críticas nos sistemas operacionais: (1) **kernels com preempção** e (2) **kernels sem preempção**. Um kernel com preempção permite que um processo seja interceptado enquanto está sendo executado em modalidade de kernel. Um kernel sem preempção não permite que um processo sendo executado em modalidade de kernel seja interceptado; um processo em modalidade de kernel será executado até sair dessa modalidade, ser bloqueado ou abandonar voluntariamente o controle da CPU. É claro que um kernel sem preempção está essencialmente livre de condições de corrida em suas estruturas de dados, porque apenas um processo de cada vez fica ativo no kernel. Não podemos dizer o mesmo dos kernels com preempção, portanto, eles devem ser projetados cuidadosamente para assegurar que os dados do kernel compartilhados fiquem livres de condições de corrida. Os kernels com preempção são particularmente difíceis de projetar para arquiteturas SMP, visto que nesses ambientes é possível que dois processos em modalidade de kernel sejam executados simultaneamente em diferentes processadores.

Por que, então, alguém preferiria um kernel com preempção a um sem preempção? O kernel com preempção é mais apropriado para a programação de tempo real, pois permite que um processo de tempo real intercepte um processo em execução corrente no kernel. Além disso, o kernel com preempção pode apresentar melhor capacidade de resposta porque há menos risco de um processo em modalidade de kernel ser executado por um período de tempo arbitrariamente longo antes de liberar o processador para os processos em espera. É claro que esse efeito pode ser minimizado pelo projeto de um código de kernel que não se comporte dessa forma. Posteriormente neste capítulo, examinamos como vários sistemas operacionais gerenciam a preempção dentro do kernel.

6.3 Solução de Peterson

A seguir, ilustramos uma solução clássica baseada em software para o problema da seção crítica conhecida como **solução de Peterson**. Devido à maneira como as arquiteturas de computador modernas executam instruções básicas de linguagem de máquina, como `load` e `store`, não há garantias de que a solução de Peterson funcione corretamente nessas arquiteturas. No entanto, apresentamos a solução porque ela fornece uma boa descrição algorítmica de resolução do problema da seção crítica e ilustra algumas das complexidades envolvidas no projeto de um software que atenda aos requisitos de exclusão mútua, progresso e espera limitada.

A solução de Peterson se restringe a dois processos que se alternam na execução de suas seções críticas e seções remanescentes. Os processos são numerados como P_0 e P_1. Por conveniência, quando apresentamos P_i, usamos P_j para representar o outro processo; isto é, `j` é igual a `1 - i`.

A solução de Peterson requer que os dois processos compartilhem dois itens de dados:

```
int turn;
boolean flag[2];
```

A variável `turn` indica de quem é a vez de entrar em sua seção crítica. Isto é, se `turn == i`, o processo P_i poderá ser executado em sua seção crítica. O array `flag` é usado para indicar se um processo *está pronto* para entrar em sua seção crítica. Por exemplo, se `flag[i]` é igual a `true`, esse valor indica que P_i está pronto para entrar em sua seção crítica. Com a explicação dessas estruturas de dados concluída, podemos descrever o algoritmo mostrado na Figura 6.2.

```
do {
```
```
flag[i] = TRUE;
turn = j;
while (flag[j] && turn == j);
```

seção crítica

```
flag[i] = FALSE;
```

seção remanescente

```
} while (TRUE);
```

Figura 6.2 A estrutura do processo P_i na solução de Peterson.

Para entrar na seção crítica, primeiro o processo P_i posiciona `flag[i]` como `true` e, em seguida, posiciona `turn` com o valor `j`, assegurando que se o outro processo quiser entrar na seção crítica, ele possa fazer isso. Se os dois processos tentarem entrar juntos, `turn` será posicionada tanto como `i` quanto como `j` quase ao mesmo tempo. Só uma dessas atribuições permanecerá; a outra ocorrerá, mas será sobreposta imediatamente.

O valor eventual de `turn` determina qual dos dois processos pode entrar em sua seção crítica primeiro.

Agora provamos que essa solução está correta. Temos que mostrar que:

1. A exclusão mútua é preservada.
2. O requisito de progresso é atendido.
3. O requisito de espera limitada é atendido.

Para provar a propriedade 1, observamos que cada P_i só entra em sua seção crítica se `flag[j] == false` ou `turn == i`. Também notamos que se os dois processos podem estar executando em suas seções críticas ao mesmo tempo, então `flag[0] == flag[1] == true`. Essas duas observações implicam que P_0 e P_1 não poderiam ter executado com sucesso seus comandos `while` ao mesmo tempo já que o valor de `turn` pode ser 0 ou 1, mas não ambos. Portanto, um dos processos – digamos, P_j – deve ter executado com sucesso o comando `while` enquanto P_i teve que executar pelo menos um comando adicional ("`turn == j`"). Porém, nesse momento, `flag[j] == true` e `turn == j` e essa condição persistirá enquanto P_j estiver em sua seção crítica; como resultado, a exclusão mútua é preservada.

Para provar as propriedades 2 e 3, observamos que um processo P_i só pode ser impedido de entrar na seção crítica se ficar preso no loop `while` com a condição `flag[j] == true` e `turn == j`; esse loop é o único possível. Se P_j não está pronto para entrar na seção crítica, então `flag[j] == false` e P_i pode entrar em sua seção crítica. Se P_j tiver posicionado `flag[j]` como `true` e também estiver sendo executado em seu comando `while`, então, `turn == i` ou `turn == j`. Se `turn == i`, P_i entrará na seção crítica. Se `turn == j`, P_j entrará na seção crítica. No entanto, uma vez que P_j sai de sua seção crítica, ele reposiciona `flag[j]` como `false`, permitindo que P_i entre em sua seção crítica. Se P_j reposicionar `flag[j]` como `true`, também deve posicionar `turn` como `i`. Logo, já que P_i não altera o valor da variável `turn` enquanto executa o comando `while`, P_i entrará na seção crítica (progresso) após no máximo uma entrada de P_j (espera limitada).

6.4 Hardware de Sincronização

Acabamos de descrever uma solução baseada em software para o problema da seção crítica. No entanto, como mencionado, soluções baseadas em software como a de Peterson não dão garantia de funcionar em arquiteturas de computador modernas. Em vez disso, podemos afirmar de forma geral que qualquer solução para o problema da seção crítica precisa de uma ferramenta simples – um **lock**. Condições de corrida são evitadas se exigirmos que regiões críticas sejam protegidas por locks. Isto é, um processo deve adquirir um lock antes de entrar em uma seção crítica; ele libera o lock quando sai da seção crítica. Veja a ilustração na Figura 6.3.

Figura 6.3 Solução para o problema da seção crítica com o uso de locks.

Nas discussões a seguir, examinamos várias outras soluções para o problema da seção crítica usando técnicas que variam de técnicas de hardware a APIs baseadas em software disponíveis para os programadores de aplicações. Todas essas soluções estão fundamentadas na premissa de trancamento (locking); porém, como veremos, os projetos desses locks podem ser bem sofisticados.

Começamos apresentando algumas instruções simples de hardware que estão disponíveis em muitos sistemas e mostrando como elas podem ser usadas efetivamente na resolução do problema da seção crítica. Recursos de hardware podem tornar qualquer tarefa de programação mais fácil e melhorar a eficiência do sistema.

O problema da seção crítica poderia ser resolvido facilmente em um ambiente com um único processador se pudéssemos impedir a ocorrência de interrupções enquanto uma variável compartilhada estivesse sendo modificada. Dessa forma, poderíamos ter certeza de que a sequência de instruções corrente teria permissão para ser executada em ordem sem preempção. Nenhuma outra instrução seria executada, portanto, nenhuma modificação inesperada poderia ser feita na variável compartilhada. Essa abordagem é usada com frequência por kernels sem preempção.

Infelizmente, essa solução não é tão viável em um ambiente com vários processadores. A desativação de interrupções em um ambiente multiprocessador pode ser demorada já que a mensagem é passada para todos os processadores. Essa transmissão de mensagem atrasa a entrada em cada seção crítica e a eficiência do sistema diminui. Considere também o efeito sobre o relógio de um sistema se o relógio for mantido atualizado por interrupções.

É por isso que muitos sistemas de computação modernos fornecem instruções especiais de hardware que nos permitem testar e modificar o conteúdo de uma palavra ou trocar os conteúdos de duas palavras *atomicamente* – isto é, como uma unidade impossível de interromper. Podemos usar essas instruções especiais para resolver o problema da seção crítica de uma maneira relativamente simples. Em vez de discutir alguma instrução específica para uma determinada máquina, abstraímos os principais conceitos existentes por trás desses tipos de instruções descrevendo as instruções `TestAndSet()` e `Swap()`.

```
boolean TestAndSet(boolean *target) {
    boolean rv = *target;
    *target = TRUE;
    return rv;
}
```

Figura 6.4 A definição da instrução `TestAndSet()`.

A instrução `TestAndSet()` pode ser definida como mostrado na Figura 6.4. A característica importante dessa instrução é que ela é executada atomicamente. Portanto, se duas instruções `TestAndSet()` forem executadas simultaneamente (cada uma em uma CPU diferente), elas serão executadas sequencialmente em alguma ordem arbitrária. Se a máquina der suporte à instrução `TestAndSet()`, poderemos implementar a exclusão mútua declarando uma variável booleana `lock`, inicializada como `false`. A estrutura do processo P_i é mostrada na Figura 6.5.

```
do {
    while (TestAndSet(&lock))
        ; //não faz coisa alguma

        // seção crítica

    lock = FALSE;

        // seção remanescente
} while (TRUE);
```

Figura 6.5 Imprementação da exclusão mútua com `TestAndSet()`.

A instrução `Swap()`, ao contrário de `TestAndSet()`, opera sobre os conteúdos de duas palavras; ela é definida como mostrado na Figura 6.6. Da mesma forma que a instrução `TestAndSet()`, `Swap()` é executada atomicamente. Se a máquina der suporte à instrução `Swap()`, a exclusão mútua poderá ser fornecida como descrito a seguir. Uma variável booleana global `lock` é declarada e inicializada como `false`. Além disso, cada processo tem uma variável booleana local `key`. A estrutura do processo P_i é mostrada na Figura 6.7.

```
void Swap(boolean *a, boolean *b) {
    boolean temp = *a;
    *a = *b;
    *b = temp;
}
```

Figura 6.6 A definição da instrução `Swap()`.

```
do {
    key = TRUE;
    while (key == TRUE)
        Swap(&lock, &key);

        // seção crítica

    lock = FALSE;

        // seção remanescente
} while (TRUE);
```

Figura 6.7 Implementação da exclusão mútua com a instrução `Swap()`.

Embora esses algoritmos atendam ao requisito da exclusão mútua, não atendem o requisito da espera limitada. Na Figura 6.8, apresentamos outro algoritmo que usa a instrução `TestAndSet()` e satisfaz todos os requisitos da seção crítica. As estruturas de dados comuns são

```
boolean waiting[n];
boolean lock;
```

Essas estruturas de dados são inicializadas como `false`. Para provar que o requisito de exclusão mútua foi atendido, sabemos que o processo P_i só pode entrar em sua seção crítica se `waiting[i] == false` ou `key == false`. O valor de `key` só passa a ser `false` quando `TestAndSet()` é executada. O primeiro processo que executar `TestAndSet()` encontrará `key == false`; todos os outros devem esperar. A variável `waiting[i]` só pode passar para `false` se outro processo deixar sua seção crítica; só uma variável `waiting[i]` é posicionada como `false`, mantendo o requisito de exclusão mútua.

```
do {
    waiting[i] = TRUE;
    key = TRUE;
    while (waiting[i] && key)
        key = TestAndSet(&lock);
    waiting[i] = FALSE;

        // seção crítica

    j = (i + 1) % n;
    while ((j != i) && !waiting[j])
        j = (j + 1) % n;

    if (j == i)
        lock = FALSE;
    else
        waiting[j] = FALSE;

        // seção remanescente
} while (TRUE);
```

Figura 6.8 Exclusão mútua com espera limitada com `TestAndSet()`.

Para provar que o requisito de progresso é atendido, observamos que os argumentos apresentados para a exclusão mútua também se aplicam aqui, já que um processo saindo da seção crítica posiciona `lock` como `false` ou `waiting[i]` como `false`. Ambas permitem que um processo que esteja esperando para entrar em sua seção crítica faça isso.

Para provar que o requisito de espera limitada é atendido, observamos que, quando um processo deixa sua seção crítica, ele varre o array `waiting` em ordem cíclica ($i + 1, i + 2, ..., n - 1, 0, ..., i - 1$). Ele designa o primeiro processo dessa ordenação que está na seção de entrada (`waiting[j] == true`) como o próximo a entrar na seção crítica. Portanto, qualquer processo que estiver esperando para entrar em sua seção crítica fará isso dentro de $n - 1$ etapas.

Infelizmente para os projetistas de hardware, a implementação de instruções `TestAndSet()` atômicas em vários processadores não é uma tarefa simples. Essas implementações são discutidas em livros sobre arquitetura de computadores.

6.5 Semáforos

As soluções baseadas em hardware para o problema da seção crítica apresentadas na Seção 6.4 são complicadas para os programadores de aplicações usarem. Para superar essa dificuldade, podemos usar uma ferramenta de sincronização chamada *semáforo*.

Um semáforo S é uma variável inteira que, exceto na inicialização, só é acessada por meio de duas operações atômicas padrão: `wait()` e `signal()`. A operação `wait()` era chamada originalmente de P (do holandês *proberen* que significa "testar"); `signal()` era chamada originalmente de V (de *verhogen* que significa "incrementar"). A definição de `wait()` é descrita a seguir:

```
wait(S) {
    while S <= 0
        ; //nenhuma operação
    S--;
}
```

A definição de `signal()` é descrita a seguir:

```
signal(S) {
    S++;
}
```

Todas as modificações no valor inteiro do semáforo nas operações `wait()` e `signal()` devem ser executadas indivisivelmente. Isto é, quando um processo modifica o valor do semáforo, nenhum outro processo pode modificar o valor desse mesmo semáforo simultaneamente. Além disso, no caso de `wait(S)`, o teste do valor inteiro de S ($S \leq 0$), assim como sua possível modificação (S--), deve ser executado sem interrupções. Veremos como essas operações podem ser implementadas na Seção 6.5.2; primeiro, vejamos como os semáforos podem ser usados.

6.5.1 Uso

Os sistemas operacionais costumam fazer a distinção entre semáforos binários e de contagem. O valor de um **semáforo de contagem** pode variar sobre um domínio irrestrito. O valor de um **semáforo binário** só pode variar entre 0 e 1. Em alguns sistemas, os semáforos binários são conhecidos como **locks mutex**, porque são locks que fornecem exclusão mútua (*mutual exclusion*).

Podemos usar semáforos binários para lidar com o problema da seção crítica no caso de vários processos. Os n processos compartilham um semáforo, `mutex`, inicializado como 1. Cada processo P_i é organizado como mostrado na Figura 6.9.

Os semáforos de contagem podem ser usados para controlar o acesso a um determinado recurso composto por uma quantidade finita de instâncias. O semáforo é inicializado com a quantidade de recursos disponíveis. Cada processo que deseja usar um recurso executa uma operação `wait()` no semáforo (decrementando, assim, a contagem). Quando um processo libera um recurso, ele executa uma operação `signal()` (incrementando a contagem). Quando a contagem do semáforo chega a 0, todos os recursos estão sendo usados. Depois disso, processos que queiram usar um recurso ficarão bloqueados até a contagem se tornar maior do que 0.

Também podemos usar semáforos para resolver vários problemas de sincronização. Por exemplo, considere dois processos sendo executados concorrentemente: P_1 com um comando S_1 e P_2 com um comando S_2. Suponha que queiramos que S_2 só seja executado após S_1 ser concluído. Podemos implementar esse esquema imediatamente deixando P_1 e P_2 compartilharem um semáforo comum `synch`, inicializado com 0, e inserindo os comandos

S_1;
`signal(synch);`

no processo P_1 e os comandos

`wait(synch);`
S_2;

no processo P_2. Já que `synch` é inicializado com 0, P_2 só executará S_2 após P_1 ter chamado `signal(synch)`, o que ocorrerá após o comando S_1 ter sido executado.

6.5.2 Implementação

A principal desvantagem da definição de semáforo fornecida aqui é que ela requer a *espera em ação*. Enquanto um processo está em sua seção crítica, qualquer outro processo que tenta entrar em sua seção crítica deve entrar em loop continuamente no código de entrada. É claro que esse loop contínuo é um problema em um sistema real de multiprogramação em que uma única CPU é compartilhada entre muitos processos. A espera em ação desperdiça ciclos da CPU que algum outro processo poderia usar produtivamente. Esse tipo de semáforo também é chamado *spinlock* porque o processo "circula" (spin) enquanto espera o lock. (Spinlocks apresentam uma vantagem pelo fato de que nenhuma mudança de contexto é necessária quando um processo tem que esperar sobre um lock e uma mudança de contexto pode levar um tempo considerável. Portanto, quando locks são esperados por períodos curtos, os spinlocks são úteis; eles costumam ser empregados em sistemas com vários processadores em que um thread pode "entrar em loop" em um processador enquanto outro thread executa sua seção crítica em outro processador.)

```
do {
    wait(mutex);

        // seção crítica

    signal(mutex);

        // seção remanescente
} while (TRUE);
```

Figura 6.9 Implementação da exclusão mútua com semáforos.

Para eliminar a necessidade da espera em ação, podemos modificar a definição das operações de semáforo `wait()` e `signal()`. Quando um processo executa a operação `wait()` e descobre que o valor do semáforo não é positivo, ele deve esperar. No entanto, em vez de entrar na espera em ação, o processo pode *bloquear* a si próprio. A operação de bloqueio insere o processo em uma fila de espera associada ao semáforo e o estado do processo é modificado para o estado de espera. Em seguida, o controle é transferido para o scheduler da CPU que seleciona outro processo para executar.

Um processo que está bloqueado, esperando em um semáforo S, deve ser reiniciado quando algum outro processo executar uma operação `signal()`. O processo é reiniciado por uma operação `wakeup()` que passa o processo do estado de espera para o estado de pronto. Ele é então inserido na fila de prontos. (A CPU pode ou não ser desviada do processo em execução para o novo processo pronto, dependendo de seu algoritmo de scheduling.)

Para implementar semáforos usando essa definição, especificamos um semáforo como uma struct "C":

```
typedef struct {
    int value;
    struct process *list;
} semaphore;
```

Cada semáforo tem um inteiro `value` e uma lista de processos `list`. Quando um processo deve esperar em um semáforo, ele é adicionado à lista de processos. Uma operação `signal()` remove um processo da lista de processos em espera e ativa esse processo.

Agora a operação de semáforo `wait()` pode ser definida como

```
wait(semaphore *S) {
    S->value--;
    if (S->value < 0) {
        adiciona esse processo a S->list;
        block();
    }
}
```

E a operação de semáforo `signal()` pode agora ser definida como

```
signal(semaphore *S) {
    S->value++;
    if (S->value <= 0) {
        remove a process P from S->list;
        wakeup(P);
    }
}
```

A operação `block()` suspende o processo que a chamou. A operação `wakeup()` retoma a execução de um processo P bloqueado. Essas duas operações são fornecidas pelo sistema operacional como chamadas de sistema básicas.

Observe que, nessa implementação, os valores do semáforo podem ser negativos, embora nunca o sejam na definição clássica de semáforos com espera em ação. Se o valor do semáforo for negativo, sua magnitude é igual à quantidade de processos esperando nesse semáforo. Esse fato resulta da alteração da ordem do decremento e do teste na implementação da operação `wait()`.

A lista de processos em espera pode ser facilmente implementada por um campo de link em cada bloco de controle de processo (PCB). Cada semáforo contém um valor inteiro e um ponteiro para uma lista de PCBs. Uma maneira de adicionar processos na lista e remover processos das listas para garantir a espera limitada é usar uma fila FIFO em que o semáforo contenha ponteiros para o início e o fim da fila. Em geral, no entanto, a lista pode usar *qualquer* estratégia de enfileiramento. O uso correto dos semáforos não depende de uma estratégia de enfileiramento específica para as listas de semáforos.

É vital que os semáforos sejam executados atomicamente. Devemos garantir que dois processos não possam executar operações `wait()` e `signal()` no mesmo semáforo ao mesmo tempo. Esse é um problema de seção crítica, e em um ambiente com um único processador (isto é, onde só existe uma CPU), podemos resolvê-lo simplesmente inibindo interrupções durante o tempo em que as operações `wait()` e `signal()` estão sendo executadas. Esse esquema funciona em um ambiente com um único processador porque, uma vez que as interrupções sejam inibidas, instruções de processos diferentes não podem ser intercaladas. Só o processo em execução corrente será executado até que as interrupções sejam reativadas e o scheduler possa retomar o controle.

Em um ambiente com vários processadores, as interrupções devem ser desativadas em cada processador; caso contrário, instruções de processos diferentes (sendo executados em processadores diferentes) podem ser intercaladas de alguma maneira arbitrária. A desativação de interrupções em cada processador pode ser uma tarefa difícil e, além disso, pode piorar seriamente o desempenho. Portanto, sistemas SMP devem fornecer técnicas de trancamento (locking) alternativas – como os spinlocks – para assegurar que `wait()` e `signal()` sejam executadas atomicamente.

É importante admitir que não eliminamos completamente a espera em ação com essa definição das operações `wait()` e `signal()`. Na verdade, passamos a espera em ação da seção de entrada para as seções críticas dos programas aplicativos. Além disso, limitamos a espera em ação às seções críticas das operações `wait()` e `signal()` e essas seções são curtas (quando codificadas apropriadamente, elas não devem ter mais do que aproximadamente dez instruções). Portanto, a seção crítica quase nunca fica ocupada e a espera em ação ocorre raramente e, mesmo assim, por um tempo curto. Uma situação inteiramente diferente ocorre em programas aplicativos cujas seções críticas podem ser longas (minutos ou até mesmo horas) ou quase sempre ficam ocupadas. Nesses casos, a espera em ação é extremamente ineficiente.

6.5.3 Deadlocks e Inanição

A implementação de um semáforo com uma fila de espera pode resultar em uma situação em que dois ou mais processos fiquem esperando indefinidamente um evento que só pode ser causado por um dos processos em espera. O evento em questão é a execução de uma operação `signal()`. Quando se chega a um estado assim, dizemos que esses processos estão em **deadlock**.

Para ilustrar isso, consideremos um sistema composto por dois processos, P_0 e P_1, cada um acessando dois semáforos, S e Q, posicionados com o valor 1:

P_0	P_1
`wait(S);`	`wait(Q);`
`wait(Q);`	`wait(S);`
.	.
.	.
.	.
`signal(S);`	`signal(Q);`
`signal(Q);`	`signal(S);`

Suponha que P_0 execute `wait(S)` e, então, P_1 execute `wait(Q)`. Quando P_0 executa `wait(Q)`, tem que esperar até P_1 executar `signal(Q)`. Da mesma forma, quando P_1 executa `wait(S)`, tem que esperar até P_0 executar `signal(S)`. Já que essas operações `signal()` não podem ser executadas, P_0 e P_1 estão em deadlock.

Dizemos que um conjunto de processos está em estado de deadlock quando cada processo do conjunto está esperando um evento que só pode ser causado por outro processo do conjunto. Os eventos que mais nos interessam aqui são a *aquisição e liberação de recursos*. No entanto, outros tipos de eventos podem resultar em deadlocks e eles são discutidos na Seção 6.9.

Outro problema relacionado aos deadlocks é o **bloqueio indefinido**, ou **inanição**, uma situação em que os processos esperam indefinidamente dentro do semáforo. O bloqueio indefinido pode ocorrer se removermos processos da lista associada a um semáforo na ordem LIFO (último a entrar, primeiro a sair).

6.5.4 Inversão de Prioridades

Um desafio do scheduling surge quando um processo de prioridade mais alta tem que ler ou modificar dados do kernel que estão sendo correntemente acessados atualmente por um processo de prioridade mais baixa – ou uma cadeia de processos de prioridade mais baixa. Como, geralmente, os dados do kernel são protegidos com um lock, o processo de prioridade mais alta terá que esperar o de prioridade mais baixa terminar de usar o recurso. A situação se torna mais complicada quando o processo de prioridade mais baixa é interceptado em favor de outro processo com prioridade mais alta. Como exemplo, suponha que tenhamos três processos, *L*, *M* e *H*, cujas prioridades seguem a ordem *L* < *M* < *H*. Suponha que o processo *H* precise do recurso *R*, que está sendo correntemente acessado pelo processo *L*. Normalmente, o processo *H* esperaria *L* terminar de usar o recurso *R*. No entanto, suponha agora que o processo *M* se torne executável, interceptando assim o processo *L*. Indiretamente, um processo com prioridade mais baixa – o processo *M* – influenciou o tempo que o processo *H* deve esperar *L* abandonar o recurso *R*.

A INVERSÃO DE PRIORIDADES E A MARS PATHFINDER

A inversão de prioridades pode ser mais do que uma inconveniência de scheduling. Em sistemas com rígidas restrições de tempo (como os sistemas de tempo real), a inversão de prioridades pode fazer com que um processo demore mais do que deveria para executar uma tarefa. Quando isso acontece, outras falhas podem ser geradas em cascata, resultando em falha no sistema.

Considere a Mars Pathfinder, uma sonda espacial da NASA de 1997 que desembarcou um robô, o veículo Sojourner, em Marte para conduzir experimentos. Um pouco depois que o Sojourner começou a operar, passou a vivenciar reinicializações frequentes do computador. Cada reinicialização ligava novamente todo o hardware e software, inclusive as comunicações. Se o problema não tivesse sido resolvido, o Sojourner teria falhado em sua missão.

O problema foi causado porque uma tarefa de prioridade alta, "bc_dist", estava demorando mais do que o esperado para executar seu trabalho. Essa tarefa estava sendo forçada a esperar um recurso compartilhado que estava ocupado com a tarefa de prioridade mais baixa "ASI/MET" que, por sua vez, foi interceptada por várias tarefas de prioridade média. A tarefa "bc_dist" ficou bloqueada esperando o recurso compartilhado e, por fim, a tarefa "bc_sched" descobriu o problema e executou a reinicialização. O Sojourner estava sofrendo de um caso típico de inversão de prioridades.

O sistema operacional do Sojourner era o VxWorks que tinha uma variável global para ativar a herança de prioridades em todos os semáforos. Após testes, a variável foi posicionada no Sojourner (em Marte!) e o problema foi resolvido.

Uma descrição completa do problema de inversão de prioridades, sua detecção e sua solução foi relatada pelo líder da equipe de software e está disponível em research.microsoft.com/mbj/Mars_Pathfinder/Authoritative_Account.html.

Esse problema é conhecido como ***inversão de prioridades***. Ele só ocorre em sistemas com mais de duas prioridades, portanto, uma solução é o uso de apenas duas prioridades. Entretanto, isso é insuficiente para a maioria dos sistemas operacionais de uso geral. Normalmente, esses sistemas resolvem o problema implementando um ***protocolo de herança de prioridades***. De acordo com esse protocolo, todos os processos que estão acessando recursos requeridos por um processo de prioridade mais alta, herdam a prioridade mais alta até terem terminado de usar os recursos em questão. Quando terminam de usá-los, suas prioridades voltam aos valores originais. No exemplo acima, um protocolo de herança de prioridades permitiria que o processo L herdasse temporariamente a prioridade do processo H, impedindo assim que o processo M interceptasse sua execução. Quando o processo L terminasse de usar o recurso R, abandonaria a prioridade herdada de H e assumiria sua prioridade original. Agora o recurso R estaria disponível e o processo H – e não M – seria executado em seguida.

6.6 Problemas Clássicos de Sincronização

Nesta seção, apresentamos vários problemas de sincronização como exemplos de uma grande classe de problemas de controle de concorrência. Esses problemas são usados no teste de quase todo novo esquema de sincronização proposto. Em nossas soluções para os problemas, usamos semáforos para sincronização.

6.6.1 O Problema do Buffer Limitado

O *problema do buffer limitado* foi introduzido na Seção 6.1; normalmente, ele é usado para ilustrar o poder das primitivas de sincronização. Aqui, apresentamos uma estrutura geral desse esquema sem nos prender a nenhuma implementação específica; fornecemos um projeto de programação relacionado nos exercícios do fim do capítulo.

Supomos que o pool é composto por n buffers, cada um podendo conter um item. O semáforo `mutex` fornece exclusão mútua para acessos ao pool de buffers e é inicializado com o valor 1. Os semáforos `empty` e `full` contam a quantidade de buffers vazios e cheios. O semáforo `empty` é inicializado com o valor `n`; o semáforo `full` é inicializado com o valor 0.

O código do processo produtor é mostrado na Figura 6.10; o código do processo consumidor é mostrado na Figura 6.11.

```
do {
    . . .
    //produz um item em nextp
    . . .
    wait(empty);
    wait(mutex);
    . . .
    //adiciona nextp ao buffer
    . . .
    signal(mutex);
    signal(full);
} while (TRUE);
```

Figura 6.10 A estrutura do processo produtor.

Observe a simetria entre o produtor e o consumidor. Podemos interpretar esse código como o produtor produzindo buffers cheios para o consumidor ou o consumidor produzindo buffers vazios para o produtor.

```
do {
    wait(full);
    wait(mutex);
    . . .
    //transfere um item do buffer para nextc
    . . .
    signal(mutex);
    signal(empty);
    . . .
    //consome o item em nextc
} while (TRUE);
```

Figura 6.11 A estrutura do processo consumidor.

6.6.2 O Problema dos Leitores-Gravadores

Suponha que um banco de dados seja compartilhado por vários processos concorrentes. Alguns desses processos podem querer apenas ler o banco de dados, enquanto outros podem querer atualizá-lo (ou seja, ler e gravar). Distinguimos esses dois tipos de processos chamando os primeiros de **leitores** e os últimos de **gravadores**. É claro que se dois leitores acessarem os dados compartilhados simultaneamente, não haverá efeito adverso. No entanto, se um gravador e algum outro processo (um leitor ou um gravador) acessarem o banco de dados simultaneamente, pode resultar em caos.

Para garantir que não surjam essas dificuldades, é preciso que os gravadores tenham acesso exclusivo ao banco de dados compartilhado ao gravarem nele. Esse problema de sincronização é chamado de *problema dos leitores-gravadores*. Desde que foi definido, ele tem sido usado no teste de quase todas as primitivas novas de sincronização. O problema dos leitores-gravadores tem diversas variações, todas envolvendo prioridades. A mais simples, chamada de *primeiro* problema dos leitores-gravadores, requer que nenhum leitor seja mantido em espera a menos que um gravador já tenha obtido permissão para usar o objeto compartilhado. Em outras palavras, nenhum leitor deve esperar outros leitores terminarem simplesmente porque um gravador está esperando. O *segundo* problema dos leitores-gravadores requer que, uma vez que um gravador esteja pronto, esse gravador execute sua gravação assim que possível. Em outras palavras, se um gravador está esperando para acessar o objeto, nenhum leitor novo pode começar a ler.

Uma solução para qualquer um dos dois problemas pode resultar em inanição. No primeiro caso, os gravadores podem entrar em inanição; no segundo caso, os leitores podem entrar em inanição. Portanto, outras variantes do problema têm sido propostas. A seguir, apresentamos uma solução para o primeiro problema dos leitores-gravadores. Consulte as notas bibliográficas no fim do capítulo para referências que descrevam soluções livres de inanição para o segundo problema dos leitores-gravadores.

Na solução para o primeiro problema dos leitores-gravadores, os processos leitores compartilham as estruturas de dados a seguir:

```
semaphore mutex, wrt;
int readcount;
```

Os semáforos `mutex` e `wrt` são inicializados com 1; `readcount` é inicializada com 0. O semáforo `wrt` é comum a processos leitores e gravadores. O semáforo `mutex` é usado para assegurar a exclusão mútua quando a variável `readcount` é atualizada. A variável `readcount` registra quantos processos estão lendo correntemente o objeto. O semáforo `wrt` funciona como um semáforo de exclusão mútua para os gravadores. Ele também é usado pelo primeiro ou último leitor que entra ou sai da seção crítica. Ele não é usado por leitores que entram ou saem enquanto outros leitores estão em suas seções críticas.

O código para um processo gravador é mostrado na Figura 6.12; o código para um processo leitor é mostrado na Figura 6.13. Observe que, se um gravador está na seção crítica e *n* leitores estão esperando, um leitor é enfileirado em `wrt` e *n* – 1 leitores são enfileirados em `mutex`. Observe também que, quando um gravador executa `signal(wrt)`, podemos retomar a execução dos leitores em espera ou de um único gravador em espera. A seleção é feita pelo scheduler.

```
do {
   wait(wrt);
      . . .
   // a gravação é executada
      . . .
   signal(wrt);
} while (TRUE);
```

Figura 6.12 A estrutura de um processo gravador.

O problema dos leitores-gravadores e suas soluções tem sido generalizado para fornecer locks de **leitor-gravador** em alguns sistemas. A aquisição de um lock de leitor-gravador requer a especificação da modalidade do lock: de acesso à *leitura* ou à *gravação*. Quando um processo só deseja ler dados compartilhados, ele solicita o lock de leitor-gravador em modalidade de leitura; um processo que queira modificar os dados compartilhados deve solicitar o lock em modalidade de gravação. Vários processos podem adquirir concorrentemente um lock de leitor-gravador em modalidade de leitura, mas só um processo pode adquirir o lock para gravação, pois o acesso exclusivo é requerido para gravadores.

```
do {
   wait(mutex);
   readcount++;
   if (readcount == 1)
      wait(wrt);
   signal(mutex);
      . . .
   // a leitura é executada
      . . .
   wait(mutex);
   readcount--;
   if (readcount == 0)
      signal(wrt);
   signal(mutex);
} while (TRUE);
```

Figura 6.13 A estrutura de um processo leitor.

Os locks de leitor-gravador são mais úteis nas situações a seguir:

- Em aplicações em que é fácil identificar que processos apenas leem dados compartilhados e que processos apenas gravam dados compartilhados.
- Em aplicações que têm mais leitores do que gravadores. Isso ocorre porque, geralmente, os locks de leitor-gravador demandam mais overhead para serem estabelecidos do que semáforos ou locks de exclusão mútua. O aumento da concorrência por serem permitidos vários leitores compensa o overhead envolvido no estabelecimento do lock de leitor-gravador.

6.6.3 O Problema dos Filósofos Comensais

Considere cinco filósofos que passam suas vidas pensando e comendo. Os filósofos compartilham uma mesa circular rodeada por cinco cadeiras, cada uma pertencendo a um deles. No centro da mesa está uma tigela de arroz e a mesa foi posta com cinco chopsticks (pauzinhos usados para comer na cozinha chinesa e japonesa, *hashi*) individuais (Figura 6.14). Quando um filósofo pensa, ele não interage com seus colegas. Periodicamente, um filósofo fica com fome e tenta pegar os dois chopsticks que estão mais próximos dele (os chopsticks que estão entre ele e seus vizinhos da esquerda e direita). Um filósofo pode pegar somente um chopstick de cada vez. É claro que ele não pode pegar um chopstick que já está na mão de um vizinho. Quando um filósofo faminto está com seus dois chopsticks ao mesmo tempo, ele come sem largá-los. Quando termina de comer, larga seus dois chopsticks e começa a pensar novamente.

O *problema dos filósofos comensais* é considerado um problema clássico de sincronização, não por causa de sua importância prática ou porque os cientistas da computação não gostam de filósofos, mas porque é um exemplo de uma grande classe de problemas de controle de concorrência. É uma representação simples da necessidade de alocação de vários recursos entre muitos processos de uma maneira livre de deadlocks e de inanição.

Figura 6.14 A situação dos filósofos comensais.

Uma solução simples é representar cada chopstick com um semáforo. Um filósofo tenta pegar um chopstick executando uma operação `wait()` nesse semáforo; ele libera seus chopsticks executando a operação `signal()` nos semáforos apropriados. Portanto, os dados compartilhados são

```
semaphore chopstick[5];
```

em que todos os elementos de `chopstick` são inicializados com 1. A estrutura do filósofo i é mostrada na Figura 6.15.

Embora essa solução garanta que dois vizinhos não comam simultaneamente, ela deve ser rejeitada porque poderia criar um deadlock. Suponha que todos os cinco filósofos fiquem com fome simultaneamente e cada um pegue seu chopstick esquerdo. Agora, todos os elementos de `chopstick` são iguais a 0. Quando cada filósofo tenta pegar seu chopstick direito, fica em estado de suspensão indefinidamente.

```
do {
    wait(chopstick[i]);
    wait(chopstick[(i+1) % 5]);
    . . .
    // come
    . . .
    signal(chopstick[i]);
    signal(chopstick[(i+1) % 5]);
    . . .
    // pensa
    . . .
} while (TRUE);
```

Figura 6.15 A estrutura do filósofo i.

- Várias soluções possíveis para o problema do deadlock são listadas a seguir.
- Permitir no máximo quatro filósofos sentados à mesa simultaneamente.
- Permitir que um filósofo pegue seus chopsticks apenas se os dois chopsticks estão disponíveis (para fazer isso, ele deve pegá-los em uma seção crítica).
- Usar uma solução assimétrica; isto é, um filósofo ímpar pega primeiro seu chopstick esquerdo e, então, seu chopstick direito enquanto um filósofo par pega seu chopstick direito e, então, seu chopstick esquerdo.

Na Seção 6.7, apresentamos uma solução para o problema dos filósofos comensais que assegura a inexistência de deadlocks. Observe, no entanto, que qualquer solução satisfatória para o problema dos filósofos comensais deve impedir a possibilidade de que um dos filósofos morra de fome. Uma solução livre de deadlocks não elimina necessariamente a possibilidade de inanição.

6.7 Monitores

Embora os semáforos forneçam um mecanismo conveniente e eficaz para a sincronização de processos, usá-los incorretamente pode resultar em erros de timing difíceis de detectar, já que esses erros só acontecem quando algumas sequências de execução específicas ocorrem e essas sequências nem sempre ocorrem.

Vimos um exemplo desses erros no uso de contadores em nossa solução para o problema produtor-consumidor (Seção 6.1). Nesse exemplo, o problema de timing só ocorria raramente e, mesmo quando ocorria, o valor do contador parecia ser razoável – com uma diferença de apenas 1 unidade. No entanto, é claro que não se trata de uma solução aceitável. É por isso que os semáforos foram introduzidos.

Infelizmente, esses erros de timing também podem ocorrer quando os semáforos são usados. Para ilustrar como, recapitulamos a solução com semáforos para o problema da seção crítica. Todos os processos compartilham uma variável semáforo `mutex`, que é inicializada com 1. Cada processo deve executar `wait(mutex)` antes de entrar na seção crítica e `signal(mutex)` depois. Se essa sequência não for seguida, dois processos podem estar em suas seções críticas simultaneamente. A seguir, examinamos as diversas dificuldades que podem surgir. Observe que essas dificuldades surgirão mesmo se um *único* processo não se comportar adequadamente. Essa situação pode ser causada por um erro de programação inocente ou por um programador não cooperativo.

- Suponha que um processo troque a ordem em que as operações `wait()` e `signal()` são executadas no semáforo `mutex`, resultando na execução a seguir:

```
signal(mutex);
    ...
    seção crítica
    ...
wait(mutex);
```

Nessa situação, vários processos podem estar sendo executados em suas seções críticas simultaneamente, violando o requisito de exclusão mútua. Esse erro só será descoberto se vários processos estiverem ativos simultaneamente em suas seções críticas. Observe que esse cenário pode ser de difícil reprodução.

- Suponha que um processo substitua `signal(mutex)` por `wait(mutex)`. Ou seja, ele executa

```
wait(mutex);
    ...
    seção crítica
    ...
wait(mutex);
```

Nesse caso, ocorrerá um deadlock.

- Suponha que um processo omita `wait(mutex)`, `signal(mutex)` ou as duas operações. Nesse caso, a exclusão mútua é violada ou ocorre um deadlock.

Esses exemplos ilustram que vários tipos de erros podem ser gerados facilmente quando os programadores usam semáforos incorretamente para resolver o problema da seção crítica. Problemas semelhantes podem surgir nos outros modelos de sincronização discutidos na Seção 6.6.

Para lidar com esses erros, os pesquisadores desenvolveram construtores de linguagens de alto nível. Nesta seção, descrevemos um construtor básico de sincronização de alto nível – o tipo **monitor**.

6.7.1 Uso

Um *tipo de dado abstrato* – ou ADT (*abstract data type*) – encapsula dados privados com métodos públicos para operar sobre esses dados. Um *tipo monitor* é um ADT que apresenta um conjunto de operações definidas pelo programador que fornece exclusão mútua dentro do monitor. O tipo monitor também contém a declaração de variáveis cujos valores definem o estado de uma instância desse tipo, junto com os corpos de procedimentos ou funções que executam operações com essas variáveis. A sintaxe de um tipo monitor é mostrada na Figura 6.16. A representação de um tipo monitor não pode ser usada diretamente pelos diversos processos. Portanto, um procedimento definido dentro de um monitor só pode acessar as variáveis declaradas localmente dentro do monitor e seus parâmetros formais. Da mesma forma, as variáveis locais de um monitor só podem ser acessadas pelos procedimentos locais.

O construtor monitor assegura que somente um processo de cada vez fique ativo dentro do monitor. Consequentemente, o programador não precisa codificar essa restrição de sincronização explicitamente (Figura 6.17). No entanto, o construtor monitor, como definido até agora, não é suficientemente poderoso para a modelagem de alguns esquemas de sincronização. Para esse fim, temos que definir mecanismos de sincronização adicionais. Esses mecanismos são fornecidos pelo construtor `condition`. Um programador que precisar de um esquema de sincronização personalizado pode definir uma ou mais variáveis do tipo *condition*:

```
condition x, y;
```

```
monitor nome do monitor
{
    // declarações de variáveis compartilhadas
    procedimento P1 ( . . . ) {
        . . .
    }
    procedimento P2 ( . . . ) {
        . . .
    }
        .
        .
        .
    procedimento Pn ( . . . ) {
        . . .
    }
    código de inicialização ( . . . ) {
        . . .
    }
}
```

Figura 6.16 Sintaxe de um monitor.

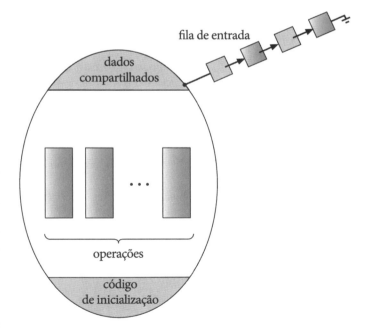

Figura 6.17 Visão esquemática de um monitor.

As únicas operações que podem ser chamadas em uma variável `condition` são `wait()` e `signal()`. A operação

```
x.wait();
```

significa que o processo que a está chamando está suspenso até que outro processo a chame

$$x.signal();$$

A operação x.signal() retoma exatamente um único processo suspenso. Se nenhum processo estiver suspenso, a operação signal() não tem efeito; isto é, o estado de x permanece o mesmo como se a operação nunca tivesse sido executada (Figura 6.18). Compare essa operação com a operação signal() associada aos semáforos que sempre afeta o estado do semáforo.

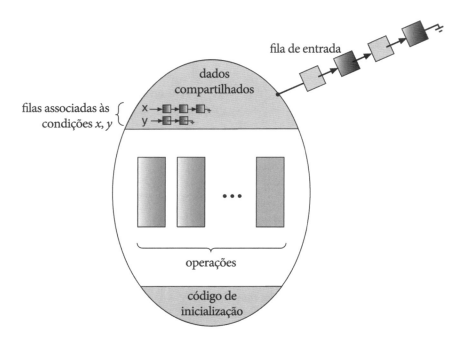

Figura 6.18 Monitor com variáveis de condição.

Agora, suponha que haja um processo Q suspenso associado à condição x quando a operação x.signal() é invocada por um processo P. É claro que se o processo Q suspenso puder retomar sua execução, o processo P emissor do sinal terá que esperar. Caso contrário, tanto P quanto Q ficariam ativos simultaneamente dentro do monitor. Observe, no entanto, que conceitualmente os dois processos podem continuar com sua execução. Existem duas possibilidades:

1. **Sinaliza e espera.** P espera até Q deixar o monitor ou espera outra condição.
2. **Sinaliza e continua.** Q espera até P deixar o monitor ou espera outra condição.

Há argumentos consideráveis em favor da adoção de qualquer uma das opções. Por um lado, como P já estava sendo executado no monitor, o método *sinaliza e continua* parece mais razoável. Por outro, se permitirmos que o thread P continue, então, quando Q for retomado, a condição lógica que Q estava esperando pode não existir mais. Um compromisso entre essas duas opções foi adotado na linguagem Concurrent Pascal. Quando o thread P executa a operação de sinalização, ele deixa imediatamente o monitor. Assim, Q é retomado imediatamente.

Muitas linguagens de programação incorporaram a ideia do monitor como descrito nesta seção, inclusive Concurrent Pascal, Mesa, C# (pronuncia-se *C-sharp*) e Java. Outras linguagens – como Erlang – fornecem algum tipo de suporte à concorrência usando um mecanismo semelhante.

6.7.2 Solução para o Problema dos Filósofos Comensais com o Uso de Monitores

A seguir, ilustramos conceitos relacionados aos monitores apresentando uma solução livre de deadlocks para o problema dos filósofos comensais. Essa solução impõe a restrição de que um filósofo só possa pegar seus chopsticks se os dois estiverem disponíveis. Para codificá-la, temos que diferenciar três estados em que podemos encontrar um filósofo. Para esse fim, introduzimos a estrutura de dados abaixo:

```
enum {THINKING, HUNGRY, EATING} state[5];
```

O filósofo i só pode definir a variável state[i] EATING se seus dois vizinhos não estiverem comendo: (state[(i+4) % 5] != EATING) e (state[(i+1) % 5] != EATING).

Também temos que declarar:

```
condition self[5];
```

em que o filósofo i pode se manter esperando quando estiver com fome e não puder obter os chopsticks que precisa.

Agora, estamos prontos para descrever nossa solução para o problema dos filósofos comensais. A distribuição dos chopsticks é controlada pelo monitor `DiningPhilosophers`, cuja definição é mostrada na Figura 6.19. Antes de começar a comer, cada filósofo deve chamar a operação `pickup()`. Esse ato pode resultar na suspensão do processo do filósofo. Após a conclusão bem-sucedida da operação, o filósofo pode comer. Depois disso, o filósofo chama a operação `putdown()`. Portanto, o filósofo *i* deve chamar as operações `pickup()` e `putdown()` na sequência a seguir:

```
DiningPhilosophers.pickup(i);
    ...
    come
    ...
DiningPhilosophers.putdown(i);
```

É fácil mostrar que essa solução assegura que dois vizinhos não comam simultaneamente e que nenhum deadlock ocorra. Observamos, no entanto, que é possível que um filósofo morra de inanição. Não apresentamos uma solução para esse problema e a deixamos como um exercício para você.

```
monitor dp
{
    enum {THINKING, HUNGRY, EATING} state[5];
    condition self[5];

    void pickup(int i) {
        state[i] = HUNGRY;
        test(i);
        if (state[i] != EATING)
            self[i].wait();
    }

    void putdown(int i) {
        state[i] = THINKING;
        test((i + 4) % 5);
        test((i + 1) % 5);
    }

    void test(int i) {
        if ((state[(i + 4) % 5] != EATING) &&
            (state[i] == HUNGRY) &&
            (state[(i + 1) % 5] != EATING)) {
                state[i] = EATING;
                self[i].signal();
        }
    }

    initialization_code() {
        for (int i = 0; i < 5; i++)
            state[i] = THINKING;
    }
}
```

Figura 6.19 Uma solução com monitor para o problema dos filósofos comensais.

6.7.3 Implementando um Monitor Usando Semáforos

Agora, consideramos uma implementação possível do mecanismo de monitor usando semáforos. Um semáforo `mutex` (inicializado com 1) é fornecido para cada monitor. Um processo deve executar `wait(mutex)` antes de entrar no monitor e `signal(mutex)` após deixar o monitor.

Já que um processo sinalizador deve aguardar até o processo retomado sair ou esperar, um semáforo adicional, `next`, é introduzido, inicializado com 0. Os processos sinalizadores podem usar `next` para entrar em suspensão. Uma variável inteira `next_count` também é fornecida para contar quantos processos estão suspensos em `next`. Portanto, cada procedimento externo F é substituído por

```
wait(mutex);
    ...
    corpo de F
    ...
if (next_count > 0)
    signal(next);
else
    signal(mutex);
```

A exclusão mútua dentro de um monitor é assegurada.

Podemos descrever agora como as variáveis de condição são implementadas. Para cada condição x, introduzimos um semáforo `x_sem` e uma variável inteira `x_count`, ambos inicializados com 0. Assim a operação `x.wait()` pode ser implementada como

```
x_count++;
if (next_count > 0)
    signal(next);
else
    signal(mutex);
wait(x_sem);
x_count--;
```

A operação `x.signal()` pode ser implementada como

```
if (x_count > 0) {
    next_count++;
    signal(x_sem);
    wait(next);
    next_count--;
}
```

Essa implementação é aplicável às definições de monitores fornecidas tanto por Hoare quanto por Brinch-Hansen. Em alguns casos, no entanto, a generalidade da implementação é desnecessária e uma melhoria significativa na eficiência é possível. Deixamos esse problema para você resolver no Exercício 6.25.

6.7.4 Retomando Processos Dentro de um Monitor

Agora, nos voltamos para a ordem de retomada de processos dentro de um monitor. Se vários processos estão suspensos na condição x e uma operação x.signal() é executada por algum processo, como determinar qual dos processos suspensos deve ser retomado a seguir? Uma solução simples é usar uma ordem FCFS para que o processo que esperou por mais tempo seja retomado primeiro. Em muitas circunstâncias, no entanto, um esquema de scheduling tão simples não é adequado. O construtor de *espera condicional* pode ser usado para esse fim; ele tem a forma

```
x.wait(c);
```

em que c é uma expressão inteira que é avaliada quando a operação wait() é executada. O valor de c que é chamado de *número de prioridade*, é então armazenado com o nome do processo que está suspenso. Quando x.signal() é executada, o processo com o número de prioridade mais baixo é retomado em seguida.

```
monitor ResourceAllocator
{
  boolean busy;
  condition x;

  void acquire(int time) {
    if (busy)
      x.wait(time);
    busy = TRUE;
  }

  void release() {
    busy = FALSE;
    x.signal();
  }

  initialization_code() {
    busy = FALSE;
  }
}
```

Figura 6.20 Um monitor para a locação de um único recurso.

Para ilustrar esse novo mecanismo, considere o monitor ResourceAllocator mostrado na Figura 6.20 que controla a alocação de um único recurso entre processos competidores. Ao solicitar uma alocação desse recurso, cada processo especifica o tempo máximo em que planeja usá-lo. O monitor aloca o recurso para o processo que tem a solicitação de alocação de tempo mais curta. Um processo que precisar acessar o recurso em questão deve seguir a sequência abaixo:

```
R.acquire(t);
    ...
  acessa o recurso
    ...
R.release();
```

em que R é uma instância do tipo ResourceAllocator.

Infelizmente, o conceito de monitor não garante que a sequência de acesso anterior seja seguida. Especificamente, os seguintes problemas podem ocorrer:

- Um processo pode acessar um recurso sem antes obter permissão para acessá-lo.
- Um processo pode nunca liberar um recurso uma vez que tiver obtido acesso a ele.
- Um processo pode tentar liberar um recurso que nunca solicitou.
- Um processo pode solicitar o mesmo recurso duas vezes (sem liberá-lo antes).

As mesmas dificuldades são encontradas com o uso de semáforos e elas têm natureza semelhante às que nos encorajaram a desenvolver o construtor monitor. Anteriormente, tínhamos que nos preocupar com o uso correto dos semáforos. Agora, temos que nos preocupar com o uso correto de operações de alto nível definidas pelo programador, com as quais o compilador não pode mais nos ajudar.

Uma solução possível para o problema corrente é a inclusão das operações de acesso a recursos dentro do monitor ResourceAllocator. No entanto, o uso dessa solução significa que o scheduling será feito de acordo com o algoritmo de scheduling interno do monitor e não com o algoritmo que codificamos.

Para assegurar que os processos sigam as sequências apropriadas, devemos inspecionar todos os programas que fazem uso do monitor ResourceAllocator e do recurso que ele gerencia. Devemos verificar duas condições para estabelecer a precisão do sistema. Em primeiro lugar, os processos de usuário devem sempre fazer suas chamadas no monitor em uma sequência correta. Em segundo lugar, devemos ter certeza de que um processo não cooperativo não ignore simplesmente a restrição de exclusão mútua fornecida pelo monitor e tente acessar o recurso compartilhado diretamente, sem usar os protocolos de acesso. Só se essas duas condições puderem ser asseguradas poderemos garantir que não ocorrerão erros dependentes do tempo e que o algoritmo de scheduling não será desrespeitado.

Embora essa inspeção seja possível em um sistema estático pequeno, não é aceitável em um sistema grande ou em um sistema dinâmico. Esse problema de controle de acesso só pode ser resolvido através do uso de mecanismos adicionais que são descritos no Capítulo 13.

6.8 Exemplos de Sincronização

A seguir, descrevemos os mecanismos de sincronização fornecidos pelos sistemas operacionais Solaris, Windows e Linux, assim como pela API Pthreads. Selecionamos esses três sistemas operacionais porque eles fornecem bons exemplos de diferentes abordagens para a sincronização do kernel e incluímos a API Pthreads porque ela é muito usada na criação e sincronização de threads por desenvolvedores em sistemas UNIX e Linux. Como você verá nesta seção, os métodos de sincronização disponíveis nesses diferentes sistemas variam de maneiras sutis e significativas.

MONITORES JAVA

Java fornece um mecanismo de concorrência semelhante ao monitor para a sincronização de threads. Todo objeto em Java tem um único lock associado a ele. Quando um método é declarado como `synchronized`, sua chamada requer a posse do lock para o objeto. Declaramos um método como `synchronized` inserindo a palavra-chave `synchronized` em sua definição. Por exemplo, o código a seguir define `safeMethod()` como `synchronized`:

```
public class SimpleClass {
. . .
    public synchronized void safeMethod() {
     /* Implementação de safeMethod() */
. . .
    }
}
```

Agora, suponha que criássemos uma instância do objeto de `SimpleClass`, como em:

```
SimpleClass sc = new SimpleClass();
```

A chamada do método `sc.safeMethod()` requer a posse do lock para a instância do objeto `sc`. Se o lock já estiver em posse de outro thread, o thread que chamou o método `synchronized` é bloqueado e inserido no **conjunto de entradas** do lock do objeto. O conjunto de entradas representa o conjunto de threads que estão esperando o lock ficar disponível. Se o lock estiver disponível quando um método `synchronized` é chamado, o thread chamador se torna o proprietário do lock do objeto e pode entrar no método. O lock é liberado quando o thread sai do método; um thread do conjunto de entradas é então selecionado como o novo proprietário do lock.

Java também fornece os métodos `wait()` e `notify()` que têm funções semelhantes aos comandos `wait()` e `signal()` de um monitor. A versão 1.5 da linguagem Java fornece suporte de API para semáforos, variáveis de condição e locks mutex (entre outros mecanismos de concorrência) no pacote `java.util.concurrent`.

6.8.1 Sincronização no Solaris

Para controlar o acesso a seções críticas, o Solaris fornece mutexes adaptativos, variáveis de condição, semáforos, locks de leitor-gravador e roletas (turnstiles). O Solaris implementa semáforos e variáveis de condição essencialmente da mesma forma em que eles são apresentados nas Seções 6.5 e 6.7. Nesta seção, descrevemos os mutexes adaptativos, os locks de leitor-gravador e as roletas.

O *mutex adaptativo* protege o acesso a todos os itens de dados críticos. Em um sistema com vários processadores, o mutex adaptativo começa como um semáforo padrão implementado na forma de um spinlock. Se os dados estiverem trancados (submetidos a um lock) e, portanto, já em uso, o mutex adaptativo faz uma entre duas coisas. Se o lock é mantido por um thread em execução corrente em outra CPU, o thread entra em loop enquanto espera o lock ficar disponível porque o thread que mantém o lock deve terminar em breve. Se o thread que mantém o lock não está em execução corrente, o thread é bloqueado, entrando em suspensão até ser ativado pela liberação do lock. Ele é colocado em suspensão para não entrar em um loop enquanto espera já que o lock não será liberado tão cedo. Um lock mantido por um thread em suspensão pode estar nessa categoria. Em um sistema com um único processador, o thread que mantém o lock nunca é executado se o lock está sendo testado por outro thread, porque só um thread pode ser executado de cada vez. Portanto, nesse tipo de sistema, os threads sempre entram em suspensão em vez de entrarem em loop quando encontram um lock.

O Solaris usa o método do mutex adaptativo para proteger apenas os dados que são acessados por segmentos de código curtos. Isto é, um mutex é usado se um lock for mantido por menos do que algumas centenas de instruções. Quando o segmento de código é maior do que isso, o método de aguardar em loop é excessivamente ineficaz. Para esses segmentos de código mais longos, são usados variáveis de condição e semáforos. Se o lock desejado já está em uso, o thread emite um comando `wait` e entra em suspensão. Quando um thread libera o lock, ele emite um sinal para o próximo thread em suspensão na fila. O custo adicional de se colocar um thread em suspensão e ativá-lo, e das mudanças de contexto associadas, é menor do que o custo de desperdiçar várias centenas de instruções aguardando em um spinlock.

Os locks de leitor-gravador são usados para proteger dados que são acessados frequentemente, mas que costumam ser acessados apenas para leitura. Nessas circunstâncias, os locks de leitor-gravador são mais eficientes do que os semáforos porque vários threads podem ler dados concorrentemente, enquanto os semáforos sempre serializam o acesso aos dados. Os locks de leitor-gravador são de implementação relativamente dispendiosa, portanto, só são usados em longas seções de código.

O Solaris usa roletas para ordenar a lista de threads que estão esperando para adquirir um mutex adaptativo ou um lock de leitor-gravador. **Roleta** é uma estrutura de fila que contém os threads que estão travados em um lock. Por exemplo, se um thread possui correntemente o lock para um objeto sincronizado, todos os outros threads que tentarem adquirir o lock ficarão travados e entrarão na roleta para esse lock. Quando o lock é liberado, o kernel seleciona um thread na roleta como o próximo proprietário do lock. Cada objeto sincronizado com pelo menos um thread travado no lock do objeto precisa de uma roleta separada. No entanto, em vez de associar uma roleta a cada objeto sincronizado, o Solaris fornece a cada thread do kernel sua própria roleta. Já que um thread só pode ser bloqueado em um objeto de cada vez, isso é mais eficiente do que haver uma roleta para cada objeto.

A roleta para o primeiro thread a ser bloqueado em um objeto sincronizado passa a ser a roleta para o próprio objeto. Threads que forem travados subsequentemente no lock serão adicionados a essa roleta. Quando o thread inicial finalmente libera o lock, ele ganha uma nova roleta proveniente de uma lista de roletas disponíveis mantida pelo kernel. Para evitar uma inversão de prioridades, as roletas são organizadas de acordo com um **protocolo de herança de prioridades.** Isso significa que se um thread de prioridade mais baixa possuir correntemente um lock em que um thread de prioridade mais alta está travado, o thread com a prioridade mais baixa herdará temporariamente a prioridade do thread de prioridade mais alta. Quando o lock for liberado, o thread voltará à sua prioridade original.

É bom ressaltar que os mecanismos de trancamento (locking) usados pelo kernel também são implementados para threads de nível de usuário, portanto, os mesmos tipos de locks estão disponíveis dentro e fora do kernel. Uma diferença crucial de implementação é o protocolo de herança de prioridades. As rotinas de lock do kernel adotam os métodos de herança de prioridades usados pelo scheduler; os mecanismos de locks de threads de nível de usuário não fornecem essa funcionalidade.

Para otimizar o desempenho do Solaris, os desenvolvedores têm aprimorado e ajustado os métodos de trancamento (locking). Devido ao fato de que os locks são usados com frequência e, normalmente, são empregados em funções cruciais do kernel, um ajuste em sua implementação e uso pode produzir excelentes melhorias no desempenho.

6.8.2 Sincronização no Windows XP

O sistema operacional Windows é um kernel com vários threads que dá suporte a aplicações de tempo real e múltiplos processadores. Quando o kernel do Windows acessa um recurso global em um sistema com um único processador, ele mascara temporariamente as interrupções de todos os manipuladores de interrupções que também possam acessar o recurso global. Em um sistema com vários processadores, o Windows protege o acesso a recursos globais usando spinlocks. Como no Solaris, o kernel só usa spinlocks para proteger segmentos de código curtos. Além disso, por questões de eficiência, o kernel assegura que um thread nunca seja interceptado enquanto mantiver um spinlock.

Para a sincronização de threads fora do kernel, o Windows fornece **objetos despachantes**. Quando um objeto despachante é usado, os threads são sincronizados de acordo com vários mecanismos diferentes, inclusive mutexes, semáforos, eventos e timers. O sistema protege dados compartilhados demandando que o thread obtenha a posse de um mutex para acessar os dados e a libere quando terminar. Os semáforos se comportam como descrito na Seção 6.5. Os *eventos* são semelhantes às variáveis de condição; isto é, são usados para notificar um thread em espera que uma condição desejada ocorreu. Para concluir, os timers são usados para notificar um (ou mais de um) thread que um período de tempo especificado expirou.

Os objetos despachantes podem estar em estado sinalizado ou não sinalizado. O *estado sinalizado* indica que um objeto está disponível e um thread não será bloqueado ao adquiri-lo. O *estado não sinalizado* indica que um objeto não está disponível e um thread será bloqueado ao tentar adquiri-lo. Ilustramos as transições de estado de um objeto despachante de um lock mutex na Figura 6.21.

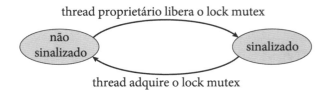

Figura 6.21 Objeto despachante mutex.

Existe um relacionamento entre o estado de um objeto despachante e o estado de um thread. Quando um thread é bloqueado em um objeto despachante não sinalizado, seu estado muda de pronto para em espera e ele é inserido em uma fila de espera desse objeto. Quando o estado do objeto despachante passa para sinalizado, o kernel verifica se algum thread está esperando no objeto. Se estiver, o kernel passa um thread – ou possivelmente mais – do estado de espera para o estado de pronto, onde eles podem retomar a execução. A quantidade de threads que o kernel seleciona na fila de espera depende do tipo de objeto despachante que ele está esperando. O kernel selecionará apenas um thread na fila de espera por um mutex, visto que o objeto mutex só pode ser "possuído" por um único thread. Para um objeto evento, o kernel selecionará todos os threads que estiverem esperando pelo evento.

Podemos usar um lock mutex para ilustrar os objetos despachantes e os estados dos threads. Se um thread tenta adquirir um objeto despachante mutex que está em um estado não sinalizado, esse thread será suspenso e inserido em uma fila de espera do objeto mutex. Quando o mutex passa para o estado sinalizado (porque outro thread liberou o lock no mutex), o thread em espera no início da fila de espera é passado do estado de espera para o estado de pronto e obterá o lock mutex.

Fornecemos um projeto de programação no fim deste capítulo que usa locks mutex e semáforos na API Win32.

6.8.3 Sincronização no Linux

Antes da versão 2.6, o Linux era um kernel sem preempção, o que significa que um processo sendo executado em modalidade de kernel não poderia ser interceptado – mesmo se um processo de prioridade mais alta ficasse disponível para execução. Agora, no entanto, o kernel do Linux é totalmente preemptivo, logo, uma tarefa pode ser interceptada quando estiver sendo executada no kernel.

O kernel do Linux fornece spinlocks e semáforos (assim como versões leitor-gravador desses dois locks) para o trancamento no kernel. Em máquinas SMP, o mecanismo básico de trancamento é um spinlock e o kernel é projetado de modo que o spinlock só é mantido por pouco tempo. Em máquinas com um único processador, o uso de spinlocks é inapropriado e eles são substituídos pela ativação e desativação da preempção no kernel. Isto é, em máquinas com um único processador, em vez de manter um spinlock, o kernel desativa a preempção; e em vez de liberar o spinlock, ele ativa a preempção, como resumido a seguir:

processador único	processadores múltiplos
Desativa a preempção no kernel.	Adquire spinlock.
Ativa a preempção no kernel.	Libera spinlock.

O Linux usa uma abordagem interessante para a desativação e a ativação da preempção no kernel. Ele fornece duas chamadas de sistema simples – `preempt_disable()` e `preempt_enable()` – para a desativação e a ativação da preempção. No entanto, o kernel não é preemptivo quando uma tarefa em modalidade de kernel está mantendo um lock. Para que essa regra seja respeitada, cada tarefa no sistema tem uma estrutura `thread-info` contendo um contador, `preempt-count`, que indica a quantidade de locks que estão sendo mantidos pela tarefa. Quando um lock é adquirido, `preempt_count` é incrementado. Ele é decrementado quando um lock é liberado. Se o valor de `preempt-count` para a tarefa em execução corrente for maior do que zero, não é seguro interceptar o kernel porque essa tarefa mantém um lock. Se a contagem for igual a zero, o kernel pode ser interrompido seguramente (supondo que não haja chamadas pendentes a `preempt-disable()`).

Os spinlocks – junto com a ativação e desativação da preempção no kernel – são usados no kernel somente quando um lock (ou a desativação da preempção do kernel) é mantido por um tempo curto. Quando um lock deve ser mantido por um período mais longo, o uso de semáforos é apropriado.

6.8.4 Sincronização no Pthreads

A API Pthreads fornece locks mutex, variáveis de condição e locks de leitor-gravador para a sincronização de threads. Essa API está disponível para os programadores e não faz parte de nenhum kernel específico. Os locks mutex são a técnica básica de sincronização usada com o Pthreads. Um lock mutex é usado na proteção de seções críticas de código – isto é, um thread adquire o lock antes de entrar em uma seção crítica e o libera quando sai da seção crítica. As variáveis de condição no Pthreads se comportam de maneira semelhante ao descrito na Seção 6.7. Os locks de leitor-gravador se comportam de forma parecida ao mecanismo de locking descrito na Seção 6.6.2. Muitos sistemas que implementam o Pthreads também fornecem semáforos, embora eles não façam parte do padrão Pthreads e, em vez disso, pertençam à extensão POSIX SEM. Outras extensões da API Pthreads incluem os spinlocks, mas nem todas as extensões são consideradas portáveis de uma implementação para outra. Fornecemos um projeto de programação no fim deste capítulo que usa locks mutex e semáforos do Pthreads.

MEMÓRIA TRANSACIONAL

Com o surgimento dos sistemas multicore aumentou a pressão para o desenvolvimento de aplicações multithread que se beneficiam de múltiplos núcleos de processamento. No entanto, as aplicações multithread apresentam maior risco de ocorrência de condições de corrida e deadlocks. Tradicionalmente, técnicas como locks, semáforos e monitores têm sido usadas para resolver essas questões. Mas a **memória transacional** fornece uma estratégia alternativa para o desenvolvimento de aplicações concorrentes sem o uso de threads.

Uma **transação em memória** é uma sequência de operações de leitura-gravação atômicas na memória. Se todas as operações de uma transação são concluídas, a transação em memória é confirmada; caso contrário, as operações devem ser abortadas e revertidas. Os benefícios da memória transacional podem ser obtidos através de recursos adicionados a uma linguagem de programação.

Considere um exemplo. Suponha que tenhamos uma função `update()` que modifique dados compartilhados. Tradicionalmente, essa função seria escrita com o uso de locks como descrito a seguir:

```
update () {
  acquire();
  /* modifica dados compartilhados */
  release();
}
```

No entanto, o uso de mecanismos de sincronização como locks e semáforos envolve muitos problemas em potencial, inclusive deadlocks. Além disso, conforme a quantidade de threads aumenta, o trancamento (locking) tradicional não consegue acompanhar satisfatoriamente.

Como uma alternativa aos métodos tradicionais, novos recursos que se beneficiam da memória transacional podem ser adicionados a uma linguagem de programação. Em nosso exemplo, suponha que adicionemos o construtor `atomic{S}` que assegura que as operações em S sejam

(Continua)

> **MEMÓRIA TRANSACIONAL (Continuação)**
>
> (executadas como uma transação. Isso nos permite reescrever o método `update()` como descrito a seguir:
>
> ```
> update () {
>    atomic {
>        /* modifica dados compartilhados */
>    }
> }
> ```
>
> A vantagem do uso desse mecanismo em vez dos locks é que o sistema de memória transacional — e não o desenvolvedor — é responsável por garantir a atomicidade. Além disso, o sistema pode identificar que comandos em blocos atômicos podem ser executados concorrentemente, como no acesso concorrente para a leitura de uma variável compartilhada. É claro que é possível um programador identificar essas situações e usar locks de leitor-gravador, mas a tarefa se torna cada vez mais difícil à medida que a quantidade de threads em uma aplicação cresce.
>
> A memória transacional pode ser implementada em software ou hardware. A memória transacional de software (STM — *software transactional memory*), como o nome sugere, implementa a memória transacional exclusivamente em software — nenhum hardware especial é necessário. A STM funciona inserindo código de instrumentação dentro de blocos de transação. O código é inserido por um compilador e gerencia cada transação examinando onde os comandos podem ter execução concorrente e onde um locking de baixo nível específico é necessário. A memória transacional de hardware (HTM — *hardware transactional memory*) usa hierarquias de cache de hardware e protocolos de coerência de cache para gerenciar e resolver conflitos envolvendo dados compartilhados que residam em caches de processadores separados. A HTM não requer instrumentação de código especial e, portanto, tem menos overhead do que a STM. No entanto, requer que as hierarquias de cache e os protocolos de coerência de cache existentes sejam modificados para dar suporte à memória transacional.
>
> A memória transacional já existe há vários anos sem ter sido amplamente implementada. Porém, o crescimento dos sistemas multicore e a consequente ênfase dada à programação concorrente motivaram uma quantidade significativa de pesquisas nessa área tanto por parte dos acadêmicos quanto dos fornecedores de hardware, incluindo a Intel e a Sun Microsystems.

6.9 Deadlocks

Em um ambiente de multiprogramação, vários processos podem competir por uma quantidade finita de recursos. Um processo solicita recursos; se os recursos não estão disponíveis naquele momento, o processo entra em estado de espera. Em alguns casos, um processo em espera não consegue mudar novamente de estado porque os recursos que ele solicitou estão mantidos por outros processos em espera. Essa situação é chamada de **deadlock**. Discutimos essa questão brevemente na Seção 6.5.3 junto com os semáforos, mas veremos que os deadlocks podem ocorrer com muitos outros tipos de recursos disponíveis em um sistema de computação.

Talvez, a melhor ilustração de um deadlock possa ser extraída de uma lei outorgada pela legislatura do estado do Kansas no início do século 20. Ela dizia, em parte: "Quando dois trens se aproximam um do outro em um cruzamento, ambos devem parar completamente e nenhum dos dois deve continuar até que o outro passe."

6.9.1 Modelo de Sistema

Um sistema é composto por uma quantidade finita de recursos a serem distribuídos entre vários processos concorrentes. Os recursos são divididos em vários tipos, cada um composto por alguma quantidade de instâncias idênticas. Espaço de memória, ciclos de CPU, arquivos e dispositivos de I/O (como impressoras e unidades de DVD) são exemplos de tipos de recursos. Se um sistema tem duas CPUs, o tipo de recurso *CPU* tem duas instâncias. Da mesma forma, o tipo de recurso *impressora* pode ter cinco instâncias.

Se um processo solicita uma instância de um tipo de recurso, a alocação de *qualquer* instância desse tipo satisfará a solicitação. Se não satisfizer, as instâncias não são idênticas e as classes dos tipos de recursos não foram definidas apropriadamente. Por exemplo, um sistema pode ter duas impressoras. Essas duas impressoras podem ser definidas para estar na mesma classe de recursos se ninguém se preocupar com qual impressora imprime que saída. No entanto, se uma impressora está no nono andar e a outra está no porão, as pessoas no nono andar podem não considerar as duas impressoras como equivalentes e pode ser preciso definir classes de recurso separadas para cada impressora.

Um processo deve solicitar um recurso antes de usá-lo e deve liberar o recurso após usá-lo. O processo pode solicitar quantos recursos precisar para executar sua tarefa. É claro que a quantidade de recursos solicitada não pode exceder a quantidade total de recursos disponível no sistema. Em outras palavras, um processo não pode solicitar três impressoras se o sistema só tem duas.

Sob condições normais de operação, um processo só pode utilizar um recurso na sequência a seguir:

1. **Solicitação.** O processo solicita o recurso. Se a solicitação não pode ser atendida imediatamente (por exemplo, se o recurso está sendo usado por outro processo), o processo solicitante deve esperar até poder adquirir o recurso.
2. **Uso.** O processo pode usar o recurso (por exemplo, se o recurso for uma impressora, o processo pode imprimir na impressora).

3. **Liberação.** O processo libera o recurso.

A solicitação e a liberação de recursos são chamadas de sistema, como explicado no Capítulo 2. Alguns exemplos são as chamadas de sistema de solicitação (`request()`) e liberação (`release()`) de dispositivos, abertura (`open()`) e fechamento (`close()`) de arquivos e alocação (`allocate()`) e liberação (`free()`) da memória. A solicitação e liberação de recursos que não são gerenciadas pelo sistema operacional podem ser executadas através das operações `wait()` e `signal()` dos semáforos ou através da aquisição e liberação de um lock mutex. A cada uso que um processo ou thread faz de um recurso gerenciado pelo kernel, o sistema operacional verifica se o processo solicitou e recebeu o recurso. Uma tabela do sistema registra se cada recurso está livre ou alocado; para cada recurso que está alocado, a tabela também registra o processo para o qual ele foi alocado. Se um processo solicita um recurso que está correntemente alocado para outro processo, ele pode ser adicionado a uma fila de processos que estão esperando esse recurso.

Um conjunto de processos está em estado de deadlock quando cada processo do conjunto está esperando um evento que só pode ser causado por outro processo do conjunto. Os eventos em que estamos mais interessados aqui são a aquisição e a liberação de recursos. Os recursos podem ser físicos (por exemplo, impressoras, drivers, espaço de memória e ciclos de CPU) ou lógicos (por exemplo, arquivos, semáforos e monitores). No entanto, outros tipos de eventos podem resultar em deadlocks (por exemplo, os recursos de IPC discutidos no Capítulo 3).

Para ilustrar um estado de deadlock, considere um sistema com três drives de CD RW. Suponha que cada um entre três processos esteja usando um desses drives. Se, agora, cada processo solicitar outro drive, os três processos entrarão em estado de deadlock. Cada processo está esperando pelo evento "CD RW está liberado" que só pode ser causado por um dos outros processos em espera. Esse exemplo ilustra um deadlock envolvendo o mesmo tipo de recurso.

Os deadlocks também podem envolver tipos de recursos diferentes. Por exemplo, considere um sistema com uma impressora e um drive de DVD. Suponha que o processo P_i esteja usando o DVD e o processo P_j esteja usando a impressora. Se P_i solicitar a impressora e P_j solicitar o drive de DVD, ocorrerá um deadlock.

Um programador que está desenvolvendo aplicações com vários threads deve dar atenção especial a esse problema. Os programas multithread são bons candidatos ao deadlock porque múltiplos threads podem competir por recursos compartilhados.

6.9.2 Caracterização do Deadlock

Em um deadlock, os processos nunca terminam sua execução e os recursos do sistema ficam ocupados, impedindo que outros jobs comecem a ser executados. Antes de discutir os diversos métodos que lidam com esse problema, examinamos mais detalhadamente os aspectos que caracterizam os deadlocks.

DEADLOCK COM LOCKS MUTEX

Vejamos como o deadlock pode ocorrer em um programa Pthread com vários threads que usa locks mutex. A função `pthread_mutex_init()` inicializa um mutex sem lock (destrancado). Os locks mutex são adquiridos e liberados com o uso de `pthread_mutex_lock()` e `pthread_mutex_unlock()`, respectivamente. Se um thread tenta adquirir um mutex com lock, a chamada a `pthread_mutex_lock()` bloqueia o thread até o proprietário do lock mutex chamar `pthread_mutex_unlock()`.

Dois locks mutex são criados no exemplo de código abaixo:

```
/* Cria e inicializa os locks mutex */
pthread_mutex_t first_mutex;
pthread_mutex_t second_mutex;

pthread_mutex_init(&first_mutex,NULL);
pthread_mutex_init(&second_mutex,NULL);
```

Em seguida, dois threads – `thread_one` e `thread_two` – são criados e ambos têm acesso aos dois locks mutex. `thread_one` e `thread_two` são executados nas funções `do_work_one()` e `do_work_two()`, respectivamente, como mostrado na Figura 6.22.

```
/* thread_one é executado nessa função */
void *do_work_one(void *param)
{
  pthread_mutex_lock(&first_mutex);
  pthread_mutex_lock(&second_mutex);
  /**
   * executa alguma tarefa
   */
  pthread_mutex_unlock(&second_mutex);
  pthread_mutex_unlock(&first_mutex);

  pthread_exit(0);
}

/* thread_two é executado nessa função */
void *do_work_two(void *param)
{
  pthread_mutex_lock(&second_mutex);
  pthread_mutex_lock(&first_mutex);
  /**
   * executa alguma tarefa
   */
  pthread_mutex_unlock(&first_mutex);
  pthread_mutex_unlock(&second_mutex);

  pthread_exit(0);
}
```

Figura 6.22 Exemplo de deadlock.

(Continua)

DEADLOCK COM LOCKS MUTEX (Continuação)

Nesse exemplo, `thread_one` tenta adquirir os locks mutex na ordem (1) `first_mutex`, (2) `second_mutex` enquanto `thread_two` tenta adquiri-los na ordem (1) `second_mutex`, (2) `first_mutex`. O deadlock pode ocorrer se `thread_one` adquirir `first_mutex` no momento em que `thread_two` estiver liberando `second_mutex`.

Observe que, mesmo com possibilidade de ocorrer, o deadlock não ocorrerá se `thread_one` puder adquirir e liberar os locks `first_mutex` e `second_mutex` antes de `thread_two` adquiri-los. Esse exemplo ilustra um problema da manipulação de deadlocks: é difícil identificar e procurar deadlocks que só ocorram em certas circunstâncias.

6.9.2.1 Condições necessárias

Uma situação de deadlock pode surgir se as quatro condições a seguir ocorrerem simultaneamente em um sistema:

1. **Exclusão mútua.** Pelo menos um recurso deve ser mantido em modalidade não compartilhável; isto é, apenas um processo de cada vez pode usar o recurso. Se outro processo solicitá-lo, o processo solicitante deve ser adiado até o recurso ter sido liberado.
2. **Posse e espera.** Um processo deve estar de posse de, pelo menos, um recurso e esperando para adquirir recursos adicionais que estejam sendo correntemente usados por outros processos.
3. **Inexistência de preempção.** Os recursos não podem ser interceptados; isto é, um recurso só pode ser liberado voluntariamente pelo processo que o estiver usando, após esse processo ter concluído sua tarefa.
4. **Espera circular.** Deve haver um conjunto $\{P_0, P_1, ..., P_n\}$ de processos em espera de tal modo que P_0 esteja esperando um recurso que está sendo usado por P_1, P_1 esteja esperando um recurso que está sendo usado por P_2, ..., P_{n-1} esteja esperando um recurso que está sendo usado por P_n e P_n esteja esperando um recurso usado por P_0.

Enfatizamos que todas as quatro condições devem estar presentes para que ocorra um deadlock. A condição de espera circular implica a condição de posse e espera, portanto, as quatro condições não são totalmente independentes.

6.9.2.2 Grafo de alocação de recursos

Os deadlocks podem ser descritos com mais precisão em termos de um grafo orientado chamado **grafo de alocação de recursos do sistema**. Esse grafo é composto por um conjunto de vértices V e um conjunto de arestas A. O conjunto de vértices V é dividido em dois tipos de nós diferentes: $P = \{P_1, P_2, ..., P_n\}$, o conjunto composto por todos os processos ativos no sistema, e $R = \{R_1, R_2, ..., R_m\}$, o conjunto composto por todos os tipos de recursos no sistema.

Uma aresta orientada do processo P_i para o tipo de recurso R_j é representada por $P_i \to R_j$; isso significa que o processo P_i solicitou uma instância do tipo de recurso R_j e está correntemente esperando esse recurso. Uma aresta orientada do tipo de recurso R_j para o processo P_i é representada por $R_j \to P_i$; isso significa que uma instância do tipo de recurso R_j foi alocada para o processo P_i. Uma aresta orientada $P_i \to R_j$ é chamada de **aresta de solicitação**; uma aresta orientada $R_j \to P_i$ é chamada de **aresta de atribuição**.

Pictoricamente, representamos cada processo P_i como um círculo e cada tipo de recurso R_j como um retângulo. Já que o tipo de recurso R_j pode ter mais de uma instância, representamos cada instância como um ponto dentro do retângulo. Observe que uma aresta de solicitação só aponta para o retângulo R_j, enquanto uma aresta de atribuição também deve designar um dos pontos do retângulo.

Quando o processo P_i solicita uma instância do tipo de recurso R_j, uma aresta de solicitação é inserida no grafo de alocação de recursos. Quando essa solicitação pode ser atendida, a aresta de solicitação é *instantaneamente* transformada em uma aresta de atribuição. Quando o processo não precisa mais acessar o recurso, ele o libera; como resultado, a aresta de atribuição é excluída.

O grafo de alocação de recursos mostrado na Figura 6.23 representa a situação a seguir.

- Os conjuntos P, R e A:
  - $P = \{P_1, P_2, P_3\}$
  - $R = \{R_1, R_2, R_3, R_4\}$
  - $A = \{P_1 \to R_1, P_2 \to R_3, R_1 \to P_2, R_2 \to P_2, R_2 \to P_1, R_3 \to P_3\}$

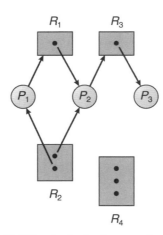

Figura 6.23 Grafo de alocação de recursos.

- Instâncias de recursos:
  - Uma instância do tipo de recurso R_1

- o Duas instâncias do tipo de recurso R_2
- o Uma instância do tipo de recurso R_3
- o Três instâncias do tipo de recurso R_4
• Estados dos processos:
  - o O processo P_1 está de posse de uma instância do tipo de recurso R_2 e está esperando uma instância do tipo de recurso R_1.
  - o O processo P_2 está de posse de uma instância de R_1 e de uma instância de R_2 e está esperando uma instância de R_3.
  - o O processo P_3 está usando uma instância de R_3.

Dada a definição de grafo de alocação de recursos, podemos mostrar que, se o grafo não contém ciclos, nenhum processo no sistema está em deadlock. Se o grafo contém um ciclo, pode existir um deadlock.

Se cada tipo de recurso tem exatamente uma instância, então, um ciclo implica que um deadlock ocorreu. Se o ciclo envolve somente um conjunto de tipos de recurso, cada um com apenas uma instância, então, ocorreu um deadlock. Todos os processos envolvidos no ciclo estão em deadlock. Nesse caso, um ciclo no grafo é uma condição necessária e suficiente para a existência do deadlock.

Quando cada tipo de recurso tem várias instâncias, um ciclo não implica necessariamente que ocorreu um deadlock. Nesse caso, um ciclo no grafo é uma condição necessária mas não suficiente para a existência do deadlock.

Para ilustrar esse conceito, retornemos ao grafo de alocação de recursos apresentado na Figura 6.23. Suponha que o processo P_3 solicite uma instância do tipo de recurso R_2. Já que nenhuma instância do recurso está correntemente disponível, uma aresta de solicitação $P_3 \to R_2$ é adicionada ao grafo (Figura 6.24). Nesse momento, existem dois ciclos mínimos no sistema:

$$P_1 \to R_1 \to P_2 \to R_3 \to P_3 \to R_2 \to P_1$$
$$P_2 \to R_3 \to P_3 \to R_2 \to P_2$$

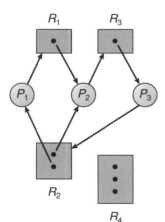

Figura 6.24 Grafo de alocação de recursos com um deadlock.

Os processos P_1, P_2 e P_3 estão em deadlock. O processo P_2 está esperando o recurso R_3, que está sendo usado pelo processo P_3. O processo P_3 está esperando o processo P_1 ou o processo P_2 liberar o recurso R_2. Além disso, o processo P_1 está esperando o processo P_2 liberar o recurso R_1.

Agora, considere o grafo de alocação de recursos da Figura 6.25. Nesse exemplo, também temos um ciclo:

$$P_1 \to R_1 \to P_3 \to R_2 \to P_1$$

No entanto, não há deadlock. Observe que o processo P_4 pode liberar sua instância do tipo de recurso R_2. Esse recurso pode então ser alocado para P_3, rompendo o ciclo.

Resumindo, se um grafo de alocação de recursos não tem um ciclo, o sistema *não* está em estado de deadlock. Se existe um ciclo, o sistema pode ou não estar em estado de deadlock. Essa observação é importante quando lidamos com o problema do deadlock.

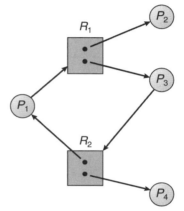

Figura 6.25 Grafo de alocação de recursos com um ciclo, mas sem deadlock.

6.9.3 Métodos para Manipulação de Deadlocks

Falando de um modo geral, podemos lidar com o problema do deadlock de uma entre três maneiras:

• Podemos usar um protocolo para impedir ou evitar a ocorrência de deadlocks, assegurando que o sistema *nunca* entrará em estado de deadlock.

• Podemos permitir que o sistema entre em estado de deadlock, detecte-o e se recupere dele.

• Podemos ignorar o problema e fingir que deadlocks nunca ocorrem no sistema.

A terceira solução é a usada pela maioria dos sistemas operacionais, inclusive o Unix e o Windows; nesse caso, é responsabilidade do desenvolvedor de aplicações escrever programas que manipulem deadlocks.

A seguir, examinamos brevemente cada um dos três métodos de manipulação de deadlocks. Antes de continuar, devemos dizer que alguns pesquisadores argumentam que, individualmente, nenhuma das abordagens básicas abrange todo o espectro de problemas de alocação de recursos dos sistemas operacionais. As abordagens básicas podem ser combinadas, no entanto, nos permitindo selecionar uma abordagem ótima para cada classe de recursos de um sistema.

Para assegurar que os deadlocks nunca ocorram, o sistema pode usar um esquema para impedir ou para evitar a ocorrência de deadlocks. O ***impedimento de deadlocks*** fornece um conjunto de métodos para assegurar que, pelo menos, uma das condições necessárias (Seção 6.9.2.1) não possa ocorrer. Esses métodos impedem deadlocks restringindo como as solicitações de recursos podem ser feitas.

Para ***evitar deadlocks***, o sistema operacional deve receber, com antecedência, informações adicionais relacionadas a que recursos um processo solicitará e usará durante seu tempo de vida. Com esse conhecimento adicional, ele pode decidir, para cada solicitação, se o processo deve ou não esperar. Para decidir se a solicitação corrente pode ser atendida ou deve ser adiada, o sistema deve considerar os recursos correntemente disponíveis, os recursos correntemente alocados a cada processo e as futuras solicitações e liberações de cada processo.

Se um sistema não emprega um algoritmo que impeça ou evite a ocorrência de deadlocks, uma situação de deadlock pode surgir. Nesse ambiente, o sistema pode fornecer um algoritmo que examine seu estado para determinar se um deadlock ocorreu e um algoritmo para se recuperar do deadlock (se um deadlock tiver realmente ocorrido).

Na ausência de algoritmos para a detecção e recuperação de deadlocks, podemos chegar a uma situação em que o sistema entre em estado de deadlock sem ter uma maneira de reconhecer o que ocorreu. Nesse caso, o deadlock não detectado resultará na deterioração do desempenho do sistema porque os recursos estarão sendo usados por processos que não podem ser executados e porque cada vez mais processos, ao fazerem solicitações de recursos, entrarão em estado de deadlock. O sistema acabará parando de funcionar e terá que ser reiniciado manualmente.

Embora esse método possa não parecer uma abordagem viável para o problema do deadlock, ele é usado na maioria dos sistemas operacionais, como mencionado anteriormente. Em muitos sistemas, os deadlocks ocorrem com pouca frequência (digamos, uma vez por ano); portanto, esse método é mais barato do que métodos que impedem, evitam ou detectam e recuperam que devem ser usados constantemente. Além disso, em algumas circunstâncias, um sistema pode estar em estado de congelamento e não em estado de deadlock. Podemos ver essa situação, por exemplo, em um processo de tempo real sendo executado com a prioridade mais alta (ou qualquer processo sendo executado em um scheduler sem preempção) e nunca devolvendo o controle para o sistema operacional. O sistema deve ter métodos de recuperação manual para essas condições e pode, simplesmente, usar essas técnicas para a recuperação de deadlocks.

6.10 Resumo

Dado um conjunto de processos sequenciais cooperativos que compartilham dados, a exclusão mútua deve ser fornecida para assegurar que uma seção de código crítica seja usada por apenas um processo ou thread de cada vez. Normalmente, o hardware do computador fornece várias operações que asseguram a exclusão mútua. No entanto, essas soluções baseadas em hardware são complicadas demais para a maioria dos desenvolvedores. Os semáforos superam esse obstáculo. Eles podem ser usados para resolver vários problemas de sincronização e podem ser implementados eficientemente, principalmente se o suporte de hardware a operações atômicas estiver disponível.

Vários problemas de sincronização (como o problema do buffer limitado, o problema dos leitores-gravadores e o problema dos filósofos comensais) são importantes principalmente porque são exemplos de uma ampla classe de problemas de controle de concorrência. Esses problemas são usados para testar quase todo esquema de sincronização recém-proposto.

O sistema operacional deve fornecer os meios para proteção contra erros de timing. Vários construtores de linguagens têm sido propostos para lidar com esses problemas. Os monitores fornecem o mecanismo de sincronização para o compartilhamento de tipos de dados abstratos. Uma variável de condição fornece um método pelo qual um procedimento de monitor pode bloquear sua execução até ser sinalizado para continuar.

Os sistemas operacionais também dão suporte à sincronização. Por exemplo, o Solaris, o Windows XP e o Linux fornecem mecanismos como semáforos, mutexes, spinlocks e variáveis de condição para controlar o acesso a dados compartilhados. A API Pthreads dá suporte aos mutexes e às variáveis de condição.

Um estado de deadlock ocorre quando dois ou mais processos estão esperando indefinidamente um evento que só pode ser provocado por um dos processos em espera. Há três métodos principais para a manipulação de deadlocks:

- Usar algum protocolo que impeça ou evite a ocorrência de deadlocks, assegurando que o sistema nunca entre em estado de deadlock.
- Permitir que o sistema entre em estado de deadlock, detecte-o e, então, recupere-se dele.
- Ignorar o problema e presumir que nunca ocorrem deadlocks no sistema.

A terceira solução é a usada pela maioria dos sistemas operacionais, inclusive o UNIX e o Windows.

O deadlock só ocorre quando quatro condições necessárias estão presentes simultaneamente no sistema: exclusão mútua, posse e espera, inexistência de preempção e espera circular. Para impedir a ocorrência de deadlocks, podemos assegurar que pelo menos uma das condições necessárias nunca esteja presente.

Exercícios Práticos

6.1 Na Seção 6.4, mencionamos que a desativação de interrupções pode, com frequência, afetar o relógio do sistema. Explique por que isso ocorre e como esses efeitos podem ser minimizados.

6.2 **O problema dos fumantes de cigarros.** Considere um sistema com três processos *fumantes* e um processo *agente*. Cada fumante continuamente enrola um cigarro e, então, o fuma.

Mas, para enrolar e fumar um cigarro, o fumante precisa de três ingredientes: tabaco, papel e fósforos. Um dos processos fumantes tem papel, outro tem tabaco e o terceiro tem fósforos. O agente tem um suprimento infinito de todos os três materiais. Ele coloca dois dos ingredientes sobre a mesa. Então, o fumante que tem o outro ingrediente, enrola e fuma um cigarro, avisando ao agente ao terminar. O agente, então, disponibiliza mais dois dos três ingredientes e o ciclo se repete. Escreva um programa para sincronizar o agente e os fumantes usando a sincronização Java.

6.3 Explique por que o Solaris, o Windows XP e o Linux implementam vários mecanismos de locking (trancamento). Descreva as circunstâncias em que eles usam spinlocks, mutexes, semáforos, mutexes adaptativos e variáveis de condição. Em cada caso, explique por que o mecanismo é necessário.

6.4 Liste três exemplos de deadlocks que não estejam relacionados a um ambiente de sistema de computação.

6.5 É possível que um deadlock envolva apenas um processo? Explique sua resposta.

Exercícios

6.6 As condições de corrida podem ocorrer em muitos sistemas de computação. Considere um sistema bancário com duas funções: deposit(amount) e withdraw(amount). A quantia (amount) a ser depositada em uma conta bancária ou retirada dela é o parâmetro passado para essas duas funções. Suponha que exista uma conta bancária compartilhada por um marido e sua esposa e que o marido chame a função withdraw() enquanto a esposa chama deposit() concorrentemente. Descreva como uma condição de corrida pode ocorrer e o que pode ser feito para impedir que ela ocorra.

6.7 A primeira solução de software correta conhecida para o problema da seção crítica envolvendo dois processos foi desenvolvida por Dekker. Os dois processos, P_0 e P_1, compartilham as variáveis a seguir:

```
boolean flag[2]; /* inicialmente falso */
int turn;
```

A estrutura do processo P_i (i == 0 ou 1) é mostrada na Figura 6.26; o outro processo é P_j (j == 1 ou 0). Prove que o algoritmo satisfaz todos os três requisitos para o problema da seção crítica.

```
do {
    flag[i] = TRUE;

    while (flag[j]) {
        if (turn == j) {
            flag[i] = false;
            while (turn == j)
                ; // não faz coisa alguma
            flag[i] = TRUE;
        }
    }

        // seção crítica

    turn = j;
    flag[i] = FALSE;

        // seção remanescente
} while (TRUE);
```

Figura 6.26 A estrutura do processo P_i no algoritmo de Dekker.

6.8 A primeira solução de software correta conhecida para o problema da seção crítica envolvendo n processos com um limite inferior de espera igual a n − 1 vezes foi apresentada por Eisenberg e McGuire. Os processos compartilham as variáveis a seguir:

```
enum pstate {idle, want_in, in_cs};
pstate flag[n];
int turn;
```

Inicialmente, todos os elementos de flag são idle; o valor inicial de turn é imaterial (entre 0 e n − 1). A estrutura do processo P_i é mostrada na Figura 6.27. Prove que o algoritmo satisfaz todos os três requisitos para o problema da seção crítica.

6.9 Qual é o significado do termo *espera em ação*? Que outros tipos de espera existem em um sistema operacional? A espera em ação pode ser evitada? Explique sua resposta.

6.10 Explique por que os spinlocks não são apropriados para sistemas com um único processador mas são muito usados em sistemas com vários processadores.

```
do {
    while (TRUE) {
        flag[i] = want_in;
        j = turn;

        while (j != i) {
            if (flag[j] != idle) {
                j = turn;
            else
                j = (j + 1) % n;
        }

        flag[i] = in_cs;
        j = 0;

        while ( (j < n) && (j == i || flag[j] != in_cs))
            j++;

        if ( (j >= n) && (turn == i || flag[turn] == idle))
            break;
    }

        // seção crítica

    j = (turn + 1) % n;

    while (flag[j] == idle)
        j = (j + 1) % n;

    turn = j;
    flag[i] = idle;

        // seção remanescente
} while (TRUE);
```

Figura 6.27 A estrutura do processo P_i no algoritmo de Eisenberg e McGuire.

6.11 Explique por que a implementação de primitivas de sincronização através da desativação de interrupções não é apropriada em um sistema com um único processador se as primitivas de sincronização são para serem usadas em programas de nível de usuário.

6.12 Explique por que as interrupções não são apropriadas para a implementação de primitivas de sincronização em sistemas com vários processadores.

6.13 Descreva duas estruturas de dados do kernel em que as condições de corrida são possíveis. Certifique-se de incluir uma descrição de como uma condição de corrida pode ocorrer.

6.14 Descreva como a instrução Swap() pode ser usada para fornecer uma exclusão mútua que satisfaça ao requisito da espera limitada.

6.15 Os servidores podem ser projetados para limitar a quantidade de conexões abertas. Por exemplo, um servidor pode querer possuir apenas N conexões de socket em um determinado momento. Assim que N conexões forem estabelecidas, ele não aceitará outra conexão até que uma conexão existente seja liberada. Explique como os semáforos podem ser usados por um servidor na limitação da quantidade de conexões concorrentes.

6.16 Demonstre que, se as operações de semáforo wait() e signal() não forem executadas atomicamente, a exclusão mútua pode ser violada.

6.17 O Windows Vista fornece uma nova ferramenta de sincronização peso-leve chamada *lock magro de leitor-gravador*. Enquanto a maioria das implementações de locks de leitor-gravador favorece tanto leitores como gravadores ou, às vezes, ordena threads em espera usando uma política FIFO, os locks slim de leitor-gravador não favorecem leitores nem gravadores e, nem mesmo, threads em espera são ordenados em uma fila FIFO. Explique os benefícios do fornecimento dessa ferramenta de sincronização.

6.18 Demonstre como podem ser implementadas as operações de semáforo wait() e signal() em ambientes multiprocessadores usando a instrução TestAndSet(). A solução deve exibir uma espera em ação mínima.

6.19 No Exercício 4.17, o thread pai tem de esperar o thread filho terminar sua execução antes de imprimir os valores calculados. Explique que alterações seriam necessárias na solução desse exercício se deixarmos que o thread pai acesse os números de Fibonacci assim que eles tiverem sido calculados pelo thread filho – em vez de esperar o thread filho terminar. Implemente sua solução modificada.

6.20 Demonstre que os monitores e os semáforos são equivalentes na medida em que podem ser usados na implementação dos mesmos tipos de problemas de sincronização.

6.21 Crie um monitor de buffer limitado em que os buffers (porções de memória) estejam embutidos no próprio monitor.

6.22 A estrita exclusão mútua dentro de um monitor torna o monitor de buffer limitado do Exercício 6.21 particularmente adequado para pequenas porções.

   a. Explique por que isso é verdade.
   b. Projete um novo esquema que seja adequado para porções maiores.

6.23 Discuta a relação entre compartilhamento justo e throughput nas operações do problema dos leitores-gravadores. Proponha um método para a solução do problema dos leitores-gravadores sem causar inanição.

6.24 Como a operação signal() associada aos monitores difere da operação correspondente definida para semáforos?

6.25 Suponha que o comando signal() só possa aparecer como o último comando em um procedimento de monitor. Sugira como a implementação descrita na Seção 6.7 pode ser simplificada nessa situação.

6.26 Considere um sistema composto pelos processos $P_1, P_2, ..., P_n$, cada um com um número de prioridade exclusivo. Crie um monitor que aloque três impressoras de linha idênticas para esses processos, usando os números de prioridade para decidir a ordem de alocação.

6.27 Um arquivo deve ser compartilhado entre diferentes processos, cada um com um número exclusivo. O arquivo pode ser acessado simultaneamente por vários processos, obedecendo-se a restrição a seguir: a soma de todos os números exclusivos associados aos processos que estão acessando correntemente o arquivo, deve ser menor do que n. Crie um monitor para coordenar o acesso ao arquivo.

6.28 Quando um sinal é emitido em uma condição dentro de um monitor, o processo sinalizador pode continuar sua execução ou transferir o controle para o processo que foi sinalizado. Em que a solução do exercício anterior seria diferente com essas duas maneiras distintas da sinalização ser executada?

6.29 Suponha que substituíssemos as operações wait() e signal() dos monitores por um único construtor await(B), sendo B uma expressão booleana geral que faz o processo que a executa esperar até que B se torne true.

   a. Crie um monitor usando esse esquema para implementar o problema dos leitores-gravadores.
   b. Explique por que, em geral, esse construtor não pode ser implementado eficientemente.
   c. Que restrições têm que ser impostas ao comando await para que ele possa ser implementado eficientemente? (Dica: restrinja a generalidade de B; consulte Kessels [1977].)

6.30 Crie um monitor que implemente um *despertador* para permitir que um programa chamador atrase a si próprio por uma quantidade de unidades de tempo especificada (*tiques*). Você pode supor a existência de um relógio de hardware real que chame um procedimento *tique* no seu monitor em intervalos regulares.

6.31 Por que o Solaris, o Linux e o Windows só usam spinlocks como mecanismo de sincronização em sistemas multiprocessadores e não em sistemas com um único processador?

6.32 Suponha que uma quantidade finita de recursos de um único tipo tenha que ser gerenciada. Os processos podem solicitar vários desses recursos e – quando terminam – os devolvem. Como exemplo, muitos pacotes de software comerciais fornecem uma determinada quantidade de **licenças**, indicando quantas aplicações podem ser executadas concorrentemente. Quando a aplicação é iniciada, a contagem de licenças é decrementada. Quando a aplicação é encerrada, a contagem de licenças é incrementada. Se todas as licenças estiverem em uso, solicitações para iniciar a aplicação são negadas. Essas solicitações só serão atendidas quando um detentor existente das licenças encerrar a aplicação e uma licença for devolvida.

O segmento de programa a seguir é usado no gerenciamento de uma quantidade finita de instâncias de um recurso disponível. A quantidade máxima de recursos e a quantidade de recursos disponíveis são declaradas como descrito a seguir:

```
#define MAX_RESOURCES 5
int available_resources = MAX_RESOURCES;
```

Quando um processo quer obter recursos, ele chama a função decrease_count():

```
/* decrementa available_resources de acordo com count */
/* retorna 0 se recursos suficientes estão disponíveis, */
/* caso contrário retorna -1 */
int decrease_count(int count) {
    if (available_resources < count)
        return -1;
    else {
        available_resources -= count;

        return 0;
    }
}
```

Quando um processo quer devolver recursos, ele chama a função `increase_count()`:

```
/* incrementa available_resources de acordo com count */
int increase_count(int count) {
   available_resources += count;

   return 0;
}
```

O segmento de programa anterior produz uma condição de corrida. Faça o seguinte:

a. Identifique os dados envolvidos na condição de corrida.

b. Identifique a locação (ou locações) no código em que a condição de corrida ocorre.

c. Usando um semáforo, corrija a condição de corrida. Não há problema em modificar a função `decrease_count()` para que o processo que a chamar seja bloqueado até recursos suficientes estarem disponíveis.

6.33 A função `decrease_count()` do exercício anterior retorna 0 quando recursos suficientes estão disponíveis e -1 na situação oposta. Isso leva a uma programação deselegante para um processo que queira obter alguns recursos.

```
while (decrease_count(count) == -1)
   ;
```

Reescreva o segmento de código gerenciador de recursos usando um monitor e variáveis de condição para que a função `decrease_count()` suspenda o processo até recursos suficientes estarem disponíveis. Isso permitirá que um processo invoque `decrease_count()` simplesmente chamando

```
decrease_count(count);
```

O processo só retornará dessa chamada de função quando recursos suficientes estiverem disponíveis.

6.34 Considere o deadlock de tráfego mostrado na Figura 6.28.

a. Demonstre que as quatro condições necessárias para a ocorrência do deadlock estão presentes nesse exemplo.

b. Defina uma regra simples para evitar deadlocks nesse sistema.

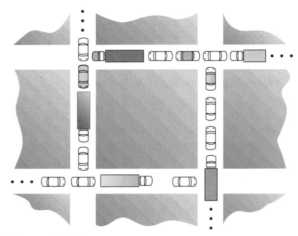

Figura 6.28 Deadlock de tráfego do Exercício 6.34.

6.35 Considere a situação de deadlock que pode ocorrer no problema dos filósofos comensais quando os filósofos pegam os chopsticks um de cada vez. Explique como as quatro condições necessárias para a ocorrência do deadlock estão presentes nessa situação. Discuta como os deadlocks poderiam ser evitados com a eliminação de qualquer uma das quatro condições necessárias.

Problemas de Programação

6.36 **O problema do barbeiro adormecido.** Uma barbearia é composta por uma sala de espera com n cadeiras e pela sala do barbeiro com a cadeira de barbeiro. Quando não há clientes a serem atendidos, o barbeiro dorme. Se um cliente entra na barbearia e todas as cadeiras estão ocupadas, ele sai da barbearia. Se o barbeiro está ocupado mas as cadeiras estão disponíveis, o cliente senta em uma das cadeiras livres. Se o barbeiro está dormindo, o cliente o acorda. Escreva um programa para coordenar o barbeiro e os clientes.

Projetos de Programação

Problema do Produtor-consumidor

Na Seção 6.6.1, apresentamos uma solução baseada em semáforos para o problema do produtor-consumidor usando um buffer limitado. Neste projeto, projetaremos uma solução de programação para o problema do buffer limitado usando os processos produtor e consumidor mostrados nas Figuras 6.10 e 6.11. A solução apresentada na Seção 6.6.1 usa três semáforos: `empty` e `full`, que contam a quantidade de slots vazios e cheios no buffer, e `mutex`, que é um semáforo binário (ou de exclusão mútua) que protege a inserção ou remoção real de itens no buffer. Neste projeto, semáforos padrão de contagem serão usados para `empty` e `full`, e um lock mutex, em vez de um semáforo binário, será usado para representar `mutex`. O produtor e o consumidor – executados como threads separados – moverão itens de e para um buffer sincronizado com essas estruturas `empty`, `full` e `mutex`. Você pode resolver esse problema usando o Pthreads ou a API Win32.

O Buffer

Internamente, o buffer será composto por um array de tamanho fixo do tipo `buffer_item` (que será definido usando um `typedef`). O array de objetos `buffer_item` será manipulado como uma fila circular. A definição de `buffer_item`, junto com o tamanho do buffer, pode ser armazenada em um arquivo de cabeçalho como o descrito a seguir:

```
/* buffer.h */
typedef int buffer_item;
#define BUFFER_SIZE 5
```

O buffer será manipulado com duas funções, `insert_item()` e `remove_item()` que são chamadas pelos threads produtor e consumidor, respectivamente. Um esboço que descreve essas funções aparece na Figura 6.29.

As funções `insert_item()` e `remove_item()` sincronizarão o produtor e o consumidor usando os algoritmos descritos nas Figuras 6.10 e 6.11. O buffer também precisará de uma função de inicialização para inicializar o objeto de exclusão mútua `mutex` junto com os semáforos `empty` e `full`.

```
#include "buffer.h"

/* o buffer */
buffer_item buffer[BUFFER_SIZE];

int insert_item(buffer_item item) {
  /* insere item no buffer
  retorna 0 se bem-sucedida, caso contrário
  retorna -1 indicando uma condição de erro */
}

int remove_item(buffer_item *item) {
  /* remove um objeto do buffer
  inserindo-o em um item
  return 0 if successful, otherwise
  return -1 indicating an error condition */
}
```

Figura 6.29 Um esboço de programa.

```
#include "buffer.h"

int main(int argc, char *argv[]) {
  /* 1. Obtém os argumentos da linha de comando argv[1], argv[2], argv[3] */
  /* 2. Inicializa buffer */
  /* 3. Cria thread(s) produtor(es) */
  /* 4. Cria thread(s) consumidor(es) */
  /* 5. Entra em suspensão */
  /* 6. Sai */
}
```

Figura 6.30 Um esboço de programa.

A função `main()` inicializará o buffer e criará os threads produtor e consumidor separadamente. Uma vez que tenha criado os threads produtor e consumidor, a função `main()` entrará em suspensão por um período de tempo e, ao ser ativada, encerrará a aplicação. A função `main()` receberá três parâmetros na linha de comando:

1. Quanto tempo durará a suspensão antes do encerramento
2. A quantidade de threads produtores
3. A quantidade de threads consumidores

Um esboço dessa função aparece na Figura 6.30.

Threads Produtor e Consumidor

O thread produtor alternará entre a suspensão por um período de tempo aleatório e a inserção de um inteiro aleatório no buffer. Os números aleatórios serão produzidos com o uso da função `rand()` que produz inteiros aleatórios entre 0 e RAND_MAX. O consumidor também entrará em suspensão por um período de tempo aleatório e, ao ser ativado, tentará remover um item do buffer. Uma descrição dos threads produtor e consumidor aparece na Figura 6.31.

Nas seções a seguir, primeiro abordamos detalhes específicos do Pthreads e, em seguida, descrevemos detalhes da API Win32.

Criação de Threads com o Pthreads

A criação de threads com o uso da API Pthreads é discutida na Seção 4.3.1. Consulte essa seção para ver instruções específicas relacionadas à criação do produtor e do consumidor com o uso do Pthreads.

Locks Mutex no Pthreads

O exemplo de código mostrado na Figura 6.32 ilustra como os locks mutex disponíveis na API Pthreads podem ser usados para proteger uma seção crítica.

O Pthreads usa o tipo de dado `pthread_mutex_t` para locks mutex. Um mutex é criado com a função `pthread_mutex_init(&mutex, NULL)`, com o primeiro parâmetro sendo um ponteiro para o mutex. Ao passar NULL como segundo parâmetro, inicializamos o mutex com seus atributos default. O mutex é adquirido e liberado com as funções `pthread_mutex_lock()` e `pthread_mutex_unlock()`. Se o lock mutex não está disponível quando `pthread_mutex_lock()` é chamada, o thread chamador é bloqueado até o proprietário chamar `pthread_mutex_unlock()`. Todas as funções mutex retornam um valor igual a 0 para a operação correta; se um erro ocorrer, essas funções retornarão um código de erro diferente de zero.

```
#include <stdlib.h> /* requerido por rand() */
#include "buffer.h"

void *producer(void *param) {
   buffer_item item;

   while (TRUE) {
      /* entra em suspensão por um período de tempo aleatório */
      sleep(...);
      /* gera um número aleatório */
      item = rand();
      if (insert_item(item))
         fprintf("report error condition");
      else
         printf("producer produced %d\n",item);
}
   void *consumer(void *param) {
      buffer_item item;

      while (TRUE) {
         /* entra em suspensão por um período de tempo aleatório */
         sleep(...);
         if (remove_item(&item))
            fprintf("report error condition");
         else
            printf("consumer consumed %d\n",item);
}
```

Figura 6.31 Uma descrição dos threads produtor e consumidor.

Semáforos no Pthreads

O Pthreads fornece dois tipos de semáforos — nomeado e não nomeado. Neste projeto, usamos semáforos não nomeados. O código seguinte ilustra como um semáforo é criado:

```
#include <semaphore.h>
sem_t sem;

/* Cria o semáforo e o inicializa com 5 */
sem_init(&sem, 0, 5);
```

A função sem_init() cria e inicializa um semáforo. Essa função recebe três parâmetros:

1. Um ponteiro para o semáforo
2. Um flag indicando o nível de compartilhamento
3. O valor inicial do semáforo

Nesse exemplo, ao passar o flag 0, estamos indicando que esse semáforo só pode ser compartilhado por threads pertencentes ao mesmo processo que o criou. Um valor diferente de zero permitiria que outros processos também acessassem o semáforo. Aqui, inicializamos o semáforo com o valor 5.

```
#include <pthread.h>
pthread_mutex_t mutex;

/* cria o lock mutex */
pthread_mutex_init(&mutex,NULL);

/* adquire o lock mutex */
pthread_mutex_lock(&mutex);

/*** seção crítica ***/

/* libera o lock mutex */
pthread_mutex_unlock(&mutex);
```

Figura 6.32 Exemplo de código.

Na Seção 6.5, descrevemos as operações de semáforo clássicas wait() e signal(). O Pthreads chama as operações wait() e signal() de sem_wait() e sem_post(), respectivamente. O exemplo de código mostrado na Figura 6.33 cria um semáforo binário mutex com valor inicial igual a 1 e ilustra seu uso na proteção de uma seção crítica.

Win32

Detalhes relacionados à criação de threads com o uso da API Win32 estão disponíveis na Seção 4.3.2. Consulte essa seção para ver instruções específicas.

```
#include <semaphore.h>
sem_t mutex;

/* cria o semáforo */
sem_init(&mutex, 0, 1);

/* adquire o semáforo */
sem_wait(&mutex);

/*** seção crítica ***/

/* libera o semáforo */
sem_post(&mutex);
```

Figura 6.33 Exemplo de código.

Locks Mutex no Win32

Os locks mutex são um tipo de objeto despachante, como descrito na Seção 6.8.2. O código a seguir ilustra como criar um lock mutex usando a função `CreateMutex()`:

```
#include <windows.h>

HANDLE Mutex;
Mutex = CreateMutex(NULL, FALSE, NULL);
```

O primeiro parâmetro refere-se a um atributo de segurança do lock mutex. Ao posicionar esse atributo como NULL, não estamos permitindo que nenhum filho do processo que criou esse lock herde o manipulador do mutex. O segundo parâmetro indica se o criador do mutex é o proprietário inicial do lock mutex. A passagem de um valor FALSE indica que o thread que criou o mutex não é o proprietário inicial; em breve veremos como os locks mutex são adquiridos. O terceiro parâmetro permite a nomeação do mutex. No entanto, já que fornecemos um valor NULL, não nomeamos o mutex. Se bem-sucedida, `CreateMutex()` retorna um HANDLE para o lock mutex; caso contrário, retorna NULL.

Na Seção 6.8.2, identificamos os objetos despachantes como *sinalizados* ou *não sinalizados*. Um objeto sinalizado fica disponível para aquisição; uma vez que um objeto despachante (como um lock mutex) é adquirido, ele passa para o estado não sinalizado. Quando o objeto é liberado, ele volta ao estado sinalizado.

Os locks mutex são adquiridos pela chamada da função `WaitForSingleObject()` sendo passado para a função HANDLE do lock e um flag indicando o tempo de espera. O código a seguir demonstra como o lock mutex criado anteriormente pode ser adquirido:

```
WaitForSingleObject(Mutex, INFINITE);
```

O valor de parâmetro INFINITE indica que esperaremos por um período de tempo infinito até o lock ficar disponível. Poderiam ser usados outros valores que permitissem que o thread chamador esgotasse o seu tempo se o lock não ficasse disponível dentro de um período de tempo especificado. Se o lock estiver em um estado sinalizado, `WaitForSingleObject()` retornará imediatamente e o lock passará para o estado não sinalizado. Um lock é liberado (passa para o estado sinalizado) invocando `ReleaseMutex()`, como em:

```
ReleaseMutex(Mutex);
```

Semáforos no Win32

Os semáforos na API Win32 também são objetos despachantes e, portanto, usam o mesmo mecanismo de sinalização dos locks mutex. Os semáforos são criados como descrito a seguir:

```
#include <windows.h>

HANDLE Sem;
Sem = CreateSemaphore(NULL, 1, 5, NULL);
```

O primeiro e último parâmetros identificam um atributo de segurança e um nome para o semáforo, semelhante ao que descrevemos para os locks mutex. O segundo e terceiro parâmetros indicam o valor inicial e o valor máximo do semáforo. Nesse exemplo, o valor inicial do semáforo é 1 e seu valor máximo é 5. Se for bem-sucedida, a função `CreateSemaphore()` retorna um HANDLE para o lock mutex; caso contrário, retorna NULL.

Os semáforos são adquiridos com a mesma função `WaitForSingleObject()` dos locks mutex. Adquirimos o semáforo Sem criado nesse exemplo usando o comando:

```
WaitForSingleObject(Semaphore, INFINITE);
```

Quando o valor do semáforo é > 0, ele está no estado sinalizado e, portanto, é adquirido pelo thread chamador. Caso contrário, o thread chamador é bloqueado indefinidamente – já que estamos especificando INFINITE – até o semáforo passar para sinalizado.

O equivalente à operação `signal()` em semáforos do Win32 é a função `ReleaseSemaphore()`. Essa função recebe três parâmetros:

1. O HANDLE do semáforo
2. Em quanto o valor do semáforo deve ser aumentado
3. Um ponteiro para o valor anterior do semáforo

Podemos aumentar Sem em 1 usando o comando a seguir:

```
ReleaseSemaphore(Sem, 1, NULL);
```

Tanto `ReleaseSemaphore()` quanto `ReleaseMutex()` retornam um valor diferente de zero quando bem-sucedidas e zero na situação oposta.

Notas Bibliográficas

O problema da exclusão mútua foi discutido pela primeira vez em um artigo clássico de Dijkstra [1965a]. O algoritmo de Dekker (Exercício 6.7) – a primeira solução de software correta para o problema da exclusão mútua envolvendo dois processos – foi desenvolvido pelo matemático holandês T. Dekker. Esse algoritmo também foi discutido por Dijkstra [1965a]. Desde então, uma solução mais simples para o problema da exclusão mútua envolvendo dois processos foi apresentada por Peterson [1981] (Figura 6.2).

Dijkstra [1965b] apresentou a primeira solução para o problema da exclusão mútua envolvendo n processos. Essa solução, no entanto, não tem um limite máximo para o tempo que um processo deve esperar antes de poder entrar na seção crítica. Knuth [1966] apresentou o primeiro algoritmo com um limite; seu limite era de 2^n vezes. Um refinamento do algoritmo de Knuth por deBruijn [1967] reduziu o tempo de espera para n^2 vezes, após o que Eisenberg e McGuire [1972] conseguiram com sucesso reduzir o tempo para o limite inferior de $n - 1$ vezes. Outro algoritmo que também requer $n - 1$ vezes mas é mais fácil de programar e entender, é o algoritmo da padaria que foi desenvolvido por Lamport [1974]. Burns [1978] desenvolveu o algoritmo de solução de hardware que satisfaz o requisito da espera limitada.

Discussões gerais relacionadas ao problema da exclusão mútua foram oferecidas por Lamport[1986] e Lamport [1991]. Um conjunto de algoritmos para a exclusão mútua foi fornecido por Raynal [1986].

O conceito de semáforo foi sugerido por Dijkstra [1965a]. Patil [1971] avaliou se os semáforos podem resolver todos os problemas de sincronização possíveis. Parnas [1975] discutiu algumas das falhas nos argumentos de Patil. Kosaraju [1973] deu continuidade ao trabalho de Patil para produzir um problema que não possa ser resolvido por operações `wait()` e `signal()`. Lipton [1974] discutiu as limitações de várias primitivas de sincronização.

Os problemas clássicos de coordenação de processos que descrevemos são paradigmas de uma ampla classe de problemas de controle de concorrência. O problema do buffer limitado, o problema dos filósofos comensais e o problema do barbeiro adormecido (Exercício 6.36) foram sugeridos por Dijkstra [1965a] e Dijkstra [1971]. O problema dos fumantes de cigarros (Exercício 6.2) foi desenvolvido por Patil [1971]. O problema dos leitores-gravadores foi sugerido por Courtouis et al. [1971]. A questão da leitura e gravação concorrentes foi discutida por Lamport [1977]. O problema da sincronização de processos independentes foi discutido por Lamport [1976].

O conceito de região crítica foi sugerido por Hoare [1972] e por Brinch-Hansen [1972]. O conceito de monitor foi desenvolvido por Brinch-Hansen [1973]. Uma descrição completa do monitor foi dada por Hoare [1974]. Kessels [1977] propôs uma extensão do monitor para permitir a sinalização automática. A experiência ganha com o uso de monitores em programas concorrentes foi discutida por Lampson e Redell [1979]. Eles também examinaram o problema da inversão de prioridades. Discussões gerais relacionadas à programação concorrente foram oferecidas por Ben-Ari [1990] e Birrell [1989].

A otimização do desempenho de primitivas de locking (trancamento) foi discutida em muitos trabalhos, como os de Lamport [1987], Mellor-Crummey e Scott [1991] e Anderson [1990]. O emprego de objetos compartilhados que não requerem o uso de seções críticas foi discutido em Herlihy [1993], Bershad [1993] e Kopetz e Reisinger [1993]. Novas instruções de hardware e sua utilidade na implementação de primitivas de sincronização foram descritas em trabalhos como o de Culler et al. [1998], Goodman et al. [1989], Barnes [1993] e Herlihy e Moss [1993].

Alguns detalhes dos mecanismos de locking (trancamento) usados no Solaris foram apresentados em Mauro e McDougall [2007]. Observe que os mecanismos de locking usados pelo kernel também são implementados para threads de nível de usuário, portanto, os mesmos tipos de locks estão disponíveis dentro e fora do kernel. Detalhes da sincronização no Windows 2000 podem ser encontrados em Solomon e Russinovich [2000]. Goetz et al. [2006] apresentam uma discussão detalhada sobre a programação concorrente em Java assim como sobre o pacote `java.util.concurrent`.

Dijkstra [1965a] foi um dos primeiros e mais influentes colaboradores na área dos deadlocks. Um estudo mais recente sobre a manipulação de deadlocks é fornecido em Levine [2003]. Adl-Tabatabai et al. [2007] discutem a memória transacional.

PARTE TRÊS
Gerenciamento da Memória

A principal finalidade de um sistema de computação é a execução de programas. Esses programas, junto com os dados que acessam, devem estar, pelo menos parcialmente, na memória principal durante a execução.

Para melhorar tanto a utilização da CPU quanto a velocidade de resposta para os usuários, um computador de uso geral deve manter vários processos na memória. Existem muitos esquemas de gerenciamento da memória, de acordo com diversas abordagens, e a eficácia de cada algoritmo depende da situação. A seleção de um esquema de gerenciamento da memória para um sistema depende de muitos fatores, principalmente do projeto de *hardware* do sistema. A maioria dos algoritmos requer suporte de hardware.

Memória Principal

CAPÍTULO 7

No Capítulo 5 mostramos como a CPU pode ser compartilhada por um conjunto de processos. Como resultado do scheduling da CPU, podemos melhorar tanto a utilização da CPU quanto a velocidade de resposta do computador para seus usuários. Para promover essa melhoria no desempenho, no entanto, devemos manter vários processos na memória; isto é, devemos *compartilhar* a memória.

Neste capítulo, discutimos várias maneiras de gerenciar a memória. Os algoritmos de gerenciamento da memória variam de uma abordagem de máquina nua (bare-machine) primitiva às estratégias de paginação e segmentação. Cada abordagem tem suas próprias vantagens e desvantagens. A seleção de um método de gerenciamento da memória para um sistema específico depende de muitos fatores, principalmente do projeto de *hardware* do sistema. Como veremos, muitos algoritmos requerem suporte de hardware, embora projetos recentes estejam integrando fortemente o hardware e o sistema operacional.

> **OBJETIVOS DO CAPÍTULO**
> - Fornecer uma descrição detalhada de várias maneiras de organizar o hardware da memória.
> - Discutir várias técnicas de gerenciamento da memória, inclusive a paginação e a segmentação.
> - Fornecer uma descrição detalhada do Intel Pentium que dá suporte tanto à segmentação pura quanto à segmentação com paginação.

7.1 Antecedentes

7.1.1 Hardware Básico

Como vimos no Capítulo 1, a memória é essencial para a operação de um sistema de computação moderno. Ela é composta por um grande array de palavras ou bytes, cada um com seu próprio endereço. A CPU extrai instruções da memória de acordo com o valor do contador do programa. Essas instruções podem causar cargas e armazenamentos adicionais em endereços específicos da memória.

Por exemplo, um ciclo de execução de instruções típico extrai, inicialmente, uma instrução da memória. A instrução é então decodificada e pode fazer com que operandos sejam obtidos na memória. Após a instrução ter sido executada sobre os operandos, resultados podem ser armazenados novamente na memória. A unidade de memória vê apenas um fluxo de endereços de memória; ela não sabe como eles são gerados (pelo contador de instruções, por indexação, indiretamente, como endereços literais e assim por diante) ou para que servem (instruções ou dados). Da mesma forma, podemos ignorar *como* um programa gera um endereço de memória. Só estamos interessados na sequência de endereços de memória gerados pelo programa que está sendo executado.

Começamos nossa discussão abordando diversas questões pertinentes a várias técnicas de gerenciamento da memória. Essa abordagem inclui uma visão geral de aspectos básicos de hardware, a vinculação de endereços simbólicos da memória a endereços físicos reais e a distinção entre endereços lógicos e físicos. Concluímos a seção com uma discussão sobre a carga e a vinculação dinâmicas de códigos e bibliotecas compartilhadas.

A memória principal e os registradores embutidos no próprio processador são o único espaço de armazenamento que a CPU pode acessar diretamente. Há instruções de máquina que usam endereços da memória como argumentos, mas nenhuma que use endereços de disco. Portanto, qualquer instrução em execução e quaisquer dados que estiverem sendo usados pelas instruções, devem estar em um desses dispositivos de armazenamento de acesso direto. Se os dados não estão na memória, devem ser transferidos para lá antes que a CPU possa operar sobre eles.

Geralmente, os registradores que estão embutidos na CPU são acessados durante um ciclo do relógio da CPU. A maioria das CPUs pode decodificar instruções e executar operações simples com o conteúdo dos registradores à velocidade de uma ou mais operações por tique do relógio. O mesmo não pode ser dito da memória principal, que é acessada por meio de uma transação no bus da memória. A conclusão de um acesso à memória pode levar muitos ciclos do relógio da CPU. Nesses casos, normalmente o processador precisa ser **interrompido**, porque não tem os dados necessários à conclusão da instrução que está executando. Essa situação é intolerável por causa da frequência de acessos à memória. A solução é adicionar uma memória rápida entre a CPU e a memória principal. Um buffer de memória usado para gerar um diferencial na velocidade, chamado *cache*, é descrito na Seção 1.8.3.

Além de estarmos preocupados com a velocidade relativa do acesso à memória física, também devemos garantir a operação correta para proteger o sistema operacional do acesso

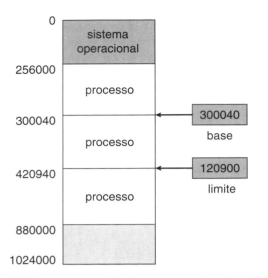

Figura 7.1 Um registrador base e um registrador limite definem um espaço de endereçamento lógico.

de processos de usuário e, além disso, para proteger processos de usuário uns dos outros. Essa proteção deve ser fornecida pelo hardware. Ela pode ser implementada de várias maneiras, como veremos no decorrer do capítulo. Nesta seção descrevemos uma implementação possível.

Primeiro, temos de nos certificar de que cada processo tem um espaço separado na memória. Para isso, temos de poder determinar o intervalo de endereços legais que o processo pode acessar e assegurar que ele possa acessar apenas esses endereços legais. Podemos fornecer essa proteção usando dois registradores, geralmente um registrador base e um registrador limite, como ilustrado na Figura 7.1. O *registrador base* contém o menor endereço legal de memória física; o *registrador limite* especifica o tamanho do intervalo. Por exemplo, se o registrador base armazena 300040 e o registrador limite é igual a 120900, o programa pode acessar legalmente todos os endereços de 300040 a 420939 (inclusive).

A proteção do espaço da memória é fornecida por meio da comparação que o hardware da CPU faz entre *cada* endereço gerado em modalidade de usuário e os registradores. Qualquer tentativa que um programa sendo executado em modalidade de usuário faça para acessar a memória do sistema operacional ou a memória de outros usuários resulta em uma interrupção para o sistema operacional que trata a tentativa como um erro fatal (Figura 7.2). Esse esquema impede que um programa de usuário modifique (acidental ou deliberadamente) o código ou as estruturas de dados do sistema operacional ou de outros usuários.

Os registradores base e limite só podem ser carregados pelo sistema operacional que usa uma instrução privilegiada especial. Já que instruções privilegiadas só podem ser executadas em modalidade de kernel e, visto que só o sistema operacional é executado nessa modalidade, apenas o sistema operacional pode carregar os registradores base e limite. Esse esquema permite que o sistema operacional altere o valor dos registradores, mas impede que seu conteúdo seja alterado por programas de usuário.

O sistema operacional em execução em modalidade de kernel, tem acesso irrestrito tanto à sua memória quanto à memória dos usuários. Essa providência permite que o sistema operacional carregue programas de usuário na memória dos usuários, descarregue esses programas em caso de erro, acesse e modifique parâmetros de chamadas de sistema e assim por diante.

7.1.2 Vinculação de Endereços

Geralmente, um programa reside em um disco como um arquivo binário executável. Para ser executado, o programa deve ser trazido para a memória e inserido dentro de um processo. Dependendo do esquema de gerenciamento da memória em uso, o processo pode ser movido entre disco e memória durante sua execução. Os processos que esperam no disco para serem trazidos à memória para execução formam a ***fila de entrada***.

O procedimento normal é a seleção de um dos processos na fila de entrada e a carga desse processo na memória. Quando o processo é executado, ele acessa instruções e dados na memória. Em determinado momento, o processo termina e seu espaço na memória é declarado disponível.

A maioria dos sistemas permite que um processo de usuário resida em qualquer parte da memória física. Portanto, embora o espaço de endereçamento do computador comece em 00000, o primeiro endereço do processo de usuário não precisa ser 00000. Essa abordagem afeta os endereços que o programa

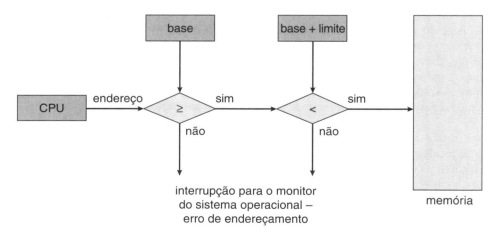

Figura 7.2 Proteção de endereços de hardware com registradores base e limite.

de usuário pode usar. Na maioria dos casos, um programa de usuário percorre vários passos – alguns dos quais podem ser opcionais – antes de ser executado (Figura 7.3). Os endereços podem ser representados de diferentes maneiras durante esses passos. Os endereços do programa-fonte costumam ser simbólicos (como *count*). Normalmente, um compilador **vincula** esses endereços simbólicos a endereços relocáveis (como "14 bytes a partir do começo desse módulo"). Por sua vez, o linkage editor ou o carregador vincula os endereços relocáveis a endereços absolutos (como 74014). Cada vinculação é um mapeamento de um espaço de endereçamento para outro.

Tradicionalmente, a vinculação de instruções e dados a endereços da memória pode ser feita em qualquer passo ao longo do percurso:

- **Tempo de compilação.** Se em tempo de compilação você já souber onde o processo residirá na memória, um *código absoluto* poderá ser gerado. Por exemplo, se você souber que um processo de usuário residirá a partir da locação R, o código gerado pelo compilador começará nessa locação e se estenderá daí para frente. Se, em algum momento posterior, a locação inicial mudar, será necessário recompilar esse código. Os programas de formato .COM do MS-DOS são vinculados em tempo de compilação.

- **Tempo de carga.** Se em tempo de compilação não for conhecido onde o processo residirá na memória, o compilador deve gerar *código relocável*. Nesse caso, a vinculação final é adiada até o tempo de carga. Se o endereço de início mudar, só temos de recarregar o código do usuário para incorporar esse valor alterado.

- **Tempo de execução.** Se o processo puder ser movido de um segmento de memória para outro durante sua execução, a vinculação deve ser adiada até o tempo de execução. Um hardware especial deve estar disponível para esse esquema funcionar, como será discutido na Seção 7.1.3. A maioria dos sistemas operacionais de uso geral emprega este método.

Grande parte deste capítulo é dedicada a mostrar como essas diversas vinculações podem ser implementadas efetivamente em um sistema de computação e à discussão do suporte de hardware apropriado.

7.1.3 Espaço de Endereçamento Lógico *versus* Espaço de Endereçamento Físico

Normalmente, um endereço gerado pela CPU se chama **endereço lógico** enquanto um endereço visto pela unidade de memória – isto é, aquele que é carregado no **registrador de endereços da memória** – costuma ser chamado de **endereço físico**.

Os métodos de vinculação de endereços em tempo de compilação e em tempo de carga geram endereços lógicos e físicos idênticos. No entanto, o esquema de vinculação de endereços em tempo de execução resulta em endereços lógicos e físicos diferentes. Nesse caso, geralmente chamamos o endereço lógico de **endereço virtual**. Usamos *endereço lógico* e *endereço virtual* com o mesmo sentido neste texto. O conjunto de todos os endereços lógicos gerados por um programa é um **espaço de endereçamento lógico**; o conjunto de todos os endereços físicos correspondentes a esses endereços lógicos é um **espaço de endereçamento físico**. Portanto, no esquema de vinculação de endereços em tempo de execução, os endereços lógicos e físicos diferem.

O mapeamento de endereços virtuais para endereços físicos em tempo de execução é feito por um dispositivo de hardware chamado **unidade de gerenciamento de memória (MMU – memory-management unit)**. Podemos optar entre vários métodos diferentes para fazer esse mapeamento, como discutimos nas Seções 7.3 a 7.7. Por enquanto, ilustramos esse mapeamento com um esquema MMU simples que é uma generalização do esquema de registrador base descrito na Seção 7.1.1. Agora, o registrador base se chama **registrador de relocação**. O valor do registrador de relocação é *adicionado* a cada endereço gerado por um processo de usuário quando o endereço é enviado à memória (consulte a Figura 7.4). Por exemplo, se a base está em 14000, uma tentativa do usuário de endereçar a locação 0 é relocada dinamicamente para a locação 14000; um acesso à locação 346 é mapeado para a locação 14346. O sistema operacional MS-DOS em execução na família de processadores Intel 80×86 usava quatro registradores de relocação ao carregar e executar processos.

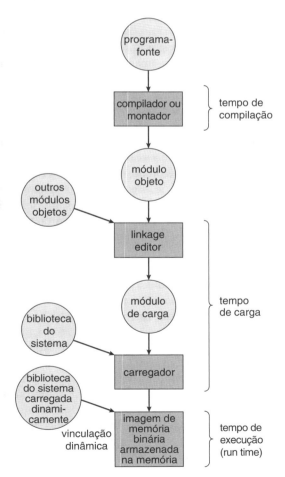

Figura 7.3 Processamento de um programa de usuário em vários passos.

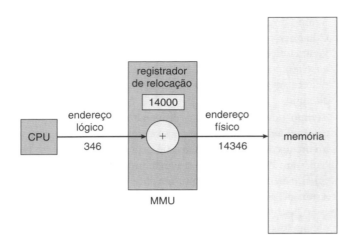

Figura 7.4 Relocação dinâmica usando um registrador de relocação.

O programa do usuário nunca vê os endereços físicos *reais*. Ele pode criar um ponteiro para a locação 346, armazená-lo na memória, manipulá-lo e compará-lo com outros endereços – tudo isso usando o número 346. Só quando é usado como endereço de memória (em uma carga ou armazenamento indireto, por exemplo) é que o endereço é relocado relativamente ao registrador base. O programa do usuário lida com endereços *lógicos*. O hardware de mapeamento da memória converte endereços lógicos em endereços físicos. Esse tipo de vinculação em tempo de execução foi discutido na Seção 7.1.2. A locação final de um endereço de memória referenciado não é determinada até a referência ser feita.

Agora temos dois tipos de endereços diferentes: endereços lógicos (no intervalo de 0 a *max*) e endereços físicos (no intervalo de $R + 0$ a $R + max$ para um valor base R). O usuário só gera endereços lógicos e acha que o processo é executado nas locações 0 a *max*. O programa do usuário só gera endereços lógicos e, para ele, o processo é executado nas locações 0 a *max*. No entanto, esses endereços lógicos devem ser mapeados para endereços físicos antes de serem usados.

O conceito de um *espaço de endereçamento lógico* vinculado a um *espaço de endereçamento físico* separado é essencial para o gerenciamento apropriado da memória.

7.1.4 Carga Dinâmica

Em nossa discussão até o momento, o programa inteiro e todos os dados de um processo tinham de estar na memória física para o processo ser executado. Portanto, o tamanho do processo ficava limitado ao tamanho da memória física. Para obter uma utilização melhor do espaço da memória, podemos usar a **carga dinâmica**. Na carga dinâmica, uma rotina não é carregada até ser chamada. Todas as rotinas são mantidas em disco em um formato de carga relocável. O programa principal é carregado na memória e executado. Quando uma rotina precisa chamar outra, primeiro ela verifica se a outra rotina foi carregada. Se não tiver sido, o carregador de vinculação relocável é chamado para carregar a rotina desejada na memória e atualizar as tabelas de endereços do programa para que reflitam essa alteração. Em seguida, o controle é passado para a rotina recém-carregada.

A vantagem da carga dinâmica é que uma rotina não usada nunca é carregada. Esse método é particularmente útil quando grandes volumes de código são necessários para a manipulação de situações pouco frequentes, como as rotinas de erro. Nesse caso, embora o tamanho total do programa possa ser grande, a parte que é usada (e, portanto, carregada) pode ser muito menor.

A carga dinâmica não requer suporte especial do sistema operacional. É responsabilidade dos usuários projetarem seus programas de modo a se beneficiarem desse método. No entanto, os sistemas operacionais podem ajudar o programador fornecendo rotinas de biblioteca para a implementação da carga dinâmica.

7.1.5 Vinculação Dinâmica e Bibliotecas Compartilhadas

A Figura 7.3 também mostra **bibliotecas vinculadas dinamicamente**. Alguns sistemas operacionais só dão suporte à **vinculação estática** em que as bibliotecas de linguagens do sistema são tratadas como qualquer outro módulo objeto e combinadas pelo carregador na imagem binária do programa. A vinculação dinâmica, por outro lado, é semelhante à carga dinâmica. Neste caso, no entanto, a vinculação, e não a carga, é adiada até o tempo de execução. Geralmente, esse recurso é usado com bibliotecas do sistema, como as bibliotecas de sub-rotinas de linguagens. Na sua ausência, cada programa no sistema deve incluir uma cópia de sua biblioteca de linguagem (ou, pelo menos, as rotinas referenciadas pelo programa) na imagem executável. Esse requisito desperdiça espaço em disco e a memória principal.

Na vinculação dinâmica, um *stub* é incluído na imagem para cada referência a uma rotina da biblioteca. O stub é um pequeno fragmento de código que indica como localizar a rotina de biblioteca residente na memória apropriada ou como carregar a biblioteca se a rotina ainda não estiver presente. Quando o stub é executado, ele verifica se a rotina necessária já está na memória. Se não estiver, o programa carrega a rotina na memória. De qualquer forma, o stub substitui a si próprio pelo endereço da rotina e a executa. Portanto, da próxima vez que um segmento de código específico for alcançado, a rotina da biblioteca será executada diretamente, sem gerar custo de vinculação dinâmica. Nesse esquema, todos os processos que usam uma biblioteca de linguagem executam apenas uma cópia do código da biblioteca.

Esse recurso pode ser estendido às atualizações das bibliotecas (como nas correções de bugs). Uma biblioteca pode ser substituída por uma nova versão e todos os programas que a referenciem usarão automaticamente a nova versão. Sem a vinculação dinâmica, todos esses programas teriam que ser vinculados novamente para obter acesso à nova biblioteca. Para que os programas não executem, acidentalmente, versões novas e incompatíveis das bibliotecas, informações sobre as versões são incluídas tanto no programa quanto na biblioteca. Mais de uma versão de uma biblioteca podem estar carregadas na memória e cada programa usa suas informações sobre as versões para decidir que cópia da biblioteca deve usar. Versões com poucas alterações retêm o mesmo número de versão, enquanto versões com mais alterações incrementam o número. Portanto, apenas programas que são compilados com a nova versão da biblioteca são afetados por alguma alteração incompatível incorporada nela. Outros programas vinculados antes de a nova biblioteca ter sido instalada continuarão usando a biblioteca anterior. Esse sistema também é conhecido como **bibliotecas compartilhadas.**

Ao contrário da carga dinâmica, a vinculação dinâmica geralmente precisa da ajuda do sistema operacional. Se os processos residentes na memória estão protegidos uns dos outros, o sistema operacional é a única entidade que pode verificar se a rotina necessária está no espaço de memória de outro processo ou que pode permitir que vários processos acessem os mesmos endereços de memória. Trabalhamos nesse conceito quando discutimos a paginação na Seção 7.4.4.

7.2 Permuta entre Processos (swapping)

Um processo deve estar na memória para ser executado. No entanto, ele pode ser **transferido** temporariamente da memória principal para uma **memória de retaguarda** e, então, trazido novamente para a memória principal para continuar a execução. Por exemplo, considere um ambiente de multiprogramação com um algoritmo de scheduling da CPU do tipo round-robin. Quando um quantum expirar, o gerenciador da memória dará início à remoção do processo que terminou e à inserção de outro processo no espaço de memória que foi liberado (Figura 7.5). Enquanto isso, o scheduler da CPU alocará uma parcela de tempo para algum outro processo na memória. Cada processo cujo quantum expirar será trocado por outro processo. O ideal é que o gerenciador da memória possa trocar os processos com rapidez suficiente de modo que alguns processos estejam na memória, prontos para a execução, quando o scheduler modificar o schedule da CPU. Além disso, o quantum deve ser suficientemente longo para permitir que volumes consideráveis de processamento sejam executados entre as permutas.

Uma variante dessa política de permutas é usada em algoritmos de scheduling baseados em prioridades. Se um processo de prioridade mais alta chegar e quiser ser atendido, o gerenciador da memória pode remover o processo de prioridade mais baixa e carregar e executar o processo de prioridade mais alta. Quando o processo de prioridade mais alta terminar, o processo de prioridade mais baixa pode ser trazido de volta e continuar sua execução. Essa variante da permuta costuma ser chamada de **roll out, roll in**.

Normalmente, quando um processo removido é trazido de volta, ele ocupa o mesmo espaço de memória que ocupava anteriormente. Essa restrição é imposta pelo método de vinculação de endereços. Se a vinculação é executada em tempo de montagem ou de carga, o processo não pode ser movido facilmente para uma locação diferente. No entanto, se a vinculação em tempo de execução está sendo usada, o processo pode ser passado para um espaço de memória diferente porque os endereços físicos são calculados durante o tempo de execução.

A permuta requer uma memória de retaguarda. Normalmente, a memória de retaguarda é um disco veloz. Ele deve ser suficientemente grande para acomodar cópias de todas as imagens da memória para todos os usuários e deve fornecer acesso direto a essas imagens da memória. O sistema mantém uma **fila de prontos** composta por todos os processos cujas imagens da memória estão na memória de retaguarda ou na memória principal e que estão prontos para ser executados. Sempre que o scheduler da CPU decide executar um processo, ele chama o despachante. O despachante verifica se o próximo processo da fila está na memória. Caso não esteja, e se não houver uma região de memória livre, o despachante remove um processo correntemente na memória e insere o processo desejado. Em seguida, ele recarrega os registradores e transfere o controle para o processo selecionado.

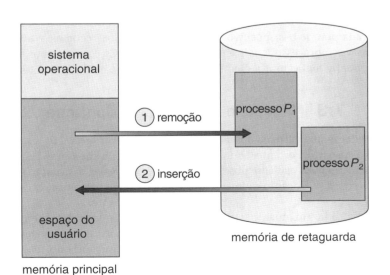

Figura 7.5 Permuta entre dois processos usando um disco como memória de retaguarda.

O tempo da mudança de contexto nesse sistema de permuta é bem alto. Para ter uma ideia, suponha que o processo do usuário tenha o tamanho de 100 MB e a memória de retaguarda seja um disco rígido padrão com taxa de transferência de 50 MB por segundo. A transferência do processo de 100 MB para dentro ou para fora da memória principal leva

100 MB/50 MB por segundo = 2 segundos.

Supondo uma latência média de 8 milissegundos, o tempo de permuta é de 2008 milissegundos. Já que temos que executar operações de remoção e inserção, o tempo total da permuta é de, aproximadamente, 4016 milissegundos.

Observe que a parte principal do tempo de permuta é o tempo de transferência. O tempo de transferência total é diretamente proporcional à *quantidade* de memória permutada. Se temos um sistema de computação com 4 GB de memória principal e um sistema operacional residente ocupando 1 GB, o tamanho máximo do processo do usuário é de 3 GB. No entanto, vários processos de usuário podem ter bem menos do que isso – digamos, 100 MB. Um processo de 100 MB poderia ser removido em 2 segundos, em comparação com os 60 segundos necessários à permuta de 3 GB. É claro que seria útil saber exatamente a quantidade de memória que um processo de usuário *está* usando e não, simplesmente, quanto ele *pode estar* usando. Assim, teríamos que permutar apenas o que estivesse realmente sendo usado, reduzindo o tempo de permuta. Para esse método ser eficaz, o usuário deve manter o sistema informado sobre qualquer alteração nos requisitos de memória. Portanto, um processo com requisitos de memória dinâmica terá que emitir chamadas de sistema (`request memory` e `release memory`) para informar ao sistema operacional sobre suas diferentes necessidades de memória.

A permuta também é restringida por outros fatores. Se quisermos permutar um processo, devemos nos certificar de que ele está totalmente ocioso. Qualquer operação de I/O pendente é particularmente importante. Um processo pode estar esperando uma operação de I/O quando quisermos removê-lo para liberar memória. No entanto, se a operação de I/O estiver acessando assincronamente a memória do usuário usada para buffers de I/O, o processo não pode ser removido. Suponha que a operação de I/O esteja enfileirada porque o dispositivo está ocupado. Se estivermos para remover o processo P_1 e inserir o processo P_2, a operação de I/O poderia tentar usar a memória que, agora, pertence ao processo P_2. As duas principais soluções para esse problema são: nunca permutar um processo com I/O pendente ou só executar operações de I/O em buffers do sistema operacional. Assim, as transferências entre buffers do sistema operacional e a memória do processo só ocorrem quando o processo for inserido.

A suposição, mencionada anteriormente, de que a permuta requer (quando requer) poucas buscas críticas tem de ser explicada com mais detalhes. Adiamos a discussão dessa questão até o Capítulo 11, em que a estrutura da memória secundária é abordada. Geralmente, o espaço de permuta é alocado como um bloco de disco, separado do sistema de arquivos, para que seu uso seja o mais veloz possível.

Atualmente, a permuta-padrão é usada em poucos sistemas. Ela requer muito tempo de permuta e fornece pouco tempo de execução para ser uma solução aceitável de gerenciamento da memória. Versões modificadas de permuta, no entanto, são encontradas em muitos sistemas.

Um esquema de permuta modificado é usado em muitas versões do UNIX. Normalmente a permuta está desativada, sendo iniciada quando muitos processos estão em execução e usam uma quantidade limite de memória. A permuta é interrompida novamente quando a carga no sistema é reduzida. O gerenciamento da memória no UNIX é descrito com detalhes nas Seções 15.7 e A.6.

Os primeiros PCs – que não tinham sofisticação para implementar métodos mais avançados de gerenciamento da memória – executavam vários processos grandes usando uma versão modificada de permuta. Um exemplo básico é o sistema operacional Microsoft Windows 3.1 que dá suporte à execução concorrente de processos na memória. Se um novo processo é carregado e a memória principal é insuficiente, um processo anterior é transferido para disco. No entanto, esse sistema operacional não fornece o esquema de permuta completo porque o usuário, em vez do scheduler, decide quando é hora de provocar a preempção de um processo em favor de outro. Qualquer processo removido permanece fora da memória (e sem ser executado) até o usuário selecioná-lo para execução. Versões subsequentes de sistemas operacionais da Microsoft se beneficiam dos recursos avançados de MMU agora encontrados nos PCs. Examinamos esses recursos na Seção 7.4 e no Capítulo 8, no qual abordamos a memória virtual.

7.3 Alocação de Memória Contígua

A memória principal deve acomodar tanto o sistema operacional quanto os diversos processos de usuário. Portanto, temos de alocar a memória principal da maneira mais eficiente possível. Esta seção explica um método comum, a alocação de memória contígua.

Geralmente, a memória é dividida em duas partições: uma para o sistema operacional residente e outra para os processos de usuário. Podemos alocar o sistema operacional na memória baixa ou na memória alta. O principal fator que afeta essa decisão é a localização do vetor de interrupções. Como o vetor de interrupções costuma estar na memória baixa, os programadores usualmente alocam o sistema operacional na memória baixa. Portanto, neste texto, discutiremos apenas a situação em que o sistema operacional reside na memória baixa. O desenvolvimento da outra situação é semelhante.

É comum querermos que vários processos de usuário residam na memória ao mesmo tempo. Logo, temos de considerar como alocar memória disponível para os processos que estão na fila de entrada esperando para serem trazidos para a memória. Na **alocação de memória contígua**, cada processo fica contido em uma única seção de memória contígua.

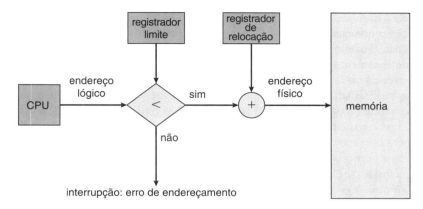

Figura 7.6 Suporte de hardware a registradores de relocação e registradores limite.

7.3.1 Mapeamento e Proteção da Memória

Antes de continuar a discutir a alocação, devemos discutir a questão do mapeamento e proteção da memória. Podemos fornecer esses recursos usando um registrador de relocação, como discutido na Seção 7.1.3, junto com um registrador limite, como discutido na Seção 7.1.1. O registrador de relocação contém o valor do menor endereço físico; o registrador limite contém o intervalo de endereços lógicos (por exemplo, relocação = 100040 e limite = 74600). Com o uso dos registradores de relocação e limite, cada endereço lógico deve ser menor do que o registrador limite; a MMU mapeia o endereço lógico *dinamicamente* adicionando o valor ao registrador de relocação. Esse endereço mapeado é enviado à memória (Figura 7.6).

Quando o scheduler da CPU seleciona um processo para execução, o despachante carrega os registradores de relocação e limite com os valores corretos como parte da mudança de contexto. Cada endereço gerado por uma CPU é verificado em relação a esses registradores, por isso, podemos proteger tanto o sistema operacional quanto os programas e dados de outros usuários de serem modificados pelo processo em execução.

O esquema do registrador de relocação fornece uma maneira eficaz de permitir que o tamanho do sistema operacional mude dinamicamente. Essa flexibilidade é desejável em muitas situações. Por exemplo, o sistema operacional contém código e espaço em buffer para drivers de dispositivos. Se um driver de dispositivo (ou outro serviço do sistema operacional) não for muito usado, não queremos manter o código e os dados na memória porque podemos usar esse espaço para outras finalidades. Às vezes, esse código é chamado de código **transiente** do sistema operacional; ele aparece e desaparece conforme necessário. Portanto, o uso desse código altera o tamanho do sistema operacional durante a execução de programas.

7.3.2 Alocação de Memória

Agora, estamos prontos para passar para a alocação de memória. Um dos métodos mais simples de alocação de memória é dividir a memória em várias **partições** de tamanho fixo. Cada partição pode conter exatamente um processo. Portanto, o nível de multiprogramação é limitado pela quantidade de partições. Nesse **método de partições múltiplas**, quando uma partição está livre, um processo é selecionado na fila de entrada e carregado na partição disponível. Quando o processo termina, a partição fica disponível para outro processo. Esse método (chamado MFT) foi usado originalmente pelo sistema operacional IBM OS/360; ele não está mais em uso. O método descrito a seguir (chamado MVT) é uma generalização do esquema de partição fixa; ele é usado principalmente em ambientes batch. Muitas das ideias apresentadas aqui também são aplicáveis a um ambiente de compartilhamento de tempo que use a segmentação pura no gerenciamento da memória (Seção 7.6).

No esquema de **partição variável**, o sistema operacional mantém uma tabela indicando quais partes da memória estão disponíveis e quais estão ocupadas. Inicialmente, toda a memória fica disponível para processos de usuário e é considerada um grande bloco de memória disponível, uma **brecha**. Como você verá, a memória contém um conjunto de brechas de vários tamanhos.

Conforme os processos entram no sistema, eles são inseridos em uma fila de entrada. O sistema operacional leva em consideração os requisitos de memória de cada processo e o espaço de memória disponível para determinar que processos devem ter memória alocada. Quando um processo recebe espaço, ele é carregado na memória e pode, então, competir por tempo da CPU. Quando um processo termina, libera sua memória, e o sistema operacional pode então preenchê-la com outro processo da fila de entrada.

Portanto, sempre temos uma lista de tamanhos de blocos disponíveis e uma fila de entrada. O sistema operacional pode ordenar a fila de entrada de acordo com um algoritmo de scheduling. A memória é alocada para os processos até, finalmente, os requisitos de memória do próximo processo não poderem ser atendidos – isto é, nenhum bloco de memória (ou brecha) disponível é suficientemente grande para conter esse processo. O sistema operacional pode, então, esperar até um bloco suficientemente grande ficar disponível ou pode percorrer a fila de entrada para ver se os requisitos menores de memória de algum outro processo podem ser atendidos.

Em geral, como mencionado, os blocos de memória disponíveis compõem um *conjunto* de brechas de vários tamanhos espalhados pela memória. Quando um processo chega e precisa de memória, o sistema procura no conjunto uma brecha que seja suficientemente grande para esse processo. Se a brecha for grande demais, ela é dividida em duas partes. Uma parte é alocada para o processo que chegou; a outra é devolvida para o conjunto de brechas. Quando um processo é encerrado, ele libera seu bloco de memória que é, então, inserido novamente no conjunto de brechas. Se a nova brecha for adjacente a outras brechas, essas brechas adjacentes serão mescladas para formar uma brecha maior. Nesse momento, o sistema pode precisar verificar se há processos esperando por memória e se essa memória recém-liberada e recombinada poderia atender às demandas de algum desses processos em espera.

Esse procedimento é uma instância específica do **problema de alocação de memória dinâmica geral** que diz respeito a como uma solicitação de tamanho *n* pode ser atendida a partir de uma lista de brechas livres. Há muitas soluções para esse problema. As estratégias **primeiro apto (*first-fit*)**, **mais apto (*best-fit*)** e **menos apto (*worst-fit*)** são as mais usadas na seleção de uma brecha livre no conjunto de brechas disponíveis.

- **Primeiro apto.** Aloca a *primeira* brecha que for suficientemente grande. A busca pode começar no início do conjunto de brechas ou na locação onde a busca anterior pelo primeiro apto terminou. Podemos encerrar a busca assim que encontrarmos uma brecha livre suficientemente grande.
- **Mais apto.** Aloca a *menor* brecha que for suficientemente grande. Devemos pesquisar a lista inteira, a menos que ela seja ordenada por tamanho. Essa estratégia produz a brecha com menos espaço sobrando.
- **Menos apto.** Aloca a *maior* brecha. Novamente, devemos pesquisar a lista inteira, a menos que ela esteja classificada por tamanho. Essa estratégia produz a brecha com mais espaço sobrando que pode ser mais útil do que a brecha com menos espaço sobrando da abordagem do mais apto.

Simulações mostraram que tanto o primeiro apto quanto o mais apto são melhores do que o menos apto em termos de redução de tempo e uso de memória. Entre o primeiro apto e o mais apto não podemos dizer com certeza qual é o melhor em termos de uso de memória, mas o primeiro apto geralmente é mais rápido.

7.3.3 Fragmentação

Tanto a estratégia do primeiro apto quanto a do mais apto para alocação de memória sofrem de ***fragmentação externa***. À medida que são carregados na memória e dela removidos, o espaço de memória livre é dividido em pequenos pedaços. A fragmentação externa ocorre quando há espaço total na memória suficiente para atender a uma solicitação, mas os espaços disponíveis não são contíguos; a memória foi fragmentada em um grande número de pequenas brechas. Esse problema da fragmentação pode ser grave. Na pior das hipóteses, poderíamos ter um bloco de memória livre (ou desperdiçada) entre cada par de processos. Se em vez disso todos esses pequenos fragmentos de memória estiverem em um grande bloco livre, talvez possamos executar muitos outros processos.

A escolha entre usar a estratégia do primeiro apto ou a estratégia do mais apto pode afetar o nível de fragmentação. (O primeiro apto é melhor para alguns sistemas, enquanto o mais apto é melhor para outros.) Outro fator é qual extremidade de um bloco livre é alocada. (Que parte fica sobrando – a inferior ou a superior?) No entanto, independente do algoritmo usado, a fragmentação externa será um problema.

Dependendo da quantidade total de espaço na memória e do tamanho médio do processo, a fragmentação externa pode ser um problema maior ou menor. Análises estatísticas do primeiro apto, por exemplo, revelam que, mesmo com alguma otimização, dados *N* blocos alocados, outro 0,5 *N* bloco serão perdidos devido à fragmentação. Isto é, um terço da memória pode ficar inutilizável! Essa propriedade é conhecida como a **regra dos 50%**.

A fragmentação da memória pode ser interna ou externa. Considere um esquema de alocação de partições múltiplas com uma brecha de 18.464 bytes. Suponha que o próximo processo requeira 18.462 bytes. Se alocarmos exatamente o bloco requerido, ficaremos com um intervalo de 2 bytes. O overhead de gerenciamento dessa brecha será substancialmente maior do que a própria brecha. A abordagem geral que evita a ocorrência desse problema é a divisão da memória física em blocos de tamanho fixo e a alocação da memória em unidades com base no tamanho do bloco. Nessa abordagem, a memória alocada a um processo pode ser um pouco maior do que a memória requerida. A diferença entre esses dois números é a ***fragmentação interna*** – memória não utilizada que é interna a uma partição.

Uma solução para o problema da fragmentação externa é a ***compactação***. O objetivo é mesclar os conteúdos da memória para unir toda a memória disponível em um grande bloco. No entanto, nem sempre é possível executar a compactação. Se a relocação é estática e feita em tempo de montagem ou de carga, a compactação não pode ser efetuada; ela *apenas* é possível quando a relocação é dinâmica e feita em tempo de execução. Quando os endereços são relocados dinamicamente, a relocação só requer a transferência do programa e dos dados além da alteração do registrador base para que reflita o novo endereço base. Quando a compactação é possível, devemos determinar seu custo. O algoritmo de compactação mais simples move todos os processos para uma extremidade da memória; todas as brechas passam para a outra extremidade, produzindo uma grande brecha de memória disponível. Esse esquema pode ser dispendioso.

Outra solução possível para o problema da fragmentação externa é permitir que o espaço de endereçamento lógico dos processos não seja contíguo, permitindo, assim, que um processo receba memória física onde quer que essa memória esteja disponível. Duas técnicas complementares proporcionam essa solução: a paginação (Seção 7.4) e a segmentação (Seção 7.6). Essas técnicas também podem ser combinadas (Seção 7.7).

7.4 Paginação

A ***paginação*** é um esquema de gerenciamento da memória que permite que o espaço de endereçamento físico de um processo não seja contíguo. Ela evita a fragmentação externa e a necessidade de compactação. Também resolve o problema considerável de acomodar trechos de memória de vários tamanhos na memória de retaguarda; a maioria dos esquemas de geren-

Memória Principal **173**

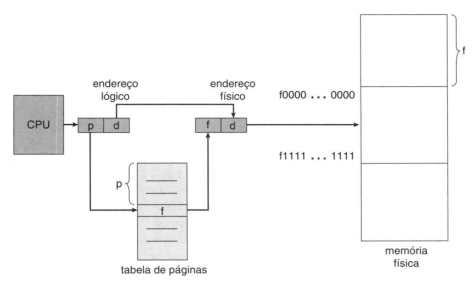

Figura 7.7 Hardware de paginação.

ciamento da memória, usada antes da introdução da paginação, sofria desse problema. O problema surge porque, quando alguns fragmentos de código ou dados que residem na memória principal têm de ser removidos, um espaço deve ser encontrado na memória de retaguarda. A memória de retaguarda apresenta os mesmos problemas de fragmentação discutidos para a memória principal, mas o acesso é muito mais lento, portanto, a compactação é impossível. Devido a suas vantagens sobre os métodos anteriores, a paginação em suas várias formas é usada na maioria dos sistemas operacionais.

Tradicionalmente, o suporte à paginação tem sido manipulado pelo hardware. No entanto, projetos recentes implementaram a paginação integrando fortemente o hardware e o sistema operacional, principalmente em microprocessadores de 64 bits.

7.4.1 Método Básico

O método básico para a implementação da paginação envolve a divisão da memória física em blocos de tamanho fixo chamados **quadros** e a divisão da memória lógica em blocos do mesmo tamanho chamados **páginas**. Quando um processo está para ser executado, suas páginas são carregadas em quaisquer quadros de memória disponíveis a partir de sua origem (um sistema de arquivos ou a memória de retaguarda). A memória de retaguarda é dividida em blocos de tamanho fixo que são do mesmo tamanho dos quadros de memória.

O suporte de hardware à paginação é ilustrado na Figura 7.7. Cada endereço gerado pela CPU é dividido em duas partes: um **número de página (p)** e um **deslocamento de página (d)**. O número de página é usado como índice em uma **tabela**

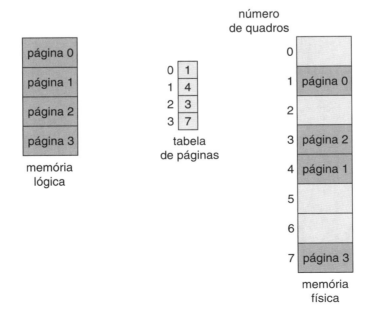

Figura 7.8 Modelo de paginação de memória lógica e física.

de páginas. A tabela de páginas contém o endereço base de cada página na memória física. Esse endereço base é combinado com o deslocamento de página para definir o endereço de memória física que é enviado para a unidade de memória. O modelo de paginação da memória é mostrado na Figura 7.8.

O tamanho da página (como o tamanho do quadro) é definido pelo hardware. Normalmente, o tamanho de uma página é uma potência de 2, variando entre 512 bytes e 16 MB por página, dependendo da arquitetura do computador. A seleção de uma potência de 2 como tamanho da página torna a conversão de um endereço lógico em um número de página e um deslocamento de página particularmente fácil. Se o tamanho do espaço de endereçamento lógico é igual a 2^m, e o tamanho da página é de 2^n unidades de endereçamento (bytes ou palavras), os $m - n$ bits de alta ordem de um endereço lógico designam o número da página e os n bits de baixa ordem designam o deslocamento da página. Portanto, o endereço lógico é definido como descrito a seguir:

número de página	deslocamento de página
p	d
m – n	n

em que p é um índice da tabela de páginas e d é o deslocamento dentro da página.

Como exemplo concreto (embora minúsculo), considere a memória da Figura 7.9. Aqui, no endereço lógico, $n = 2$ e $m = 4$. Usando um tamanho de página de 4 bytes e uma memória física de 32 bytes (8 páginas), mostramos como a visão que o usuário tem da memória pode ser mapeada para memória física. O endereço lógico 0 é igual à página 0, deslocamento 0. Indexando na tabela de páginas, vemos que a página 0 está no quadro 5. Portanto, o endereço lógico 0 é mapeado para o endereço físico 20 [= (5 × 4) + 0]. O endereço lógico 3 (página 0, deslocamento 3) é mapeado para o endereço físico 23 [= (5 × 4) + 3]. O endereço lógico 4 é a página 1, deslocamento 0; de acordo com a tabela de páginas, a página 1 é mapeada para o quadro 6. Logo, o endereço lógico 4 é mapeado para o endereço físico 24 [= (6 × 4) + 0]. O endereço lógico 13 é mapeado para o endereço físico 9.

Você deve ter notado que a paginação, na verdade, é um tipo de relocação dinâmica. Cada endereço lógico é vinculado pelo hardware de paginação a algum endereço físico. O uso da paginação é semelhante ao uso de uma tabela de registradores base (ou de relocação), um para cada quadro de memória.

Quando usamos um esquema de paginação, não temos fragmentação externa: *qualquer* quadro livre pode ser alocado a um processo que precise dele. No entanto, podemos ter alguma fragmentação interna. Observe que os quadros são alocados como unidades. Se, por acaso, os requisitos de memória de um processo não coincidem com os limites da página, o *último* quadro alocado pode não ficar completamente cheio. Por exemplo, se o tamanho da página é de 2.048 bytes, um processo de 72.766 bytes precisará de 35 páginas mais 1.086 bytes. Ele receberá 36 quadros, resultando em fragmentação interna de 2.048 – 1.086 = 962 bytes. Na pior das hipóteses, um pro-

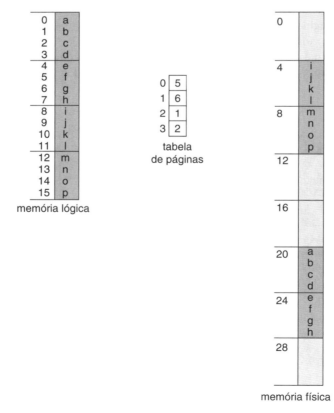

Figura 7.9 Exemplo de paginação para uma memória de 32 bytes com páginas de 4 bytes.

cesso precisaria de n páginas mais 1 byte. Ele receberia n + 1 quadros, resultando em fragmentação interna de quase um quadro inteiro.

Quando o tamanho do processo não depende do tamanho da página, espera-se que a fragmentação interna seja, em média, de meia página por processo. Essa consideração sugere que tamanhos de página pequenos são desejáveis. No entanto, há um overhead envolvido em cada entrada da tabela de páginas e esse overhead é reduzido conforme o tamanho das páginas aumenta. Além disso, o I/O de disco é mais eficiente quando a quantidade de dados que está sendo transferida é maior (Capítulo 11). Em geral, os tamanhos das páginas têm aumentado com o passar do tempo conforme os processos, os conjuntos de dados e a memória principal se tornaram maiores. Hoje em dia, as páginas têm, normalmente, entre 4 e 8 KB e alguns sistemas dão suporte a tamanhos de página ainda maiores. Algumas CPUs e kernels dão suporte até mesmo a vários tamanhos de página. Por exemplo, o Solaris usa tamanhos de página de 8 KB e 4 MB, dependendo dos dados armazenados pelas páginas. Atualmente, os pesquisadores estão desenvolvendo suporte ao tamanho de página variável dinamicamente.

Geralmente, cada entrada da tabela de páginas tem 4 bytes, mas esse tamanho também pode variar. Uma entrada de 32 bits pode apontar para um entre 2^{32} quadros de página físicos. Se o tamanho do quadro é de 4 KB, um sistema com entradas de 4 bytes pode endereçar 2^{44} bytes (ou 16 TB) de memória física.

Quando um processo chega no sistema para ser executado, seu tamanho, expresso em páginas, é examinado. Cada página do processo precisa de um quadro. Portanto, se o processo precisar de n páginas, pelo menos n quadros devem estar disponíveis na memória. Se n quadros estão disponíveis, eles são alocados para esse novo processo. A primeira página do processo é carregada em um dos quadros alocados e o número do quadro é inserido na tabela de páginas desse processo. A página seguinte é carregada em outro quadro, o número do quadro é inserido na tabela de páginas e assim por diante (Figura 7.10).

Um aspecto importante da paginação é a separação clara entre a visão que o usuário tem da memória e a memória física real. O programa do usuário vê a memória como um espaço único contendo apenas esse programa. Na verdade, o programa do usuário é espalhado por toda a memória física, que também contém outros programas. A diferença entre a visão que o usuário tem da memória e a memória física real é reconciliada pelo hardware de conversão de endereços. Os endereços lógicos são convertidos em endereços físicos. Esse mapeamento fica oculto do usuário e é controlado pelo sistema operacional. Observe que, por definição, o processo do usuário não pode acessar memória que ele não possui. Ele não tem como endereçar memória que não faz parte de sua tabela de páginas e a tabela só inclui as páginas que o processo possui.

O sistema operacional está gerenciando a memória física, portanto, ele tem de conhecer os detalhes de alocação dessa memória – que quadros estão alocados, que quadros estão disponíveis, quantos quadros há no total e assim por diante. Geralmente, essas informações são mantidas em uma estrutura de dados chamada **tabela de quadros**. A tabela de quadros tem uma entrada para cada quadro de página físico, indicando se o último quadro está livre ou alocado e, se está alocado, para que página de que processo ou processos.

Além disso, o sistema operacional deve ter conhecimento dos processos de usuário que operam no espaço do usuário e de todos os endereços lógicos que devem ser mapeados para produzir endereços físicos. Se um usuário faz uma chamada de sistema (para executar uma operação de I/O, por exemplo) e fornece um endereço como parâmetro (digamos, um buffer), esse endereço deve ser mapeado para produzir o endereço físico correto. O sistema operacional mantém uma cópia da tabela de páginas de cada processo, assim como mantém uma cópia do contador de instruções e dos conteúdos dos registradores. Essa cópia é usada na conversão de endereços lógicos em endereços físicos sempre que o sistema operacional tem que mapear um endereço lógico para um endereço físico manual-

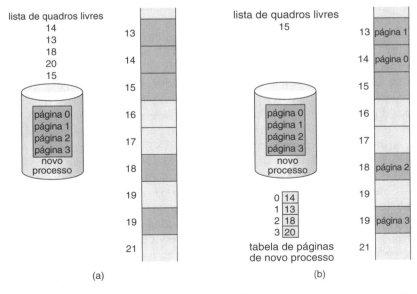

Figura 7.10 Quadros livres (a) antes da alocação e (b) depois da alocação.

mente. Ela também é usada pelo despachante da CPU na definição da tabela de páginas de hardware quando um processo precisa de alocação da CPU. Portanto, a paginação aumenta o tempo de mudança de contexto.

7.4.2 Suporte de Hardware

Cada sistema operacional tem seus próprios métodos de armazenamento de tabelas de páginas. A maioria aloca uma tabela de páginas para cada processo. Um ponteiro para a tabela de páginas é armazenado com os outros valores dos registradores (como o contador de instruções) no bloco de controle do processo. Quando o despachante é solicitado a iniciar um processo, ele tem que recarregar os registradores do usuário e definir os valores corretos da tabela de páginas de hardware a partir da tabela de páginas de usuário armazenada.

A implementação da tabela de páginas em hardware pode ser feita de várias maneiras. No caso mais simples, a tabela de páginas é implementada como um conjunto de **registradores** dedicados. Esses registradores devem ser construídos com lógica de altíssima velocidade para tornar eficiente a conversão páginas-endereços. Cada acesso à memória deve passar pelo mapa de paginação, portanto, a eficiência é um aspecto importante. O despachante da CPU recarrega esses registradores da mesma forma que recarrega os demais. É claro que as instruções de carga ou modificação dos registradores da tabela de páginas são privilegiadas para que só o sistema operacional possa alterar o mapa da memória. O DEC PDP-11 é um exemplo desse tipo de arquitetura. O endereço é composto por 16 bits e o tamanho da página é de 8 KB. Portanto, a tabela de páginas é composta por oito entradas que são mantidas em registradores velozes.

O uso de registradores para a tabela de páginas é satisfatório quando a tabela de páginas é razoavelmente pequena (por exemplo, 256 entradas). No entanto, a maioria dos computadores contemporâneos permite que a tabela de páginas seja muito grande (por exemplo, com 1 milhão de entradas). Nessas máquinas, o uso de registradores rápidos na implementação da tabela de páginas não é viável. Em vez disso, a tabela de páginas é mantida na memória principal e um **registrador base de tabela de páginas (PTBR – page-table base register)** aponta para ela. A alteração das tabelas de páginas só requer a alteração desse registrador, reduzindo substancialmente o tempo de mudança de contexto.

O problema dessa abordagem é o tempo necessário para o acesso à locação de memória de um usuário. Se queremos acessar a locação i, primeiro temos de fazer a indexação na tabela de páginas, usando o valor do PTBR deslocado pelo número de página de i. Essa tarefa requer um acesso à memória. Ele nos fornece o número do quadro que é combinado com o deslocamento da página, para produzir o endereço real. Podemos então acessar o local desejado na memória. Nesse esquema, *dois* acessos à memória são necessários para acessar um byte (um para a entrada da tabela de páginas, outro para o byte). Portanto, o acesso à memória é retardado por um fator igual a 2. Esse retardo seria intolerável na maioria das situações. Também poderíamos recorrer à permuta!

A solução padrão para esse problema é usar um cache de hardware especial e pequeno de pesquisa rápida, chamado **buffer paralelo de conversão (TLB – translation look-aside buffer)**. O TLB é memória associativa de alta velocidade. Cada entrada do TLB é composta por duas partes: uma chave (ou tag) e um valor. Quando um item é apresentado à memória associativa, ele é comparado com todas as chaves simultaneamente. Se o item é encontrado, o campo de valor correspondente é retornado. A pesquisa é rápida; o hardware, no entanto, é caro. A quantidade de entradas de um TLB costuma ser pequena, geralmente entre 64 e 1.024.

O TLB é usado com as tabelas de páginas como descrito a seguir. Ele só contém algumas entradas da tabela de páginas. Quando um endereço lógico é gerado pela CPU, seu número de página é apresentado ao TLB. Se o número de página é encontrado, seu número de quadro fica imediatamente disponível e é usado no acesso à memória. A tarefa inteira pode demorar menos de 10 por cento do que demoraria se uma referência de memória não mapeada fosse usada.

Se o número da página não está no TLB (o que é conhecido como **erro de TLB**), deve ser estabelecida uma referência de memória à tabela de páginas. Quando o número do quadro é obtido, podemos usá-lo para acessar a memória (Figura 7.11). Além disso, adicionamos o número da página e o número do quadro ao TLB para que eles sejam encontrados rapidamente na próxima referência. Se o TLB já estiver cheio de entradas, o sistema operacional deve selecionar uma para substituição. As políticas de substituição vão da menos recentemente usada (LRU – *least recently used*) à escolha aleatória. Alguns TLBs também permitem que certas entradas sejam **protegidas**, o que significa que elas não podem ser removidas do TLB. Normalmente, as entradas do TLB para código de kernel são protegidas.

Alguns TLBs armazenam **identificadores de espaço de endereçamento (ASIDs – address-space identifiers)** em cada entrada. Um ASID identifica cada processo de maneira exclusiva e é usado para fornecer proteção ao espaço de endereçamento desse processo. Quando o TLB tenta resolver números de página virtuais, ele verifica se o ASID do processo em execução corrente coincide com o ASID associado à página virtual. Quando os ASIDs não coincidem, a tentativa é tratada como um erro de TLB. Além de fornecer proteção ao espaço de endereçamento, um ASID permite que o TLB contenha entradas de vários processos diferentes simultaneamente. Se o TLB não der suporte a ASIDs separados, sempre que uma nova tabela de páginas for selecionada (por exemplo, a cada mudança de contexto), o TLB terá que ser **esvaziado** (ou apagado) para assegurar que o próximo processo a ser executado não use as informações de conversão erradas. Caso contrário, o TLB poderia incluir entradas antigas contendo endereços virtuais válidos, mas armazenar endereços físicos incorretos ou inválidos deixados pelo processo anterior.

O percentual referente às vezes em que um número de página específico foi encontrado no TLB é chamado de **taxa de sucesso**. Uma taxa de sucesso de 80 por cento, por exemplo, significa que encontramos o número de página desejado no TLB 80 por cento das vezes. Se levamos 20 nanossegundos para pesquisar o TLB e 100 nanossegundos para acessar a memória, um acesso à memória mapeada leva 120 nanossegundos quando o número da página está no TLB. Se não conseguirmos encontrar o número da página no TLB (20 nanossegundos), primeiro

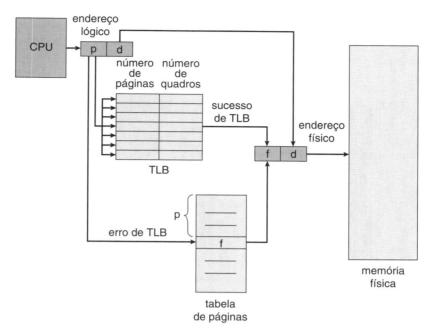

Figura 7.11 Hardware de paginação com TLB.

temos de acessar a memória em busca da tabela de páginas e do número do quadro (100 nanossegundos) e, então, acessar o byte desejado na memória (100 nanossegundos), perfazendo um total de 220 nanossegundos. Para encontrar o **tempo efetivo de acesso à memória**, temos que avaliar o caso por sua probabilidade:

tempo efetivo de acesso = 0,80 × 120 + 0,20 × 220
= 140 nanossegundos.

Nesse exemplo, sofremos um retardo de 40 por cento no tempo de acesso à memória (de 100 para 140 nanossegundos).

Para uma taxa de sucesso de 98%, temos

tempo efetivo de acesso = 0,98 × 120 + 0,02 × 220
= 122 nanossegundos.

Esse aumento na taxa de sucesso produz um retardo de apenas 22% no tempo de acesso. Examinaremos mais detalhadamente o impacto da taxa de sucesso sobre o TLB no Capítulo 8.

7.4.3 Proteção

A proteção da memória em um ambiente paginado é executada por bits de proteção associados a cada quadro. Normalmente, esses bits são mantidos na tabela de páginas.

Um bit pode definir se uma página é de leitura-gravação ou somente de leitura. Cada referência à memória percorre a tabela de páginas para encontrar o número de quadro correto. Ao mesmo tempo em que o endereço físico está sendo calculado, os bits de proteção podem ser verificados para sabermos se alguma gravação está sendo feita em uma página somente de leitura. A tentativa de gravação em uma página somente de leitura provoca uma interrupção de hardware para o sistema operacional (ou violação de proteção da memória).

Podemos expandir facilmente essa abordagem para fornecer um nível mais apurado de proteção. Podemos criar um hardware que forneça proteção somente de leitura, de leitura-gravação ou somente de execução; ou, fornecendo bits de proteção separados para cada tipo de acesso, podemos permitir qualquer combinação desses acessos. Tentativas ilegais serão interceptadas para o sistema operacional.

Geralmente, um bit adicional é anexado a cada entrada da tabela de páginas: um bit **válido-inválido**. Quando esse bit é posicionado como "válido", a página associada está no espaço de endereçamento lógico do processo e, portanto, é uma página legal (ou válida). Quando o bit é posicionado como "inválido", a página não está no espaço de endereçamento lógico do processo. Endereços ilegais são identificados com o uso do bit válido-inválido. O sistema operacional posiciona esse bit para cada página para permitir ou não o acesso à página.

Suponha, por exemplo, que em um sistema com espaço de endereçamento de 14 bits (0 a 16383), temos um programa que só use os endereços de 0 a 10468. Dado um tamanho de página de 2 KB, temos a situação mostrada na Figura 7.12. Os endereços das páginas 0, 1, 2, 3, 4 e 5 são mapeados normalmente por meio da tabela de páginas. Qualquer tentativa de gerar um endereço nas páginas 6 ou 7, no entanto, encontrará o bit válido-inválido posicionado como inválido e o computador fará uma interrupção para o sistema operacional (referência de página inválida).

Observe que esse esquema gerou um problema. Como o programa se estende somente até o endereço 10468, qualquer referência além desse endereço é ilegal. No entanto, referências à página 5 são classificadas como válidas, logo, acessos aos endereços até 12287 são válidos. Apenas os endereços de 12288 a 16383 são inválidos. Esse problema ocorre porque o tamanho da página é de 2 KB e reflete a fragmentação interna da paginação.

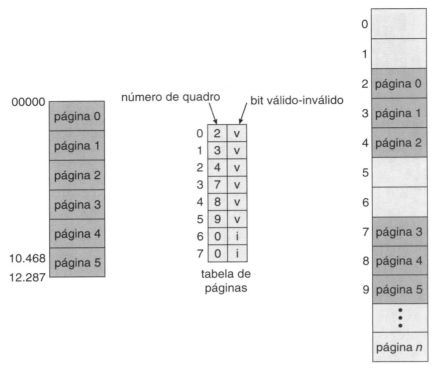

Figura 7.12 Bit válido (v) ou inválido (i) em uma tabela de páginas.

Raramente um processo usa todo o seu intervalo de endereços. Na verdade, muitos processos só usam uma pequena fração do espaço de endereçamento disponível para eles. Seria desperdício nesses casos criar uma tabela de páginas com entradas para cada página do intervalo de endereços. Grande parte dessa tabela não seria usada, mas ocuparia um espaço valioso na memória. Alguns sistemas fornecem hardware na forma de um **registrador do tamanho da tabela de páginas (PLTR – *page-table length register*)**, para indicar o tamanho da tabela de páginas. Esse valor é verificado para cada endereço lógico para sabermos se o endereço está no intervalo válido do processo. Falhas nesse teste causam uma interrupção por erro para o sistema operacional.

7.4.4 Páginas Compartilhadas

Uma vantagem da paginação é a possibilidade de *compartilhamento* de código comum. Esse aspecto é particularmente importante em um ambiente de compartilhamento de tempo. Considere um sistema que dê suporte a 40 usuários, todos executando um editor de texto. Se o editor de texto for composto por 150 KB de código e 50 KB de espaço de dados, precisamos de 8.000 KB para dar suporte aos 40 usuários. No entanto, se for **código reentrante** (ou ***código puro***), ele pode ser compartilhado, como mostra a Figura 7.13. Aqui, vemos um editor com três páginas – cada página tem 50 KB (o tamanho de página grande é usado para simplificar a figura) – sendo compartilhado entre três processos. Cada processo tem sua própria página de dados.

O código reentrante não é código automodificável: ele nunca muda durante a execução. Portanto, dois ou mais processos podem executar o mesmo código ao mesmo tempo. Cada processo tem sua própria cópia de registradores e sua própria memória de dados para armazenar os dados para execução. É claro que os dados para dois processos diferentes serão diferentes.

Só uma cópia do editor tem de ser mantida na memória física. A tabela de páginas de cada usuário é mapeada para a mesma cópia física do editor, mas as páginas de dados são mapeadas para quadros diferentes. Portanto, para dar suporte a 40 usuários, só precisamos de uma cópia do editor (150 KB), mais 40 cópias dos 50 KB de espaço de dados por usuário. O espaço total requerido agora é de 2.150 KB em vez de 8.000 KB – uma economia significativa.

Outros programas muito usados também podem ser compartilhados – compiladores, sistemas de janelas, bibliotecas de tempo de execução, sistemas de bancos de dados e assim por diante. Para ser compartilhável, o código deve ser reentrante. A natureza somente de leitura do código compartilhado não deve ser confiada à precisão do código; o sistema operacional deve impor essa propriedade.

O compartilhamento de memória entre processos em um sistema é semelhante ao compartilhamento do espaço de endereçamento de uma tarefa por threads, descrito no Capítulo 4. Além disso, você deve lembrar que no Capítulo 3 descrevemos a memória compartilhada como um método de comunicação entre processos. Alguns sistemas operacionais implementam a memória compartilhada usando páginas compartilhadas.

A organização da memória de acordo com páginas fornece muitos benefícios além de permitir que vários processos compartilhem as mesmas páginas físicas. Abordamos muitos outros benefícios no Capítulo 8.

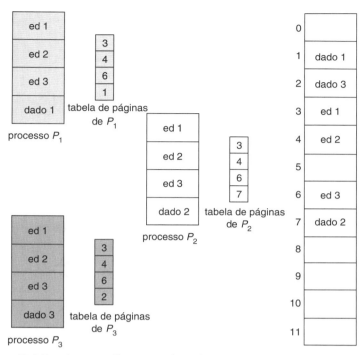

Figura 7.13 Compartilhamento de código em um ambiente de paginação.

7.5 Estrutura da Tabela de Páginas

Nesta seção, examinamos algumas das técnicas mais comuns de estruturação da tabela de páginas.

7.5.1 Paginação Hierárquica

A maioria dos sistemas de computação modernos dá suporte a um amplo espaço de endereçamento lógico (2^{32} a 2^{64}). Em um ambiente assim, a própria tabela de páginas se torna excessivamente extensa. Por exemplo, considere um sistema com um espaço de endereçamento lógico de 32 bits. Se o tamanho da página desse sistema é de 4 KB (2^{12}), uma tabela de páginas pode ser composta por até 1 milhão de entradas ($2^{32}/2^{12}$). Supondo que cada entrada seja composta por 4 bytes, cada processo pode precisar de até 4 MB de espaço de endereçamento físico só para a tabela de páginas. É claro que não gostaríamos de alocar a tabela de páginas contiguamente na memória principal. Uma solução simples para esse problema é dividir a tabela de páginas em partes menores. Podemos fazer essa divisão de várias maneiras.

Uma maneira é usar um algoritmo de paginação em dois níveis em que a própria tabela de páginas também é paginada (Figura 7.14). Por exemplo, considere novamente o sistema com um espaço de endereçamento lógico de 32 bits e um tamanho de página de 4 KB. Um endereço lógico é dividido em um número de página composto por 20 bits e um deslocamento de página composto por 12 bits. Já que paginamos a tabela de páginas, o número da página também é dividido em um número de página de 10 bits e um deslocamento de página de 10 bits. Portanto, um endereço lógico tem a forma descrita a seguir:

número de página		deslocamento de página
p_1	p_2	d
10	10	12

em que p_1 é um índice da tabela de páginas externa e p_2 é o deslocamento dentro da página da tabela de páginas interna. O método de conversão de endereços dessa arquitetura é mostrado na Figura 7.15. Já que a conversão de endereços funciona da página externa para dentro, esse esquema também é conhecido como **tabela de páginas mapeada para adiante**.

A arquitetura VAX dá suporte a uma variação da paginação em dois níveis. O VAX é uma máquina de 32 bits com um tamanho de página de 512 bytes. O espaço de endereçamento lógico de um processo é dividido em quatro seções iguais, cada uma com 2^{30} bytes. Cada seção representa uma parte diferente do espaço de endereçamento lógico de um processo. Os primeiros 2 bits de alta ordem do endereçamento lógico designam a seção apropriada. Os 21 bits seguintes representam o número de página lógico dessa seção e os 9 bits finais representam um deslocamento na página desejada. Dividindo a tabela de páginas dessa maneira, o sistema operacional pode deixar as partições sem utilização até um processo precisar delas. Um endereço na arquitetura VAX tem a forma a seguir:

seção	página	deslocamento
s	p	d
2	21	9

em que s designa o número da seção, p é um índice da tabela de páginas e d é o deslocamento dentro da página. Mesmo quando esse esquema é usado, o tamanho de uma tabela de páginas de um nível para um processo VAX usando uma seção é de 2^{21} bits × 4 bytes por entrada = 8 MB. Para reduzir ainda mais o uso da memória principal, o VAX pagina as tabelas de páginas dos processos de usuário.

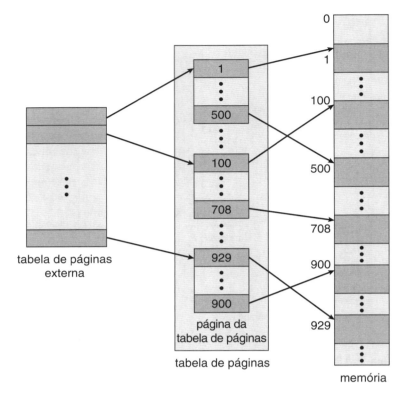

Figura 7.14 Um esquema de tabela de páginas em dois níveis.

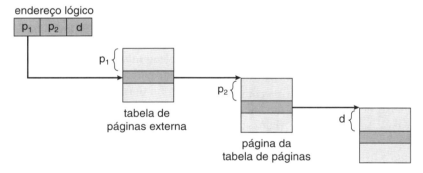

Figura 7.15 Conversão de endereços de uma arquitetura de paginação de 32 bits em dois níveis.

Em um sistema com espaço de endereçamento lógico de 64 bits, um esquema de paginação em dois níveis não é mais apropriado. Para ilustrar esse ponto, suponha que o tamanho da página em um sistema assim seja de 4 KB (2^{12}). Nesse caso, a tabela de páginas é composta por até 2^{52} entradas. Se usarmos um esquema de paginação em dois níveis, as tabelas de páginas internas podem ter o tamanho conveniente de uma página ou conter 2^{10} entradas de 4 bytes. Os endereços têm essa aparência:

página externa	página interna	deslocamento
p_1	p_2	d
42	10	12

A tabela de páginas externa é composta por 2^{42} entradas ou 2^{44} bytes. A maneira óbvia de evitar uma tabela tão grande é dividir a tabela de páginas externa em partes menores. (Essa abordagem também é usada em alguns processadores de 32 bits para aumentar a flexibilidade e a eficiência.)

Podemos dividir a tabela de páginas externa de várias maneiras. Podemos paginá-la, o que nos dá um esquema de paginação em três níveis. Suponha que a tabela de páginas externa seja composta por páginas de tamanho padrão (2^{10} entradas ou 2^{12} bytes). Nesse caso, um espaço de endereçamento de 64 bits ainda é preocupante:

2ª página externa	página externa	página interna	deslocamento
p_1	p_2	p_3	d
32	10	10	12

A tabela de páginas externa ainda tem 2^{34} bytes.

A próxima etapa seria um esquema de paginação em quatro níveis em que a própria tabela de páginas externa do segundo nível também seja paginada e assim por diante. O UltraSPARC de 64 bits demandaria sete níveis de paginação – um número proibitivo de acessos à memória – para converter cada endereço lógico. Você pode ver nesse exemplo porque, para arquiteturas de 64 bits, as tabelas de paginação hierárquica são, em geral, consideradas inapropriadas.

7.5.2 Tabelas de Páginas com Hash

Uma abordagem comum para a manipulação de espaços de endereçamento maiores do que 32 bits é usar uma **tabela de páginas com hash**, com o valor do hash sendo o número da página virtual. Cada entrada da tabela com hash contém uma lista encadeada de elementos que sofrem um hash para a mesma locação (para a manipulação de colisões). Cada elemento é composto por três campos: (1) o número da página virtual, (2) o valor do quadro de página mapeado e (3) um ponteiro para o próximo elemento da lista encadeada.

O algoritmo funciona da seguinte forma: o número de página virtual do endereço virtual é submetido à função hash na tabela com hash. Ele é comparado com o campo 1 do primeiro elemento da lista encadeada. Se houver coincidência, o quadro de página correspondente (campo 2) é usado para formar o endereço físico desejado. Se não houver coincidência, entradas subsequentes da lista encadeada são pesquisadas em busca de um número de página virtual coincidente. Esse esquema é mostrado na Figura 7.16.

Foi proposta uma variação desse esquema adequada para espaços de endereçamento de 64 bits. Ela usa **tabelas de páginas em cluster**, que são semelhantes às tabelas de páginas com hash, exceto pelo fato de que cada entrada da tabela com hash referencia várias páginas (por exemplo, 16) em vez de apenas uma página. Portanto, a mesma entrada da tabela de páginas pode armazenar os mapeamentos de vários quadros de páginas físicas. As tabelas de páginas em cluster são particularmente úteis para espaços de endereçamento **esparsos** em que as referências de memória não são contíguas e se encontram espalhadas por todo o espaço de endereçamento.

7.5.3 Tabelas de Páginas Invertidas

Geralmente, cada processo tem uma tabela de páginas associada. A tabela de páginas tem uma entrada para cada página que o processo está usando (ou um espaço para cada endereço virtual, independente de sua validade). Essa representação da tabela é natural, visto que os processos referenciam páginas por meio dos endereços virtuais das páginas. Portanto, o sistema operacional deve converter essa referência em um endereço de memória física. Como a tabela é classificada por endereço virtual, o sistema operacional pode calcular em que lugar da tabela a entrada do endereço físico associado está localizada e usar esse valor diretamente. Uma das desvantagens desse método é que cada tabela de páginas pode ser composta por milhões de entradas. Essas tabelas podem consumir grandes quantidades de memória física só para controlar como o resto da memória física está sendo usado.

Para resolver esse problema, podemos usar uma **tabela de páginas invertida**. A tabela de páginas invertida tem uma entrada para cada página (ou quadro) real da memória. Cada entrada é composta pelo endereço virtual da página armazenada nessa locação real da memória, com informações sobre o processo que possui a página. Portanto, só existe uma tabela de páginas no sistema e ela tem apenas uma entrada para cada página de memória física. A Figura 7.17 mostra a operação de uma tabela de páginas invertida. Compare-a com a Figura 7.7 que mostra uma tabela de páginas padrão em operação. Com frequência, as tabelas de páginas invertidas requerem que um identificador de espaço de endereçamento (Seção 7.4.2) seja armazenado em cada entrada, porque, geralmente, a tabela contém vários espaços de endereçamento diferentes mapeando memória física. O armazenamento do identificador de espaço de endereçamento assegura que uma página lógica para um processo específico seja mapeada para o quadro de página físico correspondente. Exemplos de sistemas que usam tabelas de páginas invertidas incluem o UltraSPARC de 64 bits e o PowerPC.

Para ilustrar esse método, descrevemos uma versão simplificada da tabela de páginas invertida usada no IBM RT. Cada endereço virtual do sistema é composto por uma tripla:

<id do processo, número da página, deslocamento>.

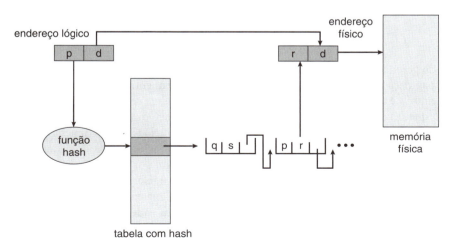

Figura 7.16 Tabela de páginas com hash.

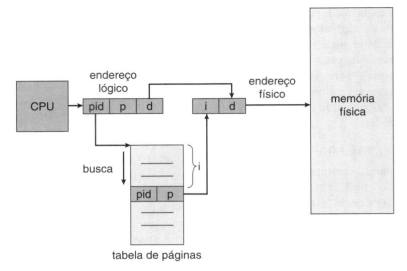

Figura 7.17 Tabela de páginas invertida.

Cada entrada da tabela de páginas invertida é um par <id do processo, número da página> em que o id do processo assume o papel do identificador de espaço de endereçamento. Quando ocorre uma referência à memória, parte do endereço virtual, composta pelo par <id do processo, número da página> é apresentada ao subsistema da memória. A tabela de páginas invertida é, então, pesquisada em busca de um par coincidente. Se uma ocorrência é encontrada – digamos, na entrada i – o endereço físico <i, deslocamento> é gerado. Se nenhuma ocorrência é encontrada, houve uma tentativa ilegal de acesso a endereço.

Embora esse esquema diminua a quantidade de memória necessária ao armazenamento de cada tabela de páginas, ele aumenta o período de tempo necessário à pesquisa na tabela quando ocorre uma referência de página. Já que a tabela de páginas invertida é classificada por endereço físico, mas as pesquisas ocorrem em endereços virtuais, a tabela inteira pode ter que ser pesquisada em busca de uma ocorrência. Essa pesquisa demoraria muito. Para amenizar esse problema, usamos uma tabela com hash, como descrito na Seção 7.5.2, para limitar a pesquisa a uma – ou no máximo algumas – entradas da tabela de páginas. É claro que cada acesso à tabela com hash adiciona uma referência de memória ao procedimento, portanto, uma referência à memória virtual requer pelo menos duas leituras na memória real – uma para a entrada da tabela com hash e outra para a tabela de páginas. (Lembre-se de que o TLB é pesquisado primeiro, antes da tabela com hash ser consultada, o que fornece alguma melhoria no desempenho.)

Sistemas que usam tabelas de páginas invertidas têm dificuldade para implementar memória compartilhada. Geralmente, a memória compartilhada é implementada como vários endereços virtuais múltiplos (um para cada processo que estiver compartilhando a memória) que são mapeados para um endereço físico. Esse método padrão não pode ser usado com tabelas de páginas invertidas. Existe apenas uma entrada de página virtual para cada página física, portanto, uma página física não pode ter dois (ou mais) endereços virtuais compartilhados. Uma técnica simples para a solução desse problema é permitir que a tabela de páginas contenha apenas um mapeamento de um endereço virtual para o endereço físico compartilhado. Isso significa que referências a endereços virtuais que não sejam mapeadas resultam em erros de página.

7.6 Segmentação

Um aspecto importante do gerenciamento da memória que se tornou inevitável com a paginação é a separação entre a visão que o usuário tem da memória e a memória física real. Como já mencionamos, a visão que o usuário tem da memória não é igual à memória física real. A visão do usuário é mapeada para a memória física. Esse mapeamento permite a diferenciação entre memória lógica e memória física.

7.6.1 Método Básico

Será que os usuários consideram a memória como um array linear de bytes, alguns contendo instruções e outros contendo dados? A maioria das pessoas diria que não. Em vez disso, os usuários preferem ver a memória como um conjunto de segmentos de tamanho variável sem que haja necessariamente uma ordem entre eles (Figura 7.18).

Considere como você vê um programa quando o está escrevendo. Você o considera um programa principal com um conjunto de métodos, procedimentos ou funções. Ele também pode incluir várias estruturas de dados: objetos, arrays, pilhas, variáveis e assim por diante. Cada um desses módulos ou elementos de dados é referenciado pelo nome. Você fala sobre a "pilha", "a biblioteca matemática", "o programa principal", sem se preocupar com os endereços que esses elementos ocupam na memória. Você não quer saber se a pilha está armazenada antes ou depois da função `Sqrt()`. Cada um desses segmentos é de tamanho variável; o tamanho é definido intrinsecamente pela finalidade do

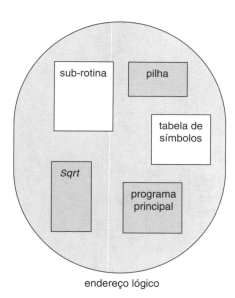

Figura 7.18 Visão que um usuário tem de um programa.

segmento no programa. Os elementos de um segmento são identificados por seu deslocamento a partir do início do segmento: o primeiro comando do programa, a sétima entrada de quadro da pilha, a quinta instrução de Sqrt() e assim por diante.

A **segmentação** é um esquema de gerenciamento da memória que dá suporte à visão que o usuário tem da memória. Um espaço de endereçamento lógico é um conjunto de segmentos. Cada segmento tem um nome e um tamanho. Os endereços especificam tanto o nome do segmento quanto o deslocamento dentro do segmento. Portanto, o usuário especifica cada endereço com dois valores: um nome de segmento e um deslocamento. (Compare esse esquema com o da paginação em que o usuário só especifica um único endereço que é dividido pelo hardware em um número de página e um deslocamento, os dois invisíveis para o programador.)

Para simplificar a implementação, os segmentos são numerados e referenciados por um número de segmento em vez de por um nome de segmentos. Portanto, um endereço lógico é composto por uma *tupla com dois valores*:

<número do segmento, deslocamento>.

Normalmente, o programa do usuário é compilado e o compilador constrói automaticamente segmentos que refletem o programa de entrada.

Um compilador C pode criar segmentos separados para os elementos a seguir:

1. O código
2. Variáveis globais
3. O heap a partir do qual a memória é alocada
4. As pilhas usadas para cada thread
5. A biblioteca C padrão

Segmentos separados podem ser atribuídos a bibliotecas vinculadas em tempo de compilação. O carregador tomaria todos esses segmentos e atribuiria números de segmento a eles.

7.6.2 Hardware

Embora, atualmente, o usuário possa referenciar objetos no programa por um endereço bidimensional, é claro que a memória física real continua sendo uma sequência de bytes unidimensional. Portanto, devemos criar uma implementação que mapeie endereços bidimensionais definidos pelo usuário para endereços físicos unidimensionais. Esse mapeamento é efetuado por uma **tabela de segmentos**. Cada entrada da tabela de segmentos tem uma *base de segmento* e um *limite de segmento*. A base do segmento contém o endereço físico inicial em que o segmento reside na memória e o limite do segmento especifica o tamanho do segmento.

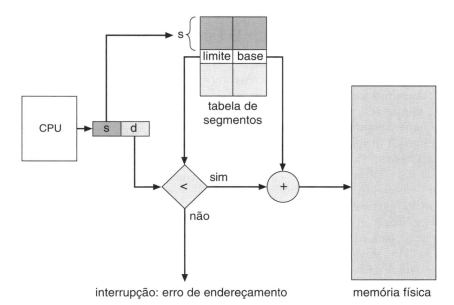

Figura 7.19 Hardware de segmentação.

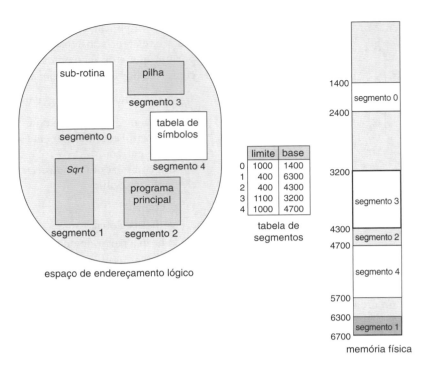

Figura 7.20 Exemplo de segmentação.

O uso de uma tabela de segmentos é ilustrado na Figura 7.19. Um endereço lógico é composto por duas partes: um número de segmento, *s*, e um deslocamento, *d*, dentro desse segmento. O número do segmento é usado como índice na tabela de segmentos. O deslocamento *d* do endereço lógico deve estar entre 0 e o limite do segmento. Se não estiver, é gerada uma interrupção para o sistema operacional (a tentativa de endereçamento lógico ultrapassa o fim do segmento). Quando um deslocamento é válido, ele é adicionado à base do segmento para produzir o endereço do byte desejado na memória física. Logo, a tabela de segmentos é essencialmente um array de pares de registradores base-limite.

Como exemplo, considere a situação mostrada na Figura 7.20. Temos cinco segmentos numerados de 0 a 4. Os segmentos estão armazenados na memória física. A tabela de segmentos tem uma entrada separada para cada segmento, fornecendo o endereço inicial do segmento na memória física (ou base) e o tamanho desse segmento (ou limite). Por exemplo, o segmento 2 tem 400 bytes e começa na locação 4300. Portanto, uma referência ao byte 53 do segmento 2 é mapeada para a locação 4300 + 53 = 4353. Uma referência ao segmento 3, byte 852, é mapeada para 3200 (a base do segmento 3) + 852 = 4052. Uma referência ao byte 1222 do segmento 0 resultaria em uma interrupção para o sistema operacional porque esse segmento só tem 1.000 bytes.

7.7 Exemplo: O Pentium da Intel

Tanto a paginação quanto a segmentação apresentam vantagens e desvantagens. Na verdade, algumas arquiteturas fornecem os dois recursos. Nesta seção, discutimos a arquitetura Pentium da Intel que dá suporte tanto à segmentação pura quanto à segmentação com paginação. Não fornecemos uma descrição completa da estrutura de gerenciamento da memória do Pentium neste texto. Em vez disso, apresentamos as principais ideias em que ela se baseia. Concluímos nossa discussão com uma visão geral da conversão de endereços do Linux em sistemas Pentium.

Em sistemas Pentium, a CPU gera endereços lógicos que são fornecidos à unidade de segmentação. A unidade de segmentação produz um endereço linear para cada endereço lógico. O endereço linear é então fornecido à unidade de paginação, que, por sua vez, gera o endereço físico na memória principal. Portanto, as unidades de segmentação e paginação formam o equivalente à unidade de gerenciamento da memória (MMU). Esse esquema é mostrado na Figura 7.21.

7.7.1 Segmentação no Pentium

A arquitetura Pentium permite que um segmento tenha no máximo 4 GB e a quantidade máxima de segmentos por processo é de 16 K. O espaço de endereçamento lógico de um processo é dividido em duas partições. A primeira partição é composta por até 8 K de segmentos privativos desse processo. A segunda partição é composta por até 8 K de segmentos que são compartilhados entre todos os processos. Informações sobre a primeira partição são mantidas na ***tabela de descritores locais (LDT – local descriptor table)***; informações sobre a segunda partição são mantidas na **tabela de descritores globais (GDT – global descriptor table)**. Cada entrada da LDT e da GDT é composta por um descritor de segmento de 8 bytes com informações detalhadas sobre um segmento específico, inclusive a locação base e o limite desse segmento.

O endereço lógico é um par (seletor, deslocamento) em que o seletor é um número de 16 bits:

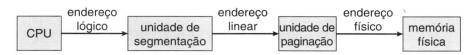

Figura 7.21 Conversão de endereço lógico em físico no Pentium.

s	g	p
13	1	2

no qual *s* designa o número do segmento, *g* indica se o segmento está na GDT ou na LDT e *p* está relacionado à proteção. O deslocamento é um número de 32 bits que especifica a locação do byte (ou palavra) dentro do segmento em questão.

A máquina tem seis registradores de segmentos, permitindo que seis segmentos sejam endereçados a qualquer tempo por um processo. Ela também tem seis registradores de microprogramas de 8 bytes para armazenar os descritores correspondentes da LDT ou GDT. Esse cache permite que o Pentium não precise ler o descritor na memória para cada referência de memória.

O endereço linear no Pentium tem 32 bits e é formado como descrito a seguir. O registrador de segmento aponta para a entrada apropriada na LDT ou na GDT. As informações de base e limite do segmento em questão são usadas para gerar um ***endereço linear***. Primeiro, o limite é usado na verificação da validade do endereço. Se o endereço não for válido, uma falha de memória é gerada, resultando em uma interrupção para o sistema operacional. Se for válido, o valor do deslocamento é adicionado ao valor da base, resultando em um endereço linear de 32 bits. Isso é mostrado na Figura 7.22. Na próxima seção, discutimos como a unidade de paginação converte esse endereço linear em um endereço físico.

7.7.2 Paginação no Pentium

A arquitetura Pentium permite um tamanho de página de 4 KB ou de 4 MB. Para páginas de 4 KB, o Pentium usa um esquema de paginação em dois níveis em que a divisão do endereço linear de 32 bits ocorre como descrito a seguir:

número de página		deslocamento de página
p_1	p_2	d
10	10	12

O esquema de conversão de endereços dessa arquitetura é semelhante ao esquema mostrado na Figura 7.15. A conversão de endereços do Pentium da Intel é mostrada com mais detalhes na Figura 7.23. Os 10 bits de alta ordem referenciam uma entrada da tabela de páginas externa que o Pentium chama de **diretório de páginas.** (O registrador CR3 aponta para o diretório de páginas do processo corrente.) A entrada do diretório de páginas aponta para uma tabela de páginas interna que é indexada pelos conteúdos dos 10 bits mais internos do endereço linear. Para concluir, os bits de baixa ordem 0-11 referenciam o deslocamento na página de 4 KB apontada na tabela de páginas.

Uma entrada do diretório de páginas é o flag Page Size que – quando posicionado – indica que o tamanho do quadro de página tem 4 MB e não os 4 KB padrão. Se esse flag é posicionado, o diretório de páginas aponta diretamente para o quadro de página de 4 MB, ignorando a tabela de páginas interna; e os 22 bits de baixa ordem do endereço linear referenciam o deslocamento no quadro de página de 4 MB.

Para que o uso da memória física seja mais eficiente, as tabelas de páginas do Pentium da Intel podem ser transferidas para disco. Nesse caso, um bit inválido é usado na entrada do diretório de páginas para indicar se a tabela para a qual a entrada está apontando está na memória ou em disco. Se a tabela estiver em disco, o sistema operacional poderá usar os outros 31 bits para especificar a locação da tabela no disco; assim, ela poderá ser trazida para a memória sob demanda.

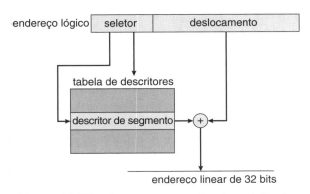

Figura 7.22 Segmentação no Pentium da Intel.

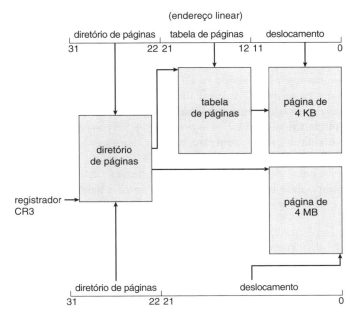

Figura 7.23 Paginação na arquitetura Pentium.

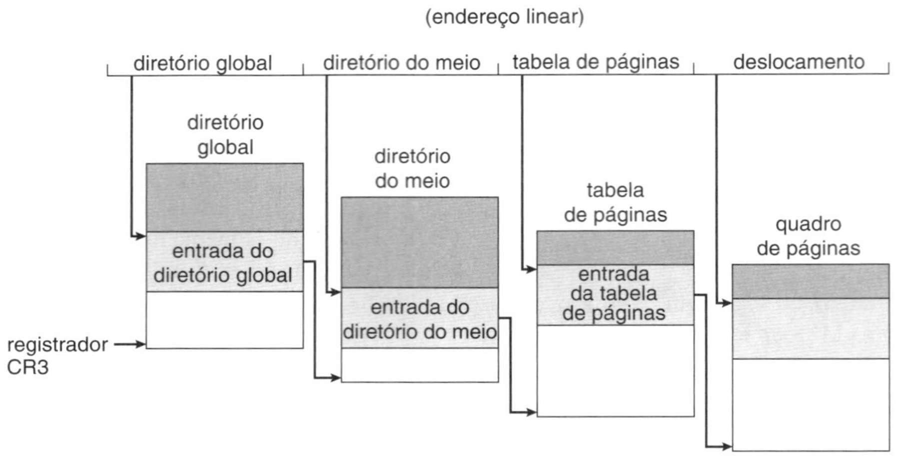

Figura 7.24 Paginação em três níveis no Linux.

7.7.3 Linux em Sistemas Pentium

Como ilustração, considere o sistema operacional Linux sendo executado na arquitetura Pentium da Intel. O Linux foi projetado para ser executado em uma grande variedade de processadores – muitos dos quais podem fornecer apenas suporte limitado à segmentação – portanto ele não depende da segmentação e a usa muito pouco. No Pentium, o Linux só usa seis segmentos:

1. Um segmento para código do kernel
2. Um segmento para dados do kernel
3. Um segmento para código do usuário
4. Um segmento para dados do usuário
5. Um segmento de estado da tarefa (TSS – *task-state segment*)
6. Um segmento de LDT default

Os segmentos para código do usuário e dados do usuário são compartilhados por todos os processos executados em modalidade de usuário. Isso é possível porque todos os processos usam o mesmo espaço de endereçamento lógico e todos os descritores de segmentos são armazenados na tabela de descritores globais (GDT). Além disso, cada processo tem seu próprio segmento de estado da tarefa (TSS) e o descritor desse segmento é armazenado na GDT. O TSS é usado para armazenar o contexto de hardware de cada processo durante mudanças de contexto. Normalmente, o segmento de LDT default é compartilhado por todos os processos e não costuma ser usado. No entanto, se um processo precisar de sua própria LDT, ele pode criar uma e usá-la em vez da LDT default.

Como observado, cada seletor de segmento inclui um campo de 2 bits para proteção. Portanto, o Pentium proporciona quatro níveis de proteção. Desses quatro níveis, o Linux só reconhece dois: modalidade de usuário e modalidade de kernel.

Embora o Pentium use um modelo de paginação em dois níveis, o Linux foi projetado para ser executado em uma grande variedade de plataformas de hardware, muitas das quais são plataformas de 64 bits onde a paginação em dois níveis não é viável. Portanto, o Linux adotou uma estratégia de paginação em três níveis que funciona bem tanto para as arquiteturas de 32 bits quanto para as de 64 bits.

O endereço linear no Linux é dividido nas quatro partes a seguir:

diretório global	diretório do meio	tabela de páginas	desloca-mento

A Figura 7.24 demonstra o modelo de paginação em três níveis do Linux.

A quantidade de bits de cada parte do endereço linear varia de acordo com a arquitetura. No entanto, como descrito anteriormente, a arquitetura Pentium só usa um modelo de paginação em dois níveis. Como, então, o Linux aplica seu modelo de três níveis no Pentium? Nessa situação, o tamanho do diretório do meio é de zero bits, o que o torna ignorável.

Cada tarefa no Linux tem seu próprio conjunto de tabelas de páginas e – como visto na Figura 7.23 – o registrador CR3 aponta para o diretório global da tarefa em execução corrente. Durante uma mudança de contexto, o valor do registrador CR3 é salvo e restaurado nos segmentos TSS das tarefas envolvidas na mudança.

7.8 Resumo

Os algoritmos de gerenciamento da memória para sistemas operacionais multiprogramados vão da abordagem simples do sistema monousuário à segmentação paginada. O fator determinante mais importante do método usado em um sistema específico é o hardware fornecido. Cada endereço de memória gerado pela CPU deve ser verificado quanto à validade e possivelmente mapeado para um endereço físico. A verificação não pode ser implementada (eficientemente) em software. Portanto, dependemos do hardware disponível.

Os diversos algoritmos de gerenciamento da memória (alocação contígua, paginação, segmentação e combinações de paginação e segmentação) diferem em muitos aspectos.

Na comparação das diferentes estratégias de gerenciamento da memória, usamos as considerações a seguir:

- **Suporte de hardware.** Um registrador base individual ou um par de registradores base-limite é suficiente para os esquemas de uma e de várias partições, enquanto a paginação e a segmentação precisam de tabelas de mapeamento para definir o mapa de endereços.
- **Desempenho.** Conforme o algoritmo de gerenciamento da memória se torna mais complexo, o tempo necessário ao mapeamento de um endereço lógico para um endereço físico aumenta. Nos sistemas simples, só precisamos comparar ou adicionar ao endereço lógico operações rápidas. A paginação e a segmentação também podem ser rápidas se a tabela de mapeamento está implementada em registradores rápidos. Se a tabela está na memória, no entanto, os acessos dos usuários à memória podem ser degradados significativamente. Um TLB pode reduzir a degradação no desempenho a um nível aceitável.
- **Fragmentação.** Geralmente, um sistema multiprogramado é executado mais eficientemente quando tem um nível mais alto de multiprogramação. Para um determinado conjunto de processos, só podemos aumentar o nível de multiprogramação alocando mais processos na memória. Para executar essa tarefa, devemos reduzir o desperdício, ou a fragmentação, da memória. Sistemas com unidades de alocação de tamanho fixo, como o esquema de uma única partição e a paginação, sofrem de fragmentação interna. Sistemas com unidades de alocação de tamanho variável, como o esquema de partições múltiplas e a segmentação, sofrem de fragmentação externa.
- **Relocação.** Uma solução para o problema da fragmentação externa é a compactação. A compactação envolve o deslocamento de um programa na memória de tal modo que ele não perceba a mudança. Essa consideração requer que os endereços lógicos sejam relocados dinamicamente, em tempo de execução. Se os endereços forem relocados apenas em tempo de carga, não podemos compactar o armazenamento.
- **Permuta.** A permuta pode ser adicionada a qualquer algoritmo. Em intervalos determinados pelo sistema operacional, geralmente impostos pelas políticas de scheduling da CPU, os processos são copiados da memória principal para uma memória de retaguarda e, posteriormente, são copiados de volta na memória principal. Esse esquema permite que sejam executados mais processos do que a memória poderia conter em um determinado momento.
- **Compartilhamento.** Outro meio de aumentar o nível de multiprogramação é compartilhar código e dados entre diferentes usuários. Geralmente, o compartilhamento requer o uso da paginação ou da segmentação no fornecimento de pequenos pacotes de informações (páginas ou segmentos) que possam ser compartilhados. O compartilhamento é um meio de se executar muitos processos com uma quantidade limitada de memória, mas os programas e dados compartilhados devem ser projetados cuidadosamente.
- **Proteção.** Se for fornecida a paginação ou a segmentação, diferentes seções de um programa de usuário podem ser declaradas como somente de execução, somente de leitura ou de leitura-gravação. Essa restrição é necessária para código ou dados compartilhados e, geralmente, é útil em qualquer caso para o fornecimento de verificações simples em tempo de execução em busca de erros comuns de programação.

Exercícios Práticos

7.1 Cite duas diferenças entre endereços lógicos e físicos.

7.2 Considere um sistema em que um programa possa ser separado em duas partes: código e dados. A CPU sabe se deseja uma instrução (busca de instrução) ou dados (busca ou armazenamento de dados). Portanto, dois pares de registradores base-limite são fornecidos: um para instruções e outro para dados. O par de registradores base-limite das instruções é automaticamente apenas de leitura, logo, os programas podem ser compartilhados entre diferentes usuários. Discuta as vantagens e desvantagens desse esquema.

7.3 Por que os tamanhos de página são sempre potências de 2?

7.4 Considere um espaço de endereçamento lógico de 64 páginas com 1.024 palavras cada, mapeado para uma memória física de 32 quadros.

　a.　Quantos bits há no endereço lógico?
　b.　Quantos bits há no endereço físico?

7.5 Qual seria o efeito se permitíssemos que duas entradas de uma tabela de páginas apontassem para o mesmo quadro de página na memória? Explique como esse efeito poderia ser usado para diminuir o período de tempo necessário à cópia de uma grande quantidade de memória de um local para outro. Que efeito a atualização de algum byte de uma página teria na outra página?

7.6 Descreva um mecanismo por meio do qual um segmento pode pertencer ao espaço de endereçamento de dois processos diferentes.

7.7 O compartilhamento de segmentos entre processos sem a exigência de que eles tenham o mesmo número de segmento é possível em um sistema de segmentação vinculado dinamicamente.

　a.　Defina um sistema que permita a vinculação e o compartilhamento estáticos de segmentos sem demandar que os números dos segmentos sejam iguais.
　b.　Descreva um esquema de paginação que permita que as páginas sejam compartilhadas sem requerer que os números das páginas sejam iguais.

7.8 No IBM/370, a proteção à memória é fornecida por *chaves*. Uma chave é um valor de 4 bits. Cada bloco de memória de 2 K tem uma chave (a chave de armazenamento) associada a ele. A CPU também tem uma chave (a chave de proteção) associada a ela.

Uma operação de armazenamento só é permitida quando as duas chaves são iguais ou quando seu valor é zero. Quais dos esquemas de gerenciamento da memória a seguir poderiam ser usados com sucesso com esse hardware?

a. Máquina nua (bare machine)
b. Sistema monousuário
c. Multiprogramação com uma quantidade fixa de processos
d. Multiprogramação com uma quantidade variável de processos
e. Paginação
f. Segmentação

Exercícios

7.9 Explique a diferença entre fragmentação interna e externa.

7.10 Considere o processo a seguir para a geração de binários. Um compilador é usado para gerar o código-objeto de módulos individuais e um linkage editor é usado para combinar vários módulos objetos em um único binário de programa. Como o linkage editor altera a vinculação de instruções e dados a endereços da memória? Que informações têm de ser passadas do compilador para o linkage editor para facilitar as tarefas de vinculação da memória do linkage editor?

7.11 Dadas cinco partições de memória de 100 KB, 500 KB, 200 KB, 300 KB e 600 KB (em ordem), como os algoritmos do primeiro apto, do mais apto e do menos apto alocariam processos de 212 KB, 417 KB, 112 KB e 426 KB (em ordem)? Que algoritmo faz o uso mais eficiente da memória?

7.12 A maioria dos sistemas permite que um programa aloque mais memória ao seu espaço de endereçamento durante a execução. A alocação de dados nos segmentos de programas do heap é um exemplo desse tipo de alocação de memória. O que é necessário para o suporte à alocação dinâmica de memória nos esquemas seguintes?

a. Alocação de memória contígua
b. Segmentação pura
c. Paginação pura

7.13 Compare os esquemas de alocação contígua, segmentação pura e paginação pura para a organização da memória em relação às questões a seguir:

a. Fragmentação externa
b. Fragmentação interna
c. Possibilidade de compartilhar código entre processos

7.14 Em um sistema com paginação, um processo não pode acessar memória que não seja de sua propriedade. Por quê? Como o sistema operacional poderia permitir o acesso a outras partes da memória? Por que ele deveria fazer isso ou não?

7.15 Compare a paginação com a segmentação no que diz respeito à quantidade de memória requerida pelas estruturas de conversão de endereços para converterem endereços virtuais em endereços físicos.

7.16 Normalmente, os programas binários em muitos sistemas são estruturados como descrito a seguir. O código é armazenado começando com um pequeno endereço virtual fixo, como 0. O segmento de código é seguido pelo segmento de dados que é usado no armazenamento das variáveis do programa. Quando o programa começa a ser executado, a pilha é alocada na outra extremidade do espaço de endereçamento virtual e pode crescer em direção a endereços virtuais mais baixos. Qual é a importância dessa estrutura para os esquemas seguintes?

a. Alocação de memória contígua
b. Segmentação pura
c. Paginação pura

7.17 Supondo um tamanho de página de 1 KB, quais seriam os números e deslocamentos de página para as referências de endereço a seguir (fornecidas como números decimais):

a. 2375
b. 19366
c. 30000
d. 256
e. 16385

7.18 Considere um espaço de endereçamento lógico de 32 páginas com 1.024 palavras por página, mapeado para uma memória física de 16 quadros.

a. Quantos bits são requeridos no endereço lógico?
b. Quantos bits são requeridos no endereço físico?

7.19 Considere um sistema de computação com um endereço lógico de 32 bits e tamanho de página de 4 KB. O sistema dá suporte a até 512 MB de memória física. Quantas entradas haveria em cada um dos itens a seguir?

a. Uma tabela de páginas convencional com um único nível
b. Uma tabela de páginas invertida

7.20 Considere um sistema de paginação com a tabela de páginas armazenada na memória.

a. Se uma referência à memória leva 200 nanossegundos, quanto tempo levará uma referência à memória paginada?
b. Se adicionarmos TLBs, e 75% de todas as referências a tabela de páginas estiverem nos TLBs, qual será o tempo efetivo de referência à memória? (Suponha que encontrar uma entrada da tabela de páginas nos TLBs leve um período de tempo igual a 0, se a entrada estiver aí.)

7.21 Por que em algumas situações a segmentação e a paginação são combinadas em um esquema?

7.22 Explique porque é mais fácil compartilhar um módulo reentrante quando é usada a segmentação em vez da paginação pura.

7.23 Considere a tabela de segmentos a seguir:

Segmento	Base	Tamanho
0	219	600
1	2300	14
2	90	100
3	1327	580
4	1952	96

Quais são os endereços físicos para os endereços seguintes lógicos?

a. 0.430
b. 1.10
c. 2.500
d. 3.400
e. 4.112

7.24 Qual é a finalidade da paginação das tabelas de páginas?

7.25 Considere o esquema de paginação hierárquica usado pela arquitetura VAX. Quantas operações de memória são executadas quando um programa de usuário executa uma operação de carga de memória?

7.26 Compare o esquema de paginação segmentada com o esquema de tabelas de páginas com hash para a manipulação de espaços de endereçamento amplos. Em que circunstâncias um esquema é preferível ao outro?

7.27 Considere o esquema de conversão de endereços da Intel mostrado na Figura 7.22.

a. Descreva todos os passos executados pelo Pentium da Intel na conversão de um endereço lógico em um endereço físico.

b. Que vantagens traz para o sistema operacional um hardware que forneça essa complicada conversão de memória?

c. Há alguma desvantagem nesse sistema de conversão de endereços? Se houver, explique. Se não houver, por que esse esquema não é usado por todos os fabricantes?

Problemas de Programação

7.28 Suponha que um sistema tenha um endereço virtual de 32 bits com um tamanho de página de 4 KB. Escreva um programa em C que receba um endereço virtual (em decimal) na linha de comando e faça-o exibir o número e o deslocamento de página do endereço dado. Como exemplo, seu programa seria executado conforme descrito a seguir:

```
./a.out 19986
```

E exibiria:

```
The address 19986 contains:
page number = 4
offset = 3602
```

A criação desse programa demandará o uso do tipo de dado apropriado para o armazenamento de 32 bits. Também recomendamos que você use tipos de dados `unsigned`.

Notas Bibliográficas

A alocação dinâmica de memória foi discutida por Knuth [1973] (Seção 2.5) que, por meio de simulação, obteve resultados de que o primeiro apto geralmente é superior ao mais apto. Knuth [1973] também discutiu a regra dos 50%.

O conceito de paginação pode ser creditado aos projetistas do sistema Atlas que foi descrito por Kilburn et al. [1961] e por Howarth et al. [1961]. O conceito de segmentação foi discutido, pela primeira vez, por Dennis [1965]. A segmentação paginada teve suporte, pela primeira vez, no GE 645, onde o MULTICS foi originalmente implementado (Organick [1972] e Daley e Dennis [1967]).

As tabelas de páginas invertidas são discutidas em um artigo de Chang e Mergen [1988] sobre o gerenciador de memória do IBM RT.

A conversão de endereços em software é abordada em Jacob e Mudge [1997].

Hennessy e Patterson [2002] explicam os aspectos de hardware dos TLBs, caches e MMUs. Talluri et al. [1995] discutem as tabelas de páginas para espaços de endereçamento de 64 bits. Abordagens alternativas para a imposição da proteção à memória são propostas e estudadas em Wahbe et al. [1993], Chase et al. [1994], Bershad et al. [1995] e Thorn [1997]. Dougan et al. [1999] e Jacob e Mudge [2001] discutem técnicas para o gerenciamento do TLB. Fang et al. [2001] avaliam o suporte a páginas grandes.

Tanenbaum [2001] discute a paginação no Intel 80386. O gerenciamento da memória de várias arquiteturas – como o Pentium II, o PowerPC e o UltraSPARC – é descrito por Jacob e Mudge [1998a]. A segmentação em sistemas Linux é apresentada em Bovet e Cesati [2002].

Memória Virtual

CAPÍTULO 8

No Capítulo 7, discutimos várias estratégias de gerenciamento da memória usadas nos sistemas de computação. Todas essas estratégias têm o mesmo objetivo: manter muitos processos na memória simultaneamente para permitir a multiprogramação. No entanto, elas tendem a demandar que um processo inteiro esteja na memória antes de poder ser executado.

A memória virtual é uma técnica que permite a execução de processos que não estão totalmente na memória. Uma grande vantagem desse esquema é que os programas podem ser maiores do que a memória física. Além disso, a memória virtual abstrai a memória principal em um array de armazenamento uniforme extremamente grande, separando a memória lógica vista pelo usuário da memória física. Essa técnica deixa os programadores livres de preocupações com as limitações de armazenamento da memória. A memória virtual também permite que os processos compartilhem arquivos facilmente e implementem memória compartilhada. Ela também fornece um mecanismo eficiente de criação de processos. No entanto, a memória virtual não é fácil de implementar e pode piorar substancialmente o desempenho se for usada sem cuidado. Neste capítulo, discutimos a memória virtual na forma de paginação por demanda e examinamos sua complexidade e custo.

OBJETIVOS DO CAPÍTULO

- Descrever os benefícios de um sistema de memória virtual.
- Explicar os conceitos de paginação por demanda, algoritmos de substituição de páginas e alocação de quadros de página.
- Discutir os princípios do modelo de conjunto de trabalho.

8.1 Antecedentes

Os algoritmos de gerenciamento da memória descritos no Capítulo 7 são necessários por causa de um requisito básico: as instruções que estão sendo executadas devem estar na memória física. A primeira abordagem para a satisfação desse requisito é a inserção do espaço de endereçamento lógico inteiro na memória física. A carga dinâmica pode ajudar a atenuar essa restrição, mas geralmente ela requer precauções especiais e trabalho adicional do programador.

O requisito de que as instruções devem estar na memória física para serem executadas parece necessário e racional, mas também é inadequado, porque limita o tamanho de um programa ao tamanho da memória física. Na verdade, se examinarmos os programas reais veremos que, em muitos casos, o programa completo não é necessário. Por exemplo, considere o seguinte:

- Com frequência, os programas têm um código que manipula condições de erro incomuns. Na prática, esses erros ocorrem raramente, quando ocorrem, portanto, esse código quase nunca é executado.
- Geralmente, arrays, listas e tabelas recebem mais espaço na memória do que realmente precisam. Um array pode ser declarado como tendo 100 por 100 elementos ainda que raramente apresente mais do que 10 por 10 elementos. A tabela de símbolos de um montador pode ter espaço para 3000 símbolos embora o programa médio tenha menos do que 200 símbolos.
- Certas opções e recursos de um programa podem ser usados raramente. Por exemplo, as rotinas de computadores do governo dos EUA que estimam o orçamento não são usadas há muitos anos.

Mesmo nos casos em que o programa inteiro é necessário, ele pode não ser necessário em sua totalidade no mesmo momento.

O recurso de executar um programa que só está parcialmente na memória concederia muitos benefícios:

- O programa não ficaria mais restrito à quantidade de memória física disponível. Os usuários poderiam escrever programas para um espaço de endereçamento *virtual* extremamente grande, simplificando a tarefa de programação.
- Considerando que cada programa de usuário poderia usar menos memória física, mais programas poderiam ser executados ao mesmo tempo, com um aumento correspondente na utilização da CPU e no throughput, mas sem aumento do tempo de resposta ou de turnaround.
- Menos operações de I/O seriam necessárias para a carga ou permuta de programas de usuário na memória, portanto, cada programa de usuário seria executado mais rapidamente.

Logo, a execução de um programa que não está inteiramente na memória, beneficia tanto o sistema quanto o usuário.

A **memória virtual** envolve a separação entre a memória lógica como percebida pelos usuários e a memória física. Essa separação permite que uma memória virtual extremamente grande seja fornecida para os programadores quando apenas uma pequena quantidade de memória física está disponível (Figura 8.1). A memória virtual torna a tarefa de programar

Memória Virtual **191**

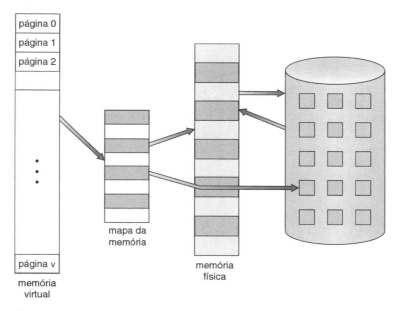

Figura 8.1 Diagrama mostrando memória virtual que é maior do que a memória física.

muito mais fácil porque o programador não precisa mais se preocupar com a quantidade de memória física disponível; em vez disso, ele pode se concentrar no problema a ser programado.

O *espaço de endereçamento virtual* de um processo diz respeito à visão lógica (ou virtual) de como um processo é armazenado na memória. Normalmente, de acordo com essa visão, um processo começa em um determinado endereço lógico – digamos, endereço 0 – e existe em memória contígua, como mostrado na Figura 8.2. No entanto, lembre-se do que vimos no Capítulo 7, que, na verdade, a memória física pode estar organizada em quadros de página e que os quadros de página físicos atribuídos a um processo podem não ser contíguos. É responsabilidade da unidade de gerenciamento de memória (MMU) mapear páginas lógicas para quadros de página físicos na memória.

Observe na Figura 8.2 que permitimos que o heap cresça para cima na memória conforme ele é usado na alocação dinâmica de memória. Da mesma forma, permitimos que a pilha cresça para baixo na memória por meio de chamadas de função sucessivas. O grande espaço vazio (ou brecha) entre o heap e a pilha faz parte do espaço de endereçamento virtual, mas só precisará de páginas físicas reais se o heap ou a pilha crescerem. Os espaços de endereçamento virtuais que incluem brechas são conhecidos como espaços de endereçamento **esparsos**. O uso de um espaço de endereçamento esparso é benéfico porque as brechas podem ser preenchidas conforme os segmentos da pilha ou do heap crescerem ou se quisermos vincular dinamicamente bibliotecas (ou, possivelmente, outros objetos compartilhados) durante a execução do programa.

Além de separar a memória lógica da memória física, a memória virtual permite que arquivos e memória sejam compartilhados por dois ou mais processos por meio do compartilhamento de páginas (Seção 7.4.4). Isso traz os benefícios a seguir:

- As bibliotecas do sistema podem ser compartilhadas por vários processos por meio do mapeamento do objeto compartilhado para o espaço de endereçamento virtual. Embora cada processo considere as bibliotecas compartilhadas como parte de seu espaço de endereçamento virtual, as páginas reais em que as bibliotecas residem na memória física são compartilhadas por todos os processos (Figura 8.3). Normalmente, uma biblioteca é mapeada como somente de leitura para o espaço de cada processo que está vinculado a ela.

- Da mesma forma, a memória virtual permite que os processos compartilhem memória. Você deve lembrar do Capítulo 3, que dois ou mais processos podem se comunicar por meio do uso de memória compartilhada. A memória virtual permite que um processo crie uma região de memória que ele possa compartilhar com outro processo. Os processos que compartilham essa região a consideram parte de seu espaço de endereçamento virtual, mas são as páginas de memória físicas reais que estão sendo compartilhadas, como ilustrado na Figura 8.3.

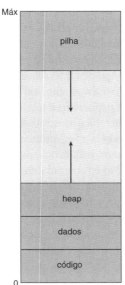

Figura 8.2 Espaço de endereçamento virtual.

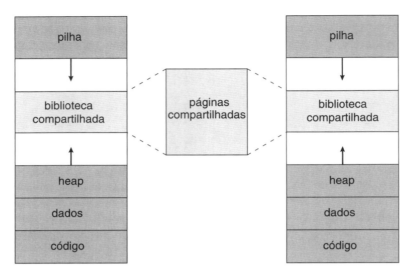

Figura 8.3 Biblioteca compartilhada usando memória virtual.

- A memória virtual pode permitir que páginas sejam compartilhadas durante a criação de processos com a chamada de sistema `fork()`, acelerando assim o processo de criação.

Examinamos com mais detalhes esses – e outros – benefícios da memória virtual posteriormente neste capítulo. Primeiro, no entanto, discutimos a implementação da memória virtual usando a paginação por demanda.

8.2 Paginação por Demanda

Considere como um programa executável pode ser carregado do disco para a memória. Uma opção é carregar o programa inteiro na memória física em tempo de execução do programa. No entanto, um problema dessa abordagem é que, inicialmente, talvez não *precisemos* do programa inteiro na memória. Suponha que um programa comece com uma lista de opções disponíveis em que o usuário tenha de fazer uma escolha. A carga do programa inteiro na memória resulta na carga do código executável de *todas* as opções, independente de uma opção ter sido ou não selecionada pelo usuário. Uma estratégia alternativa é carregar páginas somente quando elas forem necessárias. Essa técnica é conhecida como **paginação por demanda** e, normalmente, é usada em sistemas de memória virtual. Na memória virtual paginada por demanda, as páginas são carregadas apenas quando necessárias durante a execução do programa; portanto, páginas que nunca são acessadas nunca são carregadas na memória física.

Um sistema de paginação por demanda é semelhante a um sistema de paginação com permuta (Figura 8.4) em que os processos residem na memória secundária (geralmente um disco). Quando queremos executar um processo, ele é inserido na memória. No entanto, em vez de inserir o processo inteiro na memória, usamos um **permutador preguiçoso**. Um permutador preguiçoso nunca insere uma página na memória a menos que ela seja necessária. Agora estamos vendo um processo como uma sequência de páginas, em vez de como um grande espaço de endereçamento contíguo, portanto, o uso do termo *permutador* é tecnicamente incorreto. Um permutador manipula processos inteiros enquanto um **paginador** se preocupa com as páginas individuais de um processo. Assim, usamos *paginador*, em vez de *permutador*, no contexto da paginação por demanda.

8.2.1 Conceitos Básicos

Quando um processo está para ser inserido na memória, o paginador verifica quais páginas serão usadas antes de o processo ser removido novamente. Em vez de inserir um processo inteiro, o paginador só traz essas páginas para a memória. Portanto, evita que sejam transferidas para a memória páginas que não serão usadas, diminuindo o tempo de permuta e a quantidade de memória física necessária.

Nesse esquema, precisamos de algum tipo de suporte de hardware para diferenciar as páginas que estão na memória das páginas que estão no disco. O esquema do bit válido-inválido descrito na Seção 7.4.3 pode ser usado com essa finalidade. Dessa vez, no entanto, quando esse bit está posicionado como "válido", a página associada é válida e está na memória. Se o bit estiver posicionado como "inválido", é porque a página não é válida (isto é, não faz parte do espaço de endereçamento lógico do processo) ou é válida mas está, correntemente, no disco. A entrada da tabela de páginas para uma página que é trazida para a memória é configurada como sempre, mas a entrada da tabela de páginas para uma página que não está correntemente na memória, simplesmente é marcada como inválida ou contém o endereço da página no disco. Essa situação é mostrada na Figura 8.5.

Observe que a marcação de uma página como inválida não terá efeito se o processo nunca tentar acessar essa página. Logo, se calcularmos direito e inserirmos na memória todas as páginas que forem realmente necessárias e somente elas, o processo será executado exatamente como se tivéssemos trazido todas as páginas. Enquanto o processo for executado acessando páginas **residentes na memória**, a execução prosseguirá normalmente.

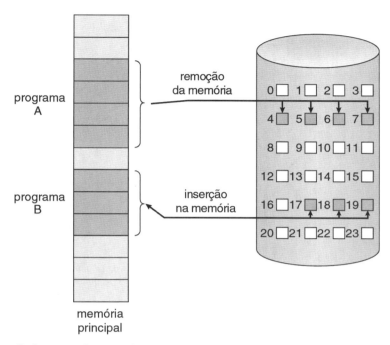

Figura 8.4 Transferência de uma memória paginada para espaço de disco contíguo.

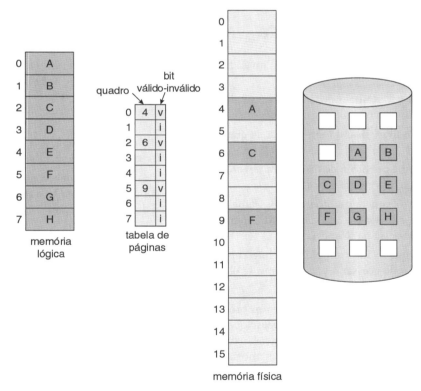

Figura 8.5 Tabela de páginas quando algumas páginas não estão na memória principal.

Mas o que acontece se o processo tenta acessar uma página que não tenha sido trazida para a memória? O acesso a uma página marcada como inválida causa um ***erro de página***. Ao converter o endereço por meio da tabela de páginas, o hardware de paginação notará que o bit inválido está posicionado, causando uma interrupção para o sistema operacional. Essa interrupção é resultado de o sistema operacional ter falhado ao levar a página desejada para a memória. O procedimento para manipulação desse erro de página é simples (Figura 8.6):

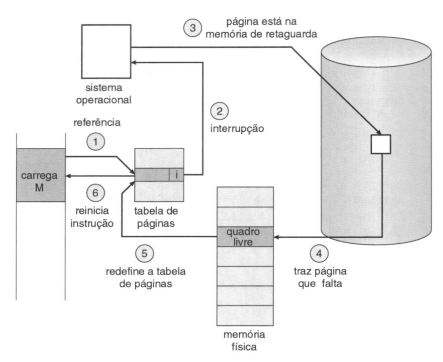

Figura 8.6 Passos para manipulação de um erro de página.

1. Procuramos esse processo em uma tabela interna (geralmente mantida com o bloco de controle de processo) para determinar se a referência era um acesso válido ou inválido à memória.
2. Se a referência era inválida, encerramos o processo. Se era válida, mas ainda não trouxemos essa página, a trazemos agora.
3. Encontramos um quadro livre (usando um da lista de quadros livres, por exemplo).
4. Alocamos ao schedule uma operação de disco para trazer a página desejada para o quadro recém-alocado.
5. Quando a leitura em disco é concluída, modificamos a tabela interna mantida com o processo e a tabela de páginas para indicar que agora a página está na memória.
6. Reiniciamos a instrução que foi interrompida pela interrupção. Agora, o processo pode acessar a página como se ela sempre tivesse estado na memória.

Em último caso, podemos iniciar a execução de um processo *sem* páginas na memória. Quando o sistema operacional posiciona o ponteiro de instruções com a primeira instrução do processo que está em uma página não residente na memória, o processo falha imediatamente por erro de página. Após essa página ser trazida para a memória, o processo continua a ser executado, falhando quando necessário até cada página de que ele precise estar na memória. Nesse ponto, ele pode ser executado sem mais erros. Esse esquema é a ***paginação por demanda pura***: nunca trazer uma página para a memória antes que ela seja necessária.

Teoricamente, alguns programas poderiam acessar várias páginas novas de memória a cada execução de instrução (uma página para a instrução e muitas para dados), possivelmente causando vários erros de página por instrução. Essa situação resultaria em um desempenho inaceitável do sistema. Felizmente, a análise de processos em execução mostra que esse comportamento é bastante improvável. Os programas tendem a ter uma ***localidade de referência***, descrita na Seção 8.6.1, que resulta em um desempenho razoável da paginação por demanda.

O hardware que dá suporte à paginação por demanda é o mesmo da paginação e da permuta:

- **Tabela de páginas.** Essa tabela pode marcar uma entrada como inválida por meio de um bit válido-inválido ou um de valor especial de bits de proteção.
- **Memória secundária.** Essa memória contém as páginas que não estão presentes na memória principal. Geralmente, a memória secundária é um disco de alta velocidade conhecido como dispositivo de permuta e a seção de disco usada para esse fim é conhecida como ***espaço de permuta***. A alocação de espaço de permuta é discutida no Capítulo 11.

Um requisito crucial da paginação por demanda é podermos reiniciar qualquer instrução após um erro de página. Como salvamos o estado (registradores, código de condição, contador de instruções) do processo interrompido quando o erro de página ocorre, temos de poder reiniciar o processo *exatamente* no mesmo local e estado, exceto pelo fato de a página desejada agora estar na memória e poder ser acessada. Na maioria dos casos, é fácil atender a esse requisito. Um erro de página pode ocorrer em qualquer referência à memória. Se o erro de página ocorre na busca da instrução, podemos reiniciar buscando a instrução novamente. Se um erro de página ocorre enquanto estamos buscando um operando, devemos buscar e decodificar a instrução novamente e, então, buscar o operando.

Como exemplo do pior caso, considere uma instrução de três endereços como ADD (somar) o conteúdo de A e B colocando o resultado em C. Esses são os passos para a execução dessa instrução:

1. Buscar e decodificar a instrução (ADD).
2. Buscar A.
3. Buscar B.
4. Somar A e B.
5. Armazenar a soma em C.

Se um erro ocorre ao tentarmos armazenar em C (porque C está em uma página não correntemente na memória), temos de acessar a página desejada, trazê-la, corrigir a tabela de páginas e reiniciar a instrução. A reexecução demandará a busca da instrução novamente, uma nova decodificação, a busca dos dois operandos mais uma vez e, então, uma nova soma. No entanto, não há muito trabalho repetido (menos de uma instrução completa) e a repetição só é necessária quando um erro de página ocorre.

A maior dificuldade surge quando uma instrução pode modificar várias locações diferentes. Por exemplo, considere a instrução MVC (mover caractere) do sistema IBM 360/370 que pode mover até 256 bytes de uma locação para outra (possivelmente com sobreposição). Se um dos blocos (origem ou destino) ultrapassar o limite da página, um erro de página pode ocorrer após a movimentação ser parcialmente executada. Além disso, se os blocos de origem e destino forem sobrepostos, o bloco de origem pode ter sido modificado, caso em que não podemos simplesmente reiniciar a instrução.

Esse problema pode ser resolvido de duas maneiras diferentes. Em uma solução, o microcódigo calcula e tenta acessar as duas extremidades dos dois blocos. Se um erro de página tiver de ocorrer, ele ocorrerá nesse passo, antes de algo ser modificado. A movimentação pode então ser executada; sabemos que nenhum erro de página pode ocorrer, pois todas as páginas relevantes estão na memória. A outra solução usa registradores temporários para armazenar os valores sobrepostos das locações. Se houver um erro de página, todos os valores anteriores são gravados novamente na memória antes de a interrupção ocorrer. Essa ação restaura a memória ao seu estado de antes de a instrução ser iniciada para que a instrução possa ser repetida.

É claro que esse não é o único problema de arquitetura resultante da inclusão de páginas em uma arquitetura existente para permitir a paginação por demanda, mas ilustra algumas das dificuldades envolvidas. A paginação é adicionada entre a CPU e a memória em um sistema de computação. Ela deve ser totalmente transparente para o processo do usuário. Portanto, com frequência, as pessoas acham que a paginação pode ser adicionada a qualquer sistema. Embora essa suposição seja verdadeira em um ambiente de paginação sem demanda, em que um erro de página representa um erro fatal, ela não é verdadeira onde um erro de página significa apenas que uma página adicional deve ser trazida para a memória e o processo deve ser reiniciado.

8.2.2 Desempenho da Paginação por Demanda

A paginação por demanda pode afetar significativamente o desempenho de um sistema de computação. Para ver por que, calculemos o *tempo de acesso efetivo* para uma memória paginada por demanda. Na maioria dos sistemas de computação, o tempo de acesso à memória, representado por *ma* (memory access), varia de 10 a 200 nanossegundos. Contanto que não tenhamos erros de página, o tempo de acesso efetivo é igual ao tempo de acesso à memória. Se, no entanto, um erro de página ocorre, primeiro devemos ler a página relevante no disco e, então, acessar a palavra desejada.

Seja p a probabilidade de ocorrência de um erro de página ($0 \le p \le 1$). Espera-se que p se aproxime de zero – isto é, esperamos ter apenas alguns erros de página. O *tempo de acesso efetivo* é então

$$\text{tempo de acesso efetivo} = (1 - p) \times ma + p \times \text{tempo de erro de página}.$$

Para calcular o tempo de acesso efetivo, temos de saber quanto tempo leva a manipulação de um erro de página. Um erro de página faz com que a sequência a seguir ocorra:

1. Causar uma interrupção para o sistema operacional.
2. Salvar os registradores do usuário e o estado do processo.
3. Determinar que a interrupção foi um erro de página.
4. Verificar se a referência à página era válida e determinar a locação da página no disco.
5. Executar uma transferência do disco para um quadro livre:
   a. esperar esse dispositivo em uma fila até a solicitação de leitura ser atendida;
   b. esperar o tempo de busca e/ou latência do dispositivo;
   c. começar a transferência da página para um quadro livre.
6. Durante a espera, alocar a CPU para algum outro usuário (scheduling da CPU, opcional).
7. Receber uma interrupção do subsistema de I/O de disco (I/O concluído).
8. Salvar os registradores e o estado do processo do outro usuário (se o passo 6 foi executado).
9. Determinar que a interrupção partiu do disco.
10. Corrigir a tabela de páginas e outras tabelas para mostrar que, agora, a página desejada está na memória.
11. Esperar a CPU ser alocada para esse processo novamente.
12. Restaurar os registradores do usuário, o estado do processo e a nova tabela de páginas para, então, retomar a instrução interrompida.

Nem todos esses passos são sempre necessários. Por exemplo, estamos supondo que, no passo 6, a CPU foi alocada para outro processo enquanto a operação de I/O ocorre. Esse esquema permite a multiprogramação para mantermos a utilização da CPU, mas requer tempo adicional para a retomada da rotina de manipulação de erro de página quando a transferência de I/O é concluída.

De qualquer modo, estamos diante dos três componentes principais do tempo de manipulação de erro de página:

1. Manipular a interrupção por erro de página.
2. Transferir a página.
3. Reiniciar o processo.

A primeira e terceira tarefas podem ser reduzidas, com uma codificação cuidadosa, a várias centenas de instruções. Essas tarefas podem levar de 1 a 100 microssegundos cada. O tempo de mudança de página, no entanto, provavelmente ficará próximo de 8 milissegundos. (Um disco rígido típico tem uma latência média de 3 milissegundos, busca de 5 milissegundos e um tempo de transferência de 0,05 milissegundo. Portanto, o tempo total de paginação é de cerca de 8 milissegundos, incluindo tempo de hardware e software.) Lembre-se também de que estamos examinando apenas o tempo de manipulação do dispositivo. Se uma fila de processos estiver à espera do dispositivo, teremos que adicionar o tempo na fila de espera enquanto aguardamos o dispositivo de paginação ficar livre para atender a nossa solicitação, aumentando ainda mais o tempo de permuta.

Com um tempo médio de manipulação de erro de página de 8 milissegundos e um tempo de acesso à memória de 200 nanossegundos, o tempo de acesso efetivo em nanossegundos é igual a

$$\text{tempo de acesso efetivo} = (1 - p) \times (200) + p \,(8 \text{ milissegundos})$$
$$= (1 - p) \times 200 + p \times 8.000.000$$
$$= 200 + 7.999.800 \times p.$$

Logo, podemos ver que o tempo de acesso efetivo é diretamente proporcional à **taxa de erros de página**. Se um acesso em 1000 causar um erro de página, o tempo de acesso efetivo é de 8,2 microssegundos. O computador ficará mais lento por um fator igual a 40 devido à paginação por demanda! Se quisermos que a degradação do desempenho seja menor do que 10%, precisamos de

$$220 > 200 + 7.999.800 \times p,$$
$$20 > 7.999.800 \times p,$$
$$p < 0,0000025.$$

Isto é, para manter em um nível aceitável a lentidão causada pela paginação, só podemos permitir que menos de um acesso à memória em 399.990 cause erro de página. Resumindo, é importante manter baixa a taxa de erros de página em um sistema de paginação por demanda. Caso contrário, o tempo de acesso efetivo aumenta, retardando dramaticamente a execução de processos.

Um aspecto adicional da paginação por demanda é a manipulação e o uso total do espaço de permuta. Geralmente, o I/O de disco para espaço de permuta é mais rápido do que para o sistema de arquivos porque o espaço de permuta é alocado em blocos muito maiores e pesquisas de arquivos e métodos de alocação indireta não são usados (Capítulo 11). Portanto, o sistema pode conseguir melhor throughput de paginação copiando uma imagem do arquivo inteiro para o espaço de permuta na inicialização do processo e executando a paginação por demanda a partir do espaço de permuta. Outra opção é, inicialmente, demandar páginas a partir do sistema de arquivos, mas gravar as páginas no espaço de permuta ao serem substituídas. Essa abordagem assegurará que só páginas necessárias sejam lidas no sistema de arquivos e que toda a paginação subsequente seja feita a partir do espaço de permuta.

Alguns sistemas tentam limitar a quantidade de espaço de permuta usada na paginação por demanda de arquivos binários. As páginas demandadas desses arquivos são trazidas diretamente do sistema de arquivos. No entanto, quando a substituição de páginas é necessária, esses quadros podem ser simplesmente sobrepostos (porque eles nunca são modificados) e as páginas podem ser lidas a partir do sistema de arquivos novamente, se preciso. Com essa abordagem, o próprio sistema de arquivos serve como memória de retaguarda. Porém, o espaço de permuta deve continuar sendo usado para páginas não associadas a um arquivo; tais páginas incluem a pilha e o heap de um processo. Esse método parece ser uma boa solução e é usado em vários sistemas, inclusive no Solaris e no BSD UNIX.

8.3 Cópia-após-Gravação

Na Seção 8.2, ilustramos como um processo pode ser iniciado rapidamente simplesmente por meio da paginação por demanda da página que contém a primeira instrução. No entanto, a criação de processos com o uso da chamada de sistema `fork()` pode ignorar inicialmente a necessidade da paginação por demanda usando uma técnica semelhante ao compartilhamento de páginas (abordado na Seção 7.4.4). Essa técnica possibilita a criação de processos rapidamente e minimiza a quantidade de novas páginas a serem alocadas para o processo recém-criado.

Lembre-se de que a chamada de sistema `fork()` cria um processo filho que é uma duplicata de seu pai. Tradicionalmente, `fork()` funcionava criando uma cópia do espaço de endereçamento do pai para o filho, duplicando as páginas pertencentes ao pai. No entanto, considerando-se que muitos processos filhos invocam a chamada de sistema `exec()` imediatamente após a criação, a cópia do espaço de endereçamento do pai pode ser desnecessária. Em vez disso, podemos usar uma técnica conhecida como **cópia-após-gravação** que funciona permitindo que, inicialmente, os processos pai e filho compartilhem as mesmas páginas. Essas páginas compartilhadas são marcadas como páginas de cópia-após-gravação significando que, se um dos processos gravar em uma página compartilhada, uma cópia dessa página é criada. A cópia-após-gravação é ilustrada nas Figuras 8.7 e 8.8, que mostram o conteúdo da memória física antes e depois de o processo 1 modificar a página C.

Por exemplo, suponha que o processo filho tente modificar uma página contendo partes da pilha e essas páginas tenham sido estabelecidas como de cópia-após-gravação. O sistema operacional criará uma cópia dessa página, mapeando-a para o espaço de endereçamento do processo filho. O processo filho modificará então sua página copiada e não a página pertencente ao processo pai. É claro que, quando a técnica de cópia-após-gravação é usada, apenas as páginas que são modificadas por um dos processos são copiadas; todas as páginas não modificadas podem ser compartilhadas pelos processos pai e filho. Observe, também, que apenas as páginas que podem ser modificadas precisam ser marcadas como de cópia-após-gravação. Páginas que não podem ser modificadas (páginas contendo código executável) podem ser compartilhadas por pai e filho. A cópia-após-gravação é uma técnica comum usada por vários sistemas operacionais, inclusive o Windows XP, o Linux e o Solaris.

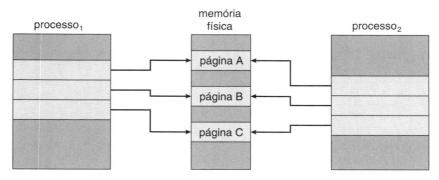

Figura 8.7 Antes de o processo 1 modificar a página C.

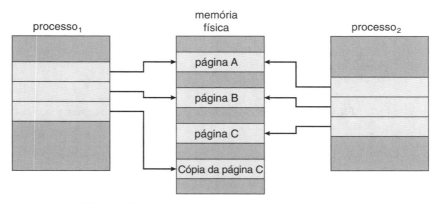

Figura 8.8 Após o processo 1 modificar a página C.

Quando é determinado que uma página deve ser duplicada com o uso da cópia-após-gravação, é importante observar a locação a partir da qual a página livre será alocada. Muitos sistemas operacionais fornecem um ***pool*** de páginas livres para essas solicitações. Normalmente, essas páginas livres são alocadas quando a pilha ou o heap de um processo deve ser expandido ou quando há páginas de cópia-após-gravação a serem gerenciadas. Os sistemas operacionais costumam alocar essas páginas usando uma técnica conhecida como ***preencher-com-zero-sob-demanda***. Páginas de preenchimento com zero sob demanda são zeradas antes de serem alocadas, o que apaga o conteúdo anterior.

Várias versões do UNIX (inclusive o Solaris e o Linux) fornecem uma variação da chamada de sistema fork(), a vfork() (de ***virtual memory fork***), que opera diferentemente de fork() com cópia-após-gravação. Com vfork(), o processo pai é suspenso e o processo filho usa o espaço de endereçamento do pai. Já que vfork() não usa cópia-após-gravação, se o processo filho alterar alguma página do espaço de endereçamento do pai, as páginas alteradas ficarão visíveis para o pai quando ele for retomado. Portanto, vfork() deve ser usada com cuidado para assegurar que o processo filho não modifique o espaço de endereçamento do pai. vfork() deve ser usada quando o processo filho chama exec() imediatamente após a criação. Como não ocorre cópia de páginas, vfork() é um método extremamente eficiente de criação de processos que às vezes é usado na implementação de interfaces de shell de linha de comando no UNIX.

8.4 Substituição de Páginas

Em nossa discussão anterior sobre a taxa de erros de página, consideramos que cada página falha no máximo uma vez, quando é referenciada pela primeira vez. Essa representação não é muito precisa, no entanto. Se um processo de dez páginas usar apenas metade delas, a paginação por demanda economiza o I/O necessário à carga das cinco páginas que nunca são usadas. Também poderíamos aumentar nosso nível de multiprogramação executando o dobro de processos. Logo, se tivéssemos quarenta quadros, poderíamos executar oito processos em vez dos quatro que poderiam ser executados se cada um precisasse de dez quadros (cinco dos quais nunca seriam usados).

Se aumentamos nosso nível de multiprogramação, estamos ***superalocando*** memória. Se executamos seis processos, cada um com dez páginas, mas usando apenas cinco, temos uma utilização da CPU e um throughput maiores, com dez quadros de reserva. No entanto, é possível que para um conjunto de dados específico, cada um desses processos tente repentinamente usar todas as suas dez páginas, resultando na necessidade de sessenta quadros quando só quarenta estão disponíveis.

Além disso, lembre-se de que a memória do sistema não é usada apenas para armazenar páginas de programas. Buffers de I/O também consomem uma grande quantidade de memória. Esse uso pode exigir mais dos algoritmos de alocação de

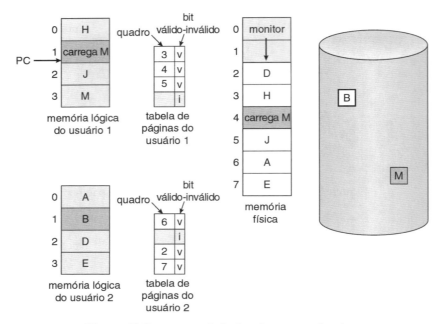

Figura 8.9 Necessidade de substituição de páginas.

memória. A decisão sobre a quantidade de memória a ser alocada para operações de I/O e para páginas de programas é um desafio significativo. Alguns sistemas alocam um percentual fixo de memória para buffers de I/O enquanto outros permitem que tanto processos de usuário quanto o subsistema de I/O disputem toda a memória do sistema.

A superalocação de memória se manifesta como descrito a seguir. Enquanto um processo de usuário está sendo executado, ocorre um erro de página. O sistema operacional determina onde a página desejada está residindo no disco, mas então descobre que *não* há quadros disponíveis na lista de quadros livres; toda a memória está sendo usada (Figura 8.9).

O sistema operacional tem várias opções nesse momento. Ele poderia encerrar o processo do usuário. No entanto, a paginação por demanda é a tentativa de o sistema operacional melhorar a utilização e o throughput do sistema de computação. Os usuários não devem ter conhecimento de que seus processos estão sendo executados em um sistema paginado – a paginação deve ser logicamente transparente para o usuário. Portanto, essa opção não é a melhor.

Em vez disso, o sistema operacional poderia remover um processo da memória, liberando todos os seus quadros e reduzindo o nível de multiprogramação. Essa opção é adequada em certas circunstâncias e é discutida com mais detalhes na Seção 8.6. Aqui, discutimos a solução mais comum: a *substituição de páginas*.

8.4.1 Substituição de Páginas Básica

A substituição de páginas usa a abordagem a seguir. Se nenhum quadro está livre, encontramos um que não esteja sendo usado correntemente e o liberamos. Podemos liberar um quadro gravando seu conteúdo no espaço de permuta e alterando a tabela de páginas (e todas as outras tabelas) para indicar que a página não está mais na memória (Figura 8.10). Agora, podemos usar o quadro liberado para armazenar a página devido a qual o processo falhou. Modificamos a rotina de manipulação de erros de página para incluir a substituição de páginas:

1. Encontre a locação da página desejada no disco.
2. Encontre um quadro livre:
   a. se há um quadro livre, use-o;
   b. se não há um quadro livre, use um algoritmo de substituição de páginas para selecionar um **quadro-alvo**;
   c. grave o quadro alvo no disco; altere as tabelas de páginas e de quadros de acordo.
3. Leia a página desejada para o quadro recém-liberado; altere as tabelas de páginas e de quadros.
4. Reinicie o processo do usuário.

Observe que, se nenhum quadro está livre, *duas* transferências de página (uma para fora e uma para dentro) são necessárias. Essa situação dobra o tempo de manipulação de erros de página e aumenta o tempo de acesso efetivo na mesma proporção.

Podemos reduzir esse overhead usando um **bit de modificação** (ou **bit marcado**). Quando esse esquema é usado, cada página ou quadro tem um bit de modificação associado a ele no hardware. O bit de modificação de uma página é ligado pelo hardware sempre que alguma palavra ou byte da página sofre uma gravação, indicando que a página foi modificada. Quando selecionamos uma página para substituição, examinamos seu bit de modificação. Se o bit está ligado, sabemos que a página foi modificada desde que foi lida do disco. Nesse caso, devemos gravar a página no disco. Se o bit de modificação não está ligado, no entanto, a página *não* foi modificada desde que foi transferida para a memória. Nesse caso, não precisamos gravar a página da memória no disco: ela já estará aí. Essa técnica também se aplica a páginas somente de leitura (por exemplo, páginas de código binário). Essas páginas não podem ser modificadas; logo, podem

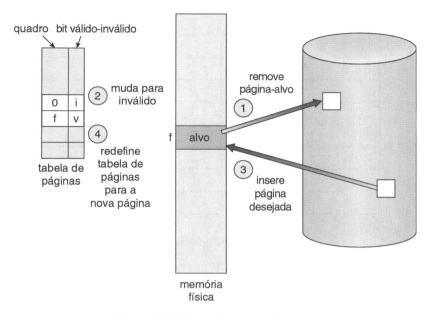

Figura 8.10 Substituição de páginas.

ser descartadas quando desejado. Esse esquema pode reduzir significativamente o tempo necessário à manipulação de um erro de página, já que reduz o tempo de I/O pela metade *se* a página não tiver sido modificada.

A substituição de páginas é básica na paginação por demanda. Ela completa a separação entre memória lógica e memória física. Com esse mecanismo, uma memória virtual imensa pode ser fornecida para os programadores em uma memória física menor. Sem a paginação por demanda, os endereços de usuário são mapeados para endereços físicos, portanto, os dois conjuntos de endereços podem ser diferentes. No entanto, todas as páginas de um processo ainda têm de estar na memória física. Na paginação por demanda, o tamanho do espaço de endereçamento lógico não é mais restringido pela memória física. Se temos um processo de usuário de vinte páginas, podemos executá-lo em dez quadros simplesmente usando a paginação por demanda e usando um algoritmo de substituição para encontrar um quadro livre sempre que necessário. Se uma página que foi modificada tem de ser substituída, seu conteúdo é copiado no disco. Uma referência posterior a essa página causará um erro de página. Nesse momento, a página será trazida novamente para a memória, talvez substituindo alguma outra página do processo.

Devemos resolver dois grandes problemas para implementar a paginação por demanda: temos de desenvolver um ***algoritmo de alocação de quadros*** e um ***algoritmo de substituição de páginas***. Isto é, se existem vários processos na memória, devemos decidir quantos quadros alocar a cada processo; quando a substituição de páginas se faz necessária, temos de selecionar os quadros a serem substituídos. O projeto de algoritmos apropriados para a solução desses problemas é uma tarefa importante porque o I/O de disco é muito caro. Até mesmo pequenas melhorias nos métodos de paginação por demanda geram ganhos significativos no desempenho do sistema.

Há muitos algoritmos de substituição de páginas diferentes. É provável que cada sistema operacional tenha seu próprio esquema de substituição. Como selecionar um algoritmo de substituição específico? Geralmente, queremos o de menor taxa de erros de página.

Avaliamos um algoritmo executando-o com uma determinada sequência de referências à memória e calculando a quantidade de erros de página. A sequência de referências à memória é chamada de ***sequência de referência***. Podemos gerar sequências de referência artificialmente (usando um gerador de números aleatórios, por exemplo) ou podemos rastrear um sistema específico e registrar o endereço de cada referência à memória. A última opção produz uma grande quantidade de dados (da ordem de 1 milhão de endereços por segundo). Para reduzir a quantidade de dados, usamos dois fatos.

Em primeiro lugar, para um determinado tamanho de página (e, geralmente, o tamanho da página é fixado pelo hardware ou pelo sistema), temos de considerar apenas o número da página em vez de o endereço inteiro. Em segundo lugar, se temos uma referência p a uma página, qualquer referência à página p que vier *imediatamente* a seguir não causará um erro de página. A página p estará na memória após a primeira referência, portanto, as referências imediatamente posteriores não causarão erro.

Por exemplo, se rastrearmos um processo específico, podemos registrar a sequência de endereços a seguir:

0100, 0432, 0101, 0612, 0102, 0103, 0104, 0101, 0611, 0102, 0103, 0104, 0101, 0610, 0102, 0103, 0104, 0101, 0609, 0102, 0105

A 100 bytes por página, essa sequência é reduzida à sequência de referência a seguir:

1, 4, 1, 6, 1, 6, 1, 6, 1, 6, 1

Para saber a quantidade de erros de página de determinada sequência de referência e o algoritmo de substituição de páginas, também temos de saber a quantidade de quadros de página disponíveis. É claro que conforme a quantidade de quadros disponíveis aumenta, a quantidade de erros de página diminui. Para a sequência de referência considerada anteriormente, por

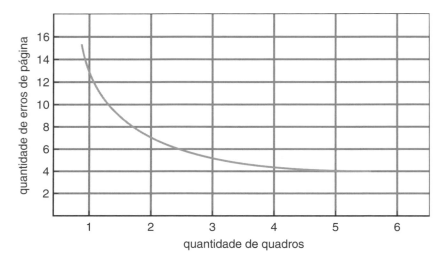

Figura 8.11 Gráfico de erros de página *versus* quantidade de quadros.

exemplo, se tivéssemos três ou mais quadros, teríamos apenas três erros – um erro para a primeira referência a cada página. Por outro lado, com apenas um quadro disponível, teríamos uma substituição a cada referência, resultando em onze erros. Em geral, espera-se uma curva como a da Figura 8.11. À medida que a quantidade de quadros aumenta, a quantidade de erros de página cai a um nível mínimo. Naturalmente, a adição de memória física aumenta a quantidade de quadros.

A seguir, demonstramos vários algoritmos de substituição de páginas. Ao fazer isso, usamos a sequência de referência

7, 0, 1, 2, 0, 3, 0, 4, 2, 3, 0, 3, 2, 1, 2, 0, 1, 7, 0, 1

para uma memória com três quadros.

8.4.2 Substituição de Páginas FIFO

O algoritmo de substituição de páginas mais simples é um algoritmo primeiro a entrar, primeiro a sair (FIFO). Um algoritmo de substituição FIFO associa a cada página a hora em que essa página foi trazida para a memória. Quando uma página tem de ser substituída, a página mais antiga é selecionada. Observe que não é estritamente necessário registrar a hora em que uma página é trazida. Podemos criar uma fila FIFO para armazenar todas as páginas que estão na memória. Substituímos a página do início da fila. Quando uma página é trazida para a memória, ela é inserida no fim da fila.

Em nosso exemplo de sequência de referência, os nossos três quadros estão inicialmente vazios. As três primeiras referências (7, 0, 1) causam erros de página e são trazidas para esses quadros vazios. A próxima referência (2) substitui a página 7 porque essa página foi trazida primeiro. Como 0 é a próxima referência e já está na memória, não temos erro nessa referência. A primeira referência a 3 resulta na substituição da página 0 porque, agora, ela é a primeira da fila. Devido a essa substituição, a próxima referência, a 0, causará erro. A página 1 é então substituída pela página 0. Esse processo continua como mostrado na Figura 8.12. Sempre que ocorre um erro, mostramos quais páginas estão em nossos três quadros. Ocorrem quinze erros ao todo.

O algoritmo de substituição de páginas FIFO é fácil de entender e programar. No entanto, nem sempre seu desempenho é bom. Por um lado, a página substituída pode ser um módulo de inicialização que foi usado há muito tempo atrás e não é mais necessário. Por outro lado, ela poderia conter uma variável muito usada que foi inicializada cedo e é usada constantemente.

Observe que, mesmo se optarmos pela substituição de uma página que está sendo muito usada, tudo continuará funcionando corretamente. Após substituirmos uma página ativa por uma nova, ocorrerá um erro quase imediatamente para a recuperação da página ativa. Alguma outra página deve ser substituída para trazer a página ativa de volta para a memória. Portanto, uma escolha de substituição incorreta aumenta a taxa de erros de página e retarda a execução do processo. Mas não causa a execução incorreta.

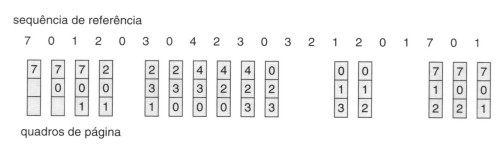

Figura 8.12 Algoritmo de substituição de páginas FIFO.

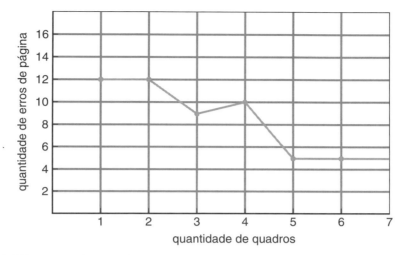

Figura 8.13 Curva de erros de página em uma sequência de referência na substituição FIFO.

Para ilustrar os problemas que podem ocorrer com o uso de um algoritmo de substituição de páginas FIFO, consideremos a sequência de referência a seguir:

1, 2, 3, 4, 1, 2, 5, 1, 2, 3, 4, 5

A Figura 8.13 mostra a curva de erros de página para essa sequência de referência *versus* a quantidade de quadros disponíveis. Observe que a quantidade de erros para quatro quadros (dez) é *maior* do que a quantidade de erros para três quadros (nove)! Esse resultado tão inesperado é conhecido como **anomalia de Belady**: em alguns algoritmos de substituição de páginas, a taxa de erros de página pode *aumentar* conforme a quantidade de quadros alocados aumenta. O esperado seria que o fornecimento de mais memória para um processo melhorasse seu desempenho. Em algumas pesquisas antigas, os investigadores perceberam que essa suposição nem sempre era verdadeira. A anomalia de Belady foi descoberta como resultado.

8.4.3 Substituição Ótima de Páginas

Uma consequência da descoberta da anomalia de Belady foi a procura por um ***algoritmo ótimo de substituição de páginas*** que tivesse a menor taxa de erros de página de todos os algoritmos e nunca sofresse da anomalia de Belady. Esse algoritmo existe e foi chamado de OPT ou MIN. Ele diz simplesmente para:

Substituir a página que não será usada pelo período de tempo mais longo.

O uso desse algoritmo de substituição de páginas garante a menor taxa de erros de página possível para uma quantidade fixa de quadros.

Por exemplo, no caso de nossa sequência de referência, o algoritmo ótimo de substituição de páginas geraria nove erros de página, como mostrado na Figura 8.14. As três primeiras referências causam erros que preenchem os três quadros vazios. A referência à página 2 substitui a página 7 porque a página 7 não será usada até a referência 18, enquanto a página 0 será usada na referência 5 e a página 1 na 14. A referência à página 3 substitui a página 1, porque a página 1 será a última das três páginas da memória a ser referenciada novamente. Com apenas nove erros de página, a substituição ótima é muito melhor do que um algoritmo FIFO que resulta em quinze erros. (Se ignorarmos os três primeiros erros que todos os algoritmos causam, a substituição ótima é duas vezes melhor do que a substituição FIFO.) Na verdade, nenhum algoritmo de substituição pode processar essa sequência de referência em três quadros com menos de nove erros.

Infelizmente, o algoritmo ótimo de substituição de páginas é difícil de implementar porque requer o conhecimento antecipado da sequência de referência. (Encontramos uma situação semelhante com o algoritmo SJF de scheduling da CPU discutido na Seção 5.3.2.) Como resultado, o algoritmo ótimo é usado principalmente em estudos de comparação Por exemplo, pode ser útil saber que, embora um novo algoritmo não seja ótimo,

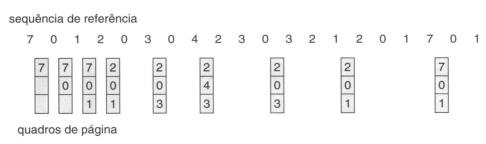

Figura 8.14 Algoritmo ótimo de substituição de páginas.

ele está dentro dos 12,3% do nível ótimo na pior das hipóteses e dentro dos 4,7% em média.

8.4.4 Substituição de Páginas LRU

Se o uso do algoritmo ótimo não for viável, talvez possamos usar algo que se aproxime dele. A principal diferença entre os algoritmos FIFO e OPT (além de olhar para trás *versus* para a frente no tempo) é que o algoritmo FIFO usa a hora em que uma página foi trazida para a memória, enquanto o algoritmo OPT utiliza a hora em que uma página deve ser *usada*. Se usarmos o passado recente como uma aproximação do futuro próximo, poderemos substituir a página que *não foi usada* pelo período de tempo mais longo. Essa abordagem é o *algoritmo do menos recentemente usado* (*LRU – least-recently-used*).

A substituição LRU associa a cada página a hora em que essa página foi usada pela última vez. Quando uma página deve ser substituída, o algoritmo LRU seleciona a página que não foi usada pelo período de tempo mais longo. Podemos considerar essa estratégia como o algoritmo ótimo de substituição de páginas olhando para trás no tempo em vez de para frente. (O estranho é que se considerarmos S^R como o inverso de uma sequência de referência S, a taxa de erros de página do algoritmo OPT sobre S é igual a do algoritmo OPT sobre S^R. Da mesma forma, a taxa de erros de página do algoritmo LRU sobre S é igual a do algoritmo LRU sobre S^R.)

O resultado da aplicação da substituição LRU ao nosso exemplo de sequência de referência é mostrado na Figura 8.15. O algoritmo LRU produz doze erros. Observe que os cinco primeiros erros são iguais aos da substituição ótima. Quando a referência à página 4 ocorre, no entanto, a substituição LRU verifica que, dos três quadros na memória, a página 2 foi a menos recentemente usada. Logo, o algoritmo LRU substitui a página 2, sem saber que ela está para ser usada. Quando ocorre um erro causado por essa página, o algoritmo LRU substitui a página 3 já que, agora, das três páginas na memória, ela é a menos recentemente usada. Apesar desses problemas, a substituição LRU com doze erros é muito melhor do que a substituição FIFO com quinze.

A política LRU é usada com frequência como um algoritmo de substituição de páginas e é considerada boa. O principal problema é *como* implementar a substituição LRU. Um algoritmo de substituição de páginas LRU pode requerer uma assistência substancial de hardware. O problema é determinar uma ordem para os quadros definida pela hora em que foram usados pela última vez. Duas implementações são possíveis:

- **Contadores.** No caso mais simples, associamos a cada entrada da tabela de páginas um campo de hora de uso e adicionamos à CPU um contador ou relógio lógico. O relógio é incrementado a cada referência à memória. Sempre que é feita uma referência a uma página, os conteúdos do registrador do relógio são copiados para o campo de hora de uso da entrada dessa página na tabela de páginas. Dessa forma, sempre temos a "hora" da última referência a cada página. Substituímos a página com a hora de menor valor. Esse esquema requer uma busca na tabela de páginas para encontrar a página LRU e uma gravação na memória (no campo de hora de uso da tabela de páginas) para cada acesso à memória. As horas também devem ser mantidas quando as tabelas de páginas são alteradas (devido ao scheduling da CPU). O overflow do relógio deve ser considerado.

- **Pilha.** Outra abordagem para a implementação da substituição LRU é o uso de uma pilha de números de página. Sempre que uma página é referenciada, ela é removida de seu local na pilha e inserida no topo. Dessa forma, a página mais recentemente usada estará sempre no topo da pilha e a menos recentemente usada estará no final (Figura 8.16). Como entradas devem ser removidas do meio da pilha, é melhor implementar essa abordagem usando uma lista duplamente encadeada com um ponteiro na cabeça e um ponteiro no fim da lista. Assim, a remoção de uma página e sua inserção no topo da pilha demanda a alteração de, no máximo, seis ponteiros. Cada atualização é um pouco mais cara, mas não há busca para uma substituição; o ponteiro no final aponta para a base da pilha, que é a página LRU. Essa abordagem é particularmente apropriada para implementações da substituição LRU em software ou microcódigo.

Como a substituição ótima, a substituição LRU não sofre da anomalia de Belady. As duas pertencem a uma classe de algoritmos de substituição de páginas chamada *algoritmos de pilha*, que nunca exibe a anomalia de Belady. Um algoritmo de pilha é aquele para o qual é possível demonstrar que o conjunto de páginas na memória para n quadros é sempre um *subconjunto* do conjunto de páginas que estariam na memória com $n + 1$ quadros. Na substituição LRU, o conjunto de páginas na memória é composto pelas n páginas referenciadas mais recentemente. Se a quantidade de quadros for aumentada, essas n páginas continuarão sendo as referenciadas mais recentemente e, portanto, continuarão na memória.

Observe que nenhuma das implementações do algoritmo LRU seria viável sem assistência de hardware além dos registradores do TLB padrão. A atualização dos campos de relógio ou

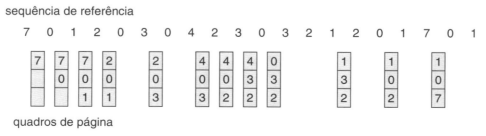

Figura 8.15 Algoritmo de substituição de páginas LRU.

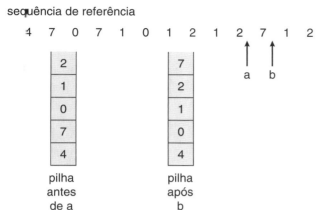

Figura 8.16 Uso de uma pilha para o registro das referências de página mais recentes.

da pilha deve ser feita para *cada* referência à memória. Se tivermos de usar uma interrupção a cada referência para permitir que o software atualize essas estruturas de dados, isso retardaria cada referência à memória de um fator pelo menos igual a dez, retardando assim cada processo de usuário por um fator de dez. Poucos sistemas poderiam tolerar esse nível de overhead no gerenciamento da memória.

8.4.5 Substituição de Páginas por Aproximação ao LRU

Poucos sistemas de computação fornecem suporte de hardware suficiente para a verdadeira substituição de páginas LRU. Alguns sistemas não fornecem suporte de hardware e outros algoritmos de substituição de páginas (como o algoritmo FIFO) devem ser usados. Muitos sistemas fornecem alguma ajuda, no entanto, na forma de um *bit de referência*. O bit de referência de uma página é posicionado pelo hardware sempre que a página é referenciada (em uma leitura ou gravação de qualquer byte na página). Os bits de referência são associados a cada entrada da tabela de páginas.

Inicialmente, todos os bits são desligados (para 0) pelo sistema operacional. Quando um processo de usuário é executado, o bit associado a cada página referenciada é ligado (com 1) pelo hardware. Após algum tempo, podemos determinar que páginas foram ou não usadas examinando os bits de referência, porém sem saber a *ordem* de uso. Essas informações são a base de muitos algoritmos de substituição de páginas que se aproximam da substituição LRU.

8.4.5.1 Algoritmo dos Bits de Referência Adicionais

Podemos obter informações adicionais sobre a ordem de uso registrando os bits de referência em intervalos regulares. Podemos manter um byte de 8 bits para cada página em uma tabela na memória. Em intervalos regulares (digamos, a cada 100 milissegundos), uma interrupção de timer transfere o controle para o sistema operacional. O sistema operacional desloca o bit de referência de cada página para o bit de alta ordem de seu byte de 8 bits, deslocando os outros bits 1 bit para a direita e descartando o bit de baixa ordem. Esses registradores de deslocamento de 8 bits contêm o histórico de uso da página para os últimos oito períodos de tempo. Se o registrador de deslocamento contiver 00000000, por exemplo, a página não foi usada por oito períodos de tempo; uma página que é usada pelo menos uma vez a cada período tem um valor de registrador de deslocamento igual a 11111111. Uma página com um valor do registrador de histórico igual a 11000100 foi usada mais recentemente do que uma com o valor 01110111. Se interpretarmos esses bytes de 8 bits como inteiros sem sinal, a página com o menor número é a página LRU e pode ser substituída. No entanto, observe que não há garantia de que os números sejam exclusivos. Podemos substituir (remover da memória) todas as páginas com o menor valor ou usar o método FIFO para selecionar entre elas.

É claro que a quantidade de bits do histórico incluída no registrador de deslocamento pode variar e é selecionada (dependendo do hardware disponível) de modo a tornar a atualização tão rápida quanto possível. Em último caso, a quantidade pode ser reduzida a zero, ficando apenas o próprio bit de referência. Esse algoritmo é chamado **algoritmo de substituição de páginas da segunda chance**.

8.4.5.2 Algoritmo da Segunda Chance

O algoritmo básico de substituição da segunda chance é um algoritmo de substituição FIFO. No entanto, quando uma página é selecionada, examinamos seu bit de referência. Se o valor for 0, substituímos a página; mas se o bit de referência for 1, damos à página uma segunda chance passando à seleção da próxima página FIFO. Quando uma página obtém uma segunda chance, seu bit de referência é desligado e sua hora de chegada é redefinida como a hora corrente. Portanto, uma página que receber uma segunda chance não será substituída até todas as outras páginas terem sido (ou receberem segundas chances). Além disso, se uma página for usada com frequência suficiente para manter seu bit de referência ligado, ela nunca será substituída.

Um modo de implementar o algoritmo da segunda chance (às vezes chamado de algoritmo *do relógio*) é como uma fila circular. Um ponteiro (isto é, um ponteiro do relógio) indica que página deve ser substituída a seguir. Quando um quadro é necessário, o ponteiro avança até encontrar uma página com bit de referência 0. Conforme ele avança, vai zerando os bits de referência (Figura 8.17). Uma vez que uma página-alvo é encontrada, ela é substituída e a nova página é inserida na fila circular nessa posição. Observe que, na pior das hipóteses, quando todos os bits estão ligados, o ponteiro percorre a fila inteira, dando a cada página uma segunda chance. Ele zera todos os bits de referência antes de selecionar a próxima página para a substituição. A substituição da segunda chance degenera para uma substituição FIFO quando todos os bits estão ligados.

8.4.5.3 Algoritmo da Segunda Chance Aperfeiçoado

Podemos aperfeiçoar o algoritmo da segunda chance considerando o bit de referência e o bit de modificação (descrito na Seção 8.4.1) como um par ordenado. Com esses dois bits, podemos ter as quatro classes a seguir:

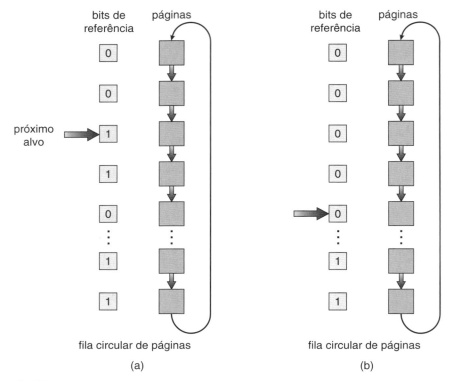

Figura 8.17 Algoritmo de substituição de páginas da segunda chance (algoritmo do relógio).

1. (0, 0) não usada recentemente nem modificada – melhor página para a substituição
2. (0, 1) não usada recentemente mas modificada – não é uma opção tão boa porque a página terá de ser gravada em disco antes da substituição
3. (1, 0) usada recentemente mas não modificada – provavelmente será usada novamente em breve
4. (1, 1) usada recentemente e modificada – provavelmente será usada novamente em breve e terá de ser gravada em disco antes de poder ser substituída

Cada página faz parte de uma dessas quatro classes. Quando a substituição de páginas for chamada, usamos o mesmo esquema do algoritmo do relógio; mas em, vez de verificar se a página para a qual estamos apontando está com o bit de referência posicionado como 1, examinamos a classe a qual essa página pertence. Substituímos a primeira página encontrada na classe não vazia mais baixa. Observe que podemos ter de varrer a fila circular várias vezes antes de encontrar uma página para ser substituída.

A principal diferença entre esse algoritmo e o algoritmo mais simples do relógio é que, neste caso, damos preferência às páginas que foram modificadas para reduzir a quantidade de operações de I/O requeridas.

8.4.6 Substituição de Páginas com Base na Contagem

Há muitos outros algoritmos que podem ser usados para a substituição de páginas. Por exemplo, podemos manter um contador de quantas referências foram feitas a cada página e desenvolver os dois esquemas a seguir.

- O **algoritmo de substituição de páginas menos frequentemente usadas (LFU –** *least-frequently-used*) requer que a página com a menor contagem seja substituída. A razão dessa seleção é que uma página usada ativamente deve ter uma contagem de referências alta. Um problema surge, no entanto, quando uma página é muito usada durante a fase inicial de um processo e, então, nunca mais é usada. Já que ela foi muito usada, tem uma contagem alta e permanece na memória ainda que não seja mais necessária. Uma solução é deslocar as contagens 1 bit para a direita em intervalos regulares, formando uma contagem de utilização média exponencialmente decadente.

- O **algoritmo de substituição de páginas mais frequentemente usadas (MFU –** *most-frequently-used*) é baseado no argumento de que a página com a menor contagem provavelmente acabou de ser trazida para a memória e ainda deve ser usada.

Como era de se esperar, as substituições MFU e LFU não são comuns. A implementação desses algoritmos é cara e eles se aproximam bem da substituição OPT.

8.4.7 Algoritmos de Armazenamento de Páginas em Buffer

Outros procedimentos são usados com frequência em adição a um algoritmo de substituição de páginas específico. Por exemplo, normalmente, os sistemas mantêm um pool de quadros livres. Quando ocorre um erro de página, um quadro-alvo é selecionado como antes. No entanto, a página desejada é transferida para um quadro livre do pool antes de o alvo ser gravado em disco. Esse procedimento permite que o processo seja reiniciado assim que possível, sem esperar a página-alvo ser gravada. Quando o alvo é gravado posteriormente, seu quadro é adicionado ao pool de quadros livres.

Uma expansão dessa ideia é o uso de uma lista de páginas modificadas. Sempre que o dispositivo de paginação está ocioso, uma página modificada é selecionada e gravada no disco. Seu bit de modificação é, então, posicionado. Esse esquema aumenta a probabilidade de uma página não ter modificações quando é selecionada para substituição e ela não precisa ser gravada.

Outra variação é o uso de um pool de quadros livres, porém sabendo que página havia em cada quadro. Como o conteúdo dos quadros não é modificado quando um quadro é gravado no disco, a página anterior pode ser reutilizada diretamente a partir do pool de quadros livres se ela for necessária antes que o quadro seja reutilizado. Nenhuma operação de I/O precisa ser executada nesse caso. Quando ocorre um erro de página, primeiro verificamos se a página desejada está no pool de quadros livres. Se não estiver, temos de selecionar um quadro livre e transferir a página para ele.

Essa técnica é usada no sistema VAX/VMS junto com um algoritmo de substituição FIFO. Quando o algoritmo de substituição FIFO substitui incorretamente uma página que ainda está em uso ativo, essa página é recuperada rapidamente do pool de quadros livres e nenhuma operação de I/O é necessária. O buffer de quadros livres fornece proteção contra o simples, porém relativamente pobre, algoritmo de substituição FIFO. Esse método é necessário porque as versões iniciais do VAX não implementavam o bit de referência corretamente.

Algumas versões do sistema UNIX usam esse método junto com o algoritmo da segunda chance. Ele pode ser um acréscimo útil a qualquer algoritmo de substituição de páginas para reduzir a perda sofrida quando a página-alvo errada é selecionada.

8.4.8 As Aplicações e a Substituição de Páginas

Em certos casos, as aplicações que acessam dados por meio da memória virtual do sistema operacional têm execução pior do que quando o sistema operacional não fornecia armazenamento em buffer. Um exemplo típico é um banco de dados que forneça seu próprio gerenciamento de memória e armazenamento em buffer de I/O. Aplicações como essa conhecem o uso que fazem da memória e do disco melhor do que um sistema operacional que implemente algoritmos de uso geral. Se o sistema operacional está armazenando I/O em buffer e a aplicação também está fazendo isso, então duas vezes mais memória está sendo usada para um conjunto de operações de I/O.

Em outro exemplo, data warehouses executam leituras com frequência sequenciais volumosas em disco, seguidas por cálculos e gravações. O algoritmo LRU removeria páginas antigas e preservaria as novas, embora a aplicação pudesse querer ler páginas mais antigas e não as novas (ao iniciar suas leituras sequenciais novamente). Aqui, o MFU seria mais eficiente do que o LRU.

Por causa desses problemas, alguns sistemas operacionais fornecem a programas especiais o recurso de usar uma partição de disco como um amplo array sequencial de blocos lógicos, sem nenhuma estrutura de dados do sistema de arquivos. Esse array também é chamado de **disco bruto** e seu I/O é chamado de I/O bruto. O I/O bruto ignora todos os serviços do sistema de arquivos, como a paginação por demanda de I/O de arquivo, o locking de arquivos, a pré-busca, a alocação de espaço, os nomes de arquivos e os diretórios. É bom ressaltar que embora certas aplicações sejam mais eficientes quando implementam seus próprios serviços de armazenamento de uso específico em uma partição bruta, a maioria das aplicações tem execução melhor quando usa os serviços regulares do sistema de arquivos.

8.5 Alocação de Quadros

Passemos agora para a questão da alocação. Como alocar a quantidade fixa de memória livre entre os vários processos? Se temos 93 quadros livres e dois processos, quantos quadros cada processo recebe?

O caso mais simples é o sistema monousuário. Considere um sistema monousuário com 128 KB de memória composta por páginas de 1 KB. Esse sistema tem 128 quadros. O sistema operacional pode usar 35 KB, deixando 93 quadros para o processo do usuário. Na paginação por demanda pura, inicialmente todos os 93 quadros seriam inseridos na lista de quadros livres. Quando um processo de usuário começasse a ser executado, geraria uma sequência de erros de página. Todos os 93 primeiros erros de página receberiam quadros disponíveis da lista de quadros livres. Quando a lista de quadros livres ficasse vazia, um algoritmo de substituição de páginas seria usado para selecionar uma das 93 páginas da memória para ser substituída pela 94ª e assim por diante. Quando o processo terminasse, os 93 quadros seriam inseridos novamente na lista de quadros livres.

Há muitas variações dessa estratégia simples. Podemos determinar que o sistema operacional aloque todo o seu espaço de buffers e tabelas a partir da lista de quadros livres. Quando esse espaço não está sendo usado pelo sistema operacional, ele pode ser usado para dar suporte à paginação do usuário. Podemos tentar manter sempre três quadros disponíveis reservados na lista de quadros livres. Assim, quando ocorre um erro de página, há um quadro livre disponível para onde a página pode ser transferida. Enquanto a troca de página está ocorrendo, uma substituta pode ser selecionada, sendo então gravada no disco enquanto o processo do usuário continua a ser executado. Outras variações também são possíveis, mas a estratégia básica é clara: o processo do usuário recebe qualquer quadro livre.

8.5.1 Quantidade Mínima de Quadros

Nossas estratégias para a alocação de quadros têm restrições de vários tipos. Não podemos, por exemplo, alocar mais do que a quantidade total de quadros disponíveis (a menos que haja compartilhamento de páginas). Também devemos alocar, pelo menos, uma quantidade mínima de quadros. Aqui, examinamos o último requisito mais detalhadamente.

Uma razão para a alocação de, pelo menos, uma quantidade mínima de quadros envolve o desempenho. É claro que conforme a quantidade de quadros alocada a cada processo diminui, a taxa de erros de página aumenta, retardando a execução dos processos. Além disso, lembre-se de que, quando ocorre um erro de página antes de uma instrução em execução ser concluída, a instrução deve ser reiniciada. Consequentemente, devemos ter quadros suficientes para armazenar todas as páginas diferentes que uma única instrução possa referenciar.

Por exemplo, considere um computador em que todas as instruções de referência à memória só podem referenciar um endereço da memória. Nesse caso, precisamos de, pelo menos, um quadro para a instrução e um quadro para a referência à memória. Além disso, se o endereçamento indireto de um nível for permitido (por exemplo, uma instrução `load` na página 16 pode referenciar um endereço na página 0 que, por sua vez, é uma referência indireta à página 23), a paginação demandará, pelo menos, três quadros por processo. Imagine o que aconteceria se um processo só tivesse dois quadros.

A quantidade mínima de quadros é definida pela arquitetura do computador. Por exemplo, a instrução de movimentação do PDP-11 inclui mais de uma palavra para algumas modalidades de endereçamento e, portanto, a própria instrução pode envolver duas páginas. Além disso, cada um de seus dois operandos podem ser referências indiretas, perfazendo um total de seis quadros. Outro exemplo é a instrução MVC do IBM 370. Já que a instrução é de uma locação da memória para outra, ela usa 6 bytes e pode envolver duas páginas. O bloco de caracteres a ser movido e a área para a qual ele deve ser movido também podem envolver duas páginas cada. Essa situação demandaria seis quadros. O pior caso ocorre quando a instrução MVC é o operando de uma instrução EXECUTE que ultrapassa um limite de página; nesse caso, precisamos de oito quadros.

O cenário do pior caso ocorre em arquiteturas de computador que permitem vários níveis de endereçamento indireto (por exemplo, cada palavra de 16 bits poderia conter um endereço de 15 bits mais um indicador de endereçamento indireto de 1 bit). Teoricamente, uma simples instrução de carga poderia referenciar um endereço indireto que, por sua vez, poderia referenciar outro endereço indireto (em outra página) que também referenciaria um endereço indireto (também em outra página) e assim por diante, até todas as páginas da memória virtual terem sido referenciadas. Portanto, no pior caso, a memória virtual inteira teria de estar na memória física. Para resolver esse problema, temos de impor um limite para os níveis de endereçamento indireto (por exemplo, limitar uma instrução a, no máximo, 16 níveis de endereçamento indireto). Quando o primeiro endereçamento indireto ocorre, um contador é posicionado como 16; ele é então decrementado para cada endereçamento indireto sucessivo para essa instrução. Se o contador é decrementado até 0, ocorre uma interrupção (endereçamento indireto excessivo). Essa limitação reduz a 17 a quantidade máxima de referências à memória por instrução, demandando a mesma quantidade de quadros.

Enquanto a quantidade mínima de quadros por processo é definida pela arquitetura, a quantidade máxima é definida pela quantidade de memória física disponível. Entre os dois limites, ainda ficamos com um intervalo de escolha significativo para a alocação de quadros.

8.5.2 Algoritmos de Alocação

A maneira mais fácil de dividir m quadros entre n processos é dar a todos uma parcela igual de m/n quadros. Por exemplo, se houver 93 quadros e cinco processos, cada processo receberá 18 quadros. Os três quadros restantes podem ser usados como um pool de buffer de quadros livres. Esse esquema é chamado de **alocação igual**.

Uma alternativa é reconhecer que vários processos precisarão de quantidades diferentes de memória. Considere um sistema com tamanho de quadro de 1 KB. Se um pequeno processo de estudante de 10 KB e um banco de dados interativo de 127 KB são os dois únicos processos sendo executados em um sistema com 62 quadros livres, não faz muito sentido dar a cada processo 31 quadros. O processo do estudante não precisa de mais do que 10 quadros, portanto, os outros 21 seriam, literalmente, desperdiçados.

Para resolver esse problema, podemos usar a **alocação proporcional** em que a memória disponível é alocada para cada processo de acordo com seu tamanho. Seja o tamanho da memória virtual para o processo p_i igual a s_i, e defina

$$S = \sum s_i.$$

Portanto, se a quantidade total de quadros disponíveis é m, alocamos a_i quadros para o processo p_i, em que a_i é aproximadamente

$$a_i = s_i / S \times m.$$

É claro que devemos ajustar cada a_i para que seja um inteiro maior do que a quantidade mínima de quadros requerida pelo conjunto de instruções, com a soma não excedendo m.

Com a alocação proporcional, dividiríamos 62 quadros entre dois processos, um de 10 páginas e um de 127 páginas, alocando 4 quadros e 57 quadros, respectivamente, já que

$$10/137 \times 62 \approx 4, \text{ e}$$
$$127/137 \times 62 \approx 57.$$

Dessa forma, os dois processos compartilham os quadros disponíveis de acordo com suas "necessidades" em vez de igualmente.

É claro que, tanto na alocação igual quanto na proporcional, a alocação pode variar de acordo com o nível de multiprogramação. Se o nível de multiprogramação aumentar, cada processo perderá alguns quadros para fornecer a memória demandada pelo novo processo. Inversamente, se o nível de multiprogramação diminuir, os quadros que foram alocados para o processo encerrado poderão ser divididos entre os processos remanescentes.

Observe que, na alocação igual ou na proporcional, um processo de alta prioridade é tratado da mesma forma que um processo de baixa prioridade. Por sua definição, no entanto, podemos querer dar ao processo de alta prioridade mais memória para acelerar sua execução, em detrimento de processos de baixa prioridade. Uma solução é usar um esquema de alocação proporcional em que a proporção de quadros não dependa dos tamanhos relativos dos processos mas de suas prioridades ou de uma combinação de tamanho e prioridade.

8.5.3 Alocação Global versus Local

Outro fator importante que influi na maneira como os quadros são alocados para os diversos processos é a substituição de páginas. No caso de vários processos competindo por quadros, podemos classificar os algoritmos de substituição de páginas em duas grandes categorias: ***substituição global*** e ***substituição local***. A substituição global permite que um processo selecione um quadro de substituição no conjunto de todos os quadros, mesmo se esse quadro estiver alocado correntemente a algum outro processo; isto é, um processo pode tomar um quadro de outro processo. A substituição local requer que cada processo faça a seleção apenas em seu próprio conjunto de quadros alocados.

Por exemplo, considere um esquema de alocação em que permitimos que processos de alta prioridade selecionem quadros de processos de baixa prioridade para substituição. Um processo pode selecionar uma substituição a partir de seus próprios quadros ou dos quadros de qualquer processo de prioridade mais baixa. Essa abordagem permite que um processo de alta prioridade aumente sua alocação de quadros à custa de um processo de baixa prioridade. Em uma estratégia de substituição local, a quantidade de quadros alocada para um processo não muda. Na substituição global, um processo pode acabar selecionando apenas quadros alocados para outros processos, aumentando assim a quantidade de quadros alocados para ele (supondo que outros processos não selecionem *seus* quadros para substituição).

Um problema do algoritmo de substituição global é que o processo não consegue controlar sua própria taxa de erros de página. O conjunto de páginas na memória para um processo depende não só do comportamento da paginação desse processo, mas também do comportamento da paginação de outros processos. Portanto, o mesmo processo pode ser executado diferentemente (por exemplo, levando 0,5 segundo em uma execução e 10,3 segundos na execução seguinte) devido a circunstâncias totalmente externas. Não é isso que ocorre com o algoritmo de substituição local. Na substituição local, o conjunto de páginas na memória para um processo só é afetado pelo comportamento da paginação desse processo. Porém, a substituição local pode retardar um processo não tornando disponível para ele outras páginas de memória menos usadas. Logo, geralmente, a substituição global resulta em maior throughput no sistema e, portanto, é o método mais comum.

8.5.4 Acesso Não Uniforme à Memória

Até agora, em nossa abordagem da memória virtual, presumimos toda a memória principal como sendo criada igualmente – ou, pelo menos, acessada igualmente. Em muitos sistemas de computação não é isso o que ocorre. Com frequência, em sistemas com várias CPUs (Seção 1.3.2), uma determinada CPU pode acessar algumas seções de memória principal mais rápido do que consegue acessar outras. Essas discrepâncias no desempenho são causadas pela maneira como as CPUs e a memória estão interconectadas no sistema. Geralmente, um sistema desse tipo é composto por várias placas de sistema, cada uma contendo diversas CPUs e alguma memória. As placas de sistema são interconectadas de várias maneiras que vão dos buses do sistema a conexões de rede de alta velocidade como a InfiniBand. Como era de se esperar, as CPUs de uma placa específica podem acessar a memória dessa placa mais rapidamente do que podem acessar a memória de outras placas do sistema. Sistemas em que os tempos de acesso à memória variam significativamente são conhecidos coletivamente como sistemas ***de acesso não uniforme à memória (NUMA)*** e, sem exceção, são mais lentos do que sistemas em que a memória e as CPUs estão localizadas na mesma placa-mãe.

O gerenciamento de quais quadros de página estão armazenados em quais locações pode afetar significativamente o desempenho em sistemas NUMA. Se tratarmos a memória como uniforme em um sistema assim, as CPUs podem ter de esperar significativamente mais tempo para acessá-la do que se modificarmos os algoritmos de alocação de memória para levar em consideração o NUMA. Alterações semelhantes devem ser feitas no sistema de scheduling. O objetivo dessas alterações é ter quadros de memória alocados "o mais próximo possível" da CPU em que o processo está sendo executado. Com "próximo" queremos dizer "com latência mínima" o que, normalmente, significa na mesma placa de sistema da CPU.

As alterações algorítmicas consistem no scheduler rastrear a última CPU em que cada processo foi executado. Se o scheduler tentar designar cada processo para a CPU em que ele foi executado anteriormente e o sistema de gerenciamento da memória tentar alocar quadros para o processo próximos da CPU para a qual ele está sendo designado, resultará no aumento do sucesso de acessos ao cache e na diminuição dos tempos de acesso à memória.

O cenário fica mais complicado quando threads são adicionados. Por exemplo, um processo com muitos threads em execução pode acabar com esses threads sendo designados para várias placas de sistema diferentes. Como a memória deve ser alocada nesse caso? O Solaris resolve o problema criando uma entidade **lgroup** no kernel. Cada lgroup reúne CPUs e memória próximas. Na verdade, há uma hierarquia de lgroups com base no montante de latência entre os grupos. O Solaris tenta alocar todos os threads e toda a memória de um processo dentro de um lgroup. Se isso não for possível, ele seleciona lgroups próximos para o resto dos recursos necessários. Dessa forma, a latência geral da memória é minimizada e as taxas de obtenção de acesso ao cache da CPU são maximizadas.

8.6 Atividade Improdutiva (Thrashing)

Se a quantidade de quadros alocada para um processo de baixa prioridade cai abaixo da quantidade mínima requerida pela arquitetura do computador, temos de suspender a execução desse processo. Temos então de remover da memória suas páginas remanescentes, liberando todos os quadros alocados. Essa providência introduz um nível intermediário de scheduling da CPU com inserção e remoção de páginas na memória.

Na verdade, examine qualquer processo que não tenha quadros "suficientes". Se o processo não tem a quantidade de quadros que ele precisa para dar suporte a páginas muito usadas, passa rapidamente por um erro de página. Nesse momento, ele deve substituir alguma página. No entanto, como todas as suas páginas estão sendo usadas, ele deve substituir uma página que será necessária novamente logo em seguida. Portanto, não demorará a passar por um erro de página novamente, e mais uma vez, e novamente, substituindo páginas que deve trazer de volta imediatamente.

Essa alta atividade de paginação é chamada de **atividade improdutiva**. Um processo está em atividade improdutiva quando está gastando mais tempo em paginação do que em execução.

8.6.1 Causa da Atividade Improdutiva

A atividade improdutiva gera sérios problemas de desempenho. Considere o cenário a seguir, com base no comportamento real dos primeiros sistemas de paginação.

O sistema operacional monitora a utilização da CPU. Quando ela está muita baixa, aumentamos o nível de multiprogramação inserindo um novo processo no sistema. Um algoritmo global de substituição de páginas é usado; ele substitui páginas sem se preocupar com o processo ao qual elas pertencem. Agora, suponha que um processo entre em uma nova fase de sua execução e precise de mais quadros. Ele começa a falhar e a retirar quadros de outros processos. Porém, esses processos precisam dessas páginas e, portanto, também falham, retirando quadros de outros processos. Esses processos em falha precisam usar o dispositivo de paginação para inserir e remover páginas. À medida que os processos se enfileiram à espera do dispositivo de paginação, a fila de prontos se esvazia. Enquanto os processos esperam pelo dispositivo de paginação, a utilização da CPU diminui.

O scheduler da CPU percebe a diminuição na utilização da CPU e *aumenta* o nível de multiprogramação. O novo processo tenta ser executado retirando quadros de processos em execução, gerando mais erros de página e uma fila mais longa de espera pelo dispositivo de paginação. Consequentemente, a utilização da CPU cai ainda mais e o scheduler da CPU tenta aumentar novamente o nível de multiprogramação. Ocorre a atividade improdutiva e o throughput do sistema cai. A taxa de erros de página aumenta enormemente. Como resultado, o tempo efetivo de acesso à memória aumenta. Nenhum trabalho está sendo executado porque os processos estão gastando todo o seu tempo com paginação.

Esse fenômeno é ilustrado na Figura 8.18, em que a utilização da CPU é representada em relação ao nível de multiprogramação. Conforme o nível de multiprogramação aumenta, a utilização da CPU também aumenta, porém mais lentamente até um nível máximo ser alcançado. Se o nível de multiprogramação aumentar ainda mais, começará a ocorrer atividade improdutiva e a utilização da CPU cairá significativamente. Nesse ponto, para aumentar a utilização da CPU e interromper a atividade improdutiva, devemos *diminuir* o nível de multiprogramação.

Podemos limitar os efeitos da atividade improdutiva usando um **algoritmo de substituição local** (ou **algoritmo de substituição por prioridades**). Na substituição local, quando um processo começa a sofrer de atividade improdutiva, ele não pode roubar quadros de outro processo e fazer com que esse passe pela mesma deficiência. No entanto, o problema não é totalmente resolvido. Quando os processos estão em atividade improdutiva, ficam a maior parte do tempo na fila do dispositivo de paginação. O tempo médio de manipulação de um erro de página aumentará devido ao aumento na fila média de espera pelo dispositivo de paginação. Portanto, o tempo de acesso efetivo aumentará até mesmo para um processo que não está em atividade improdutiva.

Para impedir a ocorrência de atividade improdutiva, devemos fornecer ao processo quantos quadros ele precisa. Mas como saber quantos quadros ele "precisa"? Há várias técnicas. A estratégia do conjunto de trabalho (Seção 8.6.2) começa examinando quantos quadros um processo está usando realmente. Essa abordagem define o **modelo de localidade** de execução de processos.

O modelo de localidade define que, quando um processo é executado, ele se move de uma localidade para outra. Uma localidade é um conjunto de páginas que são usadas ativamente ao mesmo tempo (Figura 8.19). Geralmente, um programa é composto por várias localidades diferentes que podem se sobrepor.

Por exemplo, quando uma função é chamada, ela define uma nova localidade. Nessa localidade, referências de memória são feitas às instruções da chamada de função, suas variáveis locais e um subconjunto das variáveis globais. Quando abandonamos a função, o processo deixa essa localidade porque as variáveis locais e as instruções da função não estão mais sendo usadas. Podemos retornar a essa localidade posteriormente.

Portanto, podemos deduzir que as localidades são definidas pela estrutura do programa e suas estruturas de dados. O modelo de localidade define que todos os programas exibirão essa estrutura básica de referência à memória. Observe que o modelo de localidade é o princípio oculto por trás das discussões sobre armazenamento em cache que vimos até

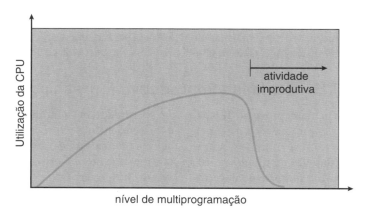

Figura 8.18 Atividade improdutiva.

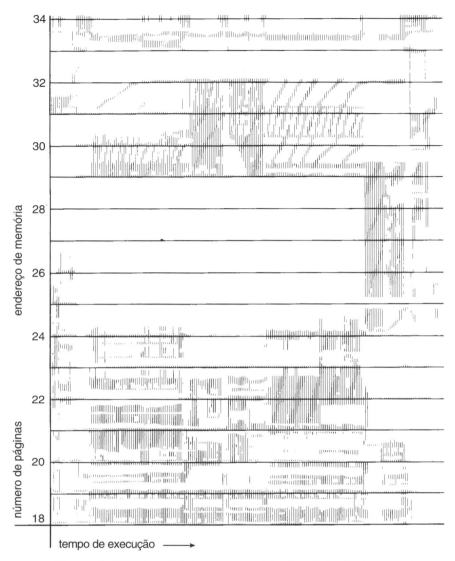

Figura 8.19 Localidade em um padrão de referências à memória.

agora neste livro. Se os acessos a qualquer tipo de dado fossem aleatórios em vez de padronizados, o armazenamento em cache seria inútil.

Suponha que aloquemos quadros suficientes para um processo para acomodar sua localidade corrente. Ele falhará pela falta de páginas em sua localidade até todas essas páginas estarem na memória; então, ele não falhará novamente até mudar de localidade. Se não alocarmos quadros suficientes para acomodar o tamanho da localidade atual, o processo entrará em atividade improdutiva já que não pode manter na memória todas as páginas que está usando ativamente.

8.6.2 Modelo do Conjunto de Trabalho

Como mencionado, o ***modelo do conjunto de trabalho*** é tem como base o conceito de localidade. Esse modelo usa um parâmetro, Δ, para definir a ***janela do conjunto de trabalho***. A ideia é examinar as Δ referências de página mais recentes. O conjunto de páginas das Δ referências de página mais recentes é o ***conjunto de trabalho*** (Figura 8.20). Se uma página estiver sendo usada ativamente, ela fará parte do conjunto de trabalho. Se não estiver mais sendo usada, sairá das Δ unidades de tempo do conjunto de trabalho após sua última referência. Portanto, o conjunto de trabalho é um conceito que se aproxima da localidade do programa.

Por exemplo, dada a sequência de referências de memória mostrada na Figura 8.20, se Δ = 10 referência de memória, então, o conjunto de trabalho no tempo t_1 é {1, 2, 5, 6, 7}. No tempo t_2, o conjunto de trabalho mudou para {3, 4}.

A precisão do conjunto de trabalho depende da seleção de Δ. Se Δ for pequeno demais, não englobará a localidade inteira; se Δ for muito grande, pode sobrepor várias localidades. No caso mais extremo, se Δ for infinito, o conjunto de trabalho será o conjunto de páginas referenciadas durante a execução do processo.

Logo, a propriedade mais importante do conjunto de trabalho é seu tamanho. Se calcularmos o tamanho do conjunto de

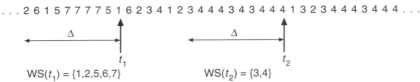

Figura 8.20 Modelo do conjunto de trabalho.

trabalho (WSS_i, working-set size) para cada processo no sistema, chegaremos à conclusão de que

$$D = \sum WSS_i,$$

sendo D a demanda total por quadros. Cada processo está usando ativamente as páginas de seu conjunto de trabalho. Portanto, o processo i precisa de WSS_i quadros. Se a demanda total for maior do que a quantidade total de quadros disponíveis ($D > m$), ocorrerá atividade improdutiva porque alguns processos não terão quadros suficientes.

Uma vez que Δ é selecionado, o uso do modelo do conjunto de trabalho é simples. O sistema operacional monitora o conjunto de trabalho de cada processo e aloca quadros suficientes para o conjunto de trabalho de acordo com seu tamanho. Se há quadros adicionais suficientes, outro processo pode ser iniciado. Se a soma dos tamanhos dos conjuntos de trabalho aumenta, excedendo a quantidade total de quadros disponíveis, o sistema operacional seleciona um processo para suspensão. As páginas do processo são gravadas em disco (removidas da memória) e seus quadros são realocados para outros processos. O processo suspenso pode ser reiniciado posteriormente.

Essa estratégia do conjunto de trabalho impede a ocorrência de atividade improdutiva mantendo, ao mesmo tempo, o nível de multiprogramação o mais alto possível. Portanto, ela otimiza a utilização da CPU.

O problema do modelo de conjunto de trabalho é o controle do conjunto. A janela do conjunto de trabalho é uma janela móvel. A cada referência à memória, surge uma nova referência em uma extremidade e a referência mais antiga deixa de existir na outra extremidade. Uma página faz parte do conjunto de trabalho se ela está referenciada em algum ponto da janela do conjunto de trabalho.

Podemos obter algo próximo ao modelo do conjunto de trabalho com uma interrupção por timer em intervalos fixos e um bit de referência. Por exemplo, suponha que Δ seja igual a 10.000 referências e que possamos causar uma interrupção por timer a cada 5000 referências. Quando houver uma interrupção, copiaremos e apagaremos os valores do bit de referência de cada página. Assim, se ocorrer um erro de página, poderemos examinar o bit de referência corrente e dois bits da memória para determinar se uma página foi usada dentro das últimas 10.000 a 15.000 referências. Se foi usada, pelo menos um desses bits estará ativado. Se não foi usada, os bits estarão desativados. As páginas com, pelo menos, um bit ativado serão consideradas parte do conjunto de trabalho. Observe que esse esquema não é totalmente preciso porque não temos como saber onde uma referência ocorreu dentro de um intervalo de 5000 referências. Podemos reduzir a incerteza aumentando a quantidade de bits de histórico e a frequência de interrupções (por exemplo, 10 bits e interrupções a cada 1000 referências). No entanto, o custo de manipulação dessas interrupções mais frequentes será igualmente mais alto.

8.6.3 Frequência de Erros de Página

O modelo do conjunto de trabalho é um modelo de sucesso e conhecer o conjunto de trabalho pode ser útil na pré-paginação (Seção 8.9.1), mas parece uma maneira inadequada de controlar a atividade improdutiva. Uma estratégia que use a **frequência de erros de página** (PFF – *page-fault frequency*) é uma abordagem mais direta.

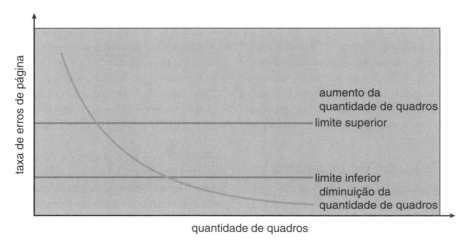

Figura 8.21 Frequência de erros de página.

O problema específico é como impedir a ocorrência de atividade improdutiva. A atividade improdutiva apresenta uma taxa alta de erros de página. Portanto, queremos controlar essa taxa. Quando ela é muito alta, sabemos que o processo precisa de mais quadros. Inversamente, se a taxa de erros de página é muito baixa, o processo pode ter quadros demais. Podemos estabelecer um limite inferior e um superior para a taxa de erros de página desejada (Figura 8.21). Se a taxa de erros de página real exceder o limite superior, alocaremos outro quadro para o processo; se a taxa cair abaixo do limite inferior, removeremos um quadro do processo. Assim, podemos medir e controlar diretamente a taxa de erros de página para impedir a ocorrência de atividade improdutiva.

Como na estratégia do conjunto de trabalho, podemos ter de suspender um processo. Se a taxa de erros de página aumentar e nenhum quadro livre estiver disponível, teremos de selecionar algum processo e suspendê-lo. Os quadros liberados serão então distribuídos para processos com altas taxas de erros de página.

8.7 Arquivos Mapeados para a Memória

Considere uma leitura sequencial de um arquivo em disco com o uso das chamadas de sistema padrão `open()`, `read()` e `write()`. Cada acesso ao arquivo requer uma chamada de sistema e um acesso ao disco. Alternativamente, podemos usar as técnicas de memória virtual discutidas até agora para tratar o I/O de arquivo como acessos rotineiros à memória. Essa abordagem, conhecida como **mapeamento de arquivo para a memória**, permite que uma parte do espaço de endereçamento virtual seja associada logicamente ao arquivo. Como veremos, isso pode levar a melhorias significativas no desempenho ao executarmos I/O.

CONJUNTOS DE TRABALHO E TAXAS DE ERROS DE PÁGINA

Há uma relação direta entre o conjunto de trabalho de um processo e sua taxa de erros de página. Normalmente, como mostrado na Figura 8.20, o conjunto de trabalho de um processo muda com o tempo conforme as referências a dados e seções de código passam de uma localidade para outra. Supondo que haja memória suficiente para o armazenamento do conjunto de trabalho de um processo (isto é, que o processo não esteja em atividade improdutiva), sua taxa de erros de página passará por picos e vales com o tempo. Esse comportamento geral é mostrado na Figura 8.22.

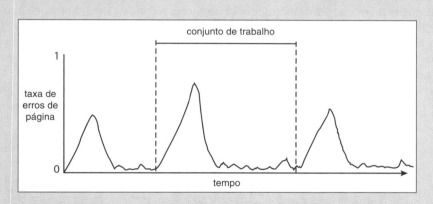

Figura 8.22 Taxa de erros de página com o passar do tempo.

Um pico ocorre na taxa de erros de página quando começamos a paginação por demanda em uma nova localidade. No entanto, quando o conjunto de trabalho dessa nova localidade se encontra na memória, a taxa de erros de página cai. Quando o processo passa para um novo conjunto de trabalho, a taxa de erros de página aumenta em direção a um pico novamente, voltando a uma taxa menor quando o novo conjunto de trabalho é carregado na memória. O intervalo de tempo entre o início de um pico e o início do próximo pico representa a transição de um conjunto de trabalho para outro.

8.7.1 Mecanismo Básico

O mapeamento de um arquivo para a memória é feito pelo mapeamento de um bloco de disco para uma página (ou páginas) na memória. O acesso inicial ao arquivo se dá pela paginação por demanda comum, resultando em um erro de página. No entanto, uma parte do arquivo do tamanho de uma página é transferida do sistema de arquivos para uma página física (alguns sistemas podem optar por ler mais do que um bloco de memória do tamanho de uma página de cada vez). Leituras e gravações subsequentes no arquivo são manipuladas como acessos rotineiros à memória, simplificando assim o acesso e o uso do arquivo ao permitir que o sistema manipule arquivos por meio da memória em vez de incorrer no overhead de usar as chamadas de sistema `read()` e `write()`. Da mesma forma, já que o I/O de arquivo é feito na memória – e não com o uso das chamadas de sistema que invocam o I/O de disco – o acesso ao arquivo também é muito mais rápido.

É bom ressaltar que as gravações no arquivo mapeado para a memória não são necessariamente gravações imediatas (síncronas) no arquivo em disco. Alguns sistemas podem optar por atualizar o arquivo físico na verificação periódica que o sistema operacional faz para saber se a página foi modificada na memória. Quando o arquivo é fechado, todos os dados mapeados para a memória são gravados novamente em disco e removidos da memória virtual do processo.

Alguns sistemas operacionais só fornecem mapeamento para a memória por meio de uma chamada de sistema específica e usam chamadas de sistema padrão para executar todas as outras operações de I/O de arquivo. Já outros optam por mapear um arquivo para a memória independentemente de ele ter sido especificado como mapeado em memória. Consideremos o Solaris como exemplo. Se um arquivo é especificado como mapeado para a memória (com o uso da chamada de sistema `mmap()`), o Solaris o mapeia para o espaço de endereçamento do processo. Se um arquivo é aberto e acessado com o uso de chamadas de sistema comuns, como `open()`, `read()` e `write()`, o Solaris também mapeia o arquivo para a memória; porém, o arquivo é mapeado para o espaço de endereçamento do kernel. Portanto, independentemente de como o arquivo é aberto, o Solaris trata todo o I/O de arquivo como mapeado para a memória, permitindo que o acesso ao arquivo ocorra por meio do eficiente subsistema de memória.

Vários processos podem ter autorização para mapear o mesmo arquivo concorrentemente para permitir o compartilhamento de dados. Gravações feitas por qualquer um dos processos modificam os dados na memória virtual e podem ser vistas por todos os outros processos que mapeiam a mesma seção do arquivo. De acordo com nossas discussões anteriores sobre memória virtual, deve ter ficado claro como o compartilhamento de seções de memória mapeada é implementado: o mapa de memória virtual de cada processo participante do compartilhamento aponta para a mesma página da memória física – a página que contém uma cópia do bloco de disco. Esse compartilhamento de memória é ilustrado na Figura 8.23. As chamadas de sistema de mapeamento de memória também podem dar suporte à funcionalidade de cópia-após-gravação, permitindo que os processos compartilhem um arquivo em modalidade somente de leitura, mas tendo suas próprias cópias de quaisquer dados que modifiquem. Para que o acesso aos dados compartilhados seja coordenado, os processos envolvidos podem usar um dos mecanismos que fornecem exclusão mútua descritos no Capítulo 6.

Em muitos aspectos, o compartilhamento de arquivos mapeados para a memória é semelhante à memória compartilhada, como descrito na Seção 3.4.1. Nem todos os sistemas usam o mesmo mecanismo para as duas abordagens; em sistemas UNIX e Linux, por exemplo, o mapeamento para a memória é feito com a chamada de sistema `mmap()` enquanto a memória compartilhada é obtida com as chamadas de sistema `shmget()` e `shmat()`, compatíveis com o POSIX (Seção 3.5.1). Em sistemas Windows NT, 2000 e XP, no entanto, a memória compartilhada é obtida pelo mapeamento de arquivos para a memória. Nesses sistemas, os processos podem se comunicar usando memória compartilhada quando mapeiam o mesmo arquivo para seus espaços de endereçamento virtual. O arquivo mapeado para a memória serve como a região de memória compartilhada entre os processos em comunicação (Figura 8.24). Na seção a seguir, ilustramos o suporte na API Win32 à memória compartilhada com o uso de arquivos mapeados para a memória.

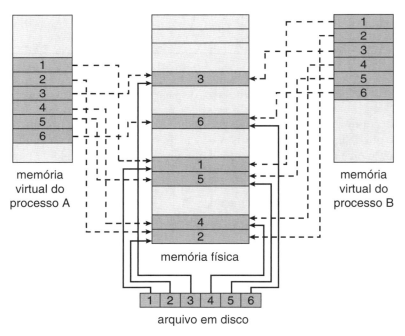

Figura 8.23 Arquivos mapeados para a memória.

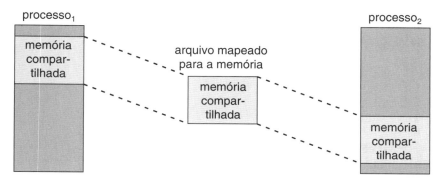

Figura 8.24 Memória compartilhada no Windows usando I/O mapeado para a memória.

8.7.2 Memória Compartilhada na API Win32

A descrição geral da criação de uma região de memória compartilhada com o uso de arquivos mapeados para a memória na API Win32 envolve primeiro a criação de um **mapeamento de arquivo** para o arquivo a ser mapeado e, em seguida, o estabelecimento de uma *visão* do arquivo mapeado no espaço de endereçamento virtual de um processo. Um segundo processo pode então abrir e criar uma visão do arquivo mapeado em seu espaço de endereçamento virtual. O arquivo mapeado representa o objeto de memória compartilhada que permitirá a comunicação entre os processos.

A seguir, ilustramos esses passos com mais detalhes. Nesse exemplo, primeiro um processo produtor cria um objeto de memória compartilhada usando os recursos de mapeamento de memória disponíveis na API Win32. Em seguida, o produtor grava uma mensagem na memória compartilhada. Depois disso, um processo consumidor abre um mapeamento para o objeto de memória compartilhada e lê a mensagem gravada pelo produtor.

Para estabelecer um arquivo mapeado para a memória, primeiro o processo abre o arquivo a ser mapeado com a função CreateFile() que retorna um HANDLE para o arquivo aberto. Em seguida, o processo cria um mapeamento desse HANDLE de arquivo usando a função CreateFileMapping(). Uma vez que o mapeamento de arquivo está definido, o processo estabelece uma visão do arquivo mapeado em seu espaço de endereçamento virtual com a função MapViewOfFile(). A visão do arquivo mapeado representa a parte do arquivo que está sendo mapeada no espaço de endereçamento virtual do processo – o arquivo inteiro ou apenas uma parte dele pode ser mapeada. Ilustramos essa sequência no programa mostrado na Figura 8.25. (Eliminamos grande parte da verificação de erros para encurtar o código.)

A chamada a CreateFileMapping() cria um **objeto de memória compartilhada nomeado** chamado SharedObject. O processo consumidor se comunicará usando esse segmento de memória compartilhada por meio da criação de um mapeamento para o mesmo objeto nomeado. Em seguida, o produtor cria uma visão do arquivo mapeado para a memória em seu espaço de endereçamento virtual. Ao passar para os três últimos parâmetros o valor 0, ele está indicando que a visão mapeada é o arquivo inteiro. Em vez disso, ele poderia ter passado valores especificando um deslocamento e um tamanho, criando uma visão contendo apenas uma subseção do arquivo. (É importante ressaltar que, após ser estabelecido, não é necessário que o mapeamento inteiro seja carregado na memória. Em vez disso, o arquivo mapeado pode ser paginado por demanda, o que só traz as páginas para a memória quando elas são acessadas.) A função MapViewOfFile() retorna um ponteiro para o objeto de memória compartilhada; qualquer acesso a essa locação da memória é, portanto, um acesso ao arquivo mapeado. Nesse exemplo, o processo produtor grava a mensagem "Shared memory message" na memória compartilhada.

Um programa ilustrando como o processo consumidor estabelece uma visão do objeto de memória compartilhada nomeado é mostrado na Figura 8.26. Esse programa é um pouco mais simples do que o mostrado na Figura 8.25, porque o processo só precisa criar um mapeamento para o objeto de memória compartilhada nomeado existente. O processo consumidor também deve criar uma visão do arquivo mapeado, como o processo produtor fez no programa da Figura 8.25. O consumidor então lê na memória compartilhada a mensagem "Shared memory message" que foi gravada pelo processo produtor.

Para concluir, os dois processos removem a visão do arquivo mapeado com uma chamada a UnmapViewOfFile(). Fornecemos um exercício de programação no fim deste capítulo que usa memória compartilhada com o mapeamento de memória da API Win32.

8.7.3 I/O Mapeado para a Memória

No caso de I/O, como mencionado na Seção 1.2.1, cada controlador de I/O inclui registradores que armazenam comandos e os dados que estão sendo transferidos. Geralmente, instruções de I/O especiais permitem transferências de dados entre esses registradores e a memória do sistema. Para permitir um acesso mais conveniente aos dispositivos de I/O, muitas arquiteturas de computador fornecem *I/O mapeado para a memória*. Nesse caso, intervalos de endereços de memória são reservados e mapeados para os registradores dos dispositivos. Lei-

```c
#include <windows.h>
#include <stdio.h>

int main(int argc, char *argv[])
{
   HANDLE hFile, hMapFile;
   LPVOID lpMapAddress;

   hFile = CreateFile("temp.txt", // nome do arquivo
      GENERIC_READ | GENERIC_WRITE, // acesso de leitura/gravação
      0, // sem compartilhamento do arquivo
      NULL, // segurança default
      OPEN_ALWAYS, // abre arquivo novo ou existente
      FILE_ATTRIBUTE_NORMAL, // atributos de arquivo rotineiros
      NULL); // sem modelo de arquivo

   hMapFile = CreateFileMapping(hFile, // manipulador do arquivo
      NULL, // segurança default
      PAGE_READWRITE, // acesso de leitura/gravação a páginas mapeadas
      0, // mapeia arquivo inteiro
      0,
      TEXT("SharedObject")); // objeto de memória compartilhada nomeado

   lpMapAddress = MapViewOfFile(hMapFile, // manipulador do objeto mapeado
      FILE_MAP_ALL_ACCESS, // acesso de leitura/gravação
      0, // visão mapeada do arquivo inteiro
      0,
      0);

   // grava na memória compartilhada
   sprintf(lpMapAddress,"Shared memory message");

   UnmapViewOfFile(lpMapAddress);
   CloseHandle(hFile);
   CloseHandle(hMapFile);
}
```

Figura 8.25 Produtor gravando na memória compartilhada usando a API Win32.

turas e gravações nesses endereços de memória fazem com que os dados sejam transferidos de e para os registradores dos dispositivos. Esse método é apropriado para dispositivos que têm tempo de resposta rápido, como os controladores de vídeo. No IBM PC, cada locação na tela é mapeada para uma locação da memória. A exibição de texto em tela é quase tão fácil quanto a gravação do texto nas locações apropriadas mapeadas para a memória.

O I/O mapeado para a memória também é conveniente para outros dispositivos, como as portas seriais e paralelas usadas na conexão de modems e impressoras a um computador. A CPU transfere dados por meio desses tipos de dispositivos, lendo e gravando em alguns registradores do dispositivo, chamados *portas* de I/O. Para enviar uma longa sequência de bytes por uma porta serial mapeada para a memória, a CPU grava um byte de dados no registrador de dados e posiciona um bit no registrador de controle para sinalizar que o byte está disponível. O dispositivo recebe o byte de dados e, em seguida, desliga o bit do registrador de controle para sinalizar que está pronto para o próximo byte. Assim, a CPU pode transferir o byte seguinte. Quando a CPU verifica o bit de controle, ficando em loop constante para ver se o dispositivo está pronto, esse método de operação é chamado de *I/O programado (PIO – programmed I/O)*. Se a CPU não consulta o bit de controle, mas em vez disso sofre uma interrupção quando o dispositivo está pronto para o próximo byte, diz-se que a transferência de dados é *dirigida por interrupção*.

```c
#include <windows.h>
#include <stdio.h>

int main(int argc, char *argv[])
{
   HANDLE hMapFile;
   LPVOID lpMapAddress;

   hMapFile = OpenFileMapping(FILE_MAP_ALL_ACCESS, // acesso de leitura/gravação
      FALSE, // sem herança
      TEXT("SharedObject")); // nome do objeto de arquivo mapeado

   lpMapAddress = MapViewOfFile(hMapFile, // manipulador do objeto mapeado
      FILE_MAP_ALL_ACCESS, // acesso de leitura/gravação
      0, // visão mapeada do arquivo inteiro
      0,
      0);

   // lê na memória compartilhada
   printf("Read message %s", lpMapAddress);

   UnmapViewOfFile(lpMapAddress);
   CloseHandle(hMapFile);
}
```

Figura 8.26 Consumidor lendo na memória compartilhada usando a API Win32.

8.8 Alocando Memória do Kernel

Quando um processo em execução em modalidade de usuário solicita memória adicional, são alocadas páginas da lista de quadros de página livres mantida pelo kernel. Normalmente, essa lista é preenchida com o uso de um algoritmo de substituição de páginas como os discutidos na Seção 8.4 e, quase sempre, contém páginas livres espalhadas por toda a memória física, como explicado anteriormente. Lembre-se, também, que se um processo de usuário solicita um único byte de memória, isso resulta em fragmentação interna porque o processo recebe um quadro de página inteiro.

Geralmente, no entanto, a memória do kernel é alocada a partir de um pool de memória livre diferente da lista usada para atender processos comuns em modalidade de usuário. Há duas razões principais para isso:

1. O kernel solicita memória para estruturas de dados de tamanhos variados, algumas com menos de uma página de tamanho. Como resultado, o kernel deve usar memória moderadamente e tentar minimizar o desperdício causado pela fragmentação. Isso é especialmente importante porque muitos sistemas operacionais não sujeitam dados ou código do kernel ao sistema de paginação.

2. As páginas alocadas a processos em modalidade de usuário não têm necessariamente de estar em memória física contígua. No entanto, certos dispositivos de hardware interagem diretamente com a memória física – sem o benefício de uma interface de memória virtual – e, consequentemente, podem requerer memória que resida em páginas fisicamente contíguas.

Nas seções a seguir, examinamos duas estratégias para o gerenciamento de memória livre atribuída a processos do kernel: o sistema dos parceiros (buddy system) e a alocação de placas (slabs).

8.8.1 Sistemas de Parceiros

O sistema dos parceiros aloca memória a partir de um segmento de tamanho fixo composto por páginas fisicamente contíguas. A memória é alocada iniciando nesse segmento com o uso de um **alocador de potência de 2** que atende solicitações em unidades dimensionadas como uma potência de 2 (4 KB, 8 KB, 16 KB e assim por diante). Uma solicitação em unidades dimensionadas inapropriadamente é arredondada para a próxima potência de 2 mais alta. Por exemplo, se uma solicitação de 11 KB é feita, ela é atendida com um segmento de 16 KB.

Consideremos um exemplo simples. Suponha que o tamanho de um segmento de memória seja de 256 KB e o kernel solicite 21 KB de memória. Inicialmente, o segmento é dividido em dois *buddies* (pares de potência de 2) – que chamaremos de A_L e A_R – cada um com 128 KB. Um desses buddies é dividido mais uma vez em dois buddies de 64 KB – B_L e B_R. No entanto, a potência de 2 mais alta após 21 KB é 32 KB, logo, B_L ou B_R é dividido novamente em dois buddies de 32 KB, C_L e C_R. Um desses buddies é usado para atender a solicitação de 21 KB. Esse esquema é ilustrado na Figura 8.27, em que C_L é o segmento alocado à solicitação de 21 KB.

Uma vantagem do sistema dos parceiros é que buddies adjacentes podem ser combinados rapidamente para formar segmentos maiores com o uso de uma técnica conhecida como **fusão**.

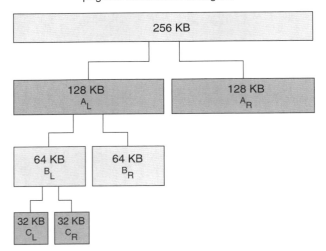

Figura 8.27 Alocação pelo sistema dos parceiros.

Na Figura 8.27, por exemplo, quando o kernel libera a unidade C_L que recebeu, o sistema pode fundir C_L e C_R em um segmento de 64 KB. Por sua vez, esse segmento, B_L, pode ser fundido com seu buddy B_R para formar um segmento de 128 KB. No fim das contas, devemos acabar obtendo o segmento original de 256 KB.

A desvantagem óbvia do sistema dos parceiros é que o arredondamento para a próxima potência de 2 mais alta tem grandes chances de causar fragmentação dentro dos segmentos alocados. Por exemplo, uma solicitação de 33 KB só pode ser atendida com um segmento de 64 KB. Na verdade, não podemos garantir que menos de 50% da unidade alocada serão desperdiçados devido à fragmentação interna. Na seção a seguir, examinamos um esquema de alocação de memória em que não há espaço perdido devido à fragmentação.

8.8.2 Alocação de Placas (Slabs)

Uma segunda estratégia para a alocação da memória do kernel é conhecida como *alocação de placas*. Uma *placa* é composta por uma ou mais páginas fisicamente contíguas. Um *cache* é composto por uma ou mais placas. Há um único cache para cada estrutura de dados individual do kernel – por exemplo, um cache separado para a estrutura de dados que representa descritores de processos, um cache separado para objetos de arquivo, um cache separado para semáforos e assim por diante. Cada cache é preenchido com *objetos* que são instanciações da estrutura de dados do kernel que o cache representa. Por exemplo, o cache que representa semáforos armazena instâncias de objetos de semáforo, o cache que representa descritores de processos armazena instâncias de objetos descritores de processos e assim por diante. O relacionamento entre placas, caches e objetos é mostrado na Figura 8.28. A figura mostra dois objetos do kernel com 3 KB e três objetos de 7 KB. Esses objetos são armazenados em seus respectivos caches.

O algoritmo de alocação de placas usa caches para armazenar objetos do kernel. Quando um cache é criado, vários objetos – que, inicialmente, são marcados como **livres** – são alocados a ele. A quantidade de objetos no cache depende do tamanho da placa associada. Por exemplo, uma placa de 12 KB (composta por três páginas contíguas de 4 KB) poderia armazenar seis objetos de 2 KB. Inicialmente, todos os objetos do cache são marcados como livres. Quando um novo objeto de uma estrutura de dados do kernel é necessário, o alocador pode designar qualquer objeto livre do cache para atender a solicitação. O objeto designado a partir do cache é marcado como **usado**.

Consideremos um cenário em que o kernel solicita memória ao alocador de placas para um objeto que representa um descritor de processo. Em sistemas Linux, um descritor de processo é do tipo `struct task_struct` que requer aproximadamente 1.7 KB de memória. Quando o kernel do Linux cria uma nova tarefa, ele solicita a memória necessária para o objeto `struct task_struct` a partir de seu cache. O cache atenderá a solicitação usando um objeto `struct task_struct` que já tenha sido alocado em uma placa e esteja marcado como livre.

No Linux, uma placa pode estar em um entre três estados possíveis:

1. **Cheio.** Todos os objetos da placa estão marcados como usados.
2. **Vazio.** Todos os objetos da placa estão marcados como livres.
3. **Parcial.** A placa é composta tanto por objetos usados quanto livres.

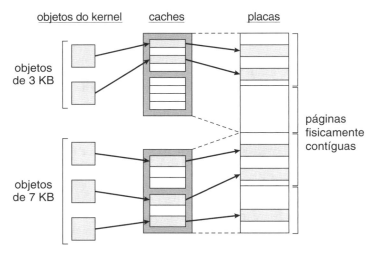

Figura 8.28 Alocação de placas.

Primeiro, o alocador de placas tenta atender a solicitação com um objeto livre de uma placa parcial. Se não existe nenhum, um objeto livre é designado a partir de uma placa vazia. Se não há placas vazias disponíveis, uma nova placa é alocada a partir de páginas físicas contíguas e atribuída a um cache; a memória para o objeto é alocada a partir dessa placa.

O alocador de placas fornece dois benefícios principais:

1. Não há memória desperdiçada devido à fragmentação. A fragmentação não é um problema porque cada estrutura de dados individual do kernel tem um cache associado e cada cache é composto por uma ou mais placas que são divididas em blocos com o tamanho dos objetos que estão sendo representados. Portanto, quando o kernel solicita memória para um objeto, o alocador de placas retorna a quantidade exata de memória necessária à representação do objeto.
2. As solicitações de memória podem ser atendidas rapidamente. Logo, o esquema de alocação de placas é particularmente eficaz no gerenciamento de memória quando objetos são alocados e desalocados com frequência, como costuma ocorrer em solicitações do kernel. O ato de alocar – e liberar – memória pode ser um processo demorado. Porém, os objetos são criados antecipadamente e, assim, podem ser rapidamente alocados a partir do cache. Além disso, quando o kernel termina com um objeto e o libera, esse objeto é marcado como livre e retornado ao seu cache, o que o torna imediatamente disponível para solicitações subsequentes do kernel.

O alocador de placas apareceu pela primeira vez no kernel do Solaris 2.4. Devido à sua natureza de uso geral, atualmente esse alocador também é usado no Solaris em certas solicitações de memória em modalidade de usuário. Originalmente, o Linux usava o sistema dos parceiros; no entanto, a partir da versão 2.2, o kernel do Linux adotou o alocador de placas.

8.9 Outras Considerações

As principais decisões que tomamos em um sistema de paginação são as seleções de um algoritmo de substituição e de uma política de alocação, que discutimos anteriormente neste capítulo. Mas também há muitas outras considerações e discutimos várias delas agora.

8.9.1 Pré-Paginação

Uma propriedade óbvia da paginação por demanda pura é a grande quantidade de erros de página que ocorre quando um processo é iniciado. Essa situação resulta da tentativa de obtenção da localidade inicial na memória. A mesma situação pode surgir em outros momentos. Por exemplo, quando um processo removido da memória é reiniciado, todas as suas páginas estão em disco e cada uma delas deve ser trazida novamente para a memória por seu próprio erro de página. A *pré-paginação* é uma tentativa de impedir a ocorrência desse alto nível de paginação inicial. A estratégia é trazer para a memória ao mesmo tempo todas as páginas que serão necessárias. Alguns sistemas operacionais – principalmente o Solaris – executam a pré-paginação dos quadros de página para pequenos arquivos.

Em um sistema usando o modelo de conjunto de trabalho, por exemplo, mantemos com cada processo uma lista de páginas de seu conjunto de trabalho. Se tivermos de suspender um processo (devido a uma espera de I/O ou falta de quadros livres), lembraremos qual é o conjunto de trabalho do processo. Quando o processo tiver de ser retomado (porque a operação de I/O terminou ou quadros livres suficientes ficaram disponíveis), traremos automaticamente de volta para a memória seu conjunto de trabalho inteiro antes de reiniciá-lo.

A pré-paginação pode oferecer uma vantagem em alguns casos. A questão é simplesmente se o custo do uso da pré-paginação é menor do que o custo da manipulação dos erros de página correspondentes. Pode ser o caso de muitas das páginas trazidas de volta para a memória pela pré-paginação não serem usadas.

Suponha que s páginas sejam pré-paginadas e uma fração α dessas s páginas seja realmente usada ($0 \leq \alpha \leq 1$). A questão é se o custo dos $s*\alpha$ erros de página evitados é maior ou menor do que o custo de pré-paginar $s*(1 - \alpha)$ páginas desnecessárias. Se α está próximo de 0, a pré-paginação não vale a pena; se α está próximo de 1, é adequado pré-paginar.

8.9.2 Tamanho da Página

Raramente, os projetistas do sistema operacional para a máquina existente podem escolher o tamanho da página. No entanto, quando novas máquinas estão sendo projetadas, uma decisão com relação ao melhor tamanho de página deve ser tomada. Como era de se esperar, não há um tamanho de página melhor. Em vez disso, há um conjunto de fatores que dão suporte a vários tamanhos. Os tamanhos de página são invariavelmente potências de 2, geralmente variando de 4096 (2^{12}) a 4.194.304 (2^{22}) bytes.

Como selecionar um tamanho de página? Uma preocupação é o tamanho da tabela de páginas. Para um determinado espaço de memória virtual, a diminuição do tamanho da página aumenta a quantidade de páginas e, portanto, o tamanho da tabela de páginas. Para uma memória virtual de 4 MB (2^{22}), por exemplo, haveria 4096 páginas de 1024 bytes, mas só 512 páginas de 8192 bytes. Como cada processo ativo deve ter sua própria cópia da tabela de páginas, um tamanho de página grande é desejável.

A memória tem melhor utilização com páginas menores, no entanto. Se um processo recebe memória começando na locação 00000 e continuando até chegar à quantidade necessária, provavelmente ele não terminará exatamente em um limite de página. Logo, uma parte da página final deve ser alocada (porque as páginas são as unidades de alocação), mas não será utilizada (gerando fragmentação interna). Supondo a independência do tamanho do processo e do tamanho da página, podemos esperar que, em média, metade da página final de cada processo seja desperdiçada. Essa perda é de apenas 256 bytes para uma página de 512 bytes, mas é de 4096 bytes para uma página de 8192 bytes. Portanto, para minimizar a fragmentação interna, precisamos de um tamanho de página pequeno.

Outro problema é o tempo necessário à leitura ou gravação de uma página. O tempo de I/O é composto pelos tempos de busca, latência e transferência. O tempo de transferência é proporcional ao volume transferido (isto é, ao tamanho da página) – um fato que parece pedir um tamanho de página pequeno. No entanto, como veremos na Seção 11.1.1, normalmente, o tempo de latência e busca excede o tempo de transferência. A uma taxa de transferência de 2 MB por segundo, são necessários apenas 0,2 milissegundos para a transferência de 512 bytes. Porém, o tempo de latência pode ser de 8 milissegundos e o de busca de 20 milissegundos. Do tempo total de I/O (28,2 milissegundos), portanto, só 1 por cento pode ser atribuído à transferência real. A duplicação do tamanho da página aumenta o tempo de I/O para apenas 28,4 milissegundos. São necessários 28,4 milissegundos para a leitura de uma única página de 1024 bytes, mas 56,4 milissegundos para a leitura da mesma quantidade como duas páginas de 512 bytes cada. Logo, se quisermos reduzir o tempo de I/O precisaremos de um tamanho de página maior.

Com um tamanho de página menor, no entanto, o I/O total deve ser reduzido pois a localidade será otimizada. Um tamanho de página menor permite que cada página corresponda mais precisamente à localidade do programa. Por exemplo, considere um processo de 200 KB dos quais somente metade (100 KB) sejam realmente usados em uma execução. Se tivermos apenas uma página grande, teremos de trazer a página inteira, um total de 200 KB transferidos e alocados. Se, em vez disso, tivermos páginas de apenas 1 byte, podemos trazer apenas os 100 KB que são realmente usados, resultando em somente 100 KB transferidos e alocados. Com um tamanho de página menor, temos uma *resolução* melhor, nos permitindo isolar apenas a memória que é realmente necessária. Com um tamanho de página maior, temos de alocar e transferir não só o que é necessário, mas também qualquer outra coisa que, por acaso, esteja na página, necessária ou não. Portanto, um tamanho de página menor resulta em menos I/O e menos memória total alocada.

Mas você notou que, com um tamanho de página de 1 byte, teríamos um erro de página para *cada* byte? Um processo de 200 KB que use somente metade dessa memória geraria apenas um erro de página para um tamanho de página de 200 KB, mas 102.400 erros de página para um tamanho de página de 1 byte. Cada erro de página gera o grande volume de overhead necessário para o processamento da interrupção, salvamento de registradores, substituição de uma página, enfileiramento à espera do dispositivo de paginação e atualização de tabelas. Para minimizar a quantidade de erros de página, precisamos de um tamanho de página grande.

Outros fatores também devem ser considerados (como o relacionamento entre o tamanho da página e o tamanho do setor no dispositivo de paginação). O problema não tem uma resposta melhor. Como vimos, alguns fatores (fragmentação interna, localidade) pedem um tamanho de página pequeno, enquanto outros (tamanho da tabela, tempo de I/O) pedem um tamanho de página grande. No entanto, a tendência histórica vai em direção a tamanhos de página maiores. Na verdade, a primeira edição de *Fundamentos de Sistemas Operacionais* (1983) usou 4096 bytes como o limite superior para os tamanhos de página e esse valor era o tamanho de página mais comum em 1990. Sistemas modernos já podem usar tamanhos de página maiores, como veremos na próxima seção.

8.9.3 Alcance do TLB

No Capítulo 7, introduzimos a **taxa de sucesso** do TLB. Você deve lembrar que a taxa de sucesso do TLB é o percentual de conversões de endereços virtuais que são resolvidas no TLB em vez de na tabela de páginas. É claro que a taxa de sucesso está relacionada à quantidade de entradas do TLB e a maneira de aumentar a taxa de sucesso é aumentando a quantidade de entradas do TLB. No entanto, isso tem seu preço já que a memória associativa usada na construção do TLB não só é cara como também consome muitos recursos.

A taxa de sucesso tem uma métrica semelhante associada: *o alcance do TLB*. O alcance do TLB é a quantidade de memória que pode ser acessada a partir do TLB e é, simplesmente, a quantidade de entradas multiplicada pelo tamanho da página. O ideal é que o conjunto de trabalho de um processo seja armazenado no TLB. Se não for, o processo gastará um tempo considerável resolvendo referências à memória na tabela de páginas em vez de no TLB. Se duplicarmos a quantidade de entradas do TLB, duplicaremos seu alcance. No entanto, em algumas aplicações de uso intensivo da memória, isso ainda pode se mostrar insuficiente para o armazenamento do conjunto de trabalho.

Outra abordagem para o aumento do alcance do TLB é o aumento do tamanho da página ou o fornecimento de vários tamanhos de página. Se aumentarmos o tamanho da página – digamos, de 8 para 32 KB – quadruplicaremos o alcance do TLB. No entanto, isso pode levar a um aumento na fragmentação em algumas aplicações que não demandem uma página de tamanho tão grande quanto 32 KB. Alternativamente, um sistema operacional pode fornecer vários tamanhos de página diferentes. Por exemplo, o UltraSPARC dá suporte a tamanhos de página de 8 KB, 64 KB, 512 KB e 4 MB. Desses tamanhos de páginas disponíveis, o Solaris usa tanto o de 8 KB quanto o de 4 MB. E com um TLB de 64 entradas, o alcance do TLB no Solaris varia de 512 KB, para páginas de 8 KB, a 256 MB, para páginas de 4 MB. Na maioria das aplicações, o tamanho de página de 8 KB é suficiente, embora o Solaris mapeie os primeiros 4 MB de código e dados do kernel com duas páginas de 4 MB. O Solaris também permite que as aplicações – como os bancos de dados – se beneficiem do tamanho de página maior de 4 MB.

O suporte a vários tamanhos de página demanda que o sistema operacional – e não o hardware – gerencie o TLB. Por exemplo, um dos campos de uma entrada do TLB deve indicar o tamanho do quadro de página correspondente à entrada do TLB. O gerenciamento do TLB em software e não em hardware diminui o desempenho. No entanto, o aumento da taxa de sucesso e do alcance do TLB compensa essas perdas. Na verdade, tendências recentes indicam uma guinada em direção a TLBs gerenciados por software e ao suporte do sistema operacional a vários tamanhos de página. As arquiteturas do UltraSPARC, MIPS e Alpha empregam TLBs gerenciados por software. O PowerPC e o Pentium gerenciam o TLB em hardware.

8.9.4 Tabelas de Páginas Invertidas

A Seção 7.5.3 introduziu o conceito da tabela de páginas invertida. A finalidade desse tipo de gerenciamento de páginas é reduzir a quantidade de memória física necessária no controle de conversões de endereços virtuais para físicos. Podemos obter essa economia criando uma tabela com uma entrada por página de memória física, indexada pelo par <id do processo, número da página>.

Como as tabelas de páginas invertidas mantêm informações sobre que página da memória virtual está armazenada em cada quadro físico, elas reduzem a quantidade de memória física necessária para o armazenamento dessas informações. No entanto, as tabelas de páginas invertidas não contêm mais informações completas sobre o espaço de endereçamento lógico de um processo e essas informações são necessárias quando uma página referenciada não está correntemente na memória. A paginação por demanda precisa dessas informações para processar erros de página. Para as informações estarem disponíveis, uma tabela de páginas externa (uma por processo) deve ser mantida. Cada tabela externa se parece com a tabela de páginas tradicional por processo e contém informações de onde cada página virtual está localizada.

Mas as tabelas de páginas externas invalidam a utilidade das tabelas de páginas invertidas? Essas tabelas só são referenciadas quando ocorre um erro de página, portanto, não precisam ficar disponíveis rapidamente. Em vez disso, elas mesmas são paginadas para dentro e para fora da memória conforme necessário. Infelizmente, agora um erro de página pode fazer com que o gerenciador da memória virtual gere outro erro de página, porque ele faz a paginação na tabela de páginas externa e precisa localizar a página virtual na memória de retaguarda. Esse caso especial demanda manipulação cuidadosa no kernel e um atraso no processamento da busca de páginas.

8.9.5 Estrutura do Programa

A paginação por demanda foi projetada para ser transparente para o programa do usuário. Em muitos casos, o usuário desconhece completamente a natureza paginada da memória. Em outros, no entanto, o desempenho do sistema pode ser melhorado se o usuário (ou o compilador) tem conhecimento da paginação por demanda subjacente.

Examinemos um exemplo irreal mas informativo. Suponha que as páginas têm o tamanho de 128 palavras. Considere um programa em C cuja função seja inicializar com 0 cada elemento de um array de tamanho 128 por 128. O código a seguir é típico:

```
int i, j;
int[128][128] data;

for (j = 0; j < 128; j++)
    for (i = 0; i < 128; i++)
        data[i][j] = 0;
```

Observe que o array é armazenado principalmente pelas linhas; isto é, o array é armazenado na forma data[0][0], data[0][1], ..., data[0][127], data[1][0], data[1][1], ..., data[127][127]. Para páginas de 128 palavras, cada linha usa uma página. Portanto, o código anterior zera uma palavra em cada página, em seguida, outra palavra em cada página e assim por diante. Se o sistema operacional alocar menos de 128 quadros para o programa inteiro, sua execução resultará em 128 × 128 = 16.384 erros de página. Por outro lado, suponha que alteremos o código para

```
int i, j;
int[128][128] data;

for (i = 0; i < 128; i++)
    for (j = 0; j < 128; j++)
        data[i][j] = 0;
```

Esse código zera todas as palavras em uma página antes de iniciar a próxima página, reduzindo a quantidade de erros de página a 128.

A seleção cuidadosa das estruturas de dados e das estruturas de programação pode aumentar a localidade e, portanto, diminuir a taxa de erros de página e a quantidade de páginas do conjunto de trabalho. Por exemplo, uma pilha tem boa localidade, já que o acesso é sempre feito ao topo. Uma tabela com hash, por outro lado, é projetada para dispersar referências, produzindo baixa localidade. É claro que a localidade de referência é apenas uma medida da eficiência do uso de uma estrutura de dados. Outros fatores que pesam muito incluem a velocidade da busca, a quantidade total de referências à memória e a quantidade total de páginas modificadas.

Em um estágio posterior, o compilador e o carregador podem ter um efeito significativo sobre a paginação. A separação entre código e dados e a geração de código reentrante significa que páginas de código podem ser somente de leitura e, portanto, nunca serão modificadas. Páginas não modificadas não têm de ser removidas para serem substituídas. O carregador pode evitar a inserção de rotinas que se estendam para além dos limites das páginas, mantendo cada rotina inteiramente em uma página. Rotinas que chamam umas às outras muitas vezes podem ser empacotadas na mesma página. Esse empacotamento é uma variante do problema bin-packing da pesquisa de operações: tente empacotar os segmentos de carga de tamanho variável em páginas de tamanho fixo para que as referências entre páginas sejam minimizadas. Essa abordagem é particularmente útil para tamanhos de página grandes.

A escolha da linguagem de programação também pode afetar a paginação. Por exemplo, as linguagens C e C++ usam ponteiros com frequência e ponteiros tendem a tornar aleatório o acesso à memória, diminuindo assim potencialmente a localidade de um processo. Alguns estudos têm mostrado que programas orientados a objetos também tendem a ter uma fraca localidade de referência.

8.9.6 Interlock de I/O

Quando a paginação por demanda é usada, às vezes temos de permitir que algumas das páginas sejam **trancadas (locked)** na memória. Essa situação ocorre quando a operação de I/O é executada de ou para a memória (virtual) do usuário. Com frequência, o I/O é implementado por um processador de I/O separado. Por exemplo, o controlador de um dispositivo de armazenamento USB geralmente recebe a quantidade de bytes a ser transferida e o endereço de memória do buffer (Figura 8.29). Quando a transferência é concluída, a CPU é interrompida.

Devemos nos certificar de que a sequência de eventos a seguir não ocorra: um processo emite uma solicitação de I/O e é inserido na fila desse dispositivo de I/O. Enquanto isso, a CPU

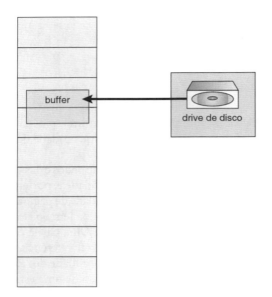

Figura 8.29 A razão pela qual os quadros usados em I/O devem estar na memória.

é alocada para outros processos. Esses processos causam erros de página e um deles, usando um algoritmo de substituição global, substitui a página contendo o buffer de memória do processo que está esperando. As páginas são removidas da memória. Algum tempo depois, quando a solicitação de I/O avança para o início da fila do dispositivo, o I/O ocorre para o endereço especificado. No entanto, agora esse quadro está sendo usado para uma página diferente pertencente a outro processo.

Há duas soluções comuns para esse problema. Uma solução é nunca executar operações de I/O para a memória do usuário. Em vez disso, os dados são sempre copiados entre a memória do sistema e a memória do usuário. A operação de I/O só ocorre entre a memória do sistema e o dispositivo de I/O. Para gravar um bloco em fita, primeiro copiamos o bloco na memória do sistema e, então, o gravamos em fita. Essa cópia adicional pode resultar em overhead inaceitavelmente alto.

Outra solução é permitir que as páginas sejam submetidas a locks (trancadas) na memória. Aqui, um bit de lock é associado a cada quadro. Se o quadro é submetido a um lock, não pode ser selecionado para substituição. Nessa abordagem, para gravar um bloco em fita, submetemos a um lock na memória as páginas que contêm o bloco. O sistema pode então continuar sua execução normalmente. Páginas submetidas a lock não podem ser substituídas. Quando o I/O é concluído, as páginas são destravadas (unlocked).

Bits de lock são usados em várias situações. Com frequência, todo o kernel do sistema operacional, ou parte dele, é submetido a locks na memória, porque muitos sistemas operacionais não podem tolerar um erro de página causado pelo kernel.

Outro uso para um bit de lock envolve a substituição normal de páginas. Considere a sequência de eventos a seguir: um processo de baixa prioridade falha. Ao selecionar um quadro para substituição, o sistema de paginação transfere a página necessária para a memória. Pronto para continuar, o processo de baixa prioridade entra na fila de prontos e espera a CPU. Como é um processo de baixa prioridade, pode não ser selecionado pelo scheduler da CPU por algum tempo. Enquanto o processo de baixa prioridade espera, um processo de alta prioridade falha. Procurando por uma substituição, o sistema de paginação vê uma página que está na memória, mas não foi referenciada ou modificada: é a página que o processo de baixa prioridade acabou de trazer para a memória. Essa página parece uma substituta perfeita: não foi modificada, não precisará ser gravada fora da memória e, aparentemente, não é usada há muito tempo.

O processo de alta prioridade deve substituir o processo de baixa prioridade? Essa é uma decisão política. Afinal, estamos simplesmente retardando o processo de baixa prioridade em benefício do processo de alta prioridade. No entanto, estamos desperdiçando o esforço empregado na alocação da página para o processo de baixa prioridade. Se decidirmos impedir a substituição de uma página recém-trazida para a memória até ela poder ser usada pelo menos uma vez, podemos usar um bit de lock para implementar esse mecanismo. Quando uma página for selecionada para substituição, seu bit de lock é ligado e permanece ligado até o processo que gerou erro ser despachado novamente.

O uso de um bit de lock pode ser perigoso. O bit de lock pode ser ligado e nunca ser desligado. Se essa situação ocorrer (por causa de um bug no sistema operacional, por exemplo), o quadro submetido ao lock ficará inutilizável. Em um sistema monousuário, o uso excessivo de locks prejudica apenas o usuário que os está empregando. Os sistemas multiusuários devem confiar menos nos usuários. Por exemplo, o Solaris permite "sugestões" de locks, mas pode desconsiderar essas sugestões se o pool de quadros livres se tornar muito pequeno ou se um processo individual solicitar que páginas demais sejam submetidas a locks na memória.

8.10 Exemplos de Sistemas Operacionais

Nesta seção, descrevemos como o Windows e o Solaris implementam a memória virtual.

8.10.1 Windows

O Windows implementa a memória virtual usando a paginação por demanda com **cluster**. O cluster manipula erros de página trazendo para a memória não só a página que falhou, mas também várias páginas posteriores a ela. Quando um processo é criado, ele recebe um tamanho mínimo e um tamanho máximo para o conjunto de trabalho. O **tamanho mínimo do conjunto de trabalho** é a quantidade mínima de páginas que, com certeza, o processo terá na memória. Se houver memória suficiente disponível, um processo pode receber tantas páginas quanto for seu **tamanho máximo do conjunto de trabalho**. Na maioria das aplicações, o valor dos tamanhos mínimo e máximo do conjunto de trabalho é de 50 e 345 páginas, respectivamente. (Em algumas circunstâncias, um processo pode ter permissão para exceder seu tamanho máximo do conjunto de trabalho.) O gerenciador de memória virtual mantém uma lista de quadros de página livres. Associado a essa lista há um valor limite que é usado para indicar se existe memória livre suficiente disponível. Se ocorrer um erro de página para um processo que esteja abaixo de seu tamanho máximo de conjunto de trabalho, o gerenciador de memória virtual alocará uma página dessa lista de páginas livres. Se um processo que estiver em seu tamanho máximo de conjunto de trabalho incorrer em um erro de página, ele deve selecionar uma página para substituição usando uma política de substituição de páginas local.

Quando a quantidade de memória livre cai abaixo do limite, o gerenciador de memória virtual usa uma tática conhecida como **corte automático do conjunto de trabalho** para restaurar o valor para acima do limite. O corte automático do conjunto de trabalho funciona avaliando a quantidade de páginas alocada para os processos. Se um processo tiver recebido mais páginas do que seu tamanho mínimo de conjunto de trabalho, o gerenciador de memória virtual removerá páginas até o processo alcançar seu tamanho mínimo de conjunto de trabalho. Um processo que esteja em seu tamanho mínimo de conjunto de trabalho pode receber páginas da lista de quadros de página livres se houver memória livre suficiente disponível.

O algoritmo usado na determinação de que página deve ser removida de um conjunto de trabalho depende do tipo de processador. Em sistemas 80x86 com um único processador, o Windows usa uma variação do algoritmo *do relógio* discutido na Seção 8.4.5.2. Em sistemas Alpha e x86 com vários processadores, a desativação do bit de referência pode requerer a invalidação da entrada no buffer paralelo de tradução em outros processadores. Em vez de incorrer nesse overhead, o Windows usa uma variação do algoritmo FIFO discutido na Seção 8.4.2.

8.10.2 Solaris

No Solaris, quando um thread incorre em um erro de página, o kernel atribui uma página a esse thread a partir da lista de páginas livres que ele mantém. Portanto, é imperativo que o kernel mantenha uma quantidade suficiente de memória livre disponível. Associado a essa lista de páginas livres há um parâmetro – *lotsfree* – que representa um limite para o início da paginação.

Normalmente, o parâmetro *lotsfree* é posicionado com 1/64 do tamanho da memória física. Quatro vezes por segundo o kernel verifica se a quantidade de memória livre é menor do que *lotsfree*. Se a quantidade de páginas livres cai abaixo de *lotsfree*, um processo conhecido como **remoção de páginas** (pageout) é iniciado. O processo de remoção de páginas é semelhante ao algoritmo da segunda chance descrito na Seção 8.4.5.2, exceto por usar dois ponteiros ao percorrer páginas, em vez de um. Esse processo funciona da seguinte forma: o ponteiro frontal do relógio percorre todas as páginas da memória, posicionando o bit de referência como 0. Posteriormente, o ponteiro de retaguarda do relógio examina o bit de referência das páginas da memória, acrescentando cada página cujo bit de referência ainda está posicionado como 0 à lista de livres e gravando em disco seu conteúdo, se modificado. O Solaris mantém em cache uma lista de páginas que foram "liberadas" mas ainda não foram sobrepostas. A lista de livres contém quadros com conteúdo inválido. As páginas podem ser **reclamadas** a partir da lista de cache se forem acessadas antes de serem passadas para a lista de livres.

O algoritmo de remoção de páginas usa vários parâmetros para controlar a taxa segundo a qual as páginas são percorridas (conhecida como *taxa de varredura*). A taxa de varredura é expressa em páginas por segundo e varia de *slowscan* (varredura lenta) a *fastscan* (varredura rápida). Quando a memória livre cai abaixo de *lotsfree*, a varredura ocorre a *slowscan* páginas por segundo e progride para *fastscan*, dependendo da quantidade de memória livre disponível. O valor default de *slowscan* é de 100 páginas por segundo; normalmente, *fastscan* é posicionada como o valor "(total de páginas físicas)/2" páginas por segundo, com um máximo de 8192 páginas por segundo. Isso é mostrado na Figura 8.30 (com *fastscan* posicionada para o valor máximo).

A distância (em páginas) entre os ponteiros do relógio é determinada por um parâmetro do sistema, *handspread* (amplitude dos ponteiros). O tempo decorrido entre a desativação de um bit executada pelo ponteiro dianteiro e a verificação de seu valor executada pelo ponteiro da retaguarda depende da *taxa de varredura* e da *amplitude dos ponteiros*. Se a *taxa de varredura* é

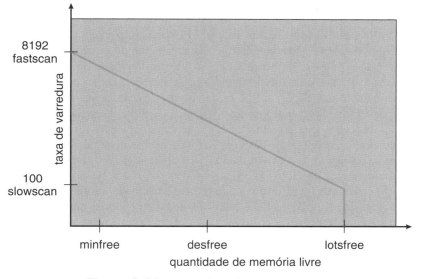

Figura 8.30 Varredura de páginas no Solaris.

de 100 páginas por segundo e a *amplitude dos ponteiros* é de 1024 páginas, 10 segundos podem se passar entre o momento em que um bit é posicionado pelo ponteiro dianteiro e o momento em que ele é verificado pelo ponteiro de retaguarda. No entanto, devido às demandas impostas ao sistema de memória, uma *taxa de varredura* da ordem de vários milhares não é incomum. Isso significa que, com frequência, o tempo decorrido entre a desativação e a verificação de um bit é de alguns segundos.

Como mencionado anteriormente, o processo de remoção de páginas verifica a memória quatro vezes por segundo. No entanto, se a memória livre cair abaixo de *desfree* (Figura 8.30), a remoção de páginas será executada 100 vezes por segundo com a finalidade de manter a memória livre disponível pelo menos nivelada a *desfree*. Se o processo de remoção de páginas não puder manter a quantidade de memória livre nivelada à *desfree* por uma média de 30 segundos, o kernel começará a permutar processos, liberando assim todas as páginas alocadas para os processos permutados. Em geral, o kernel procura processos que tenham ficado ociosos por longos períodos de tempo. Se o sistema não puder manter a quantidade de memória livre no nível *minfree*, o processo de remoção de páginas será chamado a cada solicitação por uma nova página.

Versões recentes do kernel do Solaris apresentaram melhorias ao algoritmo de paginação. Uma dessas melhorias envolve o reconhecimento de páginas a partir de bibliotecas compartilhadas. Páginas pertencentes a bibliotecas que estejam sendo compartilhadas por vários processos, são ignoradas durante o processo de varredura de páginas – mesmo se forem candidatas à reclamação pela varredura. Outra melhoria diz respeito à distinção feita entre páginas que foram alocadas a processos e páginas alocadas a arquivos comuns. Isso é conhecido como **paginação por prioridades** e é abordado na Seção 10.6.2.

8.11 Resumo

É desejável podermos executar um processo cujo espaço de endereçamento lógico é maior do que o espaço de endereçamento físico disponível. A memória virtual é uma técnica que nos permite mapear um amplo espaço de endereçamento lógico para uma memória física menor. Ela nos permite executar processos extremamente grandes e elevar o nível de multiprogramação, aumentando a utilização da CPU. Também permite que os programadores de aplicações não precisem se preocupar com a disponibilidade de memória. Além disso, com a memória virtual, vários processos podem compartilhar memória e bibliotecas do sistema. A memória virtual nos permite usar um tipo eficiente de criação de processos conhecido como cópia-após-gravação em que os processos pai e filho compartilham páginas reais de memória.

Normalmente, a memória virtual é implementada pela paginação por demanda. A paginação por demanda pura nunca traz uma página para a memória antes dessa página ser referenciada. A primeira referência causa um erro de página para o sistema operacional. O kernel do sistema operacional consulta uma tabela interna para determinar onde a página está localizada na memória de retaguarda. Ele então encontra um quadro livre e transfere a página da memória de retaguarda. A tabela de páginas é atualizada para refletir essa alteração e a instrução que causou o erro de página é reiniciada. Essa abordagem permite que um processo seja executado ainda que sua imagem de memória não esteja toda na memória principal em um determinado momento. Contanto que a taxa de erros de página seja razoavelmente baixa, o desempenho é aceitável.

Podemos usar a paginação por demanda para reduzir a quantidade de quadros alocada a um processo. Esse esquema pode aumentar o nível de multiprogramação (permitindo que mais processos estejam disponíveis para execução em um determinado momento) e – teoricamente, pelo menos – a utilização da CPU no sistema. Também permite que processos sejam executados ainda que seus requisitos de memória excedam a memória física total disponível. Esses processos são executados na memória virtual.

Se os requisitos de memória total excederem a capacidade de memória física, pode ser necessário substituir páginas da memória para liberar quadros para novas páginas. Vários algoritmos de substituição de páginas são usados. A substituição de páginas FIFO é fácil de programar, mas sofre da anomalia de Belady. A substituição ótima de páginas requer um conhecimento antecipado. A substituição LRU é uma aproximação da substituição ótima de páginas, mas também pode ser difícil de implementar. A maioria dos algoritmos de substituição de páginas, como o algoritmo da segunda chance, se aproxima da substituição LRU.

Além de um algoritmo de substituição de páginas, uma política de alocação de quadros é necessária. A alocação pode ser fixa, sugerindo uma substituição de páginas local, ou dinâmica, sugerindo substituição global. O modelo do conjunto de trabalho assume que os processos são executados em localidades. O conjunto de trabalho é o conjunto de páginas da localidade corrente. Portanto, cada processo deve receber quadros suficientes de acordo com seu conjunto de trabalho corrente. Se um processo não tiver memória suficiente para seu conjunto de trabalho, ele entrará em atividade improdutiva. O fornecimento de quadros suficientes para cada processo para evitar a atividade improdutiva pode requerer a permuta e o scheduling de processos.

A maioria dos sistemas operacionais fornece recursos para o mapeamento de arquivos para a memória, permitindo que o I/O de arquivo seja tratado como um acesso rotineiro à memória. A API Win32 implementa a memória compartilhada por meio do mapeamento de arquivos para a memória.

Normalmente, os processos do kernel requerem que a memória seja alocada com o uso de páginas fisicamente contíguas. O sistema dos parceiros aloca memória a processos do kernel em unidades dimensionadas de acordo com uma potência de 2 o que, com frequência, resulta em fragmentação. Os alocadores de placas atribuem estruturas de dados do kernel a caches associados a placas, que são compostos por uma ou mais páginas fisicamente contíguas. Na alocação de placas, não há desperdício de memória devido à fragmentação e as solicitações de memória podem ser atendidas rapidamente.

Além de requerer a solução dos principais problemas de substituição de páginas e alocação de quadros, o projeto apropriado de um sistema de paginação exige que sejam consideradas a pré-paginação, o tamanho da página, o alcance do TLB, as tabelas de páginas invertidas, a estrutura do programa, o interlock de I/O e outras questões.

Exercícios Práticos

8.1 Sob quais circunstâncias ocorrem erros de página? Descreva as ações executadas pelo sistema operacional quando um erro de página ocorre.

8.2 Suponha que você tenha uma sequência de referências de página para um processo com *m* quadros (todos inicialmente vazios). A sequência de referências de página tem tamanho *p*; *n* números de página distintos ocorrem nela. Responda as perguntas seguintes para qualquer algoritmo de substituição de páginas:

  a. O que é um limite inferior em relação ao número de erros de página?
  b. O que é um limite superior em relação ao número de erros de página?

8.3 Quais das técnicas e estruturas de programação a seguir são "boas" para um ambiente paginado por demanda? Quais "não são boas"? Explique suas respostas.

  a. Pilha
  b. Tabela de símbolos com hash
  c. Busca sequencial
  d. Busca binária
  e. Código puro
  f. Operações de vetores
  g. Acesso indireto

8.4 Considere os algoritmos de substituição de páginas a seguir. Classifique esses algoritmos em uma escala de cinco pontos que vai de "ruim" a "perfeito" de acordo com sua taxa de erros de página. Separe os algoritmos que sofrem da anomalia de Belady dos que não são afetados por ela.

  a. Substituição LRU
  b. Substituição FIFO
  c. Substituição ótima
  d. Substituição da segunda chance

8.5 Quando a memória virtual é implementada em um sistema de computação, há certos custos associados à técnica e certos benefícios. Liste os custos e os benefícios. É possível os custos excederem os benefícios? Se for, que medidas podem ser tomadas para assegurar que isso não ocorra?

8.6 Um sistema operacional dá suporte a uma memória virtual paginada, usando um processador central com tempo de ciclo de 1 microssegundo. O acesso a uma página que não seja a corrente leva mais 1 microssegundo. As páginas têm 1000 palavras e o dispositivo de paginação é um tambor que gira a 3000 rotações por minuto e transfere 1 milhão de palavras por segundo. As medidas estatísticas a seguir foram obtidas no sistema:

  - Um por cento de todas as instruções executadas acessava uma página diferente da página corrente.
  - Das instruções que acessavam outra página, 80% acessavam uma página que já estava na memória.
  - Quando uma nova página era necessária, a página substituída tinha sido modificada 50% das vezes.

Calcule o tempo de instrução efetivo nesse sistema, supondo que o sistema esteja executando apenas um processo e que o processador fique ocioso durante as transferências executadas pelo tambor.

8.7 Considere o array bidimensional A:

`int A[][] = new int[100][100];`

em que A[0][0] está na locação 200 em um sistema de memória paginada com páginas de tamanho 200. Um processo pequeno que manipula a matriz reside na página 0 (locações 0 a 199). Portanto, cada busca de instrução ocorrerá a partir da página 0.

Para três quadros de página, quantos erros de página são gerados pelos seguintes loops de inicialização do array, com o uso da substituição LRU e supondo que o quadro de página 1 contenha o processo e, inicialmente, os outros dois estejam vazios?

  a. ```
     for (int j = 0; j < 100; j++)
        for (int i = 0; i < 100; i++)
           A[i][j] = 0;
     ```
  b. ```
     for (int i = 0; i < 100; i++)
        for (int j = 0; j < 100; j++)
           A[i][j] = 0;
     ```

8.8 Considere a sequência de referências de páginas a seguir:

1, 2, 3, 4, 2, 1, 5, 6, 2, 1, 2, 3, 7, 6, 3, 2, 1, 2, 3, 6.

Quantos erros de página ocorreriam para os algoritmos de substituição seguintes, supondo a existência de um, dois, três, quatro, cinco, seis e sete quadros? Lembre-se de que, inicialmente, todos os quadros estão vazios, portanto, as primeiras páginas apresentarão um erro cada.

  - Substituição LRU
  - Substituição FIFO
  - Substituição ótima

8.9 Suponha que você queira usar um algoritmo de paginação que demande um bit de referência (como a substituição da segunda chance ou o modelo do conjunto de trabalho), mas o hardware não forneça um. Planeje como você poderia simular um bit de referência mesmo se o hardware não fornecesse um, ou explique por que não é possível fazer isso. Se for possível, calcule qual seria o custo.

8.10 Você inventou um novo algoritmo de substituição de páginas que acha que pode ser ótimo. Em alguns casos de teste distorcidos, ocorre a anomalia de Belady. O novo algoritmo é ótimo? Explique sua resposta.

8.11 A segmentação é semelhante à paginação, mas usa "páginas" de tamanho variável. Defina dois algoritmos de substituição de segmentos com base nos esquemas de substituição de páginas FIFO e LRU. Lembre-se de que como os segmentos não têm o mesmo tamanho, o segmento que for selecionado para ser substituído pode não ser grande o bastante para deixar locações consecutivas suficientes para o segmento requerido. Considere estratégias para sistemas em que os segmentos não possam ser relocados e estratégias para sistemas onde isso possa ocorrer.

8.12 Considere um sistema de computação paginado por demanda em que o nível de multiprogramação esteja fixado correntemente em quatro. O sistema foi avaliado recentemente para a verificação da utilização da CPU e do disco de paginação. Os resultados estão em uma das alternativas a seguir. O que está ocorrendo em cada caso? O nível de multiprogramação pode ser aumentado para aumentar a utilização da CPU? A paginação está ajudando?

 a. 13% de utilização da CPU; 97 % de utilização do disco

 b. 87% de utilização da CPU; 3 % de utilização do disco

 c. 13% de utilização da CPU; 3 % de utilização do disco

8.13 Temos um sistema operacional para um computador que usa registradores base e limite, mas modificamos a máquina para fornecer uma tabela de páginas. As tabelas de páginas podem ser configuradas para simular registradores base e limite? Como isso pode ser feito ou por que não podemos fazê-lo?

Exercícios

8.14 Suponha que um programa tenha acabado de referenciar um endereço na memória virtual. Descreva um cenário em que cada uma das situações seguintes possa ocorrer. (Se o cenário não puder ocorrer, explique por quê.)

- Erro de TLB sem erro de página
- Erro de TLB e erro de página
- Sucesso de TLB sem erro de página
- Sucesso de TLB e erro de página

8.15 Uma maneira simplificada de considerar os estados dos threads é **Pronto, Em Execução** e **Bloqueado** em que um thread está pronto e esperando ser incluído no schedule, está em execução no processador ou está bloqueado (isto é, está esperando I/O). Isso é ilustrado na Figura 8.31. Supondo que um thread esteja no estado Em Execução, responda às perguntas a seguir: (não se esqueça de explicar sua resposta).

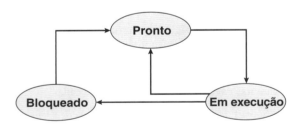

Figura 8.31 Diagrama de estados dos threads referente ao Exercício 8.15.

 a. O thread mudará de estado se incorrer em erro de página? Se mudar, para que novo estado passará?

 b. O thread mudará de estado se gerar um erro de TLB resolvido na tabela de páginas? Se mudar, para que novo estado passará?

 c. O thread mudará de estado se uma referência de endereçamento for resolvida na tabela de páginas? Se mudar, para que novo estado passará?

8.16 Considere um sistema que use a paginação por demanda pura.

 a. Quando um processo começa a ser executado pela primeira vez, como você caracteriza a taxa de erros de página?

 b. Uma vez que o conjunto de trabalho de um processo seja carregado na memória, como você caracteriza a taxa de erros de página?

 c. Suponha que um processo altere sua localidade e o tamanho do novo conjunto de trabalho seja grande demais para ser armazenado na memória livre disponível. Identifique algumas opções que os projetistas de sistemas poderiam selecionar para lidar com essa situação.

8.17 Dê um exemplo que ilustre o problema do reinício da instrução de movimentação de caracteres (MVC) no IBM 360/370 quando as regiões de origem e destino estão se sobrepondo.

8.18 Discuta o suporte de hardware requerido para suportar a paginação por demanda.

8.19 O que é o recurso de cópia-após-gravação e sob que circunstâncias é benéfico usá-lo? Que suporte de hardware é requerido para sua implementação?

8.20 Um determinado computador fornece a seus usuários um espaço de memória virtual de 2^{32} bytes. O computador tem 2^{18} bytes de memória física. A memória virtual é implementada por paginação e o tamanho da página é de 4.096 bytes. Um processo de usuário gera o endereço virtual 11123456. Explique como o sistema estabelece a locação física correspondente. Diferencie entre operações de software e de hardware.

8.21 Suponha que temos uma memória paginada por demanda. A tabela de páginas é mantida em registradores. São necessários 8 milissegundos para a manipulação de um erro de página quando um quadro vazio está disponível ou quando a página substituída não foi modificada e 20 milissegundos quando a página substituída foi modificada. O tempo de acesso à memória é de 100 nanossegundos.

Suponha que a página a ser substituída seja modificada 70% das vezes. Qual é a taxa de erros de página máxima aceitável para um tempo de acesso efetivo de não mais do que 200 nanossegundos?

8.22 Quando ocorre um erro de página, o processo que está solicitando a página deve ser submetida a lock enquanto espera a página ser trazida do disco para a memória física. Suponha que exista um processo com cinco threads de nível de usuário e que o mapeamento de threads de usuário para threads do kernel seja do tipo muitos-para-um. Se um thread de usuário incorrer em um erro de página ao acessar sua pilha, os outros threads de usuário pertencentes ao mesmo processo também seriam afetados pelo erro de página – isto é, eles também teriam de esperar a página que gerou o erro ser trazida para a memória? Explique.

8.23 Considere a tabela de páginas de um sistema com endereços virtuais e físicos de 12 bits e páginas de 256 bytes. Na lista de quadros de página livres, temos D, E e F (D é o primeiro da lista, E é o segundo e F é o último).

Página	Quadro de página
0	–
1	2
2	C
3	A
4	–
5	4
6	3
7	–
8	B
9	0

Converta os endereços virtuais a seguir nos endereços físicos equivalentes em hexadecimais. Todos os números usam o formato hexadecimal. (Um travessão na coluna Quadro de página indica que a página não está na memória.)

- 9EF
- 111
- 700
- 0FF

8.24 Suponha que você esteja monitorando a velocidade segundo a qual o ponteiro do algoritmo do relógio (que indica a página candidata à substituição) se move. O que você pode dizer sobre o sistema se perceber o comportamento a seguir:

a. O ponteiro está se movendo rapidamente.

b. O ponteiro está se movendo lentamente.

8.25 Discuta situações em que o algoritmo de substituição de páginas LFU gere menos erros de página do que o algoritmo de substituição de páginas LRU. Discuta também sob que circunstâncias ocorre o oposto.

8.26 Discuta situações em que o algoritmo de substituição de páginas MFU gere menos erros de página do que o algoritmo de substituição de páginas LRU. Discuta também sob que circunstâncias ocorre o oposto.

8.27 O sistema VAX/VMS usa um algoritmo de substituição FIFO para páginas residentes e um pool de quadros livres de páginas recentemente usadas. Suponha que o pool de quadros livres seja gerenciado com o uso da política de substituição LRU. Responda às perguntas a seguir:

a. Se ocorre um erro de página e a página não existe no pool de quadros livres, como é gerado espaço livre para a página recém-solicitada?

b. Se ocorre um erro de página e a página existe no pool de quadros livres, como o conjunto de páginas residentes e o pool de quadros livres são gerenciados para fazer espaço para a página solicitada?

c. Para que estado o sistema degenera se a quantidade de páginas residentes está posicionada como um?

d. Para que estado o sistema degenera se a quantidade de páginas do pool de quadros livres é zero?

8.28 Considere um sistema de paginação por demanda com as seguintes medidas de tempo de utilização:

Utilização da CPU	20%
Disco de paginação	97,7%
Outros dispositivos de I/O	5%

Para cada uma das situações a seguir, diga se irá (ou pode vir a) melhorar a utilização da CPU. Explique suas respostas.

a. Instalação de uma CPU mais rápida.

b. Instalação de um disco de paginação maior.

c. Aumento do nível de multiprogramação.

d. Diminuição do nível de multiprogramação.

e. Instalação de mais memória principal.

f. Instalação de um disco rígido mais rápido ou de múltiplos controladores com vários discos rígidos.

g. Inclusão da pré-paginação nos algoritmos de busca de páginas.

h. Aumento do tamanho da página.

8.29 Suponha que um computador forneça instruções que podem acessar locações da memória usando o esquema de endereçamento indireto de um nível. Que sequência de erros de página ocorre se todas as páginas de um programa estão correntemente não residentes e a primeira instrução do programa é uma operação de carga de memória indireta? O que acontece quando o sistema operacional está usando uma técnica de alocação de quadros por processo e apenas duas páginas estão alocadas para esse processo?

8.30 Suponha que sua política de substituição (em um sistema paginado) seja examinar cada página regularmente e descartar a página que não tiver sido usada desde a última verificação. O que você ganharia e o que perderia usando essa política em vez da substituição LRU ou da segunda chance?

8.31 Um algoritmo de substituição de páginas deve minimizar a quantidade de erros de página. Podemos obter essa minimização distribuindo páginas muito usadas de maneira uniforme ao longo de toda a memória, em vez de fazê-las competir por uma pequena quantidade de quadros de página. Podemos associar a cada quadro de página um contador da quantidade de páginas associadas a esse quadro. Assim, para substituir uma página, podemos procurar o quadro com a contagem mais baixa.

a. Defina um algoritmo de substituição de páginas usando essa ideia básica. Resolva especificamente esses problemas:

   i. Qual é o valor inicial dos contadores?
   ii. Quando os contadores são aumentados?
   iii. Quando os contadores são diminuídos?
   iv. Como a página a ser substituída é selecionada?

b. Quantos erros de página ocorrem em seu algoritmo para a sequência de referência a seguir com quatro quadros de página?

   1, 2, 3, 4, 5, 3, 4, 1, 6, 7, 8, 7, 8, 9, 7, 8, 9, 5, 4, 5, 4, 2.

c. Com o uso de uma estratégia ótima de substituição de páginas, qual é a quantidade mínima de erros de página para a sequência de referência do item b com quatro quadros de página?

8.32 Considere um sistema de paginação por demanda com um disco de paginação com tempo médio de acesso e transferência de 20 milissegundos. Os endereços são convertidos por meio de uma tabela de páginas na memória principal, com tempo de acesso de 1 microssegundo por acesso à memória. Portanto, cada referência feita à memória pela tabela de páginas pede dois acessos. Para melhorar esse tempo, adicionamos uma memória associativa que reduz o tempo de acesso a uma referência à memória quando a entrada da tabela de páginas está na memória associativa.

Suponha que 80% dos acessos ocorram na memória associativa e que, do restante, 10% (ou 2% do total) causem erros de página. Qual é o tempo efetivo de acesso à memória?

8.33 Qual é a causa da atividade improdutiva? Como o sistema a detecta? Uma vez detectada, o que o sistema pode fazer para eliminar esse problema?

8.34 É possível um processo ter dois conjuntos de trabalho, um representando dados e outro representando código? Explique.

8.35 Considere o parâmetro Δ usado na definição da janela do conjunto de trabalho no modelo do conjunto de trabalho. Que efeito o posicionamento de Δ com um valor baixo causa sobre a frequência de erros de página e a quantidade de processos ativos (não suspensos) em execução corrente no sistema? Qual é o efeito quando Δ é posicionado com um valor muito alto?

8.36 Suponha que exista um segmento de 1024KB em que a memória seja alocada com o uso do sistema dos parceiros. Usando a Figura 8.27 como guia, desenhe uma árvore ilustrando como as solicitações de memória a seguir são alocadas:

- Solicitação de 240 bytes
- Solicitação de 120 bytes
- Solicitação de 60 bytes
- Solicitação de 130 bytes

Em seguida, modifique a árvore para as liberações de memória a seguir. Execute a fusão sempre que possível:

- Liberação de 240 bytes
- Liberação de 60 bytes
- Liberação de 120 bytes

8.37 Considere um sistema que dê suporte a threads de nível de usuário e de nível de kernel. O mapeamento nesse sistema é do tipo um-para-um (há um thread do kernel para cada thread do usuário). Um processo com vários threads é composto por (a) um conjunto de trabalho para o processo inteiro ou (b) um conjunto de trabalho para cada thread? Explique.

8.38 O algoritmo de alocação de placas usa um cache separado para cada tipo de objeto diferente. Supondo que haja um cache por tipo de objeto, explique por que esse esquema não se adapta bem a várias CPUs. O que poderia ser feito para resolver esse problema de escalabilidade?

8.39 Considere um sistema que aloque páginas de diferentes tamanhos para seus processos. Quais são as vantagens de um esquema de paginação desse tipo? Que modificações no sistema de memória virtual fornecem essa funcionalidade?

Problemas de Programação

8.40 Escreva um programa que implemente os algoritmos de substituição de páginas FIFO e LRU apresentados neste capítulo. Primeiro, gere uma sequência aleatória de referências de páginas em que os números de página vão de 0 a 9. Aplique a sequência aleatória de referências de páginas a cada algoritmo e registre a quantidade de erros de página que ocorre em cada um. Implemente os algoritmos de substituição de modo que a quantidade de quadros de página possa variar de 1 a 7. Presuma o uso da paginação por demanda.

8.41 Os números *catalães* são uma sequência de inteiros C_n que aparecem em problemas de enumeração de árvores. Os primeiros números catalães para n = 1, 2, 3, ... são 1, 2, 5, 14, 42, 132, ... Uma fórmula para a geração de C_n é

$$C_n = \frac{1}{(n+1)} \binom{2n}{n} = \frac{(2n)!}{(n+1)!n!}$$

Projete dois programas que se comuniquem por meio de memória compartilhada usando a API Win32 como descrito na Seção 8.7.2. O processo produtor gerará a sequência catalã e a gravará em um objeto de memória compartilhada. Em seguida, o processo consumidor lerá e exibirá a sequência a partir da memória compartilhada.

Neste exemplo, o processo produtor receberá um parâmetro inteiro na linha de comando especificando quantos números catalães deve produzir (por exemplo, o fornecimento de 5 na linha de comando significa que o processo produtor gerará os cinco primeiros números catalães).

Notas Bibliográficas

A paginação por demanda foi usada, pela primeira vez, no sistema Atlas implementado no computador MUSE da Universidade de Manchester por volta de 1960 (Kilburn et al. [1961]). Outro antigo sistema de paginação por demanda era o MULTICS, implementado no sistema GE 645 (Organick [1972]).

Belady et al. [1969] foram os primeiros pesquisadores a observar que a estratégia de substituição FIFO pode produzir a anomalia com o nome de Belady. Mattson et al. [1970] demonstraram que os algoritmos de pilha não são afetados pela anomalia de Belady.

O algoritmo de substituição ótimo foi apresentado por Belady [1966] e comprovado como ótimo por Mattson et al. [1970]. O algoritmo ótimo de Belady é para uma alocação fixa; Prieve e Fabry [1976] apresentaram um algoritmo ótimo para situações em que a alocação pode variar.

O algoritmo do relógio aprimorado foi discutido por Carr e Hennessy [1981].

O modelo do conjunto de trabalho foi desenvolvido por Denning [1968]. Discussões relacionadas a esse modelo foram apresentadas por Denning [1980].

O esquema para o monitoramento da taxa de erros de página foi desenvolvido por Wulf [1969] que aplicou com sucesso essa técnica ao sistema de computação Burroughs B5500.

Wilson et al. [1995] apresentaram vários algoritmos para a alocação de memória dinâmica. Johnstone e Wilson [1998] descreveram vários problemas de fragmentação da memória. Os alocadores de memória do sistema dos parceiros foram descritos em Knowlton [1965], Peterson e Norman [1977] e Purdom, Jr. e Stigler [1970]. Bonwick [1994] discutiu o alocador de placas e Bonwick e Adams [2001] estenderam a discussão a processadores múltiplos. Outros algoritmos de alocação de memória podem ser encontrados em Stephenson [1983], Bays [1977] e Brent [1989]. Uma pesquisa sobre estratégias de alocação de memória pode ser encontrada em Wilson et al. [1995].

Solomon e Russinovich [2000] e Russinovich e Solomon [2009] descreveram como o Windows implementa a memória virtual. McDougall e Mauro [2007] discutiram a memória virtual no Solaris. Técnicas de memória virtual no Linux e no BSD foram descritas por Bovet e Cesati [2002] e McKusick et al. [1996], respectivamente. Ganapathy e Schimmel [1998] e Navarro et al. [2002] discutiram o suporte do sistema operacional a vários tamanhos de página. Ortiz [2001] descreveu a memória virtual usada em um sistema operacional embutido de tempo real.

Jacob e Mudge [1998b] compararam as implementações de memória virtual nas arquiteturas do MIPS, PowerPC e Pentium. Um artigo associado (Jacob e Mudge [1998a]) descreveu o suporte de hardware necessário à implementação de memória virtual em seis arquiteturas diferentes, inclusive a do UltraSPARC.

PARTE QUATRO
Gerenciamento do armazenamento

A memória principal é, geralmente, pequena demais para acomodar todos os dados e programas permanentemente, por isso, o sistema de computação deve fornecer memória secundária como backup da memória principal. Os sistemas de computação modernos usam discos como a mídia principal de armazenamento on-line de informações (tanto programas quanto dados). O sistema de arquivos fornece o mecanismo de armazenamento e acesso on-line tanto para dados quanto para programas residentes nos discos. Um arquivo é um conjunto de informações relacionadas definidas por seu criador. Eles são mapeados pelo sistema operacional para dispositivos físicos. Normalmente, são organizados em diretórios, o que facilita seu uso.

Os dispositivos que são conectados a um computador variam de muitas maneiras. Alguns dispositivos transferem um caractere ou um bloco de caracteres de uma só vez. Alguns só podem ser acessados sequencialmente, outros aleatoriamente. Alguns transferem dados sincronamente, outros assincronamente. Alguns são dedicados, outros compartilhados. Podem ser somente de leitura ou de leitura-gravação. Variam muito em velocidade. Em muitos aspectos, também são o componente essencial mais lento do computador.

Devido a toda essa variação de dispositivos, o sistema operacional precisa fornecer um amplo conjunto de funcionalidades para as aplicações, de forma a permitir que elas controlem todos os aspectos dos dispositivos. Um objetivo-chave do subsistema de I/O de um sistema operacional é fornecer a interface mais simples possível para o resto do sistema. Já que os dispositivos são um gargalo para o desempenho, outra chave é a otimização de I/O para obtenção de concorrência máxima.

Interface do Sistema de Arquivos

CAPÍTULO 9

Para a maioria dos usuários, o sistema de arquivos é o aspecto mais visível de um sistema operacional. Ele fornece o mecanismo de armazenamento e acesso on-line tanto dos dados quanto dos programas do sistema operacional e de todos os usuários do sistema de computação. O sistema de arquivos é composto por duas partes distintas: um conjunto de *arquivos*, cada um armazenando dados relacionados, e uma *estrutura de diretórios* que organiza e fornece informações sobre todos os arquivos do sistema. Os sistemas de arquivos dependem de dispositivos que examinamos com detalhes nos próximos capítulos mas abordamos rapidamente aqui. Neste capítulo, consideramos os diversos aspectos dos arquivos e as principais estruturas de diretório. Também discutimos a semântica de compartilhamento de arquivos entre vários processos, usuários e computadores. Para concluir, discutirmos maneiras de manipular a *proteção de arquivos*, necessária quando temos vários usuários e queremos controlar quem pode acessar arquivos e como eles podem ser acessados.

> **OBJETIVOS DO CAPÍTULO**
> - Explicar a função dos sistemas de arquivos.
> - Descrever as interfaces para sistemas de arquivos.
> - Discutir alternativas para o projeto do sistema de arquivos, inclusive os métodos de acesso, o compartilhamento de arquivos, o trancamento (locking) de arquivos e as estruturas de diretórios.
> - Examinar a proteção do sistema de arquivos.

9.1 Conceito de Arquivo

Os computadores podem armazenar informações em várias mídias de armazenamento, como discos magnéticos, fitas magnéticas e discos óticos. Para que o sistema de computação possa ser usado convenientemente, o sistema operacional fornece uma visão lógica uniforme do armazenamento de informações. Ele abstrai das propriedades físicas de seus dispositivos de armazenamento a definição de uma unidade lógica de armazenamento, o *arquivo*. Os arquivos são mapeados pelo sistema operacional para dispositivos físicos. Geralmente, esses dispositivos físicos não são voláteis, portanto, o conteúdo persiste após falhas de energia e reinicializações do sistema.

Um arquivo é um conjunto nomeado de informações relacionadas que são gravadas em memória secundária. Da perspectiva do usuário, um arquivo é a menor unidade de armazenamento lógico secundário; isto é, os dados não podem ser gravados na memória secundária se não estiverem dentro de um arquivo. Normalmente, os arquivos representam programas (nas formas fonte e objeto) e dados. Os arquivos de dados podem ser numéricos, alfabéticos, alfanuméricos ou binários. Os arquivos podem ter forma livre, como os arquivos de texto, ou ser formatados rigidamente. Em geral, um arquivo é uma sequência de bits, bytes, linhas ou registros, cujo significado é definido pelo criador e pelo usuário do arquivo. Logo, o conceito de arquivo é extremamente geral.

As informações existentes em um arquivo são definidas por seu criador. Muitos tipos diferentes de informações podem ser armazenados em um arquivo – programas-fonte, programas-objeto, programas executáveis, dados numéricos, texto, registros de folha de pagamento, imagens gráficas, registros sonoros e assim por diante. Um arquivo tem uma **estrutura** específica definida que depende de seu tipo. Um arquivo *de texto* é uma sequência de caracteres organizada em linhas (e, possivelmente, páginas). Um arquivo-*fonte* é uma sequência de sub-rotinas e funções, todas organizadas como declarações seguidas por comandos executáveis. Um arquivo-*objeto* é uma sequência de bytes organizada em blocos entendidos pelo linker do sistema. Um arquivo *executável* é uma série de seções de código que o carregador pode trazer para a memória e executar.

9.1.1 Atributos dos Arquivos

Um arquivo é nomeado, para a conveniência de seus usuários humanos, e referenciado por seu nome. Geralmente, um nome é uma sequência de caracteres, como *exemplo.c*. Alguns sistemas diferenciam caracteres maiúsculos dos minúsculos nos nomes e outros não. Quando um arquivo é nomeado, ele se torna independente do processo, do usuário e até mesmo do sistema que o criou. Por exemplo, um usuário poderia criar o arquivo *exemplo.c* e outro poderia editar esse arquivo especificando seu nome. O proprietário do arquivo poderia gravá-lo em um disquete, enviá-lo em um email ou copiá-lo através de uma rede e, mesmo assim, ele continuaria se chamando *exemplo.c* no sistema de destino.

Os atributos de um arquivo variam de um sistema operacional para outro, mas normalmente são os seguintes:

- **Nome.** O nome simbólico do arquivo é a única informação mantida em forma legível por humanos.
- **Identificador.** Esse rótulo exclusivo, geralmente um número, identifica o arquivo dentro do sistema de arquivos; é o nome do arquivo não legível por humanos.
- **Tipo.** Essa informação é necessária para sistemas que dão suporte a diferentes tipos de arquivos.
- **Locação.** Essa informação é um ponteiro para um dispositivo e para a locação do arquivo nesse dispositivo.
- **Tamanho.** O tamanho corrente do arquivo (em bytes, palavras ou blocos) e, possivelmente, o tamanho máximo permitido são incluídos nesse atributo.
- **Proteção.** As informações de controle de acesso determinam quem pode fazer leituras, gravações, executar o arquivo e assim por diante.
- **Hora, data e identificação do usuário.** Essas informações podem ser mantidas para a criação, última modificação e última vez em que o arquivo foi usado. São dados que podem ser úteis na proteção, segurança e monitoramento do uso.

As informações sobre todos os arquivos são mantidas na estrutura de diretórios que também reside na memória secundária. Normalmente, uma entrada de diretório é composta pelo nome do arquivo e seu identificador exclusivo. Por sua vez, o identificador localiza os outros atributos do arquivo. O registro dessas informações pode ocupar mais de um quilobyte para cada arquivo. Em um sistema com muitos arquivos, o tamanho do próprio diretório pode chegar a megabytes. Os diretórios, como os arquivos, não devem ser voláteis, por isso eles devem ser armazenados no dispositivo e trazidos para a memória gradativamente, conforme necessário.

9.1.2 Operações sobre Arquivos

Um arquivo é um ***tipo de dado abstrato***. Para definir um arquivo apropriadamente, temos de considerar as operações que podem ser executadas sobre os arquivos. O sistema operacional pode fornecer chamadas de sistema para a criação, gravação, leitura, reposicionamento, exclusão e truncamento de arquivos. Examinemos o que o sistema operacional deve fazer para executar cada uma dessas seis operações básicas sobre arquivo. Assim, deve ficar fácil ver como outras operações semelhantes, como a renomeação de um arquivo, podem ser implementadas.

- **Criação de um arquivo.** Dois passos são necessários para a criação de um arquivo. Em primeiro lugar, deve ser encontrado espaço para o arquivo no sistema de arquivos. Discutimos como alocar espaço para o arquivo no Capítulo 10. Em segundo lugar, uma entrada para o novo arquivo deve ser criada no diretório.
- **Gravação em um arquivo.** Para gravar em um arquivo, temos de fazer uma chamada de sistema especificando tanto o nome do arquivo quanto as informações a serem gravadas nele. Dado o nome do arquivo, o sistema pesquisa o diretório para determinar a sua locação. O sistema deve manter um ponteiro *de gravação* para a locação no arquivo onde a próxima gravação deve ocorrer. O ponteiro deve ser atualizado sempre que ocorrer uma gravação.
- **Leitura de um arquivo.** Para ler a partir de um arquivo, usamos uma chamada de sistema que especifique o nome do arquivo e onde (na memória) o próximo bloco do arquivo deve ser inserido. Novamente, é procurada a entrada associada no diretório e o sistema tem de manter um ponteiro *de leitura* para a locação no arquivo onde a próxima leitura deve ocorrer. Uma vez que a leitura tenha sido feita, o ponteiro de leitura é atualizado. Como um processo faz, usualmente, tanto leituras como gravações em um arquivo, a locação da operação corrente pode ser mantida como um ***ponteiro da posição corrente do arquivo*** por processo. Tanto as operações de leitura quanto as de gravação usam esse mesmo ponteiro, economizando espaço e reduzindo a complexidade do sistema.
- **Reposicionamento dentro de um arquivo.** O diretório é pesquisado em busca da entrada apropriada e o ponteiro da posição corrente do arquivo é reposicionado para um determinado valor. O reposicionamento dentro de um arquivo não precisa envolver qualquer I/O real. Essa operação de arquivo também é conhecida como *busca* em arquivo.
- **Exclusão de um arquivo.** Para excluir um arquivo, devemos procurar no diretório o arquivo nomeado. Tendo encontrado a entrada associada no diretório, podemos liberar todo o espaço do arquivo para que possa ser reutilizado por outros arquivos, e apagar a entrada no diretório.
- **Truncamento de um arquivo.** O usuário pode querer apagar o conteúdo de um arquivo mas manter seus atributos. Em vez de forçá-lo a excluir o arquivo e, então, recriá-lo, essa função permite que todos os atributos permaneçam inalterados – exceto o tamanho – e possibilita que o arquivo seja redefinido com tamanho zero e seu espaço liberado.

Essas seis operações básicas compõem o conjunto mínimo de operações de arquivo requeridas. Outras operações comuns incluem o *acréscimo* de novas informações ao fim de um arquivo existente e a *renomeação* de um arquivo existente. As operações básicas podem então ser combinadas para executar outras operações de arquivo. Por exemplo, podemos criar uma *cópia* de um arquivo ou copiar o arquivo em outro dispositivo de I/O, como uma impressora ou um vídeo, criando um novo arquivo e, em seguida, lendo do antigo e gravando no novo. Também queremos ter operações que permitam que um usuário obtenha e defina os diversos atributos de um arquivo. Por exemplo, podemos querer ter operações que permitam que um usuário determine o status de um arquivo, como tamanho, e defina atributos do arquivo, como o proprietário.

A maioria das operações de arquivo mencionadas envolve uma pesquisa no diretório em busca da entrada associada ao arquivo nomeado. Para evitar essa busca constante, muitos sistemas requerem que seja feita uma chamada de sistema `open()` antes de um arquivo ser usado ativamente pela primeira vez. O sistema operacional mantém uma pequena tabela, chamada ***tabela de arquivos abertos***, contendo informações sobre todos os arquivos abertos. Quando uma operação de arquivo é solicitada, o arquivo é especificado por um índice nessa tabela e, portanto, nenhuma busca é necessária. Quando o arquivo não está mais sendo usado ativamente, ele é *fechado* pelo processo e o sistema operacional remove sua entrada da tabela de arquivos abertos. As chamadas de sistema `create` e `delete` são chamadas que operam com arquivos fechados em vez de abertos.

Alguns sistemas abrem implicitamente um arquivo quando a primeira referência a ele é feita. O arquivo é fechado automaticamente quando o job ou o programa que o abriu termina. A maioria dos sistemas, no entanto, requer que o programador abra um arquivo explicitamente com a chamada de sistema `open()` antes que esse arquivo possa ser usado. A operação `open()` recebe um nome de arquivo e pesquisa o diretório, copiando a entrada do diretório na tabela de arquivos abertos. A chamada `open()` também pode aceitar informações sobre modalidade de acesso – criação, somente de leitura, leitura-gravação, somente de acréscimo e assim por diante. Essa modalidade é verificada em relação às permissões do arquivo. Se a modalidade solicitada for permitida, o arquivo é aberto para o processo. Normalmente, a chamada de sistema `open()` retorna um ponteiro para a entrada na tabela de arquivos abertos. Esse ponteiro, e não o nome real do arquivo, é usado em todas as operações de I/O, evitando qualquer busca adicional e simplificando a interface de chamadas de sistema.

A implementação das operações `open()` e `close()` é mais complicada em um ambiente em que vários processos podem abrir o arquivo simultaneamente. Isso pode ocorrer em um sistema em que várias aplicações diferentes abrem o mesmo arquivo ao mesmo tempo. Normalmente, o sistema operacional usa dois níveis de tabelas internas: uma tabela por processo e uma tabela para todo o sistema. A tabela por processo controla todos os arquivos que um processo abriu. Essa tabela armazena informações relacionadas ao uso do arquivo pelo processo. Por exemplo, o ponteiro do arquivo corrente para cada arquivo é encontrado aqui. Direitos de acesso ao arquivo e informações de contabilização também podem ser incluídas.

Por sua vez, cada entrada da tabela por processo aponta para uma tabela de arquivos abertos em todo o sistema. A tabela para todo o sistema contém informações independentes do processo, como a locação do arquivo no disco, datas de acesso e tamanho do arquivo. Uma vez que um arquivo tenha sido aberto por um processo, a tabela para todo o sistema passa a incluir uma entrada para o arquivo. Quando outro processo executar uma chamada `open()`, uma nova entrada é simplesmente adicionada à tabela de arquivos abertos do processo apontando para a entrada apropriada na tabela para todo o sistema. Normalmente, a tabela de arquivos abertos também tem uma *contagem de aberturas* associada a cada arquivo para indicar quantos processos abriram o arquivo. Cada operação `close()` diminui essa *contagem de aberturas* e, quando a contagem alcança zero, o arquivo não está mais em uso e sua entrada é removida da tabela de arquivos abertos.

Resumindo, várias informações são associadas a um arquivo aberto.

- **Ponteiro do arquivo.** Em sistemas que não incluem um deslocamento de arquivo como parte das chamadas de sistema `read()` e `write()`, o sistema deve controlar a última locação de leitura-gravação como um ponteiro da posição corrente do arquivo. Esse ponteiro é exclusivo para cada processo que esteja operando sobre o arquivo e, portanto, deve ser mantido separado dos atributos do arquivo no disco.

- **Contagem de arquivos abertos.** Conforme os arquivos são fechados, o sistema operacional deve reutilizar suas entradas na tabela de arquivos abertos ou pode ficar sem espaço na tabela. Visto que vários processos podem ter aberto um arquivo, o sistema deve esperar o último arquivo ser fechado antes de remover a entrada da tabela de arquivos abertos. O contador de arquivos abertos controla a quantidade de aberturas e fechamentos e chega a zero no último fechamento. O sistema pode então remover a entrada.

- **Locação do arquivo em disco.** A maioria das operações de arquivo requer que o sistema modifique dados dentro do arquivo. As informações necessárias à localização do arquivo no disco são mantidas na memória para que o sistema não tenha de lê-las do disco a cada operação.

- **Direitos de acesso.** Cada processo abre um arquivo em uma modalidade de acesso. Essas informações são armazenadas na tabela por processo para que o sistema operacional possa permitir ou negar solicitações de I/O subsequentes.

Alguns sistemas operacionais fornecem recursos para trancamento (locking) de um arquivo aberto (ou de seções de um arquivo). Os locks de arquivo permitem que um processo tranque um arquivo impedindo que outros processos ganhem acesso a ele. Os locks de arquivo são úteis para arquivos que sejam compartilhados por vários processos – por exemplo, um arquivo de log do sistema que pode ser acessado e modificado por vários processos.

BLOQUEIO DE ARQUIVOS EM JAVA

Na API Java, a aquisição de um lock requer primeiro a obtenção do objeto `FileChannel` do arquivo a ser trancado. O método `lock()` do objeto `FileChannel` é usado na aquisição do lock. A API do método `lock()` é

```
FileLock lock(long begin, long end, boolean shared)
```

em que `begin` e `end` são as posições inicial e final da região que está sendo trancada. O posicionamento de `shared` como `true` é para locks compartilhados; o posicionamento de `shared` como `false` adquire o lock de maneira exclusiva. O lock é liberado invocando o método `release()` do objeto `FileLock` retornado pela operação `lock()`.

O programa da Figura 9.1 ilustra o trancamento de arquivos em Java. Esse programa adquire dois locks sobre o arquivo *file.txt*. A primeira metade do arquivo é adquirida como um lock exclusivo, o lock da segunda metade é um lock compartilhado.

(Continua)

BLOQUEIO DE ARQUIVOS EM JAVA (Continuação)

```java
import java.io.*;
import java.nio.channels.*;

public class LockingExample {
  public static final boolean EXCLUSIVE = false;
  public static final boolean SHARED = true;

  public static void main(String args[]) throws IOException {
    FileLock sharedLock = null;
    FileLock exclusiveLock = null;

    try {
      RandomAccessFile raf = new RandomAccessFile("file.txt","rw");

      // obtém o canal do arquivo
      FileChannel ch = raf.getChannel();

      // isso impõe um lock à primeira metade do arquivo - exclusivo
      exclusiveLock = ch.lock(0, raf.length()/2, EXCLUSIVE);

      /** Agora modifica os dados . . . */

      // libera o lock
      exclusiveLock.release();

      // isso impõe um lock à segunda metade do arquivo - compartilhado
      sharedLock = ch.lock(raf.length()/2+1,raf.length(),SHARED);

      /** Agora lê os dados . . . */

      // libera o lock
      sharedLock.release();
    } catch (java.io.IOException ioe) {
      System.err.println(ioe);
    }
    finally {
      if (exclusiveLock != null)
           exclusiveLock.release();
      if (sharedLock != null)
           sharedLock.release();
    }
  }
}
```

Figura 9.1 Exemplo de trancamento (locking) de arquivos em Java.

Os locks de arquivo fornecem funcionalidade semelhante aos locks de leitor-gravador, abordados na Seção 6.6.2. Um **lock compartilhado** é parecido com o lock de leitor, no qual vários processos podem adquirir o lock concorrentemente. Um **lock exclusivo** comporta-se como um lock de gravador; apenas um processo de cada vez pode adquirir esse tipo de lock. É importante ressaltar que nem todos os sistemas operacionais fornecem os dois tipos de locks; alguns sistemas só fornecem o lock de arquivos exclusivo.

Os sistemas operacionais também podem fornecer mecanismos de trancamento de arquivos **obrigatórios** ou **aconselháveis**. Se um lock for obrigatório, uma vez que um processo adquira um lock exclusivo, o sistema operacional impedirá que qualquer outro processo acesse o arquivo trancado. Por exemplo, suponha que um processo adquira um lock exclusivo para o arquivo system.log. Se tentarmos abrir system.log a partir de outro processo – por exemplo, um editor de texto – o sistema operacional impedirá o acesso até o lock exclusivo ser liberado. Isso ocorre mesmo se o editor de texto não estiver marcado explicitamente para adquirir o bloqueio. Alternativamente, se o lock for aconselhável, o sistema operacional não impedirá o editor de texto de obter acesso a `system.log`. Em vez disso, o editor deve ser marcado para adquirir manualmente o lock antes de acessar o arquivo. Em outras palavras, se o esquema de trancamento for obrigatório, o sistema operacional garante a integridade do lock. No lock aconselhável, é responsabilidade dos desenvolvedores do software assegurar que os locks sejam adquiridos e liberados apropriadamente. Como regra geral, o sistema operacional Windows adota o trancamento obrigatório e os sistemas UNIX empregam locks aconselháveis.

O uso de locks de arquivo requer as mesmas precauções da sincronização comum de processos. Por exemplo, os programadores que estiverem desenvolvendo para sistemas com lock obrigatório devem ter o cuidado de manter os locks exclusivos somente enquanto estão acessando o arquivo; caso contrário, impedirão que outros processos também o acessem. Além disso, algumas medidas devem ser tomadas para garantir que dois ou mais processos não se envolvam em um deadlock ao tentar adquirir locks de arquivo.

9.1.3 Tipos de Arquivo

Ao projetar um sistema de arquivos – na verdade, um sistema operacional inteiro – temos sempre de considerar se o sistema operacional deve reconhecer e suportar tipos de arquivo. Se um sistema operacional reconhece o tipo de um arquivo, pode operar sobre o arquivo de forma correta. Por exemplo, um erro comum ocorre quando um usuário tenta imprimir a forma objeto binária de um programa. Normalmente, essa tentativa produz lixo; no entanto, a tentativa pode ser bem-sucedida *se* o sistema operacional tiver sido informado de que o arquivo é um programa-objeto binário.

Uma técnica comum para a implementação de tipos de arquivo é incluir o tipo como parte do nome do arquivo. O nome é dividido em duas partes – um nome e uma *extensão*, geralmente separada por um ponto (Figura 9.2). Dessa forma, o usuário e o sistema operacional podem identificar somente pelo nome qual é o tipo de um arquivo. Por exemplo, a maioria dos sistemas operacionais permite que os usuários especifiquem um nome de arquivo como uma sequência de caracteres seguida por um ponto e terminada por uma extensão de caracteres adicionais. Exemplos de nome de arquivo são *resume.doc*, *Server.java* e *ReaderThread.c*.

O sistema usa a extensão para indicar o tipo do arquivo e o tipo de operações que podem ser feitas nele. Só um arquivo com extensão *.com*, *.exe* ou *.bat* pode ser *executado*, por exemplo. Os arquivos *.com* e *.exe* são duas formas de arquivos binários executáveis, enquanto a extensão *.bat* é de um **arquivo batch** contendo comandos para o sistema operacional em formato ASCII. O MS-DOS só reconhece algumas extensões, mas programas aplicativos também usam extensões para indicar os tipos de arquivo nos quais estão interessados. Por exemplo, os montadores esperam que os arquivos-fonte tenham uma extensão *.asm* e o processador de textos Microsoft Word espera arquivos terminados com uma extensão *.doc*. Essas extensões não são exigidas, portanto, um usuário pode especificar um arquivo sem a extensão (para não precisar digitar) e a aplicação procurará um arquivo com o nome dado e a extensão esperada. Já que as extensões não têm suporte no sistema operacional, elas podem ser consideradas como "dicas" para as aplicações que as manipulam.

Outro exemplo da utilidade dos tipos de arquivos vem do sistema operacional TOPS-20. Se o usuário tentar executar um

tipo de arquivo	extensão usual	função
executável	exe, com, bin ou nenhuma	programa em linguagem de máquina pronto para ser executado
objeto	obj, o	compilado, linguagem de máquina, não vinculado
código-fonte	c, cc, java, pas, asm, a	código-fonte em várias linguagens
batch	bat, sh	comandos para o interpretador de comandos
texto	txt, doc	dados textuais, documentos
processador de texto	wp, tex, rtf, doc	vários formatos de processador de texto
biblioteca	lib, a, so, dll	bibliotecas de rotinas para programadores
impressão ou visualização	ps, pdf, jpg	arquivo ASCII ou binário em um formato para impressão ou visualização
arquivamento	arc, zip, tar	arquivos relacionados agrupados em um único arquivo, às vezes comprimidos, para arquivamento ou armazenamento
multimídia	mpeg, mov, rm, mp3, avi	arquivo binário contendo informações de áudio ou A/V

Figura 9.2 Tipos de arquivo comuns.

programa-objeto cujo arquivo-fonte tenha sido modificado (ou editado) desde que o arquivo-objeto foi produzido, o arquivo-fonte será recompilado automaticamente. Essa função assegura que o usuário sempre execute um arquivo-objeto atualizado. Caso contrário, ele poderia perder muito tempo executando o arquivo-objeto antigo. Para essa função funcionar, o sistema operacional tem de poder distinguir o arquivo-fonte do arquivo-objeto, verificar a hora em que cada arquivo foi criado ou modificado pela última vez e determinar a linguagem do programa-fonte (para usar o compilador correto).

Considere, também, o sistema operacional Mac OS X. Nesse sistema, cada arquivo tem um tipo, como *TEXT* (para arquivo de texto) ou *APPL* (para aplicação). Cada arquivo também tem um atributo de criação contendo o nome do programa que o criou. Esse atributo é estabelecido pelo sistema operacional durante a chamada `create()` e, portanto, seu uso é imposto e suportado pelo sistema. Por exemplo, um arquivo produzido por um processador de texto tem o nome do processador de texto como seu criador. Quando o usuário abre esse arquivo, clicando duas vezes com o mouse no ícone que o representa, o processador de texto é chamado automaticamente e o arquivo é carregado, pronto para ser editado.

O sistema UNIX usa um **número mágico** simples armazenado no começo de alguns arquivos para indicar de forma aproximada o tipo de arquivo – programa executável, arquivo batch (ou *script de shell*), arquivo PostScript e assim por diante. Nem todos os arquivos têm números mágicos, portanto, os recursos do sistema não podem ter apenas essa informação como base. O UNIX também não registra o nome do programa criador. Ele permite o uso de dicas de extensão do nome de arquivo, mas não as impõe ou depende delas; sua principal finalidade é ajudar os usuários a determinar que tipo de conteúdo o arquivo contém. As extensões podem ser usadas ou ignoradas por uma determinada aplicação, mas quem decide isso é o programador da aplicação.

9.1.4 Estrutura de Arquivos

Os tipos de arquivo também podem ser usados para indicar a estrutura interna do arquivo. Como mencionado na Seção 9.1.3, os arquivos fonte e objeto têm estruturas que correspondem à expectativa dos programas que os leem. Além disso, certos arquivos devem estar de acordo com uma estrutura obrigatória que é entendida pelo sistema operacional. Por exemplo, o sistema operacional precisa que um arquivo executável tenha uma estrutura específica para que ele possa determinar onde, na memória, deve carregar o arquivo e onde fica a locação da primeira instrução. Alguns sistemas operacionais estendem essa ideia a um conjunto de estruturas de arquivo suportadas no sistema, com conjuntos de operações especiais para a manipulação de arquivos com essas estruturas. Por exemplo, o sistema operacional VMS da DEC tem um sistema de arquivos que dá suporte a três estruturas de arquivo definidas.

Esse ponto nos leva a uma das desvantagens de o sistema operacional dar suporte a múltiplas estruturas de arquivo: ele acaba ficando com um tamanho inadequado. Se o sistema operacional definir cinco estruturas de arquivo diferentes, terá de conter o código para dar suporte a essas estruturas. Além disso, pode ser necessário definir cada arquivo como de um dos tipos suportados pelo sistema operacional. Quando novas aplicações demandam informações estruturadas de maneiras não suportadas pelo sistema operacional, isso pode gerar problemas graves.

Por exemplo, suponha que um sistema suporte dois tipos de arquivo: arquivos de texto (compostos por caracteres ASCII separados por uma marca de mudança de linha) e arquivos binários executáveis. Se quisermos (como usuários) definir um arquivo criptografado para impedir que o conteúdo seja lido por pessoas não autorizadas, nenhum dos dois tipos será apropriado. O arquivo criptografado não tem linhas de texto ASCII e, sim, bits (aparentemente) aleatórios. Embora possa parecer com um arquivo binário, ele não é executável. Como resultado, teremos de burlar ou não usar o mecanismo de tipo de arquivo do sistema operacional ou abandonar nosso esquema de criptografia.

Alguns sistemas operacionais impõem (e suportam) uma quantidade mínima de estruturas de arquivo. Essa abordagem foi adotada no UNIX, no MS-DOS e em outros sistemas. O UNIX considera cada arquivo como uma sequência de bytes de 8 bits; nenhuma interpretação desses bits é feita pelo sistema operacional. Esse esquema fornece flexibilidade máxima mas pouco suporte. Cada programa aplicativo deve incluir seu próprio código para interpretar um arquivo de entrada conforme a estrutura apropriada. No entanto, todos os sistemas operacionais devem dar suporte a, pelo menos, uma estrutura – a de um arquivo executável – para que o sistema possa carregar e executar programas.

O sistema operacional Macintosh também dá suporte a uma quantidade mínima de estruturas de arquivo. Ele usa arquivos contendo duas partes: uma **ramificação de recursos** e uma **ramificação de dados**. A ramificação de recursos contém informações de interesse do usuário. Por exemplo, ela contém os rótulos dos botões exibidos pelo programa. Um usuário estrangeiro pode querer dar novos rótulos a esses botões em seu próprio idioma e o sistema operacional Macintosh fornece ferramentas que permitem a modificação dos dados na ramificação de recursos. A ramificação de dados contém código de programa ou dados – o conteúdo tradicional dos arquivos. Para executar a mesma tarefa em um sistema UNIX ou MS-DOS, o programador teria de alterar e recompilar o código-fonte, a menos que crie seu próprio arquivo de dados alterável pelo usuário. É claro que é útil um sistema operacional dar suporte a estruturas que serão usadas frequentemente e que economizarão muito trabalho ao programador. Muito poucas estruturas tornam a programação inconveniente, enquanto várias causam o aumento do sistema operacional e confusão para o programador.

9.1.5 Estrutura Interna dos Arquivos

Internamente, pode ser complicado para o sistema operacional localizar um deslocamento dentro de um arquivo. Normalmente, os sistemas de disco têm um tamanho de bloco bem definido determinado pelo tamanho de um setor. Todo o I/O de disco é executado em unidades de um bloco (registro físico) e todos os blocos têm o mesmo tamanho. É improvável que o tamanho do registro físico seja exatamente igual ao tamanho do registro lógico desejado. E os registros lógicos podem variar de tamanho. O **empacotamento** de vários registros lógicos em blocos físicos é uma solução comum para esse problema.

Por exemplo, o sistema operacional UNIX define todos os arquivos simplesmente como fluxos de bytes. Cada byte é endereçável individualmente por seu deslocamento a partir do começo (ou fim) do arquivo. Nesse caso, o tamanho do registro lógico é de 1 byte. O sistema de arquivos empacota e desempacota bytes automaticamente em blocos de disco físicos – digamos, 512 bytes por bloco – quando necessário.

O tamanho do registro lógico, o tamanho do bloco físico e a técnica de empacotamento determinam quantos registros lógicos cabem em cada bloco físico. O empacotamento pode ser feito pelo programa aplicativo do usuário ou pelo sistema operacional. De qualquer forma, o arquivo pode ser considerado como uma sequência de blocos. Todas as funções básicas de I/O operam em termos de blocos. A conversão de registros lógicos em blocos físicos é um problema de software relativamente simples.

Como o espaço em disco é sempre alocado em blocos, alguma parte do último bloco de cada arquivo é, em geral, perdida. Se cada bloco tivesse 512 bytes, por exemplo, um arquivo de 1.949 bytes receberia quatro blocos (2.048 bytes); os últimos 99 bytes seriam desperdiçados. O desperdício causado para manter tudo em unidades de blocos (em vez de bytes) é a *fragmentação interna*. Todos os sistemas de arquivos sofrem de fragmentação interna; quanto maior o tamanho do bloco, maior a fragmentação interna.

9.2 Métodos de Acesso

Arquivos armazenam informações. Quando são usadas, essas informações devem ser acessadas e lidas para a memória do computador. As informações do arquivo podem ser acessadas de várias maneiras. Alguns sistemas só fornecem um método de acesso a arquivos. Outros, como os da IBM, dão suporte a muitos métodos de acesso e a seleção do método correto para uma aplicação específica é um grande problema dos projetos.

9.2.1 Acesso Sequencial

O método de acesso mais simples é o *acesso sequencial*. As informações do arquivo são processadas em ordem, um registro após o outro. Essa modalidade de acesso é, sem dúvida, a mais comum; por exemplo, editores e compiladores usualmente acessam arquivos dessa forma.

As leituras e gravações compõem grande parte das operações efetuadas em um arquivo. Uma operação de leitura – *ler próximo* – lê a parte seguinte do arquivo e, automaticamente, avança um ponteiro do arquivo que controla a locação do I/O. Da mesma forma, a operação de gravação – *gravar próximo* – acrescenta algo ao fim do arquivo e avança para o fim do material recém-gravado (o novo fim do arquivo). Esse tipo de arquivo pode ser reconduzido ao seu início e, em alguns sistemas, um programa pode conseguir saltar para frente ou para trás n registros segundo algum inteiro n – talvez só para n = 1. O acesso sequencial que é mostrado na Figura 9.3, está fundamentado em um modelo de fita de um arquivo e funciona tanto em dispositivos de acesso sequencial quanto nos de acesso aleatório.

9.2.2 Acesso Direto

Outro método é o *acesso direto* (ou *acesso relativo*). Um arquivo é composto por *registros lógicos* de tamanho fixo que permitem que os programas leiam e gravem registros rapidamente sem uma ordem específica. O método de acesso direto tem como base um modelo de disco de um arquivo, já que os discos permitem o acesso aleatório a qualquer bloco do arquivo. No acesso direto, o arquivo é considerado uma sequência numerada de blocos ou registros. Portanto, podemos ler o bloco 14, depois ler o bloco 53 e então ler o bloco 7. Não há restrições à ordem de leitura ou gravação de um arquivo de acesso direto.

Os arquivos de acesso direto são muito úteis para acesso imediato a grandes volumes de informações. Os bancos de dados são, com frequência, desse tipo. Quando uma consulta relacionada a um assunto específico chega, calculamos qual bloco contém a resposta e então lemos esse bloco diretamente para fornecer a informação desejada.

Como um exemplo simples, podemos armazenar, em um sistema de reservas aéreas, todas as informações sobre um voo específico (por exemplo, o voo 713) no bloco identificado pelo número do voo. Portanto, a quantidade de assentos disponíveis no voo 713 é armazenada no bloco 713 do arquivo de reservas. Para armazenar informações sobre um conjunto maior, como o de pessoas, podemos executar uma função hash sobre os nomes das pessoas ou pesquisar um pequeno índice na memória para determinar um bloco a ser lido e pesquisado.

No método de acesso direto, as operações de arquivo devem ser modificadas para incluir o número do bloco como parâmetro. Logo, temos *ler n*, sendo n o número do bloco, em vez de *ler próximo*, e *gravar n* em vez de *gravar próximo*. Uma abordagem alternativa é reter *ler próximo* e *gravar próximo*, como no acesso sequencial, e adicionar uma operação *posicionar arquivo em n*, sendo n é o número do bloco. Assim, para efetuar um *ler n*, deve ser executado *posicionar arquivo em n* para então *ler próximo*.

Normalmente, o número de bloco fornecido pelo usuário para o sistema operacional é um *número de bloco relativo*. Um número de bloco relativo é um índice relativo ao começo

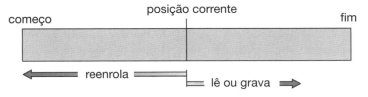

Figura 9.3 Arquivo de acesso sequencial.

acesso sequencial	implementação do acesso direto
reiniciar	pc = 0;
ler próximo	ler pc; pc = pc + 1;
grava próximo	grava pc; pc = pc + 1;

Figura 9.4 Simulação de acesso sequencial em um arquivo de acesso direto.

do arquivo. Portanto, o primeiro bloco relativo do arquivo é 0, o seguinte é 1 e assim por diante, ainda que o endereço de disco absoluto possa ser 14703 para o primeiro bloco e 3192 para o segundo. O uso de números de bloco relativos permite que o sistema operacional decida onde o arquivo deve ser alocado (chamado de *problema de alocação*, como discutido no Capítulo 10) e ajuda a impedir que o usuário acesse trechos do sistema de arquivos que podem não fazer parte de seu arquivo. Alguns sistemas iniciam seus números de blocos relativos em 0; outros iniciam em 1.

Como, então, o sistema atenderia a uma solicitação de acesso ao registro N de um arquivo? Supondo que tenhamos um tamanho de registro lógico L, a solicitação do registro N é transformada em uma solicitação de I/O envolvendo L bytes começando na locação L * (N) dentro do arquivo (presumindo que o primeiro registro seja N = 0). Os registros lógicos têm tamanho fixo, portanto, eles também são fáceis de ler, gravar e excluir.

Nem todos os sistemas operacionais dão suporte aos dois tipos de acesso a arquivos. Alguns só permitem o acesso sequencial; outros só permitem o acesso direto. Alguns sistemas requerem que o arquivo seja definido como sequencial ou direto quando ele é criado; esse arquivo só poderá ser acessado de maneira consistente com sua declaração. Podemos simular facilmente o acesso sequencial em um arquivo de acesso direto simplesmente mantendo uma variável *pc* que defina nossa posição corrente, como mostrado na Figura 9.4. A simulação de um arquivo de acesso direto em um arquivo de acesso sequencial, no entanto, é extremamente ineficiente e deselegante.

9.2.3 Outros Métodos de Acesso

Outros métodos de acesso podem ser construídos acima de um método de acesso direto. Geralmente, esses métodos envolvem a construção de um índice para o arquivo. O *índice*, semelhante a um índice da parte final de um livro, contém ponteiros para os vários blocos. Para encontrar um registro no arquivo, primeiro pesquisamos o índice e, então, usamos o ponteiro para acessar o arquivo diretamente e encontrar o registro desejado.

Por exemplo, um arquivo de preços no varejo poderia listar os códigos universais de produto (UPCs – *universal product codes*) dos itens, com os preços associados. Cada registro seria composto por um UPC de 10 dígitos e um preço de 6 dígitos, para um registro de 16 bytes. Se nosso disco tiver 1.024 bytes por bloco, poderemos armazenar 64 registros por bloco. Um arquivo de 120.000 registros ocuparia cerca de 2000 blocos (2 milhões de bytes). Mantendo o arquivo classificado por UPC, podemos definir um índice composto pelo primeiro UPC de cada bloco. Esse índice teria 2000 entradas de 10 dígitos cada, ou 20.000 bytes e, portanto, poderia ser mantido na memória. Para encontrar o preço de um item específico, faríamos uma busca binária no índice. A partir dessa busca, saberíamos exatamente que bloco contém o registro desejado e acessaríamos esse bloco. Essa estrutura nos permitiria pesquisar um arquivo grande com poucas operações de I/O.

Com arquivos grandes, o próprio arquivo de índices pode se tornar grande demais para ser mantido na memória. Uma solução é a criação de um índice para o arquivo de índices. O arquivo de índices primário conteria ponteiros para arquivos de índices secundários que apontariam para os itens de dados reais.

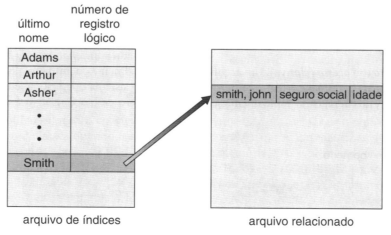

Figura 9.5 Exemplo de arquivo de índices e arquivos relacionados.

Por exemplo, o método de acesso sequencial indexado (ISAM – *indexed sequential-access method*) da IBM usa um pequeno índice mestre que aponta para blocos de disco de um índice secundário. Os blocos do índice secundário apontam para os blocos reais do arquivo. O arquivo é mantido classificado por uma chave definida. Para encontrar um item específico, primeiro fazemos uma busca binária no índice mestre que fornece o número do bloco do índice secundário. Esse bloco é lido e novamente uma busca binária é usada para encontrar o bloco que contém o registro desejado. Para concluir, esse bloco é pesquisado sequencialmente. Dessa forma, qualquer registro pode ser localizado a partir de sua chave por, no máximo, duas leituras de acesso direto. A Figura 9.5 mostra uma situação semelhante como implementada pelo VMS para arquivos de índices e arquivos correspondentes.

9.3 Estrutura de Diretórios e Discos

A seguir, consideramos como armazenar arquivos. É claro que nenhum computador de uso geral armazena apenas um arquivo. Normalmente, há milhares, milhões e até bilhões de arquivos dentro de um computador. Os arquivos são armazenados em dispositivos de armazenamento de acesso aleatório, incluindo discos rígidos, discos óticos e discos de estado sólido (com base na memória).

Um dispositivo de armazenamento pode ser usado em sua totalidade para um sistema de arquivos ou pode ser subdividido para fornecer controle de granularidade mais fina. Por exemplo, um disco pode ser *particionado* em quartos e cada quarto pode conter um sistema de arquivos. Além disso, os dispositivos de armazenamento podem ser reunidos em conjuntos RAID para fornecer proteção contra a falha de um único disco (como descrito na Seção 11.7). Às vezes, os discos são subdivididos e também reunidos em conjuntos RAID.

O particionamento é útil para limitar o tamanho de sistemas de arquivos individuais, alocar vários tipos de sistemas de arquivos ao mesmo dispositivo ou deixar parte do dispositivo disponível para outras finalidades, como espaço de permuta ou espaço de disco não formatado (*bruto*). As partições também são conhecidas como *fatias* ou (no universo IBM) *minidiscos*. Um sistema de arquivos pode ser criado em cada uma dessas partes do disco. Qualquer entidade que contém um sistema de arquivos é, em geral, chamada de *volume*. O volume pode ser um subconjunto de um dispositivo, um dispositivo inteiro ou vários dispositivos reunidos em um conjunto RAID. Cada volume pode ser considerado um disco virtual. Os volumes também podem armazenar vários sistemas operacionais, permitindo que um sistema inicialize e execute mais de um sistema operacional.

Cada volume que contém um sistema de arquivos também deve conter informações sobre os arquivos do sistema. Essas informações são mantidas em entradas em um *diretório de dispositivo* ou *índice de volume*. O diretório de dispositivo (mais conhecido simplesmente como **diretório**) registra informações – como nome, localização, tamanho e tipo – de todos os arquivos desse volume. A Figura 9.6 mostra uma organização de sistema de arquivos típica.

9.3.1 Estrutura de Armazenamento

Como acabamos de ver, um sistema de computação de uso geral tem vários dispositivos de armazenamento e esses dispositivos podem ser fatiados em volumes contendo sistemas de arquivos. Os sistemas de computação podem ter zero ou mais sistemas de arquivos e os sistemas de arquivos podem ser de vários tipos. Por exemplo, um sistema Solaris típico pode ter vários sistemas de arquivos de vários tipos diferentes, como mostrado na lista de sistemas de arquivos da Figura 9.7.

Neste livro, consideramos apenas sistemas de arquivos de uso geral. Devemos lembrar, no entanto, que há muitos sistemas de arquivos de uso específico. Considere os tipos de sistemas de arquivos do exemplo do Solaris já mencionado:

- **tmpfs** – sistema de arquivos "temporário" que é criado em memória principal volátil e tem seu conteúdo apagado quando o sistema é reinicializado ou cai
- **objfs** – sistema de arquivos "virtual" (essencialmente uma interface para o kernel que se parece com um sistema de arquivos) que fornece aos depuradores acesso a símbolos do kernel

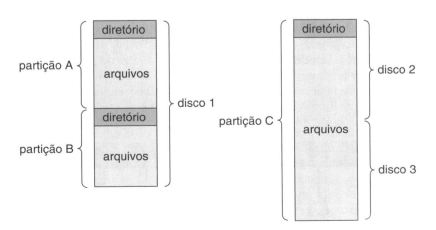

Figura 9.6 Uma organização de sistema de arquivos típica.

/	ufs
/devices	devfs
/dev	dev
/system/contract	ctfs
/proc	proc
/etc/mnttab	mntfs
/etc/svc/volatile	tmpfs
/system/object	objfs
/lib/libc.so.1	lofs
/dev/fd	fd
/var	ufs
/tmp	tmpfs
/var/run	tmpfs
/opt	ufs
/zpbge	zfs
/zpbge/backup	zfs
/export/home	zfs
/var/mail	zfs
/var/spool/mqueue	zfs
/zpbg	zfs
/zpbg/zones	zfs

Figura 9.7 Sistema de arquivos do Solaris.

- **ctfs** – sistema de arquivos virtual que mantém informações de "contrato" para gerenciar que processos são iniciados quando o sistema é inicializado e devem continuar a ser executados durante a operação
- **lofs** – sistema de arquivos de "autorretorno" que permite que um sistema de arquivos seja acessado no lugar de outro
- **procfs** – sistema de arquivos virtual que apresenta informações sobre todos os processos como um sistema de arquivos
- **ufs, zfs** – sistemas de arquivos de uso geral

Logo, os sistemas de arquivos dos computadores podem ser extensivos. Mesmo dentro de um sistema de arquivos, é útil segregar arquivos em grupos e gerenciar e manipular esses grupos. Essa organização envolve o uso de diretórios. No resto desta seção, examinamos o tópico da estrutura de diretórios.

9.3.2 Visão Geral do Diretório

O diretório pode ser considerado como uma tabela de símbolos que converte nomes de arquivo em entradas de diretório. Se considerarmos essa perspectiva, veremos que o próprio diretório pode ser organizado de muitas maneiras. Queremos poder inserir entradas, excluir entradas, procurar uma entrada nomeada e listar todas as entradas do diretório. Nesta seção, examinamos vários esquemas para a definição da estrutura lógica do sistema de diretório.

Ao considerar uma estrutura de diretório específica, temos de nos lembrar das operações que são executadas em um diretório:

- **Busca de um arquivo.** Temos de poder pesquisar a estrutura de diretório para encontrar a entrada de um arquivo específico. Como os arquivos têm nomes simbólicos, e nomes semelhantes podem indicar um relacionamento entre arquivos, podemos querer encontrar todos os arquivos cujos nomes correspondam a um padrão específico.
- **Criação de um arquivo.** Novos arquivos precisam ser criados e adicionados ao diretório.
- **Exclusão de um arquivo.** Quando um arquivo não é mais necessário, queremos poder removê-lo do diretório.
- **Listagem de um diretório.** Temos de poder listar os arquivos de um diretório e os conteúdos da entrada no diretório de cada arquivo da lista.
- **Renomeação de um arquivo.** O nome de um arquivo representa seu conteúdo para os usuários, por isso temos de poder alterar o nome quando o conteúdo ou o uso do arquivo mudar. A renomeação de um arquivo também pode permitir que sua posição na estrutura do diretório seja alterada.
- **Varredura do sistema de arquivos.** Podemos querer acessar cada diretório e cada arquivo de uma estrutura de diretórios. A título de confiabilidade, é uma boa ideia salvar o conteúdo e a estrutura do sistema de arquivos inteiro em intervalos regulares. Geralmente, fazemos isso copiando todos os arquivos em fita magnética. Essa técnica fornece uma cópia de backup para o caso de falha no sistema. Além disso, se um arquivo não estiver mais sendo usado, poderá ser copiado em fita e o espaço desse arquivo em disco poderá ser liberado e reutilizado por outro arquivo.

Nas seções a seguir, descrevemos os esquemas mais comuns para definição da estrutura lógica de um diretório.

9.3.3 Diretório de Um Nível

A estrutura de diretório mais simples é o diretório de um nível. Todos os arquivos ficam no mesmo diretório, que é fácil de suportar e entender (Figura 9.8).

No entanto, o diretório de um nível apresenta limitações significativas quando a quantidade de arquivos aumenta ou quando o sistema tem mais de um usuário. Todos os arquivos ficam no mesmo diretório, portanto, eles devem ter nomes exclusivos. Se dois usuários derem o nome *teste* a seus arquivos de dados, a regra do nome exclusivo será violada. Por exemplo, em uma turma de programação, 23 alunos chamaram de *prog2* o programa de seu segundo exercício; outros 11 o chamaram de *assign2*. Embora os nomes de arquivo sejam, em geral, seleciona-

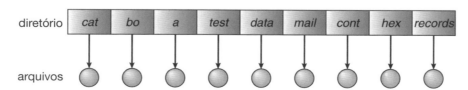

Figura 9.8 Diretório de um nível.

dos para refletir o conteúdo do arquivo, com frequência eles têm tamanho limitado, o que complica a tarefa de tornar os nomes de arquivo exclusivos. O sistema operacional MS-DOS só permite nomes de arquivo com 11 caracteres; o UNIX, por outro lado, permite 255 caracteres.

Até mesmo um único usuário em um diretório de um nível pode achar difícil lembrar os nomes de todos os arquivos conforme a quantidade de arquivos aumenta. Não é raro um usuário ter centenas de arquivos em um sistema de computação e uma quantidade igual de arquivos adicionais em outro sistema. Lembrar de tantos arquivos é uma tarefa assustadora.

9.3.4 Diretório de Dois Níveis

Como vimos, um diretório de um nível leva, com frequência, à confusão de nomes de arquivo entre diferentes usuários. A solução padrão é criar um diretório *separado* para cada usuário.

Na estrutura de diretório de dois níveis, cada usuário tem seu próprio **diretório de arquivos do usuário** (**UFD** – *user file directory*). Os UFDs têm estruturas semelhantes, mas só listam os arquivos de um usuário. Quando um job de usuário é iniciado ou um usuário faz login, o **diretório de arquivos mestre** (**MFD** – *master file directory*) do sistema é pesquisado. O MFD é indexado por nome de usuário ou número de conta e cada entrada aponta para o UFD desse usuário (Figura 9.9).

Quando um usuário referencia um arquivo específico, apenas seu UFD é pesquisado. Portanto, diferentes usuários podem ter arquivos com o mesmo nome, contanto que todos os nomes de arquivo de cada UFD sejam exclusivos. Para criar um arquivo para um usuário, o sistema operacional só pesquisa o UFD desse usuário para verificar se existe outro arquivo com esse nome. Para excluir um arquivo, o sistema operacional limita sua pesquisa ao UFD local; logo, ele não pode excluir acidentalmente o arquivo de outro usuário que tenha o mesmo nome.

Os diretórios de usuário também devem ser criados e excluídos quando necessário. Um programa especial do sistema é executado com as informações apropriadas de nome e conta de usuário. O programa cria um novo UFD e adiciona uma entrada para ele no MFD. A execução desse programa pode estar restrita aos administradores do sistema. A alocação de espaço em disco para diretórios de usuário pode ser manipulada com as técnicas discutidas no Capítulo 10 para os próprios arquivos.

Embora a estrutura de diretório de dois níveis resolva o problema da colisão de nomes, ela também apresenta desvantagens. Essa estrutura isola efetivamente um usuário do outro. O isolamento é uma vantagem quando os usuários são completamente independentes, mas é uma desvantagem quando eles *querem* cooperar em alguma tarefa e acessar arquivos uns dos outros. Alguns sistemas simplesmente não permitem que arquivos de usuários locais sejam acessados por outros usuários.

Se o acesso for permitido, um usuário deve poder nomear um arquivo no diretório de outro usuário. Para nomear um arquivo específico de maneira exclusiva em um diretório de dois níveis, devemos fornecer tanto o nome do usuário quanto o nome do arquivo. Um diretório de dois níveis pode ser considerado como uma árvore, ou uma árvore invertida, de altura 2. A raiz da árvore é o MFD. Seus descendentes diretos são os UFDs. Os descendentes dos UFDs são os arquivos propriamente ditos. Os arquivos são as folhas da árvore. A especificação de um nome de usuário e um nome de arquivo define um caminho na árvore que vai da raiz (o MFD) até uma folha (o arquivo especificado). Portanto, um nome de usuário e um nome de arquivo definem um *nome de caminho*. Todo arquivo do sistema tem um nome de caminho. Para nomear um arquivo de maneira exclusiva, o usuário deve saber o nome de caminho do arquivo desejado.

Por exemplo, se o usuário A quiser acessar seu arquivo de teste chamado *teste*, ele pode simplesmente referenciar *teste*. Para acessar o arquivo chamado *teste* do usuário B (com o nome de entrada de diretório *usuárioB*), no entanto, ele pode ter de referenciar */usuárioB/teste*. Cada sistema tem sua própria sintaxe para a nomeação de arquivos nos diretórios, que é diferente da sintaxe do usuário.

Uma sintaxe adicional é necessária para a especificação do volume de um arquivo. Por exemplo, no MS-DOS um volume é especificado por uma letra seguida por dois pontos. Logo, a especificação de um arquivo poderia ser *C:\usuárioB\teste*. Alguns sistemas vão além e separam as partes da especificação referentes ao volume, nome do diretório e nome do arquivo. Por exemplo, no VMS, o arquivo *login.com* poderia ser especificado como: *u:[sst.jdeck]login.com;1*, em que *u* é o nome do volume, *sst* é o nome do diretório, *jdeck* é o nome do subdiretório e *1* é o número da versão. Outros sistemas simplesmente tratam o nome do volume como parte do nome do diretório. O primeiro nome fornecido é o do volume e o resto é o diretório e o arquivo. Por exemplo, */u/pbg/teste* poderia especificar o volume *u*, o diretório *pbg* e o arquivo *teste*.

Um caso especial dessa situação ocorre com os arquivos do sistema. Programas fornecidos como parte do sistema – carregadores, montadores, compiladores, rotinas utilitárias, bibliotecas

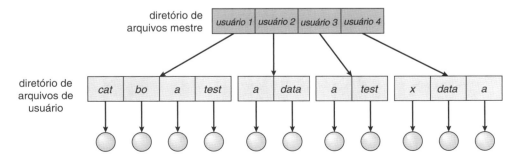

Figura 9.9 Estrutura de diretório de dois níveis.

e assim por diante – são, geralmente, definidos como arquivos. Quando os comandos apropriados são fornecidos para o sistema operacional, esses arquivos são lidos pelo carregador e executados. Muitos interpretadores de comandos simplesmente tratam esse tipo de comando como o nome de um arquivo a ser carregado e executado. Como o sistema de diretório é definido hoje em dia, esse nome de arquivo seria procurado no UFD corrente. Uma solução seria copiar os arquivos do sistema em cada UFD. No entanto, a cópia de todos os arquivos do sistema desperdiçaria uma quantidade enorme de espaço. (Se os arquivos do sistema precisarem de 5 MB, o suporte a 12 usuários demandaria 5 × 12 = 60 MB só para as cópias desses arquivos.)

A solução-padrão é complicar um pouco o procedimento de busca. Um diretório de usuário especial é definido para conter os arquivos do sistema (por exemplo, usuário 0). Sempre que um nome de arquivo é fornecido para carga, primeiro o sistema operacional pesquisa o UFD local. Se o arquivo for encontrado, ele será usado. Se não for encontrado, o sistema pesquisará automaticamente o diretório de usuário especial que contém os arquivos do sistema. A sequência de diretórios pesquisados quando um arquivo é nomeado se chama **caminho de busca**. O caminho de busca pode ser estendido para conter uma lista ilimitada de diretórios a serem pesquisados quando um nome de comando é fornecido. Esse método é o mais usado no UNIX e no MS-DOS. Os sistemas também podem ser projetados para que cada usuário tenha seu próprio caminho de busca.

9.3.5 Diretórios Estruturados em Árvore

Agora que vimos como visualizar um diretório de dois níveis como uma árvore de dois níveis, a generalização natural é estender a estrutura de diretório a uma árvore de altura arbitrária (Figura 9.10). Essa generalização permite que os usuários criem seus próprios subdiretórios e organizem os arquivos de acordo. Uma árvore é a estrutura de diretório mais comum. A árvore tem um diretório raiz e cada arquivo do sistema tem um nome de caminho exclusivo.

Um diretório (ou subdiretório) contém um conjunto de arquivos ou subdiretórios. O diretório é simplesmente outro arquivo, porém tratado de maneira especial. Todos os diretórios têm o mesmo formato interno. Um bit em cada entrada do diretório define a entrada como um arquivo (0) ou como um subdiretório (1). Chamadas de sistema especiais são usadas na criação e exclusão de diretórios.

Em circunstâncias normais, cada processo tem um diretório corrente. O **diretório corrente** deve conter a maioria dos arquivos que são, correntemente, de interesse do processo. Quando uma referência é feita a um arquivo, o diretório corrente é pesquisado. Se um arquivo que não estiver no diretório corrente for necessário, o usuário deve especificar um nome de caminho ou passar do diretório corrente para o diretório que contém esse arquivo. Para mudar de diretório, é fornecida uma chamada de sistema que recebe um nome de diretório como parâmetro e o usa para redefinir o diretório corrente. Portanto, o usuário pode mudar seu diretório corrente sempre que quiser. De uma chamada de sistema `change directory` para outra, todas as chamadas de sistema `open` procuram o arquivo especificado no diretório corrente. É bom ressaltar que o caminho de busca pode ou não conter uma entrada especial que represente "o diretório corrente".

O diretório corrente inicial do shell de login de um usuário é designado quando o job do usuário é iniciado ou quando o usuário faz login. O sistema operacional pesquisa o arquivo de contabilização (ou alguma outra locação predefinida) para encontrar uma entrada desse usuário (para fins de contabilidade). No arquivo de contabilização há um ponteiro para o (ou o nome do) diretório inicial do usuário. Esse ponteiro é copiado para uma variável local do usuário que especifica seu diretório corrente inicial. Outros processos podem ser gerados a partir desse shell. O diretório corrente de qualquer subprocesso é, usualmente, o diretório corrente do pai quando ele foi gerado.

Os nomes de caminho podem ser de dois tipos: *absoluto* e *relativo*. Um **nome de caminho absoluto** começa na raiz e segue

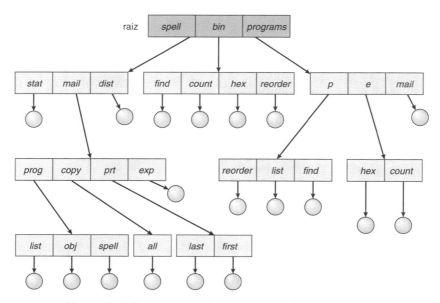

Figura 9.10 Estrutura de diretório em forma de árvore.

um caminho para baixo até o arquivo especificado, fornecendo os nomes de diretório do caminho. Um **nome de caminho relativo** define um caminho a partir do diretório corrente. Por exemplo, no sistema de arquivos estruturado em árvore da Figura 9.10, se o diretório corrente for *root/spell/mail*, o nome de caminho relativo *prt/first* referenciará o mesmo arquivo do nome de caminho absoluto *root/spell/mail/prt/first*.

Se um usuário puder definir seus próprios subdiretórios, terá como impor uma estrutura a seus arquivos. Essa estrutura pode resultar em diretórios separados para arquivos associados a tópicos diferentes (por exemplo, um subdiretório foi criado para conter o texto deste livro) ou tipos de informação diferentes (por exemplo, o diretório *programas* pode conter programas-fonte; o diretório *bin* pode armazenar todos os binários).

Uma decisão política interessante em um diretório estruturado em árvore é como manipular a exclusão de um diretório. Se um diretório estiver vazio, sua entrada no diretório que o contém pode simplesmente ser excluída. No entanto, suponha que o diretório a ser excluído não esteja vazio e tenha vários arquivos ou subdiretórios. Uma entre duas abordagens pode ser adotada. Alguns sistemas, como o MS-DOS, não excluirão um diretório a menos que ele esteja vazio. Portanto, para excluir um diretório, primeiro o usuário deve excluir todos os arquivos desse diretório. Se houver subdiretórios, esse procedimento deve ser aplicado recursivamente a eles, para que também possam ser excluídos. Essa abordagem pode resultar em um grande volume de trabalho. Uma abordagem alternativa, como a adotada pelo comando rm do UNIX, é fornecer uma opção: quando uma solicitação de exclusão de diretório for feita, todos os arquivos e subdiretórios do diretório também devem ser excluídos. As duas abordagens são bem fáceis de implementar; a escolha é uma questão de política. A última política é mais conveniente, mas também mais perigosa, porque uma estrutura de diretório inteira pode ser removida com um comando. Se esse comando for emitido incorretamente, uma grande quantidade de arquivos e diretórios terá de ser restaurada (supondo que exista um backup).

Em um sistema de diretório estruturado em árvore, os usuários podem ter permissão para acessar, além de seus arquivos, os arquivos de outros usuários. Por exemplo, o usuário B poderia acessar um arquivo do usuário A especificando seus nomes de caminho. O usuário B pode especificar um nome de caminho absoluto ou relativo. Alternativamente, o usuário B pode alterar seu diretório corrente para o diretório do usuário A e acessar o arquivo por seus nomes de arquivo.

O caminho de um arquivo em um diretório estruturado em árvore pode ser mais longo do que um caminho em um diretório de dois níveis. Para permitir que os usuários acessem programas sem ter de lembrar esses caminhos longos, o sistema operacional Macintosh automatiza a busca de programas executáveis. Um método que emprega é manter um arquivo, chamado *Desktop File*, contendo o código de metadados e o nome e a localização de todos os programas executáveis que passaram pelo sistema. Quando um novo disco rígido é adicionado ao sistema, ou a rede é acessada, o sistema operacional percorre a estrutura de diretório, procurando programas executáveis no dispositivo e registrando as informações pertinentes. Esse mecanismo dá suporte à funcionalidade de execução por meio de um clique duplo descrita anteriormente. Um clique duplo em um arquivo faz com que os dados de seu atributo de criação sejam lidos e o *Desktop File* seja pesquisado em busca de uma ocorrência correspondente. Uma vez que a ocorrência seja encontrada, o programa executável apropriado é iniciado com o arquivo que foi clicado como sua entrada.

9.3.6 Diretórios de Grafo Acíclico

Considere dois programadores trabalhando em um projeto em equipe. Os arquivos associados a esse projeto podem ser armazenados em um subdiretório, o que os separaria de outros projetos e arquivos dos dois programadores. Mas, como os dois programadores são igualmente responsáveis pelo projeto, ambos querem que o subdiretório fique em seus próprios diretórios. O subdiretório comum deve ser *compartilhado*. Um diretório ou arquivo compartilhado existirá no sistema de arquivos em dois (ou mais) locais ao mesmo tempo.

Uma estrutura de árvore proíbe o compartilhamento de arquivos ou diretórios. Um **grafo acíclico** – isto é, um grafo sem ciclos – permite que os diretórios compartilhem subdiretórios e arquivos (Figura 9.11). O *mesmo* arquivo ou subdiretório pode estar em dois diretórios diferentes. O grafo acíclico é uma generalização natural do esquema de diretório estruturado em árvore.

É importante observar que um arquivo (ou diretório) compartilhado não é o mesmo que duas cópias do arquivo. Com duas cópias, cada programador pode visualizar a cópia em vez de o original, mas se um programador alterar o arquivo, as alterações não aparecerão na cópia do outro. Com um arquivo compartilhado, só existe *um* arquivo real e, portanto, qualquer alteração feita por uma pessoa pode imediatamente ser vista pela outra. O compartilhamento é particularmente importante para os subdiretórios; um novo arquivo criado por uma pessoa aparecerá automaticamente em todos os subdiretórios compartilhados.

Quando pessoas trabalham em equipe, todos os arquivos que elas queiram compartilhar podem ser inseridos em um diretório. O UFD de cada membro da equipe conterá esse diretó-

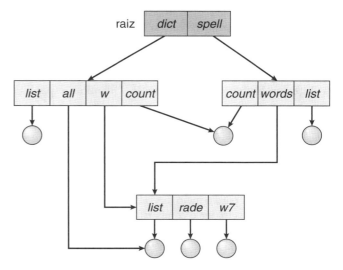

Figura 9.11 Estrutura de diretório de grafo acíclico.

rio de arquivos compartilhados como subdiretório. Mesmo no caso de apenas um usuário, a organização de arquivos do usuário pode requerer que algum arquivo seja inserido em subdiretórios diferentes. Por exemplo, um programa escrito para um projeto específico deve estar tanto no diretório que contém todos os programas quanto no diretório desse projeto.

Arquivos e subdiretórios compartilhados podem ser implementados de várias formas. Uma forma comum, exemplificada por muitos dos sistemas UNIX, é a criação de uma nova entrada de diretório chamada link. Um *link* é efetivamente um ponteiro para outro arquivo ou subdiretório. Por exemplo, um link pode ser implementado como um nome de caminho absoluto ou relativo. Quando uma referência é feita a um arquivo, o diretório é pesquisado. Se a entrada do diretório estiver marcada como um link, o nome do arquivo real está incluído nas informações do link. **Resolvemos** o link usando esse nome de caminho para localizar o arquivo real. Os links são facilmente identificados por seus formatos na entrada de diretório (ou por ter um tipo especial em sistemas que dão suporte a tipos) e são efetivamente ponteiros indiretos. O sistema operacional ignora esses links ao percorrer árvores de diretório para preservar a estrutura acíclica do sistema.

Outra abordagem comum para a implementação de arquivos compartilhados é simplesmente duplicar todas as informações sobre eles nos dois diretórios compartilhados. Assim, as duas entradas serão idênticas. Considere a diferença entre essa abordagem e a criação de um link. O link é nitidamente diferente da entrada de diretório original; logo, os dois não são iguais. A duplicação de entradas de diretório, no entanto, torna o original e a cópia indistintos. Um grande problema da duplicação de entradas de diretório é manter a consistência quando um arquivo é modificado.

Uma estrutura de diretório de grafo acíclico é mais flexível do que uma estrutura de árvore comum, mas também é mais complexa. Vários problemas devem ser considerados com cuidado. Um arquivo pode ter atualmente vários nomes de caminho absolutos. Consequentemente, nomes de arquivo distintos podem referenciar o mesmo arquivo. Essa situação é semelhante ao problema de criação de aliases nas linguagens de programação. Se estivermos tentando percorrer o sistema de arquivos inteiro – para encontrar um arquivo, coletar estatísticas sobre todos os arquivos ou copiar todos os arquivos em backup – esse problema se torna significativo, porque não queremos percorrer estruturas compartilhadas mais de uma vez.

Outro problema envolve a exclusão. Quando o espaço alocado para um arquivo compartilhado pode ser desalocado e reutilizado? Uma possibilidade é a remoção do arquivo sempre que alguém o excluir, mas essa ação pode deixar ponteiros pendentes para o arquivo inexistente. Pior ainda é se os ponteiros remanescentes tiverem endereços de disco reais e o espaço for reutilizado subsequentemente para outros arquivos, esses ponteiros pendentes podem apontar para o meio dos outros arquivos.

Em um sistema em que o compartilhamento é implementado por links simbólicos, essa situação é um pouco mais fácil de manipular. A exclusão de um link não precisa afetar o arquivo original; só o link é removido. Se a própria entrada do arquivo for excluída, o espaço reservado para o arquivo é desalocado, deixando os links pendentes. Também podemos procurar esses links e removê-los, mas a menos que uma lista dos links associados seja mantida com cada arquivo, essa busca pode ser dispendiosa. Alternativamente, podemos deixar os links até que haja uma tentativa de usá-los. Nesse momento, podemos determinar que o arquivo com o nome fornecido pelo link não existe e não conseguimos resolver o nome do link; o acesso é tratado como no caso de qualquer outro nome de arquivo inválido. (Nesse caso, o projetista do sistema deve considerar com cuidado o que fazer quando um arquivo for excluído e outro arquivo com o mesmo nome for criado, antes de o link simbólico do arquivo original ser usado.) No caso do UNIX, os links simbólicos são deixados quando um arquivo é excluído e é responsabilidade do usuário perceber que o arquivo original não existe mais ou foi substituído. O Microsoft Windows usa a mesma abordagem.

Outra abordagem para a exclusão é a preservação do arquivo até todas as referências a ele serem excluídas. Para implementar essa abordagem, precisamos de algum mecanismo para determinar se a última referência ao arquivo foi excluída. Podemos manter uma lista de todas as referências a um arquivo (entradas de diretório ou links simbólicos). Quando for criado um link ou uma cópia da entrada de diretório, uma nova entrada será adicionada à lista de referências do arquivo. Quando for excluído um link ou entrada de diretório, removeremos sua entrada da lista. O arquivo será excluído quando sua lista de referências estiver vazia.

O problema dessa abordagem é o tamanho variável e potencialmente grande da lista de referências ao arquivo. No entanto, não precisamos manter a lista inteira – só temos de manter uma contagem da *quantidade* de referências. A inclusão de um novo link ou entrada de diretório aumenta a contagem de referências; a exclusão de um link ou entrada diminui a contagem. Quando a contagem for igual a 0, o arquivo pode ser excluído; não existem mais referências a ele. O sistema operacional UNIX usa essa abordagem para links não simbólicos (ou **links físicos**), mantendo uma contagem de referências no bloco de informações do arquivo (ou *inode*; consulte o Apêndice A.7.2). Ao proibir efetivamente referências múltiplas a diretórios, temos uma estrutura de grafo acíclico.

Para evitar problemas como os que acabamos de discutir, alguns sistemas não permitem diretórios ou links compartilhados. Por exemplo, no MS-DOS, a estrutura de diretório é uma estrutura de árvore em vez de um grafo acíclico.

9.3.7 Diretório de Grafo Geral

Um problema sério do uso de uma estrutura de grafo acíclico é assegurar que não existem ciclos. Se começarmos com um diretório de dois níveis e permitirmos que os usuários criem subdiretórios, teremos um diretório estruturado em árvore. É fácil perceber que a simples inclusão de novos arquivos e subdiretórios a um diretório existente estruturado em árvore preserva a natureza da estrutura em árvore. No entanto, ao adicionarmos links, a estrutura em árvore é destruída, resultando em uma estrutura de grafo simples (Figura 9.12).

A principal vantagem de um grafo acíclico é a relativa simplicidade dos algoritmos para percorrer o grafo e determinar quando não há mais referências a um arquivo. Queremos evi-

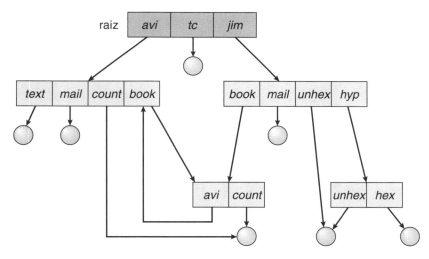

Figura 9.12 Diretório de grafo geral.

tar percorrer seções compartilhadas de um grafo acíclico duas vezes, principalmente por questões de desempenho. Se tivermos acabado de procurar um arquivo específico em um grande subdiretório compartilhado sem encontrá-lo, queremos evitar pesquisar esse subdiretório novamente; a segunda busca seria um desperdício de tempo.

Se for permitida a existência de ciclos no diretório, também queremos evitar pesquisar qualquer componente duas vezes, por motivos de precisão e desempenho. Um algoritmo mal projetado pode resultar em um loop infinito, pesquisando continuamente o ciclo e nunca terminando. Uma solução é limitar arbitrariamente a quantidade de diretórios que serão acessados durante uma busca.

Um problema semelhante ocorre quando tentamos determinar quando um arquivo pode ser excluído. Em estruturas de diretório de grafo acíclico, um valor igual a 0 na contagem de referências significa que não há mais referências ao arquivo ou diretório e o arquivo pode ser excluído. No entanto, se existirem ciclos, a contagem de referências pode não ser igual a 0 mesmo quando não for mais possível referenciar um diretório ou arquivo. Essa anomalia resulta da possibilidade de autorreferência (ou um ciclo) na estrutura de diretório. Nesse caso, geralmente temos de usar um esquema de coleta de lixo para determinar quando a última referência foi excluída e o espaço em disco pode ser realocado. A coleta de lixo envolve uma varredura no sistema de arquivos inteiro e a marcação de tudo que pode ser acessado. Em seguida, uma segunda passagem reúne em uma lista de espaço livre tudo que não estiver marcado. (Um procedimento de marcação semelhante pode ser usado para assegurar que uma varredura ou pesquisa englobe tudo que existe no sistema de arquivos uma e apenas uma vez.) Porém, a coleta de lixo em um sistema de arquivos baseado em disco é extremamente demorada e, portanto, raramente executada.

A coleta de lixo só é necessária devido à possibilidade de existência de ciclos no grafo. Logo, uma estrutura de grafo acíclico é muito mais fácil de manipular. A dificuldade é evitar ciclos conforme novos links são adicionados à estrutura. Como saber se um novo link completará um ciclo? Há algoritmos que detectam ciclos em grafos; no entanto, eles são computacionalmente dispendiosos, principalmente quando o grafo está armazenado em disco. No caso especial de diretórios e links, um algoritmo mais simples é ignorar os links durante a varredura do diretório. Ciclos são evitados e não há overhead adicional.

9.4 Montagem do Sistema de Arquivos

Da mesma forma que um arquivo deve ser *aberto* antes de ser usado, um sistema de arquivos deve ser *montado* para poder ficar disponível para processos do sistema. Mais especificamente, a estrutura de diretórios pode ser construída a partir de vários volumes que devem ser montados para ficarem disponíveis dentro do espaço de nome do sistema de arquivos.

O procedimento de montagem é simples. O sistema operacional recebe o nome do dispositivo e o **ponto de montagem** – a locação dentro da estrutura de arquivos onde o sistema de arquivos deve ser anexado. Alguns sistemas operacionais requerem que o tipo do sistema de arquivos seja fornecido, enquanto outros verificam as estruturas do dispositivo e determinam o tipo do sistema de arquivos. Normalmente, um ponto de montagem é um diretório vazio. Por exemplo, em um sistema UNIX, um sistema de arquivos contendo os diretórios domésticos de um usuário poderia ser montado como */home*; assim, para acessar a estrutura de diretório dentro desse sistema de arquivos, poderíamos usar */home* antes dos nomes de diretório, como em */home/jane*. A montagem desse sistema de arquivos sob */users* resultaria no nome de caminho */users/jane* que poderíamos usar para acessar o mesmo diretório.

Em seguida, o sistema operacional verifica se o dispositivo contém um sistema de arquivos válido. Ele faz isso solicitando ao driver de dispositivo que leia o diretório do dispositivo e verifique se o diretório tem o formato esperado. Por último, o sistema operacional registra em sua estrutura de diretório que um sistema de arquivos está montado no ponto de montagem especificado. Esse esquema permite que o sistema operacional per-

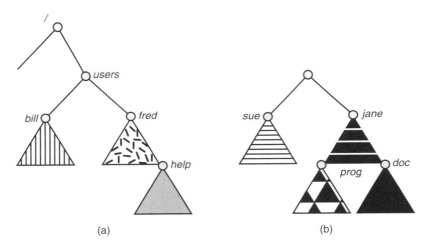

Figura 9.13 Sistema de arquivos. (a) Sistema existente. (b) Volume desmontado.

corra sua estrutura de diretório, alternando-se entre os sistemas de arquivos, até mesmo entre sistemas de arquivos de tipos diferentes, quando apropriado.

Para ilustrar a montagem de arquivos, considere o sistema de arquivos mostrado na Figura 9.13, em que os triângulos representam subárvores dos diretórios de interesse. A Figura 9.13(a) mostra um sistema de arquivos existente, enquanto a Figura 9.13(b) mostra um volume não montado residindo em /*device/ dsk*. Nesse momento, apenas os arquivos do sistema de arquivos existente podem ser acessados. A Figura 9.14 mostra os efeitos da montagem do volume que reside em /*device/dsk* sobre /*users*. Se o volume não está montado, o sistema de arquivos é restaurado à situação mostrada na Figura 9.13.

Os sistemas impõem uma semântica para tornar clara a funcionalidade. Por exemplo, um sistema pode não permitir montagens sobre um diretório que contenha arquivos; ou pode tornar o sistema de arquivos montado disponível nesse diretório e ocultar os arquivos do diretório até o sistema de arquivos ser desmontado, encerrando o uso do sistema de arquivos e permitindo o acesso aos arquivos originais do diretório. Como outro exemplo,

um sistema pode permitir que o mesmo sistema de arquivos seja montado repetidamente, em pontos de montagem diferentes, ou pode permitir apenas uma montagem por sistema de arquivos.

Considere as ações do clássico sistema operacional Macintosh. Sempre que o sistema encontra um disco pela primeira vez (discos rígidos são encontrados em tempo de inicialização e discos óticos são detectados ao serem inseridos no drive), o sistema operacional Macintosh procura um sistema de arquivos no dispositivo. Quando encontra um, ele monta automaticamente o sistema de arquivos no nível raiz, adicionando um ícone de pasta na tela rotulado com o nome do sistema de arquivos (como armazenado no diretório do dispositivo). O usuário pode então clicar no ícone e exibir o sistema de arquivos recém--montado. O Mac OS X se comporta de maneira semelhante ao BSD UNIX no qual se baseia. Todos os sistemas de arquivos são montados sob o diretório /Volumes. A GUI do Mac OS X oculta esse fato e mostra os sistemas de arquivos como se estivessem todos montados no nível raiz.

O Microsoft Windows mantém uma estrutura de diretório estendida de dois níveis, com dispositivos e volumes recebendo letras de drive. Os volumes têm uma estrutura de diretório de grafo geral associada à letra do drive. O caminho para um arquivo específico assume a forma *letra do drive:\caminho\para\ arquivo*. As versões mais recentes do Windows permitem que um sistema de arquivos seja montado em qualquer local da árvore do diretório, como o UNIX. Em tempo de inicialização, os sistemas operacionais Windows descobrem automaticamente todos os dispositivos e montam todos os sistemas de arquivos localizados. Em alguns sistemas, como o UNIX, os comandos de montagem são explícitos. Um arquivo de configuração do sistema contém uma lista de dispositivos e pontos de montagens para a montagem automática em tempo de inicialização, mas outras montagens podem ser executadas manualmente.

Questões relacionadas à montagem de sistemas de arquivos são discutidas com mais detalhes na Seção 10.2.2 e no Apêndice A.7.5.

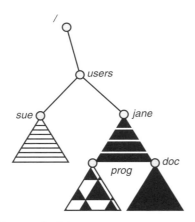

Figura 9.14 Ponto de montagem.

9.5 Compartilhamento de Arquivos

Nas seções anteriores, examinamos a motivação que leva ao compartilhamento de arquivos e algumas das dificuldades envolvidas quando permitimos que usuários compartilhem arquivos. O compartilhamento de arquivos é desejável para usuários que querem colaborar e reduzir o esforço para alcançar um objetivo de computação. Portanto, sistemas operacionais orientados ao usuário devem acomodar a necessidade de compartilhar arquivos, apesar das dificuldades inerentes.

Nesta seção, examinamos mais aspectos do compartilhamento de arquivos. Começamos discutindo questões gerais que surgem quando vários usuários compartilham arquivos. Uma vez que vários usuários tenham permissão para compartilhar arquivos, o desafio é estender o compartilhamento a vários sistemas de arquivos, inclusive sistemas de arquivos remotos; também discutimos esse desafio. Para concluir, consideramos o que deve ser feito com as ações conflitantes que ocorrem em arquivos compartilhados. Por exemplo, se vários usuários estiverem gravando em um arquivo, todas as gravações devem ser permitidas ou o sistema operacional deve proteger os usuários das ações uns dos outros?

9.5.1 Múltiplos Usuários

Quando um sistema operacional acomoda vários usuários, as questões de compartilhamento, nomeação e proteção de arquivos se tornam relevantes. Dada uma estrutura de diretório que permita o compartilhamento de arquivos pelos usuários, o sistema deve mediar esse compartilhamento. O sistema pode permitir que um usuário acesse os arquivos de outros usuários por default ou requerer que um usuário conceda especificamente acesso aos arquivos. Essas questões de controle de acesso e proteção são abordadas na Seção 9.6.

Para implementar o compartilhamento e a proteção, o sistema deve manter mais atributos de arquivo e diretório do que os necessários em um sistema monousuário. Embora muitas abordagens tenham sido adotadas para atender a esse requisito, a maioria dos sistemas evoluiu para o uso dos conceitos de *proprietário* (ou *usuário*) e *grupo* de arquivos (ou diretórios). O proprietário é o usuário que pode alterar atributos e conceder acesso e é quem tem mais controle sobre o arquivo. O atributo de grupo define um subconjunto de usuários que podem compartilhar o acesso ao arquivo. Por exemplo, o proprietário de um arquivo em um sistema UNIX pode executar todas as operações sobre um arquivo, enquanto os membros do grupo do arquivo podem executar um subconjunto dessas operações e todos os outros usuários podem executar outro subconjunto de operações. O proprietário do arquivo é quem define exatamente quais operações podem ser executadas por membros do grupo e outros usuários. Mais detalhes sobre atributos de permissão são encontrados na próxima seção.

Os IDs de proprietário e de grupo de um determinado arquivo (ou diretório) são armazenados com os outros atributos do arquivo. Quando um usuário solicita uma operação sobre um arquivo, seu ID é comparado com o atributo do proprietário para determinar se o usuário solicitante é o proprietário do arquivo. Da mesma forma, os IDs de grupo podem ser comparados. O resultado indica que permissões são aplicáveis. O sistema aplica então essas permissões à operação solicitada e ela é autorizada ou negada.

Muitos sistemas têm vários sistemas de arquivos locais, inclusive volumes em um único disco ou vários volumes em vários discos. Nesses casos, é simples verificar o ID e as permissões, contanto que os sistemas de arquivos estejam montados.

9.5.2 Sistemas de Arquivos Remotos

Com o advento das redes, a comunicação entre computadores remotos se tornou possível. A comunicação em rede permite o compartilhamento de recursos espalhados por um campus ou até mesmo ao redor do globo. Um recurso óbvio a ser compartilhado são os dados na forma de arquivos.

Com a evolução da tecnologia de redes e arquivos, os métodos de compartilhamento remoto de arquivos mudaram. O primeiro método implementado envolve a transferência manual de arquivos entre máquinas usando programas como o `ftp`. O segundo grande método usa um *sistema de arquivos distribuído* (*DFS – distributed file system*) em que diretórios remotos podem ser vistos a partir de uma máquina local. Em alguns aspectos, o terceiro método, a **World Wide Web**, é um retorno ao primeiro. Um navegador é necessário para a obtenção de acesso aos arquivos remotos e operações separadas (essencialmente um encapsulador do `ftp`) são usadas na transferência de arquivos.

O `ftp` é usado tanto para o acesso anônimo quanto para o acesso autenticado. O *acesso anônimo* permite que um usuário transfira arquivos sem ter uma conta no sistema remoto. A World Wide Web usa quase exclusivamente a troca de arquivos anônima. O DFS envolve uma integração muito maior entre a máquina que está acessando os arquivos remotos e a máquina que os fornece. Essa integração adiciona complexidade, como descrevemos nesta seção.

9.5.2.1 O Modelo Cliente-Servidor

Os sistemas de arquivos remotos permitem que um computador monte um ou mais sistemas de arquivos a partir de uma ou mais máquinas remotas. Nesse caso, a máquina que contém os arquivos é o *servidor* e a máquina que quer acessá-los é o *cliente*. O relacionamento cliente-servidor é comum entre máquinas em rede. Geralmente, o servidor declara que um recurso está disponível para os clientes e especifica exatamente qual o recurso (nesse caso, quais os arquivos) e para quais clientes. Um servidor pode atender a vários clientes e um cliente pode usar vários servidores, dependendo dos detalhes de implementação de uma determinada instalação cliente-servidor.

O servidor costuma especificar os arquivos disponíveis no nível de volume ou diretório. A identificação do cliente é mais difícil. Um cliente pode ser especificado por um nome de rede ou outro identificador, como um *endereço IP*, mas eles podem ser *fraudados* ou plagiados. Como resultado da falsificação, um cliente não autorizado poderia obter permissão para acessar o servidor. Soluções mais confiáveis incluem a autenticação segura do cliente por meio de chaves criptografadas. Infelizmente, com a segurança vêm muitos desafios, incluindo garantir a compatibilidade entre cliente e servidor (eles devem usar os mesmos algoritmos de criptografia) e a segurança nas trocas de chaves (chaves interceptadas poderiam permitir novamente o acesso não autorizado). Devido à dificuldade em resolver esses problemas, métodos de autenticação inseguros são os mais usados.

No caso do UNIX e seu sistema de arquivos de rede (NFS – *network file system*), a autenticação ocorre por meio das informações de rede do cliente, por default. Nesse esquema, os IDs do usuário devem coincidir no cliente e no servidor. Se não coincidirem, o servidor não poderá determinar direitos de acesso aos arquivos. Considere o exemplo de um usuário com ID 1000 no cliente e 2000 no servidor. Uma solicitação de um arquivo específico feita pelo cliente ao servidor não será manipulada apropriadamente, pois o servidor verificará se o usuário 1000 tem acesso ao arquivo em vez de basear a verificação no ID *real* do usuário que é 2000. O acesso seria então concedido ou negado com base em informações de autenticação incorretas. O servidor tem de poder confiar que o cliente apresentará o ID de usuário correto. É bom ressaltar que os protocolos NFS permitem relacionamentos muitos-para-muitos. Isto é, muitos servidores podem fornecer arquivos a muitos clientes. Na verdade, uma determinada máquina pode ser tanto um servidor para alguns clientes NFS quanto um cliente para outros servidores NFS.

Uma vez que o sistema de arquivos remoto esteja montado, solicitações de operações de arquivos são enviadas em nome do usuário, através da rede, para o servidor via protocolo DFS. Normalmente, uma solicitação de abertura de arquivo é enviada junto com o ID do usuário solicitante. O servidor então aplica as verificações de acesso padrão para determinar se o usuário tem credenciais para acessar o arquivo na modalidade solicitada. A solicitação é permitida ou negada. Se permitida, um manipulador de arquivo é retornado para a aplicação cliente e a aplicação poderá executar leituras, gravações ou outras operações sobre o arquivo. O cliente fechará o arquivo quando o acesso estiver concluído. O sistema operacional pode aplicar uma semântica semelhante à de uma montagem de sistema de arquivos local ou usar uma semântica diferente.

9.5.2.2 Sistemas de Informação Distribuídos

Para tornar os sistemas cliente-servidor mais fáceis de gerenciar, os **sistemas de informação distribuídos**, também conhecidos como **serviços de nomeação distribuídos**, fornecem acesso unificado às informações requeridas pela computação remota. O **sistema de nome de domínio (DNS – *domain name system*)** fornece conversões de nome de host em endereço de rede para toda a Internet (inclusive a World Wide Web). Antes de o DNS se difundir, arquivos contendo as mesmas informações eram enviados por email ou ftp entre todos os hosts da rede. Essa metodologia não era escalável.

Outros sistemas de informação distribuídos fornecem um espaço de *nome de usuário/senha/ID de usuário/ID de grupo* para oferecer um recurso distribuído. Os sistemas UNIX têm empregado uma grande variedade de métodos de informações distribuídas. A Sun Microsystems introduziu as *páginas amarelas* (depois renomeadas para **serviço de informações de rede**, ou *NIS*) e grande parte da indústria adotou seu uso. O NIS centraliza o armazenamento de nomes de usuário, nomes de host, informações de impressora e assim por diante. Infelizmente, usa métodos de autenticação inseguros, inclusive o envio de senhas de usuário não criptografadas (em *texto literal*) e a identificação de hosts por endereço IP. O NIS+ da Sun é um substituto muito mais seguro do NIS, mas também é muito mais complicado e ainda não foi amplamente adotado.

No **common Internet file system (CIFS)** da Microsoft, informações de rede são usadas junto com a autenticação do usuário (nome de usuário e senha) para criar um **login de rede** que o servidor usa para decidir se deve permitir ou negar acesso ao sistema de arquivos solicitado. Para essa autenticação ser válida, os nomes de usuário devem coincidir de uma máquina para outra (como no NFS). A Microsoft usa duas estruturas de nomeação distribuída para fornecer um único espaço de nome para os usuários. A tecnologia de nomeação mais antiga são os **domínios**. A mais recente, disponível no Windows XP e posteriores, é o **diretório ativo**. Uma vez estabelecido, o recurso de nomeação distribuída é usado por todos os clientes e servidores na autenticação de usuários.

A indústria está se movendo em direção ao **protocolo peso-leve de acesso a diretórios (LDAP – *lightweight directory-access protocol*)** como um mecanismo seguro de nomeação distribuída. Na verdade, o diretório ativo se baseia no LDAP. A Sun Microsystems inclui o LDAP no sistema operacional e permite que ele seja empregado na autenticação de usuários assim como na recuperação de informações em todo o sistema, como na verificação da disponibilidade de impressoras. Possivelmente, um diretório LDAP distribuído poderia ser usado por uma empresa no armazenamento de todas as informações de usuários e recursos de todos os seus computadores. O resultado seria a **assinatura única segura** para os usuários, que poderiam inserir suas informações de autenticação apenas uma vez para acessar todos os computadores da empresa. Também facilitaria os esforços de administração dos sistemas ao reunir, no mesmo local, informações atualmente espalhadas em vários arquivos de cada sistema ou em diferentes serviços de informações distribuídos.

9.5.2.3 Modalidades de Falha

Os sistemas de arquivos locais podem falhar por várias razões, inclusive por falha no disco que contém o sistema de arquivos, corrupção da estrutura de diretório ou de outras informações de gerenciamento de disco (coletivamente chamadas de **metadados**), falha no controlador de disco, nos cabos e no adaptador do host. Uma falha do usuário ou do administrador do sistema também pode fazer com que arquivos sejam perdidos ou diretórios ou volumes inteiros sejam excluídos. Muitas dessas falhas farão com que o host caia e uma condição de erro seja exibida, e a intervenção humana será necessária no reparo do dano.

Sistemas de arquivos remotos têm ainda mais modalidades de falha. Devido à complexidade dos sistemas de rede e às interações requeridas entre máquinas remotas, um número maior de problemas pode interferir na operação apropriada de sistemas de arquivos remotos. No caso de redes, a conexão pode ser interrompida entre dois hosts. Essas interrupções podem ser resultantes de falha de hardware, configuração inadequada de hardware ou problemas de implementação da rede. Embora algumas redes tenham resiliência interna, inclusive vários caminhos entre hosts, muitas não têm. Logo, qualquer falha simples pode interromper o fluxo de comandos DFS.

Considere um cliente no meio da utilização de um sistema de arquivos remoto. Ele tem arquivos abertos no host remoto; entre outras atividades, pode estar executando buscas no diretório para abrir arquivos, lendo ou gravando dados em arquivos e fechando arquivos. Agora considere um particionamento da rede, uma queda do servidor ou até mesmo um encerramento programado do servidor. Repentinamente, o sistema de arquivos remoto não pode mais ser alcançado. Esse cenário é muito comum, portanto, não seria apropriado o sistema cliente agir como agiria se um sistema de arquivos local fosse perdido. Em vez disso, o sistema pode encerrar todas as operações no servidor perdido ou retardar as operações até o servidor poder ser alcançado novamente. Essas semânticas de falha são definidas e implementadas como parte do protocolo do sistema de arquivos remoto. O encerramento de todas as operações pode resultar na perda dos dados – e da paciência – dos usuários. Logo, a maioria dos protocolos DFS impõe ou permite o retardo de operações do sistema de arquivos em hosts remotos, na esperança de que o host remoto fique disponível novamente.

Para implementar esse tipo de recuperação de falhas, algumas **informações de estado** devem ser mantidas tanto no cliente quanto no servidor. Se tanto o servidor quanto o cliente tiverem conhecimento de suas atividades correntes e arquivos abertos, poderão se recuperar de uma falha sem interrupção. Na situação em que o servidor cai, mas precisa reconhecer que, remotamente, montou sistemas de arquivos exportados e abriu arquivos, o NFS usa uma abordagem simples, implementando um DFS *sem estado*. Essencialmente, ele assume que uma solicitação de leitura ou gravação de arquivo feita por um cliente não ocorreria a menos que o sistema de arquivos tivesse sido montado remotamente e o arquivo já tivesse sido aberto. O protocolo NFS traz todas as informações necessárias à localização do arquivo apropriado e execução da operação solicitada. Da mesma forma, ele não rastreia quais clientes estão com o volume exportado montado, assumindo novamente que se uma solicitação chegou, ela deve ser legítima. Ao mesmo tempo em que essa abordagem sem estado torna o NFS resiliente e muito fácil de implementar, ela também o torna inseguro. Por exemplo, solicitações de leitura ou gravação forjadas poderiam ser permitidas por um servidor NFS ainda que a solicitação de montagem e a verificação de permissão necessárias não tenham ocorrido. Esses problemas foram resolvidos no padrão NFS versão 4 da indústria, em que o NFS passou a ter estado para melhorar a segurança, desempenho e funcionalidade.

9.5.3 Semânticas de Consistência

As **semânticas de consistência** são um critério importante na avaliação de qualquer sistema de arquivos que dê suporte ao compartilhamento de arquivos. Essas semânticas especificam como vários usuários de um sistema devem acessar um arquivo compartilhado simultaneamente. Especificamente, definem quando as modificações feitas nos dados por um usuário poderão ser observadas por outros usuários. Normalmente, essas semânticas são implementadas como código com o sistema de arquivos.

As semânticas de consistência estão diretamente relacionadas aos algoritmos de sincronização de processos do Capítulo 6. No entanto, os algoritmos complexos desse capítulo tendem a não ser implementados no caso de I/O de arquivo por causa das grandes latências e baixas taxas de transferência de discos e redes. Por exemplo, a execução de uma transação atômica em um disco remoto poderia envolver várias comunicações de rede, várias leituras e gravações em disco, ou ambas. Sistemas que tentam executar um conjunto completo de funcionalidades como esse tendem a apresentar um desempenho fraco. Uma implementação bem-sucedida de semânticas de compartilhamento complexas pode ser encontrada no sistema de arquivos Andrew.

Na discussão a seguir, assumimos que uma série de acessos (isto é, leituras e gravações) tentada por um usuário no mesmo arquivo vem sempre entre as operações `open()` e `close()`. A série de acessos entre as operações `open()` e `close()` compõe uma **sessão de arquivo**. Para ilustrar o conceito, esboçamos vários exemplos proeminentes de semânticas de consistência.

9.5.3.1 Semânticas do UNIX

O sistema de arquivos UNIX usa as semânticas de consistência a seguir:

- Gravações feitas por um usuário em um arquivo aberto são imediatamente visíveis por outros usuários que estiverem com esse arquivo aberto.

- Uma modalidade de compartilhamento permite que os usuários compartilhem o ponteiro da locação corrente no arquivo. Portanto, o avanço do ponteiro por um usuário afeta todos os usuários em compartilhamento. Nesse caso, um arquivo tem uma única imagem que intercala todos os acessos, independente de sua origem.

Nas semânticas do UNIX, um arquivo é associado a uma única imagem física que é acessada como um recurso exclusivo. A disputa por essa imagem única causa atrasos nos processos de usuário.

9.5.3.2 Semânticas de Sessão

O sistema de arquivos Andrew (AFS) usa as semânticas de consistência a seguir:

- Gravações feitas por um usuário em um arquivo aberto não são imediatamente visíveis por outros usuários que estiverem com o mesmo arquivo aberto.

- Uma vez que um arquivo é fechado, as alterações feitas nele só são visíveis em sessões iniciadas posteriormente. Instâncias já abertas do arquivo não refletem essas alterações.

Segundo essas semânticas, um arquivo pode ser associado temporariamente a várias imagens (possivelmente diferentes) ao mesmo tempo. Consequentemente, vários usuários podem executar acessos tanto de leitura quanto de gravação concorrentemente em suas imagens do arquivo, sem atraso. Quase nenhuma restrição é imposta ao scheduling de acessos.

9.5.3.3 Semânticas de Arquivos Compartilhados Imutáveis

Uma abordagem singular é a dos **arquivos compartilhados imutáveis**. Uma vez que um arquivo é declarado como *compartilhado* por seu criador, ele não pode ser modificado. Um arquivo imutável tem duas propriedades-chave: seu nome não pode ser reutilizado e seu conteúdo não pode ser alterado. Portanto, o nome de um arquivo imutável indica que o conteúdo do arquivo é fixo. A implementação dessas semânticas em um sistema distribuído é simples porque o compartilhamento é disciplinado (somente de leitura).

9.6 Proteção

Quando armazenamos informações em um sistema de computação, queremos mantê-las protegidas contra danos físicos (a questão da *confiabilidade*) e acesso indevido (a questão da *proteção*).

Geralmente, a confiabilidade é fornecida por cópias dos arquivos. Muitos computadores têm programas de sistema que copiam automaticamente (ou com a intervenção do operador do computador) arquivos de disco em fita em intervalos regulares (uma vez por dia, semana ou mês) para manter uma cópia, caso um sistema de arquivos seja destruído acidentalmente. Os sistemas de arquivos podem ser danificados por problemas de hardware (como erros de leitura ou gravação), picos ou falhas de energia, choques do cabeçote, sujeira, picos de temperatura e vandalismo. Arquivos podem ser excluídos acidentalmente. Bugs no software do sistema de arquivos também podem fazer com que o conteúdo dos arquivos seja perdido. A confiabilidade é abordada com mais detalhes no Capítulo 11.

A proteção pode ser fornecida de muitas maneiras. Para um pequeno sistema monousuário, podemos fornecer proteção removendo fisicamente a mídia de armazenamento (DVDs, CDs, disquetes etc.) e trancando-os na gaveta de uma mesa ou em um armário de arquivos. Em um sistema multiusuário, no entanto, outros mecanismos são necessários.

9.6.1 Tipos de Acesso

A necessidade de proteger arquivos é resultado direto de podermos acessar arquivos. Sistemas que não permitem o acesso aos arquivos de outros usuários não precisam de proteção. Logo, poderíamos fornecer proteção plena proibindo o acesso. Alternativamente, poderíamos fornecer acesso livre sem proteção. As duas abordagens são muito extremas para uso geral. Precisamos é de **acesso controlado**.

Os mecanismos de proteção fornecem acesso controlado limitando os tipos de acesso a arquivos que podem ser feitos. O acesso é permitido ou negado dependendo de vários fatores, um dos quais é o tipo de acesso solicitado. Vários tipos de operações diferentes podem ser controlados:

- **Leitura.** Ler o arquivo.
- **Gravação.** Gravar ou regravar o arquivo.
- **Execução.** Carregar o arquivo na memória e executá-lo.
- **Acréscimo.** Gravar novas informações no fim do arquivo.
- **Exclusão.** Excluir o arquivo e liberar seu espaço para possível reutilização.
- **Listagem.** Listar o nome e os atributos do arquivo.

Outras operações, como renomeação, cópia e edição do arquivo, também podem ser controladas. Em muitos sistemas, no entanto, essas funções de nível mais alto são implementadas por um programa de sistema que faz chamadas de sistema de nível mais baixo. A proteção só é fornecida no nível mais baixo. Por exemplo, a cópia de um arquivo pode ser implementada simplesmente por uma sequência de solicitações de leitura. Nesse caso, um usuário com acesso de leitura também poderia fazer o arquivo ser copiado, impresso e assim por diante.

Muitos mecanismos de proteção têm sido propostos. Todos têm vantagens e desvantagens e devem ser apropriados para a aplicação pretendida. Um pequeno sistema de computação usado apenas por alguns membros de um grupo de pesquisa, por exemplo, pode não precisar dos mesmos tipos de proteção de um grande computador corporativo usado em operações de pessoal, pesquisa e finanças. Discutimos algumas abordagens relacionadas à proteção nas seções a seguir e apresentamos um tratamento mais completo no Capítulo 13.

9.6.2 Controle de Acesso

A abordagem mais comum para o problema da proteção é tornar o acesso dependente da identidade do usuário. Diferentes usuários podem precisar de diferentes tipos de acesso a um arquivo ou diretório. O esquema mais geral para a implementação do acesso dependente da identidade é associar a cada arquivo e diretório uma **lista de controle de acesso** (ACL – *access-control list*) especificando nomes de usuário e os tipos de acesso permitidos para cada usuário. Quando um usuário solicita acesso a um arquivo específico, o sistema operacional verifica a lista de acesso associada a esse arquivo. Se esse usuário está listado para o acesso solicitado, o acesso é permitido. Caso contrário, ocorre uma violação de proteção e o job do usuário tem acesso negado ao arquivo.

Essa abordagem tem a vantagem de permitir o uso de metodologias de acesso complexas. O principal problema das listas de acesso é seu tamanho. Se quisermos permitir que todos leiam um arquivo, teremos de listar todos os usuários com acesso de leitura. Essa técnica tem duas consequências indesejáveis:

- A construção desse tipo de lista pode ser uma tarefa entediante e pouco compensadora, principalmente se não conhecermos antecipadamente a lista de usuários do sistema.
- A entrada do diretório, anteriormente de tamanho fixo, agora deve ser de tamanho variável, resultando em um gerenciamento de espaço mais complicado.

Esses problemas podem ser resolvidos com o uso de uma versão condensada da lista de acesso.

Para condensar o tamanho da lista de controle de acesso, muitos sistemas reconhecem três classificações de usuários associadas a cada arquivo:

- **Proprietário.** O usuário que criou o arquivo é o proprietário.
- **Grupo.** Um conjunto de usuários que estão compartilhando o arquivo e precisam de acesso semelhante é um grupo, ou grupo de trabalho.

- **Universo.** Todos os outros usuários do sistema constituem o universo.

A abordagem recente mais comum é combinar listas de controle de acesso com o esquema mais geral (e mais fácil de implementar) de controle de acesso com as classes proprietário, grupo e universo que acabamos de descrever. Por exemplo, o Solaris 2.6 e versões posteriores usam as três categorias de acesso por default, mas permitem que listas de controle de acesso sejam adicionadas a arquivos e diretórios específicos quando um controle de acesso de maior granularidade é desejado.

Para ilustrar, considere uma pessoa, Sara, que está escrevendo um novo livro. Ela contratou três alunos de graduação (Jim, Dawn e Jill) para ajudar no projeto. O texto do livro é mantido em um arquivo chamado *livro*. A proteção associada a esse arquivo é a descrita a seguir:

- Sara pode executar todas as operações sobre o arquivo.
- Jim, Dawn e Jill só podem ler e gravar o arquivo; eles não têm permissão para excluí-lo.
- Todos os outros usuários podem ler, mas não gravar, o arquivo. (Sara quer deixar o maior número de pessoas possível ler o texto para obter feedback.)

Para conseguir uma proteção desse tipo, temos de criar um novo grupo – digamos, *texto* – com os membros Jim, Dawn e Jill. O nome do grupo, *texto*, deve então ser associado ao arquivo *livro* e os direitos de acesso devem ser estabelecidos de acordo com a política que descrevemos.

Agora, considere um visitante a quem Sara gostaria de conceder acesso temporário ao Capítulo 1. O visitante não pode ser adicionado ao grupo *texto* porque isso lhe daria acesso a todos os capítulos. Como um arquivo só pode estar em um grupo, Sara não pode adicionar outro grupo ao Capítulo 1. Com a inclusão da funcionalidade da lista de controle de acesso, no entanto, o visitante pode ser adicionado à lista de controle de acesso do Capitulo 1.

Para esse esquema funcionar apropriadamente, as permissões e listas de acesso devem ser controladas rigidamente. Esse controle pode ser feito de várias maneiras. Por exemplo, no sistema UNIX, os grupos só podem ser criados e modificados pelo gerenciador do recurso (ou por qualquer superusuário). Portanto, o controle é obtido através de interação humana. No sistema VMS, o proprietário do arquivo pode criar e modificar a lista de controle de acesso. As listas de acesso são discutidas com mais detalhes na Seção 13.5.2.

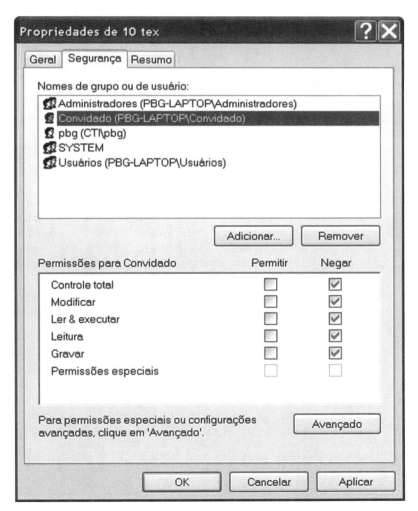

Figura 9.15 Gerenciamento de lista de controle de acesso no Windows XP.

Com a classificação de proteção mais limitada, apenas três campos são necessários para definir a proteção. Geralmente, cada campo é um conjunto de bits e cada bit permite ou impede o acesso associado a ele. Por exemplo, o sistema UNIX define três campos de três bits cada – rwx, nos quais r controla o acesso de leitura, w controla o acesso de gravação e x controla a execução. Um campo separado é mantido para o proprietário do arquivo, para o grupo do arquivo e para todos os outros usuários. Nesse esquema, nove bits por arquivo são necessários para o registro de informações de proteção. Logo, em nosso exemplo, os campos de proteção do arquivo *livro* seriam os seguintes: para a proprietária Sara, todos os bits estão ligados; para o grupo *texto*, os bits r e w estão ligados e para a classe universo, só o bit r está ligado.

Uma dificuldade da combinação de abordagens surge na interface de usuário. Os usuários têm de saber quando as permissões opcionais da ACL estão estabelecidas em um arquivo. No exemplo do Solaris, um "+" é adicionado às permissões comuns, como em:

```
19 -rw-r--r--+ 1 jim staff 130 May 25 22:13 file1
```

Um conjunto de comandos separado, setfacl e getfacl, é usado no gerenciamento das ACLs.

Normalmente, os usuários do Windows gerenciam listas de controle de acesso através da GUI. A Figura 9.15 mostra uma janela de permissões de arquivo do sistema de arquivos NTFS do Windows. Nesse exemplo, o usuário "guest" tem o acesso especificamente negado ao arquivo *10.tex*.

Outra dificuldade é atribuir precedência quando as permissões e ACLs estão em conflito. Por exemplo, se Joe está em um grupo de arquivo que tem permissão de leitura, mas o arquivo tem uma ACL concedendo a Joe permissão de leitura e gravação, uma gravação feita por Joe deve ser permitida ou negada? O Solaris dá precedência às ACLs (porque elas têm maior granularidade e não são atribuídas por default). Isso obedece à regra geral de que a especificidade deve ter prioridade.

9.6.3 Outras Abordagens de Proteção

Outra abordagem relacionada ao problema da proteção é a associação de uma senha a cada arquivo. Da mesma forma que o acesso ao sistema de computação costuma ser controlado por uma senha, o acesso a cada arquivo também pode ser controlado dessa forma. Se as senhas forem selecionadas aleatoriamente e alteradas com frequência, esse esquema pode ser eficaz para limitar o acesso a um arquivo. O uso de senhas apresenta algumas desvantagens, no entanto. Em primeiro lugar, a quantidade de senhas que um usuário precisa lembrar pode aumentar, tornando o esquema inviável. Em segundo lugar, se uma senha única for usada para todos os arquivos e ela for descoberta, todos os arquivos poderão ser acessados; a proteção se dá na base do tudo ou nada. Alguns sistemas (por exemplo, o TOPS-20) permitem que um usuário associe uma senha a um subdiretório, em vez de a um arquivo individual, para lidar com esse problema. O sistema operacional IBM VM/CMS permite três senhas para um minidisco – uma para acesso de leitura, outra para acesso de gravação e outra para acesso de várias gravações.

PERMISSÕES EM UM SISTEMA UNIX

No sistema UNIX, a proteção de diretórios e a proteção de arquivos são manipuladas de maneira semelhante. Três campos são associados a cada subdiretório – proprietário, grupo e universo – todos compostos pelos três bits rwx. Portanto, um usuário só pode listar o conteúdo de um subdiretório se o bit r estiver ligado no campo apropriado. Da mesma forma, um usuário só pode mudar seu diretório corrente para outro diretório corrente (digamos, *foo*) se o bit x associado ao subdiretório *foo* estiver ligado no campo apropriado.

Um exemplo de listagem de diretório proveniente de um ambiente UNIX é mostrado na Figura 9.16. O primeiro campo descreve a proteção do arquivo ou diretório. Um d como primeiro caractere indica um subdiretório. Também são exibidos a quantidade de links para o arquivo, o nome do proprietário, o nome do grupo, o tamanho do arquivo em bytes, a data da última modificação e, para concluir, o nome do arquivo (com extensão opcional).

-rw-rw-r--	1 pbg	staff	31200	Sep 3 08:30	intro.ps
drwx------	5 pbg	staff	512	Jul 8 09.33	private/
drwxrwxr-x	2 pbg	staff	512	Jul 8 09:35	doc/
drwxrwx---	2 pbg	student	512	Aug 3 14:13	student-proj/
-rw-r--r--	1 pbg	staff	9423	Feb 24 2003	program.c
-rwxr-xr-x	1 pbg	staff	20471	Feb 24 2003	program
drwx--x--x	4 pbg	faculty	512	Jul 31 10:31	lib/
drwx------	3 pbg	staff	1024	Aug 29 06:52	mail/
drwxrwxrwx	3 pbg	staff	512	Jul 8 09:35	test/

Figura 9.16 Um exemplo de listagem de diretório.

Alguns sistemas operacionais monousuário – como o MS-DOS e versões do Macintosh anteriores ao Mac OS X – fornecem pouco em termos de proteção de arquivos. Em cenários nos quais esses sistemas mais antigos estão atualmente sendo inseridos em redes que requerem comunicação e compartilhamento de arquivos, os mecanismos de proteção devem ser **modernizados** internamente. Projetar um recurso para um novo sistema operacional é quase sempre mais fácil do que adicionar um recurso a um existente. Geralmente, essas atualizações são menos eficazes e não se integram totalmente.

Em uma estrutura de diretório com vários níveis, temos de proteger não só arquivos individuais, mas também conjuntos de arquivos em subdiretórios; isto é, temos de fornecer um mecanismo para a proteção do diretório. As operações de diretório que devem ser protegidas são um pouco diferentes das operações de arquivo. Temos de controlar a criação e exclusão de arquivos em um diretório. Além disso, provavelmente vamos querer controlar se um usuário consegue detectar a existência de um arquivo em um diretório. Às vezes, apenas saber que um arquivo existe e conhecer seu nome já é relevante. Portanto, listar o conteúdo de um diretório deve ser uma operação protegida. Da mesma forma, se um nome de caminho referenciar um arquivo em um diretório, o usuário deve conseguir acessar tanto o diretório quanto o arquivo. Em sistemas em que os arquivos podem ter vários nomes de caminho (como nos grafos acíclicos ou gerais), um determinado usuário pode ter diferentes direitos de acesso a um arquivo específico, dependendo do nome de caminho usado.

9.7 Resumo

Um arquivo é um tipo de dado abstrato definido e implementado pelo sistema operacional. Trata-se de uma sequência de registros lógicos. Um registro lógico pode ser um byte, uma linha (de tamanho fixo ou variável) ou um item de dados mais complexo. O sistema operacional pode dar suporte especificamente a vários tipos de registro ou deixar esse suporte para o programa aplicativo.

A principal tarefa do sistema operacional é mapear o conceito de arquivo lógico para dispositivos de armazenamento físicos como as fitas ou discos magnéticos. O tamanho do registro físico do dispositivo pode não ser igual ao tamanho do registro lógico, por isso, pode ser necessário ordenar os registros lógicos nos registros físicos. Novamente, essa tarefa pode ter suporte no sistema operacional ou ser deixada para o programa aplicativo.

Cada dispositivo de um sistema de arquivos contém um índice de volume ou um diretório de dispositivo que lista a localização dos arquivos no dispositivo. Além disso, é útil criar diretórios para permitir a organização dos arquivos. Um diretório de um nível em um sistema multiusuário causa problemas de nomeação, porque cada arquivo deve ter um nome exclusivo. Um diretório de dois níveis resolve esse problema criando um diretório separado para os arquivos de cada usuário. O diretório lista os arquivos por nome e inclui a locação em que o arquivo se encontra no disco, seu tamanho, tipo, proprietário, hora de criação, hora em que foi usado pela última vez e assim por diante.

A generalização natural de um diretório de dois níveis é um diretório estruturado em árvore, que permite ao usuário criar subdiretórios para organizar arquivos. As estruturas de diretório de grafo acíclico permitem que os usuários compartilhem subdiretórios e arquivos, mas complicam a busca e a exclusão. Uma estrutura de grafo geral fornece flexibilidade ilimitada no compartilhamento de arquivos e diretórios, mas às vezes necessita que a coleta de lixo recupere espaço não utilizado em disco.

Os discos são segmentados em um ou mais volumes, cada um contendo um sistema de arquivos ou deixado "sem formatação". Os sistemas de arquivos podem ser montados nas estruturas de nomeação do sistema para ficarem disponíveis. O esquema de nomeação varia por sistema operacional. Após a montagem, os arquivos do volume ficam disponíveis para uso. Os sistemas de arquivos podem ser desmontados para impedir o acesso ou para manutenção.

O compartilhamento de arquivos depende das semânticas fornecidas pelo sistema. Os arquivos podem ter vários leitores, vários gravadores ou limites para o compartilhamento. Os sistemas de arquivos distribuídos permitem que hosts clientes montem volumes ou diretórios a partir de servidores, contanto que possam acessar um ao outro por meio de uma rede. Os sistemas de arquivos remotos apresentam desafios em relação à confiabilidade, ao desempenho e à segurança. Os sistemas de informação distribuídos mantêm informações de usuário, host e acesso para que clientes e servidores possam compartilhar informações de estado no gerenciamento do uso e do acesso.

Já que os arquivos são o principal mecanismo de armazenamento de informações da maioria dos sistemas de computação, a proteção de arquivos é necessária. O acesso a arquivos pode ser controlado separadamente para cada tipo de acesso – leitura, gravação, execução, acréscimo, exclusão, listagem de diretório e assim por diante. A proteção de arquivos pode ser fornecida por listas de acesso, senhas ou outras técnicas.

Exercícios Práticos

9.1 Alguns sistemas excluem automaticamente todos os arquivos do usuário quando este faz logoff ou um job termina, a não ser que o usuário solicite explicitamente que eles sejam mantidos; outros sistemas mantêm todos os arquivos, a não ser que o usuário os exclua explicitamente. Discuta os méritos relativos de cada abordagem.

9.2 Por que alguns sistemas administram o tipo de arquivo, enquanto outros deixam isso para o usuário e ainda outros simplesmente não implementam tipos múltiplos de arquivo? Que sistema é "melhor"?

9.3 Da mesma forma, alguns sistemas dão suporte a muitos tipos de estruturas para os dados de um arquivo, enquanto outros só dão suporte a um fluxo de bytes. Quais são as vantagens e desvantagens de cada abordagem?

9.4 Você consegue simular uma estrutura de diretório de vários níveis em uma estrutura de diretório de um único nível onde nomes arbitrariamente longos possam ser usados? Se a resposta for sim, explique como pode fazer isso e compare esse esquema com o esquema de diretório de vários níveis. Se a resposta for não, explique o que o impede de ser bem-sucedido na simulação. Como sua resposta mudaria se os nomes de arquivo forem limitados a sete caracteres?

9.5 Explique a finalidade das operações `open()` e `close()`.

9.6 Dê um exemplo de uma aplicação em que os dados de um arquivo devam ser acessados na ordem a seguir:

a. Sequencialmente

b. Aleatoriamente

9.7 Em alguns sistemas, um subdiretório pode ser lido e gravado por um usuário autorizado, da mesma forma que arquivos comuns.

a. Descreva os problemas de proteção que podem surgir.

b. Sugira um esquema para a manipulação de cada um desses problemas de proteção.

9.8 Considere um sistema que dê suporte a 5000 usuários. Suponha que você queira permitir que 4990 desses usuários possam acessar um arquivo.

a. Como você especificaria esse esquema de proteção no UNIX?

b. Você consegue sugerir outro esquema de proteção que possa ser usado mais eficazmente para esse fim do que o esquema fornecido pelo UNIX?

9.9 Pesquisadores sugeriram que, em vez de ter uma lista de acessos associada a cada arquivo (especificando quais usuários podem acessar o arquivo e como), deveríamos ter uma *lista de controle de usuários* associada a cada usuário (especificando quais arquivos um usuário pode acessar e como). Discuta os méritos relativos desses dois esquemas.

Exercícios

9.10 Considere um sistema de arquivos em que um arquivo possa ser excluído e seu espaço em disco reclamado mesmo ainda existindo links para esse arquivo. Que problemas podem ocorrer se um novo arquivo for criado na mesma área de armazenamento ou com o mesmo nome de caminho absoluto? Como esses problemas podem ser evitados?

9.11 A tabela de arquivos abertos é usada para manter informações sobre os arquivos que estão abertos correntemente. O sistema operacional deve manter uma tabela separada para cada usuário ou apenas uma tabela contendo referências aos arquivos que estão sendo acessados correntemente por todos os usuários? Se o mesmo arquivo estiver sendo acessado por dois programas ou usuários diferentes, deveriam haver entradas separadas na tabela de arquivos abertos?

9.12 Quais são as vantagens e desvantagens do fornecimento de locks obrigatórios em vez de locks aconselháveis cujo uso é deixado à escolha dos usuários?

9.13 Quais são as vantagens e desvantagens de registrar o nome do programa criador junto com os atributos do arquivo (como é feito no sistema operacional Macintosh)?

9.14 Alguns sistemas abrem automaticamente um arquivo quando ele é referenciado pela primeira vez e fecham o arquivo quando o job termina. Discuta as vantagens e desvantagens desse esquema quando comparado ao mais tradicional em que o usuário tem de abrir e fechar o arquivo explicitamente.

9.15 Se o sistema operacional soubesse que uma determinada aplicação vai acessar dados de arquivo de maneira sequencial, como ele poderia usar essa informação para melhorar o desempenho?

9.16 Dê um exemplo de uma aplicação que possa se beneficiar do suporte do sistema operacional ao acesso aleatório a arquivos indexados.

9.17 Discuta as vantagens e desvantagens do suporte a links de arquivos que atravessam pontos de montagem (isto é, o link referencia um arquivo que está armazenado em um volume diferente).

9.18 Alguns sistemas fornecem compartilhamento de arquivos mantendo uma única cópia de um arquivo; outros mantêm várias cópias, uma para cada usuário que está compartilhando o arquivo. Discuta os méritos relativos de cada abordagem.

9.19 Discuta as vantagens e desvantagens de associar a sistemas de arquivos remotos (armazenados em servidores de arquivo) um conjunto de semânticas de falha diferente do associado a sistemas de arquivos locais.

9.20 Quais são as implicações do suporte às semânticas de consistência do UNIX para acesso compartilhado a arquivos armazenados em sistemas de arquivos remotos?

Notas Bibliográficas

Discussões gerais sobre os sistemas de arquivos são oferecidas por Grosshans [1986]. Golden e Pechura [1986] descrevem a estrutura de sistemas de arquivos de microcomputadores. Os sistemas de banco de dados e suas estruturas de arquivo são descritos com detalhes em Silberschatz et al. [2010].

Um estrutura de diretório com vários níveis foi implementada pela primeira vez no sistema MULTICS (Organick [1972]). Atualmente, a maioria dos sistemas operacionais implementa estruturas de diretório com vários níveis. Entre eles estão o Linux (Bovet e Cesatti [2002]), o Mac OS X (http://www.apple.com/

macosx/), o Solaris (McDougall e Mauro [2007]) e todas as versões do Windows (Russinovich e Solomon [2009]).

O sistema de arquivos de rede (NFS), projetado pela Sun Microsystems, permite que estruturas de diretório sejam distribuídas entre sistemas de computação em rede. O NFS versão 4 é descrito em RFC3505 (http://www.ieft.org/rfc/rfc3505.txt). Uma discussão geral sobre os sistemas de arquivos do Solaris é encontrada no *System Administration Guide: Devices and File Systems* (*Guia de Administração de Sistemas: Dispositivos e Sistemas de Arquivos*) da Sun (http://docs.sun.com/app/docs/doc/817-5093).

O DNS foi proposto primeiramente por Su [1982] e passou por várias revisões desde então, com Mockapetris [1987] adicionando vários recursos importantes. Eastlake [1999] propôs extensões de segurança para permitir que o DNS contenha chaves de segurança.

O LDAP, também conhecido como X.509, é um subconjunto derivado do protocolo de diretórios distribuídos X.500. Ele foi definido por Yeong et al. [1995] e implementado em muitos sistemas operacionais.

Pesquisas interessantes estão em curso na área de interfaces de sistemas de arquivos – principalmente sobre questões relacionadas à nomeação e atributos de arquivos. Por exemplo, o sistema operacional Plan 9 dos Laboratórios Bell (Lucent Technology) faz todos os objetos parecerem sistemas de arquivos. Logo, para exibir uma lista dos processos em um sistema, o usuário só tem de listar o conteúdo do diretório */proc*. Da mesma forma, para exibir a hora do dia, o usuário só tem de digitar o arquivo */dev/time*.

CAPÍTULO 10

Implementação do Sistema de Arquivos

Como vimos no Capítulo 9, o sistema de arquivos fornece o mecanismo para o armazenamento e acesso on-line do conteúdo de arquivos, incluindo dados e programas. O sistema de arquivos reside permanentemente em *memória secundária*, projetada para armazenar uma grande quantidade de dados permanentemente. Este capítulo aborda principalmente questões relacionadas ao armazenamento de arquivos e seu acesso no meio mais comum de armazenamento secundário, o disco. Examinamos maneiras de estruturar o uso de arquivos, alocar espaço em disco, recuperar espaço liberado, rastrear a locação dos dados e conectar outras partes do sistema operacional à memória secundária. Questões relacionadas ao desempenho são consideradas no decorrer do capítulo.

OBJETIVOS DO CAPÍTULO
- Descrever os detalhes de implementação de estruturas de sistemas de arquivos e diretórios locais.
- Descrever a implementação de sistemas de arquivos remotos.
- Discutir algoritmos de alocação de blocos e controle de blocos livres e suas vantagens e desvantagens.

10.1 Estrutura do Sistema de Arquivos

Os discos fornecem grande parte da memória secundária em que um sistema de arquivos é mantido. Eles têm duas características que os tornam um meio conveniente para o armazenamento de vários arquivos:

1. Um disco pode ser regravado *in loco*; é possível ler um bloco do disco, modificar o bloco e gravá-lo novamente no mesmo local.
2. Um disco pode acessar diretamente qualquer bloco de informações que ele contenha. Portanto, é fácil acessar qualquer arquivo sequencial ou aleatoriamente e passar de um arquivo para outro requer apenas mover os cabeçotes de leitura-gravação e esperar o disco girar.

Discutimos a estrutura dos discos com mais detalhes no Capítulo 11.

Para melhorar a eficiência de I/O, as transferências de I/O entre memória e disco são executadas em unidades de *blocos*. Cada bloco tem um ou mais setores. Dependendo do drive de disco, o tamanho do setor varia de 32 a 4.096 bytes; o tamanho usual é de 512 bytes.

Os **sistemas de arquivos** fornecem acesso eficiente e conveniente ao disco permitindo que dados sejam armazenados, localizados e recuperados facilmente. Os sistemas de arquivos apresentam dois problemas de projeto bem diferentes. O primeiro problema é a definição da aparência que o sistema de arquivos deve ter para o usuário. Essa tarefa envolve definir um arquivo e seus atributos, as operações permitidas sobre um arquivo e a estrutura de diretório para a organização de arquivos. O segundo problema é a criação de algoritmos e estruturas de dados que mapeiem o sistema de arquivos lógico para os dispositivos físicos de memória secundária.

O próprio sistema de arquivos é, geralmente, composto por muitos níveis diferentes. A estrutura mostrada na Figura 10.1 é um exemplo de um projeto em camadas. Cada nível do projeto usa os recursos de níveis mais baixos para criar novos recursos que serão usados por níveis mais altos.

O nível mais baixo, o *controle de I/O*, é composto por **drivers de dispositivos** e manipuladores de interrupções para transferir informações entre a memória principal e o sistema de discos. Um driver de dispositivo pode ser considerado um tradutor. Sua entrada é composta por comandos de alto nível como "recuperar o bloco 123". A saída é composta por instruções de baixo nível específicas de hardware usadas pelo controlador de hardware que conecta o dispositivo de I/O ao resto do sistema. Geralmente, o driver de dispositivo grava padrões de bit específicos em locações especiais da memória do controlador de I/O para informar ao controlador em que locação do dispositivo ele deve agir e que ações deve executar. Os detalhes relacionados aos drivers de dispositivos e à infraestrutura de I/O são abordados no Capítulo 12.

O **sistema de arquivos básico** só precisa emitir comandos genéricos para o driver de dispositivo apropriado, para ler e gravar blocos físicos no disco. Cada bloco físico é identificado por seu endereço de disco numérico (por exemplo, drive 1, cilindro

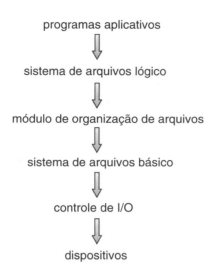

Figura 10.1 Sistema de arquivo em camadas.

73, trilha 2, setor 10). Essa camada também gerencia os buffers e caches de memória que contêm vários blocos de sistemas de arquivos, diretórios e dados. Um bloco do buffer é alocado antes que a transferência de um bloco de disco possa ocorrer. Quando o buffer está cheio, o seu gerenciador tem de encontrar mais memória ou liberar espaço no buffer para permitir que a operação de I/O solicitada seja concluída. Os caches são usados para armazenar metadados do sistema de arquivos usados com frequência, para melhorar o desempenho e, portanto, o gerenciamento de seu conteúdo é crítico para o desempenho ótimo do sistema.

O *módulo de organização de arquivos* conhece os arquivos e seus blocos lógicos, assim como os blocos físicos. Conhecendo o tipo de alocação usado e a localização do arquivo, o módulo de organização de arquivos pode converter endereços de blocos lógicos em endereços de blocos físicos para o sistema de arquivos básico transferir. Os blocos lógicos de cada arquivo são numerados de 0 (ou 1) a N. Os blocos físicos que contêm os dados geralmente não coincidem com os números lógicos, portanto, uma conversão é necessária para a localização de cada bloco. O módulo de organização de arquivos também inclui um gerenciador de espaços livres que rastreia blocos não alocados e fornece esses blocos ao módulo de organização quando solicitado.

Para concluir, o *sistema de arquivos lógico* gerencia informações de metadados. Os metadados incluem toda a estrutura do sistema de arquivos exceto os *dados* reais (ou o conteúdo dos arquivos). O sistema de arquivos lógico gerencia a estrutura do diretório para fornecer ao módulo de organização de arquivos as informações de que este precisa, dado um nome de arquivo simbólico. Ele mantém a estrutura dos arquivos por meio de blocos de controle de arquivo. Um **bloco de controle de arquivo** (**FCB** – *file-control block*) (um *inode* na maioria dos sistemas de arquivos UNIX) contém informações sobre o arquivo, inclusive o proprietário, permissões e a localização do conteúdo do arquivo. O sistema de arquivos lógico também é responsável pela proteção e segurança, como discutido nos Capítulos 9 e 13.

Quando uma estrutura em camadas é usada na implementação do sistema de arquivos, a duplicação de código é minimizada. O código de controle de I/O e, às vezes, do sistema de arquivos básico pode ser usado por vários sistemas de arquivos. Cada sistema de arquivos pode ter então seu próprio sistema de arquivos lógico e seus próprios módulos de organização de arquivos. Infelizmente, a disposição em camadas pode trazer mais overhead para o sistema operacional, o que pode resultar em piora no desempenho. O uso de camadas, inclusive a decisão de quantas camadas usar e o que cada camada deve fazer, é um grande desafio no projeto de novos sistemas.

Muitos sistemas de arquivos estão sendo usados atualmente. A maioria dos sistemas operacionais dá suporte a mais de um. Por exemplo, grande parte dos CD-ROMs é gravada no formato ISO 9660, um formato padrão acordado por fabricantes de CD-ROM. Além de sistemas de arquivos de mídia removível, cada sistema operacional tem um ou mais sistemas de arquivos baseados em disco. O UNIX usa o **sistema de arquivos UNIX (UFS** – *UNIX file system)*, originado no Berkeley Fast File System (FFS). O Windows NT e versões posteriores dão suporte aos formatos de sistemas de arquivos em disco FAT, FAT32 e NTFS (Windows NT File System), assim como aos formatos de sistema de arquivos em CD-ROM, DVD e disquete. Embora o Linux dê suporte a mais de quarenta sistemas de arquivos diferentes, seu sistema de arquivos-padrão é conhecido como **sistema de arquivos estendido**, e as versões mais comuns são a ext2 e ext3. Também há os sistemas de arquivos distribuídos, em que um sistema de arquivos armazenado em um servidor é montado por um ou mais computadores clientes por meio de uma rede.

A pesquisa em sistemas de arquivos continua a ser uma área ativa do projeto e implementação de sistemas operacionais. O Google criou seu próprio sistema de arquivos para atender às necessidades específicas de armazenamento e recuperação da empresa. Outro projeto interessante é o sistema de arquivos FUSE, que fornece flexibilidade no uso de sistemas de arquivos implementando e executando esses sistemas de arquivos como código de nível de usuário e não de nível do kernel. Usando o FUSE, um usuário pode adicionar um novo sistema de arquivos a vários sistemas operacionais e usá-lo no gerenciamento de seus arquivos.

10.2 Implementação do Sistema de Arquivos

Como descrito na Seção 9.1.2, os sistemas operacionais implementam as chamadas de sistema `open()` e `close()` para os processos solicitarem acesso ao conteúdo de arquivos. Nesta seção, aprofundamos o estudo das estruturas e operações usadas na implementação de sistemas de arquivos.

10.2.1 Visão Geral

Várias estruturas de disco e de memória são usadas na implementação de um sistema de arquivos. Essas estruturas variam dependendo do sistema operacional e do sistema de arquivos, mas alguns princípios gerais são aplicáveis.

Em disco, o sistema de arquivos pode conter informações sobre como inicializar um sistema operacional nele armazenado, a quantidade total de blocos, a quantidade e a localização de blocos livres, a estrutura de diretório e arquivos individuais. Muitas dessas estruturas são detalhadas no decorrer deste capítulo; veja a seguir uma descrição resumida:

- Um **bloco de controle de inicialização** (por volume) pode conter as informações requeridas pelo sistema para a inicialização de um sistema operacional a partir desse volume. Se o disco não contiver um sistema operacional, esse bloco pode estar vazio. Normalmente, ele é o primeiro bloco de um volume. No UFS, se chama **bloco de inicialização**; no NTFS, é o **setor de inicialização de partição**.

- Um **bloco de controle de volume** (por volume) contém detalhes do volume (ou partição), como a quantidade de blocos da partição, o tamanho dos blocos, uma contagem de blocos livres e ponteiros para eles, e uma contagem de FCBs livres e ponteiros para eles. No UFS, esse bloco se chama **superbloco**; no NTFS, ele é armazenado na **tabela de arquivos mestre**.

- Uma estrutura de diretório (por sistema de arquivos) é usada na organização dos arquivos. No UFS, ela inclui os nomes de arquivo e os números de inode associados. No NTFS, fica armazenada na tabela de arquivos mestre.

- Um FCB por arquivo contém vários detalhes sobre o arquivo. O FCB possui um número identificador exclusivo para permitir a associação a uma entrada do diretório. No NTFS, essas informações são armazenadas dentro da tabela de arquivos mestre que usa uma estrutura de banco de dados relacional, com uma linha por arquivo.

As informações em memória são usadas tanto no gerenciamento do sistema de arquivos quanto na melhoria do desempenho por meio do armazenamento em cache. Os dados são carregados em tempo de montagem, atualizados durante operações sobre o sistema de arquivos e descartados na desmontagem. Vários tipos de estruturas podem ser incluídos:

- Uma **tabela de montagens** em memória contém informações sobre cada volume montado.
- Um cache de estrutura de diretório na memória contém as informações de diretório referentes aos diretórios acessados recentemente. (Para diretórios nos quais existam volumes montados, ele pode conter um ponteiro para a tabela de volumes.)
- A **tabela de arquivos abertos em todo o sistema** contém uma cópia do FCB de cada arquivo aberto, assim como outras informações.
- A **tabela de arquivos abertos por processo** contém um ponteiro para a entrada apropriada da tabela de arquivos abertos em todo o sistema, assim como outras informações.
- Buffers contêm blocos do sistema de arquivos quando eles estão sendo lidos ou gravados em disco.

Para criar um novo arquivo, um programa aplicativo chama o sistema de arquivos lógico. O sistema de arquivos lógico conhece o formato das estruturas de diretório. Para criar um novo arquivo, ele aloca um novo FCB. (Alternativamente, se a implementação do sistema de arquivos criar todos os FCBs em

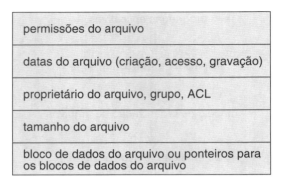

Figura 10.2 Um bloco de controle de arquivo típico.

tempo de criação do sistema de arquivos, um FCB será alocado a partir do conjunto de FCBs livres.) O sistema então lê o diretório apropriado para a memória, atualiza-o com o nome e o FCB do novo arquivo e grava-o novamente no disco. Um FCB típico é mostrado na Figura 10.2.

Alguns sistemas operacionais, inclusive o UNIX, tratam um diretório exatamente da mesma forma que um arquivo – com um campo "tipo" indicando que se trata de um diretório. Outros sistemas operacionais, como o Windows, implementam chamadas de sistema separadas para arquivos e diretórios e tratam diretórios como entidades diferentes dos arquivos. Independente das questões estruturais de maior abrangência, o sistema de arquivos lógico pode chamar o módulo de organização de arquivos para mapear o I/O de diretório para números de bloco de disco que são passados para o sistema de arquivos básico e para o sistema de controle de I/O.

Agora que um arquivo foi criado, ele pode ser usado em operações de I/O. Antes, no entanto, tem de ser *aberto*. A chamada open() passa um nome de arquivo para o sistema de arquivos lógico. Primeiro, a chamada de sistemas open() pesquisa a tabela de arquivos abertos em todo o sistema para ver se o arquivo já está sendo usado por outro processo. Se estiver, é criada uma entrada na tabela de arquivos abertos por processo apontando para a tabela de arquivos abertos em todo o sistema. Esse algoritmo pode evitar um overhead significativo. Se o arquivo ainda não estiver aberto, a estrutura de diretório é pesquisada em busca do nome de arquivo fornecido. Geralmente, partes da estrutura de diretório são armazenadas em cache de memória para acelerar as operações de diretório. Uma vez que o arquivo seja encontrado, o FCB é copiado em uma tabela de arquivos abertos em todo o sistema, em memória. Essa tabela não só armazena o FCB, mas também registra a quantidade de processos que têm o arquivo aberto.

Em seguida, uma entrada é criada na tabela de arquivos abertos por processo, com um ponteiro para a entrada da tabela de arquivos abertos em todo o sistema e alguns outros campos. Esses outros campos podem incluir um ponteiro para a locação corrente no arquivo (da próxima operação read() ou write()) e a modalidade de acesso para a qual o arquivo foi aberto. A chamada open() retorna um ponteiro para a entrada apropriada da tabela de sistemas de arquivos por processo. Todas as operações de arquivo são então executadas por esse ponteiro. O nome do arquivo pode não fazer parte da tabela de arquivos

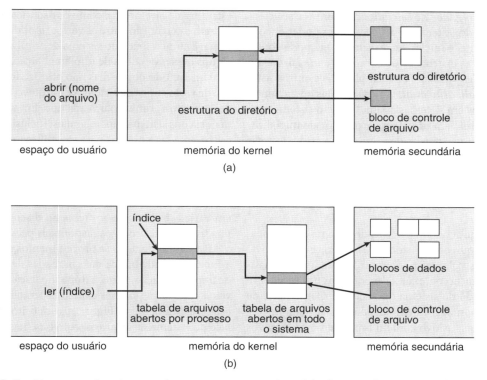

Figura 10.3 Estruturas dos sistemas de arquivos em memória. (a) Abertura de arquivo. (b) Leitura de arquivo.

abertos, já que o sistema não precisa usá-lo, uma vez que o FCB apropriado esteja localizado em disco. Ele pode ser armazenado em cache, no entanto, para economizar tempo em aberturas subsequentes do mesmo arquivo. O nome dado à entrada varia. Sistemas UNIX a chamam de *descritor de arquivos*; o Windows a chama de *manipulador de arquivos*.

Quando um processo fecha o arquivo, a entrada da tabela por processo é removida e a contagem de aberturas do arquivo da entrada da tabela em todo o sistema é decrementada. Quando todos os usuários que tenham aberto o arquivo, o fecharem, qualquer metadado que tiver sido atualizado será copiado novamente na estrutura de diretório baseada em disco e a entrada da tabela de arquivos abertos em todo o sistema será removida.

Alguns sistemas complicam ainda mais esse esquema usando o sistema de arquivos como uma interface para outros aspectos do sistema, como a conexão em rede. Por exemplo, no UFS, a tabela de arquivos abertos em todo o sistema mantém os inodes e outras informações de arquivos e diretórios. Também contém informações semelhantes sobre conexões e dispositivos de rede. Dessa forma, um mecanismo pode ser usado para vários fins.

Os aspectos do armazenamento de estruturas de sistemas de arquivos em cache não devem ser ignorados. A maioria dos sistemas mantém na memória todas as informações sobre um arquivo aberto, exceto seus blocos de dados reais. O sistema BSD UNIX usa caches quando pode economizar I/O de disco. Sua taxa média de acesso ao cache, da ordem de 85%, mostra que vale a pena implementar essas técnicas. O sistema BSD UNIX é descrito em detalhes no Apêndice A.

As estruturas operacionais de implementação de um sistema de arquivos estão resumidas na Figura 10.3.

10.2.2 Partições e Montagem

O formato de um disco pode ter muitas variações, dependendo do sistema operacional. Um disco pode ser dividido em várias partições ou um volume pode se estender por várias partições em vários discos. O primeiro formato é discutido aqui e o último, que é mais apropriadamente considerado um tipo de RAID, é abordado na Seção 11.7.

Cada partição pode ser "bruta", não contendo sistema de arquivos, ou "estruturada", contendo um sistema de arquivos. O *disco bruto* é usado onde o uso de um sistema de arquivos não é apropriado. O espaço de permuta do UNIX pode usar uma partição bruta, por exemplo, porque usa seu próprio formato de disco e não um sistema de arquivos. Da mesma forma, alguns bancos de dados usam disco bruto e formatam os dados conforme suas necessidades. O disco bruto também pode conter informações requeridas por sistemas RAID de disco, como mapas de bits indicando quais blocos são espelhados e quais mudaram e têm de ser espelhados. Do mesmo modo, o disco bruto pode conter um banco de dados em miniatura armazenando informações de configuração de RAID, como quais discos são membros de cada conjunto RAID. O uso do disco bruto é discutido com detalhes na Seção 11.5.1.

Informações de inicialização podem ser armazenadas em uma partição separada. Novamente, elas têm seu próprio formato porque, em tempo de inicialização, o sistema não está com o código do sistema de arquivos carregado e, portanto, não pode interpretar seu formato. Em vez disso, as informações de inicialização são, usualmente, uma série sequencial de blocos, carregados como imagem na memória. A execução da imagem começa em uma locação predefinida, como o primeiro byte.

Por sua vez, esse *carregador de inicialização* conhece suficientemente a estrutura do sistema de arquivos para poder encontrar e carregar o kernel e iniciar sua execução. Ele pode conter mais do que apenas as instruções de como deve inicializar um sistema operacional específico. Por exemplo, PCs e outros sistemas podem ter *inicialização dual*. Vários sistemas operacionais podem ser instalados em sistemas assim. Como o sistema sabe qual deles deve ser inicializado? Um carregador de inicialização que entenda vários sistemas de arquivos e vários sistemas operacionais, pode ocupar o espaço de inicialização. Uma vez carregado, ele pode inicializar um dos sistemas operacionais disponíveis no disco. O disco pode ter várias partições, cada uma contendo um tipo de sistema de arquivos diferente e um sistema operacional diferente.

A *partição raiz* que contém o kernel do sistema operacional e, às vezes, outros arquivos do sistema, é montada em tempo de inicialização. Outros volumes podem ser montados automaticamente na inicialização ou, manualmente, em um momento posterior, dependendo do sistema operacional. Como parte de uma operação de montagem bem-sucedida, o sistema operacional verifica se o dispositivo contém um sistema de arquivos válido. Ele faz isso solicitando ao driver de dispositivo que leia o diretório do dispositivo e verificando se o diretório tem o formato esperado. Se o formato for inválido, a partição deve ter sua consistência verificada e, possivelmente, corrigida, com ou sem intervenção do usuário. Para concluir, o sistema operacional registra em sua tabela de montagem em memória que um sistema de arquivos está montado, junto com o tipo do sistema de arquivos. Os detalhes dessa função dependem do sistema operacional. Sistemas baseados no Microsoft Windows montam cada volume em um espaço de nome separado, representado por uma letra e dois pontos. Para registrar que um sistema de arquivos está montado em F:, por exemplo, o sistema operacional insere um ponteiro para o sistema de arquivos em um campo da estrutura do dispositivo correspondente a F:. Quando um processo especifica a letra do driver, o sistema operacional encontra o ponteiro do sistema de arquivos apropriado e percorre as estruturas de diretório desse dispositivo para encontrar o arquivo ou diretório especificado. Versões mais recentes do Windows podem montar um sistema de arquivos em qualquer ponto da estrutura de diretório existente.

No UNIX, os sistemas de arquivos podem ser montados em qualquer diretório. A montagem é implementada posicionando-se um flag na cópia em memória do inode desse diretório. O flag indica que o diretório é um ponto de montagem. Um campo aponta para uma entrada da tabela de montagem, indicando que dispositivo está montado aí. A entrada da tabela de montagem contém um ponteiro para o superbloco do sistema de arquivos nesse dispositivo. Esse esquema permite que o sistema operacional percorra sua estrutura de diretório, alternando-se sem interrupção entre sistemas de arquivos de vários tipos.

10.2.3 Sistemas de Arquivos Virtuais

A seção anterior deixou claro que os sistemas operacionais modernos devem suportar concorrentemente vários tipos de sistemas de arquivos. Mas como um sistema operacional permite que vários tipos de sistemas de arquivos sejam integrados a uma estrutura de diretório? E como os usuários podem se movimentar sem interrupção entre os vários tipos de sistemas de arquivos ao navegar no espaço do sistema de arquivos? Discutimos agora alguns desses detalhes de implementação.

Um método óbvio, mas não otimizado, para a implementação de vários tipos de sistemas de arquivos é a criação de rotinas de diretório e arquivo para cada tipo. Em vez disso, no entanto, a maioria dos sistemas operacionais, inclusive o UNIX, usa técnicas orientadas a objetos para simplificar, organizar e modularizar a implementação. O uso desses métodos permite que vários tipos de sistemas de arquivos diferentes sejam implementados dentro da mesma estrutura, inclusive sistemas de arquivos de rede, como o NFS. Os usuários podem acessar arquivos contidos em vários sistemas de arquivos no disco local ou, até mesmo, nos sistemas de arquivos disponíveis pela rede.

Estruturas de dados e procedimentos são usados para isolar a funcionalidade básica das chamadas de sistema dos detalhes de implementação. Logo, a implementação do sistema de arquivos é composta por três camadas principais, como mostrado esquematicamente na Figura 10.4. A primeira camada é a interface do sistema de arquivos, com base nas chamadas `open()`, `read()`, `write()` e `close()` e em descritores de arquivos.

A segunda camada se chama camada do *sistema de arquivos virtual (VFS – virtual file system)* e tem duas funções importantes:

1. Separa operações genéricas do sistema de arquivos de sua implementação definindo uma interface VFS simples. Várias implementações da interface VFS podem coexistir na mesma máquina, permitindo o acesso transparente a diferentes tipos de sistemas de arquivos montados localmente.

2. Fornece um mecanismo para a representação exclusiva de um arquivo em toda a rede. O VFS se baseia em uma estrutura de representação de arquivos, chamada *vnode*, que contém um designador numérico para representar um arquivo de maneira exclusiva em toda a rede. (Os inodes do UNIX só são exclusivos dentro de um único sistema de arquivos.) Essa exclusividade em toda a rede é necessária ao suporte a sistemas de arquivos de rede. O kernel mantém uma estrutura vnode para cada nó ativo (arquivo ou diretório).

Logo, o VFS distingue arquivos locais de arquivos remotos e os arquivos locais sofrem uma distinção ainda maior de acordo com o tipo do sistema de arquivos.

O VFS ativa operações específicas dos sistemas de arquivos para manipular solicitações locais de acordo com o tipo do sistema de arquivos e chama os procedimentos do protocolo NFS para solicitações remotas. Manipuladores de arquivo são construídos a partir dos vnodes relevantes e são passados como argumentos para esses procedimentos. A camada que implementa o tipo do sistema de arquivos ou o protocolo de sistemas de arquivos remoto é a terceira camada da arquitetura.

Examinemos rapidamente a arquitetura VFS no Linux. Os quatro tipos de objeto principais definidos pelo VFS no Linux são:

- O **objeto inode** representa um arquivo individual
- O **objeto arquivo** representa um arquivo aberto

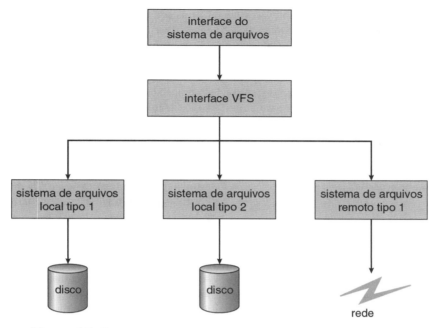

Figura 10.4 Visão esquemática de um sistema de arquivos virtual.

- O **objeto superbloco** representa um sistema de arquivos inteiro
- O **objeto dentry** (directory entry) representa uma entrada de diretório individual

Para cada um desses quatro tipos de objeto, o VFS define um conjunto de operações que devem ser implementadas. Todo objeto de um desses tipos contém um ponteiro para uma tabela de funções. A tabela de funções lista os endereços das funções reais que implementam as operações definidas para esse objeto específico. Por exemplo, uma API resumida com algumas das operações para o objeto arquivo inclui:

- `int open(...)` – Abre um arquivo
- `ssize_t read(...)` – Lê um arquivo
- `ssize_t write(...)` – Grava em um arquivo
- `int mmap(...)` – Mapeia um arquivo para a memória

Uma implementação do objeto arquivo para um tipo de arquivo específico é necessária para implementar cada função especificada na definição desse objeto. (A definição completa do objeto arquivo é especificada em `struct file_operations`, que está localizada no arquivo `/usr/include/linux/fs.h`.)

Portanto, a camada de software VFS pode executar uma operação em um desses objetos chamando a função apropriada na tabela de funções do objeto, sem precisar saber de antemão exatamente com que tipo de objeto está lidando. O VFS não sabe, ou precisa saber, se um inode representa um arquivo em disco, um arquivo de diretório ou um arquivo remoto. A função apropriada para a operação `read()` desse arquivo sempre estará no mesmo local em sua tabela de funções e a camada de software VFS a chamará sem se preocupar com a maneira como os dados estão sendo lidos realmente.

10.3 Implementação do Diretório

A seleção dos algoritmos de alocação e gerenciamento do diretório afeta significativamente a eficiência, o desempenho e a confiabilidade do sistema de arquivos. Nesta seção, discutimos as vantagens e desvantagens envolvidas na escolha de um desses algoritmos.

10.3.1 Lista Linear

O método mais simples de implementação de um diretório é uma lista linear de nomes de arquivo com ponteiros para os blocos de dados. Esse método é fácil de programar, mas tem execução demorada. Para criar um novo arquivo, primeiro temos de pesquisar o diretório para garantir que não existem arquivos com o mesmo nome. Em seguida, adicionamos uma nova entrada ao final do diretório. Para excluir um arquivo, procuramos o arquivo nomeado no diretório e então liberamos o espaço alocado para ele. Para reutilizar a entrada do diretório, podemos fazer uma de várias ações. Podemos marcar a entrada como não utilizada (atribuindo a ela um nome especial, como um nome em branco, ou usando um bit "usada – não usada" em cada entrada) ou podemos inseri-la em uma lista de entradas de diretório livres. Uma terceira alternativa é copiar a última entrada do diretório na locação liberada e diminuir o tamanho do diretório. Uma lista encadeada também pode ser usada para diminuir o tempo necessário à exclusão de um arquivo.

A principal desvantagem de uma lista linear de entradas de diretório é que, para encontrar um arquivo, temos de fazer uma busca linear. Informações de diretório são usadas com frequência e os usuários notarão que o acesso a elas é lento. Na verdade, muitos sistemas operacionais implementam um cache de software para armazenar as informações de diretório mais recentemente utilizadas. O acesso ao cache evita a necessidade de releitura constante das informações em disco. Uma lista classificada permite a busca binária e diminui o tempo médio de busca. No entanto, o requisito de que a lista seja mantida classificada pode complicar a criação e exclusão de arquivos, porque podemos ter de mover quantidades significativas de informações do diretório para mantê-lo classificado. Uma estrutura de dados de árvore mais sofisticada, como a árvore-B, pode ajudar aqui. Uma vantagem da lista classificada é que uma listagem de diretório classificada pode ser produzida sem um passo de classificação separado.

10.3.2 Tabela com Hash

Outra estrutura de dados usada para um diretório de arquivos é a *tabela com hash*. Nesse método, uma lista linear armazena as entradas do diretório, mas uma estrutura de dados com hash também é usada. A tabela com hash recebe um valor calculado a partir do nome do arquivo e retorna um ponteiro para o nome do arquivo na lista linear. Portanto, ela pode diminuir muito o tempo de busca no diretório. As operações de inserção e exclusão também são muito simples, embora tenhamos de administrar as *colisões* – situações em que dois nomes de arquivo são mapeados para a mesma locação.

As principais dificuldades de uma tabela com hash são seu tamanho geralmente fixo e a dependência que a função hash tem desse tamanho. Por exemplo, suponha que criemos uma tabela com hash de sondagem linear com 64 entradas. A função hash converte nomes de arquivo em inteiros de 0 a 63, por exemplo, usando o resto de uma divisão por 64. Se, posteriormente, tentarmos criar um 65º arquivo, teremos de aumentar a tabela com hash do diretório – digamos, para 128 entradas. Como resultado, precisaremos de uma nova função hash que mapeie nomes de arquivo para o intervalo de 0 a 127 e teremos de reorganizar as entradas de diretório existentes para que reflitam seus novos valores gerados pela função hash.

Alternativamente, uma tabela com hash de estouro encadeado pode ser usada. Cada entrada do hash pode ser uma lista encadeada em vez de um valor individual e podemos resolver colisões adicionando a nova entrada à lista encadeada. As pesquisas podem demorar um pouco porque a busca de um nome pode requerer uma varredura em uma lista encadeada de entradas em colisão. Mesmo assim, esse método tende a ser muito mais rápido do que uma busca linear no diretório inteiro.

10.4 Métodos de Alocação

A natureza de acesso direto dos discos nos permite flexibilidade na implementação de arquivos. Quase sempre, muitos arquivos são armazenados no mesmo disco. O principal problema é como alocar espaço para esses arquivos de modo que o espaço em disco seja utilizado eficazmente e os arquivos possam ser acessados rapidamente. Três métodos principais de alocação de espaço em disco estão sendo muito usados: contíguo, encadeado e indexado. Cada método apresenta vantagens e desvantagens. Alguns sistemas (como o RDOS da Data General para sua linha de computadores Nova) dão suporte a todos os três. O mais comum é que um sistema use um método para todos os arquivos de um tipo de sistema de arquivos.

10.4.1 Alocação Contígua

A *alocação contígua* requer que cada arquivo ocupe um conjunto de blocos contíguos no disco. Os endereços de disco definem uma ordenação linear no disco. Com essa ordenação, supondo que apenas um job esteja acessando o disco, normalmente o acesso ao bloco $b + 1$ após o bloco b não requer movimentação do cabeçote. Quando a movimentação do cabeçote é necessária (do último setor de um cilindro para o primeiro setor do próximo cilindro), ele só precisa se mover de uma trilha para a seguinte. Portanto, a quantidade de buscas no disco requerida para o acesso a arquivos alocados contiguamente é mínima, assim como o tempo de busca quando uma busca é finalmente necessária. O sistema operacional IBM VM/CMS usa a alocação contígua porque ela fornece esse bom nível de desempenho.

A alocação contígua de um arquivo é definida pelo endereço e tamanho (em unidades de bloco) do primeiro bloco no disco. Se o arquivo tem n blocos de tamanho e começa na locação b, então, ele ocupa os blocos $b, b + 1, b + 2, ..., b + n - 1$. A entrada de diretório de cada arquivo indica o endereço do bloco inicial e o tamanho da área alocada para esse arquivo (Figura 10.5).

É fácil acessar um arquivo que foi alocado contiguamente. No acesso sequencial, o sistema de arquivos lembra o endereço em disco do último bloco referenciado e, quando necessário, lê o próximo bloco. No acesso direto ao bloco i de um arquivo que começa no bloco b, podemos acessar imediatamente o bloco $b + i$. Logo, tanto o acesso sequencial quanto o direto podem ser suportados na alocação contígua.

A alocação contígua apresenta alguns problemas, no entanto. Uma das dificuldades é encontrar espaço para um novo arquivo. O sistema selecionado para gerenciar espaço livre determina como essa tarefa é executada; esses sistemas de gerenciamento são discutidos na Seção 10.5. Qualquer sistema de gerenciamento pode ser usado, mas alguns são mais lentos que outros.

O problema da alocação contígua pode ser visto como uma aplicação particular do problema geral de *alocação de memória dinâmica* discutido na Seção 7.3 que envolve como atender a uma solicitação de tamanho n a partir de uma lista de brechas livres. O primeiro apto e o mais apto são as estratégias mais comuns usadas na seleção de uma brecha livre no conjunto de brechas disponíveis. Simulações têm mostrado que tanto o primeiro apto quanto o mais apto são mais eficientes do que o menos apto em termos de tempo e uso da memória. Ainda não ficou claro qual das duas estratégias é melhor em termos de uso da memória, mas o primeiro apto é, em geral, mais rápido.

Todos esses algoritmos sofrem do problema da *fragmentação externa*. Conforme arquivos são alocados e excluídos, o espaço livre em disco é dividido em pequenas porções. A fragmentação externa ocorre sempre que o espaço livre é dividido em porções. Ela se torna um problema quando a maior porção contígua é insuficiente para uma solicitação; a memória é

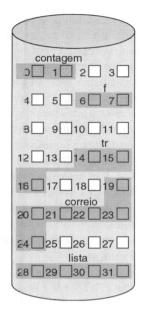

Figura 10.5 Alocação contínua de espaço em disco.

fragmentada em várias brechas, nenhuma delas suficientemente grande para armazenar os dados. Dependendo da quantidade total de memória em disco e do tamanho médio do arquivo, a fragmentação externa pode ser um problema maior ou menor.

Uma estratégia para impedir a perda de espaço significativo em disco devido à fragmentação externa é copiar um sistema de arquivos inteiro em outro disco ou fita. Assim, o disco original é totalmente liberado, criando um grande espaço contíguo livre. Copiamos então os arquivos novamente no disco original alocando espaço contíguo a partir dessa grande brecha. Esse esquema *compacta* efetivamente todo o espaço livre em um espaço contíguo, resolvendo o problema da fragmentação. No entanto, o custo dessa compactação é refletido no tempo e pode ser particularmente alto para discos rígidos amplos que usem alocação contígua, na qual a compactação de todo o espaço pode levar horas e ser necessária semanalmente. Alguns sistemas requerem que essa função seja executada *off-line*, com o sistema de arquivos desmontado. Durante esse *tempo de paralisação*, geralmente não podemos permitir a operação normal do sistema e, portanto, tal compactação é evitada a todo custo em máquinas de produção. A maioria dos sistemas modernos que precisa de desfragmentação, pode executá-la *on-line* durante a operação normal do sistema, mas a perda no desempenho pode ser significativa.

Outro problema da alocação contígua é determinar o espaço necessário para um arquivo. Quando o arquivo é criado, o espaço total de que ele precisará deve ser encontrado e alocado. Como o criador (programa ou pessoa) sabe o tamanho do arquivo a ser criado? Em alguns casos, essa determinação pode ser bem simples (a cópia de um arquivo existente, por exemplo); em geral, no entanto, é difícil estimar o tamanho de um arquivo de saída.

Se alocarmos um espaço muito pequeno para um arquivo, podemos acabar descobrindo que o arquivo não pode ser estendido. Principalmente em uma estratégia de alocação do mais apto, o espaço dos dois lados do arquivo pode estar sendo usado.

Portanto, não podemos aumentar o arquivo nesse local. Temos duas possibilidades. Na primeira, o programa do usuário é encerrado com uma mensagem de erro apropriada. O usuário deve então alocar mais espaço e executar o programa novamente. Essas execuções repetidas podem ser dispendiosas. Para impedir sua ocorrência, normalmente o usuário estima para cima o espaço necessário, o que resulta em considerável desperdício de espaço. A outra possibilidade é encontrar uma brecha maior, copiar o conteúdo do arquivo no novo espaço e liberar o espaço anterior. Essa série de ações pode ser repetida contanto que haja espaço, mas pode ser demorada. No entanto, o usuário nunca precisa ser informado explicitamente sobre o que está ocorrendo; a execução do sistema continua apesar do problema, porém cada vez mais lenta.

Mesmo se o espaço total necessário para um arquivo for conhecido antecipadamente, a pré-alocação pode ser ineficiente. Um arquivo que aumenta lentamente durante um longo período (meses ou anos) deve receber espaço suficiente para seu tamanho final, ainda que grande parte desse espaço não seja usada por um longo tempo. O arquivo terá então grande fragmentação interna.

Para minimizar essas inconveniências, alguns sistemas operacionais usam um esquema modificado de alocação contígua. Neste caso, uma porção de espaço contíguo é alocada inicialmente; em seguida, se esse espaço não se mostrar suficientemente grande, outra porção de espaço contíguo, conhecida como **extensão**, é adicionada. A localização dos blocos de um arquivo é então registrada na forma de uma locação e de uma contagem de blocos, mais um link para o primeiro bloco da próxima extensão. Em alguns sistemas, o proprietário do arquivo pode definir o tamanho da extensão, mas essa definição resultará em ineficiências se o proprietário não estiver certo. A fragmentação interna ainda pode ser um problema se as extensões forem grandes demais e a fragmentação externa pode se tornar um problema se extensões de vários tamanhos forem alocadas e desalocadas. O sistema de arquivos comercial Veritas usa extensões para otimizar o desempenho. Ele é um substituto de alto desempenho para o UFS padrão do UNIX.

10.4.2 Alocação Encadeada

A **alocação encadeada** resolve todos os problemas da alocação contígua. Na alocação encadeada, cada arquivo é uma lista encadeada de blocos de disco; os blocos podem estar espalhados em qualquer local do disco. O diretório contém um ponteiro para o primeiro e último blocos do arquivo. Por exemplo, um arquivo de cinco blocos pode começar no bloco 9 e continuar no bloco 16, passar para o bloco 1, depois para o bloco 10 e finalmente para o bloco 25 (Figura 10.6). Cada bloco contém um ponteiro para o próximo bloco. Esses ponteiros não ficam disponíveis para o usuário. Logo, se cada bloco tiver 512 bytes e um endereço de disco (o ponteiro) precisar de 4 bytes, o usuário verá blocos de 508 bytes.

Para criar um novo arquivo, simplesmente criamos uma nova entrada no diretório. Na alocação encadeada, cada entrada do diretório tem um ponteiro para o primeiro bloco de disco do arquivo. Esse ponteiro é inicializado com *nil* (o valor do ponteiro do fim da lista) para indicar um arquivo vazio. O campo de tama-

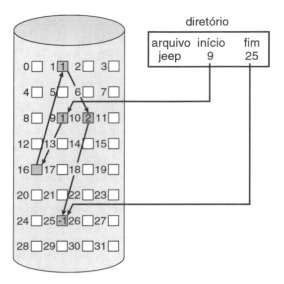

Figura 10.6 Alocação encadeada de espaço em disco.

nho também é posicionado com 0. Uma gravação no arquivo faz com que o sistema de gerenciamento do espaço livre encontre um bloco livre, esse novo bloco recebe a gravação e é encadeado ao fim do arquivo. Para ler um arquivo, simplesmente lemos os blocos seguindo os ponteiros de um bloco para outro. Não há fragmentação externa na alocação encadeada e qualquer bloco livre na lista de espaços livres pode ser usado para atender a uma solicitação. O tamanho de um arquivo não precisa ser declarado quando esse arquivo é criado. O arquivo pode continuar a crescer, desde que blocos livres estejam disponíveis. Consequentemente, nunca é necessário compactar o espaço em disco.

No entanto, a alocação encadeada também apresenta desvantagens. O principal problema é que ela só pode ser usada efetivamente para arquivos de acesso sequencial. Para encontrar o *i*-ésimo bloco de um arquivo, temos de partir do início desse arquivo e seguir os ponteiros até chegarmos ao *i*-ésimo bloco. Cada acesso a um ponteiro requer uma leitura em disco e alguns requerem uma busca no disco. Consequentemente, é ineficiente dar suporte a um recurso de acesso direto para arquivos de alocação encadeada.

Outra desvantagem é o espaço requerido para os ponteiros. Se um ponteiro precisar de 4 bytes em um bloco de 512 bytes, 0,78% do disco serão usados para os ponteiros, em vez de para informações. Cada arquivo vai precisar de um pouco mais de espaço do que precisaria de outro modo.

A solução usual para esse problema é reunir blocos em grupos, chamados **clusters**, e alocar clusters em vez de blocos. Por exemplo, o sistema de arquivos pode definir um cluster como quatro blocos e só operar sobre o disco em unidades de cluster. Assim, os ponteiros usarão um percentual muito menor do espaço do arquivo em disco. Esse método permite que o mapeamento de blocos lógicos para físicos permaneça simples, além de melhorar o throughput do disco (porque são requeridas menos buscas do cabeçote do disco) e diminuir o espaço necessário para a alocação de blocos e o gerenciamento da lista de blocos livres. O custo dessa abordagem é um aumento na fragmentação interna, porque mais espaço é desperdiçado quando um cluster está parcialmente cheio do que quando um bloco está parcialmente cheio. Os clusters também podem ser usados para melhorar o tempo de acesso ao disco de muitos outros algoritmos e, portanto, eles são usados na maioria dos sistemas de arquivos.

Ainda outro problema da alocação encadeada é a confiabilidade. Lembre-se de que os arquivos são encadeados por ponteiros espalhados por todo o disco e considere o que ocorrerá se um ponteiro for perdido ou danificado. Um bug no software do sistema operacional ou uma falha no hardware do disco podem resultar na seleção do ponteiro errado. Por sua vez, esse erro poderia resultar no encadeamento à lista de espaços livres ou a outro arquivo. Uma solução parcial é usar listas duplamente encadeadas e outra é armazenar o nome do arquivo e o número de bloco relativo em cada bloco; no entanto, esses esquemas impõem ainda mais overhead a cada arquivo.

Uma variação importante da alocação encadeada é o uso de uma **tabela de alocação de arquivos (FAT – *file-allocation table*)**. Esse método simples mas eficiente de alocação de espaço em disco é usado nos sistemas operacionais MS-DOS e OS/2. Uma seção de disco no começo de cada volume é configurada separadamente para conter a tabela. A tabela tem uma entrada para cada bloco do disco e é indexada pelo número do bloco. A FAT é usada de maneira semelhante a uma lista encadeada. A entrada do diretório contém o número do primeiro bloco do arquivo. A entrada da tabela indexada por esse número de bloco contém o número do próximo bloco do arquivo. Essa cadeia continua até alcançar o último bloco que tem um valor especial de fim de arquivo como entrada da tabela. Um bloco não usado é indicado na tabela por um valor 0. A alocação de um novo bloco a um arquivo é uma simples questão de encontrar a primeira entrada da tabela de valor 0 e substituir o valor anterior de fim de arquivo pelo endereço do novo bloco. O 0 é então substituído pelo valor de fim de arquivo. Um exemplo ilustrativo é a estrutura da FAT mostrada na Figura 10.7 para um arquivo composto pelos blocos de disco 217, 618 e 339.

O esquema de alocação por FAT pode resultar em uma quantidade significativa de buscas do cabeçote do disco, a menos que a FAT seja armazenada em cache. O cabeçote do disco deve se mover para o início do volume para ler a FAT e encontrar a localização do bloco em questão e, então, mover-se para essa localização. Na pior das hipóteses, as duas movimentações ocorrem para cada um dos blocos. Uma vantagem é que o tempo de acesso aleatório é melhorado porque o cabeçote do disco pode encontrar a localização de qualquer bloco lendo as informações da FAT.

10.4.3 Alocação Indexada

A alocação encadeada resolve os problemas de fragmentação externa e da declaração de tamanho da alocação contígua. No entanto, na ausência de uma FAT, a alocação encadeada não pode dar suporte a um acesso direto eficiente porque os ponteiros para os blocos ficam espalhados com os próprios blocos por todo o disco e devem ser recuperados em ordem. A **alocação indexada** resolve esse problema trazendo todos os ponteiros para um local: o **bloco de índices**.

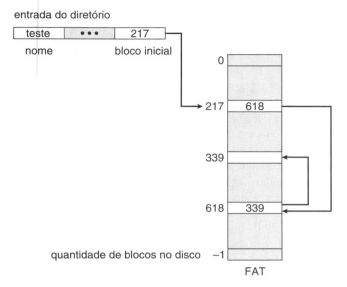

Figura 10.7 Tabela de alocação de arquivos.

Cada arquivo tem seu próprio bloco de índices, que é um array de endereços de blocos de disco. A *i*-ésima entrada do bloco de índices aponta para o *i*-ésimo bloco do arquivo. O diretório contém o endereço do bloco de índices (Figura 10.8). Para encontrar e ler o *i*-ésimo bloco, usamos o ponteiro da *i*-ésima entrada do bloco de índices. Esse esquema é semelhante ao esquema de paginação descrito na Seção 7.4.

Quando o arquivo é criado, todos os ponteiros do bloco de índices são posicionados com *nil*. Quando o *i*-ésimo bloco é gravado pela primeira vez, um bloco é obtido a partir do gerenciador do espaço livre e seu endereço é inserido na *i*-ésima entrada do bloco de índices.

A alocação indexada dá suporte ao acesso direto sem sofrer fragmentação externa porque qualquer bloco livre no disco pode atender a uma solicitação de mais espaço. No entanto, a alocação indexada causa desperdício de espaço. Geralmente, o overhead de ponteiros do bloco de índices é maior do que o overhead de ponteiros da alocação encadeada. Considere um caso comum em que temos um arquivo de apenas um ou dois blocos. Na alocação encadeada, só perdemos o espaço de um ponteiro por bloco. Na alocação indexada, um bloco de índices inteiro deve ser alocado, mesmo se apenas um ou dois ponteiros tiverem um valor diferente de *nil*.

Esse ponto levanta a questão de qual deve ser o tamanho do bloco de índices. Todo arquivo deve ter um bloco de índices e, portanto, queremos que o bloco de índices seja o menor possível. Se o bloco de índices for pequeno demais, no entanto, não poderá conter ponteiros suficientes para um arquivo grande e um mecanismo terá de estar disponível para lidar com esse aspecto. Entre os mecanismos para esse fim temos os seguintes:

- **Esquema encadeado.** Normalmente, um bloco de índices é um bloco do disco. Portanto, pode ser lido e gravado diretamente por ele mesmo. Para permitir arquivos grandes, podemos encadear vários blocos de índices. Por exemplo, um bloco de índices pode conter um pequeno cabeçalho fornecendo o nome do arquivo e um conjunto dos 100 primeiros endereços dos blocos de disco. O próximo endereço (a última palavra do bloco de índices) é *nil* (para um arquivo pequeno) ou um ponteiro para outro bloco de índices (para um arquivo grande).

- **Índice multinível.** Uma variante da representação encadeada usa um bloco de índices de primeiro nível para apontar para um conjunto de blocos de índices de segundo nível que, por sua vez, apontam para os blocos do arquivo. Para acessar um bloco, o sistema operacional usa o índice de primeiro nível e encontra um bloco de índices de segundo nível para, então, usar esse bloco para encontrar o bloco de dados desejado. Essa abordagem pode ser continuada para o nível terceiro ou quarto,

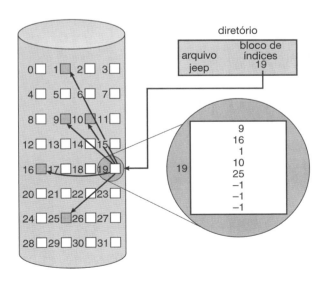

Figura 10.8 Alocação indexada de espaço em disco.

dependendo do tamanho de arquivo máximo desejado. Com blocos de 4.096 bytes, podemos armazenar 1.024 ponteiros de quatro bytes em um bloco de índices. Dois níveis de índices permitem 1.048.576 blocos de dados e um tamanho de arquivo de até 4 GB.

- **Esquema combinado.** Outra alternativa, usada no UFS, é manter os primeiros, digamos, 15 ponteiros do bloco de índices no inode do arquivo. Os 12 primeiros ponteiros apontam para **blocos diretos**; isto é, contêm endereços de blocos que contêm dados do arquivo. Portanto, os dados de arquivos pequenos (com não mais do que 12 blocos) não precisam de um bloco de índices separado. Se o tamanho do bloco é de 4 KB, até 48 KB de dados podem ser acessados diretamente. Os outros três ponteiros apontam para **blocos indiretos**. O primeiro aponta para um **bloco indireto simples** que é um bloco de índices que não contém dados e sim os endereços de blocos que contêm dados. O segundo aponta para um **bloco indireto duplo** que contém o endereço de um bloco que, por sua vez, contém os endereços dos blocos que contêm ponteiros para os blocos de dados reais. O último ponteiro contém o endereço de um **bloco indireto triplo**. Nesse método, a quantidade de blocos que pode ser alocada a um arquivo excede o espaço endereçável pelos ponteiros de arquivo de quatro bytes usados por muitos sistemas operacionais. Um ponteiro de arquivo de 32 bits só alcança 2^{32} bytes ou 4 GB. Muitas implementações do UNIX, inclusive o Solaris e o AIX da IBM, já dão suporte a ponteiros de arquivo de até 64 bits. Ponteiros desse tamanho permitem que arquivos e sistemas de arquivos tenham o tamanho em terabytes. Um inode UNIX é mostrado na Figura 10.9.

Os esquemas de alocação indexada sofrem de alguns dos mesmos problemas de desempenho da alocação encadeada. Especificamente, os blocos de índices podem ser armazenados em cache na memória, mas os blocos de dados tendem a ficar espalhados por todo um volume.

10.4.4 Desempenho

Os métodos de alocação que discutimos variam em eficiência de armazenamento e nos tempos de acesso aos blocos de dados. Os dois são critérios importantes na seleção do método ou dos métodos apropriados para um sistema operacional implementar.

Antes de selecionar um método de alocação, temos de determinar como os sistemas serão usados. Um sistema com acesso principalmente sequencial não deve usar o mesmo método de um sistema que dê preferência ao acesso aleatório.

Para qualquer tipo de acesso, a alocação contígua só requer um acesso para alcançar um bloco de disco. Como podemos manter facilmente o endereço inicial do arquivo na memória, podemos calcular imediatamente o endereço de disco do i-ésimo bloco (ou do próximo bloco) e lê-lo diretamente.

Na alocação encadeada, também podemos manter o endereço do próximo bloco na memória e lê-lo diretamente. Esse método é adequado ao acesso sequencial; para o acesso direto, no entanto, um acesso ao i-ésimo bloco pode requerer i leituras no disco. Esse problema mostra porque a alocação encadeada não deve ser usada para uma aplicação que demande acesso direto.

Como resultado, alguns sistemas dão suporte a arquivos de acesso direto usando a alocação contígua e a arquivos de acesso sequencial usando a alocação encadeada. Nesses sistemas, o tipo de acesso a ser feito deve ser declarado quando o arquivo é criado. Um arquivo criado para acesso sequencial será encadeado e não poderá ser usado para acesso direto. Um arquivo criado para acesso direto será contíguo e poderá dar suporte tanto ao acesso direto quanto ao sequencial, mas seu tamanho máximo deve ser declarado quando ele for criado. Nesse caso, o sistema operacional deve ter estruturas de dados e algoritmos apropriados para dar suporte aos *dois* métodos de alocação. Os arquivos podem ser convertidos de um tipo para outro com a criação de um novo arquivo do tipo desejado no qual o con-

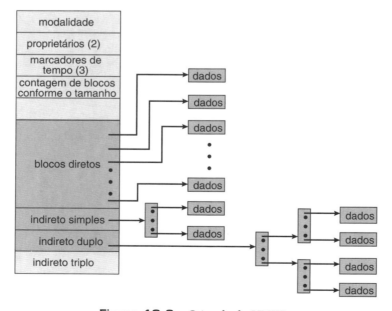

Figura 10.9 O inode do UNIX.

teúdo do arquivo antigo é copiado. O arquivo antigo pode então ser excluído e o novo arquivo, renomeado.

A alocação indexada é mais complexa. Se o bloco de índices já está na memória, o acesso pode ser feito diretamente. No entanto, manter o bloco de índices na memória requer um espaço considerável. Se esse espaço de memória não estiver disponível, podemos ter de ler primeiro o bloco de índices e depois o bloco de dados desejado. Em um índice de dois níveis, duas leituras no bloco de índices podem ser necessárias. Em um arquivo extremamente grande, o acesso a um bloco perto do fim do arquivo demandaria a leitura de todos os blocos de índices antes que o bloco de dados necessário possa finalmente ser lido. Logo, o desempenho da alocação indexada depende da estrutura do índice, do tamanho do arquivo e da posição do bloco desejado.

Alguns sistemas combinam a alocação contígua com a alocação indexada, usando a alocação contígua para arquivos pequenos (até três ou quatro blocos) e passando automaticamente para uma alocação indexada se o arquivo ficar maior. Como muitos arquivos são pequenos e a alocação contígua é eficiente para arquivos pequenos, o desempenho médio pode ser bastante adequado.

Por exemplo, a versão do sistema operacional UNIX da Sun Microsystems foi alterada em 1991 para melhorar o desempenho do algoritmo de alocação do sistema de arquivos. As medidas de desempenho indicavam que o throughput máximo de disco em uma estação de trabalho típica (uma SPARCstation1 de 12 MIPS) usava 50% da CPU e produzia uma largura de banda de disco de apenas 1,5 MB por segundo. A fim de melhorar o desempenho, a Sun fez alterações para alocar espaço em clusters de 56 KB sempre que possível (56 KB era o tamanho máximo de uma transferência de DMA nos sistemas da SUN naquela época). Essa alocação reduziu a fragmentação externa e, consequentemente, os tempos de busca e latência. Além disso, as rotinas de leitura em disco foram otimizadas para ler nesses grandes clusters. A estrutura de inodes foi deixada inalterada. Como resultado dessas alterações, mais o uso das técnicas de read-ahead e free-behind (discutidas na Seção 10.6.2), houve uma redução de 25% no uso da CPU e o throughput melhorou significativamente.

Muitas outras otimizações estão sendo usadas. Dada a disparidade entre a velocidade da CPU e a do disco, não é incorreto adicionar milhares de instruções extras ao sistema operacional para economizar apenas alguns movimentos do cabeçote do disco. Além disso, essa disparidade está aumentando com o tempo, ao ponto de centenas de milhares de instruções serem usadas para otimizar os movimentos do cabeçote.

10.5 Gerenciamento do Espaço Livre

Sabemos que o espaço em disco é limitado, por isso temos de reutilizar o espaço de arquivos excluídos para novos arquivos, se possível. (Discos óticos de gravação única só permitem uma gravação em qualquer setor e, portanto, essa reutilização não é fisicamente possível.) Para controlar o espaço livre em disco, o sistema mantém uma **lista de espaços livres**. A lista de espaços livres registra todos os blocos de disco *livres* – não alocados para algum arquivo ou diretório. Para criar um arquivo, procuramos na lista de espaços livres o espaço requerido e alocamos esse espaço ao novo arquivo. Esse espaço é então removido da lista de espaços livres. Quando um arquivo é excluído, seu espaço em disco é adicionado à lista de espaços livres. A lista de espaços livres, apesar de seu nome, pode não ser implementada como uma lista, como discutimos a seguir.

10.5.1 Vetor de Bits

Frequentemente, a lista de espaços livres é implementada como um **mapa de bits** ou **vetor de bits**. Cada bloco é representado por 1 bit. Se o bloco está livre, o bit é 1; se o bloco está alocado, o bit é 0.

Por exemplo, considere um disco em que os blocos 2, 3, 4, 5, 8, 9, 10, 11, 12, 13, 17, 18, 25, 26 e 27 estão livres e o resto dos blocos está alocado. O mapa de bits de espaços livres seria

001111100111110001100000011100000 ...

A principal vantagem dessa abordagem é sua relativa simplicidade e sua eficiência em encontrar o primeiro bloco livre ou *n* blocos livres consecutivos no disco. Na verdade, muitos computadores fornecem instruções de manipulação de bits que podem ser usadas efetivamente para esse fim. Por exemplo, a família Intel a partir do 80386 e a família Motorola a partir do 68020 têm instruções que retornam o deslocamento em uma palavra do primeiro bit de valor 1 (esses processadores modernizaram os PCs e os sistemas Macintosh, respectivamente). Uma técnica para encontrar o primeiro bloco livre em um sistema que use um vetor de bits para alocar espaço em disco, é verificar sequencialmente cada palavra do mapa de bits para ver se esse valor não é 0 porque uma palavra com valor 0 só contém bits 0 e representa um conjunto de blocos alocados. A primeira palavra diferente de 0 é pesquisada em busca do primeiro bit 1, que é a locação do primeiro bloco livre. O cálculo do número do bloco é

(quantidade de bits por palavra) × (quantidade de palavras de valor 0) + deslocamento do primeiro bit 1.

Novamente, vemos recursos de hardware dirigindo a funcionalidade do software. Infelizmente, os vetores de bits são ineficientes a menos que o vetor inteiro seja mantido na memória principal (e gravado em disco ocasionalmente para fins de recuperação). É possível mantê-lo na memória principal para discos menores, mas não necessariamente para os maiores. Um disco de 1,3 GB com blocos de 512 bytes precisaria de um mapa de bits de mais de 332 KB para rastrear seus blocos livres, embora o agrupamento dos blocos em clusters de quatro reduza esse número para cerca de 83 KB por disco. Um disco de 1 TB com blocos de 4 KB requer 32 MB para armazenar seu mapa de bits. Dado que o tamanho dos discos aumenta constantemente, o problema dos vetores de bits continuará a aumentar. Um sistema de arquivos de 1 PB usaria um mapa de bits de 32 GB só para gerenciar seu espaço livre.

10.5.2 Lista Encadeada

Outra abordagem para o gerenciamento do espaço livre é o encadeamento de todos os blocos de disco livres, mantendo

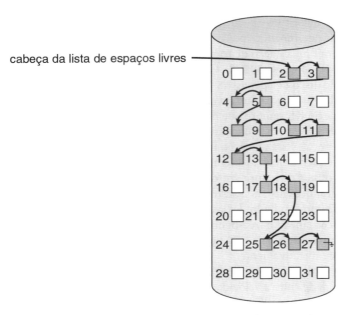

Figura 10.10 Lista encadeada de espaços livres em disco.

um ponteiro para o primeiro bloco livre em uma locação especial no disco e armazenando-o em cache na memória. Esse primeiro bloco contém um ponteiro para o próximo bloco de disco livre e assim por diante. Você deve lembrar de nosso exemplo anterior (Seção 10.5.1) que os blocos 2, 3, 4, 5, 8, 9, 10, 11, 12, 13, 17, 18, 25, 26 e 27 estavam livres e o resto dos blocos estava alocado. Nessa situação, manteríamos um ponteiro para o bloco 2 como o primeiro bloco livre. O bloco 2 conteria um ponteiro para o bloco 3, que apontaria para o bloco 4, que apontaria para o bloco 5, que apontaria para o bloco 8 e assim por diante (Figura 10.10). Esse esquema não é eficiente; para percorrer a lista, temos de ler cada bloco, o que requer um tempo de I/O significativo. Felizmente, no entanto, a varredura da lista de blocos livres não é uma ação frequente. Geralmente, o sistema operacional só precisa de um bloco livre para poder alocar esse bloco a um arquivo, logo, o primeiro bloco da lista é usado. O método FAT incorpora a contabilidade de blocos livres à estrutura de dados de alocação. Nenhum método separado é necessário.

10.5.3 Agrupamento

Uma modificação na abordagem da lista de blocos livres armazena os endereços de n blocos livres no primeiro bloco livre. Os $n - 1$ primeiros blocos ficam realmente livres. O último bloco contém os endereços de outros n blocos livres e assim por diante. Agora, os endereços de uma grande quantidade de blocos livres podem ser encontrados rapidamente, o que não ocorre quando a abordagem padrão da lista encadeada é usada.

10.5.4 Contagem

Outra abordagem se beneficia do fato de que, geralmente, vários blocos contíguos podem ser alocados ou liberados simultaneamente, principalmente quando o espaço é alocado com o algoritmo de alocação contígua ou por meio de clusters.

Logo, em vez de manter uma lista de n endereços de disco livres, podemos manter o endereço do primeiro bloco livre e a quantidade (n) de blocos contíguos livres que vêm após o primeiro bloco. Cada entrada da lista de espaços livres é composta então por um endereço de disco e uma contagem. Embora cada entrada demande mais espaço do que um simples endereço de disco demandaria, a lista inteira será mais curta, contanto que a contagem seja maior do que 1. Observe que esse método de rastreio de espaço livre é semelhante ao método de alocação de blocos com extensão. Essas entradas podem ser armazenadas em uma árvore-B em vez de em uma lista encadeada para que a pesquisa, a inserção e a exclusão sejam eficientes.

10.5.5 Mapas de Espaços

O sistema de arquivos ZFS da Sun foi projetado para conter quantidades enormes de arquivos, diretórios e até mesmo sistemas de arquivos (no ZFS, podemos criar hierarquias de sistemas de arquivos). As estruturas de dados resultantes poderiam ter sido grandes e ineficientes se não tivessem sido projetadas e implementadas apropriadamente. Nessas escalas, o I/O de metadados pode ter um grande impacto no desempenho. Considere, por exemplo, que se a lista de espaços livres for implementada como um mapa de bits, os mapas devem ser modificados tanto no momento em que os blocos são alocados quanto quando eles são liberados. A liberação de 1 GB de dados em um disco de 1 TB poderia causar a atualização de milhares de blocos de mapas de bits porque esses blocos de dados podem estar espalhados pelo disco inteiro.

O ZFS usa uma combinação de técnicas em seu algoritmo de gerenciamento do espaço livre para controlar o tamanho das estruturas de dados e minimizar o I/O necessário ao gerenciamento dessas estruturas. Primeiro, ele cria **metaslabs** para dividir o espaço do dispositivo em porções de tamanho gerenciável. Um determinado volume pode conter centenas de metaslabs. Cada metaslab tem um mapa de espaços associado. O ZFS usa o algoritmo de contagem para armazenar informações sobre blocos livres. Em vez de gravar estruturas de contagem em disco, ele usa técnicas de sistemas de arquivos estruturados em log para registrá-las. O mapa de espaços é um log de toda a atividade dos blocos (alocação e liberação), em ordem cronológica e em formato de contagem. Quando o ZFS decide alocar ou liberar espaço em um metaslab, ele carrega o mapa de espaços associado na memória em uma estrutura de árvore balanceada (para obter uma operação mais eficiente), indexada por deslocamento, e reexecuta o log nessa estrutura. O mapa de espaços em memória é então uma representação precisa do espaço alocado e livre no metaslab. O ZFS também condensa o mapa o máximo possível, combinando blocos livres contíguos em uma única entrada. Para concluir, a lista de espaços livres é atualizada em disco como parte das operações orientadas a transações do ZFS. Durante a fase de coleta e classificação, solicitações de blocos ainda podem ocorrer e o ZFS atende a essas solicitações a partir do log. Na verdade, o log mais a árvore balanceada *são* a lista de blocos livres.

10.6 Eficiência e Desempenho

Agora que discutimos várias opções de alocação de blocos e gerenciamento de diretórios, podemos considerar seu efeito sobre o desempenho e o uso eficiente do disco. Os discos tendem a representar um grande gargalo para o desempenho do sistema, visto que são os componentes principais mais lentos do computador. Nesta seção, discutimos várias técnicas usadas na melhoria da eficiência e do desempenho da memória secundária.

10.6.1 Eficiência

O uso eficiente de espaço em disco depende muito dos algoritmos de alocação de disco e de diretório usados. Por exemplo, os inodes do UNIX são pré-alocados em um volume. Até mesmo um disco "vazio" tem um percentual de espaço perdido para os inodes. No entanto, pré-alocando os inodes e espalhando-os pelo volume, melhoramos o desempenho do sistema de arquivos. Essa melhora no desempenho resulta dos algoritmos de alocação e de espaço livre do UNIX que tentam manter os blocos de dados de um arquivo perto do bloco do inode desse arquivo para reduzir o tempo de busca.

Como outro exemplo, reconsideremos o esquema de clusters discutido na Seção 10.4, que ajuda no desempenho da busca e da transferência de arquivos ao custo de gerar fragmentação interna. Para reduzir essa fragmentação, o BSD UNIX varia o tamanho do cluster à medida que um arquivo cresce. Clusters grandes são usados quando podem ser preenchidos e clusters pequenos são usados para arquivos pequenos e como último cluster de um arquivo. Esse sistema é descrito no Apêndice A.

Normalmente, os tipos de dados mantidos na entrada de diretório (ou inode) de um arquivo também merecem consideração. É comum a "data da última gravação" ser registrada para informar o usuário e determinar se o arquivo precisa de backup. Alguns sistemas também mantêm uma "data do último acesso" para que o usuário possa saber quando o arquivo foi lido pela última vez. O resultado de manter essas informações é que, sempre que o arquivo é lido, um campo deve ser gravado na estrutura do diretório. Isso significa que o bloco deve ser lido para a memória, uma seção alterada e o bloco gravado novamente em disco porque operações em discos só ocorrem em porções de blocos (ou clusters). Portanto, sempre que um arquivo é aberto para leitura, sua entrada no diretório também deve ser lida e gravada. Esse requisito pode ser ineficiente para arquivos acessados com frequência, logo, temos de avaliar sua relação benefício/custo sobre o desempenho ao projetar um sistema de arquivos. Geralmente, *todo* item de dados associado a um arquivo tem de ser considerado quanto ao seu efeito sobre a eficiência e o desempenho.

Como exemplo, considere como a eficiência é afetada pelo tamanho dos ponteiros usados no acesso aos dados. A maioria dos sistemas usa ponteiros de 16 ou 32 bits em todo o sistema operacional. Esses tamanhos de ponteiro limitam o tamanho de um arquivo a 2^{16} (64 KB) ou 2^{32} bytes (4 GB). Alguns sistemas implementam ponteiros de 64 bits para aumentar esse limite para 2^{64} bytes, que é realmente um valor bem alto. No entanto, ponteiros de 64 bits ocupam mais espaço de armazenamento e, por sua vez, fazem os métodos de alocação e de gerenciamento do espaço livre (listas encadeadas, índices e assim por diante) usarem mais espaço em disco.

Uma das dificuldades na seleção de um tamanho de ponteiro ou de qualquer tamanho fixo de alocação dentro de um sistema operacional é a preparação para os efeitos de mudanças na tecnologia. Considere que o IBM PC XT tinha um drive de disco rígido de 10 MB e um sistema de arquivos do MS-DOS que só podia dar suporte a 32 MB. (Cada entrada da FAT tinha 12 bits, apontando para um cluster de 8 KB.) Conforme a capacidade dos discos aumentava, discos maiores tinham de ser divididos em partições de 32 MB porque o sistema de arquivos não conseguia rastrear blocos acima de 32 MB. Os discos rígidos com capacidades de mais de 100 MB se tornaram comuns, assim, as estruturas de dados e os algoritmos dos discos no MS-DOS tiveram de ser modificados para permitir sistemas de arquivos maiores. (Cada entrada da FAT foi expandida para 16 bits e, posteriormente, para 32 bits.) As decisões iniciais referentes ao sistema de arquivos foram tomadas por questões de eficiência; no entanto, com o advento do MS-DOS versão 4, milhões de usuários de computador foram afetados ao ter de mudar para um sistema de arquivos novo e maior. O sistema de arquivos ZFS da Sun usa ponteiros de 128 bits que, teoricamente, nunca terão de ser estendidos. (A massa mínima de um dispositivo capaz de armazenar 2^{128} bytes usando armazenamento de nível atômico seria de cerca de 272 trilhões de quilogramas.)

Como outro exemplo, considere a evolução do sistema operacional Solaris da Sun. Originalmente, muitas estruturas de dados tinham tamanho fixo, alocado na inicialização do sistema. Essas estruturas incluíam a tabela de processos e a tabela de arquivos abertos. Quando a tabela de processos ficava cheia, nenhum outro processo podia ser criado e nenhum outro arquivo podia ser aberto. O sistema falhava no fornecimento de serviços aos usuários. Os tamanhos das tabelas só podiam ser aumentados com a recompilação do kernel e a reinicialização do sistema. Desde o lançamento do Solaris 2, quase todas as estruturas do kernel têm sido alocadas dinamicamente, eliminando essas restrições artificiais ao desempenho do sistema. É claro que os algoritmos que manipulam essas tabelas são mais complicados e o sistema operacional é um pouco mais lento porque deve alocar e desalocar dinamicamente entradas de tabelas; mas esse é o preço a pagar por funcionalidades mais gerais.

10.6.2 Desempenho

Mesmo após os algoritmos básicos do sistema de arquivos terem sido selecionados, ainda podemos melhorar o desempenho de várias maneiras. Como discutido no Capítulo 12, a maioria dos controladores de disco inclui memória local para formar um cache on-board suficientemente grande para armazenar trilhas inteiras de uma só vez. Quando uma busca é executada, a trilha é lida no cache do disco, começando no setor que está sob o cabeçote (o que reduz o tempo de latência). O controlador do disco transfere então qualquer requisição de setor para o sistema operacional. Quando os blocos são transferidos do controlador do disco para a memória principal, o sistema operacional pode armazená-los em cache nesse local.

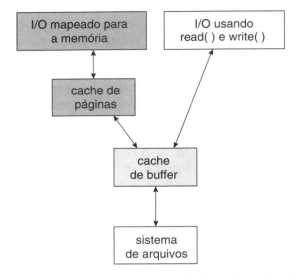

Figura 10.11 I/O sem um cache de buffer unificado.

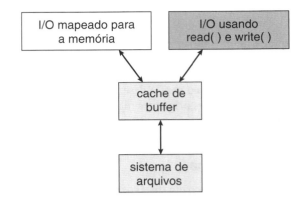

Figura 10.12 I/O usando um cache de buffer unificado.

Alguns sistemas mantêm uma seção de memória principal separada para um *cache de buffer*, onde os blocos são mantidos devido à suposição de que logo serão usados novamente. Outros sistemas armazenam dados de arquivo em cache usando um *cache de páginas*. O cache de páginas usa técnicas de memória virtual para armazenar dados de arquivos como páginas em vez de blocos orientados ao sistema de arquivos. O armazenamento de dados de arquivo em cache com o uso de endereços virtuais é muito mais eficiente do que o armazenamento em cache por meio de blocos de disco físicos, visto que os acessos interagem com a memória virtual e não com o sistema de arquivos. Vários sistemas – inclusive Solaris, Linux e Windows NT, 2000 e XP – usam o cache de páginas para armazenar tanto páginas de processos quanto dados de arquivos. Isso é conhecido como *memória virtual unificada*.

Algumas versões do UNIX e do Linux fornecem um *cache de buffer unificado*. Para ilustrar os benefícios do cache de buffer unificado, considere as duas alternativas para abertura de acesso a um arquivo. Uma abordagem é usar o mapeamento na memória (Seção 8.7); a outra é usar as chamadas de sistema padrão read() e write(). Sem um cache de buffer unificado, temos uma situação semelhante à da Figura 10.11. Neste caso, as chamadas de sistema read() e write() passam pelo cache de buffer. A chamada de mapeamento na memória, no entanto, requer o uso de dois caches – o cache de páginas e o cache de buffer. Um mapeamento na memória ocorre com a leitura de blocos de disco a partir do sistema de arquivos e seu armazenamento no cache de buffer. Como o sistema de memória virtual não interage com o cache de buffer, o conteúdo do arquivo no cache de buffer deve ser copiado para o cache de páginas. Essa situação é conhecida como *armazenamento duplo em cache* e requer que os dados do sistema de arquivos sejam armazenados em cache duas vezes. Além de desperdiçar memória, esse esquema também desperdiça ciclos significativos de CPU e de I/O devido ao movimento extra de dados dentro da memória do sistema. Além disso, inconsistências entre os dois caches podem resultar em arquivos corrompidos. Por outro lado, quando um cache de buffer unificado é fornecido, tanto o mapeamento na memória quanto as chamadas de sistema read() e write() usam o mesmo cache de páginas. Essa abordagem tem a vantagem de evitar o armazenamento duplo em cache e permite que o sistema de memória virtual Gerencie dados do sistema de arquivos. O cache de buffer unificado é mostrado na Figura 10.12.

Independentemente de estarmos armazenando blocos de disco ou páginas (ou ambos) em cache, a política LRU (Seção 8.4.4) parece um algoritmo de uso geral adequado para a substituição de blocos ou páginas. No entanto, a evolução dos algoritmos de armazenamento de páginas em cache do Solaris revela a dificuldade da seleção de um algoritmo. O Solaris permite que os processos e o cache de páginas compartilhem memória não utilizada. Versões anteriores ao Solaris 2.5.1 não faziam distinção entre a alocação de páginas para um processo e sua alocação para o cache de páginas. Como resultado, um sistema executando muitas operações de I/O usava a maior parte da memória disponível para o armazenamento de páginas em cache. Devido às altas taxas de I/O, a varredura de páginas (Seção 8.10.2) reclamava páginas dos processos – e não do cache de páginas – quando a memória livre ficava baixa. O Solaris 2.6 e o Solaris 7 implementaram opcionalmente a *paginação por prioridades*, em que a varredura de páginas dá prioridade a páginas de processos e não do cache de páginas. O Solaris 8 aplicou um limite fixo às páginas dos processos e ao cache de páginas do sistema de arquivos, impedindo que um expulse o outro da memória. Os sistemas Solaris 9 e 10 mudaram novamente os algoritmos para maximizar o uso da memória e minimizar a atividade improdutiva.

Outra questão que pode afetar o desempenho de I/O, é se as gravações no sistema de arquivos ocorrerão síncrona ou assincronamente. As *gravações síncronas* ocorrem na ordem em que o subsistema de disco as recebe e não são armazenadas em buffer. Logo, a rotina chamadora deve esperar os dados alcançarem o drive de disco antes de poder prosseguir. Em uma *gravação assíncrona*, os dados são armazenados no cache e o controle retorna para o chamador. Gravações assíncronas são executadas com maior frequência. No entanto, gravações de metadados, entre outras, podem ser síncronas. Geralmente, os sistemas operacionais incluem um flag na chamada de sistema open para permitir que um processo solicite que as gravações sejam executadas sincronamente. Por exemplo, os bancos de dados usam esse recurso em transações atômicas para assegurar que os dados cheguem à memória estável na ordem requerida.

Alguns sistemas otimizam seu cache de páginas usando algoritmos de substituição diferentes, dependendo do tipo de acesso do arquivo. Um arquivo sendo lido ou gravado sequencialmente não deve ter suas páginas substituídas na ordem LRU porque a página usada mais recentemente será usada por último ou, talvez, nunca seja usada novamente. Em vez disso, o acesso sequencial pode ser otimizado por técnicas conhecidas como free-behind e read-ahead. A técnica *free-behind* remove uma página do buffer assim que a próxima página é solicitada. As páginas anteriores não devem ser usadas novamente e desperdiçam espaço no buffer. Na técnica *read-ahead*, uma página solicitada e várias páginas subsequentes são lidas e armazenadas em cache. É provável que essas páginas sejam solicitadas após a página corrente ser processada. A recuperação desses dados a partir do disco em uma transferência e seu armazenamento em cache economiza um tempo considerável. Alguém poderia alegar que um cache de rastreamento no controlador eliminaria a necessidade da técnica de read-ahead em um sistema multiprogramado. No entanto, devido às altas taxas de latência e de overhead envolvidas na execução de muitas transferências pequenas do cache de rastreamento para a memória principal, a execução de read-ahead continua sendo benéfica.

O cache de páginas, o sistema de arquivos e os drivers de disco têm algumas interações interessantes. Quando dados são gravados em um arquivo em disco, as páginas são armazenadas no buffer do cache e o driver do disco classifica sua fila de saída de acordo com o endereço no disco. Essas duas ações permitem que o driver do disco minimize as buscas do cabeçote e grave dados em tempos otimizados para a rotação do disco. A menos que gravações síncronas sejam necessárias, um processo gravando em disco só grava no cache e o sistema grava assincronamente os dados em disco quando conveniente. O processo do usuário visualiza gravações muito rápidas. Quando dados são lidos em um arquivo no disco, o sistema de I/O de blocos executa algumas operações de read-ahead; no entanto, as gravações têm mais probabilidade de serem assíncronas do que as leituras. Logo, a saída para o disco por meio do sistema de arquivos com frequência é mais rápida do que a entrada em grandes transferências, contrariando a intuição.

10.7 Recuperação

Tanto arquivos quanto diretórios são mantidos na memória principal e em disco e devemos tomar cuidado para garantir que uma falha no sistema não resulte em perda ou inconsistência dos dados. Lidamos com essas questões nesta seção e vemos como um sistema pode se recuperar desse tipo de falha.

Uma queda do sistema pode causar inconsistências entre estruturas de dados do sistema de arquivos no disco, como estruturas de diretório, ponteiros de blocos livres e ponteiros de FCBs livres. Muitos sistemas de arquivos executam alterações nessas estruturas *in loco*. Uma operação comum, como a criação de um arquivo, pode envolver muitas alterações estruturais dentro do sistema de arquivos no disco. Estruturas de diretório são modificadas, FCBs são alocados, blocos de dados são alocados e as contagens de blocos livres referentes a todos esses blocos são decrementadas. Essas alterações podem ser interrompidas por uma queda do sistema e isso pode resultar em inconsistências entre as estruturas. Por exemplo, a contagem de FCBs livres pode indicar que um FCB foi alocado, mas a estrutura de diretório pode não apontar para o FCB. Para piorar, temos o armazenamento em cache que os sistemas operacionais executam para otimizar o desempenho de I/O. Algumas alterações podem ser feitas diretamente no disco, enquanto outras podem ser armazenadas em cache. Se as alterações armazenadas em cache não chegarem ao disco antes da ocorrência de uma queda do sistema, é possível que mais corrupções aconteçam.

Além de quedas do sistema, bugs na implementação do sistema de arquivos, dos controladores de disco e, até mesmo, das aplicações de usuário podem corromper um sistema de arquivos. Os sistemas de arquivos têm vários métodos para lidar com a corrupção, dependendo de suas estruturas de dados e algoritmos. Lidamos com essas questões a seguir.

10.7.1 Verificação da Consistência

Independentemente da causa da corrupção, primeiro o sistema de arquivos deve detectar os problemas e, então, corrigi-los. Para a detecção, uma varredura de todos os metadados em cada sistema de arquivos pode confirmar ou negar a consistência do sistema. Infelizmente, essa varredura pode levar minutos ou horas e deve ocorrer sempre que o sistema for inicializado. Alternativamente, um sistema de arquivos pode registrar seu estado dentro de seus metadados. No início de qualquer alteração em um metadado, um bit de status é ligado para indicar que o metadado está instável. Se todas as atualizações do metadado forem concluídas com sucesso, o sistema de arquivos poderá desligar esse bit. Se, no entanto, o bit de status permanecer ligado, um verificador de consistência será executado.

O *verificador de consistência* – um programa do sistema como o `fsck` no UNIX ou o `chkdsk` no Windows – compara os dados da estrutura de diretório com os blocos de dados do disco e tenta corrigir qualquer inconsistência encontrada. Os algoritmos de alocação e de gerenciamento do espaço livre definem que tipos de problemas o verificador pode encontrar e o nível de sucesso que ele terá ao corrigi-los. Por exemplo, se a alocação encadeada for usada e houver um link entre qualquer bloco e o bloco seguinte, o arquivo inteiro poderá ser reconstruído a partir dos blocos de dados e a estrutura do diretório poderá ser recriada. Por outro lado, a perda de uma entrada de diretório em um sistema de alocação indexada pode ser desastrosa porque os blocos de dados não sabem da existência uns dos outros. Portanto, o UNIX armazena em cache entradas de diretório para as leituras; mas qualquer gravação que resulte em alterações na alocação de espaço ou em outros metadados é feita sincronamente, antes de os blocos de dados correspondentes serem gravados. É claro que ainda podem ocorrer problemas se uma gravação síncrona for interrompida por uma queda do sistema.

10.7.2 Sistemas de Arquivos Estruturados em Log

Os cientistas da computação costumam achar que os algoritmos e tecnologias usados originalmente em uma área são igualmente úteis em outras áreas. É isso que ocorre com os algoritmos de recuperação de bancos de dados com base em log. Esses algoritmos de criação de logs têm sido aplicados com sucesso ao problema da verificação de consistência. As implementações resultantes são conhecidas como sistemas de arquivos **orientados a transações e com base em log** (ou **com base em diário**).

Observe que, na abordagem de verificação de consistência discutida na seção anterior, permitimos que as estruturas fossem danificadas e as reparamos na recuperação. No entanto, há vários problemas nessa abordagem. Um deles é que a inconsistência pode ser irreparável. A verificação de consistência pode não conseguir recuperar as estruturas, resultando em perda de arquivos e até de diretórios inteiros. A verificação de consistência pode requerer intervenção humana para resolver conflitos e isso será inconveniente se nenhuma pessoa estiver disponível. O sistema pode permanecer indisponível até a pessoa dizer a ele como proceder. A verificação de consistência também consome tempo do relógio e do sistema. Para verificar terabytes de dados, horas podem ser necessárias.

A solução para esse problema é aplicar técnicas de recuperação com base em log às atualizações de metadados do sistema de arquivos. Tanto o NTFS quanto o sistema de arquivos Veritas usam esse método e ele foi incluído nas versões recentes do UFS no Solaris. Na verdade, está se tornando comum em muitos sistemas operacionais.

Basicamente, todas as alterações de metadados são gravadas sequencialmente em um log. Cada conjunto de operações para a execução de uma tarefa específica é uma **transação**. Uma vez que as alterações sejam gravadas nesse log, são consideradas confirmadas e a chamada de sistema pode retornar ao processo do usuário, permitindo que ele continue a ser executado. Enquanto isso, essas entradas de log são reexecutadas nas estruturas reais do sistema de arquivos. Conforme as atualizações são feitas, um ponteiro é atualizado para indicar quais ações foram concluídas e quais ainda estão incompletas. Quando uma transação confirmada é concluída, ela é removida do arquivo de log que, na verdade, é um buffer circular. O **buffer circular** faz gravações até terminar seu espaço e então volta ao início, sobrepondo valores mais antigos. Não queremos que o buffer sobreponha dados que ainda não foram salvos e, portanto, esse cenário é evitado. O log pode ficar em uma seção separada do sistema de arquivos ou até mesmo em um eixo de disco separado. É mais eficiente, porém mais complexo, ele ficar sob cabeçotes de leitura e gravação separados, diminuindo assim os tempos de disputa e busca do cabeçote.

Se o sistema cair, o arquivo de log conterá zero ou mais transações. Qualquer transação nele contida não foi concluída no sistema de arquivos, ainda que tenha sido confirmada pelo sistema operacional e, portanto, deve ser concluída agora. As transações podem ser executadas com base no ponteiro até o trabalho ser concluído para que as estruturas do sistema de arquivos permaneçam consistentes. O único problema ocorre quando uma transação é abortada – isto é, não é confirmada antes de o sistema cair. Qualquer alteração proveniente desse tipo de transação que tenha sido aplicada ao sistema de arquivos deve ser desfeita, preservando-se novamente a consistência do sistema de arquivos. Essa recuperação é tudo o que é necessário após uma queda do sistema, eliminando qualquer problema da verificação de consistência.

Um benefício paralelo do uso de registro em log nas atualizações de metadados de disco é que essas atualizações são executadas muito mais rapidamente do que quando são aplicadas diretamente às estruturas de dados no disco. A razão dessa melhoria provém dos ganhos de desempenho do I/O sequencial sobre o I/O aleatório. As dispendiosas gravações de metadados síncronas aleatórias são convertidas nas muito menos custosas gravações sequenciais síncronas na área de log do sistema de arquivos estruturado em log. Por sua vez, essas alterações são reexecutadas assincronamente por meio de gravações aleatórias nas estruturas apropriadas. O resultado geral é um ganho significativo no desempenho em operações orientadas a metadados, como a criação e exclusão de arquivos.

10.7.3 Outras Soluções

Outra alternativa para a verificação de consistência é empregada pelo sistema de arquivos WAFL da Network Appliance e o sistema de arquivos ZFS da Sun. Esses sistemas nunca sobrepõem blocos com novos dados. Em vez disso, uma transação grava todas as alterações de dados e metadados em blocos novos. Quando a transação é concluída, as estruturas de metadados que apontavam para as versões anteriores desses blocos são atualizadas para apontar para os novos blocos. O sistema de arquivos pode então remover os ponteiros e blocos antigos e torná-los disponíveis para reutilização. Se os ponteiros e blocos antigos forem mantidos, é criado um **instantâneo**; o instantâneo é um retrato do sistema de arquivos antes de ocorrer a última atualização. Essa solução não deve requerer verificação de consistência se a atualização de ponteiros for feita automaticamente. No entanto, o WAFL tem um verificador de consistência, logo, alguns cenários de falha ainda podem causar a corrupção dos metadados.

O ZFS da Sun usa uma abordagem ainda mais inovadora para verificar a consistência do disco. Ele nunca sobrepõe blocos, da mesma forma que o WAFL. No entanto, o ZFS vai além e fornece uma soma de verificação de todos os blocos de dados e metadados. Essa solução (quando combinada com o esquema RAID) assegura que os dados estejam sempre corretos. Logo, o ZFS não tem verificador de consistência. (Mais detalhes sobre o ZFS são encontrados na Seção 11.7.4.)

10.7.4 Backup e Restauração

Às vezes os discos magnéticos falham e devemos ter cuidado para assegurar que os dados perdidos na falha não sejam perdidos para sempre. Para esse fim, podemos usar programas do sistema para gerar o **backup** de dados do disco em outro dispositivo de armazenamento, com disquete, fita magnética, disco ótico ou outro disco rígido. A recuperação da perda de um arquivo individual ou de um disco inteiro pode ser então uma questão de **restauração** dos dados a partir do backup.

Para minimizar o volume de cópias necessárias, podemos usar informações da entrada de diretório de cada arquivo. Por exemplo, se o programa de backup souber quando o último backup de um arquivo foi feito e a data da última gravação do arquivo no diretório indicar que ele não mudou desde então, o arquivo não precisará ser copiado novamente. Uma agenda típica de backup pode ser a seguinte:

- **Dia 1.** Copiar em uma mídia de backup todos os arquivos do disco. Isso se chama **backup completo**.
- **Dia 2.** Copiar em outra mídia todos os arquivos alterados desde o dia 1. Esse é o **backup incremental**.
- **Dia 3.** Copiar em outra mídia todos os arquivos alterados desde o dia 2.

  .
  .
  .

- **Dia** *N*. Copiar em outra mídia todos os arquivos alterados desde o dia *N* – 1. Então, voltar ao Dia 1.

O novo ciclo pode ter o backup gravado sobre o conjunto anterior ou em um novo conjunto de mídias de backup. Dessa forma, podemos restaurar um disco inteiro iniciando as restaurações com o backup completo e continuando com cada um dos backups incrementais. É claro que quanto maior o valor de *N*, maior a quantidade de mídias a serem lidas em uma restauração completa. Uma vantagem adicional desse ciclo de backup é que podemos restaurar qualquer arquivo excluído acidentalmente durante o ciclo recuperando-o a partir do backup do dia anterior. O tamanho do ciclo é uma combinação da quantidade de mídias de backup necessárias com a quantidade de dias anteriores a partir da qual uma restauração pode ser feita. Para diminuir a quantidade de fitas a serem lidas e a restauração seja feita, uma opção é executar um backup completo e, então, a cada dia fazer o backup de todos os arquivos que foram alterados desde o backup completo. Dessa forma, a restauração pode ser feita pelo backup incremental mais recente e do backup completo, sem a necessidade de outros backups incrementais. A desvantagem é que mais arquivos serão modificados todo dia e, portanto, cada backup incremental sucessivo envolverá mais arquivos e mais mídia de backup.

Um usuário pode notar que um arquivo específico está faltando ou foi corrompido muito depois de o dano ocorrer. Portanto, geralmente planejamos fazer periodicamente um backup completo que será salvo "para sempre". É uma boa ideia armazenar esses backups permanentes em um local bem distante dos backups regulares para protegê-los contra danos, como um incêndio que destrua o computador e todos os backups. E se o ciclo de backup reutilizar mídia, temos de tomar cuidado para não reutilizar a mídia excessivamente – se a mídia se desgastar, talvez não possamos restaurar qualquer dado a partir dos backups.

10.8 Resumo

O sistema de arquivos reside permanentemente em memória secundária, que é projetada para manter uma grande quantidade de dados de forma permanente. A mídia de memória secundária mais comum é o disco.

Os discos físicos podem ser segmentados em partições, o que permite o controle do uso da mídia e a existência de vários sistemas de arquivos possivelmente diferentes, no mesmo eixo. Esses sistemas de arquivos são montados em uma arquitetura de sistema de arquivos lógico que os torna disponíveis para uso. Os sistemas de arquivos costumam ser implementados em uma estrutura em camadas ou modular. Os níveis mais baixos lidam com as propriedades físicas dos dispositivos de armazenamento. Os níveis mais altos lidam com nomes de arquivo simbólicos e propriedades lógicas dos arquivos. Os níveis intermediários mapeiam os conceitos dos arquivos lógicos nas propriedades dos dispositivos físicos.

Qualquer tipo de sistema de arquivos pode ter diferentes estruturas e algoritmos. Uma camada VFS permite que camadas mais altas lidem com cada tipo de sistema de arquivos uniformemente. Até mesmo sistemas de arquivos remotos podem ser integrados à estrutura de diretório do sistema e manipulados por chamadas de sistema padrão por meio da interface VFS.

Os diversos arquivos podem receber espaço em disco de três maneiras: por alocação contígua, encadeada ou indexada. A alocação contígua pode sofrer de fragmentação externa. O acesso direto é muito ineficiente com a alocação encadeada. A alocação indexada pode requerer um overhead significativo para seu bloco de índices. Esses algoritmos podem ser otimizados de muitas maneiras. O espaço contíguo pode ser ampliado por extensões para o aumento da flexibilidade e a diminuição da fragmentação externa. A alocação indexada pode ser feita em clusters de vários blocos para o aumento do throughput e a redução da quantidade de entradas de índice necessárias. A indexação em clusters amplos é semelhante à alocação contígua com extensões.

Métodos de alocação de espaço livre também influenciam a eficiência do uso de espaço em disco, o desempenho do sistema de arquivos e a confiabilidade da memória secundária. Os métodos usados incluem vetores de bits e listas encadeadas. As otimizações incluem o agrupamento, a contagem e a FAT, que insere a lista encadeada em uma área contígua.

As rotinas de gerenciamento do diretório devem considerar a eficiência, o desempenho e a confiabilidade. Uma tabela com hash é um método normalmente usado, por ser rápido e eficiente. Infelizmente, um dano na tabela ou uma queda do sistema pode resultar em inconsistência entre as informações do diretório e o conteúdo do disco. Um verificador de consistência pode ser usado no reparo do dano. Ferramentas de backup do sistema operacional permitem que dados do disco sejam copiados em fita e, assim, o usuário pode se recuperar da perda de dados ou até mesmo da perda do disco devido a falhas no hardware, bugs no sistema operacional ou erros de usuário.

Sistemas de arquivos de rede, como o NFS, usam a metodologia cliente-servidor para permitir que os usuários acessem arquivos e diretórios a partir de máquinas remotas como se estivessem em sistemas de arquivos locais. Chamadas de sistema no cliente são convertidas em protocolos de rede e reconvertidas em operações de sistemas de arquivos no servidor. O trabalho em rede e o acesso de vários clientes geram desafios nas áreas de desempenho e consistência de dados.

Devido ao papel fundamental que os sistemas de arquivos representam na operação de sistemas, seu desempenho e confiabilidade são cruciais. Técnicas como estruturas de log e armazenamento em cache ajudam a melhorar o desempenho, enquanto estruturas de log e RAID melhoram a confiabilidade. O sistema de arquivos WAFL é um exemplo de otimização de desempenho para atender a uma carga de I/O específica.

Exercícios Práticos

10.1 Considere um arquivo atualmente composto por 100 blocos. Suponha que o bloco de controle de arquivo (e o bloco de índices, no caso da alocação indexada) já esteja na memória. Calcule quantas operações de I/O de disco são necessárias para as estratégias de alocação contígua, encadeada e indexada (de nível único) se, para um bloco, as condições a seguir estiverem presentes. No caso da alocação contígua, presumimos que não há espaço para crescimento no começo e, sim, no final. Presumimos também que as informações do bloco a serem adicionadas estão armazenadas na memória.

   a. O bloco é adicionado no início.
   b. O bloco é adicionado no meio.
   c. O bloco é adicionado no fim.
   d. O bloco é removido do início.
   e. O bloco é removido do meio.
   f. O bloco é removido do fim.

10.2 Que problemas poderiam ocorrer se um sistema permitir que um sistema de arquivos seja montado simultaneamente em mais de um local?

10.3 Por que o mapa de bits para alocação de arquivos deve ser mantido em memória de massa, em vez de na memória principal?

10.4 Considere um sistema que dê suporte às estratégias de alocação contígua, encadeada e indexada. Que critérios devem ser usados na decisão de qual estratégia é a melhor para um arquivo específico?

10.5 Um problema da alocação contígua é que o usuário deve pré-alocar espaço suficiente para cada arquivo. Se o arquivo crescer e ficar maior do que o espaço alocado para ele, medidas especiais devem ser tomadas. Uma solução para esse problema é a definição de uma estrutura de arquivo composta por uma área contígua inicial (de tamanho especificado). Se essa área for preenchida, o sistema operacional definirá automaticamente uma área de estouro que será encadeada à área contígua inicial. Se a área de estouro for preenchida, outra área de estouro será alocada. Compare essa implementação de um arquivo com as implementações padrões contígua e encadeada.

10.6 Como os caches ajudam a melhorar o desempenho? Por que os sistemas não usam caches maiores ou em maior quantidade se eles são tão úteis?

10.7 Por que é vantajoso para o usuário que um sistema operacional aloque dinamicamente suas tabelas internas? Que desvantagens isso traz para o sistema operacional?

10.8 Explique como a camada VFS permite que um sistema operacional dê suporte a vários tipos de sistemas de arquivos facilmente.

Exercícios

10.9 Considere um sistema de arquivos que use um esquema de alocação contígua modificado com suporte a extensões. Um arquivo é um conjunto de extensões, com cada extensão correspondendo a um conjunto contíguo de blocos. Uma questão-chave nesses sistemas é o grau de variabilidade no tamanho das extensões. Quais são as vantagens e desvantagens dos esquemas a seguir?

   a. Todas as extensões têm o mesmo tamanho e o tamanho é predeterminado.
   b. As extensões podem ter qualquer tamanho e são alocadas dinamicamente.
   c. As extensões podem ter alguns tamanhos fixos e esses tamanhos são predeterminados.

10.10 Quais são as vantagens da variante da alocação encadeada que usa uma FAT para encadear os blocos de um arquivo?

10.11 Considere um sistema em que o espaço livre seja mantido em uma lista de espaços livres.

   a. Suponha que o ponteiro para a lista de espaços livres seja perdido. O sistema pode reconstruir a lista de espaços livres? Explique sua resposta.
   b. Considere um sistema de arquivos semelhante ao usado pelo UNIX com alocação indexada. Quantas operações de I/O de disco podem ser necessárias para a leitura dos conteúdos de um pequeno arquivo local em /a/b/c? Presuma que não haja blocos do disco armazenados em cache correntemente.
   c. Sugira um esquema para assegurar que o ponteiro nunca seja perdido como resultado de falha na memória.

10.12 Alguns sistemas de arquivos permitem que o armazenamento em disco seja alocado em níveis de granularidade diferentes. Por exemplo, um sistema de arquivos poderia alocar 4 KB de espaço em disco como um único bloco de 4 KB ou como oito blocos de 512 bytes. Como poderíamos nos beneficiar dessa flexibilidade para melhorar o desempenho? Que modificações teriam de ser feitas no esquema de gerenciamento do espaço livre para dar suporte a esse recurso?

10.13 Discuta como otimizações no desempenho dos sistemas de arquivos podem resultar em dificuldades na manutenção da consistência dos sistemas no caso de quedas do computador.

10.14 Considere um sistema de arquivos em um disco com blocos lógicos e físicos de 512 bytes. Suponha que as informações sobre cada arquivo já estejam na memória. Para cada uma das três estratégias de alocação (contígua, encadeada e indexada), responda a essas perguntas:

   a. Como o mapeamento de endereço lógico para físico é feito nesse sistema? (Para a alocação indexada, suponha um arquivo com menos de 512 blocos.)

   b. Se estivermos correntemente no bloco lógico 10 (o último bloco acessado foi o bloco 10) e quisermos acessar o bloco lógico 4, quantos blocos físicos devem ser lidos no disco?

10.15 Considere um sistema de arquivos que use inodes para representar arquivos. Os blocos de disco têm 8 KB e um ponteiro para um bloco de disco requer 4 bytes. Esse sistema de arquivos tem 12 blocos de disco diretos, assim como blocos de disco indiretos simples, duplos e triplos. Qual é o tamanho máximo de arquivo que pode ser armazenado nesse sistema de arquivos?

10.16 A fragmentação em um dispositivo de armazenamento pode ser eliminada pela recompactação das informações. Dispositivos de disco típicos não têm registradores base ou de relocação (como os usados quando a memória deve ser compactada) e, portanto, como podemos relocar arquivos? Cite três razões que expliquem porque a recompactação e a relocação de arquivos costumam ser evitadas.

10.17 Em que situações o uso de memória como um disco RAM seria mais útil do que como um cache de disco?

10.18 Suponha que, em uma extensão específica de um protocolo de acesso a arquivos remotos, cada cliente mantenha um cache de nomes com conversões de nomes de arquivo para os manipuladores de arquivo correspondentes. Que aspectos devemos levar em consideração na implementação do cache de nomes?

10.19 Explique por que o registro de atualizações de metadados em log assegura a recuperação de um sistema de arquivos que sofreu uma queda.

10.20 Considere o esquema de backup a seguir:

- **Dia 1.** Copiar todos os arquivos do disco em uma mídia de backup.
- **Dia 2.** Copiar em outra mídia todos os arquivos alterados desde o dia 1.
- **Dia 3.** Copiar em outra mídia todos os arquivos alterados desde o dia 1.

Esse esquema difere da agenda fornecida na Seção 10.7.4 por fazer todos os backups subsequentes copiarem todos os arquivos modificados desde o primeiro backup completo. Quais são os benefícios desse sistema em comparação com o da Seção 10.7.4? Quais são as desvantagens? As operações de restauração se tornam mais fáceis ou mais difíceis? Explique sua resposta.

Notas Bibliográficas

O sistema FAT do MS-DOS é explicado em Norton e Wilton [1988] e a descrição do OS/2 pode ser encontrada em Iacobucci [1988]. Esses sistemas operacionais usam as CPUs Intel 8086 (Intel [1985b], Intel [1985a], Intel [1986] e Intel [1990]). Os métodos de alocação da IBM são descritos em Deitel [1990]. Os mecanismos internos do sistema BSD UNIX são abordados com detalhes em McKusick et al. [1996]. McVoy e Kleiman [1991] discutem otimizações desses métodos feitas no Solaris. O sistema de arquivos do Google é descrito em Ghemawat et al. [2003]. O FUSE pode ser encontrado em http://fuse.sourceforge.net/.

A alocação de arquivos em disco com base no sistema de parceiros (buddy system) é abordada em Koch [1987]. Um esquema de organização de arquivos que garante recuperação em um acesso é descrito por Larson e Kajla [1984]. Organizações de arquivos estruturadas em log para a melhoria tanto do desempenho quanto da consistência são discutidas em Rosenblum e Ousterhout [1991], Seltzer et al. [1993] e Seltzer et al. [1995]. Algoritmos como as árvores balanceadas (e muitos outros) são abordados por Knuth [1998] e Cormen et al. [2001]. O código-fonte do ZFS para mapas de espaço pode ser encontrado em http://src.opensolaris.org/source/xref/onnv/onnv-gate/usr/src/uts/common/fs/zfs/space_map.c.

O armazenamento em cache de disco é discutido por McKeon [1985] e Smith [1985]. O armazenamento em cache do sistema operacional experimental Sprite é descrito em Nelson et al. [1988]. Discussões gerais relacionadas à tecnologia de armazenamento de massa são oferecidas por Chi [1982] e Hoagland [1985]. Folk e Zoellick [1987] abordam as diversas estruturas de arquivos. Silvers [2000] discute a implementação do cache de páginas no sistema operacional NetBSD.

O sistema de arquivos de rede (NFS) é discutido em Sandberg et al. [1985], Sandberg [1987], Sun [1990] e Callaghan [2000]. O NFS versão 4 é um padrão descrito em http://www.ietf.org/rfc/rfc3530.txt. As características das cargas de trabalho em sistemas de arquivos distribuídos são examinadas em Baker et al. [1991]. Ousterhout [1991] discute o papel do estado distribuído em sistemas de arquivos em rede. Projetos estruturados em log para sistemas de arquivos em rede são propostos em Hartman e Ousterhout [1995] e Thekkath et al. [1997]. O NFS e o sistema de arquivos do UNIX (UFS) são descritos em Vahalia [1996] e Mauro e McDougall [2007]. O sistema de arquivos do Windows NT, o NTFS, é explicado em Solomon [1998]. O sistema de arquivos Ext2 usado no Linux é descrito em Bovet e Cesati [2002] e o sistema de arquivos WAFL em Hitz et al. [1995]. A documentação do ZFS pode ser encontrada em http://www.opensolaris.org/os/community/ZFS/docs.

Estrutura de Armazenamento de Massa

CAPÍTULO 11

O sistema de arquivos pode ser visto logicamente como constituído por três partes. No Capítulo 9, examinamos a interface do usuário e do programador para o sistema de arquivos. No Capítulo 10, descrevemos as estruturas de dados e algoritmos internos usados pelo sistema operacional na implementação dessa interface. Neste capítulo, discutimos o nível mais baixo do sistema de arquivos: as estruturas de armazenamento de massa. Primeiro, descrevemos a estrutura física dos discos e fitas magnéticos. Em seguida, descrevemos os algoritmos de scheduling de disco que organizam a ordem de I/Os de disco para melhorar o desempenho. Depois, discutimos a formatação do disco e o gerenciamento dos blocos de inicialização, blocos danificados e espaço de permuta. Examinamos então a estrutura de armazenamento de massa, abordando a confiabilidade do disco. Concluímos com a abordagem da arquitetura RAID.

> **OBJETIVOS DO CAPÍTULO**
> - Descrever a estrutura física dos dispositivos de armazenamento de massa e seus efeitos sobre o uso dos dispositivos.
> - Explicar as características de desempenho dos dispositivos de armazenamento de massa.
> - Discutir serviços do sistema operacional fornecidos para armazenamento de massa, inclusive o RAID e o HSM.

11.1 Visão Geral da Estrutura de Armazenamento de Massa

Nesta seção, apresentamos uma visão geral da estrutura física dos dispositivos de armazenamento de massa.

11.1.1 Discos Magnéticos

Os ***discos magnéticos*** fornecem grande parte do armazenamento de massa nos sistemas de computação modernos. Conceitualmente, os discos são relativamente simples (Figura 11.1).

Cada ***prato*** de disco tem uma forma circular chata, como um CD. Os diâmetros dos pratos comuns variam de 4,6 a 13,30 centímetros. As duas superfícies de um prato são cobertas por um material magnético. Armazenamos informações registrando-as magneticamente nos pratos.

Um cabeçote de leitura-gravação "flutua" imediatamente acima da superfície de cada prato. Os cabeçotes ficam ligados

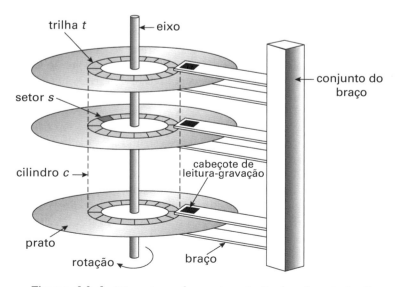

Figura 11.1 Mecanismo de movimentação do cabeçote do disco.

a um *braço de disco* que movimenta a todos como uma unidade. A superfície de um prato é dividida logicamente em *trilhas* circulares que são subdivididas em *setores*. O conjunto de trilhas que fica em uma posição do braço compõe um *cilindro*. Podem haver milhares de cilindros concêntricos em um drive de disco e cada trilha pode conter centenas de setores. A capacidade de armazenamento dos drives de disco comuns é medida em gigabytes.

Quando o disco está sendo usado, o motor do drive o gira em alta velocidade. A maioria dos drives gira de 60 a 200 vezes por segundo. A velocidade do disco tem duas partes. A *taxa de transferência* é a velocidade em que os dados fluem entre o drive e o computador. O *tempo de posicionamento*, às vezes chamado *tempo de acesso aleatório*, é composto pelo tempo necessário para mover o braço do disco para o cilindro desejado, chamado *tempo de busca*, e o tempo necessário para o setor desejado girar até o cabeçote do disco, chamado *latência rotacional*. Discos típicos podem transferir vários megabytes de dados por segundo e têm tempos de busca e latências rotacionais de vários milissegundos.

O cabeçote do disco flutua sobre uma camada de ar extremamente fina (medida em mícrons), por isso, há o perigo de ele entrar em contato com a superfície do disco. Embora os pratos de disco sejam cobertos por uma leve camada protetora, às vezes o cabeçote danifica a superfície magnética. Esse acidente se chama *choque do cabeçote*. Normalmente, um choque do cabeçote não pode ser reparado; o disco inteiro deve ser substituído.

O disco pode ser *removível*, permitindo que diferentes discos sejam montados conforme necessário. Geralmente, os discos magnéticos removíveis são compostos por um prato contido em um revestimento plástico que evita danos enquanto ele ainda não está no drive de disco. Os *disquetes* são discos magnéticos removíveis baratos que têm um revestimento plástico suave contendo um prato flexível. O cabeçote de um drive de disquete costuma se posicionar diretamente sobre a superfície do disco e, portanto, o drive é projetado para girar mais lentamente do que um drive de disco rígido para reduzir o desgaste da superfície. Normalmente, a capacidade de armazenamento de um disquete é de apenas 1,44 MB ou próxima a isso. Há discos removíveis disponíveis que funcionam de maneira muito semelhante aos discos rígidos comuns e têm capacidades medidas em gigabytes.

TAXAS DE TRANSFERÊNCIA DE DISCO

Como ocorre em muitas áreas da computação, os números divulgados sobre o desempenho dos discos não são iguais aos números do desempenho no mundo real. As taxas de transferência declaradas são sempre menores do que as *taxas de transferência efetivas*, por exemplo. A taxa de transferência pode ser a velocidade em que os bits são lidos na mídia magnética pelo cabeçote do disco, mas isso é diferente da velocidade em que os blocos são distribuídos para o sistema operacional.

O drive de disco é conectado ao computador por um conjunto de fios chamado *bus de I/O*. Vários tipos de buses estão disponíveis, inclusive os buses *EIDE (enhanced integrated drive electronics), ATA (advanced technology attachment), SATA (serial ATA), USB (universal serial bus), FC (fiber channel)* e *SCSI (small computer-systems interface)*. As transferências de dados em um bus são executadas por processadores eletrônicos especiais chamados *controladores*. O *controlador de host* é o controlador na extremidade do bus referente ao computador. Um *controlador de disco* vem embutido em cada drive de disco. Para executar uma operação de I/O de disco, o computador insere um comando no controlador do host, normalmente usando portas de I/O mapeadas para a memória, como descrito na Seção 8.7.3. O controlador do host envia então o comando por meio de mensagens para o controlador do disco e este opera o hardware do drive de disco para executar o comando. Geralmente, os controladores de disco têm um cache interno. A transferência de dados no drive de disco ocorre entre o cache e a superfície do disco, e a transferência de dados para o host, em velocidades eletrônicas rápidas, ocorre entre o cache e o controlador do host.

11.1.2 Fitas Magnéticas

A *fita magnética* foi usada como uma das primeiras mídias de armazenamento de massa. Embora ela seja relativamente permanente e possa manter grandes quantidades de dados, seu tempo de acesso é lento comparado com o da memória principal e o do disco magnético. Além disso, o acesso aleatório à fita magnética é cerca de mil vezes mais lento do que o acesso aleatório ao disco magnético, portanto, as fitas não são muito úteis para armazenamento de massa. As fitas são usadas principalmente para backup, armazenamento de informações pouco usadas e como meio de transferência de informações de um sistema para outro.

Uma fita é mantida em uma bobina e é avançada ou rebobinada ao passar por um cabeçote de leitura-gravação. A movimentação até o local correto em uma fita pode levar minutos, mas uma vez na posição correta, os drives de fita podem gravar dados em velocidades comparáveis às dos drives de disco. A capacidade das fitas varia muito, dependendo do tipo específico do drive de fita. Normalmente, elas armazenam de 20 a 200 GB. Algumas têm compressão embutida que pode mais do que dobrar o armazenamento efetivo. Geralmente, as fitas e seus drives são categorizados pela largura que inclui 4, 8 e 19 milímetros ou 0,63 e 1,27 centímetro. Algumas são nomeadas de acordo com a tecnologia, como as fitas LTO-2 e SDLT.

FIREWIRE

O *FireWire* é uma interface projetada para conectar dispositivos periféricos como drives de disco rígido, drives de DVD e câmeras de vídeo digitais a sistemas de computação. Ele foi desenvolvido originalmente pela Apple Computer e se tornou o padrão IEEE 1394 em 1995. O padrão FireWire original fornecia largura de banda de até 400 megabits por segundo. Recentemente, um novo padrão – FireWire 2 – surgiu e é identificado como o padrão IEEE 1394b. O FireWire 2 fornece o dobro da taxa de dados do FireWire original – 800 megabits por segundo.

11.2 Estrutura do Disco

Os drives de disco modernos são considerados grandes arrays unidimensionais de **blocos lógicos** em que o bloco lógico é a menor unidade de transferência. Geralmente, o tamanho de um bloco lógico é de 512 bytes, embora alguns discos possam ser *formatados em baixo nível* para apresentar um tamanho de bloco lógico diferente, como 1.024 bytes. Essa opção é descrita na Seção 11.5.1. O array unidimensional de blocos lógicos é mapeado para os setores do disco, sequencialmente. O setor 0 é o primeiro setor da primeira trilha do cilindro mais externo. O mapeamento prossegue em ordem por essa trilha, depois pelo resto das trilhas desse cilindro e, então, pelo resto dos cilindros, do mais externo ao mais interno.

Usando esse mapeamento, podemos – pelo menos em teoria – converter um número de bloco lógico em um endereço de disco no estilo antigo, que é composto por um número de cilindro, um número de trilha dentro desse cilindro e um número de setor dentro dessa trilha. Na prática, é difícil executar essa conversão por duas razões. Em primeiro lugar, a maioria dos discos tem alguns setores defeituosos, mas o mapeamento oculta isso substituindo-os por setores reserva de qualquer outro local do disco. Em segundo lugar, a quantidade de setores por trilha não é constante em alguns drives.

Examinemos mais detalhadamente a segunda razão. Em mídias que usam **velocidade linear constante (CLV** – *constant linear velocity*)*, a densidade de bits por trilha é uniforme. Quanto mais distante uma trilha está do centro do disco, maior o seu tamanho, portanto, mais setores ela pode conter. Conforme nos movemos de zonas mais externas para zonas mais internas, a quantidade de setores por trilha diminui. Normalmente, as trilhas da zona mais externa contêm 40 por cento mais setores do que as trilhas da zona mais interna. O drive aumenta sua velocidade de rotação conforme o cabeçote se move das trilhas mais externas para as mais internas para manter a mesma taxa de dados sob o cabeçote. Esse método é usado em drives de CD-ROM e DVD-ROM. Alternativamente, a velocidade de rotação do disco pode permanecer constante; nesse caso, a densidade de bits diminui das trilhas mais internas para as trilhas mais externas para manter a taxa de dados constante. Esse método é usado em discos rígidos e é conhecido como **velocidade angular constante (CAV** – *constant angular velocity*)*.

A quantidade de setores por trilha tem aumentado conforme a tecnologia dos discos melhora; e a zona mais externa de um disco geralmente tem várias centenas de setores por trilha. Da mesma forma, a quantidade de cilindros por disco tem aumentado; discos grandes têm dezenas de milhares de cilindros.

11.3 Conexão do Disco

Os computadores acessam a memória em disco de duas formas. Uma forma é por meio de portas de I/O (ou *armazenamento conectado ao host*); isso é comum em sistemas pequenos. A outra forma é por meio de um host remoto em um sistema de arquivos distribuídos, o chamado *armazenamento conectado à rede.*

11.3.1 Armazenamento Conectado ao Host

O armazenamento conectado ao host é aquele acessado pelas portas de I/O locais. Essas portas usam várias tecnologias. O PC doméstico comum usa uma arquitetura de bus de I/O chamada IDE ou ATA. Essa arquitetura dá suporte a um máximo de dois drives por bus de I/O. Um protocolo semelhante mais recente, que tem simplificado o cabeamento, é o SATA. Estações de trabalho e servidores de ponta usam, em geral, arquiteturas de I/O mais sofisticadas, como SCSI e canal de fibra.

O padrão SCSI é uma arquitetura de bus. Sua mídia física costuma ser um cabo chato com uma grande quantidade de condutores (normalmente 50 ou 68). O protocolo SCSI dá suporte a um máximo de 16 dispositivos por bus. Geralmente, os dispositivos incluem uma placa de controlador no host (o *iniciador SCSI*) e até 15 dispositivos de armazenamento (os *alvos do SCSI*). Um disco SCSI é um alvo comum do SCSI, mas o protocolo fornece o recurso de endereçar até 8 **unidades lógicas** em cada alvo SCSI. Um uso típico do endereçamento de unidades lógicas é o direcionamento de comandos

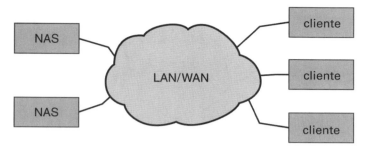

Figura 11.2 Armazenamento conectado à rede.

para componentes de um array RAID ou para componentes de uma biblioteca de mídia removível (como uma jukebox de CDs enviando comandos para o mecanismo de mudança de mídia ou para um dos drives).

O padrão FC é uma arquitetura serial de alta velocidade que pode operar por meio de fibra ótica ou de um cabo de cobre com quatro condutores. Ele tem duas variantes. Uma é composta por uma ampla estrutura comutada com um espaço de endereçamento de 24 bits. Espera-se que essa variante predomine no futuro e ela é a base das *redes de áreas de armazenamento (SANs – storage-area networks)*, discutidas na Seção 11.3.3. Devido ao extenso espaço de endereçamento e à natureza comutada da comunicação, vários hosts e dispositivos de armazenamento podem se conectar com a estrutura, permitindo grande flexibilidade nas comunicações de I/O. A outra variante do FC é um *loop arbitrado (FC-AL – FC-arbitrated loop)* que pode endereçar 126 dispositivos (drives e controladores).

Uma grande variedade de dispositivos de armazenamento pode ser usada como armazenamento conectado ao host. Entre eles estão os drives de disco rígido, os arrays RAID e os drives de fita, CD e DVD. Os comandos de I/O que iniciam transferências de dados para um dispositivo de armazenamento conectado ao host são leituras e gravações de blocos de dados lógicos direcionadas a unidades de armazenamento especificamente identificadas (como o ID do bus, o ID do SCSI e a unidade lógica-alvo).

11.3.2 Armazenamento Conectado à Rede

Um dispositivo de armazenamento conectado à rede (NAS – *network-attached storage*) é um sistema de armazenamento de uso específico que é acessado remotamente por uma rede de dados (Figura 11.2). Os clientes acessam o armazenamento conectado à rede por uma interface de chamadas de procedimento remotas, como o NFS, em sistemas UNIX, ou o CIFS em máquinas Windows. As chamadas de procedimento remotas (RPCs) são carregadas via TCP ou UDP através de uma rede IP – geralmente a mesma rede local (LAN) que carrega todo o tráfego de dados para os clientes. A unidade de armazenamento conectado à rede costuma ser implementada como um array RAID com um software que implementa a interface de RPCs. É mais fácil pensar no NAS simplesmente como outro protocolo de acesso à memória. Por exemplo, em vez de usar um driver de dispositivo SCSI e protocolos SCSI para acessar a memória, um sistema usando o NAS usaria a RPC via TCP/IP.

O armazenamento conectado à rede oferece uma forma conveniente para todos os computadores de uma LAN compartilharem um pool de memória com a mesma facilidade de nomeação e acesso apreciada no armazenamento local conectado ao host. No entanto, ele tende a ser menos eficiente e ter um desempenho pior do que algumas opções de armazenamento de conexão direta.

O *iSCSI* é o protocolo de armazenamento conectado à rede mais recente. Em essência, ele usa o protocolo de rede IP para executar o protocolo SCSI. Portanto, redes – em vez de cabos SCSI – podem ser usadas como as interconexões entre hosts e seu espaço de armazenamento. Como resultado, os hosts podem tratar seu espaço de armazenamento como se estivessem conectados diretamente, mesmo se o espaço de armazenamento estiver distante deles.

11.3.3 Rede de Áreas de Armazenamento

Uma desvantagem dos sistemas de armazenamento conectado à rede é que as operações de I/O de armazenamento consomem largura de banda na rede de dados, aumentando assim a latência de comunicação da rede. Esse problema pode ser particularmente grave em grandes instalações cliente-servidor – a comunicação entre servidores e clientes compete por largura de banda com a comunicação entre servidores e dispositivos de armazenamento.

A rede de área de armazenamento (SAN) é uma rede privada (usando protocolos de armazenamento em vez de protocolos de rede) que conecta servidores e unidades de armazenamento, como mostrado na Figura 11.3. O poder de uma SAN está em sua flexibilidade. Vários hosts e vários arrays de armazenamento podem se conectar à mesma SAN e o espaço de armazenamento pode ser alocado dinamicamente aos hosts. Um comutador da SAN permite ou proíbe o acesso entre os hosts e o espaço de armazenamento. Como exemplo, se um host estiver ficando sem espaço em disco, a SAN pode ser configurada para alocar mais espaço de armazenamento para esse host. As SANs tornam possível que clusters de servidores compartilhem o mesmo espaço de armazenamento e que arrays de armazenamento incluam várias conexões de host diretas. Normalmente, as SANs têm mais portas, e portas menos caras, do que arrays de armazenamento.

O padrão FC é a interconexão de SAN mais comum, embora a simplicidade do iSCSI esteja aumentando seu uso. Uma alternativa emergente é uma arquitetura de bus de uso específico chamada InfiniBand que fornece suporte de hardware e software a redes de interconexão de alta velocidade para servidores e unidades de armazenamento.

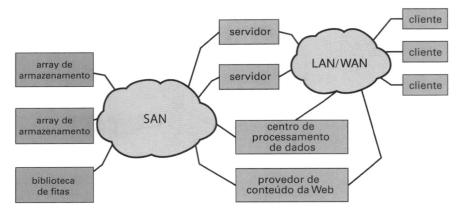

Figura 11.3 Rede de área de armazenamento.

11.4 Scheduling de Disco

Uma das responsabilidades do sistema operacional é usar o hardware eficientemente. Para os drives de disco, cumprir essa responsabilidade envolve ter tempo de acesso rápido e maior largura de banda. O tempo de acesso tem dois componentes principais (consulte também a Seção 11.1.1). O *tempo de busca* é o tempo que o braço do disco leva para mover os cabeçotes para o cilindro que contém o setor desejado. A *latência rotacional* é o tempo adicional que o disco leva para girar o setor desejado até o cabeçote. A *largura de banda* do disco é a quantidade total de bytes transferidos, dividida pelo tempo total entre a primeira solicitação do serviço e a conclusão da última transferência. Podemos melhorar tanto o tempo de acesso quanto a largura de banda gerenciando a ordem em que as solicitações de I/O de disco são atendidas.

Sempre que um processo precisa de I/O para o disco ou a partir do disco, ele emite uma chamada de sistema para o sistema operacional. A solicitação especifica várias informações:

- Se essa operação é de entrada ou saída
- Qual é o endereço de disco para a transferência
- Qual é o endereço de memória para a transferência
- Qual é a quantidade de setores a ser transferida

Se o drive e o controlador de disco desejados estiverem disponíveis, a solicitação poderá ser atendida imediatamente. Se o drive ou o controlador estiver ocupado, qualquer nova solicitação de serviço será inserida na fila de solicitações pendentes para esse drive. Em um sistema multiprogramado com muitos processos, a fila do disco pode ter várias solicitações pendentes. Portanto, quando uma solicitação é concluída, o sistema operacional seleciona a solicitação pendente que atenderá em seguida. Como o sistema operacional faz essa seleção? Qualquer um dos vários algoritmos de scheduling de disco pode ser usado e eles são discutidos a seguir.

11.4.1 Scheduling FCFS

É claro que a forma mais simples de scheduling de disco é o algoritmo primeiro a chegar, primeiro a ser atendido (FCFS). Esse algoritmo é intrinsecamente justo, mas geralmente não fornece o serviço mais rápido. Considere, por exemplo, uma fila de disco com solicitações de I/O para blocos dos cilindros

98, 183, 37, 122, 14, 124, 65, 67,

nesta ordem. Se o cabeçote do disco estiver inicialmente no cilindro 53, primeiro ele se moverá do 53 para o 98, depois para o 183, o 37, o 122, o 14, o 124, o 65 e, finalmente para o 67, perfazendo um movimento total do cabeçote de 640 cilindros. Esse schedule está diagramado na Figura 11.4.

A brusca mudança do 122 para o 14 e, então, a volta ao 124 ilustra o problema desse schedule. Se as solicitações pelos cilindros 37 e 14 puderem ser atendidas em conjunto, antes ou depois das solicitações pelos cilindros 122 e 124, o movimento total do cabeçote será diminuído significativamente e o desempenho irá melhorar.

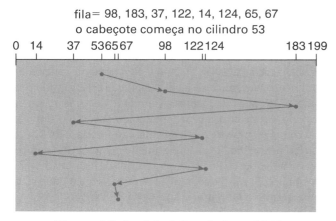

Figura 11.4 Scheduling de disco FCFS.

11.4.2 Scheduling SSTF

Parece razoável atender a todas as solicitações próximas à posição corrente do cabeçote antes de movê-lo para longe para atender a outras solicitações. Essa suposição é a base do *algoritmo do tempo de busca mais curto primeiro (SSTF – shortest-seek-time-first)*. O algoritmo SSTF seleciona a solicitação com menor tempo de busca a partir da posição corrente do cabeçote. Já que o tempo de busca aumenta com a quantidade de cilindros percorrida pelo cabeçote, o SSTF seleciona a solicitação pendente mais próxima da posição corrente do cabeçote.

Em nosso exemplo de fila de solicitações, a solicitação mais próxima da posição inicial do cabeçote (53) é a do cilindro 65. Uma vez que estamos no cilindro 65, a próxima solicitação mais próxima é a do cilindro 67. Depois dela, a solicitação do cilindro 37 está mais próxima do que a do cilindro 98 e, portanto, é atendida em seguida. Continuando, atendemos à solicitação do cilindro 14, depois do cilindro 98, 122, 124 e, finalmente, 183 (Figura 11.5). Esse método de scheduling resulta em um movimento total do cabeçote de apenas 236 cilindros – um pouco mais de um terço da distância necessária para a execução do scheduling FCFS nessa fila de solicitações. É claro que esse algoritmo fornece uma melhoria significativa do desempenho.

O scheduling SSTF é essencialmente uma variação do scheduling do job mais curto primeiro (SJF); e, como o scheduling SJF, pode causar inanição em algumas solicitações. Lembre-se de que solicitações podem chegar a qualquer momento. Suponha que tenhamos duas solicitações na fila para os cilindros 14 e 186 e, enquanto a solicitação do cilindro 14 está sendo atendida, chegue uma nova solicitação para um local próximo ao cilindro 14. Essa nova solicitação é atendida em seguida, fazendo a solicitação do cilindro 186 esperar. Enquanto essa solicitação está sendo atendida, outra solicitação próxima do cilindro 14 pode chegar. Teoricamente, um fluxo contínuo de solicitações próximas umas das outras poderia fazer com que a solicitação do cilindro 186 esperasse indefinidamente. Esse cenário se torna cada vez mais provável à medida que a fila de solicitações pendentes aumenta.

Embora o algoritmo SSTF apresente uma melhoria significativa sobre o algoritmo FCFS, ele não é ótimo. No exemplo, podemos fazer melhor movendo o cabeçote do cilindro 53 para

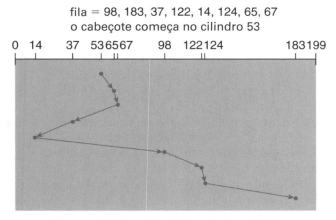

Figura 11.5 Scheduling de disco SSTF.

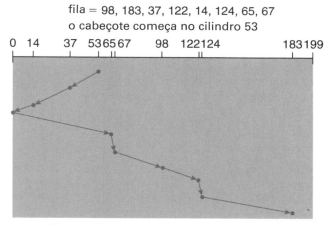

Figura 11.6 Scheduling de disco SCAN.

o cilindro 37 ainda que o último não seja o mais próximo, e, então, para o cilindro 14, antes de retornar e atender os cilindros 65, 67, 98, 122, 124 e 183. Essa estratégia reduz o movimento total do cabeçote para 208 cilindros.

11.4.3 Scheduling SCAN

No *algoritmo SCAN*, o braço parte de uma extremidade do disco e se move em direção à outra extremidade, atendendo solicitações conforme alcança cada cilindro, até chegar à extremidade oposta do disco. Na outra extremidade, a direção do movimento do cabeçote é invertida e o atendimento continua. O cabeçote faz varreduras contínuas para trás e para a frente ao longo do disco. O algoritmo SCAN também é chamado de *algoritmo do elevador*, porque o braço do disco se comporta como o elevador de um prédio, atendendo primeiro a todas as solicitações ao subir e então voltando para atender solicitações na outra direção.

Voltemos a nosso exemplo para ilustrar isso. Antes de aplicar o algoritmo SCAN para incluir no schedule as solicitações aos cilindros 98, 183, 37, 122, 14, 124, 65 e 67, temos de saber a direção do movimento do cabeçote e sua posição corrente. Supondo que o braço do disco esteja se movendo em direção ao 0 e que a posição inicial do cabeçote seja de novo no cilindro 53, o cabeçote atenderá em seguida o cilindro 37 e, então, o cilindro 14. No cilindro 0, o braço mudará de direção e se moverá para a outra extremidade do disco, atendendo às solicitações aos cilindros 65, 67, 98, 122, 124 e 183 (Figura 11.6). Se uma solicitação chegar na fila para ser atendida logo à frente do cabeçote, ela será atendida quase imediatamente; uma solicitação chegando para ser atendida logo atrás do cabeçote terá de esperar o braço se mover até o fim do disco, inverter a direção e voltar.

Supondo uma distribuição uniforme de solicitações aos cilindros, considere a densidade de solicitações quando o cabeçote alcança uma extremidade e inverte a direção. Nesse momento, relativamente poucas solicitações estão imediatamente à frente do cabeçote, visto que esses cilindros foram atendidos recentemente. A maior densidade de solicitações fica na outra extremidade do disco. Essas solicitações também esperaram por mais tempo, portanto, por que não ir até lá primeiro? Essa é a ideia do próximo algoritmo.

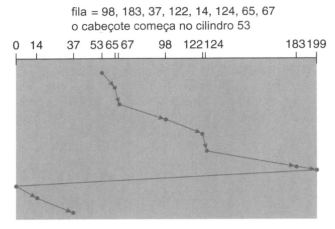

Figura 11.7 Scheduling de disco C-SCAN.

11.4.4 Scheduling C-SCAN

O *scheduling SCAN circular (C-SCAN)* é uma variação do algoritmo SCAN, projetado para fornecer um tempo de espera mais uniforme. Como o SCAN, o algoritmo C-SCAN move o cabeçote de uma extremidade a outra do disco, atendendo solicitações ao longo do caminho. No entanto, quando o cabeçote alcança a outra extremidade ele retorna imediatamente ao começo do disco sem atender nenhuma solicitação na viagem de volta (Figura 11.7). Essencialmente, o algoritmo de scheduling C-SCAN trata os cilindros como uma lista circular que, quando chega ao último cilindro, volta ao primeiro.

11.4.5 Scheduling LOOK

Conforme os descrevemos, tanto o algoritmo SCAN quanto o algoritmo C-SCAN movem o braço na largura total do disco. Mas na prática, nenhum dos dois algoritmos costuma ser implementado dessa maneira. Normalmente, o braço só vai até a última solicitação em cada direção. Em seguida, ele inverte a direção imediatamente, sem percorrer todo o caminho até o fim do disco. Versões dos algoritmos SCAN e C-SCAN que seguem esse padrão, são chamadas *scheduling LOOK* e *C-LOOK* porque procuram (*look for*) uma solicitação antes de continuar a se mover em uma determinada direção (Figura 11.8).

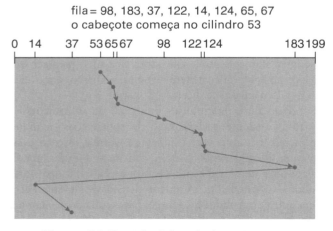

Figura 11.8 Scheduling de disco C-LOOK.

11.4.6 Seleção de um Algoritmo de Sheduling de Disco

Dados tantos algoritmos de scheduling de disco, como selecionar o melhor? O SSTF é comum e tem um atrativo natural porque aumenta o desempenho se comparado ao FCFS. O SCAN e o C-SCAN funcionam melhor em sistemas que impõem uma carga pesada ao disco porque têm menos probabilidades de causar um problema de inanição. Para qualquer lista de solicitações específica, podemos definir uma ordem ótima de recuperação, mas o cálculo necessário para definirmos um schedule ótimo pode não justificar os ganhos em relação aos algoritmos SSTF ou SCAN. Com qualquer algoritmo de scheduling, no entanto, o desempenho depende muito da quantidade e dos tipos de solicitações. Por exemplo, suponha que, geralmente, a fila tenha apenas uma solicitação pendente. Então, todos os algoritmos de scheduling se comportam igualmente porque só têm uma opção de para onde mover o cabeçote do disco: todos se comportam como o scheduling FCFS.

Solicitações de serviço em disco podem ser muito influenciadas pelo método de alocação de arquivos. Um programa lendo um arquivo alocado contiguamente gerará várias solicitações bem próximas no disco, resultando em um movimento limitado do cabeçote. Um arquivo encadeado ou indexado, por outro lado, pode incluir blocos que estejam espalhados no disco, resultando em maior movimento do cabeçote.

A locação dos diretórios e blocos de índices também é importante. Os arquivos devem ser abertos para serem usados e a abertura de um arquivo requer uma busca na estrutura do diretório, portanto, os diretórios são acessados frequentemente. Suponha que uma entrada do diretório esteja no primeiro cilindro e os dados de um arquivo estejam no último cilindro. Nesse caso, o cabeçote do disco tem de percorrer a largura total do disco. Se a entrada do diretório estiver no cilindro do meio, o cabeçote terá de se mover por apenas metade da largura. O armazenamento dos diretórios e blocos de índices em cache na memória principal também pode ajudar a reduzir o movimento do braço do disco, principalmente para solicitações de leitura.

Devido a essas complexidades, o algoritmo de scheduling de disco deveria ser escrito como um módulo separado no sistema operacional, para poder ser substituído por um algoritmo diferente se necessário. Tanto o SSTF quanto o LOOK são opções aceitáveis como algoritmo default.

Os algoritmos de scheduling descritos aqui só consideram as distâncias de busca. Em discos modernos, a latência rotacional pode ser quase tão grande quanto o tempo médio de busca. Porém, é difícil para o sistema operacional criar um schedule com o objetivo de melhorar a latência rotacional porque os discos modernos não revelam a locação física de blocos lógicos. Os fabricantes de discos têm abrandado esse problema implementando algoritmos de scheduling de disco no hardware do controlador interno do drive de disco. Se o sistema operacional envia um lote de solicitações para o controlador, ele pode enfileirá-las e, então, organizar o seu schedule para melhorar tanto o tempo de busca quanto a latência rotacional.

Se o desempenho de I/O fosse a única preocupação, o sistema operacional delegaria alegremente a responsabilidade do scheduling do disco para o hardware de disco. Na prática, no entanto, o sistema operacional pode ter outras restrições para a ordem de atendimento das solicitações. Por exemplo, a paginação por demanda pode ter prioridade sobre o I/O das aplicações e as gravações são mais urgentes do que as leituras se o cache estiver ficando sem páginas livres. Além disso, pode ser desejável garantir a ordem de um conjunto de gravações em disco para tornar o sistema de arquivos robusto em caso de quedas do sistema. Considere o que ocorreria se o sistema operacional alocasse uma página de disco para um arquivo e a aplicação gravasse dados nessa página antes de o sistema operacional ter a chance de descarregar o inode modificado e a lista de espaços livres novamente no disco. Para atender a esses requisitos, o sistema operacional pode decidir fazer seu próprio scheduling de disco e enviar as solicitações para o controlador de disco, uma a uma, para alguns tipos de I/O.

11.5 Gerenciamento de Disco

O sistema operacional também é responsável por vários outros aspectos do gerenciamento de discos. Discutimos aqui a inicialização do disco, a inicialização do sistema a partir do disco e a recuperação de blocos danificados.

11.5.1 Formatação do Disco

Um disco magnético novo é como uma folha vazia: é apenas um prato composto por material de gravação magnética. Antes de um disco poder armazenar dados, ele deve ser dividido em setores que o controlador de disco possa ler e gravar. Esse processo se chama **formatação de baixo nível** ou **formatação física**. A formatação de baixo nível preenche o disco com uma estrutura de dados especial para cada setor. Normalmente, a estrutura de dados para um setor é composta por um cabeçalho, uma área de dados (geralmente com 512 bytes) e um trailer. O cabeçalho e o trailer contêm informações usadas pelo controlador de disco, como o número do setor e um **código de correção de erros (ECC – error-correcting code)**. Quando o controlador grava um setor de dados durante o I/O normal, o ECC é atualizado com um valor calculado a partir de todos os bytes da área de dados. Quando o setor é lido, o ECC é recalculado e comparado com o valor armazenado. Se o número calculado for diferente do armazenado, essa discrepância indica que a área de dados do setor foi corrompida e que o setor do disco pode estar danificado (Seção 11.5.3). O ECC é um código de *correção* de erros porque contém informações suficientes, quando apenas alguns bits de dados foram corrompidos, para permitir que o controlador identifique quais bits mudaram e calcule quais deveriam ser seus valores corretos. Ele então relata um **erro leve** recuperável. O controlador faz o processamento do ECC automaticamente sempre que um setor é lido ou gravado.

A maioria dos discos rígidos é formatada em baixo nível no fabricante como parte do processo de fabricação. Essa formatação permite que o fabricante teste o disco e inicialize o mapeamento de números de blocos lógicos para setores sem defeitos no disco. Em muitos discos rígidos, quando o controlador é instruído para formatar o disco em baixo nível, ele também pode ser informado sobre quantos bytes do espaço de dados deve deixar entre o cabeçalho e o trailer de todos os setores. Geralmente, é possível selecionar entre alguns tamanhos, como 256, 512 e 1.024 bytes. A formatação de um disco com um tamanho de setor maior significa que menos setores caberão em cada trilha; mas também significa que menos cabeçalhos e trailers serão gravados em cada trilha e mais espaço estará disponível para dados do usuário. Alguns sistemas operacionais só podem manipular um tamanho de setor de 512 bytes.

Antes de poder usar um disco para armazenar arquivos, o sistema operacional tem de registrar suas próprias estruturas de dados no disco. Ele faz isso em dois passos. O primeiro passo é o **particionamento** do disco em um ou mais grupos de cilindros. O sistema operacional pode tratar cada partição como se fosse um disco separado. Por exemplo, uma partição pode conter uma cópia do código executável do sistema operacional, enquanto outra contém arquivos de usuário. O segundo passo é a **formatação lógica** ou a criação de um sistema de arquivos, em que o sistema operacional armazena as estruturas de dados iniciais do sistema de arquivos no disco. Essas estruturas de dados podem incluir mapas de espaços livres e alocados (uma FAT ou inodes) e um diretório inicial vazio.

Para aumentar a eficiência, a maioria dos sistemas de arquivos agrupa blocos em porções maiores, usualmente chamadas **clusters**. O I/O de disco é feito via blocos, mas o I/O do sistema de arquivos é feito via clusters, o que assegura efetivamente que o I/O tenha mais características de acesso sequencial e menos de acesso aleatório.

Alguns sistemas operacionais permitem que programas especiais usem uma partição de disco como um grande array sequencial de blocos lógicos, sem nenhuma estrutura do sistema de arquivos. Esse array também é chamado de disco bruto e o I/O para ele é chamado de I/O bruto. Por exemplo, alguns sistemas de bancos de dados preferem o I/O bruto porque ele lhes permite controlar a locação exata no disco em que cada registro do banco de dados está armazenado. O I/O bruto ignora todos os serviços do sistema de arquivos, como o cache de buffer, o trancamento de arquivos, a pré-busca, a alocação de espaço, os nomes de arquivo e os diretórios. Podemos tornar certas aplicações mais eficientes permitindo que elas implementem, em uma partição bruta, seus próprios serviços de armazenamento de uso específico, mas a maioria das aplicações tem execução melhor quando usa os serviços regulares do sistema de arquivos.

11.5.2 Bloco de Inicialização

Para um computador começar a funcionar – por exemplo, quando é ligado ou reinicializado – ele deve ter um programa inicial para executar. Esse programa de *bootstrap* inicial tende a ser simples. Ele inicializa todos os aspectos do sistema, dos registradores da CPU aos controladores de dispositivos e conteúdos da memória principal e, então, inicia o sistema operacional. Para realizar sua tarefa, o programa de bootstrap encontra o kernel do sistema operacional no disco, carrega o kernel na memória e salta para um endereço inicial para começar a execução do sistema operacional.

Na maioria dos computadores, o bootstrap é armazenado em *memória somente de leitura (ROM – read-only memory)*. Essa locação é conveniente porque a ROM não precisa de inicialização e fica em uma locação fixa em que o processador pode começar a execução quando ligado ou reinicializado. Além disso, já que a ROM é somente de leitura, ela não pode ser infectada por um vírus de computador. O problema é que a alteração desse código de bootstrap requer a alteração dos chips de hardware da ROM. Portanto, a maioria dos sistemas armazena um minúsculo programa carregador de bootstrap na ROM de inicialização cuja única tarefa é trazer do disco um programa de bootstrap completo. O programa de bootstrap completo pode ser alterado facilmente: simplesmente, uma nova versão é gravada no disco. O programa de bootstrap completo é armazenado nos "blocos de inicialização" em locação fixa no disco. Um disco que tem uma partição de inicialização é chamado *disco de inicialização* ou *disco do sistema*.

O código da ROM de inicialização instrui o controlador de disco a ler os blocos de inicialização para a memória (nenhum driver de dispositivo é carregado nesse momento) e, então, começa a executar esse código. O programa de bootstrap completo é mais sofisticado do que o carregador de bootstrap da ROM de inicialização; ele pode carregar o sistema operacional inteiro a partir de uma locação não fixa no disco e iniciar a execução do sistema operacional. Mesmo assim, o código completo do boostrap pode ser pequeno.

Consideremos, como exemplo, o processo de inicialização no Windows. O sistema Windows insere seu código de inicialização no primeiro setor do disco rígido (que ele chama de *registro mestre de inicialização* ou *MBR*). Além disso, o Windows permite que um disco rígido seja dividido em uma ou mais partições; uma partição, identificada como *partição de inicialização*, contém o sistema operacional e os drivers de dispositivos. Em um sistema Windows, a inicialização começa com a execução do código que reside na memória ROM do sistema. Esse código direciona o sistema para ler o código de inicialização a partir do MBR. Além de conter código de inicialização, o MBR contém uma tabela listando as partições do disco rígido e um flag indicando a partir de que partição o sistema deve ser inicializado, como ilustrado na Figura 11.9. Uma vez que o sistema identifica a partição de inicialização, ele lê o primeiro setor dessa partição (que é chamado de *setor de inicialização*) e continua com o resto do processo de inicialização que inclui a carga dos diversos subsistemas e serviços do sistema.

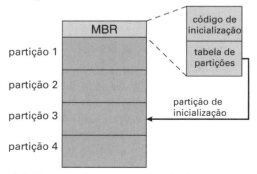

Figura 11.9 Inicialização a partir de disco no windows.

11.5.3 Blocos Danificados

Pelo fato de os discos possuírem partes móveis e tolerâncias pequenas (lembre-se de que o cabeçote flutua imediatamente acima da superfície do disco), eles podem apresentar falhas. Às vezes a falha é total; nesse caso, o disco tem de ser substituído e seu conteúdo restaurado no novo disco a partir de mídia de backup. O mais comum é que um ou mais setores apresentem defeito. A maioria dos discos vem de fábrica com *blocos danificados*. Dependendo do disco e do controlador usados, esses blocos são manipulados de várias maneiras.

Em discos simples, como alguns discos com controladores IDE, os blocos danificados são manipulados manualmente. Por exemplo, o comando `format` do MS-DOS executa a formatação lógica e, como parte do processo, percorre o disco para encontrar blocos danificados. Se `format` encontra um bloco danificado, ele grava um valor especial na entrada correspondente da FAT para informar às rotinas de alocação que não usem esse bloco. Se blocos ficarem danificados durante a operação normal, um programa especial (como o `chkdsk`) deve ser executado manualmente para procurar os blocos danificados e isolá-los. Geralmente, os dados que residem nos blocos danificados são perdidos.

Discos mais sofisticados, como os discos SCSI usados em PCs de ponta e na maioria das estações de trabalho e servidores, são mais inteligentes no que diz respeito à recuperação de blocos danificados. O controlador mantém uma lista de blocos danificados no disco. A lista é inicializada durante a formatação de baixo nível no fabricante e é atualizada durante a vida útil do disco. A formatação de baixo nível também ignora setores avulsos não visíveis para o sistema operacional. O controlador pode ser solicitado a substituir logicamente cada setor danificado por um dos setores avulsos. Esse esquema é conhecido como *reserva* ou *direcionamento de setores*.

Uma transação típica envolvendo um setor danificado pode ocorrer como descrito a seguir:

- O sistema operacional tenta ler o bloco lógico 87.
- O controlador calcula o ECC e descobre que o setor está danificado. Ele relata essa descoberta ao sistema operacional.
- Da próxima vez que o sistema é reinicializado, um comando especial é executado para solicitar ao controlador SCSI que substitua o setor danificado por um setor reserva.
- Depois disso, sempre que o sistema solicitar o bloco lógico 87, a solicitação será direcionada, pelo controlador, para o endereço do setor substituto.

Observe que esse redirecionamento feito pelo controlador poderia invalidar otimizações feitas pelo algoritmo de scheduling de disco do sistema operacional! Portanto, a maioria dos discos é formatada para fornecer alguns setores reserva em cada cilindro e, também, um cilindro reserva. Quando um bloco danificado é remapeado, o controlador usa um setor reserva do mesmo cilindro, se possível.

Como alternativa à reserva de setores, alguns controladores podem ser instruídos a substituir um bloco danificado por meio do *deslocamento de setor*. Aqui está um exemplo: suponha que o bloco lógico 17 apresente defeito e o primeiro setor reserva disponível esteja após o setor 202. O deslocamento de setor remapeia todos os setores do 17 ao 202, movendo-os uma posição para a frente. Isto é, o setor 202 é copiado no reserva, o setor 201 é copiado no 202, o 200 no 201 e assim por diante até que o setor 18 seja copiado no setor 19. O deslocamento dos setores dessa forma libera o espaço do setor 18 para que o setor 17 possa ser mapeado para ele.

A substituição de um bloco danificado não costuma ser totalmente automática porque os dados do bloco tendem a ser perdidos. Erros recuperáveis podem disparar um processo em que é feita uma cópia dos dados do bloco e o bloco é reservado ou deslocado. Um **erro grave** irrecuperável, no entanto, resulta na perda de dados. O arquivo que estava usando esse bloco deve ser reparado (por exemplo, por meio de restauração a partir de fita de backup) e isso requer intervenção manual.

11.6 Gerenciamento do Espaço de Permuta

O swapping (ou realização de permuta) foi apresentado, pela primeira vez, na Seção 7.2, quando discutimos a movimentação de processos inteiros entre o disco e a memória principal. O swapping, nesse caso, ocorre quando a quantidade de memória física alcança um ponto criticamente baixo e os processos são movidos da memória para o espaço de permuta para liberar memória disponível. Na prática, poucos sistemas operacionais modernos implementam o swapping dessa forma. Em vez disso, agora, os sistemas combinam o swapping com técnicas de memória virtual (Capítulo 8) e permutam páginas e não necessariamente, processos inteiros. Na verdade, atualmente alguns sistemas usam os termos *swapping* e *paginação* com o mesmo significado, refletindo a fusão desses dois conceitos.

O **gerenciamento do espaço de permuta** é outra tarefa de baixo nível do sistema operacional. A memória virtual usa espaço em disco como uma extensão da memória principal. Como o acesso ao disco é muito mais lento do que o acesso à memória, o uso do espaço de permuta piora significativamente o desempenho do sistema. O principal objetivo do projeto e implementação do espaço de permuta é fornecer o melhor throughput para o sistema de memória virtual. Nesta seção, discutimos como o espaço de permuta é usado, onde fica localizado no disco e como é gerenciado.

11.6.1 Uso do Espaço de Permuta

O espaço de permuta é usado de várias maneiras por diferentes sistemas operacionais, dependendo dos algoritmos de gerenciamento da memória em uso. Por exemplo, sistemas que implementam o swapping podem usar o espaço de permuta para armazenar a imagem de um processo inteiro, incluindo os segmentos de código e dados. Sistemas de paginação podem simplesmente armazenar páginas que foram extraídas da memória principal. Portanto, o tamanho do espaço de permuta necessário em um sistema pode variar de alguns megabytes de espaço em disco a gigabytes, dependendo do tamanho de memória física, do tamanho de memória virtual que o sistema tem de reserva e da maneira como a memória virtual é usada.

Observe que pode ser mais seguro estimar para cima e não para baixo o tamanho do espaço de permuta requerido porque se um sistema ficar sem espaço de permuta ele pode ser forçado a abortar processos ou pode cair totalmente. A estimativa para cima desperdiça espaço em disco que, de outra forma, poderia ser usado para arquivos, mas não causa outros danos. Alguns sistemas recomendam o tamanho a ser considerado para o espaço de permuta. O Solaris, por exemplo, sugere a reserva de um espaço de permuta igual ao montante em que a memória virtual excede a memória física paginável. No passado, o Linux sugeria a reserva de um espaço de permuta equivalente ao dobro do tamanho da memória física, embora a maioria dos sistemas Linux agora use um espaço de permuta consideravelmente menor. Na verdade, atualmente há muita discussão na comunidade Linux sobre se é preciso reservar algum espaço de permuta!

Alguns sistemas operacionais – inclusive o Linux – permitem o uso de vários espaços de permuta. Geralmente, esses espaços de permuta são alocados a discos separados para que a carga imposta sobre o sistema de I/O pela paginação e pelo swapping possa ser distribuída pelos dispositivos de I/O do sistema.

11.6.2 Localização do Espaço de Permuta

O espaço de permuta pode residir em um entre dois locais: pode ser obtido no sistema de arquivos normal ou estar em uma partição de disco separada. Se o espaço de permuta é simplesmente um grande arquivo dentro do sistema de arquivos, as rotinas normais do sistema de arquivos podem ser usadas para criá-lo, nomeá-lo e alocar espaço para ele. Essa abordagem, embora fácil de implementar, é ineficiente. A navegação na estrutura de diretório e nas estruturas de dados de alocação de disco é demorada e exige (possivelmente) acessos adicionais ao disco. A fragmentação externa pode aumentar muito os tempos de swapping por exigir várias buscas durante a leitura ou gravação de uma imagem de processo. Podemos melhorar o desempenho armazenando as informações de locação de blocos em cache na memória física e usando ferramentas especiais para alocar blocos fisicamente contíguos para o arquivo de permuta, mas o custo de percorrer as estruturas de dados do sistema de arquivos permanece.

Alternativamente, o espaço de permuta pode ser criado em uma partição **bruta** separada. Nenhuma estrutura do sistema de arquivos ou de diretório é alocada a esse espaço. Em vez disso, um gerenciador separado de armazenamento do espaço de permuta é usado para alocar e desalocar os blocos na partição bruta. Esse gerenciador usa algoritmos otimizados para a velocidade e não para a eficiência de armazenamento, porque o espaço de permuta é acessado com muito mais frequência do que os sistemas de arquivos (quando ele é usado). A fragmentação interna pode aumentar, mas esse custo é aceitável porque a vida dos dados no espaço de permuta geralmente é muito mais curta do que a de arquivos do sistema de arquivos. O espaço de permuta é reinicializado em tempo de inicialização, por isso qualquer fragmentação tem vida curta. A abordagem da partição bruta cria um tamanho fixo para o espaço de permuta durante o particionamento do disco. O aumento do espaço de permuta requer um reparticionamento do disco (que envolve a transferência das outras partições do sistema de arquivos ou sua destruição e restauração a partir de backup) ou a inclusão de mais espaço de permuta em outro local.

Alguns sistemas operacionais são flexíveis e podem fazer o swapping tanto em partições brutas quanto no espaço do sistema de arquivos. O Linux é um exemplo: a política e a implementação são separadas, permitindo que o administrador da máquina decida que tipo de swapping irá usar. A escolha se dá entre a conveniência de alocação e gerenciamento do sistema de arquivos e o desempenho do swapping em partições brutas.

11.6.3 Gerenciamento do Espaço de Permuta: um Exemplo

Podemos ilustrar como o espaço de permuta é usado acompanhando a evolução do swapping e da paginação em vários sistemas UNIX. O kernel tradicional do UNIX começou com uma implementação do swapping que copiava processos inteiros entre regiões contíguas do disco e a memória. Posteriormente, o UNIX evoluiu para uma combinação de swapping e paginação quando o hardware de paginação se tornou disponível.

No Solaris 1 (SunOS), os projetistas alteraram os métodos padrão do UNIX para melhorar a eficiência e refletir desenvolvimentos tecnológicos. Quando um processo é executado, páginas de segmentos de texto contendo código são trazidas do sistema de arquivos, acessadas na memória principal e descartadas se selecionadas para serem expulsas da memória. É mais eficiente reler uma página no sistema de arquivos do que gravá-la no espaço de permuta e então relê-la a partir daí. O espaço de permuta só é usado como memória de retaguarda para páginas de memória *anônima*, que inclui memória alocada para a pilha, o heap e dados não inicializados de um processo.

Mais alterações foram feitas em versões posteriores do Solaris. A maior mudança é que, agora, o Solaris só aloca espaço de permuta quando uma página é expulsa da memória física e não quando a página da memória virtual é criada pela primeira vez.

Esse esquema fornece melhor desempenho em computadores modernos que têm mais memória física do que em sistemas mais antigos e tendem a paginar menos.

O Linux é semelhante ao Solaris no fato de o espaço de permuta só ser usado para memória anônima ou para regiões de memória compartilhadas por vários processos. Ele permite que uma ou mais áreas de permuta sejam estabelecidas. Uma área de permuta pode estar em um arquivo de permuta em um sistema de arquivos regular ou em uma partição de espaço de permuta bruto. Cada área de permuta é composta por uma série de *locais para encaixes de páginas* (pages slots) de 4 KB que são usados para armazenar páginas permutadas. Associado a cada área de permuta, existe um *mapa de permuta* – um array de contadores inteiros, cada um correspondendo a um local para encaixe de páginas na área de permuta. Quando o valor de um contador é 0, o local para encaixe de páginas correspondente está disponível. Valores maiores do que 0 indicam que o local para encaixe de páginas está ocupado por uma página permutada. O valor do contador indica a quantidade de mapeamentos feitos para a página permutada; por exemplo, um valor igual a 3 indica que a página permutada é mapeada para três processos diferentes (o que pode ocorrer se a página permutada estiver armazenando uma região de memória compartilhada por três processos). As estruturas de dados para o swapping em sistemas Linux são mostradas na Figura 11.10.

11.7 Estrutura RAID

Os drives de disco continuam a ficar menores e mais baratos, o que possibilita atualmente que seja economicamente viável anexar muitos discos a um sistema de computação. Ter uma grande quantidade de discos em um sistema oferece oportunidades de melhoria da taxa de leitura ou gravação dos dados, se os discos forem operados em paralelo. Além disso, essa configuração oferece potencial para a melhoria da confiabilidade de armazenamento dos dados porque informações redundantes podem ser armazenadas em vários discos. Assim, uma falha em um disco não leva à perda de dados. Uma modalidade das técnicas de organização de discos, coletivamente chamada de *arrays de discos independentes redundantes (RAIDs – redundant arrays of independent disks)*, é muito usada para resolver problemas de desempenho e confiabilidade.

No passado, RAIDs compostos por discos pequenos e baratos eram vistos como uma alternativa de baixo custo aos discos grandes e caros; atualmente, os RAIDs são usados por sua maior confiabilidade e maior taxa de transferência de dados e não por motivos econômicos. Portanto, a letra *I* em *RAID*, que antes representava "inexpensive" (barato), hoje representa "independente".

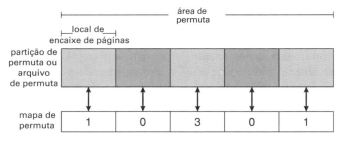

Figura 11.10 As estruturas de dados para o swapping em sistemas Linux.

11.7.1 Melhoria da Confiabilidade por Meio de Redundância

Consideremos, primeiro, a confiabilidade dos RAIDs. A chance de algum disco de um conjunto de N discos falhar é muito maior do que a chance de um único disco específico falhar. Suponha que o *tempo médio de falha* de um único disco seja de 100.000 horas. Então, o tempo médio de falha de algum disco em um array de 100 discos será de 100.000/100 = 1.000 horas ou 41,66 dias, o que não é muito! Se armazenarmos apenas uma cópia dos dados, cada falha no disco resultará na perda de uma quantidade de dados significativa – e uma taxa de perda de dados tão alta é inaceitável.

ESTRUTURANDO O RAID

O armazenamento em RAID pode ser estruturado de várias maneiras. Por exemplo, um sistema pode ter discos diretamente anexados a seus buses. Nesse caso, o sistema operacional ou um software do sistema pode implementar a funcionalidade RAID. Alternativamente, um controlador de host inteligente pode controlar vários discos anexados e implementar em hardware o RAID nesses discos. Para concluir, um *array de armazenamento*, ou *array RAID*, pode ser usado. Um array RAID é uma unidade autônoma com seu próprio controlador, cache (usualmente) e discos. Ele é anexado ao host via um ou mais controladores padrão ATA SCSI ou FC. Essa configuração comum permite que qualquer sistema operacional ou software sem funcionalidade RAID tenha discos protegidos por RAID. Ela é usada até mesmo em sistemas que têm camadas de software de RAID por causa de sua simplicidade e flexibilidade.

A solução para o problema da confiabilidade é introduzir **redundância**; armazenamos informações extras que, normalmente, não são necessárias mas podem ser usadas em caso de falha de um disco para reconstruir as informações perdidas. Assim, mesmo se um disco falhar, os dados não são perdidos.

A abordagem mais simples (porém mais cara) para a introdução de redundância é duplicar cada disco. Essa técnica é chamada de **espelhamento**. No espelhamento, um disco lógico é composto por dois discos físicos e cada gravação é executada nos dois discos. O resultado se chama *volume espelhado*. Se um dos discos do volume falhar, os dados poderão ser lidos no outro. Os dados só serão perdidos se o segundo disco falhar antes de o primeiro disco defeituoso ser substituído.

O tempo médio de falha de um disco espelhado – em que *falha* é a perda de dados – depende de dois fatores. O primeiro é o tempo médio de falha dos discos individuais. O outro é o *tempo médio de reparo*, que é o tempo necessário (em média) à substituição de um disco defeituoso e à restauração de seus dados. Suponha que as falhas nos dois discos sejam **independentes**; isto é, a falha em um disco não tenha relação com a falha no outro. Então, se o tempo médio de falha de um único disco é de 100.000 horas e o tempo médio de reparo é de 10 horas, o *tempo médio de perda de dados* de um sistema de discos espelhados é de $100.000^2/(2 * 10) = 500 * 10^6$ horas, ou 57.000 anos!

Você deve saber que a hipótese de independência em falhas de discos não é válida. Falta de energia e desastres naturais, como terremotos, incêndios e enchentes, podem resultar em danos nos dois discos ao mesmo tempo. Além disso, defeitos de fabricação em um lote de discos podem causar falhas relacionadas. Conforme os discos envelhecem, a probabilidade de ocorrência de falhas se eleva, aumentando a chance de que um segundo disco falhe enquanto o primeiro está sendo reparado. No entanto, apesar de todas essas considerações, sistemas de discos espelhados oferecem muito mais confiabilidade do que sistemas de disco único.

A falta de energia é particularmente preocupante, porque ocorre com muito mais frequência do que desastres naturais. Mesmo com o espelhamento de discos, se gravações estiverem ocorrendo no mesmo bloco nos dois discos e faltar energia antes de os dois blocos serem totalmente gravados, ambos podem ficar em estado inconsistente. Uma solução para esse problema é gravar uma cópia primeiro e depois a outra. Ou então adicionar um cache de **RAM não volátil (NVRAM – nonvolatile RAM)** ao array RAID. Esse cache de gravação reserva é protegido da perda de dados durante a falta de energia, portanto, a gravação pode ser considerada concluída nesse momento, supondo-se que a NVRAM tenha algum tipo de proteção e correção de erros, como o ECC ou o espelhamento.

11.7.2 Melhora no Desempenho por Meio de Paralelismo

Agora consideremos como o acesso paralelo a vários discos melhora o desempenho. No espelhamento de discos, a taxa segundo a qual solicitações de leitura podem ser manipuladas é dobrada, visto que as solicitações de leitura podem ser enviadas para qualquer um dos discos (contanto que os dois discos do par estejam funcionando, como quase sempre ocorre). A taxa de transferência de cada leitura é a mesma de um sistema de disco único, mas a quantidade de leituras por unidade de tempo dobra.

Com vários discos, também (ou alternativamente) podemos melhorar a taxa de transferência distribuindo dados pelos discos. Em sua forma mais simples, a **distribuição de dados** consiste na distribuição dos bits de cada byte por vários discos; essa distribuição é chamada **distribuição no nível dos bits**. Por exemplo, se temos um array de oito discos, gravamos o bit i de cada byte no disco i. O array de oito discos pode ser tratado como um único disco com setores com oito vezes o tamanho normal e, o que é mais importante, com oito vezes a taxa de acesso. Nesse tipo de organização, todos os discos participam de todos os acessos (leitura ou gravação); portanto, a quantidade de acessos que pode ser processada por segundo é aproximadamente igual à de um único disco, mas cada acesso pode ler oito vezes mais dados no mesmo período de tempo de um único disco.

A distribuição no nível dos bits pode ser generalizada para incluir um número de discos múltiplo ou divisor de 8. Por exemplo, se usamos um array de quatro discos, os bits i e $4 + i$ de cada byte vão para o disco i. Além disso, a distribuição não precisa ocorrer no nível dos bits. Na **distribuição no nível de bloco**, por exemplo, os blocos de um arquivo são distribuídos em vários discos; com n discos, o bloco i de um arquivo vai para o disco $(i \bmod n) + 1$. Outros níveis de distribuição, como bytes de um setor ou setores de um bloco, também são possíveis. A distribuição no nível de bloco é a mais comum.

O paralelismo em um sistema de discos, como o obtido por meio da distribuição, tem dois objetivos principais:

1. Aumentar o throughput de vários pequenos acessos (isto é, acessos a páginas) pelo balanceamento da carga.
2. Reduzir o tempo de resposta de grandes acessos.

11.7.3 Níveis de RAID

O espelhamento fornece alta confiabilidade, mas é caro. A distribuição fornece altas taxas de transferência de dados, mas não aumenta a confiabilidade. Muitos esquemas que fornecem redundância a custo baixo com o uso da distribuição em discos combinada com bits de "paridade" (que descrevemos a seguir) têm sido propostos. Esses esquemas têm diferentes relações custo-desempenho e são classificados de acordo com níveis chamados **níveis de RAID**. Descrevemos os diversos níveis aqui, dando ênfase às formas mais comuns; a Figura 11.11 os mostra visualmente (na figura, P indica os bits de correção de erros e C indica uma segunda cópia dos dados). Em todos os casos mostrados na figura, um volume de dados equivalente a quatro discos é armazenado e os discos adicionais são usados para armazenar informações redundantes para a recuperação em caso de falha.

- **RAID nível 0.** O RAID nível 0 refere-se a arrays de discos com distribuição no nível de blocos, mas sem nenhuma redundância (como o espelhamento ou bits de paridade), como mostrado na Figura 11.11(a).
- **RAID nível 1.** O RAID nível 1 refere-se ao espelhamento de discos. A Figura 11.11(b) mostra uma organização espelhada.
- **RAID nível 2.** O RAID nível 2 também é conhecido como **organização do código de correção de erros (ECC) como na memória**. Há muito tempo os sistemas de memória detectam certos erros usando bits de paridade. Cada byte em um sistema de memória pode ter um bit de paridade associado que registra se a quantidade de bits do byte posicionado como 1 é par (paridade = 0) ou ímpar (paridade = 1). Se um dos bits do byte estiver danificado (o 1 se torna 0 ou o 0 se torna 1), a paridade do byte muda e, portanto, não coincidirá com a paridade armazenada. Da mesma forma, se o bit de paridade armazenado estiver danificado, ele não coincidirá com a paridade calculada. Logo, todos os erros de um único bit são detectados pelo sistema de memória.

(a) RAID 0: distribuição sem redundância.

(b) RAID 1: discos espelhados.

(c) RAID 2: códigos de correção de erro como na memória.

(d) RAID 3: paridade por bits intercalados.

(e) RAID 4: paridade por blocos intercalados.

(f) RAID 5: paridade distribuída com blocos intercalados.

(g) RAID 6: redundância P + Q.

Figura 11.11 Níveis de RAID.

Esquemas de correção de erros armazenam dois ou mais bits adicionais e podem reconstruir os dados se um único bit estiver danificado. A ideia do ECC pode ser usada diretamente em arrays de discos por meio da distribuição de bytes nos discos. Por exemplo, o primeiro bit de cada byte pode ser armazenado no disco 1, o segundo bit no disco 2 e assim por diante até o oitavo bit ser armazenado no disco 8; os bits de correção de erros são armazenados em discos adicionais. Esse esquema é mostrado visualmente na Figura 11.11(c), em que os discos rotulados como P armazenam os bits de correção de erros. Se um dos discos falhar, os bits restantes do byte e os bits de correção de erros associados poderão ser lidos a partir de outros discos e usados na reconstrução dos dados danificados. Observe que o RAID nível 2 só requer o overhead de três discos para quatro discos de dados, diferente do RAID nível 1 que requer quatro discos adicionais.

- **RAID nível 3.** O RAID nível 3, ou **organização de paridade por bits intercalados**, aprimora o nível 2 levando em consideração o fato de que, diferente dos sistemas de memória, os controladores de disco podem detectar se um setor foi lido corretamente e, portanto, um único bit de paridade pode ser usado na correção de erros e na detecção. A ideia é a seguinte:

se um dos setores estiver danificado, saberemos exatamente qual é o setor e poderemos descobrir se algum bit do setor é 1 ou 0 calculando a paridade dos bits correspondentes de setores dos outros discos. Se a paridade dos outros bits for igual à paridade armazenada, o bit que falta será 0; caso contrário, será 1. O RAID nível 3 é tão bom quanto o nível 2, mas como requer uma quantidade menor de discos adicionais, é mais barato (ele só tem um disco adicional), portanto, o nível 2 não é usado na prática. Esse esquema é mostrado visualmente na Figura 11.11(d).

O RAID nível 3 apresenta duas vantagens sobre o nível 1. Em primeiro lugar, o overhead no armazenamento é reduzido porque só um disco de paridade é necessário para vários discos comuns, enquanto um disco espelhado é necessário para cada disco no nível 1. Em segundo lugar, já que as leituras e gravações de um byte são espalhadas por vários discos em que os dados estão distribuídos de N maneiras, a taxa de transferência para a leitura ou gravação de um único bloco é N vezes mais rápida do que no RAID nível 1. O lado negativo é que o RAID nível 3 dá suporte a poucas operações de I/O por segundo, já que todos os discos têm de participar de cada solicitação de I/O.

Outro problema de desempenho do RAID 3 – e de todos os níveis de RAID com base em paridade – é o custo do cálculo e gravação da paridade. Esse overhead resulta em gravações significativamente mais lentas do que nos arrays RAID sem paridade. Para reduzir essa perda no desempenho, muitos arrays de armazenamento RAID incluem um controlador de hardware com hardware de paridade dedicado. Esse controlador descarrega o cálculo da paridade da CPU para o array. O array também tem um cache NVRAM, para armazenar os blocos enquanto a paridade é calculada e para armazenar em buffer as gravações que o controlador faz nos eixos (spindles). Essa combinação pode tornar o RAID com paridade quase tão rápido quanto o sem paridade. Na verdade, um array com cache fazendo RAID de paridade pode superar um RAID sem cache e sem paridade.

- **RAID nível 4.** O RAID nível 4, ou *organização de paridade por blocos intercalados*, usa a distribuição no nível de bloco, como o RAID 0 e, além disso, mantém um bloco de paridade em um disco separado para blocos correspondentes dos N outros discos. Esse esquema está diagramado na Figura 11.11(e). Se um dos discos falhar, o bloco de paridade poderá ser usado com os blocos correspondentes dos outros discos para restaurar os blocos do disco defeituoso.

O WAFL (Capítulo 10) usa o RAID nível 4 porque esse nível de RAID permite que discos sejam adicionados a um array RAID sem interrupção. Se os discos adicionados forem inicializados com blocos contendo somente zeros, o valor da paridade não mudará e o array RAID continuará correto.

- **RAID nível 5.** O RAID nível 5, ou *paridade distribuída com blocos intercalados*, difere do nível 4 por espalhar dados e paridade entre todos os $N + 1$ discos, em vez de armazenar dados em N discos e a paridade em um disco. Para cada bloco, um dos discos armazena a paridade e os outros armazenam dados. Por exemplo, com um array de cinco discos, a paridade do n-ésimo bloco é armazenada no disco (n mod 5)+1; os n-ésimos blocos dos outros quatro discos armazenam os dados reais desse bloco. Essa configuração é mostrada na Figura 11.11(f), onde os Ps são distribuídos por todos os discos. Um bloco de paridade não pode armazenar a paridade de blocos do mesmo disco porque uma falha no disco resultaria em perda dos dados e da paridade e, portanto, a perda não seria recuperável. Ao espalhar a paridade por todos os discos do conjunto, o RAID 5 evita o potencial uso excessivo de um único disco de paridade, que pode ocorrer no RAID 4. O RAID 5 é o sistema RAID de paridade mais comum.

- **RAID nível 6.** O RAID nível 6, também chamado *esquema de redundância P + Q*, é muito semelhante ao RAID nível 5, mas armazena informações redundantes adicionais para a proteção contra falhas em vários discos. Em vez de paridade, códigos de correção de erros como os *códigos Reed-Solomon* são usados. No esquema mostrado na Figura 11.11(g), 2 bits de dados redundantes são armazenados para cada 4 bits de dados – em vez de 1 bit de paridade como no nível 5 – e o sistema pode tolerar falhas em dois discos.

- **RAID níveis 0 + 1 e 1 + 0.** O RAID nível 0 + 1 é uma combinação dos níveis de RAID 0 e 1. O RAID 0 fornece o desempenho, enquanto o RAID 1 fornece a confiabilidade. Geralmente, esse nível fornece melhor desempenho do que o RAID 5. É comum em ambientes onde tanto o desempenho quanto a confiabilidade são importantes. Infelizmente, como o RAID 1, ele dobra a quantidade de discos necessários para o armazenamento, portanto, também é relativamente caro. No RAID 0 + 1, um conjunto de discos é distribuído e a distribuição é espelhada em outra distribuição equivalente.

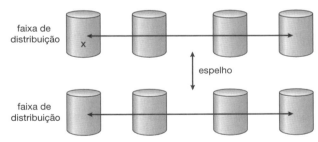

a) RAID 0 + 1 com falha em um único disco.

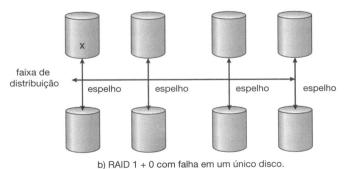

b) RAID 1 + 0 com falha em um único disco.

Figura 11.12 RAID 0 + 1 e 1 + 0.

Outra opção de RAID que está se tornando disponível comercialmente é o RAID nível 1 + 0 em que os discos são espelhados em pares e, então, os pares espelhados resultantes são distribuídos. Esse esquema apresenta algumas vantagens teóricas sobre o RAID 0 + 1. Por exemplo, se um disco falhar no RAID 0 + 1, uma distribuição inteira ficará inacessível, deixando apenas a outra distribuição disponível. Quando ocorre uma falha no RAID 1 + 0, apenas um disco fica indisponível, mas o disco que o espelha continua disponível, assim como todos os outros discos (Figura 11.12).

Diversas variações têm sido propostas para os esquemas básicos de RAID descritos aqui. Como resultado, pode haver alguma confusão sobre as definições exatas dos diferentes níveis de RAID.

A implementação do RAID é outra área que apresenta variações. Considere as camadas a seguir em que o RAID pode ser implementado.

- Um software de gerenciamento de volumes pode implementar o RAID dentro do kernel ou na camada de software do sistema. Nesse caso, o hardware de armazenamento pode fornecer um mínimo de recursos e ainda fazer parte de uma solução RAID completa. O RAID com paridade é bem lento quando implementado em software e, portanto, normalmente o RAID 0, 1 ou 0 + 1 é usado.
- O RAID pode ser implementado no hardware do adaptador de bus do host (HBA – *host bus-adapter*). Só os discos conectados diretamente ao HBA podem fazer parte de um determinado conjunto RAID. Essa solução tem baixo custo, mas não é muito flexível.
- O RAID pode ser implementado no hardware do array de armazenamento. O array de armazenamento pode criar conjuntos RAID de vários níveis e até mesmo dividir esses conjuntos em volumes menores que são então apresentados ao sistema operacional. O sistema operacional só tem de implementar o sistema de arquivos em cada um dos volumes. Os arrays podem ter várias conexões disponíveis ou fazer parte de uma SAN, permitindo que vários hosts se beneficiem dos recursos do array.
- O RAID pode ser implementado na camada de interconexão da SAN por dispositivos de virtualização de disco. Nesse caso, um dispositivo fica entre os hosts e o armazenamento. Ele aceita comandos dos servidores e gerencia o acesso ao armazenamento. Também pode fornecer espelhamento, por exemplo, gravando cada bloco em dois dispositivos de armazenamento separados.

Outros recursos, como instantâneos e replicação, também podem ser implementados em cada um desses níveis. A **replicação** envolve a duplicação automática de gravações entre sítios separados para fornecimento de redundância e recuperação em caso de desastres. A replicação pode ser síncrona ou assíncrona. Na replicação síncrona, cada bloco deve ser gravado local e remotamente antes de a gravação ser considerada concluída, enquanto na replicação assíncrona, as gravações são agrupadas e gravadas periodicamente. A replicação assíncrona pode resultar em perda de dados se o sítio de origem falhar, mas é mais rápida e não tem limitações de distância.

A implementação desses recursos difere dependendo da camada em que o RAID for implementado. Por exemplo, se o RAID for implementado em software, cada host pode ter de executar e gerenciar sua própria replicação. Se a replicação for implementada no array de armazenamento ou na interconexão da SAN, no entanto, independente do sistema operacional do host ou de seus recursos, os dados do host podem ser replicados.

Outro aspecto da maioria das implementações RAID é a existência de um ou mais discos avulsos automáticos. Um ***disco avulso automático*** não é usado para dados e, sim, configurado para ser usado como substituto em caso de falha do disco. Por exemplo, um disco avulso automático pode ser usado na reconstrução de um par espelhado quando um dos discos do par falha. Dessa forma, o nível de RAID pode ser restabelecido automaticamente, sem ser preciso esperar o disco defeituoso ser substituído. A alocação de mais de um disco avulso automático permite que mais de uma falha seja reparada sem intervenção humana.

11.7.4 Problemas do RAID

Infelizmente, nem sempre o RAID assegura a disponibilidade dos dados para o sistema operacional e seus usuários. Um ponteiro para um arquivo pode estar errado, por exemplo, ou ponteiros dentro da estrutura do arquivo podem estar incorretos. Gravações incompletas, quando não apropriadamente recuperadas, podem resultar em dados corrompidos. Algum outro processo também pode gravar acidentalmente sobre as estruturas de um sistema de arquivos. O RAID protege contra erros na mídia física, mas não contra outros erros de hardware e software. Da mesma forma que há muitos bugs de hardware e software, também são numerosos os perigos a que os dados de um sistema estão sujeitos.

O sistema de arquivos ZFS do Solaris adota uma abordagem inovadora para resolver esses problemas usando ***somas de veri-***

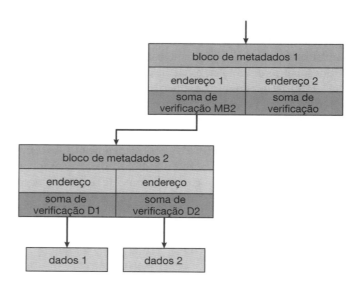

Figura 11.13 Somas de verificação de todos os metadados no ZFS.

ficação – uma técnica usada na verificação da integridade dos dados. O ZFS mantém somas de verificação internas de todos os blocos, incluindo dados e metadados. Essas somas de verificação não são mantidas com o bloco que está sendo examinado. Em vez disso, elas são armazenadas com o ponteiro para esse bloco. (Consulte a Figura 11.13.) Considere um inode com ponteiros para seus dados. Dentro do inode se encontra a soma de verificação de cada bloco de dados. Se houver um problema com os dados, a soma de verificação estará incorreta e o sistema de arquivos saberá disso. Se os dados estiverem espelhados e houver um bloco com uma soma de verificação correta e um com uma soma de verificação incorreta, o ZFS atualizará automaticamente o bloco danificado com o correto. Da mesma forma, a entrada do diretório que aponta para o inode tem uma soma de verificação para o inode. Qualquer problema no inode é detectado quando o diretório é acessado. Essa execução de somas de verificação ocorre em todas as estruturas do ZFS, fornecendo um nível muito mais alto de consistência e de detecção e correção de erros do que o encontrado nos conjuntos de discos RAID ou sistemas de arquivos padrão. O overhead adicional que é gerado pelo cálculo da soma de verificação e pelos ciclos adicionais de leitura-modificação-gravação de blocos não é perceptível porque o desempenho geral do ZFS é muito rápido.

Outro problema da maioria das implementações RAID é a falta de flexibilidade. Considere um array de armazenamento com vinte discos divididos em quatro conjuntos de cinco discos. Cada conjunto de cinco discos é um array RAID nível 5. Como resultado, há quatro volumes separados, cada um contendo um sistema de arquivos. Mas e se um sistema de arquivos for grande demais para caber em um array RAID nível 5 com cinco discos? E se outro sistema de arquivos precisar de bem menos espaço? Se esses fatores forem conhecidos antecipadamente, os discos e os volumes poderão ser alocados apropriadamente. Com frequência, no entanto, o uso e os requisitos de disco mudam com o tempo.

Mesmo se o array de armazenamento permitir que o grupo inteiro de vinte discos seja criado como um grande conjunto RAID, outros problemas poderiam surgir. Vários volumes de tamanhos distintos poderiam ser construídos no conjunto. Mas alguns gerenciadores de volume não nos permitem alterar o tamanho de um volume. Nesse caso, teríamos o mesmo problema descrito acima – sistemas de arquivos de tamanhos inapropriados. Alguns gerenciadores de volume permitem alterações no tamanho, mas certos sistemas de arquivos não podem aumentar ou diminuir. Os volumes poderiam mudar de tamanho, mas os sistemas de arquivos teriam de ser recriados para se beneficiar dessas alterações.

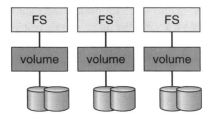

(a) Volumes e sistemas de arquivos tradicionais.

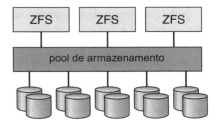

(b) O ZFS e o armazenamento em pool.

Figura 11.14 (a) Volumes e sistemas de arquivos tradicionais. (b) Um pool e sistemas de arquivos ZFS.

O ZFS combina o gerenciamento de sistemas de arquivos e o gerenciamento de volumes em uma unidade, fornecendo maior flexibilidade do que a obtida com a tradicional separação dessas funções. Discos, ou partições de discos, são reunidos via conjuntos RAID em **pools** de armazenamento. Um pool pode conter um ou mais sistemas de arquivos ZFS. O espaço livre do pool inteiro fica disponível para todos os sistemas de arquivos desse pool. O ZFS usa o modelo de memória "malloc" e "free" para alocar e liberar espaço de armazenamento para cada sistema de arquivos conforme os blocos são usados e liberados dentro do sistema de arquivos. Como resultado, não há limites artificiais para o uso do espaço de armazenamento e não há a necessidade de relocar sistemas de arquivos entre volumes ou redimensionar volumes. O ZFS fornece cotas para a limitação do tamanho de um sistema de arquivos e reservas para assegurar que um sistema de arquivos possa aumentar de acordo com um tamanho especificado, mas essas variáveis podem ser alteradas pelo proprietário do sistema de arquivos a qualquer momento. A Figura 11.14(a) mostra volumes e sistemas de arquivos tradicionais e a Figura 11.14(b) mostra o modelo do ZFS.

11.8 Resumo

Os drives de disco são os principais dispositivos de I/O de armazenamento de massa na maioria dos computadores. Grande parte dos dispositivos de armazenamento de massa é composta por discos magnéticos ou fitas magnéticas. Os drives de disco modernos são estruturados como grandes arrays unidimensionais de blocos de disco lógicos. Geralmente, esses blocos lógicos têm 512 bytes de tamanho. Os discos podem ser anexados a um sistema de computação de duas maneiras: (1) por meio das portas de I/O locais no computador host ou (2) por meio de uma conexão de rede.

As solicitações de I/O de disco são geradas pelo sistema de arquivos e pelo sistema de memória virtual. Cada solicitação especifica o endereço a ser referenciado no disco, na forma de um número de bloco lógico. Os algoritmos de scheduling de disco podem melhorar a largura de banda efetiva, o tempo de resposta médio e a variação no tempo de resposta. Algoritmos como o SSTF, SCAN, C-SCAN, LOOK e C-LOOK foram projetados para implementar essas melhorias usando estratégias de ordenação de filas de disco.

O desempenho pode ser prejudicado pela fragmentação externa. Alguns sistemas têm utilitários que percorrem o sistema de arquivos para identificar arquivos fragmentados; em seguida, eles mudam blocos de lugar para diminuir a fragmentação. A desfragmentação de um sistema de arquivos muito fragmentado pode melhorar significativamente o desempenho, mas o sistema pode ter um desempenho pior durante a desfragmentação. Sistemas de arquivos sofisticados, como o Fast File System do UNIX, incorporam muitas estratégias para o controle da fragmentação durante a alocação de espaço, de modo que a reorganização do disco não seja necessária.

O sistema operacional gerencia os blocos do disco. Primeiro, o disco deve ser formatado em baixo nível para a criação dos setores no hardware bruto – geralmente, discos novos vêm pré-formatados. Em seguida, o disco é particionado, sistemas de arquivos são criados e blocos de inicialização são alocados para armazenar o programa de bootstrap do sistema. Para concluir, no caso de um bloco ficar corrompido, o sistema deve ter uma maneira de trancá-lo (submetê-lo a um lock) ou de substituí-lo logicamente por um avulso.

Um espaço de permuta eficiente é essencial a um bom desempenho, por isso, geralmente os sistemas ignoram o sistema de arquivos e usam o acesso ao disco bruto na paginação de I/O. Alguns sistemas dedicam uma partição de disco bruta ao espaço de permuta e outros usam um arquivo dentro do sistema de arquivos. Outros sistemas permitem que o usuário ou o administrador do sistema tomem a decisão fornecendo as duas opções.

Devido ao tamanho do espaço de armazenamento em sistemas grandes, a redundância dos discos é, com frequência, realizada por meio de algoritmos RAID. Esses algoritmos permitem que mais de um disco seja usado em uma determinada operação, permitem a continuação da operação e, até mesmo, a recuperação automática em caso de uma falha no disco. Os algoritmos RAID são organizados em diferentes níveis; cada nível fornece alguma combinação de confiabilidade e altas taxas de transferência.

O esquema de log de gravação antecipada requer a disponibilidade de espaço de armazenamento estável. Para implementar esse tipo de armazenamento, temos de replicar as informações necessárias em vários dispositivos de armazenamento não voláteis (geralmente discos) com modalidades de falha independentes. Também temos de atualizar as informações de maneira controlada para assegurar a recuperação de dados estáveis após alguma falha durante a transferência ou recuperação dos dados.

O espaço de armazenamento terciário é construído a partir de drives de disco e fita que usam mídia removível. Muitas tecnologias diferentes estão disponíveis, incluindo fita magnética, discos removíveis magnéticos e ótico-magnéticos e discos óticos.

Para os discos removíveis, geralmente o sistema operacional fornece os serviços completos de uma interface de sistema de arquivos, inclusive gerenciamento de espaço e scheduling de fila de solicitações. Em muitos sistemas operacionais, o nome de um arquivo em um cartucho removível é uma combinação de um nome de drive e de um nome de arquivo dentro desse drive. Essa convenção é mais simples, porém potencialmente mais confusa do que o uso de um nome que identifique um cartucho específico.

Para fitas, o sistema operacional costuma fornecer apenas uma interface bruta. Muitos sistemas operacionais não têm suporte interno para jukeboxes. O suporte a jukeboxes pode ser fornecido por um driver de dispositivo ou por uma aplicação privilegiada projetada para backups ou para HSM.

Três aspectos importantes de desempenho são a largura de banda, a latência e a confiabilidade. Muitas larguras de banda estão disponíveis tanto para discos quanto para fitas, mas a latência do acesso aleatório para uma fita geralmente é muito maior do que para um disco. A troca de cartuchos em uma jukebox também é relativamente lenta. Como uma jukebox tem uma proporção baixa de drives e cartuchos, a leitura de uma grande fração dos dados pode demorar muito. A mídia ótica que protege a camada sensível com um revestimento transparente, costuma ser mais robusta do que a mídia magnética que está mais propensa a expor o material magnético a danos físicos. Para concluir, o custo de armazenamento tem diminuído muito nas últimas duas décadas, principalmente para o armazenamento em disco.

Exercícios Práticos

11.1 Os scheduling de disco, exceto o scheduling FCFS, são úteis em um ambiente monousuário? Explique sua resposta.

11.2 Explique por que o scheduling SSTF tende a favorecer cilindros do meio sobre os cilindros mais internos e externos.

11.3 Por que a latência rotacional não é usualmente considerada no scheduling de disco? Como você modificaria os algoritmos SSTF, SCAN e C-SCAN para incluir a otimização da latência?

11.4 Como o uso de um disco RAM afetaria sua seleção de um algoritmo de scheduling de disco? Que fatores você teria de considerar? As mesmas considerações se aplicam ao scheduling de disco rígido, dado que o sistema de arquivos armazena blocos usados recentemente em um cache de buffer na memória principal?

11.5 Por que é importante balancear o I/O do sistema de arquivos entre os discos e os controladores de um sistema em um ambiente multitarefa?

11.6 Quais são as vantagens e desvantagens envolvidas na releitura de páginas de código no sistema de arquivos *versus* o uso de espaço de permuta para armazená-las?

11.7 Há alguma maneira de implementar um espaço de armazenamento realmente estável? Explique sua resposta.

11.8 O termo "Fast Wide SCSI-II" representa um bus SCSI que opera a uma taxa de dados de 20 megabytes por segundo quando transfere um pacote de bytes entre o host e um dispositivo. Suponha que um drive de disco Fast Wide SCSI-II gire a 7.200 RPM, tenha um tamanho de setor de 512 bytes e mantenha 160 setores por trilha.

   a. Estime a taxa de transferência sustentada desse drive em megabytes por segundo.

   b. Suponha que o drive tenha 7.000 cilindros, 20 trilhas por cilindro, um tempo de troca do cabeçote (de um prato para outro) de 0,5 milissegundo e um tempo de busca em cilindro adjacente de 2 milissegundos. Use essas informações adicionais para fornecer uma estimativa precisa da taxa de transferência sustentada de uma grande transferência.

   c. Suponha que o tempo médio de busca do drive seja de 8 milissegundos. Estime as operações de I/O por segundo e a taxa de transferência efetiva de uma carga de trabalho de acesso aleatório que leia setores individuais espalhados pelo disco.

   d. Calcule o número de operações de I/O de acesso aleatório por segundo e a taxa de transferência para volumes de I/O de 4 quilobytes, 8 quilobytes e 64 quilobytes.

   e. Se várias solicitações estiverem na fila, um algoritmo de scheduling como o SCAN deve poder reduzir a distância média de busca. Suponha que uma carga de trabalho de acesso aleatório esteja lendo páginas de 8 quilobytes, o tamanho médio da fila seja igual a 10 e o algoritmo de scheduling reduza o tempo médio de busca para 3 milissegundos. Agora, calcule as operações de I/O por segundo e a taxa de transferência efetiva do drive.

11.9 Mais de um drive de disco podem ser anexados a um bus SCSI. Especificamente, um bus Fast Wide SCSI-II (consulte o Exercício 11.8) pode ser conectado a no máximo 15 drives de disco. Lembre-se de que esse bus tem uma largura de banda de 20 megabytes por segundo. A qualquer momento, apenas um pacote pode ser transferido no bus entre o cache interno de algum disco e o host. No entanto, um disco pode estar movendo seu braço enquanto algum outro disco está transferindo um pacote no bus. Além disso, um disco pode estar transferindo dados entre seus pratos magnéticos e seu cache interno enquanto outro disco transfere um pacote no bus. Considerando as taxas de transferência que você calculou para as diversas cargas de trabalho do Exercício 11.8, discuta quantos discos podem ser usados efetivamente por um bus Fast Wide SCSI-II.

11.10 O remapeamento de blocos danificados por meio da reserva ou do deslocamento de setores pode afetar o desempenho. Suponha que o drive do Exercício 11.8 tenha um total de 100 setores danificados em locações aleatórias e que cada setor danificado seja mapeado para um setor reserva localizado em uma trilha diferente dentro do mesmo cilindro. Estime o número de operações de I/O por segundo e a taxa de transferência efetiva para uma carga de trabalho de acesso aleatório composta por leituras de 8 quilobytes, supondo um tamanho de fila igual a 1 (isto é, a escolha do algoritmo de scheduling não conta). Qual é o efeito de um setor danificado sobre o desempenho?

11.11 Em uma jukebox de discos, qual seria o efeito de haver arquivos abertos em quantidade maior do que o número de drives da jukebox?

11.12 Se os discos magnéticos rígidos passarem a ter o mesmo custo por gigabyte que as fitas, essas ficarão obsoletas ou ainda serão necessárias? Explique sua resposta.

11.13 Às vezes, ouvimos dizer que a fita é uma mídia de acesso sequencial, enquanto o disco magnético é uma mídia de acesso aleatório. Na verdade, a adequação de um dispositivo de armazenamento para o acesso aleatório depende do tamanho da transferência. O termo *taxa de transferência de escoamento* representa a taxa de uma transferência de dados que está em curso, excluindo-se o efeito da latência de acesso. Por outro lado, a *taxa de transferência efetiva* é a taxa do total de bytes pelo total de segundos, incluindo qualquer tempo de overhead como a latência de acesso.

Suponha que, em um computador, o cache de nível 2 tenha uma latência de acesso de 8 nanossegundos e uma taxa de transferência de escoamento de 800 megabytes por segundo; a memória principal tenha uma latência de acesso de 60 nanossegundos e uma taxa de transferência de escoamento de 80 megabytes por segundo; o disco magnético tenha uma latência de acesso de 15 milissegundos e uma taxa de transferência de escoamento de 5 megabytes por segundo; e um drive de fita tenha uma latência de acesso de 60 segundos e uma taxa de transferência de escoamento de 2 megabytes por segundo.

   a. O acesso aleatório faz com que a taxa de transferência efetiva de um dispositivo diminua porque nenhum dado é transferido durante o tempo de acesso. Para o disco descrito, qual é a taxa de transferência efetiva se um acesso médio for seguido por uma transferência de escoamento de (1) 512 bytes, (2) 8 quilobytes, (3) 1 megabyte e (4) 16 megabytes?

   b. O nível de utilização de um dispositivo é representado pela razão entre a taxa de transferência efetiva e a taxa de transferência de escoamento. Calcule o nível de utilização do drive de disco para cada um dos quatro volumes de transferência fornecidos no item a.

   c. Suponha que um nível de utilização de 25% (ou maior) seja considerado aceitável. Usando os números de desempenho fornecidos, calcule o menor volume de transferência de disco que oferece um nível de utilização aceitável.

   d. Complete a frase a seguir: Um disco é um dispositivo de acesso aleatório para transferências com mais de _____ bytes e é um dispositivo de acesso sequencial para transferências menores.

   e. Calcule os volumes de transferência mínimos que fornecem um nível de utilização aceitável de cache, memória e fita.

f. Em que situação uma fita é um dispositivo de acesso aleatório e em que situação ela é um dispositivo de acesso sequencial?

11.14 Suponha que concordamos que 1 quilobyte tem 1.024 bytes, 1 megabyte tem 1.024^2 bytes e 1 gigabyte tem 1.024^3 bytes. Essa progressão continua pelos terabytes, petabytes e exabytes (1.024^6). Vários projetos científicos propostos planejam gravar e armazenar alguns exabytes de dados durante a próxima década. Para responder às perguntas a seguir, você terá de fazer algumas suposições; declare as suposições feitas.

a. Quantos drives de disco seriam necessários para o armazenamento de 4 exabytes de dados?

b. Quantas fitas magnéticas seriam necessárias para o armazenamento de 4 exabytes de dados?

c. Quantas fitas óticas seriam necessárias para o armazenamento de 4 exabytes de dados (consulte o Exercício 11.35)?

d. Quantos cartuchos de armazenamento holográfico seriam necessários para o armazenamento de 4 exabytes de dados (consulte o Exercício 11.34)?

e. Quantos pés cúbicos de espaço de armazenamento cada opção requereria?

Exercícios

11.15 Nenhum dos algoritmos de scheduling de disco, exceto o FCFS, é realmente *justo* (inanição pode ocorrer inanição).

a. Explique por que essa afirmação é verdadeira.

b. Descreva um modo de modificar algoritmos como o SCAN para assegurar a equidade.

c. Explique por que a equidade é um objetivo importante em um sistema de compartilhamento de tempo.

d. Dê três ou mais exemplos de circunstâncias em que é importante que o sistema operacional seja *injusto* ao atender solicitações de I/O.

11.16 Suponha que um drive de disco tenha 5.000 cilindros, numerados de 0 a 4999. Atualmente, o drive está atendendo uma solicitação ao cilindro 143 e a solicitação anterior foi atendida no cilindro 125. A fila de solicitações pendentes, na ordem FIFO, é:

86, 1470, 913, 1774, 948, 1509, 1022, 1750, 130

A partir da posição corrente do cabeçote, qual é a distância total (em cilindros) que o braço do disco tem de percorrer para atender a todas as solicitações pendentes para cada um dos algoritmos de scheduling de disco a seguir?

a. FCFS
b. SSTF
c. SCAN
d. LOOK
e. C-SCAN
f. C-LOOK

11.17 A física elementar diz que, quando um objeto é submetido a uma aceleração constante a, o relacionamento entre a distância d e o tempo t é dado por $d = \frac{1}{2}at^2$. Suponha que, durante uma busca, o disco do Exercício 11.16 acelere o braço a uma velocidade constante na primeira metade da busca e, depois, desacelere o braço à mesma velocidade na segunda metade da busca. Presuma que o disco possa executar uma busca em um cilindro adjacente em 1 milissegundo e uma busca completa em todos os 5.000 cilindros em 18 milissegundos.

a. A distância de uma busca é igual ao número de cilindros que o cabeçote tem de percorrer. Explique por que o tempo de busca é proporcional à raiz quadrada da distância de busca.

b. Escreva uma equação para o tempo de busca em função da distância de busca. Essa equação deve ter a forma $t = x + y\sqrt{L}$ em que t é o tempo em milissegundos e L é a distância da busca em cilindros.

c. Calcule o tempo total de busca para cada um dos schedules do Exercício 11.16. Determine qual é o schedule mais rápido (tem o menor tempo total de busca).

d. A *aceleração percentual* é o tempo economizado dividido pelo tempo original. Qual é a aceleração percentual do schedule mais rápido em relação ao FCFS?

11.18 Suponha que o disco do Exercício 11.17 gire a 7.200 RPM.

a. Qual é a latência rotacional média desse drive de disco?

b. Que distância de busca pode ser percorrida no tempo que você encontrou para a parte a?

11.19 A busca acelerada descrita no Exercício 11.17 é típica de drives de disco rígido. Por outro lado, os disquetes (e muitos discos rígidos fabricados antes da metade da década de 1980) fazem, em geral, buscas a uma velocidade fixa. Suponha que o disco do Exercício 11.17 faça buscas de velocidade constante, em vez de buscas de aceleração constante, de modo que o tempo de busca tenha a forma $t = x + yL$, sendo t o tempo em milissegundos e L a distância de busca. Suponha também que o tempo de busca em um cilindro adjacente seja de 1 milissegundo, como antes, e o tempo de busca em cada cilindro adicional seja de 0,5 milissegundo.

a. Escreva uma equação para esse tempo de busca em função da distância de busca.

b. Usando essa função de tempo de busca, calcule o tempo total de busca para cada um dos schedules do Exercício 11.16. Sua resposta está igual à do Exercício 11.17(c)?

c. Qual é a aceleração percentual do schedule mais rápido em relação ao FCFS nesse caso?

11.20 Escreva um programa que simule os algoritmos de scheduling de disco discutidos na Seção 11.4.

11.21 Compare o desempenho dos algoritmos de scheduling C-SCAN e SCAN, supondo uma distribuição de solicitações uniforme. Considere o tempo médio de resposta (o tempo entre a chegada de uma solicitação e a conclusão do atendimento dessa solicitação), a variação no tempo de resposta e a largura de banda efetiva. De que forma o desempenho depende dos valores relativos do tempo de busca e da latência rotacional?

11.22 Geralmente, as solicitações não são distribuídas uniformemente. Por exemplo, podemos esperar que um cilindro contendo a FAT ou inodes do sistema de arquivos seja acessado com mais frequência do que um cilindro contendo apenas arquivos. Suponha que você saiba que 50 por cento das solicitações são para uma pequena quantidade fixa de cilindros.

   a. Algum dos algoritmos de scheduling discutidos neste capítulo seria particularmente bom para esse caso? Explique sua resposta.

   b. Proponha um algoritmo de scheduling de disco que forneça um desempenho ainda melhor beneficiando-se dessa "área ativa" no disco.

   c. Normalmente, os sistemas de arquivos encontram blocos de dados por meio de uma tabela de endereçamento indireto, como a FAT no DOS ou os inodes no UNIX. Descreva uma ou mais maneiras de aproveitar esse endereçamento indireto para melhorar o desempenho do disco.

11.23 Uma organização de tipo RAID nível 1 poderia obter um desempenho melhor para solicitações de leitura do que uma organização RAID nível 0 (com distribuição de dados sem redundância)? Em caso afirmativo, como?

11.24 Considere uma organização de tipo RAID nível 5 composta por cinco discos, com a paridade para conjuntos de quatro blocos de quatro discos armazenada no quinto disco. Quantos blocos são acessados para a execução das operações a seguir?

   a. A gravação de um bloco de dados.

   b. A gravação de sete blocos de dados contínuos.

11.25 Compare o throughput obtido por uma organização RAID nível 5 com o obtido por uma organização RAID nível 1 para as tarefas a seguir:

   a. Operações de leitura em blocos únicos.

   b. Operações de leitura em vários blocos contíguos.

11.26 Compare o desempenho das operações de gravação obtido por uma organização RAID nível 5 com o obtido por uma organização RAID nível 1.

11.27 Suponha que você tenha uma configuração mista composta por discos organizados como RAID nível 1 e RAID nível 5. Suponha também que o sistema tenha flexibilidade para decidir que organização de discos usar no armazenamento de um arquivo específico. Que arquivos devem ser armazenados nos discos RAID nível 1 e nos discos RAID nível 5 visando à otimização do desempenho?

11.28 Normalmente, a confiabilidade de um drive de disco rígido é descrita em termos de um valor chamado *tempo médio entre falhas* (MTBF – *mean time between failures*). Embora esse valor seja chamado de "tempo", na verdade o MTBF é medido em horas de drive por falha.

   a. Se um sistema contém 1.000 drives de disco, cada um com um MTBF de 750.000 horas, qual das opções a seguir descreve melhor com que frequência uma falha de drive ocorrerá nesse farm de discos: uma vez a cada mil anos, uma vez a cada século, uma vez a cada década, uma vez por ano, uma vez por mês, uma vez por semana, uma vez por dia, uma vez por hora, uma vez por minuto ou uma vez por segundo?

   b. Estatísticas de mortalidade indicam que, em média, um cidadão dos Estados Unidos tem cerca de 1 chance em 1.000 de morrer entre 20 e 21 anos. Deduza o MTBF em horas das pessoas de 20 anos. Converta esse número de horas para anos. O que esse MTBF informa sobre o tempo de vida esperado de uma pessoa de 20 anos?

   c. O fabricante garante um MTBF de 1 milhão de horas para um determinado modelo de drive de disco. Durante quantos anos você pode concluir que esse drive estará sob garantia?

11.29 Discuta as vantagens e desvantagens relativas da reserva de setores e do deslocamento de setores.

11.30 Discuta as razões para o sistema operacional requerer informações precisas sobre como os blocos estão armazenados em um disco. Como ele poderia melhorar o desempenho do sistema de arquivos com essas informações?

11.31 Geralmente, o sistema operacional trata discos removíveis como sistemas de arquivos compartilhados, mas atribui um drive de fita a apenas uma aplicação de cada vez. Cite três razões que poderiam explicar essa diferença no tratamento de discos e fitas. Descreva os recursos adicionais que um sistema operacional precisaria ter para dar suporte ao acesso de sistemas de arquivos compartilhados a uma jukebox de fitas. As aplicações que estão compartilhando a jukebox de fitas precisam de alguma propriedade especial ou poderiam usar os arquivos como se eles estivessem residindo em disco? Explique sua resposta.

11.32 Quais seriam os efeitos sobre o custo e o desempenho se o armazenamento em fita tivesse a mesma densidade de área do armazenamento em disco? (A *densidade de área* é a quantidade de gigabits por polegada quadrada.)

11.33 Você pode usar estimativas simples para comparar o custo e o desempenho de um sistema de armazenamento de terabytes composto inteiramente por discos com um deles incorporando o armazenamento terciário. Suponha que cada disco magnético armazene 10 GB, custe 1.000 dólares, transfira 5 MB por segundo e tenha uma latência de acesso média de 15 milissegundos. Suponha também que uma biblioteca de fitas custe 10 dólares por gigabyte, transfira 10 MB por segundo e tenha uma latência de acesso média de 20 segundos. Calcule o custo total, a taxa de transferência de dados total máxima e o tempo médio de espera para um sistema só de discos. Se fizer alguma suposição sobre a carga de trabalho, descreva e justifique-a. Agora, suponha que 5% dos dados sejam usados com frequência, logo, devem residir em disco, mas os outros 95% fiquem arquivados na biblioteca de fitas. Suponha ainda que o sistema de discos manipule 95% das solicitações e a biblioteca manipule os outros 5%. Qual é o custo total, a taxa de transferência de dados total máxima e o tempo médio de espera desse sistema de armazenamento hierárquico?

11.34 Suponha que um drive de armazenamento holográfico tenha sido inventado. O drive custa 10.000 dólares e seu tempo médio de acesso é de 40 milissegundos. Ele usa um cartucho de 100 dólares do tamanho de um CD. Esse cartucho armazena 40.000 imagens e cada imagem é uma figura quadrada em preto e branco com resolução de 6.000 × 6.000 pixels (cada pixel armazena 1 bit). O drive pode ler ou gravar uma imagem em 1 milissegundo. Responda às perguntas a seguir.

a. Quais seriam algumas aplicações interessantes para esse dispositivo?

b. Como esse dispositivo afetaria o desempenho de I/O de um sistema de computação?

c. Que tipos de dispositivos de armazenamento, se houver algum, ficariam obsoletos como resultado da invenção desse dispositivo?

11.35 Suponha que um cartucho de disco ótico de 5,25 polegadas e apenas um lado tenha uma densidade de área de 1 gigabit por polegada quadrada. Suponha também que uma fita magnética tenha uma densidade de área de 20 megabits por polegada quadrada e tenha ½ polegada de largura e 1.800 pés de comprimento. Calcule uma estimativa das capacidades de armazenamento desses dois tipos de mídia de armazenamento. Suponha que exista uma fita ótica com o mesmo tamanho físico da fita magnética, mas a mesma densidade de armazenamento do disco ótico. Que volume de dados a fita ótica poderia armazenar? Qual seria o preço de mercado da fita ótica se a fita magnética custasse 25 dólares?

Notas Bibliográficas

Discussões sobre arrays redundantes de discos independentes (RAIDs) são apresentadas por Patterson et al. [1988] e na pesquisa detalhada de Chen et al. [1994]. Arquiteturas de sistemas de disco para computação de alto desempenho são discutidas por Katz et al. [1989]. Melhorias nos sistemas RAID são discutidas em Wilkes et al. [1996] e Yu et al. [2000]. Teorey e Pinkerton [1972] apresentam uma análise comparativa inicial dos algoritmos de scheduling de disco. Eles usam simulações que modelam um disco no qual o tempo de busca é linear na quantidade de cilindros percorridos. Nesse disco, o algoritmo LOOK é uma boa opção para filas de tamanho abaixo de 140 e o algoritmo C-LOOK é bom para filas de tamanho acima de 100. King [1990] descreve maneiras de melhorar o tempo de busca movendo o braço do disco quando, de outro modo, o disco estaria ocioso. Seltzer et al. [1990] e Jacobson e Wilkes [1991] descrevem algoritmos de scheduling de disco que consideram a latência rotacional além do tempo de busca. Otimizações de scheduling que exploram tempos ociosos do disco são discutidas em Lumb et al. [2000]. Worthington et al. [1994] discutem o desempenho do disco e mostram o impacto insignificante do gerenciamento de defeitos sobre o desempenho. O uso de dados importantes para melhorar os tempos de busca foi considerado por Ruemmler e Wilkes [1991] e Akyurek e Salem [1993]. Ruemmler e Wilkes [1994] descrevem um modelo de desempenho preciso para um drive de disco moderno. Worthington et al. [1995] ensinam como determinar as propriedades de baixo nível dos discos, como a estrutura de zonas, e esse trabalho foi levado adiante por Schindler e Gregory [1999]. Questões sobre o gerenciamento da energia nos discos são discutidas em Douglis et al. [1994], Douglis et al. [1995], Greenawalt [1994] e Golding et al. [1995].

O tamanho do I/O e a aleatoriedade da carga de trabalho têm uma influência considerável sobre o desempenho do disco. Ousterhout et al. [1985] e Ruemmler e Wilkes [1993] relatam numerosas características de carga de trabalho interessantes, inclusive que a maioria dos arquivos é pequena, grande parte dos arquivos recém-criados é excluída logo depois, a maioria dos arquivos que é aberta para leitura é lida sequencialmente em sua totalidade e grande parte das buscas é curta. McKusick et al. [1984] descrevem o Berkeley Fast File System (FFS), que usa muitas técnicas sofisticadas para obter bom desempenho para uma ampla variedade de cargas de trabalho. McVoy e Kleiman [1991] discutem melhorias adicionais no FFS básico. Quinlan [1991] descreve como implementar um sistema de arquivos em armazenamento WORM com um cache de disco magnético; Richards [1990] discute uma abordagem de sistema de arquivos para o armazenamento terciário. Maher et al. [1994] fornecem uma visão geral da integração de sistemas de arquivos distribuídos e o armazenamento terciário.

O conceito de uma hierarquia de armazenamento vem sendo estudado há quarenta anos. Por exemplo, um artigo de 1970 de Mattson et al. [1970] descreve uma abordagem matemática que prevê o desempenho de uma hierarquia de armazenamento. Alt [1993] descreve a acomodação do armazenamento removível em um sistema operacional comercial e Miller e Katz [1993] descrevem as características do acesso ao armazenamento terciário em um ambiente de supercomputadores. Benjamin [1990] fornece uma visão geral dos requisitos de armazenamento de massa para o projeto EOSDIS da NASA. O gerenciamento e o uso de discos conectados à rede e discos programáveis são discutidos em Gibson et al. [1997b], Gibson et al. [1997a], Riedel et al. [1998] e Lee e Thekkath [1996].

A tecnologia de armazenamento holográfico é o assunto de um artigo de Psaltis e Mok [1995]; um conjunto de artigos sobre esse tópico, datado de 1963, foi reunido por Sincerbox [1994]. Asthana e Finkelstein [1995] descrevem várias tecnologias de armazenamento emergentes, inclusive o armazenamento holográfico, a fita ótica e a captura de elétrons. Toigo [2000] fornece uma descrição detalhada da moderna tecnologia de discos e de várias futuras tecnologias de armazenamento potenciais.

Sistemas de I/O

CAPÍTULO 12

As duas tarefas principais de um computador são o I/O e o processamento. Em muitos casos, a principal tarefa é o I/O e o processamento é meramente incidental. Por exemplo, quando navegamos em uma página da Web ou editamos um arquivo, nosso interesse imediato é ler ou inserir algumas informações e não computar uma resposta.

O papel do sistema operacional em relação ao I/O do computador é gerenciar e controlar operações e dispositivos de I/O. Embora tópicos relacionados apareçam em outros capítulos, juntamos as peças neste capítulo para descrever um quadro completo do I/O. Primeiro, descrevemos os aspectos básicos do hardware de I/O porque a natureza da interface de hardware impõe restrições aos recursos internos do sistema operacional. Em seguida, discutimos os serviços de I/O fornecidos pelo sistema operacional e a incorporação desses serviços à interface de I/O das aplicações. Depois, explicamos como o sistema operacional conecta a interface de hardware e a interface das aplicações. Também discutimos o mecanismo STREAMS do UNIX System V que permite a uma aplicação montar canais de códigos de driver dinamicamente. Para concluir, discutimos os aspectos de desempenho do I/O e os princípios de projeto do sistema operacional que melhoram esse desempenho.

> **OBJETIVOS DO CAPÍTULO**
> - Examinar a estrutura do subsistema de I/O de um sistema operacional.
> - Discutir os princípios e complexidades do hardware de I/O.
> - Explicar os aspectos de desempenho do hardware e software de I/O.

12.1 Visão Geral

O controle de dispositivos conectados ao computador é uma grande preocupação dos projetistas de sistemas operacionais. Como os dispositivos de I/O variam tanto de acordo com sua função quanto em velocidade (considere um mouse, um disco rígido e uma jukebox de CD-ROMs), métodos variados são necessários para controlá-los. Esses métodos formam o *subsistema de I/O* do kernel que separa o resto do kernel das complexidades de gerenciamento dos dispositivos de I/O.

A tecnologia dos dispositivos de I/O exibe duas tendências conflitantes. Por um lado, vemos a crescente padronização de interfaces de software e hardware. Essa tendência nos ajuda a incorporar gerações de dispositivos aperfeiçoados em computadores e sistemas operacionais existentes. Por outro, vemos uma variedade cada vez maior de dispositivos de I/O. Alguns dispositivos novos são tão diferentes dos anteriores que é um desafio incorporá-los em nossos computadores e sistemas operacionais. Esse desafio é superado por uma combinação de técnicas de hardware e software. Os elementos básicos do hardware de I/O, como portas, buses e controladores de dispositivos, acomodam uma grande variedade de dispositivos de I/O. Para encapsular os detalhes e peculiaridades de diferentes dispositivos, o kernel de um sistema operacional é estruturado para usar módulos de drivers de dispositivos. Os **drivers de dispositivos** apresentam uma interface uniforme de acesso aos dispositivos para o subsistema de I/O, semelhante ao modo como as chamadas de sistema fornecem uma interface-padrão entre a aplicação e o sistema operacional.

12.2 Hardware de I/O

Os computadores operam muitos tipos de dispositivos. A maioria se enquadra nas categorias gerais de dispositivos de armazenamento (discos, fitas), dispositivos de transmissão (placas de rede, modems) e dispositivos de interface humana (tela, teclado, mouse). Outros dispositivos são mais especializados, como os envolvidos na pilotagem de um jato de combate militar ou de um ônibus espacial. Nessas aeronaves, uma pessoa fornece entradas para o computador de voo por meio de um joystick e de pedais e o computador envia comandos de saída que fazem os motores moverem os lemes, os flaps e as turbinas. Apesar da incrível variedade de dispositivos de I/O, no entanto, precisamos apenas de alguns conceitos para entender como eles são conectados e como o software pode controlar o hardware.

Um dispositivo se comunica com um sistema de computação enviando sinais por meio de um cabo ou até mesmo por via aérea. O dispositivo se comunica com a máquina por um ponto de conexão, ou **porta** – por exemplo, uma porta serial. Quando os dispositivos usam um conjunto de fios comum, a conexão é chamada *bus*. Um **bus** é um conjunto de fios e um protocolo rigidamente definido que espe-

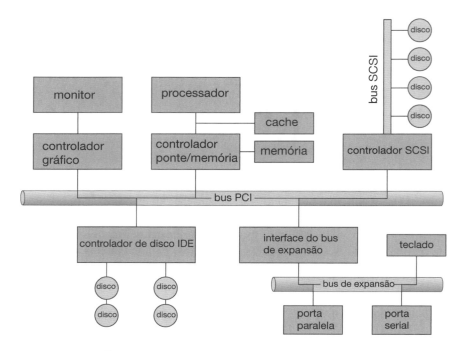

Figura 12.1 Uma estrutura de bus típica do PC.

cifica um conjunto de mensagens que podem ser enviadas nos fios. Em termos de eletrônica, as mensagens são transmitidas por padrões de voltagens elétricas aplicados aos fios em intervalos de tempo definidos. Quando o dispositivo *A* tem um cabo que se conecta ao dispositivo *B*, o dispositivo *B* tem um cabo que se conecta ao dispositivo *C* e o dispositivo *C* se conecta a uma porta no computador, essa configuração é chamada **cadeia margarida**. Geralmente, uma cadeia margarida opera como um bus.

Os buses são amplamente usados na arquitetura dos computadores e variam de acordo com os métodos de sinalização, na velocidade, no throughput e nos métodos de conexão. Uma estrutura de bus de PC típica aparece na Figura 12.1. Essa figura mostra um **bus PCI** (o bus comum de um sistema PC) que conecta o subsistema processador-memória aos dispositivos rápidos, e um **bus de expansão**, que conecta dispositivos relativamente lentos, como o teclado e as portas serial e USB. Na parte superior direita da figura, quatro discos estão conectados a um bus SCSI, conectado a um controlador SCSI. Outros buses comuns usados para interconectar as partes principais de um computador incluem o **PCI-X**, com throughput de até 4,3 GB, o **PCI Express** (PCIe), com throughput de até 16 GB e o **HyperTransport**, com throughput de até 20 GB.

Um **controlador** é um conjunto de componentes eletrônicos que pode operar uma porta, um bus ou um dispositivo. Um controlador de porta serial é um controlador de dispositivo simples. Trata-se de um chip individual (ou parte de um chip) no computador que controla os sinais nos fios de uma porta serial. Por outro lado, um controlador de bus SCSI não é simples. Já que o protocolo SCSI é complexo, o controlador de bus SCSI costuma ser implementado como uma placa de circuito separada (ou um **adaptador de host**), conectada ao computador. Normalmente, ele contém um processador, microcódigo e alguma memória privada que lhe permite processar as mensagens do protocolo SCSI. Alguns dispositivos têm seus próprios controladores embutidos. Se você examinar um drive de disco, verá uma placa de circuito anexada a um dos lados. Essa placa é o controlador de disco. Ele implementa a parte do protocolo referente ao disco para algum tipo de conexão – SCSI ou ATA, por exemplo. Possui microcódigo e um processador para executar várias tarefas, como o mapeamento de setores danificados, a pré-busca, o armazenamento em buffer e o armazenamento em cache.

Como o processador pode fornecer comandos e dados a um controlador para que uma transferência de I/O ocorra? Uma resposta resumida é que o controlador tem um ou mais registradores para dados e sinais de controle. O processador se comunica com o controlador lendo e gravando padrões de bits nesses registradores. Uma forma pela qual essa comunicação pode ocorrer é pelo uso de instruções de I/O especiais que especificam a transferência de um byte ou palavra para um endereço de porta de I/O. A instrução de I/O aciona linhas de bus para selecionar o dispositivo apropriado e mover bits para dentro ou para fora de um registrador de dispositivo. Alternativamente, o controlador do dispositivo pode dar suporte ao **I/O mapeado para a memória**. Nesse caso, os registradores de controle do dispositivo são mapeados para o espaço de endereçamento do processador. A CPU executa solicitações de I/O usando as instruções-padrão de transferência de dados para fazer leituras e gravações nos registradores de controle de dispositivo.

Alguns sistemas usam as duas técnicas. Por exemplo, os PCs usam instruções de I/O para controlar alguns dispositivos e o I/O mapeado para a memória para controlar outros.

intervalo de endereços de I/O (hexadecimal)	dispositivo
000–00F	controlador de DMA
020–021	controlador de interrupções
040–043	timer
200–20F	controlador de jogos
2F8–2FF	porta serial (secundária)
320–32F	controlador de disco rígido
378–37F	porta paralela
3D0–3DF	controlador gráfico
3F0–3F7	controlador de drive de disquete
3F8–3FF	porta serial (primária)

Figura 12.2 Locação das portas de I/O dos dispositivos nos PCs (parcial).

A Figura 12.2 mostra os endereços de portas de I/O usuais para PCs. O controlador gráfico tem portas de I/O para operações básicas de controle, mas possui uma grande região mapeada na memória para armazenar conteúdos de tela. O processo envia a saída para a tela gravando dados na região mapeada na memória. O controlador gera a imagem na tela com base nos conteúdos dessa memória. Essa técnica é fácil de usar. Além disso, a gravação de milhões de bytes na memória gráfica é mais rápida do que emitir milhões de instruções de I/O. Mas a facilidade de gravar em um controlador de I/O mapeado para a memória é compensada por uma desvantagem. Um tipo comum de falha de software é a gravação em uma região não desejada da memória por causa de um ponteiro incorreto, portanto, um registrador de dispositivo mapeado para a memória está sujeito à modificação acidental. É claro que uma memória protegida ajuda a reduzir o risco.

Normalmente, uma porta de I/O é composta por quatro registradores, chamados registradores de (1) status, (2) controle, (3) entrada de dados e (4) saída de dados.

- O *registrador de entrada de dados* é lido pelo host para obtenção de entradas.
- O *registrador de saída de dados* é gravado pelo host para envio de saídas.
- O *registrador de status* contém bits que podem ser lidos pelo host. Esses bits indicam estados, como: o comando corrente foi concluído, um byte está disponível para ser lido no registrador de entrada de dados e um erro de dispositivo ocorreu.
- O *registrador de controle* pode ser gravado pelo host para iniciar um comando ou alterar a modalidade de um dispositivo. Por exemplo, um determinado bit do registrador de controle de uma porta serial seleciona entre a comunicação full-duplex e half-duplex, outro bit ativa a verificação de paridade, um terceiro bit estabelece o tamanho da palavra em 7 ou 8 bits e outros bits selecionam uma das velocidades suportadas pela porta serial.

Normalmente, os registradores de dados têm de 1 a 4 bytes de tamanho. Alguns controladores têm chips FIFO que podem conter vários bytes de dados de entrada ou saída para expandir a capacidade do controlador para além do tamanho do registrador de dados. Um chip FIFO pode conter um pequeno pico de dados até que o dispositivo ou o host possa recebê-los.

12.2.1 Sondagem (*Polling*)

O protocolo completo de interação entre o host e um controlador pode ser intricado, mas a noção básica de *aperto de mão* (*handshaking*) é simples. Explicamos o aperto de mão com um exemplo. Suponha que 2 bits sejam usados na coordenação do relacionamento produtor-consumidor entre o controlador e o host. O controlador indica seu estado por meio do bit *ocupado* no registrador de *status*. (Lembre-se de que *ligar* um bit significa gravar um número 1 nele e *desligar* um bit significa gravar nele um 0.) O controlador liga o bit *ocupado* quando está ocupado trabalhando e desliga o bit *ocupado* quando está pronto para aceitar o próximo comando. O host sinaliza o que deseja pelo bit *comando pronto* no registrador de *comandos*. O host liga o bit *comando pronto* quando um comando está disponível para o controlador executar. Nesse exemplo, o host grava a saída por uma porta, coordenando-se com o controlador pelo aperto de mão como descrito a seguir:

1. O host lê repetidamente o bit *ocupado* até que o bit seja desligado.

2. O host liga o bit de *gravação* no registrador de *comandos* e grava um byte no registrador de *saída de dados*.

3. O host liga o bit *comando pronto*.

4. Quando o controlador nota que o bit *comando pronto* está ligado, ele liga o bit *ocupado*.

5. O controlador lê o registrador de comandos e vê o comando `write`. Ele lê o registrador de *saída de dados* para obter o byte e executa o I/O para o dispositivo.

6. O controlador desliga o bit *comando pronto*, desliga o bit de *erro* no registrador de status para indicar que o I/O do dispositivo foi bem-sucedido e desliga o bit *ocupado* para indicar que terminou.

Esse ciclo é repetido para cada byte.

No passo 1, o host está **esperando em ação** ou **sondando**: ele está em um loop, lendo o registrador de *status* repetidamente até o bit *ocupado* ser desligado. Quando o controlador e o dispositivo são rápidos, esse método é aceitável. Mas se a espera pode ser longa, o host deve, provavelmente, passar para outra tarefa. Como, então, o host sabe quando o controlador se torna ocioso? No caso de alguns dispositivos, o host deve atender o dispositivo rapidamente ou os dados são perdidos. Por exemplo, quando os dados estão fluindo por uma porta serial ou a partir de um teclado, o pequeno buffer do controlador estourará e os dados serão perdidos se o host esperar demais antes de voltar a ler os bytes.

Em muitas arquiteturas de computador, três ciclos de instruções de CPU são suficientes para a sondagem de um dispositivo: *ler* um registrador de dispositivo, *executar uma operação lógica E* para extrair um bit de status e *ramificar* se ele não for zero. Obviamente, a operação básica de sondagem é eficiente. Mas a sondagem se torna ineficiente quando é tentada repetidamente e, mesmo assim, quase nunca encontra um dispositivo pronto para atendimento, enquanto outros processamentos úteis da CPU permanecem não executados. Nesses casos, pode ser mais eficiente fazer o controlador de hardware notificar a CPU sobre o momento em que o dispositivo estiver pronto para atendimento, em vez de exigir que a CPU sonde repetidamente a conclusão de uma operação de I/O. O mecanismo de hardware que permite que um dispositivo notifique a CPU é chamado **interrupção**.

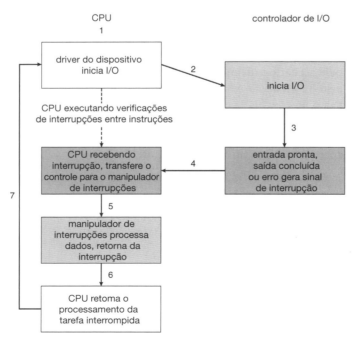

Figura 12.3 Ciclo de I/O dirigido por interrupções.

12.2.2 Interrupções

O mecanismo básico de interrupção funciona como descrito a seguir. O hardware da CPU tem um fio chamado **linha de solicitação de interrupção,** que a CPU examina após executar cada instrução. Quando a CPU detecta que um controlador confirmou um sinal na linha de solicitação de interrupção, ela executa um salvamento de estado e salta para a **rotina de manipulação de interrupções** em um endereço fixo na memória. O manipulador de interrupções determina a causa da interrupção, executa o processamento necessário, realiza uma restauração de estado e executa uma instrução `return from interrupt` para retornar a CPU ao estado de execução anterior à interrupção. Dizemos que o controlador de dispositivo *lança* uma interrupção confirmando um sinal na linha de solicitação de interrupção, a CPU *captura* a interrupção e a *despacha* para o manipulador de interrupções e o manipulador *desativa* a interrupção ao atender o dispositivo. A Figura 12.3 resume o ciclo de I/O dirigido por interrupções.

Esse mecanismo básico de interrupção permite que a CPU responda a um evento assíncrono, como quando um controlador de dispositivo está pronto para o serviço. Em um sistema operacional moderno, no entanto, precisamos de recursos de manipulação de interrupções mais sofisticados.

1. Temos de poder retardar a manipulação de interrupções durante processamento crítico.

2. Precisamos de uma forma eficiente de despachar para o manipulador de interrupções apropriado de um dispositivo, sem antes sondar todos os dispositivos para saber qual deles lançou a interrupção.

3. Precisamos de interrupções multiníveis para que o sistema operacional possa diferenciar interrupções de alta e baixa prioridade e possa responder com o grau apropriado de urgência.

No hardware dos computadores modernos, esses três recursos são fornecidos pela CPU e pelo **hardware controlador de interrupções**.

A maioria das CPUs tem duas linhas de solicitação de interrupção. Uma é a **interrupção não mascarável**, reservada para eventos como erros de memória irrecuperáveis. A outra linha de interrupção é **mascarável**: pode ser desativada pela CPU antes da execução de sequências de instruções críticas que não devem ser interrompidas. A interrupção mascarável é usada pelos controladores de dispositivos para solicitar serviço.

O mecanismo de interrupção aceita um **endereço** – um número que seleciona uma rotina de manipulação de interrupção específica em um pequeno conjunto. Na maioria das arquiteturas, esse endereço é um deslocamento em uma tabela chamada **vetor de interrupções**, que contém os endereços de memória de manipuladores de interrupção especializados. A finalidade de um mecanismo de interrupção vetorizado é reduzir a necessidade de um manipulador de interrupções único que pesquise todas as fontes de interrupções possíveis para determinar qual precisa ser atendida. Na prática, no entanto, os computadores têm mais dispositivos (e, portanto, mais manipuladores de interrupções) do que elementos de endereçamento

número do vetor	descrição
0	erro de divisão
1	exceção de depuração
2	interrupção nula
3	ponto de interrupção
4	estouro interno detectado
5	exceção de intervalo limite
6	código de operação inválido
7	dispositivo não disponível
8	erro duplo
9	sobrecarga do segmento do coprocessador (reservado)
10	segmento de estado de tarefa inválido
11	segmento não presente
12	erro de pilha
13	proteção geral
14	erro de página
15	(reservado para Intel, não use)
16	erro de ponto flutuante
17	verificação de alinhamento
18	verificação de máquina
19–31	(reservado para Intel, não use)
32–255	interrupções mascaráveis

Figura 12.4 Tabela do vetor de eventos do processador Pentium da Intel.

no vetor de interrupções. Uma forma comum de resolver esse problema é usar a técnica de **encadeamento de interrupções**, em que cada elemento do vetor de interrupções aponta para o início de uma lista de manipuladores de interrupções. Quando uma interrupção é lançada, os manipuladores da lista correspondente são chamados um a um, até ser encontrado um que possa atender à solicitação. Essa estrutura concilia o overhead de uma enorme tabela de interrupções e a ineficiência do despacho para um único manipulador de interrupções.

A Figura 12.4 ilustra o projeto do vetor de interrupções para o processador Pentium da Intel. Os eventos de 0 a 31 que são não mascaráveis, são usados para sinalizar várias condições de erro. Os eventos de 32 a 255 que são mascaráveis, são usados para tarefas como interrupções geradas por dispositivos.

O mecanismo de interrupção também implementa um sistema de **níveis de prioridade de interrupção**. Esse mecanismo permite que a CPU retarde a manipulação de interrupções de baixa prioridade sem desmascarar todas as interrupções e torna possível uma interrupção de alta prioridade realizar a preempção de uma interrupção de baixa prioridade.

Um sistema operacional moderno interage com o mecanismo de interrupção de várias maneiras. Em tempo de inicialização, o sistema operacional sonda os buses de hardware para determinar que dispositivos estão presentes e instala os manipuladores de interrupção correspondentes no vetor de interrupções. Durante o I/O, os diversos controladores de dispositivos lançam interrupções quando estão prontos para serviço. Essas interrupções significam que a saída foi concluída, que dados de entrada estão disponíveis ou que uma falha foi detectada. O mecanismo de interrupção também é usado para manipular uma grande variedade de *exceções*, como a divisão por zero, o acesso a um endereço de memória protegido ou inexistente ou a tentativa de executar uma instrução privilegiada em modalidade de usuário. Os eventos que disparam interrupções têm uma propriedade em comum: são ocorrências que induzem a CPU a executar uma rotina autocontida urgente.

Um sistema operacional tem outras boas aplicações para um mecanismo de hardware e software eficiente que salve uma pequena quantidade de estados do processador e, então, chame uma rotina privilegiada no kernel. Por exemplo, muitos sistemas operacionais usam o mecanismo de interrupção para a paginação da memória virtual. Um erro de página é uma exceção que lança uma interrupção. A interrupção suspende o processo corrente e salta para o manipulador de erros de página do kernel. Esse manipulador salva o estado do processo, move o processo para a fila de espera, executa o gerenciamento do cache de páginas, inclui no schedule uma operação de I/O para buscar a página e, também, outro processo para retomar a execução, retornando, então, da interrupção.

Outro exemplo é encontrado na implementação de chamadas de sistema. Geralmente, um programa usa chamadas da biblioteca para emitir chamadas de sistema. As rotinas da biblioteca verificam os argumentos fornecidos pela aplicação, constroem uma estrutura de dados para transportar os argumentos para o kernel e, então, executam uma instrução especial chamada ***interrupção de software*** ou ***interceptação***. Essa instrução tem um operando que identifica o serviço de kernel desejado. Quando um processo executa a instrução de interceptação, o hardware de interrupção salva o estado do código do usuário, passa para a modalidade de supervisor e executa o despacho para a rotina do kernel que implementa o serviço solicitado. A interceptação recebe uma prioridade de interrupção relativamente baixa em comparação com as atribuídas a interrupções de dispositivos – a execução de uma chamada de sistema em nome de uma aplicação é menos urgente do que atender a um controlador de dispositivo antes que sua fila FIFO estoure e perca dados.

As interrupções também podem ser usadas no gerenciamento do fluxo de controle dentro do kernel. Por exemplo, considere o processamento requerido para a conclusão de uma leitura em disco. Um passo é copiar dados do espaço do kernel para o buffer do usuário. Essa cópia é demorada, mas não urgente – ela não deve bloquear a manipulação de outras interrupções de alta prioridade. Outro passo é iniciar a próxima operação de I/O pendente para esse drive de disco. Esse passo tem prioridade mais alta. Se quisermos usar os discos eficientemente, temos de iniciar a próxima operação de I/O assim que a anterior terminar. Consequentemente, um *par* de manipuladores de interrupção implementa o código do kernel que conclui uma leitura em disco. O manipulador de prioridade alta registra o status da operação de I/O, desativa a interrupção do dispositivo, inicia a próxima operação de I/O pendente e lança uma interrupção de baixa prioridade para concluir o trabalho. Posteriormente, quando a CPU não estiver ocupada com trabalho de alta prioridade, a interrupção de baixa prioridade será despachada. O manipulador correspondente conclui a operação de I/O de nível de usuário copiando dados de buffers do kernel para o espaço da aplicação e, depois, chamando o scheduler para inserir a aplicação na fila de prontos.

Uma arquitetura de kernel com threads é bem adequada para a implementação de múltiplas prioridades de interrupção e para a imposição de precedência da manipulação de interrupções sobre o processamento de background em rotinas do kernel e de aplicações. Ilustramos esse ponto com o kernel do Solaris. No Solaris, os manipuladores de interrupção são executados como threads do kernel. Um intervalo de prioridades altas é reservado para esses threads. Essas prioridades dão aos manipuladores de interrupção precedência sobre o código das aplicações e o controle do kernel e implementam os relacionamentos de prioridade entre manipuladores de interrupções. As prioridades fazem o scheduler de threads do Solaris realizar a preempção dos manipuladores de interrupção de baixa prioridade em favor dos de alta prioridade; e a implementação com threads permite que o hardware multiprocessador execute vários manipuladores de interrupção concorrentemente. Descrevemos a arquitetura de interrupção do UNIX no Apêndice A.

Resumindo, as interrupções são usadas em todos os sistemas operacionais modernos para manipular eventos assíncronos e fazer interceptações para rotinas de modalidade de supervisor do kernel. Para permitir que o trabalho mais urgente seja executado primeiro, os computadores modernos usam um sistema de prioridades de interrupções. Os controladores de dispositivos, as falhas de hardware e as chamadas de sistema lançam interrupções para disparar rotinas do kernel. As interrupções são muito usadas em processamento de tempo crítico, por isso, a manipulação eficiente de interrupções é necessária para o bom desempenho do sistema.

12.2.3 Acesso Direto à Memória

Para um dispositivo que faz grandes transferências, como um drive de disco, parece desperdício usar um processador caro de uso geral para verificar bits de status e para alimentar dados em um registrador de controlador, um byte de cada vez – processo chamado ***I/O programado (PIO – programmed I/O)***. Muitos computadores evitam sobrecarregar a CPU principal com PIO, descarregando parte desse trabalho para um processador de uso específico chamado ***controlador de acesso direto à memória (DMA – direct-memory-access)***. Para iniciar uma transferência DMA, o host grava um bloco de comandos DMA na memória. Esse bloco contém um ponteiro para a origem de uma transferência, um ponteiro para o destino da transferência e uma contagem de quantos bytes devem ser transferidos. A CPU grava o endereço desse bloco de comandos no controlador de DMA e, então, se dedica a outra tarefa. O controlador de DMA passa a operar o bus da memória diretamente, inserindo endereços no bus para executar transferências sem a ajuda da CPU principal. Um controlador de DMA simples é um componente-padrão dos PCs e as ***placas***

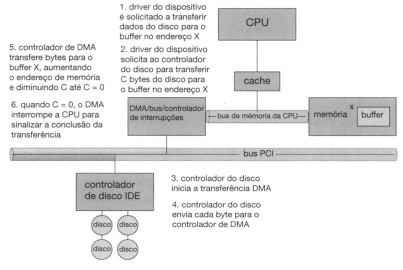

Figura 12.5 Passos de uma transferência DMA.

de I/O de controle de bus do PC contêm, em geral, seu próprio hardware de DMA de alta velocidade.

O aperto de mão entre o controlador de DMA e o controlador de dispositivo é executado por meio de um par de fios chamados DMA-request e DMA-acknowledge. O controlador de dispositivo insere um sinal no fio DMA-request quando uma palavra de dados está disponível para transferência. Esse sinal faz com que o controlador de DMA se aproprie do bus da memória, insira o endereço desejado nos fios de endereços da memória e insira um sinal no fio DMA-acknowledge. Quando o controlador de dispositivo recebe o sinal DMA-acknowledge, ele transfere a palavra de dados para a memória e remove o sinal DMA-request.

Quando a transferência inteira termina, o controlador de DMA interrompe a CPU. Esse processo é mostrado na Figura 12.5. Quando o controlador de DMA se apropria do bus da memória, a CPU é momentaneamente impedida de acessar a memória principal, mas ainda pode acessar itens de dados em seus caches primário e secundário. Embora esse ***roubo de ciclos*** possa retardar o trabalho de computação da CPU, a descarga do trabalho de transferência de dados para um controlador de DMA geralmente melhora o desempenho total do sistema. Algumas arquiteturas de computador usam endereços de memória física no DMA, mas outros executam o ***acesso direto à memória virtual (DVMA – direct virtual memory access)*** usando endereços virtuais que passam por uma conversão para endereços físicos. O DVMA pode executar uma transferência entre dois dispositivos mapeados para a memória sem a intervenção da CPU ou o uso da memória principal.

Em kernels de modalidade protegida, o sistema operacional em geral impede que os processos emitam comandos de dispositivo diretamente. Essa disciplina protege os dados contra violações de controle de acesso e também protege o sistema contra o uso incorreto de controladores de dispositivos que poderia causar a queda do sistema. Em vez disso, o sistema operacional exporta funções que um processo suficientemente privilegiado possa usar para acessar operações de baixo nível no hardware subjacente. Em kernels sem proteção de memória, os processos podem acessar os controladores de dispositivos diretamente. Esse acesso direto pode ser usado para a obtenção de um alto desempenho porque evita a comunicação com o kernel, mudanças de contexto e camadas de software no kernel. Infelizmente, ele interfere na segurança e estabilidade do sistema. A tendência dos sistemas operacionais de uso geral é a proteção da memória e dos dispositivos para que o sistema possa tentar se proteger contra aplicações incorretas ou maliciosas.

12.2.4 Resumo do Hardware de I/O

Embora os aspectos do hardware de I/O sejam complexos quando considerados no nível de detalhe do projeto de componentes eletrônicos, os conceitos que acabamos de descrever são suficientes para nos permitir entender muitos dos recursos de I/O dos sistemas operacionais. Revisemos os conceitos principais:

- Um bus
- Um controlador
- Uma porta de I/O e seus registradores
- O relacionamento de aperto de mão entre o host e um controlador de dispositivo
- A execução desse aperto de mão em um loop de sondagem ou por meio de interrupções
- A descarga desse trabalho para um controlador de DMA no caso de grandes transferências

Fornecemos um exemplo básico do aperto de mão que ocorre entre um controlador de dispositivo e o host, anteriormente, nesta seção. Na verdade, a ampla variedade de dispositivos disponíveis representa um problema para os implementadores de sistemas operacionais. Cada tipo de dispositivo tem seu próprio conjunto de recursos, definições de bits de controle e protocolos para interação com o host – e são todos diferentes. Como projetar o sistema operacional de modo a podermos anexar novos dispositivos ao computador sem ter de reescrever o sistema operacional? E quando os dispositivos variam tanto, como o sistema operacional pode fornecer uma interface de I/O conveniente e uniforme para as aplicações? Abordamos essas questões a seguir.

12.3 Interface de I/O da Aplicação

Nesta seção, discutimos técnicas de estruturação e interfaces do sistema operacional que permitem que dispositivos de I/O sejam tratados de uma forma-padrão e uniforme. Explicamos, por exemplo, como uma aplicação pode abrir um arquivo em um disco sem saber o tipo do disco e como novos discos e outros dispositivos podem ser adicionados a um computador sem corromper o sistema operacional.

Como em outros problemas complexos de engenharia de software, a abordagem aqui envolve abstração, encapsulamento e disposição de softwares em camadas. Especificamente, podemos isolar as diferenças detalhadas dos dispositivos de I/O identificando alguns tipos gerais. Cada tipo geral é acessado por meio de um conjunto padronizado de funções – uma ***interface***. As diferenças são encapsuladas em módulos do kernel chamados drivers de dispositivos que, internamente, são personalizados para dispositivos específicos, mas que exportam uma das interfaces-padrão. A Figura 12.6 ilustra como as partes do kernel relacionadas ao I/O são estruturadas em camadas de software.

A finalidade da camada de drivers de dispositivos é ocultar, do subsistema de I/O do kernel, as diferenças entre os controladores de dispositivos, de forma semelhante a como as chamadas de sistema de I/O encapsulam o comportamento de dispositivos em algumas classes genéricas que ocultam, dos aplicativos, as diferenças de hardware. Tornar o subsistema de I/O independente do hardware simplifica o trabalho do desenvolvedor de sistemas operacionais. Também beneficia os fabricantes de hardware. Eles projetam novos dispositivos para serem compatíveis com uma interface de controlador de host existente (como a SCSI-2)

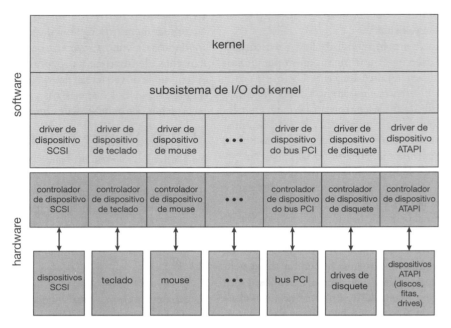

Figura 12.6 Uma estrutura de I/O do kernel.

ou criam drivers de dispositivos que atuam como interfaces entre o novo hardware e sistemas operacionais populares. Assim, podemos anexar novos periféricos a um computador sem esperar que o fornecedor de sistemas operacionais desenvolva código de suporte.

Infelizmente para os fabricantes de hardware de dispositivos, cada tipo de sistema operacional tem seus próprios padrões para a interface de drivers de dispositivos. Um determinado dispositivo pode vir com vários drivers – por exemplo, drivers para MS-DOS, Windows 95/98, Windows NT/2000 e Solaris. Os dispositivos variam em muitos aspectos, como ilustrado na Figura 12.7.

- **Fluxo de caracteres ou bloco.** Um dispositivo de fluxo de caracteres transfere bytes um a um, enquanto um dispositivo de bloco transfere um bloco de bytes como uma unidade.
- **Acesso sequencial ou aleatório.** Um dispositivo sequencial transfere dados em uma ordem fixa determinada pelo dispositivo, enquanto o usuário de um dispositivo de acesso aleatório pode instruir o dispositivo a buscar qualquer das locações de armazenamento de dados disponível.
- **Síncrono ou assíncrono.** Um dispositivo síncrono executa transferências de dados com tempos de resposta previsíveis.

aspecto	variação	exemplo
modalidade de transferência de dados	caractere bloco	terminal disco
método de acesso	sequencial aleatório	modem CD-ROM
schedule de transferência	síncrono assíncrono	fita teclado
compartilhamento	dedicado compartilhável	fita teclado
velocidade do dispositivo	latência tempo de busca taxa de transferência demora entre operações	
direção do I/O	somente de leitura somente de gravação leitura-gravação	CD-ROM controlador gráfico disco

Figura 12.7 Características dos dispositivos de I/O.

Um dispositivo assíncrono exibe tempos de resposta irregulares ou imprevisíveis.
- **Compartilhável ou dedicado.** Um dispositivo compartilhável pode ser usado concorrentemente por vários processos ou threads; um dispositivo dedicado não pode.
- **Velocidade de operação.** As velocidades dos dispositivos variam de alguns bytes por segundo a alguns gigabytes por segundo.
- **Leitura-gravação, somente de leitura ou somente de gravação.** Alguns dispositivos executam tanto entrada quanto saída, mas outros só dão suporte a uma direção de transferência de dados.

Para fins de acesso à aplicação, muitas dessas diferenças são ocultadas pelo sistema operacional e os dispositivos são agrupados em alguns tipos convencionais. Os estilos resultantes para o acesso a dispositivos têm se mostrado úteis e amplamente aplicáveis. Embora as chamadas de sistema exatas possam diferir entre os sistemas operacionais, as categorias de dispositivos são bem padronizadas. As principais convenções de acesso incluem o I/O de bloco, o I/O de fluxo de caracteres, o acesso a arquivos mapeados para a memória e os sockets de rede. Os sistemas operacionais também fornecem chamadas de sistema especiais para o acesso a alguns dispositivos adicionais, como o relógio de horas do dia e um timer. Alguns sistemas operacionais fornecem um conjunto de chamadas de sistema para exibição gráfica, vídeo e dispositivos de áudio.

A maioria dos sistemas operacionais também tem um mecanismo de *escape* (ou *porta de trás*) que passa, transparentemente, comandos arbitrários de uma aplicação para um driver de dispositivo. No UNIX, quem faz isso é a chamada de sistema `ioctl()` (de "I/O control"). A chamada de sistema `ioctl()` permite que uma aplicação acesse qualquer funcionalidade que possa ser implementada por um driver de dispositivo, sem a necessidade de inventar uma nova chamada de sistema. A chamada de sistema `ioctl()` tem três argumentos. O primeiro é um descritor de arquivo que conecta a aplicação ao driver referenciando um dispositivo de hardware gerenciado por esse driver. O segundo é um inteiro que seleciona um dos comandos implementados no driver. O terceiro é um ponteiro para uma estrutura de dados arbitrária na memória que permite que a aplicação e o driver comuniquem qualquer informação ou dado de controle necessário.

12.3.1 Dispositivos de Blocos e de Caracteres

A *interface de dispositivo de bloco* captura todos os aspectos necessários para acesso a drives de disco e outros dispositivos orientados a blocos. O esperado é que o dispositivo entenda comandos como `read()` e `write()`; se for um dispositivo de acesso aleatório, também é esperado que ele tenha um comando `seek()` para especificar que bloco deve ser transferido em seguida. Normalmente, as aplicações acessam esse tipo de dispositivo por meio de uma interface do sistema de arquivos. Observe que `read()`, `write()` e `seek()` capturam os comportamentos essenciais dos dispositivos de armazenamento de blocos para que as aplicações sejam isoladas das diferenças de baixo nível entre esses dispositivos.

O próprio sistema operacional, e também aplicações especiais como os sistemas de gerenciamento de bancos de dados, podem preferir acessar um dispositivo de bloco como um simples array de blocos linear. Essa modalidade de acesso é, às vezes, chamada **I/O bruto**. Se a aplicação executar seu próprio armazenamento em buffer, o uso de um sistema de arquivos causaria um armazenamento em buffer adicional desnecessário. Da mesma forma, se uma aplicação fornecer seu próprio trancamento (*locking*) de regiões ou blocos de arquivo, qualquer serviço de trancamento do sistema operacional seria, no mínimo, redundante e, no máximo, contraditório. Para evitar esses conflitos, o acesso a dispositivos brutos passa o controle do dispositivo diretamente para a aplicação, deixando o sistema operacional de fora. Infelizmente, nenhum serviço do sistema operacional é, então, executado nesse dispositivo. Uma solução conciliatória que está se tornando comum é o sistema operacional permitir uma modalidade de operação sobre arquivo que desabilita o armazenamento em buffer e o trancamento. No universo UNIX, isso se chama **I/O direto**.

O acesso a arquivos mapeados para a memória pode ficar em uma camada no topo dos drivers de dispositivo de bloco. Em vez de oferecer operações de leitura e gravação, uma interface mapeada para a memória fornece acesso ao armazenamento em disco por meio de um array de bytes na memória principal. A chamada de sistema que mapeia um arquivo para a memória retorna o endereço de memória virtual que contém uma cópia do arquivo. As transferências de dados reais só são executadas quando necessário para dar acesso à imagem da memória. Como as transferências são manipuladas pelo mesmo mecanismo usado no acesso à memória virtual paginada por demanda, o I/O mapeado para a memória é eficiente. O mapeamento para a memória também é conveniente para os programadores – o acesso a um arquivo mapeado para a memória é tão simples quanto ler e gravar na memória. Sistemas operacionais que oferecem memória virtual, normalmente, usam a interface de mapeamento em serviços do kernel. Por exemplo, para executar um programa, o sistema operacional mapeia o executável para a memória e, então, transfere o controle para o endereço da entrada do executável. A interface de mapeamento também costuma ser usada para o acesso do kernel ao espaço de permuta em disco.

Um teclado é um exemplo de dispositivo que é acessado por meio de uma **interface de fluxo de caracteres**. As chamadas de sistema básicas dessa interface permitem que uma aplicação capture `get()` ou insira `put()` um caractere. Acima dessa interface, podem ser construídas bibliotecas que ofereçam acesso a uma linha de cada vez, com serviços de armazenamento em buffer e de edição (por exemplo, quando um usuário tecla o backspace, o caractere anterior é removido do fluxo de entrada). Esse estilo de acesso é conveniente para dispositivos de entrada, como os teclados, mouses e modems, que produzem dados de entrada "espontaneamente" – isto é, em momentos que não podem ser necessariamente previstos pela aplicação. Ele também é bom para dispositivos de saída, como

12.3.2 Dispositivos de Rede

As características de desempenho e endereçamento do I/O de rede diferem significativamente das do I/O de disco, o que leva a maioria dos sistemas operacionais a fornecer uma interface de I/O de rede diferente das interfaces `read()` - `write()` - `seek()` para discos. Uma interface disponível em muitos sistemas operacionais, inclusive o UNIX e o Windows NT, é a interface de *socket* de rede.

Pense em uma tomada de eletricidade na parede: qualquer utensílio elétrico pode ser conectado a ela. Por analogia, as chamadas de sistema da interface de socket permitem que uma aplicação crie um socket, conecte um socket local a um endereço remoto (que conecta essa aplicação a um socket criado por outra aplicação), escute qualquer aplicação remota que se conectar ao socket local e envie e receba pacotes através da conexão. Para dar suporte à implementação de servidores, a interface de socket também fornece uma função chamada `select()`, que gerencia um conjunto de sockets. Uma chamada a `select()` retorna informações sobre quais sockets têm um pacote esperando para ser recebido e quais sockets têm espaço para aceitar um pacote a ser enviado. O uso de `select()` elimina a sondagem e a espera em ação que, de outro modo, seriam necessárias no I/O de rede. Essas funções encapsulam os comportamentos essenciais das redes, facilitando muito a criação de aplicações distribuídas que possam usar qualquer hardware de rede e pilha de protocolos subjacentes.

Muitas outras abordagens para a comunicação entre processos e a comunicação de rede têm sido implementadas. Por exemplo, o Windows NT fornece uma interface para a placa de interface de rede e uma segunda interface para os protocolos de rede. No UNIX, que tem uma longa história como base de testes para a tecnologia de rede, encontramos pipes half-duplex, FIFOs full-duplex, STREAMS full-duplex, filas de mensagens e sockets. Informações sobre a conexão de rede no UNIX são fornecidas no Apêndice A.9.

12.3.3 Relógios e Timers

A maioria dos computadores tem relógios e timers de hardware que fornecem três funções básicas:

- Informam a hora corrente.
- Informam o tempo decorrido.
- Posicionam um timer para disparar a operação X no momento T.

Essas funções são muito usadas pelo sistema operacional, assim como por aplicativos de tempo crítico. Infelizmente, as chamadas de sistema que as implementam não são padronizadas entre os sistemas operacionais.

O hardware que registra o tempo decorrido e dispara operações é chamado **timer de intervalo programável**. Ele pode ser posicionado para esperar um determinado período de tempo e, então, gerar uma interrupção e pode ser solicitado a fazer isso uma vez ou repetir o processo para gerar interrupções periódicas. O scheduler usa esse mecanismo para gerar uma interrupção que cause a preempção de um processo no fim de seu intervalo de tempo. O subsistema de I/O de disco usa-o para chamar a descarga periódica de buffers de cache sujos em disco e o subsistema de rede utiliza-o para cancelar operações que estejam sendo executadas muito lentamente por causa de congestão ou falhas na rede. O sistema operacional também pode fornecer uma interface para que processos de usuário usem timers. Ele pode dar suporte a mais solicitações de timers do que a quantidade de canais de hardware de timer existentes, simulando relógios virtuais. Para fazer isso, o kernel (ou o driver do dispositivo de timer) mantém uma lista das interrupções usadas por suas próprias rotinas e por solicitações de usuário, classificadas na ordem crescente das horas. Ele posiciona o timer para a hora mais cedo. Quando o timer gera uma interrupção, o kernel notifica o solicitante e recarrega o timer com a próxima hora mais cedo.

Em muitos computadores, a taxa de interrupções geradas pelo relógio de hardware fica entre 18 e 60 tiques por segundo. Essa resolução é baixa, porque um computador moderno pode executar centenas de milhões de instruções por segundo. A precisão dos disparadores é limitada pela baixa resolução do timer, sem falar no overhead da manutenção de relógios virtuais. E se os tiques do timer forem usados na manutenção do relógio da hora do sistema, este pode oscilar. Na maioria dos computadores, o relógio de hardware é construído a partir de um contador de alta frequência. Em alguns computadores, o valor desse contador pode ser lido em um registrador de dispositivo, caso em que o contador pode ser considerado um relógio de alta resolução. Embora esse relógio não gere interrupções, ele oferece medidas precisas de intervalos de tempo.

12.3.4 I/O Com e Sem Bloqueio

Outro aspecto da interface de chamadas de sistema está relacionado à escolha entre I/O com bloqueio e I/O sem bloqueio. Quando uma aplicação emite uma chamada de sistema **com bloqueio**, a execução da aplicação é suspensa. A aplicação é transferida da fila de execução do sistema operacional para uma fila de espera. Após a chamada de sistema ser concluída, a aplicação é trazida novamente para a fila de execução, onde se torna elegível para retomar a execução. Quando ela retoma a execução, recebe os valores retornados pela chamada de sistema. As ações físicas executadas por dispositivos de I/O são, em geral, assíncronas – levam um período de tempo variado ou imprevisível. Mesmo assim, a maioria dos sistemas operacionais usa chamadas de sistema com bloqueio para a interface de aplicações, porque o código de aplicações com bloqueio é mais fácil de entender do que o código de aplicações sem bloqueio.

Alguns processos de nível de usuário precisam de I/O **sem bloqueio**. Um exemplo é uma interface de usuário que recebe entradas do teclado e do mouse enquanto processa e exibe dados na tela. Outro exemplo seria uma aplicação de vídeo que lê quadros em um arquivo em disco enquanto, simultaneamente, descomprime e exibe a saída na tela.

Uma forma pela qual um programador de aplicações pode sobrepor execução com I/O é escrever uma aplicação com

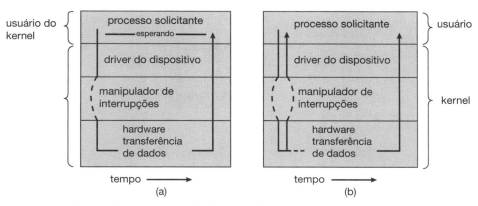

Figura 12.8 Dois métodos de I/O: (a) síncrono e (b) assíncrono.

vários threads. Alguns threads podem executar chamadas de sistema com bloqueio, enquanto outros continuam a sua execução. Os desenvolvedores do Solaris usaram essa técnica para implementar uma biblioteca de nível de usuário para I/O assíncrono, liberando o programador de aplicações dessa tarefa. Alguns sistemas operacionais fornecem chamadas de sistema de I/O sem bloqueio. Uma chamada sem bloqueio não interrompe a execução da aplicação por um tempo longo. Em vez disso, ela retorna rapidamente, com um valor de retorno que indica quantos bytes foram transferidos.

Uma alternativa a uma chamada de sistema sem bloqueio é uma chamada de sistema assíncrona. Uma chamada de sistema assíncrona retorna imediatamente, sem esperar que o I/O seja concluído. A aplicação continua a executar seu código. A conclusão do I/O em algum momento futuro é comunicada à aplicação pelo posicionamento de alguma variável no espaço de endereçamento da aplicação ou por meio do disparo de um sinal, de uma interrupção de software ou de uma rotina de autorretorno executada fora do fluxo de controle linear da aplicação. A diferença entre chamadas de sistema sem bloqueio e assíncronas é que uma chamada read() sem bloqueio, por exemplo, retorna imediatamente os dados que estiverem disponíveis – todos os bytes solicitados, menos do que isso ou absolutamente nenhum dado. Uma chamada read() assíncrona solicita uma transferência que é executada em sua totalidade, mas será concluída em algum momento futuro. Esses dois métodos de I/O são mostrados na Figura 12.8.

Um bom exemplo do comportamento sem bloqueio é a chamada de sistema select() para sockets de rede. Essa chamada de sistema usa um argumento que especifica um tempo máximo de espera. Quando ele é posicionado com 0, a aplicação pode sondar a atividade da rede sem bloqueio. Mas o uso de select() introduz overhead adicional porque a chamada select() só verifica se o I/O é possível. Em uma transferência de dados, select() deve ser seguida por algum tipo de comando read() ou write(). Uma variação dessa abordagem, encontrada no Mach, é uma chamada de leitura múltipla com bloqueio. Ela especifica leituras desejadas, relativas a vários dispositivos, em uma chamada de sistema e retorna assim que qualquer uma delas é concluída.

12.4 Subsistema de I/O do Kernel

Os kernels fornecem muitos serviços relacionados ao I/O. Vários serviços – scheduling, armazenamento em buffer, armazenamento em cache, armazenamento em spool, reserva de dispositivos e manipulação de erros – são fornecidos pelo subsistema de I/O do kernel e se baseiam na infraestrutura de hardware e de drivers de dispositivos. O subsistema de I/O também é responsável pela sua própria proteção contra processos incorretos e usuários maliciosos.

12.4.1 Scheduling de I/O

Organizar o schedule de um conjunto de solicitações de I/O significa determinar uma boa ordem para sua execução. A ordem em que as aplicações emitem chamadas de sistema raramente é a melhor. O scheduling pode melhorar o desempenho geral do sistema, compartilhar o acesso aos dispositivos de maneira justa entre processos e reduzir o tempo médio de espera para a conclusão de I/O. Eis aqui um exemplo simples que ilustra isso. Suponha que um braço de disco esteja próximo do começo do disco e que três aplicações emitam chamadas de leitura com bloqueio para esse disco. A aplicação 1 solicita um bloco perto do fim do disco, a aplicação 2 solicita um bloco perto do começo e a aplicação 3 solicita um bloco no meio do disco. O sistema operacional pode reduzir a distância que o braço do disco percorrerá atendendo as aplicações na ordem 2, 3, 1. A reorganização da ordem de atendimento dessa forma é a essência do scheduling de I/O.

Os desenvolvedores de sistemas operacionais implementam o scheduling mantendo uma fila de espera de solicitações para cada dispositivo. Quando uma aplicação emite uma chamada de sistema de I/O com bloqueio, a solicitação é inserida na fila desse dispositivo. O scheduler de I/O reorganiza a ordem da fila para melhorar a eficiência geral do sistema e o tempo médio de resposta experimentado pelas aplicações. O sistema operacional também pode tentar ser justo, para que nenhuma aplicação receba um serviço particularmente insatisfatório ou pode dar prioridade de atendimento para solicitações que não possam sofrer atrasos. Por exemplo, solicitações do subsistema de memória virtual podem ter prioridade sobre solicitações de

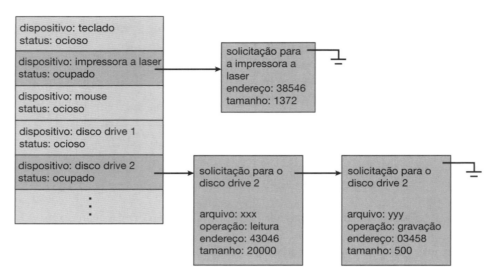

Figura 12.9 Tabela de status dos dispositivos.

aplicações. Vários algoritmos de scheduling de I/O de disco são detalhados na Seção 11.4.

Quando um kernel dá suporte ao I/O assíncrono, ele tem de ser capaz de controlar muitas solicitações de I/O ao mesmo tempo. Para que isso ocorra, o sistema operacional pode anexar a fila de espera a uma **tabela de status de dispositivos**. O kernel gerencia essa tabela, que contém uma entrada para cada dispositivo de I/O, como mostrado na Figura 12.9. Cada entrada da tabela indica o tipo, o endereço e o estado do dispositivo (fora de funcionamento, ocioso ou ocupado). Se o dispositivo estiver ocupado com uma solicitação, o tipo da solicitação e outros parâmetros serão armazenados na entrada de tabela desse dispositivo.

Uma forma pela qual o subsistema de I/O melhora a eficiência do computador é realizando o scheduling das operações de I/O. Outra forma é usando espaço de armazenamento na memória principal ou em disco por meio de técnicas chamadas armazenamento em buffer, armazenamento em cache e armazenamento em spool.

12.4.2 Armazenamento em Buffer

Um *buffer* é uma área da memória que armazena os dados que estão sendo transferidos entre dois dispositivos ou entre um dispositivo e uma aplicação. O armazenamento em buffer é feito por três razões. Uma delas é lidar com a discrepância de velocidade entre o produtor e o consumidor de um fluxo de dados. Suponha, por exemplo, que um arquivo esteja sendo recebido via modem para armazenamento no disco rígido. O modem é cerca de milhares de vezes mais lento do que o disco rígido. Portanto, um buffer é criado na memória principal para acumular os bytes recebidos do modem. Quando uma quantidade equivalente a um buffer inteiro de dados tiver chegado, o buffer pode ser gravado em disco em uma única operação. Já que a gravação em disco não é instantânea e o modem ainda precisa de um local para armazenar dados adicionais recebidos, dois buffers são usados. Após o modem preencher o primeiro buffer, a gravação em disco é solicitada. O modem, então, começa a preencher o segundo buffer enquanto o primeiro é gravado em disco. Quando o modem tiver preenchido o segundo buffer, a gravação em disco a partir do primeiro buffer deve ter sido concluída e, assim, o modem pode voltar ao primeiro buffer enquanto o disco grava o segundo. Esse **armazenamento em buffer duplo** desassocia o produtor de dados do consumidor, diminuindo os requisitos de tempo entre eles. A necessidade dessa separação é ilustrada na Figura 12.10, que lista as enormes diferenças nas velocidades dos dispositivos considerando o hardware dos computadores típicos.

Uma segunda utilidade dos buffers é o fornecimento de adaptações para dispositivos que tenham diferentes tamanhos de transferências de dados. Essas disparidades são particularmente comuns em redes de computadores, em que os buffers são amplamente usados na fragmentação e remontagem de mensagens. No lado do emissor, uma mensagem extensa é fragmentada em pequenos pacotes de rede. Os pacotes são enviados pela rede e o lado receptor os insere em um buffer de remontagem para formar uma imagem dos dados de origem.

Uma terceira aplicação do armazenamento em buffer é o suporte à semântica de cópia do I/O de aplicações. Um exemplo esclarecerá o significado de "semântica de cópia". Suponha que uma aplicação tenha um buffer de dados que ela queira gravar em disco. Ela invoca a chamada de sistema `write()`, fornecendo um ponteiro para o buffer e um inteiro especificando a quantidade de bytes a ser gravada. Após a chamada de sistema retornar, o que acontece se a aplicação alterar o conteúdo do buffer? A **semântica de cópia** garante que a versão dos dados gravada em disco seja a versão do momento em que a aplicação fez a chamada de sistema, independente de qualquer alteração subsequente feita no buffer da aplicação. Uma forma simples pela qual o sistema operacional pode garantir a semântica de cópia é a chamada de sistema `write()` copiar os dados da aplicação em um buffer do kernel antes de retornar o controle para a aplicação. A gravação em disco é executada a partir do buffer do kernel para que alterações subsequentes no buffer da aplicação não tenham efeito. A cópia de dados

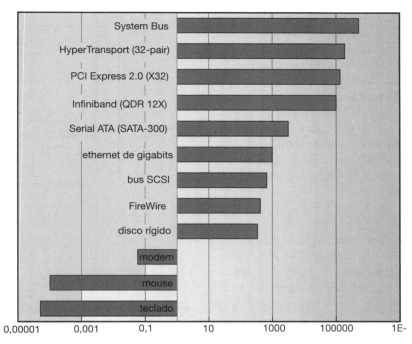

Figura 12.10 Taxas de transferência (logarítmicas) dos dispositivos do Enterprise 6000 da Sun.

entre buffers do kernel e o espaço de dados das aplicações é comum nos sistemas operacionais, apesar do overhead que essa operação introduz, por causa da semântica básica. O mesmo efeito pode ser obtido mais eficientemente pelo uso inteligente do mapeamento de memória virtual e da proteção de páginas por meio de cópia após gravação.

12.4.3 Armazenamento em Cache

Um *cache* é uma região de memória rápida que mantém cópias de dados. O acesso à cópia armazenada em cache é mais eficiente do que o acesso ao original. Por exemplo, as instruções do processo em execução corrente são armazenadas em disco, armazenadas em cache na memória física e copiadas novamente nos caches secundário e primário da CPU. A diferença entre um buffer e um cache é que um buffer pode manter a única cópia existente de um item de dados enquanto um cache, por definição, mantém uma cópia, em memória mais rápida, de um item de dados que resida em qualquer outro local.

O armazenamento em cache e em buffer são funções distintas, mas há situações em que uma região de memória pode ser usada para as duas finalidades. Por exemplo, para preservar a semântica de cópia e permitir o scheduling eficiente do I/O de disco, o sistema operacional usa buffers na memória principal para armazenar dados do disco. Esses buffers também são usados como um cache, para melhorar a eficiência do I/O de arquivos que são compartilhados por aplicações ou que estejam sendo gravados e relidos rapidamente. Quando o kernel recebe uma solicitação de I/O de arquivo, primeiro ele acessa o cache de buffer para ver se essa região do arquivo já está disponível na memória principal. Se estiver, um I/O de disco físico poderá ser evitado ou adiado. Além disso, as gravações em disco são acumuladas no cache de buffer por vários segundos, para que grandes transferências sejam reunidas, permitindo schedules de gravação eficientes.

12.4.4 Armazenamento em Spool e Reserva de Dispositivos

Um *spool* é um buffer que mantém saída para um dispositivo, como uma impressora, que não pode aceitar fluxos de dados intercalados. Embora uma impressora só possa atender um job de cada vez, várias aplicações podem querer imprimir suas saídas concorrentemente, sem deixar que sejam misturadas. O sistema operacional resolve esse problema interceptando todas as saídas enviadas para a impressora. A saída de cada aplicação é armazenada como spool em um arquivo de disco separado. Quando uma aplicação termina a impressão, o sistema de armazenamento em spool enfileira o arquivo de spool correspondente para ser emitido pela impressora. O sistema de armazenamento em spool envia para a impressora, um a um, os arquivos de spool enfileirados. Em alguns sistemas operacionais, o armazenamento em spool é gerenciado por um processo daemon do sistema. Em outros, é manipulado por um thread interno do kernel. Nos dois casos, o sistema operacional fornece uma interface de controle que permite que os usuários e os administradores do sistema exibam a fila, removam jobs indesejados antes de serem impressos, suspendam a impressão enquanto a impressora está sendo usada e assim por diante.

Alguns dispositivos, como os drives de fita e as impressoras, não podem multiplexar eficazmente as solicitações de I/O de várias aplicações concorrentes. O armazenamento em spool é uma forma de os sistemas operacionais poderem coordenar saídas concorrentes. Outra maneira de lidar com o acesso concorrente a dispositivos é fornecer recursos de coordenação explícitos. Alguns sistemas operacionais (inclusive o VMS) dão suporte ao acesso exclusivo a dispositivos, permitindo que um processo aloque um dispositivo ocioso e desaloque esse dispositivo quando ele não é mais necessário. Outros sistemas operacionais impõem um limite de um manipulador de arquivo aberto a esse tipo de dispositivo. Muitos sistemas operacionais fornecem funções que permitem que os processos coordenem o acesso exclusivo entre eles próprios. Por exemplo, o Windows NT fornece chamadas de sistema para esperar até um objeto de dispositivo ficar disponível. Ele também tem um parâmetro para a chamada de sistema open() que declara os tipos de acesso a serem permitidos para outros threads concorrentes. Nesses sistemas, é responsabilidade das aplicações evitar deadlocks.

12.4.5 Manipulação de Erros

Um sistema operacional que usa memória protegida pode se proteger de muitos tipos de erros de hardware e de aplicações para que uma falha total no sistema não seja o resultado usual de cada problema mecânico menor. Dispositivos e transferências de I/O podem falhar de muitas maneiras, por questões temporárias, como quando uma rede fica sobrecarregada, ou por questões "permanentes", como quando um controlador de disco apresenta defeito. Geralmente, os sistemas operacionais conseguem resolver efetivamente falhas temporárias. Por exemplo, a falha de um read() em um disco resulta em uma nova execução de read() e o erro em um send() de rede resulta em um resend() se o protocolo assim especificar. Infelizmente, se um componente importante experimentar uma falha permanente, o sistema operacional não deve conseguir fazer a recuperação.

Como regra geral, uma chamada de sistema de I/O retorna um bit de informação sobre o status da chamada, indicando sucesso ou falha. Nos sistemas operacionais UNIX, uma variável inteira adicional chamada errno é usada para retornar um código de erro – um entre cerca de centenas de valores – indicando a natureza geral da falha (por exemplo, argumento fora do intervalo, ponteiro inválido ou arquivo não aberto). Por outro lado, alguns hardwares podem fornecer informações de erro altamente detalhadas, embora muitos sistemas operacionais atuais não tenham sido projetados para transmitir essas informações para a aplicação. Por exemplo, uma falha em um dispositivo SCSI é relatada pelo protocolo SCSI em três níveis de detalhe: uma **chave sensora** que identifica a natureza geral da falha, como um erro de hardware ou uma solicitação inválida; um **código sensor adicional** que relata a categoria da falha, como um parâmetro de comando inválido ou uma falha de autoteste; e um **qualificador de código sensor adicional** que fornece ainda mais detalhes, como o parâmetro de comando que não era válido ou o subsistema de hardware que falhou em seu autoteste. Além disso, muitos dispositivos SCSI mantêm páginas internas de informações de log de erro que podem ser solicitadas pelo host – mas raramente são.

12.4.6 Proteção de I/O

Os erros estão intimamente relacionados à questão da proteção. Um processo de usuário pode tentar, acidental ou intencional-

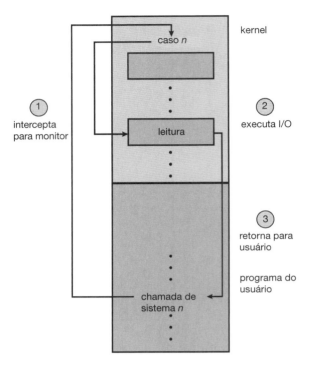

Figura 12.11 Uso de uma chamada de sistema para execução de I/O.

mente, paralisar a operação normal de um sistema tentando emitir instruções de I/O inválidas. Podemos usar vários mecanismos para termos certeza de que essas paralisações não ocorram no sistema.

Para impedir que os usuários executem I/O inválido, definimos todas as instruções de I/O como instruções privilegiadas. Assim, os usuários não poderão emitir instruções de I/O diretamente; terão de fazê-lo por meio do sistema operacional. Para fazer I/O, um programa de usuário executa uma chamada de sistema para solicitar que o sistema operacional execute o I/O em seu nome (Figura 12.11). O sistema operacional, sendo executado em modalidade de monitor, verifica se a solicitação é válida e, se for, executa o I/O solicitado. Em seguida, retorna para o usuário.

Além disso, quaisquer locações na memória para mapeamento de memória e de porta de I/O devem ser protegidas do acesso do usuário pelo sistema de proteção da memória. Observe que um kernel não pode simplesmente negar acesso a todos os usuários. A maioria dos softwares de jogos gráficos e de edição e reprodução de vídeo precisa de acesso direto à memória mapeada do controlador gráfico para acelerar o desempenho dos elementos gráficos, por exemplo. Nesse caso, o kernel pode fornecer um mecanismo de trancamento para permitir que uma seção de memória gráfica (representando uma janela na tela) seja alocada a um processo de cada vez.

12.4.7 Estruturas de Dados do Kernel

O kernel tem de manter informações de estado sobre o uso dos componentes de I/O. Isso é feito por meio de várias estruturas de dados internas, como a estrutura da tabela de arquivos

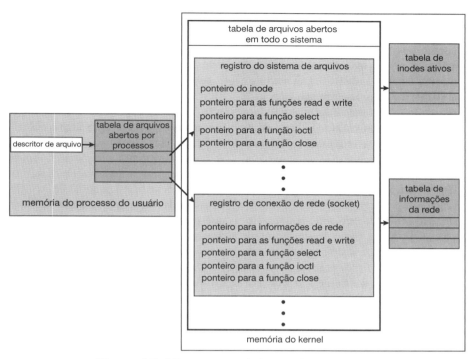

Figura 12.12 Estrutura do kernel de I/O no UNIX.

abertos da Seção 10.1. Ele usa muitas estruturas semelhantes para rastrear conexões de rede, comunicações de dispositivos de caracteres e outras atividades de I/O.

O UNIX fornece acesso do sistema de arquivos a várias entidades, como arquivos de usuário, dispositivos brutos e os espaços de endereçamento dos processos. Embora todas essas entidades deem suporte à operação read(), a semântica difere. Por exemplo, para ler um arquivo de usuário, o kernel tem de sondar o cache de buffer antes de decidir se vai executar um I/O de disco. Para ler um disco bruto, o kernel tem de garantir que o tamanho solicitado seja um múltiplo do tamanho do setor do disco e que está alinhado em um limite do setor. Para ler uma imagem de processo, só é necessário copiar dados da memória. O UNIX encapsula essas diferenças dentro de uma estrutura uniforme usando uma técnica orientada a objetos. O registro de arquivos abertos, mostrado na Figura 12.12, contém uma tabela de despachos que armazena ponteiros para as rotinas apropriadas, dependendo do tipo de arquivo.

Alguns sistemas operacionais usam métodos orientados a objetos ainda mais extensivamente. Por exemplo, o Windows NT usa uma implementação de transmissão de mensagens para I/O. Uma solicitação de I/O é convertida em uma mensagem que é enviada através do kernel para o gerenciador de I/O e então para o driver do dispositivo, todos podendo alterar o conteúdo da mensagem. Na saída, a mensagem contém os dados a serem gravados. Na entrada, ela contém um buffer para receber os dados. A abordagem de transmissão de mensagens pode adicionar overhead, em comparação com técnicas procedimentais que usam estruturas de dados compartilhadas, mas ela simplifica a estrutura e o projeto do sistema de I/O e adiciona flexibilidade.

12.4.8 Resumo do Subsistema de I/O do Kernel

Resumindo, o subsistema de I/O coordena um extenso conjunto de serviços que está disponível para as aplicações e para outras partes do kernel. O subsistema de I/O supervisiona os seguintes procedimentos:

- Gerenciamento do espaço de nomes de arquivos e dispositivos
- Controle de acesso a arquivos e dispositivos
- Controle de operações (por exemplo, um modem não pode executar seek())
- Alocação do espaço do sistema de arquivos
- Alocação de dispositivos
- Armazenamento em buffer, armazenamento em cache e armazenamento em spool
- Scheduling de I/O
- Monitoramento do status dos dispositivos, manipulação de erros e recuperação em caso de falha
- Configuração e inicialização de drivers de dispositivos

Os níveis superiores do subsistema de I/O acessam os dispositivos usando a interface uniforme fornecida pelos drivers de dispositivos.

12.5 Transformando Solicitações de I/O em Operações de Hardware

Anteriormente, descrevemos o aperto de mão entre um driver e um controlador de dispositivo, mas não explicamos como o sistema operacional conecta a solicitação de uma aplicação a um conjunto de fios da rede ou a um setor de disco específico.

Considere, por exemplo, a leitura de um arquivo em disco. A aplicação referencia os dados por um nome de arquivo. Dentro de um disco, o sistema de arquivos faz o mapeamento do nome do arquivo em seus diretórios para obter a alocação de espaço do arquivo. Por exemplo, no MS-DOS, o nome é mapeado para um número que indica uma entrada na tabela de acesso aos arquivos e essa entrada da tabela informa quais blocos do disco estão alocados para o arquivo. No UNIX, o nome é mapeado para um número de inode e o inode correspondente contém as informações de alocação de espaço. Mas como é feita a conexão entre o nome do arquivo e o controlador de disco (o endereço de porta do hardware ou os registradores do controlador mapeados para a memória)?

Veja o método usado pelo MS-DOS, um sistema operacional relativamente simples. A primeira parte de um nome de arquivo no MS-DOS, que vem antes dos dois pontos é uma string que identifica um dispositivo de hardware específico. Por exemplo, c: é a primeira parte de qualquer nome de arquivo no disco rígido primário. O fato de c: representar o disco rígido primário é definido no sistema operacional; c: é mapeado para um endereço de porta específico por uma tabela de dispositivos. Devido ao separador representado pelos dois pontos, o espaço de nome do dispositivo é separado do espaço de nome do sistema de arquivos. Essa separação torna fácil para o sistema operacional associar funcionalidades adicionais a cada dispositivo. Por exemplo, é fácil invocar o armazenamento em spool de qualquer arquivo gravado para a impressora.

Se, em vez disso, o espaço de nome do dispositivo for incorporado ao espaço de nome regular do sistema de arquivos, como no UNIX, os serviços de nome normais do sistema de arquivos serão fornecidos automaticamente. Se o sistema de arquivos define propriedade e controle de acesso para todos os nomes de arquivo, os dispositivos possuem proprietários e controle de acesso. Já que os arquivos estão armazenados em dispositivos, uma interface desse tipo fornece acesso ao sistema de I/O em dois níveis. Nomes podem ser usados no acesso aos dispositivos propriamente ditos ou no acesso aos arquivos armazenados nos dispositivos.

O UNIX representa nomes de dispositivos no espaço de nome regular do sistema de arquivos. Diferente de um nome de arquivo no MS-DOS que tem um separador representado pelos dois pontos, um nome de caminho no UNIX não tem uma separação clara para a parte do dispositivo. Na verdade, nenhuma parte do nome de caminho é o nome de um dispositivo. O UNIX tem uma **tabela de montagem** que associa prefixos de nomes de caminho a nomes de dispositivos específicos. Para resolver um nome de caminho, o UNIX procura o nome na tabela de montagem para encontrar o prefixo coincidente mais longo; a entrada correspondente na tabela de montagem fornece o nome do dispositivo. Esse nome de dispositivo também tem a forma de um nome do espaço de nome do sistema de arquivos. Quando o UNIX procura esse nome nas estruturas de diretório do sistema de arquivos, ele não encontra um número de inode e, sim, um número de dispositivo <*principal, secundário*>. O número de dispositivo principal identifica um driver de dispositivo que deve ser chamado para manipular o I/O para esse dispositivo. O nome de dispositivo secundário é passado para que o driver de dispositivo indexe uma tabela de dispositivos. A entrada correspondente da tabela de dispositivos fornece o endereço de porta ou o endereço mapeado para a memória do controlador do dispositivo.

Os sistemas operacionais modernos obtêm flexibilidade significativa dos vários estágios de tabelas de pesquisa no caminho entre uma solicitação e um controlador de dispositivo físico. Os mecanismos que passam solicitações entre aplicações e drivers são genéricos. Portanto, podemos introduzir novos dispositivos e drivers em um computador, sem recompilar o kernel. Na verdade, alguns sistemas operacionais podem carregar drivers de dispositivos por demanda. Em tempo de inicialização, o sistema sonda, primeiro, os buses de hardware para determinar que dispositivos estão presentes; em seguida, ele carrega os drivers necessários, imediatamente ou quando requerido pela primeira vez por uma solicitação de I/O.

Descrevemos a seguir o ciclo de vida típico de uma solicitação de leitura com bloqueio, como mostrado na Figura 12.13. A figura sugere que uma operação de I/O requer um grande número de passos que, juntos, consomem uma enorme quantidade de ciclos de CPU.

1. Um processo emite uma chamada de sistema read() com bloqueio para o descritor de arquivo de um arquivo que foi aberto anteriormente.

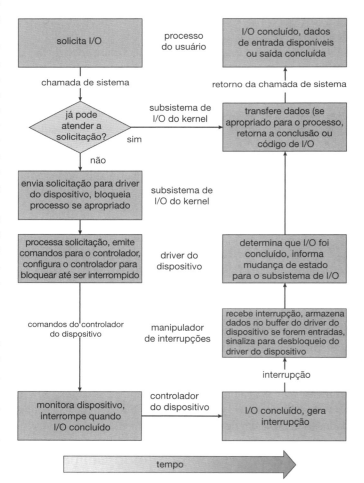

Figura 12.13 O ciclo de vida de uma solicitação de I/O.

2. O código da chamada de sistema no kernel verifica a precisão dos parâmetros. No caso de entrada, se os dados já estão disponíveis no cache de buffer, eles são retornados para o processo e a solicitação de I/O é concluída.

3. Caso contrário, um I/O físico deve ser executado. O processo é removido da fila de execução e inserido na fila de espera para o dispositivo e a solicitação de I/O é incluída no schedule. Por fim, o subsistema de I/O envia a solicitação para o driver do dispositivo. Dependendo do sistema operacional, a solicitação é enviada por meio de uma chamada de sub-rotina ou de uma mensagem interna do kernel.

4. O driver do dispositivo aloca espaço no buffer do kernel para receber os dados e inclui o I/O no schedule. Por fim, o driver envia comandos para o controlador do dispositivo fazendo gravações nos registradores de controle.

5. O controlador do dispositivo opera o hardware do dispositivo para executar a transferência de dados.

6. O driver pode sondar o status e os dados ou estabelecer uma transferência DMA na memória do kernel. Vamos assumir que a transferência seja gerenciada por um controlador de DMA que gere uma interrupção quando a transferência for concluída.

7. O manipulador de interrupção correto recebe a interrupção através da tabela do vetor de interrupções, armazena quaisquer dados necessários, sinaliza para o driver do dispositivo e retorna da interrupção.

8. O driver do dispositivo recebe o sinal, determina que solicitação de I/O foi concluída, determina o status da solicitação e notifica o subsistema de I/O do kernel que a solicitação foi concluída.

9. O kernel transfere dados ou retorna códigos para o espaço de endereçamento do processo solicitante e transfere o processo da fila de espera de prontos para a fila de prontos.

10. A transferência do processo para a fila de prontos o desbloqueia. Quando o scheduler atribui o processo à CPU, ele retoma a execução no término da chamada de sistema.

12.6 STREAMS

O UNIX System V tem um mecanismo interessante, chamado **STREAMS**, que permite que uma aplicação monte canais de códigos de driver dinamicamente. Um stream é uma conexão full-duplex entre um driver de dispositivo e um processo de nível de usuário. Ele é composto por uma **cabeça de stream** que faz a interface com o processo do usuário, uma **extremidade de driver** que controla o dispositivo e zero ou mais **módulos de stream** entre a cabeça do stream e a extremidade do driver. Cada um desses componentes contém um par de filas – uma fila de leitura e uma fila de gravação. A transmissão de mensagens é usada para transferir dados entre as filas. A estrutura STREAMS é mostrada na Figura 12.14.

Os módulos fornecem a funcionalidade de processamento do STREAMS; eles são *inseridos* em um stream com o uso da chamada de sistema ioctl(). Por exemplo, um processo pode abrir um dispositivo de porta serial por um stream e inserir um módulo para manipular a edição de entradas. As mensagens são trocadas entre filas de módulos adjacentes, por isso, a fila de um módulo pode estourar uma fila adjacente. Para impedir que isso ocorra, uma fila pode dar suporte ao **controle de fluxo**. Sem o controle de fluxo, a fila aceitará todas as mensagens e as enviará imediatamente para a fila do módulo adjacente sem armazená-las em buffer. Quando uma fila dá suporte ao controle de fluxo, ela armazena as mensagens em buffer e não as aceita se não houver espaço suficiente no buffer; esse processo envolve a troca de mensagens de controle entre filas de módulos adjacentes.

Um processo de usuário grava dados em um dispositivo usando a chamada de sistema write() ou putmsg(). A chamada de sistema write() grava dados brutos no stream, enquanto putmsg() permite que o processo de usuário especifique uma mensagem. Independente da chamada de sistema usada pelo processo de usuário, a cabeça do stream copia os dados em uma mensagem e a distribui para a fila do próximo módulo da sequência. Essa cópia de mensagens continua até a mensagem ser copiada na extremidade do driver e, depois, no dispositivo. Da mesma forma, o processo de usuário lê dados a partir da cabeça do stream usando a chamada de sistema read() ou getmsg(). Se read() for usada, a cabeça do stream obterá a mensagem na fila adjacente e retornará dados comuns (um fluxo de bytes desestruturados) para o processo. Se getmsg() for usada, uma mensagem será retornada para o processo.

O I/O do STREAMS é assíncrono (ou sem bloqueio), exceto quando o processo de usuário se comunica com a cabeça do stream. Ao gravar no stream, o processo de usuário é bloqueado, supondo que a próxima fila esteja usando o controle de fluxo, até haver espaço para a cópia da mensagem. Da mesma forma, o processo de usuário será bloqueado ao ler a partir do stream até que os dados fiquem disponíveis.

Figura 12.14 A estrutura do STREAMS.

Como mencionado, a extremidade do driver – como a cabeça do stream e os módulos – tem uma fila de leitura e gravação. No entanto, deve responder a interrupções, como no caso em que uma interrupção é disparada quando um quadro está pronto para ser lido em uma rede. Diferente da cabeça do stream que pode ser bloqueado se não conseguir copiar uma mensagem na próxima fila da sequência, a extremidade do driver deve manipular todos os dados recebidos. Os drivers também devem dar suporte ao controle de fluxo. Porém, quando o buffer de um dispositivo está cheio, normalmente o dispositivo passa a ignorar mensagens recebidas. Considere uma placa de rede cujo buffer de entrada está cheio. A placa de rede deve simplesmente ignorar mensagens adicionais até que haja bastante espaço no buffer para o armazenamento de mensagens recebidas.

O benefício do uso do STREAMS é que ele fornece a estrutura para uma abordagem modular e incremental de criação de drivers de dispositivos e protocolos de rede. Os módulos podem ser usados por diferentes streams e, portanto, por diferentes dispositivos. Por exemplo, um módulo de rede pode ser usado tanto por uma placa de rede Ethernet quanto por uma placa de rede sem fio 802.11. Além disso, em vez de tratar o I/O de dispositivos de caracteres como um fluxo de bytes desestruturados, o STREAMS permite o suporte a limites de mensagem e informações de controle na comunicação entre módulos. A maioria das versões do UNIX dá suporte ao STREAMS e ele é o método preferido para a criação de protocolos e drivers de dispositivo. Por exemplo, o System V UNIX e o Solaris implementam o mecanismo de socket usando o STREAMS.

12.7 Desempenho

O I/O é um fator importante no desempenho do sistema. Ele impõe pesadas demandas sobre a CPU para a execução do código de drivers de dispositivos e para o scheduling de processos, de maneira justa e eficiente, conforme sejam bloqueados e desbloqueados. As mudanças de contexto resultantes sobrecarregam a CPU e seus caches de hardware. O I/O também expõe qualquer ineficiência dos mecanismos de manipulação de interrupções do kernel. Além disso, sobrecarrega o bus da memória durante cópias de dados entre controladores e a memória física e, novamente, durante cópias entre os buffers do kernel e o espaço de dados da aplicação. A execução eficiente de uma cópia, apesar de todas essas demandas, é uma das maiores preocupações de um projetista de computadores.

Embora os computadores modernos possam manipular muitos milhares de interrupções por segundo, a manipulação de interrupções é uma tarefa relativamente dispendiosa. Cada interrupção faz o sistema efetuar uma mudança de estado, executar o manipulador de interrupções e, então, restaurar o estado. O I/O programado pode ser mais eficiente do que o I/O dirigido por interrupções, se a quantidade de ciclos gasta na espera em ação não for excessiva. Normalmente, a conclusão de um I/O desbloqueia um processo, levando a todo o overhead de uma mudança de contexto.

O tráfego de rede também pode causar uma alta taxa de mudanças de contexto. Considere, por exemplo, um login remoto de uma máquina para outra. Cada caractere digitado na máquina local deve ser transportado para a máquina remota. Na máquina local, o caractere é digitado; uma interrupção de teclado é gerada; e o caractere é passado, através do manipulador de interrupções, para o driver do dispositivo, para o kernel e, então, para o processo do usuário. O processo do usuário emite uma chamada de sistema de I/O de rede para enviar o caractere para a máquina remota. O caractere flui, então, para o kernel local, pelas camadas de rede que constroem um pacote de rede, e para o driver de dispositivo da rede. O driver de dispositivo da rede transfere o pacote para o controlador da rede que envia o caractere e gera uma interrupção. A interrupção é transmitida de volta, através do kernel, para provocar o término da chamada de sistema de I/O de rede.

Agora, o hardware de rede do sistema remoto recebe o pacote e uma interrupção é gerada. O caractere é desempacotado pelos protocolos de rede e fornecido para o daemon de rede apropriado. O daemon de rede identifica que sessão de login remota está envolvida e passa o pacote para o subdaemon apropriado dessa sessão. No decorrer desse fluxo, há mudanças de contexto e mudanças de estado (Figura 12.15). Geralmente, o receptor ecoa o caractere de volta para o emissor; essa abordagem duplica o trabalho.

Para eliminar as mudanças de contexto envolvidas na transferência de cada caractere entre os daemons e o kernel, os desenvolvedores do Solaris reimplementaram o daemon *telnet* usando threads internos do kernel. A Sun estima que essa melhoria tenha aumentado a quantidade máxima de logins de rede, de algumas centenas para alguns milhares em um servidor grande.

Outros sistemas usam **processadores front-end** separados para o I/O de terminal visando à redução da carga de interrupções na CPU principal. Por exemplo, um **concentrador de terminais** pode multiplexar o tráfego proveniente de centenas de terminais remotos em uma porta de um computador grande. Um **canal de I/O** é uma CPU dedicada de uso específico encontrada em mainframes e em outros sistemas de ponta. A tarefa de um canal é liberar a CPU principal do trabalho de I/O. A ideia é que os canais mantenham os dados fluindo sem problemas, enquanto a CPU principal fica livre para processá-los. Como os controladores de dispositivos e os controladores de DMA encontrados em computadores pequenos, um canal pode processar programas mais gerais e sofisticados e, portanto, pode ser ajustado a cargas de trabalho específicas.

Podemos empregar vários princípios para melhorar a eficiência de I/O:

- Reduzir o número de mudanças de contexto.
- Reduzir o número de vezes em que os dados devem ser copiados na memória enquanto passam entre dispositivo e aplicação.
- Reduzir a frequência de interrupções usando transferências grandes, controladores inteligentes e sondagens (se a espera em ação puder ser minimizada).

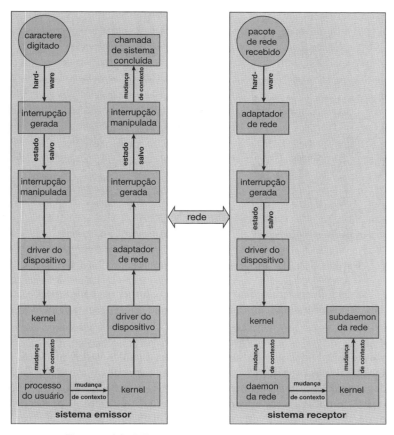

Figura 12.15 Comunicações entre computadores.

- Aumentar a concorrência usando canais ou controladores habilitados para o DMA para liberar a CPU da simples cópia de dados.
- Transferir primitivas de processamento para o hardware de modo a permitir que sua operação nos controladores de dispositivos seja concorrente com a operação da CPU e do bus.
- Balancear o desempenho da CPU, do subsistema de memória, do bus e do I/O, porque a sobrecarga em uma dessas áreas causará ociosidade nas outras.

Os dispositivos de I/O variam muito em complexidade. Por exemplo, o mouse é simples. Os movimentos do mouse e os cliques nos botões são convertidos em valores numéricos que saem do hardware, passam pelo driver de dispositivo do mouse e chegam à aplicação. Por outro lado, a funcionalidade fornecida pelo driver de dispositivo de disco no Windows é complexa. Ela não só gerencia discos individuais como também implementa arrays RAID (Seção 11.7). Para isso, converte a solicitação de leitura ou gravação de uma aplicação em um conjunto coordenado de operações de I/O de disco. Além disso, implementa sofisticados algoritmos de manipulação de erros e recuperação de dados e executa muitos passos para otimizar o desempenho do disco.

Onde a funcionalidade de I/O deve ser implementada – no hardware do dispositivo, no driver do dispositivo ou no software da aplicação? Em alguns casos vemos a progressão mostrada na Figura 12.16.

- Inicialmente, implementamos algoritmos de I/O experimentais no nível da aplicação porque o código da aplicação é flexível e bugs na aplicação não devem causar quedas do sistema. Além do mais, ao desenvolver código no nível da aplicação, evitamos a necessidade de reinicializar ou recarregar drivers de dispositivos após cada alteração do código. Uma implementação no nível da aplicação pode ser ineficiente, no entanto, por causa do overhead das mudanças de contexto e porque a aplicação não pode se beneficiar das estruturas de dados internas e da funcionalidade do kernel (como operações eficientes de troca de mensagens, criação de threads e trancamento dentro do kernel).
- Quando um algoritmo no nível da aplicação demonstra que funciona, podemos reimplementá-lo no kernel. Isso pode melhorar o desempenho, mas o esforço de desenvolvimento é mais complicado porque o kernel de um sistema operacional é um sistema de software grande e complexo. Além disso, uma implementação no kernel deve ser totalmente depurada para evitarmos corrupções de dados e quedas do sistema.
- O melhor desempenho pode ser obtido por meio de uma implementação especializada em hardware, no dispositivo ou no controlador. As desvantagens de uma implementação em hardware incluem a dificuldade e o custo de fazer melhorias adicionais ou corrigir bugs, o maior tempo de desenvolvimento (meses em vez de dias) e a menor flexibilidade. Por exemplo, um controlador de RAID em hardware pode não

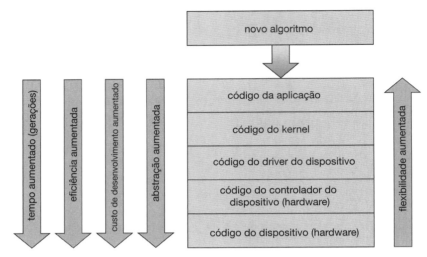

Figura 12.16 Progressão da funcionalidade dos dispositivos.

fornecer qualquer forma de o kernel influenciar a ordem ou a locação de leituras e gravações de blocos individuais, mesmo se o kernel tiver informações especiais sobre a carga de trabalho que o permitam melhorar o desempenho do I/O.

12.8 Resumo

Os elementos básicos de hardware envolvidos no I/O são os buses, os controladores de dispositivos e os próprios dispositivos. O trabalho de mover dados entre dispositivos e a memória principal é executado pela CPU, como I/O programado, ou é deixado para um controlador de DMA. O módulo do kernel que controla um dispositivo é o driver do dispositivo. A interface de chamadas de sistema fornecida para aplicações é projetada para manipular várias categorias básicas de hardware, inclusive dispositivos de blocos, dispositivos de caracteres, arquivos mapeados para a memória, sockets de rede e timers de intervalos programados. Geralmente, as chamadas de sistema bloqueiam os processos que as emitem, mas chamadas sem bloqueio e chamadas assíncronas são usadas pelo próprio kernel e por aplicações que não devem ser suspensas enquanto esperam uma operação de I/O ser concluída.

O subsistema de I/O do kernel fornece vários serviços. Entre eles estão o scheduling de I/O, o armazenamento em buffer, o armazenamento em cache, o armazenamento em spool, a reserva de dispositivos e a manipulação de erros. Outro serviço, a conversão de nomes, faz a conexão entre dispositivos de hardware e os nomes de arquivo simbólicos usados pelas aplicações. Envolve vários níveis de mapeamento que convertem nomes formados por cadeias de caracteres em drivers de dispositivos e em endereços de dispositivos específicos e, depois, em endereços físicos de portas de I/O ou controladores de bus. Esse mapeamento pode ocorrer dentro do espaço de nome do sistema de arquivos, como no UNIX, ou em um espaço de nome de dispositivo separado, como no MS-DOS.

O STREAMS é uma implementação e metodologia que fornece um framework para uma abordagem modular e incremental para a programação de drivers de dispositivos e protocolos de rede. Por meio de streams, drivers podem ser empilhados, com os dados passando por eles, de maneira sequencial e bidirecional, para processamento.

As chamadas de sistema de I/O são caras no que diz respeito ao uso de CPU por causa das muitas camadas de software existentes entre um dispositivo físico e uma aplicação. Essas camadas geram overhead proveniente de várias fontes: mudanças de contexto na travessia do limite de proteção do kernel, manipulação de sinais e interrupções no atendimento aos dispositivos de I/O e a carga sobre a CPU e o sistema de memória na cópia de dados entre buffers do kernel e o espaço da aplicação.

Exercícios Práticos

12.1 Cite três vantagens da alocação de funcionalidade a um controlador de dispositivo em vez de ao kernel. Cite três desvantagens.

12.2 O exemplo de aperto de mão da Seção 13.2 usou dois bits: um bit "ocupado" e um bit "comando pronto". É possível implementar esse aperto de mão com apenas um bit? Se for, descreva o protocolo. Se não for, explique por que um bit é insuficiente.

12.3 Por que um sistema pode usar o I/O dirigido por interrupções para gerenciar uma única porta serial e o I/O de sondagem para gerenciar um processador front-end, como um concentrador de terminais?

12.4 A sondagem de conclusão de uma operação de I/O pode desperdiçar um grande número de ciclos da CPU se o processador iterar em um loop de espera em ação muitas vezes antes de o I/O ser concluído. Mas, se o dispositivo de I/O já estiver pronto para o serviço, a sondagem pode ser muito mais eficiente do que a captura e o despacho de uma interrupção. Descreva uma estratégia híbrida para o serviço do dispositivo de I/O que combine sondagem, suspensão e interrupções. Para cada uma dessas três estratégias (sondagem pura, interrupção pura e estratégia híbrida), descreva um ambiente de computação no qual a estratégia em questão seja mais eficiente do que as outras duas.

12.5 Como o DMA aumenta a concorrência no sistema? Como ele complica o projeto de hardware?

12.6 Por que é importante aumentar as velocidades do bus do sistema e dos dispositivos quando a velocidade da CPU aumenta?

12.7 Cite a diferença entre um driver do STREAMS e um módulo do STREAMS.

Exercícios

12.8 Quando várias interrupções provenientes de diferentes dispositivos aparecem quase ao mesmo tempo, um esquema de prioridades pode ser usado para determinar a ordem em que as interrupções serão atendidas. Discuta que aspectos têm de ser considerados na atribuição de prioridades a diferentes interrupções.

12.9 Quais são as vantagens e desvantagens do suporte ao I/O mapeado para a memória no caso dos registradores de controle dos dispositivos?

12.10 Considere os cenários de I/O a seguir em um PC monousuário:

a. Um mouse usado com uma interface gráfica de usuário

b. Um drive de fita em um sistema operacional multitarefa (sem pré-alocação de dispositivos disponível)

c. Um drive de disco contendo arquivos de usuário

d. Uma placa gráfica com conexão de bus direta, acessível através de I/O mapeado para a memória.

Para cada um desses cenários, você projetaria o sistema operacional para usar armazenamento em buffer, armazenamento em spool, armazenamento em cache ou uma combinação deles? Usaria o I/O de sondagem ou o I/O dirigido por interrupções? Explique suas respostas.

12.11 Na maioria dos sistemas multiprogramados, os programas de usuário acessam a memória por meio de endereços virtuais, enquanto o sistema operacional usa endereços físicos brutos para acessá-la. Quais são as implicações desse projeto para o acionamento de operações de I/O pelo programa do usuário e sua execução pelo sistema operacional?

12.12 Quais são os vários tipos de overhead de desempenho associados ao atendimento de uma interrupção?

12.13 Descreva três circunstâncias sob as quais o I/O com bloqueio deva ser usado. Descreva três circunstâncias sob as quais o I/O sem bloqueio deva ser usado. Por que não implementar apenas o I/O sem bloqueio e deixar os processos na espera em ação até seus dispositivos estarem prontos?

12.14 Normalmente, na conclusão do I/O de um dispositivo, uma única interrupção é lançada e apropriadamente manipulada pelo processador host. Em certas configurações, no entanto, o código a ser executado na conclusão do I/O pode ser dividido em duas partes separadas. A primeira parte é executada imediatamente após o I/O ser concluído e inclui no schedule uma segunda interrupção para que o trecho de código restante seja executado em um momento posterior. Qual é a finalidade do uso dessa estratégia no projeto de manipuladores de interrupção?

12.15 Alguns controladores de DMA dão suporte ao acesso direto à memória virtual, onde os alvos das operações de I/O são especificados como endereços virtuais e uma conversão de endereço virtual para físico é executada durante o DMA. Em que esse projeto complica o projeto do controlador de DMA? Quais são as vantagens e desvantagens do fornecimento dessa funcionalidade?

12.16 O UNIX coordena as atividades dos componentes de I/O do kernel manipulando as estruturas de dados compartilhadas internas ao kernel, enquanto o Windows NT usa a transmissão de mensagens orientada a objetos entre componentes de I/O do kernel. Discuta três vantagens e três desvantagens de cada abordagem.

12.17 Escreva (em pseudocódigo) uma implementação de relógios virtuais que inclua o enfileiramento e o gerenciamento de solicitações de timer para o kernel e para aplicações. Suponha que o hardware forneça três canais de timer.

12.18 Discuta as vantagens e desvantagens de garantir a transferência de dados confiável entre módulos, na abstração do STREAMS.

Notas Bibliográficas

Vahalia [1996] fornece uma boa visão geral do I/O e da conexão em rede no UNIX. Leffler et al. [1989] detalham as estruturas e métodos de I/O empregados no BSD UNIX. Milenkovic [1987] discute a complexidade dos métodos e da implementação de I/O. O uso e a programação dos vários protocolos de comunicação entre processos e de rede do UNIX são examinados em Stevens [1992]. Brain [1996] documenta a interface de aplicações do Windows NT. A implementação de I/O no sistema operacional experimental MINIX é descrita em Tanenbaum e Woodhull [1997]. Custer [1994] inclui informações detalhadas sobre a implementação de I/O por transmissão de mensagens no NT.

Para a obtenção de detalhes sobre a funcionalidade de manipulação de I/O e mapeamento da memória no nível do hardware, os manuais de referência dos processadores (Motorola [1993] e Intel [1993]) estão entre as melhores fontes. Hennessy e Patterson [2002] descrevem sistemas multiprocessadores e questões sobre consistência de caches. Tanenbaum [1990] descreve o projeto de I/O de hardware em baixo nível e Sargent e Shoemaker [1995] fornecem um guia do programador sobre software e hardware de baixo nível do PC. O mapa de endereços de I/O dos dispositivos do PC IBM é fornecido em IBM [1983]. A edição de março de 1994 da *IEEE Computer* é dedicada ao hardware e software de I/O. Rago [1993] fornece uma boa discussão sobre o STREAMS.

PARTE CINCO

Proteção e Segurança

Os mecanismos de proteção controlam o acesso a um sistema, limitando os tipos de acesso a arquivos permitidos aos usuários. Além disso, a proteção deve assegurar que somente processos que tenham recebido autorização apropriada do sistema operacional possam operar sobre segmentos da memória, acessar a CPU e outros recursos.

A proteção é fornecida por um mecanismo que controla o acesso de programas, processos ou usuários aos recursos definidos por um sistema de computação. Esse mecanismo deve fornecer um meio para especificação dos controles a serem impostos e um meio para exigi-los.

A segurança garante a autenticação de usuários do sistema para proteger tanto a integridade das informações armazenadas no sistema (dados e código) quanto os recursos físicos do sistema de computação. O sistema de segurança impede o acesso não autorizado, a destruição ou alteração maliciosa de dados e a introdução acidental de inconsistências.

Proteção

CAPÍTULO 13

Os processos de um sistema operacional devem ser protegidos das atividades uns dos outros. A fim de fornecer esse tipo de proteção, podemos usar vários mecanismos para certificarnos de que somente processos que tenham recebido autorização apropriada do sistema operacional, possam operar sobre os arquivos, segmentos de memória, acessar a CPU e outros recursos de um sistema.

A proteção refere-se a mecanismos para o controle do acesso de programas, processos ou usuários aos recursos definidos por um sistema de computação. Esses mecanismos devem fornecer um meio para especificação dos controles a serem impostos e um meio para exigi-los. Fazemos a distinção entre proteção e segurança, que é uma medida de confiança da preservação da integridade de um sistema e de seus dados. Neste capítulo, enfocamos a proteção. A garantia de segurança é um tópico muito mais abrangente e o abordamos no Capítulo 14.

> **OBJETIVOS DO CAPÍTULO**
> - Discutir os objetivos e princípios de proteção em um sistema de computação moderno.
> - Explicar como domínios de proteção, combinados com uma matriz de acesso, são usados para especificar os recursos que um processo pode acessar.
> - Examinar sistemas de proteção com base em competências.
> - Descrever sistemas de controle de acesso e o modelo do privilégio mínimo.

13.1 Objetivos de Proteção

À medida que os sistemas de computação foram se tornando mais sofisticados e com aplicações cada vez mais diversas, a necessidade de proteger sua integridade também aumentou. A proteção foi concebida originalmente como um complemento aos sistemas operacionais de multiprogramação para que usuários não confiáveis pudessem compartilhar seguramente um espaço de nomes lógicos comum, como um diretório de arquivos, ou um espaço de nomes físicos comum, como a memória. Os conceitos modernos de proteção evoluíram para o aumento da confiabilidade de qualquer sistema complexo que faça uso de recursos compartilhados.

Temos de fornecer proteção por várias razões. A mais óbvia é a necessidade de impedir a violação maldosa e intencional de uma restrição de acesso por um usuário. De importância mais geral, no entanto, é a necessidade de assegurar que cada componente de programa ativo em um sistema só use os recursos do sistema de maneira consistente com as políticas estabelecidas. Esse requisito é imperativo para um sistema confiável.

A proteção pode melhorar a confiabilidade detectando erros latentes nas interfaces entre os subsistemas componentes. A detecção antecipada de erros de interface pode impedir, com frequência, a contaminação de um subsistema saudável por um subsistema defeituoso. Além disso, um recurso desprotegido não pode se defender da utilização (ou má utilização) por um usuário não autorizado ou incompetente. Um sistema orientado à proteção fornece meios para distinguir entre uso autorizado e não autorizado.

O papel da proteção em um sistema de computação é fornecer um mecanismo para a imposição das políticas que controlam o uso de recursos. Essas políticas podem ser estabelecidas de várias maneiras. Algumas são fixadas no projeto do sistema, enquanto outras são formuladas pelo gerenciamento de um sistema. Também há as definidas pelos usuários individuais para a proteção de seus próprios arquivos e programas. Um sistema de proteção deve ter flexibilidade para impor várias políticas.

As políticas de uso de recursos podem variar por aplicação e podem mudar com o tempo. Portanto, a proteção não é mais preocupação apenas do projetista de um sistema operacional. O programador de aplicações também tem de usar mecanismos de proteção para proteger os recursos criados e suportados por um subsistema aplicativo contra a má utilização. Neste capítulo, descrevemos os mecanismos de proteção que o sistema operacional deve fornecer, mas os projetistas de aplicações também podem usá-los no projeto de seu próprio software de proteção.

Lembre-se de que *mecanismos* são diferentes de *políticas*. Os mecanismos determinam *como* algo será feito; as políticas decidem *o que* será feito. A separação entre política e mecanismo é importante para a flexibilidade. As políticas podem mudar de um local para outro ou de tempos em tempos. No pior dos casos, cada mudança na política demandaria uma mudança no mecanismo subjacente. O uso de mecanismos gerais permitenos evitar uma situação assim.

13.2 Princípios de Proteção

Geralmente, um princípio condutor pode ser usado em todo um projeto, como o projeto de um sistema operacional. Seguir esse princípio simplifica as decisões de projeto e mantém o sistema consistente e fácil de entender. Um princípio condutor essencial para a proteção, testado pelo tempo, é o **princípio do privilégio mínimo**. Ele impõe que programas, usuários e até sistemas recebam privilégios apenas suficientes para a execução de suas tarefas.

Considere a analogia de um guarda de segurança com uma chave-mestra. Se essa chave permitir que o guarda só entre nas áreas públicas que ele protege, a má utilização da chave resultará em um dano mínimo. Se, no entanto, a chave-mestra permitir o acesso a todas as áreas, o prejuízo causado por sua perda, roubo, uso incorreto, cópia ou dano será muito maior.

Um sistema operacional que segue o princípio do privilégio mínimo implementa seus recursos, programas, chamadas de sistema e estruturas de dados de modo que uma falha ou comprometimento de um componente cause um dano mínimo e permita que um dano mínimo seja causado. O estouro de um buffer em um daemon do sistema pode fazer o processo daemon falhar, por exemplo, mas não deve permitir a execução do código da pilha do processo daemon que habilitaria um usuário remoto a obter privilégios máximos e acesso ao sistema inteiro (como acontece com muita frequência atualmente).

Um sistema operacional desse tipo também fornece chamadas de sistema e serviços que permitem que aplicações sejam escritas com controles de acesso de muita granularidade. Ele fornece mecanismos para a habilitação de privilégios quando necessários, e a sua desabilitação quando não são mais úteis. Também é benéfica a criação de trilhas de auditoria para todo acesso a funções privilegiadas. A trilha de auditoria permite que o programador, o administrador de sistemas ou o oficial responsável pelo cumprimento da lei rastreie todas as atividades de proteção e segurança do sistema.

O gerenciamento de usuários com o princípio do privilégio mínimo requer a criação de uma conta separada para cada usuário, apenas com os privilégios que o usuário precisa. Um operador que precise montar fitas e fazer backup de arquivos no sistema, tem acesso apenas aos comandos e arquivos necessários para executar essa tarefa. Alguns sistemas implementam o controle de acesso com base em papéis (RBAC - *role-based access control*) para fornecer essa funcionalidade.

Computadores implementados em uma instalação de computação sob o princípio do privilégio mínimo podem ser limitados à execução de serviços específicos, ao acesso a hosts remotos específicos por meio de serviços específicos e à realização dessas tarefas durante períodos de tempo específicos. Normalmente, essas restrições são implementadas pela habilitação ou desabilitação de cada serviço e pelo uso de listas de controle de acesso, como descrito nas Seções 9.6.2 e 13.6.

O princípio do privilégio mínimo pode ajudar a produzir um ambiente de computação mais seguro. Infelizmente, isso não costuma ocorrer. Por exemplo, o Windows tem um esquema de proteção complexo em seu núcleo e, mesmo assim, apresenta várias vulnerabilidades de segurança. Em comparação, o Solaris é considerado relativamente seguro ainda que seja uma variante do UNIX que, historicamente, foi projetado levando em conta pouca proteção. Uma razão para a diferença pode ser o Windows ter mais linhas de código e mais serviços do que o Solaris e, portanto, tem mais a proteger. Outra razão poderia ser que o esquema de proteção do Windows é incompleto ou protege os aspectos errados do sistema operacional, deixando outras áreas vulneráveis.

13.3 Domínio de Proteção

Um sistema de computação é um conjunto de processos e objetos. Com *objetos* queremos nos referir tanto a **objetos de hardware** (como a CPU, segmentos de memória, impressoras, discos e drives de fita) quanto a **objetos de software** (como arquivos, programas e semáforos). Cada objeto tem um nome exclusivo que o diferencia de todos os outros objetos do sistema e um objeto específico só pode ser acessado por operações bem definidas e significativas. Os objetos são essencialmente tipos de dados abstratos.

As operações possíveis podem depender do objeto. Por exemplo, em uma CPU, só podemos executar. Segmentos de memória podem ser lidos e gravados, enquanto um CD-ROM ou DVD-ROM só pode ser lido. Os drives de fita podem ser lidos, gravados e rebobinados. Os arquivos de dados podem ser criados, abertos, lidos, gravados, fechados e excluídos; arquivos de programas podem ser lidos, gravados, executados e excluídos.

Um processo deve ter permissão para acessar apenas os recursos para os quais tem autorização. Além disso, a qualquer momento, um processo só deve poder acessar os recursos de que ele precise para executar sua tarefa corrente. Esse segundo requisito, normalmente denominado princípio *conhecer o necessário*, é útil para limitar o nível de dano que um processo incorreto pode causar no sistema. Por exemplo, quando o processo p invoca o procedimento $A()$, o procedimento só deve ter autorização para acessar suas próprias variáveis e os parâmetros formais passados para ele; não deve poder acessar todas as variáveis do processo p. Da mesma forma, considere o caso em que o processo p invoque um compilador para compilar um arquivo específico. O compilador não deve poder acessar arquivos arbitrariamente, mas deve ter acesso apenas a um subconjunto bem definido de arquivos (como o arquivo-fonte, o arquivo de listagem e assim por diante) relacionado ao arquivo a ser compilado. Inversamente, o compilador pode ter arquivos privados usados para fins de contabilização ou otimização que o processo p não deve poder acessar. O princípio "conhecer o necessário" é semelhante ao princípio do privilégio mínimo discutido na Seção 13.2, pelo fato de que os objetivos de proteção são minimizar os riscos de possíveis violações de segurança.

13.3.1 Estrutura do Domínio

Para facilitar o esquema que acabamos de descrever, um processo opera dentro de um **domínio de proteção** que especifica os recursos que ele pode acessar. Cada domínio define um conjunto de objetos e os tipos de operações que podem ser invocadas sobre cada objeto. A capacidade de executar uma operação sobre um objeto é o **direito de acesso**. Um domínio é um conjunto de direitos de acesso, cada um definido por um par ordenado <*nome do objeto, conjunto de direitos*>. Por exemplo, se o domínio D tem o direito de acesso <*arquivo F, {leitura,gravação}*>, um processo em execução no domínio D pode tanto ler quanto gravar o arquivo F; ele não pode, no entanto, executar qualquer outra operação sobre esse objeto.

Os domínios não precisam ser disjuntos; eles podem compartilhar direitos de acesso. Por exemplo, na Figura 13.1, temos três domínios: D_1, D_2 e D_3. O direito de acesso <O_4, {impressão}> é compartilhado por D_2 e D_3, o que significa que um processo em execução em um desses dois domínios, pode imprimir o objeto O_4. Observe que um processo deve estar em execução no domínio D_1 para ler e gravar o objeto O_1, enquanto apenas processos do domínio D_3 podem executar o objeto O_1.

A associação entre um processo e um domínio pode ser **estática**, se o conjunto de recursos disponível para o processo é fixado para todo o tempo de vida do processo, ou **dinâmica**. Como era de se esperar, o estabelecimento de domínios de proteção dinâmicos é mais complicado do que o estabelecimento de domínios de proteção estáticos.

Se a associação entre processos e domínios é fixada e quisermos aderir ao princípio conhecer o necessário, um mecanismo deve estar disponível para alterar o conteúdo de um domínio. Isso provém do fato de que um processo pode ser executado em duas fases diferentes e pode, por exemplo, precisar de acesso de leitura em uma fase e de acesso de gravação em outra. Se um domínio é estático, devemos definir que ele inclua tanto acesso de leitura quanto de gravação. No entanto, esse esquema fornece mais direitos do que o necessário em cada uma das duas fases, porque temos acesso de leitura na fase em que precisamos apenas do acesso de gravação e vice-versa.

Assim, o princípio "conhecer o necessário" é violado. Devemos permitir que o conteúdo de um domínio seja modificado para que o domínio sempre reflita os direitos de acesso mínimos necessários.

Se a associação é dinâmica, um mecanismo está disponível para permitir a **mudança de domínio**, habilitando o processo a passar de um domínio para outro. Também podemos querer permitir que o conteúdo de um domínio seja alterado. Se não pudermos alterar o conteúdo de um domínio, podemos conseguir o mesmo efeito criando um novo domínio com o conteúdo alterado e permutando para esse novo domínio quando quisermos mudar o conteúdo do domínio.

Um domínio pode ser definido de várias maneiras:

- Cada *usuário* pode ser um domínio. Nesse caso, o conjunto de objetos que podem ser acessados depende da identidade do usuário. A mudança de domínio ocorre quando o usuário muda – geralmente, quando um usuário se desconecta e outro se conecta.
- Cada *processo* pode ser um domínio. Nesse caso, o conjunto de objetos que podem ser acessados depende da identidade do processo. A mudança de domínio ocorre quando um processo envia uma mensagem para outro processo e, então, espera uma resposta.
- Cada *procedimento* pode ser um domínio. Nesse caso, o conjunto de objetos que podem ser acessados corresponde às variáveis locais definidas dentro do procedimento. A mudança de domínio ocorre quando uma chamada de procedimento é feita.

Discutimos a mudança de domínio com mais detalhes na Seção 13.4.

Considere o modelo-padrão de execução do sistema operacional em modo dual (modalidade monitor-usuário). Quando um processo é executado em modalidade de monitor, ele pode executar instruções privilegiadas e, assim, obter o controle completo do sistema de computação. Por outro lado, quando um processo é executado em modalidade de usuário, ele só pode invocar instruções não privilegiadas. Consequentemente, só pode ser executado dentro de seu espaço de memória predefinido. Essas duas modalidades protegem o sistema operacional (executado em domínio de monitor) dos processos de usuário (executados em domínio de usuário). Em um sistema operacional multiprogramado, dois domínios de proteção são insuficientes, pois os usuários também desejam ser protegidos uns dos outros. Logo, é necessário um esquema mais elaborado. Ilustramos esse esquema examinando dois sistemas operacionais influentes – o UNIX e o MULTICS – para ver como eles implementam esses conceitos.

13.3.2 Um Exemplo: UNIX

No sistema operacional UNIX, um domínio é associado ao usuário. A mudança de domínio corresponde à mudança temporária da identificação do usuário (*userID*). Essa mudança

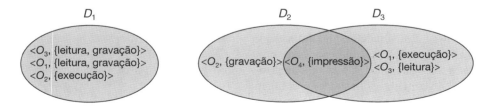

Figura 13.1 Sistema com três domínios de proteção.

é feita pelo sistema de arquivos, como descrito a seguir. Uma identificação de proprietário e um bit de domínio (conhecido como *bit setuid*) são associados a cada arquivo. Quando o bit setuid está *ligado* e um usuário executa esse arquivo, o userID é posicionado como o do proprietário do arquivo; quando o bit está *desligado*, no entanto, o userID não muda. Por exemplo, quando um usuário A (isto é, um usuário com *userID* = A) começa a executar um arquivo de propriedade de B cujo bit de domínio associado está *desligado*, o userID do processo é posicionado como A. Quando o bit setuid está *ligado*, o userID é posicionado como o do proprietário do arquivo: B. Quando o processo é encerrado, essa mudança temporária de identificação de usuário termina.

Outros métodos são empregados na alteração de domínios em sistemas operacionais em que identificações de usuário são usadas na definição do domínio, porque quase todos os sistemas têm de fornecer um mecanismo assim. Esse mecanismo é usado quando um recurso, normalmente privilegiado, tem de ser disponibilizado para a população geral de usuários. Por exemplo, pode ser desejável permitir que os usuários acessem uma rede sem deixá-los criar seus próprios programas de conexão à rede. Nesse caso, em um sistema UNIX, o bit setuid de um programa de conexão de rede estará posicionado, fazendo com que o userID mude quando o programa for executado. O userID mudará para o de um usuário com privilégio de acesso à rede (como *root*, o userID mais poderoso). Um problema desse método é que se um usuário conseguir criar um arquivo com userID *root* e com seu bit setuid *ligado*, poderá se tornar o usuário *root* e fazer o que quiser no sistema. O mecanismo setuid é discutido com detalhes no Apêndice A.

Uma alternativa a esse método, usada em outros sistemas operacionais, é a inclusão de programas privilegiados em um diretório especial. O sistema operacional seria projetado para alterar o userID de qualquer programa executado a partir desse diretório, para o equivalente a *root* ou para o userID do proprietário do diretório. Isso elimina um problema de segurança em programas setuid em que invasores criam e ocultam esses programas para uso posterior (usando nomes de arquivo ou diretório obscuros). Esse método é, no entanto, menos flexível do que o usado no UNIX.

Ainda mais restritivos e, portanto, mais protegidos, são os sistemas que, simplesmente, não permitem uma mudança do userID. Nesses casos, técnicas especiais devem ser usadas para permitir que os usuários acessem recursos privilegiados. Por exemplo, um **processo daemon** pode ser iniciado em tempo de inicialização e executado com um userID especial. Assim, os usuários executam um programa separado que envia solicitações para esse processo sempre que eles precisam usar o recurso. Esse método é usado pelo sistema operacional TOPS-20.

Em todos esses sistemas, deve-se ter muito cuidado ao escrever programas privilegiados. Qualquer descuido pode resultar em uma falta total de proteção. Geralmente, esses programas são os primeiros a serem atacados por pessoas que tentam invadir um sistema; infelizmente, os invasores costumam ter sucesso. Por exemplo, a segurança tem sido violada em muitos sistemas UNIX por causa do recurso setuid. Discutimos a segurança no Capítulo 14.

13.3.3 Um Exemplo: MULTICS

No sistema MULTICS, os domínios de proteção são organizados hierarquicamente em uma estrutura de anel. Cada anel corresponde a um único domínio (Figura 13.2). Os anéis são numerados de 0 a 7. Sejam D_i e D_j dois anéis de domínio quaisquer. Se $j < i$, então D_i é um subconjunto de D_j. Isto é, um processo em execução no domínio D_j tem mais privilégios do que um processo em execução no domínio D_i. Um processo em execução no domínio D_0 é o que tem mais privilégios. Se só existem dois anéis, esse esquema é equivalente à modalidade de execução monitor-usuário em que a modalidade de monitor corresponde a D_0 e a modalidade de usuário corresponde a D_1.

O MULTICS tem um espaço de endereçamento segmentado; cada segmento é um arquivo e está associado a um dos anéis. Uma descrição de segmento inclui uma entrada que identifica o número do anel. Além disso, inclui três bits de acesso para controle de leitura, gravação e execução. A associação entre segmentos e anéis é uma decisão política com a qual não estamos preocupados aqui.

Um contador do *número do anel corrente* é associado a cada processo, identificando o anel em que o processo está em execução corrente. Quando um processo está em execução no anel i, não pode acessar um segmento associado ao anel j ($j < i$). Ele pode acessar um segmento associado ao anel k ($k \geq i$). O tipo de acesso, no entanto, é restrito de acordo com os bits de acesso associados a esse segmento.

A mudança de domínio no MULTICS ocorre quando um processo passa de um anel para o outro chamando um procedimento em um anel diferente. É claro que essa mudança deve ser feita de maneira controlada; caso contrário, um processo poderia começar a ser executado no anel 0 e nenhuma proteção seria fornecida. Para permitir a mudança de domínio controlada, modificamos o campo do anel do descritor de segmento para incluir os itens a seguir:

- **Suporte de acesso.** Um par de inteiros, $b1$ e $b2$ tal que $b1 \leq b2$.
- **Limite.** Um inteiro $b3$ tal que $b3 > b2$.
- **Lista de portas.** Identifica os pontos de entrada (ou **portas**) nos quais os segmentos podem ser chamados.

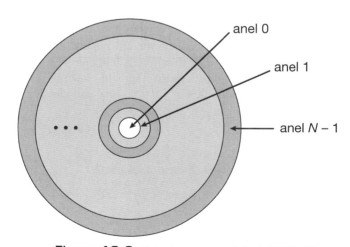

Figura 13.2 Estrutura em anel do MULTICS.

Se um processo em execução no anel *i* chama um procedimento (ou segmento) com suporte de acesso (*b1,b2*), a chamada é permitida se *b1* ≤ *i* ≤ *b2* e o número de anel corrente do processo continuar sendo *i*. Caso contrário, ocorre uma interceptação para o sistema operacional e a situação é manipulada como descrito a seguir:

- Se *i* < *b1*, a chamada tem permissão para ocorrer, porque temos uma transferência para um anel (ou domínio) com menos privilégios. No entanto, se são passados parâmetros referenciando segmentos de um anel inferior (isto é, segmentos não acessíveis pelo procedimento chamado), esses segmentos devem ser copiados em uma área que possa ser acessada pelo procedimento chamado.
- Se *i* > *b2*, a chamada só tem permissão para ocorrer se *b3* é maior do que ou igual a *i* e a chamada estiver direcionada para um dos pontos de entrada designados na lista de portas. Esse esquema permite que processos com direitos de acesso limitados chamem procedimentos em anéis inferiores com mais direitos de acesso, mas só de maneira cuidadosamente controlada.

A principal desvantagem da estrutura de anel (ou hierárquica) é que ela não nos permite impor o princípio "conhecer o necessário". Especificamente, se um objeto deve ser acessível no domínio D_j mas não no domínio D_i, a condição $j < i$ deve estar presente. Mas, esse requisito significa que todo segmento acessível em D_i também é acessível em D_j.

O sistema de proteção do MULTICS é, em geral, mais complexo e menos eficiente do que os usados nos sistemas operacionais atuais. Se a proteção interferir na facilidade de uso do sistema ou piorar significativamente o seu desempenho, seu uso deve ser avaliado cuidadosamente em relação à finalidade do sistema. Por exemplo, seria ideal um sistema de proteção complexo em um computador usado por uma universidade para processar as notas dos alunos e também usado pelos alunos para trabalhos em sala de aula. Um sistema de proteção semelhante não seria adequado para um computador usado para cálculo numérico em que o desempenho é de suma importância. Iríamos preferir separar o mecanismo da política de proteção, permitindo que o mesmo sistema tenha uma proteção complexa ou simples, dependendo das necessidades de seus usuários. Para separar o mecanismo da política, precisamos de um modelo de proteção mais geral.

13.4 Matriz de Acesso

Nosso modelo de proteção pode ser visto abstratamente como uma matriz, chamada **matriz de acesso**. As linhas da matriz de acesso representam domínios e as colunas representam objetos. Cada entrada da matriz é composta por um conjunto de direitos de acesso. A coluna define objetos explicitamente, por isso podemos omitir o nome do objeto no direito de acesso. A entrada `access` (*i,j*) define o conjunto de operações que um processo, em execução no domínio D_i, pode invocar sobre o objeto O_j.

Para ilustrar esses conceitos, consideremos a matriz de acesso mostrada na Figura 13.3. Há quatro domínios e quatro objetos – três arquivos (F_1, F_2, F_3) e uma impressora a laser. Um processo em execução no domínio D_1 pode ler os arquivos F_1 e F_3. Um processo em execução no domínio D_4 tem os mesmos privilégios do processo que está em execução no domínio D_1; mas, além disso, ele também pode gravar nos arquivos F_1 e F_3. Observe que a impressora a laser só pode ser acessada por um processo em execução no domínio D_2.

O esquema da matriz de acesso fornece o mecanismo para a especificação de várias políticas. O mecanismo consiste na implementação da matriz de acesso e na garantia de que as propriedades semânticas que descrevemos serão mantidas. Mais especificamente, devemos assegurar que um processo em execução no domínio D_i só possa acessar os objetos especificados na linha *i* e somente conforme permitido pelas entradas da matriz de acesso.

A matriz de acesso pode implementar decisões políticas relacionadas à proteção. As decisões políticas envolvem os direitos que devem ser incluídos na (*i,j*)-ésima entrada. Também devemos definir o domínio em que cada processo deve ser executado. Geralmente, essa última política é decidida pelo sistema operacional.

Normalmente, os usuários decidem o conteúdo das entradas da matriz de acesso. Quando um usuário cria um novo objeto O_j, a coluna O_j é adicionada à matriz de acesso com as entradas de inicialização apropriadas, como definido pelo criador. O usuário pode decidir inserir alguns direitos em algumas entradas da coluna *j* e outros direitos em outras entradas, conforme necessário.

objeto / domínio	F_1	F_2	F_3	impressora
D_1	leitura		leitura	
D_2				impressão
D_3		leitura	execução	
D_4	leitura gravação		leitura gravação	

Figura 13.3 Matriz de acesso.

domínio \ objeto	F_1	F_2	F_3	impressora a laser	D_1	D_2	D_3	D_4
D_1	leitura		leitura			permuta		
D_2				impressão			permuta	permuta
D_3		leitura	execução					
D_4	leitura gravação		leitura gravação		permuta			

Figura 13.4 Matriz de acesso da Figura 13.3 condomínios como objetos.

A matriz de acesso fornece um mecanismo apropriado para a definição e implementação de um controle estrito para a associação estática ou dinâmica entre processos e domínios. Quando passamos um processo de um domínio para outro, estamos executando uma operação (switch) em um objeto (o domínio). Podemos controlar a mudança de domínio incluindo domínios entre os objetos da matriz de acesso. Da mesma forma, quando alteramos o conteúdo da matriz de acesso, estamos executando uma operação em um objeto: a matriz de acesso. Novamente, podemos controlar essas alterações incluindo a própria matriz de acesso como um objeto. Na verdade, como cada entrada da matriz de acesso pode ser modificada individualmente, devemos considerar cada entrada como um objeto a ser protegido. Agora, temos de considerar apenas as operações que podem ser executadas nesses novos objetos (domínios e a matriz de acesso) e decidir como queremos que os processos as executem.

domínio \ objeto	F_1	F_2	F_3
D_1	execução		gravação*
D_2	execução	leitura*	execução
D_3	execução		

(a)

domínio \ objeto	F_1	F_2	F_3
D_1	execução		gravação*
D_2	execução	leitura*	execução
D_3	execução	leitura	

(b)

Figura 13.5 Matriz de acesso com direitos de *cópia*.

Os processos têm de poder permutar de um domínio para outro. A passagem do domínio D_i para o domínio D_j é permitida se e somente se o direito de acesso switch ∈ access(i,j). Portanto, na Figura 13.4, um processo em execução no domínio D_2 pode passar para o domínio D_3 ou para o domínio D_4. Um processo do domínio D_4 pode passar para o domínio D_1 e um do domínio D_1 pode passar para D_2.

Permitir a alteração controlada do conteúdo das entradas da matriz de acesso requer três operações adicionais: copy, owner e control. Examinamos essas operações a seguir.

A possibilidade de cópia de um direito de acesso de um domínio (ou linha) da matriz de acesso para outro é representada por um asterisco (*) acrescentado ao direito de acesso. O direito de *cópia* só permite que o direito de acesso seja copiado dentro da coluna (isto é, para o objeto) para a qual o direito é definido. Por exemplo, na Figura 13.5(a), um processo em execução no domínio D_2 pode copiar a operação de leitura para qualquer entrada associada ao arquivo F_2. Portanto, a matriz de acesso da Figura 13.5(a) pode ser modificada para a matriz de acesso mostrada na Figura 13.5(b).

Esse esquema tem duas variantes:

1. Um direito é copiado de access(i,j) para access(k,j); depois, ele é removido de access(i,j). Essa ação é a *transferência* de um direito, em vez de uma cópia.
2. A propagação do direito de *cópia* pode ser limitada. Isto é, quando o direito R* é copiado de access(i,j) para access(k,j). só o direito R (e não R*) é criado. Um processo em execução no domínio D_k não poderá copiar depois o direito R.

Um sistema pode selecionar apenas um desses três direitos de *cópia* ou pode fornecer todos os três identificando-os como direitos separados: *cópia, transferência* e *cópia limitada*.

Também precisamos de um mecanismo que permita a inclusão de novos direitos e a remoção de alguns direitos, operações controladas pelo direito de *proprietário*. Se access(i,j) incluir o direito de *proprietário*, um processo em execução no domínio D_i poderá adicionar e remover qualquer direito em qualquer entrada na coluna j. Por exemplo, na Figura 13.6(a), o domínio D_1 é o proprietário de F_1 e, portanto, pode

(a)

objeto / domínio	F_1	F_2	F_3
D_1	proprietário execução		gravação*
D_2		leitura* proprietário	leitura* proprietário gravação
D_3	execução		

(a)

objeto / domínio	F_1	F_2	F_3
D_1	proprietário execução		gravação
D_2		proprietário leitura* gravação*	leitura* proprietário gravação
D_3		gravação	gravação

(b)

Figura 13.6 Matriz de acesso com direitos de proprietário.

adicionar e excluir qualquer direito válido na coluna F_1. Da mesma forma, o domínio D_2 é o proprietário de F_2 e, portanto, pode adicionar e remover qualquer direito válido dentro dessas duas colunas. Logo, a matriz de acesso da Figura 13.6(a) pode ser modificada para a matriz de acesso mostrada na Figura 13.6(b).

Os direitos de *cópia* e *proprietário* permitem que um processo altere as entradas de uma coluna. Também precisamos de um mecanismo para a alteração das entradas de uma linha. O direito de *controle* só é aplicável a objetos do domínio. Se access(i,j) incluir o direito de *controle*, um processo em execução no domínio D_i poderá remover qualquer direito de acesso da linha j. Por exemplo, suponha que, na Figura 13.4, incluímos o direito de *controle* em access(D_2, D_4). Então, um processo em execução no domínio D_2 poderia modificar o domínio D_4, como mostrado na Figura 13.7.

Os direitos de *cópia* e *proprietário* fornecem um mecanismo para limitar a propagação de direitos de acesso. No entanto, não fornecem as ferramentas apropriadas para impedir a propagação (ou a divulgação) de informações. O problema de garantir que nenhuma informação mantida inicialmente em um objeto possa migrar para fora de seu ambiente de execução é chamado o **problema do confinamento**. Em geral, esse problema não tem solução (consulte as notas bibliográficas no fim do capítulo).

Essas operações sobre os domínios e a matriz de acesso não são por si só importantes, mas ilustram a possibilidade de o modelo da matriz de acesso permitir a implementação e o controle de requisitos de proteção dinâmica. Novos objetos e novos domínios podem ser criados dinamicamente e incluídos no modelo da matriz de acesso. No entanto, só mostramos que o mecanismo básico existe; os projetistas e os usuários dos sistemas devem tomar as decisões políticas relacionadas a que domínios devem ter acesso a quais objetos e de que maneiras.

objeto / domínio	F_1	F_2	F_3	impressora a laser	D_1	D_2	D_3	D_4
D_1	leitura		leitura			permuta		
D_2				impressão			permuta	controle de permuta
D_3		leitura	execução					
D_4	gravação	gravação		permuta				

Figura 13.7 Matriz de acesso da Figura 13.4 modificada.

13.5 Implementação da Matriz de Acesso

Como a matriz de acesso pode ser implementada efetivamente? Em geral, a matriz é esparsa; isto é, a maioria das entradas estará vazia. Embora técnicas de estruturas de dados estejam disponíveis para representar matrizes esparsas, elas não são particularmente úteis para essa aplicação, por causa da maneira em que o recurso de proteção é usado. Inicialmente, descrevemos vários métodos de implementação da matriz de acesso e, em seguida, comparamos os métodos.

13.5.1 Tabela Global

A implementação mais simples da matriz de acesso é uma tabela global composta por um conjunto de triplas ordenadas

<*domínio, objeto, conjunto de direitos*>. Sempre que uma operação M é executada sobre um objeto O_j dentro do domínio D_i, a tabela global é pesquisada para uma tripla <D_i, O_j, R_k>, com $M \in R_k$. Se essa tripla é encontrada, a operação tem permissão para continuar; caso contrário, é lançada uma condição de exceção (ou erro).

Essa implementação apresenta várias desvantagens. Geralmente, a tabela é grande e, portanto, não pode ser mantida na memória principal; logo, I/O adicional é necessário. Técnicas de memória virtual costumam ser usadas para o gerenciamento dessa tabela. Além disso, é difícil tirar vantagem de agrupamentos especiais de objetos ou domínios. Por exemplo, se todos podem ler um objeto específico, esse objeto deve ter uma entrada separada em cada domínio.

13.5.2 Listas de Acesso para Objetos

Cada coluna da matriz de acesso pode ser implementada como uma lista de acesso para um objeto, como descrito na Seção 9.6.2. É claro que as entradas vazias podem ser descartadas. A lista resultante para cada objeto é composta por pares ordenados <*domínio, conjunto de direitos*>, definindo todos os domínios com um conjunto não vazio de direitos de acesso para esse objeto.

Essa abordagem pode ser facilmente estendida para a definição de uma lista mais um conjunto *default* de direitos de acesso. Quando uma operação M sobre um objeto O_j é tentada no domínio D_i, pesquisamos a lista de acesso do objeto O_j, procurando uma entrada <D_i, R_k> com $M \in R_k$. Se a entrada é encontrada, permitimos a operação; se não, verificamos o conjunto default. Se M está no conjunto default, permitimos o acesso. Caso contrário, o acesso é negado e ocorre uma condição de exceção. A título de eficiência, podemos verificar o conjunto default primeiro e, então, pesquisar a lista de acesso.

13.5.3 Listas de Competências para Domínios

Em vez de associar as colunas da matriz de acesso aos objetos como listas de acesso, podemos associar cada linha a seu domínio. Uma **lista de competências** para um domínio é uma lista de objetos junto com as operações que podem ser executadas sobre eles. Um objeto é representado, com frequência, por seu nome ou endereço físico, chamado **competência**. Para executar a operação M sobre o objeto O_j, o processo a executa especificando a competência (ou o ponteiro) para o objeto O_j como parâmetro. A simples **posse** da competência significa que o acesso é permitido.

A lista de competências é associada a um domínio, mas nunca é acessada diretamente por um processo em execução nesse domínio. Em vez disso, ela própria é um objeto protegido, mantido pelo sistema operacional e acessado pelo usuário apenas indiretamente. A proteção com base em competências apoia-se no fato de que as competências nunca têm permissão para migrar para qualquer espaço de endereçamento diretamente acessível por um processo de usuário (onde elas poderiam ser modificadas). Se todas as competências estão protegidas, o objeto que elas protegem também está protegido contra acesso não autorizado.

As competências foram propostas originalmente como um tipo de ponteiro seguro para atender a necessidade de proteção de recursos prevista quando os sistemas de computação multiprogramados amadureceram. A ideia de um ponteiro inerentemente protegido fornece uma base de proteção que pode ser estendida até o nível das aplicações.

Para fornecer proteção inerente, devemos distinguir as competências de outros tipos de objetos e elas devem ser interpretadas por uma máquina abstrata nas quais programas de mais alto nível sejam executados. Geralmente, as competências são diferenciadas de outros dados de uma entre duas maneiras:

- Cada objeto tem uma **marca** que denota se ele é uma competência ou um dado acessível. As marcas não devem ser acessadas diretamente por um programa aplicativo. Suporte de hardware ou firmware pode ser usado para impor essa restrição. Embora apenas um bit seja necessário para distinguir as competências dos outros objetos, mais bits costumam ser usados. Essa extensão permite que todos os objetos sejam marcados com seus tipos pelo hardware. Assim, o hardware pode distinguir, por suas marcas, inteiros, números de ponto flutuante, ponteiros, booleanos, caracteres, instruções, competências e valores não inicializados.

- Alternativamente, o espaço de endereçamento associado a um programa pode ser dividido em duas partes. Uma parte é acessível ao programa e contém seus dados e instruções normais. A outra parte, contendo a lista de competências, é acessível apenas pelo sistema operacional. Um espaço de memória segmentado (Seção 7.6) é útil para dar suporte a essa abordagem.

Vários sistemas de proteção com base em competências têm sido desenvolvidos; eles são descritos brevemente na Seção 13.8. O sistema operacional Mach também usa uma versão da proteção baseada em competências; ela é descrita no Apêndice B.

13.5.4 Um Mecanismo de Chave-Tranca

O **esquema de chave-tranca** é uma solução intermediária entre as listas de acesso e as listas de competência. Cada objeto tem uma lista de padrões de bit exclusivos, chamados **trancas**. Da mesma forma, cada domínio tem uma lista de padrões de bit exclusivos, chamados **chaves**. Um processo em execução em um domínio só pode acessar um objeto se esse domínio tiver uma chave que coincida com uma das trancas do objeto.

Como as listas de competências, a lista de chaves de um domínio deve ser gerenciada pelo sistema operacional em nome do domínio. Os usuários não podem examinar ou modificar a lista de chaves (ou trancas) diretamente.

13.5.5 Comparação

Como é de se esperar, a seleção de uma técnica para a implementação de uma matriz de acesso envolve várias vantagens e desvantagens. O uso de uma tabela global é simples; no entanto, a tabela pode ficar muito grande e, geralmente, não consegue se beneficiar de agrupamentos especiais de objetos ou domínios. As listas de acesso estão diretamente ligadas às necessidades dos usuários. Quando um usuário cria um objeto, ele pode especificar que domínios podem acessá-lo, assim como as operações permitidas. Porém, as informações de direitos de acesso de um domínio específico não podem ser localizadas, assim a determinação do conjunto de direitos de acesso de cada domínio é difícil. Além disso, cada acesso ao objeto deve ser verificado, o que requer uma pesquisa na lista de acessos. Em um sistema grande com longas listas de acesso, essa pesquisa pode ser demorada.

As listas de competências não estão ligadas diretamente às necessidades dos usuários; elas são úteis, no entanto, para a localização de informações de um determinado processo. O processo que está tentando o acesso deve apresentar uma competência para esse acesso. Em seguida, o sistema de proteção só tem de verificar se a competência é válida. A revogação de competências, no entanto, pode ser ineficiente (Seção 13.7).

O mecanismo de chave-tranca, como mencionado, é intermediário entre as listas de acesso e as listas de competências. Ele pode ser tanto efetivo quanto flexível, dependendo do tamanho das chaves. As chaves podem ser passadas livremente de um domínio para outro. Além disso, privilégios de acesso podem ser revogados efetivamente pela simples técnica de alteração de algumas das trancas associadas ao objeto (Seção 13.7).

A maioria dos sistemas usa uma combinação de listas de acesso e competências. Quando um processo tenta pela primeira vez acessar um objeto, a lista de acessos é pesquisada. Se o acesso é negado, ocorre uma condição de exceção. Caso contrário, uma competência é criada e anexada ao processo. Referências adicionais usam a competência para demonstrar rapidamente que o acesso é permitido. Após o último acesso, a competência é destruída. Essa estratégia é usada no sistema MULTICS e no sistema CAL.

Como exemplo de como essa estratégia funciona, considere um sistema de arquivos em que cada arquivo tenha uma lista de acessos associada. Quando um processo abre um arquivo, ele é procurado na estrutura do diretório, a permissão de acesso é verificada e buffers são alocados. Todas essas informações são registradas em uma nova entrada de uma tabela de arquivos associada ao processo. A operação retorna um índice dessa tabela para o arquivo recém-aberto. Todas as operações sobre o arquivo são executadas por meio da especificação do índice da tabela de arquivos. A entrada da tabela de arquivos aponta, então, para o arquivo e seus buffers. Quando o arquivo é fechado, a entrada da tabela de arquivos é excluída. Como a tabela de arquivos é mantida pelo sistema operacional, o usuário não pode corrompê-la acidentalmente. Logo, o usuário só pode acessar os arquivos que foram abertos. Como o acesso é verificado quando o arquivo é aberto, a proteção é assegurada. Essa estratégia é usada no sistema UNIX.

O direito de acessar ainda *deve* ser verificado em cada acesso, e a entrada da tabela de arquivos tem competência só para as operações permitidas. Se um arquivo é aberto para leitura, uma competência de acesso de leitura é inserida na entrada da tabela de arquivos. Se é feita uma tentativa de gravação no arquivo, o sistema identifica essa violação de proteção comparando a operação solicitada com a competência da entrada da tabela de arquivos.

13.6 Controle de Acesso

Na Seção 9.6.2, descrevemos como controles de acesso podem ser usados em arquivos dentro de um sistema de arquivos. A cada arquivo e diretório é atribuído um proprietário, um grupo ou, possivelmente, uma lista de usuários e, para cada uma dessas entidades, são atribuídas informações de controle de acesso. Uma função semelhante pode ser adicionada a outros aspectos de um sistema de computação. Um bom exemplo disso é encontrado no Solaris 10.

O Solaris 10 moderniza a proteção disponível nos sistemas operacionais da Sun Microsystems adicionando explicitamente o princípio do privilégio mínimo por meio do **controle de acesso baseado em papéis (RBAC)**. Esse recurso envolve a concessão de privilégios. Um privilégio é o direito de executar uma chamada de sistema ou de usar uma opção dentro dessa chamada de sistema (como abrir um arquivo com acesso de gravação). Os privilégios podem ser atribuídos a processos, limitando-os ao acesso estritamente necessário à execução de seu trabalho. Privilégios e programas também podem ser designados a *papéis*. Os usuários podem ter papéis a eles atribuídos ou podem assumir papéis com base em senhas para os papéis. Dessa forma, um usuário pode assumir um papel que conceda um privilégio, permitindo que ele execute um programa para concluir uma tarefa específica, como mostrado na Figura 13.8. Essa implementação de privilégios diminui o risco à segurança associada a superusuários e programas setuid.

Observe que esse recurso é semelhante à matriz de acesso descrita na Seção 13.4. Esse relacionamento é examinado com mais detalhes nos exercícios no final do capítulo.

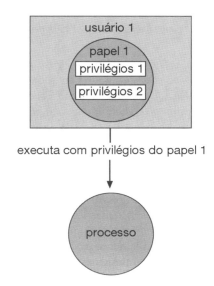

Figura 13.8 Controle de acesso com base em papéis do Solaris 10.

13.7 Revogação de Direitos de Acesso

Em um sistema de proteção dinâmico, pode ser necessário, em algumas situações, revogar direitos de acesso de objetos compartilhados por diferentes usuários. Várias questões sobre a revogação podem surgir:

- **Imediata *versus* adiada.** A revogação ocorre imediatamente ou é adiada? Se a revogação for adiada, temos como saber quando ela ocorrerá?
- **Seletiva *versus* geral.** Quando o direito de acesso a um objeto é revogado, isso afeta *todos* os usuários que têm direito de acesso a esse objeto ou podemos determinar um grupo de usuários específico cujos direitos de acesso devem ser revogados?
- **Parcial *versus* total.** Um subconjunto dos direitos associados a um objeto pode ser revogado ou devemos revogar todos os direitos de acesso desse objeto?
- **Temporária *versus* permanente.** O acesso pode ser revogado permanentemente (isto é, o direito de acesso revogado nunca mais estará disponível) ou pode ser revogado e obtido novamente mais tarde?

Em um esquema de lista de acessos, a revogação é fácil. Qualquer direito de acesso a ser revogado é procurado na lista de acessos e é excluído da lista. A revogação é imediata e pode ser geral ou seletiva, total ou parcial e permanente ou temporária.

As competências, no entanto, apresentam um problema de revogação muito mais difícil, como mencionado anteriormente. Desde que as competências são distribuídas por todo o sistema, devemos encontrá-las antes de poder revogá-las. Alguns esquemas que implementam a revogação de competências são os seguintes:

- **Reaquisição.** Periodicamente, competências são excluídas de cada domínio. Se um processo quiser usar uma competência, ele pode acabar descobrindo que ela foi excluída. O processo pode, então, tentar readquirir a competência. Se o acesso foi revogado, o processo não poderá readquirir a competência.
- **Ponteiros de retaguarda.** Uma lista de ponteiros é mantida com cada objeto, apontando para todas as competências associadas a ele. Quando a revogação é requerida, podemos seguir esses ponteiros, alterando as competências conforme necessário. Esse esquema foi adotado no sistema MULTICS. Ele é bem geral, mas sua implementação é dispendiosa.

- **Endereçamento indireto.** As competências apontam indiretamente, não diretamente, para os objetos. Cada competência aponta para uma entrada exclusiva de uma tabela global que, por sua vez, aponta para o objeto. Implementamos a revogação procurando a entrada desejada na tabela global e excluindo-a. Assim, quando um acesso for tentado, a competência estará apontando para uma entrada ilegal da tabela. As entradas da tabela podem ser reutilizadas para outras competências sem dificuldade, já que tanto a competência quanto a entrada da tabela contém o nome exclusivo do objeto. O objeto de uma competência deve corresponder à sua entrada na tabela. Esse esquema foi adotado no sistema CAL. Ele não permite a revogação seletiva.
- **Chaves.** Uma chave é um padrão de bits exclusivo que pode ser associado a uma competência. Essa chave é definida quando a competência é criada e não pode ser modificada nem examinada pelo processo que possui a competência. Uma **chave-mestra** é associada a cada objeto; ela pode ser definida ou substituída com a operação set-key. Quando uma competência é criada, o valor corrente da chave-mestra é associado a ela. Quando a competência é usada, sua chave é comparada com a chave-mestra. Se as chaves coincidem, a operação pode continuar; caso contrário, é lançada uma condição de exceção. A revogação substitui a chave-mestra por um novo valor por meio da operação set-key, invalidando todas as competências anteriores para esse objeto.

Esse esquema não permite a revogação seletiva, já que só uma chave-mestra é associada a cada objeto. Se associarmos uma lista de chaves a cada objeto, a revogação seletiva pode ser implementada. Para concluir, podemos agrupar todas as chaves em uma tabela global de chaves. Uma competência só é válida se sua chave coincide com alguma chave da tabela global. Implementamos a revogação removendo a chave correspondente da tabela. Nesse esquema, uma chave pode ser associada a vários objetos e várias chaves podem ser associadas a cada objeto, fornecendo flexibilidade máxima.

Em esquemas baseados em chaves, as operações que definem chaves, que as incluem em listas e que as excluem das listas não devem estar disponíveis para todos os usuários. Especificamente, seria sensato permitir que apenas o proprietário de um objeto posicione as chaves para esse objeto. Essa opção, no entanto, é uma decisão política que o sistema de proteção pode implementar, mas não deve definir.

13.8 Sistemas Baseados em Competências

Nesta seção, examinamos dois sistemas de proteção baseados em competências. Esses sistemas diferem em sua complexidade e nos tipos de políticas que podem ser implementados. Nenhum dos dois é amplamente usado, mas ambos fornecem campos de prova interessantes para as teorias da proteção.

13.8.1 Um Exemplo: Hydra

O Hydra é um sistema de proteção baseado em competências que fornece considerável flexibilidade. O sistema implementa um conjunto fixo de direitos de acesso possíveis, inclusive formas básicas de acesso como o direito de ler, gravar ou executar um segmento de memória. Além disso, um usuário (do sistema de proteção) pode declarar outros direitos. A interpretação de direitos definidos pelo usuário é executada apenas pelo programa do usuário, mas o sistema fornece proteção de acesso para o uso desses direitos, assim como para o uso de direitos definidos pelo sistema. Esses recursos constituem um desenvolvimento significativo na tecnologia de proteção.

As operações executadas nos objetos são definidas de forma procedimental. Os procedimentos que implementam essas operações são eles próprios uma forma de objeto e são acessados indiretamente por meio de competências. Os nomes de procedimentos definidos pelo usuário devem ser identificados para o sistema de proteção se ele tiver de lidar com objetos do tipo definido pelo usuário. Quando a definição de um objeto é informada ao Hydra, os nomes das operações executadas sobre o tipo se tornam **direitos auxiliares**. Os direitos auxiliares podem ser descritos em uma competência de uma instância do tipo. Para um processo executar uma operação sobre um objeto tipificado, a competência que ele mantém para esse objeto deve conter o nome da operação que está sendo invocada, entre seus direitos auxiliares. Essa restrição permite que a discriminação dos direitos de acesso seja feita uma base instância-por-instância e processo-por-processo.

O Hydra também fornece a **amplificação de direitos**. Esse esquema permite que um procedimento seja certificado como *confiável* para atuar sobre um parâmetro formal de um tipo especificado, em nome de qualquer processo que mantenha um direito para executar o procedimento. Os direitos contidos por um procedimento confiável são independentes, e podem ir além dos direitos mantidos pelo processo chamador. No entanto, um procedimento assim não deve ser considerado como universalmente confiável (o procedimento não pode atuar sobre outros tipos, por exemplo) e a confiança não deve ser estendida para qualquer outro procedimento ou segmento de programa que possa ser executado por um processo.

A amplificação permite que procedimentos de implementação acessem as variáveis de representação de um tipo de dado abstrato. Se um processo mantém uma competência para um objeto tipificado A, por exemplo, essa competência pode incluir um direito auxiliar para invocar alguma operação P mas não inclui qualquer dos, assim chamados, direitos do kernel, como leitura, gravação e execução, no segmento que representa A. Uma competência assim fornece a um processo um meio de acesso indireto (pela operação P) à representação de A, mas só para fins específicos.

Quando um processo invoca a operação P sobre um objeto A, no entanto, a competência para o acesso a A pode ser amplificada quando o controle passa para o corpo do código de P. Essa amplificação pode ser necessária para permitir a P o direito de acessar o segmento de memória que representa A, assim como para implementar a operação que P define sobre o tipo de dado abstrato. O corpo do código de P pode ser autorizado a ler do ou gravar no segmento de A diretamente, ainda que o processo chamador não possa fazer isso. No retorno de P, a competência de A é restaurada ao seu estado original não amplificado. Esse é um caso típico em que os direitos mantidos por um processo para acesso a um segmento protegido devem mudar dinamicamente, dependendo da tarefa a ser executada. O ajuste dinâmico de direitos é executado para garantir a consistência de uma abstração definida pelo programador. A amplificação de direitos pode ser definida explicitamente na declaração de um tipo abstrato para o sistema operacional Hydra.

Quando um usuário passa um objeto como argumento para um procedimento, podemos ter de assegurar que o procedimento não possa modificar o objeto. Podemos implementar facilmente essa restrição passando um direito de acesso que não inclua o direito de modificação (gravação). No entanto, se a amplificação puder ocorrer, o direito de modificar pode ser restabelecido. Assim, o requisito de proteção do usuário pode ser burlado. Em geral, é claro que um usuário pode confiar em que um procedimento execute sua tarefa corretamente. Porém, essa suposição nem sempre é correta, por causa de erros de hardware ou software. O Hydra resolve esse problema restringindo as amplificações.

O mecanismo de chamada de procedimentos do Hydra foi projetado como uma solução direta para o *problema dos subsistemas mutuamente suspeitos*. Esse problema é definido como descrito a seguir. Suponha que seja fornecido um programa que possa ser invocado como um serviço por vários usuários diferentes (por exemplo, uma rotina de classificação, um compilador, um jogo). Quando os usuários invocam esse programa de serviço, correm o risco de que o programa não funcione corretamente e danifique os dados fornecidos ou retenha algum direito de acesso aos dados a ser usado (sem autorização) posteriormente. Da mesma forma, o programa de serviço pode ter alguns arquivos privados (para fins de contabilidade, por exemplo) que não possam ser acessados diretamente pelo programa de usuário solicitante. O Hydra fornece mecanismos para a manipulação direta desse problema.

Um subsistema do Hydra é construído acima de seu kernel de proteção e pode precisar de proteção para seus próprios componentes. Um subsistema interage com o kernel por meio de chamadas de um conjunto de primitivas definidas pelo kernel que estabelecem direitos de acesso para recursos definidos pelo subsistema. O projetista do subsistema pode definir políticas para uso desses recursos por processos de usuário, mas as políticas são impostas por meio do uso da proteção de acesso-padrão fornecida pelo sistema de competências.

Os programadores podem fazer uso direto do sistema de proteção após se familiarizarem com seus recursos no manual de referência apropriado. O Hydra fornece uma grande biblioteca de procedimentos definidos pelo sistema que podem ser chamados por programas de usuário. Os programadores podem incorporar explicitamente as chamadas desses procedimentos do sistema no código de seu programa ou podem usar um conversor de programas conectado ao Hydra.

13.8.2 Um Exemplo: O Sistema CAP de Cambridge

Uma abordagem diferente para a proteção fundamentada em competências foi adotada no projeto do sistema CAP de Cambridge. O sistema de competências do CAP é mais simples e aparentemente menos poderoso do que o do Hydra. No entanto, um exame mais cuidadoso mostra que ele também pode ser usado para fornecer proteção segura a objetos definidos pelo usuário. O CAP tem dois tipos de competências. O tipo comum é chamado **competência de dados**. Ele pode ser usado para fornecer acesso a objetos, mas os únicos direitos fornecidos são leitura, gravação e execução padrão dos segmentos de memória individuais associados ao objeto. As competências de dados são interpretadas por microcódigo da máquina CAP.

O segundo tipo de competência é a chamada ***competência de software***, que é protegida, mas não interpretada, pelo microcódigo do CAP. Ela é interpretada por um procedimento *protegido* (isto é, privilegiado) que pode ser escrito por um programador de aplicações como parte de um subsistema. Um tipo específico de amplificação de direitos está associado a um procedimento protegido. Ao executar o corpo do código de um procedimento assim, um processo adquire temporariamente o direito de ler ou gravar o conteúdo de uma competência de software. Esse tipo específico de amplificação de direitos corresponde a uma implementação das primitivas `seal` e `unseal` nas competências. É claro que esse privilégio ainda está sujeito a uma verificação de tipo que garanta que apenas competências de software de um tipo abstrato especificado sejam passadas para qualquer procedimento desses. Não é conferida confiança universal a qualquer código, a não ser o microcódigo da máquina CAP. (Consulte as Notas Bibliográficas para referências.)

A interpretação de uma competência de software é deixada inteiramente para o subsistema, por meio dos procedimentos protegidos que ele contém. Esse esquema permite que várias políticas de proteção sejam implementadas. Embora os programadores possam definir seus próprios procedimentos protegidos (que podem ser incorretos), a segurança do sistema como um todo não pode ser comprometida. O sistema básico de proteção não permitirá que um procedimento protegido, não verificado, definido pelo usuário, acesse qualquer segmento de memória (ou competência) que não pertença ao ambiente de proteção em que ele reside. A consequência mais séria de um procedimento protegido inseguro é uma violação da proteção do subsistema pelo qual esse procedimento é responsável.

Os projetistas do sistema CAP notaram que o uso de competências de software permitia que obtivessem economias consideráveis na formulação e implementação de políticas de proteção proporcionais aos requisitos dos recursos abstratos. No entanto, projetistas de subsistemas que queiram fazer uso desse recurso não podem simplesmente estudar um manual de referência, como no caso do Hydra. Em vez disso, precisam aprender os princípios e técnicas de proteção, já que o sistema não fornece uma biblioteca de procedimentos.

13.9 Resumo

Os sistemas de computação contêm muitos objetos e eles têm de ser protegidos da má utilização. Os objetos podem ser de hardware (como memória, tempo de CPU e dispositivos de I/O) ou de software (como arquivos, programas e semáforos). Um direito de acesso é a permissão para executar uma operação em um objeto. Um domínio é um conjunto de direitos de acesso. Os processos são executados em domínios e podem usar qualquer um dos direitos de acesso do domínio para acessar e manipular objetos. Durante seu tempo de vida, um processo pode ficar limitado a um domínio de proteção ou ter permissão para mudar de um domínio para outro.

A matriz de acesso é um modelo geral de proteção que fornece um mecanismo sem impor uma política de proteção específica ao sistema ou seus usuários. A separação entre política e mecanismo é uma propriedade de projeto importante.

A matriz de acesso é esparsa. Normalmente, ela é implementada como listas de acessos associadas a cada objeto ou como listas de competências associadas a cada domínio. Podemos incluir a proteção dinâmica no modelo da matriz de acesso considerando os domínios e a própria matriz de acesso como objetos. A revogação de direitos de acesso em um modelo de proteção dinâmica costuma ser mais fácil de implementar com um esquema de lista de acessos do que com uma lista de competências.

Sistemas reais são muito mais limitados do que o modelo geral e tendem a fornecer proteção apenas para arquivos. O UNIX é representativo, fornecendo proteção de leitura, gravação e execução separadamente para o proprietário, o grupo e o público geral de cada arquivo. O MULTICS usa uma estrutura de anel complementar ao acesso a arquivos. O Hydra, o sistema CAP de Cambridge e o Mach são sistemas de competências que estendem a proteção a objetos de software definidos pelo usuário. O Solaris 10 implementa o princípio do privilégio mínimo através do controle de acesso baseado em papéis, uma forma de matriz de acesso.

Exercícios Práticos

13.1 Quais são as principais diferenças entre listas de competências e listas de acessos?

13.2 Um arquivo MCP do Burroughs B7000/B6000 pode ser marcado como dados sigilosos. Quando um arquivo assim é excluído, sua área de armazenamento é sobreposta por alguns bits aleatórios. Para que finalidade um esquema desse tipo seria útil?

13.3 Em um sistema de proteção em anel, o nível 0 tem o maior número de permissões de acesso aos objetos e o nível n (onde $n > 0$) tem o menor número de direitos de acesso. Os direitos de acesso de um programa, em um nível específico da estrutura de anel, são considerados um conjunto de competências. Qual é o relacionamento entre as competências de um domínio no nível j e um domínio no nível i para um objeto (sendo $j > i$)?

13.4 O sistema RC 4000, entre outros, definiu uma hierarquia de processos (chamada árvore de processos) tal que todos os descendentes de um processo só podem receber recursos (objetos) e direitos de acesso de seus ancestrais. Logo, um descendente jamais pode fazer algo que seus ancestrais não possam fazer. A raiz da árvore é o sistema operacional que pode fazer qualquer coisa. Suponha que o conjunto de direitos de acesso seja representado por uma matriz de acesso, A. $A(x,y)$ define os direitos de acesso do processo x para o objeto y. Se x é um descendente de z, qual é o relacionamento entre $A(x,y)$ e $A(z,y)$ para um objeto arbitrário y?

13.5 Que problemas de proteção podem surgir se uma pilha compartilhada for usada para a passagem de parâmetros?

13.6 Considere um ambiente de computação em que um número exclusivo seja associado a cada processo e a cada objeto do sistema. Suponha que permitamos que um processo com o número n acesse um objeto com o número m apenas se $n > m$. Que tipo de estrutura de proteção temos?

13.7 Considere um ambiente de computação em que um processo receba o privilégio de acessar um objeto apenas n vezes. Sugira um esquema para implementar essa política.

13.8 Se todos os direitos de acesso a um objeto são excluídos, o objeto não pode mais ser acessado. Nesse caso, o objeto também deve ser excluído e o espaço que ele ocupa deve ser retornado para o sistema. Sugira uma implementação eficiente desse esquema.

13.9 Por que é difícil proteger um sistema em que os usuários têm permissão para fazer seu próprio I/O?

13.10 Geralmente, as listas de competências são mantidas dentro do espaço de endereçamento do usuário. Como o sistema assegura que o usuário não possa modificar o conteúdo da lista?

Exercícios

13.11 Considere o esquema de proteção em anel do MULTICS. Se vamos implementar as chamadas de um sistema operacional típico e armazená-las em um segmento associado ao anel 0, quais seriam os valores armazenados no campo do anel referente ao descritor do segmento? O que acontece durante uma chamada de sistema quando um processo em execução em um anel de numeração mais alta chama um procedimento do anel 0?

13.12 A matriz de controle de acesso pode ser usada para determinar se um processo pode mudar, digamos, do domínio A para o domínio B e usar os privilégios de acesso do domínio B. Essa abordagem é equivalente à inclusão dos privilégios de acesso do domínio B nos do domínio A?

13.13 Considere um sistema de computação em que jogos de computador só possam ser jogados pelos alunos entre as 10 da noite e 6 da manhã, por funcionários da faculdade entre 5 da tarde e 8 da manhã, e pela equipe do centro de computação a qualquer momento. Sugira um esquema para a implementação eficiente dessa política.

13.14 Que recursos de hardware um sistema de computação precisa ter para manipular as competências eficientemente? Esses recursos podem ser usados para proteção da memória?

13.15 Discuta as vantagens e desvantagens da implementação de uma matriz de acesso com o uso de listas de acessos que sejam associadas a objetos.

13.16 Discuta as vantagens e desvantagens da implementação de uma matriz de acesso com o uso de competências que sejam associadas a domínios.

13.17 Explique por que um sistema com base em competências, como o Hydra, fornece maior flexibilidade do que o esquema de proteção em anel, para imposição de políticas de proteção.

13.18 Discuta a necessidade da amplificação de direitos no Hydra. Em que essa prática se compara às chamadas entre anéis de um esquema de proteção em anel?

13.19 O que é o princípio "conhecer o necessário"? Por que é importante que um sistema de proteção tenha aderência a esse princípio?

13.20 Discuta qual dos sistemas a seguir permite que projetistas de módulos imponham o princípio "conhecer o necessário".

   a. O esquema de proteção em anel do MULTICS

   b. As competências do Hydra

   c. O esquema de inspeção de pilha da JVM

13.21 Descreva como o modelo de proteção Java ficaria comprometido se um programa Java tivesse permissão para alterar diretamente as marcações de seu quadro de pilha.

13.22 Em que o recurso da matriz de acesso e o recurso do controle de acesso baseado em papéis são semelhantes? Em que eles diferem?

13.23 Como o princípio do privilégio mínimo ajuda na criação de sistemas de proteção?

13.24 Como os sistemas que implementam o princípio do privilégio mínimo ainda podem ter falhas de proteção que levem a violações de segurança?

Notas Bibliográficas

O modelo da matriz de acesso para a proteção entre domínios e objetos foi desenvolvido por Lampson [1969] e Lampson [1971]. Popek [1974] e Saltzer e Schroeder [1975] forneceram excelentes pesquisas sobre o tema da proteção. Harrison et al. [1976] usaram uma versão formal desse modelo para provar as propriedades de um sistema de proteção, matematicamente.

O conceito de competência evoluiu das *codewords* de Iliffe e Jodeit, que foram implementadas no computador da Universidade Rice (Iliffe e Jodeit [1962]). O termo *competência* foi introduzido por Dennis e Horn [1966].

O sistema Hydra foi descrito por Wulf et al. [1981]. O sistema CAP foi descrito por Needham e Walker [1977]. Organick [1972] discutiu o sistema de proteção em anel do MULTICS.

A revogação foi discutida por Redell e Fabry [1974], Cohen e Jefferson [1975] e Ekanadham e Bernstein [1979]. O princípio da separação entre política e mecanismo foi defendido pelo projetista do Hydra (Levin et al. [1975]). O problema do confinamento foi discutido pela primeira vez por Lampson [1973] e examinado posteriormente por Lipner [1975].

Segurança

CAPÍTULO 14

Como discutimos no Capítulo 13, a proteção é um problema estritamente *interno*: como fornecer acesso controlado a programas e dados armazenados em um sistema de computação? A **segurança**, por outro lado, requer não apenas um sistema de proteção adequado, mas também a consideração do ambiente *externo* dentro do qual o sistema opera. Um sistema de proteção é ineficaz se a autenticação do usuário fica comprometida ou se um programa é executado por um usuário não autorizado.

Os recursos do computador devem ser protegidos contra acesso não autorizado, destruição ou alteração maliciosa e introdução acidental de inconsistências. Esses recursos são as informações armazenadas no sistema (tanto dados quanto código), assim como CPU, memória, discos, fitas e a conexão de rede – tudo o que constitui o computador. Neste capítulo, começamos examinando maneiras pelas quais os recursos podem ser mal utilizados, acidental ou propositadamente. Em seguida, examinamos um facilitador de segurança chave – a criptografia. Para concluir, examinamos mecanismos que evitam ou detectam ataques.

> **OBJETIVOS DO CAPÍTULO**
> - Discutir ameaças e ataques à segurança.
> - Explicar os aspectos básicos da criptografia, da autenticação e do hashing.
> - Examinar as aplicações da criptografia na computação.
> - Descrever várias medidas defensivas contra ataques à segurança.

14.1 O Problema da Segurança

Em muitas aplicações, garantir a segurança do sistema de computação vale um esforço considerável. Grandes sistemas comerciais contendo a folha de pagamentos ou outros dados financeiros são alvos convidativos aos ladrões. Sistemas que contêm dados relacionados a operações empresariais podem ser do interesse de concorrentes inescrupulosos. Além disso, a perda acidental ou forjada desses dados pode prejudicar seriamente a capacidade de a empresa funcionar.

No Capítulo 13, discutimos mecanismos que o sistema operacional pode fornecer (com ajuda apropriada do hardware) para permitir que os usuários protejam seus recursos, incluindo programas e dados. Esses mecanismos só funcionam bem se os usuários se adaptam ao uso e ao acesso pretendidos para esses recursos. Dizemos que um sistema é *seguro* quando seus recursos são usados e acessados como pretendido em todas as circunstâncias. Infelizmente, a segurança total não pode ser atingida. Mesmo assim, devemos ter mecanismos que tornem as brechas de segurança uma ocorrência rara, e não a norma.

As violações de segurança (ou a má utilização) do sistema podem ser classificadas como intencionais (maliciosas) ou acidentais. É mais fácil se proteger contra a má utilização acidental do que contra a maliciosa. Geralmente, os mecanismos de proteção são a base da proteção contra acidentes. A lista a seguir inclui várias formas de violações de segurança acidentais e maliciosas. Devemos observar que, em nossa discussão sobre segurança, usamos os termos *intruso* e *invasor* para quem tenta violar a segurança. Além disso, uma **ameaça** é o potencial para uma violação de segurança, como a descoberta de uma vulnerabilidade, enquanto um **ataque** é a tentativa de violação da segurança.

- **Brecha de sigilo.** Esse tipo de violação envolve a leitura não autorizada de dados (ou o roubo de informações). Normalmente, uma brecha de sigilo é o objetivo de um intruso. A captura de dados secretos em um sistema ou fluxo de dados, como informações de cartão de crédito ou informações de identificação para roubo de identidade, pode resultar, diretamente, em dinheiro para o intruso.

- **Brecha de integridade.** Essa violação envolve a modificação não autorizada de dados. Os ataques podem, por exemplo, resultar na transferência de responsabilidade para terceiros inocentes ou na modificação do código-fonte de uma aplicação comercial importante.

- **Brecha de disponibilidade.** Essa violação envolve a destruição não autorizada de dados. Alguns invasores preferem provocar destruição e ganhar status ou se vangloriar do que obter ganhos financeiros. A desfiguração de sites da Web é um exemplo comum desse tipo de brecha de segurança.

- **Roubo de serviço.** Essa violação envolve o uso não autorizado de recursos. Por exemplo, um intruso (ou programa de invasão) pode instalar um daemon em um sistema que atue como servidor de arquivos.

- **Recusa de serviço.** Essa violação envolve o impedimento do uso legítimo do sistema. Às vezes, os ataques de **recusa de serviço** ou **DOS** (*denial-of-service*), são acidentais. O verme original da Internet se transformou em um ataque DOS quando um bug não conseguiu retardar sua rápida disseminação. Discutimos os ataques DOS, posteriormente, na Seção 14.3.3.

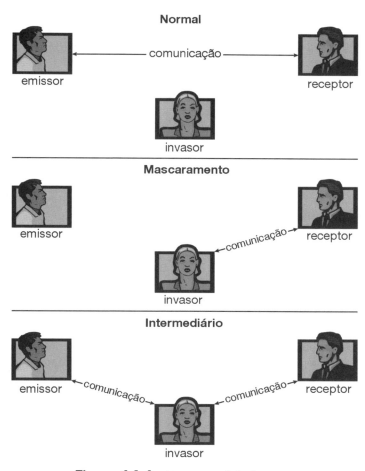

Figura 14.1 Ataques-padrão à segurança.

Os invasores usam vários métodos-padrão em suas tentativas de violar a segurança. O mais comum é o ***mascaramento***, em que um participante de uma comunicação finge ser quem não é (outro host ou outra pessoa). Usando o mascaramento, os invasores violam a ***autenticação***, a exatidão da identificação; eles podem então ganhar acesso que, normalmente, não receberiam ou aumentar seus privilégios – obter privilégios que, normalmente, não lhes seriam atribuídos. Outro ataque comum é a reexecução de uma troca de dados capturada. Um ***ataque de reexecução*** consiste na repetição maliciosa ou fraudulenta de uma transmissão de dados válida. Às vezes, a reexecução compõe o ataque inteiro – por exemplo, na repetição de uma solicitação para transferência de dinheiro. Mas, frequentemente, ela é feita junto com a ***modificação de mensagens***, novamente para o aumento de privilégios. Considere o dano que poderia ser causado se uma solicitação de autenticação tivesse as informações de um usuário legítimo substituídas pelas de um usuário não autorizado. Outro tipo de ataque é o ***ataque do intermediário***, em que um invasor se instala no fluxo de dados de uma comunicação, mascarando-se como o emissor para o receptor, e vice-versa. Em uma comunicação de rede, um ataque do intermediário pode ser precedido por um ***sequestro de sessão***, em que uma sessão de comunicação ativa é interceptada. Vários métodos de ataque são mostrados na Figura 14.1.

Como já sugerimos, a proteção absoluta do sistema contra abuso malicioso não é possível, mas o custo pode se tornar suficientemente alto para deter a maioria dos infratores. Em alguns casos, como no de um ataque de recusa de serviço, é preferível impedir o ataque, mas já é suficiente detectá-lo para que medidas defensivas sejam tomadas.

Para proteger um sistema, devemos tomar medidas de segurança em quatro níveis:

1. **Físico.** O sítio ou os sítios que contêm os sistemas de computação devem ser fisicamente protegidos contra a entrada forçada ou furtiva de intrusos. Tanto as salas das máquinas quanto os terminais ou estações de trabalho que têm acesso a elas devem ser protegidos.

2. **Humano.** A autorização deve ser feita cuidadosamente para garantir que só usuários apropriados tenham acesso ao sistema. Até mesmo usuários autorizados, no entanto, podem ser "encorajados" a deixar que outras pessoas usem seu acesso (mediante suborno, por exemplo). Eles também podem ser levados a permitir o acesso se forem vítimas de ***engenharia social***. Um tipo de ataque de engenharia social é o ***phishing***: um email ou página da Web de aparência legítima engana um usuário levando-o a inserir informações confidenciais. Outra técnica é o ***dumpster diving***, um termo geral para a tentativa de coletar informações para obter acesso não auto-

rizado ao computador (examinando o conteúdo de lixeiras, bisbilhotando agendas telefônicas ou encontrando lembretes contendo senhas, por exemplo). Esses problemas de segurança são questões pessoais e de gerenciamento e não problemas relacionados aos sistemas operacionais.

3. **Sistema operacional.** O sistema deve proteger a si próprio contra brechas de segurança acidentais ou propositais. Um processo fora de controle poderia constituir um ataque acidental de recusa de serviço. Uma consulta a um serviço poderia revelar senhas. Um estouro de pilha poderia permitir o acionamento de um processo não autorizado. A lista de brechas possíveis é quase infinita.

4. **Rede.** A maioria dos dados dos sistemas modernos viaja por linhas privadas dedicadas, linhas compartilhadas como a Internet, conexões sem fio ou linhas dial-up. A interceptação desses dados poderia ser tão danosa quanto uma invasão em um computador, e a interrupção de comunicações poderia constituir um ataque remoto de recusa de serviço, diminuindo o uso do sistema e a confiança dos usuários.

A segurança nos dois primeiros níveis deve ser mantida para garantir a segurança do sistema operacional. Uma vulnerabilidade em um nível alto de segurança (físico ou humano) permite que medidas de segurança estritamente de baixo nível (sistema operacional) sejam burladas. Portanto, o antigo adágio de que uma corrente é tão forte quanto seu elo mais fraco é particularmente verdadeiro para a segurança de sistemas. Todos esses aspectos devem ser abordados para a segurança ser mantida.

Além disso, o sistema deve fornecer proteção (Capítulo 13) para permitir a implementação de recursos de segurança. Sem poder autorizar usuários e processos, controlar seu acesso e registrar suas atividades, seria impossível um sistema operacional implementar medidas de segurança ou ser executado seguramente. Recursos de proteção de hardware são necessários para dar suporte a um esquema geral de proteção. Por exemplo, um sistema sem proteção de memória não pode ser seguro. Novos recursos de hardware permitem que os sistemas sejam mais seguros, como veremos em nossa discussão.

Infelizmente, pouca coisa em segurança é constante. Conforme os intrusos exploram vulnerabilidades de segurança, medidas preventivas são criadas e implantadas. Isso faz com que os intrusos se tornem mais sofisticados em seus ataques. Por exemplo, incidentes recentes de segurança incluem o uso de spyware para fornecer um canal de introdução de spam através de sistemas inocentes (discutimos essa prática na Seção 14.2). Esse jogo de gato e rato deve continuar, sendo necessárias mais ferramentas de segurança para bloquear o número cada vez maior de técnicas e atividades de intrusos.

Ao longo deste capítulo, abordamos a segurança nos níveis de rede e de sistema operacional. A segurança nos níveis físico e humano, embora importante, não interessa tanto ao escopo deste texto. A segurança dentro do sistema operacional e entre sistemas operacionais é implementada de várias maneiras que vão do uso de senhas de autenticação à proteção contra vírus e à detecção de invasões. Começamos examinando as ameaças à segurança.

14.2 Ameaças de Programas

Os processos, junto com o kernel, são o único meio de execução de tarefas em um computador. Portanto, é um objetivo comum dos invasores criar um programa que gere uma brecha de segurança ou faça um processo normal mudar seu comportamento e criar uma brecha. Na verdade, até mesmo a maioria dos eventos de segurança não relacionados a programas tem como objetivo causar uma ameaça de programa. Por exemplo, embora seja útil conectar-se a um sistema sem autorização, é muito mais útil deixar para trás um daemon de **porta dos fundos** que forneça informações ou permita o acesso fácil, mesmo se o ataque original for bloqueado. Nesta seção, descrevemos métodos comuns por meio dos quais os programas causam brechas de segurança. É bom ressaltar que há uma variação considerável nas convenções de nomeação das brechas de segurança e que usamos os termos mais comuns ou descritivos.

14.2.1 Cavalo de Troia

Muitos sistemas têm mecanismos que permitem que programas escritos por usuários sejam executados por outros usuários. Se esses programas forem executados em um domínio que forneça os direitos de acesso do usuário executante, os outros usuários poderão fazer uso indevido desses direitos. Um programa editor de texto, por exemplo, poderia incluir código para a busca de certas palavras-chave no arquivo que está sendo editado. Se alguma fosse encontrada, o arquivo inteiro seria copiado para uma área especial acessível ao criador do editor de texto. Um segmento de código que utiliza seu ambiente inadequadamente é chamado um ***cavalo de Troia***. Longos caminhos de busca, comuns nos sistemas UNIX, exacerbam o problema do cavalo de Troia. O caminho de busca lista o conjunto de diretórios a ser pesquisado quando um nome de programa ambíguo é fornecido. Um arquivo com esse nome é procurado no caminho e executado. Todos os diretórios nesse caminho de busca devem estar seguros ou um cavalo de Troia pode ser introduzido no caminho do usuário e executado acidentalmente.

Por exemplo, considere o uso do caractere "." em um caminho de busca. O "." diz ao shell para incluir o diretório corrente na busca. Portanto, se um usuário com o caractere "." em seu caminho de busca, tiver posicionado seu diretório corrente para o diretório de um amigo e inserir o nome de um comando normal do sistema, o comando poderá ser executado a partir do diretório do amigo. O programa seria executado dentro do domínio do usuário, o que lhe permitiria fazer qualquer coisa que o usuário tenha permissão para fazer, inclusive excluir os arquivos, por exemplo.

Uma variação do cavalo de Troia é um programa que emula um programa de login. Um usuário insuspeito começa a conectar-se a um terminal e nota que, aparentemente, digitou errado sua senha. Ele tenta novamente e é bem-sucedido. O que aconteceu é que sua chave e senha de autenticação foram roubadas pelo emulador de login que o ladrão deixou em execução no terminal. O emulador armazenou a senha, exibiu uma mensagem de erro de login e saiu; o usuário recebeu, então, um prompt de login genuíno. Esse tipo de ataque pode ser evitado se o sistema operacional exibir uma mensagem de uso no fim de uma sessão interativa ou por uma sequência de chaves não interceptável, como a combinação `control-alt-delete` usada por todos os sistemas operacionais Windows modernos.

Outra variação do cavalo de Troia é o *spyware*. Em algumas situações, o spyware acompanha um programa que o usuário decide instalar. O mais comum é que venha junto com programas freeware ou shareware, mas ele também é incluído em softwares comerciais. O objetivo do spyware é fazer o download de anúncios para exibição no sistema do usuário, criar **janelas pop-up** quando certos sites são visitados ou capturar informações no sistema do usuário e enviá-las para um site central. Essa última prática é um exemplo de uma categoria geral de ataques conhecida como **canais ocultos**, em que ocorre uma comunicação clandestina. Por exemplo, a instalação de um programa de aparência inocente em um sistema Windows poderia resultar na carga de um daemon spyware. O spyware poderia entrar em contato com um site central, receber uma mensagem e uma lista de endereços destinatários e distribuir a mensagem spam para esses usuários a partir da máquina Windows. Esse processo continuaria até o usuário descobrir o spyware. Frequentemente, o spyware não é descoberto. Em 2004, estimou-se que 80% dos spams estavam sendo distribuídos por esse método. Esse roubo de serviço nem mesmo é considerado crime na maioria dos países!

O spyware é um pequeno exemplo de um grande problema: a violação do princípio do privilégio mínimo. Na maioria dos casos, o usuário de um sistema operacional não precisa instalar daemons de rede. Esses daemons são instalados por causa de dois erros. Em primeiro lugar, um usuário pode operar com mais privilégios do que o necessário (por exemplo, como administrador), permitindo que os programas executados por ele tenham acesso excessivo ao sistema operacional. Esse é um caso de erro humano – uma vulnerabilidade comum de segurança. Em segundo lugar, um sistema operacional pode permitir, por default, mais privilégios do que um usuário normal precisa. Esse é um caso de decisões inadequadas de projeto do sistema operacional. Um sistema operacional (e, na verdade, os softwares em geral) deve permitir controle de acesso e segurança de maior granularidade, mas também deve ser fácil de gerenciar e entender. Medidas de segurança inconvenientes ou inadequadas estão sujeitas à violação, causando uma vulnerabilidade geral da segurança que foram projetadas para implementar.

14.2.2 Trap Door

O projetista de um programa ou sistema pode deixar uma brecha no software que só ele seja capaz de usar. Esse tipo de brecha de segurança (ou **trap door**) foi mostrado no filme *Jogos de Guerra*. Por exemplo, o código pode procurar um userID ou senha específicos e burlar os procedimentos normais de segurança. Programadores foram presos por desfalcar bancos incluindo erros de arredondamento em seu código e fazendo o meio centavo ocasional ser creditado em suas contas. Esse crédito em conta pode chegar a uma grande quantia em dinheiro, considerando-se a quantidade de transações que um grande banco executa.

Um trap door inteligente poderia ser incluído em um compilador. O compilador poderia gerar um código-objeto padrão, assim como um trap door, independente do código-fonte que estivesse sendo compilado. Essa atividade é particularmente ardilosa, porque uma busca no código-fonte do programa não revelará nenhum problema. Só o código-fonte do compilador conteria as informações.

Trap doors constituem um problema difícil porque, para detectá-los, temos de analisar todo o código-fonte de todos os componentes de um sistema. Dado que os sistemas de software podem ser compostos por milhões de linhas de código, essa análise não é feita com frequência – na verdade, jamais é feita!

14.2.3 Bomba Lógica

Considere um programa que só inicie um incidente de segurança sob certas circunstâncias. Seria difícil de detectar porque, em operação normal, não haveria brecha de segurança. No entanto, quando um conjunto predefinido de parâmetros fosse encontrado, a brecha de segurança seria criada. Esse cenário é conhecido como **bomba lógica**. Um programador, por exemplo, pode escrever um código para detectar se ele ainda está empregado; se essa verificação fornecer resposta negativa, um daemon poderia ser gerado para permitir acesso remoto ou um código ser iniciado para causar danos ao sítio.

14.2.4 Estouro de Pilha e de Buffer

O ataque de estouro de pilha ou de buffer é a maneira mais comum de um invasor fora do sistema, em uma rede ou conexão dial-up, obter acesso não autorizado ao sistema alvo. Um usuário autorizado do sistema também pode usar essa invasão para aumentar privilégios.

Essencialmente, o ataque explora um bug em um programa. O bug pode ser um simples caso de programação inadequada em que o programador não codificou a verificação de limites em um campo de entrada. Nesse caso, o invasor envia mais dados do que o programa estava esperando. Usando tentativa e erro ou examinando o código-fonte do programa atacado se ele estiver disponível, o invasor determina a vulnerabilidade e escreve um programa para fazer o seguinte:

1. Estourar um campo de entrada, um argumento de linha de comando ou um buffer de entrada – por exemplo, em um daemon de rede – até gravar na pilha.
2. Substituir o endereço de retorno corrente da pilha pelo endereço do código de invasão carregado no passo 3.
3. Gravar um segmento simples de código no próximo espaço da pilha incluindo os comandos que o invasor deseja executar – por exemplo, a criação de um shell.

O resultado da execução desse programa de ataque será a execução de um shell root ou de outro comando privilegiado.

Por exemplo, se um formulário de página da Web está esperando que um nome de usuário seja inserido em um campo, o invasor pode enviar o nome de usuário e caracteres adicionais para estourar o buffer e alcançar a pilha, além de um novo

```c
#include <stdio.h>
#define BUFFER_SIZE 256

int main(int argc, char *argv[])
{
    char buffer[BUFFER_SIZE];

    if (argc < 2)
        return -1;
    else {
        strcpy(buffer,argv[1]);
        return 0;
    }
}
```

Figura 14.2 Programa em C com condição de estouro de buffer.

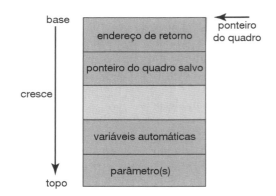

Figura 14.3 O formato de um quadro de pilha típico.

endereço de retorno para carregar na pilha e o código que deseja executar. Quando a sub-rotina de leitura do buffer retornar da execução, o endereço de retorno é o código de invasão que é executado.

Examinemos a invasão de estouro de buffer com mais detalhes. Considere o programa em C simples mostrado na Figura 14.2. Esse programa cria um array de caracteres de tamanho BUFFER_SIZE e copia o conteúdo do parâmetro fornecido na linha de comando – argv[1]. Contanto que o tamanho desse parâmetro seja menor do que BUFFER_SIZE (precisamos de um byte para armazenar o finalizador nulo), esse programa funcionará apropriadamente. Mas, considere o que acontece se o parâmetro fornecido na linha de comando for maior do que BUFFER_SIZE. Nesse cenário, a função strcpy() começa a copiar o conteúdo de argv[1] até encontrar um finalizador nulo (\0) ou até o programa cair. Logo, esse programa sofre de um problema potencial de estouro de buffer em que os dados copiados estouram o array buffer.

Observe que um programador cuidadoso poderia ter executado a verificação de limites sobre o tamanho de argv[1] usando a função strncpy() em vez de strcpy(), substituindo a linha "strcpy(buffer, argv[1])" por "strncpy(buffer, argv[1],sizeof(buffer) -1);". Infelizmente, uma boa verificação de limites é a exceção e não a regra.

Além disso, a falta de verificação de limites não é a única causa possível para o comportamento do programa da Figura 14.2. O programa poderia ter sido projetado cuidadosamente para comprometer a integridade do sistema. Consideremos, agora, as possíveis vulnerabilidades de segurança de um estouro de buffer.

Quando uma função é invocada em uma arquitetura de computador típica, as variáveis definidas localmente para a função (às vezes conhecidas como **variáveis automáticas**), os parâmetros passados para a função e o endereço para o qual o controle retorna quando a função termina são armazenados em um **quadro de pilha**. O formato de um quadro de pilha típico é mostrado na Figura 14.3. Examinando o quadro de pilha do topo para a base, vemos primeiro os parâmetros passados para a função, seguidos por qualquer variável automática declarada na função. Em seguida, vemos o **ponteiro do quadro**, que é o endereço do início do quadro de pilha. Para concluir, temos o endereço de retorno que especifica para onde retornar o controle quando a função sair. O ponteiro do quadro deve ser salvo na pilha, já que seu valor pode variar durante a chamada da função; o ponteiro do quadro salvo permite o acesso relativo a parâmetros e a variáveis automáticas.

Dado esse formato de memória-padrão, um invasor poderia executar um ataque de estouro de buffer. Seu objetivo é substituir o endereço de retorno do quadro da pilha para que ele aponte, agora, para o segmento de código contendo o programa invasor.

Primeiro, o programador escreve um curto segmento de código como o mostrado abaixo:

```c
#include <stdio.h>

int main(int argc, char *argv[])
{
    execvp(''\bin\sh'',''\bin \sh'', NULL);
    return 0;
}
```

Usando a chamada de sistema execvp(), esse segmento de código cria um processo shell. Se o programa que está sendo atacado for executado com permissões que abrangem todo o sistema, esse shell recém-criado ganhará acesso total ao sistema. É claro que o segmento de código poderia fazer qualquer coisa permitida pelos privilégios do processo atacado. Esse segmento de código é, então, compilado para que as instruções em linguagem de montagem possam ser modificadas. A principal modificação é a remoção de recursos desnecessários do código, reduzindo assim seu tamanho para que ele possa caber em um quadro da pilha. Agora, esse fragmento de código montado é uma sequência binária que será o coração do ataque.

Observe novamente o programa mostrado na Figura 14.2. Suponha que quando a função main() é chamada nesse programa, o quadro da pilha apareça como mostrado na Figura 14.4(a). Usando um depurador, o programador encontra então o endereço de buffer[0] na pilha. Esse endereço é a locação do código que o invasor quer que seja executado. A sequência

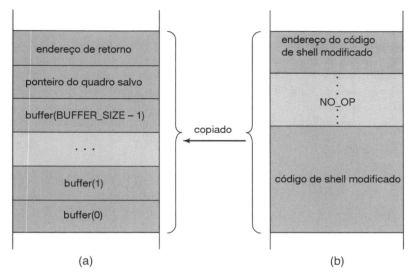

Figura 14.4 Quadro de pilha hipotético da Figura 14.2, (a) antes e (b) depois.

binária é acrescentada com a quantidade necessária de instruções NO-OP (de NO-OPeration) para preencher o quadro da pilha até a locação do endereço de retorno; além disso, a locação de buffer[0], o novo endereço de retorno, é adicionada. O ataque se completa quando o invasor fornece essa sequência binária construída como entrada para o processo. O processo, então, copia a sequência binária de argv[1] para a posição buffer[0] no quadro da pilha. Agora, quando o controle retornar de main(), em vez de retornar para a locação especificada pelo valor anterior do endereço de retorno, retorna para o código do shell modificado que é executado com os direitos de acesso do processo atacado! A Figura 14.4(b) contém o código do shell modificado.

Há muitas maneiras de explorar problemas potenciais do estouro de buffer. Nesse exemplo, consideramos a possibilidade de que o programa sendo atacado – o código mostrado na Figura 14.2 – seja executado com permissões abrangentes a todo o sistema. No entanto, o segmento de código que é executado, uma vez que o valor do endereço de retorno tenha sido modificado, pode executar qualquer tipo de ato malicioso, como excluir arquivos, abrir portas de rede para invasão posterior e assim por diante.

Esse exemplo de ataque de estouro de buffer revela que são necessários conhecimentos e habilidades de programação consideráveis para reconhecer códigos exploráveis e, então, explorá-los. Infelizmente, o lançamento de ataques à segurança não exige grandes programadores. Em vez disso, um invasor pode determinar o bug e, então, criar uma invasão. Qualquer pessoa com habilidades rudimentares em computação e acesso à vulnerabilidade – a famosa **garotada dos scripts** – pode tentar lançar o ataque aos sistemas-alvo.

O ataque de estouro de buffer é, particularmente, pernicioso porque pode ser executado entre sistemas e pode viajar pelos canais de comunicação permitidos. Esses ataques podem ocorrer dentro de protocolos destinados a serem usados na comunicação com a máquina-alvo e, portanto, podem ser difíceis de detectar e evitar. Eles podem até mesmo burlar a segurança adicionada por firewalls.

Uma solução para esse problema é a CPU ter um recurso que desative a execução de códigos em uma seção da pilha de memória. Versões recentes do chip SPARC da Sun incluem esse recurso e versões recentes do Solaris o habilitam. O endereço de retorno da rotina estourada ainda pode ser modificado, mas quando o endereço de retorno está dentro da pilha e o código da pilha tenta ser executado, uma exceção é gerada e o programa é interrompido com um erro.

Versões recentes dos chips AMD e Intel x86 incluem o recurso NX para impedir esse tipo de ataque. O uso do recurso é suportado por vários sistemas operacionais x86, inclusive o Linux e o Windows XP SP2 (e posteriores). A implementação em hardware envolve o uso de um novo bit nas tabelas de páginas das CPUs. Esse bit marca a página associada como não executável, para que instruções não possam ser lidas e executadas a partir da página. À medida que o uso desse recurso for se expandindo, os ataques de estouro de buffer devem diminuir bastante.

14.2.5 Vírus

Outro tipo de ameaça de programa é o **vírus**. Um vírus é um fragmento de código embutido em um programa legítimo. Os vírus são autorreplicáveis e projetados para "infectar" outros programas. Eles podem provocar devastação em um sistema modificando ou destruindo arquivos e causando quedas do sistema e o mau funcionamento dos programas. Como a maioria dos ataques de penetração, os vírus são muito específicos em relação a arquiteturas, sistemas operacionais e aplicações, e são um grande problema para usuários de PCs. O UNIX e outros sistemas operacionais multiusuário geralmente não são suscetíveis aos vírus porque o sistema operacional protege os programas executáveis contra gravações. Mesmo quando um vírus infecta um programa desses, seus poderes costumam ser limitados porque outros aspectos do sistema são protegidos.

Geralmente, os vírus são transmitidos via email, sendo as mensagens spam o vetor mais comum. Eles também podem se espalhar quando os usuários fazem o download de programas virais provenientes de serviços de compartilhamento de arquivos da Internet ou quando trocam discos infectados.

Outra forma comum de transmissão de vírus usa arquivos do Microsoft Office, como os documentos do Microsoft Word. Esses documentos podem conter *macros* (ou programas em Visual Basic) que os programas da suite Office (Word, PowerPoint e Excel) executarão automaticamente. Como esses programas são executados sob responsabilidade exclusiva do usuário, as macros podem ser executadas sem restrições (por exemplo, excluindo arquivos do usuário à vontade). Normalmente, o vírus também envia a si próprio por e-mail para outras pessoas da lista de contatos do usuário. Aqui está uma amostra de código que mostra como é simples escrever uma macro em Visual Basic que um vírus poderia usar para formatar o drive de disco rígido de um computador Windows assim que o arquivo contendo a macro for aberto.

```
Sub AutoOpen()
Dim oFS
    Set oFS = CreateObject(''Scripting.FileSystemObject'')
    vs = Shell(''c: command.com /k format c:'',vbHide)
End Sub
```

Como os vírus funcionam? Uma vez que um vírus alcance um computador alvo, um programa conhecido como **transmissor de vírus** o insere no sistema. Geralmente, o transmissor de vírus é um cavalo de Troia, executado por outras razões, mas tendo a instalação do vírus como sua atividade principal. Uma vez instalado, o vírus pode fazer qualquer coisa. Há literalmente milhares de vírus, mas eles se encaixam em algumas categorias principais. É bom ressaltar que muitos vírus pertencem a mais de uma categoria.

- **Arquivo.** Um vírus de arquivo-padrão infecta um sistema anexando-se a um arquivo. Ele altera o início do programa para que a execução salte para seu código. Após ser executado, ele retorna o controle para o programa para que sua execução não seja notada. Os vírus de arquivo são, às vezes, chamados de vírus parasitas porque não deixam arquivos cheios para trás e deixam o programa host ainda funcionando.
- **Inicialização.** Um vírus de inicialização infecta o setor de inicialização do sistema, sendo executado sempre que o sistema é inicializado e antes de o sistema operacional ser carregado. Ele procura outras mídias inicializáveis (isto é, disquetes) e as infecta. Esses vírus também são conhecidos como vírus de memória porque não aparecem no sistema de arquivos. A Figura 14.5 mostra como um vírus de inicialização funciona.
- **Macro.** A maioria dos vírus é escrita em linguagem de baixo nível, como linguagem de montagem ou C. Os vírus de macro são escritos em linguagem de alto nível, como Visual Basic. Esses vírus são disparados quando um programa capaz de executar a macro é executado. Por exemplo, um vírus de macro poderia estar contido em um arquivo de planilha.
- **Código-fonte.** Um vírus de código-fonte procura o código-fonte e o modifica para incluir o vírus e ajudá-lo a se espalhar.
- **Polimórfico.** Um vírus polimórfico se altera sempre que é instalado para evitar a detecção por um software antivírus. As mudanças não afetam a funcionalidade do vírus, mas mudam sua assinatura. A *assinatura do vírus* é um padrão que pode ser usado para identificá-lo, normalmente uma série de bytes que compõe seu código.
- **Criptografado.** Um vírus criptografado também inclui um código de descriptografia, novamente para evitar a detecção. Primeiro, o vírus é descriptografado e, então, executado.
- **Furtivo.** Esse vírus astuto tenta evitar a detecção modificando partes do sistema que poderiam ser usadas para detectá-lo. Por exemplo, ele poderia modificar a chamada de sistema `read` para que, se o arquivo que ele modificou for lido, a forma original do código seja retornada em vez de o código infectado.
- **Encapsulado.** Esse vírus tenta não ser detectado por uma varredura antivírus instalando a si próprio na cadeia de manipuladores de interrupção. Vírus semelhantes instalam a si próprios em drivers de dispositivos.
- **Multipartite.** Um vírus desse tipo pode infectar várias partes de um sistema, inclusive setores de inicialização, memória e arquivos. Isso o torna difícil de detectar e conter.
- **Blindado.** Um vírus blindado é codificado para tornar difícil que pesquisadores de antivírus o decifrem e entendam. Ele também pode ser comprimido para evitar a detecção e a desinfecção. Além disso, transmissores de vírus e outros arquivos cheios que fazem parte de uma infestação por vírus costumam ser ocultos por meio de atributos de arquivo ou nomes de arquivo não visualizáveis.

Essa grande variedade de vírus deve continuar a aumentar. Na verdade, em 2004 um vírus novo e amplamente disseminado foi detectado. Para operar, ele explorava três bugs diferentes. Esse vírus começou infectando centenas de servidores Windows (inclusive muitos sites confiáveis) que estavam executando o Microsoft Internet Information Server (IIS). Qualquer navegador do Microsoft Internet Explorer vulnerável que visitasse esses sites recebia um vírus de navegador com qualquer download. O vírus de navegador instalava vários programas de porta dos fundos, inclusive um **registrador de pressionamento de teclas** que registra tudo que é inserido pelo teclado (senhas e números de cartão de crédito, por exemplo). Ele também instalava um daemon para permitir o acesso remoto ilimitado de um intruso e outro que permitia que um intruso roteasse mensagens spam pelo computador desktop infectado.

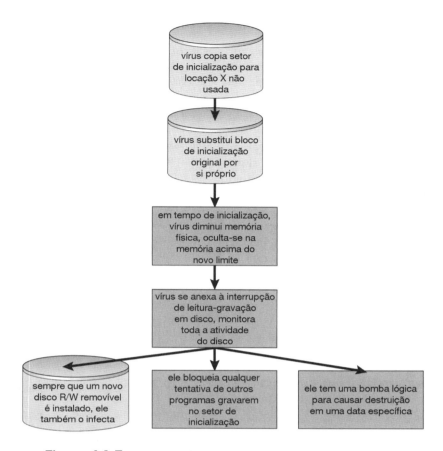

Figura 14.5 Um vírus de computador no setor de inicialização.

Geralmente, os vírus são os ataques à segurança mais danosos e, como são eficazes, continuarão a ser criados e disseminados. Entre os debates ativos dentro da comunidade de computação, está o relacionado à *monocultura*, em que muitos sistemas executam no mesmo hardware, sistema operacional e/ou software aplicativo, indagando-se se isso aumenta a ameaça de violações de segurança e o dano que causa. Essa monocultura supostamente consiste nos produtos Microsoft e parte do debate é sobre se ela existe mesmo atualmente.

14.3 Ameaças de Sistema e Rede

Normalmente, as ameaças de programas usam uma falha nos mecanismos de proteção de um sistema para atacar programas. Por outro lado, as ameaças de sistema e rede envolvem a violação de serviços e de conexões de rede. As ameaças de sistema e rede criam uma situação em que os recursos do sistema operacional e os arquivos de usuário são usados incorretamente. Às vezes um ataque de sistema e rede é usado para lançar um ataque de programa e vice-versa.

Quanto mais *aberto* for um sistema operacional – quanto mais serviços ele proporcionar e quanto mais funções ele oferecer – maior é a probabilidade de haver um bug disponível para exploração. Cada vez mais, os sistemas operacionais se esforçam para serem *seguros por default*. Por exemplo, o Solaris 10 passou de um modelo em que muitos serviços (FTP, telnet e outros) eram habilitados por default quando o sistema era instalado, para um modelo em que quase todos os serviços estão desabilitados em tempo de instalação e devem ser habilitados especificamente pelos administradores do sistema. Essas alterações reduzem a *superfície de ataque* do sistema – o conjunto de maneiras pelas quais um invasor pode tentar entrar no sistema.

Ao longo desta seção, discutimos alguns exemplos de ameaças de sistemas e redes, incluindo vermes, varredura de portas e ataques de recusa de serviço. É importante destacar que os ataques de mascaramento e reexecução também são, normalmente, lançados pelas redes entre sistemas. Na verdade, esses ataques são mais eficazes e difíceis de combater quando vários sistemas estão envolvidos. Por exemplo, dentro de um computador, o sistema operacional geralmente consegue determinar o emissor e o receptor de uma mensagem. Mesmo se o emissor mudar para o ID de outra pessoa, pode haver um registro dessa mudança de identificação. Quando vários sistemas estão envolvidos, principalmente sistemas controlados por invasores, esse rastreamento é muito mais difícil.

Em geral, podemos dizer que o compartilhamento de dados secretos (para comprovar identidade e como chaves para criptografia) é necessário para autenticação e criptografia, e é mais fácil em ambientes (como em um único sistema operacional) em que existem métodos de compartilhamento seguros. Esses métodos incluem memória compartilhada e comunicação entre processos. A criação de uma comunicação e de uma autenticação seguras é discutida nas Seções 14.4 e 14.5.

14.3.1 Vermes

Um **verme** é um processo que usa o mecanismo de **reprodução** para duplicar a si mesmo. Ele reproduz cópias de si próprio, consumindo recursos do sistema e às vezes trancando todos os outros processos. Em redes de computadores, os vermes são particularmente potentes porque podem se reproduzir entre sistemas e, portanto, paralisar uma rede inteira. Um evento assim ocorreu em 1988 em sistemas UNIX na Internet, causando desperdício de tempo dos sistemas e dos administradores de sistemas estimado em milhões de dólares.

No fim do dia de trabalho, em 2 de novembro de 1988, Robert Tappan Morris Jr., um aluno do primeiro ano de graduação em Cornell, liberou um programa do tipo verme em um ou mais hosts conectados à Internet. Destinado a estações de trabalho Sun 3 da Sun Microsystems e computadores VAX executando variantes do BSD UNIX versão 4, o verme se espalhou rapidamente por grandes distâncias; dentro de algumas horas de sua liberação, ele tinha consumido recursos dos sistemas ao ponto de paralisar as máquinas infectadas.

Embora Robert Morris tenha projetado os programas de autorreplicação para reprodução e distribuição rápidas, alguns dos recursos do ambiente de rede UNIX forneceram os meios de propagação do verme em todo o sistema. É provável que Morris tenha selecionado, para infecção inicial, um host da Internet deixado aberto e acessível a usuários externos. Daí em diante, o verme explorou falhas nas rotinas de segurança do sistema operacional UNIX e se beneficiou de utilitários UNIX que simplificam o compartilhamento de recursos em redes locais, para ganhar acesso não autorizado a milhares de outros sites conectados. Os métodos de ataque de Morris são descritos a seguir.

O verme era composto por dois programas, o programa **âncora de atracação** (também chamado **bootstrap** ou **vetor**) e o programa principal. Chamado *l1.c*, o programa âncora de atracação era composto por 99 linhas de código em C, compilado e executado em cada máquina que ele acessava. Uma vez estabelecido no sistema de computação sob ataque, o programa âncora de atracação conectava-se à máquina que lhe deu origem e carregava uma cópia do verme principal no sistema *capturado* (Figura 14.6). O programa principal continuava procurando outras máquinas às quais o sistema recém-infectado pudesse se conectar facilmente. Nessas ações, Morris explorou o utilitário de rede UNIX rsh para execução fácil de tarefas remotas. Estabelecendo arquivos especiais que listam pares "host-nome de login", os usuários podem omitir a inserção de uma senha sempre que acessam uma conta remota da lista de pares. O verme pesquisava esses arquivos especiais em busca de nomes de instalações que permitiriam a execução remota sem uma senha. Quando shells remotos eram estabelecidos, o verme era carregado e começava uma nova execução.

O ataque através de acesso remoto era um dos três métodos de infecção construídos dentro do verme. Os outros dois métodos envolviam bugs do sistema operacional nos programas finger e sendmail do UNIX.

O utilitário finger funciona como uma lista telefônica eletrônica; o comando

```
finger user-name@hostname
```

retorna os nomes real e de login de uma pessoa junto com outras informações que o usuário pode ter fornecido, como o endereço e o número de telefone do escritório e de casa, um plano de pesquisa ou uma citação inteligente. O finger é executado como um processo (ou daemon) de background em cada instalação do BSD e responde a consultas pela Internet. O verme executava um ataque de estouro de buffer no finger. O programa consultava o finger com uma cadeia de 536 bytes construída para exceder o buffer alocado para entradas e sobrepor o quadro da pilha. Em vez de retornar à rotina *principal* onde residia antes da chamada de Morris, o daemon finger era direcionado para um procedimento dentro da cadeia invasora de 536 bytes, agora residindo na pilha. O novo procedimento executava o /bin/sh que, se bem-sucedido, dava ao verme um shell remoto na máquina sob ataque.

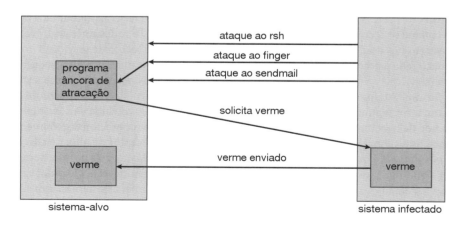

Figura 14.6 O verme de Internet de Morris.

O bug explorado no `sendmail` também envolvia o uso de um processo daemon para a entrada maliciosa. O `sendmail` envia, recebe e direciona correio eletrônico. O código de depuração do utilitário permite que os testadores verifiquem e exibam o estado do sistema de correio. A opção de depuração era útil para os administradores de sistema e, com frequência, era deixada ativada. Morris incluiu, em seu arsenal de ataque, uma chamada a `debug` que – em vez de especificar o endereço de um usuário, como seria normal em um teste – emitia um conjunto de comandos que enviava e executava uma cópia do programa âncora de atracação.

Uma vez instalado, o verme principal tentava sistematicamente descobrir senhas de usuário. Ele começava testando casos simples sem senha ou de senhas construídas como combinações nome de usuário-conta, depois usava comparações com um dicionário interno de 432 opções de senha favoritas e, então, passava para o estágio final, testando cada palavra do dicionário on-line padrão do UNIX como uma possível senha. Esse eficiente e elaborado algoritmo de quebra de senhas em três estágios permitia que o verme ganhasse acesso a outras contas de usuário no sistema infectado. O verme então procurava arquivos de dados `rsh` nessas contas recém-descobertas e os usava como descrito anteriormente para ganhar acesso a contas de usuário em sistemas remotos.

A cada novo acesso, o verme procurava cópias já ativas de si mesmo. Quando encontrava uma, a nova cópia era encerrada, exceto a cada sétima ocorrência. Se o verme tivesse encerrado ao encontrar cada uma das cópias, poderia não ter sido detectado. Permitir que cada sétima duplicata prosseguisse (possivelmente para confundir os esforços para estancar sua disseminação chamando a atenção com vermes *falsos*) provocou uma infestação em massa de sistemas Sun e VAX na Internet.

Os mesmos recursos do ambiente de rede UNIX que ajudaram na propagação do verme também ajudaram a conter seu avanço. A facilidade de comunicação eletrônica, mecanismos de cópia de arquivos-fonte e binários para máquinas remotas e o acesso tanto ao código-fonte quanto a especialistas permitiram que esforços em conjunto desenvolvessem soluções rapidamente. Na noite do dia seguinte, 3 de novembro, métodos de interrupção do programa invasor foram distribuídos para administradores de sistemas através da Internet. Em poucos dias, estavam disponíveis patches de software específicos para as falhas de segurança explorados.

Por que Morris liberou o verme? A ação foi caracterizada tanto como uma brincadeira inofensiva que deu errado quanto como uma ofensa criminal séria. Com base na complexidade do ataque, é improvável que a liberação do verme ou o escopo de sua infestação não fosse intencional. O verme tomou medidas elaboradas para ocultar suas pistas e repelir esforços para interromper sua disseminação. Mesmo assim, o programa não continha um código que visasse prejudicar ou destruir os sistemas em que era executado. É claro que o autor tinha conhecimento para incluir esses comandos; na verdade, as estruturas de dados estavam presentes no código de bootstrap que poderia ter sido usado para transferir cavalos de Troia ou programas de vírus. O comportamento do programa pode levar a observações interessantes, mas não fornece uma base sólida para a dedução do motivo. O que não está aberto à especulação, no entanto, é o resultado legal: uma corte federal condenou Morris e decretou uma sentença de três anos de condicional, 400 horas de serviço comunitário e 10.000 dólares de multa. As despesas processuais de Morris provavelmente excederam os 100.000 dólares.

Especialistas em segurança continuam a avaliar métodos para diminuir ou eliminar a ocorrência de vermes. Um evento mais recente, no entanto, mostra que os vermes ainda são um fato real na Internet. Também mostra que, à medida que a Internet cresce, o dano que até mesmo vermes "inofensivos" podem causar também aumenta e pode ser significativo. Esse exemplo ocorreu durante o mês de agosto de 2003. A quinta versão do verme "Sobig", mais apropriadamente conhecido como "W32.Sobig.F@mm", foi liberada por pessoas até então desconhecidas. Foi o verme de disseminação mais rápida liberado até aquele momento, infectando, em seu pico de atuação, centenas de milhares de computadores e um a cada dezessete emails na Internet. Ele encheu caixas de entrada de email, tornou lentas as redes e demorou muitas horas para ser eliminado.

O Sobig.F foi lançado a partir de sua carga em um grupo de notícias pornográficas por meio de uma conta criada com um cartão de crédito roubado, disfarçado como uma foto. O vírus visava sistemas Microsoft Windows e usava seu próprio engine SMTP para enviar a si próprio por email a todos os endereços encontrados em um sistema infectado. Ele usou várias linhas de assunto que ajudaram a evitar a detecção, inclusive "Thank You!", "Your details", e "Re: Approved". Também usou um endereço aleatório no host como o endereço "From:" (do emissor) tornando difícil determinar a partir da mensagem que máquina era a fonte infectada. O Sobig.F incluía um anexo para o leitor de destino do email clicar, novamente com vários nomes. Quando essa carga era executada, ele armazenava um programa chamado WINPPR32.EXE no diretório default do Windows, junto com um arquivo de texto. Também modificava o registro do Windows.

O código incluído no anexo também foi programado para tentar periodicamente se conectar a um de vinte servidores, baixando e executando um programa a partir dele. Felizmente, os servidores foram desativados antes que o código pudesse ser baixado. O conteúdo do programa desses servidores ainda não foi determinado. Se o código era malicioso, isso poderia ter resultado em um dano incalculável para um grande número de máquinas.

14.3.2 Varredura de Portas

A varredura de portas não é um ataque e sim um meio de o invasor detectar as vulnerabilidades de um sistema para atacá-lo. Normalmente, ela é automatizada, envolvendo uma ferramenta que tenta criar uma conexão TCP/IP para uma porta específica ou um intervalo de portas. Por exemplo, suponha que haja uma vulnerabilidade (ou bug) conhecida no `sendmail`. Um invasor poderia lançar uma varredura de portas para tentar se conectar, digamos, à porta 25 de um sistema específico ou a um conjunto de sistemas. Se a conexão fosse bem-sucedida, o invasor (ou ferramenta) poderia tentar se comunicar com o serviço que respondeu para determinar se é realmente o `sendmail` e, se fosse, se é a versão com o bug.

Agora, imagine uma ferramenta que em que cada bug de cada serviço de cada sistema operacional fosse codificado. A ferramenta poderia tentar se conectar a cada porta de um ou mais sistemas. Para cada serviço que respondesse, ela poderia tentar usar cada bug conhecido. Com frequência, os bugs são estouros de buffer, permitindo a criação de um shell de comando privilegiado no sistema. A partir daí, é claro que o invasor poderia instalar cavalos de Troia, programas de portas dos fundos e assim por diante.

Não há uma ferramenta assim, mas há ferramentas que executam subconjuntos dessa funcionalidade. Por exemplo, o nmap (encontrado em http://www.insecure.org/nmap/) é um utilitário de fonte aberta muito versátil para exploração de redes e auditoria de segurança. Quando apontado para um alvo, ele determina quais serviços estão em execução, incluindo os nomes e as versões das aplicações. Ele pode identificar o sistema operacional host. Também pode fornecer informações sobre defesas, como os firewalls que estão protegendo o alvo. Ele não explora qualquer bug conhecido.

O Nessus (encontrado em http://www.nessus.org/) executa uma função semelhante, mas tem um banco de dados de bugs e suas explorações. Ele pode varrer um conjunto de sistemas, determinar os serviços em execução nesses sistemas e tentar atacar todos os bugs apropriados, além de gerar relatórios sobre os resultados. Não executa o passo final de exploração dos bugs encontrados, mas um invasor experiente ou um desses garotos criadores de scripts poderia fazer isso.

Já que as varreduras de portas são detectáveis, elas costumam ser lançadas a partir de *sistemas zumbis*, sistemas independentes previamente comprometidos que atendem a seus proprietários enquanto são usados para fins nefastos, inclusive ataques de recusa de serviço e retransmissão de spam. Os zumbis tornam os invasores particularmente difíceis de serem condenados porque é um desafio determinar a origem do ataque e a pessoa que o iniciou. Essa é uma das muitas razões para promover a segurança de sistemas "irrelevantes" e não, apenas, de sistemas contendo informações ou serviços "importantes".

14.3.3 Recusa de Serviço

Como mencionado anteriormente, os ataques de recusa de serviço não visam à obtenção de informações ou ao roubo de recursos e sim à interrupção do uso legítimo de um sistema ou instalação. A maioria desses ataques envolve sistemas em que o invasor não penetrou. Na verdade, o lançamento de um ataque que impede o uso legítimo é frequentemente mais fácil do que invadir um computador ou instalação.

Os ataques de recusa de serviço são, geralmente, baseados em redes e se classificam em duas categorias. Os ataques da primeira categoria consomem tantos recursos da instalação que, em essência, nenhum trabalho útil pode ser realizado. Por exemplo, um clique em um site da Web pode baixar uma applet Java que use continuamente todo o tempo de CPU disponível ou que abra janelas infinitamente. A segunda categoria envolve a paralisação da rede da instalação. Tem havido vários desses ataques de recusa de serviço bem-sucedidos contra grandes sites da Web. Os ataques resultam da violação de algumas das funcionalidades básicas do TCP/IP. Por exemplo, se o invasor envia a parte do protocolo que diz "Quero iniciar uma conexão TCP", mas nunca o padrão "A conexão está concluída", o resultado pode ser sessões TCP parcialmente iniciadas. Se uma quantidade suficiente dessas sessões for lançada, elas podem consumir todos os recursos de rede do sistema, desabilitando quaisquer conexões TCP legítimas. Esses ataques que podem durar horas ou dias, têm causado a falha parcial ou total de tentativas de uso da instalação alvo. Os ataques costumam ser interrompidos no nível da rede até que os sistemas operacionais possam ser atualizados para reduzir sua vulnerabilidade.

Geralmente, é impossível evitar ataques de recusa de serviço. Os ataques usam os mesmos mecanismos da operação normal. Ainda mais difíceis de evitar e resolver são os ***ataques de recusa de serviço distribuídos (DDOS – distributed denial-of-service attacks)***, que são lançados a partir de vários locais ao mesmo tempo, em direção a um alvo comum, normalmente por zumbis. Os ataques DDOS estão se tornando mais comuns e, às vezes, estão associados a tentativas de extorsão. Um site se torna alvo de ataque e os invasores se oferecem para interrompê-lo em troca de dinheiro.

Em algumas situações, o site nem mesmo sabe que está sob ataque. Pode ser difícil determinar se a lentidão de um sistema é um ataque ou apenas um aumento do seu uso. Uma campanha de marketing bem-sucedida que aumente muito o tráfego em um site, poderia ser considerada um DDOS.

Há outros aspectos interessantes dos ataques DOS. Por exemplo, se um algoritmo de autenticação tranca uma conta por algum tempo após várias tentativas incorretas de acesso a ela, um invasor pode fazer com que todas as autenticações sejam bloqueadas propositalmente tornando incorretas as tentativas de acesso a todas as contas. Da mesma forma, um firewall que bloqueie automaticamente certos tipos de tráfego, poderia ser induzido a bloquear esse tráfego quando isso não deveria ocorrer. Esses exemplos sugerem que os programadores e gerentes de sistemas têm de conhecer profundamente os algoritmos e tecnologias que estão implantando. Para concluir, aulas de ciência da computação são notórias fontes de ataques DOS acidentais a sistemas. Considere os primeiros exercícios de programação em que os alunos aprendem a criar subprocessos ou threads. Um bug comum envolve a geração de subprocessos infinitamente. Os recursos da CPU e a memória livre do sistema não têm como escapar.

14.4 Criptografia como uma Ferramenta de Segurança

Há muitas defesas contra ataques a computadores que podem variar da metodologia à tecnologia. A ferramenta mais abrangente disponível para projetistas e usuários de sistemas é a criptografia. Nesta seção, discutimos os detalhes da criptografia e seu uso na segurança de computadores.

Em um computador isolado, o sistema operacional pode determinar com certeza o emissor e o receptor de todas as comunicações entre processos, pois controla todos os canais de comunicação do computador. Em uma rede de computadores, a situação é bem diferente. Um computador em rede recebe bits *do fio* sem uma forma imediata e confiável de determinar que máquina ou aplicação enviou esses bits. Da mesma forma, o computador envia bits para a rede sem um modo de saber quem, eventualmente, os receberá.

Normalmente, os endereços de rede são usados para inferir os potenciais emissores e receptores de mensagens na rede. Os pacotes de rede chegam com um endereço de origem, como um endereço IP. E, quando um computador envia uma mensagem, ele nomeia o receptor desejado especificando um endereço de destino. No entanto, para aplicações em que a segurança é importante, estaremos procurando problemas se presumirmos que o endereço de origem ou destino de um pacote determina com certeza quem enviou ou recebeu esse pacote. Um computador invasor pode enviar uma mensagem com um endereço de origem falsificado e vários computadores diferentes daquele especificado pelo endereço de destino podem receber um pacote (e normalmente recebem). Por exemplo, todos os roteadores no percurso até o destino também receberão o pacote. Como então um sistema operacional deve decidir se atende a uma solicitação se não pode confiar na sua origem? E como ele deve fornecer proteção para solicitações ou dados se não pode determinar quem receberá o conteúdo da mensagem ou resposta que enviar por meio da rede?

Geralmente, é considerada inviável a construção de uma rede em qualquer escala na qual os endereços de origem e destino dos pacotes sejam *confiáveis* nesse sentido. Portanto, a única alternativa é eliminar de alguma forma a necessidade de confiar na rede. Essa é a tarefa da criptografia. Abstratamente, a **criptografia** é usada para restringir os potenciais emissores e/ou receptores de uma mensagem. A criptografia moderna baseia-se em dados secretos chamados **chaves,** que são distribuídas seletivamente para os computadores de uma rede e usadas para processar mensagens. A criptografia permite que o receptor de uma mensagem verifique se essa mensagem foi criada por algum computador que possua uma certa chave – a chave é a *origem* da mensagem. Da mesma forma, um emissor pode codificar sua mensagem para que só um computador com uma certa chave possa decodificá-la e, assim, a chave se torna o *destino*. Diferente dos endereços de rede, no entanto, as chaves são projetadas para que não seja computacionalmente possível derivá-las a partir das mensagens geradas com o seu uso ou a partir de qualquer outra informação pública. Logo, elas fornecem um meio muito mais confiável de restringir os emissores e receptores de mensagens. Observe que a criptografia é, por si mesma, um campo de estudo com grandes e pequenas complexidades e sutilezas. Aqui, examinamos os aspectos mais importantes das partes da criptografia relacionadas aos sistemas operacionais.

14.4.1 Codificação Criptográfica

Já que resolve uma ampla variedade de problemas de segurança na comunicação, a codificação **criptográfica** é usada, com frequência, em muitos aspectos da computação moderna. A criptografia é um meio de restringir os possíveis receptores de uma mensagem. Um algoritmo de codificação criptográfica permite que o emissor de uma mensagem garanta que apenas um computador que tenha a posse de uma determinada chave, possa ler a mensagem. É claro que a criptografia de mensagens é uma prática antiga e já surgiram muitos algoritmos criptográficos que datam de tempos remotos. Nesta seção, descrevemos importantes princípios e algoritmos modernos de codificação criptográfica.

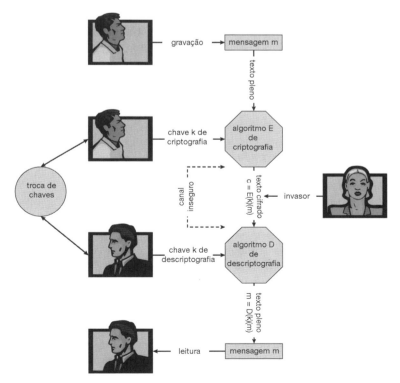

Figura 14.7 Uma comunicação segura por um meio inseguro.

A Figura 14.7 mostra um exemplo de dois usuários comunicando-se seguramente por um canal inseguro. Voltamos a essa figura no decorrer da seção. Observe que a troca de chaves pode ocorrer diretamente entre as duas partes ou através de um terceiro confiável (isto é, uma autoridade de certificação), como discutido na Seção 14.4.1.4.

Um algoritmo criptográfico é constituído pelos componentes a seguir:

- Um conjunto K de chaves.
- Um conjunto M de mensagens.
- Um conjunto C de textos cifrados.
- Uma função $E : K \rightarrow (M \rightarrow C)$. Isto é, para cada $k \in K$, $E(k)$ é uma função de geração de textos cifrados a partir de mensagens. Tanto E quanto $E(k)$ para qualquer k devem ser funções eficientemente computáveis para qualquer k.
- Uma função $D : K \rightarrow (C \rightarrow M)$. Isto é, para cada $k \in K$, $D(k)$ é uma função de geração de mensagens a partir de textos cifrados. Tanto D quanto $D(k)$ para qualquer k devem ser funções eficientemente computáveis.

Um algoritmo criptográfico deve fornecer essa propriedade essencial: dado um texto cifrado $c \in C$, um computador só pode computar m tal que $E(k)(m) = c$ se possuir $D(k)$. Portanto, um computador contendo $D(k)$ pode descriptografar textos cifrados para os textos plenos (sem criptografia) usados na sua produção, mas um computador que não contenha $D(k)$ não pode descriptografar textos cifrados. Como, geralmente, os textos cifrados são expostos (por exemplo, enviados em uma rede), é importante que seja impossível derivar $D(k)$ a partir deles.

Há dois tipos principais de algoritmos criptográficos: simétrico e assimétrico. Discutimos ambos nas seções a seguir.

14.4.1.1 Criptografia Simétrica

Em um *algoritmo criptográfico simétrico*, a mesma chave é usada na criptografia e na descriptografia. Isto é, $E(k)$ pode ser derivado de $D(k)$ e vice-versa. Portanto, as chaves de $E(k)$ devem ser tão protegidas quanto as de $D(k)$.

Nas últimas décadas, o algoritmo criptográfico simétrico mais usado nos Estados Unidos para aplicações civis tem sido o **padrão de criptografia de dados (DES – data-encryption standard)** adotado pelo Instituto Nacional de Padrões e Tecnologia (NIST – *National Institute of Standard and Technology*). O DES funciona tomando um valor de 64 bits e uma chave de 56 bits e executando uma série de transformações. Essas transformações baseiam-se em operações de substituição e permutação, como geralmente ocorre nas transformações da criptografia simétrica. Algumas delas são **transformações caixa preta** porque seus algoritmos ficam ocultos. Na verdade, essas assim chamadas "caixas S" são consideradas confidenciais pelo governo dos Estados Unidos. Mensagens com mais de 64 bits são divididas em blocos de 64 bits. Como o DES opera sobre um bloco de bits de cada vez, é conhecido como **criptografia de bloco**. Se a mesma chave for usada na criptografia de uma quantidade extensa de dados, ela se tornará vulnerável a ataques. Considere, por exemplo, que o mesmo bloco de origem resultaria no mesmo texto cifrado se a mesma chave e algoritmo criptográfico fossem usados. Logo, os blocos não são apenas criptografados, mas também comparados, por um OU-exclusivo (XOR – *exclusive OR*), com o bloco de texto cifrado anterior, antes da criptografia. Isso é conhecido como **encadeamento de blocos cifrados**.

Atualmente, o DES é considerado inseguro para muitas aplicações porque suas chaves podem ser exaustivamente buscadas com recursos de computação moderados. Em vez de desistir do DES, no entanto, o NIST criou uma modificação chamada **DES triplo** em que o algoritmo DES é repetido três vezes (duas criptografias e uma descriptografia) sobre o mesmo texto pleno, usando duas ou três chaves – por exemplo, $c = E(k_3)(D(k_2)(E(K_1)(m)))$. Quando três chaves são usadas, o tamanho eficaz para a chave é de 168 bits. O DES triplo está sendo amplamente usado hoje em dia.

Em 2001, o NIST adotou um novo algoritmo criptográfico, chamado **padrão de criptografia avançado (AES – advanced encryption standard)**, para substituir o DES. O AES é outra codificação criptográfica de bloco simétrica. Ele pode usar tamanhos de chave de 128, 192 e 256 bits e opera com blocos de 128 bits. Funciona executando de 10 a 14 etapas de transformações em uma matriz formada a partir de um bloco. Geralmente, o algoritmo é compacto e eficiente.

Vale mencionar vários outros algoritmos criptográficos de bloco simétricos em uso atualmente. O algoritmo **twofish** é rápido, compacto e fácil de implementar. Ele pode usar um tamanho de chave variável de até 256 bits e opera com blocos de 128 bits. O *RC5* pode variar no tamanho da chave, no número de transformações e no tamanho do bloco. Como só usa operações computacionais básicas, pode ser executado em uma ampla variedade de CPUs.

O *RC4* talvez seja a codificação criptográfica de fluxo mais comum. Uma **codificação criptográfica de fluxo** é projetada para criptografar e descriptografar um fluxo de bytes ou bits em vez de um bloco. Isso é útil quando o tamanho de uma comunicação tornaria a criptografia de bloco muito lenta. A chave é inserida em um gerador de bits pseudoaleatórios, um algoritmo que tenta produzir bits aleatórios. Quando alimentado por uma chave, o gerador produz como saída um fluxo de chaves. Um **fluxo de chaves** é um conjunto infinito de chaves que podem ser usadas no fluxo de texto pleno de entrada. O RC4 é usado na criptografia de fluxos de dados, como no WEP, o protocolo de LAN sem fio. Também é usado em comunicações entre navegadores e servidores da Web, como discutimos a seguir. Infelizmente, o RC4, como usado no WEP (padrão IEEE 802.11), mostrou consumir um tempo considerável do computador para ser decifrado. Na verdade, o próprio RC4 tem vulnerabilidades.

14.4.1.2 Criptografia Assimétrica

Em um *algoritmo criptográfico assimétrico*, há chaves diferentes para a criptografia e a descriptografia. Descrevemos a seguir um algoritmo desse tipo, conhecido como *RSA*, abreviatura dos nomes de seus inventores (Rivest, Shamir e Adleman). A codificação criptográfica RSA é um algoritmo de criptografia de bloco de chave pública e é o algoritmo assimétrico mais usado. Os algoritmos assimétricos com base em curvas elípticas estão ganhando terreno, no entanto, porque o tamanho da chave desses algoritmos pode ser menor para o mesmo nível de poder criptográfico.

É computacionalmente impossível derivar $D(k_d, N)$ a partir de $E(k_e, N)$ e, portanto, $E(k_e, N)$ não precisa ser mantido em sigilo e pode ser amplamente disseminado; logo, $E(k_e, N)$ (ou apenas k_e) é a **chave pública** e $D(k_d, N)$ (ou apenas k_d) é a **chave privada**. N é o produto de dois números primos grandes p e q (por exemplo, p e q têm, cada um, 512 bits) selecionados aleatoriamente. O algoritmo de codificação criptográfica é $E(k_e, N)(m) = m^{k_e}$ mod N, onde k_e satisfaz $k_e k_d$ mod $(p-1)(q-1) = 1$. O algoritmo de descriptografia então é $D(k_d, N)(c) = c^{k_d}$ mod N.

Um exemplo usando pequenos valores é mostrado na Figura 14.8, em que fazemos $p = 7$ e $q = 13$. Então, calculamos $N = 7*13 = 91$ e $(p-1)(q-1) = 72$. Depois selecionamos k_e, relativamente primo de 72 e < 72, obtendo 5. Para concluir, calculamos k_d tal que $k_e k_d$ mod 72 = 1 obtendo 29. Agora, temos nossas chaves: a chave pública, k_e, N = 5, 91 e a chave privada, k_d, N = 29, 91. A codificação criptográfica da mensagem 69 com a chave pública resulta na mensagem 62 que é, então, decodificada pelo receptor por meio da chave privada.

O uso da criptografia assimétrica começa com a publicação da chave pública do destino. Em comunicações bidirecionais, a origem também deve publicar sua chave pública. A "publicação" pode ser tão simples quanto a transmissão de uma cópia eletrônica da chave ou pode ser mais complexa. A chave privada (ou "chave secreta") deve ser cuidadosamente guardada, visto que qualquer pessoa que a tiver poderá descriptografar qualquer mensagem criada pela chave pública correspondente.

Devemos observar que a, aparentemente, pequena diferença no uso de chaves entre a criptografia simétrica e assimétrica é bem maior na prática. A criptografia assimétrica é fundamentada em funções matemáticas, e não em transformações, o que torna sua execução computacionalmente muito mais cara. É muito mais rápido para um computador codificar e decodificar texto cifrado usando os algoritmos simétricos usuais do que usando algoritmos assimétricos. Por que, então, usar um algoritmo assimétrico? Na verdade, esses algoritmos não são empregados na criptografia de uso geral envolvendo grandes quantidades de dados. No entanto, são usados não só na codificação criptográfica de pequenas quantidades de dados, mas também na autenticação, sigilo e distribuição de chaves, como mostramos nas seções a seguir.

14.4.1.3 Autenticação

Vimos que a criptografia oferece uma maneira de restringir o conjunto de receptores possíveis de uma mensagem. A restrição do conjunto de possíveis emissores de uma mensagem chama-se **autenticação**. Portanto, a autenticação complementa a criptografia. Na verdade, às vezes suas funções se sobrepõem. Lembre-se de que uma mensagem criptografada também pode comprovar a identidade do emissor. Por exemplo, se $D(k_d, N)(E(k_e, N(m))$ produz uma mensagem válida, sabemos que o criador da mensagem deve possuir k_e. A autenticação também é útil para comprovar que uma mensagem não foi modificada. Nesta seção, discutimos a autenticação como um mecanismo limitador dos possíveis receptores de uma mensagem. Observe que esse tipo de autenticação é semelhante mas não igual à autenticação de usuário que discutimos na Seção 14.5.

Um algoritmo de autenticação é constituído dos componentes a seguir:

- Um conjunto K de chaves.
- Um conjunto M de mensagens.
- Um conjunto A de autenticadores.
- Uma função $S : K \to (M \to A)$. Isto é, para cada $k \in K$, $S(k)$ é uma função de geração de autenticadores a partir de mensagens. Tanto S quanto $S(k)$ para qualquer k devem ser funções eficientemente computáveis.
- Uma função $V : K \to (M \times A \to \{\text{true}, \text{false}\})$. Isto é, para cada $k \in K$, $V(k)$ é uma função de verificação de autenticadores sobre mensagens. Tanto V quanto $V(k)$ para qualquer k devem ser funções eficientemente computáveis.

A propriedade crítica que um algoritmo de autenticação deve possuir é esta: para uma mensagem m, um computador pode gerar um autenticador $a \in A$ tal que $V(k)(m, a) = \text{true}$ somente se possuir $S(k)$. Portanto, um computador contendo $S(k)$ pode gerar autenticadores de mensagens para que qualquer computador que possua $V(k)$ possa verificá-los. No entanto, um computador que não detenha $S(k)$, não pode gerar autenti-

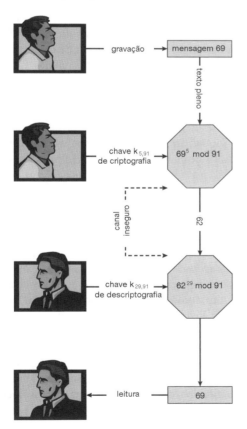

Figura 14.8 Criptografia e descriptografia usando a criptografia assimétrica RSA.

cadores de mensagens que possam ser verificados usando $V(k)$. Como os autenticadores são, em geral, expostos (por exemplo, enviados em uma rede junto com as mensagens), tem de ser impossível derivar $S(k)$ a partir deles.

Assim como há dois tipos de algoritmos criptográficos, há duas variedades principais de algoritmos de autenticação. O primeiro passo para entender esses algoritmos é saber usar funções hash. Uma **função hash** $H(m)$ cria um pequeno bloco de dados de tamanho fixo, conhecido como **síntese da mensagem** ou **valor hash**, a partir da mensagem m. As funções hash operam tomando uma mensagem em blocos de n bits e processando os blocos para produzir um hash de n bits. H deve ser resistente a colisões em m – isto é, deve ser impossível encontrar um $m' \neq m$ tal que $H(m) = H(m')$. Mas, se $H(m) = H(m')$, sabemos que $m = m'$ – isto é, sabemos que a mensagem não foi modificada. Funções comuns de síntese de mensagens incluem o **MD5** que produz um hash de 128 bits, e o **SHA-1** que gera um hash de 160 bits. As sínteses de mensagens são úteis na detecção de mensagens alteradas, mas não são úteis como autenticadores. Por exemplo, $H(m)$ pode ser enviado junto com uma mensagem; mas se H é conhecido, alguém poderia modificar m e recalcular $H(m)$ e a modificação da mensagem não seria detectada. Portanto, um algoritmo de autenticação toma a síntese da mensagem e a criptografa.

O primeiro tipo principal de algoritmo de autenticação usa a criptografia simétrica. Em um **código de autenticação de mensagem (MAC – message-authentication code)**, uma soma de verificação criptográfica é gerada a partir da mensagem usando uma chave secreta. O conhecimento de $V(k)$ e o conhecimento de $S(k)$ são equivalentes: um pode ser derivado do outro e, portanto, k deve ser mantido secreto. Um exemplo simples de um MAC define $S(k)(m) = f(k, H(m))$, onde f é uma função que é unidirecional em seu primeiro argumento (isto é, k não pode ser derivado de $f(k, H(m))$). Devido à resistência a colisões na função hash, ficamos razoavelmente seguros de que nenhuma outra mensagem poderia criar o mesmo MAC. Um algoritmo de verificação adequado é, então, $V(k)(m, a) \equiv (f(k, m) = a)$. Observe que k é necessário para computar tanto $S(k)$ quanto $V(k)$ e, portanto, qualquer pessoa capaz de computar um pode computar o outro.

O segundo tipo principal de algoritmo de autenticação é um **algoritmo de assinatura digital** e os autenticadores produzidos por ele são chamados de **assinaturas digitais**. Em um algoritmo de assinatura digital, é computacionalmente impossível derivar $S(k_s)$ de $V(k_v)$; especificamente, V é uma função unidirecional. Portanto, k_v é a chave pública e k_s é a chave privada.

Considere, como exemplo, o algoritmo de assinatura digital RSA. Ele é semelhante ao algoritmo criptográfico RSA, mas o uso da chave é invertido. A assinatura digital de uma mensagem é derivada computando $S(k_s)(m) = H(m)^{k_s} \bmod N$. A chave k_s é, novamente, um par $\langle d, N \rangle$, em que N é o produto de dois números primos grandes p e q selecionados aleatoriamente. O algoritmo de verificação é, então, $V(k_v)(m, a) \equiv (a^{k_v} \bmod N = H(m))$, na qual k_v satisfaz $k_v k_s \bmod (p-1)(q-1) = 1$.

Se a criptografia pode comprovar a identidade do emissor de uma mensagem, por que precisamos de algoritmos de autenticação separados? Há três razões principais.

- Geralmente, os algoritmos de autenticação requerem menos computações (com a notável exceção das assinaturas digitais do RSA). No caso de grandes quantidades de texto pleno, essa eficiência pode fazer uma enorme diferença no uso de recursos e no tempo necessário para autenticar uma mensagem.
- O autenticador de uma mensagem é quase sempre menor do que a mensagem e seu texto cifrado. Isso melhora a eficiência do uso de espaço e do tempo de transmissão.
- Às vezes, queremos autenticação, mas não sigilo. Por exemplo, uma empresa poderia fornecer um patch de software e poderia "assinar" esse patch para comprovar que ele veio da empresa e que não foi modificado.

A autenticação é um componente de muitos aspectos de segurança. Por exemplo, é a base do **não repúdio** que fornece provas de que uma entidade executou uma ação. Um exemplo típico de não repúdio envolve o preenchimento de formulários eletrônicos, como alternativa à assinatura de contratos em papel. O não repúdio assegura que uma pessoa que esteja preenchendo um formulário eletrônico não possa negar que fez isso.

14.4.1.4 Distribuição de Chaves

Certamente, uma boa parte da batalha entre criptografadores (aqueles que inventam codificações criptográficas) e criptoanalistas (aqueles que tentam decifrá-las) envolve chaves. Em algoritmos simétricos, as duas partes precisam da chave e ninguém mais deve tê-la. A distribuição da chave simétrica é um grande desafio. Às vezes ela é executada **fora da rede** – digamos, por meio de um documento em papel ou de uma conversa. Esses métodos não têm um bom alcance, no entanto. Considere também o desafio do gerenciamento de chaves. Suponha que um usuário queira se comunicar com N outros usuários privadamente. Esse usuário precisará de N chaves e, para mais segurança, terá de alterar essas chaves frequentemente.

Essas são razões importantes para os esforços de criação de algoritmos de chave assimétrica. Além das chaves poderem ser trocadas em público, um determinado usuário só precisa de uma chave privada, independente do número de pessoas com quem ele queira se comunicar. Há também a questão do gerenciamento de uma chave pública para cada parte usar na comunicação, mas já que as chaves públicas não precisam ser protegidas, um armazenamento simples pode ser usado para esse **anel de chaves**.

Infelizmente, até mesmo a distribuição de chaves públicas requer algum cuidado. Considere o ataque do intermediário mostrado na Figura 14.9. Nesse caso, a pessoa que quer receber uma mensagem criptografada envia sua chave pública, mas um invasor também envia sua chave pública "inválida" (que faz par com sua chave privada). A pessoa que deseja enviar a mensagem criptografada não sabe o que está fazendo e usa a chave inválida para criptografar a mensagem. O invasor, então, a descriptografa satisfeito.

O problema é de autenticação – o que precisamos é de provas de quem (ou o quê) possui uma chave pública. Uma forma de resolver esse problema envolve o uso de certificados digi-

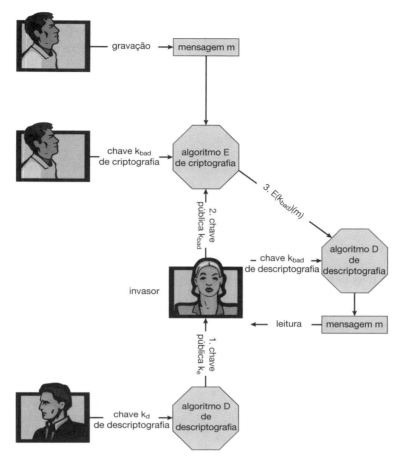

Figura 14.9 Um ataque de intermediário em criptografia assimétrica.

tais. Um *certificado digital* é uma chave pública assinada digitalmente por um terceiro confiável. O terceiro confiável recebe prova da identificação de alguma entidade e certifica que a chave pública pertence a essa entidade. Mas como saber se podemos confiar no certificador? Essas **autoridades de certificação** têm suas chaves públicas incluídas dentro de navegadores da Web (e outros consumidores de certificados) antes de serem distribuídas. As autoridades de certificação podem, então, responsabilizar-se por outras autoridades (assinando digitalmente as chaves públicas dessas outras autoridades) e assim por diante, criando uma rede de confiança. Os certificados podem ser distribuídos em um formato digital padrão X.509 que possa ser analisado por um computador. Esse esquema é usado na proteção de comunicações na Web, como discutimos na Seção 14.4.3.

14.4.2 Implementação da Criptografia

Normalmente, os protocolos de rede são organizados em *camadas*, cada uma atuando como cliente da camada abaixo dela. Isto é, quando um protocolo gera uma mensagem para enviar ao seu protocolo par em outra máquina, ele envia sua mensagem ao protocolo abaixo dele na pilha de protocolos de rede, para distribuição ao seu par naquela máquina. Por exemplo, em uma rede IP, o TCP (um protocolo da *camada de transporte*) age como cliente do IP (um protocolo da *camada de rede*): os pacotes TCP são passados para baixo, para o IP, para distribuição ao par TCP na outra extremidade da conexão TCP. O IP encapsula o pacote TCP em um pacote IP que também é passado para baixo, à *camada de link de dados*, para ser transmitido, através da rede, para seu par IP no computador de destino. Esse par IP distribui então o pacote TCP para cima, ao par TCP nessa máquina. O **Modelo de Referência ISO** que tem sido adotado quase universalmente como um modelo para as redes de dados, define sete dessas camadas de protocolos.

A criptografia pode ser inserida em quase todas as camadas do modelo ISO. O SSL (Seção 14.4.3), por exemplo, fornece segurança na camada de transporte. Geralmente, a segurança da camada de rede é padronizada pelo **IPSec** que define formatos de pacotes IP que permitem a inserção de autenticadores e a criptografia do conteúdo dos pacotes. Ele usa a criptografia simétrica e emprega o protocolo **IKE** para a troca de chaves. O IPSec está se tornando amplamente usado como base para as **redes virtuais privadas (VPNs – *virtual private networks*)** em que todo o tráfego entre duas extremidades IPSec é criptografado para tornar privada uma rede que, de outra forma, poderia ser pública. Vários protocolos também têm sido desenvolvidos para serem usados por aplicações, mas nesse caso as próprias aplicações devem ser codificadas de modo a implementar segurança.

Qual o melhor local para a inserção da proteção criptográfica em uma pilha de protocolos? Em geral, não há uma resposta definitiva. Por um lado, mais protocolos se beneficiam de proteções inseridas em um nível mais baixo da pilha. Por exemplo, como os pacotes IP encapsulam pacotes TCP, a criptografia de pacotes IP (usando IPSec, por exemplo) também oculta o conteúdo dos pacotes TCP encapsulados. Da mesma forma, os autenticadores dos pacotes IP detectam modificações nas informações contidas nos cabeçalhos TCPs.

Por outro lado, a proteção em camadas mais baixas da pilha de protocolos pode fornecer proteção insuficiente aos protocolos de camadas mais altas. Por exemplo, um servidor de aplicação, sendo executado acima do IPSec, poderia autenticar os computadores clientes dos quais recebe solicitações. No entanto, para autenticar um usuário de um computador cliente, o servidor pode precisar usar um protocolo no nível da aplicação – por exemplo, o usuário pode ser solicitado a digitar uma senha. Considere também o problema do email. Um e-mail distribuído usando o protocolo SMTP, padrão na indústria, é armazenado e encaminhado, frequentemente várias vezes, antes de ser distribuído. Cada uma dessas transmissões pode passar por uma rede segura ou insegura. Para que o email fique seguro, a mensagem tem de ser criptografada para que sua segurança não dependa dos meios que a transportam.

14.4.3 Um Exemplo: SSL

O SSL 3.0 é um protocolo criptográfico que habilita dois computadores a se comunicarem seguramente – isto é, de modo que cada um possa limitar o emissor e o receptor das mensagens para o outro. Talvez ele seja o protocolo criptográfico mais usado na Internet atualmente porque é o protocolo-padrão por meio do qual os navegadores da Web se comunicam seguramente com servidores Web. Para complementar, devemos observar que o SSL foi projetado pela Netscape e que evoluiu para o protocolo TLS que é padrão na indústria. Nesta discussão, usamos SSL para representar tanto o SSL quanto o TLS.

O SSL é um protocolo complexo com muitas opções. Aqui, só apresentamos uma única variante e, mesmo assim, em uma forma muito simplificada e abstrata, para manter o foco no uso que ele faz de primitivas criptográficas. O que estamos para ver é uma dança complexa em que a criptografia assimétrica é usada para que um cliente e um servidor possam estabelecer uma **chave de sessão** segura que possa ser usada na criptografia simétrica da sessão entre os dois – ao mesmo tempo em que são evitados ataques de intermediário e de reexecução. Para obtenção de poder criptográfico, as chaves de sessão são esquecidas assim que uma sessão é concluída. Outra comunicação entre os dois demandará a geração de novas chaves de sessão.

O protocolo SSL é iniciado por um **cliente** c para se comunicar seguramente com um **servidor**. Antes de o protocolo ser usado, presume-se que o servidor s tenha obtido um certificado, representado por cert$_s$, junto à autoridade de certificação CA. Esse certificado é uma estrutura contendo o seguinte:

- Vários atributos attrs do servidor, como seu nome *distinto* exclusivo e seu nome *comum* (DNS)
- A identidade de um algoritmo criptográfico público $E(\ )$ para o servidor
- A chave pública k_e desse servidor
- O intervalo de validade interval durante o qual o certificado deve ser considerado válido
- Uma assinatura digital a criada pela CA para as informações acima – isto é, $a = S(k_{CA})(\langle$attrs, $E(k_e)$, interval$\rangle)$

Além disso, antes de o protocolo ser usado, presume-se que o cliente tenha obtido o algoritmo público de verificação $V(k_{CA})$ da autoridade de certificação. No caso da Web, o navegador do usuário vem do fornecedor contendo os algoritmos de verificação e as chaves públicas de certas autoridades de certificação. O usuário pode adicionar ou excluir esses itens das autoridades de certificação que ele selecionar.

Quando c se conecta a s, ele envia um valor aleatório n_c de 28 bytes para o servidor que responde com um valor aleatório n_s, mais seu certificado cert$_s$. O cliente verifica se $V(k_{CA})(\langle$attrs, $E(k_e)$, interval$\rangle), a)$ = true e se a hora corrente faz parte do intervalo de validade interval. Se os dois testes forem satisfeitos, o servidor provou sua identidade. O cliente gera então uma **pré-chave** pms (**premaster secret**) aleatória de 46 bytes e envia cpms = $E(k_s)$(pms) para o servidor. O servidor recupera pms = $D(k_d)$(cpms). Agora, tanto o cliente quanto o servidor estão de posse de n_c, n_s e pms e os dois podem computar uma **chave secreta** (ms) (**master secret**) compartilhada de 48 bytes ms = $f(n_c, n_s,$ pms), em que f é uma função unidirecional e resistente a colisões. Só o servidor e o cliente podem calcular ms, já que só eles conhecem pms. Além disso, a dependência da chave ms de n_c e n_s assegura que ms seja um valor *novo* – isto é, uma chave de sessão que não tenha sido usada em uma comunicação anterior. Nesse ponto, tanto o cliente quanto o servidor computam as chaves a seguir a partir de ms:

- Uma chave criptográfica simétrica k_{cs}^{cript} para a criptografia de mensagens do cliente para o servidor
- Uma chave criptográfica simétrica k_{sc}^{cript} para a criptografia de mensagens do servidor para o cliente
- Uma chave de geração MAC k_{cs}^{mac} para a geração de autenticadores de mensagens do cliente para o servidor
- Uma chave de geração MAC k_{sc}^{mac} para a geração de autenticadores de mensagens do servidor para o cliente

Para enviar uma mensagem m para o servidor, o cliente envia

$$c = E(k_{cs}^{\text{cript}})(\langle m, S(k_{cs}^{\text{mac}})(m)\rangle).$$

Ao receber c, o servidor recupera

$$\langle m, a \rangle = D(k_{cs}^{\text{cript}})(c)$$

e aceita m se $V(k_{cs}^{\text{mac}})(m, a)$ = true. Da mesma forma, para enviar uma mensagem m para o cliente, o servidor envia

$$c = E(k_{sc}^{\text{cript}})(\langle m, S(k_{sc}^{\text{mac}})(m)\rangle)$$

e o cliente recupera

$$\langle m, a \rangle = D(k_{sc}^{\text{cript}})(c)$$

e aceita m se $V(k_{sc}^{\text{mac}})(m, a)$ = true.

Esse protocolo habilita o servidor a limitar os receptores de suas mensagens ao cliente que gerou pms e a limitar, a esse mesmo cliente, os emissores das mensagens que ele aceita. Da mesma forma, o cliente pode limitar os receptores das mensagens que ele envia e os emissores das mensagens que ele aceita ao interlocutor que conhece $S(k_d)$ (isto é, o interlocutor que pode descriptografar `cpms`). Em muitas aplicações, como as transações na Web, o cliente tem de verificar a identidade do interlocutor que conhece a $S(k_d)$. Essa é uma das finalidades do certificado `cert`$_s$; especificamente, o campo `attrs` contém informações que o cliente pode usar para determinar a identidade – por exemplo, o nome de domínio – do servidor com o qual ele está se comunicando. Para aplicações em que o servidor também precisa de informações sobre o cliente, o SSL dá suporte a uma opção pela qual um cliente pode enviar um certificado para o servidor.

Além de seu uso na Internet, o SSL está sendo usado para uma grande variedade de tarefas. Por exemplo, agora as VPNs IPSec têm uma rival nas VPNs SSL. O IPSec é adequado para a criptografia de tráfego ponto a ponto – digamos, entre dois escritórios de uma empresa. As VPNs SSL são mais flexíveis, mas não tão eficientes e, portanto, elas podem ser usadas entre um empregado individual trabalhando remotamente e o escritório da empresa.

14.5 Autenticação do Usuário

Nossa discussão anterior sobre autenticação envolveu mensagens e sessões. Mas e os usuários? Se um sistema não pode autenticar um usuário, a autenticação de uma mensagem enviada por esse usuário é inócua. Portanto, um grande problema de segurança dos sistemas operacionais é a *autenticação do usuário*. O sistema de proteção depende da capacidade de identificação dos programas e processos em execução corrente que, por sua vez, depende da capacidade de identificação de cada usuário do sistema. Normalmente, os usuários identificam a si próprios. Como determinar se uma identidade de usuário é autêntica? Geralmente, a autenticação do usuário baseia-se em um ou mais dos três itens a seguir: o usuário estar de posse de algo (uma chave ou cartão), o usuário conhecer algo (o identificador e a senha do usuário) e/ou um atributo do usuário (impressão digital, padrão de retina ou assinatura).

14.5.1 Senhas

A abordagem mais comum para a autenticação de uma identidade de usuário é o uso de **senhas**. Quando o usuário se identifica pelo ID de usuário ou pelo nome da conta, uma senha é solicitada. Se a senha fornecida pelo usuário coincide com a senha armazenada no sistema, este assume que a conta está sendo acessada pelo proprietário.

Geralmente, as senhas são usadas para proteger objetos do sistema de computação, na ausência de esquemas de proteção mais completos. Elas podem ser consideradas um caso especial de chaves ou de competências. Por exemplo, uma senha pode ser associada a cada recurso (como um arquivo). Sempre que uma solicitação de uso do recurso é feita, a senha deve ser fornecida. Se a senha está correta, o acesso é concedido. Diferentes senhas podem ser associadas a diferentes direitos de acesso. Por exemplo, diferentes senhas podem ser usadas para a leitura, o aumento e a atualização de arquivos.

Na prática, a maioria dos sistemas exige apenas uma senha para um usuário ganhar direitos totais. Embora, teoricamente, seja mais seguro o uso de mais senhas, esses sistemas tendem a não ser implementados devido à clássica escolha entre segurança e conveniência. Quando a segurança torna algo inconveniente, com frequência ela é ignorada ou então evitada.

14.5.2 Vulnerabilidades das Senhas

As senhas são extremamente comuns porque são fáceis de entender e usar. Infelizmente, elas costumam ser adivinhadas, expostas acidentalmente, rastreadas ou transferidas ilegalmente de um usuário autorizado para um usuário não autorizado, como mostramos a seguir.

Há duas maneiras comuns de adivinhar uma senha. Uma delas é o intruso (humano ou programa) conhecer o usuário ou ter informações sobre ele. Quase sempre, as pessoas usam informações óbvias (como os nomes de seus gatos ou cônjuges) como senhas. A outra maneira é o uso de força bruta, com tentativas de enumeração – ou uso de todas as combinações possíveis de caracteres de senha válidos (letras, números e pontuação em alguns sistemas) – até a senha ser descoberta. Senhas curtas são particularmente vulneráveis a esse método. Por exemplo, uma senha de quatro caracteres fornece apenas 10.000 variações. Em média, 5.000 tentativas produziriam um acerto. Um programa que pudesse testar uma senha a cada milissegundo levaria apenas cerca de 5 segundos para adivinhar uma senha de quatro caracteres. A enumeração tem menos sucesso onde os sistemas permitem senhas mais longas que incluam letras maiúsculas e minúsculas, números e todos os caracteres de pontuação. É claro que os usuários devem se beneficiar do espaço maior da senha e não devem usar, por exemplo, apenas letras minúsculas.

Além de adivinhadas, as senhas podem ser expostas como resultado de monitoramento visual ou eletrônico. Um intruso pode olhar por cima dos ombros de um usuário (**surfista de ombros**) quando ele está fazendo login e descobrir facilmente a senha observando o teclado. Alternativamente, qualquer pessoa com acesso à rede em que um computador resida, pode adicionar sem interrupção um monitor de rede que lhe permita observar todos os dados que estão sendo transferidos (**rastreamento**), inclusive identificações e senhas de usuário. A criptografia do fluxo de dados que contém a senha resolve esse problema. Mesmo assim, esse sistema poderia ter as senhas roubadas. Por exemplo, se um arquivo é usado para armazenar as senhas, ele pode ser copiado para análise fora do sistema. Ou considere um programa cavalo de Troia instalado no sistema que capture cada pressionamento de tecla antes de enviá-lo à aplicação.

A exposição é um problema particularmente grave quando a senha é anotada onde pode ser lida ou perdida. Como veremos, alguns sistemas forçam os usuários a selecionar senhas longas ou difíceis de lembrar, o que pode fazer o usuário anotar a senha ou reutilizá-la. Como resultado, esses sistemas fornecem muito menos segurança do que sistemas que permitem que os usuários selecionem senhas fáceis!

O último tipo de comprometimento da senha, a transferência ilegal, é resultado da natureza humana. A maioria das instalações de computador tem uma regra que proíbe os usuários de compartilhar contas. Às vezes, essa regra é implementada por questões contábeis, mas frequentemente visa melhorar a segurança. Por exemplo, suponha que uma identificação de usuário seja compartilhada por vários usuários e ocorra uma quebra de segurança a partir dessa identificação. É impossível saber quem estava usando a identificação na hora em que a quebra ocorreu ou até mesmo se o usuário era autorizado. Com uma identificação por usuário, qualquer usuário pode ser questionado diretamente sobre o uso da conta; além disso, o usuário pode notar algo diferente na conta e detectar a invasão. Em algumas situações, os usuários violam regras de compartilhamento de contas para ajudar amigos ou burlar a contabilidade e esse comportamento pode resultar em um sistema sendo acessado por usuários não autorizados – possivelmente maliciosos.

As senhas podem ser geradas pelo sistema ou selecionadas por um usuário. Senhas geradas pelo sistema podem ser difíceis de lembrar e, portanto, os usuários podem acabar anotando-as. No entanto, senhas selecionadas pelo usuário costumam ser fáceis de adivinhar (o aniversário do usuário ou o nome de seu carro favorito, por exemplo). Alguns sistemas verificam se uma senha proposta é fácil de adivinhar ou decifrar antes de aceitá-la. Em alguns sites, os administradores de sistema verificam as senhas ocasionalmente e notificam o usuário se sua senha for fácil de adivinhar. Alguns sistemas também têm *prazo de validade* para as senhas, forçando os usuários a mudá-las em intervalos regulares (a cada três meses, por exemplo). Porém, esse método não é infalível porque os usuários podem facilmente usar duas senhas de maneira alternada. A solução, como implementada em alguns sistemas, é registrar um histórico de senhas para cada usuário. Por exemplo, o sistema poderia registrar as últimas N senhas e não permitir sua reutilização.

Diversas variantes desses esquemas simples de senhas podem ser usadas. Por exemplo, a senha pode ser alterada com mais frequência. Em um caso extremo, a senha é alterada de uma sessão para a outra. Uma nova senha é selecionada (pelo sistema ou pelo usuário) no fim de *cada* sessão e essa senha deve ser usada na próxima sessão. Nesse caso, mesmo se uma senha for utilizada incorretamente, ela só poderá ser usada uma vez. Quando o usuário legítimo tentar usar na próxima sessão uma senha agora inválida, ele descobrirá a violação de segurança. Medidas poderão então ser tomadas para reparar a segurança violada.

14.5.3 Senhas Criptografadas

Um problema de todas essas abordagens é a dificuldade de manter a senha secreta dentro do computador. Como o sistema pode armazenar uma senha seguramente e ainda permitir o seu uso na autenticação quando o usuário apresenta a senha dele? O sistema UNIX usa a criptografia para evitar a necessidade de manter secreta a sua lista de senhas. Cada usuário tem uma senha. O sistema contém uma função que é extremamente difícil de inverter – os projetistas acham impossível – mas é simples de computar. Isto é, dado um valor x, é fácil computar o valor da função $f(x)$. Dado o valor da função $f(x)$, no entanto, é impossível computar x. Essa função é usada na codificação de todas as senhas. Apenas senhas codificadas são armazenadas. Quando um usuário apresenta uma senha, ela é codificada e comparada com a senha codificada armazenada. Mesmo quando a senha codificada armazenada é vista, ela não pode ser decodificada e, portanto, não pode ser descoberta. Logo, o arquivo de senhas não precisa ser secreto. A função $f(x)$ é, tipicamente, um algoritmo criptográfico que foi projetado e testado rigorosamente.

A falha desse método é que o sistema não tem mais controle sobre as senhas. Embora as senhas sejam criptografadas, qualquer pessoa com uma cópia do arquivo de senhas pode executar rotinas rápidas de criptografia sobre ele – criptografando cada palavra de um dicionário, por exemplo, e comparando os resultados com as senhas. Se o usuário selecionou uma senha que também seja uma palavra do dicionário, a senha é quebrada. Em computadores suficientemente rápidos, ou até mesmo em cluster de computadores lentos, esse tipo de comparação pode levar apenas algumas horas. Além disso, como os sistemas UNIX usam um algoritmo criptográfico conhecido, um invasor pode manter um cache de senhas que tenham sido previamente quebradas. É por essas razões que novas versões do UNIX armazenam as entradas de senhas criptografadas em um arquivo legível apenas pelo **superusuário**. Os programas que comparam uma senha apresentada com a senha armazenada, executam `setuid` sobre root; assim, eles podem ler esse arquivo, mas outros usuários não. Eles também incluem um "salt", ou número aleatório registrado, no algoritmo criptográfico. O salt é adicionado à senha para garantir que, se duas senhas plenas forem iguais, elas resultem em textos cifrados diferentes.

Outro ponto fraco dos métodos de senha do UNIX é que muitos sistemas UNIX só tratam os oito primeiros caracteres como significativos. Portanto, é extremamente importante que os usuários façam bom uso do espaço de senha disponível. Para evitar o método de criptografia por dicionário, alguns sistemas não permitem o uso de palavras do dicionário como senhas. Uma boa técnica é gerar sua senha usando a primeira letra de cada palavra de uma frase fácil de lembrar empregando caracteres maiúsculos e minúsculos com uma marca de pontuação ou um número inserido no meio por precaução. Por exemplo, a frase "O nome de minha mãe é Catarina" poderia gerar a senha "Ondmm.eC!". A senha é difícil de quebrar, mas fácil para o usuário lembrar.

14.5.4 Senhas Descartáveis

Para evitar os problemas do rastreamento de senhas e do surfista de ombros, um sistema pode usar um conjunto de **senhas emparelhadas**. Quando uma sessão começa, o sistema seleciona aleatoriamente e apresenta uma parte de um par de senhas; o usuário deve fornecer a outra parte. Nesse sistema, o usuário é **desafiado** e deve **responder** adequadamente ao desafio.

Essa abordagem pode ser generalizada para o uso de um algoritmo como senha. O algoritmo pode ser uma função de inteiros, por exemplo. O sistema seleciona um inteiro aleatório e o apresenta para o usuário. O usuário aplica uma função e responde com o resultado correto. O sistema também aplica a função. Se os dois resultados coincidirem, o acesso será permitido.

Essas senhas algorítmicas não são suscetíveis de reutilização; isto é, um usuário pode digitar uma senha e nenhuma entidade que a interceptar poderá reutilizá-la. Nesse esquema, o sistema e o usuário compartilham um segredo. O segredo nunca é transmitido por um meio que permita exposição. Em vez disso, o segredo é usado como entrada da função, junto com uma semente compartilhada. Uma *semente* é um número aleatório ou uma sequência alfanumérica. A semente é o desafio de autenticação feito pelo computador. O segredo e a semente são usados como entrada da função *f(segredo, semente)*. O resultado dessa função é transmitido como a senha para o computador. O computador também conhece o segredo e a semente, por isso, pode executar o mesmo cálculo. Se os resultados coincidirem, o usuário será autenticado. Na próxima vez em que o usuário precisar ser autenticado, outra semente será gerada, os mesmos passos ocorrerão e a senha será diferente.

Nesse sistema de **senhas descartáveis**, a senha é diferente a cada autenticação. Qualquer pessoa que capture a senha de uma sessão e tente reutilizá-la em outra sessão, não conseguirá. As senhas descartáveis estão entre as únicas maneiras de impedir a autenticação inadequada devido à exposição da senha.

Os sistemas de senhas descartáveis são implementados de várias maneiras. Implementações comerciais, como o SecurID, usam calculadores em hardware. A maioria dos calculadores é modelada como um cartão de crédito, um porta-chaveiro ou um dispositivo USB; eles incluem uma tela e podem ou não ter também um teclado. Alguns usam a hora corrente como a semente aleatória. Outros requerem que o usuário faça entrar, via teclado, o segredo compartilhado, também conhecido como **número de identificação pessoal** ou **PIN (personal identification number)**. A tela exibe então a senha descartável. O uso tanto de um gerador de senha descartável quanto de um PIN é um tipo de **autenticação com dois fatores**. Dois tipos de componentes diferentes são necessários nesse caso. A autenticação com dois fatores oferece uma proteção por autenticação muito melhor do que a autenticação com um fator.

Outra variação das senhas descartáveis usa um **livro de códigos**, ou **bloco descartável**, que é uma lista de senhas de uso único. Cada senha da lista é usada uma vez e, então, é cancelada ou apagada. O sistema S/KEY, comumente usado, emprega um calculador em software ou um livro de códigos com base nesses cálculos como fonte de senhas descartáveis. É claro que o usuário deve proteger seu livro de códigos.

14.5.5 Biometria

Mais uma variação do emprego de senhas para autenticação envolve o uso de medidas biométricas. Normalmente, leitores da mão ou da palma da mão são usados para acesso físico seguro – por exemplo, acesso a um centro de dados. Os leitores comparam parâmetros armazenados com o que está sendo lido nos equipamentos de leitura das mãos. Os parâmetros podem incluir um mapa de temperaturas, assim como o tamanho dos dedos, a largura dos dedos e padrões de linhas. Atualmente, esses dispositivos são muito grandes e caros para serem usados na autenticação comum de computadores.

Os leitores de impressões digitais tornaram-se precisos e baratos e devem ser mais comuns no futuro. Esses dispositivos leem padrões de sulcos dos dedos (digitais) e os convertem em uma sequência de números. Com o tempo, poderão armazenar um conjunto de sequências para levar em conta a localização do dedo no equipamento de leitura e outros fatores. O software poderá, então, varrer um dedo no equipamento e comparar suas características com as sequências armazenadas para determinar se elas coincidem. É claro que vários usuários podem ter perfis armazenados, mas a varredura consegue diferenciá-los. Um esquema de autenticação muito preciso com dois fatores pode resultar da solicitação de uma senha, um nome de usuário e a varredura da impressão digital. Se essas informações forem criptografadas em trânsito, o sistema poderá ser muito resistente à falsificação ou ao ataque de reexecução.

A **autenticação com vários fatores** é ainda melhor. Considere o nível de confiabilidade da autenticação com um dispositivo USB que tenha de ser conectado ao sistema, um PIN e uma varredura de impressão digital. Exceto pelo fato de o usuário ter de colocar seu dedo em um suporte e conectar o USB ao sistema, esse método de autenticação não é menos conveniente do que o uso de senhas comuns. Lembre-se, no entanto, de que esse alto nível de poder de autenticação por si só não é suficiente para garantir a identificação do usuário. Uma sessão autenticada ainda pode ser sequestrada se não for criptografada.

14.6 Um Exemplo: Windows

O Microsoft Windows é um sistema operacional de uso geral projetado para dar suporte a vários recursos e métodos de segurança. Nesta seção, examinamos os recursos que o Windows usa para executar funções de segurança.

O modelo de segurança do Windows baseia-se na noção de **contas de usuário**. O Windows permite a criação de qualquer quantidade de contas de usuário que podem ser agrupadas de qualquer maneira. O acesso a objetos do sistema pode então ser permitido ou negado conforme desejado. Os usuários são identificados para o sistema por um ID de segurança exclusivo. Quando um usuário se conecta, o Windows cria um **token de acesso de segurança** que inclui o ID de segurança do usuário, IDs de segurança de qualquer grupo do qual o usuário seja membro e uma lista de qualquer privilégio especial que o usuário tenha. Exemplos de privilégios especiais incluem fazer backup de arquivos e diretórios, desligar o computador, conectar-se interativamente e alterar o relógio do sistema. Todo processo que o Windows executa em nome de um usuário recebe uma cópia do token de acesso. O sistema usa os IDs de segurança do token de acesso para permitir ou negar acesso a objetos do sistema sempre que o usuário, ou um processo em nome do usuário, tenta acessar o objeto. Normalmente, a autenticação de uma conta de usuário é feita por meio de um nome de usuário e uma senha, embora o projeto modular do Windows permita o desenvolvimento de pacotes de autenticação personalizados. Por exemplo, uma varredura de retina (ou olho) pode ser usada para verificar se o usuário é quem diz que é.

O Windows usa a ideia de assunto para garantir que os programas executados por um usuário não obtenham um acesso maior ao sistema do que o usuário está autorizado a ter. O *assunto* é usado no rastreamento e gerenciamento de permissões de cada programa que um usuário executa; ele é composto pelo token de acesso do usuário e pelo programa que está atuando em nome do usuário. Como o Windows opera com um modelo cliente-servidor, duas classes de assuntos são usadas para controlar o acesso: assuntos simples e assuntos de servidor. Um exemplo de *assunto simples* é o programa aplicativo típico que um usuário executa após se conectar. Um *contexto de segurança* é atribuído ao assunto simples com base no token de acesso de segurança do usuário. O *assunto de servidor* é um processo implementado como um servidor protegido que usa o contexto de segurança do cliente quando atua em nome dele.

A auditoria é uma técnica de segurança útil. O Windows tem uma auditoria interna que permite que muitas ameaças comuns à segurança sejam monitoradas. Exemplos incluem a auditoria de falhas em eventos de conexão (login) e desconexão (logoff) para detectar quebras de senhas aleatórias; a auditoria de sucessos em eventos de login e logoff para detectar atividade de login em horas estranhas; a auditoria de falhas e sucessos em acessos de gravação de arquivos executáveis para rastrear uma deflagração de vírus; e a auditoria de sucessos e falhas em acessos a arquivos para detectar acessos a arquivos sigilosos.

Os atributos de segurança de um objeto no Windows são descritos por um *descritor de segurança*. O descritor de segurança contém o ID de segurança do proprietário do objeto (que pode alterar as permissões de acesso), um ID de segurança de grupo usado apenas pelo subsistema POSIX, uma lista de controle de acesso arbitrária que identifica quais usuários ou grupos têm acesso permitido (e quais não têm) e uma lista de controle de acesso do sistema que controla que mensagens de auditoria o sistema gerará. Por exemplo, o descritor de segurança do arquivo *foo.bar* poderia ter o proprietário avi e essa lista de controle de acesso arbitrária:

- avi – todos os acessos
- grupo cs – acesso de leitura-gravação
- usuário cliff – nenhum acesso

Além disso, ele poderia ter uma lista de controle de acesso do sistema com gravações de auditoria executadas por todos.

Uma lista de controle de acesso é composta pelas entradas de controle de acesso que contêm o ID de segurança da pessoa e uma máscara de acesso que define todas as ações que podem ser executadas sobre o objeto, com um valor AcessoPermitido ou AcessoNegado para cada ação. Os arquivos do Windows podem ter os tipos de acesso a seguir: `ReadData`, `WriteData`, `AppendData`, `Execute`, `ReadExtendedAttribute`, `WriteExtendedAttribute`, `ReadAttributes` e `WriteAttributes`. É possível ver como esse esquema permite um nível apurado de controle de acesso a objetos.

O Windows classifica os objetos como objetos recipientes ou não recipientes. Os *objetos recipientes*, como os diretórios, podem conter logicamente outros objetos. Por default, quando um objeto é criado dentro de um objeto recipiente, o novo objeto herda permissões do objeto pai. Da mesma forma, se o usuário copiar um arquivo de um diretório em um novo diretório, o arquivo herdará as permissões do diretório de destino. Os *objetos não recipientes* não herdam outras permissões. Além disso, se uma permissão for alterada em um diretório, as novas permissões não serão aplicadas automaticamente a arquivos e subdiretórios existentes; o usuário pode aplicá-las explicitamente se quiser.

O administrador do sistema pode proibir a impressão em uma impressora do sistema durante um dia inteiro ou parte dele e pode usar o Monitor de Desempenho do Windows para ajudá-lo a detectar possíveis problemas. Em geral, o Windows faz um bom trabalho de fornecimento de recursos para ajudar a garantir um ambiente de computação seguro. No entanto, muitos desses recursos não são habilitados por default, o que pode ser uma razão para as inúmeras brechas de segurança em sistemas Windows. Outra razão é o grande número de serviços que o Windows inicia em tempo de inicialização do sistema e as diversas aplicações que normalmente são instaladas em um sistema Windows. Em um ambiente multiusuário real, o administrador do sistema deve formular um plano de segurança e implementá-lo, usando os recursos que o Windows fornece e outras ferramentas de segurança.

14.7 Resumo

A proteção é um problema interno. A segurança, por outro lado, deve considerar tanto o sistema de computação quanto o ambiente – pessoas, prédios, empresas, objetos de valor e ameaças – dentro do qual o sistema é usado.

Os dados armazenados no sistema de computação devem ser protegidos contra o acesso não autorizado, a destruição ou alteração maliciosa e a introdução acidental de inconsistências. É mais fácil se proteger contra a perda acidental da consistência dos dados do que se proteger contra o acesso malicioso aos dados. A proteção absoluta das informações armazenadas em um sistema de computação contra abuso malicioso não é possível; mas o custo para o infrator pode ser suficientemente alto para deter quase todas (quando não todas) as tentativas de acesso a essas informações sem a autorização apropriada.

Vários tipos de ataques podem ser lançados contra programas e contra computadores individuais ou coletivos. Técnicas de estouro de pilha e de buffer permitem que invasores bem-sucedidos alterem seu nível de acesso ao sistema. Vírus e vermes são autoperpetuáveis e às vezes infectam milhares de computadores. Ataques de recusa de serviço impedem o uso legítimo dos sistemas-alvo.

A criptografia limita o domínio de receptores de dados, enquanto a autenticação limita o domínio de emissores. A criptografia é usada para fornecer sigilo aos dados que estão sendo armazenados ou transferidos. A criptografia simétrica requer uma chave compartilhada, enquanto a criptografia assimétrica fornece uma chave pública e uma chave privada. A autenticação, quando combinada com o hashing, pode comprovar que os dados não foram alterados.

Os métodos de autenticação de usuários são usados para identificar os usuários legítimos de um sistema. Além da proteção-padrão com nome de usuário e senha, vários métodos de autenticação são usados. As senhas descartáveis, por exemplo, mudam de uma sessão para outra para evitar ataques de reexecução. A autenticação com dois fatores requer dois tipos de autenticação, como um calculador em hardware mais um PIN de ativação. A autenticação com vários fatores usa três tipos ou mais. Esses métodos diminuem muito a chance de falsificação da autenticação.

Os métodos de prevenção ou detecção de incidentes de segurança incluem os sistemas de detecção de invasões, os softwares antivírus, a auditoria e o registro em log de eventos do sistema, o monitoramento de alterações no software do sistema, o monitoramento de chamadas de sistema e os firewalls.

Exercícios

14.1 Ataques de estouro de buffer podem ser evitados adotando-se uma metodologia de programação melhor ou usando-se um suporte de hardware especial. Discuta essas soluções.

14.2 Uma senha pode ser descoberta, por outros usuários, de várias maneiras. Há um método simples para a detecção de que esse tipo de evento ocorreu? Explique sua resposta.

14.3 Qual é a finalidade do uso de um "salt" junto com a senha fornecida pelo usuário? Onde o "salt" deve ser armazenado e como ele deve ser usado?

14.4 A lista de todas as senhas é mantida dentro do sistema operacional. Logo, se um usuário consegue ler essa lista, a proteção de senha não é mais fornecida. Sugira um esquema que evite esse problema. (Dica: Use representações interna e externa diferentes.)

14.5 Uma melhoria experimental no UNIX permite que um usuário conecte um programa **cão de guarda** a um arquivo. O cão de guarda é chamado sempre que um programa solicita acesso ao arquivo. O cão de guarda, então, concede ou nega o acesso. Discuta duas vantagens e duas desvantagens do uso de cães de guarda de segurança.

14.6 O programa COPS do UNIX examina um determinado sistema em busca de possíveis brechas de segurança e alerta o usuário sobre possíveis problemas. Cite dois perigos potenciais que o uso desse sistema pode causar à segurança. Como esses problemas podem ser limitados ou eliminados?

14.7 Discuta uma forma pela qual os gerentes de sistemas conectados à Internet poderiam projetar seus sistemas de modo a limitar ou eliminar o dano causado por vermes. Quais são as desvantagens de fazer a alteração sugerida?

14.8 Argumente a favor ou contra a sentença judicial decretada contra Robert Morris Jr., por ter criado e executado o verme de Internet discutido na Seção 14.3.1.

14.9 Faça uma lista de seis preocupações de segurança para um sistema de computação de um banco. Para cada item de sua lista, defina se essa preocupação está relacionada à segurança física, humana ou do sistema operacional.

14.10 Cite duas vantagens da criptografia de dados armazenados no sistema de computação.

14.11 Que programas de computador comumente usados são propensos a ataques de intermediário? Discuta soluções que impeçam esse tipo de ataque.

14.12 Compare os esquemas de criptografia simétrica e assimétrica e discuta em que circunstâncias um sistema distribuído usaria um ou outro.

14.13 Por que $D(k_d, N)(E(k_e, N)(m))$ não fornece autenticação do emissor? A que finalidades essa criptografia pode ser aplicada?

14.14 Discuta como o algoritmo de criptografia assimétrica pode ser usado para atender os objetivos a seguir:

  a. Autenticação: o receptor sabe que apenas o emissor poderia ter gerado a mensagem.

  b. Sigilo: apenas o receptor pode descriptografar a mensagem.

  c. Autenticação e sigilo: apenas o receptor pode descriptografar a mensagem e ele sabe que apenas o emissor poderia tê-la gerado.

14.15 Considere um sistema que gere 10 milhões de registros de auditoria por dia. Suponha também que haja em média 10 ataques por dia a esse sistema e que cada um desses ataques seja refletido em 20 registros. Se o sistema de detecção de invasões tem uma taxa de alarmes reais igual a 0,6 e uma taxa de alarmes falsos igual a 0,0005, que percentual de alarmes gerados pelo sistema corresponde a invasões reais?

Notas Bibliográficas

Discussões gerais relacionadas com segurança são fornecidas por Hsiao et al. [1979], Landwehr [1981], Denning [1982], Pfleeger e Pfleeger [2003], Tanenbaum [2003] e Russell e Gangemi [1991]. Também de interesse geral é o texto de Lobel [1986]. A conexão em rede de computadores é discutida em Kurose e Ross [2005].

Questões relacionadas ao projeto e verificação de sistemas seguros são discutidas por Rushby [1981] e por Silverman

[1983]. Um kernel de segurança para um microcomputador com multiprocessamento é descrito por Schell [1983]. Um sistema distribuído seguro é descrito por Rushby e Randell [1983].

Morris e Thompson [1979] discutem a segurança de senhas. Morshedian [1986] apresenta métodos para combater piratas de senhas. A autenticação com senhas em comunicações inseguras é considerada por Lamport [1981]. A questão da quebra de senhas é examinada por Seely [1989]. Invasões de computadores são discutidas por Lehmann [1987] e por Reid [1987]. Questões relacionadas a programas de computador confiáveis são discutidas em Thompson [1984].

Discussões relacionadas à segurança do UNIX são oferecidas por Grampp e Morris [1984], Wood e Kochan [1985], Farrow [1986a], Farrow [1986b], Filipski e Hanko [1986], Hecht et al. [1988], Kramer [1988] e Garfinkel et al. [2003]. Bershad e Pinkerton [1988] apresentam a extensão cão de guarda do BSD UNIX. O pacote de varredura de segurança COPS para UNIX foi criado por Farmer na Purdue University. Ele está disponível aos usuários da Internet por FTP do host ftp.uu.net no diretório /pub/security/cops.

Spafford [1989] apresenta uma discussão técnica detalhada do verme de Internet. O artigo de Spafford aparece com três outros em uma seção especial sobre o verme de Internet de Morris em *Communications of the ACM* (volume 32, número 6, junho de 1989).

Problemas de segurança associados à suite de protocolos TCP/IP são descritos em Bellovin [1989]. Os mecanismos normalmente usados na prevenção contra esses ataques são discutidos em Cheswick et al. [2003]. Outra abordagem para a proteção de redes contra ataques internos é a proteção contra a descoberta da topologia ou de rotas. Kent et al. [2000], Hu et al. [2002], Zapata e Asokan [2002] e Hu e Perrig [2004] apresentam soluções para o roteamento seguro. Savage et al. [2000] examinam o ataque distribuído de recusa de serviço e propõem soluções de rastreamento regressivo do IP para resolver o problema. Perlman [1988] propõe uma abordagem para o diagnóstico de erros quando a rede contém roteadores maliciosos.

Informações sobre vírus e vermes podem ser encontradas em Ludwig [1998] e Ludwig [2002] e em http://www.viruslist.com. Outros sites da Web contendo informações de segurança atualizadas incluem http://www.trusecure.com e httpd://www.eeye.com. Um artigo sobre os perigos de uma monocultura de computadores pode ser encontrado em http://www.ccianet.org/papers/cyberinsecurity.pdf.

Diffie e Hellman [1976] e Diffie e Hellman [1979] foram os primeiros pesquisadores a proporem o uso do esquema de criptografia de chave pública. O algoritmo apresentado na Seção 14.4.1 é baseado no esquema de criptografia de chave pública; ele foi desenvolvido por Rivest et al. [1978]. Lempel [1979], Simmons [1979], Denning e Denning [1979], Gifford [1982], Denning [1982], Ahituv et al. [1987], Schneier [1996] e Stallings [2003] examinam o uso da criptografia em sistemas de computação. Discussões relacionadas à proteção com assinaturas digitais são oferecidas por Akl [1983], Davies [1983], Denning [1983] e Denning [1984].

O governo dos Estados Unidos preocupa-se, é claro, com a segurança. Os *Critérios de Avaliação de Sistemas de Computação Confiáveis do Departamento de Defesa* (DoD [1985]), também conhecidos como *Livro Laranja*, descrevem um conjunto de níveis de segurança e os recursos que um sistema operacional deve ter para se qualificar em cada uma das classificações de segurança. Sua leitura é um bom ponto de partida para compreender as preocupações com segurança. O *Microsoft Windows NT Workstation Resource Kit* (Microsoft [1996]) descreve o modelo de segurança do NT e como usá-lo.

O algoritmo RSA é apresentado em Rivest et al. [1978]. Informações sobre atividades AES do NIST podem ser encontradas em http://ww.nist.gov/aes/; informações sobre outros padrões criptográficos dos Estados Unidos também podem ser encontradas nesse site. Uma abordagem mais completa do SSL 3.0 pode ser encontrada em http://home.netscape.com/eng/ssl3/. Em 1999, o SSL 3.0 foi ligeiramente modificado e apresentado em um Request for Comments (RFC) da IETF sob o nome TLS.

PARTE SEIS

Estudos de Caso

Podemos agora integrar os conceitos descritos neste livro descrevendo sistemas operacionais reais. Dois desses sistemas são abordados detalhadamente – o Linux e o Windows XP. Escolhemos o Linux por várias razões: ele é popular, está disponível gratuitamente e representa um sistema UNIX completo. Essas características darão ao estudante de sistemas operacionais a oportunidade de ler – e modificar – o código-fonte de um sistema operacional *real*.

Também abordamos o Windows XP em detalhes. Esse sistema operacional recente da Microsoft é bastante popular, não só no mercado de máquinas autônomas, mas também no mercado de servidores de grupos de trabalho. Selecionamos o Windows XP porque ele nos dá a oportunidade de estudar um sistema operacional moderno que tem projeto e implementação drasticamente diferentes do UNIX.

Além disso, discutimos brevemente outros sistemas operacionais altamente influentes. Escolhemos a ordem de apresentação de modo a destacar as semelhanças e diferenças entre os sistemas; não é estritamente cronológica e não reflete a importância relativa dos sistemas.

Para concluir, fornecemos um estudo on-line de mais três sistemas. O sistema FreeBSD é outro sistema UNIX. No entanto, enquanto o Linux combina recursos de vários sistemas UNIX, o FreeBSD é fundamentado no modelo BSD do UNIX. O código-fonte do FreeBSD, assim como o código-fonte do UNIX, está disponível gratuitamente. O Mach é um sistema operacional moderno que fornece compatibilidade com o BSD do UNIX. O Windows é outro sistema operacional moderno da Microsoft para o Pentium da Intel e microprocessadores mais recentes; ele é compatível com aplicações do MS-DOS e do Microsoft Windows.

O Sistema Linux

CAPÍTULO 15

Este capítulo apresenta um estudo detalhado do sistema operacional Linux. Examinando um sistema real completo, podemos ver como os conceitos que discutimos estão relacionados uns aos outros e à prática.

O Linux é uma versão do UNIX que ganhou popularidade nos últimos anos. Neste capítulo, examinamos a história e o desenvolvimento do Linux e abordamos as interfaces de usuário e de programador que o Linux apresenta – interfaces que devem muito à tradição do UNIX. Também discutimos os métodos internos por meio dos quais o Linux implementa essas interfaces. O Linux é um sistema operacional em rápida evolução. Este capítulo descreve desenvolvimentos no kernel do Linux 2.6 lançado no fim de 2003.

OBJETIVOS DO CAPÍTULO
- Examinar a história do sistema operacional UNIX do qual o Linux se originou e os princípios segundo os quais o Linux foi projetado.
- Examinar o modelo de processos do Linux e ilustrar como o Linux faz o scheduling de processos e fornece comunicação entre processos.
- Examinar o gerenciamento da memória no Linux.
- Examinar como o Linux implementa sistemas de arquivos e gerencia dispositivos de I/O.

15.1 História do Linux

O Linux parece-se muito com qualquer outro sistema UNIX; na verdade, a compatibilidade com o UNIX é um objetivo importante no projeto do Linux. No entanto, o Linux é muito mais jovem do que a maioria dos sistemas UNIX. Seu desenvolvimento começou em 1991 quando um estudante finlandês, Linus Torvalds, escreveu e batizou como *Linux* um kernel pequeno, mas autossuficiente, para o processador 80386, o primeiro processador de 32 bits do conjunto de CPUs da Intel compatíveis com PCs.

No início de seu desenvolvimento, o código-fonte do Linux foi disponibilizado livremente na Internet. Como resultado, a história do Linux tem sido a da colaboração de muitos usuários de todo o mundo, correspondendo-se quase exclusivamente pela Internet. De um kernel inicial que implementava parcialmente um pequeno subconjunto de serviços do sistema UNIX, o sistema Linux cresceu para incluir grande parte da funcionalidade do UNIX.

Em seus primórdios, o desenvolvimento do Linux evoluiu em grande parte em torno do kernel central do sistema operacional – o núcleo, executivo privilegiado que gerencia todos os recursos do sistema e que interage diretamente com o hardware do computador. É claro que precisamos de muito mais do que esse kernel para produzir um sistema operacional completo. É importante fazer a distinção entre o kernel do Linux e um sistema Linux. O *kernel do Linux* é um componente de software inteiramente original desenvolvido a partir do zero pela comunidade Linux. Como o conhecemos hoje, o *sistema Linux* inclui inúmeros componentes, alguns escritos do zero, outros emprestados de outros projetos de desenvolvimento e ainda outros criados em colaboração com outras equipes.

O sistema Linux básico é um ambiente padrão para aplicações e programação de usuários, mas não impõe qualquer meio padrão de gerenciamento da funcionalidade disponível como um todo. À medida que o Linux amadurecia, surgiu a necessidade de outra camada de funcionalidade no topo do sistema. Essa necessidade tem sido atendida por várias distribuições do Linux. Uma *distribuição do Linux* inclui todos os componentes padrão do sistema, mais um conjunto de ferramentas administrativas para simplificar a instalação inicial e a atualização subsequente do Linux e para o gerenciamento da instalação e remoção de outros pacotes do sistema. Normalmente, uma distribuição moderna também inclui ferramentas para o gerenciamento de sistemas de arquivos, criação e gerenciamento de contas de usuário, administração de redes, navegadores Web, processadores de texto e assim por diante.

15.1.1 O Kernel do Linux

O primeiro kernel do Linux lançado para o público foi a versão 0,01, datada de 14 de maio de 1991. Não tinha conexão de rede, era executado apenas em hardware de PC e processadores Intel compatíveis com o 80386 e dava suporte extremamente limitado a drivers de dispositivos. O subsistema de memória virtual também era bem básico e não incluía o suporte a arquivos mapeados para a memória; no entanto, até mesmo essa versão inicial dava suporte a páginas compartilhadas com cópia após gravação. O único sistema de arquivos suportado era o sistema de arquivos Minix – os primeiros kernels do Linux também foram desenvolvidos em uma plataforma Minix. No entanto, o kernel implementava processos apropriados do UNIX com espaços de endereçamento protegidos.

A versão seguinte digna de nota, o Linux 1.0, foi lançada em 14 de março de 1994. Essa versão resultou de três anos de rápido desenvolvimento do kernel do Linux. Talvez o único recurso novo de maior porte tenha sido a conexão de rede: a versão 1.0 incluía suporte aos protocolos de conexão de rede TCP/IP padrão do UNIX, assim como a uma interface de socket compatível com o BSD para a programação em ambientes de rede. O suporte a drivers de dispositivos foi adicionado para a execução do IP por meio de uma Ethernet ou (usando protocolos PPP ou SLIP) por meio de linhas seriais ou modems.

O kernel 1.0 também incluía um sistema de arquivos novo muito melhor, sem as limitações do sistema de arquivos Minix original, e dava suporte a um conjunto de controladores SCSI para acesso de alto desempenho a discos. Os desenvolvedores estenderam o subsistema de memória virtual para dar suporte à paginação para arquivos de permuta e ao mapeamento de arquivos arbitrários para a memória (mas apenas o mapeamento de memória somente de leitura foi implementado na versão 1.0).

Um suporte adicional de hardware também foi incluído nessa versão. Embora ainda restrito à plataforma do PC da Intel, o suporte de hardware cresceu para incluir dispositivos de disquetes e CD-ROM, assim como placas de som, um conjunto de mouses e teclados internacionais. A emulação de ponto flutuante foi fornecida no kernel para usuários do 80386 que não tinham coprocessador matemático 80387; foi implementada a **comunicação entre processos (IPC)** ao estilo do System V UNIX, incluindo memória compartilhada, semáforos e filas de mensagens. Também foi fornecido um suporte simples a módulos do kernel dinamicamente carregáveis e descarregáveis.

Nesse ponto, começou o desenvolvimento do kernel 1.1, mas vários patches de correção de erros foram lançados subsequentemente para a versão 1.0. Um padrão foi adotado como a convenção de numeração para kernels do Linux. Kernels com um segundo número de versão ímpar, como 1.1, 1.3 e 2.1, são **kernels de desenvolvimento**; números de versão com o segundo dígito par são de **kernels de produção** estáveis. As atualizações nos kernels estáveis são projetadas apenas como versões corretivas, enquanto os kernels de desenvolvimento podem incluir funcionalidades mais novas e relativamente não testadas.

Em março de 1995, o kernel 1.2 foi lançado. Essa versão não ofereceu o mesmo nível de melhoria de funcionalidade apresentada na versão 1.0, mas dava suporte a uma variedade muito maior de hardware, incluindo a nova arquitetura de bus de hardware PCI. Os desenvolvedores adicionaram outro recurso específico de PCs – o suporte à modalidade virtual 8086 da CPU 80386 – que permitia a emulação do sistema operacional DOS para computadores PC. Eles também atualizaram a pilha de conexão de rede para dar suporte ao protocolo IPX e tornaram a implementação do IP mais completa incluindo funcionalidades de contabilidade e firewall.

O kernel 1.2 foi o último kernel do Linux somente para PCs. A distribuição original do Linux 1.2 incluía o suporte, parcialmente implementado, às CPUs SPARC, Alpha e MIPS, mas a integração total dessas outras arquiteturas não começou antes de o kernel 1.2 estável ser lançado.

A versão 1.2 do Linux concentrou-se no suporte maior de hardware e implementações mais completas de funcionalidades existentes. Muitas funcionalidades novas estavam em desenvolvimento na época, mas a integração do novo código no código-fonte do kernel principal foi adiada para depois que o kernel 1.2 estável fosse lançado. Como resultado, o fluxo de desenvolvimento da versão 1.3 viu muitas funcionalidades novas adicionadas ao kernel.

Esse esforço foi finalmente lançado como Linux 2.0 em junho de 1996. Essa versão recebeu um incremento maior no número da versão devido a dois importantes recursos novos: o suporte a várias arquiteturas, inclusive uma porta Alpha nativa de 64 bits, e o suporte a arquiteturas multiprocessadoras. As distribuições do Linux baseadas na versão 2.0 também estão disponíveis para os processadores Motorola da série 68000 e para os sistemas SPARC da Sun. Uma versão derivada do Linux, executada no topo do microkernel do Mach, também opera em sistemas PC e PowerMac.

As alterações na versão 2.0 não pararam aí. O código de gerenciamento da memória melhorou significativamente para fornecer um cache unificado para dados do sistema de arquivos, independente do armazenamento em cache de dispositivos de bloco. Como resultado dessa alteração, o kernel apresentou um desempenho muito melhor do sistema de arquivos e da memória virtual. Pela primeira vez, o armazenamento em cache do sistema de arquivos foi estendido aos sistemas de arquivos de rede, e regiões mapeadas em memória graváveis também tiveram suporte.

O kernel 2.0 também melhorou muito o desempenho do TCP/IP e vários protocolos de conexão de rede novos foram adicionados, inclusive o AppleTalk, a conexão de rede para radioamadores AX.25 e o suporte ao ISDN. O recurso de montagem de volumes de rede remotos netware e do SMB (Microsoft LanManager) foi adicionado.

Outras melhorias importantes na versão 2.0 foram o suporte a threads internos do kernel, à manipulação de dependências entre módulos carregáveis e à carga automática de módulos sob demanda. A configuração dinâmica do kernel em tempo de execução melhorou muito por meio de uma nova interface de configuração padronizada. Novos recursos adicionais incluíram as cotas do sistema de arquivos e as classes de scheduling de processos de tempo real compatíveis com o POSIX.

As melhorias continuaram com o lançamento do Linux 2.2 em janeiro de 1999. Uma porta para sistemas UltraSPARC foi adicionada. A conexão de rede foi melhorada com um firewall mais flexível, melhor roteamento e gerenciamento de tráfego e o suporte a uma janela ampla para o TCP e as confirmações seletivas. Agora, discos Acorn, Apple e NT podiam ser lidos, o NFS foi melhorado e um daemon NFS em modalidade de kernel foi adicionado. A manipulação de sinais, as interrupções e algum I/O foram isolados em um nível mais refinado do que antes para melhorar o desempenho do multiprocessador simétrico (SMP).

Melhorias nas versões 2.4 e 2.6 do kernel incluíram um suporte maior a sistemas SMP, sistemas de arquivos com base em diário e aperfeiçoamentos no sistema de gerenciamento da memória. O scheduler de processos foi modificado na versão 2.6, fornecendo um algoritmo de scheduling O(1) eficiente. Além disso, o kernel do Linux 2.6 agora é preemptivo, permitindo que um processo sofra preempção quando executado em modalidade de kernel.

15.1.2 O Sistema Linux

Em muitos aspectos, o kernel do Linux forma o núcleo do projeto Linux, mas outros componentes integram o sistema operacional Linux completo. Enquanto o kernel do Linux é composto inteiramente por código escrito a partir do zero, especificamente para o projeto Linux, grande parte dos softwares de suporte que compõem o sistema Linux não é exclusiva do Linux, sendo encontrada em vários sistemas operacionais da linha UNIX. Particularmente, o Linux usa muitas ferramentas desenvolvidas como parte do sistema operacional BSD de Berkeley, do X Window System do MIT e do projeto GNU da Free Software Foundation.

Esse compartilhamento de ferramentas funcionou nas duas direções. As principais bibliotecas de sistema do Linux vieram do projeto GNU, mas a comunidade Linux melhorou-as muito corrigindo omissões, ineficiências e bugs. Outros componentes, como o **compilador C do GNU** (*gcc – GNU C compiler*), já tinham qualidade suficientemente alta para serem usados diretamente no Linux. As ferramentas de administração da conexão de rede do Linux vieram de um código desenvolvido primeiro para o BSD 4.3, mas, em compensação, derivados mais recentes do BSD, como o FreeBSD, tomaram emprestado códigos do Linux. Alguns exemplos incluem a biblioteca matemática de emulação de ponto flutuante da Intel e os drivers de dispositivos do hardware de áudio dos PCs.

O sistema Linux como um todo é mantido por uma rede de desenvolvedores livres que colaboram pela Internet, com pequenos grupos ou algumas pessoas tendo a responsabilidade de manter a integridade de componentes específicos. Um pequeno número de sites de arquivos públicos do protocolo de transferência de arquivos (FTP) na Internet age como o repositório padrão desses componentes. O documento **Padrão de Hierarquia do Sistema de Arquivos** (*File System Hierarchy Standard*) também é mantido pela comunidade Linux como meio de assegurar a compatibilidade entre os vários componentes do sistema. Esse padrão especifica o formato geral de um sistema de arquivos padrão do Linux; determina sob que nomes de diretório os arquivos de configuração, as bibliotecas, os binários do sistema e os arquivos de dados de tempo de execução devem ser armazenados.

15.1.3 Distribuições do Linux

Em teoria, qualquer pessoa pode instalar um sistema Linux acessando as últimas revisões dos componentes necessários do sistema nos sites FTP e compilando-as. Nos primórdios do Linux, essa operação era, quase sempre, exatamente o que um usuário do Linux tinha de fazer. À medida que o Linux foi amadurecendo, várias pessoas e grupos tentaram tornar essa tarefa menos complicada, fornecendo conjuntos de pacotes padrão pré-compilados para facilitar a instalação.

Esses conjuntos, ou distribuições, incluem muito mais do que apenas o sistema Linux básico. Normalmente, incluem utilitários adicionais de instalação e gerenciamento do sistema, assim como pacotes pré-compilados e prontos para instalar de muitas das ferramentas comuns do UNIX, como servidores de notícias, navegadores Web, ferramentas de processamento e edição de texto, e até mesmo jogos.

As primeiras distribuições gerenciavam esses pacotes simplesmente fornecendo um meio de desempacotar todos os arquivos nos locais apropriados. Uma das contribuições importantes das distribuições modernas, no entanto, é o gerenciamento avançado de pacotes. As distribuições atuais do Linux incluem um banco de dados de rastreamento de pacotes que permite que os pacotes sejam instalados, atualizados ou removidos facilmente.

A distribuição SLS, dos primórdios do Linux, foi o primeiro conjunto de pacotes Linux reconhecido como uma distribuição completa. Embora pudesse ser instalado como uma entidade individual, o SLS não tinha as ferramentas de gerenciamento de pacotes esperadas das distribuições atuais do Linux. A distribuição **Slackware** representou um grande avanço na qualidade geral, ainda que também tivesse um gerenciamento de pacotes pobre; na verdade, ela ainda é uma das distribuições mais amplamente instaladas na comunidade Linux.

Desde o lançamento do Slackware, muitas distribuições comerciais e não comerciais do Linux têm sido disponibilizadas. O **Red Hat** e o **Debian** são distribuições particularmente populares; o primeiro vem de uma empresa de suporte comercial ao Linux e o segundo da comunidade Linux de software livre. Outras versões do Linux suportadas comercialmente incluem as distribuições da **Caldera**, da **Craftworks** e da **WorkGroup Solutions**. A existência de um grande número de adeptos na Alemanha resultou em várias distribuições dedicadas ao idioma alemão, inclusive as versões da **SuSE** e da **Unifix**. Há distribuições demais do Linux em circulação para listarmos todas aqui. A variedade de distribuições não impede a compatibilidade entre elas, no entanto. O formato de arquivo do pacote RPM é usado, ou pelo menos entendido, pela maioria das distribuições e as aplicações comerciais distribuídas nesse formato podem ser instaladas e executadas em qualquer distribuição que aceite arquivos RPM.

15.1.4 Licenciamento do Linux

O kernel do Linux é distribuído sob a licença pública geral (GPL – *general public license*) do GNU, cujos termos são definidos pela Free Software Foundation. O Linux não é software de domínio público. O termo **domínio público** significa que os autores abriram mão dos direitos autorais do software, mas os direitos autorais do código do Linux ainda são mantidos pelos diversos autores do código. O Linux é software *livre*, no sentido de que as pessoas podem copiá-lo, modificá-lo, usá-lo da maneira que quiserem e distribuir suas próprias cópias, sem qualquer restrição.

As principais implicações dos termos de licenciamento do Linux são que ninguém que estiver usando o Linux, ou criando um derivado do Linux (uma prática legítima), pode-se tornar proprietário do produto derivado. Softwares lançados sob a GPL não podem ser redistribuídos como um produto somente binário. Se você lançar um software que inclua qualquer componente protegido pela GPL, então, com base na GPL, você deve tornar o código-fonte disponível junto com qualquer distribuição binária. (Essa restrição não proíbe a criação – ou até mesmo a venda – de distribuições de software somente binárias, contanto que qualquer pessoa que receber os binários também tenha a oportunidade de obter o código-fonte por uma taxa de distribuição razoável.)

15.2 Princípios de Projeto

Em seu projeto geral, o Linux lembra qualquer outra implementação tradicional do UNIX sem microkernel. É um sistema multiusuário e multitarefa com um conjunto completo de ferramentas compatíveis com o UNIX. O sistema de arquivos do Linux usa a semântica tradicional do UNIX e o modelo de conexão de rede padrão do UNIX é implementado integralmente. Os detalhes internos do projeto do Linux têm sido muito influenciados pela história de desenvolvimento do UNIX.

Embora o Linux seja executado em uma ampla variedade de plataformas, ele foi desenvolvido exclusivamente em arquitetura de PC. Grande parte desse desenvolvimento inicial foi executada por entusiastas individuais e não por entidades de desenvolvimento ou pesquisa estabelecidas e, portanto, desde o início, o Linux tentou extrair o máximo de funcionalidade possível de recursos limitados. Atualmente, o Linux pode ser executado tranquilamente em uma máquina multiprocessadora com centenas de megabytes de memória principal e muitos gigabytes de espaço em disco, mas também é capaz de operar de forma útil em menos de 4 MB de RAM.

À medida que os PCs se tornaram mais poderosos e à medida que a memória e os discos rígidos se tornaram mais baratos, os kernels minimalistas do Linux aumentaram para implementar mais funcionalidades do UNIX. Velocidade e eficiência ainda são importantes objetivos de projeto, mas grande parte do trabalho recente e em curso no Linux tem se concentrado em um terceiro e importante objetivo: a padronização. Um dos preços pagos pela diversidade de implementações do UNIX atualmente disponíveis é que o código-fonte escrito para uma pode não ser necessariamente compilado ou executado corretamente em outra. Até mesmo quando as mesmas chamadas de sistema estão presentes em dois sistemas UNIX diferentes, elas não se comportam necessariamente da mesma forma. Os padrões POSIX são compostos por um conjunto de especificações para diferentes aspectos do comportamento do sistema operacional. Há documentos do POSIX para a funcionalidade comum do sistema operacional e para extensões como threads de processos e operações de tempo real. O Linux foi projetado para ser compatível com os documentos relevantes do POSIX; pelo menos duas distribuições do Linux obtiveram a certificação oficial do POSIX.

Já que fornece interfaces padrão tanto para o programador quanto para o usuário, o Linux apresenta poucas surpresas para qualquer pessoa familiarizada com o UNIX. Não detalhamos essas interfaces aqui. As seções sobre a interface do programador (Seção A.3) e sobre a interface do usuário (Seção A.4) do BSD se aplicam igualmente bem ao Linux. Por default, no entanto, a interface de programação do Linux adota a semântica do UNIX SVR4 em vez de o comportamento do BSD. Um conjunto separado de bibliotecas está disponível para a implementação da semântica do BSD em locais onde os dois comportamentos diferem significativamente.

Existem muitos outros padrões no universo UNIX, mas a certificação total do Linux, no que diz respeito a esses padrões, às vezes se torna lenta porque geralmente ela só está disponível mediante uma taxa e a despesa envolvida na certificação da compatibilidade de um sistema operacional com a maioria dos padrões é significativa. No entanto, o suporte a uma ampla base de aplicações é importante para qualquer sistema operacional e, assim, a implementação de padrões é um objetivo importante do desenvolvimento do Linux, até mesmo se a implementação não for certificada formalmente. Além do padrão POSIX básico, o Linux suporta atualmente as extensões de criação de threads do POSIX – o Pthreads – e um subconjunto das extensões do POSIX para o controle de processos de tempo real.

15.2.1 Componentes de um Sistema Linux

O sistema Linux é composto por três corpos de código principais, como a maioria das implementações tradicionais do UNIX:

1. **Kernel.** O kernel é responsável por manter todas as abstrações importantes do sistema operacional, inclusive a memória virtual e os processos.

2. **Bibliotecas do sistema.** As bibliotecas do sistema definem um conjunto padrão de funções por meio das quais as aplicações podem interagir com o kernel. Essas funções implementam grande parte da funcionalidade do sistema operacional que não precisa de todos os privilégios do código do kernel.

3. **Utilitários do sistema.** Os utilitários do sistema são programas que executam tarefas de gerenciamento individuais especializadas. Alguns utilitários do sistema podem ser invocados apenas uma vez para inicializar e configurar algum aspecto do sistema; outros – conhecidos como *daemons* na terminologia do UNIX – podem ser executados permanentemente, manipulando tarefas como responder a conexões de rede, aceitar solicitações de login provenientes de terminais e atualizar arquivos de log.

A Figura 15.1 ilustra os diversos componentes que integram um sistema Linux completo. O mais importante aqui é a diferença que existe entre o kernel e todo o resto. Todo o código do kernel é executado em modalidade privilegiada de processador com acesso integral a todos os recursos físicos do computador. O Linux chama essa modalidade privilegiada de ***modalidade de kernel***. No Linux, não há código de modalidade de usuário embutido no kernel. Qualquer código de suporte do sistema

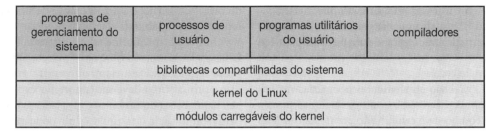

Figura 15.1 Componentes do sistema Linux.

operacional que não precise ser executado em modalidade de kernel é incluído nas bibliotecas do sistema.

Embora vários sistemas operacionais modernos tenham adotado uma arquitetura de transmissão de mensagens para seus mecanismos internos do kernel, o Linux mantém o modelo histórico do UNIX: o kernel é criado como um binário único monolítico. A principal razão é a melhoria do desempenho. Já que todo o código e as estruturas de dados do kernel são mantidos no mesmo espaço de endereçamento, nenhuma mudança de contexto é necessária quando um processo chama uma função do sistema operacional ou quando uma interrupção de hardware é liberada. Esse espaço de endereçamento único contém não apenas o código básico de scheduling e de memória virtual, mas *todo* o código do kernel, incluindo todo o código dos drivers de dispositivos, dos sistemas de arquivos e da conexão de rede.

Mesmo com todos os componentes do kernel compartilhando esse ambiente, ainda há espaço para modularidade. Da mesma forma que as aplicações de usuário podem carregar bibliotecas compartilhadas em tempo de execução para extrair um trecho de código necessário, o kernel do Linux pode carregar (e descarregar) módulos dinamicamente em tempo de execução. O kernel não precisa necessariamente saber de antemão que módulos podem ser carregados – eles são componentes carregáveis totalmente independentes.

O kernel do Linux forma o núcleo do sistema operacional Linux. Ele fornece toda a funcionalidade necessária para a execução de processos e fornece serviços do sistema que concedem acesso arbitrado e protegido a recursos de hardware. O kernel implementa todos os recursos necessários à sua qualificação como um sistema operacional. No entanto, por si só, o sistema operacional fornecido pelo kernel do Linux não se parece com um sistema UNIX. Faltam muitos dos recursos adicionais do UNIX e os recursos que ele fornece não estão necessariamente no formato que uma aplicação UNIX esperaria. A interface do sistema operacional visível para as aplicações em execução não é mantida diretamente pelo kernel. Em vez disso, as aplicações fazem chamadas às bibliotecas do sistema que, por sua vez, chamam os serviços do sistema operacional quando necessário.

As bibliotecas do sistema fornecem muitos tipos de funcionalidades. No nível mais simples, elas permitem que as aplicações façam solicitações de serviços ao sistema do kernel. Fazer uma chamada de sistema envolve a transferência de controle da modalidade de usuário não privilegiada para a modalidade de kernel privilegiada; os detalhes dessa transferência variam de uma arquitetura para outra. As bibliotecas encarregam-se de coletar os argumentos da chamada de sistema e, se necessário, de organizar esses argumentos na forma especial necessária para que a chamada seja feita.

As bibliotecas também podem fornecer versões mais complexas das chamadas de sistema básicas. Por exemplo, as funções de manipulação de arquivos em buffer da linguagem C são todas implementadas nas bibliotecas do sistema, fornecendo um controle mais avançado do I/O de arquivo do que as chamadas de sistema básicas do kernel. As bibliotecas também fornecem rotinas que não correspondem de forma alguma às chamadas de sistema, como algoritmos de classificação, funções matemáticas e rotinas de manipulação de cadeias de caracteres. Todas as funções necessárias para suporte à execução de aplicações UNIX ou POSIX são implementadas nas bibliotecas do sistema.

O sistema Linux inclui uma ampla variedade de programas de modalidade de usuário – tanto utilitários do sistema quanto utilitários do usuário. Os utilitários do sistema incluem todos os programas necessários à inicialização do sistema, como os que configuram dispositivos de rede e carregam módulos do kernel. Programas de servidor em execução contínua também são considerados utilitários do sistema; esses programas manipulam solicitações de login de usuário, conexões de rede recebidas e filas de impressoras.

Nem todos os utilitários padrão fornecem funções-chave de administração do sistema. O ambiente de usuário do UNIX contém uma grande quantidade de utilitários padrão para a execução de tarefas cotidianas simples, como a listagem de diretórios, a movimentação e a exclusão de arquivos e a exibição do conteúdo de um arquivo. Utilitários mais complexos podem executar funções de processamento de texto, como a classificação de dados textuais e a execução de buscas de padrões em textos de entrada. Juntos, esses utilitários formam um conjunto de ferramentas padrão que os usuários podem esperar em qualquer sistema UNIX; embora não executem qualquer função do sistema operacional, são parte importante do sistema Linux básico.

15.3 Módulos do Kernel

O kernel do Linux pode carregar e descarregar seções arbitrárias do código do kernel sob demanda. Esses módulos carregáveis do kernel são executados em modalidade de kernel privilegiada e, como consequência, têm acesso irrestrito a todos os recursos de hardware da máquina em que são executados. Em teoria, não há restrição sobre o que um módulo do kernel pode fazer; normalmente, um módulo pode implementar um driver de dispositivo, um sistema de arquivos ou um protocolo de conexão de rede.

Os módulos do kernel são convenientes por várias razões. O código-fonte do Linux é livre e, portanto, qualquer pessoa que quiser escrever código do kernel pode compilar um kernel modificado e executar uma reinicialização para carregar a nova funcionalidade; no entanto, a recompilação, a revinculação e a recarga do kernel inteiro é um ciclo complicado de percorrer quando você está desenvolvendo um novo driver. Se você usar módulos do kernel, não terá de criar um novo kernel para testar um novo driver – o driver pode ser compilado sozinho e carregado no kernel já em execução. É claro que, uma vez criado um novo driver, ele pode ser distribuído como um módulo para que outros usuários o utilizem sem ter de reconstruir seus kernels.

Esse último ponto tem outra implicação. Já que é protegido pela licença GPL, o kernel do Linux não pode ser lançado com componentes proprietários adicionados a ele, a menos que esses novos componentes também sejam lançados sob a GPL e seu código-fonte seja disponibilizado sob demanda. A interface de módulos do kernel permite que terceiros criem e distribuam, em seus próprios termos, drivers de dispositivos ou sistemas de arquivos que não poderiam ser distribuídos sob a GPL.

Os módulos do kernel permitem que um sistema Linux seja configurado com um kernel mínimo padrão, sem quaisquer drivers de dispositivo adicionais embutidos. Qualquer driver de dispositivo de que o usuário precisar pode ser carregado explicitamente pelo sistema, na inicialização, ou carregado automaticamente pelo sistema, sob demanda, e descarregado quando não estiver em uso. Por exemplo, um driver de CD-ROM pode ser carregado quando um CD for montado e descarregado da memória quando o CD for desmontado do sistema de arquivos.

O suporte a módulos no Linux tem três componentes:

1. O ***gerenciamento de módulos*** permite que os módulos sejam carregados na memória e conversem com o resto do kernel.
2. O ***registro de drivers*** permite que os módulos informem ao resto do kernel que um novo driver está disponível.
3. Um ***mecanismo de resolução de conflitos*** permite que diferentes drivers de dispositivos reservem recursos de hardware e protejam esses recursos do uso acidental por outro driver.

15.3.1 Gerenciamento de Módulos

A carga de um módulo requer mais do que apenas a carga de seu conteúdo binário na memória do kernel. O sistema também deve se certificar de que qualquer referência que o módulo faça a símbolos ou a pontos de entrada do kernel seja atualizada para apontar para as locações corretas no espaço de endereçamento do kernel. O Linux lida com essa atualização de referências dividindo o job de carga do módulo em duas seções separadas: o gerenciamento de seções de código do módulo na memória do kernel e a manipulação de símbolos que os módulos têm permissão para referenciar.

O Linux mantém uma tabela de símbolos interna no kernel. Essa tabela de símbolos não contém o conjunto completo de símbolos definidos no kernel durante sua última compilação; em vez disso, um símbolo deve ser exportado explicitamente pelo kernel. O conjunto de símbolos exportados constitui uma interface bem definida pela qual um módulo pode interagir com o kernel.

Embora a exportação de símbolos por uma função do kernel demande uma solicitação explícita do programador, nenhum esforço especial é necessário para importar esses símbolos para um módulo. O criador de um módulo só precisa usar a vinculação externa padrão da linguagem C: qualquer símbolo externo referenciado pelo módulo, mas não declarado por ele, é simplesmente marcado como não resolvido no binário final do módulo produzido pelo compilador. Quando um módulo está para ser carregado no kernel, um utilitário do sistema primeiro o examina em busca dessas referências não resolvidas. Todos os símbolos que ainda tiverem de ser resolvidos, são procurados na tabela de símbolos do kernel e os endereços corretos desses símbolos no kernel em execução corrente são substituídos no código do módulo. Só então é que o módulo é passado ao kernel para ser carregado. Se o utilitário do sistema não puder resolver as referências do módulo procurando-as na tabela de símbolos do kernel, o módulo será rejeitado.

A carga do módulo é executada em dois estágios. Primeiro, o utilitário carregador do módulo solicita ao kernel que reserve uma área contínua de sua memória virtual para o módulo. O kernel retorna o endereço da memória alocada e o utilitário carregador usa esse endereço para relocar o código de máquina do módulo para o endereço de carga correto. Uma segunda chamada de sistema passa, então, o módulo, mais qualquer tabela de símbolos que o novo módulo queira exportar, para o kernel. O próprio módulo agora é copiado literalmente para o espaço previamente alocado e a tabela de símbolos do kernel é atualizada com os novos símbolos para possível uso por outros módulos ainda não carregados.

O último componente de gerenciamento de módulos é o solicitante do módulo. O kernel define uma interface de comunicação com a qual um programa de gerenciamento de módulos pode se conectar. Com essa conexão estabelecida, o kernel informa ao processo de gerenciamento sempre que um processo solicita um driver de dispositivo, um sistema de arquivos ou um serviço de rede que não esteja correntemente carregado, e dá ao gerenciador a oportunidade de carregar esse serviço. A solicitação de serviço original é concluída assim que o módulo é carregado. O processo gerenciador consulta regularmente o kernel para ver se um módulo carregado dinamicamente ainda está em uso e descarrega esse módulo quando ele não é mais necessário.

15.3.2 Registro de Drivers

Uma vez que um módulo seja carregado, ele permanece sendo apenas uma região isolada da memória, até permitir que o resto do kernel saiba que nova funcionalidade ele fornece. O kernel mantém tabelas dinâmicas de todos os drivers conhecidos e fornece um conjunto de rotinas para permitir que drivers sejam adicionados a essas tabelas ou delas removidos a qualquer momento. Ele se certifica de chamar uma rotina de inicialização do módulo quando esse módulo é carregado e a rotina de limpeza do módulo antes que esse módulo seja descarregado: essas rotinas são responsáveis pelo registro da funcionalidade do módulo.

Um módulo pode registrar muitos tipos de drivers e pode registrar mais de um driver se quiser. Por exemplo, um driver de dispositivo pode querer registrar dois mecanismos separados para acesso ao dispositivo. As tabelas de registro incluem os itens a seguir:

- ***Drivers de dispositivos.*** Esses drivers incluem dispositivos de caracteres (como impressoras, terminais e mouses), dispositivos de bloco (inclusive todos os drives de disco) e dispositivos de interface de rede.
- ***Sistemas de arquivos.*** Pode ser qualquer coisa que implemente rotinas de chamada do sistema de arquivos virtual do Linux. Ele pode implementar um formato para o armazenamento de arquivos em disco, mas também pode ser um sistema de arquivos de rede, como o NFS, ou um sistema de arquivos virtual cujo conteúdo seja gerado sob demanda, como o sistema de arquivos /proc do Linux.
- ***Protocolos de rede.*** Um módulo pode implementar um protocolo de conexão de rede inteiro, como o IPX, ou simplesmente um novo conjunto de regras de filtragem de pacotes para um firewall de rede.
- ***Formato binário.*** Esse formato especifica uma forma de reconhecer e carregar um novo tipo de arquivo executável.

Além disso, um módulo pode registrar um novo conjunto de entradas nas tabelas *sysctl* e */proc* para permitir que ele seja configurado dinamicamente (Seção 15.7.4).

15.3.3 Resolução de Conflitos

Geralmente, as implementações comerciais do UNIX são vendidas para execução em hardware do próprio fornecedor. Uma vantagem de uma solução de fornecedor único é que o fornecedor do software tem uma boa ideia das configurações de hardware possíveis. O hardware de PC, no entanto, vem em uma ampla variedade de configurações, podendo ter um grande número de drivers para dispositivos como placas de rede, controladores SCSI e adaptadores de vídeo. O problema do gerenciamento da configuração de hardware torna-se mais complicado quando drivers de dispositivos modulares têm suporte, já que o conjunto de dispositivos correntemente ativos passa a ser dinamicamente variável.

O Linux fornece um mecanismo central de resolução de conflitos que ajuda a arbitrar o acesso a certos recursos de hardware. Seus objetivos são os seguintes:

- Impedir que os módulos entrem em conflito para acessar recursos de hardware
- Impedir que ***autossondagens*** – sondagens de drivers de dispositivos que autodetectam a configuração do dispositivo – afetem os drivers de dispositivos existentes
- Resolver conflitos entre vários drivers que estejam tentando acessar o mesmo hardware – por exemplo, como no caso em que tanto o driver da impressora paralela quanto o driver de rede IP de linha paralela (PLIP – *parallel-line IP*) tentam se comunicar com a porta da impressora paralela

Para atender a esses objetivos, o kernel mantém listas de recursos de hardware alocados. O PC tem uma quantidade limitada de portas de I/O (endereços em seu espaço de endereçamento de I/O de hardware), linhas de interrupção e canais DMA possíveis. Quando algum driver de dispositivo precisa acessar um desses recursos, espera-se que primeiro ele reserve o recurso no banco de dados do kernel. Incidentalmente, esse requisito permite que o administrador do sistema determine exatamente que recursos foram alocados por qual driver a qualquer momento.

Espera-se que um módulo use esse mecanismo para reservar antecipadamente qualquer recurso de hardware que ele queira usar. Se a reserva for rejeitada porque o recurso não está presente ou já está em uso, fica a cargo do módulo a decisão de como proceder. Ele pode invalidar sua inicialização e solicitar que seja descarregado, se não puder continuar, ou pode prosseguir usando recursos de hardware alternativos.

15.4 Gerenciamento de Processos

Um processo é o contexto básico dentro do qual toda a atividade solicitada por usuários é atendida no sistema operacional. Para ser compatível com outros sistemas UNIX, o Linux deve usar um modelo de processo semelhante aos de outras versões do UNIX. O Linux opera diferentemente do UNIX em alguns aspectos-chave, no entanto. Nesta seção, revisamos o modelo tradicional de processos do UNIX (Seção A.3.2) e introduzimos o modelo de criação de threads próprio do Linux.

15.4.1 O Modelo de Processos com fork( ) e exec( )

O princípio básico do gerenciamento de processos do UNIX é a separação de duas operações: a criação de um processo e a execução de um novo programa. Um novo processo é criado pela chamada de sistema fork() e um novo programa é executado após uma chamada a exec(). São duas funções totalmente separadas. Um novo processo pode ser criado com fork() sem existir um novo programa em execução – o novo subprocesso simplesmente continua a executar exatamente o mesmo programa que o primeiro processo (pai) estava executando. Da mesma forma, a execução de um novo programa não requer que um novo processo seja criado primeiro: qualquer processo pode chamar exec() a qualquer momento. O programa em execução corrente é encerrado imediatamente e o novo programa começa a ser executado no contexto do processo existente.

Esse modelo tem a vantagem de ser muito simples. Não é necessária a especificação de cada detalhe do ambiente de um novo programa na chamada de sistema que o executará; o novo programa é simplesmente executado em seu ambiente existente. Se um processo pai quiser modificar o ambiente em que um novo programa deve ser executado, ele pode criar uma ramificação e, então, ainda executando o programa original em um processo filho, fazer quaisquer chamadas de sistema necessárias à modificação desse processo filho antes de, finalmente, executar o novo programa.

Portanto, no UNIX, um processo inclui todas as informações que o sistema operacional deve manter para rastrear o contexto de uma única execução de um único programa. No Linux, podemos dividir esse contexto em várias seções específicas. De modo geral, as propriedades dos processos subdividem-se em três grupos: identidade, ambiente e contexto do processo.

15.4.1.1 Identidade do Processo

A identidade de um processo é composta principalmente pelos itens a seguir:

- **ID do processo (PID – *Process ID*).** Cada processo tem um identificador exclusivo. O PID é usado para especificar o processo para o sistema operacional quando uma aplicação faz uma chamada de sistema para notificar, modificar ou esperar o processo. Identificadores adicionais associam o processo a um grupo de processos (normalmente, uma árvore de processos ramificada por um único comando de usuário) e a uma sessão de login.

- **Credenciais.** Cada processo deve ter um ID de usuário associado e um ou mais IDs de grupo (grupos de usuários são discutidos na Seção 9.6.2) que determinem seus direitos de acesso a recursos e arquivos do sistema.

- **Personalidade.** As personalidades dos processos não são tradicionalmente encontradas em sistemas UNIX, mas no Linux cada processo tem um identificador de personalidade associado que pode modificar um pouco a semântica de certas chamadas de sistema. As personalidades são usadas principalmente por bibliotecas de emulação para solicitar que as chamadas de sistema sejam compatíveis com certas versões do UNIX.

A maioria desses identificadores fica sob o controle limitado do próprio processo. Os identificadores de grupo e de sessão do processo podem ser alterados se o processo quiser iniciar um novo grupo ou sessão. Suas credenciais podem ser alteradas, estando sujeitas às verificações de segurança apropriadas. No entanto, o PID primário de um processo é inalterável e identifica de maneira exclusiva esse processo até o encerramento.

15.4.1.2 Ambiente do Processo

O ambiente de um processo é herdado de seu pai e é composto por dois vetores terminados em null: o vetor de argumentos e o vetor de ambiente. O **vetor de argumentos** simplesmente lista os argumentos da linha de comando usada para invocar o programa em execução; por convenção, ela começa com o nome do próprio programa. O **vetor de ambiente** é uma lista de pares "NOME=VALOR" que associa variáveis de ambiente nomeadas a valores textuais arbitrários. O ambiente não é mantido na memória do kernel e, sim, armazenado no próprio espaço de endereçamento em modalidade de usuário do processo, como o primeiro dado no topo da pilha do processo.

Os vetores de argumentos e de ambiente não são alterados quando um novo processo é criado; o novo processo filho herda o ambiente que seu pai possui. No entanto, um ambiente completamente novo é estabelecido quando um novo programa é invocado. Ao chamar exec(), o processo deve fornecer o ambiente do novo programa. O kernel passa essas variáveis de ambiente para o próximo programa, substituindo o ambiente corrente do processo. Caso contrário, o kernel deixa os vetores de ambiente e de linha de comando inalterados – sua interpretação é deixada inteiramente para as bibliotecas e aplicações em modalidade de usuário.

A passagem de variáveis de ambiente de um processo para o próximo e a herança dessas variáveis pelos filhos de um processo fornecem maneiras flexíveis de passar informações para componentes do software do sistema em modalidade de usuário. Diversas variáveis de ambiente importantes têm significados convencionais para partes relacionadas do software do sistema. Por exemplo, a variável TERM é posicionada para nomear o tipo de terminal conectado a uma sessão de login do usuário; muitos programas usam essa variável para determinar como executar operações na tela do usuário, como mover o cursor e rolar uma região de texto. Programas com suporte multilingue usam a variável LANG para determinar em que idioma devem exibir mensagens do sistema para programas que incluam esse suporte.

O mecanismo de variáveis de ambiente personaliza o sistema operacional por processo, em vez de personalizá-lo como um todo. Os usuários podem escolher seus próprios idiomas ou seus próprios editores independentemente uns dos outros.

15.4.1.3 Contexto do Processo

As propriedades de identidade e de ambiente do processo são usualmente estabelecidas quando um processo é criado e não são alteradas durante a existência desse processo. Um processo pode optar por alterar alguns aspectos de sua identidade se precisar fazê-lo, ou pode alterar seu ambiente. Por outro lado, o contexto do processo é o estado do programa em execução a qualquer tempo; ele muda constantemente. O contexto do processo inclui as partes a seguir:

- **Contexto de scheduling.** A parte mais importante do contexto do processo é seu contexto de scheduling – as informações que o scheduler precisa para suspender e reiniciar o processo. Essas informações incluem as cópias salvas de todos os registradores do processo. Registradores de ponto flutuante são armazenados separadamente e só são restaurados quando necessário, para que processos que não usem aritmética de ponto flutuante não incorram no overhead de salvar esse estado. O contexto de scheduling também inclui informações sobre a prioridade do scheduling e sobre qualquer sinal pendente em espera para ser liberado para o processo. Uma parte-chave do contexto de scheduling é a pilha de kernel do processo, uma área separada da memória do kernel reservada para uso exclusivo pelo código em modalidade de kernel. Tanto as chamadas de sistema quanto as interrupções que ocorrem enquanto o processo está em execução, usam essa pilha.

- **Contabilidade.** O kernel mantém informações de contabilidade sobre os recursos que cada processo está consumindo correntemente e os recursos totais consumidos pelo processo em seu tempo de vida até o momento corrente.
- **Tabela de arquivos.** A tabela de arquivos é um array de ponteiros para estruturas de arquivo do kernel. Ao fazer chamadas de sistema de I/O de arquivo, os processos referenciam os arquivos por seus índices nessa tabela.
- **Contexto do sistema de arquivos.** Enquanto a tabela de arquivos lista os arquivos abertos existentes, o contexto do sistema de arquivos é aplicado a solicitações de abertura de novos arquivos. Os diretórios raiz e default correntes a serem usados em novas buscas de arquivos são armazenados aqui.
- **Tabela de manipuladores de sinais.** Os sistemas UNIX podem liberar sinais assíncronos para um processo em resposta a vários eventos externos. A tabela de manipuladores de sinais define a rotina no espaço de endereçamento do processo a ser chamada quando da chegada de um sinal específico.
- **Contexto da memória virtual.** O contexto da memória virtual descreve o conteúdo completo do espaço de endereçamento privado de um processo; ele é discutido na Seção 15.6.

15.4.2 Processos e Threads

O Linux fornece a chamada de sistema `fork()` com a funcionalidade tradicional de duplicação de um processo. Também fornece o recurso de criação de threads usando a chamada de sistema `clone()`. No entanto, ele não faz distinção entre processos e threads. Na verdade, o Linux usa, em geral, o termo *tarefa* – em vez de *processo* ou *thread* – quando se refere a um fluxo de controle dentro de um programa. Quando `clone()` é invocada, recebe um conjunto de flags que determinam o nível de compartilhamento que deve ocorrer entre as tarefas pai e filha. Alguns desses flags são:

flag	significado
CLONE_FS	Informações do sistema de arquivos são compartilhadas.
CLONE_VM	O mesmo espaço de memória é compartilhado.
CLONE_SIGHAND	Manipuladores de sinais são compartilhados.
CLONE_FILES	O conjunto de arquivos abertos é compartilhado.

Portanto, se `clone()` receber os flags CLONE_FS, CLONE_VM, CLONE_SIGHAND e CLONE_FILES, as tarefas pai e filha compartilharão as mesmas informações do sistema de arquivos (como o diretório de trabalho corrente), o mesmo espaço de memória, os mesmos manipuladores de sinais e o mesmo conjunto de arquivos abertos. O uso de `clone()` dessa forma é equivalente à criação de um thread em outros sistemas, já que a tarefa pai compartilha a maioria de seus recursos com sua tarefa filha. No entanto, se nenhum desses flags está posicionado quando `clone()` é invocada, não ocorre compartilhamento algum, o que resulta em funcionalidade semelhante a da chamada de sistema `fork()`.

A falta de diferenciação entre processos e threads é possível porque o Linux não armazena o contexto inteiro de um processo dentro da estrutura de dados do processo principal; em vez disso, armazena o contexto dentro de subcontextos independentes. Logo, o contexto do sistema de arquivos, a tabela de descritores de arquivos, a tabela de manipuladores de sinais e o contexto da memória virtual de um processo são armazenados em estruturas de dados separadas. A estrutura de dados do processo simplesmente contém ponteiros para essas outras estruturas e, portanto, qualquer quantidade de processos pode compartilhar facilmente um subcontexto apontando para o mesmo subcontexto.

Os argumentos da chamada de sistema `clone()` informam quais subcontextos deve copiar e quais deve compartilhar ao criar um novo processo. O novo processo recebe sempre uma nova identidade e um novo contexto de scheduling. Dependendo dos argumentos passados, no entanto, ela pode criar novas estruturas de dados de subcontexto, inicializadas para serem cópias da estrutura do pai ou configurar o novo processo para usar as mesmas estruturas de dados de subcontexto que estiverem sendo usadas pelo pai. A chamada de sistema `fork()` não é nada mais do que um caso especial de `clone()`, que copia todos os subcontextos sem compartilhá-los.

15.5 Scheduling

O scheduling é a atividade de alocação do tempo da CPU a diferentes tarefas dentro de um sistema operacional. Normalmente, consideramos o scheduling como a execução e a interrupção de processos, mas outro aspecto do scheduling também é importante no Linux: a execução das diversas tarefas do kernel. As tarefas do kernel incluem tanto tarefas que são solicitadas por um processo em execução quanto tarefas que são executadas internamente em nome de um driver de dispositivo.

15.5.1 Scheduling de Processos

O Linux tem dois algoritmos de scheduling de processos separados. Um é um algoritmo de compartilhamento de tempo para a obtenção de um scheduling justo e preemptivo entre

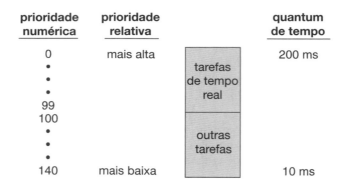

Figura 15.2 O relacionamento entre prioridades e tamanho da parcela de tempo.

vários processos; o outro é projetado para tarefas de tempo real em que prioridades absolutas são mais importantes do que imparcialidade.

O algoritmo de scheduling usado para tarefas rotineiras de compartilhamento de tempo recebeu uma revisão importante na versão 2.5 do kernel. Versões anteriores do kernel do Linux executavam uma variação do algoritmo de scheduling tradicional do UNIX que não dava suporte adequado a sistemas SMP e não escalava de forma apropriada à medida que a quantidade de tarefas do sistema aumentava. A revisão do scheduler do Linux na versão 2.5 do kernel fornece um algoritmo de scheduling que é executado em tempo constante – conhecido como $O(1)$ – independente da quantidade de tarefas no sistema. O novo scheduler também fornece um suporte maior ao SMP, incluindo a afinidade de processadores e o balanceamento de carga, assim como a manutenção da imparcialidade e o suporte a tarefas interativas.

O scheduler do Linux é um algoritmo preemptivo com base em prioridades com dois intervalos de prioridades separados: um intervalo de **tempo real** de 0 a 99 e um valor **de ajuste** variando de 100 a 140. Esses dois intervalos são mapeados para um esquema de prioridades global em que valores numericamente mais baixos indicam prioridades mais altas.

Diferente dos schedulers de muitos outros sistemas, o scheduler do Linux atribui a tarefas de prioridade mais alta um quanta de tempo mais longo e a tarefas de prioridade mais baixa um quanta de tempo mais curto. Devido à natureza exclusiva do scheduler isso é apropriado para o Linux, como veremos em breve. O relacionamento entre prioridades e tamanho das parcelas de tempo é mostrado na Figura 15.2.

Uma tarefa executável é considerada elegível para execução na CPU se tiver tempo restante em sua parcela de tempo. Quando uma tarefa exaure sua parcela de tempo, ela é considerada **expirada** e não é elegível para execução novamente até que todas as outras tarefas também tenham exaurido seu quanta de tempo. O kernel mantém uma lista de todas as tarefas executáveis em uma estrutura de dados **runqueue** (fila de execução). Devido ao suporte ao SMP, cada processador mantém sua própria fila de execução e inclui a si próprio no schedule, independentemente. Cada fila de execução contém dois arrays de prioridades – **ativas** e **expiradas**. O array de ativas contém todas as tarefas com tempo remanescente em suas parcelas de tempo e o array de expiradas contém todas as tarefas expiradas. Cada um desses arrays de prioridades inclui uma lista de tarefas indexadas de acordo com a prioridade (Figura 15.3). O scheduler seleciona a tarefa com a prioridade mais alta no array de ativas para execução na CPU. Em máquinas multiprocessadoras, isso significa que cada processador organiza no schedule a tarefa de prioridade mais alta a partir de sua própria estrutura runqueue. Quando todas as tarefas exaurirem suas parcelas de tempo (isto é, quando o array de ativas estiver vazio), os dois arrays de prioridades são trocados, pois o array de expiradas passa a ser o array de ativas e vice-versa.

As tarefas recebem prioridades dinâmicas com base no valor *de ajuste*, mais ou menos um valor que vai até 5. Um valor pode ser adicionado ao valor *de ajuste* de uma tarefa ou dele

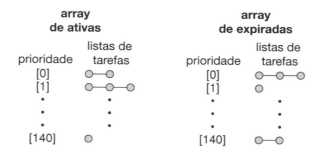

Figura 15.3 Lista de tarefas indexadas de acordo com a prioridade.

subtraído, depende da interatividade da tarefa. A interatividade de uma tarefa é determinada pelo período de tempo em que ela ficou suspensa esperando por I/O. Normalmente, tarefas mais interativas têm tempos de suspensão mais longos e, portanto, é mais provável que tenham ajustes mais próximos de -5 porque o scheduler favorece tarefas interativas. Inversamente, tarefas com tempos de suspensão mais curtos costumam ser limitadas por CPU e, portanto, têm suas prioridades reduzidas.

A prioridade dinâmica de uma tarefa é recalculada quando a tarefa exaure seu quantum de tempo e está para ser transferida ao array de expiradas. Logo, quando os dois arrays são trocados, todas as tarefas do novo array de ativas receberam novas prioridades e parcelas de tempo correspondentes.

O scheduling de tempo real do Linux é ainda mais simples. O Linux implementa as duas classes de scheduling de tempo real requeridas pelo POSIX.1b: primeiro a chegar, primeiro a ser atendido (FCFS) e round-robin (Seções 5.3.1 e 5.3.4, respectivamente). Nos dois casos, cada processo tem uma prioridade além de sua classe de scheduling. Processos com prioridades diferentes podem competir uns com os outros, até certo ponto, no scheduling de compartilhamento de tempo; no scheduling de tempo real, no entanto, o scheduler sempre executa o processo de prioridade mais alta. Entre processos de prioridade igual, ele executa o processo que está esperando há mais tempo. A única diferença entre os schedulings FCFS e round-robin é que os processos do scheduling FCFS continuam a ser executados até saírem ou serem bloqueados, enquanto um processo no scheduling round-robin sofrerá preempção depois de algum tempo e será transferido para o fim da fila de scheduling; logo, processos do scheduling round-robin com prioridades iguais compartilham automaticamente o tempo entre eles. Diferente das tarefas rotineiras de compartilhamento de tempo, as tarefas de tempo real recebem prioridades estáticas.

O scheduling de tempo real do Linux é de tempo real não crítico – em vez de crítico. O scheduler oferece garantias rigorosas em relação às prioridades relativas dos processos de tempo real, mas o kernel não oferece qualquer garantia em relação à rapidez com que um processo de tempo real será incluído no schedule quando esse processo se tornar executável.

15.5.2 Sincronização do Kernel

A maneira como o kernel organiza o scheduling de suas próprias operações é fundamentalmente diferente da maneira como ele organiza o scheduling dos processos. Uma solicitação de execução em modalidade de kernel pode ocorrer de duas maneiras. Um programa em execução pode solicitar um serviço do sistema operacional explicitamente, por meio de uma chamada de sistema, ou implicitamente – por exemplo, quando ocorre um erro de página. Alternativamente, um controlador de dispositivo pode liberar uma interrupção de hardware que faça a CPU começar a executar um manipulador definido pelo kernel para essa interrupção.

O problema que se apresenta para o kernel é que todas essas tarefas podem tentar acessar as mesmas estruturas de dados internas. Se uma tarefa do kernel está no meio do acesso a alguma estrutura de dados quando uma rotina de serviço de interrupção é executada, essa rotina de serviço não pode acessar ou modificar os mesmos dados sem correr o risco de corrompê-los. Esse fato está relacionado à ideia das seções críticas – partes do código que acessam dados compartilhados e que não devem ter permissão para execução concorrente. Como resultado, a sincronização do kernel envolve muito mais do que apenas o scheduling de processos. É necessária uma estrutura que permita a execução de tarefas do kernel sem violar a integridade dos dados compartilhados.

Antes da versão 2.6, o Linux era um kernel não preemptivo, o que significa que um processo em execução em modalidade de kernel não podia sofrer preempção – mesmo se um processo de prioridade mais alta ficasse disponível para execução. Na versão 2.6, o kernel do Linux tornou-se totalmente preemptivo; portanto, agora, uma tarefa pode sofrer preempção quando está em execução no kernel.

O kernel do Linux fornece spinlocks e semáforos (assim como versões de leitor-gravador desses dois locks) para trancamentos no kernel. Em máquinas SMP, o mecanismo básico de trancamento é um spinlock; o kernel é projetado de modo que o spinlock seja mantido apenas por curtos períodos. Em máquinas com um único processador, os spinlocks são inapropriados para uso e são substituídos pela habilitação e desabilitação da preempção do kernel. Isto é, em máquinas com um único processador, em vez de manter um spinlock, a tarefa desabilita a preempção do kernel. Em lugar de liberar o spinlock, a tarefa habilita a preempção do kernel. Esse padrão é resumido a seguir:

um processador	múltiplos processadores
Desabilita a preempção do kernel	Adquire spinlock
Habilita a preempção do kernel	Libera spinlock

O Linux usa uma abordagem interessante para desabilitar e habilitar a preempção do kernel. Ele fornece duas chamadas de sistema simples – preempt_disable() e preempt_enable() – para a desabilitação e a habilitação da preempção do kernel. No entanto, além disso, o kernel não pode sofrer preempção se uma tarefa em modalidade de kernel estiver mantendo um lock. Para impor essa regra, cada tarefa do sistema tem uma estrutura thread-info que inclui o campo preempt_count, um contador que indica o número de locks sendo mantidos pela tarefa. O contador é incrementado quando um lock é adquirido e decrementado quando um lock é liberado. Quando o valor de preempt_count para a tarefa em execução corrente, é maior do que zero, não é seguro causar a preempção do kernel, porque essa tarefa no momento mantém um lock. Se a contagem é igual a zero, o kernel pode seguramente ser interrompido, supondo que não haja chamadas pendentes a preempt_disable().

Os spinlocks – junto com a habilitação e desabilitação da preempção do kernel – só são usados no kernel quando o lock é mantido por curtos períodos. Quando um lock deve ser mantido por períodos mais longos, semáforos são usados.

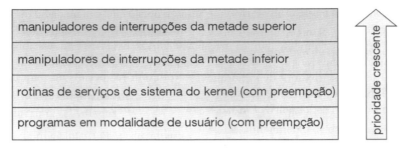

Figura 15.4 Níveis de proteção de interrupções.

A segunda técnica de proteção usada pelo Linux aplica-se às seções críticas que ocorrem em rotinas de serviço de interrupção. A ferramenta básica é o hardware de controle de interrupções do processador. Desabilitando interrupções (ou usando spinlocks) durante uma seção crítica, o kernel garante que pode prosseguir sem o risco de acesso concorrente às estruturas de dados compartilhadas.

No entanto, há desvantagens na desabilitação de interrupções. Na maioria das arquiteturas de hardware, instruções de habilitação e desabilitação de interrupções são dispendiosas. Além disso, enquanto as interrupções permanecem desabilitadas, todas as operações de I/O são suspensas e qualquer dispositivo que esteja esperando por atendimento, tem de esperar até as interrupções serem reabilitadas; logo, o desempenho degrada. O kernel do Linux usa uma arquitetura de sincronização que permite que seções críticas longas sejam executadas por toda a sua duração sem que as interrupções sejam desabilitadas. Esse recurso é particularmente útil no código de conexão de rede. Uma interrupção em um driver de dispositivo de rede pode sinalizar a chegada de um pacote de rede inteiro, o que pode resultar em um grande volume de código sendo executado para desmontagem, roteamento e encaminhamento desse pacote dentro da rotina de serviço de interrupção.

O Linux implementa essa arquitetura separando as rotinas de serviço de interrupção em duas seções: a metade superior e a metade inferior. Na **metade superior** temos uma parte da rotina de serviço de interrupção normal que é executada com interrupções recursivas desabilitadas; as interrupções de prioridade mais alta podem interromper a rotina, mas as interrupções de prioridade igual ou mais baixa são desabilitadas. A **metade inferior** de uma rotina de serviço é executada, com todas as interrupções habilitadas, por um scheduler miniatura que assegura que essas rotinas nunca interrompam a si mesmas. O scheduler da metade inferior é invocado automaticamente sempre que uma rotina de serviço de interrupção é encerrada.

Essa separação significa que o kernel pode concluir qualquer processamento complexo que precise ser executado em resposta a uma interrupção, sem preocupações quanto a ser ele mesmo interrompido. Se outra interrupção ocorre enquanto uma metade inferior está em execução, essa interrupção pode solicitar que a mesma metade inferior seja executada, mas a execução será adiada até a conclusão da que está em execução corrente. Cada execução de uma metade inferior pode ser interrompida por uma metade superior, mas nunca por uma metade inferior semelhante.

A arquitetura da metade superior/metade inferior é complementada por um mecanismo que desabilita metades inferiores selecionadas enquanto o código normal de foreground do kernel está em execução. O kernel pode codificar seções críticas facilmente usando esse sistema. Os manipuladores de interrupções podem codificar suas seções críticas como metades inferiores; quando o kernel de foreground quer entrar em uma seção crítica, ele pode desabilitar quaisquer metades inferiores relevantes para impedir que alguma outra seção crítica o interrompa. No fim da seção crítica, o kernel pode reabilitar as metades inferiores e executar qualquer tarefa da metade inferior que tiver sido enfileirada por rotinas de serviço de interrupção da metade superior, durante a seção crítica.

A Figura 15.4 resume os diversos níveis de proteção de interrupção dentro do kernel. Cada nível pode ser interrompido por código em execução em um nível mais alto, mas nunca é interrompido por código em execução no mesmo nível ou em um nível inferior; exceto para códigos em modalidade de usuário, os processos de usuário podem sempre sofrer preempção por outro processo quando ocorre uma interrupção do scheduling de compartilhamento de tempo.

15.5.3 Multiprocessamento Simétrico

O kernel do Linux 2.0 foi o primeiro kernel estável do Linux a dar suporte ao hardware **multiprocessador simétrico** (**SMP**), permitindo que processos separados sejam executados em paralelo em processadores separados. Originalmente, a implementação do SMP impunha a restrição de que só um processador de cada vez poderia executar código em modalidade de kernel.

Na versão 2.2 do kernel, um único spinlock do kernel (também chamado de **BKL,** abreviação de "big kernel lock") foi criado para permitir que vários processos (sendo executados em diferentes processadores) ficassem ativos no kernel concorrentemente. No entanto, o BKL fornecia um nível muito baixo de granularidade de trancamento. Versões posteriores do kernel tornaram a implementação do SMP mais escalável dividindo esse spinlock único do kernel em vários locks, cada um protegendo apenas um pequeno subconjunto das estruturas de dados do kernel. Esses spinlocks são descritos na Seção 15.5.2. O kernel 2.6 forneceu melhorias adicionais ao SMP, inclusive a afinidade de processadores e algoritmos de balanceamento de carga.

15.6 Gerenciamento de Memória

O gerenciamento da memória no Linux tem dois componentes. O primeiro lida com a alocação e a liberação de memória física – páginas, grupos de páginas e pequenos blocos de memória. O segundo manipula a memória virtual, que é a memória mapeada para o espaço de endereçamento de processos em execução. Nesta seção, descrevemos esses dois componentes e, em seguida, examinamos os mecanismos pelos quais os componentes carregáveis de um novo programa são trazidos para a memória virtual de um processo em resposta a uma chamada de sistema `exec()`.

15.6.1 Gerenciamento da Memória Física

Devido a características específicas de hardware, o Linux separa a memória física em três **zonas**, ou regiões, diferentes:

- `ZONE_DMA`
- `ZONE_NORMAL`
- `ZONE_HIGHMEM`

Essas zonas são específicas da arquitetura. Por exemplo, na arquitetura Intel 80x86, certos dispositivos ISA (de *industry standard architecture*) só podem acessar os 16 MB mais baixos da memória física usando o DMA. Nesses sistemas, os primeiros 16 MB de memória física compõem a `ZONE_DMA`. A `ZONE_NORMAL` identifica a memória física que é mapeada para o espaço de endereçamento da CPU. Essa zona é usada para a maioria das solicitações rotineiras de memória. Para arquiteturas que não limitam o que o DMA pode acessar, a `ZONE_DMA` não está presente e `ZONE_NORMAL` é usada. Para concluir, `ZONE_HIGHMEM` (de "high memory") refere-se à memória física que não é mapeada para o espaço de endereçamento do kernel. Por exemplo, na arquitetura Intel de 32 bits (onde 2^{32} fornecem um espaço de endereçamento de 4 GB), o kernel é mapeado para os primeiros 896 MB do espaço de endereçamento; a memória restante é chamada de **memória alta** e é alocada a partir de `ZONE_HIGHMEM`. O relacionamento entre zonas e endereços físicos na arquitetura Intel 80x86 é mostrado na Figura 15.5. O kernel mantém uma lista de páginas livres para cada zona. Quando chega uma solicitação de memória física, ele atende a solicitação usando a zona apropriada.

O principal gerenciador da memória física no kernel do Linux é o **alocador de páginas.** Cada zona tem seu próprio alocador, que é responsável por alocar e liberar todas as páginas físicas da zona e pode alocar intervalos de páginas fisicamente contíguas sob demanda. O alocador usa um sistema de parceiros (**buddy system**) (Seção 8.8.1) para rastrear páginas físicas disponíveis. Nesse esquema, unidades adjacentes de memória alocável são reunidas em pares (daí seu nome). Cada região de memória alocável tem um parceiro adjacente (ou buddy). Sempre que duas regiões parceiras alocadas são liberadas, elas são combinadas para formar uma região maior – um *buddy heap*. Essa região maior também tem um parceiro com o qual ela pode se combinar para formar uma região livre ainda maior. Inversamente, se uma solicitação de pouca memória não puder ser atendida pela alocação de uma pequena região livre existente, uma região livre maior será subdividida em dois parceiros para atender à solicitação. Listas encadeadas separadas são usadas para registrar as regiões de memória livres de cada tamanho permitido; no Linux, o menor tamanho alocável por esse mecanismo é uma única página física. A Figura 15.6 mostra um exemplo de alocação de buddy-heap. Uma região de 4 KB está sendo alocada, mas a menor região disponível tem 16 KB. A região é dividida recursivamente até que uma porção com o tamanho desejado esteja disponível.

Para concluir, todas as alocações de memória no kernel do Linux são feitas estaticamente por drivers que reservam uma área contígua de memória em tempo de inicialização do sistema, ou dinamicamente, pelo alocador de páginas. No entanto, as funções do kernel não têm de usar o alocador básico para reservar memória. Vários subsistemas especializados de gerenciamento da memória usam o alocador de páginas subjacente para gerenciar seus próprios pools de memória. Os mais importantes são o sistema de memória virtual, descrito na Seção 15.6.2; o alocador de tamanho variável `kmalloc()`; o alocador de placas, usado na alocação de memória para estruturas de dados do kernel; e o cache de páginas, usado para armazenar em cache páginas pertencentes a arquivos.

Muitos componentes do sistema operacional Linux precisam alocar páginas inteiras sob demanda, mas com frequência blocos de memória menores são requeridos. O kernel fornece um alocador adicional para solicitações de tamanho arbitrário em que o tamanho de uma solicitação não é conhecido antecipadamente e pode ter apenas alguns bytes. Analogamente à função `malloc()` da linguagem C, o serviço `kmalloc()` aloca páginas inteiras sob demanda, mas depois as divide em porções menores. O kernel mantém listas das páginas que estão sendo usadas pelo serviço `kmalloc()`. A alocação de memória envolve a determinação da lista apropriada e tanto usa a primeira porção livre disponível na lista quanto aloca uma nova página e a subdivide. Regiões de memória reclamadas pelo sistema `kmalloc()` são alocadas permanentemente até serem liberadas explicitamente; o sistema `kmalloc()` não pode realocar ou reclamar essas regiões em resposta à falta de memória.

Outra estratégia adotada pelo Linux para a alocação da memória do kernel é conhecida como alocação de placas (slabs). Uma **placa** é usada na alocação de memória para estruturas de dados do kernel e é composta por uma ou mais páginas fisicamente contíguas. Um *cache* é composto por uma ou mais placas. Há um único cache para cada estrutura de dados

zona	memória física
ZONE_DMA	< 16 MB
ZONE_NORMAL	16 .. 896 MB
ZONE_HIGHMEM	> 896 MB

Figura 15.5 Relacionamento entre zonas e endereços físicos no Intel 80x86.

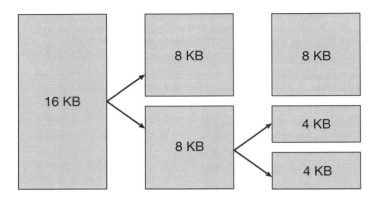

Figura 15.6 Divisão de memória no sistema de parceiros (buddy system).

individual do kernel – um cache para a estrutura de dados que representa descritores de processos, um cache para objetos de arquivo, um cache para semáforos e assim por diante. Cada cache é povoado com **objetos** que são instanciações da estrutura de dados do kernel que o cache representa. Por exemplo, o cache que representa semáforos armazena instâncias de objetos semáforos e o cache que representa descritores de processos armazena instâncias de objetos descritores de processos. O relacionamento entre placas, caches e objetos é mostrado na Figura 15.7. A figura mostra dois objetos do kernel com 3 KB e três objetos com 7 KB. Esses objetos são armazenados em seus respectivos caches para objetos de 3 KB e 7 KB.

O algoritmo de alocação de placas usa caches para armazenar objetos do kernel. Quando um cache é criado, vários objetos são alocados a ele. A quantidade de objetos no cache depende do tamanho da placa associada. Por exemplo, uma placa de 12 KB (composta por três páginas contíguas de 4 KB) poderia armazenar seis objetos de 2 KB. Inicialmente, todos os objetos do cache são marcados como **livres**. Quando um novo objeto de uma estrutura de dados do kernel é necessário, o alocador pode designar qualquer objeto livre do cache para atender à solicitação. O objeto designado a partir do cache é marcado como **usado**.

Consideremos um cenário em que o kernel solicita memória ao alocador de placas para um objeto que representa um descritor de processo. Em sistemas Linux, um descritor de processo é do tipo `struct task_struct` que requer aproximadamente 1,7 KB de memória. Quando o kernel do Linux cria uma nova tarefa, ele solicita a memória necessária para o objeto `struct task_struct` a partir de seu cache. O cache atende a solicitação usando um objeto `struct task_struct` que já tenha sido alocado em uma placa e esteja marcado como livre.

No Linux, uma placa pode estar em um de três estados possíveis:

1. **Cheia.** Todos os objetos da placa estão marcados como usados.
2. **Vazia.** Todos os objetos da placa estão marcados como livres.
3. **Parcial.** A placa é composta tanto por objetos livres quanto por objetos usados.

O alocador de placas tenta primeiro atender a solicitação com um objeto livre de uma placa parcial. Se nenhum existir, um objeto livre será designado a partir de uma placa vazia. Se não houver placa vazia disponível, uma nova placa será alocada

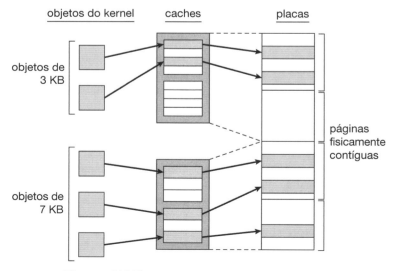

Figura 15.7 Alocador de placas (slabs) no Linux.

a partir das páginas físicas contíguas e atribuída a um cache; a memória para o objeto será alocada a partir dessa placa.

Dois outros subsistemas principais do Linux fazem seu próprio gerenciamento de páginas físicas: o cache de páginas e o sistema de memória virtual. Esses sistemas estão intimamente relacionados. O **cache de páginas** é o principal cache do kernel para dispositivos de bloco (Seção 15.8.1) e arquivos mapeados para a memória e é o principal mecanismo pelo qual o I/O desses dispositivos é executado. Tanto os sistemas de arquivos com base em disco nativos do Linux quanto o sistema de arquivos de rede NFS usam o cache de páginas. O cache de páginas armazena páginas inteiras de conteúdos de arquivos e não se limita aos dispositivos de bloco; ele também pode armazenar em cache dados de rede. O sistema de memória virtual gerencia o conteúdo do espaço de endereçamento virtual de cada processo. Esses dois sistemas interagem intimamente um com o outro porque a leitura de uma página de dados no cache de páginas requer o mapeamento das páginas do cache com o uso do sistema de memória virtual. Na seção a seguir, examinamos o sistema de memória virtual com mais detalhes.

15.6.2 Memória Virtual

O sistema de memória virtual do Linux é responsável por manter o espaço de endereçamento visível para cada processo. Ele cria páginas de memória virtual sob demanda e gerencia a carga dessas páginas a partir do disco e seu armazenamento no disco novamente conforme necessário. No Linux, o gerenciador de memória virtual mantém duas visões separadas do espaço de endereçamento de um processo: como um conjunto de regiões separadas e como um conjunto de páginas.

A primeira visão de um espaço de endereçamento é a visão lógica que descreve as instruções que o sistema de memória virtual recebeu relacionadas ao formato do espaço de endereçamento. Nessa visão, o espaço de endereçamento é composto por um conjunto de regiões não sobrepostas, cada uma representando um subconjunto alinhado e contínuo de páginas do espaço de endereçamento. Cada região é descrita internamente por uma única estrutura `vm_area_struc` que define as propriedades da região, inclusive as permissões de leitura, gravação e execução do processo na região, assim como informações sobre quaisquer arquivos associados à região. As regiões de cada espaço de endereçamento são vinculadas em uma árvore binária balanceada para permitir a busca rápida da região correspondente a qualquer endereço virtual.

O kernel também mantém uma segunda visão, física, de cada espaço de endereçamento. Essa visão é armazenada nas tabelas de páginas de hardware do processo. As entradas da tabela de páginas identificam a locação corrente exata de cada página de memória virtual, esteja ela em disco ou na memória física. A visão física é gerenciada por um conjunto de rotinas que são invocadas a partir dos manipuladores de interrupções de software do kernel sempre que um processo tenta acessar uma página que não está correntemente presente nas tabelas de páginas. Cada `vm_area_struct` na descrição do espaço de endereçamento contém um campo apontando para uma tabela de funções que implementam as funções-chave de gerenciamento de páginas para qualquer região de memória virtual específica. Todas as solicitações de leitura ou gravação de uma página indisponível acabam sendo despachadas para o manipulador apropriado da tabela de funções apontada por `vm_area_sctruct` para que as rotinas centrais de gerenciamento de memória não precisem conhecer os detalhes de gerenciamento de cada tipo possível de região da memória.

15.6.2.1 Regiões de Memória Virtual

O Linux implementa vários tipos de regiões de memória virtual. Uma propriedade que caracteriza a memória virtual é a memória de retaguarda da região que descreve de onde vêm as páginas da região. A maioria das regiões da memória tem por trás um arquivo ou absolutamente nada. Uma região com absolutamente nada de retaguarda é o tipo mais simples de região de memória virtual. Esse tipo de região representa a **memória de demanda zero**: quando um processo tenta ler uma página nesse tipo de região, ele simplesmente recebe de volta uma página de memória preenchida com zeros.

Uma região com um arquivo de retaguarda age como uma porta de entrada para uma seção desse arquivo. Sempre que o processo tenta acessar uma página dentro dessa região, a tabela de páginas é preenchida com o endereço de uma página do cache de páginas do kernel correspondente ao deslocamento apropriado no arquivo. A mesma página de memória física é usada tanto pelo cache de páginas quanto pelas tabelas de páginas do processo e, portanto, qualquer alteração feita no arquivo pelo sistema de arquivos fica imediatamente visível por qualquer processo que tenha mapeado esse arquivo para seu espaço de endereçamento. Qualquer quantidade de processos pode mapear a mesma região do mesmo arquivo e todos acabarão usando a mesma página de memória física.

Uma região de memória virtual também é definida por sua reação a gravações. O mapeamento de uma região para o espaço de endereçamento do processo pode ser *privado* ou *compartilhado*. Se um processo grava em uma região mapeada privadamente, o paginador detecta que uma cópia após gravação se faz necessária para manter as alterações locais ao processo. Por outro lado, gravações em uma região compartilhada resultam na atualização do objeto mapeado para essa região, de modo que a alteração possa ser vista imediatamente por qualquer outro processo que esteja mapeando esse objeto.

15.6.2.2 Tempo de Vida de um Espaço de Endereçamento Virtual

O kernel cria um novo espaço de endereçamento virtual em duas situações: quando um processo executa um novo programa com a chamada de sistema `exec()` e quando um novo processo é criado pela chamada de sistema `fork()`. O primeiro caso é fácil. Quando um novo programa é executado, o processo recebe um novo espaço de endereçamento virtual totalmente vazio. É função das rotinas de carga do programa povoar o espaço de endereçamento com regiões de memória virtual.

O segundo caso, a criação de um novo processo com `fork()`, envolve a criação de uma cópia completa do espaço de endereçamento virtual do processo existente. O kernel copia os descritores vm_area_struct do processo pai e, depois, cria um novo conjunto de tabelas de páginas para o filho. As tabelas de páginas do pai são copiadas diretamente nas tabelas do filho e a contagem de referências de cada página abordada é incrementada; portanto, após a ramificação, o pai e o filho compartilham as mesmas páginas físicas de memória em seus espaços de endereçamento.

Um caso especial ocorre quando a operação de cópia alcança uma região de memória virtual que é mapeada privadamente. Quaisquer páginas nas quais o processo pai tenha feito gravações dentro dessa região são privadas e alterações subsequentes feitas nessas páginas pelo pai ou pelo filho não devem atualizar a página no espaço de endereçamento do outro processo. Quando as entradas da tabela de páginas dessas regiões são copiadas, elas são posicionadas como somente de leitura e marcadas para cópia após gravação. Contanto que nenhum dos processos modifique essas páginas, os dois processos compartilham a mesma página da memória física. No entanto, se um dos processos tenta modificar uma página de cópia após gravação, a contagem de referências da página é verificada. Se a página ainda está sendo compartilhada, o processo copia o seu conteúdo em uma página totalmente nova da memória física e usa sua própria cópia. Esse mecanismo assegura que páginas de dados privadas sejam compartilhadas entre processos sempre que possível; cópias só são feitas quando absolutamente necessário.

15.6.2.3 Permuta e Paginação

Uma tarefa importante de um sistema de memória virtual é a relocação de páginas da memória física para o disco quando essa memória é necessária. Os primeiros sistemas UNIX executavam essa relocação extraindo o conteúdo de processos inteiros de uma só vez, mas versões modernas do UNIX baseiam-se mais na paginação – a transferência de páginas individuais de memória virtual entre a memória física e o disco. O Linux não implementa a permuta do processo inteiro; ele usa exclusivamente o mecanismo mais novo de paginação.

O sistema de paginação pode ser dividido em duas seções. Em primeiro lugar, o **algoritmo de política** decide que páginas devem ser gravadas em disco e quando elas devem ser gravadas. Depois, o **mecanismo de paginação** executa a transferência e pagina os dados de volta para a memória física quando eles são novamente necessários.

A **política de pageout** do Linux usa uma versão modificada do algoritmo do relógio padrão (ou da segunda chance) descrito na Seção 8.4.5.2. No Linux, é usado um relógio de vários ciclos e cada página tem uma *idade* que é ajustada a cada ciclo do relógio. A idade é mais precisamente uma medida da juventude da página ou do nível de atividade que a página experimentou recentemente. Páginas acessadas com frequência recebem um valor de idade mais alto, mas a idade de páginas pouco acessadas vai caindo a cada ciclo até zero. Essa quantificação da idade permite que o paginador selecione páginas a serem extraídas com base na política da menos frequentemente usada (LFU).

O mecanismo de paginação dá suporte à paginação tanto para partições e dispositivos de permuta dedicados quanto para arquivos normais, embora a permuta para um arquivo seja significativamente mais lenta devido ao overhead adicional gerado pelo sistema de arquivos. Blocos são alocados a partir dos dispositivos de permuta de acordo com um mapa de bits de blocos usados que é sempre mantido na memória física. O alocador usa um algoritmo do próximo apto para tentar gravar páginas em séries contínuas de blocos de disco para melhorar o desempenho. Ele registra o fato de que uma página foi transferida para disco usando um recurso das tabelas de páginas em processadores modernos: o bit de página-não-presente da entrada da tabela de páginas é ligado, permitindo que o resto da entrada seja preenchido com um índice identificando onde a página foi gravada.

15.6.2.4 Memória Virtual do Kernel

O Linux reserva para seu próprio uso interno uma região, dependente de arquitetura e constante, do espaço de endereçamento virtual de cada processo. As entradas da tabela de páginas mapeadas para essas páginas do kernel são marcadas como protegidas para que as páginas não possam ser vistas ou modificadas quando o processador está em execução em modalidade de usuário. Essa área de memória virtual do kernel tem duas regiões. A primeira é uma área estática que contém referências da tabela de páginas a cada página física de memória disponível no sistema, de modo que uma simples conversão de endereços físicos em endereços virtuais ocorra quando o código do kernel é executado. O núcleo do kernel, junto com todas as páginas alocadas pelo alocador de páginas normal, reside nessa região.

O resto da seção do espaço de endereçamento reservada do kernel não é reservada para qualquer fim específico. As entradas da tabela de páginas desse intervalo de endereços podem ser modificadas pelo kernel para apontar para qualquer outra área da memória. O kernel fornece um par de recursos que permite aos processos o uso dessa memória virtual. A função vmalloc() aloca uma quantidade arbitrária de páginas físicas de memória que podem não ser fisicamente contíguas em uma única região de memória do kernel virtualmente contígua. A função vremap() mapeia uma sequência de endereços virtuais para que apontem para uma área de memória usada por um driver de dispositivo de I/O mapeado para a memória.

15.6.3 Execução e Carga de Programas de Usuário

A execução de programas de usuário pelo kernel do Linux é disparada por uma invocação à chamada de sistema exec(). A chamada exec() instrui o kernel a executar um novo programa dentro do processo corrente, substituindo totalmente o contexto de execução corrente pelo contexto inicial do novo programa. A primeira tarefa desse serviço do sistema é verificar se o processo chamador tem direitos de permissão para o arquivo que está sendo executado. Uma vez que essa questão tenha sido verificada, o kernel invoca uma rotina carregadora para começar a executar o programa. O carregador não transfere necessariamente o conteúdo do arquivo do programa para a memória física, mas ele, pelo menos, estabelece o mapeamento do programa para a memória virtual.

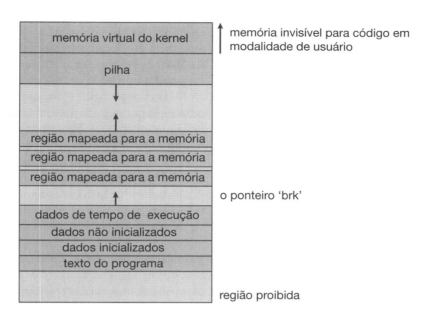

Figura 15.8 Formato de Memória para programas ELF.

Não há uma rotina exclusiva no Linux para a carga de um novo programa. Em vez disso, o Linux mantém uma tabela de possíveis funções carregadoras e dá a cada uma dessas funções a oportunidade de tentar carregar o arquivo específico quando uma chamada de sistema exec() é feita. Originalmente, essa tabela de carregadores foi criada porque, entre os lançamentos dos kernels 1.0 e 1.2, o formato padrão dos arquivos binários do Linux foi alterado. Kernels mais antigos do Linux entendiam o formato a.out dos arquivos binários – um formato relativamente simples, comum em sistemas UNIX mais antigos. Sistemas Linux mais recentes usam o formato mais moderno **ELF**, com suporte na maioria das implementações atuais do UNIX. O ELF apresenta diversas vantagens sobre o a.out, inclusive flexibilidade e extensibilidade. Novas seções podem ser adicionadas a um binário ELF (por exemplo, para a inclusão de mais informações de depuração) sem que as rotinas carregadoras se tornem confusas. Ao permitir o registro de várias rotinas carregadoras, o Linux pode facilmente dar suporte aos formatos binários ELF e a.out em um único sistema em execução.

Nas seções 15.6.3.1 e 15.6.3.2, concentramo-nos exclusivamente na carga e execução de binários no formato ELF. O procedimento para a carga de binários a.out é mais simples, mas tem operação semelhante.

15.6.3.1 Mapeamento de Programas para a Memória

No Linux, o carregador binário não carrega um arquivo binário na memória física. Em vez disso, as páginas do arquivo binário são mapeadas para regiões de memória virtual. Só quando o programa tenta acessar uma página específica é que ocorre um erro de página na carga dessa página na memória física, usando paginação por demanda.

É responsabilidade do carregador binário do kernel estabelecer o mapeamento de memória inicial. Um arquivo binário no formato ELF é composto por um cabeçalho seguido por várias seções de páginas alinhadas. O carregador ELF funciona lendo o cabeçalho e mapeando as seções do arquivo para regiões separadas da memória virtual.

A Figura 15.8 mostra o formato típico de regiões de memória estabelecidas pelo carregador ELF. Em uma região reservada na extremidade do espaço de endereçamento reside o kernel, em sua própria região privilegiada de memória virtual, inacessível a programas normais em modalidade de usuário. O resto da memória virtual fica disponível para aplicações que podem usar as funções de mapeamento de memória do kernel para criar regiões que mapeiem uma parte de um arquivo ou que estejam disponíveis para dados das aplicações.

A função do carregador é estabelecer o mapeamento de memória inicial para permitir que a execução do programa comece. As regiões que precisam ser inicializadas incluem a pilha e as regiões de texto e dados do programa.

A pilha é criada no topo da memória virtual em modalidade de usuário; ela cresce para baixo em direção a endereços de numeração menor e inclui cópias dos argumentos e variáveis de ambiente fornecidas ao programa na chamada de sistema exec(). As outras regiões são criadas perto da extremidade inferior da memória virtual. As seções do arquivo binário que contêm texto de programa ou dados somente de leitura, são mapeadas para a memória como uma região protegida contra gravação. Dados inicializados graváveis são mapeados em seguida; depois, dados não inicializados são mapeados como uma região privada de demanda zero.

Imediatamente após essas regiões de tamanho fixo, encontra-se uma região de tamanho variável que os programas podem expandir, quando necessário, para armazenar dados alocados em tempo de execução. Cada processo tem um ponteiro, brk, que aponta para a extensão corrente dessa região de dados, e os processos podem estender ou contrair sua região `brk` com uma simples chamada de sistema – `sbrk()`.

Uma vez que esses mapeamentos tenham sido estabelecidos, o carregador inicializa o registrador contador de programas do processo, com o ponto de início registrado no cabeçalho ELF, e o processo pode ser incluído no schedule.

15.6.3.2 Vinculação Estática e Dinâmica

Uma vez que o programa tenha sido carregado e sua execução começado, todos os conteúdos necessários do arquivo binário estarão carregados no espaço de endereçamento virtual do processo. No entanto, a maioria dos programas também precisa executar funções das bibliotecas do sistema e essas funções também devem ser carregadas. No caso mais simples, as funções de biblioteca requeridas são embutidas diretamente no arquivo binário executável do programa. Esse programa é vinculado estaticamente às suas bibliotecas; e executáveis vinculados estaticamente podem começar a ser executados logo que são carregados.

A principal desvantagem da vinculação estática é que cada programa gerado deve conter cópias de exatamente as mesmas funções comuns de bibliotecas do sistema. É muito mais eficiente, em termos de uso tanto da memória física quando do espaço em disco, carregar as bibliotecas do sistema na memória apenas uma vez. A vinculação dinâmica permite que essa carga única ocorra.

O Linux implementa a vinculação dinâmica em modalidade de usuário por meio de uma biblioteca especial de links. Cada programa vinculado dinamicamente contém uma pequena função vinculada estaticamente que é chamada quando o programa é iniciado. Essa função estática apenas mapeia a biblioteca de links para a memória e o código da função é executado. A biblioteca de links determina as bibliotecas dinâmicas requeridas pelo programa e os nomes das variáveis e funções necessárias dessas bibliotecas lendo as informações contidas em seções do binário ELF. Ela, então, mapeia as bibliotecas para o meio da memória virtual e resolve as referências aos símbolos contidos nessas bibliotecas. Não importa para que local exato da memória essas bibliotecas compartilhadas são mapeadas: elas são compiladas em **código independente de posição (PIC** – *position-independent code*) que pode ser executado em qualquer endereço da memória.

15.7 Sistemas de Arquivos

O Linux retém o modelo de sistema de arquivos padrão do UNIX. No UNIX, um arquivo não precisa ser um objeto armazenado em disco ou buscado por meio de uma rede a partir de um servidor de arquivos remoto. Em vez disso, os arquivos do UNIX podem ser qualquer coisa capaz de manipular a entrada ou saída de um fluxo de dados. Drivers de dispositivos podem aparecer como arquivos, e canais de comunicação entre processos ou conexões de rede também parecem arquivos para o usuário.

O kernel do Linux manipula todos esses tipos de arquivos ocultando os detalhes de implementação de qualquer tipo de arquivo individual por trás de uma camada de software – o sistema de arquivos virtual (VFS). Abordamos a seguir o sistema de arquivos virtual e depois discutimos o sistema de arquivos padrão do Linux – o ext2fs.

15.7.1 O Sistema de Arquivos Virtual

O VFS do Linux foi projetado com base em princípios orientados a objetos. Ele tem dois componentes: um conjunto de definições que especificam que aparência os objetos do sistema de arquivos podem ter e uma camada de software para a manipulação dos objetos. O VFS define quatro tipos de objetos principais:

- Um **objeto inode** representa um arquivo individual.
- Um **objeto arquivo** representa um arquivo aberto.
- Um **objeto superbloco** representa um sistema de arquivos inteiro.
- Um **objeto dentry** representa uma entrada de diretório individual.

Para cada um desses quatro tipos de objeto, o VFS define um conjunto de operações. Cada objeto de um desses tipos contém um ponteiro para uma tabela de funções. A tabela de funções lista os endereços das funções reais que implementam as operações definidas para esse objeto. Por exemplo, uma API resumida para algumas das operações do objeto arquivo inclui:

- `int open(...)` – Abre um arquivo.
- `ssize_t read(...)` – Lê um arquivo.
- `ssize_t write(...)` – Grava em um arquivo.
- `int mmap(...)` – Mapeia um arquivo para a memória.

A definição completa do objeto arquivo é especificada em `struct file_operations` que está localizada no arquivo `/usr/include/linux/fs.h`. Uma implementação do objeto arquivo (para um tipo de arquivo específico) é requerida para implementar cada função especificada na definição desse objeto.

A camada de software VFS pode executar uma operação em um dos objetos do sistema de arquivos chamando a função apropriada a partir da tabela de funções do objeto, sem precisar saber com antecedência e exatamente com que tipo de objeto está lidando. O VFS não sabe, ou precisa saber, se um inode representa um arquivo de rede, um arquivo de disco, um socket de rede ou um arquivo de diretório. A função apropriada para a operação `read()` desse arquivo sempre estará no mesmo local em sua tabela de funções e a camada de software VFS a chamará sem se preocupar com a maneira como os dados são realmente lidos.

Os objetos arquivo e inode são os mecanismos usados no acesso a arquivos. Um objeto inode é uma estrutura de dados contendo ponteiros para os blocos de disco que mantêm os conteúdos reais do arquivo e um objeto arquivo representa um ponto de acesso aos dados de um arquivo aberto. Um processo não pode acessar o conteúdo de um inode sem antes obter um objeto arquivo apontando para o inode. O objeto arquivo rastreia o local do arquivo de onde o processo está lendo ou onde está gravando correntemente, para acompanhar o I/O do arquivo sequencial. Ele também registra se o processo solicitou permissões de gravação quando o arquivo estava aberto e, se necessário, rastreia a atividade do processo para executar uma leitura antecipada adaptativa, buscando dados do arquivo na memória antes de o processo solicitá-los, para melhorar o desempenho.

Normalmente, os objetos arquivo pertencem a um único processo, mas os objetos inode não. Mesmo quando um arquivo não está mais sendo usado por qualquer processo, seu objeto inode ainda pode ser armazenado em cache pelo VFS para melhoria do desempenho, se o arquivo for usado novamente em futuro próximo. Todos os dados do arquivo armazenados em cache são encadeados em uma lista no objeto inode do arquivo. O inode também mantém informações padrão sobre cada arquivo, como o proprietário, o tamanho e a hora da última modificação.

Arquivos de diretório são manipulados de maneira ligeiramente diferente de outros arquivos. A interface de programação do UNIX define várias operações em diretórios, como criação, exclusão e renomeação de um arquivo em um diretório. As chamadas de sistema para essas operações de diretório não requerem que o usuário abra os arquivos relacionados, diferente do que ocorre em caso de leitura ou gravação de dados. Logo, o VFS define essas operações de diretório no objeto inode em vez de no objeto arquivo.

O objeto superbloco representa um conjunto conectado de arquivos que forma um sistema de arquivos autossuficiente. O kernel do sistema operacional mantém um único objeto superbloco para cada dispositivo de disco montado como um sistema de arquivos e para cada sistema de arquivos de rede correntemente conectado. A principal responsabilidade do objeto superbloco é dar acesso a inodes. O VFS identifica cada inode por um par exclusivo – número do inode/sistema de arquivos – e encontra o inode correspondente a um número de inode específico solicitando ao objeto superbloco que retorne o inode com esse número.

Para concluir, um objeto dentry representa uma entrada de diretório que pode incluir o nome de um diretório no nome de caminho de um arquivo (como /usr) ou o arquivo real (como stdio.h). Por exemplo, o arquivo /usr/include/stdio.h contém as entradas de diretório (1) /, (2) usr, (3) include e (4) stdio.h. Cada um desses valores é representado por um objeto dentry separado.

Como exemplo de como os objetos dentry são usados, considere a situação em que um processo deseja abrir um arquivo com nome de caminho /usr/include/stdio.h usando um editor. Já que o Linux trata nomes de diretório como arquivos, a conversão desse caminho requer primeiro a obtenção do inode da raiz - - /. O sistema operacional deve, então, ler esse arquivo para obter o inode do arquivo include. E deve continuar esse processo até obter o inode do arquivo stdio.h. Como a conversão do nome de caminho pode ser uma tarefa demorada, o Linux mantém um cache de objetos dentry que é consultado durante a conversão do nome de caminho. A obten-

O Sistema Linux **377**

ção do inode a partir do cache de objetos dentry é consideravelmente mais rápida do que a leitura do arquivo em disco.

15.7.2 O Sistema de Arquivos ext2fs do Linux

O sistema de arquivos padrão em disco usado pelo Linux chama-se **ext2fs**, por questões históricas. O Linux foi originalmente programado com um sistema de arquivos compatível com o Minix, para facilitar a troca de dados com o sistema de desenvolvimento Minix, mas esse sistema de arquivos tinha restrições severas de limites de 14 caracteres para nomes de arquivo e tamanho máximo do sistema de arquivos de 64 MB. O sistema de arquivos Minix foi substituído por um novo sistema de arquivos, batizado como **sistema de arquivos estendido (extfs –** *extended file system*). Um novo projeto posterior desse sistema de arquivos, para melhorar o desempenho e a escalabilidade e adicionar alguns recursos ausentes, levaram ao **segundo sistema de arquivos estendido (ext2fs)**.

O ext2fs do Linux tem muito em comum com o Fast File System (FFS) do BSD (Seção A.7.7). Ele usa um mecanismo semelhante para a localização dos blocos de dados pertencentes a um arquivo específico, armazenando ponteiros de blocos de dados em blocos indiretos, em todo o sistema de arquivos, com até três níveis de endereçamento indireto. Como no FFS, os arquivos de diretório são armazenados em disco como arquivos normais, embora seu conteúdo seja interpretado diferentemente. Cada bloco de um arquivo de diretório é composto por uma lista encadeada de entradas; cada entrada contém o tamanho da entrada, o nome de um arquivo e o número do inode ao qual essa entrada se refere.

As principais diferenças entre o ext2fs e o FFS estão em suas políticas de alocação de disco. No FFS, o disco é alocado a arquivos em blocos de 8 KB. Esses blocos são subdivididos em fragmentos de 1 KB para armazenamento de pequenos arquivos ou blocos parcialmente preenchidos nos fins dos arquivos. Por outro lado, o ext2fs não usa fragmentos, mas executa todas as suas alocações em unidades menores. O tamanho de bloco default no ext2fs é de 1 KB, embora blocos de 2 KB e 4 KB também sejam suportados.

Para manter um alto desempenho, sempre que possível o sistema operacional deve tentar executar operações de I/O em grandes porções, agrupando solicitações de I/O fisicamente adjacentes. O agrupamento reduz o overhead por solicitação, gerado pelos drivers de dispositivos, pelos discos e pelo hardware controlador de disco. Um tamanho de solicitação de I/O de 1 KB é pequeno demais para a manutenção de um bom desempenho e, assim, o ext2fs usa políticas de alocação projetadas para incluir blocos de um arquivo logicamente adjacentes em blocos fisicamente adjacentes em disco para que ele possa submeter uma solicitação de I/O para vários blocos de disco como uma única operação.

A política de alocação do ext2fs tem duas partes. Como no FFS, um sistema de arquivos ext2fs é dividido em vários **grupos de blocos**. O FFS usa o conceito semelhante de **grupos de cilindros** em que cada grupo corresponde a um único cilindro de um disco físico. No entanto, a moderna tecnologia de drives

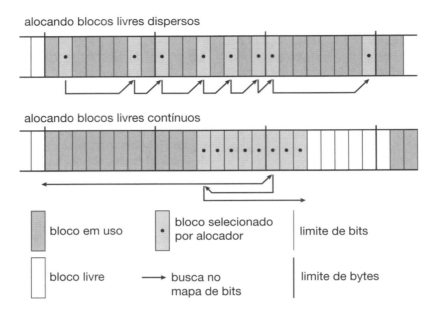

Figura 15.9 Políticas de alocação de blocos do ext2fs.

de disco compacta setores no disco em diferentes densidades e, portanto, com diferentes tamanhos de cilindro, dependendo da distância que o cabeçote está do centro do disco. Logo, grupos de cilindros de tamanho fixo não correspondem necessariamente à geometria do disco.

Ao alocar um arquivo, o ext2fs deve, primeiro, selecionar o grupo de blocos desse arquivo. Para blocos de dados, ele tenta alocar o arquivo ao grupo de blocos em que o inode do arquivo foi alocado. Para alocações de inodes, ele seleciona o grupo de blocos em que o diretório pai do arquivo reside, em caso de arquivos que não sejam de diretório. Arquivos de diretório não são mantidos juntos e, em vez disso, ficam dispersos por todos os grupos de blocos disponíveis. Essas políticas são projetadas não só para manter informações relacionadas dentro do mesmo grupo de blocos, mas também para distribuir a carga do disco entre os grupos de blocos, reduzindo a fragmentação de qualquer área específica do disco.

Dentro de um grupo de blocos, o ext2fs tenta, se possível, manter as alocações fisicamente contíguas. reduzindo a fragmentação. Ele mantém um mapa de bits de todos os blocos livres de um grupo de blocos. Ao alocar os primeiros blocos para um novo arquivo, ele começa procurando um bloco livre a partir do início do grupo de blocos; ao estender um arquivo, ele continua a busca a partir do bloco alocado mais recentemente ao arquivo. A busca é executada em dois estágios. Primeiro, o ext2fs procura um byte totalmente livre no mapa de bits; se não conseguir encontrar um, ele procura qualquer bit livre. A busca por bytes livres visa alocar espaço em disco em porções de, pelo menos, oito blocos onde possível.

Assim que um bloco livre tenha sido identificado, a busca retrocede até que um bloco alocado seja encontrado. Quando um byte livre é encontrado no mapa de bits, essa busca na direção inversa impede que o ext2fs deixe uma lacuna entre o bloco alocado mais recentemente no byte anterior diferente de zero e o byte zero encontrado. Logo que o próximo bloco a ser alocado tenha sido encontrado pela busca do byte ou do bit, o ext2fs estende a alocação para até oito blocos à frente e **pré-aloca** esses blocos adicionais ao arquivo. Essa pré-alocação ajuda a reduzir a fragmentação durante gravações intercaladas em arquivos separados e também reduz o custo da CPU referente à alocação de disco por meio da alocação de vários blocos simultaneamente. Os blocos pré-alocados são devolvidos ao mapa de bits de espaços livres quando o arquivo é fechado.

A Figura 15.9 ilustra as políticas de alocação. Cada linha representa uma sequência de bits ligados e não ligados em um mapa de bits de alocação, indicando blocos usados e livres no disco. No primeiro caso, se pudermos encontrar quaisquer blocos livres suficientemente próximos ao começo da busca, eles serão alocados independentemente de quanto possam estar fragmentados. A fragmentação é parcialmente compensada pelo fato de que os blocos estão próximos e, portanto, é provável que possam ser lidos em conjunto, sem qualquer busca no disco, e alocar todos os blocos a um arquivo é melhor, a longo prazo, do que alocar blocos isolados a arquivos separados, à medida que grandes áreas livres se tornem escassas no disco. No segundo caso, não encontramos imediatamente um bloco livre próximo e, assim, procuramos mais à frente um byte totalmente livre no mapa de bits. Se alocássemos esse byte como um todo, acabaríamos criando uma área fragmentada de espaço livre entre ele e a alocação que o precede e, portanto, antes de alocar, retornamos para fazer essa alocação fluir com a alocação precedente e, então, alocamos o espaço à frente para satisfazer a alocação default de oito blocos.

15.7.3 Journaling

Um recurso popular dos sistemas de arquivos é o **journaling,** em que modificações no sistema de arquivos são gravadas sequencialmente em um diário. Um conjunto de operações que executam uma tarefa específica é uma **transação**. Quando uma transação é gravada no diário, ela é considerada confirmada e a chamada de sistema que modificou o sistema de arquivos (`write( )`) pode retornar ao processo do usuário, permitindo que ele continue sua execução. Enquanto isso, as entradas do diário relacionadas à transação são reexecutadas nas estruturas reais do sistema de arquivos. À medida que as alterações são feitas, um ponteiro é atualizado para indicar quais ações foram concluídas e quais ainda estão incompletas. Quando uma transação inteiramente confirmada é concluída, ela é removida do diário. O diário que, na verdade, é um buffer circular, pode estar em uma seção separada do sistema de arquivos ou, até mesmo, em um eixo de disco separado. É mais eficiente, porém mais complexo, que ele fique sob cabeçotes de leitura-gravação separados, diminuindo assim os tempos de disputa e busca do cabeçote.

Se o sistema cair, algumas transações podem permanecer no diário. Essas transações nunca serão concluídas para o sistema de arquivos ainda que tenham sido confirmadas pelo sistema operacional e, portanto, devem ser concluídas quando o sistema se recuperar. As transações podem ser executadas com base no ponteiro até o trabalho ser concluído para que as estruturas do sistema de arquivos permaneçam consistentes. O único problema ocorre quando uma transação é abortada – isto é, não é confirmada antes de o sistema cair. Quaisquer alterações provenientes dessas transações que tenham sido aplicadas ao sistema de arquivos devem ser desfeitas, preservando-se novamente a consistência do sistema de arquivos. Essa recuperação é tudo que é necessário após uma queda, eliminando qualquer problema de verificação de consistência.

Normalmente, os sistemas de arquivos com diário também são mais velozes do que os sistemas sem diário, porque as atualizações são executadas muito mais rapidamente quando aplicadas ao diário em memória e não diretamente às estruturas de dados em disco. A razão dessa melhoria provém dos ganhos de desempenho do I/O sequencial sobre o I/O aleatório. As dispendiosas gravações síncronas aleatórias no sistema de arquivos são convertidas nas muito menos custosas gravações sequenciais síncronas no diário do sistema de arquivos. Por sua vez, essas alterações são reexecutadas assincronamente por meio de gravações aleatórias nas estruturas apropriadas. O resultado geral é um ganho significativo no desempenho de operações orientadas a metadados do sistema de arquivos, como a criação e exclusão de arquivos.

O journaling não é fornecido no ext2fs. É fornecido, no entanto, em outro sistema de arquivos comum disponível para sistemas Linux, o **ext3**, que é baseado no ext2fs.

15.7.4 O Sistema de Arquivos de Processos do Linux

A flexibilidade do VFS do Linux habilita-nos a implementar um sistema de arquivos que não armazena dados persistentemente, em vez disso, fornece uma interface para alguma outra funcionalidade. O **sistema de arquivos de processos do Linux**, conhecido como sistema de arquivos /proc, é exemplo de um sistema de arquivos cujo conteúdo não é realmente armazenado em qualquer lugar e, sim, processado sob demanda de acordo com solicitações de I/O de arquivos dos usuários.

Um sistema de arquivos /proc não é exclusividade do Linux. O UNIX SVR4 introduziu um sistema de arquivos /proc como uma interface eficiente para suporte do kernel à depuração de processos. Cada subdiretório do sistema de arquivos corresponde não a um diretório em algum disco e, sim, a um processo ativo no sistema corrente. Uma listagem do sistema de arquivos revela um diretório por processo, com o nome do diretório sendo a representação decimal ASCII do identificador exclusivo do processo (PID).

O Linux implementa o sistema de arquivos /proc mas o estende muito mais incluindo vários diretórios e arquivos de texto adicionais sob o diretório raiz do sistema de arquivos. Essas novas entradas referenciam diversas estatísticas sobre o kernel e os drivers carregados associados. O sistema de arquivos /proc oferece uma forma de os programas acessarem essas informações como arquivos de texto simples; o ambiente de usuário padrão do UNIX fornece ferramentas poderosas para o processamento desses arquivos. Por exemplo, no passado, o comando `ps` tradicional do UNIX para a listagem dos estados de todos os processos em execução foi implementado como um processo privilegiado de leitura do estado do processo, diretamente a partir da memória virtual do kernel. No Linux, esse comando é implementado como um programa inteiramente desprivilegiado que simplesmente analisa e formata as informações a partir de /proc.

O sistema de arquivos /proc deve implementar duas coisas: uma estrutura de diretório e o conteúdo dos arquivos nela contidos. Como um sistema de arquivos UNIX é definido como um conjunto de inodes de arquivos e diretórios identificados por seus números de inode, o sistema de arquivos /proc deve definir um número de inode exclusivo e persistente para cada diretório e para os arquivos associados. Uma vez que esse mapeamento exista, o sistema de arquivos pode usar esse número de inode para identificar que operação é requerida quando um usuário tenta ler um inode de arquivo específico ou executar uma busca em um inode de diretório específico. Quando dados são lidos a partir de um desses arquivos, o sistema de arquivos /proc coleta as informações apropriadas, formatando-as para a forma textual e inserindo-as no buffer de leitura do processo solicitante.

O mapeamento do número do inode para o tipo de informação divide o número do inode em dois campos. No Linux, um PID tem 16 bits, mas um número de inode tem 32 bits. Os 16 bits superiores do número do inode são interpretados como um PID e os bits restantes definem que tipo de informação está sendo solicitada sobre esse processo.

Um PID igual a zero não é válido, portanto, um campo de PID zero no número do inode é usado para indicar que esse inode contém informações globais – em vez de específicas – do processo. Existem arquivos globais separados no /proc para exibir informações como a versão do kernel, a memória livre, estatísticas de desempenho e os drivers em execução corrente.

Nem todos os números de inode desse intervalo são reservados. O kernel pode alocar dinamicamente novos mapeamentos de inodes do /proc, mantendo um mapa de bits de números de inode alocados. Ele também mantém uma estrutura de dados em árvore com as entradas globais registradas do sistema de arquivos /proc. Cada entrada contém o número de inode do arquivo, o nome do arquivo e permissões de acesso, junto com as funções especiais usadas para gerar o conteúdo do arquivo. Drivers podem incluir e remover o registro de entradas nessa árvore a qualquer momento e uma seção especial da árvore – que aparece sob o diretório /proc/sys – é reservada para variáveis do kernel. Os arquivos dessa árvore são gerenciados por um conjunto de manipuladores comuns que permitem tanto a leitura quanto a gravação dessas variáveis e, portanto, um administrador de sistema pode ajustar o valor de parâmetros do kernel simplesmente gravando os novos valores desejados em decimal ASCII no arquivo apropriado.

Para permitir o acesso eficiente a essas variáveis a partir de aplicações, a subárvore *proc/sys* é disponibilizada por meio de uma chamada de sistema especial, sysctl(), que lê e grava as mesmas variáveis em binário, e não em texto, sem o overhead do sistema de arquivos. A chamada sysctl() não é um recurso adicional; ela simplesmente lê a árvore de entradas dinâmicas de /proc para identificar as variáveis que a aplicação está referenciando.

15.8 Entrada e Saída

Para o usuário, o sistema de I/O do Linux se parece muito com o de qualquer sistema UNIX. Isso significa que sempre que possível, todos os drivers de dispositivos aparecem como arquivos normais. Os usuários podem abrir um canal de acesso a um dispositivo da mesma forma que abrem qualquer outro arquivo – os dispositivos podem aparecer como objetos dentro do sistema de arquivos. O administrador do sistema pode criar arquivos especiais dentro de um sistema de arquivos, contendo referências a um driver de dispositivo específico, e um usuário que abra esse arquivo poderá ler e gravar no dispositivo referenciado. Usando o sistema normal de proteção de arquivos que determina quem pode acessar qual arquivo, o administrador pode estabelecer permissões de acesso para cada dispositivo.

O Linux divide todos os dispositivos em três classes: dispositivos de blocos, dispositivos de caracteres e dispositivos de rede. A Figura 15.10 ilustra a estrutura geral do sistema de drivers de dispositivos.

Os ***dispositivos de blocos*** incluem todos os dispositivos que permitem acesso aleatório a blocos de dados de tamanho fixo, totalmente independentes, incluindo discos rígidos e disquetes, CD-ROMs e memória flash. Normalmente, os dispositivos de blocos são usados para armazenar sistemas de arquivos, mas o acesso direto a um dispositivo de blocos também é permitido para que os programas possam criar e reparar o sistema de arquivos que o dispositivo contém. As aplicações também podem acessar esses dispositivos de blocos diretamente se quiserem; por exemplo, uma aplicação de banco de dados pode preferir executar seu próprio formato de dados no disco, em vez de usar o sistema de arquivos de uso geral.

Os ***dispositivos de caracteres*** incluem a maioria dos outros dispositivos, como mouses e teclados. A diferença fundamental entre dispositivos de blocos e de caracteres é o acesso aleatório – os dispositivos de blocos podem ser acessados aleatoriamente, enquanto os dispositivos de caracteres só são acessados serialmente. Por exemplo, a busca de uma determinada posição em um arquivo pode ser suportada por um DVD, mas não faz sentido em um dispositivo apontador como um mouse.

Os ***dispositivos de rede*** são manipulados diferentemente dos dispositivos de blocos e de caracteres. Os usuários não podem transferir dados diretamente para dispositivos de rede; em vez disso, eles devem se comunicar indiretamente abrindo uma conexão com o subsistema de conexão de rede do kernel. Discutimos a interface dos dispositivos de rede separadamente na Seção 15.10.

15.8.1 Dispositivos de Blocos

Os dispositivos de blocos fornecem a interface principal para todos os dispositivos de disco de um sistema. O desempenho é particularmente importante para os discos e o sistema de dispositivos de blocos deve fornecer funcionalidade que assegure que o acesso ao disco seja o mais rápido possível. Essa funcionalidade é obtida por meio do scheduling de operações de I/O.

No contexto dos dispositivos de blocos, um **bloco** representa a unidade com a qual o kernel executa I/O. Quando um

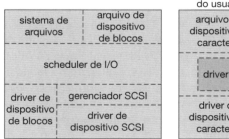
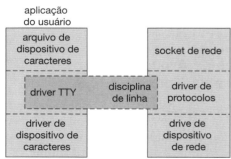

Figura 15.10 Estrutura de bloco do driver de dispositivo.

bloco é lido na memória, ele é armazenado em um **buffer**. O **gerenciador de solicitações** é a camada de software que gerencia a leitura e a gravação de conteúdos do buffer em um driver de dispositivo de blocos.

Uma lista de solicitações separada é mantida para cada driver de dispositivo de blocos. Tradicionalmente, essas solicitações têm sido incluídas no schedule de acordo com um algoritmo de elevador unidirecional (C-SCAN) (Seção 11.4.4) que utiliza a ordem em que as solicitações são inseridas nas listas e delas removidas. As listas de solicitações são mantidas em ordem de classificação crescente do número do setor inicial. Quando uma solicitação é aceita para processamento por um driver de dispositivo de blocos, ela não é removida da lista. Ela só é removida após a operação de I/O terminar, momento em que o driver passa para a próxima solicitação da lista, mesmo que novas solicitações tenham sido inseridas na lista antes da solicitação ativa. À medida que novas solicitações de I/O são feitas, o gerenciador de solicitações tenta intercalar as solicitações nas listas.

O scheduling de operações de I/O mudou um pouco na versão 2.6 do kernel. O problema fundamental do algoritmo do elevador é que operações de I/O concentradas em uma região específica do disco podem resultar na inanição de solicitações que tenham de ocorrer em outras regiões do disco. O **scheduler de I/O com meta de prazo**, usado na versão 2.6, funciona de maneira semelhante ao algoritmo do elevador exceto por ele também associar uma meta de prazo a cada solicitação, resolvendo assim o problema da inanição. Por default, a meta de prazo para solicitações de leitura é de 0,5 segundos e para solicitações de gravação é de 5 segundos. O scheduler com meta de prazo mantém uma **fila classificada** de operações de I/O pendentes ordenada por número de setor. No entanto, ele também mantém duas outras filas – uma **fila de leitura** para operações de leitura e uma **fila de gravação** para operações de gravação. Essas duas filas são ordenadas de acordo com a meta de prazo. Cada solicitação de I/O é inserida tanto na fila classificada quanto na fila de leitura ou de gravação, conforme apropriado. Normalmente, operações de I/O ocorrem a partir da fila classificada. Porém, se uma meta de prazo expira para uma solicitação na fila de leitura ou de gravação, operações de I/O são incluídas no schedule a partir da fila que contém a solicitação expirada. Essa política assegura que uma operação de I/O não continue esperando após seu tempo de expiração.

15.8.2 Dispositivos de Caracteres

Um driver de dispositivo de caracteres pode ser quase qualquer driver de dispositivo que não ofereça acesso aleatório a blocos de dados fixos. Quaisquer drivers de dispositivos de caracteres registrados no kernel do Linux também devem registrar um conjunto de funções que implementem as operações de I/O de arquivo que o driver pode manipular. O kernel executa muito pouco pré-processamento de uma solicitação de leitura ou de gravação de arquivo de um dispositivo de caracteres; ele simplesmente passa a solicitação para o dispositivo em questão e deixa o dispositivo lidar com ela.

A principal exceção a essa regra é o subconjunto especial de drivers de dispositivos de caracteres que implementam dispositivos de terminais. O kernel mantém uma interface padrão para esses drivers por meio de um conjunto de estruturas `tty_struct`. Cada uma dessas estruturas fornece armazenamento em buffer e controle de fluxo para as cadeias de dados do dispositivo de terminais e alimenta esses dados em uma disciplina de linha.

Disciplina de linha é um interpretador das informações do dispositivo de terminal. A disciplina de linha mais comum é a disciplina `tty`, que une o fluxo de dados do terminal aos fluxos de entrada e saída padrão dos processos de um usuário que estão em execução, permitindo que esses processos se comuniquem diretamente com o terminal do usuário. Essa tarefa é complicada porque vários desses processos podem estar em execução simultaneamente e a disciplina de linha `tty` é responsável por anexar e desanexar a entrada e a saída do terminal aos diversos processos conectados a ele, à medida que esses processos são suspensos ou ativados pelo usuário.

Também são implementadas outras disciplinas de linha que não têm coisa alguma a ver com o I/O de um processo de usuário. Os protocolos de conexão de rede PPP e SLIP são maneiras de codificar uma conexão de rede usando um dispositivo de terminal como uma linha serial. Esses protocolos são implementados no Linux como drivers que, em uma extremidade, aparecem para o sistema de terminais como disciplinas de linha e, na outra extremidade, aparecem, para o sistema de conexão de rede, como drivers de dispositivos de rede. Após uma dessas disciplinas de linha ter sido habilitada em um dispositivo de terminal, quaisquer dados que aparecerem nesse terminal serão roteados diretamente para o driver de dispositivo de rede apropriado.

15.9 Comunicação entre Processos

O Linux fornece um rico ambiente para os processos se comunicarem uns com os outros. A comunicação pode ser apenas uma questão de deixar outro processo saber que algum evento ocorreu ou pode envolver a transferência de dados de um processo para outro.

15.9.1 Sincronização e Sinais

O mecanismo padrão do Linux que informa a um processo que um evento ocorreu é o ***sinal***. Sinais podem ser enviados por qualquer processo a qualquer outro processo, com restrições quanto a sinais enviados a processos de propriedade de outro usuário. No entanto, há uma quantidade limitada de sinais disponíveis e eles não podem carregar informações. Apenas o fato de que um sinal ocorreu é disponível para o processo. Sinais não são gerados apenas por processos. O kernel também gera sinais internamente; ele pode enviar, por exemplo, um sinal a um processo servidor quando dados chegam a um canal de rede, para um processo pai quando um filho é encerrado ou para um processo em espera quando um timer expira.

Internamente, o kernel do Linux não usa sinais para se comunicar com processos em execução em modalidade de kernel. Se um processo em modalidade de kernel está esperando um evento ocorrer, normalmente ele não usa sinais para receber a notificação desse evento. Em vez disso, a comunicação sobre eventos assíncronos recebidos no kernel ocorre por meio do uso de estados de scheduling e de estruturas `wait_queue`. Esses mecanismos permitem que processos em modalidade de kernel informem uns aos outros sobre eventos relevantes e também permitem que eventos sejam gerados por drivers de dispositivos ou pelo sistema de conexão de rede. Sempre que um processo quer esperar algum evento ser concluído, ele coloca a si mesmo em uma **fila de espera** associada a esse evento e informa ao scheduler que não é mais elegível para execução. Uma vez que o evento tenha terminado, ele desperta todos os processos da fila de espera. Esse procedimento permite que vários processos esperem o mesmo evento. Por exemplo, se vários processos estão tentando ler um arquivo em um disco, todos serão ativados quando os dados tiverem sido lidos para a memória com sucesso.

Embora os sinais sempre tenham sido o principal mecanismo para a comunicação de eventos assíncronos entre processos, o Linux também implementa o mecanismo semáforo do System V UNIX. Um processo pode esperar em um semáforo tão facilmente quanto pode esperar por um sinal, mas os semáforos apresentam duas vantagens. Grandes quantidades de semáforos podem ser compartilhadas entre vários processos independentes e operações podem ser executadas atomicamente em vários semáforos. Internamente, o mecanismo de fila de espera padrão do Linux sincroniza processos que estão se comunicando com semáforos.

15.9.2 Transmissão de Dados entre Processos

O Linux oferece vários mecanismos para a transmissão de dados entre processos. O mecanismo ***pipe***, padrão do UNIX, permite que um processo filho herde um canal de comunicação de seu pai; dados gravados em uma extremidade do pipe podem ser lidos na outra extremidade. No Linux, os pipes aparecem apenas como outro tipo de inode para o software do sistema de arquivos virtual e cada pipe tem um par de filas de espera para sincronizar o leitor e o gravador. O UNIX também define um conjunto de recursos de conexão de rede que podem enviar fluxos de dados tanto a processos locais como remotos. A conexão de rede é abordada na Seção 15.10.

Outro método de comunicação entre processos, a memória compartilhada, oferece uma forma extremamente rápida para comunicação de grandes ou pequenas quantidades de dados. Qualquer dado gravado por um processo em uma região de memória compartilhada pode ser lido imediatamente por qualquer outro processo que tenha mapeado essa região para seu espaço de endereçamento. A principal desvantagem da memória compartilhada é que, por si só, ela não oferece sincronização. Um processo não pode perguntar ao sistema operacional se uma parte da memória compartilhada foi gravada nem suspender a execução até essa gravação ocorrer. A memória compartilhada torna-se particularmente poderosa quando usada com outro mecanismo de comunicação entre processos que forneça a sincronização que falta.

Uma região de memória compartilhada no Linux é um objeto persistente que pode ser criado ou excluído por processos. Esse objeto é tratado como se fosse um pequeno espaço de endereçamento independente. Os algoritmos de paginação do Linux podem eleger páginas de memória compartilhada a serem transferidas para disco, da mesma forma que podem transferir páginas de dados de um processo. O objeto de memória compartilhada age como uma memória de retaguarda para regiões de memória compartilhada, assim como um arquivo pode agir como a memória de retaguarda de uma região mapeada para a memória. Quando um arquivo é mapeado para uma região de espaço de endereçamento virtual, qualquer erro de página faz com que a página apropriada do arquivo seja mapeada para a memória virtual. Além disso, mapeamentos de memória compartilhada direcionam erros de página para o mapeamento em páginas, a partir de um objeto persistente de memória compartilhada. Além disso, semelhante ao que ocorre com os arquivos, os objetos de memória compartilhada reconhecem seu conteúdo mesmo quando nenhum processo os está mapeando para a memória virtual.

15.10 Estrutura de Rede

A conexão de rede é uma área-chave da funcionalidade do Linux. O Linux não só dá suporte aos protocolos padrão da Internet, usados na maioria das comunicações de UNIX para UNIX, como também implementa vários protocolos nativos de outros sistemas operacionais não UNIX. Especificamente, como o Linux foi, na origem, implementado principalmente em PCs e não em grandes estações de trabalho ou em sistemas de tipo servidor, ele dá suporte a muitos dos protocolos normalmente usados em redes de PCs, como o AppleTalk e o IPX.

Internamente, a conexão de rede no kernel do Linux é implementada por três camadas de software:

1. A interface de socket
2. Drivers de protocolo
3. Drivers de dispositivos de rede

Aplicações de usuário executam todas as solicitações de conexão de rede por meio da interface de socket. Essa interface é projetada para se parecer com a camada de socket do BSD 4.3, de modo que qualquer programa projetado para fazer uso dos sockets de Berkeley seja executado no Linux sem quaisquer mudanças no código-fonte. Ela é descrita na Seção A.9.1. A interface de socket do BSD é suficientemente geral para representar endereços de rede de uma ampla variedade de protocolos de conexão de rede. Essa mesma interface é usada no Linux para acesso não só aos protocolos implementados em sistemas BSD padrão, mas a todos os protocolos suportados pelo sistema.

A próxima camada de software é a pilha de protocolos, que tem organização semelhante ao próprio framework do BSD. Sempre que algum dado da rede chega a essa camada a partir do socket de uma aplicação ou a partir de um driver de dispositivo de rede, espera-se que os dados tenham sido marcados com um identificador especificando que protocolo de rede eles contêm. Os protocolos podem se comunicar uns com os outros se desejarem; por exemplo, dentro do conjunto de protocolos da Internet, protocolos separados gerenciam o roteamento, o relato de erros e a retransmissão confiável de dados perdidos.

A camada de protocolos pode regravar pacotes, criar novos pacotes, dividir ou remontar pacotes em fragmentos ou, simplesmente, descartar dados recebidos. Finalmente, uma vez que a camada de protocolos tenha concluído o processamento de um conjunto de pacotes, ela os passa adiante, para cima, para a interface de socket, se os dados forem destinados a uma conexão local ou, para baixo, para um driver de dispositivo, se os dados tiverem de ser transmitidos remotamente. A camada de protocolos decide para que socket ou dispositivo enviar o pacote.

Toda comunicação que ocorre entre as camadas da pilha de rede é executada por meio da transmissão de estruturas simples chamadas `skbuff` (socket buffer). Cada uma dessas estruturas contém um conjunto de ponteiros na mesma área contínua de memória, representando um buffer dentro do qual podem ser construídos pacotes de rede. Os dados válidos de um `skbuff` não precisam começar no início do buffer do `skbuff` e não precisam ir até o fim. O código de conexão de rede pode adicionar dados a ou remover dados de cada extremidade do pacote, contanto que o resultado caiba no `skbuff`. Esse recurso é particularmente importante em microprocessadores modernos, nos quais melhorias na velocidade da CPU têm sido mais arrojadas do que o desempenho da memória principal. A arquitetura do `skbuff` permite flexibilidade na manipulação de cabeçalhos de pacotes e somas de verificação, ao mesmo tempo que evita qualquer cópia de dados desnecessária.

O conjunto mais importante de protocolos do sistema de conexão de rede do Linux é a suite de protocolos TCP/IP, que compreende vários protocolos separados. O protocolo IP implementa o roteamento entre diferentes hosts em qualquer local da rede. No topo do protocolo de roteamento estão os protocolos UDP, TCP e ICMP. O protocolo UDP carrega datagramas individuais arbitrários entre hosts. O protocolo TCP implementa conexões confiáveis entre hosts com garantia de distribuição ordenada de pacotes e retransmissão automática de dados perdidos. O protocolo ICMP é usado para carregar várias mensagens de erro e status entre hosts.

Espera-se que cada pacote (`skbuff`), chegando ao software do protocolo da pilha de rede, já esteja marcado com um identificador interno indicando o protocolo para o qual o pacote é relevante. Diferentes drivers de dispositivos de conexão de rede codificam o tipo de protocolo de diferentes maneiras; portanto, o protocolo para dados que estão sendo recebidos deve ser identificado no driver do dispositivo. O driver do dispositivo usa uma tabela hash de identificadores de protocolos de conexão de rede conhecidos, para procurar o protocolo apropriado, e passa o pacote para esse protocolo. Novos protocolos podem ser adicionados à tabela hash como módulos carregáveis do kernel.

Pacotes IP recebidos são distribuídos para o driver IP. A função dessa camada é executar o roteamento. Após decidir para onde o pacote deve ser enviado, o driver IP o direciona para o driver do protocolo interno apropriado para ser distribuído localmente ou o insere novamente em uma fila de drivers de dispositivos de rede selecionada, para ser encaminhado a outro host. Ele toma a decisão de roteamento usando duas tabelas: a base de informações de encaminhamento (FIB – *forwarding information base*) persistentes e um cache de decisões de roteamento recentes. A FIB mantém informações de configuração de roteamento e pode especificar rotas com base tanto em um endereço de destino específico como em um curinga representando vários destinos. A FIB é organizada como um conjunto de tabelas hash indexadas por endereço de destino; as tabelas que representam as rotas mais específicas são sempre pesquisadas em primeiro lugar. Buscas bem-sucedidas nessa tabela são adicionadas à tabela de armazenamento de rotas em cache que insere rotas no cache apenas por destino específico; nenhum curinga é armazenado no cache e, portanto, as buscas podem ser feitas rapidamente. Uma entrada do cache de rotas expira após um período fixo sem acessos.

Em vários estágios, o software IP passa pacotes a uma seção separada de código de **gerenciamento do firewall** – filtragem seletiva de pacotes de acordo com critérios arbitrários, geralmente para fins de segurança. O gerenciador do firewall mantém várias **cadeias de firewall** separadas e permite que um `skbuff` seja confrontado contra qualquer cadeia. As cadeias são reservadas para fins distintos: uma é usada para pacotes encaminhados, outra para pacotes de entrada para esse host e outra para dados gerados no host. Cada cadeia é mantida como uma lista ordenada de regras, onde uma regra especifica uma entre várias funções de decisão de firewall possíveis mais alguns dados arbitrários para fins de comparação.

Duas outras funções executadas pelo driver IP são a desmontagem e a remontagem de pacotes grandes. Se um pacote enviado é grande demais para ser enfileirado para um dispositivo, ele é simplesmente dividido em **fragmentos** menores, todos podendo entrar na fila do driver. No host receptor, esses fragmentos devem ser remontados. O driver IP mantém um objeto `ipfrag` para cada fragmento em espera pela remontagem e um `ipq` para cada datagrama sendo montado. Fragmentos recebidos são verificados em relação a cada `ipq` conhecido. Se uma correspondência é encontrada, o fragmento é adicionado ao `ipq`; caso contrário, um novo `ipq` é criado. Uma vez que o último fragmento tenha chegado para um `ipq`, um `skbuff` totalmente novo é construído para manter o novo pacote e esse pacote é devolvido ao driver IP.

Pacotes identificados pelo IP como destinados a esse host são passados para um dos outros drivers de protocolos. Os protocolos UDP e TCP compartilham um meio de associar pacotes a sockets de origem e destino: cada par de sockets conectado é identificado de maneira exclusiva por seus endereços de origem e destino e pelos números de porta de origem e destino. As listas de sockets são vinculadas a tabelas hash chaveadas por esses quatro valores de endereço-porta para a busca de sockets de pacotes recebidos. O protocolo TCP tem de lidar com conexões não confiáveis e, portanto, ele mantém listas ordenadas de pacotes enviados não confirmados para retransmitir após um tempo limite e de pacotes recebidos fora de ordem para serem apresentados ao socket quando os dados ausentes tiverem chegado.

15.11 Segurança

O modelo de segurança do Linux está intimamente relacionado a mecanismos de segurança típicos do UNIX. As questões de segurança podem ser classificadas em dois grupos:

1. **Autenticação.** Garantia de que ninguém possa acessar o sistema sem primeiro provar que tem direitos de entrada
2. **Controle de acesso.** Fornecimento de um mecanismo que verifica se um usuário tem o direito para acessar um determinado objeto e impede o acesso a objetos quando necessário

15.11.1 Autenticação

A autenticação no UNIX tem sido, normalmente, executada por meio do uso de um arquivo de senhas publicamente legíveis. Uma senha de usuário é combinada com um valor "salt" aleatório e o resultado é codificado com uma função de transformação unidirecional e armazenado no arquivo de senhas. O uso da função unidirecional significa que a senha original não pode ser deduzida do arquivo de senhas, exceto por tentativa e erro. Quando um usuário apresenta uma senha ao sistema, ela é recombinada com o valor salt armazenado no arquivo de senhas e passa pela mesma transformação unidirecional. Se o resultado coincide com o conteúdo do arquivo de senhas, a senha é aceita.

Historicamente, as implementações desse mecanismo no UNIX apresentaram vários problemas. As senhas eram limitadas, frequentemente, a oito caracteres e a quantidade de valores salt possíveis era tão baixa que um invasor poderia facilmente combinar um dicionário de senhas comumente usadas com cada valor salt possível e ter uma boa chance de obter uma ou mais senhas do arquivo de senhas, obtendo acesso não autorizado a qualquer conta que ficaria, então, comprometida. Extensões do mecanismo de senhas foram introduzidas para manter a senha criptografada secreta em um arquivo não legível publicamente que permite senhas mais longas ou usa métodos mais seguros de codificação da senha. Também foram introduzidos outros mecanismos de autenticação que limitam os períodos durante os quais um usuário pode se conectar ao sistema. Além disso, existem mecanismos para a distribuição de informações de autenticação a todos os sistemas conectados em uma rede.

Um novo mecanismo de segurança foi desenvolvido por fornecedores do UNIX para resolver problemas de autenticação. O sistema dos ***módulos de autenticação conectáveis*** (***PAM – pluggable authentication modules***) tem como base uma biblioteca compartilhada que pode ser usada por qualquer componente do sistema que precise autenticar usuários. Uma implementação desse sistema está disponível no Linux. O PAM permite que módulos de autenticação sejam carregados sob demanda como especificado em um arquivo de configuração com abrangência em todo o sistema. Se um novo mecanismo de autenticação for adicionado em uma data posterior, ele poderá ser anexado ao arquivo de configuração e todos os componentes do sistema poderão usá-lo imediatamente. Os módulos do PAM podem especificar métodos de autenticação, restrições de contas, funções de configuração de sessões e funções de mudança de senhas (para que, quando os usuários alterarem suas senhas, todos os mecanismos de autenticação necessários possam ser imediatamente atualizados).

15.11.2 Controle de Acesso

O controle de acesso em sistemas UNIX, inclusive no Linux, é executado por meio do uso de identificadores numéricos exclusivos. Um identificador de usuário (UID) identifica um único usuário ou um único conjunto de direitos de acesso. Um identificador de grupo (GID) é um identificador adicional que pode ser usado para identificar direitos pertencentes a mais de um usuário.

O controle de acesso é aplicado a vários objetos do sistema. Cada arquivo disponível no sistema é protegido pelo mecanismo de controle de acesso padrão. Além disso, outros objetos compartilhados, como seções de memória compartilhada e semáforos, empregam o mesmo sistema de acesso.

Cada objeto de um sistema UNIX, sob o controle de acesso de usuários e grupos, tem um UID exclusivo e um GID exclusivo associados a ele. Processos de usuário também têm um UID exclusivo, mas podem ter mais de um GID. Se o UID de um processo coincide com o UID de um objeto, o processo tem ***direitos de usuário*** ou ***direitos de proprietário*** sobre esse objeto. Se os UIDs não coincidem mas algum GID do processo coincide com o GID do objeto, ***direitos de grupo*** são conferidos; caso contrário, o processo tem ***direitos universais*** sobre o objeto.

O Linux executa o controle de acesso atribuindo aos objetos uma ***máscara de proteção*** que especifica as modalidades de acesso – leitura, gravação ou execução – que devem ser concedidas a processos com acesso de proprietário, de grupo ou universal. Logo, o proprietário de um objeto pode ter acesso total de leitura, gravação e execução sobre um arquivo; outros usuários de um determinado grupo podem receber acesso de leitura mas terem negado o acesso de gravação; e o resto das pessoas pode não receber qualquer nível de acesso.

A única exceção é o UID ***root*** privilegiado. Um processo com esse UID especial recebe, automaticamente, acesso a qualquer objeto do sistema, ignorando verificações de acesso normais. Esses processos também recebem permissão para executar operações privilegiadas, como a leitura de qualquer parte da memória física ou a abertura de sockets de rede reservados. O mecanismo permite que o kernel impeça usuários comuns de acessar esses recursos: a maioria dos recursos internos cruciais do kernel é implicitamente de propriedade do UID root.

O Linux implementa o mecanismo `setuid` padrão do UNIX descrito na Seção A.3.2. Esse mecanismo permite que um programa seja executado com privilégios diferentes dos do usuário que o está executando. Por exemplo, o programa `lpr` (que submete um job a uma fila de impressão) tem acesso às filas de impressão do sistema mesmo se o usuário que o está executando não o tiver. A implementação do `setuid` no UNIX diferencia o UID *real* do UID *efetivo* de um processo. O UID real é o do usuário que está executando o programa; o UID efetivo é o do proprietário do arquivo.

No Linux, esse mecanismo é ampliado de duas maneiras. Em primeiro lugar, o Linux implementa o mecanismo `saved user-id` da especificação POSIX que permite a um processo abandonar e readquirir seu UID efetivo repetidamente. Por motivos de segurança, um programa pode querer executar a maioria de suas operações de modo seguro, abandonando os privilégios concedidos por seu status `setuid`; mas também pode querer executar operações selecionadas com todos os seus privilégios. As implementações padrão do UNIX disponibilizam esse recurso somente permutando o UID real e o UID efetivo; o UID efetivo anterior é lembrado, mas o UID real do programa nem sempre corresponde ao UID do usuário que o está executando. O salvamento dos UIDs permite que um processo estabeleça seu UID efetivo como seu UID real e, depois, retorne ao valor anterior do seu UID efetivo sem ter de modificar o UID real a qualquer tempo.

A segunda melhoria fornecida pelo Linux é a incorporação de uma característica dos processos que concede apenas um subconjunto dos direitos do UID efetivo. As propriedades de processo *fsuid* e *fsgid* são usadas quando são concedidos direitos de acesso aos arquivos. A propriedade apropriada é estabelecida sempre que o UID ou o GID efetivo é posicionado. No entanto, o fsuid e o fsgid podem ser posicionados independentemente dos ids efetivos, permitindo que um processo acesse arquivos em nome de outro usuário sem assumir a identidade desse usuário. Especificamente, processos servidores podem usar esse mecanismo para servir arquivos para um determinado usuário sem ficar vulneráveis ao encerramento ou suspensão por esse usuário.

Para concluir, o Linux fornece um mecanismo para a transmissão flexível de direitos de um programa a outro – um mecanismo que se tornou comum em versões modernas do UNIX. Quando um socket de rede local é estabelecido entre dois processos quaisquer do sistema, um desses processos pode enviar ao outro o descritor de arquivo de um de seus arquivos abertos; o outro processo recebe um descritor de arquivo duplicata do mesmo arquivo. Esse mecanismo permite que um cliente passe o acesso a um único arquivo seletivamente para algum processo servidor, sem conceder a esse processo qualquer outro privilégio. Por exemplo, não é mais necessário que um servidor de impressão seja capaz de ler todos os arquivos de um usuário que submeta um novo job de impressão; o cliente da impressão pode simplesmente passar ao servidor os descritores de arquivo de quaisquer arquivos a serem impressos, negando ao servidor acesso a outros arquivos do usuário.

15.12 Resumo

O Linux é um sistema operacional moderno e livre baseado em padrões do UNIX. Foi projetado para executar de maneira eficiente e confiável no hardware comum dos PCs e também executa em várias outras plataformas. Ele fornece uma interface de programação e uma interface de usuário compatíveis com os sistemas UNIX padrão e pode executar um grande número de aplicações UNIX, inclusive uma quantidade crescente de aplicações suportadas comercialmente.

O Linux não evoluiu do nada. Um sistema Linux completo inclui muitos componentes que foram desenvolvidos independentemente do Linux. O kernel nuclear do sistema operacional Linux é totalmente original, mas permite que muitos softwares livres UNIX existentes sejam executados, resultando em um sistema operacional totalmente compatível com o UNIX, sem código proprietário.

O kernel do Linux é implementado como um kernel monolítico tradicional por motivos de desempenho, mas seu projeto é suficientemente modular para permitir que a maioria dos drivers seja carregada e descarregada dinamicamente em tempo de execução.

O Linux é um sistema multiusuário, fornecendo proteção entre processos e executando vários processos de acordo com um scheduler de compartilhamento de tempo. Processos recém-criados podem compartilhar partes seletivas de seu ambiente de execução com seus processos pais, permitindo a programação com vários threads. A comunicação entre processos é suportada tanto por mecanismos do System V – filas de mensagens, semáforos e memória compartilhada – como pela interface de sockets do BSD. Vários protocolos de conexão de rede podem ser acessados simultaneamente por meio da interface de sockets.

O sistema de gerenciamento de memória usa o compartilhamento de páginas e a cópia após gravação para minimizar a duplicação de dados compartilhados por diferentes processos. As páginas são carregadas sob demanda quando são referenciadas pela primeira vez, e devolvidas à memória de retaguarda de acordo com um algoritmo LFU se a memória física tiver de ser reclamada.

Para o usuário, o sistema de arquivos aparece como uma árvore de diretório hierárquica que obedece à semântica do UNIX. Internamente, o Linux usa uma camada de abstração para gerenciar sistemas de arquivos múltiplos. Sistemas de arquivos orientados a dispositivos, sistemas de rede e virtuais são suportados. Os sistemas de arquivos orientados a dispositivos acessam a memória em disco por meio de um cache de páginas que é unificado com o sistema de memória virtual.

Exercícios Práticos

15.1 Módulos do kernel carregáveis dinamicamente fornecem flexibilidade quando drivers são adicionados a um sistema, mas eles também apresentam desvantagens? Em que circunstâncias um kernel seria compilado em um único arquivo binário e quando seria melhor mantê-lo dividido em módulos? Explique sua resposta.

15.2 A criação de vários threads é uma técnica de programação comumente usada. Descreva três maneiras diferentes de implementar threads e compare esses três métodos com o mecanismo `clone()` do Linux. Quando o uso de cada mecanismo alternativo pode ser melhor ou pior do que o uso de clones?

15.3 O kernel do Linux não permite a extração de páginas da memória do kernel. Que efeito essa restrição tem sobre o projeto do kernel? Cite duas vantagens e duas desvantagens dessa decisão de projeto.

15.4 Discuta três vantagens da vinculação dinâmica (compartilhada) de bibliotecas em comparação com a vinculação estática. Descreva dois casos em que a vinculação estática é preferível.

15.5 Compare o uso de sockets de conexão de rede com o uso de memória compartilhada como mecanismo para a comunicação de dados entre processos no mesmo computador. Quais são as vantagens de cada método? Quando cada um é preferível?

15.6 Antigamente, os sistemas UNIX usavam otimizações de formato de disco com base na posição de rotação de dados no disco, mas implementações modernas, inclusive o Linux, só otimizam o acesso sequencial aos dados. Por que elas fazem isso? De que características de hardware o acesso sequencial se beneficia? Por que a otimização rotacional não é mais tão útil?

Exercícios

15.7 Quais são as vantagens e desvantagens da criação de um sistema operacional em uma linguagem de alto nível, como C?

15.8 Em que circunstâncias a sequência de chamadas de sistema `fork() exec()` é mais apropriada? Quando `vfork()` é preferível?

15.9 Que tipo de socket deve ser usado na implementação de um programa de transferência de arquivos entre computadores? Que tipo deve ser usado para um programa que verifique periodicamente se outro computador está ativo na rede? Explique sua resposta.

15.10 O Linux executa em várias plataformas de hardware. Que passos os desenvolvedores do Linux devem cumprir para assegurar que o sistema seja portável para diferentes processadores e arquiteturas de gerenciamento de memória e para minimizar a quantidade de código de kernel específico da arquitetura?

15.11 Quais são as vantagens e desvantagens de tornar apenas alguns dos símbolos definidos dentro de um kernel acessíveis a um módulo carregável do kernel?

15.12 Quais são os principais objetivos do mecanismo de resolução de conflitos usado pelo kernel do Linux para a carga de módulos do kernel?

15.13 Discuta como a operação `clone()` suportada pelo Linux é usada para dar suporte tanto a processos quanto a threads.

15.14 Você classificaria os threads do Linux como threads de nível de usuário ou como threads de nível de kernel? Justifique sua resposta com os argumentos apropriados.

15.15 Que custos adicionais são gerados na criação e scheduling de um processo, em comparação com o custo de um thread clonado?

15.16 O scheduler do Linux implementa o scheduling de tempo real *não crítico*. Que recursos requeridos por certas tarefas de programação de tempo real estão faltando? Como eles podem ser adicionados ao kernel?

15.17 Em que circunstâncias um processo de usuário solicitaria uma operação que resultasse na alocação de uma região de memória de demanda zero?

15.18 Que cenários fariam uma página de memória ser mapeada para o espaço de endereçamento de um programa de usuário com o atributo de cópia após gravação habilitado?

15.19 No Linux, bibliotecas compartilhadas executam muitas operações essenciais para o sistema operacional. Qual é a vantagem de se manter essa funcionalidade fora do kernel? Há alguma desvantagem? Explique sua resposta.

15.20 A estrutura de diretório de um sistema operacional Linux pode incluir arquivos correspondentes a vários sistemas de arquivos diferentes, inclusive o sistema de arquivos /proc. Como a necessidade de dar suporte a diferentes tipos de sistemas de arquivos pode afetar a estrutura do kernel do Linux?

15.21 Em que aspectos o recurso setuid do Linux difere do recurso setuid do UNIX padrão?

15.22 O código-fonte do Linux está ampla e livremente disponível na Internet e de fornecedores de CD-ROM. Cite três implicações dessa disponibilidade para a segurança do sistema Linux.

Notas Bibliográficas

O sistema Linux é um produto da Internet; como resultado, grande parte da documentação sobre o Linux está disponível de algum modo na rede. Os sites-chave a seguir contêm a maioria das informações úteis disponíveis:

- As Páginas de Referências Cruzadas do Linux (http://lxr.linux.no/) mantêm listagens atuais do kernel do Linux navegáveis via Web e plenas de referências cruzadas.

- O Linux-HQ (http://www.linuxhq.com/) fornece uma grande quantidade de informações relacionadas aos kernels 2.x do Linux. Este site também inclui links para as home pages da maioria das distribuições Linux, assim como arquivos das principais mailing lists.
- O Projeto de Documentação do Linux (http://sunsite.unc.edu/linux/) lista vários livros sobre o Linux que estão disponíveis no formato original como parte do projeto. O projeto também hospeda os guias *How-To* do Linux que contêm dicas e sugestões relacionadas a aspectos do sistema.
- O *Kernel Hacker's Guide* é um guia baseado na Internet sobre os mecanismos internos do kernel em geral. Esse site, em constante expansão, está localizado em http://www.redhat.com:8080/HyperNews/get/khg.html.
- O site Kernel Newbies (http://www.kernelnewbies.org/) fornece um recurso para a introdução do kernel do Linux para novatos.

Muitas listas de correio dedicadas ao Linux também estão disponíveis. As mais importantes são mantidas por um gerenciador de mailing lists que pode ser acessado pelo email majordomo@vger.rutgers.edu. Mande um email para esse endereço somente com a palavra "help" no corpo da mensagem para obter informações sobre como acessar o servidor de listas e para assinar quaisquer das listas.

Para concluir, o próprio sistema Linux pode ser obtido na Internet. Distribuições completas do Linux podem ser obtidas nos sites das respectivas empresas e a comunidade Linux também mantém arquivos de componentes correntes do sistema em vários sites. Os mais importantes são os seguintes:

- ftp://tsx-11.mit.edu/pub/linux/
- ftp://sunsite.unc.edu/pub/linux/
- ftp://linux.kernel.org/pub/linux/

Além de investigar recursos na Internet, você pode ler sobre os mecanismos internos do Linux em Bovet e Cesati [2002] e Love [2005].

Windows 7

CAPÍTULO 16

O Microsoft Windows 7 é um sistema operacional cliente, multitarefa e preemptivo, de 32/64 bits, para microprocessadores que implementam arquiteturas de conjunto de instruções (ISAs – *instruction set architectures*) Intel IA32 e AMD64. O sistema operacional correspondente da Microsoft para servidores, o Windows Server 2008 R2, tem como base o mesmo código do Windows 7, mas só dá suporte às ISAs de 64 bits AMD 64 e IA64 (Itanium). O Windows 7 é o mais recente de uma série de sistemas operacionais da Microsoft baseados no código do NT que substituíram os sistemas anteriores baseados no Windows 95/98. Neste capítulo, discutimos os principais objetivos do Windows 7, a arquitetura em camadas do sistema que o tornou tão fácil de usar, o sistema de arquivos, os recursos de conexão de rede e a interface de programação.

OBJETIVOS DO CAPÍTULO

- Examinar os princípios subjacentes do projeto do Windows 7 e os componentes específicos do sistema.
- Fornecer uma discussão detalhada do sistema de arquivos do Windows 7.
- Ilustrar os protocolos de conexão de rede suportados pelo Windows 7.
- Descrever a interface disponível no Windows 7 para programadores de sistema e de aplicações.
- Descrever os importantes algoritmos implementados com o Windows 7.

16.1 História

Em meados dos anos 1980, a Microsoft e a IBM desenvolveram em cooperação o ***sistema operacional OS/2*** escrito em linguagem de montagem para sistemas Intel 80286 com um único processador. Em 1988, a Microsoft decidiu encerrar o esforço conjunto com a IBM e desenvolver seu próprio sistema operacional portável com "nova tecnologia" (ou NT) para dar suporte às interfaces de programação de aplicações (APIs) tanto do OS/2 quanto do POSIX. Em outubro de 1988, Dave Cutler, o arquiteto do sistema operacional DEC VAX/VMS, foi contratado e encarregado da construção do novo sistema operacional da Microsoft.

Originalmente, a equipe planejava usar a API do OS/2 como ambiente nativo do NT, mas durante o desenvolvimento, o NT foi alterado para usar uma nova API do Windows de 32 bits (chamada Win32), com base na popular API de 16 bits usada no Windows 3.0. As primeiras versões do NT foram o Windows NT 3.1 e o Windows NT 3.1 Advanced Server. (Na época, o Windows de 16 bits estava na versão 3.1.) O Windows NT versão 4.0 adotou a interface de usuário do Windows 95 e incorporou o software de navegadores e servidores Web da Internet. Além disso, rotinas da interface de usuário e todos os códigos gráficos foram transferidos para o kernel visando melhorar o desempenho, com o efeito colateral de diminuir a confiabilidade do sistema. Embora versões anteriores do NT tenham sido portadas para outras arquiteturas de microprocessadores, a versão do Windows 2000, lançada em fevereiro de 2000, suportava somente os processadores Intel (e compatíveis) devido a fatores de mercado. O Windows 2000 incorporou mudanças significativas. Ele adicionou o Active Directory (um serviço de diretório baseado no X.500), melhor suporte à conexão de rede e a laptops, suporte a dispositivos plug-and-play, um sistema de arquivos distribuído e suporte a mais processadores e mais memória.

Em outubro de 2001, o Windows XP foi lançado tanto como uma atualização do sistema operacional para desktops Windows 2000 quanto como um substituto do Windows 95/98. Em 2002, a edição de servidor do Windows XP tornou-se disponível (chamada Windows .Net Server). O Windows XP atualizou a interface gráfica de usuário (GUI) com um projeto visual que se beneficiava de avanços mais recentes de hardware e muitos novos *recursos fáceis de usar*. Vários recursos foram adicionados para o reparo automático de problemas em aplicações e no próprio sistema operacional. Como resultado dessas mudanças, o Windows XP forneceu melhor experiência com a conexão de rede e os dispositivos (incluindo tecnologia sem fio de configuração zero, troca instantânea de mensagens, mídia de fluxo contínuo e fotografia/vídeo digitais), melhorias de desempenho muito importantes tanto para desktops quanto para grandes multiprocessadores e melhor confiabilidade e segurança do que os sistemas operacionais Windows anteriores.

A tão esperada atualização do Windows XP, chamada Windows Vista, foi lançada em novembro de 2006, mas não foi bem recebida. Embora o Windows Vista incluísse muitas melhorias que, posteriormente, apareceram no ***Windows 7***, essas melhorias foram ofuscadas pelos problemas perceptíveis de lentidão e compatibilidade do sistema. A Microsoft respondeu às críticas ao Windows Vista melhorando seus processos de engenharia e trabalhando mais próxima dos fabricantes do hardware e das aplicações do Windows. O resultado foi o **Windows 7**, lançado em outubro de 2009 junto com as edições de servidor correspondentes do Windows. Entre as alterações de engenharia significativas está o uso maior de *rastreamento da execução* em lugar de contadores ou da criação de perfis para análise do comportamento do sistema. O rastreamento é executado constantemente no sistema, observando a execução de centenas de cenários. Quando um desses cenários falha ou quando é bem-sucedido mas não tem bom desempenho, os rastreamentos podem ser analisados para a determinação da causa.

O Windows 7 usa uma arquitetura cliente-servidor (como o Mach) para implementar duas personalidades do sistema operacional, o Win32 e o POSIX, com processos de nível de usuário chamados subsistemas. (Antigamente, o Windows também dava suporte a um subsistema OS/2, mas ele foi removido no Windows XP devido à descontinuidade do OS/2.) A arquitetura de subsistemas permite que melhorias sejam feitas em uma personalidade do sistema operacional sem afetar a compatibilidade entre aplicações da outra personalidade. Embora o subsistema POSIX continue disponível para o Windows 7, a API Win32 tornou-se muito popular e as APIs POSIX são usadas apenas por algumas instalações. A abordagem de subsistemas continua a ser de interesse para estudos, da perspectiva de um sistema operacional, mas as tecnologias de virtualização de máquinas estão se tornando, agora, a maneira predominante de execução de vários sistemas operacionais em uma única máquina.

O Windows 7 é um sistema operacional multiusuário que suporta acesso simultâneo, por meio de serviços distribuídos ou por meio de múltiplas instâncias da GUI, via os serviços de terminal do Windows. As edições de servidor do Windows 7 suportam sessões simultâneas do servidor de terminais a partir de sistemas desktop com Windows. As edições para desktop do servidor de terminais multiplexam o teclado, o mouse e o monitor entre sessões de terminal virtuais para cada usuário conectado. Esse recurso, denominado permuta rápida de usuário, permite que os usuários se revezem no console de um PC sem ter de fazer logoff e login.

Mencionamos anteriormente que uma parte da implementação da GUI passou para a modalidade de kernel no Windows NT 4.0. Ela começou a migrar novamente para a modalidade de usuário com o Windows Vista que incluiu o **gerenciador de janelas de desktop** (**DWM** – *desktop window manager*) como um processo de modalidade de usuário. O DWM implementa a composição de desktop do Windows, fornecendo a aparência da interface *Aero* do Windows no topo do software gráfico Windows DirectX. O DirectX continua a ser executado no kernel, assim como o código que implementa os modelos de janelas e gráficos anteriores do Windows (Win32k e GDI). O Windows 7 fez alterações significativas no DWM, reduzindo substancialmente o consumo de memória e melhorando o desempenho.

O **Windows XP** foi a primeira versão do Windows a adotar uma versão de 64 bits (para o IA64 em 2001 e o AMD64 em 2005). Internamente, o sistema de arquivos nativo do NT (NTFS) e muitas das APIs Win32 sempre usaram inteiros de 64 bits onde apropriado – portanto, a extensão em maior escala para 64 bits no Windows XP foi o suporte a grandes endereços virtuais. No entanto, as edições de 64 bits do Windows também dão suporte a memórias físicas muito maiores. Quando o Windows 7 foi lançado, a ISA AMD64 tinha se tornado disponível em quase todas as CPUs, tanto da Intel quanto da AMD. Além disso, naquele momento, memórias físicas em sistemas clientes excediam, com frequência, o limite de 4 GB do IA32. Como resultado, a versão de 64 bits do Windows 7 é, agora, comumente instalada em sistemas clientes maiores. Visto que a arquitetura AMD64 dá suporte à compatibilidade de alta fidelidade com o IA32 no nível de processos individuais, aplicações de 32 e de 64 bits podem ser combinadas livremente em um único sistema.

No restante de nossa descrição do Windows 7, não fazemos distinção entre as edições de cliente do Windows 7 e as edições de servidor correspondentes. Elas são fundamentadas nos mesmos componentes nucleares e executam os mesmos arquivos binários para o kernel e a maioria dos drivers. Da mesma forma, embora a Microsoft lance várias edições diferentes de cada versão para atender a diferentes níveis de preço do mercado, poucas diferenças entre as edições são refletidas no núcleo do sistema. Neste capítulo, enfocamos principalmente os componentes nucleares do Windows 7.

16.2 Princípios de Projeto

Os objetivos de projeto da Microsoft para o Windows incluíram segurança, confiabilidade, compatibilidade com aplicações Windows e POSIX, alto desempenho, extensibilidade, portabilidade e suporte internacional. Alguns objetivos adicionais, eficiência no uso de energia e suporte a dispositivos dinâmicos, foram adicionados recentemente a essa lista. A seguir, discutimos cada um desses objetivos e como é atingido no Windows 7.

16.2.1 Segurança

Os objetivos de **segurança** do Windows 7 demandaram mais do que apenas aderência aos padrões de projeto que habilitaram o Windows NT 4.0 a receber uma classificação de segurança C-2 do governo dos Estados Unidos (uma classificação C-2 significa um nível moderado de proteção contra softwares defeituosos e ataques maliciosos. As classificações foram definidas pelos Critérios de Avaliação de Sistemas de Computação Confiáveis do Departamento de Defesa, também conhecidos como **Livro Laranja**). Revisões e testes extensivos do código foram combinados com sofisticadas ferramentas de análise automática para a identificação e investigação de defeitos potenciais que pudessem representar vulnerabilidades de segurança.

A segurança do Windows está fundamentada em controles de acesso arbitrários. Objetos do sistema, incluindo arquivos, configurações do registro do sistema e objetos do kernel, são protegidos por **Listas de Controle de Acesso (ACLs)** (consulte a Seção 9.6.2). No entanto, as ACLs são vulneráveis a erros de usuários e programadores, assim como aos ataques mais comuns em sistemas de consumidores em que o usuário é levado a executar algum código, geralmente enquanto navega na Web. O Windows 7 inclui um mecanismo chamado **níveis de integridade** que age como um sistema de *competências* rudimentar para controle de acesso. Objetos e processos são marcados como tendo integridade baixa, média ou alta. O Windows não permite que um processo modifique um objeto com um nível de integridade mais alto, independentemente da configuração da ACL.

Outras medidas de segurança incluem **aleatoriedade do formato dos espaços de endereçamento (ASLR – address space layout randomization)**, pilhas e heaps não executáveis e recursos de criptografia e **assinatura digital**. A ASLR combate muitos tipos de ataques, impedindo que pequenas quantidades de código infiltradas saltem facilmente para um código que já esteja carregado em um processo como parte da operação normal. Essa salvaguarda torna provável que um sistema sob ataque falhe ou caia, não permitindo que o código invasor assuma o controle.

Chips recentes tanto da Intel quanto da AMD são fundamentados na arquitetura AMD64 que permite que páginas de memória sejam marcadas para que não possam conter código de instruções executáveis. O Windows tenta marcar pilhas e heaps de memória de modo que não possam ser usados para executar código, impedindo assim ataques em que um bug no programa permita o estouro de um buffer e a execução, então, do conteúdo desse buffer. Essa técnica não pode ser aplicada a todos os programas porque alguns são fundamentados na modificação de dados e na sua execução. Uma coluna rotulada como "prevenção de execução de dados", no gerenciador de tarefas do Windows, mostra quais processos estão marcados para impedir esses ataques.

O Windows usa criptografia como parte de protocolos comuns, como os usados na comunicação segura com sites. A criptografia também é usada para proteger, de olhos curiosos, arquivos de usuário armazenados em disco. O Windows 7 permite que usuários criptografem com facilidade praticamente um disco inteiro, além de dispositivos de armazenamento removíveis como drives flash USB, com um recurso chamado BitLocker. Se um computador com um disco criptografado é roubado, os ladrões precisarão de tecnologia muito sofisticada (como um microscópio eletrônico) para obter acesso a quaisquer arquivos do computador. O Windows usa assinaturas digitais para *assinar* binários do sistema operacional e verificar se os arquivos foram produzidos pela Microsoft ou por outra empresa conhecida. Em algumas edições do Windows, um módulo de **integridade de código** é ativado na inicialização para assegurar que todos os módulos carregados no kernel tenham assinaturas válidas, garantindo que não foram violados por um ataque on-line.

16.2.2 Confiabilidade

O Windows amadureceu muito como sistema operacional em seus primeiros dez anos, chegando ao Windows 2000. Ao mesmo tempo, sua confiabilidade aumentou devido a fatores como maturidade do código-fonte, extensos testes de resistência feitos no sistema, melhores arquiteturas de CPU e detecção automática de muitos erros graves em drivers tanto da Microsoft quanto de terceiros. O Windows estendeu, subsequentemente, as ferramentas de obtenção de confiabilidade para incluir a análise automática do código-fonte em busca de erros, testes que incluem o embaralhamento de parâmetros de entrada para detectar falhas de validação e uma versão de aplicação do verificador de drivers que usa a verificação dinâmica de um conjunto extensivo de erros comuns de programação em modalidade de usuário. Outras melhorias na confiabilidade resultaram da movimentação de mais código do kernel para serviços de modalidade de usuário. O Windows fornece suporte extensivo à criação de drivers em modalidade de usuário. Recursos do sistema que antes estavam no kernel e agora se encontram em modalidade de usuário incluem o Gerenciador de Janelas de Desktop e grande parte da pilha de softwares de áudio.

Uma das melhorias mais significativas na experiência do Windows veio da inclusão de diagnósticos de memória como uma opção em tempo de inicialização. Essa inclusão é particularmente valiosa porque muito poucos PCs de consumidores têm memória de correção de erros. Quando a RAM inválida começa a descarregar bits aqui e ali, o resultado é, lamentavelmente, o comportamento errático do sistema. A disponibilidade de diagnósticos de memória reduziu muito os níveis de frustração dos usuários com a RAM defeituosa.

O Windows 7 introduziu um heap de memória tolerante a falhas. O heap aprende com as quedas das aplicações e insere automaticamente atenuantes na execução futura de uma aplicação que caiu. Isso torna a aplicação mais confiável mesmo que ela contenha bugs comuns, como uso de memória após sua liberação ou acesso após o término da alocação.

A obtenção de alta confiabilidade no Windows é especialmente desafiadora porque quase um bilhão de computadores o executam. Até mesmo problemas de confiabilidade que só afetam um pequeno percentual de usuários impactam inúmeros seres humanos. A complexidade do ecossistema Windows também aumenta os desafios. Milhões de instâncias de aplicações, drivers e outros softwares estão constantemente sendo baixadas e executadas em sistemas Windows. É claro que também há um fluxo constante de ataques de malware[1]. Visto que o próprio Windows se tornou mais difícil de ser atacado diretamente, cada vez mais as invasões visam aplicações populares.

Para lidar com esses desafios, a Microsoft vem progressivamente utilizando a telemetria em máquinas de clientes para coletar grandes quantidades de dados do ecossistema. As máquinas podem compor amostras para determinar como está o desempenho, quais softwares elas estão executando e quais problemas estão encontrando. Os clientes podem enviar dados para a Microsoft quando os sistemas ou softwares caem ou travam. Esse fluxo constante de dados a partir de máquinas de clientes é coletado com muito cuidado, com o consentimento dos usuários e sem invasão de privacidade. Como resultado, a

---

[1]Software malicioso (malicious software). [N.R.T.]

Microsoft está construindo um cenário cada vez mais preciso do que está ocorrendo no ecossistema Windows, o que permite melhorias contínuas, por meio de atualizações de software, assim como o fornecimento de dados como guias para futuras versões do sistema.

16.2.3 Compatibilidade com Aplicações Windows e POSIX

Como mencionado, o Windows XP foi tanto uma atualização do Windows 2000 quanto um substituto do Windows 95/98. O Windows 2000 enfocou, principalmente, a compatibilidade com aplicações comerciais. Os requisitos do Windows XP incluíram uma compatibilidade muito mais alta com as aplicações de consumidores que eram executadas no Windows 95/98. A compatibilidade com aplicações é difícil de atingir porque muitas aplicações requerem uma versão específica do Windows, podem depender até certo ponto das peculiaridades da implementação de APIs, podem ter bugs latentes que foram mascarados no sistema anterior e assim por diante. As aplicações também podem ter sido compiladas para um conjunto de instruções diferente. O Windows 7 implementa várias estratégias para a execução de aplicações apesar das incompatibilidades.

Como o Windows XP, o Windows 7 tem uma camada de compatibilidade que fica entre as aplicações e as APIS Win32. Essa camada faz o Windows 7 parecer (quase) compatível bug-a-bug com versões anteriores do Windows. O Windows 7, como versões anteriores do NT, mantém o suporte à execução de muitas aplicações de 16 bits, usando uma camada de *thunking*, ou conversão, que transforma chamadas de API de 16 bits nas chamadas equivalentes de 32 bits. Da mesma forma, a versão de 64 bits do Windows 7 fornece uma camada de thunking que converte chamadas de API de 32 bits em chamadas nativas de 64 bits.

O modelo de subsistemas do Windows permite que várias personalidades do sistema operacional sejam suportadas. Como mencionado anteriormente, embora a API mais usada com o Windows seja a API Win32, algumas edições do Windows 7 dão suporte a um subsistema POSIX. O POSIX é uma especificação padrão para UNIX que permite que a maioria dos softwares disponíveis compatíveis com o UNIX seja compilada e executada sem modificação.

Como última medida de compatibilidade, várias edições do Windows 7 fornecem uma máquina virtual que executa o Windows XP dentro do Windows 7. Isso permite que as aplicações adquiram compatibilidade bug-a-bug com o Windows XP.

16.2.4 Alto Desempenho

O Windows foi projetado para fornecer alto desempenho em sistemas desktop (que são amplamente limitados pelo desempenho de I/O), sistemas de servidores (onde a CPU é, frequentemente, o gargalo) e grandes ambientes multithreads e multiprocessadores (onde o desempenho dos trancamentos e o gerenciamento de linhas de cache são essenciais para a escalabilidade). Para atender aos requisitos de desempenho, o NT usou várias técnicas, como I/O assíncrono, protocolos de redes otimizados, geração de elementos gráficos com base no kernel e armazenamento sofisticado em cache de dados do sistema de arquivos. Os algoritmos de gerenciamento de memória e de sincronização foram projetados levando em consideração questões de desempenho relacionadas às linhas de cache e aos multiprocessadores.

O Windows NT foi projetado para multiprocessamento simétrico (SMP); em um computador multiprocessador, vários threads podem ser executados ao mesmo tempo, até mesmo no kernel. Em cada CPU, o Windows NT usa o scheduling de threads preemptivo com base em prioridades. Exceto quando em execução no despachante do kernel ou em nível de interrupção, os threads de qualquer processo em execução no Windows podem sofrer preempção por threads de prioridade mais alta. Portanto, o sistema responde rapidamente (consulte o Capítulo 5).

Os subsistemas que compõem o Windows NT comunicam-se uns com os outros eficientemente por meio de um recurso denominado **chamada de procedimento local** (**LPC**) que fornece alto desempenho na transmissão de mensagens. Quando um thread solicita um serviço síncrono a outro processo por meio de uma LPC, o thread que o atenderá é marcado como *pronto* e sua prioridade é temporariamente aumentada para evitar os atrasos de scheduling que ocorreriam se ele tivesse de esperar por threads que já estão na fila.

O Windows XP melhorou ainda mais o desempenho reduzindo o tamanho do caminho do código em funções críticas, usando algoritmos melhores e estruturas de dados por processador, usando coloração da memória para máquinas de **acesso não uniforme à memória** (**NUMA**) e implementando protocolos de trancamento mais escaláveis, como spinlocks enfileirados. Os novos protocolos de trancamento ajudaram a reduzir os ciclos de buses do sistema e incluíram listas e filas sem locks, operações atômicas de leitura-modificação-gravação (como o incremento sincronizado) e outras técnicas de sincronização avançadas.

Quando o Windows 7 foi desenvolvido, várias mudanças importantes surgiram na computação. A computação cliente/servidor tinha se tornado mais influente e, portanto, um recurso de chamada de procedimento local avançada (ALPC – *advanced local procedure call*) foi introduzido para fornecer melhor desempenho e mais confiabilidade do que a LPC. O número de CPUs e a quantidade de memória física disponível nos multiprocessadores maiores tinham aumentado significativamente e, assim, um grande esforço foi dedicado à melhoria da escalabilidade do sistema operacional.

A implementação do SMP no Windows NT usou máscaras de bits para representar conjuntos de processadores e identificar, por exemplo, em que conjunto de processadores um thread específico poderia participar do scheduling. Essas máscaras de bits foram definidas para caber dentro de uma única palavra de memória, limitando a 64 o número de processadores suportados dentro de um sistema. O Windows 7 adicionou o conceito de **grupos de processadores** para representar números arbitrários de CPUs, acomodando assim mais núcleos de CPU. O número de núcleos de CPU dentro de sistemas individuais continuou a crescer não só devido à maior quantidade de núcleos, mas também devido a núcleos que davam suporte a mais de um thread lógico de execução de cada vez.

Todas essas CPUs adicionais geravam muita disputa pelos locks usados no scheduling de CPUs e memória. O Windows 7 distribuiu esses locks. Por exemplo, antes do Windows 7, um único lock era usado pelo scheduler do Windows para sincronizar o acesso às filas que continham threads em espera por eventos. No Windows 7, cada objeto tem seu próprio lock, permitindo que as filas sejam acessadas concorrentemente. Além disso, muitos caminhos de execução do scheduler foram reescritos para não terem locks. Essa alteração resultou em bom desempenho na escalabilidade do Windows até mesmo em sistemas com 256 threads de hardware.

Outras alterações são devidas à importância crescente do suporte à computação paralela. Durante anos, a indústria de computadores tem sido dominada pela Lei de Moore, o que levou a densidades de transistores mais altas que se manifestam como taxas de relógio mais rápidas para cada CPU. A Lei de Moore continua prevalecendo, mas foram atingidos limites que impedem que as taxas de relógio da CPU aumentem mais. Em vez disso, transistores estão sendo usados na construção de cada vez mais CPUs em cada chip. Novos modelos de programação para obtenção de execução paralela, como o Concurrency RunTime (ConcRT) da Microsoft e os Threading Building Blocks (TBB) da Intel, estão sendo usados para expressar o paralelismo em programas C++. Da mesma forma que a Lei de Moore dominou a computação por quarenta anos, agora parece que a Lei de Amdahl, que governa a computação paralela, regulará o futuro.

Para suportar o paralelismo com base em tarefas, o Windows 7 fornece um novo tipo de *scheduling de modalidade de usuário* (*UMS – user-mode scheduling*). O UMS permite que os programas sejam decompostos em tarefas e as tarefas sejam, então, incluídas no schedule para as CPUs disponíveis, por um scheduler que opera em modalidade de usuário e não no kernel.

O advento de múltiplas CPUs em computadores menores é apenas parte da migração que está ocorrendo para a computação paralela. Unidades de processamento gráfico (GPUs – *graphics processing units*) aceleram os algoritmos computacionais requeridos pelos elementos gráficos usando arquiteturas **SIMD** para a execução de uma única instrução para vários dados ao mesmo tempo. Isso fez surgir o uso de GPUs para a computação geral e não apenas gráfica. O suporte do sistema operacional a softwares como o OpenCL e o CUDA está permitindo que os programas se beneficiem das GPUs. O Windows dá suporte ao uso de GPUs por meio de software em seu suporte a elementos gráficos DirectX. Esse software, chamado DirectCompute, permite que os programas especifiquem **kernels computacionais** usando o mesmo modelo de programação HLSL (high-level shader language) usado na programação do hardware SIMD para **sombreadores gráficos**. Os kernels computacionais executam muito rapidamente na GPU e retornam seus resultados para a computação principal que está em execução na CPU.

16.2.5 Extensibilidade

Extensibilidade refere-se à capacidade de um sistema operacional acompanhar os avanços na tecnologia de computação. Para facilitar a mudança ao longo do tempo, os desenvolvedores implementaram o Windows usando uma arquitetura em camadas. O executivo do Windows opera em modalidade de kernel e fornece os serviços e abstrações básicos do sistema que dão suporte ao seu uso compartilhado. No topo do executivo, vários subsistemas de servidor operam em modalidade de usuário. Entre eles estão os **subsistemas ambientais** que emulam diferentes sistemas operacionais. Logo, programas escritos para as APIs Win32 e para o POSIX são executados no Windows, no ambiente apropriado. Devido à estrutura modular, subsistemas ambientais adicionais podem ser incluídos sem afetar o executivo. Além disso, o Windows usa drivers carregáveis no sistema de I/O e, portanto, novos sistemas de arquivo, novos tipos de dispositivos de I/O e novos tipos de conexão de rede podem ser adicionados enquanto o sistema está em execução. O Windows usa um modelo cliente-servidor, como o sistema operacional Mach, e dá suporte ao processamento distribuído por **chamadas de procedimento remotas (RPCs),** como definido pela Open Software Foundation.

16.2.6 Portabilidade

Um sistema operacional é **portável** quando pode ser movido de uma arquitetura de CPU para outra com, relativamente, poucas alterações. O Windows foi projetado para ser portável. Como o sistema operacional UNIX, o Windows foi escrito principalmente em C e C++. O código-fonte específico da arquitetura é relativamente pequeno e há muito pouco uso de código de montagem. A migração do Windows para uma nova arquitetura afeta mais o kernel, já que o código em modalidade de usuário é quase todo escrito para ser independente de arquitetura. Para o Windows ser portável, o código do kernel específico de arquitetura deve ser portado e, às vezes, uma compilação condicional é necessária em outras partes do kernel devido a alterações em estruturas de dados mais importantes, como o formato da tabela de páginas. O sistema Windows inteiro deve então ser recompilado para o novo conjunto de instruções da CPU.

Os sistemas operacionais são sensíveis não apenas à arquitetura da CPU, mas também aos chips de suporte da CPU e aos programas de inicialização de hardware. A CPU e os chips de suporte são coletivamente chamados de **conjunto de chips**. Esses conjuntos de chips e o código de inicialização associado determinam como as interrupções são liberadas, descrevem as características físicas de cada sistema e fornecem interfaces para aspectos mais profundos da arquitetura da CPU, como a recuperação de erros e o gerenciamento de energia. Seria incômodo ter de portar o Windows para cada tipo de chip de suporte assim como para cada arquitetura de CPU. Portanto, o Windows isola grande parte do código dependente do conjunto de chips em uma biblioteca de vinculação dinâmica (DLL), denominada **camada de abstração de hardware** (**HAL – hardware-abstraction layer**), que é carregada com o kernel.

O kernel do Windows depende das interfaces da HAL e não dos detalhes do conjunto de chips subjacente. Isso permite que o conjunto único de binários do kernel e de drivers para uma CPU específica seja usado com diferentes conjuntos de chips simplesmente carregando uma versão diferente da HAL.

Com o passar dos anos, o Windows foi portado para várias arquiteturas de CPU diferentes: CPUs de 32 bits compatíveis com a Intel IA32, CPUs de 64 bits IA64 e CPUs compatíveis com a AMD64, a DEC Alpha e as CPUs MIPS e PowerPC. A maioria dessas arquiteturas de CPU não agradou ao mercado. Quando o Windows 7 foi lançado, apenas as arquiteturas IA32 e AMD64 eram suportadas em computadores clientes, além da AMD64 e IA64 em servidores.

16.2.7 Suporte Internacional

O Windows foi projetado para uso internacional e multinacional. Ele dá suporte a diferentes configurações regionais por meio da **API de suporte ao idioma nacional** (**NLS** – *national-language-support*). A API NLS fornece rotinas especializadas para a formatação de data, hora e moeda de acordo com os costumes nacionais. Comparações de cadeias de caracteres são especializadas para levar em conta diferentes conjuntos de caracteres. O UNICODE é o código de caracteres nativo do Windows. O Windows dá suporte a caracteres ANSI convertendo-os em caracteres UNICODE antes de manipulá-los (conversão de 8 bits para 16 bits). Cadeias de texto do sistema são mantidas em arquivos de recursos e podem ser substituídas para adaptar o sistema a diferentes idiomas. Várias características regionais podem ser usadas simultaneamente, o que é importante para pessoas e empresas multilíngues.

16.2.8 Eficiência no Uso de Energia

O aumento da eficiência no uso da energia nos computadores faz com que as baterias durem mais para laptops e netbooks, economiza custos operacionais significativos relativos à energia e à refrigeração de centros de dados e contribui com iniciativas ecológicas voltadas à diminuição do consumo de energia por empresas e consumidores. Há algum tempo, o Windows vem implementando várias estratégias para a diminuição do uso de energia. As CPUs são passadas para estados de energia mais baixos – por exemplo, diminuindo a frequência do relógio – sempre que possível. Além disso, quando um computador não está sendo usado ativamente, o Windows pode colocar o computador inteiro em estado de baixo consumo de energia (adormecimento) ou, até mesmo, salvar toda a memória em disco e desligar o computador (hibernação). Quando o usuário retorna, o computador é religado e continua a partir de seu estado anterior e, assim, o usuário não precisa reinicializar o sistema e reiniciar as aplicações.

O Windows 7 adicionou algumas estratégias novas para economizar energia. Quanto mais a CPU permanecer sem utilização, mais energia pode ser economizada. Os computadores são muito mais rápidos do que os seres humanos, por isso, uma grande quantidade de energia pode ser economizada simplesmente enquanto as pessoas estão pensando. O problema é que programas demais estão constantemente sondando o que está ocorrendo no sistema. Vários timers de softwares são acionados, impedindo que a CPU permaneça ociosa durante tempo suficiente para economizar muita energia. O Windows 7 estende o tempo ocioso da CPU ignorando pulsos do relógio, agrupando os timers de software em números menores de eventos e deixando CPUs inteiras "estacionárias" quando os sistemas não estão pesadamente carregados.

16.2.9 Suporte a Dispositivos Dinâmicos

Nos primórdios da história da indústria do PC, as configurações dos computadores eram bastante estáticas. Ocasionalmente, novos dispositivos podiam ser conectados a portas seriais, de impressoras ou de jogos na parte de trás do computador, mas não passava disso. Os passos seguintes em direção à configuração dinâmica de PCs foram conexões de laptops e placas PCMIA. Um PC podia ser subitamente conectado a todo um conjunto de periféricos ou dele desconectado. Em um PC contemporâneo, a situação mudou completamente. Os PCs são projetados para permitir que os usuários conectem e desconectem um grande número de periféricos o tempo todo; discos externos, pequenos drives USB, câmeras e coisas desse tipo estão constantemente indo e vindo.

O suporte à configuração dinâmica de dispositivos vem evoluindo continuamente no Windows. O sistema pode reconhecer dispositivos automaticamente quando eles são conectados e pode encontrar, instalar e carregar os drivers apropriados – geralmente sem intervenção do usuário. Quando os dispositivos são desconectados, os drivers são descarregados automaticamente e a execução do sistema continua sem afetar outros softwares.

16.3 Componentes do Sistema

A arquitetura do Windows é um sistema de módulos em camadas, como mostrado na Figura 16.1. As camadas principais são a HAL, o kernel e o executivo, todos executados em modalidade de kernel, e um conjunto de subsistemas e serviços executados em modalidade de usuário. Os subsistemas de modalidade de usuário são classificados em duas categorias: os subsistemas ambientais que emulam diferentes sistemas operacionais, e os **subsistemas de proteção** que fornecem funções de segurança. Uma das principais vantagens desse tipo de arquitetura é que as interações entre os módulos são mantidas simples. O resto desta seção descreve essas camadas e subsistemas.

16.3.1 Camada de Abstração de Hardware

A HAL é a camada de software que oculta, dos níveis superiores do sistema operacional, as diferenças nos conjuntos de chips de hardware. A HAL exporta uma interface de hardware virtual que é usada pelo despachante do kernel, pelo executivo e pelos drivers de dispositivos. Apenas uma única versão de cada driver de dispositivo é requerida para cada arquitetura de CPU não importando que chips de suporte possam estar presentes. Os drivers de dispositivos mapeiam os dispositivos e os acessam diretamente, mas os detalhes específicos dos conjun-

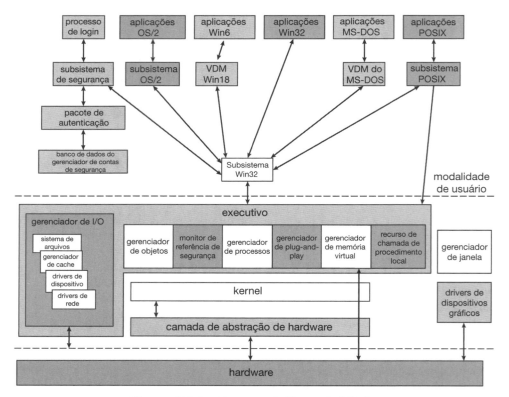

Figura 16.1 Diagrama de blocos do Windows.

tos de chips de mapeamento da memória, a configuração de buses de I/O, a montagem do DMA e a convivência com recursos específicos da placa-mãe são todos fornecidos pelas interfaces da HAL.

16.3.2 Kernel

A camada de kernel do Windows tem quatro responsabilidades principais: scheduling de threads, sincronização de processadores de baixo nível, manipulação de interrupções e exceções e alternância entre modalidade de usuário e modalidade de kernel. O kernel é implementado na linguagem C, usando linguagem de montagem apenas onde é absolutamente necessário para fazer a interface com o nível mais baixo da arquitetura do hardware.

O kernel é organizado de acordo com princípios de projeto orientados a objetos. Um *tipo de objeto* no Windows é um tipo de dado definido pelo sistema tendo um conjunto de atributos (valores de dados) e um conjunto de métodos (por exemplo, funções ou operações). Um *objeto* é uma instância de um tipo de objeto. O kernel executa seu trabalho usando um conjunto de objetos de kernel cujos atributos armazenam os dados do kernel e cujos métodos executam as atividades do kernel.

16.3.2.1 Despachante do Kernel

O despachante do kernel fornece a base para o executivo e os subsistemas. A maior parte do despachante nunca é extraída da memória e sua execução nunca sofre preempção. Suas principais responsabilidades são o scheduling de threads e a mudança de contexto, a implementação de primitivas de sincronização, o gerenciamento do timer, as interrupções de software (chamadas de procedimento assíncronas e adiadas) e o despacho de exceções.

16.3.2.2 Threads e Scheduling

Como muitos outros sistemas operacionais modernos, o Windows usa processos e threads como código executável. Cada processo tem um ou mais threads e cada thread tem seu próprio estado de scheduling que inclui prioridade real, afinidade com o processador e informações de uso da CPU.

Há seis estados possíveis para os threads: pronto, disponível, em execução, em espera, em transição e encerrado. O estado *pronto* indica que o thread está esperando para ser executado. O thread pronto de prioridade mais alta é passado para o estado *disponível*, o que significa que ele é o próximo thread a ser executado. Em um sistema multiprocessador, cada processador mantém um thread em estado disponível. Um thread está *em execução* quando está sendo executado em um processador. Ele é executado até sofrer preempção por um thread de prioridade mais alta, até terminar, até que seu tempo de execução alocado (quantum) termine ou até entrar em espera em um objeto despachante, como um evento sinalizando o encerramento de I/O. Um thread está em estado de *espera* quando está aguardando um objeto despachante para ser sinalizado. Um thread está em estado de *transição* enquanto espera os recursos necessários para execução; por exemplo, ele pode estar esperando que sua pilha do kernel seja transferida a partir de disco. Um thread entra em estado *encerrado* quando termina a execução.

O despachante usa um esquema de prioridades de 32 níveis para determinar a ordem de execução dos threads. As prioridades são divididas em duas classes: classe variável e classe de tempo real. A classe variável contém threads com prioridades de 1 a 15 e a classe de tempo real contém threads com prioridades variando de 16 a 31. O despachante usa uma fila para cada prioridade do scheduling e percorre o conjunto de filas, da mais alta até a mais baixa, até encontrar um thread que esteja pronto para ser executado. Se um thread tem afinidade com um processador específico, mas esse processador não está disponível, o despachante o ignora e continua a procura por um thread pronto que possa ser executado no processador disponível. Se nenhum thread pronto for encontrado, o despachante executa um thread especial chamado *thread ocioso*. A classe de prioridade 0 é reservada para o thread ocioso.

Quando o quantum de tempo de um thread expira, a interrupção do relógio enfileira uma **chamada de procedimento adiada** (**DPC – *deferred procedure call***) de fim de quantum, para o processador. O enfileiramento da DPC resulta em uma interrupção de software quando o processador retorna à prioridade de interrupção normal. A interrupção de software causa a execução do despachante para reintroduzir o processador no schedule e executar o próximo thread disponível no nível dos threads que sofreram preempção.

A prioridade do thread que sofreu preempção pode ser modificada antes de ele ser devolvido às filas do despachante. Se o thread que sofreu preempção está na classe de prioridade variável, sua prioridade é reduzida. A prioridade nunca é reduzida a um valor abaixo da prioridade base. A redução da prioridade do thread tende a limitar o uso da CPU por threads limitados por computação em contraposição aos threads limitados por I/O. Quando um thread de prioridade variável é liberado de uma operação de espera, o despachante aumenta a prioridade. O nível do aumento depende do dispositivo pelo qual o thread estava esperando; por exemplo, um thread em espera por I/O de teclado receberia um grande aumento na prioridade, enquanto um thread em espera por uma operação de disco receberia um aumento moderado. Essa estratégia tende a fornecer bons tempos de resposta para threads interativos que estejam usando um mouse e janelas. Ela também habilita threads limitados por I/O a manterem os dispositivos de I/O ocupados permitindo, ao mesmo tempo, que threads limitados por computação usem ciclos avulsos da CPU em background. Além disso, o thread associado à janela ativa da GUI do usuário recebe um aumento de prioridade para melhorar seu tempo de resposta.

O scheduling ocorre quando um thread entra em estado pronto ou de espera, quando um thread é encerrado ou quando uma aplicação muda a prioridade ou a afinidade de um thread com o processador. Se um thread de prioridade mais alta torna-se pronto enquanto um thread de prioridade mais baixa está em execução, o thread de prioridade mais baixa sofre preempção. Essa preempção dá ao thread de prioridade mais alta acesso preferencial à CPU. No entanto, o Windows não é um sistema operacional de tempo real crítico porque ele não garante que um thread de tempo real comece a ser executado dentro um limite de tempo específico; os threads são bloqueados indefinidamente enquanto as DPCs e as **rotinas de serviço de interrupção** (**ISRs**) estão em execução (como discutimos em detalhes a seguir).

Tradicionalmente, os schedulers dos sistemas operacionais usavam amostragens para medir a utilização da CPU por threads; o timer do sistema era disparado periodicamente e o manipulador de interrupções por timer registrava qual thread estava correntemente no schedule e se ele estava sendo executado em modalidade de usuário ou de kernel quando a interrupção ocorreu. Essa técnica de amostragem era necessária ou porque a CPU não tinha um relógio de alta resolução ou o relógio era muito dispendioso ou pouco confiável para ser acessado com frequência. Embora eficiente, a amostragem era imprecisa e levava a anomalias, como a incorporação do tempo de serviço de interrupções como tempo de execução do thread e o despacho de threads que só foram executados durante uma fração do quantum. A partir do Windows Vista, o tempo de CPU no Windows vem sendo rastreado com o uso do **contador de marcadores de tempo** (**TSC – *timestamp counter***) de hardware, incluído nos processadores recentes. O uso do TSC resulta em contabilização mais precisa do uso da CPU e o scheduler não intercepta threads antes que eles sejam executados por um quantum inteiro.

16.3.2.3 Implementação de Primitivas de Sincronização

Estruturas de dados essenciais do sistema operacional são gerenciadas como objetos com o uso de recursos comuns de alocação, contagem de referências e segurança. **Objetos despachantes** controlam o despacho e a sincronização no sistema. Exemplos desses objetos incluem os seguintes:

- O *objeto evento* é usado para registrar a ocorrência de um evento e sincronizar essa ocorrência com alguma ação. Eventos de notificação sinalizam todos os threads em espera e eventos de sincronização sinalizam um único thread em espera.

- O *mutant* fornece exclusão mútua em modalidade de kernel ou em modalidade de usuário com a noção de propriedade.

- O *mutex*, disponível apenas em modalidade de kernel, fornece exclusão mútua sem deadlock.

- O *objeto semáforo* age como um contador ou porta para controlar a quantidade de threads que acessam um recurso.

- O *objeto thread* é a entidade incluída no schedule pelo despachante do kernel; ele é associado a um **objeto processo** que encapsula um espaço de endereçamento virtual. O objeto thread é sinalizado quando o thread termina e o objeto processo, quando o processo termina.

- O *objeto timer* é usado para controlar o tempo e sinalizar quando se atinge o limite de tempo em operações que demoram demais e têm de ser interrompidas ou quando uma atividade periódica precisa ser incluída no schedule.

Muitos dos objetos despachantes são acessados a partir da modalidade de usuário por meio de uma operação de abertura que retorna um manipulador. O código de modalidade de usuário sonda manipuladores ou espera por eles para se sincronizar com outros threads e com o sistema operacional (consulte a Seção 16.7.1).

16.3.2.4 Interrupções de Software: Chamadas de Procedimento Assíncronas e Adiadas

O despachante implementa dois tipos de interrupções de software: *chamadas de procedimento assíncronas* (**APCs**) e chamadas de procedimento adiadas (DPCs, já mencionadas). Uma chamada de procedimento assíncrona interrompe um thread em execução e chama um procedimento. As APCs são usadas para iniciar a execução de novos threads, suspender ou retomar threads existentes, encerrar threads ou processos, liberar a notificação de que um I/O assíncrono foi concluído e extrair o conteúdo dos registradores da CPU de um thread em execução. As APCs são enfileiradas para threads específicos e permitem que o sistema execute tanto código do sistema quanto de usuário dentro do contexto de um processo. A execução de uma APC em modalidade de usuário não pode ocorrer em momentos arbitrários, mas apenas quando o thread está esperando no kernel e marcado como *notificável*.

As DPCs são usadas para adiar o processamento de interrupções. Após a manipulação de todo o processamento urgente de interrupções de dispositivos, a ISR inclui o processamento remanescente no schedule, enfileirando uma DPC. A interrupção de software associada não ocorrerá até que a CPU esteja próxima de uma prioridade mais baixa do que a prioridade de todas as interrupções de dispositivos de I/O e mais alta do que a prioridade com que os threads são executados. Assim, as DPCs não bloqueiam as ISRs de outros dispositivos. Além de adiar o processamento de interrupções de dispositivos, o despachante usa DPCs para processar expirações do timer e provocar a preempção da execução de threads no fim do quantum do scheduling.

A execução de DPCs evita que threads sejam incluídos no schedule do processador corrente e também impede que as APCs sinalizem a conclusão de I/O. Isso é feito de modo que a conclusão de rotinas DPC não leve muito tempo. Como alternativa, o despachante mantém um pool de threads de trabalho. As ISRs e DPCs podem enfileirar itens de trabalho para os threads de trabalho, onde eles serão executados usando o scheduling normal de threads. As rotinas DPC são restritas para que não possam tratar erros de página (remover páginas da memória), chamar serviços do sistema ou executar qualquer outra ação que resulte em tentativa de esperar por um objeto despachante para ser sinalizada. Diferente das APCs, as rotinas DPC não fazem suposições sobre que contexto de processo o processador está executando.

16.3.2.5 Exceções e Interrupções

O despachante do kernel também fornece a manipulação de interceptações para exceções e interrupções geradas por hardware ou software. O Windows define várias exceções independentes de arquitetura que incluem:

- Violação de acesso à memória
- Estouro de inteiros
- Estouro positivo ou negativo de ponto flutuante
- Divisão de inteiro por zero
- Divisão de ponto flutuante por zero
- Instrução ilegal
- Desalinhamento de dados
- Instrução privilegiada
- Erro de leitura de página
- Violação de acesso
- Cota de arquivo de paginação excedida
- Depurador com breakpoint
- Depurador passo a passo

Os manipuladores de interceptações lidam com exceções simples. A manipulação elaborada de exceções é executada pelo despachante de exceções do kernel. O ***despachante de exceções*** cria um registro da exceção contendo a razão da exceção e encontra um manipulador de exceções para lidar com ela.

Quando ocorre uma exceção em modalidade de kernel, o despachante de exceções simplesmente chama uma rotina para localizar o manipulador de exceções. Se nenhum manipulador é encontrado, ocorre um erro fatal de sistema e o usuário é deixado com a infame "tela azul da morte", que significa falha no sistema.

A manipulação de exceções é mais complexa para processos em modalidade de usuário porque um subsistema ambiental (como o sistema POSIX) posiciona uma porta de depurador e uma porta de exceções para cada processo que ele cria. (Para detalhes sobre portas consulte a Seção 16.3.3.4.) Se uma porta de depurador é registrada, o manipulador de exceções envia a exceção para a porta. Se a porta de depurador não é encontrada ou não manipula essa exceção, o despachante tenta encontrar um manipulador de exceções apropriado. Se nenhum manipulador é encontrado, o depurador é chamado novamente para capturar o erro para depuração. Se nenhum depurador está em execução, uma mensagem é enviada à porta de exceções do processo para dar ao subsistema ambiental uma chance de traduzir a exceção. Por exemplo, o ambiente POSIX traduz mensagens de exceção do Windows para sinais POSIX antes de enviá-las ao thread que causou a exceção. Para concluir, se nada mais funcionar, o kernel simplesmente encerra o processo que contém o thread causador da exceção.

Quando o Windows não consegue manipular uma exceção, ele pode construir uma descrição do erro que ocorreu e solicitar permissão do usuário para enviar a informação à Microsoft para análise mais aprofundada. Em alguns casos, a análise automatizada da Microsoft pode reconhecer o erro imediatamente e sugerir uma correção ou paliativo.

O despachante de interrupções do kernel manipula interrupções chamando tanto uma rotina de serviço de interrupções (ISR) fornecida por um driver de dispositivo, como uma rotina de manipulação de interrupções do kernel. A interrupção é representada por um ***objeto interrupção*** que contém todas as informações necessárias à manipulação da interrupção. O uso de um objeto interrupção torna fácil associar rotinas de serviço de interrupções a uma interrupção sem ser preciso acessar o hardware de interrupções diretamente.

Diferentes arquiteturas de processador têm diferentes tipos e números de interrupções. Para obter portabilidade, o despachante de interrupções mapeia as interrupções de hardware em um conjunto padrão. As interrupções são priorizadas e manipuladas em ordem de prioridade. Há 32 níveis de solicitações de interrupções (IRQLs – *interrupt request levels*) no Windows. Oito são reservados para uso do kernel; os outros 24 representam interrupções de hardware por meio da HAL (embora a maioria dos sistemas IA32 só use 16). As interrupções do Windows são definidas na Figura 16.2.

O kernel usa uma **tabela de despacho de interrupções** para vincular cada nível de interrupção a uma rotina de serviço. Em um computador multiprocessador, o Windows mantém uma tabela de despacho de interrupções (IDT – *interrupt-dispatch table*) separada para cada processador e o IRQL de cada processador pode ser configurado independentemente para mascarar interrupções. Todas as interrupções que ocorrem em um nível igual ou menor que o IRQL de um processador são bloqueadas até o IRQL ser diminuído por um thread de nível de kernel ou por uma ISR retornando do processamento da interrupção. O Windows aproveita-se dessa propriedade e usa interrupções de software para liberar APCs e DPCs, para executar funções do sistema como sincronizar threads com a conclusão de I/O, para iniciar a execução de threads e para manipular timers.

16.3.2.6 Alternando entre Threads de Modalidade de Usuário e de Modalidade de Kernel

O que o programador considera como um thread no Windows tradicional corresponde, na verdade, a dois threads: um **thread de modalidade de usuário** (UT – *user-mode thread*) e um **thread de modalidade de kernel** (KT – *kernel-mode thread*). Cada um tem sua própria pilha, valores de registradores e contexto de execução. O UT solicita um serviço do sistema executando uma instrução que causa uma interceptação para a modalidade de kernel. A camada do kernel executa um manipulador de interceptações que se alterna entre o UT e o KT correspondente. Quando um KT conclui sua execução no kernel e está pronto para voltar ao UT correspondente, a camada do kernel é chamada para fazer a permuta para o UT, que continua sua execução em modalidade de usuário.

O Windows 7 modifica o comportamento da camada do kernel para dar suporte ao scheduling dos UTs em modalidade de usuário. Os schedulers de modalidade de usuário do Windows 7 dão suporte ao scheduling cooperativo. Um UT pode dar lugar explicitamente a outro UT chamando o scheduler de modalidade de usuário; não é necessário entrar no kernel. O scheduling de modalidade de usuário é explicado com mais detalhes na Seção 16.7.3.7.

16.3.3 Executivo

O executivo do Windows fornece um conjunto de serviços que todos os subsistemas ambientais usam. Os serviços estão agrupados como descrito a seguir: gerenciador de objetos, gerenciador de memória virtual, gerenciador de processos, recurso avançado de chamada de procedimento local, gerenciador de I/O, gerenciador de cache, monitor de referência de segurança, gerenciadores de energia e de plug-and-play, registro do sistema e inicialização.

16.3.3.1 Gerenciador de Objetos

Para gerenciar entidades em modalidade de kernel, o Windows usa um conjunto genérico de interfaces que são manipuladas por programas em modalidade de usuário. O Windows chama essas entidades de *objetos* e o componente executivo que as manipula é o **gerenciador de objetos**. Exemplos de objetos são semáforos, mutexes, eventos, processos e threads; todos são *objetos despachantes*. Os threads podem ficar bloqueados no despachante do kernel esperando algum desses objetos ser sinalizado. As APIs de processos, threads e memória virtual usam manipuladores de processos e threads para identificar o processo ou thread sobre o qual operar. Outros exemplos de objetos são arquivos, seções, portas e vários objetos internos de I/O. Os objetos arquivo são usados para manter o estado aberto de arquivos e dispositivos. As seções são usadas para mapear arquivos. Extremidades finais de comunicações locais são implementadas como objetos porta.

níveis de interrupção	tipos de interrupções
31	verificação de máquina ou erro de bus
30	falta de energia
29	notificação entre processadores (solicita que outro processador atue; por exemplo, despacho de um processo ou atualização do TLB)
28	relógio (para controlar o tempo)
27	perfil
3–26	interrupções tradicionais de hardware IRQ de PCs
2	despacho e chamada de procedimento adiada (DPC) (kernel)
1	chamada de procedimento assíncrona (APC)
0	passiva

Figura 16.2 Níveis de solicitação de interrupções do Windows.

Códigos em modalidade de usuário acessam esses objetos usando um valor fictício chamado *manipulador* que é retornado por muitas APIs. Cada processo tem uma **tabela de manipuladores** contendo entradas que registram os objetos usados pelo processo. O *processo de sistema* que contém o kernel, tem sua própria tabela de manipuladores que é protegida do código do usuário. As tabelas de manipuladores do Windows são representadas por uma estrutura em árvore que pode se expandir, armazenando de 1.024 identificadores até mais de 16 milhões. Código em modalidade de kernel pode acessar um objeto usando tanto um manipulador como um ***ponteiro referenciado***.

Um processo obtém um manipulador criando um objeto, abrindo um objeto existente, recebendo um manipulador duplicata de outro processo ou herdando um manipulador do processo pai. Quando um processo é encerrado, todos os seus manipuladores abertos são implicitamente fechados. Como o gerenciador de objetos é a única entidade que gera manipuladores de objetos, esse é o lugar natural para a verificação de segurança. O gerenciador de objetos verifica se um processo tem o direito para acessar um objeto quando o processo tenta abrir o objeto. O gerenciador de objetos também impõe cotas, como o montante máximo de memória que um processo pode utilizar, taxando um processo pela memória ocupada por todos os seus objetos referenciados e recusando-se a alocar mais memória quando as taxas acumuladas excedem a cota do processo.

O gerenciador de objetos controla duas contagens para cada objeto: o número de manipuladores do objeto e o número de ponteiros referenciados. A contagem de manipuladores corresponde ao número de manipuladores que referenciam o objeto nas tabelas de manipuladores de todos os processos, inclusive o processo do sistema que contém o kernel. A contagem de ponteiros referenciados é incrementada sempre que um novo ponteiro é requerido pelo kernel e decrementada quando o kernel termina de usar o ponteiro. A finalidade dessas contagens de referências é assegurar que um objeto não seja liberado enquanto ainda está sendo referenciado por um manipulador ou por um ponteiro interno do kernel.

O gerenciador de objetos mantém o espaço de nomes interno do Windows. Ao contrário do UNIX, que fixa o espaço de nomes do sistema no sistema de arquivos, o Windows usa um espaço de nomes abstrato e conecta os sistemas de arquivos como dispositivos. Quem decide se um objeto do Windows tem um nome é o seu criador. Processos e threads são criados sem nomes e referenciados pelo manipulador ou por meio de um identificador numérico separado. Os eventos de sincronização costumam ter nomes para que possam ser abertos por processos não relacionados. Um nome pode ser permanente ou temporário. Um nome permanente representa uma entidade, como um drive de disco, que continua existindo mesmo se nenhum processo a estiver acessando. Um nome temporário só existe enquanto um processo mantém um manipulador para o objeto. O gerenciador de objetos dá suporte a diretórios e links simbólicos no espaço de nomes. Como exemplo, as letras de drives do MS-DOS são implementadas usando links simbólicos; \Global??\C: é um link simbólico para o objeto dispositivo \Device\HarddiskVolume2 que representa um volume do sistema de arquivos montado no diretório \Device.

Cada objeto é uma instância de um *tipo de objeto*. O tipo do objeto especifica como instâncias devem ser alocadas, as definições dos campos de dados e a implementação do conjunto padrão de funções virtuais usadas por todos os objetos. As funções padrão implementam operações como mapeamento de nomes para objetos, fechamento e exclusão, e aplicação de verificações de segurança. Funções específicas de um determinado tipo de objeto são implementadas por serviços do sistema projetados para operar sobre esse tipo de objeto em particular e não pelos métodos especificados pelo tipo do objeto.

A função parse() é a mais interessante das funções padrão aplicadas a objetos; ela permite a implementação de um objeto. Os sistemas de arquivos, o repositório de configurações de registro do sistema e os objetos GUI são os usuários mais frequentes das funções de análise para estender o espaço de nomes do Windows.

Voltando ao nosso exemplo de nomeação no Windows, os objetos dispositivo, usados para representar volumes do sistema de arquivos, fornecem uma função de análise. Isso permite que um nome como \Global??\C:\foo\bar.doc seja interpretado como o arquivo \foo\bar.doc no volume representado pelo objeto dispositivo HarddiskVolume2. Podemos ilustrar como a nomeação, as funções de análise, os objetos e os manipuladores funcionam em conjunto examinando os passos para abrir o arquivo no Windows:

1. Uma aplicação solicita que um arquivo de nome C:\foo\bar.doc seja aberto.

2. O gerenciador de objetos encontra o objeto dispositivo HarddiskVolume2, procura o procedimento de análise IopParseDevice a partir do tipo do objeto e o invoca com o nome do arquivo correspondente à raiz do sistema de arquivos.

3. IopParseDevice() aloca um objeto arquivo e o passa ao sistema de arquivos que entra com os detalhes de como acessar C:\foo.bar.doc no volume.

4. Quando o sistema de arquivos retorna, IopParseDevice() aloca uma entrada ao objeto arquivo na tabela de manipuladores do processo corrente e retorna o manipulador para a aplicação.

Se a abertura do arquivo não for bem-sucedida, IopParseDevice() exclui o objeto arquivo alocado e retorna uma indicação de erro para a aplicação.

16.3.3.2 Gerenciador de Memória Virtual

O componente do executivo que gerencia o espaço de endereçamento virtual, a alocação de memória física e a paginação é o ***gerenciador de memória virtual*** (*VM – virtual memory*). O projeto do gerenciador de VM presume que o hardware subjacente dê suporte ao mapeamento virtual-para-físico, a um mecanismo de paginação e a uma coerência de cache transparente em sistemas multiprocessadores bem como permite que várias entradas da tabela de páginas sejam mapeadas para o mesmo quadro de página físico. O gerenciador de VM do Windows usa um esquema de gerenciamento baseado em páginas com tamanhos de página de 4 KB e 2 MB, em processadores compatíveis com o AMD64 e o IA32, e de 8 KB no IA64. Páginas de dados alocadas a um processo que não está na memória física, são armazenadas nos **arquivos de paginação** em disco ou mapeadas diretamente para um arquivo comum em um sistema de arquivos local ou remoto. Uma página também pode ser marcada como de preenchimento-com-zeros-sob-demanda, o que a inicializa com zeros antes de ela ser alocada, apagando assim o conteúdo anterior.

Em processadores IA32, cada processo tem um espaço de endereçamento virtual de 4 GB. Os 2 GB superiores são, na maior parte, idênticos para todos os processos e são usados pelo Windows, em modalidade de kernel, no acesso ao código e às estruturas de dados do sistema operacional. Na arquitetura AMD64, o Windows fornece um espaço de endereçamento virtual de 8 TB para a modalidade de usuário, além dos 16 EB suportados pelo hardware existente para cada processo.

As áreas-chave da região de modalidade de kernel que não são idênticas para todos os processos, são o mapeamento automático, o hiperespaço e o espaço de sessão. O hardware referencia a tabela de páginas de um processo usando números de quadros de página físicos e o **mapeamento automático da tabela de páginas** torna o conteúdo da tabela de páginas do processo acessível usando endereços virtuais. O **hiperespaço** mapeia as informações do conjunto de trabalho do processo corrente para o espaço de endereçamento de modalidade de kernel. O **espaço de sessão** é usado para compartilhar uma instância do Win32 e outros drivers específicos de sessão entre todos os processos da mesma sessão do servidor de terminais (TS – *terminal-server*). Diferentes sessões do TS compartilham diferentes instâncias desses drivers, mas são mapeadas para os mesmos endereços virtuais. A região de modalidade de usuário inferior do espaço de endereçamento virtual é específica de cada processo e pode ser acessada por threads de modalidade de usuário e de kernel.

O gerenciador de VM do Windows usa um processo de dois passos para alocar memória virtual. O primeiro passo *reserva* uma ou mais páginas de endereços virtuais no espaço de endereçamento virtual do processo. O segundo passo *consigna* a alocação atribuindo espaço de memória virtual (memória ou espaço físico nos arquivos de paginação). O Windows limita o montante de espaço de memória virtual que um processo consome, impondo uma cota à memória consignada. O processo descompromete a memória que não está mais usando para liberar espaço de memória virtual a ser usado por outros processos. As APIs usadas para reservar endereços virtuais e consignar memória virtual usam um manipulador de um objeto processo como parâmetro. Isso permite que um processo controle a memória virtual de outro processo. Subsistemas ambientais gerenciam a memória de seus processos clientes dessa forma.

O Windows implementa memória compartilhada definindo um **objeto seção**. Após obter um manipulador para um objeto seção, um processo mapeia a memória da seção para um intervalo de endereços, chamado **visão**. Um processo pode estabelecer uma visão da seção inteira ou somente da parte de que ele precisa. O Windows permite que seções sejam mapeadas não apenas para o processo corrente, mas para qualquer processo para o qual o chamador tenha um manipulador.

Seções podem ser usadas de muitas maneiras. Uma seção pode usar, como reserva, espaço em disco tanto no arquivo de paginação do sistema como em um arquivo normal (um **arquivo mapeado para a memória**). A seção pode *ter* uma *base fixa*, o que significa que ela aparece no mesmo endereço virtual para todos os processos que tentam acessá-la. As seções também podem representar memória física, permitindo que um processo de 32 bits acesse mais memória física do que caberia em seu espaço de endereçamento virtual. Para concluir, a proteção de memória das páginas da seção pode ser configurada como somente de leitura, leitura-gravação, leitura-gravação-execução, somente de execução, acesso proibido ou cópia após gravação. Examinemos mais detalhadamente as duas últimas configurações de proteção:

- Uma *página de acesso proibido* lança uma exceção se é acessada; a exceção pode ser usada, por exemplo, para verificar se um programa defeituoso está iterando além do final de um array ou, simplesmente, para detectar se o programa tentou acessar endereços virtuais que não foram consignados como memória. Pilhas de modalidade de usuário e de kernel usam páginas de acesso proibido como **páginas de proteção** para detectar estouros de pilha. Outra aplicação é na procura de saturações em buffers de heap; tanto o alocador de memória de modalidade de usuário quanto o alocador especial do kernel, usados pelo verificador de dispositivos, podem ser configurados para mapear cada alocação para o fim de uma página, seguida por uma página de acesso proibido, de modo a detectar erros de programação como acessos que ultrapassem o fim de uma alocação.

- O *mecanismo de cópia após gravação* habilita o gerenciador de VM a usar memória física mais eficientemente. Quando dois processos querem cópias de dados independentes do mesmo objeto seção, o gerenciador de VM insere uma única cópia compartilhada na memória virtual e ativa a propriedade de cópia após gravação para essa região de memória. Se um dos processos tenta modificar dados em uma página de cópia após gravação, o gerenciador de VM faz uma cópia privada da página para o processo.

A tradução de endereços virtuais do Windows usa uma tabela de páginas multinível. Para processadores IA32 e AMD64, cada processo tem um **diretório de páginas** que contém 512 **entradas de diretório de páginas** (PDEs – *page-directory entries*) com 8 bytes de tamanho. Cada PDE aponta para uma **tabela de PTEs** que contém 512 **entradas de tabela de páginas** (PTEs – *page-table entries*) com 8 bytes de tamanho. Cada PTE aponta para um **quadro de página** de 4 KB na memória física. Por várias razões, o hardware requer que os diretórios de páginas ou tabelas de PTEs de cada nível de uma tabela de páginas multinível ocupem uma única página. Portanto, o número de PDEs ou PTEs que cabe em uma página determina quantos endereços virtuais são traduzidos por essa página. Consulte a Figura 16.3 para ver um diagrama dessa estrutura.

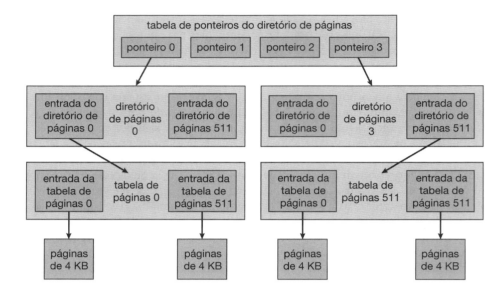

Figura 16.3 Formato da tabela de páginas.

A estrutura descrita até agora pode ser usada para representar apenas 1 GB de tradução de endereços virtuais. Para o IA32, um segundo nível do diretório de páginas é necessário, contendo somente quatro entradas, como mostrado no diagrama. Em processadores de 64 bits, mais níveis são necessários. Para o AMD64, o Windows usa um total de quatro níveis completos. O tamanho total de todas as páginas da tabela de páginas, necessário para representar integralmente até mesmo um espaço de endereçamento virtual de 32 bits para um processo, é de 8 MB. O gerenciador de VM aloca páginas de PDEs e PTEs quando necessário e move páginas da tabela de páginas para disco quando elas não estão sendo usadas. As páginas da tabela de páginas são retornadas à memória quando referenciadas.

Consideremos, agora, como endereços virtuais são traduzidos para endereços físicos em processadores compatíveis com o IA32. Um valor de 2 bits pode representar os valores 0, 1, 2, 3. Um valor de 9 bits pode representar valores de 0 a 511; um valor de 12 bits, valores de 0 a 4.095. Logo, um valor de 12 bits pode selecionar qualquer byte dentro de uma página de memória de 4 KB. Um valor de 9 bits pode representar qualquer uma das 512 PDEs ou PTEs de um diretório de páginas ou de uma página da tabela de PTEs. Como mostra a Figura 16.4, a tradução de um ponteiro de endereço virtual para um endereço de byte na memória física envolve a divisão do ponteiro de 32 bits em quatro valores, a partir dos bits mais significativos:

- Dois bits são usados para indexar nas quatro PDEs do nível de topo da tabela de páginas. A PDE selecionada conterá o número de página física de cada uma das quatro páginas do diretório de páginas que mapeiam 1 GB do espaço de endereçamento.

- Nove bits são usados na seleção de outra PDE, desta vez a partir de um diretório de páginas do segundo nível. Essa PDE conterá os números de página física de até 512 páginas da tabela de PTEs.

- Nove bits são usados na seleção de uma das 512 PTEs a partir da página da tabela de PTEs selecionada. A PTE selecionada conterá o número de página física do byte que estamos acessando.

- Doze bits são usados como o deslocamento de byte na página. O endereço físico do byte que estamos acessando é construído acrescentando os 12 bits inferiores do endereço virtual ao fim do número de página física que encontramos na PTE selecionada.

O número de bits de um endereço físico pode ser diferente do número de bits de um endereço virtual. Na arquitetura IA32 original, a PTE e a PDE eram estruturas de 32 bits que só tinham espaço para 20 bits de número de página física e, portanto, o tamanho do endereço físico e o tamanho do endereço virtual eram iguais. Esses sistemas só podiam endereçar 4 GB de memória física. Posteriormente, o IA32 foi estendido para o tamanho maior do PTE de 64 bits usado atualmente e o hardware dava suporte a endereços físicos de 24 bits. Esses sistemas podiam suportar 64 GB e eram usados em servidores.

Figura 16.4 Tradução de endereço virtual para físico no IA32.

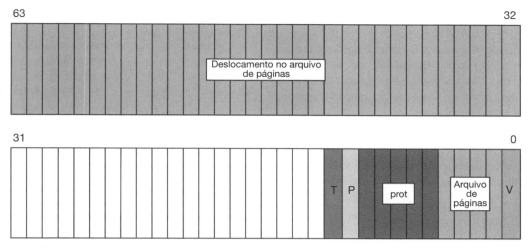

Figura 16.5 Entrada da tabela de páginas do arquivo de páginas. O bit válido é zero.

Atualmente, todos os servidores Windows baseiam-se tanto no AMD64 como no IA64 e suportam endereços físicos realmente muito grandes – mais do que podemos talvez usar. (É claro que houve uma época em que 4 GB pareciam satisfatoriamente grandes para a memória física.)

Para melhorar o desempenho, o gerenciador de VM mapeia as páginas do diretório de páginas e da tabela de PTEs para a mesma região contígua de endereços virtuais de todos os processos. Esse mapeamento automático permite que o gerenciador de VM use o mesmo ponteiro para acessar a PDE ou a PTE corrente, correspondente a um endereço virtual específico, independente do processo que está em execução. O mapeamento automático do IA32 usa uma região contígua de 8 MB do espaço de endereçamento virtual do kernel; o mapeamento automático do AMD64 ocupa 512 GB. Embora o mapeamento automático ocupe um espaço de endereçamento significativo, ele não requer quaisquer páginas de memória virtual adicionais. Ele também permite que as páginas da tabela de páginas sejam paginadas automaticamente para dentro e para fora da memória física.

Na criação de um mapeamento automático, uma das PDEs do diretório de páginas do nível de topo referencia a própria página do diretório de páginas, formando um "loop" nas traduções da tabela de páginas. As páginas virtuais são acessadas se o loop não ocorrer, as páginas da tabela de PTEs são acessadas se o loop ocorrer uma vez, as páginas do diretório de páginas do nível inferior são acessadas se o loop ocorrer duas vezes e assim por diante.

Os níveis adicionais de diretórios de páginas, usados para a memória virtual de 64 bits, são traduzidos da mesma forma, exceto pelo fato de o ponteiro de endereço virtual ser dividido em ainda mais valores. Para o AMD64, o Windows usa quatro níveis completos, cada um mapeando 512 páginas, ou 9+9+9+9+12 = 48 bits de endereço virtual.

Para evitar o overhead da tradução de cada endereço virtual por meio de buscas na PDE e na PTE, os processadores usam o hardware **buffer paralelo de tradução (TLB)** que contém um cache de memória associativa destinado ao mapeamento de páginas virtuais para PTEs. O TLB faz parte da **unidade de gerenciamento de memória (MMU)** de cada processador. A MMU só precisa "percorrer" a tabela de páginas na memória (navegar nas estruturas de dados da tabela de páginas) quando uma tradução requerida está faltando no TLB.

As PDEs e PTEs contêm mais do que apenas números de páginas físicas; elas também têm bits reservados para uso do sistema operacional e bits que controlam como o hardware usa a memória, como na decisão de se o armazenamento em cache de hardware deve ser usado para cada página. Além disso, as entradas especificam que tipos de acesso são permitidos para as modalidades tanto de usuário quanto de kernel.

Uma PDE também pode ser marcada para informar que ela pode funcionar como uma PTE. Em um IA32, os primeiros 11 bits do ponteiro de endereço virtual selecionam uma PDE nos dois primeiros níveis de tradução. Se a PDE selecionada está marcada para agir como uma PTE, os 21 bits restantes do ponteiro são usados como o deslocamento do byte. Isso resulta em um tamanho de 2 MB para a página. É fácil, para o sistema operacional, misturar e combinar tamanhos de página de 4 KB e 2 MB dentro da tabela de páginas e o desempenho de alguns programas pode melhorar significativamente, reduzindo a frequência com que a MMU precisa recarregar entradas no TLB, já que uma PDE mapeando 2 MB substitui 512 PTEs, cada uma mapeando 4 KB.

É difícil, no entanto, gerenciar a memória física de modo que páginas de 2 MB estejam disponíveis, quando necessário, já que elas podem ser continuamente divididas em páginas de 4 KB, causando fragmentação externa da memória. Além disso, as páginas grandes podem resultar em fragmentação interna muito significativa. Devido a esses problemas, apenas o próprio Windows, além de aplicações de servidor extensas, é que normalmente usam páginas grandes para melhorar o desempenho do TLB. Eles estão mais aptos a fazer isso porque o sistema operacional e as aplicações de servidor começam a ser executados quando o sistema é inicializado, antes de a memória se fragmentar.

O Windows gerencia a memória física associando cada página física a um entre seis estados: livre, zerado, modificado, disponível, inválido, em transição ou válido.

- Uma página *livre* é aquela que não tem conteúdo específico.
- Uma página *zerada* é uma página livre que foi zerada e está pronta para uso imediato para atender erros de preenchimento com zeros sob demanda.

- Uma página *modificada* foi gravada por um processo e deve ser enviada para o disco antes de ser alocada a outro processo.
- Uma página *disponível* é uma cópia de informações já armazenadas em disco. As páginas disponíveis podem ser páginas que não foram modificadas, páginas modificadas que já foram gravadas em disco ou páginas que foram buscadas antecipadamente porque devem ser usadas em breve.
- Uma página *inválida* não pode ser utilizada porque um erro de hardware foi detectado.
- Para concluir, uma página *em transição* está no percurso entre o disco e um quadro de página alocado na memória física.

Uma página válida faz parte do conjunto de trabalho de um ou mais processos e fica contida dentro das tabelas de páginas desses processos. Páginas em outros estados são mantidas em listas separadas de acordo com o tipo de estado. As listas são construídas vinculando as entradas correspondentes ao banco de dados de **números de quadros de página** (*PFN – page frame number*) que inclui uma entrada para cada página de memória física. As entradas de PFNs também incluem informações como contagens de referências, locks e informações NUMA. Observe que o banco de dados de PFNs representa páginas de memória física e as PTEs representam páginas de memória virtual.

Quando o bit válido de uma PTE é zero, o hardware ignora todos os outros bits e o gerenciador de VM pode defini-los para seu próprio uso. Páginas inválidas podem ter vários estados representados por bits na PTE. Páginas do arquivo de páginas que nunca foram transferidas para a memória são marcadas como de preenchimento com zeros sob demanda. Páginas mapeadas por meio de objetos seção codificam um ponteiro para o objeto seção apropriado. PTEs de páginas que foram gravadas no arquivo de páginas contêm informações suficientes para localizar a página em disco e assim por diante. A estrutura da PTE do arquivo de páginas é mostrada na Figura 16.5. Os bits T, P e V são todos iguais a zero para esse tipo de PTE. A PTE inclui 5 bits para proteção da página, 32 bits para o deslocamento no arquivo de páginas e 4 bits para a seleção do arquivo de paginação. Também há 20 bits reservados para contabilização adicional.

O Windows usa uma política de substituição do menos recentemente utilizado (LRU), por conjunto de trabalho, para tomar páginas de processos quando apropriado. Quando um processo é iniciado, ele recebe um tamanho de conjunto de trabalho default mínimo. O conjunto de trabalho de cada processo pode crescer até que o montante de memória física remanescente comece a decrescer, ponto em que o gerenciador de VM passa a rastrear a idade das páginas de cada conjunto de trabalho. Quando a memória disponível fica criticamente baixa, o gerenciador de VM reduz o conjunto de trabalho para remover páginas mais antigas.

A idade de uma página não depende de quanto tempo ela está na memória e, sim, de quando ela foi referenciada pela última vez. Isso é determinado por uma passagem periódica pelo conjunto de trabalho de cada processo e o incremento da idade de páginas que não foram marcadas na PTE como referenciadas desde a última passagem. Quando se torna necessário reduzir os conjuntos de trabalho, o gerenciador de VM usa heurísticas para decidir qual deve ser o nível de redução em cada processo e, então, remove primeiro as páginas mais antigas.

Um processo pode ter seu conjunto de trabalho reduzido, até mesmo quando há muita memória disponível, se receber um *limite fixo* de quanta memória física ele pode usar. No Windows 7, o gerenciador de VM também reduz processos que estão aumentando rapidamente, mesmo quando há muita memória; essa mudança na política melhora significativamente a capacidade de resposta do sistema para outros processos.

O Windows rastreia conjuntos de trabalho não apenas de processos em modalidade de usuário, mas também do processo do sistema, o que inclui todas as estruturas de dados e códigos pagináveis que são executados em modalidade de kernel. O Windows 7 criou conjuntos de trabalho adicionais para o processo do sistema e os associou a categorias específicas de memória do kernel; o cache de arquivos, o heap do kernel e o código do kernel agora têm seus próprios conjuntos de trabalho. Os conjuntos de trabalho distintos permitem que o gerenciador de VM use diferentes políticas para fazer a redução nas diferentes categorias de memória do kernel.

O gerenciador de VM não transfere para a memória apenas a página imediatamente requerida. Pesquisas mostram que a referência de memória feita por um thread tende a ter uma propriedade de **localidade**; quando uma página é usada, é provável que páginas adjacentes sejam referenciadas no futuro próximo. (Considere a iteração em um array ou a busca de instruções sequenciais que formam o código executável de um thread.) Devido à localidade, quando o gerenciador de VM transfere uma página para a memória, ele também transfere algumas páginas adjacentes. Essa pré-busca tende a reduzir a quantidade total de transferências de página e permite que leituras sejam agrupadas para melhorar o desempenho de I/O.

Além de gerenciar a memória consignada, o gerenciador de VM gerencia a memória reservada, ou espaço de endereçamento virtual, de cada processo. Cada processo tem uma árvore associada que descreve os intervalos de endereços virtuais em uso e quais são os usos. Isso permite que o gerenciador de VM transfira páginas da tabela de páginas quando necessário; se a PTE de um endereço de página a ser transferida não foi inicializada, o gerenciador de VM procura o endereço na árvore de **descritores de endereços virtuais** (*VADs – virtual address decriptors*) do processo e usa essa informação para preencher a PTE e recuperar a página. Em alguns casos, a própria página de uma tabela de PTEs pode não existir; essa página deve ser transparentemente alocada e inicializada pelo gerenciador de VM. Em outros casos, a página pode ser compartilhada como parte de um objeto seção e o VAD conterá um ponteiro para esse objeto seção. O objeto seção contém informações sobre como encontrar a página virtual compartilhada para que a PTE possa ser inicializada de modo a apontar diretamente para ela.

16.3.3.3 Gerenciador de Processos

O gerenciador de processos do Windows fornece serviços para criação, exclusão e uso de processos, threads e jobs. Ele não tem conhecimento dos relacionamentos pai-filho ou das hierarquias de processos; esses detalhamentos são deixados para o subsistema ambiental específico que possui o processo. O gerenciador de processos também não se envolve no scheduling de processos, a não ser no estabelecimento de prioridades e afinidades de processos e threads quando eles são criados. O scheduling de threads ocorre no despachante do kernel.

Cada processo contém um ou mais threads. Os próprios processos podem ser reunidos em unidades maiores chamadas **objetos job**; o uso de objetos job permite que sejam definidos limites ao uso da CPU, ao tamanho do conjunto de trabalho e às afinidades do processador que controlam vários processos ao mesmo tempo. Os objetos job são usados no gerenciamento de grandes máquinas de centros de dados.

Um exemplo de criação de processos no ambiente Win32 é descrito a seguir:

1. Uma aplicação Win32 chama `CreateProcess()`.
2. Uma mensagem é enviada ao subsistema Win32 para notificá-lo de que o processo está sendo criado.
3. Em seguida, `CreateProcess()`, no processo original, chama uma API no gerenciador de processos do executivo do NT para criar realmente o processo.
4. O gerenciador de processos chama o gerenciador de objetos para criar um objeto processo e retorna o manipulador do objeto para o Win32.
5. O Win32 chama o gerenciador de processos novamente para criar um thread para o processo e retorna manipuladores para o novo processo e o novo thread.

As APIs do Windows para manipulação de memória virtual e de threads e para duplicação de manipuladores usam um manipulador de processo e, portanto, os subsistemas podem operar em nome de um novo processo sem terem de executar diretamente no contexto do novo processo. Logo que um novo processo é criado, o thread inicial é gerado e uma chamada de procedimento assíncrona é liberada para o thread de modo a causar o início da execução no carregador de imagens em modalidade de usuário. O carregador está em ntdll.dll, uma biblioteca de vínculos automaticamente mapeada para cada processo recém-criado. O Windows também dá suporte ao estilo de criação de processos fork( ) do UNIX para suportar o subsistema ambiental POSIX. Embora o ambiente Win32 chame o gerenciador de processos diretamente a partir do processo cliente, o POSIX usa a natureza *cross-process* das APIs do Windows para criar o novo processo a partir do interior do processo do subsistema.

O gerenciador de processos baseia-se nas chamadas de procedimento assíncronas (APCs) implementadas pela camada do kernel. As APCs são usadas para iniciar a execução de threads, suspender e retomar threads, acessar registradores de threads, encerrar threads e processos e dar suporte a depuradores.

O suporte à depuração no gerenciador de processos inclui as APIs de suspensão e retomada de threads e de criação de threads que comecem em modalidade suspensa. Também há APIs do gerenciador de processos que examinam e configuram o contexto de registradores de um thread e acessam a memória virtual de outro processo. Os threads podem ser criados no processo corrente e também podem ser injetados em outro processo. O depurador faz uso da injeção de threads para executar código dentro de um processo que está sendo depurado.

Enquanto em execução no executivo, um thread pode ser anexado temporariamente a um processo diferente. A **anexação de threads** é usada pelos threads de trabalho do kernel que têm de ser executados no contexto do processo que originou uma solicitação de trabalho. Por exemplo, o gerenciador de VM pode usar a anexação de threads quando precisar de acesso ao conjunto de trabalho ou às tabelas de páginas de um processo, e o gerenciador de I/O pode usá-la na atualização da variável de status de um processo em operações de I/O assíncronas.

O gerenciador de processos também dá suporte à **personificação**. Cada thread tem um **token de segurança** associado. Quando o processo de login autentica um usuário, o token de segurança é anexado ao processo do usuário e herdado por seus processos filhos. O token contém a **identidade de segurança (SID)** do usuário, as SIDs dos grupos aos quais o usuário pertence, os privilégios que o usuário tem e o nível de integridade do processo. Por default, todos os threads de um processo compartilham um token comum que representa o usuário e a aplicação que iniciou o processo. No entanto, um thread em execução em um processo, com token de segurança pertencente a um usuário, pode definir um token específico de thread pertencente a outro usuário para personificar esse usuário.

O recurso de personificação é essencial ao modelo RPC cliente-servidor em que os serviços devem agir em nome de vários clientes com diferentes IDs de segurança. O direito de personificar um usuário é quase sempre liberado de um processo cliente para um processo servidor, como parte de uma conexão RPC. A personificação permite que o servidor acesse serviços do sistema como se fosse o cliente, para acessar ou criar objetos e arquivos em nome do cliente. O processo servidor deve ser confiável e cuidadosamente escrito para ter robustez contra ataques. Caso contrário, um cliente poderia assumir um processo servidor e, então, personificar qualquer usuário que fizesse uma solicitação cliente subsequente.

16.3.3.4 Recursos para Computação Cliente-Servidor

A implementação do Windows usa um modelo cliente-servidor integral. Os subsistemas ambientais são servidores que implementam personalidades específicas do sistema operacional. Muitos outros serviços, como autenticação de usuários, recursos de rede, spooling de impressoras, serviços da Web, sistemas de arquivos de rede e plug-and-play também são implementados com o uso desse modelo. Para reduzir o consumo de memória, vários serviços são, com frequência, reunidos em alguns processos executando o programa `svchost.exe`. Cada serviço é carregado como uma biblioteca de vínculo dinâmico (DLL), que implementa o serviço com base nos recursos do pool de threads de modalidade de usuário para compartilhar threads e esperar por mensagens (consulte a Seção 16.3.3.3).

O paradigma normal de implementação da computação cliente-servidor é o uso de RPCs para comunicar solicitações, com suporte ao ordenamento e desordenamento de parâmetros e resultados. A API Win32 suporta um protocolo RPC padrão, como descrito na Seção 16.6.2.7. O protocolo RPC emprega mecanismos de transporte múltiplos (por exemplo, pipes nomeados e TCP/IP) e pode ser usado para implementar RPCs entre sistemas. Quando uma RPC ocorre sempre entre um cliente e um servidor em sistema local, o recurso avançado de chamada de procedimento local (ALPC) pode ser usado como transporte. No nível mais baixo do sistema, para implementação dos sistemas ambientais e para serviços que tenham de estar disponíveis nos estágios iniciais de inicialização, a RPC não está disponível. Em vez disso, serviços nativos do Windows usam a ALPC diretamente.

A ALPC é um mecanismo de transmissão de mensagens. O processo servidor publica um objeto porta-de-conexão globalmente visível. Quando um cliente quer ser atendido por um subsistema ou serviço, ele abre um manipulador para o objeto porta-de-conexão do servidor e envia uma solicitação de conexão para a porta. O servidor cria um canal e retorna um manipulador para o cliente. O canal é composto por um par de portas de comunicação privadas: uma para mensagens do cliente dirigidas ao servidor e a outra para mensagens do servidor dirigidas ao cliente. Os canais de comunicação dão suporte a um mecanismo de retorno de chamada e, portanto, o cliente e o servidor podem aceitar solicitações quando, normalmente, estariam esperando uma resposta.

Quando um canal ALPC é criado, uma entre três técnicas de transmissão de mensagens é selecionada.

1. A primeira técnica é adequada mensagens pequenas a médias (até 63 KB). A fila de mensagens da porta é usada como memória intermediária e as mensagens são copiadas de um processo para o outro.

2. A segunda técnica é para mensagens maiores. Um objeto seção de memória compartilhada é criado para o canal. As mensagens enviadas através da fila de mensagens da porta contêm um ponteiro e informações de tamanho referentes ao objeto seção, o que evita a necessidade de copiar mensagens grandes. O emissor insere dados na seção compartilhada e o receptor os visualiza diretamente.

3. A terceira técnica usa APIs que leem e gravam diretamente no espaço de endereçamento de um processo. A ALPC fornece funções e sincronização para que um servidor possa acessar os dados em um cliente. Normalmente, essa técnica é usada pela RPC para obtenção de um desempenho melhor em cenários específicos.

O gerenciador de janelas do Win32 usa seu próprio tipo de transmissão de mensagens, que é independente dos recursos de ALPC do executivo. Quando um cliente solicita uma conexão que use a transmissão de mensagens do gerenciador de janelas, o servidor configura três objetos: (1) um thread servidor dedicado para manipular solicitações, (2) um objeto seção compartilhado de 64 KB e (3) um objeto par-de-eventos. Um *objeto par-de-eventos* é um objeto de sincronização usado pelo subsistema Win32 para fornecer notificação quando o thread cliente tiver copiado uma mensagem para o servidor Win32, ou vice-versa. O objeto seção é usado para passar as mensagens e o objeto par-de-eventos fornece a sincronização.

A transmissão de mensagens do gerenciador de janelas apresenta diversas vantagens:

- O objeto seção elimina a cópia de mensagens, já que representa uma região de memória compartilhada.
- O objeto par-de-eventos elimina o overhead do uso do objeto porta para passar mensagens contendo ponteiros e tamanhos.
- O thread servidor dedicado elimina o overhead da determinação de qual thread cliente está chamando o servidor, porque há um thread servidor por thread cliente.
- O kernel dá preferência no scheduling a esses threads servidores dedicados para melhorar o desempenho.

16.3.3.5 Gerenciador de I/O

O *gerenciador de I/O* é responsável pelo gerenciamento de sistemas de arquivos, drivers de dispositivos e drivers de rede. Ele rastreia os drivers de dispositivos, drivers de filtro e sistemas de arquivos que estão carregados e também gerencia buffers para solicitações de I/O. Ele funciona com o gerenciador de VM para fornecer I/O de arquivo mapeado para a memória e controla o gerenciador de caches do Windows que manipula o armazenamento em cache para todo o sistema de I/O. O gerenciador de I/O é basicamente assíncrono e fornece I/O síncrono ao esperar explicitamente que uma operação de I/O seja concluída. O gerenciador de I/O fornece vários modelos de término de I/O assíncrono, incluindo configuração de eventos, atualização de uma variável de status no processo chamador, liberação de APCs para threads iniciantes e uso de portas de conclusão de I/O, os quais permitem que um único thread processe términos de I/O de muitos outros threads.

Os drivers de dispositivos são organizados em uma lista para cada dispositivo (denominada pilha de drivers ou pilha de I/O). Um driver é representado no sistema como um **objeto driver**. Como um único driver pode operar sobre vários dispositivos, os drivers são representados na pilha de I/O por um **objeto dispositivo** que contém um link para o objeto driver. O gerenciador de I/O converte as solicitações que recebe para uma forma padrão denominada **pacote de solicitação de I/O** (**IRP – I/O request packet**). Em seguida, ele encaminha o IRP ao primeiro driver da pilha de I/O alvo para processamento. Após um driver processar o IRP, ele chama o gerenciador de I/O para encaminhar o IRP ao próximo driver da pilha ou, se todo o processamento tiver terminado, para concluir a operação representada pelo IRP.

A solicitação de I/O pode ser concluída em um contexto diferente daquele em que foi feita. Por exemplo, se um driver está executando sua parte de uma operação de I/O e é forçado a bloquear por um grande período de tempo, ele pode enfileirar o IRP para que um thread de trabalho continue o processamento no contexto do sistema. No thread original, o driver retorna um status indicando que a solicitação de I/O está pendente para que o thread possa continuar a ser executado em paralelo com a operação de I/O. Um IRP também pode ser

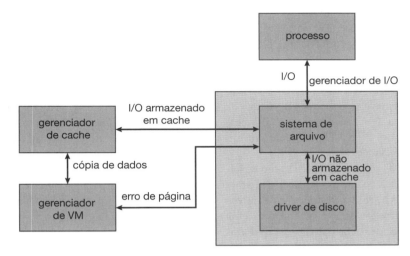

Figura 16.6 I/O de arquivo.

processado em rotinas de serviço de interrupção e concluído em um contexto de processo arbitrário. Como algum processamento final pode ser necessário no contexto que iniciou o I/O, o gerenciador de I/O usa uma APC para executar o processamento final de término de I/O no contexto de processo do thread original.

O modelo da pilha de I/O é muito flexível. À medida que uma pilha de drivers é construída, vários drivers têm a chance de se inserir na pilha como *drivers de filtro*. Os drivers de filtro podem examinar e potencialmente modificar cada operação de I/O. O gerenciamento de montagens, o gerenciamento de partições, o striping[2] de discos e o espelhamento de discos são todos exemplos de funcionalidades implementadas com o uso de drivers de filtro que executam abaixo do sistema de arquivos na pilha. Os drivers de filtro do sistema de arquivos são executados acima do sistema de arquivos e têm sido usados para implementar funcionalidades, como gerenciamento de armazenamento hierárquico, instanciação única de arquivos para inicialização remota e conversão dinâmica de formatos. Terceiros também usam drivers de filtro do sistema de arquivos para implementar a detecção de vírus.

Os drivers de dispositivos do Windows são escritos conforme a especificação Windows Driver Model (WDM). Esse modelo representa todos os requisitos dos drivers de dispositivos, incluindo o requisito de como dispor os drivers de filtro em camadas, como compartilhar código comum para manipulação de energia e de solicitações plug-and-play, como construir uma lógica de cancelamento correta e assim por diante.

Devido à riqueza do WDM, a criação de um driver de dispositivo WDM completo para cada novo dispositivo de hardware pode envolver muito trabalho. Felizmente, o modelo de porta/miniporta torna desnecessário fazer isso. Dentro de uma classe de dispositivos similares, como drivers de áudio, dispositivos SATA ou controladores de Ethernet, cada instância de um dispositivo compartilha um driver comum dessa classe, chamado **driver de porta**. O driver de porta implementa as operações padrão da classe e, então, chama rotinas específicas do **driver de miniporta** do dispositivo para implementar funcionalidades específicas do dispositivo. A pilha de rede TCP/IP é implementada dessa forma, com o driver da classe ndis.sys implementando grande parte da funcionalidade do driver de rede e chamando os drivers de miniporta de rede referentes ao hardware específico.

Versões recentes do Windows, inclusive o Windows 7, fornecem simplificações adicionais para a criação de drivers de dispositivos de hardware. Drivers de modalidade de kernel podem, agora, ser escritos com o uso da *Estrutura de Drivers de Modalidade de Kernel* (**KMDF** – *Kernel-Mode Driver Framework*) que fornece um modelo simplificado de programação para drivers baseado no WDM. Outra opção é a *Estrutura de Drivers de Modalidade de Usuário* (**UMDF** – *User-Mode Driver Framework*); muitos drivers não precisam operar em modalidade de kernel e é mais fácil desenvolver e implantar drivers de modalidade de usuário. Isso também torna o sistema mais confiável, já que uma falha em um driver de modalidade de usuário não causa paralisação de modalidade de kernel.

16.3.3.6 Gerenciador de Cache

Em muitos sistemas operacionais, o armazenamento em cache é feito pelo sistema de arquivos. Já o Windows fornece um recurso de armazenamento em cache centralizado. O *gerenciador de cache* funciona em conjunto com o gerenciador de VM para fornecer serviços de cache a todos os componentes sob controle do gerenciador de I/O. O armazenamento em cache no Windows é fundamentado em arquivos em vez de em blocos brutos. O tamanho do cache muda dinamicamente de acordo com o montante de memória livre disponível no sistema. O gerenciador de cache mantém um conjunto de trabalho privado em vez de compartilhar o conjunto de trabalho do processo do sistema. O gerenciador de cache mapeia arquivos para a memória do kernel e, então, usa interfaces especiais com

---

[2]*Disk stripping* é o processo de dividir um corpo de dados em blocos e espalhar esses blocos de dados por diversas partições em diversos discos. Cada stripe tem o tamanho da menor partição. [N.R.T.]

o gerenciador de VM para transferir páginas para esse conjunto de trabalho privado ou removê-las dele.

O cache é dividido em blocos de 256 KB. Cada bloco do cache pode conter uma visão (isto é, uma região mapeada para a memória) de um arquivo. Cada bloco do cache é descrito por um **bloco de controle de endereços virtuais** (*VACB – virtual address control block*) que armazena o endereço virtual da visão e seu deslocamento no arquivo, assim como a quantidade de processos que a estão usando. Os VACBs residem em um único array mantido pelo gerenciador de cache.

Quando o gerenciador de I/O recebe uma solicitação de leitura de arquivo em nível de usuário, ele envia um IRP para a pilha de I/O do volume em que o arquivo reside. Para arquivos que estejam marcados como armazenáveis em cache, o sistema de arquivos chama o gerenciador de cache para buscar os dados solicitados em suas visões de arquivo armazenadas em cache. O gerenciador de cache calcula qual entrada do array de índices de VACBs desse arquivo corresponde ao deslocamento em bytes da solicitação. A entrada aponta para a visão no cache ou é inválida. Se a entrada é inválida, o gerenciador de cache aloca um bloco do cache (e a entrada correspondente no array de VACBs) e mapeia a visão para esse bloco do cache. Em seguida, tenta copiar dados do arquivo mapeado para o buffer do chamador. Se a cópia for bem-sucedida, a operação é concluída.

Se a cópia falhar, é devido a um erro de página, o que faz com que o gerenciador de VM envie uma solicitação de leitura fora do cache para o gerenciador de I/O. O gerenciador de I/O envia outra solicitação para baixo na pilha de drivers, requisitando, dessa vez, uma operação de *paginação* que ignora o gerenciador de cache e lê os dados do arquivo diretamente na página alocada para o gerenciador de cache. Após a conclusão, o VACB é posicionado para apontar para a página. Os dados, agora no cache, são copiados no buffer do chamador e a solicitação de I/O original é concluída. A Figura 16.6 mostra uma visão geral dessas operações.

Uma operação de leitura no nível do kernel é semelhante, exceto pelos dados serem acessados diretamente no cache em vez de copiados em um buffer no espaço do usuário. Para usar metadados do sistema de arquivos (estruturas de dados que descrevem o sistema de arquivos), o kernel usa a interface de mapeamento do gerenciador de cache para ler os metadados. Para modificar os metadados, o sistema de arquivos usa a interface de fixação do gerenciador de cache. A *fixação* de uma página a tranca em um quadro de página da memória física para que o gerenciador de VM não possa movimentá-la ou removê-la da memória. Após atualizar os metadados, o sistema de arquivos solicita ao gerenciador de cache que libere a página. Uma página modificada é marcada como manchada e, portanto, o gerenciador de VM a descarrega em disco.

Para melhorar o desempenho, o gerenciador de cache mantém um pequeno histórico de solicitações de leitura e, a partir desse histórico, tenta prever solicitações futuras. Se o gerenciador de cache encontra um padrão nas três solicitações anteriores, como um acesso sequencial para diante ou para trás, ele faz uma busca prévia de dados no cache antes que a próxima solicitação seja submetida pela aplicação. Dessa forma, a aplicação pode encontrar seus dados já armazenados em cache e não tem de esperar por I/O de disco.

O gerenciador de cache também é responsável por solicitar ao gerenciador de VM que descarregue o conteúdo do cache. O comportamento default do gerenciador de cache é a gravação retardada (write-back) do cache: ele acumula gravações por 4 a 5 segundos e, então, ativa o thread gravador do cache. Quando a gravação instantânea (write-through) do cache é necessária, um processo pode ativar um flag ao abrir o arquivo ou pode chamar uma função explícita de descarga do cache.

Um processo de gravação rápida poderia preencher potencialmente todas as páginas livres do cache antes que o thread gravador tivesse uma chance de despertar e descarregar as páginas em disco. O gravador do cache impede que um processo inunde o sistema da forma descrita a seguir. Quando o montante de memória livre do cache torna-se baixo, o gerenciador de cache bloqueia temporariamente os processos que tentam gravar dados e, então, desperta o thread gravador do cache para descarregar páginas em disco. Se o processo de gravação rápida for, na verdade, um redirecionador de rede de um sistema de arquivos de rede, o seu bloqueio por muito tempo pode fazer com que transferências da rede expirem e sejam retransmitidas. Essa retransmissão desperdiçaria largura de banda da rede. Para evitar esse desperdício, os redirecionadores de rede podem instruir o gerenciador de cache a limitar as gravações retardadas do cache.

Um sistema de arquivos de rede tem de movimentar dados entre um disco e a interface de rede, por isso, o gerenciador de cache também fornece uma interface DMA para transferir os dados diretamente. A movimentação direta de dados evita a necessidade da cópia de dados por meio de um buffer intermediário.

16.3.3.7 Monitor de Referência de Segurança

A centralização do gerenciamento de entidades do sistema no gerenciador de objetos habilita o Windows a usar um mecanismo uniforme para executar validação de acesso em tempo de execução e verificações de auditoria para cada entidade acessível pelo usuário no sistema. Sempre que um processo abre um manipulador para um objeto, o **monitor de referência de segurança** (*SEM – security reference monitor*) verifica o token de segurança do processo e a lista de controle de acesso do objeto para ver se o processo tem os direitos de acesso requeridos.

O SRM também é responsável por manipular os privilégios dos tokens de segurança. Privilégios especiais são necessários para que os usuários executem operações de backup ou restauração em sistemas de arquivos, depurem processos e assim por diante. Os tokens também podem ser marcados como tendo privilégios restritos para que não possam acessar objetos disponíveis para a maioria dos usuários. Tokens restritos são usados principalmente para limitar o dano que pode ser causado pela execução de códigos não confiáveis.

O nível de integridade do código que está sendo executado em um processo também é representado por um token. Os níveis de integridade são um tipo de mecanismo de competências; um processo não pode modificar um objeto com nível de integridade maior do que o do código em execução no processo, independente de outras permissões que tenham sido concedidas. Os níveis de integridade foram introduzidos para dificultar o controle do sistema por parte de códigos que ataquem com sucesso softwares que interagem com o ambiente externo, como o Internet Explorer.

Outra responsabilidade do SRM é o registro em log de eventos de auditoria de segurança. Os **Critérios Comuns** do Departamento de Defesa (os sucessores do Livro Laranja, surgidos em 2005) requerem que um sistema seguro seja capaz de detectar e registrar todas as tentativas de acesso aos seus recursos para poder rastrear mais facilmente tentativas de acesso não autorizado. Como o SRM é responsável por fazer verificações de acesso, ele gera a maioria dos registros de auditoria do log de eventos de segurança.

16.3.3.8 Gerenciador de Plug-and-play

O sistema operacional usa o **gerenciador de plug-and-play** (**PnP**) para reconhecer e se adaptar a mudanças na configuração de hardware. Os dispositivos PnP usam protocolos padrão para se identificarem para o sistema. O gerenciador de PnP reconhece automaticamente os dispositivos instalados e detecta alterações nesses dispositivos durante a operação do sistema. O gerenciador também controla os recursos de hardware usados por um dispositivo, assim como os recursos potenciais que poderiam ser usados, e é responsável por carregar os drivers apropriados. Esse gerenciamento de recursos de hardware – principalmente interrupções e intervalos de memória de I/O – tem o objetivo de determinar uma configuração de hardware em que todos os dispositivos possam operar com sucesso.

O gerenciador de PnP manipula a reconfiguração dinâmica da forma descrita a seguir. Primeiro, ele obtém uma lista de dispositivos a partir de cada driver de bus (por exemplo, PCI ou USB). Ele carrega o driver instalado (após encontrar um, se necessário) e envia uma solicitação `add-device` ao driver apropriado de cada dispositivo. O gerenciador de PnP descobre a atribuição ótima de recursos e envia uma solicitação `start-device` a cada driver, especificando a atribuição de recursos ao dispositivo. Se um dispositivo precisa ser reconfigurado, o gerenciador de PnP envia uma solicitação `query-stop` que pergunta ao driver se o dispositivo pode ser temporariamente desabilitado. Se o driver puder desabilitar o dispositivo, todas as operações pendentes serão concluídas e novas operações serão impedidas de começar. Por fim, o gerenciador de PnP envia uma solicitação `stop` e pode, então, reconfigurar o dispositivo com uma nova solicitação `start-device`.

O gerenciador de PnP também dá suporte a outras solicitações. Por exemplo, `query-remove`, que opera de modo semelhante a `query-stop`, é empregada quando um usuário está se preparando para ejetar um dispositivo removível, como um dispositivo de armazenamento USB. A solicitação `surprise-remove` é usada quando um dispositivo falha ou, o que é mais provável, quando um usuário remove um dispositivo sem primeiro solicitar ao sistema que o interrompa. Para concluir, a solicitação `remove` solicita ao driver que pare de usar um dispositivo permanentemente.

Muitos programas no sistema estão interessados na adição ou remoção de dispositivos e, portanto, o gerenciador de PnP dá suporte a notificações. Essas notificações, por exemplo, fornecem aos menus de arquivo da GUI as informações de que eles precisam para atualizar sua lista de volumes de disco quando um novo dispositivo de armazenamento é conectado ou removido. A instalação de dispositivos costuma resultar na adição de novos serviços aos processos `svchost.exe` do sistema. Geralmente, esses serviços colocam-se prontos para execução sempre que o sistema é inicializado e continuam em execução mesmo se o dispositivo original nunca for conectado ao sistema. O Windows 7 introduziu um mecanismo **disparador de serviços** no **Gerenciador de Controle de Serviços** (**SCM – Service Control Manager**) que gerencia os serviços do sistema. Com esse mecanismo, os serviços podem se registrar para serem iniciados somente quando o SCM receber uma notificação do gerenciador de PnP informando que o dispositivo de interesse foi adicionado ao sistema.

16.3.3.9 Gerenciador de Energia

O Windows trabalha com o hardware para implementar estratégias sofisticadas de eficiência no uso de energia, como descrito na Seção 16.2.8. As políticas que dirigem essas estratégias são implementadas pelo **gerenciador de energia**. O gerenciador de energia detecta as condições correntes do sistema, como a carga sobre as CPUs ou dispositivos de I/O, e melhora a eficiência do uso de energia reduzindo o desempenho e a capacidade de resposta quando a necessidade é baixa. Ele também pode colocar o sistema inteiro em modalidade muito eficiente de *adormecimento* e até mesmo gravar todo o conteúdo da memória em disco e desligar a energia para permitir que o sistema entre em *hibernação*.

A principal vantagem do adormecimento é que o sistema pode entrar nesse estado rapidamente, talvez apenas alguns segundos após a tampa fechar sobre o laptop. O retorno do adormecimento também é rápido. A energia é reduzida nas CPUs e dispositivos de I/O, mas a memória continua com energia suficiente para que seu conteúdo não seja perdido.

A hibernação demora consideravelmente mais porque todo o conteúdo da memória deve ser transferido para o disco antes de o sistema ser desligado. No entanto, o fato de o sistema estar realmente desligado é uma vantagem significativa. Se o sistema ficar sem energia, como quando a bateria é trocada em um laptop ou um sistema desktop é desligado da tomada, os dados salvos não serão perdidos. Diferente do encerramento, a hibernação salva o sistema em execução corrente de modo que um usuário possa continuar de onde parou e, já que ela não requer energia, um sistema pode permanecer hibernando indefinidamente.

Como o gerenciador de PnP, o gerenciador de energia fornece notificações ao resto do sistema sobre alterações no estado da energia. Algumas aplicações precisam saber quando o sistema está para ser desligado, de modo a poderem começar a salvar seus estados em disco.

16.3.3.10 Registro do Sistema

O Windows mantém grande parte de suas informações de configuração em bancos de dados internos, chamados **hives**, conhecidos usualmente como **Windows Registry**, gerenciado pelo gerenciador de configurações. Há hives separados para informações do sistema, preferências default de usuários, instalação de software, segurança e opções de inicialização. As informações do **hive do sistema** são necessárias para que ele seja inicializado, por isso, o gerenciador do Windows Registry é implementado como um componente do executivo.

O registro do sistema representa o estado da configuração de cada hive como um espaço hierárquico de nomes de chaves (diretórios), cada um podendo conter um conjunto de valores tipificados, como strings UNICODE, strings ANSI, inteiros ou dados binários não tipificados. Teoricamente, novas chaves e valores são criados e inicializados à medida que um novo software é instalado, sendo então modificados para refletir alterações na configuração desse software. Na prática, normalmente o registro do sistema é usado como um banco de dados de uso geral, como um mecanismo de comunicação entre processos e para muitos outros fins igualmente engenhosos.

Seria um incômodo reiniciar aplicações, ou até mesmo o sistema, sempre que uma alteração de configuração fosse feita. Em vez disso, os programas têm o auxílio de vários tipos de notificações, como as fornecidas pelos gerenciadores de PnP e de energia, para tomarem conhecimento de alterações na configuração do sistema. O registro do sistema também fornece notificações; ele permite que os threads se inscrevam para serem notificados quando alguma de suas partes é alterada. Assim, os threads podem detectar alterações de configuração gravadas no próprio registro do sistema e se adaptar a elas.

Sempre que alterações significativas são feitas no sistema, como atualizações instaladas no sistema operacional ou nos drivers, há o perigo de que os dados de configuração possam ser corrompidos (por exemplo, se um driver funcional é substituído por um não funcional ou uma aplicação não pode ser instalada corretamente e deixa informações parciais no registro do sistema). O Windows cria um **ponto de restauração do sistema** antes de fazer essas alterações. O ponto de restauração contém uma cópia dos hives antes da alteração e pode ser usado para trazer de volta essa versão dos hives fazendo um sistema corrompido funcionar novamente.

Para melhorar a estabilidade da configuração do registro do sistema, o Windows adicionou um mecanismo de transações, a partir do Windows Vista, que pode ser usado para impedir que aquele registro seja parcialmente atualizado com um conjunto de alterações de configuração relacionadas. As transações do registro do sistema podem fazer parte de transações mais gerais administradas pelo **gerenciador de transações do kernel (KTM – kernel transaction manager)** que também pode incluir transações do sistema de arquivos. As transações do KTM não têm a semântica completa encontrada nas transações normais dos bancos de dados e não substituíram o recurso de restauração do sistema para a recuperação de danos causados à configuração do registro do sistema pela instalação de softwares.

16.3.3.11 Inicialização

A inicialização de um PC Windows começa quando o hardware é ligado e o firmware inicia a execução a partir da ROM. Em máquinas mais antigas, esse firmware era conhecido como BIOS, mas sistemas mais modernos usam a UEFI (*Unified Extensible Firmware Interface*), que é mais rápida, mais geral e faz melhor uso dos recursos dos processadores contemporâneos. O firmware executa diagnósticos de **autoteste de ativação (POST – power-on self-test)**; identifica muitos dos dispositivos conectados ao sistema e os inicializa em estado de ativação introdutório; em seguida, constrói a descrição usada pela **Interface de Energia e Configuração Avançada (ACPI – advanced configuration and power interface)**. Em seguida, o firmware encontra o disco do sistema, carrega o programa `bootmgr` do Windows e começa a executá-lo.

Em uma máquina que estava hibernando, o programa `winresume` é carregado a seguir; ele restaura, a partir de disco, o sistema que estava em execução e este continua a execução no ponto a que tinha chegado imediatamente antes da hibernação. Em uma máquina que foi desligada, `bootmgr` executa uma nova inicialização do sistema e, então, carrega `winload`. Esse programa carrega `hal.dll`, o kernel (`ntoskrnl.exe`), qualquer driver necessário para a inicialização e o hive do sistema. Em seguida, `winload` transfere a execução para o kernel.

O kernel inicializa a si próprio e cria dois processos. O **processo do sistema** contém todos os threads de trabalho internos do kernel e nunca é executado em modalidade de usuário. O primeiro processo de modalidade de usuário criado é o SMSS, de *session manager subsystem*, que é semelhante ao processo INIT (de inicialização) do UNIX. O SMSS executa uma inicialização adicional do sistema que inclui o estabelecimento dos arquivos de paginação, a carga de mais drivers de dispositivos e o gerenciamento das sessões do Windows. Cada sessão é usada para representar um usuário conectado, exceto no caso da *sessão 0*, que é usada para executar serviços de background em todo o sistema, como os serviços LSASS e SERVICES. Uma sessão é ancorada por uma instância do processo CSRSS. Cada sessão, a não ser a 0, executa inicialmente o processo WINLOGON. Esse processo conecta um usuário e, então, inicia o processo EXPLORER, que implementa a experiência de GUI do Windows. A lista a seguir descreve alguns desses aspectos da inicialização:

- O SMSS conclui a inicialização do sistema e, então, inicia a sessão 0 e a primeira sessão de login.

- WININIT é executado na sessão 0 para inicializar a modalidade de usuário e iniciar LSASS, SERVICES e o gerenciador de sessão local, LSM.

- LSASS, o subsistema de segurança, implementa recursos como a autenticação de usuários.

- SERVICES contém o gerenciador de controle de serviços, ou SCM (*service control manager*), que supervisiona todas as atividades de background do sistema, inclusive os serviços de modalidade de usuário. Vários serviços são registrados para serem iniciados quando o sistema é inicializado; outros só são iniciados sob demanda ou quando são disparados por um evento, como a chegada de um dispositivo.

- CSRSS é o processo do subsistema ambiental Win32. Ele é iniciado a cada sessão – diferente do subsistema POSIX, que só é iniciado sob demanda quando um processo POSIX é criado.
- WINLOGON é executado em cada sessão do Windows, menos na sessão 0, para conectar um usuário.

O sistema otimiza o processo de inicialização fazendo a pré-paginação, a partir de arquivos em disco, com base em inicializações anteriores. Padrões de acesso a disco também são usados durante a inicialização para organizar em disco os arquivos do sistema, reduzindo a quantidade de operações de I/O requeridas. Os processos necessários para dar início ao sistema são reduzidos pelo agrupamento de serviços em menos processos. Todas essas abordagens contribuem para uma redução dramática do tempo de inicialização do sistema. É claro que o tempo de inicialização do sistema agora é menos importante do que já foi por causa dos recursos de "adormecimento" e hibernação do Windows.

16.4 Serviços de Terminal e Troca Rápida de Usuário

O Windows dá suporte a um console baseado em GUI que interage com o usuário através do teclado, do mouse e da tela. A maioria dos sistemas também dá suporte a áudio e vídeo. A entrada de áudio é usada pelo software de reconhecimento de voz do Windows; o reconhecimento de voz torna o sistema mais conveniente e aumenta sua acessibilidade para usuários com deficiências. O Windows 7 adicionou suporte ao **hardware multitoque**, permitindo que os usuários insiram dados tocando na tela e fazendo gestos com um ou mais dedos. O recurso de entrada de vídeo que atualmente é usado para aplicações de comunicação vai acabar sendo usado na interpretação visual de gestos, como a Microsoft demonstrou para seu produto Xbox 360 Kinect. Outras experiências de entrada futuras podem envolver o **Computador de Superfície** da Microsoft. Quase sempre instalado em locais públicos, como hotéis e centros de conferências, o Computador de Superfície é uma superfície de mesa com câmeras especiais por baixo. Ele pode rastrear as ações de vários usuários ao mesmo tempo e reconhecer objetos colocados sobre ele.

É claro que o PC foi idealizado como um *computador pessoal* – uma máquina inerentemente monousuária. Os sistemas Windows modernos, no entanto, dão suporte ao compartilhamento de um PC entre vários usuários. Cada usuário que faz login usando a GUI tem uma **sessão** criada para representar o ambiente de GUI que ele usará e para conter todos os processos criados para a execução de suas aplicações. O Windows permite que existam várias sessões ao mesmo tempo em uma única máquina. Porém, ele só dá suporte a um console, composto por todos os monitores, teclados e mouses conectados ao PC. Apenas uma sessão pode ser conectada ao console de cada vez. Na tela de login exibida no console, os usuários podem criar novas sessões ou se conectar a uma sessão existente criada anteriormente. Isso permite que o mesmo PC seja compartilhado entre vários usuários sem ser preciso haver logoff e login entre eles. A Microsoft chama esse uso de sessões de *Troca Rápida de Usuário*. Os usuários também podem criar novas sessões ou se conectarem a sessões existentes em um PC, a partir de uma sessão em execução em outro PC Windows. O TS conecta uma das janelas GUI da sessão local de um usuário à nova sessão ou à sessão existente, chamada **Área de Trabalho Remota** no computador remoto. O uso mais comum das áreas de trabalho remotas é a conexão dos usuários com a sessão do PC de trabalho a partir do PC doméstico. Muitas empresas usam sistemas *servidores de terminais* corporativos, mantidos em centros de dados, para executar todas as sessões de usuário que acessam recursos da empresa, em vez de permitir que os acessem a partir dos PCs de suas salas. Cada computador servidor pode manipular várias sessões de área de trabalho remota. Esse é um tipo de computação de *cliente magro*. O uso de servidores de terminais em centros de dados melhora a confiabilidade, o gerenciamento e a segurança dos recursos de computação corporativos. O TS também é usado pelo Windows para implementar **Assistência Remota**. Um usuário remoto pode ser convidado a *compartilhar* uma sessão com outro usuário conectado com a sessão anexada ao console. O usuário remoto pode observar as ações do outro usuário e, até mesmo, assumir o controle da área de trabalho para ajudar a resolver problemas de computação.

16.5 Sistema de Arquivos

O sistema de arquivos nativo do Windows é o NTFS. Ele é usado para todos os volumes locais, embora pequenos drives USB, memória flash de câmeras e discos externos associados possam ser formatados com o sistema de arquivos FAT de 32 bits por questões de portabilidade. O FAT é um formato de sistema de arquivos muito mais antigo que é entendido por muitos sistemas além do Windows, como o software executado em câmeras. Uma desvantagem é que o sistema de arquivos FAT não restringe o acesso a arquivos aos usuários autorizados. A única solução para proteger dados com o FAT é executar uma aplicação que os criptografe antes de serem armazenados no sistema de arquivos.

Por outro lado, o NTFS usa ACLs para controlar o acesso a arquivos individuais e dá suporte à criptografia implícita de arquivos individuais ou de volumes inteiros (usando o recurso Windows BitLocker). O NTFS também implementa muitos outros recursos, inclusive recuperação de dados, tolerância a falhas, arquivos e sistemas de arquivos muito grandes, múltiplos fluxos de dados, nomes UNICODE, arquivos dispersos, journaling, cópias de sombra de volume e compressão de arquivos.

16.5.1 Formato Interno do NTFS

A entidade básica do NTFS é o volume. Um volume é criado pelo utilitário de gerenciamento de discos lógicos do Windows e baseia-se em uma partição de disco lógica. Um volume pode ocupar uma parte de um disco, um disco inteiro ou se estender por vários discos.

O NTFS não lida com setores individuais de um disco, em vez disso, usa clusters como unidades de alocação de disco. Um *cluster* é um grupo de setores de disco que compõe uma potência de 2. O tamanho do cluster é configurado quando um sistema de arquivos NTFS é formatado. O tamanho de cluster default tem como base o tamanho do volume – 4 KB para volumes maiores do que 2 GB. Dado o tamanho dos discos atuais, pode fazer sentido usar tamanhos de cluster maiores do que os defaults do Windows para a obtenção de melhor desempenho, embora esses ganhos de desempenho sejam obtidos à custa de mais fragmentação interna.

O NTFS usa **números de cluster lógicos** (*LCNs – logical cluster numbers*) como endereços de disco. Ele os atribui numerando clusters do início ao fim do disco. Usando esse esquema, o sistema pode calcular um deslocamento no disco físico (em bytes) multiplicando o LCN pelo tamanho do cluster.

Um arquivo do NTFS não é um simples fluxo de bytes como é no UNIX; em vez disso, ele é um objeto estruturado composto por **atributos** tipificados. Cada atributo de um arquivo é um fluxo de bytes independente que pode ser criado, excluído, lido e gravado. Alguns tipos de atributos são padrão para todos os arquivos, incluindo o nome do arquivo (ou nomes, se o arquivo tem aliases, como uma abreviação do MS-DOS), a hora da criação e o descritor de segurança que especifica a lista de controle de acesso. Dados de usuário são armazenados em *atributos de dados*.

A maioria dos arquivos de dados tradicionais tem um atributo de dados *não nomeado* que contém todos os dados do arquivo. No entanto, fluxos de dados adicionais podem ser criados com nomes explícitos. Por exemplo, em arquivos do Macinstosh armazenados em um servidor Windows, a ramificação de um recurso é um fluxo de dados nomeado. As interfaces IProp do Component Object Model (COM) usam um fluxo de dados nomeado para armazenar propriedades em arquivos comuns, incluindo miniaturas de imagens. Em geral, atributos podem ser adicionados conforme necessário e são acessados com o uso de uma sintaxe *nome do arquivo:atributo*. O NTFS retorna apenas o tamanho do atributo não nomeado em resposta a operações de consulta de arquivo, como na execução do comando `dir`.

Cada arquivo do NTFS é descrito por um ou mais registros de um array armazenado em um arquivo especial chamado tabela de arquivos mestre (MFT – *master file table*). O tamanho de um registro é determinado quando o sistema de arquivos é criado e varia de 1 a 4 KB. Atributos pequenos são armazenados no próprio registro da MTF e são chamados *atributos residentes*. Atributos grandes, como os dados em porções não nomeadas, são chamados *atributos não residentes* e são armazenados em uma ou mais **extensões** contíguas do disco; um ponteiro para cada extensão é armazenado no registro da MFT. Para um arquivo pequeno, até mesmo o atributo de dados pode caber dentro do registro da MFT. Se um arquivo tiver muitos atributos – ou se for altamente fragmentado, de modo que muitos ponteiros sejam necessários para apontar para todos os fragmentos – um registro da MFT pode não ser suficientemente grande. Nesse caso, o arquivo é descrito por um registro chamado **registro de arquivo base,** que contém ponteiros para registros de estouro que armazenam os ponteiros e atributos adicionais.

Cada arquivo de um volume NTFS tem um ID exclusivo chamado **referência de arquivo**. A referência de arquivo é um bloco de 64 bits composto por um número de arquivo de 48 bits e um número de sequência de 16 bits. O número do arquivo é o número do registro (isto é, a posição no array) na MFT que descreve o arquivo. O número de sequência é incrementado cada vez que uma entrada da MFT é reutilizada. Ele permite que o NTFS execute verificações de consistência interna, como a busca de uma referência antiga a um arquivo excluído depois que a entrada da MFT foi reutilizada para um novo arquivo.

16.5.1.1 Árvore B+ do NTFS

Como no UNIX, o espaço de nomes do NTFS é organizado em uma hierarquia de diretórios. Cada diretório usa uma estrutura de dados chamada **árvore B+** para armazenar um índice dos nomes de arquivo desse diretório. Em uma árvore B+, o tamanho de cada caminho, da raiz da árvore a uma folha, é o mesmo, e o custo de reorganização da árvore é eliminado. A **raiz dos índices** de um diretório contém o nível de topo da árvore B+. Em um diretório grande, esse nível de topo contém ponteiros para extensões de disco que armazenam o resto da árvore. Cada entrada do diretório contém o nome e a referência do arquivo, assim como uma cópia do marcador de tempo de atualizações e o tamanho do arquivo, extraídos dos atributos residentes dos arquivos da MFT. Cópias dessas informações são armazenadas no diretório para que uma listagem do diretório possa ser eficientemente gerada. Todos os nomes, tamanhos e horas de atualizações dos arquivos estão disponíveis no próprio diretório, assim, não há necessidade de coletar esses atributos nas entradas da MFT para cada um dos arquivos.

16.5.1.2 Metadados do NTFS

Os metadados do volume NTFS são todos armazenados em arquivos. O primeiro arquivo é a MFT. O segundo arquivo, que é usado durante a recuperação se a MFT for danificada, contém uma cópia das primeiras 16 entradas da MFT. Os outros arquivos também são especiais quanto à finalidade e incluem os arquivos descritos a seguir.

- O **arquivo de log** registra todas as atualizações de metadados feitas no sistema de arquivos.

- O *arquivo de volume* contém o nome do volume, a versão do NTFS que formatou o volume e um bit que informa se o volume pode ter sido corrompido e precisa de uma verificação de consistência com o uso do programa `chkdsk`.

- A *tabela de definição de atributos* indica que tipos de atributos são usados no volume e que operações podem ser executadas em cada um deles.

- O *diretório raiz* é o diretório do nível de topo da hierarquia do sistema de arquivos.

- O *arquivo de mapa de bits* indica quais clusters de um volume estão alocados para arquivos e quais estão livres.
- O *arquivo de inicialização* contém o código de inicialização do Windows e deve ficar localizado em um endereço de disco específico para poder ser encontrado facilmente por um carregador de bootstrap simples da ROM. Ele também contém o endereço físico da MFT.
- O *arquivo de clusters inválidos* registra qualquer área inválida do volume; o NTFS usa esse registro para a recuperação de erros.

Manter todos os metadados do NTFS em arquivos reais tem uma vantagem. Como discutido na Seção 16.3.3.6, o gerenciador de cache armazena dados de arquivos em cache. Como todos os metadados do NTFS residem em arquivos, esses dados podem ser armazenados em cache com o uso dos mesmos mecanismos empregados para dados comuns.

16.5.2 Recuperação

Em muitos sistemas de arquivos simples, a falta de energia na hora errada pode danificar as estruturas de dados tão gravemente que o volume inteiro fica desordenado. Muitos sistemas de arquivos UNIX, incluindo o UFS, mas não o ZFS, armazenam metadados redundantes em disco e se recuperam de quedas usando o programa `fsck` para verificar todas as suas estruturas de dados e restaurá-las forçosamente a um estado consistente. Com frequência, a restauração envolve a exclusão de arquivos danificados e a liberação de clusters de dados que foram gravados com dados do usuário, mas não foram apropriadamente registrados nas estruturas de metadados do sistema de arquivos. Essa verificação pode ser um processo lento e causar a perda de uma quantidade significativa de dados.

O NTFS adota uma abordagem diferente para a robustez do sistema de arquivos. No NTFS, todas as atualizações em estruturas de dados do sistema de arquivos são executadas dentro de transações. Antes de uma estrutura de dados ser alterada, a transação grava um registro de log que contém informações para refazer e desfazer; após a alteração da estrutura de dados, a transação grava um registro de confirmação no log para indicar que foi bem-sucedida.

Após uma queda, o sistema pode restaurar as estruturas de dados do sistema de arquivos para um estado consistente processando os registros do log, refazendo primeiro as operações de transações confirmadas e, depois, desfazendo as operações de transações não confirmadas como bem-sucedidas antes da queda. Periodicamente (geralmente a cada 5 segundos), um registro de ponto de verificação é gravado no log. O sistema não precisa de registros de log anteriores ao ponto de verificação para se recuperar de uma queda. Eles podem ser descartados para que o arquivo de log não aumente sem limites. Na primeira vez que um volume NTFS é acessado após a inicialização do sistema, o NTFS executa automaticamente a recuperação do sistema de arquivos.

Esse esquema não garante que todos os conteúdos de arquivos de usuários estejam corretos após uma queda; ele só assegura que as estruturas de dados do sistema de arquivos (os arquivos de metadados) não estão danificadas e refletem algum estado consistente que existia antes da queda. É possível estender o esquema de transações aos arquivos de usuários e a Microsoft tomou algumas medidas para fazer isso no Windows Vista.

O log é armazenado no terceiro arquivo de metadados, no começo do volume. Ele é criado com um tamanho máximo fixo quando o sistema de arquivos é formatado e tem duas seções: a *área de log*, que é uma fila circular de registros de log, e a *área de reinicialização*, que mantém informações de contexto, como a posição na área de log em que o NTFS deve iniciar a leitura durante uma recuperação. Na verdade, a área de reinicialização mantém duas cópias de suas informações e, portanto, a recuperação é possível mesmo se uma cópia for danificada durante a queda.

A funcionalidade de registro em log é fornecida pelo *serviço de arquivo de log*. Além de gravar os registros de log e executar ações de recuperação, o serviço de arquivo de log controla o espaço livre no arquivo de log. Se o espaço livre se tornar muito pequeno, o serviço de arquivo de log enfileira transações pendentes e o NTFS interrompe todas as novas operações de I/O. Após as operações em progresso serem concluídas, o NTFS chama o gerenciador de cache para descarregar todos os dados e, então, reconfigura o arquivo de log e executa as transações enfileiradas.

16.5.3 Segurança

A segurança de um volume NTFS é derivada do modelo de objetos do Windows. Cada arquivo do NTFS referencia um descritor de segurança que especifica o proprietário do arquivo, e uma lista de controle de acesso que contém as permissões de acesso concedidas ou negadas a cada usuário ou grupo listado. Versões iniciais do NTFS usavam um descritor de segurança separado como um atributo de cada arquivo. A partir do Windows 2000, o atributo de descritores de segurança aponta para uma cópia compartilhada, o que gera uma economia significativa em espaço de disco e cache; inúmeros arquivos têm descritores de segurança idênticos.

Em operação normal, o NTFS não impõe a verificação por varredura de diretórios em nomes de caminhos de arquivos. No entanto, visando à compatibilidade com o POSIX, essas verificações podem ser habilitadas. Verificações por varredura são inerentemente mais dispendiosas porque a análise moderna de nomes de caminhos de arquivos usa a comparação de prefixos em vez da análise de nomes de caminho, diretório a diretório. A comparação de prefixos é um algoritmo que procura strings em um cache e encontra a entrada com a ocorrência mais longa – por exemplo, uma entrada de `\foo\bar\dir` seria um par para `\foo\bar\dir2\dir3\myfile`. O cache de comparação de prefixos permite que a varredura de nomes de caminho comece em um nível bem mais baixo da árvore, economizando muitos passos. A imposição de verificações de varredura significa que o acesso do usuário deve ser verificado em cada nível do diretório. Por exemplo, um usuário pode não ter permissão para varrer `foo\bar` e, portanto, começar pelo acesso a `\foo\bar\dir` seria um erro.

16.5.4 Gerenciamento de Volumes e Tolerância a Falhas

O `FtDisk` é o driver de disco tolerante a falhas do Windows. Quando instalado, ele fornece várias maneiras de combinar múltiplos drives de disco em um volume lógico para a melhoria de desempenho, capacidade ou confiabilidade.

16.5.4.1 Conjuntos RAID

Uma forma de combinar vários discos é concatená-los logicamente para formar um grande volume lógico, como mostrado na Figura 16.7. No Windows, esse volume lógico, chamado **conjunto de volumes**, pode ser composto por até 32 partições físicas. Um conjunto de volumes contendo um volume NTFS pode ser estendido sem afetar os dados já armazenados no sistema de arquivos. Os metadados do mapa de bits do volume NTFS são simplesmente estendidos para abranger o espaço recém-adicionado. O NTFS continua a usar o mesmo mecanismo de LCN que ele usa para um único disco físico e o driver `FtDisk` fornece o mapeamento de um deslocamento no volume lógico para o deslocamento em um disco específico.

Outra maneira de combinar múltiplas partições físicas é intercalar seus blocos à moda round-robin para formar um **stripe set**. Esse esquema também é chamado RAID nível 0 ou **disk striping**. (Para mais informações sobre o RAID (arrays redundantes de discos baratos), consulte a Seção 11.7.) O `FtDisk` usa um tamanho de stripe de 64 KB. Os primeiros 64 KB do volume lógico são armazenados na primeira partição física, os segundos 64 KB na segunda partição física e assim por diante, até que cada partição tenha contribuído com 64 KB de espaço. Em seguida, a alocação volta ao primeiro disco, alocando o segundo bloco de 64 KB. Um stripe set forma um grande volume lógico, mas o formato físico pode melhorar a largura de banda de I/O porque, para um grande I/O, todos os discos podem transferir dados em paralelo. O Windows também suporta o RAID nível 5, o stripe set com paridade e o RAID nível 1, espelhamento.

16.5.4.2 Reserva de Setores e Remapeamento de Clusters

Para lidar com setores de disco danificados, o `FtDisk` usa uma técnica de hardware chamada reserva de setores e o NTFS usa uma técnica de software chamada remapeamento de clusters. A **reserva de setores** é um recurso de hardware fornecido por muitos drives de disco. Quando um drive de disco é formatado, ele cria um mapeamento entre números de blocos lógicos e setores válidos no disco. Ele também deixa setores adicionais não mapeados como reservas. Se um setor falha, o `FtDisk` instrui o drive de disco a substituí-lo por um reserva. O **remapeamento de clusters** é uma técnica de software executada pelo sistema de arquivos. Se um bloco de disco fica danificado, o NTFS o substitui por um bloco diferente não alocado, alterando quaisquer ponteiros afetados da MFT. O NTFS também garante que o bloco inválido nunca seja alocado a qualquer arquivo.

Quando um bloco de disco é danificado, costuma ocorrer perda de dados. Mas a reserva de setores ou o remapeamento de clusters podem ser combinados com volumes tolerantes a falhas para mascarar a falha de um bloco de disco. Se uma leitura falha, o sistema reconstrói os dados ausentes lendo o espelho ou calculando a paridade `exclusive or` em um stripe set com paridade. Os dados reconstruídos são armazenados em uma nova locação, obtida por meio da reserva de setores ou do remapeamento de clusters.

16.5.5 Compressão

O NTFS pode executar a compressão de dados em arquivos individuais ou em todos os arquivos de dados de um diretório. Para comprimir um arquivo, o NTFS divide os dados do arquivo em **unidades de compressão**, que são blocos de 16 clusters contíguos. Quando uma unidade de compressão é gravada, um algoritmo de compressão de dados é aplicado. Se o resultado couber em menos de 16 clusters, a versão comprimida é armazenada. Em uma operação de leitura, o NTFS consegue determinar se os dados foram comprimidos: se tiverem sido, o tamanho da unidade de compressão armazenada é menor do que 16 clusters. Para melhorar o desempenho ao ler unidades

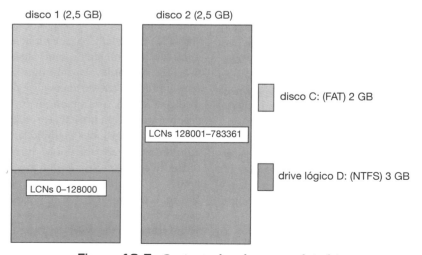

Figura 16.7 Conjunto de volumes em dois drives.

de compressão contíguas, o NTFS executa a busca e a descompressão antes das solicitações das aplicações.

Para arquivos dispersos ou arquivos que contenham zeros em sua maior parte, o NTFS usa outra técnica para economizar espaço. Clusters contendo apenas zeros porque nunca foram gravados não são realmente alocados ou armazenados em disco. Em vez disso, lacunas são deixadas na sequência de números de clusters virtuais armazenados na entrada MFT do arquivo. Ao ler um arquivo, se o NTFS encontrar uma lacuna nos números de clusters virtuais, ele apenas preencherá com zeros essa parte do buffer do chamador. Essa técnica também é usada pelo UNIX.

16.5.6 Pontos de Montagem, Links Simbólicos e Links Pesados

Pontos de montagem constituem um tipo de link simbólico específico para diretórios do NTFS, introduzidos no Windows 2000. Eles fornecem um mecanismo para a organização de volumes de disco que é mais flexível do que o uso de nomes globais (como as letras de drives). Um ponto de montagem é implementado como um link simbólico com dados associados contendo o nome verdadeiro do volume. Os pontos de montagem acabarão suplantando totalmente as letras de drives, mas haverá uma longa transição, já que muitas aplicações dependem do esquema de letras de drives.

O Windows Vista introduziu o suporte a um tipo mais geral de links simbólicos, semelhantes aos encontrados no UNIX. Os links podem ser absolutos ou relativos, podem apontar para objetos que não existem e podem apontar tanto para arquivos quanto para diretórios, até mesmo em diversos volumes. O NTFS também dá suporte a *links pesados*, nos quais um único arquivo tem uma entrada em mais de um diretório do mesmo volume.

16.5.7 Diário de Alterações

O NTFS mantém um diário que descreve todas as alterações feitas no sistema de arquivos. Serviços de modalidade de usuário podem receber notificações de modificações no diário e, então, identificar que arquivos foram alterados, lendo os registros do diário. O serviço indexador de pesquisas usa o diário de alterações para identificar arquivos que precisam ser reindexados. O serviço de replicação de arquivos usa-o para identificar arquivos que precisam ser replicados na rede.

16.5.8 Cópias Sombras de Volumes

O Windows implementa o recurso de trazer um volume para um estado conhecido e, então, criar uma cópia sombra que possa ser usada como backup de uma visão consistente do volume. Essa técnica é conhecida como *instantâneos* em outros sistemas de arquivos. A criação de uma cópia sombra de um volume é um tipo de cópia após gravação, em que blocos modificados após a cópia sombra ter sido criada, são armazenados em sua forma original na cópia. A obtenção de um estado consistente para o volume requer a cooperação das aplicações porque o sistema não tem como saber quando os dados usados pela aplicação estão em um estado estável a partir do qual ela possa ser reiniciada seguramente.

A versão de servidor do Windows usa cópias sombras para manter, eficientemente, versões antigas de arquivos armazenadas em servidores de arquivos. Isso permite que os usuários vejam documentos armazenados em servidores de arquivos como eles existiam em momentos anteriores no tempo. O usuário pode usar esse recurso para recuperar arquivos que foram excluídos acidentalmente ou, simplesmente, para examinar uma versão anterior do arquivo, tudo isso sem manipular a mídia de backup.

16.6 Conexão em Rede

O Windows dá suporte à conexão em redes entre pares (peer-to-peer)[3] e cliente-servidor e também tem recursos para o gerenciamento da rede. Os componentes de conexão de rede no Windows fornecem transporte de dados, comunicação entre processos, compartilhamento de arquivos na rede e o recurso de enviar jobs de impressão para impressoras remotas.

16.6.1 Interfaces de Rede

Para descrever a conexão em rede do Windows, primeiro temos de mencionar duas das interfaces de rede internas: a **especificação da interface de dispositivos de rede** (*NDIS – network device interface specification*) e a **interface do driver de transporte** (*TDI – transport driver interface*). A interface NDIS foi desenvolvida em 1989 pela Microsoft e a 3Com para separar os adaptadores de rede dos protocolos de transporte de modo que um pudesse ser alterado sem afetar o outro. A NDIS reside na interface entre a camada de link de dados e a camada de rede no modelo ISO e permite que muitos protocolos operem por meio de muitos adaptadores de rede diferentes. Em termos do modelo ISO, a TDI é a interface entre a camada de transporte (camada 4) e a camada de sessão (camada 5). Essa interface habilita qualquer componente da camada de sessão a usar qualquer mecanismo de transporte disponível. (Raciocínio semelhante levou ao mecanismo streams do UNIX.) A TDI dá suporte tanto ao transporte baseado em conexão como ao sem conexão e tem funções para o envio de qualquer tipo de dado.

16.6.2 Protocolos

O Windows implementa protocolos de transporte como drivers. Esses drivers podem ser carregados no sistema e dele descarregados dinamicamente, embora na prática o sistema normalmente tenha de ser reinicializado após uma alteração. O Windows vem com vários protocolos de conexão de rede. A seguir, discutimos vários dos protocolos suportados pelo Windows para o fornecimento de diversas funcionalidades de rede.

---

[3] Arquitetura de sistemas distribuídos na qual cada nó realiza funções tanto de servidor quanto de cliente, descentralizando as funções na rede. [N.R.T.]

16.6.2.1 Bloco de Mensagens de Servidor

O protocolo de *bloco de mensagens de servidor* (*SMB – server-message-block*) foi introduzido, pela primeira vez, no MS-DOS 3.1. O sistema usa o protocolo para enviar solicitações de I/O pela rede. O protocolo SMB tem quatro tipos de mensagens. Mensagens `Session control` são comandos que iniciam e terminam uma conexão de redirecionamento para um recurso compartilhado no servidor. Um redirecionador usa mensagens `File` para acessar arquivos no servidor. Mensagens `Printer` são usadas para enviar dados a uma fila de impressão remota e para receber informações de status da fila e mensagens `Message` são usadas na comunicação com outra estação de trabalho. Uma versão do protocolo SMB foi publicada como o *Common Internet File System* (*CIFS*) e tem suporte em vários sistemas operacionais.

16.6.2.2 Protocolo de Controle de Transmissões/Protocolo da Internet

A suite protocolo de controle de transmissões/protocolo da Internet (TCP/IP – *transmission control protocol/Internet protocol*) usada na Internet, tornou-se a infraestrutura de conexão de rede padrão de fato. O Windows usa o TCP/IP para conexão com uma ampla variedade de sistemas operacionais e plataformas de hardware. O pacote TCP/IP do Windows inclui o protocolo simples de gerenciamento de redes (SNMP – *Simple Network-Management Protocol*), o protocolo dinâmico de configuração de hosts (DHCP – *Dynamic Host-Configuration Protocol*) e o antigo serviço de nomes de Internet do Windows (WINS – *Windows Internet Name Service*). O Windows Vista introduziu uma nova implementação do TCP/IP que dá suporte tanto ao `IPv4` quanto ao `IPv6`, na mesma pilha de rede. Essa nova implementação também dá suporte à descarga da pilha de rede em hardware avançado para obtenção de desempenho muito alto em servidores.

O Windows fornece um firewall em software que limita as portas TCP que podem ser usadas por programas na comunicação de rede. Normalmente, firewalls de rede são implementados em roteadores e representam uma medida de segurança muito importante. A existência de um firewall embutido no sistema operacional significa que um roteador em hardware não é necessário, fornecendo também gerenciamento mais integrado e maior facilidade de uso.

16.6.2.3 Protocolo de Transmissão Ponto a Ponto

O *protocolo de transmissão ponto a ponto* (*PPTP – Point-To-Point Tunneling Protocol*) é fornecido pelo Windows para a comunicação entre módulos servidores de acesso remoto, executados em máquinas servidoras Windows, e outros sistemas clientes conectados via Internet. Os servidores de acesso remoto podem criptografar dados enviados pela conexão e dão suporte a *redes virtuais privadas* (*VPNs*) multiprotocolares pela Internet.

16.6.2.4 Protocolo HTTP

O protocolo http é usado para obter/distribuir (`get/put`) informações usando a *World-Wide Web*. O Windows implementa o http usando um driver de modalidade de kernel para que os servidores Web possam operar com uma conexão de baixo overhead para a pilha de conexão de rede. O http é um protocolo bem genérico que o Windows disponibiliza como uma opção de transporte para a implementação da RPC.

16.6.2.5 Protocolo de Autoria e Criação de Versão Distribuídas pela Web

A autoria e criação de versão distribuídas pela Web (WebDAV – *Web-Distributed Authoring and Versioning*) é um protocolo com base no http para a autoria colaborativa em uma rede. O Windows embute um redirecionador WebDAV no sistema de arquivos. A construção desse suporte diretamente no sistema de arquivos permite que o WebDAV funcione com outros recursos, como criptografia. Arquivos pessoais podem, então, ser armazenados seguramente em um local público. O WebDAV usa o http, um protocolo `get/put`, assim, o Windows tem de armazenar os arquivos localmente em cache para que os programas possam usar operações read e write sobre partes desses arquivos.

16.6.2.6 Pipes Nomeados

Pipes nomeados são um mecanismo de troca de mensagens orientado a conexões. Um processo pode usar pipes nomeados para se comunicar com outros processos na mesma máquina. Como os pipes nomeados são acessados por meio da interface do sistema de arquivos, os mecanismos de segurança usados para objetos arquivo também se aplicam a eles.

O protocolo SMB dá suporte a pipes nomeados e, portanto, eles também podem ser usados na comunicação entre processos de diferentes sistemas. O formato dos nomes dos pipes segue a *convenção de nomeação uniforme* (*UNC – uniform naming convention*). Um nome UNC parece-se com um nome de arquivo remoto típico. O formato é `\\server_name\share_name\x\y\z`, onde `server_name` identifica um servidor na rede; `share_name` identifica qualquer recurso que tenha sido disponibilizado para usuários da rede, como diretórios, arquivos, pipes nomeados e impressoras; e `\x\y\z` é um nome de caminho de arquivo normal.

16.6.2.7 Chamadas de Procedimento Remotas

Uma chamada de procedimento remota (RPC) é um mecanismo cliente-servidor que habilita uma aplicação em uma máquina a fazer uma chamada de procedimento para código em outra máquina. O cliente chama um procedimento local – uma rotina stub – que empacota seus argumentos em uma mensagem e os envia pela rede a um processo servidor específico. A rotina stub do lado do cliente é então bloqueada. Enquanto isso, o servidor desempacota a mensagem, chama o procedimento, empacota os resultados de retorno em uma mensagem e os envia de volta ao stub do cliente. O stub do cliente é desbloqueado, recebe a mensagem, desempacota os resultados da RPC e os retorna ao chamador. Esse empacotamento de argumentos é, algumas vezes, denominado **marshalling**.[4] O código do stub do cliente e os descritores necessários ao empacotamento e desempacotamento dos argumentos de uma RPC são compilados a partir de especificação escrita na **Linguagem de Definição de Interfaces da Microsoft.**

O mecanismo RPC do Windows segue o amplamente usado padrão de ambiente de computação distribuída para mensagens RPC e, portanto, programas escritos para usar RPCs do Windows são altamente portáveis. O padrão RPC é detalhado. Ele oculta muitas das diferenças de arquitetura entre computadores, como os tamanhos de números binários e a ordem de bytes e bits em palavras do computador, especificando formatos de dados padrão para mensagens RPC.

16.6.2.8 Modelo de Objeto Componente

O **modelo de objeto componente** (**COM** – *Component Object Model*) é um mecanismo para comunicação entre processos desenvolvido para o Windows. Os objetos COM fornecem uma interface bem definida para a manipulação de dados do objeto. Por exemplo, COM é a infraestrutura usada pela tecnologia de **vinculação e incorporação de objetos** (**OLE** – *Object Linking and Embedding*) da Microsoft para a inserção de planilhas em documentos do Microsoft Word. Muitos serviços do Windows fornecem interfaces COM. O Windows tem uma extensão distribuída chamada **DCOM** que pode ser usada em uma rede, utilizando a RPC para fornecer um método transparente de desenvolvimento de aplicações distribuídas.

16.6.3 Redirecionadores e Servidores

No Windows, uma aplicação pode usar a API de I/O do sistema para acessar arquivos de um computador remoto como se eles fossem locais, contanto que o computador remoto esteja executando um servidor CIFS como o fornecido pelo Windows. Um **redirecionador** é o objeto do lado do cliente que encaminha solicitações de I/O a um sistema remoto, onde elas são atendidas por um servidor. Por questões de desempenho e segurança, os redirecionadores e servidores executam em modalidade de kernel.

De forma mais detalhada, o acesso a um arquivo remoto ocorre como descrito a seguir:

1. A aplicação chama o gerenciador de I/O para solicitar que um arquivo seja aberto com um nome de arquivo no formato UNC padrão.
2. O gerenciador de I/O constrói um pacote de solicitação de I/O, como descrito na Seção 16.3.3.5.
3. O gerenciador de I/O reconhece que o acesso é para um arquivo remoto e chama um driver chamado **provedor de convenção universal de nomeação múltiplo** (**MUP** – *multiple universal-naming-convention provider*).
4. O MUP envia o pacote de solicitação de I/O assincronamente a todos os redirecionadores registrados.
5. Um redirecionador que possa atender à solicitação responde ao MUP. Para não fazer a mesma pergunta a todos os redirecionadores no futuro, o MUP usa um cache para lembrar qual é o redirecionador que pode manipular esse arquivo.
6. O redirecionador envia a solicitação da rede ao sistema remoto.
7. Os drivers de rede do sistema remoto recebem a solicitação e a passam ao driver do servidor.
8. O driver do servidor direciona a solicitação para o driver apropriado do sistema de arquivos local.
9. O driver de dispositivo apropriado é chamado para acessar os dados.
10. Os resultados são retornados ao driver do servidor, que envia os dados de volta ao redirecionador solicitante. O redirecionador retorna, então, os dados à aplicação chamadora por meio do gerenciador de I/O.

Um processo semelhante ocorre para aplicações que usam a API de rede do Win32, em vez dos serviços UNC, exceto pelo fato de ser usado um módulo chamado *roteador multiprovedor* em vez de um MUP.

Por motivos de portabilidade, os redirecionadores e servidores usam a API TDI no transporte de rede. As próprias solicitações são expressas em um protocolo de mais alto nível que, por default, é o protocolo SMB descrito na Seção 16.6.2. A lista de redirecionadores é mantida no hive do registro do sistema.

16.6.3.1 Sistema de Arquivos Distribuído

Nem sempre os nomes UNC são convenientes porque vários servidores de arquivos podem estar disponíveis para servir o mesmo conteúdo, e os nomes UNC incluem explicitamente o nome do servidor. O Windows dá suporte a um protocolo de **sistema de arquivos distribuído** (**DFS**) que habilita um administrador de rede a servir arquivos a partir de vários servidores, usando um único espaço de nomes distribuído.

16.6.3.2 Redirecionamento de Pastas e Armazenamento em Cache no Lado do Cliente

Para melhorar a experiência do PC para usuários de empresas que permutam frequentemente entre computadores, o Windows permite que os administradores forneçam aos usuários **perfis móveis** que mantêm, nos servidores, as preferências e outras configurações dos usuários. O **redirecionamento de pastas** é então usado para armazenar automaticamente os documentos e outros arquivos de um usuário, em um servidor.

Isso funciona bem até um dos computadores não estar mais conectado à rede, como no caso em que um usuário leva um laptop em um avião. Para fornecer aos usuários acesso off-line aos seus arquivos redirecionados, o Windows usa o **armazenamento em cache no lado do cliente** (**CSC** – *client-side caching*). O CSC

---

[4] Processo de transformação da representação de memória de um objeto para um formato de dado aceitável para armazenamento ou transmissão.(N.R.T.)

também é usado quando o computador está on-line para manter cópias dos arquivos do servidor na máquina local visando um melhor desempenho. Os arquivos são enviados ao servidor quando são alterados. Se o computador é desconectado, os arquivos continuam disponíveis e a atualização do servidor é adiada até a próxima vez em que o computador estiver on-line.

16.6.4 Domínios

Muitos ambientes de rede têm grupos naturais de usuários, como alunos de um laboratório de computação na escola ou funcionários de um departamento em uma empresa. Geralmente, é desejável que todos os membros do grupo possam acessar recursos compartilhados nos diversos computadores do grupo. Para gerenciar os direitos de acesso global desses grupos, o Windows usa o conceito de domínio. Anteriormente, esses domínios não tinham qualquer relação com o sistema de nomes de domínio (DNS) que mapeia nomes de hosts na Internet para endereços IP. Agora, no entanto, eles estão intimamente relacionados.

Especificamente, um domínio do Windows é um grupo de estações de trabalho e servidores Windows que compartilham uma política de segurança comum e um banco de dados de usuários. Como o Windows usa o protocolo Kerberos para relações de confiança e autenticação, um domínio no Windows é a mesma coisa que um território no Kerberos. O Windows usa uma abordagem hierárquica para estabelecer relações de confiança entre domínios relacionados. As relações de confiança são baseadas no DNS e permitem relações transitivas que podem fluir para cima e para baixo na hierarquia. Essa abordagem reduz a quantidade de relações de confiança requeridas por n domínios, de $n*(n-1)$ para $O(n)$. As estações de trabalho do domínio confiam no controlador do domínio para dar informações corretas sobre os direitos de acesso de cada usuário (carregadas no token de acesso do usuário pelo LSASS). Todos os usuários, no entanto, podem restringir o acesso as suas próprias estações de trabalho independentemente do que um controlador de domínio possa dizer.

16.6.5 Active Directory

O *Active Directory* é a implementação do Windows para os serviços do *protocolo peso-leve de acesso a diretórios* (*LDAP – Lightweight Directory-Access Protocol*). O Active Directory armazena as informações de topologia do domínio, mantém as contas e senhas de usuários e grupos com base no domínio e fornece um repositório com base no domínio para aspectos do Windows que o requeiram, como as *políticas de grupo do Windows*. Os administradores usam políticas de grupo para estabelecer padrões uniformes para preferências e softwares de desktops. Para muitos grupos empresariais de tecnologia da informação, a uniformidade reduz drasticamente o custo da computação.

16.7 Interface do Programador

A *API Win32* é a interface básica para os recursos do Windows. Esta seção descreve cinco aspectos principais da API Win32: o acesso a objetos do kernel, o compartilhamento de objetos entre processos, o gerenciamento de processos, a comunicação entre processos e o gerenciamento de memória.

16.7.1 Acesso a Objetos do Kernel

O kernel do Windows fornece muitos serviços que os programas aplicativos podem usar. Os programas aplicativos obtêm esses serviços manipulando objetos do kernel. Um processo ganha acesso a um objeto do kernel de nome XXX chamando a função CreateXXX para abrir um manipulador para uma instância de XXX. Esse manipulador é único para o processo. Dependendo de qual objeto esteja sendo aberto, se a função Create() falhar, pode retornar 0 ou uma constante especial chamada INVALID_HANDLE_VALUE. Um processo pode fechar qualquer manipulador chamando a função CloseHandle() e o sistema pode excluir o objeto se a contagem de manipuladores que o referenciam em todos os processos chegar a 0.

16.7.2 Compartilhando Objetos entre Processos

O Windows fornece três formas de compartilhamento de objetos entre processos. A primeira é a herança, por um processo filho, de um manipulador para o objeto. Quando o pai chama a função CreateXXX, ele fornece uma estrutura SECURITIES_ATTRIBUTES com o campo bInheritHandle posicionado como TRUE. Esse campo cria um manipulador herdável. Em seguida, o processo filho é criado, passando um valor TRUE para o argumento bInheritHandle da função CreateProcess(). A Figura 16.8 mostra um exemplo de código que cria um manipulador de semáforo herdado por um processo filho.

Supondo que o processo filho saiba quais manipuladores são compartilhados, o pai e o filho podem obter a comunicação entre processos por meio dos objetos compartilhados. No exemplo da Figura 16.8, o processo filho obtém o valor do manipulador a partir do primeiro argumento de linha de comando e, então, compartilha o semáforo com o processo pai.

A segunda forma de compartilhar objetos é a atribuição de um nome ao objeto, por um processo, quando o objeto é criado, e a abertura do nome por um segundo processo. Esse método apresenta duas desvantagens: o Windows não fornece um modo de verificar se já existe um objeto com o nome selecionado e o espaço de nomes de objetos é global, independente do tipo do objeto. Por exemplo, duas aplicações podem criar e compartilhar o mesmo objeto chamado "foo" quando dois objetos distintos – e possivelmente de tipos diferentes – eram desejados.

Objetos nomeados apresentam a vantagem de processos não relacionados poderem compartilhá-los prontamente. O primeiro processo chama uma das funções CreateXXX e fornece um nome como parâmetro. O segundo processo obtém um manipulador para compartilhar o objeto chamando

```
SECURITY_ATTRIBUTES sa;
sa.nlength = sizeof(sa);
sa.lpSecurityDescriptor = NULL;
sa.bInheritHandle = TRUE;
Handle a_semaphore = CreateSemaphore(&sa, 1, 1, NULL);
char comand_line[132];
ostrstream ostring(command_line, sizeof(command_line));
ostring << a_semaphore << ends;
CreateProcess("another_process.exe", command_line,
    NULL, NULL, TRUE, . . .);
```

Figura 16.8 Código que habilita um filho a compartilhar um objeto herdando um manipulador.

```
// Processo A
. . .
HANDLE a_semaphore = CreateSemaphore(NULL, 1, 1, "MySEM1");
. . .

// Processo B
. . .
HANDLE b_semaphore = OpenSemaphore(SEMAPHORE_ALL_ACCESS,
    FALSE, "MySEM1");
. . .
```

Figura 16.9 Código para compartilhamento de um objeto por busca de nome.

```
// Processo A quer dar ao processo B acesso a um semáforo
// Processo A
HANDLE a_semaphore = CreateSemaphore(NULL, 1, 1, NULL);
// envia o valor do semáforo ao Processo B
// usando uma mensagem ou um objeto de memória compartilhada
. . .

// Processo B
HANDLE process_a = OpenProcess(PROCESS_ALL_ACCESS, FALSE,
    process_id_of_A);
HANDLE b_semaphore;
DuplicateHandle(process_a, a_semaphore,
    GetCurrentProcess(), &b_semaphore,
    0, FALSE, DUPLICATE_SAME_ACCESS);
// usa b_semaphore para acessar o semáforo
. . .
```

Figura 16.10 Código para compartilhamento de um objeto por passagem de um manipulador.

`OpenXXX()` (ou `CreateXX`) com o mesmo nome, como mostrado no exemplo da Figura 16.9.

A terceira maneira de compartilhar objetos é por meio da função `DuplicateHandle()`. Esse método requer algum outro método de comunicação entre processos para passar o manipulador duplicado. Dados um manipulador para um processo e o valor de um manipulador dentro desse processo, um segundo processo pode obter um manipulador para o mesmo objeto e, então, compartilhá-lo. Um exemplo desse método é mostrado na Figura 16.10.

16.7.3 Gerenciamento de Processos

No Windows, um **processo** é a instância carregada de uma aplicação e um **thread** é uma unidade de código executável que pode ser incluída no schedule pelo despachante do kernel. Logo, um processo contém um ou mais threads. Um processo é criado quando um thread de algum outro processo chama a API `CreateProcess()`. Essa rotina carrega quaisquer bibliotecas de vínculo dinâmico usadas pelo processo e cria um thread inicial no processo. Threads adicionais podem ser criados pela função `CreateThread()`. Cada thread é criado com sua própria pilha que, por default, tem 1 MB, a não ser que seja especificado de forma diferente em um argumento de `CreateThread()`.

16.7.3.1 Regra de Scheduling

As prioridades do ambiente Win32 são fundamentadas no modelo de scheduling nativo do kernel (NT), mas nem todos os valores de prioridades podem ser escolhidos. A API Win32 usa quatro classes de prioridade:

1. `IDLE_PRIORITY_CLASS` (prioridade de nível 4 do NT)
2. `NORMAL_PRIORITY_CLASS` (prioridade de nível 8 do NT)
3. `HIGH_PRIORITY_CLASS` (prioridade de nível 13 do NT)
4. `REALTIME_PRIORITY_CLASS` (prioridade de nível 24 do NT)

Normalmente, processos são membros da `NORMAL_PRIORITY_CLASS` a menos que o pai do processo pertença à `IDLE_PRIORITY_CLASS` ou outra classe tenha sido especificada quando `CreateProcess()` foi chamada. A classe de prioridade de um processo é default para todos os threads que são executados no processo. Ela pode ser alterada com a função `SetPriorityClass()` ou com a passagem de um argumento para o comando START. Apenas usuários com o privilégio de *aumento da prioridade de scheduling* podem passar um processo para a `REALTIME_PRIORITY_CLASS`. Administradores e usuários avançados têm esse privilégio por default.

Quando um usuário está executando um processo interativo, o sistema tem de organizar os threads do processo no scheduling de modo a fornecer boa capacidade de resposta. Por essa razão, o Windows tem uma regra de scheduling especial para processos da `NORMAL_PRIORITY_CLASS`. O Windows diferencia o processo associado à janela de foreground na tela dos outros processos (de background). Quando um processo passa para foreground, o Windows aumenta o quantum do scheduling de todos os seus threads em um fator igual a 3; threads limitados por CPU no processo de foreground são executados por um tempo três vezes maior do que threads semelhantes em processos de background.

16.7.3.2 Prioridades de Threads

Um thread começa com uma prioridade inicial determinada por sua classe. A prioridade pode ser alterada pela função `SetThreadPriority()`. Essa função usa um argumento que especifica uma prioridade relativa à prioridade base de sua classe:

- `THREAD_PRIORITY_LOWEST`: base − 2
- `THREAD_PRIORITY_BELOW_NORMAL`: base − 1
- `THREAD_PRIORITY_NORMAL`: base + 0
- `THREAD_PRIORITY_ABOVE_NORMAL`: base + 1
- `THREAD_PRIORITY_HIGHEST`: base + 2

Duas outras designações também são usadas para ajustar a prioridade. Você deve lembrar da Seção 16.3.2.2, em que vimos que o kernel tem duas classes de prioridades: 16 − 31 para a classe de tempo real e 1 − 15 para a classe variável. `THREAD_PRIORITY_IDLE` estabelece a prioridade 16 para threads de tempo real e 1 para threads de prioridade variável. `THREAD_PRIORITY_TIME_CRITICAL` estabelece a prioridade 31 para threads de tempo real e 15 para threads de prioridade variável.

Como discutimos na Seção 16.3.2.2, o kernel ajusta dinamicamente a prioridade de um thread de classe variável dependendo de o thread ser limitado por I/O ou limitado por CPU. A API Win32 fornece um método para a desativação desse ajuste por meio das funções `SetProcessPriorityBoost()` e `SetThreadPriorityBoost()`.

16.7.3.3 Suspensão e Retomada de Threads

Um thread pode ser criado em *estado suspenso* ou ser colocado nesse estado posteriormente, com o uso da função `SuspendThread()`. Antes de um thread suspenso poder ser incluído no schedule pelo despachante do kernel, ele deve ser retirado do estado suspenso com o uso da função `ResumeThread()`. As duas funções posicionam um contador de modo que se um thread for suspenso duas vezes, ele tenha de ser retomado duas vezes antes de poder ser executado.

16.7.3.4 Sincronização de Threads

Para sincronizar o acesso concorrente com objetos compartilhados por threads, o kernel fornece objetos de sincronização, como semáforos e mutexes. Eles são objetos despachantes, como discutido na Seção 16.3.2.2. Os threads também podem ser sincronizados com serviços do kernel operando sobre objetos do kernel – como threads, processos e arquivos – porque também são objetos despachantes. A sincronização com objetos despachantes do kernel pode ser obtida com o uso das funções `WaitForSingleObject()` e `WaitForMultipleObjects()`; essas funções esperam que um ou mais objetos despachantes sejam sinalizados.

Outro método de sincronização está disponível para threads do mesmo processo que querem executar código exclusivamente: *o objeto seção crítica* do Win32 é um objeto mutex de modalidade de usuário que geralmente pode ser adquirido e liberado sem a entrada no kernel. Em um multiprocessador, uma seção crítica do Win32 tentará entrar em espera ocupada (spinlock) enquanto aguarda que uma seção crítica mantida por outro thread seja liberada. Se a espera demorar muito, o thread adquirente do objeto alocará um mutex do kernel e desistirá de sua CPU. As seções críticas são particularmente eficientes porque o mutex do kernel só é alocado quando há disputa e, então, só é usado após tentar o spinlock; a maioria dos mutexes em programas nunca é realmente disputada, portanto, a economia é significativa.

Antes de usar uma seção crítica, um thread do processo deve chamar `InitializeCriticalSection()`. Cada thread que quer adquirir o mutex, deve chamar `EnterCriticalSection()` e, mais tarde, chamar `LeaveCriticalSection()` para liberar o mutex. Também há uma função `TryEnterCriticalSession()` que tenta adquirir o mutex sem bloquear.

Para programas que prefiram locks de leitor-gravador em modalidade de usuário, em lugar de um mutex, o Win32 dá suporte a **locks de leitor-gravador magros (SRW – slim reader-writer)**. Os locks SRW têm APIs semelhantes às das seções críticas, como `InitializeSRWLock`, `AcquireSRWLockXXX` e `ReleaseSRWLockXXX`, em que XXX pode ser `Exclusive` ou `Shared`, dependendo de o thread demandar acesso de gravação no objeto protegido pelo lock ou, apenas, acesso de leitura a ele. A API Win32 também dá suporte a **variáveis de condição** que podem ser usadas tanto com seções críticas quanto com locks SRW.

16.7.3.5 Pool de Threads

A criação e a exclusão repetidas de threads podem ser dispendiosas para aplicações e serviços que executem pequenos volumes de trabalho em cada instanciação. O pool de threads do Win32 fornece programas em modalidade de usuário com três serviços: uma fila para a qual solicitações de trabalho podem ser submetidas (por meio da função `SubmitThreadpoolWork()`), uma API que pode ser usada para vincular retornos de chamadas a manipuladores habilitados a esperar (`RegisterWaitForSingleObject()`) e APIs para funcionar com timers (`CreateThreadpoolTimer()` e `WaitForThreadpoolTimerCallbacks()`) e para vincular retornos de chamadas a filas de término de I/O (`BindIoCompletionCallback()`).

O objetivo do uso de um pool de threads é melhorar o desempenho e reduzir o consumo de memória. Threads são relativamente dispendiosos e cada processador só pode executar um thread de cada vez, independentemente de quantos threads estão disponíveis. O pool de threads tenta reduzir a quantidade de threads executáveis retardando um pouco as solicitações de trabalho (reutilizando cada thread para muitas solicitações) ao mesmo tempo em que fornece threads suficientes para utilizar efetivamente as CPUs da máquina. As APIs de espera e de retorno de chamadas de I/O e de timer permitem que o pool de threads reduza ainda mais a quantidade de threads em um processo, usando muito menos threads do que seria necessário se um processo tivesse que dedicar threads separados para atender a cada manipulador habilitado a esperar, timer ou porta de conclusão.

16.7.3.6 Fibras

Uma *fibra* é um código de modalidade de usuário incluído no schedule de acordo com um algoritmo de scheduling definido pelo usuário. As fibras são um recurso totalmente de modalidade de usuário; o kernel não sabe que elas existem. O mecanismo de fibras usa threads do Windows como se fossem CPUs para executar fibras. As fibras participam do schedule de forma cooperativa, o que significa que elas nunca sofrem preempção, mas devem abandonar explicitamente o thread em que estão sendo executadas. Quando uma fibra abandona um thread, outra fibra pode ser incluída no schedule do thread pelo sistema de tempo de execução (o código de tempo de execução da linguagem de programação).

O sistema cria uma fibra chamando `ConvertThreadToFiber()` ou `CreateFiber()`. A principal diferença entre essas funções é que `CreateFiber()` não inicia a execução da fibra que foi criada. Para iniciar a execução, a aplicação deve chamar `SwitchToFiber()`. A aplicação pode encerrar uma fibra chamando `DeleteFiber()`.

As fibras não são recomendadas para threads que usem APIS Win32 em vez de funções padrão da biblioteca de C por causa de possíveis incompatibilidades. Os threads de modalidade de usuário do Win32 têm um **bloco de ambiente de thread (TEB – *thread environment block*)** que contém numerosos campos, por thread, usados pelas APIs Win32. As fibras devem compartilhar o TEB do thread em que estão sendo executadas. Isso pode levar a problemas quando uma interface Win32 insere informações de estado de uma fibra no TEB e, depois, as informações são sobrepostas por uma fibra diferente. As fibras foram incluídas na API Win32 para facilitar a portabilidade de aplicações UNIX legadas que tenham sido escritas para um modelo de threads de modalidade de usuário, como o Pthreads.

16.7.3.7 Scheduling de Modalidade de Usuário (UMS) e o ConcRT

Um novo mecanismo do Windows 7, o scheduling de modalidade de usuário (UMS, – *user-mode scheduling*), corrige várias limitações das fibras. Primeiro, lembre-se de que fibras não são confiáveis para a execução de APIs Win32 porque elas não têm seus próprios TEBs. Quando um thread executando uma fibra é bloqueado no kernel, o scheduler do usuário perde o controle da CPU por um tempo enquanto o despachante do kernel assume o controle do scheduling. Podem ocorrer problemas quando as fibras mudam o estado de um thread no kernel, como a prioridade ou o token de personificação, ou quando iniciam I/O assíncrono.

O UMS fornece um modelo alternativo ao reconhecer que cada thread do Windows corresponde, na verdade, a dois threads: um thread do kernel (KT) e um thread de usuário (UT). Cada tipo de thread tem sua própria pilha e seu próprio conjunto de registradores salvos. KT e UT aparecem como um único thread para o programador porque os UTs nunca podem ser bloqueados e devem sempre entrar no kernel, onde ocorre uma mudança implícita para o KT correspondente. O UMS usa o TEB de cada UT para identificar o UT de maneira exclusiva. Quando um UT entra no kernel, é executada uma mudança explícita para o KT correspondente ao UT identificado pelo TEB corrente. O kernel não sabe que UT está em execução porque os UTs podem invocar um scheduler de modalidade de usuário, assim como as fibras o fazem. Mas no UMS, o scheduler muda os UTs, mudando inclusive os TEBs.

Quando um UT entra no kernel, seu KT pode ser bloqueado. Quando isso acontece, o kernel permuta para um thread de scheduling que o UMS chama de *primário*, e usa esse thread para reentrar no scheduler de modalidade de usuário e selecionar outro UT para execução. Por fim, o KT bloqueado conclui sua operação e fica pronto para retornar à modalidade de usuário. Como o UMS já reentrou no scheduler de modalidade de

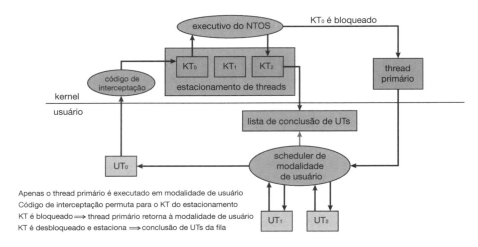

Figura 16.11 Scheduling de modalidade de usuário.

usuário para executar um UT diferente, ele enfileira o UT correspondente ao KT concluído em uma lista de conclusão de modalidade de usuário. Quando o scheduler de modalidade de usuário está selecionando um novo UT, pode examinar a lista de conclusão e tratar qualquer um dos UTs da lista como candidato ao scheduling.

Diferente das fibras, o UMS não foi projetado para ser usado diretamente pelo programador. Os detalhes da programação de schedulers de modalidade de usuário podem ser muito desafiadores e o UMS não inclui um scheduler assim. Em vez disso, os schedulers vêm de bibliotecas de linguagens de programação que ficam no topo do UMS. O Microsoft Visual Studio 2010 veio com o Concurrency Runtime (ConcRT), um framework de programação concorrente para C++. O ConcRT fornece um scheduler de modalidade de usuário juntamente com recursos para decomposição de programas em tarefas que podem, então, ser incluídas no schedule das CPUs disponíveis. O ConcRT dá suporte a estilos de construtores par_for, assim como a um gerenciamento rudimentar de recursos e a primitivas de sincronização de tarefas. As características-chave do UMS são mostradas na Figura 16.11.

16.7.3.8 Winsock

Winsock é a API de sockets do Windows. Trata-se de uma interface da camada de sessão que é amplamente compatível com sockets do UNIX mas tem algumas extensões Windows adicionais. Ela fornece uma interface padronizada para muitos protocolos de transporte que podem ter diferentes esquemas de endereçamento, para que qualquer aplicação Winsock possa ser executada em qualquer pilha de protocolos compatível com a Winsock. A Winsock passou por uma grande atualização no Windows Vista para adicionar rastreamento, suporte ao IPv6, personificação, novas APIs de segurança e muitos outros recursos.

A Winsock segue o modelo Windows Open System Architecture (WOSA) que fornece uma interface provedora de serviços (SPI – *service provider interface*) padrão entre as aplicações e os protocolos de conexão de rede. As aplicações podem carregar e descarregar os *protocolos em camadas* que criam funcionalidades adicionais, como segurança extra, no topo das camadas de protocolos de transporte. Winsock suporta operações e notificações assíncronas, multicast confiável, sockets seguros e sockets de modalidade de kernel. Também suporta modelos de uso mais simples, como a função WSAConnectByName() que aceita o alvo na forma de strings especificando o nome ou o endereço IP do servidor e o serviço ou número da porta de destino.

16.7.4 Comunicação entre Processos Usando o Windows Messaging

As aplicações Win32 manipulam a comunicação entre processos de várias formas. Uma das formas é usando objetos do kernel compartilhados. Outra é usando o recurso Windows Messaging, uma abordagem que é particularmente popular em aplicações de GUI do Win32. Um thread pode enviar uma mensagem para outro thread ou para uma janela chamando PostMessage(), PostThreadMessage(), SendMessage(), SendThreadMessage() ou SendMessageCallback(). A *postagem* e o *envio* de uma mensagem diferem dessa forma: as rotinas de postagem são assíncronas; elas retornam imediatamente e o thread chamador não sabe quando a mensagem é realmente liberada. As rotinas de envio são síncronas; elas bloqueiam o chamador até a mensagem ter sido liberada e processada.

Além de enviar uma mensagem, um thread pode enviar dados com a mensagem. Já que os processos têm espaços de endereçamento separados, os dados devem ser copiados. O sistema copia dados chamando SendMessage() para enviar uma mensagem do tipo WM_COPYDATA com uma estrutura de dados COPYDATASTRUCT, contendo o tamanho e o endereço dos dados a serem transferidos. Quando a mensagem é enviada, o Windows copia os dados em um novo bloco de memória e fornece o endereço virtual do novo bloco ao processo receptor.

Cada thread Win32 tem sua própria fila de entradas a partir da qual ele recebe mensagens. Se uma aplicação Win32 não chamar GetMessage() para manipular eventos em sua fila de entradas,

```c
// aloca 16 MB no topo de nosso espaço de endereçamento
void *buf = VirtualAlloc(0, 0x1000000, MEM_RESERVE | MEM_TOP_DOWN,
    PAGE_READWRITE);
// consigna os 8 MB superiores do espaço alocado
VirtualAlloc(buf + 0x800000, 0x800000, MEM_COMMIT, PAGE_READWRITE);
// faz algo com a memória
...
// agora, descompromete a memória
VirtualFree(buf + 0x800000, 0x800000, MEM_DECOMMIT);
// libera todo o espaço de endereçamento alocado
VirtualFree(buf, 0, MEM_RELEASE);
```

Figura 16.12 Fragmentos de código para alocação de memória virtual.

a fila ficará cheia e, após aproximadamente cinco segundos, o sistema marcará a aplicação como "Não respondendo".

16.7.5 Gerenciamento da Memória

A API Win32 fornece várias maneiras para uma aplicação usar a memória: memória virtual, arquivos mapeados para a memória, heaps e armazenamento local de threads.

16.7.5.1 Memória Virtual

Uma aplicação chama `VirtualAlloc()` para reservar ou consignar memória virtual e `VirtualFree()` para desconsignar ou liberar a memória. Essas funções habilitam a aplicação a especificar o endereço virtual em que a memória está alocada. Elas operam em múltiplos do tamanho de página da memória; veja exemplos na Figura 16.12.

Um processo pode trancar algumas de suas páginas consignadas na memória física chamando `VirtualLock()`. A quantidade máxima de páginas que um processo pode trancar é 30, a menos que o processo chame primeiro `SetProcessWorkingSetSize()` para aumentar o tamanho máximo do conjunto de trabalho.

16.7.5.2 Arquivos Mapeados para a Memória

Outra forma de uma aplicação usar memória é mapeando um arquivo para a memória no seu espaço de endereçamento. O mapeamento da memória também é uma forma conveniente de dois processos compartilharem memória: ambos mapeiam o mesmo arquivo para sua memória virtual. O mapeamento para a memória é um processo de vários estágios, como você pode ver no exemplo da Figura 16.13.

Se um processo quer mapear alguma parte do espaço de endereçamento apenas para compartilhar uma região da memória com outro processo, nenhum arquivo é necessário. O processo chama `CreateFileMapping()` com um manipulador de arquivo igual a `0xffffffff` e um tamanho específico. O objeto de mapeamento de arquivo resultante pode ser compartilhado por herança, por busca de nome ou por duplicação do manipulador.

16.7.5.3 Heaps

Os heaps fornecem uma terceira forma de as aplicações usarem memória, como ocorre com `malloc()` e `free()` no C padrão. Um heap no ambiente Win32 é uma região de espaço de endereçamento reservado. Quando um processo Win32 é

```c
// abre o arquivo ou cria, se não existir
HANDLE hfile = CreateFile("somefile", GENERIC_READ | GENERIC_WRITE,
    FILE_SHARE_READ | FILE_SHARE_WRITE, NULL,
    OPEN_ALWAYS, FILE_ATTRIBUTE_NORMAL, NULL);
// cria o mapeamento do arquivo com 8 MB de tamanho
HANDLE hmap = CreateFileMapping(hfile, PAGE_READWRITE,
    SEC_COMMIT, 0, 0x800000, "SHM_1");
// agora, obtém uma visão do espaço mapeado
void *buf = MapViewOfFile(hmap, FILE_MAP_ALL_ACCESS,
    0, 0, 0, 0x800000);
// faz algo com o arquivo mapeado
...
// agora, cancela o mapeamento do arquivo
UnMapViewOfFile(buf);
CloseHandle(hmap);
CloseHandle(hfile);
```

Figura 16.13 Fragmentos de código para mapeamento de um arquivo para a memória.

inicializado, ele é criado com um *heap default*. Já que a maioria das aplicações Win32 têm múltiplos threads, o acesso ao heap é sincronizado para proteger as estruturas de dados de alocação de espaço do heap contra danos causados por atualizações concorrentes feitas por múltiplos threads.

O Win32 fornece várias funções de gerenciamento de heap para que um processo possa alocar e gerenciar um heap privado. Essas funções são `HeapCreate()`, `HeapAlloc()`, `HeapRealloc()`, `HeapSize()`, `HeapFree()` e `HeapDestroy()`. A API Win32 também fornece as funções `HeapLock()` e `HeapUnlock()` para permitir que um thread ganhe acesso exclusivo a um heap. Diferente de `VirtualLock()`, essas funções executam apenas sincronização; elas não trancam páginas na memória física.

O heap original do Win32 foi otimizado para uso eficiente do espaço. Isso levou a problemas significativos com fragmentação do espaço de endereçamento de programas servidores maiores executados por longos períodos. Um novo projeto de *heap de baixa fragmentação* (*LFH – low-fragmentation heap*), introduzido no Windows XP, reduziu muito o problema da fragmentação. O gerenciador de heap do Windows 7 ativa automaticamente o LFH quando apropriado.

16.7.5.4 Armazenamento Local de Threads

A quarta forma de as aplicações usarem memória é por meio de um mecanismo de *armazenamento local de threads* (*TLS – thread-local storage*). As funções que dependem de dados globais ou estáticos normalmente não conseguem funcionar de forma apropriada em um ambiente com vários threads. Por exemplo, a função C de tempo de execução `strtok()` usa uma variável estática para controlar sua posição corrente ao

```
// reserva um espaço para uma variável
DWORD var_index = TlsAlloc();
// posiciona-a com o valor 10
TlsSetValue(var_index, 10);
// obtém o valor
int var TlsGetValue(var_index);
// libera o índice
TlsFree(var_index);
```

Figura 16.14 Código para armazenamento local dinâmico de threads.

analisar uma cadeia de caracteres. Para dois threads concorrentes executarem `strtok()` corretamente, eles precisam de variáveis de *posição corrente* separadas. O TLS fornece um modo de manter instâncias de variáveis que são globais para a função sendo executadas, mas não compartilhadas com qualquer outro thread.

O TLS fornece métodos dinâmicos e estáticos para criação do armazenamento local de threads. O método dinâmico é ilustrado na Figura 16.14. O mecanismo TLS aloca memória global ao heap e o anexa ao bloco de ambiente de thread que o Windows aloca a cada thread de modalidade de usuário. O TEB é prontamente acessível a cada thread e é usado não só para o TLS, mas para todas as informações de estado de cada thread de modalidade de usuário.

Para usar uma variável estática local de thread, a aplicação declara a variável como descrito a seguir para assegurar que cada thread tenha sua própria cópia privada:

`__declspec(thread) DWORD cur_pos = 0;`

16.8 Resumo

A Microsoft projetou o Windows para ser um sistema operacional extensível e portável – capaz de se beneficiar de novas técnicas e novos hardwares. O Windows suporta vários ambientes operacionais e multiprocessamento simétrico, incluindo tanto processadores de 32 bits como de 64 bits e computadores NUMA. O uso de objetos do kernel para fornecer serviços básicos, junto com o suporte à computação cliente-servidor, habilita o Windows a suportar uma ampla variedade de ambientes de aplicações. O Windows fornece memória virtual, armazenamento em cache integrado e scheduling preemptivo. Ele dá suporte a mecanismos de segurança avançados e inclui recursos de internacionalização. O Windows opera em ampla variedade de computadores, portanto, os usuários podem selecionar e atualizar o hardware para que se ajuste a seus orçamentos e requisitos de desempenho, sem precisar alterar suas aplicações.

Exercícios Práticos

16.1 Que tipo de sistema operacional é o Windows? Descreva duas de suas principais características.

16.2 Liste os objetivos de projeto do Windows. Descreva dois deles com detalhes.

16.3 Descreva o processo de inicialização de um sistema Windows.

16.4 Descreva as três camadas de arquitetura principais do kernel do Windows.

16.5 Qual é a função do gerenciador de objetos?

16.6 Que tipos de serviços o gerenciador de processos fornece?

16.7 O que é uma chamada de procedimento local?

16.8 Quais são as responsabilidades do gerenciador de I/O?

16.9 Que tipos de conexão de rede o Windows suporta? Como o Windows implementa protocolos de transporte? Descreva dois protocolos de conexão de rede.

16.10 Como o espaço de nomes do NTFS é organizado?

16.11 Como o NTFS manipula estruturas de dados? Como ele se recupera de uma queda do sistema? O que é garantido após a ocorrência de uma recuperação?

16.12 Como o Windows aloca a memória do usuário?

16.13 Descreva algumas das maneiras pelas quais uma aplicação pode usar memória por meio da API Win32.

Exercícios

16.14 Em que circunstâncias é adequado usar o recurso das chamadas de procedimento adiadas do Windows?

16.15 O que é um manipulador e como um processo obtém um manipulador?

16.16 Descreva o esquema de gerenciamento do gerenciador de memória virtual. Como o gerenciador de VM melhora o desempenho?

16.17 Descreva uma aplicação útil do recurso de página sem acesso fornecido no Windows.

16.18 Descreva as três técnicas usadas para a comunicação de dados em uma chamada de procedimento local. Que características são mais úteis para a aplicação das diferentes técnicas de transmissão de mensagens?

16.19 O que gerencia o armazenamento em cache no Windows? Como o cache é gerenciado?

16.20 Em que a estrutura de diretório do NTFS difere da estrutura de diretório usada em sistemas operacionais UNIX?

16.21 O que é um processo e como ele é gerenciado no Windows?

16.22 O que é a abstração de fibra fornecida pelo Windows? Em que ela difere dos threads?

16.23 Em que o scheduling de modalidade de usuário (UMS) do Windows 7 difere das fibras? Cite algumas vantagens e desvantagens das fibras e do UMS.

16.24 O UMS considera um thread como tendo duas partes: um UT e um KT. Em que seria útil permitir que os UTs continuem a executar em paralelo com seus KTs?

16.25 Qual é o impacto no desempenho causado pela permissão de que KTs e UTs sejam executados em processadores diferentes?

16.26 Por que o mapeamento automático ocupa grandes montantes de espaço de endereçamento virtual mas nenhuma memória virtual adicional?

16.27 Como o mapeamento automático facilita, para o gerenciador de VM, a movimentação de páginas da tabela de páginas para disco e a partir de disco? Onde as páginas da tabela de páginas são mantidas no disco?

16.28 Quando um sistema Windows hiberna, ele é desligado. Suponha que você alterou a CPU ou o montante de RAM em um sistema em hibernação. Acha que funcionaria? Por que sim ou por que não?

16.29 Dê um exemplo que mostre como o uso de uma contagem de suspensões é útil na suspensão e retomada de threads no Windows.

Notas Bibliográficas

Russinovich e Solomon [2009] fornecem uma visão geral do Windows 7 e detalhes técnicos consideráveis sobre mecanismos internos e componentes do sistema.

Brown [2000] apresenta detalhes da arquitetura de segurança do Windows.

A Microsoft Developer Network Library (http://msdn.microsoft.com) fornece muitas informações sobre o Windows e outros produtos da Microsoft, incluindo documentação de todas as APIS publicadas.

Iseminger [2000] fornece uma boa referência sobre o Active Directory do Windows. Discussões detalhadas sobre a criação de programas que usem a API Win32 aparecem em Richter [1997]. Silberschatz et al. [2010] apresentam uma boa discussão das árvores B+.

O código-fonte de uma versão WRK 2005 do kernel do Windows, junto com um conjunto de slides e outros materiais curriculares do CRK, está disponível em http://www.microsoft.com/WindowsAcademic para uso de universidades.

Índice

A

Acesso aos arquivos, 237
    controle, 250, 329
    direto, 237
    índice, 238
    revogação de direitos, 330
    sequencial, 237
    tipos, 250
ACL (lista de controle de acesso), 250, 390
ACPI (interface de energia e configuração avançada), 408
Active directory, 416
Adaptador de host, 298
AES (padrão de criptografia avançado), 346
Afinidade com o processador, 119
    forte, 120
    leve, 120
Agrupamento, 11
    assimétrico, 11
    simétrico, 11
Ajuste no desempenho, 52
Algoritmos de scheduling da CPU, 111
    filas multiníveis, 115
        retroalimentação, 117
    menor-job-primeiro, 111
    primeiro a chegar, 111
    prioridade geral, 113
    round-robin, 114
    tempo-restante-mais-curto-primeiro, 112
Alocação
    arquivos, 262
        contígua, 262
        desempenho, 266
        encadeada, 263
        indexada, 264
    memória
        contígua, 170
            fragmentação, 172
            mapeamento e proteção, 171
        Kernel, 215
    quadros, 205
        acesso não uniforme à memória, 207
        algoritmos, 206
        global *versus* local, 206
        quantidade mínima, 205
    recursos, 31
Ameaças, 334
    programas, 336
        bomba lógica, 337
        cavalo de troia, 336
        estouro de pilha e de buffer, 337
        trap door, 337
        vírus, 339
    rede, 341
    sistema, 341
Análise
    falhas, 52
    redes de enfileiramento, 127
Âncora de atracação, 342
APC (chamadas de procedimento assíncronas), 99, 396
API (interface de programação de aplicações), 34, 35
API Win32, 416
Área de trabalho, 32
Armazenamento, 5
    buffer, 75, 308
    cache, 18, 309
    estrutura, 7
    gerenciamento, 17
    massa, estrutura, 17, 276-296
        discos magnéticos, 276
        fitas magnéticas, 277
    NVRAM, 8
Arquivos, 231-255
    abertos, contagem, 233
    acesso, métodos, 237
        direto, 237
        outros, 238
        sequencial, 237
    arquivamento, 235
    atributos, 231
    bath, 235
    biblioteca, 235
    busca, 240
    código-fonte, 235
    compartilhamento, 247
        múltiplos usuários, 247
        semânticas de consistência, 249
        sistemas de arquivos remotos, 247
    conceito, 231
    criação, 232, 240
    direitos de acesso, 233
    diretórios e discos, estrutura, 239
        armazenamento, 239
        dois níveis, 241
        estruturados em árvore, 242
        grafo
            acíclico, 243
            geral, 244
        um nível, 240
        visão geral, 240
    estrutura, 236
        interna, 236
    exclusão, 232, 240
    executável, 64, 235
    gerenciamento, 17, 39
    gravação, 232
    hora e data, 232
    identificação do usuário, 232
    identificar, 232
    implementação do sistema, 256-275
        desempenho, 269
        diretório, 261
        eficiência, 269
        estrutura do sistema, 256
        gerenciamento do espaço livre, 267
        métodos de alocação, 262
        partições e montagem, 259
        recuperação, 271
        virtuais, 260
        visão geral, 257
    impressão ou visualização, 235
    java, bloqueios, 233
    leitura, 232
    locação, 232, 233
    log, 52
    mapeados para a memória, 211
    modificação, 41
    montagem do sistema, 245
    multimídia, 235
    nome, 232
    objeto, 235
    operações, 232
    ponteiro, 233
    processador de texto, 235
    proteção, 232, 250

associação de senhas, 252
controle de acesso, 250
tipos de acesso, 250
renomeação, 232, 240
reposicionamento, 232
tamanho, 232
texto, 235
tipos, 232, 235
truncamento, 232
varredura do sistema, 240
Árvore B+ do NTFS, 410
ASICs (circuitos integrados de aplicação específica), 21
ASIDs (identificadores de espaço de endereçamento), 176
ASLR (aleatoriedade do formato dos espaços de endereçamento), 390
Assinatura
digital, 348, 390
vírus, 340
Assistentes digitais pessoais (PDAs), 8
ATA (advanced technology attachment), 277
Ataques, 334
intermediário, 335
reexecução, 335
Ativação de scheduler, 100, 101
Atividade improdutiva, 207
causa, 208
frequência de erros de página, 210
modelo do conjunto de trabalho, 209
Autenticação
criptografia, 347
usuário, 351
Autoridades de certificação, 349
Avaliação analítica, 126

B

Background, 115
Backup, 272
Balanceadores de carga, 24
Balanceamento de carga, 120
Bibliotecas
C padrão, 38
compartilhadas, 169
threads, 93
vinculadas dinamicamente, 168
Biometria, 353
Bit, 5
marcado, 198
modalidade, 14
referência, 203
vetor, 267
Bloco
controle de processo, 64
inicialização, 56
mensagem do servidor, 414

Bloqueio de arquivos em Java, 233
Bomba lógica, 337
Brechas
disponibilidade, 334
integridade, 334
sigilo, 334
BSD UNIX, 25
Buffer, 308
algoritmos de armazenamento de páginas, 204
armazenamento, 308
estouro, 337
ilimitado, 73
limitado, 73, 140
Bus de I/O, 277, 297
expansão, 298
PCI, 298
Busca de arquivos, 240
Byte, 5

C

Cache, 165, 216
armazenamento, 309
buffer unificado, 270
definição, 309
Caching, 18
Cadeia margarida, 298
Caixa postal, 74
Canal de I/O, 314
Cancelamento de threads, 98
CAP de Cambridge, sistema, 331
Carga dinâmica, 168
Carregador bootstrap, 55
Cartão de controle, 37
CAV (velocidade angular constante), 278
Cavalo de troia, 336
CD, 18
Certificado digital, 349
Chamadas de sistema ou de monitor, 6, 33
comunicação, 40
controle de processos, 36
gerenciamento
arquivos, 39
dispositivos, 40
manutenção de informação, 40
procedimento, remotas, 81
proteção, 41
tipos, 36
UNIX, 37
Windows, 37
Chat, programa de bate-papo, 74
CIFS (common internet file system), 248
CLI (interface de linha de comando), 30
Clientes, 23
Clusters, 11
Beowulf, 12

Código
absoluto, 167
Kernel, 134
Coleta de lixo, 51
COM (modelo de objeto componente), 415
Compartilhamento
arquivos, 247
múltiplos usuários, 247
remotos, 247
semânticas de consistência, 249
processador, 115
Competência
dados, 331
software, 332
Computação
baseada na Web, 24
cliente-servidor, 23
entre pares, 23
tradicional, 22
Computadores, em rede, 22
Comunicação, programas, 40, 41
interprocessos, 72
sistemas cliente-servidor, 79
chamadas de procedimento remotas, 81
sockets, 79
Conexão do disco, 278
Confiabilidade do sistema operacional, 10
Contador de programa, 16, 63, 64
Contexto, mudança, 68
Controladores, 298
disco, 277
host, 277
Controle de processos, 36
Cópia-após-gravação, 196
CPU (unidade central de processamento), 3
informações de scheduling, 64
limitação de processos, 68
scheduling, 14, 108-131
Criação
arquivo, 232, 240
processos, 69
Criptografia/ferramenta de segurança, 344
assimétrica, 346
autenticação, 347
bloco, 346
codificação, 345
distribuição de chaves, 348
implementação, 349
modelo de referência ISO, 349
simétrica, 346
SSL, 350
Ctfs, 240

D

Dados multimídia, 21

Deadlocks, 139, 150
  caracterização, 151
  locks mutex, 151
  métodos para manipulação, 153
  modelo de sistema, 150
Degradação limpa, 10
Depuração do sistema operacional, 52
  ajuste no desempenho, 52
  análise de falhas, 52
  DTrace, 52
  lei de Kernighan, 52
Depurador, 36
DES (padrão de criptografia de dados), 346
Descritor de arquivos, 259
Desempenho, ajuste, 52
Deslocamento de páginas, 173
Despachante do kernel, 110, 394
Despejo
  núcleo, 52
  queda, 52
Detecção de erros, 31
DFS (sistema de arquivos distribuídos), 247, 415
Diagrama de enfileiramento, 66
Diretórios
  arquivos, 239
    dois níveis, 241
    estruturados em árvore, 242
    grafo
      acíclico, 243
      geral, 244
    implementação, 261
    um nível, 240
  páginas, 185
Disco(s)
  bruto, 205, 259
  eletrônico, 8
  estado sólido, 18
  inicialização, 56
  magnético, 7, 276
    blocos
      danificados, 284
      inicialização, 283
    braço, 277
    choque do cabeçote, 277
    conexão, 278
    controlador, 277
    espaço de permuta, 285
    estrutura, 278
      RAID, 286
    formatação, 283
    gerenciamento, 283
    latência rotacional, 277
    prato, 276
    removível, 277
    scheduling, 280
    taxa de transferência, 277
    tempo
      acesso aleatório, 277
      busca, 277
      posicionamento, 277
Dispositivos, gerenciamento, 40
DLM (gerenciador de lock distribuído), 12
DMA (acesso direto à memória), 8
DNS (sistema de nome de domínio), 248
Domínios, 248
  aplicação, 51
  proteção, 323
DPC (chamada de procedimento adiada), 395
Driver de dispositivo, 8
DRM (gerenciamento de direitos digitais), 25
DTrace, 52
Dumpster diving, 335
DVD, 18
DWM (gerenciador de janelas de desktop), 389

E

ECBs (blocos de controle de ativação), 54
ECC (código de correção de erros), 283
Economia de escala do sistema operacional, 10
EEPROM, 6
Efeito comboio, 111
EIDE (enhanced integrated drive electronics), 277
Encadeamento de blocos cifrados, 346
Encerramento de processos, 72
Endereços, vinculação, 166
Engenharia
  reversa, 24
  social, 335
Envelhecimento, 114
EPROM (memória somente de leitura apagável e programável), 6, 55
Erros
  detecção, 31
  página, 194
    frequência, 210
    taxa, 211
  TLB, 176
Espaços
  endereçamento
    físico, 167
    lógico, 167
    virtual, 191
  livre, gerenciamento, 267
    agrupamento, 268
    contagem, 268
    lista encadeada, 267
    mapas, 268
    vetor de bits, 267
  permuta, 194, 285
    gerenciamento, 286
    localização, 285
    uso, 285
Espera em ação, 137
Estado de um processo, 64
Estouro
  buffer, 337
  pilha, 337
Exceção de uma interrupção, 14
Exclusão de arquivos, 232, 240
Execução de programas, 31, 41
Extensibilidade, 392

F

FAT (tabela de alocação de arquivos), 264
FC (fiber channel), 277, 279
FCB (bloco de controle de arquivo), 257
Fila(s)
  entrada, 166
  scheduling, 65
Firewalls, 23
Firewire, 278
Firmware, 6, 55
Fitas magnéticas, 277
Fluxo de chaves, 346
Fonte aberta, 33
Foreground, 115
Formatação de discos, 283
Fórmula de Little, 127
Fragmentação, 172
Free-behind, técnica, 271
FreeBSD, 39
FSF (fundação de software livre), 25

G

GDT (tabela de descritores globais), 184
Geração
  perfis, 53
  sistema operacional, 54
Gerenciador do Windows 7
  cache, 405
  energia, 407
  I/O, 404
  memória virtual, 398
  objetos 7, 397
  plug-and-play, 407
  processos, 402
Gerenciamento
  armazenamento, 17, 229-255
  arquivos, 17, 39, 41
  cache, 18
  dispositivos, 40
  espaço livre, 267
  memória, 16, 65, 163-189

processos, 16, 61-89
GNU/Linux, 25
GPL-GNU (licença pública geral do GNU), 25
Grau de multiprogramação, 68
Gravação de arquivos, 232
Gravadores, 140
GUI, interface gráfica de usuário, 30

H

HAL (camada de abstração de hardware), 392
Hands-on, 13
Hard-coding, 74
Hardware, 3
    interrupção, 6
    I/O, 297
    sincronização, 135
Hash, função, 348
Heaps, 63, 421
Hibernação, 407
Hydra, 330

I

I/O (dispositivo de entrada e saída), 3, 297-317
    armazenamentos
        buffer, 308
        cache, 309
    bruto, 305
    características, 304
    componentes, 19
    desempenho, 314
    direto, 305
    estrutura, 8
    hardware, 297
        acesso direto à memória, 302
        interrupções, 300
        resumo, 303
        sondagem, 299
    informação de status, 65
    interface da aplicação, 303
        bloqueios, 306
        dispositivos
            blocos e caracteres, 305
            rede, 306
            relógios e timers, 306
    interlock, 219
    Kernels, 307
    limitação de processos, 68
    manipulação de erros, 310
    mapeado para a memória, 213, 298
    operações, 31
    programado, 214
    proteção, 310
    streams, 313
    transformação, solicitações em operações de hardware, 311
    visão geral, 297
ID
    segurança, 20
    usuário, 20
Identificadores
    arquivo, 232
    processo (PID), 69
    usuário, 232
Inanição, 114, 139
Informações, 40
    contabilização, 65
    gerenciamento da memória, 65
    manutenção, 40
    scheduling da CPU, 64
    status, 41
    I/O, 65
Instruções
    privilegiadas, 15
    registrador, 7
Interface
    sistema de arquivos, 231-255
        compartilhamento de arquivos, 247
        conceito de arquivo, 231
        estruturas de diretórios e discos, 239
        métodos de acesso, 237
        montagem, 245
        proteção, 250
    usuário (UI), 30
        batch, 30
        gráfica, 30, 32
        linha de comando (CLI), 30
        sistema operacional, 32
Interpretador de comandos, 31, 32
Interrupções dos sistemas operacionais, 6, 14
    vetor, 7
Invasores, 335
Inversão de prioridades, 139
IPC (comunicação entre processos), 72, 76
    Mach, 76
    memória compartilhada POSIX, 76
    Windows, 78
ISCSI, 279
ISRs (rotinas de serviço de interrupção), 395

J

Janelas pop-up, 337
Java, 50
    bloqueios de arquivos, 233
    monitores, 147
JIT (just-in-time), 51
Jobs, 13, 63
    definição, 63
    scheduling, 14
JVM, 98

K

Kernel, 5
    alocação de memória, 215
    modalidade, 14, 15
    subsistema de I/O, 307
    Windows, 394
        despachante, 394
        exceções e interrupções, 396
        implementação de primitivas de sincronização, 395
        interrupções de software, 396
        scheduling, 394
        threads, 394, 397
Kernighan, lei, 52
Kilobyte (KB), 5
KMDF (estrutura de drivers de modalidade de kernel), 405

L

LAN (rede local), 11, 20
Latência do despacho, 110
LDAP (protocolo peso-leve de acesso a diretórios), 248
LDT (tabela de descritores locais), 184
Lei de Kernighan, 52
Leitores, 140
Leitura de arquivos, 232
LFU (algoritmo de substituição de páginas menos frequentemente usadas), 204
Link de comunicação, 74
Linux, 25, 358-386
    comunicação entre processos, 381
    distribuições, 361
    entrada e saída, 380
    estrutura de rede, 382
    gerenciamentos
        memória, 371
            execução e carga de programas de usuário, 374
            física, 371
            virtual, 373
        processos, 365
            modelo com fork() e exec(), 365
            threads, 367
    história, 359
    kernel, 359
    licenciamento, 361
    módulos de kernel, 363

gerenciamento, 364
  registro de drivers, 364
princípios do projeto, 362
representação de processos, 66
scheduling, 125, 367
  multiprocessamento
    simétrico, 370
  processos, 367
  sincronização do kernel, 369
segurança, 384
sincronização, 149
sistemas
  arquivos, 376
    ext2fs, 377
    journaling, 378
    processos do Linux, 379
    virtual, 376
  Pentium 186
threads, 101
Listagem de um diretório, 240
LiveDVD, 25
Livro laranja, 389
Lixo, coleta, 51
Locação do arquivo, 232
Locks, 135
  compartilhado, 234
  exclusivo, 234
  mutex, 137
Lofs, 240
Login de rede, 248
LPC (chamada de procedimento local), 78, 391
LRU (algoritmo do menos recentemente usado), 202

M

MAC (código de autenticação de mensagem), 348
Mach, 45, 76
MAN (rede metropolitana), 20
Manipulação do sistema de arquivos, 31
Manipulador
  arquivos, 259
  upcalls, 101
Manutenção de informações, 40
Máquinas virtuais, 46
  benefícios, 47
  história, 46
  implementação, 49
  Java, 50
  paravirtualização, 48
  simulação, 48
  VMware, 49
Marshalling, 415
Mascaramento, 335
Matriz de acesso, proteção, 325

implementação, 327
comparação, 328
esquema de chave-tranca, 328
listas
  acesso para objetos, 328
  competências para domínios, 328
tabela global, 327
MBR (registro mestre de inicialização), 284
Megabyte (MB), 5
Memória, 17
  compartilhada, 31, 41
  flash, 8
  principal, 165-189
    alocação de memória contígua, 170
    bibliotecas compartilhadas, 168
    carga dinâmica, 168
    espaço de endereçamento lógico *versus* físico, 167
    hardware básico, 165
    paginação, 172
    Pentium da Intel, 184
    permuta entre processos, 169
    segmentação, 182
    tabela de páginas, 179
    vinculação
      dinâmica, 168
      endereços, 166
  terciária, 18
  transacional, 149
  virtual, 190-228
    alcance do TLB, 218
    alocação de quadros, 205
    antecedentes, 190
    arquivos mapeados para a memória, 211
    atividade improdutiva, 207
    cópia-após-gravação, 196
    estrutura do programa, 219
    interlock de I/O, 219
    Kernel, alocação, 215
    paginação por demanda, 192
    pré-paginação, 217
    Solaris, 221
    substituição de páginas, 197
    tabelas de páginas invertidas, 218
    tamanho da página, 217
    unificada, 270
    Windows, 220
Memória, 3
  acesso randômico (RAM), 7
    dinâmico (DRAM), 7
  EPROM, 6, 55
  não volátil, 8
  ROM, 6, 55, 284
  secundária, 7

  semicondutora, 8
  volátil, 8
Metadados, 248, 410
MFD (diretório de arquivos mestre), 241
MFU (algoritmo de substituição de páginas mais frequentemente usadas), 204
Microkernels, 45
Mídias, 18
  RW, 18
  WORM, 18
Migração
  extração, 120
  impulsão, 120
Minidiscos, 47
Mix de processos, 68
MMU (unidade de gerenciamento de memória), 167
Modalidade dual, 14
  kernel, 14
  usuário, 14
Modelagem determinística, 126
Modificação do arquivo, 41
Monitores, 142
  implementação usando semáforos, 145
  Java, 147
  retomando processos, 146
  uso, 143
Montagem do sistema de arquivos, 245
Mudança de contexto, 68
MULTICS, domínios de proteção, 324
Multiprocessamento
  assimétrico, 10
  simétrico (SMP), 10
Multiprogramação, 13
Multitarefa, 13
MUP (provedor de convenção universal de nomeação múltiplo), 415
Mutex adaptativo, 147

N

NIS (serviço de informação de rede), 248
NLS (API de suporte ao idioma nacional), 393
Nome do arquivo, 232
NUMA (acesso não uniforme à memória), 11, 207, 391
Número de páginas, 173

O

Objeto
  arquivo, 260
  dentry, 261
  hardware, 322

inode, 260
software, 322
superbloco, 261
Objfs, 239
OLE (vinculação e incorporação de objetos), 415
Operação do sistema de computação, 6, 14
modalidade dual, 14

P

Paginação, 172
demanda, memória virtual, 192
desempenho, 195
pura, 194
hierárquica, 179
método básico, 173
páginas compartilhadas, 178
Pentium, 185
proteção, 177
suporte de hardware, 176
Paginador, 192
Páginas, substituição, 197
algoritmos de armazenamento de páginas em buffer, 204
aplicações, 205
aproximação ao LRU, 203
base na contagem, 204
básicas, 198
FIFO, 200
LRU, 202
ótimas, 201
Paralelização, 12
Paravirtualização, 48
Pastas, 33
PDAs, assistentes digitais pessoais, 22
Pentium da Intel, 184
Linux, 186
paginação, 185
segmentação, 184
Permuta entre processos, 169
Phishing, 335
Pico de CPU, 108
Pilha do processo, 63
PIN (número de identificação pessoal), 353
Placa, alocação, 216
Plataforma.NET, 51
PLTR (registrador do tamanho da tabela de páginas), 178
Pools
jobs, 13
threads, 99
Porta, 297
Portais, 22
POSIX, 76

POST (autoteste de ativação), 408
PPTP (protocolo de transmissão ponto a ponto), 414
Pré-paginação, 217
Problema dos filósofos comensais, 141
solução com uso de monitores, 144
Processadores multicore, 120
Processos, 13, 63-89
bloco de controle, 64
comunicação
interprocessos, 72
sistemas cliente-servidor, 79
conceito, 63
criação, 69
encerramento, 72
estado, 64
limitado
CPU, 68
I/O, 68
Linux, 66
scheduling, 65
sincronização, 132-162
antecedentes, 132
deadlocks, 150
hardware, 135
Linux, 149
monitores, 142
problemas clássicos, 140
Pthreads, 149
seção crítica, 133
semáforos, 137
Solaris, 147
solução de Peterson, 134
Windows XP, 148
sistemas IPC, 76
threads, 65
Procfs, 240
Programas
aplicativos, 3, 5, 41
bate-papo, 74
bootstrap, 6, 55
execução, 16, 31, 41
sistema, 5, 41
Proteção, 321-332
arquivo, 232
abordagem, 252
controle de acesso, 250
senhas, 252
tipos de acesso, 250
controle de acesso, 329
domínios, 322
I/O, 310
matriz de acesso, 325
implementação, 327
memória, 177
objetivos, 321
princípios, 322

revogação de direitos de acesso, 330
sistema computação, 19, 31, 41
baseados em competências, 330
Protocolo de herança de prioridades, 140, 148
Pthreads, 95
scheduling, 118
sincronização, 149

Q

Quadros, alocação, 205
acesso não uniforme à memória, 207
algoritmos, 206
global *versus* local, 206
quantidade mínima, 205
Quantum de tempo, 114

R

RAID (arrays de discos independentes redundantes), 286
estruturação, 287
melhora no desempenho por meio de paralelismo, 287
níveis, 288
problemas, 290
Rastreamento, 351
RBAC (controle de acesso baseado em papéis), 329
Read-ahead, técnica, 271
Recorte Web, 22
Recuperação de sistemas de arquivos, 271
Windows 7, 411
Recusa de serviços, 334, 344
Rede, 20
ameaças, 341
local (LAN), 11, 20
longa distância (WAN), 20
metropolitana (MAN), 20
segurança, 336
Registrador
base, 166
controle, 299
CPU, 64
entrada de dados, 299
instruções, 7
limite, 166
pressionamento de teclas, 340
relocação, 167
saída de dados, 299
status, 299
Relógios, 306
Renomeação de arquivos, 232, 240
Reposicionamento de arquivos, 232

Restauração
  dados, 272
  estado, 68
Roleta, 148
ROM (memória somente de leitura), 6, 55, 284
Roubo de serviço, 334
RPCs (chamadas de procedimento remotas), 392, 414

S

SAN, rede de armazenamento, 12, 279
SATA, 277
Schedulers, 67
  curto prazo (CPU), 67
  longo prazo (jobs), 67
  médio prazo, 68
Scheduling
  CPU, 14, 108-131
    algoritmos, 111
    avaliação de algoritmos, 126
    ciclo de picos de CPU-I/O, 108
    conceitos básicos, 108
    critérios, 110
    despachante, 110
    filas multiníveis, 115
      retroalimentação, 117
    informações, 64
    menor-job-primeiro (SJF), 111
    preempção, 109
    primeiro a chegar (FCFS), 111
    prioridades, 113
    processadores múltiplos, 118
    round-robin, 114
    scheduler, 109
    Solaris, 122
    threads, 117
    Windows, 123
  disco, 280
    C-SCAN, 282
    FCFS, 280
    LOOK, 282
    SCAN, 281
    seleção de um algoritmo, 282
    SSTF, 281
  I/O, 307
  jobs, 14
  processos, 65
  Windows 7, 394
SCSI (interface de pequenos sistemas de computação), 8, 277, 278
Seção
  dados, 63
  texto, 63
Segmentação, 182
  hardware, 183

método básico, 182
Pentium, 184
Segurança do sistema de computação, 19, 31, 334-356
  ameaças
    programas, 336
    redes, 341
    sistemas, 341
  autenticação do usuário, 351
  criptografia, 344
  medidas, 335
  problemas, 334
  Windows, 353, 389, 411
Semáforos, 137
  binário, 137
  contagem, 137
  deadlocks e inanição, 139
  implementação, 137
  inversão de prioridades, 139
  uso, 137
Semânticas de consistência, 249
  UNIX, 249
Senhas, 351
  criptografadas, 352
  descartáveis, 352
  vulnerabilidade, 351
Sequestro de sessão, 335
Serviços do sistema operacional, 30
  alocação de recursos, 31
  comunicações, 31
  contabilização, 31
  detecção de erros, 31
  execução de programas, 31
  interface de usuário, 30
  manipulação do sistema de arquivos, 31
  operação de I/O, 31
  proteção e segurança, 31
Servidores, sistema, 23
  arquivos, 23
  blade, 11
  processamento, 23
Shells, 32
SID (identidade de segurança), 403
Simulações, 128
Sinal, manipulação, 99
Sincronização de processos, 75, 132-162
  antecedentes, 132
  deadlocks, 150
  exemplos, 147
  hardware, 135
  Linux, 149
  monitores, 142
  problemas, 133, 140
  Pthreads, 149
  semáforos, 137
  Solaris, 147
  solução de Peterson, 134

Windows XP, 148
Sistema operacional, 1, 3-29
  agrupados (clusters), 11
  ameaças, 341
  armazenamento, 5, 231-255
    estrutura, 7
  arquitetura, 9
  chamadas, 33-41
  computação
    baseada na Web, 24
    cliente-servidor, 23
    entre pares, 23
    tradicional, 22
  definição, 4
  degradação limpa, 10
  depuração, 52
  distribuídos, 20
  embutidos em tempo real, 21
  estrutura, 13, 30-60
    camadas, 44
    microkernels, 45
    módulos, 45
    simples, 43
  estudo, 5
  fonte aberta, 24
    BSD UNIX, 25
    história, 24
    Linux, 25
    Solaris, 26
    utilidade, 26
  função, 3
  geração, 54
  gerenciamento
    armazenamento, 17
    memória, 16
    processos, 16
  I/O, estrutura, 8
  implementação, 42
  inicialização, 55
  mão, 22
  máquinas virtuais, 46
  multimídia, 21
  multiprocessadores, 9
    layout da memória do sistema, 13
  operação, 6, 14
    modalidade dual, 14
    timer, 16
  organização, 5
  pontos de vista
    sistema, 4
    usuário, 4
  programas, 41
  projeto, 42
  proteção e segurança, 19
  recursos, 4
  segurança, 336
  serviços, 30

tolerantes a falhas, 10
um único processador, 9
usuário, interface, 31
vista abstrata dos componentes, 3
SMP (multiprocessamento simétrico), 118
Sockets, 79
    orientados à conexão (TCP), 79
    sem conexão (UDP), 79
Software, interrupção, 6
Solaris, 26
    memória virtual, 221
    scheduling, 122
    sincronização, 147
Solução de Peterson, 134
Spinlock, 137
Spyware, 337
SRM (monitor de referência de segurança), 406
SSL, 350
Streams, 313
Substituição de páginas, 197
    algoritmos de armazenamento de páginas em buffer, 204
    aproximação ao LRU, 203
    base na contagem, 204
    básicas, 198
    FIFO, 200
    LRU, 202
    ótimas páginas, 201
Superalocação, 197
Superusuário, 352
Suporte a linguagens de programação, 41
Surfista de ombros, 351
Swapping, 68, 169, 285
SYSGEN, 54

T

Tabelas
    arquivos, 233
        Hash, 262
    páginas, 173-174
        estrutura, 179
        Hash, 181
        invertidas, 181
        mapeadas para adiante, 179
        paginação hierárquica, 179
Tamanho do arquivo, 232
Taxa
    erros de página, 196, 211
    sucesso, 176
    transferência de disco, 277
TCP/IP, 414
Tempo
    acesso efetivo, 195
    carga, 167
    compilação, 167

espera, 110
execução, 167
resposta do sistema operacional, 13, 110
turnaround, 110
Thrashing, 207
Threads, 65, 90-107
    ativação de scheduler, 100
    benefícios, 91
    bibliotecas, 93
    cancelamento, 98
    chamadas de sistema fork() e exec(), 98
    dados específicos, 100
    Java, 96
    kernel, 92
    Linux, 101
    manipulação de sinais, 99
    modelos para a geração de vários, 92
    motivação, 90
    ocioso, 123
    pools, 99
    programação multicore, 91
    questões relacionadas à criação, 98
    scheduling, 117
        escopo de disputa, 117
        Pthread, 118
    usuários, 92
    Win32, 96
    Windows 7, 101, 394
Throughput, 110
    aumento, 9
Timer, 16, 306
TLB (buffer paralelo de conversão), 176
    alcance, 218
Tmpfs, 239
Transmissão de mensagens, 40, 45, 74
    armazenamento em buffer, 75
    envio com ou sem bloqueio, 75
    nomeação, 74
    recebimento com ou sem bloqueio, 75
    sincronização, 75
Trap door, 337
Troca
    mensagens, 31
    rápida de usuário, 409
Truncamento de arquivos, 232
TSC (contador de marcadores de tempo), 395

U

UFD (diretório de arquivos do usuário), 241
UFS, 240
UFS-UNIX (sistema de arquivos UNIX), 257
UI (interface de usuário), 30
UMA (memória de acesso uniforme), 11

UMS (scheduling de modalidade de usuário), 392
UNICODE, 393
UNIX
    chamada de sistema, 37
    domínio de proteção, 323
    proteção, 252
Upcall, 101
USB (universal serial bus), 277
Usuário, identificação, 232
Utilitários de sistema, 41

V

VACB (virtual address control block), 406
Valor Hash, 348
Varredura
    portas, 343
    sistema de arquivos, 240
Verificador de consistência, 271
Vermes, 342
Vetor
    bits, 267
    interrupção, 7
VFS (sistema de arquivo virtual), 260
Vinculação de endereços, 166
Virtualização e scheduling, 122
Vírus, 339
    arquivo, 340
    assinatura, 340
    blindado, 340
    código-fonte, 340
    criptografado, 340
    encapsulado, 340
    furtivo, 340
    inicialização, 340
    macro, 340
    multipartite, 340
    polimórfico, 340
    registrador de pressionamento de teclas, 340
    transmissor, 340
VMware, 49
Von Neumann, arquitetura de sistema, 7
VPNs (redes virtuais privadas), 349, 414

W

WAN (rede de longa distância), 20
Web, 24
Windows, 78
    7 (sete), 388-422
        alto desempenho, 391
        camada de abstração de hardware, 393
        compatibilidade com POSIX, 391
        componentes do sistema, 393
        conexão em rede, 413

active directory, 416
    domínios, 416
    interfaces, 413
    protocolos, 413
    redirecionadores e
        servidores, 415
confiabilidade, 390
eficiência no uso de energia, 393
executivo, 397
extensibilidade, 392
gerenciador
    cache, 405
    energia, 407
    I/O, 404
    memória virtual, 398
    objetos, 397
    plug-and-play, 407
    processos, 402
história, 388
inicialização, 408
interface do programador, 416
    acesso a objetos do
        kernel, 416
    compartilhamento de objetos
        entre processos, 416
    comunicação entre processos
        usando o Windows
        Messaging, 420
    gerenciamento da
        memória, 421
    gerenciamento de
        processos, 417
kernel, 394
monitor de referência de
    segurança, 406
portabilidade, 392
princípios do projeto, 389
recursos para computação
    cliente-servidor, 403
registro do sistema, 407
segurança, 389
serviços de terminal e troca
    rápida de usuário, 409
sistema de arquivos, 409
    árvore B+ do NTFS, 410
    compressão, 412
    cópias sombras
        de volumes, 413
    diário de alterações, 413
    gerenciamento de volumes e
        tolerância a falhas, 412
    metadados do NTFS, 410
    pontos de montagem,
        links simbólicos
        e pesados, 413
    recuperação, 411
    segurança, 411
suporte a dispositivos
    dinâmicos, 393
suporte internacional, 393
chamadas de sistemas, 37
memória virtual, 220
scheduling, 123
segurança, 353
threads, 101
XP, 389
    sincronização, 148
Winsock, 420
World Wide Web, 247

X

XDR (representação de
    dados externa), 82

Z

Zfs, 240, 268

Créditos

Figura 1.11: De Hennesy e Patterson, *Computer architecture: A quantitative approach, third edition,* © 2002, Morgan Kaufmann Publishers, Figura 5.3, Reimpressa com permissão do editor.

Figura 5.13 adaptada com permissão da Sun Microsystems, Inc.

Figura 8.18: De *IBM Systems Journal,* Vol. 10, nº 3, © 1971, International Business Machines Corporation. Reimpressa com permissão de IBM Corporation.

Figura 10.9: De Leffler/McKusick/Karels/Quarterman, *The design and implementation of the 4.3BSD UNIX Operating System,* © 1989 de Addison-Wesley Publishing Co., Inc., Reading, Massachusetts. Figura 7.6. Reimpressa com permissão do editor.

Figura 12.4: De *Pentium processor users manual: Architecture and programming manual,* Volume 3, Copyright 1993. Reimpressa com permissão da Intel Corporation.

Seções do Capítulo 6: De Silberschatz/Korth, *Database system concepts, third edition,* © 1997, McGraw-Hill, Inc., Nova York, Nova York. Seções 13.5; 14.1.1; 14.1.3; 14.2; 15.2.1; 15.4; 15.4.3; 18.7; 18.8. Reimpressas com permissão do editor.

Pré-impressão, impressão e acabamento

grafica@editorasantuario.com.br
www.editorasantuario.com.br
Aparecida-SP